2010

中国通信年鉴

YEARBOOK OF CHINA COMMUNICATIONS

《中国通信年鉴》编委会 编

人 民 邮 电 出 版 社

北 京

图书在版编目（CIP）数据

2010中国通信年鉴/《中国通信年鉴》编委会编
--北京：人民邮电出版社， 2011.3
ISBN 978-7-115-25143-5
Ⅰ. ①2 Ⅱ. ①中 Ⅲ. ①电信-中国-2010-年鉴 Ⅳ. ①F632-54

中国版本图书馆CIP数据核字（2011）第047685号

2010中国通信年鉴

◆ 编 《中国通信年鉴》编委会
责任编辑 王建军
执行编辑 李 静

◆ 人民邮电出版社出版发行 北京市崇文区夕照寺街14号
邮编 100061 电子邮件 315@ptpress.com.cn
网址 http://www.ptpress.com.cn
北京画中画印刷有限公司
新华书店总店北京发行所经销

◆ 开本：889×1194 1/16
印张：34 彩插：4
字数：1265千字 2011年3月第1版
印数：5000册 2011年3月北京第1次印刷

ISBN 978- 7-115-25143-5

定价：360.00元

读者服务热线：(010) 62012341 印装质量热线：(010) 67129223
反盗版热线：(010) 67171154
广告经营许可证：京崇工商广字第0021号

《2010中国通信年鉴》编委会

宋灵恩　河南通信管理局局长
袁瑞青　湖北通信管理局局长
李湘宁　湖南通信管理局局长
古伟中　广东通信管理局局长
谢海平　广西通信管理局局长
薛良燕　海南通信管理局局长
王　钢　四川通信管理局局长
邢海英　重庆通信管理局局长
向　剑　云南通信管理局局长
李德明　贵州通信管理局局长
青　其　西藏通信管理局局长
高彩玲　陕西通信管理局局长
王祥瑞　甘肃通信管理局局长
章建良　青海通信管理局局长
王生屹　宁夏通信管理局局长
杨茂发　新疆通信管理局局长
杨泽民　工业和信息化部电信研究院院长
童国华　武汉邮电科学研究院院长
方滨兴　北京邮电大学校长
杨　震　南京邮电大学校长
陈流汀　重庆邮电大学校长
卢建军　西安邮电学院院长
姜少冰　工业和信息化部通信科技委副主任
张　枢　人民邮电报社社长
季仲华　人民邮电出版社社长
魏茂洪　中国通信学会副理事长兼秘书长
刘　彩　中国通信学会副理事长
周宝信　中国通信标准化协会副理事长兼秘书长
张春林　中国通信企业协会副会长兼秘书长
钱晋群　中国通信企业协会副秘书长
赵梅庄　中国通信学会副秘书长
宋乃琪　中国通信学会副秘书长
刘佳维　中华全国集邮联合会秘书长
毛　伟　中国互联网络信息中心主任
邢　炜　中国普天信息产业股份有限公司总经理
谭星辉　中国邮电器材集团公司总经理
许楚国　中国通信建设集团有限公司总经理
任正非　华为技术有限公司总裁
师继光　青岛朗迅通讯设备有限公司董事长
真才基　大唐电信科技产业集团总裁
刘阳生　环宇邮电国际租赁有限公司董事长
侯为贵　中兴通讯股份有限公司董事长
袁　欣　上海贝尔阿尔卡特股份有限公司董事长
文会国　长飞光纤光缆有限公司董事长
戴　爽　广东北电通信设备有限公司董事长

《2010 中国通信年鉴》编辑部主要组成人员

编　辑　说　明

一、《2010 中国通信年鉴》全面、系统、准确、及时地记载中国通信业在党中央、国务院领导下，在改革开放中迅速发展的历史进程，是一部了解中国通信行业现状、研究中国通信行业发展的权威性历史资料工具书。

二、本年鉴采用追记上一年的记载方式，即 2010 年卷原则上只记载 2009 年发生的事实。

三、《2010 中国通信年鉴》共设十八篇：

第一篇　重要文献；

第二篇　通信行政管理机构；

第三篇　重大事项；

第四篇　通信行业创新与转型；

第五篇　邮政业发展及改革；

第六篇　电信业发展；

第七篇　通信企业；

第八篇　政策法规与体制改革；

第九篇　电信行业管理；

第十篇　网络信息安全及通信保障；

第十一篇　无线电管理；

第十二篇　通信科技；

第十三篇　对外合作与交流；

第十四篇　人事与教育；

第十五篇　精神文明与行风建设、廉政建设；

第十六篇　省、自治区、直辖市邮政发展与管理；

第十七篇　省、自治区、直辖市电信发展与管理；

第十八篇　通信事业单位和社团组织。

四、《2010 中国通信年鉴》在编写过程中得到了工业和信息化部各相关厅、司、局，国家邮政局，各省、区、市通信管理局，各通信企业、事业单位和通信专家的大力支持。各文稿撰写单位、撰稿人都认真、按时完成了撰稿工作。所有参加本卷撰稿、审稿和编辑工作的专家认真负责，积极工作，为保证本卷高质量的编辑出版付出了辛勤的劳动，在此我们一并表示诚挚的感谢。

五、《2010 中国通信年鉴》在策划、编写、排印等方面难免还有缺点甚至谬误之处，恳请读者批评指正。

《中国通信年鉴》编辑部

2010 年 12 月

目　录

第一篇　重要文献

第二篇　通信行政管理机构

第三篇　重大事项

第四篇　通信行业创新与转型

第五篇　邮政业发展及改革

第六篇　电信业发展

第七篇　通信企业

第八篇 政策法规与体制改革

第九篇　电信行业管理

第十篇　网络信息安全及通信保障

第十一篇　无线电管理

第十二篇　通信科技

第十三篇　对外合作与交流

第十四篇　人事与教育

第十五篇 精神文明与行风建设、廉政建设

第十六篇 省、自治区、直辖市邮政发展与管理

第十七篇 省、自治区、直辖市电信发展与管理

第十八篇　通信事业单位和社团组织

第一篇　重要文献

国家领导人对通信与信息产业工作的重要指示

中央领导同志对发展 TD-SCDMA 提出要求

2009 年，胡锦涛总书记及张德江副总理在到通信部门视察或对有关报告批示中，多次对发展我国具有自主知识产权的 TD-SCDMA 作出重要指示。中央领导同志对通信部门建设和运营 TD-SCDMA 取得的显著成绩给予充分肯定。中央领导同志明确要求，通信部门要高度重视自主创新，不断开发新的业务，更好地为广大人民群众服务。发展 TD-SCDMA 是中央作出的重要决策，体现了国家意志，支持 TD-SCDMA 发展不动摇，铁心发展 TD-SCDMA 没有退路。把 TD-SCDMA 做大做强，还要付出艰苦的努力，通信部门要坚定信心，总结经验，再接再厉，矢志不渝，始终将发展 TD-SCDMA 置于各项工作的首位，义无返顾地推进发展，加强 TD-SCDMA3G 建设和运营，给党中央、国务院交上一份满意的答卷。

张德江副总理在全国工业和信息化工作会议上讲话

中共中央政治局委员、国务院副总理张德江 2009 年 12 月 21 日在全国工业和信息化工作会议上讲话时强调，要深入贯彻落实科学发展观，全面贯彻落实中央经济工作会议精神，围绕调结构、上水平，大力推进信息化与工业化融合，大力推进产业结构调整，大力推进自主创新和技术改造，大力加强和改善企业管理，加快转变工业发展方式，保持工业平稳较快发展，为我国经济社会发展做出新的更大贡献。

张德江充分肯定了 2009 年工业和信息化工作取得的显著成绩，分析了我国工业发展的存在问题，并指出，工业仍然是我国国民经济的主体，2010 年是我国工业发展的重要一年，要科学分析、正确把握工业经济发展的新形势、新任务、新要求，把思想统一到中央对形势的科学判断上来，把行动统一到中央的决策部署上来，采取更加有力措施，全面做好各项工作，促进工业化、信息化持续健康发展。

张德江强调，明年工业和信息化系统要以调结构、上水平为主线，重点抓好以下几个方面：一要加快产业结构优化升级。要着眼于世界产业转移和产业升级的趋势，结合我国实际，科学谋划和强力推动产业结构调整升级，进一步增强国际竞争能力。要认真贯彻落实重点产业调整振兴规划，大力推进信息化与工业化融合，以调整、优化和提高为方向，不断提高产业的核心竞争力和产品附加值。要大力培育和发展新兴战略性产业，抢占国际经济竞争制高点。要坚决抑制产能过剩和重复建设，加大落后产能淘汰力度，防止盲目重复建设，下大力气做好节能降耗和减排治污工作。二要着力提高科技和管理水平。要加大自主创新力度，力争形成一批“以我为主”的技术和产品标准。要大力实施名牌战略，提高我国工业产品的国际影响力和国际竞争力。要加强工业技术改造，提高工业生产的自动化、信息化、智能化水平。要加强企业管理基础工作，打牢企业科学管理、严格管理的根基，狠抓工业产品质量，下大力气改变我国企业管理粗放的状况。三要大力支持中小企业发展。要抓好支持中小企业发展的政策措施的贯彻落实，下大力气解决制约中小企业发展的突出问题，健全中小企业社会化服务体系，特别是要努力改善小企业发展环境。四要努力促进信息产业发展和网络信息安全。要抓住和培育新的增长点，促进电子信息和现代通信业的更大发展，大幅提高在国民经济中的比重。要高度重视日益突出的网络与信息安全问题，加强保障手段和技术能力建设，依法加强网络监管，确保国家经济安全、国防安全、政治安全、文化安全。五要积极推进部门职能转变和自身建设。要不断提高指导行业科学发展的能力、依法行政的能力、加强行业管理的能力。要加强协调，拓宽工作思路，提高工作效能，充分调动地方的工作积极性，更好地发挥工业行业协会的作用。

工业和信息化部领导重要讲话

李毅中部长在全国工业和信息化工作会议上的报告（摘要）

（2009 年 12 月 21 日）

同志们：

这次会议，是在我国工业经济处于企稳回升的关键时期召开的一次重要会议。主要任务是，全面贯彻党的十七大、十七届三中、四中全会和中央经济工作会议精神，总结 2009 年工作，分析面临的形势，部署 2010 年主要工作，统一思想，明确任务，为圆满完成明年各项工作奠定基础。党中央、国务院对工业和信息化工作高度重视。中央政治局委员、国务院副总理张德江同志到会作了重要讲话，我们深受鼓舞和激励，全系统要认真学习领会贯彻。

下面，根据部党组讨论的意见，我讲四个问题。

一、2009 年的主要工作

今年是进入新世纪以来我国经济社会发展最为困难的一年，也是我们在逆境中砥砺奋进、经受严峻考验的一年。去年下半年以来，国际金融危机迅速扩散蔓延，世界经济深度衰退。我国经济受到严重冲击，产品出口骤然下降，工业品价格跳水，企业生产经营困难，大量民工返乡，工业经济增速大幅下滑。在党中央、国务院的正确领导下，工业和信息化系统紧紧围绕扩内需、保增长、调结构、惠民生的目标，坚定信心，迎难而上，狠抓落实，实现工业经济回升向好，为经济平稳较快发展做出了突出贡献。

——工业增速止跌回升企稳向好。（略）

——企业效益降幅收窄。（略）

——结构调整和节能减排取得新进展。（略）

——信息产业服务经济社会能力增强。预计全年，通信业务总量增长 14%，业务收入增长 4%，电话用户数达到 10.6 亿户，其中移动电话 7.4 亿户。软件服务业销售收入同比增长 20%。

一年来，全系统重点开展了以下工作。

（一）认真落实中央一揽子计划和政策措施，应对国际金融危机成效明显。（略）

（二）支持企业加快技术改造，中央财政贴息补助资金带动效果显著。（略）

（三）着力推进结构调整升级，增强工业可持续发展后劲。（略）

（四）加大重大专项实施和质量品牌建设力度，着力解决制约工业发展的技术瓶颈。（略）

（五）切实解决企业生产经营困难，大力扶持中小企业发展。（略）

（六）扎实推进 3G 发展与两化融合，信息化建设取得新进展。围绕扩大内需和优化市场格局，顺利发放了 3G 牌照，网络建设和业务推广应用全面展开。预计全年完成投资 1435 亿元，建设基站 28.5 万个，用户超过 1000 万，有效拉动上下游产业发展。TD 商用取得实质性进展，产业链加快完善，TD 演进技术方案成为 4G 国际标准候选技术之一。宽带基础设施进一步完善，通信业转型步伐加快，非话业务收入占全部业务收入的比重达到 37%。电信体制改革配套政策稳步推进，基础设施共建共享取得积极成效，电信资费综合价格水平比上年下降 9%。部署开展治理互联网低俗之风、整治手机淫秽色情专项行动，网络与信息安全管理得到加强，为维护社会稳定做出了努力。进一步明晰了信息化与工业化融合的思路和措施，企业、行业、区域三个层面的两化融合试点示范有序开展，应用信息技术改造提升传统产业效果明显。电子政务、电子商务深入推进，农村通信和信息化建设取得新的进展，三网融合积极推进。

上述六项工作，是应对危机保增长的需要，是今年工作的重心。部的其他工作，包括工业行业管理、电信市场监管、无线电管理、法制建设、国际合作，以及党的建设、组织人事、后勤保障、老干部服务、党风廉政建设等，围绕中心、服务大局，成效明显。国家国防科工局、国家烟草专卖局加强军工科研生产和烟草专卖管理，取得了突出成绩。部属高校学习实践活动取得良好成效，人才培养、科学研究、队伍建设取得了新的进展。各通信管理局和部属事业单位围绕部中心工作，加强监管服务和支撑能力建设，成效显著。各行业协会发挥桥梁纽带作用，为行业管理做出了重大努力。各省市工业和信息化主管部门在顺利组建的同时，坚持从大局出发，围绕应对国际金融危机，认真贯彻落实地方党委政府和部的各项决策部署，克服重重困难，创造性地开展工作，做到了改革、工作两不误，为地方经济社会发展做出了积极贡献。在这里，我代表部党组向全系统的同志们表示诚挚的感谢！

在肯定成绩的同时，要清醒地认识到我们工作中存在的不足。主要是，在应对国际金融危机中，制定实施相关政策措施还不够及时有力，对前瞻性、方向性、战略性重大问题的研究还不够深入；部机关“三定”规定所赋职责没有完全到位，与相关部委之间的沟通协作有待加强，干部队伍工作能力、业务水平与全面履行职责要求还有差距；工业行业管理体系尚未完全建立，对地方的指导和支持、帮助不够，行业中介组织的作用发挥还不够充分。这些问题的责任首先在部党组，要高度重视、认真解决。

二、工业发展面临环境和明年工作要求

（一）工业发展面临的国内外环境（略）

（二）明年工作总体要求和原则

明年工作的总体要求是，全面贯彻党的十七大、十七届三中、四中全会和中央经济工作会议精神，以邓小平理论和“三个代表”重要思想为指导，深入贯彻落实科学发展观，坚持走中国特色新型工业化道路，以结构调整和发展方式转变为主线，切实提高工业增长的质量和效益，突出抓好技术改造和自主创新，突出抓好推进节能减排、淘汰落后和兼并重组，突出抓好培育发展战略性新兴产业，突出抓好信息化与工业化融合、军民结合，努力实现工业通信业平稳较快发展。

按照上述要求，重点把握好以下五个原则。

一是把改善供给结构、促进扩大内需作为保持工业平稳较快发展的根本途径。扩大内需是我国工业发展的长期战略方针和基本立足点。要大力开拓国内市场，改善供给结构，引导促进消费，促进工业增长由应对危机时主要依赖投资拉动和政策支撑，向更多依靠内需特别是消费需求拉动转变。

二是把技术改造和自主创新作为转变工业发展方式的中心环节。在发展理念、政策措施、保障条件等方面把技术改造和自主创新放在更加突出的位置，进一步完善体制机制。不断突破关键技术并推进产业化，应用高新技术和先进适用技术改造提升传统产业，使技术改造和自主创新贯穿于新型工业化发展全过程。

三是把控制总量、兼并重组、淘汰落后、节能减排、品种质量、产业升级作为工业结构调整的重要举措。充分利用危机带来的倒逼机制，整合生产要素，抑制产能过剩，促进结构调整。推进企业兼并重组，淘汰落后产能，促进节能减排，创新品种提高质量，发展生产性服务业，实现保增长与调结构相统一，增强工业经济整体素质。

四是把推进信息化与工业化融合作为促进工业在高起点加快发展的长期任务。信息技术是经济增长“倍增器”、发展方式“转换器”和产业升级“助推器”。要深入贯彻国家信息化发展战略，围绕调整产业结构、转变发展方式，进一步做强信息产业，重点深化信息技术在传统产业中的应用，推动工业优化升级，推进社会信息化稳步发展。

五是把培育战略性新兴产业作为抢占国际经济技术竞争制高点的主攻方向。经济危机往往孕育新的科技革命和产业发展机遇。我们具备一定的比较优势和广阔的发展空间，应及早布局，重点培育。掌握一批自主关键技术，形成适应国际竞争和市场需求的先进生产能力，使战略性新兴产业成为未来发展的新增长点。

（三）明年工业通信业发展主要目标

——工业增长指标。规模以上工业增加值同比增长11%左右（含能源工业）。其中，原材料工业增长12.5%，装备制造业增长12.5%，消费品工业增长10.5%，电子制造业增长8.5%，国防科技工业增长15%。包括技术改造在内的工业投资增长20%左右，出口交货值增长8%左右。

——结构调整和节能减排指标。按进度完成国务院确定的淘汰落后产能计划任务。万元工业增加值能耗降低7%，工业固体废物综合利用率提高1.5个百分点，促进“十一五”节能减排指标完成。

——通信业和生产性服务业指标。电信业务总量增长12%左右，业务收入增长4.5%左右。电信综合资费水平下降9%。软件服务业收入增长20%左右。

根据中央确定的经济增长8%左右的预期目标，我们将工业增速指标定为11%左右，既保持一个适度的增速，又不追求过高的目标。主要是希望在保持工业平稳较快发展的同时，引导地方、行业和企业把工作重点放到转变发展方式、调整结构、提高工业增长的质量和效益上。无论从完成GDP增长8%的要求看，还是从工业增长的潜力、国内外环境、基本走势看，这个速度是必要的、可能的，也是适宜的。工业节能减排指标具有一定的约束性，各地工业和信息化主管部门要千方百计努力完成。

三、2010年的主要工作

（一）继续落实中央一揽子计划，促进工业经济平稳较快发展。（略）

（二）推动结构调整取得实质性进展，突出抓好节能减排、抑制产能过剩、淘汰落后和兼并重组。（略）

（三）全面落实促进中小企业发展的政策措施，不断优化发展环境。（略）

（四）加强科技创新和成果转化，持之以恒抓好质量品牌建设。（略）

（五）培育发展战略性新兴产业，促进形成新的竞争优势和经济增长点

结合“十二五”规划编制，初步考虑把信息网络、先进制造业、生产性服务业和新能源、新材料、生物医药等领域作为培育重点。制定专项规划和产业政策，加强研发支持，力争形成一批自主技术和标准，加快推动产业化，促进结构优化

升级。

信息产业。一是以 3G 和 TD 发展为契机，加快推进通信业转型发展。继续支持 3G 建设，做好 TD 及演进技术研发、标准研制与产业化。加强对增值电信业务政策支持，促进融合型技术和业务发展，推动向融合化、多媒体化和集成化综合信息服务转型。推进三网融合取得实质性进展，促进电信和广电业务双向进入。二是规划引导下一代网络发展。加快培育物联网产业，制定技术产业发展规划和应用推进计划，发展关键传感器件、装备、系统及服务。推进国家传感信息中心建设，促进物联网与互联网、移动互联网融合发展。三是加大对集成电路、新型显示器件、专用电子设备和材料、基础软件等领域的支持，实现关键技术自主可控。调整电子信息制造业产品结构，努力扩大国内市场。引导芯片设计企业和整机企业加强合作，促进国产基础软件和国产芯片互动发展，加快推进液晶、等离子的产业化和下一代显示技术研发，加快彩电工业转型升级。

先进制造业。（略）

生产性服务业。以支撑新兴产业发展和传统产业升级为目标，以软件信息服务为抓手，促进制造业和服务业融合互动发展。推动工业软件和行业应用解决方案研发，开展应用示范试点。完善软件公共服务体系，培育信息技术服务市场，落实服务外包发展政策，务实创建中国软件名城。加快发展电子商务、现代物流、工业设计和管理咨询，支持地方拓展各具特色的生产性服务，促进服务业规模化、品牌化、网络化经营。

同时，在新材料、生物医药等领域，要结合我国已具备的技术和产业基础，着重从核心技术突破和产业化推进两方面下功夫，拓宽产业发展空间。

（六）建设先进国防科技工业，推动军民融合式发展。（略）

（七）推进两化融合向纵深发展，促进社会领域信息化

抓住切入点，做好两化融合试点示范。总结试点成功经验，制定推进信息化与工业化融合的若干意见，继续从企业、行业、区域三个层面推进融合工作。企业层面，围绕研发设计、过程控制、企业管理、物流市场、人力资源开发、新兴产业和技术改造等七个环节，支持一批试点示范企业和项目，带动企业信息化上水平，深化基于互联网平台的中小企业信息化服务。行业层面，深化信息技术行业应用，继续开展原材料、装备、消费品工业两化融合典型经验交流和推广，扩大行业融合发展水平评估范围。区域层面，支持区域两化融合促进中心建设，加大对地方两化融合项目的支持力度，鼓励支持各地对传统工业改造提升，发展特色工业，扩展现代物流，提升两化融合试验区发展水平。同时，进一步加快工业应用电子产品和解决方案的发展，夯实融合的技术基础。支持汽车电子、机床电子、工业控制及检测等产品和系统的研发，引导信息技术企业与工业企业开展多层次的合作。

围绕改善民生，推进社会领域信息化。加强统筹规划和指导协调，推动信息技术在社会相关领域的应用。促进电子政务的信息共享和业务协同，推进信息资源开发利用和网络新技术应用。推动工程建设领域信息公开和诚信体系建设。继续推进村村通电话工程，重点由信息基础设施建设向信息服务拓展。全面开展“信息下乡”活动，规范加强农村综合信息服务站建设。

（八）把网络与信息安全放在更加突出的位置，维护国家安全和社会稳定

互联网发展迅速，创新活跃，应用广泛，已成为现代社会重要的信息基础设施。但同时，网络与信息安全问题也日益突出，对国家经济安全、政治安全、社会安全、文化安全带来新的挑战。要深刻认识维护网络与信息安全的重要性、艰巨性，认真落实中央决策部署，明确工作定位，坚持发展与管理并重，以安全保发展、在发展中求安全。

抓好四个方面重点工作。一是全面贯彻落实国务院关于加强新时期网络与信息安全工作的意见，协调推进法制建设、基础信息网络和重要信息系统安全保障。加快制定相关法律法规和技术标准。加强电子认证服务监管，加快电子签名推广应用。以安全检查、应急管理和互联网安全接入为抓手，做好对政府部门、重点行业信息安全保障的指导和督促检查。二是加强保障手段和技术能力建设。继续抓好国家网络信息安全基础设施建设，完善网站备案管理。加大信息安全技术与产品研发力度，加强对新技术新业务带来的网络信息安全风险的跟踪研究，推进计算机自主可控关键软硬件应用。三是督促企业严格落实网络信息安全责任，用一年左右的时间集中开展依法打击手机淫秽色情专项行动。加强互联网基础管理，配合有关部门坚决遏制各类有害不良信息传播。充分发挥中国互联网协会、通信行业协会等社团、中介组织作用，推进行业自律。四是完成上海世博会、广州亚运会等重点活动通信、无线电和网络信息安全保障任务。扎实做好网络安全防护工作，加强党政专用通信管理，提升保障能力和服务水平。

另外，要扎实做好“十二五”规划编制工作。（略）

四、保障措施和工作要求

进一步应对国际金融危机、保持工业经济平稳较快发展是当前的重点工作，走新型工业化道路、促进工业由大变强，是长远的目标任务。我们工作领域宽、涉及面广，任务重、困难多、责任大，极具探索性、挑战性和风险性。必须切实转变职能、转变观念、转变作风，在完善措施、狠抓落实上下功夫，为各项工作和任务完成提供有力保障。

第一，全面履行工业通信业行业管理职责，强化行业指导和统筹协调。

根据工业化、信息化发展的新形势、新要求，加强前瞻性、方向性、战略性重大问题研究，丰富完善发展思路。管好规划、管好政策、管好标准，营造良好环境，提高指导行业科学发展的能力。规划方面，充分发挥规划的导向和约束功能，提出科学的预期性和约束性指标，确定一批重点工程，提高规划的科学性和针对性，保证规划目标、战略重点、产业布局、投资安排和政策措施间的合理衔接。政策方面，根据产业发展和宏观调控需要，充实完善工业、通信业和信息化政策体系。梳理相关法律法规和规章制度，依轻重缓急修订制定，不断健全完善。制订实施鼓励性、竞争性、限制性产业政策，引导资源合理配置。加强产业政策与财税、金融、土地等政策配合，实行适度、适时的引导和调控，促进产业健康发展。标准方面，发挥标准对工业通信业发展的引导和规范作用，创新工作机制，加快完善标准体系，改变多年来部分行业管理弱化造成的工业标准滞后局面，提高标准水平，夯实行业管理的技术基础。

加强行业管理基础建设，提高工业通信业经济运行监测分析水平。加快运行监测网络建设，完善基础数据库，密切监测重点行业、地区、企业运行情况，及时全面准确掌握生产要素、市场动态信息。跟踪关注国际国内经济走势和市场变化，加强分析研判和预测预警预控，做好信息发布工作。加强日常运行重大问题的组织协调，做好应急管理工作。各地要抓好煤电油气运等生产要素保障，采取针对性措施，加强和改进对企业的服务。继续组织做好甲型H1N1流感药物疫苗生产储备。

第二，加强电信监管和工业品生产管理，创造公平有序的市场环境。

遵循电信市场竞争发展规律，加强新形势下的电信市场监管，增强竞争活力，优化发展环境。继续深化电信体制改革，完善电信行业有效监管政策。加大监管力度，规范市场竞争秩序，严肃查处破坏互联互通、互联网违规接入等不正当竞争行为。继续推进电信基础设施共建共享。面向社会、服务民生，抓好服务规范和服务质量，保护消费者合法权益。推进电信资费管理方式改革，构建安全和谐消费环境。

按照“管好频率、管好台站、管好秩序”的要求，加强无线电频率资源的集中统一管理，加大无线电监测和干扰查处力度，保障各类无线电业务安全使用和健康发展。加强频率及卫星网络的国际协调。做好对无线电频率占用费转移支付专项资金使用的指导。

加强行业准入和部分重要工业品生产管理。完善汽车、焦化、农药等行业准入管理制度，做好卷烟、糖精、食盐和黄金、稀土等产品的生产管理。强化国家履行禁止化学武器公约组织协调工作。继续做好国家医药储备、食盐储备和烟草专卖管理工作。积极配合有关执法监督部门，将产业政策、行业准入条件与国家各项监管制度有机结合，抓好专项整治活动。配合做好食品、药品的监督、指导和综合治理。强化行业安全生产指导，提高本质安全水平，促进民爆行业安全稳定发展。

第三，加快职能转变和管理创新，建设高水平服务型政府。

一是进一步落实“三定”规定，加强与相关部门的协作磨合，促进各项职责到位。推进转变职能和管理创新，集中精力为市场主体创造良好的生产经营环境，充分发挥市场配置资源的基础性作用，依法履职，做到不缺位、不越位、不错位。二是着力推进依法行政，严格按照法定权限和程序开展工作。重大决策做到程序依法规范、过程民主公开、结果科学公正。完善行业发展所需要的法律法规体系，配合有关部门做好电信法、信息安全法、无线电管理条例、船舶工业发展条例等的制修订和立法工作。三是深化行政审批制度改革，切实减少和规范行政审批，减少对微观经济运行的干预，做好政务公开和政府信息公开，办好部门户网站，自觉接受社会监督。四是着眼解决制约工业发展的体制性矛盾，在资源性产品价税改革、财税体制改革等推进过程中积极提出意见建议。配合做好盐业体制改革工作。毫不动摇地支持引导非公有制经济发展，推动在行业准入、招投标和政府采购等方面为非公有制经济提供同等政策待遇。

第四，推进工业和信息化系统建设，提高凝聚力和战斗力。

一是加强部机关与地方工业和信息化主管部门的工作联系，加强业务指导，重大决策广泛听取地方意见建议，重大项目、重要业务更多地发挥地方的作用。各省市工业和信息化主管部门要按照地方党委政府的部署和部里工作要求，狠抓各项重点工作落实，在工业结构调整和发展方式转变中发挥重要作用。二是充分发挥行业协会的桥梁、纽带和支撑作用。健全委托服务、购买服务、信息交流等制度，依靠协会开展行业管理基础性工作，协调帮助协会解决有关困难和问题。希望行业协会进一步转变观念，强化行业自律，加强自身建设，不断提高服务能力和水平。三是各通信管理局要适应通信业发展形势和任务的变化，克服人手少、经费紧等困难，加大市场监管和网络信息安全管理力度，更加积极主动融入地方经济社会发展大局，加强与地方工业和信息化主管部门的沟通协作。四是进一步推动部属高校教育事业发展。巩固和发展学习实践科学发展观活动成果，面向工业化、信息化和国防现代化，继续实施以提高人才培养质量、科研实力和办学水平为重点的“一提三优”工程。编制“十二五”教育事业发展规划。五是组织部属事业单位积极参加部相关业务工作，密切工作联系，发挥其重要作用。部属各单位要紧紧围绕部的中心工作，做好决策咨询和服务支撑，稳步推进改革，规范内部管理。

第五，建设学习型机关，树立良好工作作风。

全系统要把思想行动统一到中央对明年经济工作的部署和安排上来，认清形势，振奋精神，增强紧迫感和责任感，全力以赴完成各项工作任务。全体干部特别是领导干部，要按照四中全会要求建设学习型机关，在应对国际金融危机冲击、转变发展方式的实践中，提高履行职责、指导行业科学发展的能力。

要切实落实工作责任，加强对党中央国务院决策执行情况的督察，保证政令畅通。部机关要继续推行目标责任制，健全重大事项执行情况定期检查和专项督查制度。对中央交办的每一件工作、对地方和企业报来的重要文件和事项，都要跟踪进度，督促检查办理结果，并及时报告反馈。进一步发扬勤勉敬业、求真务实、勤政为民的作风，注重调查研究，切实改进会风文风，注重实效，控制各类研讨会、论坛数量，以良好的作风和精神面貌完成各项工作任务。

进一步加强机关的团结融合，互相尊重、互相学习、互相支持，密切协作配合，不断提高工作效率和工作水平。关心干部职工的成长，拓宽培养和发展的有效渠道，为他们的健康成长创造良好环境。尽力改善机关办公条件，切实解决干部职工生活中的突出问题，重视做好离退休干部工作。加强反腐倡廉建设，积极推进惩治和预防腐败体系建设，勤政廉洁、克己奉公，建设廉洁机关。

同志们，走中国特色新型工业化道路，推进结构调整、转变发展方式，任务艰巨，责任重大。让我们紧密团结在以胡锦涛同志为总书记的党中央周围，坚定信心，团结奋斗，迎难而上，开拓进取，提高工业经济增长的质量和效益，为经济社会又好又快发展做出积极的贡献。

奚国华副部长在通信服务座谈会上的讲话

（2009 年 3 月 3 日）

同志们：

大家上午好！很高兴参加通信服务座谈会。在当前金融危机影响不断蔓延和加剧、电信体制改革任务基本完成的新形势下，我们召开这次通信服务座谈会，围绕“服务社会，服务民生”的主题，研究探讨如何进一步提高电信服务质量水平，如何更好地保护消费者的权益，我觉得很有意义。下面，我讲三点意见。

一、当前通信行业发展情况和面临的问题

我首先简要通报当前通信业发展情况。2008 年，电信业务总量完成 22440 亿元，增长 21.0%，业务收入 8139.9 亿元，增长 7.0%。实现增加值 4726.2 亿元。电话用户新增 6909 万户，总数达到 9.8 亿户。其中，固定电话用户减少 767.4 万户，达到 3.41 亿户；移动电话用户新增 9392 万户，达到 6.41 亿户。互联网继续保持快速发展，上网人数达到 3.0 亿人，规模超过美国跃居世界第一，其中宽带上网人数 2.7 亿人。完成电信固定资产投资 2953.7 亿元，增长 29.6%。电信资费水平大幅下降，综合价格水平同比下降 11.5%，移动通信资费的下降更加明显，基本实现了单向收费，长途和漫游资费大幅下调。电信技术与服务广泛应用于社会生产和人民生活的各个方面，广大人民群众更加充分地享受到了电信改革发展带来的实惠和便利。

总体看，当前通信业发展呈现以下主要特点。一是发展增速明显放缓，东部发达地区影响显著。2008 年电信业务收入增速仅为 7%，增速呈持续下滑趋势。其中 8、9、10、11 四个月单月业务收入同比增速从年初的 10%下滑至 4.7%、6.8%、6.4%和 2.7%，12 月份回到 7%。东、中、西部地区电信业务收入同比增长 7.0%、7.8%和 10.7%。二是移动业务增速放缓，固话业务继续下滑，移动业务对固话业务的替代进一步加剧。2008 年 1～12 月份，移动用户平均每月新增约 783 万户，移动通信网业务收入同比增长 15.1%，占电信业务收入比重达 55.1%；固定电话用户平均每月减少约 206 万户，固定本地业务收入同比下降 9.4%。三是非话业务呈高速增长态势。2008 年，非话类业务高速发展，同比增长 23.1%，占总体业务收入的比重比上年同期增加了 5 个百分点，达到 33.1%。非话业务高速增长主要来源于增值业务和互联网接入业务拉动。四是电信企业发展不均衡，市场竞争实力差距较大。2008 年 1～11 月，中国移动、中国电信和中国联通收入增幅分别为 15.5%、3.7%和-2.57%。中国移动的用户、收入和净利润份额分别占到全行业的 47.4%、51.9%和 82.5%。全行业发展主要依靠中国移动一家拉动。

当前，随着国际金融危机影响加剧，通信技术快速发展，电信体制改革深入推进，我国通信业出现了一些值得关注的新情况、新问题，需要我们深入思考、认真对待。

（一）金融危机对我国通信业的影响正在逐步显现。去年以来，国际金融危机愈演愈烈，从局部发展到全球，从发达国家传导到发展中国家，从金融领域扩散到实体经济，波及范围之广、影响程度之深、冲击强度之大，历史罕见，超乎预料。在金融危机冲击下，世界经济严重受挫，去年三季度以来，美、欧、日等发达国家经济全面下降，新兴市场国家经济增速显著放缓。最近公布的数据显示，美国经济去年第四季度同比下滑 3.8%，创 26 年最大降幅；欧元区第四季度 GDP 同比下降 1.2%，创下 14 年来的新低；日本去年第四季度同比下降 12.7%，为近 35 年来的最大跌幅。在世界金融经济危机冲击下，我国经济形势急转直下，特别是工业领域尤为明显，增长速度明显放缓，下行压力加大，行业亏损增加，企业经营困难加剧。从 6 月份开始，规模以上工业增加值从 16%（6 月份）、14.7%（7 月份）、12.8%（8 月份）、11.4%（9 月份）、8.2%（10 月份），一直回落到 11 月份 5.4%，12 月份稍有回升，为 5.7%。通信业发展依托于国民经济，国民经济增速的减缓，也必将使通信业受到影响。2008 年，电信业务收入增速仅 7%。尽管这种增速回落有资费价格下降、结构替代等原因，但金融危机影响也不可忽视。目前，国际金融危机尚未见底，其严重后果还会进一步显现。今年 1 月 28 日，国际货币基金组织再次将2009年世界经济增幅的预测值由2.2%下调至0.5%，将是二战以来的最低增长率，其中发达经济体增幅为-2%，新兴和发展中经济体的增幅将从 2008 年的 6.3%降至 3.3%。对此，我们必须有清醒的认识，密切跟踪情况，积极主动应对，为扩大内需、促进增长作出应有的贡献。要以发展 3G 为契机，加大投资力度，加强网络基础设施建设。加快实施村村通工程，推进农村信息化建设，大力拓展农村消费市场。

（二）通信技术发展演进带来新的机遇和挑战。驱动通信业发展有两个动力，一个是市场需求，另一个是新技术和新业务。在技术业务加快发展时期，新技术和新业务拉动作用更加明显。当前信息通信技术正处于重要的转折期，移动化、宽带化、IP 化、融合化趋势日益明显，对通信业发展既带来良好机遇，也带来严峻挑战，关键在于我们能否抓住机遇，应对挑战，实现又好又快发展。目前，有几个方面应引起我们高度重视。一是互联网技术。互联网新技术新业务发展很快，尤其是基于 WEB2.0 技术出现了许多附加值很高的新业务，对传统的业务模式、经营模式产生了巨大的冲击。互联网的潜在市场不可估量，同时互联网是三网融合和电信转型的重要切入点，要认真研究互联网技术、业务的发展，如 IPV6、基于 WAP2.0 的业务开发等。二是移动通信。移动通信是通信业今后发展的重点领域，要跟踪研究 3G、LTE、4G 技术的发展，把握行业发展趋势和主动权。三是固定电话。从通信发展趋势看，固网用户和业务量将逐步下降，被移动通信、互联网所取代。但固网以其特有的优势将长期存在，问题是要扬长避短，挖掘潜力，实现转型发展。四是“三网融合”。“三网融合”已是大势所趋。目前，IPTV 和手机电视非常活跃，是通信业新的增长点之一。要根据中央有关精神，继续加强与有关部门的协调沟通，从业务、网络和终端等层面加快推进。面对技术、业务发展带来的机遇和挑战，通信业必须深刻把握技术发展演进规律，加大自主创新力度，增强行业实力和竞争力，增强对行业发展的主导权。当前，特别要大力推进 TD 发展，推进核心芯片、终端及测试设备产业化，加强增强型技术研发，推动大规模商用。

（三）市场形势和竞争格局出现新变化。这种变化，我认为有三个方面。一是信息化与工业化融合为通信业发展带来良好机遇。十七大提出大力推进国民经济信息化，促进信息化和工业化融合，为通信业发展开辟了广阔的市场空间。同时，市场需求日益向着多样化、移动化、融合化的方向发展，必将催生更多的新业务和新产品，为电信企业拓展业务领域和价值空间创造了条件。二是新的市场竞争格局初步形成。在基础电信市场，原来是六家企业竞争，经过改革重组，形成了三家骨干企业竞争格局。但目前电信企业发展不均衡，市场竞争实力差距依然存在。三是电信运营企业实现全业务经营。这为电信企业在新的起点上实现更大的发展，增添了新手段，注入了新活力。市场形势和竞争格局的这些新变化，对三家基础电信企业来说，既是机遇，也是挑战。政府部门要大力推进深化电信体制改革，加快研究制定电信改革配套政策，优化市场竞争结构。全行业要抓住推进信息化与工业化融合的机遇，牢固树立信息服务大行业观念，充分发挥全业务经营优势，进一步拓宽发展领域，培育新的经济增长点。要努力争取 2009 年通信业务总量增长 15%左右，业务收入增长 6%左右。

（四）电信监管面临新的挑战。当前，行业面临深刻的变革，信息化与工业化加速融合，对电信监管提出了新的更高要求。通信业发展必须坚持服务社会、服务民生。电信监管必须坚持以人为本、监管为民和社会利益最大化原则，进一步转变政府职能，提升监管的能力与效率。从目标上看，要从过去以市场监管为主的公共行政型向以公共服务和社会管理为主的公共管理型转变，从过去以微观管理为主和注重内部管理向以宏观调控为主和更加注重战略管理转变。要将经济管理职能转到创造良好的市场环境上来，从制度上更好地发挥市场在资源配置中的基础性作用，强化政府的市场监控职能。从手段上看，要坚持依法行政，认真履行职责，做到不缺位、不越位。要创新管理手段，加强对行业发展的积极引导。认真研究市场经济条件下政府管理经济的范围、手段、方式和方法，增强宏观分析能力，进一步加强宏观研究和指导，建立电信业日常监测体系。从内容上看，主要有三个抓手：一是抓好农村通信发展，继续实施村通工程，推进向自然村延伸，扩大网络覆盖，提高农村通信和信息服务水平。二是抓应急通信保障，增强应急通信保障能力，健全应急管理体系，加强应急通信基础设施建设，加大物质储备力度，建立部门之间的应急联动机制，加强应急通信保障队伍建设。三是抓网络与信息安全管理，进一步夯实互联网管理基础，加强对有害不良信息、恶意软件等的整治，积极推进文明办网、文明上网，全面开展网络安全防护体系建设，着力提升网络安全保障水平和应对突发事件的能力。

二、近年来通信服务工作取得很大成绩

近年来，经过各方面的共同努力，通信服务工作取得显著成效，突出体现在三个方面：

一是关键时刻靠得住。在去年抗击年初南方部分地区雨雪冰冻灾害和四川抗震救灾中，通信行业克服困难，不怕牺牲，连续作战，认真做好应急通信保障，尽快恢复受损通信设施，保障了抗灾救灾指挥部门和重要系统的通信需求，并为灾区百姓提供了临时特色亲情服务和人文关爱。奥运期间，通信行业以完善的措施、扎实的工作、优良的作风，保障了重要系统安全运行，维护了网络与信息安全，提供了丰富安全的通信服务，赢得了社会各界的好评。

二是热点治理有成效。去年我们加大监管力度，垃圾短信治理取得阶段性进展，依法打击网络淫秽色情等有害信息专项行动取得积极成效，关闭非法网站网址6520个，删除网上不良信息5.1万条。增值业务收费和服务治理深入推进。目前正在进行的整治网络低俗之风专项行动取得了阶段性成果。

三是村通工程效果好。2004年以来，通信行业实施村村通电话工程，五年累计直接投资460亿元，共为7.4万个行政村和5.3万个20户以上自然村新开通电话，全国通电话行政村、自然村比重分别达到99.7%、92.4%。农村互联网和信息服务迅速发展，全国98%的乡镇能上网、95%的乡镇通宽带，27个省份现实“乡乡能上网”。

在看到成绩的同时，我们也要清醒地看到，当前电信服务方面依然存在一些值得注意的问题。比如，2008年有关部门共受理用户关于电信服务的申诉3.8万人次，年度申诉率为39.5（人次/百万用户），较2007年有所上升；信息服务和数据业务收费争议、业务宣传误导用户以及服务承诺履行不到位等用户申诉涉及的重点问题还比较突出。再比如，少数增值电信企业存在虚假宣传诱骗消费、不提供业务而收费等违规行为。对这些问题，我们高度重视，认真解决。

三、对做好今年通信服务工作的几点意见

刚才，金生同志代表工信部行风办通报了近年来通信行风建设情况，分析了当前通信服务工作面临的形势和主要任务，提出了2009年的重点工作。中国电信、中国移动、中国联通的主管领导同志分别介绍了各自的工作方案和措施。国资委、中国消费者协会领导和全国电信用户委员会代表对做好通信服务提出了要求和建议。会议开的很好，很有成效。下一步关键是要抓好各项工作和措施的落实，切实抓出特色、抓出成效，促进通信服务质量得到实质性的改善和提高。这里，我再强调几点。

第一，充分认清形势，提高思想认识，进一步增强做好通信服务工作的责任感、紧迫感

当前，我国正处于战略的机遇期、发展的关键期、改革的攻坚期和矛盾的凸现期，经济体制深刻变革，社会结构深刻变动，利益格局深刻调整，思想观念深刻变化，各种矛盾相互交织，利益关系更加复杂。在国际金融危机影响下，我国经济增长下行压力加大，社会矛盾和问题增多，构建和谐社会，面临新的挑战。中央提出要保增长、保民生、保稳定，要坚持把改善民生作为保增长的出发点和落脚点，注重把保增长、扩内需同改善民生紧密结合起来，急群众所急，解群众所难，进一步解决好人民最关心最直接最现实的利益问题，切实维护社会稳定。电信业是国民经济的基础性、先导性、战略性产业，必须讲政治，顾大局，坚决贯彻落实党中央、国务院决策部署和要求，努力为保增长、保民生、保稳定作出积极贡献。

从行业自身看，通信服务工作面临许多新情况、新问题、新要求。首先，要围绕保增长，以启动第三代移动通信发展为契机，加强网络基础设施建设，加快技术业务创新，刺激消费需求，为拉动内需、促进就业，推动经济社会平稳较快发展作出贡献。其次，电信体制改革带来新挑战。今年是深化电信体制改革工作到位后的第一年，三家基础运营企业已成为全业务经营者，通信服务面临新的市场竞争环境。再次，新技术新业务发展对通信服务工作带来不确定因素。如3G新业务的不成熟以及通信质量问题可能引发用户的不满。最后，目前用户对电信行业的要求越来越高，维权意识不断增强，需要通信服务质量得到持续改进和提高。

面对新形势、新任务、新要求，我们要站在构建社会主义和谐社会的高度，站在服务社会、服务民生的高度，牢固树立政治意识、大局意识，牢固树立监管为民、发展为民的理念，进一步增强责任感、紧迫感，加大工作力度，创新工作方式，扎实做好通信服务各项工作。

第二、坚持服务社会、服务民生，统筹兼顾、突出重点，全面提升通信服务质量

通信行业与经济社会发展联系密切，与百姓生活息息相关。做好通信服务工作，必须坚持服务社会、服务民生，着眼于国家发展大局，着眼于行业自身实际，统筹兼顾，突出重点，全面推进，不断提升通信服务质量。关于今年的工作，指导意见已经作出了全面部署。这里我强调几点。

一是加强热点问题整治。当前利用通信工具进行涉嫌诈骗活动问题引起了社会各界的普遍关注。要加强与相关部门密切配合，继续深入开展整治工作，强化制度建设，完善工作措施，从事前防范、事中配合以及事后曝光等环节加大工作力度，建立垃圾短信管理平台，在全国推广和优化手机终端反垃圾短信软件下载服务，向用户提供自主防范手段。电信资费始终是用户关注的重点。监管部门要进一步规范市场价格竞争秩序，严防出现恶性竞争，推动企业进一步简化资费结构，减少套餐种类，方便用户消费。要依法严厉查处各类价格违规行为和不正当价格竞争行为。

二是扎实做好改革重组后的用户服务工作。电信重组中，中国电信与中国联通两家企业完成了CDMA网络交易。在CDMA网络、业务交接和用户迁移过程中，如何采取措施保证服务质量、保护用户权益，十分重要。经过各方面的共同努力，目前各项工作总体进展顺利，消费者、资本市场和社会各方面反映良好，但随着CDMA运营主体的变化，也出现了由于CDMA业务资费及服务变更引发用户不满和申告的情况。工信部已专门发文提出了明确要求。企业要采取有效措施，认真抓好落实，保障既有电信服务协议和服务承诺的履行，个别因为客观原因原有服务项目取消或服务内容需要变更的，要尽可能提供相适应的替代业务，并做好对用户的解释说明工作。

三是切实加强用户权益保护。要抓紧研究制定3G移动通信业务服务规范，修订和完善电信服务规范和电信用户申诉受理暂行办法，进一步完善和优化制度环境。要妥善做好用户申诉处理工作。用户申诉不是一个简单的问题，处理起来稍有不慎就有可能引发社会问题。在当前情况下尤其如此。全行业一定要有高度的政治敏感性，妥善处理用户的申诉申告，及时依法查处和打击各种侵害用户权益的违规行为，千万不能激发矛盾，给国家添乱，影响社会稳定。要坚决避免通信服务问题引发群体性事件，坚决避免通信服务问题成为社会矛盾爆发的导火索。

四是大力推进村通工程。村通工程是通信行业服务农村、服务民生的一项重要举措。2009年的工作任务已经明确。全行业要在过去工作的基础上，加大工作力度，完善各项措施，加快农村通信基础设施建设，提升农村信息通信服务能力，不断推进农村通信和信息化向深层次发展，为“十一五”规划“村村通电话、乡乡能上网”目标的实现奠定坚实基础。

第三、加强沟通协作，健全长效机制，扎实推进通信服务工作持续深入开展

通信业属于服务业，服务是行业发展永恒的主题。推进持续改善通信服务质量，关键在健全长效机制，常抓不懈。通过多年的努力，“政府监管、企业自律、社会监督”的三位一体的电信服务质量工作机制逐步形成，有效促进了电信服务质量持续改善。面对新的形势，要在完善制度、健全机制上下功夫，促进通信服务工作制度化、规范化、经常化。当前，监管部门要着力健全和完善服务质量问题问责和督办机制，加大对恶意侵害用户权益事件的处罚力度；畅通申诉受理渠道，向社会公开通报侵害用户合法权益、造成恶劣社会影响的典型案例，敦促企业切实改进服务。要研究建立电信服务突出事件应急处理和报告机制，妥善处置用户维权和各类电信服务突出事件。企业要不断完善各级客户服务热线建设，建立健全用户和解机制，有效提高解决用户纠纷、化解矛盾的能力。

做好通信服务工作，需要各相关方面加强沟通，共同努力。要进一步采取措施，通过多种方式，加强监管部门之间、监管部门与企业之间、政府与中介组织之间、企业与中介组织之间等的互动沟通和协作，形成合力。要加强与专家学者、人大代表、政协委员和新闻媒体的沟通和交流，充分听取社会各方面对通信服务的意见和建议，同时与各级消费者协会建立密切的联系，完善沟通协调机制，争取理解，增进互信。要充分发挥电信用户委员会、通信企业协会等中介组织桥梁纽带作用，组织、引导企业做好自律，自觉承担社会责任。

同志们，做好通信服务工作，事关和谐社会构建，事关行业可持续发展。让我们共同努力，坚持把服务社会、服务大众和人民群众是否满意作为通信服务工作的出发点和立足点，不断提高服务质量，自觉维护消费者合法权益，创建文明、健康、以人为本的服务环境，为构建和谐社会作出新的贡献。

谢谢大家！

娄勤俭副部长在中国通信标准化协会第八次会员大会上的讲话

（2009年12月18日）

各位来宾、全体会员：

上午好！很高兴参加中国通信标准化协会第八次会员大会。协会2002年成立以来每次会员大会，我都参加了，亲眼目睹了协会不断发展壮大，在行业中的地位作用越来越重要。在此，我代表工业和信息化部，对大会的召开表示热烈的祝贺！

危机爆发以来，中央及时果断调整宏观经济政策，实施积极的财政政策和适度宽松的货币政策，迅速出台了十大产业调整振兴规划在内的一揽子计划，着力缓解经济运行中的突出矛盾，促进工业、通信业平稳较快增长。其中，电子信息产业调整振兴规划明确提出，加快第三代移动通信网络、下一代互联网和宽带光纤接入网建设，开发适应新一代移动通信网络特点和移动互联网需求的新业务、新应用，带动系统和终端产品的升级换代。规划实施半年多以来，我们围绕规划目标，开展了大量工作，取得明显成效。整体来看，我国信息产业度过了最困难的时期，增速下滑的势头已被遏制，运行中的积极因素日益增多，总体回升趋向已经基本明朗。

1～10月，通信业继续保持平稳发展。电信业务收入同比增长3.4%，电话用户总数合计达到10.4亿户，其中移动电话7.2亿户、固定电话3.2亿户，网民总数达到3.6亿。3G建设步伐加快。3G投资累计已完成1023亿元，拉动了通信和网络设备、移动互联网等产业加快发展，TD网络二期工程全面完工，TD网络运行质量明显改善。TD及TD演进技术研发和产业化取得新进展，在日前国际电信联盟确定的4G国际标准候选技术中，TD-LTE-Advanced技术方案成功入围，为未来宽带无线移动通信产业的发展开辟了广阔的空间。

近年来，通信标准化协会始终坚持支撑政府、服务会员、服务社会的宗旨，组织会员单位积极开展通信标准化工作，为保持通信产业平稳较快发展做出了积极贡献。在理事会的领导下，通过各成员单位和专家的共同努力下，认真落实国家和部下达的标准制修订计划，积极开展3G、通信节能、互联网、共建共享、网络与信息安全等标准制定工作，在多个领域的标准研究达到了较高的水平，并培养和锻炼了一批国际标准化人才。通过这几年的努力，协会已经成为在国内外享有

较大声誉和影响的标准化组织，为下一步更好的开展工作奠定了坚实的基础。

同志们，刚刚闭幕的中央经济工作会议把调整产业结构、转变发展方式作为明年经济工作的主线。根据中央经济工作会议精神，工业和信息化部研究提出了2010年的工作安排，其中重点将信息产业作为战略性新兴产业来培育，加快推进通信业转型发展，继续支持3G建设，做好TD演进技术研发、标准研制与产业化，积极规划引导下一代网络发展，促进物联网与互联网、移动互联网融合发展。协会作为通信行业的权威标准化组织，要按照部的统一部署，紧密围绕这一重点开展标准化工作。下面，提几点希望：

（一）继续发挥自身优势和特长，团结广大会员单位，做好通信标准化工作。要加快推进改革和发展，进一步加强管理创新、服务创新和工作模式创新，完善自身运行机制，全面提高标准化工作能力，提升为会员单位服务的能力，更好地支撑政府和产业发展。支持有实力的企业在掌握核心专利的基础上联合制订技术标准，提高具有自主知识产权的核心技术在标准中的数量。加快标准应用，推动产业化进程，从而把专利优势、标准优势真正转化为市场竞争优势。

（二）着力发挥标准在产业发展、市场监管、改善民生的支撑作用，做好重点领域的标准研究制定。要积极开展通信行业标准的清理、复审工作，进一步提升标准水平。重点抓好TD演进技术、光通信、IPTV、手机终端、新型宽带无线接入等技术标准的制定，支撑相关产业发展。同时，继续加大通信网络和信息安全、应急通信、节能减排、信息无障碍、电信基础设施共建共享等技术标准的组织制定。

（三）把握信息通信技术发展脉搏，加大对涉及战略型新兴产业关键技术标准的研究力度。当前，信息通信技术正处于更新换代的重大变革期，新一轮信息通信技术的浪潮即将到来。要以新一代网络为切入点，加大对下一代互联网技术、宽带移动无线技术、泛在网、云计算等新一代信息通信技术标准的研究。要积极配合国家重大科技专项，加大对新一代宽带无线移动通信技术的标准研究力度。加强对泛在网、物联网等的标准研究工作，推进信息网络在各行业的应用。

（四）逐步建立与国内其他标准化组织、学会、协会和联盟等畅通的联系渠道和良好的合作关系。随着信息通信技术的发展，技术的融合是必然趋势。协会要及时把握技术融合趋势，不断延伸和拓展研究领域。要加强与产业链上下游和有关各方的合作，组织开展融合技术、交叉技术标准的联合研究，形成合力，为信息通信业的转型和发展提供技术支撑。

（五）继续扩大与国际标准化组织交流合作的范围和深度。在积极参与ITU、GSC等国际通信标准化组织活动的同时，进一步加强与国际和区域标准化组织的沟通和合作，支持成员单位参与国际信息通信技术标准制定，争取更大的话语权，提升我国标准化组织在国际上的影响力。当前要全力做好4G国际标准化工作，占据移动通信产业竞争的制高点。

2010 年是实施“十一五”规划的最后一年。做好明年各项工作，对夺取应对国际金融危机冲击全面胜利、保持经济平稳较快发展、为“十二五”规划启动实施奠定良好基础具有十分重要的意义。希望协会及广大会员单位团结协作，开拓进取,继续做好通信标准化工作，取得新的更大的成绩。

2010年元旦即将来临了，祝大家新年快乐、身体健康、阖家幸福、工作顺利！谢谢大家。

杨学山副部长在中国互联网协会第三届理事会第二次会议上的讲话

（2009年11月1日）

尊敬的胡启恒理事长，各位理事，同志们，朋友们：

大家下午好！深秋北京，天高云淡，如此美好时刻，我非常高兴能够与互联网界各位同仁聚集一堂，共同探讨互联网行业发展与治理之道。首先，我谨代表工业与信息化部，对协会三届二次理事会的召开表示热烈祝贺，对第三届理事会组建后所制定的协会发展战略和一年来所做的工作表示肯定。这次理事会上通过了变更协会秘书长的议案，协会秘书长由黄澄清同志更换为马宁同志，这一方面是因为工作需要，在此我对理事会的理解和帮助表示感谢，另一方面也体现了对马宁同志的信任。秘书长是协会日常工作的当家人，黄澄清同志从筹备协会开始，8年多来做了大量创造性的、富有成效的工作，希望马宁同志与他的前任一样，在理事会的领导下努力工作取得优异的成绩。

去年以来，受金融危机影响，一些行业饱受重创，但互联网行业却稳扎稳打，并在诸多项目上出现持续繁荣景象，这与在座各位的努力是分不开的。在过去的一年里，中国互联网协会在垃圾邮件治理、业界交流、行业自律等方面开展了一系列工作，正如理事会工作报告中所述，在反垃圾邮件方面，截至2009年第二季度，中国在全球所占垃圾邮件比例为4.1%，排名从第二位降为第七位，比2005年底时的2.3%，排名第二下降了五位，同比2008年底时的9.9%，下降了5.8%；在业界交流方面，成功举办了“中国互联网大会”、两岸互联网发展论坛等交流活动，并为促进大学生就业举办了有意义的实践活动，这不仅促进了行业健康发展，也有助于社会主义和谐社会的构建；在配合中央七部委“整治互联网低俗之风”专项行动、推进网络版权保护等工作中，积累了大量行业自律工作经验，优化了互联网环境，维护了社会的安定团结。作为业务主管部门，工业和信息化部在对协会诸项工作予以指导和支持的同时，也对协会所取得的各项业绩表示高度的认可，在此，我代表工业和信息化部对中国互联网协会和第三届理事会为促进互联网行业发展所做出的努力表示衷心的感谢！

目前我国是世界上网民最多的国家，互联网已成为人们工作、学习和生活中一个非常重要的组成部分，上网人数和网络流量与日俱增。因此如何运营好互联网这个平台，如何净化网络环境，如何发挥互联网在解决生产能力、学习教育、健康生活等方面的作用，是需要在座各位共同切磋的，要按照国家信息化战略的总体部署，宏观上促进产业调整，以信息化带动整个社会发展，满足人们日益增长的物质文化需求；微观上要加强行业自律能力建设，倡导互联网企业、网民共同参与到建设一个健康、文明的互联网行业中来。同时，协会还要进一步加强能力建设，不断提高自身综合工作能力和水平。

借此机会，结合互联网行业发展形势，我谈几点意见，以供参考：

一、大力促进信息化与工业化融合，开阔行业发展前景

信息化与工业化融合是发展现代产业体系的要求，信息化作为行业发展手段，能够提升产业自动化、智能化和管理现代化，实现产业升级，推动产业发展。当前网络文化、动漫游戏、休闲娱乐、数字家庭、网络社区、无线城市等电子信息技术的广泛应用，进一步改变了人们的生活方式，扩展了消费需求，成为新的经济增长点。因此我们要促进这些产业的大力发展，使信息技术广泛渗透和深度应用于工业领域，高度关注、重视“物联网”的研究，重视“智慧地球”概念的研究。“物联网”是下一代互联网的重要组成部分，它的发展一方面可以提高经济效益，大大节约成本；另一方面可以为全球经济的复苏提供技术动力，要进一步建设好物联网、传感网，加快传感中心建设，推进信息技术在工业领域的广泛应用，提高资源利用率、经济运行效益和投入产出效率等，不断提升信息化水平，使信息化与产业化之间的关系由之前的相互应用彻底转变为融合应用，促进我国工业的全面发展。

二、提高行业自律管理水平，推进互联网行业健康发展

互联网行业的特点及其文化特征决定了行业自律是互联网管理的有效手段，事实也证明行业自律可以先于他律发挥约束作用，促进行业规范有序发展。行业自律工作是一项长期而艰巨的任务，要继续深入贯彻十七届四中全会精神，在增强作风建设、服务意识的基础上，强化自律管理的服务性、技术性、协调性；要善于捕捉目前互联网发展中出现的新问题，如网络游戏发展问题，电子商务诚信问题，网络版权规范问题等，由于法律手段监管的滞后性，对于这些问题的解决，需要我们协会坚持管理与发展并重的原则，通过完善行业自律规范、自律公约等来引导行业的良性发展；要积极配合政府开展各项业务以及专项治理活动，通过行业自律贡献奖评选等活动树立文明办网的社会风气，树立行业自律的榜样，促进社会诚信体系的建设，同时对违法不良网站坚决予以曝光，督促其改变漠视法律法规和行业规范的放任心态及行为，提高其自律意识和社会责任，切实增强行业自律的约束作用。

三、深入研究行业发展，发挥政策建议的职能

互联网行业是一个开放的行业，是一个快速发展的行业，是一个瞬息万变的行业。作为信息化社会的一个基础，互联网提供的服务不断创新、其价值不断提升，因此我们要以创新的思维来积极面对。中国互联网协会作为第三方组织，可以很好的利用国内外资源，调查互联网行业发展情况。比如，近一两年来，从国外传来的微博客业务在我国有加速发展的趋势，由于我国网民众多，尤其是当前3G的发展非常迅速，这给微博客的发展提供了很好的硬件条件，但是由于微博客传播速度快，传播工具多样化，传播面广，给我们管理部门也带来了很大的挑战，如何让微博客在规范的管理下实现充分发展，这需要政府、网站、网民，同时也需要中国互联网协会从行业发展的角度来考虑，要分析其发展趋势，研究其发展规律，找到其自律管理的措施与方法，使其能够在宽严适度的管理环境中获得良性健康发展，是需要各会员企业、行业协会和政府管理部门共同探讨的课题，我们欣喜地看到了协会在这方面已经开展的工作，下一步，应是如何把自律管理措施落实到位。

四、加强网络信息安全保障能力建设，维护文明网络环境

当前3G技术的运用使互联网信息传播更加快捷，覆盖面也更加广泛，同时也带来了日益突出的网络与信息安全问题，成为社会稳定和国家安全的重要组成部分。作为互联网行业的自律组织，中国互联网协会要在提高全社会信息安全意识下，引导广大网民增强网络道德意识和社会责任意识，要发挥产业技术优势，加快网络信息安全关键技术产品的研发和应用，防范和抵御网络病毒攻击；加大对信息安全的监督管理，加强反垃圾邮件工作，反垃圾邮件中心要继续加强监管手段建设，提高监管措施可行性和有效性；充分发挥网络科普工作委员会的作用，积极组织开展青少年网络科普活动，如科普讲座、科普大赛等，保证3G网络的科学发展、安全发展，为社会营造良好的网络环境。

五、积极普及互联网知识，建设人人受益的信息社会

由于我国地域广阔，城乡发展不平衡，综合来看，我国互联网的普及率仍比较低，农村、中小企业、弱势群体在享受信息技术带来的便利方面比起发达国家还有很大的差距，因此我们要继续加速推进农业和农村信息化建设，研究农村互联网发展与应用的模式、特点及经验，推进农民上网培训试点工作，提高农民用网技能和水平；继续开展各种互联网公益活动，充分利用互联网信息传播优势，提高大学生网络应用实践能力，为校企沟通和大学生就业搭建良好平台，促进大学生职业能力的培养与提升，为其创造更多的实习与就业机会。

各位理事，互联网已经成为推进信息社会的有效手段和力量，将在调整产业结构、拉动经济增长、促进社会就业、维护社会安定团结等方面发挥出积极的作用。希望中国互联网协会带领各位理事单位和全体会员企业，带动广大互联网从业机构以科学发展观为指导，按照“扩内需、保增长；调结构、上水平；抓改革、增活力；重民生、促和谐”的原则，以互联网技术的创新为动力，不断提升信息产业的发展。当前，从国内外情形看，既是机遇也是挑战，只要我们上下一心，团结一致，排除各种干扰和障碍，我们一定能使互联网行业更加繁荣，网络环境更加健康向上，人们的生产、生活、学习因此也更加方便，让我们一起继续为创造一个管理规范，用户满意的互联网环境贡献才智和力量！

谢谢大家！

郭炎炎组长在 TD-LTE 国际论坛上的讲话

（2009 年 10 月 6 日）

各位来宾、各位朋友，女士们、先生们：

下午好，很高兴参加本次 LTE 国际论坛。当今世界，信息通信技术与经济发展关系日趋紧密，信息通信业已经成为各国经济发展的重要推动力之一。本次论坛邀请各国政策制定者、专家、企业家，集中展示全球 TD-LTE 移动通信产业发展的新产品、新业务、新技术和新趋势，对于引导全球移动通信业未来发展，促进各方交流合作意义重大。在此，我对本次论坛的召开表示热烈的祝贺，预祝取得圆满成功。

近年来，中国通信业发展迅速，取得了令世人瞩目的成绩。截止 8 月底，中国电话用户总数达 10.3 亿户，其中固定电话用户 3.2 亿户，移动电话用户 7.1 亿户；互联网用户规模超过 3.4 亿人，普及率达 25.5%。面对全球宏观经济的不利影响，中国通信业深入实施转型战略，积极开展第三代移动通信网络建设，大力促进工业化和信息化融合，努力推动三网融合，通信行业发展整体保持稳步增长的良好态势，为振兴宏观经济做出了应有的贡献。

第三代移动通信是业界长期以来关注的热点，也是电信业发展的新契机。2009 年初，中国遵循技术中立的原则同时发放了 WCDMA、cdma2000 和 TD-SCDMA 三张 3G 牌照，对于拉动国内需求，优化电信市场格局，促进第三代移动通信产业链成熟具有重要意义。未来三年，中国三家电信企业 3G 网络建设投资预计达 4500 亿元。中国积极参与全球通信标准化工作，在 TD-SCDMA 标准研发方面取得突破性进展。目前，中国 TD-SCDMA 用户数已经达到 250 万，多家国际知名厂商已经参与 TD-SCDMA 产品研发。截至 8 月底，已有 179 款 TD 终端入网，基站总规模达 4.2 万个，年底将覆盖 238 个城市。

随着第三代移动通信技术的成功发展，移动宽带技术 LTE 也在快速发展，成为极富经济价值的移动通信技术，将产生巨大的规模经济效益，拉动经济整体发展。TD-LTE 作为 LTE 的 TDD 标准，不但为 TD-SCDMA 后续演进奠定坚实基础，也得到业界广泛认同，将成为全球最有竞争力的 TDD 频段宽带移动标准。中国正在开展 TD-LTE 的相关工作，成立了试验工作组，制定了详细的工作计划，搭建了公共试验环境，正在启动技术试验工作，2010 年将开展规模试验，并将在上海世博会期间提供 TD-LTE 演示和试用。频谱是移动通信发展的关键资源，中国已经规划了 155MHzTDD 频率资源，并将启动 700MHz 等频段 TDD 应用规划研究工作。面向未来，高效利用 TDD 频谱必将助力移动互联网的快速发展。

女士们、先生们，2009 年世界电信展的主题是“开放网络、沟通思想”，非常具有现实意义。这反映出通信产业各方在创新、协作上的多样性，也传达了各方倾听、分享和相互学习的愿望，符合当前通信业特别是移动通信产业发展趋势和潮流。我们深信，在未来宽带移动互联网时代，TDD 技术必将在全球市场取得更大发展。中国政府将继续一如既往全力支持 TD-SCDMA 和 TD-LTE 的快速发展，支持 TD-LTE 与 FDD LTE 同步发展，为全球信息通信业以及整体经济社会发展做出积极贡献。

最后，再次预祝本次论坛取得圆满成功。谢谢大家！

刘利华主任在第八届中国信息港论坛上的讲话

（2009 年 10 月 30 日）

各位来宾、各位代表：

大家上午好！很高兴与众多新老朋友相聚在美丽的青岛，参加第八届中国信息港论坛。在第三季度经济发展呈现起稳向好势头的形势下，《人民邮电》报社组织召开这次论坛，研究通信行业如何创新发展等重要课题，具有很强的现实意义，在此我代表工业和信息化部对论坛的召开，表示热烈的祝贺。并借此机会向长期以来关心支持工业和通信业发展的青岛市委市政府及社会各界表示衷心的感谢！

近年来，工业和信息化部认真落实中央关于应对国际金融危机、保持经济平稳较快发展一揽子计划，紧紧围绕保增长、扩内需、调结构、惠民生的目标，迎难而上、积极进取，加强沟通协作，强化行业管理、指导和服务，取得了积极的成效。工业经济运行扭转了去年下半年到今年年初增速大幅下滑的局面，特别是进入6月份以后，呈现出生产增速加快、效益状况好转、节能减排有新进展等一系列特点。从前三季度运行情况看，符合工业经济回升的有利条件和积极因素逐渐增多，起稳向好的局面逐步确立。

今年前三季度全国规模以上工业增加值同比增长8.7%，其中9月份工业资产增速达到13.9%，是去年下半年国际金融危机以来增长最快的一个月，工业增速连续4个月保持两位数的水平。

通信业继续保持平稳发展。截止9月底，全国电话用户总数达到10.4亿户，其中固定电话3.2亿，移动电话7.2亿，互联网网民达到3.38亿，其中互联网宽带用户达到9333万。三季度电信业务收入同比增长5.2%，增速高于二季度的2.7%和一季度的1.9%，电信资费综合价格水平下降9.1%。行业发展积极转型，结构调整成效明显。

1～9月份，全行业实现非话业务收入2287亿万，同比增长7.6%，高于全行业3.3%的增速，占全部主营业务的比重达到36.6%，比上年同期提高3.4个百分点。特别是第三代移动通信发展，取得了积极进展，网络建设全面推进，业务应用不断涌现，用户规模稳步增长，各项政策逐步落实，前三季度中国移动、中国电信、中国联通三家企业已经完成3G投资961亿元，3G不仅拉动了通信运营业和设备制造业的发展，也为应对国际金融危机，促进国民经济平稳较快发展发挥了积极的作用。

同时我们要清醒的看到，工业和通信业仍然处于发展的关键时期，从通信业发展来看，虽然开始缓慢回升，但与国民经济增速相比，还有较大差距。如何去发挥通信业在推动经济社会发展中的重要作用，如何促进全行业的持续快速发展，仍然是当前行业面临的一个紧迫而重要的课题。

这次论坛以“面向蓝海，融合创新”为主题，定位很好，抓住了当前行业发展的关键问题，围绕这个主题，我想谈几点意见，供大家参考。

一、增强责任感和紧迫感，推动信息通信业更好的服务经济社会发展的大局

当前在党中央、国务院的坚强领导和各地区、各部门的共同努力下，中国一揽子计划政策效果逐步显现，国民经济出现企稳回升的良好势头，但是回升的基础并不稳固，实现经济平稳较快增长的任务仍然十分艰巨。在这个大背景下，要继续充分发挥通信业对国民经济的带动作用，通过先进的技术、完善的网络、丰富的业务和优质的服务，有效拉动社会消费，在扩大内需方面发挥积极作用。加大投资，尤其是第三代移动通信的投资，带动社会相关领域、相关行业的发展，在投资拉动方面发挥积极的作用。加强信息通信技术与业务在经济、政治等各领域的推广应用，推动利用信息技术改造提升传统产业，在转变发展方式方面发挥积极的作用。新形势对信息通信业提出了更高的要求，赋予了更艰巨、更光荣的使命，我们要认清形势、提高认识，切实增强责任感和紧迫感，进一步加快发展，推动信息通信业更好的为经济社会发展服务，为改善人民生活质量服务。

二、加快推进融合创新，促进信息通信业可持续发展

当前，融合创新成为全球通信业发展的趋势，成为重要的发展方向。我们要把握这个机遇，加快融合创新，拓宽发展思路，进一步提高我国信息通信业的综合实力，深入“两化融合”的服务需求，充分发挥信息通信技术的优势，为工业发展提供全面、适用、可靠的信息化解决方案，积极推进工业技术研发、产品生产制造、设备综合管理和产品流通等领域的信息化，在推动“两化融合”上水平的同时，也为行业自身的发展，开辟新的市场空间。进一步加强与有关部门的协调沟通，积极探索实现三网融合的机制和途径，从业务、网络、终端等层面加快推进。培育新的增长点，着力推进服务与内容、制造的融合，推动电信运营业加强与制造企业、软件企业、内容提供商的合作，形成互利、互惠、互动的新型产业链和发展模式。从电信运营业的自身来看，还要把握好通信技术移动化、宽带化、视频化、IT化的趋势，发挥好全业务经营的优势，加强业务、技术创新，大力推进固定网、移动网、互联网之间的融合发展。

三、密切跟踪世界信息通信技术发展趋势，抓住机遇实现新的跨越

当前，信息通信技术发展正处于重要转型期，新技术、新业务的拉动作用更加明显。要继续关注互联网新技术新业务的发展，尤其是基于Web2.0技术，出现了很多高附加值的业务，市场潜力不可低估。要关注移动通信技术的发展，加强对3G、LTE和4G技术演进的研究，把握行业发展趋势和重点，具有自主知识产权的TD-LTE技术方案日前已经正式入选国际电联4G国际标准候选方案，这是一个可喜的成绩。要关注传感网、云计算等新技术的发展，积极开展前瞻性研究，力争掌握发展的主动权，扎实做好技术研发，标准制定、市场培育、产业发展等各项工作。面对新技术带来的机遇和挑战，全行业必须深刻把握技术发展的规律，加大自主创新力度，继续集中力量在第三代移动通信、下一代网络的核心技术和重点领域实现新的突破，带动信息通信技术整体水平的提高，把握行业发展的主导权，力争实现新的跨越。

四、加强业务开发和市场推广，扎实推进我国3G和TD发展

3G 是现阶段我国移动通信产业发展的重点，也是信息产业发展的热点。年初 3G 牌照发放以后，在各方面的共同努力下，3G 发展进展顺利。下阶段要加强网络建设，扩大网络覆盖，积极推进电信基础设施共建共享。要以市场需求为导向，加大业务开发和推广力度，提供日益丰富的多元化、个性化的 3G 产品。要充分发挥 3G 在拉动经济增长，带动产业链发展，解决社会就业等方面的作用，带动国民经济平稳较快增长。同时要重点抓好 TD 的发展，经过相关方面的不懈努力，TD 发展取得了重大突破，网络覆盖逐步扩大，系统设备的稳定性、可靠性有质的提高，用户数量不断增加，后续演进技术进展顺利，下一步要继续大力推进 TD 的产业化和商业化进程，着力解决制约发展的突出问题。

五、坚持发展与管理并重，继续加强网络与信息安全管理

随着互联网广泛深入渗透到生活和社会生产各个领域，网络与信息安全问题尤为突出，已成为世界各国普遍关注的问题。近年来，我们在加强网络与信息安全管理方面做了大量的工作，取得了积极的成效，但是任务依然艰巨繁重，今后要继续坚持积极发展、加强管理、趋利避害、为我所用的原则。一方面进一步加大力度促进互联网持续快速发展，另一方面建立健全相关法律法规，加强基础性管理工作，推进行业自律，倡导文明办网、文明上网，构建健康、和谐的网络环境，推动互联网健康有序发展。

各位来宾，当前是我国应对国际金融危机，促进国民经济平稳较快增长的关键时期，也是信息通信业实现新一轮发展，抢占全球信息通信业发展制高点的重要机遇期。全行业要抓住机遇、加快融合、推进创新，努力实现平稳较快、可持续发展，为经济社会发展做出新的更大的贡献。

最后，预祝本次论坛圆满成功。

苏金生总工程师在中国通信学会第六届学术年会上的讲话

（2009 年 11 月 26 日）

尊敬的周德强理事长，各位领导、专家，同志们、朋友们：

大家上午好！非常高兴参加中国通信学会第六届学术年会。今天，有关政府主管部门领导、企业精英、科研院所的权威专家学者、学会及媒体朋友等业界各方代表济济一堂，共同就信息通信技术应用和发展管理方面的前沿和重大课题进行交流和探讨，对于推进学术的深入研究，产业的持续发展，管理的改善提升，都具有非常重要和深远的意义。在此，我对本届学术年会的召开表示热烈的祝贺！下面，我想就当前信息通信业的发展与各位交流几点看法：

宏观来看，信息通信业的发展在我国走两化融合、新型工业化道路中具有全局性、战略性的重要意义。

信息技术是当今世界创新速度最快、通用性最广、渗透性最强的技术之一，信息通信网络已经成为信息社会最重要的基础设施。目前，信息通信技术已经广泛渗透到我国经济社会的各行业、各领域，数字家庭、无线城市等信息通信技术的广泛应用，成为新的经济增长点；信息通信技术正广泛应用于工业行业各领域，大大提升了中国工业技术的发展水平；基于信息通信技术的生产性服务业快速发展，科技咨询、工业设计、现代物流、软件服务、创意产业等工业服务业蓬勃兴起……事实证明，信息通信技术和产业的发展是推进信息化与工业化融合的重要手段，是推动工业结构优化升级的强大动力，是保持国民经济持续快速增长的有力支撑，是推动经济发展方式转变的重要力量。

当前，在党中央、国务院坚强领导和各地区各部门的共同努力下，“一揽子”计划的政策效果逐步显现，国民经济出现企稳回升的良好势头。但是，回升的基础并不稳固，实现经济平稳较快增长的任务仍然十分艰巨。在这样的背景下，更加要继续充分发挥信息通信业对国民经济的带动作用，通过先进的技术、完善的网络、丰富的业务和优质的服务，有效拉动社会消费；加大投资尤其是对第三代移动通信的投资力度，拉动产业链上下游及社会相关领域相关行业的发展；加强信息通信技术在各个领域的推广应用，推动利用信息技术改造提升传统产业。使信息通信业在“保增长、扩内需、调结构”中发挥更加积极的作用。同时，也通过信息通信技术的创新发展抢抓机遇和战略先机，为下一轮的经济增长积蓄力量。

在新的发展形势下，我们可以也应该大有可为。全行业要增强使命感和责任感，进一步加快发展，推动信息通信业更好地服务于经济社会发展大局，服务于改善民生。具体来讲，我认为要求我们着眼长远发展，促进持续协调发展和谋求和谐发展。

第一，加强对重大信息通信技术方向性、前沿性课题的研究，为我国工业化和信息化发展提供有力的支撑，着眼长远发展。

当前，信息通信技术发展正处于重要转型期，网络的演进升级也进入到关键阶段。同时，信息技术的广泛渗透和深度应用催生出一批新的增长点，成为世界各国争夺未来发展主导权的重要领域。去年底以来，美国等发达国家为应对经济衰退和培育新的经济增长点，提出了“智慧地球”等一些新的思路和措施，大力推进网络信息技术的广泛应用及与经济社会的结合，抢占未来科技进步和产业发展的战略制高点。

这种技术发展变化不断加快和世界范围内竞争日趋激烈的形势，给我们带来新的机遇和挑战，我们更加要高度重视和加强对信息通信技术方向性、前沿性重大课题的研究，为我国产业的长远发展奠定基础，谋求主动。要深刻把握技术发展规律，加大自主创新力度，继续集中力量在第三代移动通信、下一代网络等核心技术和重点领域实现新的突破，带动信息通信技术整体水平的提高。一是重点加强对下一代互联网发展演进的总体设计。目前，我国已建成全球最大规模的互联网基础设施，初步形成了国家信息高速公路的基本架构。为更好地支撑我国经济社会发展、适应信息化发展的要求，我部总体部署和组织开展了 IPv6 技术标准、产业、与 IPv4 的互通及资源共享、安全、应用、资源管理、国际合作、下一代互联网长期演进等 8 个关键问题的研究，从全局的角度加强对我国下一代互联网发展的统筹规划和指导。二是积极推动移动通信技术的发展，加强对 3G、LTE 及 4G 技术演进的研究，把握行业发展趋势和重点。第三，对于传感网、物联网、云计算等新技术的发展，积极开展前瞻性研究，力争掌握发展的主动权，扎实做好技术研发、标准制订、市场培育、产业发展等各项工作。

第二，把握信息通信业发展趋势，加快推进融合创新，促进持续协调发展。

当前，融合创新已经成为全球信息通信业的发展趋势，成为重要的发展方向，而网络经济、两化融合进一步拓宽了我国信息通信业发展的空间。基于信息通信技术的科技咨询等工业服务业快速发展，促进了工业的优化升级；网络文化、动漫游戏、数字家庭、网络社区、无线城市等信息技术的广泛应用，进一步改变了生活方式，扩展了消费需求，成为新的经济增长点；电信网、互联网、广播网“三网融合”的推进为信息化的发展增添了新的动力。

面对时代的发展和形势的要求，我们要把握行业发展规律，顺应市场环境需求，抓住两化融合的战略机遇，加快融合创新，拓宽发展思路，进一步提高我国信息通信业的综合实力。一是要加快利用信息技术改造提升传统产业，充分发挥信息通信技术的优势，积极推进工业技术研发、产品、生产制造设备、综合管理和产品流通等领域的信息化，在推动“两化”融合上水平的同时，为行业自身的发展开辟新的市场空间。二是要积极探索实现“三网”融合的机制和途径，从业务、网络、终端等层面加快推进，培育新的增长点。三是要着力推进服务与内容、制造的融合，推动电信运营业加强与产业链上下游各方面的合作，形成自主创新、差异化竞争、共同发展的新型产业链和发展模式。四是培育发展战略性新兴产业，重点培育和壮大新一代移动通信、下一代互联网、光纤宽带接入、新型显示、集成电路、数字视听、软件业、数字内容、卫星应用等新兴产业群，形成未来发展的新动力。五是进一步完善网络基础设施，尤其是扩大农村信息网络覆盖，推进“信息下乡”，提升农村和边远地区的信息服务水平，缩小数字鸿沟，推动行业协调发展。

第三，坚持发展与管理并重，不断提高引领行业发展、服务社会进步的意识、能力和水平，谋求和谐发展。

随着信息技术的广泛应用和快速发展，所引发的网络信息安全、应急保障、公民权益保护、资源节约和环保等方面的社会管理问题也日益突出，受到社会的普遍关注，给行业的发展提出一系列的严峻挑战，管理问题成为与发展问题一样同样迫切需要加强研究的重大课题。

行业整体的健康发展必须基于经济效益和社会效益的统一，实现全社会利益的最大化。在促进快速发展的同时，必须确保网络信息安全，保障公民合法权益，维护社会和谐稳定。在全行业的共同努力下，我们大力开展网络不良信息的整治、切实维护消费者权益、推进共建共享等工作，取得了积极成效，但任务依然繁重。下一步，我们要尤其继续加强在社会管理和公共服务领域的工作力度。一是突出重点，主要是管规划、管政策、管标准；二是依法管理，建立健全相关法律法规，加强基础性管理工作；三是强化手段，对于信息通信业这样一个高科技且快速发展变化的产业，其管理手段也必须与时俱进，同步发展；四是推进行业自律，构建公正和谐的发展环境，推动健康、有序发展。

当前，作为管理工作的重点，针对互联网发展的新形势新特点，我部不断加强相关领域的系统分析，开展互联网发展与管理整体框架研究，通过对互联网管理要素进行全面梳理，明确了应用、网络、资源、产业、安全、法律法规等六大类要素，并针对每一类要素进一步细分，从现状、问题及对策方面深入研究，从而更好地指导管理实践。同样，对于应急管理工作，我国突发公共事件数量呈上升趋势，各类自然灾害频发，应对突发事件的能力亟待提高。我们要进一步在法规标准、指挥手段、物资储备和队伍建设等各方面加强管理能力建设，不断提升国家通信保障应急服务水平。

当然，行业的长远、持续、和谐发展需要充分发挥政府、企业、科研、中介及业界各方的作用，加强沟通协作，形成合力，共同推进。希望大家借本届年会的契机，充分交流，深入研讨，相互启发，携手共进，为我国信息通信技术的创新和信息产业的融合发展做出新的贡献！

最后，预祝本届学术年会取得圆满成功！祝各位与会同志身体健康，工作顺利！

谢谢大家！

（工业和信息化部办公厅）

第二篇　通信行政管理机构

工业和信息化部领导名单

部长、党组书记：李毅中
副部长、党组副书记：奚国华
副部长、党组副书记：苗　圩
副部长、党组成员，国家国防科技工业局局长、党组书记，国家原子能机构主任：陈求发
副部长、党组成员：娄勤俭
副部长、党组成员：杨学山
中央纪委驻工业和信息化部纪检组组长、党组成员：郭炎炎
党组成员，国家烟草专卖局局长、党组书记，中国烟草总公司总经理：姜成康
党组成员、人事教育司司长（兼）：陈小筑
党组成员、办公厅主任（兼）：刘利华（2009.04 起）
党组成员、总工程师（兼）：朱宏任（2009.10 起）
总工程师：朱宏任（2009.04 起）
总经济师：周子学（2009.04 起）

（工业和信息化部人事教育司）

工业和信息化部各司局领导名单

【办公厅】

主　任：刘利华（兼）
副主任：刘红旗（至 2009.03）
副主任：王新哲
副主任：冯长辉
副主任：李　勇
副主任：陶少华

【政策法规司】

司　长：衣雪青
副司长：梁　彦
副司长：郭福华
副司长：李国斌

【规划司】

司　长：莫　玮
副司长：刘贤利
副司长：韦　俊
副司长：刘树苹
副司长：顾　强

【财务司】

司　长：周子学（至 2009.11）
司　长：王占甫（起 2009.09）
副司长：王秉科（至 2009.09）
副司长：彭晓芳
副司长：马向晖（2009.11 起）
副司长：姜子琨（2009.11 起）

【产业政策司】

司　长：辛国斌（至 2009.11）
副司长：（主持工作，正局级）：郑立新（2009.11 起）
副司长：侯世国
副司长：辛仁周
副司长：许科敏
副司长：卢　希

【科技司】

司　长：闻　库
副司长：李　力
副司长：张新生（至 2009.04）
副司长：韩　俊
副司长：沙南生

【运行监测协调局】

局　长：朱宏任（至 2009.11）
局　长：辛国斌（2009.11 起）
副局长：肖春泉
副局长：高素梅
副局长：黄利斌

【中小企业司】

司　长：王黎明
副司长：郑　昕
副司长：王建翔

【节能与综合利用司】

司　长：周长益
副司长：杨铁生
副司长：高东升

【安全生产司】

司　长：吴风来
副司长：金　鑫
副司长：罗志坚（2009.04 起）

【原材料工业司】

司　长：陈燕海
副司长：郑立新（正局级，2009.07 至 2009.11）
副司长：袁隆华
副司长：高云虎

【装备工业司】

司　长：张相木
副司长：王富昌
副司长：李　东
副司长：李　巍

【消费品工业司】

司　长：张　莉
副司长：高延敏
副司长：吴海东
副司长：王　伟

【军民结合推进司】

司　长：屠森林
副司长：尹兴彤（至 2009.11）
副司长：林　森
副司长：曹志恒

【电子信息司】

司　长：肖　华
副司长：丁文武
副司长：赵　波
副司长：刁石京

【软件服务业司】

司　长：赵小凡
副司长：郭建兵
副司长：陈　英

【通信发展司】

司　长：王占甫（至 2009.11）
司　长：张　峰（2009.11 起）
副司长：祝　军
副司长：陈家春

【电信管理局】

局　长：韩　夏（2009.04 起）
副局长：鲁　阳（至 2009.04）
副局长：王建文
副局长：刘　杰（2009.11 起）

【通信保障局】

局　长：王秀军
副局长：赵志国
副局长：熊四皓

【无线电管理局】

局　长：谢飞波（2009.04 起）
副局长：谢远生
副局长：李海清

【信息化推进司】

司　长：徐　愈
副司长：秦　海（正司长级）
副司长：洪京一（至 2009.04）
副司长：董宝青

【信息安全协调司】

司　长：周宝源

副司长：赵泽良
副司长：欧阳武

【国际合作司】
司　长：陈　因
副司长：赵文智
副司长：赵永红
副司长：崔志华（2009.07起）

【人事教育司】
司　长：陈小筑（兼）
副司长：秘建虎（正司长级）
副司长：尹卫军
副司长：史晓光
副司长：韩占武（2009.07起）

【机关党委】
委常务副书记：王耀光
副　书　记：楼宇光
副书记兼纪委书记：王建荣

【驻部纪检组、监察局】
纪检组副组长、监察局局长：黄文玉
监察局副局长：王中桂（至2009.05）

【离退休干部局】
局　长：吴亚军（2009.06起）
党委书记：张　勇（2009.06起）
副局长：范平平（2009.06起）
副局长：张叶珍（2009.06起）
副局长：王官秀（2009.06起）

【机关服务局】
局　长：陈　伟
副局长：张雄华
副局长：赵忠抗
副局长：张洪远
副局长：付建中
副局长：白利东

（工业和信息化部人事教育司）

各省、自治区、直辖市通信管理局领导名单

【北京市通信管理局】
局　长：陈卫军
副局长：韩　玮
副局长：郭克利

【天津市通信管理局】
局　长：王　强
副局长：段玉奎（正局级）

【河北省通信管理局】
局　长：张　峰
副局长：徐世奎
副局长：陶　富

【山西省通信管理局】
局　长：刘永斌
副局长：刘茂先
副局长：周景耀

【内蒙古自治区通信管理局】
局　长：乌力吉
副局长：刘宝均

【辽宁省通信管理局】
局　长：张荣胜
副局长：张凤彬
副局长：陈竹秋

【吉林省通信管理局】
局　长：王禹明
副局长：万恒忠
副局长：王伟洋（2009.11起）

【黑龙江省通信管理局】
局　长：胡立志（2009.03起）
副局长：李焕清
副局长：姜延吉（2009.03起）

【上海市通信管理局】
局　长：姚士成
副局长：李振坤（至2009.09）
副局长：陈皆重

【江苏省通信管理局】
局　长：苏少林
副局长：许二宁
副局长：朱新煜

【浙江省通信管理局】
局　长：敖大明
巡视员兼副局长：邓茂盛
副局长：李　凯

【安徽省通信管理局】
局　长：江　勇
副局长：杨小平

【福建省通信管理局】
局　长：杨锦炎
副局长：陈松年
副局长：张丽娟

【江西省通信管理局】
局　长：黄建新
副局长：袁家义
副局长：卢　卫

【山东省通信管理局】
局　长：林乐虎
副局长：高　勇
副局长：孙信波

【河南省通信管理局】
局　长：宋灵恩
副局长：赵会群（2009.06起）
副局长：孙　力（2009.06起）

【湖北省通信管理局】
局　长：袁瑞青
副局长：熊觉非
副局长：周曾祥

【湖南省通信管理局】
局　长：李湘宁
副局长：刘春鸣

【广东省通信管理局】
局　长：古伟中
副局长：张爱平
副局长：黄学敏

【广西壮族自治区通信管理局】
局　长：谢海平
副局长：王山竹

【海南省通信管理局】
局　长：薛良燕
副局长：平义真

【重庆市通信管理局】
局　长：邢海英
副局长：张翅翔

【四川省通信管理局】
局　长：王　钢
副局长：林建祥
副局长：任　云

【贵州省通信管理局】
局　长：李德明
副局长：江　兰
副局长：郭智翰

【云南省通信管理局】
局　长：向　剑
副局长：赵　宁

【西藏自治区通信管理局】
局　长：青　其
副局长：余官玉
副局长：李学林

【陕西省通信管理局】
局　长：高彩玲
副局长：刘　健

【甘肃省通信管理局】
局　长：王祥瑞
副局长：王再兴
副局长：赵卫东

【青海省通信管理局】
局　长：章建良
副局长：贾连青

【宁夏回族自治区通信管理局】
局　长：王生屹
副局长：高　伟（至2009.06）
副局长：杨　臻（2009.06起）
副局长：李　锦（2009.06起）

【新疆维吾尔自治区通信管理局】
局　长：杨茂发
副局长：董　艳
副局长：艾力·玉山

（工业和信息化部人事教育司）

第三篇　重大事项

2009 年国内通信业重大事项

【胡锦涛要求通信部门更好地为广大人民群众服务】

1 月 26 日农历正月初一，正在江西考察工作的中共中央总书记、国家主席、中央军委主席胡锦涛来到南昌市，在江西省委书记苏荣和省长吴新雄等陪同下，慰问坚守岗位的干部职工和公安民警，看望欢度节日的基层群众，代表党中央向大家致以新春的良好祝愿。

胡锦涛来到中国移动江西有限公司客户服务呼叫中心，看图表、听介绍，详细了解中心运营、服务、管理情况。当得知这个中心主动服务“三农”工作，为返乡农民工提供就业信息服务，为农民群众提供农业信息咨询，胡锦涛高兴地称赞这项服务做得好。宽敞的工作区里，400 多名员工正在接听热线。胡锦涛走进工作区，向大家表示慰问和感谢。总书记说，现在人们工作生活越来越离不开手机。希望呼叫中心增强服务意识，提高服务质量，更好地为广大人民群众服务，为推动经济社会发展作出应有的贡献。

【温家宝提出要把传感技术和 TD 技术结合起来，加快传感网的发展】

2009 年 8 月 7 日，国务院总理温家宝在江苏无锡视察中科院物联网技术研发中心时指出，要尽快突破核心技术，把传感技术和 TD 通信技术的发展结合起来。

在展板前，温家宝听取我国传感网发展和运用的汇报。他问道，我们的传感网核心技术处于什么样的水平？与世界先进水平有多大差距？中心负责人回答道，我们起步比较早，标准化和技术有一定优势，但不是最领先的。总理听后说，当计算机和互联网产业大规模发展时，我们因为没有掌握核心技术而走过一些弯路。在传感网发展中，要早一点谋划未来，早一点攻破核心技术。

中心负责人向总理提出了发展传感网的建议，温家宝听后说，至少三件事情可以尽快去做：一是把传感系统和 3G 中的 TD 技术结合起来；二是在国家重大科技专项中，加快推进传感网发展；三是尽快建立中国的传感信心中心，或者叫“感知中国”中心。

研发室里，科研人员正埋头工作。看到一位科技人员正在测试传感器，温家宝说，这是最重要的部件，一定要做到人无我有，人有我优。温家宝还饶有兴趣地观看了传感网应用模拟演示。他说，必须依靠科技创新和提高人才素质，培育新的增长点，在经济发展和科技创新上占领制高点，这样才能保证国家可持续发展能力和竞争力。

11 月 3 日，国务院提出要着力突破传感网、物联网关键技术。

【第三代移动通信牌照发放，3G 网络建设全面启动】

工业和信息化部 1 月 7 日宣布，批准中国移动通信集团公司增加基于 TD-SCDMA 技术制式的第三代移动通信（3G）业务经营许可，中国电信集团公司增加基于 CDMA2000 技术制式的 3G 业务经营许可，中国联合网络通信集团公司增加基于 WCDMA 技术制式的 3G 业务经营许可。

随着 3G 牌照的发放，我国 3G 网络建设全面启动。至 2009 年末，全国 3G 基站规模达到 30.3 万个，建设总量接近 2G 网络十几年来累计建设规模的一半，开创了全球移动通信发展史上建设规模最大、建设速度最快的新记录。其中，中国电信 3G 基站达到 10 万个，覆盖地市达到 342 个；中国移动 3G 基站达到 10.7 万个，覆盖地市达到 238 个；中国联通 3G 基站达到 9.6 万个，覆盖地市达到 335 个。

2009 年为 3G 网络大规模建设的第一年，网络建设以重点区域覆盖为主，业务发展尚处初期。3G 用户达 1251 万户，其中，中国电信 409 万户，中国移动 551 万户，中国联通 291 万户。电信运营企业依靠自有资金积极推动 3G 的发展，并拉动了通信设备制造业、光纤光缆产业、手机产业、芯片产业、服务/内容提供商等通信产业链各个环节的迅速发展，全年电信业总投资 3724.9 亿元，创电信投资历史新高，为我国拉动内需，尽快摆脱国际经济危机的影响作出了贡献。

（人民邮电报社）

【TD-SCDMA 产业化取得新突破】

2009 年，由我国企业主导的 TD 技术产业化取得全方位发展。大唐电信等国内企业在 TD 芯片、终端解决方案、模块、测试终端产品等领域继续保持市场领先地位，目前，已拥有专利申请 7300 多项，其中发明专利占 90%以上，并已占据 TD 系统设备市场 30%的市场份额，芯片和解决方案领域 50%以上的市场份额。在 TD-LTE 室内外测试、全集测试和终端测试中，国内企业的各项指标均名列前茅。以国家重点实验室为依托，以国家级重大创新工程和振兴规划项目为载体，以国内知名院校互动研发体系为平台，形成以市场和客户为中心的产品，推动 TD 国际标准产业化。大唐电信已与爱立信建立战略合作关系，大力推动 TD 国际化进程。同时积极推动在东南亚、非洲等地区率先实现 TD 商用网络建设的突破。特别是在以往薄弱的终端方面，用户使用的 TD 终端已达到 800 多万部，终端款式超过 300 种，涉及手机、座机、阅读本、笔记本电脑、数据卡、网关以及各类行业应用专业终端等各个类别，国际主要厂商诺基亚、摩托罗拉、三星、LG 以及国内主要厂商宇龙、中兴、华为、天宇等都推出了 TD 终端产品，覆盖了高中低各种档次。

（中国通信企业协会）

【我国电话用户突破 10 亿】

根据工业和信息化部的统计，2009 年，全国累计净增电话用户 7946.7 万户，总数达到 10.61 亿户。

其中固定电话用户方面，全年全国固定电话用户减少 2667.1 万户，降至 3.14 亿户。其中，城市电话用户减少 1978.3 万户，降至 2.12 亿户；农村电话用户减少 688.8 万户，降至 1.02 亿户。固定电话用户中，无线市话用户减少 2293.7 万户，降至 4599.4 万户，在固定电话用户中所占的比重从上年底的 20.3%下降到 14.7%。

在移动电话用户方面，全年全国移动电话用户净增 10613.8 万户，达到 7.47 亿户。

在互联网用户方面，基础电信企业的互联网用户进一步趋向宽带化。全年基础电信企业净增互联网宽带接入用户 2034.7 万户，突破 1 亿户，而互联网拨号用户减少了 357.1 万户。

【专项治理有效净化网络环境】

2009 年工业和信息化部会同有关部委开展了整治互联网低俗之风、垃圾短信专项治理、打击手机淫秽色情等专项行动，取得了阶段性成果，有效遏制了互联网淫秽色情、垃圾短信、手机网络涉黄信息等的蔓延，净化了网络环境，为保护未成年人身心健康、社会进步和经济发展做出了贡献。

2009 年一季度，工业和信息化部等七部委联合开展整治互联网低俗之风专项行动，重点抓好信息源头、网络接入以及基础电信运营企业信息安全管理责任落实等工作。同时，制定出台《整治手机媒体低俗内容工作方案》，针对色情 WAP 网站、违法短信、彩信等重点内容，从多个方面采取有效措施，推动整治工作向纵深发展。

2009 年初，工业和信息化部下发了《关于进一步深入开展垃圾短信息专项治理活动的通知》，组织全行业全面开展自查整改，完善内部管理制度流程，消除可能隐患，并从事前防范、事中配合及事后曝光等环节，持续加大对垃圾短信及有害、诈骗等违法短信的整治力度。

12 月 15 日工业和信息化部发布《关于进一步深入整治手机淫秽色情专项行动工作方案》，针对手机涉黄的五个关键环节，组织相关单位进行了重点排查和清理。共计关闭或屏蔽手机涉黄网站 1.1 万余个，暂停解析涉黄域名 1.2 万余个。在此基础上，充分利用管理和技术手段，强化社会监督，扩大净化战果。12321 举报受理中心已受理淫秽色情和低俗举报信息 2.7 万余件次。此外，各地电信主管部门配合国务院新闻办关闭涉黄网站 55 个，配合公安部处理涉黄等违规网站 187 个，配合广电总局关闭非法网站 155 个。经过第一阶段的全面排查和重点整治，手机淫秽色情治理工作已初见成效，手机网络涉黄信息传播得到一定遏制。

【通信业圆满完成国庆通信保障】

在 2009 年国庆 60 周年大典活动期间，通信业共同努力，积极筹备、周密部署，有线、无线通信方式协调使用，确保了通信畅通、网络运行稳定、信息管控安全、应急处置有效、沟通汇报全面及时，保障了建国 60 周年系列庆祝活动的顺利进行，圆满完成了有史以来规模最大、技术最先进、可靠性要求最高的国庆通信保障任务，实现了庆典活动通信保障万无一失的目标。

从中央到地方各级行业监管部门和运营企业都成立相应的专项领导小组，按照“统一指挥，分级负责，快速响应，协同作战”的原则，针对不同场景制订了多项预案，配置了专职工作人员，从机制上、网络上、设备上、手段上、人员上全方位地保障了全国各地各类政府性和群众性庆祝活动的演练和开展。实施国庆活动无线电管控期间，工业和信息化部副部长奚国华亲临指挥中心坐镇指挥。为确保国庆活动无线电管控万无一失，在前期进行了 4 次无线电管控演练的基础上，9 月 25 日，奚国华副部长专门召集了国庆 60 周年无线电管控联席会议，对相关工作进行了部署。此外，奚国华副部长和北京市副市长苟仲文还分别前往天安门与长安街沿线等重点保障区域，对无线电管控人员和设施的部署情况进行了全面检查。

仅天安门广场庆祝活动期间，三家基础电信运营企业就投入了大量的人力和物力。中国联通为保障阅兵、游行、晚会等活动的顺利进行，围绕天安门用光纤打造了专用的全光图片传送网络和高清电视传送通道，保障了阅兵和游行队伍行进和飞机导航未出现丝毫差错；为晚会焰火量身定制了交互式电话会议指挥系统，保证晚会焰火燃放点火系统通信畅通。中国移动采用应急车现场保障+重点基站专人驻防+后台监控相结合的立体保障模式，满足了多次瞬间激增的话务需求。此外，还将拥有我国自主知识产权的TD技术用于移动通信保障，使更多人通过视频通话、高速图像传输等功能分享了庆典现场盛况。中国电信采用卫星应急通信车与C网车载系统相捆绑的模式执行通信保障任务，确保了国庆受阅部队从出发至抵达集结地点的视频图像实时传送至控制总台，为受阅部队的快速、有效集结提供了便捷。

另外，加强无线电的管控，有效保障了国庆期间党政军各方面无线电业务的无线电频率使用安全。工信部和公安部联合发布了《首都国庆60周年无线电管理规定》；科学规划无线电频率资源，审批国庆活动使用频率1000余条；积极对重要频率进行保护性监测，迅速高效地排除无线电干扰；开展专项台站清理工作，清理上报设台单位信息2468条、电台24338部；排查各类不明信号和可疑干扰60余起；核发各类国庆活动无线电设备专用标签近69000个。

【电信基础设施共建共享成效显著】

自工信部、国资委发布关于开展电信基础设施共建共享的通知后，经过一年多的努力，2009年我国电信基础设施共建共享工作取得重要进展，启动以来总计节约投资超过100亿元。统计数据显示，目前全国共建铁塔13556个，共享铁塔22193个；共建杆路7996km，共享杆路55627km；共建基站站址（含铁塔）15414个，共享基站站址31495个；共建传输线路（含杆路）16571km，共享传输线路67888公里。全国电信基础设施共建率，铁塔为42%，基站为27%，杆路为14%，传输线路为14%。全国电信基础设施共享率，铁塔为47%，基站为51%，杆路为65%，传输线路为63%。

2009年，各省（区、市）共建共享的组织机制基本建立，配套措施逐步完善，各项支持措施动作快、力度大，三大通信运营企业均制定了内部考核办法，各地区、各企业采取了分片包干、第三方建设维护、对等置换等多种操作模式，使得电信基础设施共建共享在政府各项政策的推动下取得了突破性进展。

【三大运营商与地方政府和部门加强合作】

2009年“两会”期间，浙江省政府与三大电信运营商签署总额1000亿元的战略合作协议后，中国电信、中国移动、中国联通掀起与地方政府签约热潮，先后签署数十份战略合作协议，累计投资金额近3万亿元，合作内容涉及3G网络建设、信息化应用、信息产业发展、拉动内需和就业、推动“两化”融合等诸多方面。

这股签约热潮很快延伸到部委、金融机构与大型企业集团。2009年，三大运营商的签约合作对象包括农业部、住建部等部委，工商银行、招商银行等金融巨头，南方航空、五粮液等大型企业集团。密集地与政府主管部门和信息化建设主体签约战略合作，既是电信企业响应国家号召，支持各方扩大投资、拉动内需、促进就业、以信息化转变发展方式，应对金融危机挑战的责任之举，也再次凸显了电信运营企业作为经济转型升级的“倍增器”、“转换器”的特殊价值与信息化建设主力军的作用，为加快推进信息化与工业化融合，奠定了需求主体与服务客体紧密协作、互动发展的合作基础。

（人民邮电报社）

2009年通信行业大事记

1月5日，工业和信息化部与中央外宣办、公安部、文化部、工商总局、广电总局、新闻出版总署在北京联合召开全国整治互联网低俗之风电视电话会议，部署开展整治互联网低俗之风专项行动，奚国华副部长出席会议。

1月7日，工业和信息化部向中国移动通信集团公司、中国电信集团公司、中国联合网络通信集团有限公司分别颁发TD-SCDMA、CDMA2000、WCDMA第三代移动通信（3G）经营许可牌照，李毅中部长、奚国华副部长出席3G牌照发放仪式。

1月8～9日，国家计算机网络与信息安全管理中心2009年度工作会议在北京召开，奚国华副部长出席会议并讲话。

1月11日，第七届（2008）中国政府网站绩效评估结果发布暨经验交流会在北京召开，杨学山副部长出席会议并讲话。

1月13日，奚国华副部长会见瑞典爱立信公司总裁兼首席执行官思文凯，就中国电信业重组、3G发展、国际金融危机对世界和中国电信业的影响、爱立信与中国企业的合作等交换意见。

1 月 15～16 日，全国无线电管理工作会议在北京召开，奚国华副部长出席会议并讲话。

1 月 16 日，海峡两岸平板显示产业战略合作论坛在福州举行，娄勤俭副部长出席论坛并讲话。大陆彩电企业与台湾液晶面板企业共签署 21.9 亿美元液晶面板采购意向书。

1 月 19 日，奚国华副部长主持召开国家信息化专家咨询委员会 2009 年第一次全体会议。

1 月 19 日，奚国华副部长会见诺基亚西门子通信公司总裁兼首席执行官白伟贤，就全球 3G 业务发展、中国电信企业重组、中国 3G 尤其是 TD-SCDMA 的发展和企业间合作等交换意见。

2 月 4 日，李毅中部长主持召开第 6 次部务会议，审议通过《电子认证服务管理办法》、《无线电台执照管理规定》等 9 部部门规章、89 项化工行业标准和《工业和信息化部规章制定程序规定》。

2 月 4 日，部印发《关于印发〈2009 年通信行业行风建设工作指导意见〉的通知》。

2 月 5 日，李毅中部长主持召开深化电信体制改革领导小组会议。会议原则同意并支持中国移动通信集团公司与制造企业联合研发 TD-SCDMA 终端方案。奚国华副部长出席会议。

2 月 10 日，奚国华副部长主持召开 TD-SCDMA 产业座谈会。

2 月 12 日，全国党政专用通信工作会议在南京召开，奚国华副部长出席会议并讲话。

2 月 13 日，娄勤俭副部长会见阿富汗通信与信息技术部副部长巴瑞亚赖•哈桑姆，就加强两国通信领域能力建设及项目合作等交换意见。

2 月 18 日，温家宝总理主持召开国务院常务会议。会议审议并原则通过《电子信息产业调整和振兴规划》。李毅中部长参加会议。

2 月 24 日，李毅中部长会见埃及贸易和工业部部长拉希德，就加强中埃在工业和信息通信领域的合作与交流、促进相互投资以及共同应对国际金融危机等交换意见。

2 月 26～27 日，第五届海峡两岸信息技术标准论坛在重庆举行，娄勤俭副部长出席论坛并作专题演讲。

2 月 28 日，工业和信息化部组织电信行业圆满完成温家宝总理与网民在线交流通信保障任务。

3 月 1 日，部公布《工业和信息化部行政许可实施办法》、《电信设备抗震性能检测管理办法》、《工业和信息化部关于废止原邮电部〈邮电部关于损坏通信线路赔偿损失的规定〉等 8 部规章的决定》、《建立卫星通信网和设置使用地球站管理规定》（工业和信息化部令第 2 号、第 3 号、第 4 号、第 7 号）。

3 月 3 日，部组织召开通信服务座谈会，奚国华副部长出席会议并讲话。会议启动通信业“服务社会服务民生”主题活动，发布全国电信用户满意度测评结果。

3 月 3 日，部正式批复同意河北唐山暨曹妃甸为国家级信息化与工业化融合试验区。

3 月 5 日，部公布《电信业务经营许可管理办法》、《无线电台执照管理规定》、《税控收款机生产企业资质管理办法》、《软件产品管理办法》（工业和信息化部令第 5 号、第 6 号、第 8 号、第 9 号）。

3 月 6 日，部正式批复同意重庆市、青岛市和珠三角地区为国家级信息化与工业化融合试验区。

3 月 12 日，李毅中部长主持召开第 7 次部长办公会议，研究工业通信业运行监测监控体系建设、3G 建设和 TD-SCDMA 发展。

3 月 12 日，奚国华副部长会见青海省副省长骆玉林，就青海省工业和信息化工作进行交流。

3 月 16 日，欧新黔副部长赴中国移动通信集团公司就推进中小企业信息化、促进产业升级进行专题调研。

3 月 17 日，李毅中部长主持召开第 8 次部长办公会议，研究推进信息化与工业化融合、扩展软件服务业工作。

3 月 18 日，奚国华副部长会见索尼爱立信公司总裁小宫山英树，就中国电信企业重组和 3G 牌照发放、3G 及 TD-SCDMA 终端产品研发等交换意见。

3 月 19 日，奚国华副部长会见台湾威盛集团董事长王雪红女士，就威盛在大陆通信领域的发展与合作等交换意见。

3 月 20 日，奚国华副部长听取百度公司首席执行官李彦宏工作汇报。

3 月 21 日，部印发《关于支持服务外包示范城市国际通信发展的指导意见》。

3 月 25 日，奚国华副部长会见英国商业、企业和制度改革部国务大臣史蒂芬•卡特，就通信政策、下一代网络、互联网治理、奥运会无线电频率管理以及加强部门间合作等交换意见。会见后，双方共同出席部电信研究院与英国通信管理局合作备忘录签字仪式。

3 月 26 日，张德江副总理会见美国戴尔公司董事长兼首席执行官迈克尔•戴尔，张德江副总理对戴尔公司重视和积极发展在华业务及所取得的成绩表示赞赏，并介绍中国政府为应对国际金融危机采取的措施。李毅中部长陪同会见。

3 月 30 日，中国无线电协会成立暨第一届会员代表大会在北京召开。大会选举奚国华副部长为中国无线电协会理事长。

4 月 7 日，奚国华副部长会见台湾电信产业发展协会理事长吕学锦。

4 月 9 日，全国信息安全标准化技术委员会 2008 年度全体委员会议在北京召开，杨学山副部长出席会议并讲话。

4 月 10 日，张德江副总理主持召开会议，听取第三届国家信息化专家咨询委员会工作汇报。李毅中部长、奚国华、杨学山副部长参加会议。

4 月 10 日，李毅中部长主持召开第 11 次部长办公会议，研究一季度工业通信业运行情况。

4 月 10 日，陈求发副部长出席中国卫星通信集团公司重组并入中国航天科技集团公司庆典仪式。

4 月 15 日，李毅中部长会见美国思科公司董事会主席兼首席执行官钱伯斯，就当前全球经济形势及信息技术改造传统产业等领域的合作等交换意见。

4 月 15 日，温家宝总理与新西兰总理约翰•基共同出席中新两国合作文件签字仪式，奚国华副部长与新西兰驻华大使包逸之签署《信息通信领域合作安排》。

4 月 15 日，奚国华副部长会见国际电信联盟副秘书长赵厚麟，就国际电信联盟 2009 年世界电信展、2010 年世界电信和信息社会日庆典活动、2010 年国际电信联盟全权代表大会竞选等交换意见。

4 月 16 日，张德江副总理到中国移动通信集团公司北京分公司考察。他参观了 TD-SCDMA 宏基站机房、网管监控中心、3G 展示区，并听取 TD-SCDMA 建设和运营工作的汇报。他强调，要坚定不移地推动 TD-SCDMA 加快发展，加快自主创新步伐，加大政策支持力度，切实把 TD-SCDMA 做实做大做强。李毅中部长、奚国华副部长陪同考察。

4 月 16 日，李毅中部长主持召开第 12 次部长办公会议，传达国务院常务会议精神，分析一季度工业通信业运行形势，研究部署当前重点工作。

4 月 16 日，国务院印发《电子信息产业调整和振兴规划》（国发〔2009〕7 号）。

4 月 17～18 日，部在北京召开信息化发展形势分析与展望座谈会，杨学山副部长出席会议并讲话。

4 月 18 日，部印发《关于 2009 年度实施“村村通电话”工程推进“信息下乡”活动的意见》。

4 月 20 日，杨学山副部长会见法国工业、经济和就业部外贸国务秘书安娜 • 伊德拉克女士，就加强中法在航空、城市轨道交通、通信、电子信息、节能、中小企业等领域的合作等交换意见。

4 月 22 日，部印发《关于印发<政府网站发展评估核心指标体系（试行）>的通知》。

4 月 23 日，娄勤俭副部长会见美国微软公司首席战略官克瑞格•蒙迪，就世界信息技术产业发展最新动态、软件产品安全认证、利用信息技术改造传统产业等交换意见。

4 月 23 日，部印发《关于进一步加强战备应急通信工作的意见》。

4 月 27 日，张德江副总理会见芬兰诺基亚公司总裁兼首席执行官康培凯。张德江副总理指出，在应对国际金融危机中，中国政府采取了一系列措施，加大政策扶持力度，支持信息产业发展。希望诺基亚公司发挥优势，进一步加强和深化与中国信息产业界的合作，积极参与 TD-SCDMA 建设，特别是 TD-SCDMA 手机的生产，实现共同发展。奚国华副部长陪同会见。

4 月 27 日，李毅中部长会见阿尔卡特朗讯公司董事长菲利普•加缪、首席执行官本•韦华恩，就国际金融危机对世界经济和电子信息产业的影响等交换意见。

4 月 27 日，部印发《关于印发<第三代移动通信服务规范（试行）>的通知》、《关于加强安全生产应急管理工作的通知》。

4 月 28～29 日，全国电信市场监管工作座谈会在北京召开，李毅中部长、奚国华副部长、部党组成员刘利华出席会议。

5 月 5 日，李毅中部长会见日本总务大臣鸠山邦夫，并签署加强通信领域合作的会谈纪要。双方就国际金融危机背景下两国经济形势及应对政策、通信业发展情况和加强双方合作等交换意见。

5 月 6 日，温家宝总理主持召开国务院常务会议，研究企业技术改造等工作。会议指出，加强企业技术改造，是应对国际金融危机、促进经济平稳较快增长一揽子计划的重要组成部分。加强企业技术改造，要坚持与结构调整、转变发展方式、自主创新、企业重组和加强企业管理相结合，根据产业调整和振兴规划，支持集成电路设计和先进生产线建设、新型显示和彩电工业转型、TD-SCDMA 等新一代移动通信设备研发生产、计算机研发能力建设和下一代互联网推广应用，支持软件及信息服务业加快发展。李毅中部长参加会议。

5 月 7 日，中文域名全国应用普及行动在北京启动。

5 月 8～10 日，李毅中部长陪同温家宝总理赴福建考察。温家宝总理指出，面对国际金融危机，企业要着眼长远，着力培养育新的经济增长点；IT 产业和环保产业是竞争的焦点，要大力发展；要积极推动劳动密集型产业向科技密集型产业转型。

5 月 11 日，部印发《关于做好 2009 年防汛抗旱通信保障工作的通知》（工信部电管〔2009〕206 号）。

5 月 15 日，奚国华副部长赴上海出席“通信与世博”大型报告会并致辞。

5 月 18 日，2009 年世界电信和信息社会日大会在北京召开，奚国华副部长出席会议并讲话。

5 月 18 日，四川省政府与中国电信集团公司、中国移动通信集团公司、中国联合网络通信集团有限公司战略合作框架协议签字仪式在成都举行，苏金生总工程师出席仪式并致辞。

5 月 19 日，奚国华副部长会见美国高通公司董事长兼首席执行官保罗•雅各布，就全球移动通信发展和技术演进、高通参与中国 3G 发展及与中国产业界和运营企业合作等交换意见。

5 月 19 日，工业和信息化部与科技部联合举办提升企业自主创新能力座谈会，娄勤俭副部长、部党组成员刘利华出席会议。

5 月 21 日，北京市政府与中国电信集团公司、中国移动通信集团公司、中国联合网络通信集团有限公司战略合作框架协议签字仪式在北京举行，李毅中部长、奚国华副部长出席签字仪式。

5 月 21 日，苗圩副部长主持召开新兴支柱产业发展院士研讨会，就新能源、航天技术、信息通信、航空业、新材料等领域产业发展听取意见和建议。

5 月 21 日，TD-SCDMA 无线城市和行业应用经验交流会在厦门召开。

5 月 22 日，部印发《关于进一步促进青海省工业和信息化发展的意见》。

5 月 26 日，2009 TD-SCDMA 暨 TD-LTE 国际峰会在北京召开，娄勤俭副部长出席会议并讲话。

5 月 30 日，北京市委书记刘淇到北京市通信管理局调研。

5 月 30 日，部印发《农村综合信息服务站建设和服务基本规范（试行）》（工信部信〔2009〕256 号）。

6 月 3 日，奚国华副部长主持召开首都国庆 60 周年活动无线电管控工作协调会。

6 月 3、4、10 日，驻部纪检组组长郭炎炎先后到中国电信集团公司、中国联合网络通信集团有限公司、中国移动通信集团公司调研。

6 月 4 日，张德江副总理视察国家计算机网络与信息安全管理中心。李毅中部长、奚国华副部长、部党组成员刘利华陪同视察。

6 月 4 日，中国首届域名大会在北京召开，奚国华副部长出席会议并讲话。

6 月 5 日，工业和信息化部与香港特别行政区、广东省政府在北京签署了《粤港电子签名证书互认试点的框架性意见》，杨学山副部长出席签字仪式。

6 月 10 日，张德江副总理主持召开三网融合专家座谈会。李毅中部长、奚国华副部长参加会议。

6 月 11 日，第十三届中国国际软件博览会在北京举行，李毅中部长出席开幕式并讲话，部党组成员刘利华一同出席。

6 月 11 日，杨学山副部长会见美国 RSA 信息安全公司全球总裁科维洛。

6 月 12 日，娄勤俭副部长主持召开新一代宽带无线移动通信网国家科技重大专项领导小组第四次会议。会议原则通过了《新一代宽带无线移动通信网国家科技重大专项 2009 年年度计划》。

6 月 16 日，奚国华副部长会见巴基斯坦联邦投资部部长瓦卡尔•艾哈迈德 • 汗，就加强两国通信领域合作等交换意见。

6 月 17 日，奚国华副部长先后会见刚果（金）邮政电话与通信部部长路易斯•蒙加、加拿大国际贸易部副部长雷瓦克，分别就加强中刚信息通信领域的交流与合作、中加信息产业和工业领域的交流与合作等交换意见。

6 月 18 日，部印发《关于进一步加强电信服务质量工作的通知》（工信部电管〔2009〕290 号）。

6 月 23 日，国家计算机网络与信息安全管理中心成立十周年座谈会在北京召开，李毅中部长、奚国华副部长、部党组成员刘利华出席。

6 月 24 日，杨学山副部长与欧盟驻华代表团大使赛日•安博在北京共同主持召开中欧电子商务圆桌会议。

6 月 25 日，新一代移动通信国际高峰论坛暨 ICB3G-2009 年会在北京召开。

6 月 28 日，经部批准，湖南省长沙、株洲、湘潭三市通信一体化升位并网工程顺利实施。

6 月 30 日，杨学山副部长会见台湾李国鼎科技发展基金会董事长杨世缄，就加强两岸信息化领域合作与交流等交换意见。

7 月 7 日，海峡两岸互联网产业发展论坛在北京举行，奚国华副部长出席论坛并致辞。

7 月 7 日，奚国华副部长出席祝福祖国 60 周年绿色短信大赛启动暨《反网络病毒自律公约》签约仪式。

7 月 9 日，杨学山副部长主持召开中国－欧盟信息技术、电信和信息化对话第一次会议，就信息社会政策、互联网管理、通信法律框架等进行交流。

7 月 14 日，娄勤俭副部长会见美国副贸易代表马兰提斯和商务部代理副部长奥尼尔女士，就中美工业和信息产业领域合作等交换意见。

7 月 15 日，李毅中部长会见美国商务部部长骆家辉，就两国经济形势及应对国际金融危机的措施、加强双方合作以及互联网管理等交换意见。

7 月 22～25 日，奚国华副部长率团赴俄罗斯出席中俄总理定期会晤委员会通信与信息技术分委会第八次会议。

7 月 28～31 日，部党组在北戴河组织部党组理论学习中心组（扩大）学习。主题是认真学习中国特色社会主义理论，深入研讨全面贯彻科学发展观、进一步落实党中央国务院关于应对国际金融危机的决策部署的思路和措施，总结上半年工作，分析当前形势，部署下半年工作，进一步统一思想，增强信心，改进措施，狠抓落实，不断巩固和发展工业企稳回升的好势头，努力完成年初确定的工作目标。部党组书记李毅中在大会上作《统一思想　坚定信心　为巩固发展工业企稳回升形势加倍努力》的学习动员报告。

7 月 30 日，驻部纪检组组长郭炎炎在北戴河主持召开会议，向全国通信管理局局长传达二级管理京外单位规范津贴补贴检查情况通报会有关精神。

8 月 10～12 日，奚国华副部长率部工作组到新疆视察指导“7•5”通信管制工作，要求相关部门全力以赴妥善做好通信管制各项工作，切实维护新疆社会大局稳定。11 日，新疆自治区党委书记王乐泉会见奚国华副部长一行，对工业和信息化部在“7•5”事件处置中作出的积极贡献表示感谢。

8 月 18 日，奚国华副部长到北京有关单位调研国庆 60 周年通信保障工作。

8 月 18 日，陈求发副部长到大唐电信科技产业集团调研，并出席大唐电信联诚公司揭牌仪式。

8 月 19 日，李毅中部长、奚国华副部长分别会见伊拉克通信部部长拉赫曼，就进一步推动两国在通信、石化领域合作等交换意见。

8 月 19 日，首都国庆 60 周年活动无线电管控誓师动员大会在北京举行，奚国华副部长出席会议并讲话。

8 月 21～22 日，全国无线电管理工作座谈会在上海召开，奚国华副部长出席会议并讲话。

8 月 26 日，海峡两岸通信交流协会成立暨第一届全体会员大会在北京召开，奚国华副部长出席会议并讲话。

8 月 27 日，李毅中部长会见厦门市市长刘赐贵，就厦门市创建国家新型工业化产业示范基地、海峡两岸通信合作等进行交流。

8 月 29～30 日，9 月 6～7 日，奚国华副部长出席国庆 60 周年庆典专项演练无线电管控有关活动。

8 月 31 日，娄勤俭副部长出席中国移动 OPhone 平台发布会并讲话。

9 月 2 日，2009 年中国无线技术与应用大会在北京举行，奚国华副部长出席会议并讲话。

9 月 8～10 日，工业和信息化部与证监会在北京联合组织 2009 年度国家网络与信息安全应急演练，杨学山副部长出席。

9 月 9 日，奚国华副部长会见意大利经济发展部副部长罗马尼，就国际金融危机对世界经济及本国经济的影响、两国信息通信业发展和合作等交换意见。

9 月 9 日，驻部纪检组组长郭炎炎会见国际电信联盟副秘书长赵厚麟，就国际电信联盟世界电信展等交换意见。

9 月 11 日，传感器网络标准工作组成立大会暨感知中国高峰论坛在北京举行，奚国华副部长出席会议并讲话。

9 月 11 日，奚国华副部长会见韩国广播通信委员会常任委员李秉基，就下一代移动通信标准、网络安全、三网融合等交换意见。

9 月 11 日，娄勤俭副部长会见台湾英业达集团董事长李诗钦，就计算机产业发展、通信终端产品及软件服务在大陆的发展等交换意见。

9 月 12 日，奚国华副部长赴江苏昆山出席 TFT-LCD 高世代线项目开工典礼并致辞。

9 月 14 日，奚国华副部长会见法国阿尔卡特朗讯公司首席执行官韦华恩，就上海贝尔未来发展战略、阿尔卡特朗讯与中国通信产业界合作等交换意见。

9 月 14 日，苗圩副部长主持召开推进工程建设项目信息公开和诚信体系建设工作协调小组第一次会议，驻部纪检组组长郭炎炎出席会议。

9 月 14 日，部印发《关于加强工业和通信业清洁生产促进工作的通知》。

9 月 15～16 日，全国工业和信息化系统科技工作座谈会在广州召开，娄勤俭副部长出席会议并讲话。

9 月 16～20 日，2009 中国国际信息通信展览会在北京举行。16 日，部党组成员刘利华出席开幕式并致辞。20 日，李毅中部长、奚国华副部长、部党组成员刘利华陪同张德江副总理参观展览。张德江副总理指出，要大力推进体制机制创新，大力推进自主创新，大力推进信息化与工业化融合，加快信息通信业发展，为全面建设小康社会做出更大贡献。

9 月 17 日，工业和信息化部与国资委联合印发《关于 2009 年电信基础设施共建共享考核工作的通知》（工信部联通〔2009〕386 号）。

9 月 21～22 日，温家宝总理先后主持召开节能环保、新能源和新能源汽车产业，新材料、新医药、生物育种产业，信息产业三场专家座谈会，奚国华、娄勤俭、杨学山副部长分别参加。

9 月 21～22 日，《关于香港服务提供者在广东省销售香港电话卡的备忘录》和《关于澳门服务提供者在广东省销售澳门电话卡的备忘录》签署仪式在北京举行，总工程师苏金生出席仪式。其间，还先后会见香港电讯管理局局长黎陈芷娟女士、澳门电信管理局局长陶永强。

9 月 22 日、24 日、27 日，总工程师苏金生带队先后到中国电信集团公司、中国联合网络通信集团有限公司、中国移动通信集团公司调研。

9 月 23 日，奚国华副部长到国家计算机网络与信息安全管理中心调研。

9 月 23～24 日，国家级两化融合试验区 2009 年第三季度工作会议在重庆召开，杨学山副部长出席会议并讲话。

9 月 24 日，娄勤俭副部长与美国商务部代理副部长奥尼尔共同主持召开中美商贸联委会工业和信息产业合作工作组会议，就加强中美工业和信息产业领域交流与合作及第二十届中美商贸联委会有关议题进行磋商。

9 月 24 日，第十五届电信新技术新业务高级研讨会在北京召开，娄勤俭副部长出席会议并讲话。

9 月 25 日，李毅中部长会见美国戴尔公司董事长兼首席执行官迈克尔•戴尔，就戴尔公司在华业务发展情况等交换意见。

9 月 25 日，奚国华副部长主持召开国庆 60 周年无线电管控工作联席会议。

9 月 25 日，部印发《关于支持福建省加快海峡西岸经济区工业和信息化发展的意见》。

10 月 1～7 日，在工业和信息化部的精心组织协调和指导下，通信行业圆满完成国庆 60 周年各项应急通信保障和无线电管控工作。1 日，奚国华副部长在现场指挥国庆 60 周年庆典无线电管控工作。

10 月 4～9 日，驻部纪检组组长郭炎炎率团赴瑞士参加国际电信联盟 2009 年世界电信展。

10 月 9 日，李毅中部长主持召开第 25 次部长办公会议，研究分析 9 月份和三季度工业通信业经济形势。

10 月 10 日，娄勤俭副部长出席 2009 年国家科技重大专项组织实施推进会。

10 月 12 日，王岐山副总理和俄罗斯副总理茹科夫主持召开中俄总理定期会晤委员会第十三次会议，奚国华、苗圩副部长出席会议。奚国华副部长与俄罗斯大众与传媒部副部长马尔捷尔就两国电信运营业合作、边境地区无线电频率协调、中俄原油管道通信频率、移动通信合作等交换意见。苗圩副部长与俄罗斯工业和贸易部副部长曼图罗夫就加强民用航空合作等交换意见。

10 月 12 日，总工程师苏金生出席第二届中国国际电子商务应用博览会开幕式，并在 APEC 经济体高管论坛暨全球经济成长中国峰会上致辞。

10 月 15～18 日，杨学山副部长率团赴老挝出席第四次中国－东盟电信部长会议。

10 月 16 日，国际电信联盟会议批准颁布由我国主导完成的《统一移动终端及其他 ICT 设备的电源适配器和充电器方案》国际标准，该标准采纳了我国通信行业标准 YD/T1591 的核心技术内容。

10 月 19 日，2009 年军地无线电管理（专题）联席会议在北京召开，奚国华副部长、部党组成员陈小筑出席会议。

10 月 20 日，国庆 60 周年活动无线电管控工作总结大会在北京召开，奚国华副部长、部党组成员刘利华出席会议。

10 月 21 日，信息服务外包行业个人信息保护工作现场交流会在大连召开，杨学山副部长出席会议并讲话。

10 月 21 日，我国主导提出的具有自主知识产权的新一代移动通信技术方案 TD-LTE-Advanced 被国际电信联盟确定为第四代移动通信（4G）国际标准候选技术之一。

10 月 26 日，李毅中部长先后会见诺基亚公司首席执行官康培凯、爱立信公司总裁思文凯，分别就国际金融危机、中国 3G 和 TD-SCDMA 发展、加强与中国通信企业合作等交换意见。

10 月 26 日，首届中国动漫艺术大展在北京开幕，总工程师苏金生出席开幕式。

10 月 29 日，李毅中部长会见英特尔公司全球总裁兼首席执行官欧德宁，就英特尔公司在华发展、信息技术改造传统产业和三网融合等交换意见。

10 月 29 日，杨学山副部长会见欧洲卫星通信公司总裁兼首席执行官贝莱特，就该公司与中国航天科技集团公司在卫星发射、卫星通信方面的合作等交换意见。

10 月 29～30 日，工业和信息化部与国家行政学院在北京联合举办中央国家机关信息安全培训班，杨学山副部长出席培训活动并作报告。

10 月 30 日，第八届中国信息港论坛在青岛举行，部党组成员刘利华出席会议并致辞。

11 月 2～3 日，2009 中国互联网大会在北京召开，李毅中部长出席开幕式并发表演讲。

11 月 3 日，李毅中部长会见美国微软公司首席执行官史蒂夫•鲍尔默，就信息产业应对国际金融危机、软件业改造提升传统产业、软件业发展趋势、软件正版化等交换意见。

11 月 3～4 日，全国通信管理局政务公开座谈会在长沙召开，驻部纪检组组长郭炎炎、部党组成员刘利华出席会议并讲话。

11 月 5 日，代号“应急－2009”的军地联合应急通信演练在南昌举行，江西、福建、江苏、浙江四省通信管理局，三大基础电信运营企业和南京军区有关单位参加演练，总工程师苏金生出席现场观摩活动并讲话。

11月5～6日，全国工业和信息化“十二五”规划编制工作会议在南昌召开，苗圩副部长出席会议并讲话。

11月11日，工业和信息化部与中国移动通信集团公司签署节能自愿协议，苗圩副部长出席仪式并讲话。

11月11日，杨学山副部长会见西班牙电信集团董事长阿列达，就中国3G发展、加强与中方合作等交换意见。

11月12～13日，娄勤俭副部长率团赴印度尼西亚出席亚太电信组织部长级会议。

11月16日，苗圩副部长会见法国经济、工业和就业部竞争力、工业和服务业总署署长吕克·卢梭，就进一步深化中法工业、通信业和信息化领域的合作，建立两部间沟通对话机制等交换意见。

11月16日，第十一届中国国际高新技术成果交易会在深圳举行，娄勤俭副部长出席开幕式，并先后出席第十一届信息技术领域专利态势发布会、深圳市8.5代薄膜晶体管液晶显示器件生产线项目正式启动仪式、电子信息产品标准化国家工程实验室和数字音频编解码技术国家工程实验室揭牌仪式。

11月18日，李毅中部长主持召开第29次部长办公会议，听取国家科技重大专项进展情况汇报。

11月18～19日，2009年全国工业通信业运行监测协调工作会议在济南召开，部党组成员、总工程师朱宏任出席会议并讲话。

11月19～20日，工业与信息化融合国际研讨会在广州召开，奚国华副部长、部党组成员刘利华出席会议并致辞。

11月20日，全国电信基础设施共建共享推进会在广州召开，奚国华副部长出席会议并讲话，部党组成员刘利华主持会议。

11月20日，李毅中部长主持召开第30次部长办公会议，听取2010年工业通信业经济工作思路汇报。

11月23～24日，国务委员刘延东主持召开2009年国家科技重大专项组织实施推进会，李毅中部长、苗圩副部长和总工程师苏金生参加会议。

11月24日，工业和信息化部与发展改革委联合印发《关于调整固定本地电话等业务资费管理方式的通知》（工信部联通〔2009〕574号）。

11月24～30日，中国电子工业标准化技术协会名誉理事长、中国通信标准化协会名誉理事长娄勤俭率团赴台湾出席第六届海峡两岸信息产业技术标准论坛有关活动。24日，在台湾出席台湾威宝电信TD-SCDMA试验网启动仪式，总工程师苏金生在北京现场出席启动仪式。

11月25～26日，工业和信息化部与监察部、国家预防腐败局在南宁联合召开依托电子政务平台推进基层政务公开和公共服务经验交流会，杨学山副部长出席会议并讲话。

11月26～27日，中国通信学会第六届学术年会在广州召开。

12月1日，张德江副总理会见日本索尼集团董事长兼首席执行官霍华德•斯金格，娄勤俭副部长陪同会见。

12月1日，2009年度中国游戏行业年会在北京召开，娄勤俭副部长出席会议并讲话。

12月2日，杨学山副部长会见美国超微半导体公司（AMD）总裁兼首席执行官德克•梅尔，就信息技术发展方向及该公司半导体业务在华发展等交换意见。

12月4日，李毅中部长主持召开基础电信企业负责人会议，明确要求全行业务必从事关青少年健康成长、事关社会主义精神文明建设的高度，全力打击手机淫秽色情。中国电信集团公司、中国移动通信集团公司、中国联合网络通信集团有限公司主要负责同志参加会议。

12月7日，奚国华副部长先后会见国际电信联盟电信发展局局长阿巴希、加拿大RIM公司首席执行官巴尔斯利。

12月8日，奚国华副部长出席进一步深入整治互联网和手机媒体淫秽色情及低俗信息专项行动电视电话会议。

12月8日，2009年移动互联网研讨会在北京召开，奚国华副部长出席会议并讲话。

12月8日，工业和信息化部与发展改革委联合印发《关于简化移动电话拨打长途电话资费的通知》（工信部联通〔2009〕618号）。

12月9日，奚国华副部长主持召开全国通信管理局局长会议，部署综合整治手机淫秽色情专项行动有关工作。部党组成员刘利华和总工程师苏金生出席会议。

12月10日，杨学山副部长会见台湾工商建设研究会理事长赖正镒，就加强两岸工业和信息化领域合作交换意见。

12月14日，部印发《关于进一步深入整治手机淫秽色情专项行动工作方案》。

12月17日，李毅中部长、奚国华副部长向中央宣传部部长刘云山汇报手机网络淫秽色情专项治理工作情况。

12月18日，李毅中部长主持召开第34次部长办公会议，研究工业、通信业和信息化领域“十二五”规划基本思路。

12月18日，第二届无线电频率规划专家咨询委员会第五次全体会议在北京召开，奚国华副部长出席会议并讲话。

12月18日，中国通信标准化协会第八次会员大会召开，娄勤俭副部长出席会议并讲话。

12月19日，工业和信息化部与广电总局联合向国务院上报《推进三网融合的总体方案》。

12 月 20 日，国家信息化领导小组批复第四届国家信息化专家咨询委员会名单。新一届专家委共 66 人，由奚国华副部长担任主任，周宏仁担任常务副主任，吴敬琏、何德全、邬贺铨、杨国勋担任副主任兼各专业委员会主任。

12 月 21～22 日，全国工业和信息化工作会议在北京召开。张德江副总理出席会议并作《调结构、上水平，保持工业经济平稳较快发展》的重要讲话。李毅中部长作了题为《加快结构调整，转变发展方式，提高工业经济增长的质量和效益》的工作报告。

12 月 23 日，奚国华副部长出席中国电信集团公司工作会议并讲话，总工程师苏金生一同出席。

12 月 23 日，2009 年度中小企业信息化推进工作总结会暨信息发布会在北京召开，部党组成员、杨学山副部长，部党组成员、总工程师朱宏任出席会议并讲话。

12 月 24～25 日，奚国华副部长在北京、上海两地调研 TD-SCDMA 终端联合研发有关情况。

12 月 25 日，2009 年度中国通信学会科学技术奖颁奖大会在北京召开，总工程师苏金生出席大会并致辞。

12 月 27 日，工业和信息化部组织通信行业圆满完成温家宝总理接受新华社记者独家专访保障任务。

12 月 28 日，第九届信息产业重大技术发明评选结果发布会在北京召开，娄勤俭副部长出席会议并讲话，部党组成员刘利华和总经济师周子学出席会议。

12 月 29 日，李毅中部长主持召开第 8 次部务会议，审议通过《通信网络安全防护管理办法》和《烟草专卖行政处罚程序规定（修订）》两部部门规章，听取深入整治手机淫秽色情专项行动工作情况汇报。

（工业和信息化部办公厅）

第四篇 通信行业创新与转型

通信技术与业务发展趋势

2009年电信业发展深度观察

工业和信息化部电信研究院 《2009年电信业发展》课题组

一、2009年电信业发展综述

2009年，二战以来最大经济危机的影响全面显现，全球电信业自20世纪90年代以来首次收缩，出现负增长。然而，行业发展基本面并未根本改变。我国电信业发展呈现前低后高态势，正积极复苏走出低谷。同时，我国电信业正式进入了3G和全业务运营新阶段，带来新的发展动力。

（一）全球电信业自20世纪90年代以来首次负增长

2009年，受金融危机影响，全球电信业延续了2008年下半年的发展颓势，运营收入为1.65万亿美元，同比下降2.5%，自20世纪90年代以来首次负增长；电信设备投资则同比下降4.2个百分点。

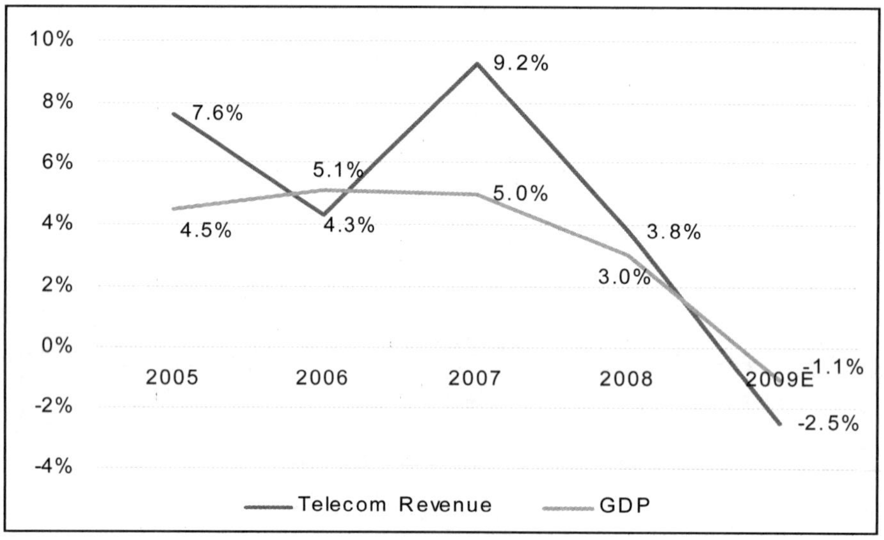

数据来源：ITU、IMF

图1 全球电信运营业收入增长与经济增长对比

危机中，电信运营企业展现出了不同业绩。北美企业明显好于欧洲运营商，如Verizon增长超过10%，而Vodafone、Telefonica、英国电信、法国电信等欧洲运营商则分别出现3%左右的负增长。业绩差异在一定程度上昭示了电信业发展方向，以Verizon为例，其传统的移动语音业务为2%负增长，而移动数据业务增长幅度超过30%，FiOS三网融合业务增长达56%。

（二）国际通信业融合与转型继续加速

三网融合继续高速发展。全球IPTV用户在2009年上半年达到2630万户，同比增长53%。手机电视业务至2009年3季度，全球广播式手机电视用户规模达3510万，同比增长40%。

通信业转型持续推进。2009年，发达国家以数据业务、ICT综合业务和新兴市场的拓展为重点，继续推进电信业转型，如NTT、Verizon、ATT、Vodafone等运营商，移动业务中数据业务占比持续增加，在2009年上半年平均达到29.4%。

（三）我国从90年代以来的最低增长中复苏

基础电信业务低速增长。2009年，基础电信企业主营收入完成8424亿元，同比增长仅为3.9%，为20世纪90年代以来最低增长。从2009年下半年起，电信业初显复苏迹象，7月起月同比增速均超过5%，业务总量第4季度增幅已超过2008年下半年。

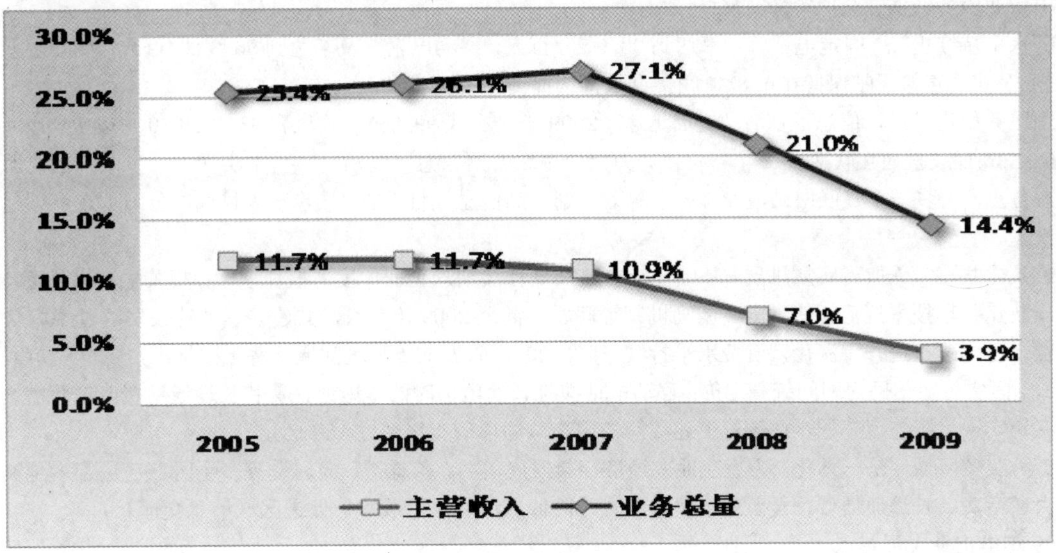

数据来源：工业和信息化部

图 2　　电信业收入与业务总量发展情况

电信用户增、减规模均创历史纪录。2009 年，各类电信用户均创历史纪录，新增移动电话 1.1 亿户，月均新增 884 万户；新增宽带 2035 万户，月均新增 170 万户；减少固话 2667 万户（其中小灵通 2294 万），月均减少 222 万户（其中小灵通 191 万户）。

中西部继续崛起。从新增用户态势看，中西部省份所占份额继续增加，新增移动电话占比，中部上升 1.3 个百分点；新增宽带用户，西部上升 1.8 个百分点，中部上升近 10 个百分点。

增值企业逆势强劲增长。以互联网企业为代表的增值企业逆势上扬，如我国 13 家典型互联网企业 1～3 季度收入增长 32%，利润增长 34%。

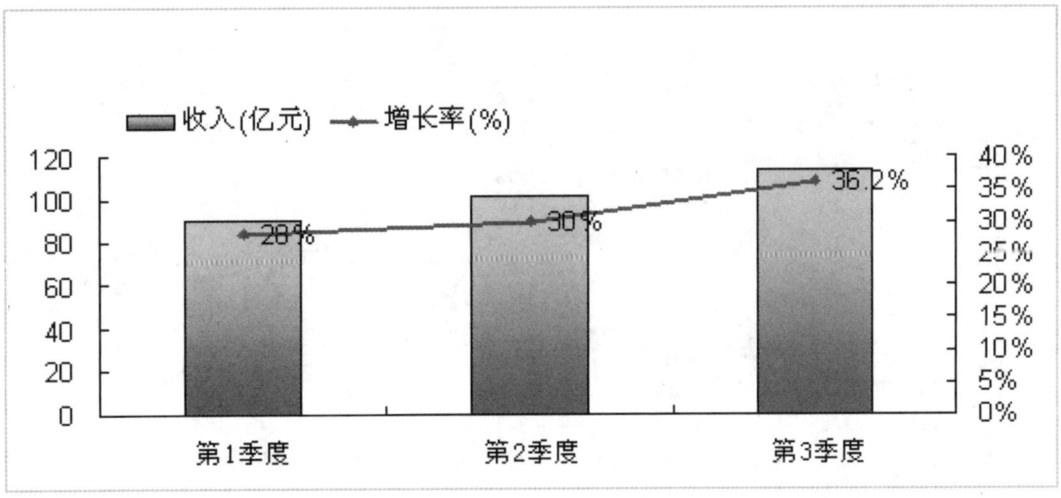

图 3　　13 家典型互联网上市企业收入规模及增长情况

数据来源：新浪、搜狐、百度、腾讯、网易、阿里巴巴、盛大畅游、完美时空、巨人、空中网、携程、前程无忧等 13 家上市公司财报

（四）我国 3G 和全业务运营时代拉开序幕

2009 年，我国步入 3G 和全业务运营时代。

3G 网络建设快速推进。至 2009 年末，3G 基站规模达到 32.5 万个，建设总量接近 2G 网络十几年来累计规模的一半，开创了全球规模最大、速度最快建设纪录。

3G 业务起步发展。3G 用户总数达到 1325 万户，占到移动用户总数的 1.8%左右。移动互联网蓬勃发展，2009 年用户总数达到 1.85 亿，其中新增 WAP 用户近 520 万户，新增移动 WWW 用户 6200 万户左右。

（五）电信业服务经济社会取得新进展

电信服务水平持续提高。固定电话普及率达到 23.6 部/百人，移动电话普及率达到 56.3 部/百人，互联网普及率达到 28.9%。电信业对 GDP 直接贡献保持在 1.8%，间接贡献持续提高。

农村普遍服务稳步推进，信息下乡活动进展迅速。2009 年，实现 99.86%行政村和 93.4%的 20 户以上自然村通电话，99.3%乡镇和 91.5%行政村通互联网。15 个省份 1.3 万余个乡镇开展信息下乡活动，基本实现“一乡一个信息服务站，一村一个信息服务点，一乡一个互联网站，一村一个网上农副产品信息栏目”的“四个一”目标，全国 1/3 乡镇建立了乡村信息服务体系。

基础设施共建共享工作取得实质进展。基础设施共建共享首次纳入企业年度考核体系中；相关配套措施逐步完善，解决了基础设施共建共享技术规范、转供电、激励机制等问题。截至 2009 年 9 月，共建共享节约投资超过 100 亿元。

电信资费市场化改革进一步深化，资费水平持续下降。20 个省发文下调区间通话费上限标准，部分城市或城区取消区间通话费；全面实行短信网内网间统一定价；移动电话拨打长途电话时的本地通话费和长途通话费两项收费合并；对固定本地电话资费实现上限管理。初步估计，上述政策使用户节约通信支出超过 150 亿元。

电信业着力服务区域经济一体化。为适应地方经济社会发展需要，长株潭、成眉资等多个区域已进行本地网并网，并通过调整区内通话费、长途通话费、漫游通话费的形式，降低区域间通信成本，促进区域信息交流。

二、2009 年电信业发展热点

2009 年，我国电信业经历了 20 世纪 90 年代以来的最低增长并开始缓慢复苏，但经济复苏的不确定性和行业发展的内部深层矛盾仍然给电信业长远发展蒙上阴影。另一方面，电信业重新成为国际战略布局重点，各国深刻认识到电信业在提升社会生产率、塑造长期竞争力中的关键作用，将其列为国家战略部署的先导领域，为电信业发展创造了有利的政策空间。

（一）重重困境中的复苏之路

（1）清晰但低位徘徊的复苏

2009 年，电信业发展呈现清晰的低位复苏态势。各月主营业务收入增速在 2 月份最低下探至 1.4%后，呈现出逐月回升迹象。从 7 月起增速均超过 5%，12 月份达到 6.5%。然而，2009 年全行业主营业务收入同比增长仅 3.9%，为 20 世纪 90 年代以来最低值，也低于同期 GDP 8.7%和第三产业 8.9%的增速。

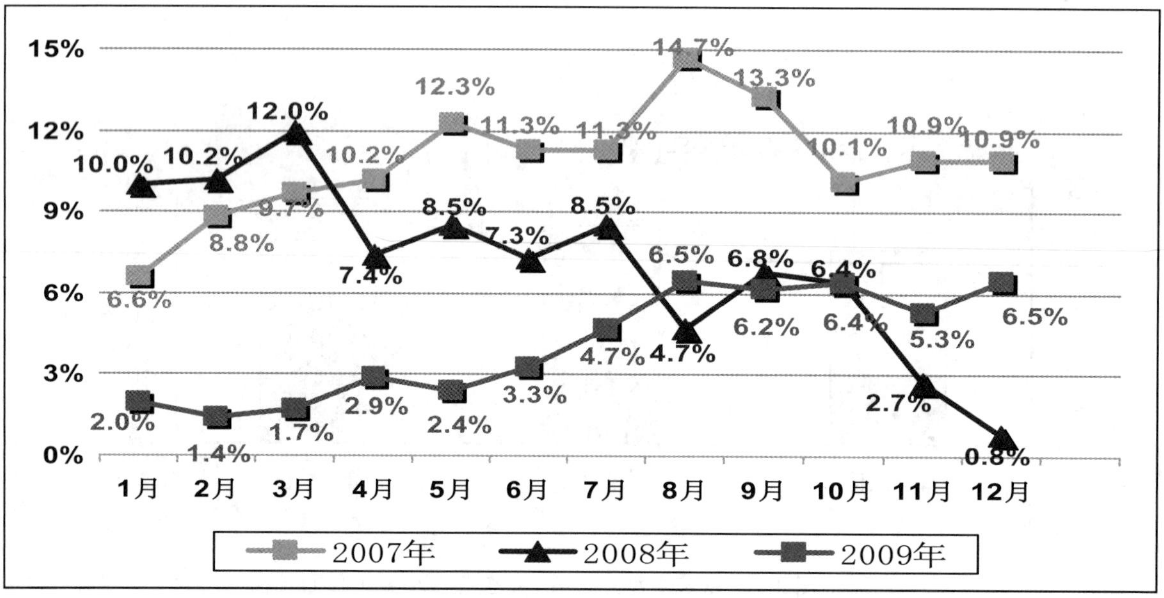

图 4　2007～2009 年各月电信主营业务收入同比增长率比较

（2）行业复苏的积极因素

2009 年行业收入增速逐月回升，其积极因素主要包括：

——金融危机影响明显减弱。反映金融危机影响和经济活跃程度的国际及港澳台移动漫游来访通话时长，月度同比增长率由负转正，12 月份更是达到 20%增长，基本恢复至金融危机前水平。

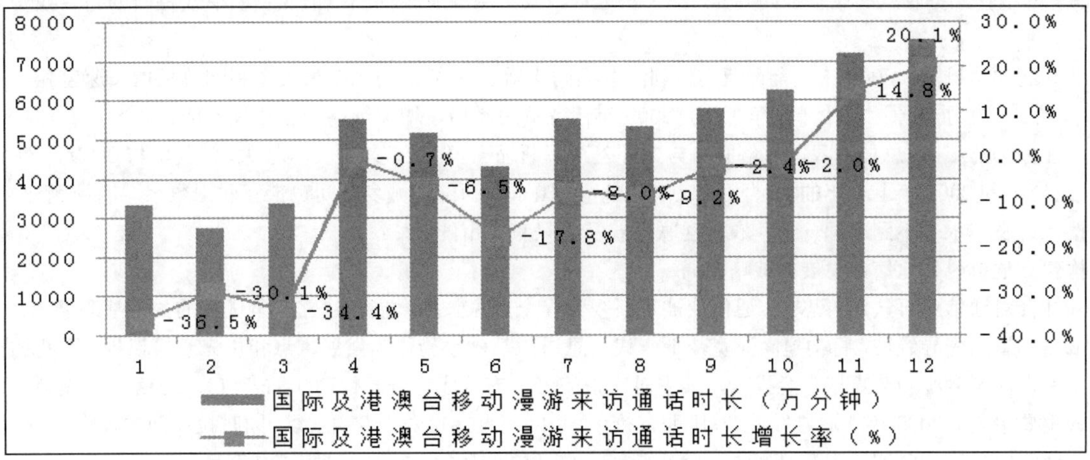

图 5　2009 年 1～12 月国际及港澳台移动漫游来访通话时长变化情况

——移动和宽带用户高增长。2009 年，移动用户和宽带接入用户发展均创历史纪录，分别新增 1.06 亿户和 2035 万户，成为推动行业收入增长的重要力量。

——3G 业务全面商用。2009 年，3G 用户总数达到 1325 万户，占到移动用户总数的 1.8%左右，短时间内实现了较快发展，有力拉动了行业增长。

（3）面临的困境与挑战

金融危机的影响与行业发展的自身因素相互交织，导致电信业在复苏中仍然面临一系列深层次矛盾。主要包括：

——业务收入大省贡献率显著降低。金融危机影响的一个直接后果是东部区域的收入大省对行业增长贡献率显著下降。2009 年，收入规模排名前 6 的省份对全行业收入增长贡献率下降 24 个百分点，截至年底仍未恢复到往年水平。

——用户增长空间逐步压缩。一是总体增长空间缩小。东部地区移动电话普及率已达 73.5%，其中上海、北京人口普及率已超过 100%，市场基本趋于饱和。中西部地区虽潜在空间较大，但受经济发展水平制约，不能完全转化为有效需求。二是新增用户低端化。2009 年虽然新增用户创历史纪录，但其中消费能力较低的用户占相当比率。三是全业务竞争使一户多卡比例增加，导致一定程度上用户虚增，通信消费需求不能同步增长。

——新增长点难以完全化解固话加速下滑。2009 年，移动通信和宽带接入收入同比增长分别达 22%和 13.2%，是行业增长的主要力量。然而，固定本地电话网和长途网收入下滑严重，同比增长分别达-14.4%和-5.3%，收入占比降至 16.1%和 11.7%，对收入增长贡献从 2008 年的-7.2%和-5.4%缩小到-115.6%和-62%，部分抵消了移动通信和宽带接入对增长的推动效应。

——资费持续下降和价格弹性的停滞压缩了收入增长空间。2009 年，资费延续下降态势，平均综合资费下降 9.57%，其中移动本地语音资费下降 9.36%。同时，语音业务价格弹性不断下降，如移动本地话音价格弹性从 2008 年的 0.5596 下降到2009年的0.2747，下降幅度高达50.9%，使得资费下降带来的通话量和收入增加不足以弥补资费下降带来的收入减少，从而制约了行业整体收入的增长。

——传统业务的用户消费接近天花板。2009 年，固话本地话音 MOU 同比下降 5.5%，至 136.5 次/户·月，移动本地话音 MOU 增速趋缓，同比增长仅 3.3%，为 395 分钟/户·月；固定本地和移动本地话音 ARPU 都以比上年更快的速度下降，分别降 15.1%和 6%，ARPU 值仅为 20.8 元/户·月和 29.9 元/户·月。随着普及程度进一步提升，新增用户将进一步低端化，传统业务户均用户消费量和消费支出增长将接近增长上限。

同时，电信业虽开始缓慢复苏，但行业深层次矛盾凸显，长期发展面临挑战。

——宏观经济增长方式影响电信业可持续增长。我国经济增长中投资拉动比例过大，2009 年投资对 GDP 的贡献高达 92%，拉动其中 8 个百分点，在可预见的一段时期内，投资仍将是推动经济增长的最重要因素，而消费和出口增长的降低或放缓，会通过直接和间接方式传递到电信行业，从而导致电信有效需求增长不足。

——电信业转型面临挑战。2009 年，非话业务收入同比增长 8.8%，高出主营业务增速 4.9 个百分点，占比达到 37.2%，比 2008 年提高 4.2 个百分点，显示转型进展良好。然而，非话业务增长的绝对规模过去几年并未提高，非话业务占比的快速提升一定程度上是由于话音业务的快速下降。因此，如果非话收入规模不能快速扩大，则难以完全弥补话音业务的不断下降，会导致电信业总体收入增长困难。

——投资规模高居不下。我国电信投资与收入比一直在 30%以上，呈现较强的投资拉动性，而发达国家则在 15%左右的水平。近几年，我国投资与收入比在多年持续下降后又再度上升，2009 年全行业完成固定资产投资 3725 亿元，同比增长高达 26.1%，占主营业务收入的比重提高到 44.2%。长远看，我国由投资驱动的电信业发展模式将向创新、投资共同驱动的模式转变。

——行业利润加速摊薄。2009 年，全行业实现利润总额同比增长 5.9%，与 130 家央企利润总额增长速度相比，增速低了 4.4 百分点。一个重要原因是由于竞争加剧，2009 年营业费用激增，增速远高于业务收入增长。

——发展任务仍然艰巨。总体上我国通信服务与国外差距不断缩小，但宽带差距逐步拉大，普及率与 OECD 差距由 2005 年 10 个百分点拉大到 2009 年上半年的 15 个百分点。此外，我国东中西部和城乡之间宽带互联网数字鸿沟问题依然严峻，中西部宽带接入普及率水平不到东部一半，农村互联网普及率只有城市的 32.4%。

（二）构建后危机时代通信业发展的战略布局

——国际社会对通信业再认识再思考。通信业被重新视为一个国家长期发展和建立竞争优势的关键战略要素。各国将其列为国家战略部署的先导领域，将构建高速宽带下一代信息通信基础设施作为发展重点和优先政策议程，不断加大政府引导、战略指引、政策激励乃至直接资金投入，其中对宽带的资金支持成为普遍行动（见表 1）。通信业在我国亦成为应对经济危机的重要手段。2009 年初通过发放 3G 牌照，推动 3G 网络直接投资 1609 亿元，同时拉动国内投资 7499 亿元，带动消费 505 亿元，促进 GDP 增长 1756 亿元，创造直接就业岗位 26 万个，间接就业岗位 67 万个。

表 1　部分国家计划对宽带发展的资金支持

国家	投资领域	投资额
美国	边远地区、学校、图书馆、健康保健等公共服务机构的宽带服务	72 亿美元
欧盟	边远地区的高速互联网接入	14.6 亿美元
英国	宽带普遍服务	3.28 亿美元
	开发下一代网络	每年 1.5 亿~1.75 亿英镑
法国	宽带接入、普遍服务、教育和研究网络	7.5 亿欧元
日本	宽带和超高速网络	19 亿美元
澳大利亚	宽带基础设施	344 亿美元
韩国	超高速网络	10 亿美元
巴西	宽带网络	拟投资 152 亿美元

——宽带融合泛在智能下一代网的图景浮现。信息通信网络向宽带、融合、泛在的下一代网络发展演进不断加快。一是宽带接入迈入新阶段。高速光纤接入和宽带无线移动通信成为各国发展重点，美、日等国推出了 100Mbit/s 的光纤接入，宽带普遍服务列入各国计划。二是融合不断深入，固定和移动通信网交融发展，电信网与互联网融为一体，三网融合进程不断加快。三是下一代互联网加快部署。许多国家和地区制定了 IPv6 发展战略和行动计划，明确实施路线图和时间表，同时，为系统解决安全可信和服务质量问题，不断加快互联网全新架构研发。四是电信网、互联网、物联网交融发展将重构全球信息通信基础设施，实现人与人、人与物乃至物与物之间随时随地的沟通和物理世界的实时便捷管理，极大改变生产方式、社会管理、公共服务和人类生活，成为迈向信息社会的“发动机”。

——通信业务创新与产业组织模式孕育重大变革。互联网的发展对通信业创新和产业组织模式产生了深刻影响，目前移动互联网的创新昭示了新的发展方向，如 iPhone 的在线应用商店 Apple Store，在短短一年多时间里就开发应用超过 10 万，下载超过 20 亿次，展示了传统模式所不具备的巨大创新空间。新的变革打破了制造、运营、终端及应用之间的壁垒，拓宽和延长了产业价值链，带来产业链组织方式的创新，产业链构成、运营模式、商业模式和市场走势等都发生巨大变化，将深刻影响通信领域的发展走向，并带来新的市场空间。

——政策积极调整变革应对新形势。一是强化政策激励环境以构建经济社会可持续发展的新一代宽带基础设施，具体包括制定发布数字国家战略和宽带国家战略、为宽带建设提供财政补贴、推行宽带普遍服务、监管中加强对网络投资的激励并增强监管机构相应职能、将数字电视转化节约的频谱运用到宽带无线接入等。二是适应互联网的发展需求，加强对公民权利、安全和隐私的保护，调整国家网络安全战略，探索“网络中立”解决模式，构建安全开放的互联网。

三、2010 年电信业发展走向

2010 年，随着经济进一步好转和技术创新推进，全球电信业将复苏性增长。我国电信业也逐步提速，3G 进入快速发展轨道，三网融合破冰试点。2010 年是承上启下的关键一年，电信业将有望迎来国家新的战略部署，开辟新的发展格局。

（一）　电信业复苏性增长

伴随全球经济的逐渐复苏，预计 2010 年全球电信业将走出低谷（见图 6）。据 Gartner 等机构预计 2010 年全球电信运营业收入将增长 3%左右，达到 1.7 万亿美元。

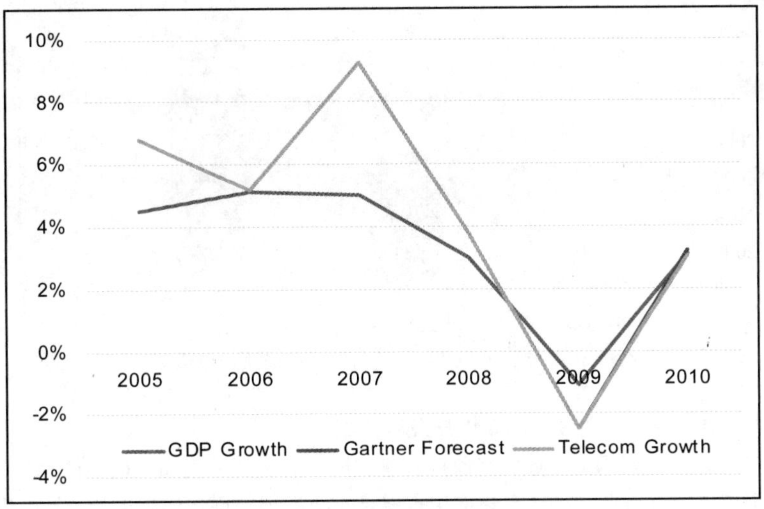

图 6　2010 年全球电信业增长预测

资料来源：IMF、WorldBank、Gartner

2010 年，我国 GDP 增长预计可达 8.7%，我国电信业也将继续复苏性增长，预计电信主营业务收入增长率在 4.1%～5.1% 之间（见图 7）。

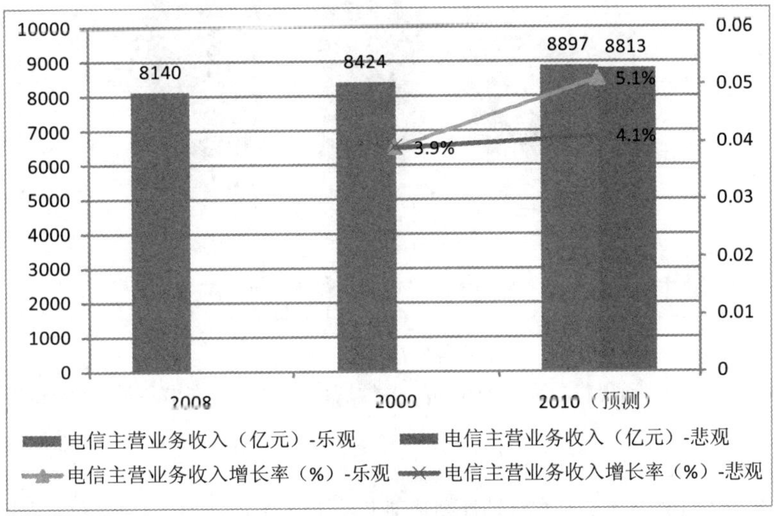

图 7　2010 年电信主营收入预测

长期看，由于增长驱动因素不同（我国 GDP 增长主要靠投资推动，而电信业主要靠消费驱动），预计电信业增长将在较长时间内低于经济增长。随着通信业转型全面推进，新的消费市场特别是行业应用市场的拓展，电信行业增长与 GDP 增长间的差距将趋于缩小，能否反超则取决于 3G 业务和宽带业务等的发展情况。

（二）我国 3G 进入快速发展阶段

——3G 用户快速发展。3G 用户发展将进入快速发展期，预计 2010 年 3G 用户规模达到 6000 万，渗透率将达到 7%（见图 8）。

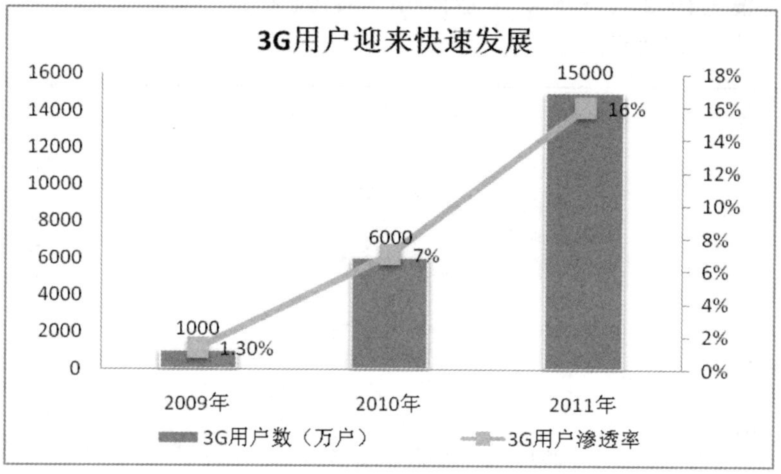

图 8　3G 用户发展预测

——3G 业务日趋丰富（见图 9）。娱乐类业务仍将保持快速发展；商务类应用如手机邮件等业务将逐步展开；可视电话等特色业务、基于 3G 的无线宽带业务和移动信息化应用也将是重点发展方向；远程视频、智能家居，B2C、B2B 商业模式与 3G 网络结合，形成移动化人机交互和物物交换的业务模式。

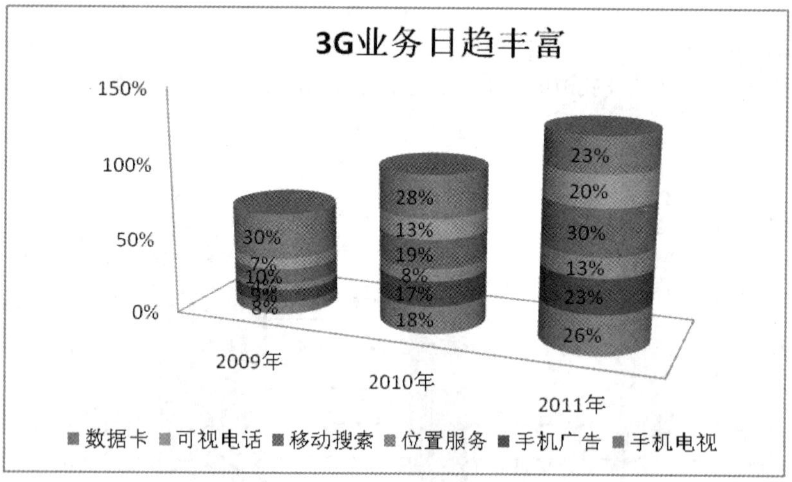

图 9　3G 业务发展预测

——*X*-Phone 以及移动应用商店的涌现将改变产业格局。各领域巨头将继续推出各类 *X*-Phone 和移动应用商店，从而带动移动互联网发展。

（三）各国宽带普遍服务和宽带升级全面展开

2010 年，各国将在已制定发布的宽带战略和行动计划基础上，加快推动宽带普遍服务和向光纤高速网络升级。具体行动方式特别是政府参与方式将会呈现多样化。

宽带普遍服务政策方面，预计大部分发达国家将制定宽带普遍服务政策，部分发展中国家（如巴西等）也将推出宽带普遍服务。

为有效宽带网络部署和升级，预计各国政府在光纤接入市场方面的管制将趋于放松。一些国家和地区管制机构开始重新审视针对光纤接入网的强制开放管制政策。

LTE 网络部署将逐步启动，这将使各国能够以更加灵活和更低成本方式提供宽带服务。

（四）我国电信业发展面临新的历史机遇

2010 年是我国经济社会发展承上启下的关键一年，未来 5 年的国家发展布局将基本确定，除了 3G 外，电信业发展将面临新的历史机遇。

一是电信业有望纳入国家战略性新兴产业布局，成为转变经济发展方式的重要领域和引领其他战略性新兴产业发展的重要基础。其中，宽带网络、移动通信、三网融合、下一代互联网、物联网等有可能成为发展重点。二是三网融合破冰启动，按照国务院部署，将会在全国范围内选择一批城市进行三网融合试点，从而大大推动 IPTV、移动多媒体广播电视、手机电视等融合业务发展，并不断创新产业形态。三是宽带网络推进力度将不断加大，各级政府将加强对光纤宽带网络及农村宽带网络建设的支持，优化政策环境。四是物联网探索将加快，战略基础设施、经济运行、民生服务、环保安全等领域物联网先导性应用将会逐步推进，M2M通信将迎来快速发展。五是信息化与工业化融合深入推进，要求信息通信网络更紧密地与各个产业的研发设计、生产制造、流程管理、营销服务等各环节深度结合，从而推动电信业向多媒体化、融合化、集成化综合信息服务的转变。六是电信改革重组的变革调整基本完成，重组的企业优势将逐步显现，从而为电信业发展提供强有力的保障。

我国电信业增速缘何低于GDP增速

工业和信息化部电信研究院规划所　王涛、鲁春丛、许立东

多年以来，我国电信业（本文的电信业指基础电信运营业）以远高于GDP的速度增长，对打破通信基础设施瓶颈、拉动国民经济较快增长、助推经济发展方式转变、促进两化融合和繁荣人民生活都做出了卓越贡献，电信业也因此被冠以国民经济“基础性、先导性和战略性”行业之名。然而，从2007年开始，电信业收入增速(11.2%)首次低于GDP增速(11.9%)；2008年，二者（GDP增长9.0%，电信业收入增长7.0%）增幅差进一步拉大为2个百分点；受全球金融危机等内外因素影响，及至2009年一季度，GDP实现6.1%的增长，同期电信业收入仅增长1.7%，差距进一步拉大为4.4个百分点。从2009年一季度情况推测全年，差距或呈进一步拉大趋势。对此，人们不禁会产生一系列疑问：电信业增速已然低于GDP增速在拖后腿，其还是国民经济的先导性行业么？电信业收入增速低于GDP增速是偶然现象还是必然规律？二者差距拉大为何如此迅速？这种状况会持续多久？电信业收入增速还能（会）高于GDP增速么？这一系列问题广为电信业从业人员和行业主管部门所关注并引发深入思考。笔者将电信业和GDP增长置于我国经济社会发展的大背景，并从全球视域来考察二者不协调的内在逻辑，在统筹考虑各自发展水平与发展阶段及增长的不同驱动机制的基础上，试对上述问题略陈己见。

一、经济社会发展的大背景

探究电信业收入增速缘何低于GDP增速，不应囿于电信业本身查找原因，而应从我国经济社会发展的大背景寻找答案。从经济社会发展的大背景来看，我国已进入“工业化、信息化、城镇化、市场化、国际化”并举的重要阶段。五化并举并非意味着五化作用等量齐观，其中根本的还是工业化和城镇化，因为工业化创造供给，城镇化创造需求，而总供求平衡是国民经济良性发展的重要目标和宏观调控的主要诉求。我国经济社会发展的一个重要特征是，工业化超前而城镇化相对滞后。这一矛盾在宏观方面造成的影响是：工业化快速推进致使工业产出能力大幅增长，高工业增速成为拉动GDP高速增长的主要原因（见图1），国家统计局资料显示，近5年，工业对GDP的贡献一直保持在40%以上，高GDP增速主要是由工业驱动的；城镇化滞后导致服务业发展相对缓慢，服务业增加值增速持续低于GDP增速（见图1）。服务业产值比重过低，农村人口和消费上不来。

城镇化创造需求主要是创造服务需求，城镇化进程相对缓慢导致总需求能力尤其是服务需求能力不足。这一矛盾对电信业发展产生的影响是，当城市电话普及率趋于饱和，运营商把市场开拓的着力点转向普及率较低的农村地区时，广大农民因收入水平较低、消费需求能力弱，在国家和运营商开拓农村市场政策引导下，即使被刺激进电信消费行列，其必然也是三低（低价终端、低ARPU、低MOU）用户，对电信业收入的拉动作用甚微。

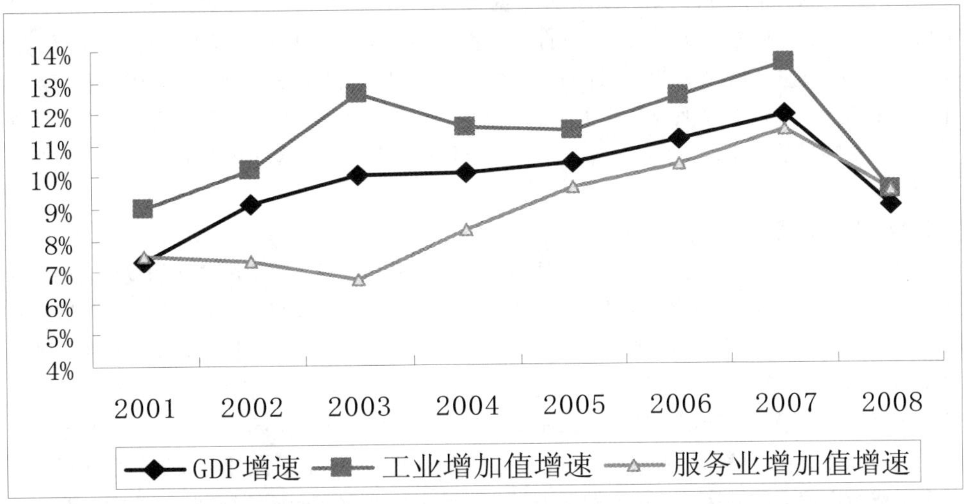

资料来源：根据《中国统计年鉴2008》和2008年国民经济和社会发展统计公报整理而成

图1　分产业增加值增速（2001～2008年）

我国经济社会发展中的另一个重要特征是国民收入分配格局失衡。一方面，政府在国民收入分配中所占比重较高且增长迅速。近 10 年，国家财政收入以年均 20%以上的速度增长，远高于 GDP 的年均增长水平；另一方面，居民收入占比相对较低且增长缓慢。统计资料显示，无论是城镇居民人均可支配收入还是农村居民人均纯收入增速均远低于 GDP 增长率，造成居民收入占 GDP 比例近年来呈持续下降趋势。一方面是人均 GDP3000 美元（2008 年，按汇率计算我国人均 GDP3000 美元左右）的供给能力，另一方面对应着人均不足 1500 美元（按城乡人口比重加权平均的 2008 年我国居民人均收入水平）的需求能力，供需失衡严重，是制约内需不足的主要原因。居民消费需求受到抑制，电信消费亦不例外。

二、电信业发展水平超前经济发展水平

电信业增速低于 GDP 增速且近两年增幅差距呈拉大趋势，与我国电信业和经济发展水平不一致密切相关。ITU 的数据显示，2008 年，我国电话用户普及率为 75%，已逼近发达国家的电信普及水平。IMF 的数据显示，2008 年，我国人均 GDP 世界排名第 100 位（按 PPP 原则排序），仍处于发展中国家的中等水平。我国电信业发展水平明显超前于经济发展水平。根据 ITU 的 Jipp 曲线，可对电话普及率与人均 GDP 关系进行模型拟合（见图 2）。根据回归模型，2008 年，与人均 GDP3000 美元对应的电话普及率在 64.5%左右；而根据电信运营商在网用户统计口径，包括小灵通在内，2008 年我国电话用户实际普及率达 91.6%，已然进入发达国家成熟电信市场的门槛。根据我国电话普及率年均提高 6 个百分点左右的经验数据测算，则我国电信业发展水平超前于经济发展水平 4.5 年左右。

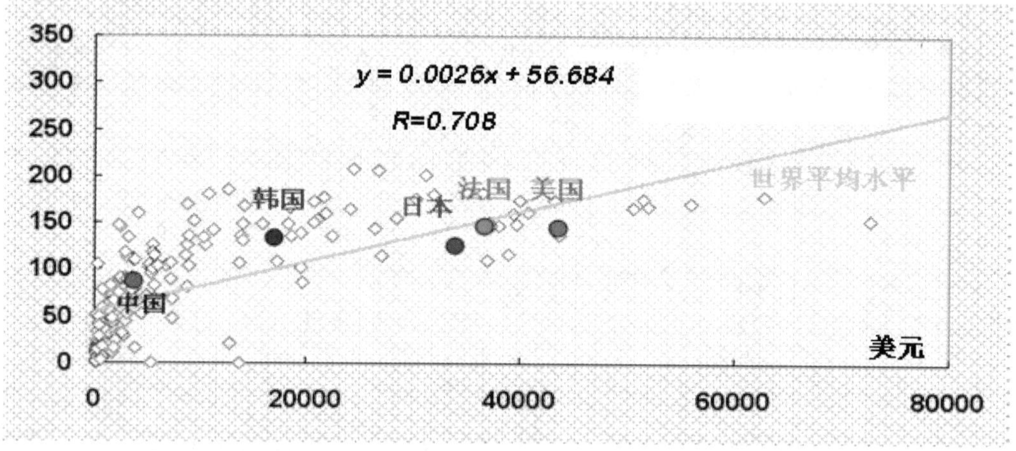

资料来源：根据 IMF 和 ITU 网站数据整理而成

图 2　电话普及率与经济发展水平关系

2008 年，全球经济增长 3.8%，全球电信业收入增长 3.9%，二者基本保持相当水平；OECD 国家 GDP 增长 1.5%，电信业收入增长 1.8%，电信业保持了略高于 GDP 的增长水平。根据世界各国经济与电信业发展的一般规律，伴随着经济发展水平的提高，无论 GDP 还是电信业增速均向相应发展水平的均值呈缓慢回落和递归趋势。因电信业与经济发展水平不一致，我国经济发展仍处于发展中国家的中等水平，GDP 增速向平均增速回落相应缓慢，而我国电信业因发展相对超前，实际已跃升至发达国家的水平，电信业增速向全球平均水平回落相应就快。一言以蔽之，我国电信业收入是准发达国家的增长速度，而我国 GDP 增速是发展中国家的水平，发展水平差异决定的增长速度差异，是我国电信业增速低于 GDP 增速且增幅差距呈扩大趋势的重要原因。

三、我国电信业自身的发展阶段

我国电信业收入增速低于 GDP 增速，与电信业当前所处的发展阶段密切相关。关于电信业的发展阶段，从不同的标志出发可有不同的划分方法。比如，根据普及率经验水平，常将电信业划分为普及率低于 50%的超常规发展阶段、普及率介于 50%～80%的收入稳定增长阶段和普及率超过 80%的收入增速下滑阶段。我们认为，根据收入增长的主要驱动因素，将我国电信业划分为话务运营阶段、转型阶段和信息运营阶段更能揭示电信业发展的内在规律。在话务运营阶段，电信普及率相对较低，收入增长主要靠用户规模扩张和用户话音收入驱动；在转型阶段，普及率趋于饱和、非话业务对收入拉动作用不明显，传统话音业务趋向成熟致使电信业收入增速下滑较快；在信息运营阶段，传统业务发展趋于式微，新业务收入增长迅速、占比逐年攀升，成为电信业收入增长的主要驱动力量，带动电信业收入增速持续回升。如图 3 所示，2006 年后，我国电信业转型步伐加快，转型效应显现，电信业收入增速呈快速放缓趋势。

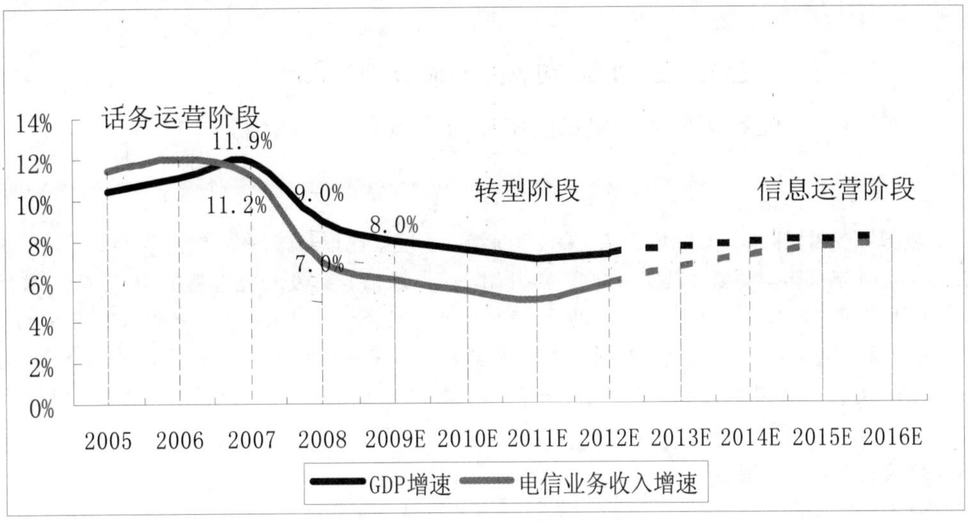

资料来源：根据国家统计局和工信部相关资料整理而成

图 3 我国电信业发展的 3 个阶段

电信转型阶段孕育此消彼长的结构变化，表现为增量变化带动总体收入结构的调整。此阶段，资费下降虽仍可刺激用户和话务量增长，但价格弹性效应基本释放完毕，资费继续下调的结果常常是增量不增收。转型期非话业务虽已是收入增长的主要来源，但因其业务总规模不大、占总收入比重较低，对收入增长的拉动力量有限，其结果是小马很难拉动大车快跑。成熟电信市场的发展经验也证明了这一点，美国和 OECD 国家在电话普及率达到 90%时，其电信收入增速保持在 3%～8%之间的水平。2008 年，我国电信运营商在网用户口径的电话普及率为 91.6%，同期电信业收入增速为 7.0%，仍处于经验区间的上游水平。由上可见，由话务运营阶段进入转型阶段，电信收入增速快速下滑有其内在的必然规律性和发展普遍性，我国近两年电信业收入增速下滑较快，并未背离全球电信业发展的一般规律。

四、电信业与 GDP 增长的驱动机制不同

电信业与 GDP 之间的增长差距，还与它们不同的增长机制有关。电信业增长主要受生命周期规律约束，GDP 增长主要受经济周期规律约束。具体来说，电信业发展主要受市场机制这一“看不见的手”的调节，当（传统）业务发展进入衰退期时，电信业不可避免地放慢增长速度，市场机制促使电信业通过加速转型，提供符合市场需求的新业务来带动电信收入增速的回升。经济增长（GDP）除受市场机制“看不见的手”作用外，还受政府“看得见的手”的调控，当 GDP 在“看不见的手”自发调节下进入经济周期的衰退期时，政府会发挥“看得见的手”的作用，实施反经济周期的扩张性政策来对抗经济衰退，从而能够避免 GDP 增速的过快下滑。电信业因为主要受市场机制作用，在当前金融危机和转型效应的叠加影响下，收入增速快速下滑就成为必然，其与 GDP 增速之间的差距也因此迅速拉大。

从我国经济社会发展的阶段来看，2000～2020 年间，是我国加快发展全面建设小康社会的重要战略机遇期，我国经济社会发展的战略目标之一，是要在 20 年内实现人均 GDP 翻两番。为此，GDP 增速年均最低需要保持在 7.7%以上，这也是当前我国在经济内生下行周期和外生金融危机冲击下，GDP 增速为何要“保 8%”的由来。概言之，增长驱动机制差异是电信业与 GDP 增速迅速拉大的又一重要原因。电信业发展主要受市场机制支配，高 GDP 增速则是国家长期发展战略的要求。

五、结语

作为国民经济的一个生产部门，电信业与其他部门联系密切，任何部门的生产和管理过程都离不开电信部门的支撑作用。作为生产技术和管理水平先进的生产部门，除对国民经济的直接贡献外，电信部门技术水平的外溢作用会促使非电信部门提高技术和管理水平，从而间接促进经济的增长。因此，估计电信业对国民经济的影响，不应仅看到其对 GDP 增长的直接作用，还要看到电信业对国民经济其他行业的间接作用（外溢作用），一定程度上间接作用比直接贡献更加重要。根据我们的实证测算，电信业每增加 1 个单位的产出，国民经济最终将增加约 2.32 单位的产出，电信部门的外溢和扩散作用比其本身对经济增长的直接贡献还要大。从此种意义上来说，尽管电信业收入增速低于 GDP 增速，但电信部门对国民经济其他部门的巨大外溢作用，表明电信业仍然对国民经济运行发挥着重要的先导作用。

当前，我国电信业正处于向信息服务大行业的加速转型时期，较长一段时间内，电信业增速将保持低位运行。此阶段，电信业对国民经济的贡献方式，将由过去主要靠收入增长的“直接贡献”向通过渗透和外溢作用提高国民经济运行质量的“间接贡献”转变。当然，电信业转型将是一个长期的过程，不可能一蹴而就，未来 3～5 年甚至更长时间，我国电信收入增速或将长期低于 GDP 增速。但可以预见的是，当电信业进入转型末期，其与 GDP 的增幅差距将明显收窄，伴随信息运营阶段的到来，二者的增速或重新趋于一致。

通信业回暖尚需克服8个难题

工业和信息化部电信经济专家委员会　　杨培芳

2009年上半年，我国经济明显回暖，GDP增长7.1%，2009年二季度同比增长 7.9%。然而，2009年 1～6月，全国通信业务收入增长2.3%,创20年来历史新低。其实自2006年开始，全国通信业务收入增速就开始低于GDP增速，且呈逐年下降趋势，但是，通信业务量的增长一直维持在 20%以上。2009 年情况确实不容乐观，业务收入增速下降的同时，2009年 1～6 月通信业务量增速也降至 11.8%。按照电信业一般发展规律，业务量的增长应该与国民生产总值增长率的平方成正比：$t=(1+r)^2$。也就是说，如果GDP增长7.1%，社会通信业务量至少应该增长14%以上。那么，是什么制约了通信内需的释放？

一、困扰通信业持续发展的8个难题

（一）发展空间很大，有效需求不足

我国电信用户数已经超过10亿，绝对值很大，但是，大都集中在城市，广大农村电话普及率不及大城市的三分之一，农村移动通信普及率近年提高较快，但是互联网上网人数城乡差别更大。电信面临两大发展空间：（1）国家城乡统筹发展政策，农村信息化是最重要的切入点；（2）工业化与信息化融合的发展机遇，电信发展空间大得很。但是，如何将这个巨大发展空间变成有效需求，尚缺少可行的思路和手段。

（二）通信能力短缺与过剩同时存在

有人认为我国通信能力已经过剩，连乞丐都有了手机，干线光缆还有许多黑芯。但是另一方面，互联网发展需要更大的带宽，又不能提供，致使许多有实力的单位热衷于自建光纤或者卫星通道。最近有些地方政府提出城市信息化提升计划，要求3年内几十兆宽带全部入户，只能靠光纤到户技术才能满足这种需求，但是当前有些企业对光纤到户并不积极，相关政策也不到位。

（三）3G发展既有压力也有阻力

2009年1月7日国家正式颁发3G牌照，几十万员工半年的辛苦和努力成果不如预期，甚至也可以说是险象环生。运营商各打各的算盘，后又遇到基站建设问题、TD技术成熟度不够的问题；在我国3G发展过程中始终伴随着“3G在中国没有市场”和“跨越3G直接发展4G”这两种极端声音，此起彼伏从未间断，严重影响到各方面的决心和信心。

（四）基础设施共建容易、共享难

工业和信息化部正式出台通信基础设施共建共享政策，除了移动通信基站之外，还应该包括光纤管道和小区最后一公里用户线路。但是，目前除部分新建基站、新建干路做到了合作共建，原有基站和光纤管道及小区用户线路远远没有做到有效共享。

（五）3家运营商业务趋同，造成新的监管难题

众所周知，最好的竞争应该是在全业务许可政策下的差异化竞争，由消费者来选择哪一家更适合自己的服务。但是现在3家运营商的业务走向趋同，缺少比较优势，造成不合作竞争，不规范竞争的监管难题。

（六）错误理解电信改革，业内情绪化倾向严重

有人认为这些年电信改革改来改去还是政府说咋办就咋办，连电信法都出不了台，下面的努力得不到肯定。发展创新、开拓市场的结果是费力不讨好，还不如维持短缺状态，国家反而重视。

（七）三网融合政策搁浅，严重阻碍信息化进程

广播、电信都受到来自互联网的冲击，三网融合实际上是在互联网方式上的融合。但是由于目前各方利益执肘，强调种种理由，一次又一次失掉融合机会，严重阻碍我国信息化进程，直接影响到整个信息通信产业的发展。

（八）收费模式缺少人性化设计，3G新业务资费偏高

管制部门要求电信资费简单透明，实际上目前资费模式仍然偏多，现在又有人主张按比特流量计费；有人认为要进行分众深度服务，资费就应该越来越复杂，这样才能给用户更多的选择。其实分众深度服务为的是如何进一步满足不同用户的个性通信需求，决不是越来越复杂的收费模式，更不能谁给钱多就给谁服务。电信是涉及国计民生的准公共物品，不能靠制造信息不对称来获取最大的经营者剩余。

我认为，3G应该高而不贵，主要依据是3G网络建设成本不到2G的50%；业务成本完全可以与2G持平；终端成本在大众市场条件下也可做到与2G相差无几。但是目前企业算的不是经济账而是财务账，发展3G最好能够当年赢利，结果很可能陷入“用户少—平均成本高—资费高—用户更少”的恶性循环。

二、促进信息通信业持续发展的4项措施

（一）要找准信息通信业的社会定位

一百年前孙中山先生初登大总统宝座，亲自兼任铁道部部长，因为铁道是工业社会最重要的基础设施。现在要让全社会认识到通信是信息社会最重要的基础设施，起码应该有一个高层独立的综合信息通信管理部门和管制机构。

（二）深入研究信息通信的新经济性质

信息通信具有网络新经济特征，但是多年来我国一直把它纳入工业经济体系，在法律、政策和相关社会规则上，经常使它的最本质的“成本递减性”、“网络外部性”被忽略甚至被歪曲。

（三）制定国家级宽带通信发展计划

自20世纪70年代以来，法国制定过“远程信息处理发展计划”；美国制定过“国家信息高速公路发展议程”；日本制定过“E—JAPAE”计划,后又提升为“U-JAPAE”计划。我国不断有专家学者提出类似的国家信息通信发展计划，但是都没有结果。2009 年国家实施了十大领域振兴政策，就是没有信息通信。建议业内外的前卫专家学者联合起来，深入研究制定一项中国的宽带信息通信发展计划，切实抓住难得的历史机会，促进我国工业化与信息化融合，造福13亿中国人。

（四）努力探索未来信息通信业的营利模式

在通信企业营利问题上，目前陷入了两个误区：一个叫做营利主义，一个叫做官僚支配，自相矛盾、交替发作。有关部门应该组织全国顶级经济学家和技术专家，在明确信息通信业的社会定位、经济性质基础上，深入研究公共企业的“公平交易、最大价值、合理利润”的新营利模式，旨在刺激有效需求，实现持续发展。

产业深度融合阶段的3G产业链演进趋势研究

北京邮电大学经济管理学院　　曾剑秋、熊思炜

在技术演进和市场发展的双重驱动下，传统的电信产业链不断延伸，逐渐从单一链条形式发展到复杂的网状结构。在延伸的过程中，电信产业链上下游各环节开始相互渗透，界限日益模糊，并产生与其他产业链的融合。融合的过程中，多种产业链条的相互交错，逐步形成了复杂的电信产业生态系统的雏形。因此，多产业融合将成为3G时代电信行业最深刻的变化和最主要的特征，并对电信行业的发展造成深远的影响。

一、相对封闭的产业环境下，从单一链条演进到网状链条

所谓产业链，是指某项产品，从最初原材料到最终产品到达消费者手中的生产加工全过程中，所包含的各个环节构成的整个纵向链条。

一般来说，电信产业的产品是将信息准确无误的从一个用户端传递到另一个用户端。但是，随着行业的发展，以信息内容为主的增值服务越来越重要，原有的产品概念已经略显局限。电信行业的产品除了传递用户通信内容的通信服务之外，还涵盖了大量的经过整合的信息产品。

本文认为，电信产业链，就是将待传递的通信内容（服务）或信息内容（产品），准确的传递到特定客户终端的整个过程中，所包含的各个上下游环节所构成的整个链条。

（一）传统电信产业链是以运营商为核心的单一链条

在传统的电信行业中，由于电信网络在本地环路上具有自然垄断的经济特性，因此整个电信产业的价值链条是以电信网络运营商为核心的单一的纵向产业链。

因此，一般认为，传统电信产业链的上下游企业之间的相互衔接是一种典型的纵向一体化组织形式（见图 1），其中主要包括设备和软件提供商、电信运营商、内容提供商、应用提供商、终端制造商、用户等主要环节。

图1　　传统的单一电信产业链

罗歇和梯若尔认为，大多数具有网络性质的产业中都存在“双边市场”的问题。在网络型产业的产业链中，网络运营商往往是一个起到中介作用的平台（platform），消费者和供应商通过这个平台联系在一起。在绝大多数由上游供应商与平台之间的上游市场、平台与消费者之间的下游市场共同组成的关联市场被称为“多边市场”。市场中，平台所面对的“多边”用户可以划分为卖方用户和买方用户两种类型，因此又将其称为“双边市场”（two-sided market）。 例如，在上面描述的传统电信产业链中，用户是一方，各类增值业务的供应商 SP、CP 等又是一方，而电信运营商就是用户与 SP、CP 之间的中介平台（见图2）。

图 2　电信行业双边市场示意图

网络性质的产业属性，使电信产业链呈现较为明显的“双边市场”特征。在这样的“双边市场”中，电信运营商通过运营通信网络，实际上成为一种“平台”，这种起到中介作用的平台既要服务于 SP、CP 等提供信息内容和信息服务的卖方用户，又要服务于接受信息传递和有用信息内容的个人用户和集团用户等买方用户。

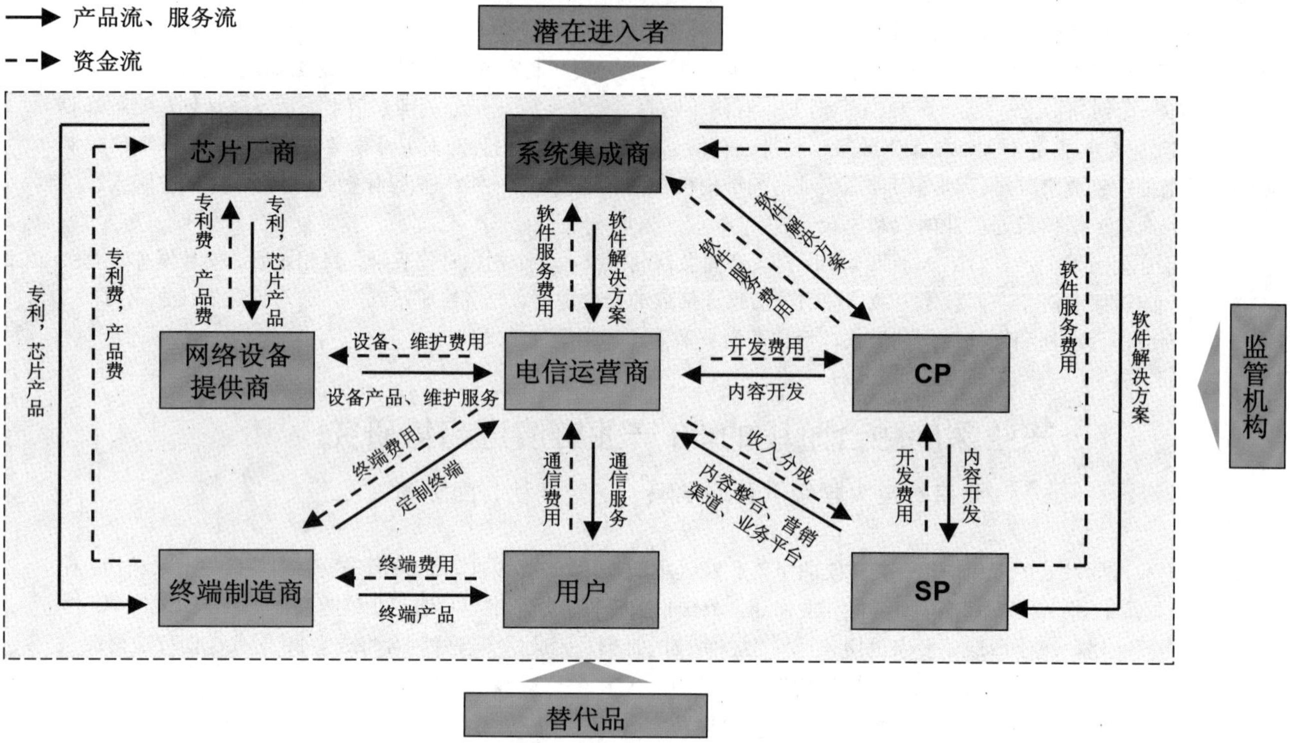

图 3　双边市场特征显著的网状电信产业链

（二）上下游分工的细化，使产业链演进成网状结构

呈现双边市场特征的传统电信产业链，在技术和市场双重驱动下，上下游分工越来越细，逐步形成了较为复杂交错的网状结构关系（见图 3）。

在这样的网状产业链中，电信运营商可能成为终端制造商与用户之间的新平台。因此，电信运营商中介平台的作用将更为明显，双边市场特征更加显著，网络产业特征突出。

网状结构的电信产业链的参与者更加丰富，主要包括软硬件提供商、服务提供商、电信运营商、用户、监管机构 5 大主要环节。其中，软硬件提供商包括网络设备提供商、终端制造商、芯片厂商、系统集成商（SI）；服务提供商包括内容提供商（CP）、狭义的服务提供商（SP）。一般来说，在产业链之外，还存在潜在进入者和替代品威胁。

（1）网络设备提供商

在电信产业链中位于电信运营商的上游环节，主要是为电信运营商提供各种网络设备及后续维护 以及提供网络建设相关的工程服务的厂商。同时，网络设备供应商也可以是芯片厂商的下游环节，芯片厂商为网络设备供应商提供相关的专利使用权和芯片产品。

（2）终端制造商

在传统的纵向电信产业链中，终端制造商是连接用户的最后一个上游环节。随着数据业务的发展，业务种类的不断丰富，电信运营商开始与终端厂商合作，推出内置了各运营商的特色服务和业务的终端，最终形成了“终端制造商——运营商——用户”的新型上下游关系。因此，终端提供商不但需要能够提供各种主流网络标准的手机，而且还需要结合运营商的业务设计专门的定制终端。

（3）芯片厂商

芯片厂商在产业链中位于上游环节，主要服务于网络设备制造商和终端制造商。芯片厂商通过授权专利以及出售核心芯片获得收益。

（4）系统集成商

系统集成厂商在产业链中也位于上游环节，为电信运营商提供集成化的网络设备与运营、业务运营、应用开发等综合商务解决方案和技术解决方案（如BOSS系统的软硬件设备，Java、WAP、BREW等应用层技术产品），同时承担网络设备制造商与电信运营商的协调功能。此外，系统集成商也为部分有需求的CP和SP提供运营支持系统和运营平台服务。

（5）内容提供商（CP）

CP在产业链中位于电信运营商和部分SP的上游环节。CP常常基于通信网络平台进行专业信息服务内容的开发，将信息产品提供给电信运营商以及部分SP。单一做CP的厂商较少，通常该实体本身就是SP或是传媒公司，提供同类产品的跨行业服务。较为典型的单一CP包括部分专业内容制作商，比如一些电影发行商、唱片公司等。

（6）服务提供商（SP）

传统的SP在产业链中位于电信运营商的上游环节，它往往不参与网络运营，而是借助电信运营商的网络平台提供多媒体信息服务、信息业务的二次开发与包装等服务。SP的盈利模式往往是与电信运营商进行收入分成的模式。一般来说，各SP都或多或少涉足CP产业，SP与CP在实际上的区隔并不明显。

（7）电信运营商

电信运营商位于传统电信产业链中和核心位置，其上游环节可以涵盖系统集成商、网络设备提供商、终端制造商、SP、CP等产业链其他环节，其下游环节就是用户，为用户提供各种通信和信息服务。电信运营商是供应商（技术驱动）推动与客户（市场）拉动的结合点，即技术与市场的结合点、平衡点。

（8）用户

用户位于整个电信产业链的最末端，也是最重要的环节。没有用户，整个产业链就没有利润来源，产业链也失去了存在的意义。用户的上游环节是电信运营商和终端制造商。用户从电信运营商处接受通信服务和信息服务，从终端制造商处获得承载电信运营商各类服务的终端产品。目前，国内三大运营商将用户分成个人客户、家庭客户、集团客户三大类。

（9）监管机构

作为监管者的角色，监管机构在产业链中的作用是为各环节之间、环节内部企业之间的公平竞争搭建平台，是市场秩序的维护者和产业发展的宏观引导者。我国的电信监管机构是工业与信息化部以及各省市自治区的通信管理局。同时，国资委也在涉及到电信运营商的国有资产保值增值的问题上，具有一定的监管权利。

（10）潜在进入者

潜在进入者目前并不在电信产业链内，但可能会通过纵向一体化、横向一体化等方式进入电信产业链的部分环节，从而发挥企业经营的规模效应的厂商。如互联网服务商，可能会将业务范围拓展至移动互联网，从而进入电信产业链中的服务提供商环节。

（11）替代品提供商

替代品提供商不属于电信产业链的某个环节，但会提供对电信产业链中的特定环节厂商的产品或服务，产生替代效应的产品或服务，从而催化电信产业链的演进。如互联网的语音业务、邮政的信函业务都是与电信运营商的语音业务相互替代。

二、产业链向复杂商业生态系统演进，主要有三大变化

在技术发展、市场变迁、用户需求演进、产业融合的深化等因素的合力作用下，电信市场进入加速演进阶段。围绕电信行业为核心的相关产业链也不断地拓展和延伸，网状结构的电信产业链在互联网、传统媒体、娱乐行业等多方力量的碰撞下，加速演进、深度融合、走向开放，发生深刻的变革。

电信设备厂商爱立信在对未来电信行业发展趋势的预测中指出，电信行业将出现TIME（电信、互联网、传媒、娱乐）型复杂生态系统。因此，封闭的电信产业链将在多产业融合的冲击下，逐步向TIME型开放式复杂商业生态系统演进，主要表现在三方面：

（一）终端、服务提供商、运营商三大环节相互渗透

在原有的网状电信产业链内部，各环节开始相互渗透，上下游各环节之间的边界日益模糊。终端制造商、服务提供商、电信运营商成为相互渗透的主要环节。

（1）电信运营商开始向产业链上下游拓展

一方面，电信运营商在移动互联网方面，既与SP、CP等服务提供商直接竞争，又开始通过采用平台化战略，推动SP、CP的发展，进而促进业务的繁荣度和丰富度。如中国移动，在2008年12月推出独立于移动梦网外的开放式下载平台——移动“DO”平台，希望通过搭建开放式平台，提高对价值链的把控能力，同时增强移动互联网业务的内容丰富性，提升客户资源的粘度。

另一方面，电信运营商开始通过定制终端、甚至是终端制造，向终端环节渗透。如中国移动，近期在终端方面深度介入，是国内电信运营商向终端领域拓展的典型。中国移动在终端方面从传统终端和新型终端两方面进行拓展。

传统终端方面，包括推出 OMS（open mobile system），即将与联想合作推出支持 TD 网络的 OPhone 手机，加大 GSM 和 TD 双网终端定制的力度等。

新型终端方面，主要是指无线宽带接入的笔记本电脑终端，包括与 HP、DELL、LENOVO 等主流笔记本电脑厂商合作，于 2009 年 4 月推出内嵌中国移动 TD 无线宽带接入模块的定制上网本（netbook），同时也推出 USB 接口的外置 TD 上网卡。

值得一提的是，无线宽带接入的出现，使得终端的范围从传统的手机，拓展到了包括笔记本电脑在内的任何可以接入通信网络的终端，手机和笔记本电脑在通信的视角中开始融合，终端的范畴得到了极大的拓展。终端范畴的拓展，意味着电信产业链的终端环节将出现笔记本电脑厂商等新入竞争者。同时也将手机终端的媒体属性进一步凸显，手机终端可承载大量的娱乐功能和信息内容，业务发展的空间被极大的拓展。

（2）传统手机终端制造商向电信运营环节和服务提供环节渗透

由于手机终端的利润率不断下滑、手机终端已经呈现快消品的特征，这就迫使传统的终端制造商开始创新产品和商业模式，向产业链上下游延伸。

一方面，以诺基亚为代表的传统终端制造商，开始收购内容和业务平台厂家，向 SP、CP 领域延伸，向服务提供商转型。同时，开展“终端+内容+平台”的模式，将互联网等业务与其终端进行捆绑，以 MVNO 方式进入电信运营领域。

另一方面，以苹果公司为代表的新兴终端制造商，通过 iPhone 终端的“收入分成”模式，参与电信运营环节的利润分配，直接进入电信运营领域。同时，苹果公司也通过在终端上捆绑服务和业务，开展虚拟电信运营。

苹果公司的这种经营模式，催生了电信产业链中的“终端——运营商——用户”的全新双边市场，使得电信运营商的平台地位更为显著，不但成为 SP、CP 与用户之间的平台，也出现了成为终端制造商与用户之间的平台的可能性。这对电信运营商在产业链中的传统地位，产生挑战。

（3）服务提供商利用核心业务的集成和捆绑进入终端市场

这一方面的渗透主要以传统互联网服务商切入电信产业链，扮演 SP、CP 角色为主，具体的内容将在电信产业链中详细阐述。

（二）电信与互联网跨产业深度融合

部分传统互联网服务商开始进入传统电信产业链的环节中。同样，电信运营商也开始向互联网业务渗透。互联网对传统电信产业链的冲击进一步深化并且复杂化，互联网和电信行业不再是单一的替代关系，大量相互渗透的融合业务开始出现，如手机电视、无线宽带接入等。随着，互联网与电信企业的渗透加剧，两个行业进入深度融合阶段。直接催生出移动互联网等高速增长的新兴业务领域。

（1）互联网服务商通过多种方式切入电信运营

主要互联网服务商通过“终端+业务”的捆绑、与运营商合作进行业务集成，切入电信虚拟运营。

作为典型的互联网服务商，Google 同样成为了互联网企业向电信产业渗透的典型。Google 的渗透从终端和业务两方面入手。

终端方面，Google 于 2005 年 7 月收购手机软件公司 Android，拉开了向终端制造领域拓展的序幕。随后，Google 推出开放式手机联盟 Open Handset Alliance。2008 年 9 月，第一款基于 Android 平台的 GPhone 手机“G1”由美国 T-mobile 推出，宣告了 Google 正式迈入了终端制造领域。

业务方面，Google 也在向 SP 领域延伸，如收购移动社交网站 Zingku、与 SPRINT 合作在其 WiMAX 网络终端中整合 Google 移动服务、与 KDDI 合作提供 Gmail 邮件服务等，通过移动虚拟网络运营（MVNO）的方式切入电信产业链。以 MVNO 方式切入电信产业链的各类型企业，往往拥有较强的品牌运营管理能力、流畅的分销体系以及对产品和服务进行创新的能力，他们改变了电信运营商从网络运营到业务提供的垂直一体化的传统运营模式，加剧了电信市场的横向竞争。

此外，Google 也不断试水电信运营领域，如参与美国 FCC 700MHz 频谱竞标、向 Clearwire 投资 5 亿美元参与 WiMAX 网络服务等，直接触动电信产业链最核心的环节。

（2）电信运营商整合自身核心业务，向互联网业务渗透

NTT DoCoMo、Orange、BT、Verizon、AT&T 等国际主流运营商都不同程度的向互联网渗透。如 orange，面向其 liveBox 宽带用户提供 VoIP 、IPTV、VoD 等互联网业务，其门户网站上还提供购物频道。

从国内来看，各大运营商均有向互联网渗透的战略意图。如中国移动力推的 IM 工具——飞信、电子邮箱——139 邮箱等。中国电信更是直接将天翼手机定位为互联网手机。

（3）移动互联网成为电信与互联网融合的全新增长点

移动互联网不仅仅是把传统的互联网业务照搬到手机终端上，因为手机终端具备传统互联网终端所不具备的移动性、即时性、随身性等特点，同时也受到屏幕尺寸、传输速率的制约。因此，移动互联网的应用和业务将是一个全新的、增长潜力巨大的领域。

同时，移动互联网的出现，也进一步加剧了电信运营商的平台作用。

（三）封闭的网状电信产业链向 TIME 型开放式复杂生态系统演进

电信行业的产业融合是从电信行业内部开始的。从最开始在电信行业内固定通信网与移动通信网的业务融为一体的“固移融合”(FMC)，到信息通信业内部的 IT（信息业）与 CT（通信业）的跨行业融合，电信行业的边界开始逐渐延伸和模糊，并产生了 ICT（Information and Communication Technology）融合业务，运营商开始实现由传统运营业向信息服务业的转变，大量的信息化应用和行业解决方案开始在业内推广。

随着互联网与电信业的不断渗透与融合，互联网的开放性、对等性、门槛低等特点对传统的封闭电信产业链造成了巨大冲击，以电信运营商为核心的相对封闭的系统开始变得走向开放。而在互联网与电信运营商相互进入的驱使下，电信产业链变得更加开放，两大产业进入深度融合阶段。

随着移动通信技术的不断发展，通信网络呈现出全 IP 化、移动化、高速数据传输等特征，泛在网络的雏形正在形成。通信终端的种类日趋多样化，信息内容可以通过无缝的网络随时随处传输到用户的终端中，移动终端的媒体属性日趋凸显。由于手机终端可承载大量的娱乐功能和信息内容，手机终端成为了传统媒体之外的“第五媒体”。

在这样的背景下，报纸、电视等传统媒体以及娱乐提供商逐步以内容提供商、服务提供商的角色进入电信产业链。例如，传统的娱乐公司迪士尼，与日本第三大无线运营商 Softbank 建立销售服务合作，以 MVNO 的方式进入电信领域开展业务，用户通过手机等移动终端下载和使用迪士尼的各种新服务和信息内容。

在多方力量的推动下，电信产业链又开始由 ICT 产业链的结构，逐步向 TIME 型复杂商业生态系统的演进。不仅是产业链上下游之间，各产业链之间的的界限也开始变得模糊，各种链条集合交叉，产业链的经营主体日趋宽泛化。电信产业链加速进入复杂而深刻的演进阶段（见图 4）。

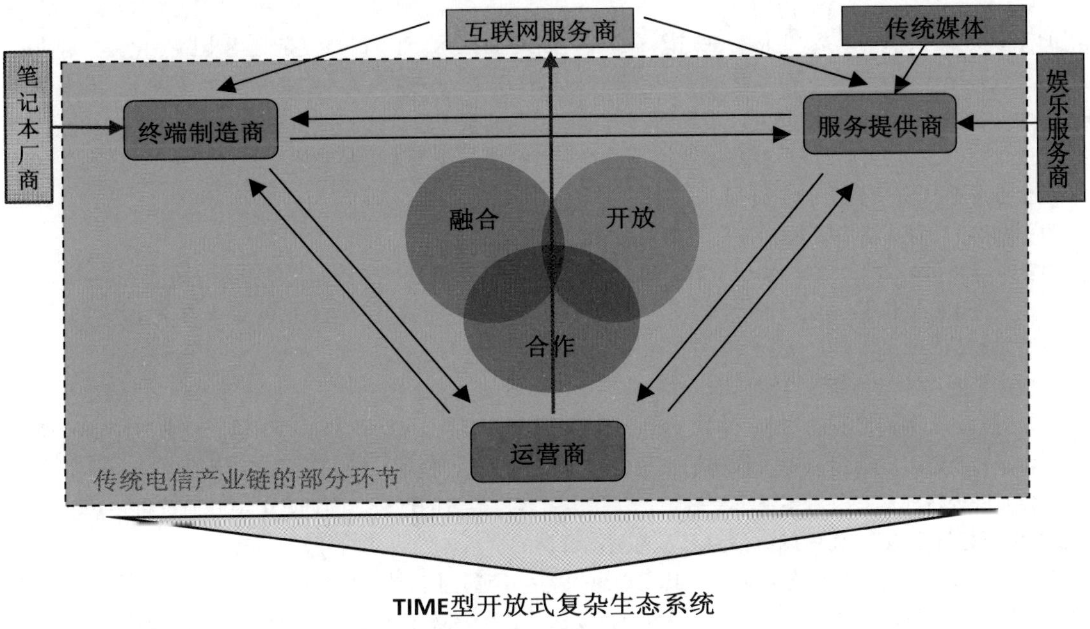

图 4　传统电信产业链发生巨大变革

目前，TIME 型复杂商业生态系统中的各产业链融合程度各有不同：电信和互联网已经进入了以移动互联网为结合点的深度融合阶段；电信和传媒业由于手机媒体属性的日益凸显，进入加速融合阶段；电信与娱乐行业尚处于初步融合阶段。

三、电信运营商应从终端和业务等方面整合产业链

1985 年，波特在《竞争优势》中提出了价值链（value chain）理论，他认为企业在整个行业中，处于动态开放的链条上，各个环节彼此之间相互竞争而又相互依赖，只有在产业机制链中处于有利地位的企业，才能拥有持续的竞争力。因此，电信运营商在引导和推进产业链发展的同时，应着力提升自身内部运营效率和客户服务能力，充分依托并发展各自的产业链，通过合作共赢的方式加强对上下游产业链的整合，提升对产业链的把控能力。在此，为电信运营企业提出一些产业链整合的建议：

（一）推进产业链整体发展

目前，三大 3G 产业链发展成熟度差别较大。WCDMA 产业链的在全球范围的成熟较高，不论是在组网经验、业务成熟度、终端丰富度上，都明显高于 TD-SCDMA 和 cdma2000。国内电信市场的格局表明，未来国内市场的竞争，根本上说将是 TD-SCDMA、WCDMA、cdma2000 三大产业链从业务到终端的各个环节之间的全面竞争。

因此，运营商应具有产业链全局意识，推进产业链长期发展，提升产业链的“短板”，同时加强对产业链的整体把控能力。尤其是处于成熟度最低的TD产业链的中国移动来说，促进TD产业链发展与成熟成为未来3G竞争成败的关键因素之一。

（二）终端定制精细化

终端是业务的承载平台，终端的发展可以释放业务发展的空间，提升业务发展的潜力。目前，终端定制已经成为国际运营商的主流，可以借鉴NTT DoCoMo的经验。

我国电信运营商应加强与终端制造商的合作，根据自身所处产业链的发展和成熟程度不同，实行适合的终端定制策略。例如，对于产业链成熟不高、终端相对匮乏的TD产业链，中国移动可以进行包括上网本和手机在内的深度定制，针对不同的细分客户群，推出适合终端和业务的组合，再通过价格补贴、成本补贴等方式推向不同的市场。

（三）整合现有业务体系

业务是运营商提供服务的核心，也是提升用户粘度的最关键因素。

在业务发展方面，电信运营商应全面梳理现有业务体系，针对不同的目标市场进行多重打包，满足“长尾”需求。同时，结合自身优势资源、依托核心业务有选择的渗透进入互联网服务、大力发展移动互联网业务，进行业务和应用创新，与互联网服务商开展不同程度的合作。

全业务时代需要价值竞争，而非价格竞争

工业和信息化部电信研究院泰尔研究所　　牛丹阳

伴随行业重组的完成和3G牌照的发放，电信行业进入崭新的全业务新纪元，竞争日益复杂且逐步白热化。与以往相比，资费作为市场调节的杠杆，形式更为繁多、趋势益发微妙。通过对以往资费——收入关系的研究，笔者认为，未来电信资费竞争将以价值竞争而非价格竞争为核心；此外，借助对三大电信运营商资费设计思路的剖析可知，围绕客户价值提升，资费设计向一体化资费、组合定价方向发展，针对细分市场的整合营销也将成为未来品牌资费设计的新趋势。

一、价值竞争是全业务时代资费竞争的主旋律

（一）价格竞争引起客户ARPU逐步降低，引发“增量不增收”现象

近年来，激烈的竞争导致资费走低，进一步引发客户Mou提升而ARPU下降的现象，即“增量不增收”。以中国移动为例，2005～2008年，客户平均ARPU由90元下降到83元，但是客户Mou却逐年提升，由335分钟上升至492分钟，单位客户的收益率呈现下降趋势。

（二）价值竞争成为全业务时代竞争的主题

为了缓解价格竞争对收入、利润增长的影响，各大运营商纷纷表示要坚决避免价格战。中国移动总裁王建宙接受英国《金融时报》采访时表示，竞争可能会侵蚀中国移动的市场份额及按照利息、税项、折旧和摊销前利润（Ebitda）计算的利润率，中国移动不会通过价格战从竞争对手那里挖客户，以此实现客户数量的增长。同期，中国联通董事长常小兵表示“公司坚持推广3G业务不打价格战”。而中国电信也表示希望以合理的价格与同业共同开发市场。

与此同时，价值竞争为核心的发展思路逐步显现，其主导思想为：不通过低价格争夺客户，而是借助科学的客户消费行为分析、合理的资费设计、新颖的营销方式，吸引新增客户，激发存量客户潜在话务、数据业务、互联网业务消费行为，不仅要促进话音价值提升，更要激发综合信息服务价值的提升。

二、3大运营商围绕客户价值争夺设计套餐资费

（一）中国联通：“一费制”吸引商旅客户，大流量GPRS套餐激发客户数据业务价值

牌照发放后，中国联通3G“Wo”套餐在资费设计方面举措频繁，创新不断，其借助全国一费制吸引中高端商旅客户，通过独特的数据业务计费模式和大流量数据业务套餐激发客户的数据业务价值。以Wo96套餐为例，如图1所示。

月费（元/月）	包含国内语音拨打分钟数	包国内流量	包M个数	包T个数	包国内可视电话拨打分钟数	接听免费范围	超出部分国内语音拨打	超出部分国内可视电话拨打	超出流量	赠送增值业务	其他资费
96	240	300MB	12	20	10	全国（含可视电话）	0.15元/分钟	0.9元/分钟	0.0003元/KB	手机邮箱来电显示	标准资费

图1　Wo96套餐

其一，实施全国一费制。即套餐内包含的通话时间国内有效（不分省内省外），超出套餐部分全国统一0.15元/分钟。

联通的全国一费制，首创长市漫一体化（长途、市话、漫游），将吸引部分长途及漫游话务繁多的商旅客户。

其二，创新数据业务计费模式“M/T”。针对 3G 手机上网，中国联通推出一种被简称为“M/T”的全新上网计费模式，在这种计费模式下，无线上网的计费标准不再是时长或者流量，而是客户使用的内容。

其三，套餐内数据业务流量丰厚。联通借助 W 制式的成熟与完善，大力推广数据业务。每款套餐内均涵盖大量 GPRS 流量。举例而言，同档次 3G 套餐内的流量高于移动公司 150MB。该举措对数据业务偏好的使用者具有极大的杀伤力。

（二）中国电信：以己之长攻人之短，宽带捆绑组合定价提升客户综合信息化价值

中国电信未来三年的发展思路中指出：以科学发展观为指导，全业务经营，差异化发展，不断扩大各类客户群规模，突破收入和利润增长拐点。从市场举措中我们可以判断，其发展战略在资费设计上主要有如下几方面：

其一，资费设计角度而言——宽带捆绑，组合定价。目前的 e9 套餐采用了“宽带+固话+天翼手机”全业务捆绑的形式，这种组合定价方式充分利用了电信宽带资源优势，以己之长攻人之短，对宽带资源缺乏的移动公司而言冲击可谓不小。以某省 e9 套餐为例，如图 2 所示。

套餐名称			[illegible]
套餐包含内容	手机月租(元)		50
	手机话费(元)		500
	可增加共享费用的手机数量		4
套餐内赠送项目	手机	手机上网(省际)	30M 省内省际
		手机全国免费接听	
	宽带	速率	3M
	固话	免月租，赠送七彩铃音，固话网内本地电话（包含固话、小灵通、手机）畅打	
	家庭亲情网	套餐内手机、固话组成亲情网，亲情网内无限时免费通话	

图 2　某省 e9 套餐

其二，价值角度而言——宽带保值，让渡语音。电信采用了“攻防结合”的资费设计策略。对于优势明显的宽带产品，实施撇脂策略，保持宽带价值，而对于新进入的移动通信市场，基本采用渗透策略，针对竞争对手的优势产品低价切入，切实做到攻防结合。

（三）中国移动：延续原有资费体系，针对细分市场整合营销，实现客户保值增值

中国移动作为市场主导者，目前处于“守势”，其“G3 套餐”基本是原全球通八大套餐的延续和扩充。面对中国电信和中国联通的积极进攻，中国移动更加注重对客户的“保有”和“深耕”，其在原有的全球通、动感地带、神州行三大品牌的基础上，不断挖掘新的细分市场。比如，对农村客户推出“神州行家园卡”，以低廉的资费和配套的信息化产品契合农村客户的需求；对手机上网偏好者推出“网聊套餐”，以大容量的 GPRS 吸引该部分客户的注意。通过对细分市场的需求分析，整合各细分市场客户的需求，针对性推出资费套餐，以获取客户价值的保值和增值。其细分市场演进如图 3 所示。

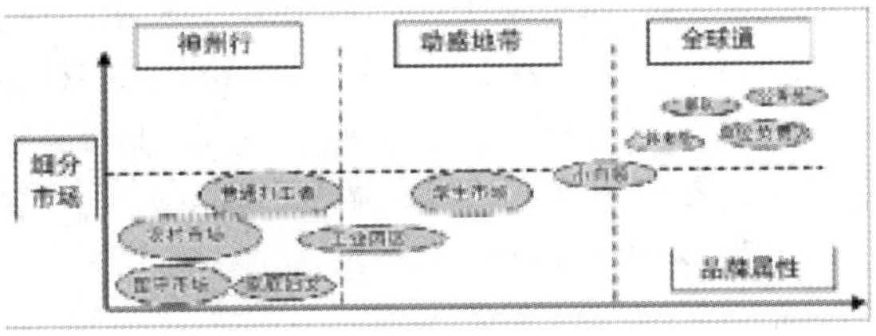

图 3　细分市场演进图

三、未来资费发展趋势：“一体化”、“组合定价”、“整合营销”

通过以上对三大运营商资费设计思路的分析，我们也可以渐渐感受到围绕客户价值的深度挖掘，未来资费设计发展趋势将呈现如下特征：

其一，资费一体化

虽然最先推出“一费制”的是中国联通，但可以判断未来资费一体化将成为趋势。一方面，其迎合了客户简单便捷的心理需求，无论市话、长话还是漫游都是一个价；另一方面，对于运营商而言，一体化的资费已成为其保留客户，赢得竞争的重要手段，在不久的未来必将在三大运营商中统一推行。

其二，组合定价

伴随 3G 时代的到来，业务种类的丰富为组合定价提供了更为广阔的空间。组合定价模式具备了三个“有利于”：有利于运营商利用“人无我有”的产品稳固竞争优势，有利于运营商获取最大利益，有利于客户尝试新的业务与服务，达到运营商和客户的双赢。

其三，整合营销

市场竞争的日益激烈直接导致客户细分的精确化，原有的粗放式的品牌区隔已不能满足电信市场的需要，以各类细分

市场为中心，整合客户多种需求的资费设计模式逐步显现。未来，资费市场的较量同样将在整合营销的基础上，向各类客户群提供个性化、多样化的信息服务产品。

下一代网的发展趋势

工业和信息化部电信研究院　《下一代网》课题组

一、2009 年下一代网领域背景透视

三化网络发展永恒主题，背景分析透视网络热点。对于下一代网领域而言，2009 年是承上启下的重要一年。在这一年中，下一代网领域既按照自身发展规律，稳步发展，又出现了新的热点，指引了领域未来的发展方向。通过对 2009 年下一代网领域的深度观察和分析，对下一代网领域的现状和趋势做出判断，可以为政府和行业的发展提供鼎力支撑。这些新的网络热点的出现是以下一代网领域自身发展的规律和趋势作为背景和线索。2009 年下一代网领域发展最重要的宏观背景就是网络发展的泛在化、宽带化和融合化。网络发展的“三化”全方位的影响了下一代网领域的各个方面，引领了下一代网领域的发展方向，改变了下一代网领域的发展方式，造就了下一代网领域的发展热点，可以说是网络发展的“永恒”主题。在网络发展“三化”背景下，2009 年的下一代网领域出现了“智慧地球”、“宽带战略”、“感知中国”、“全业务运营”等重大的领域热点事件。这些领域热点事件构建了 2009 年下一代网领域发展的主旋律，也反映了下一代网领域未来发展的整体态势。

（一）智慧地球

由美国 IBM 公司提出的“智慧地球”概念，虽然从正式发布到现在仅有一年的时间，但已无可争议地成为 2009 年业界最热门的词语。“智慧地球”能够在 2009 年迅速成为热点，不仅在于其独特的创新理念，更重要的背景原因是得到了美国政府的高度重视和大力支持。IBM 提出的投资智慧型基础设施建设的建议，获得了美国政府的肯定，并将其上升为应对金融危机、促进经济增长、确立全球竞争优势的国家战略，希望可以取得长短兼顾的良好效益。在短期经济刺激方面，通过大规模投资智能电网等基础设施，可以创造大量就业岗位，促进经济复苏；在长期经济增长方面，新一代的智能基础设施将为未来的科技创新开拓巨大的空间，有利于增强美国的核心竞争力。

（二）宽带战略

2009 年下一代网领域，另一热点技术是宽带战略的实施。特别是通信发达国家，对宽带的基础性和先导性有了更深入的认识，将宽带的发展提高到国家战略的角度，希望通过宽带战略推动国家的信息化和产业发展。美国宽带战略是将宽带接入纳入普遍服务的目标来进行发展。德国在 2009 年制定了未来 10 年的宽带发展的计划。2009 年 3 月日本政府宣布了一个“数字日本创新”计划，新计划中包括了缩小国内数字鸿沟、广电与通信进一步融合、推动绿色 ICT 等内容。韩国政府和业界计划在 2012 年前共投资 2.57 亿美元，在全国建成目前网络接入速率 10 倍的光纤接入、无线宽带融合的 UBcN，固网最高速率将达 1Gbit/s，无线网平均传输速率将达 10Mbit/s。

（三）感知中国

2009 年 8 月，温家宝总理在中科院无锡高新微纳传感网工程技术研发中心听取我国传感网发展的汇报时提出了“感知中国”。“感知中国”在内涵、技术、目标等方面与“智慧地球”概念十分接近，那就是将各种信息通信技术深度应用到各行各业中，实现人类社会与物理世界整合，以更加精细的方式管理生产和生活、合理利用资源、提高生产力水平、改善人与自然界的关系、保持经济的可持续性发展。

（四）三网融合

2009 年 2 月国务院发布的《电子信息产业调整和振兴规划》中指出“支持 IPTV（网络电视）、手机电视等新兴服务业发展”和“落实数字电视产业政策，推进‘三网融合’”。2009 年 3 月温家宝总理在人大会议政府工作报告中指出：要支持和推进三网融合的技术研发和产业化，发展高新技术产业群，创造新的社会需求 。2009 年 5 月 29 日《国务院批转发展改革委关于 2009 年深化经济体制改革工作意见的通知》（国发〔2009〕26 号）文件中指出：“落实国家相关规定，实现广电和电信企业的双向进入”，标志着推动“三网融合”取得实质性的进展。2010 年 1 月 13 日，国务院总理温家宝主持召开国务院常务会议，决定加快推进电信网、广播电视网和互联网三网融合。

二、2009 年下一代网领域热点剖析

（一）泛在

（1）政府高度重视泛在，产业各界迅速跟进

2009 年泛在网、物联网等概念在全球急速升温，不但引起 ICT 产业界的密切关注，还获得各国政府的高度重视。各国政府纷纷制定产业策略或投资计划，希望以此促进经济发展，调整产业布局，改善经济运行模式，并借机成为新一代信息技术革新和应用的领导者。

国内在温家宝总理在 2009 年 8 月指示尽快建立“感知中国”中心后，从各级地方政府到物联网企业、从电信运营商到国内标准组织，均对此进行了积极的回应。

（2）物联网概念逐步达成共识，泛在网构建网络整体发展

2009 年，感知中国、智慧地球、传感网、泛在网、物联网、传感器网等概念被频频提及，业界对这些概念之间的差异和关系也一直在进行讨论。经过 2009 年的对这些概念的讨论，业界基本达成共识。这些概念来源不同，内涵有所重叠，但强调的侧重点不同，感知中国、智慧地球是信息社会发展的愿景和目标；泛在网络、物联网、传感器网（传感网）是实现这些愿景和目标的信息通信技术。传感器网是泛在网、物联网的组成部分，物联网是泛在网发展的物联阶段，各种物联网应用和传统的通信网、互联网相互之间互连、互通、协同是泛在网发展的目标。

（3）物联网的发展处于泛在网发展的初级阶段

物联网是指在物理世界的实体中部署具有一定感知能力、计算能力或执行能力的各种信息传感设备，通过网络设施实现信息传输、协同和处理，从而实现广域或大范围的人与物、物与物之间信息交换需求的互连。泛在网络（Ubiquitous Networking）：泛在网是指基于个人和社会的需求，利用现有的网络技术和新的网络技术，实现人与人、人与物、物与物之间按需进行的信息获取、传递、存储、认知、决策、使用等服务，网络超强的环境感知、内容感知及其智能性， 为个人和社会提供泛在的、无所不含的信息服务和应用。与物联网相比，泛在网的连通度和智能程度更高，即包含了人与人、人与物及物与物之间的广泛连接，各种感知延伸技术与网络之间，不同网络之间，以及感知延伸、接入、网络和应用层之间的的协同和融合程度更高。

泛在网是未来网络发展的目标，物联网是迈向泛在网的第一步。在物联网起步阶段，重点是在现有网络接入能力上延展，覆盖到物理环境中，并将信息通过网络进行传递。在发展过程中，随着业务形态和需求的转变，网络之间的关系也会发生变化。不同网络和不同技术之间的深度融合和协同处理、以及对信息的智能处理和整合将是泛在网阶段的主要特征。

（4）市场应用仍需探索，战略创新驱动发展

我国物联网市场应用目前有两个特点：一是以垂直型的行业应用为主，面向公众用户的开放业务不多；二是规模小，大都集中在企业范围或是一个相对狭小的地理空间内。市场应用在 2009 年没有形成大规模突破性的发展，一方面是因为整个物联网产业刚刚起步，另一方面也反应了当前物联网产业面临的实际问题，主要包括 3 个方面：①行业协作和利益分配。由于各行业自身需求存在比较大的差异以及行业内部利益等原因，非行业链内部的物联网应用提供商很难获得认可。尽管行业内部也会进行自发的推动，但由于其封闭的特性，将会影响物联网应用，尤其是跨行业应用的推广；②应用成本成为两难。目前，大量的物联网应用都属于监控和辅助保障类，不能给企业直接带来经济效益。如果物联网应用成本较高，将会降低物联网应用的吸引力；③标准体系还未建立。目前，泛在网标准领域涉及的面非常广，还没有建起一个完善的标准体系，标准的缺失必然会阻碍产业链的整体发展。物联网产业是信息通信行业的发展趋势，是我国新兴的战略性产业。

（二）宽带

（1）各国宽带战略的动因分析

宽带指宽带网络基础设施和利用宽带网络所进行的各类应用服务，其发展形成了包括宽带服务和制造的新兴产业，并构建了一个承载企业经济活动、社会管理与公共服务活动、民众数字化生活的基础平台。

宽带是国家战略的需要。宽带的发展，离不开国家战略的指导和政策的介入，尤其有利于宽带在农村和偏远地区的发展，消除“数字鸿沟”；制定国家层面的宽带战略，统筹宽带产业发展，可以有效避免重复建设。

宽带是社会发展的需要。宽带是提升国家核心竞争力和创新能力的重要手段；宽带是优化经济结构、提升经济素质的助推器，直接推动了新一轮的全球产业分工，推动了其它新兴产业的发展；宽带应用对全社会的节能减排意义重大。

宽带是刺激经济发展的需要。宽带对 GDP 增长的拉动作用明显，欧盟测算，宽带发展每年为其带来 10.7 万个新的就业机会；美国研究认为，宽带的发展对上下游产业就业的拉动作用是传统产业的 1.7 倍；宽带网络建设与应用发展将拉动 ICT 相关的一系列相关产业，形成很强的产业链延伸与带动效应，实现效益倍增。

（2）全球宽带用户平稳增长，市场发展出现“生力军”

2009 年，虽然金融危机的阴影笼罩全球，但从总体来讲全球宽带接入市场仍然保持持续稳步增长，截至 2009 年第三季度，全球宽带接入用户累计达到 4.52 亿，同比增长率为 14.4%，如图 1 所示。

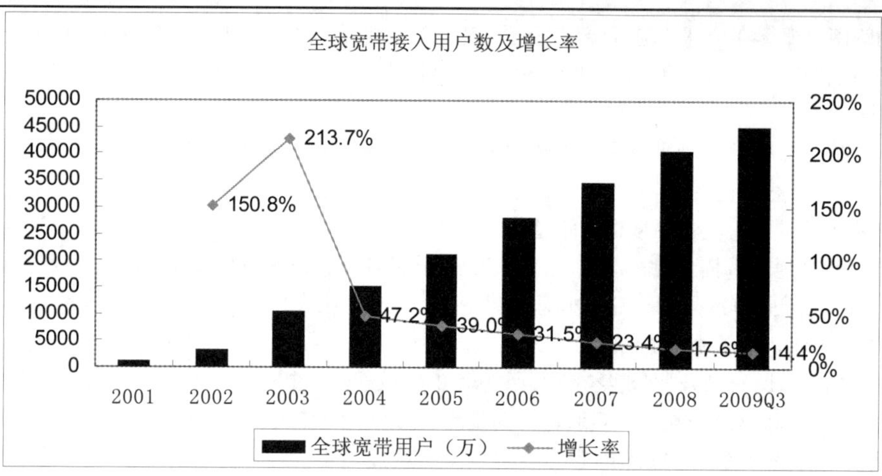

来源：Point topic，电信研究院

图1　　全球宽带接入用户及增长率

从增长率的角度来看，由于西欧、北美和亚太的日本、韩国等发达国家的宽带市场逐渐趋于饱和，用户增长缓慢，但在“宽带战略”等因素的刺激下，发达国家的宽带市场发展已经进入提速阶段；而中国、印度、俄罗斯、墨西哥等发展中国家的宽带市场纷纷进入高速成长期，成为推动全球宽带市场增长的中坚力量，如图2所示。

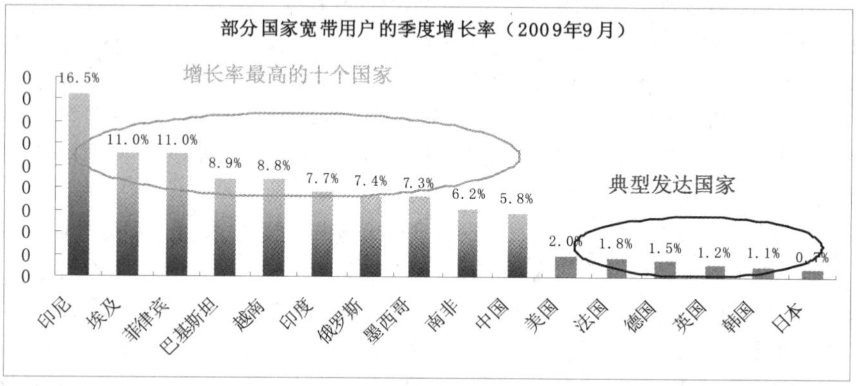

注：仅统计到2009年9月宽带用户总数超过10万的国家和地区。

来源：Point topic，电信研究院

图2　　部分国家宽带用户的季度增长率

（3）FTTx用户占比不断攀升，宽带速率更上一层楼

DSL仍是当前主流的宽带接入技术，应用范围也最广，截至2009年9月，全球DSL用户达到2.95亿，在宽带用户中的占比为65.2%；Cable modem用户达到9181万，其中50%以上的用户来自北美；FTTx用户达到5470万，在宽带接入用户中的占比为12.1%，用户主要分布在日本、韩国、美国以及西欧等发达国家和地区，如图3所示。

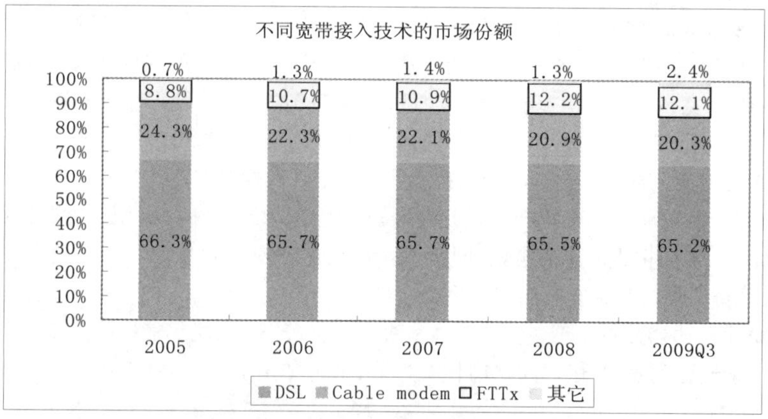

来源：Point topic，电信研究院

图3　　不同宽带接入技术的用户占比

从长远来讲 FTTx 是下一代高速接入网的理想选择。一些发达国家在其宽带战略中明确提出超宽带发展的具体目标，许多发达国家和地区的运营商已经开始采用 EPON 和 GPON 技术，大规模部署 FTTH、FTTB、VDSL/VDSL2 网络，其接入速率高达 100Mbit/s～1Gbit/s。截至 2008 年底，全球"超宽带"（FTTH、FTTB、VDSL/VDSL2）用户已接近 3000 万，预计到 2014 年，全球"超宽带"用户将达到 1.4 亿。

（4）10Gbit/s 成为传送网的主流，40Gbit/s 不日将规模商用

由于网络流量激增，骨干网的容量也不断增长，目前骨干网中应用的 DWDM 系统，单通道速率以 10Gbit/s 为主，最多可支持 160 波长，大容量 DWDM 系统的速率已经达到 160×10Gbit/s，无电中继传输距离可达到 3000km 以上。随着高清视频和高速数据业务的迅速发展，对骨干网络的带宽需求越来越高，同时由于宽带光纤接入网络的建设、城域网络扩容等，也使得骨干网络需要更高的速率，为此全球一些领先的运营商已经开始在骨干网中规模建设单波道 40Gb/s 的 DWDM 网络，并有越来越多的运营商开始关注单波道 100Gbit/s 的超高速传送系统。

（三）融合

（1）融合新态势

更广更深更智能的融合。目前融合已不仅是大势所趋，而且正朝着范围更广、层次更深、更智能的方向发展。具体来说，融合从三网融合、4C 融合进一步延伸到网络与计算的融合，网络空间与物质世界的融合。其中三网融合是指通信网、互联网和广电网之间的融合；4C 融合指电信、计算机、消费电子和数字内容的融合；融合的推进服务于网络化生活，为数字化经济做出贡献。如图 4 所示。

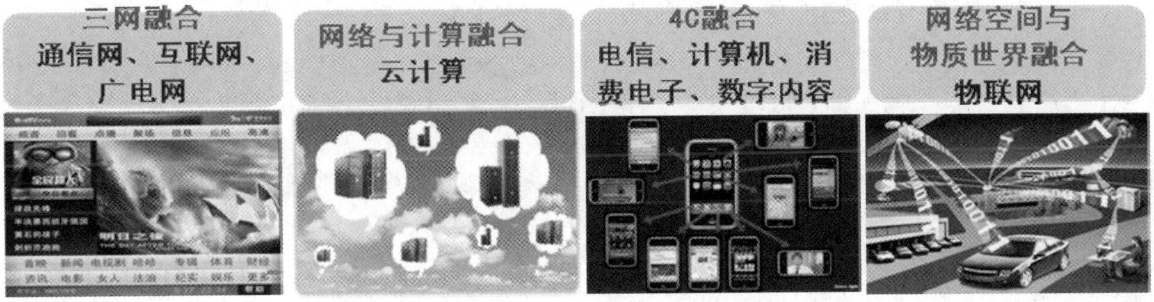

图 4　更广、更深、更智能的融合

（2）产业融合

产业疆界进一步模糊， IT 与 CT 的融合进一步深入数字化生活和数字化工作。计算机与网络初期普及启动了人类社会的数字化进程，IT 与 CT 技术从各自角度改变了人类赖以生存的社会环境，使人类的生活和工作环境具备了更多的数字化特征。而近年来基础设备与网络都在不断深化发展，IT 与 CT 出现了融合化趋势，使得数字化生活和数字化工作成为更简便更智能的生活工作解决方案。而这种融合的根源仍然是由人们对数字化生活与数字化工作的基本要求带动。

应用和内容成为竞争焦点，微笑曲线带动跨界运营。在传统的通信市场上，价值的高点由核心运营商及其产业同盟设备商所掌握，运营商通过对用户资源的牢牢掌控，将业务提供商与终端企业置于产业链后方，呈现一条山坡型的价值分配曲线。而未来的电信价值链分配则由于应用的繁荣发展，使得应用企业与接触用户的第一媒介终端企业掌握了核心资源，价值曲线两头翘起，运营商不断管道化，利润摊薄成为山谷低点，也可以形象的称为微笑曲线。

（3）业务融合

全球 IPTV 用户稳定增长，三网融合业务创新涌现。全球 IPTV 用户稳定增长。据 Point topic 统计，截止到 2009 年第二季度末，全球 IPTV 用户数达到 2630 万，同比增长 53%。国外三网融合管制环境继续趋于宽松，美韩两国 IPTV 业务也因此迅速增长。截至 2009 年第三季度，美国 IPTV 用户数约 520 万，同比增长达到 74%，超过了西欧地区用户增长速度。韩国 2008 年开放了 Full IPTV 市场，2009 年开放 IPTV 内容市场，允许提供商接入到国外公司以及外资占 49%以上股份的合资企业提供视频内容，到 2009 年 9 月其 IPTV 用户已近 200 万。国内 IPTV 产业政策环境变化不大，用户市场小有规模，IPTV 用户数达到 375 万户。如图 5 所示。

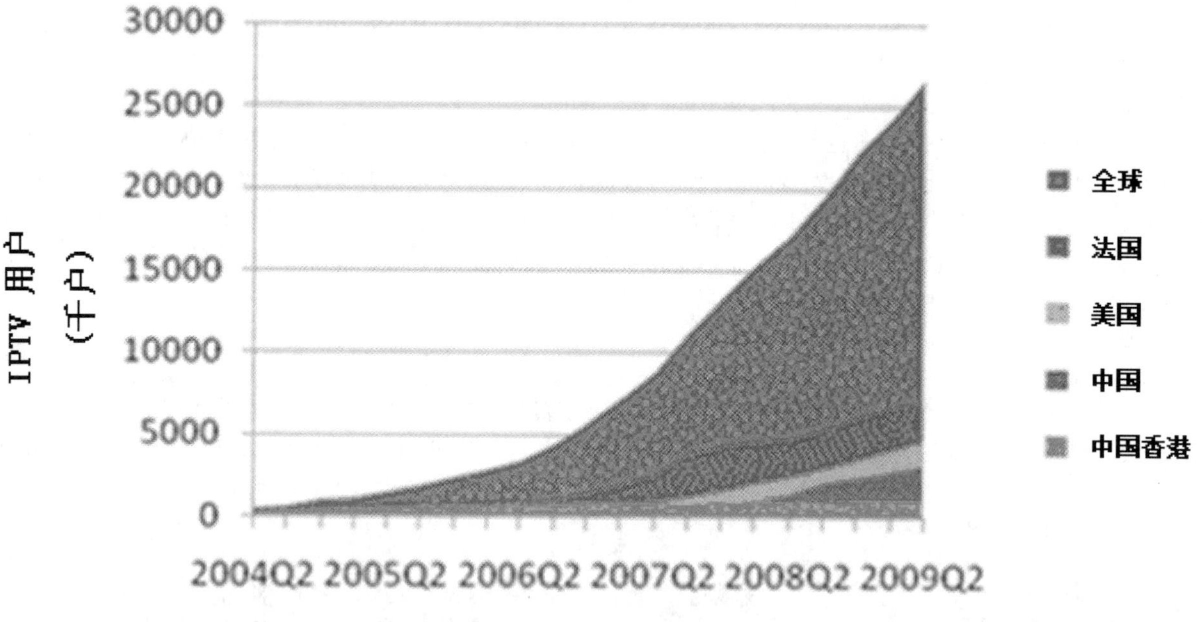

图 5　全球 IPTV 用户发展情况

三网融合业务不断创新，实现 PC、TV 和移动终端三屏融合的业务涌现。美国最大宽带运营商 Comcast、Verizon 等推出了“电视无所不在”行动计划，Verizon 把手机与其 FiOS 电视服务整合在一起，“黑莓”手机可以作为电视遥控器；意大利电信推出“all-in-one”多媒体宽带设备——CuboVision，可以把电视机连接到宽带网络上，提供数字电视频道、网络电视以及 PPV（pay-per-view）视频。

国内三网融合试点双向进入，分阶段初期探索机制。从“九五”、“十五”到“十一五”规划，电信、广播电视、互联网“三网融合”已呼吁了十多年。2010 年初的会议最终提出了推进三网融合 2010 至 2012 年以及 2013 至 2015 年的阶段性目标：2010 年到 2012 年双向进入试点，探索政策体系和体制机制；2013 年至 2015 年，普及应用融合业务，基本形成适度竞争的网络产业格局。

（4）融合运营

融合运营成为共识，品牌组织架构融合落实全业务战略。目前，融合运营已经成为企业的共识。融合运营体现在业务融合、网络融合、品牌融合、架构融合等各方面。业务融合是融合运营相对容易也是较早的切入点，各运营商已经推出形式多样的融合业务，如中统一通信等。网络融合体现在接入、传输、核心控制、业务平台等各个层面，运营商也一直在积极推进网络融合，包括综合各种接入方式、部署未来统一的核心控制网络 IMS 等。在业务品牌融合方面，中国联通率先发力，于 2009 年 4 月发布了全新业务品牌“沃”，其下包括面向个人用户的品牌“沃•精彩”、面向家庭客户的品牌“沃•生活”和面向集团客户的品牌“沃•商务”。

全业务引发融合技术应用，IMS 发展或迎小高峰。全业务竞争环境下，集团客户市场是众所周知的明星业务市场和金牛业务市场，所以，对于集团客户的争夺成为时下运营商竞争的焦点。为了弥补自身资源短板，抢占政企客户，中国移动全面展开 IMS 网络部署，目前已经启动 14 个大区和省份的 IMS 网络建设，计划 2009 年年底前建成开通，主要面向政企客户提供宽带固定语音、高清会议电视、 IMS Based IPTV 等综合通信服务。中国电信计划近期部署 IMS 网络用以解决其移动网络受限于 CDMA 软交换能力制约不支持视频通信的问题。中国联通在 IMS 测试中重点关注采用 IMS 实现 PSTN 改造以及网络融合，可能通过部署 IMS 网络以解决其固网智能化改造过程中遗留的 TDM 端局问题。因此，未来 1～2 年内，我国可能迎来 IMS 部署的小高峰。

三、下一代网领域的未来发展趋势

在日渐发达的通信技术、信息技术、感知技术等不断催生下，实现人与人、人与物、物与物的泛在网络架构正日渐清晰，并逐步走进了人们的日常生活之中。“泛在网”即广泛存在的网络，它以无所不在、无所不包、无所不能为基本特征，以实现在任何时间、任何地点、任何人、任何物都能顺畅地通信为目标。泛在网实际就是未来国家信息通信基础设施的发展方向，信息技术的种类可以分为信息采集、信息传输、信息处理，因此对应的信息通信基础设施——泛在网分为感知层、网络层和应用层，这三个层面将会朝着泛在化、宽带化、融合化、智能化的方向发展，如图 6 所示。

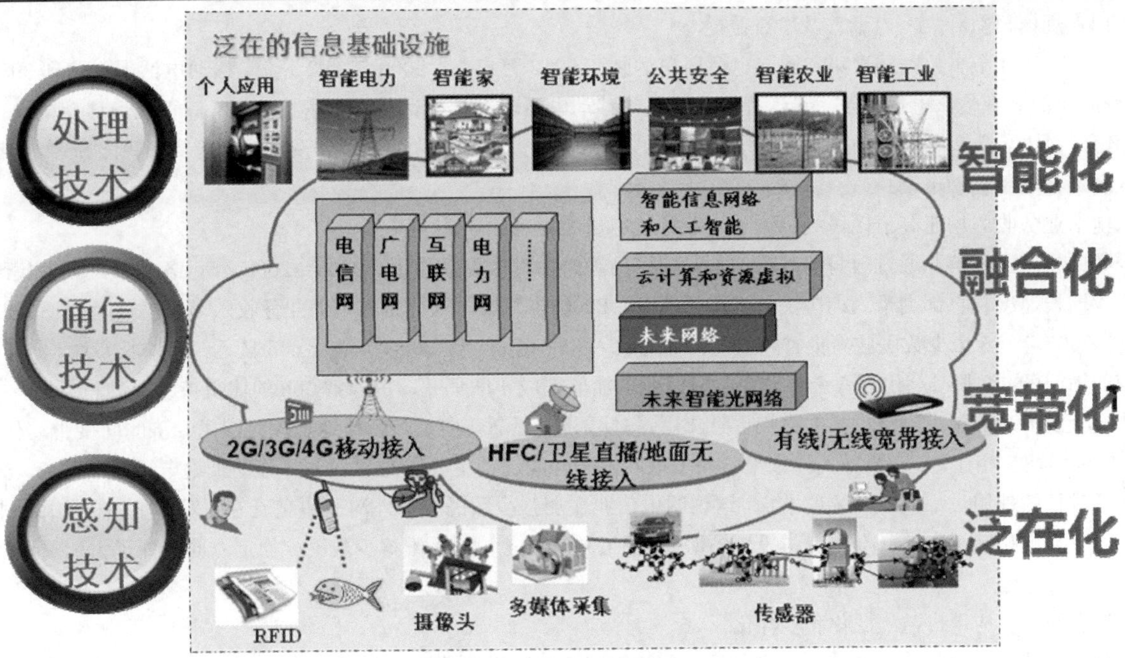

图 6　泛在的信息基础设施

泛在化主要体现在日新月异的无线接入、射频识别、人机互动、新型传感器等新技术的推动下，网络感知层能够利用各种感知、识别、采集新技术把物联接到网络，实现人与物乃至物与物之间随时随地沟通的通信；网络层将朝着宽带和融合的方向发展，宽带化体现在网络的接入、城域、核心网络的带宽越来越宽，网络的交换和转接能力越来越大，高带宽的有线/无线接入、光通信、未来网络将是未来采用的主要网络技术；融合体现在不同行业的传统网络在采用了新的网络技术之后的网络融合趋势和业务融合的趋势；智能化主要是由于采用了新的信息处理技术之后，如云计算、人工智能、智能信息网络，网络的信息处理能力越来越强，知识性的信息越来越丰富，智能判断能力增强，使得应用越来越人性化和服务化。

促进我国少数民族地区电信业发展对策研究

中国联通北京分公司　张　净
工业和信息化部规划司　杜广达
工业和信息化部电信规划研究院　刘占霞

一、少数民族地区电信业发展成就

（一）通信基础设施日益完善，通信能力日益增强

电信业不断加大少数民族地区通信基础设施建设的投入力度。“十五”期间，五个自治区及其他少数民族自治地累计完成电信固定资产投资 1037 亿元，平均每年投资 207 多亿元；2007 年在“十五”期间的基础上投资额度进一步加大，8 个少数民族聚集省电信业固定资产投资就达到 257 多亿元。

经过近几年的建设，少数民族地区的电信网络基本实现了由电话网向综合信息网、窄带网向宽带网、单一网向综合网和智能网的过渡，通信网络规模和技术层次总体上已达到全国平均水平，通信能力迅速增强。

目前，我国少数民族地区基本建成一个以光缆传输为主，卫星和数字微波为辅，覆盖各市、县和大部分乡镇的纵横交错、立体交叉的传输网。截至 2007 年底，仅就 8 个少数民族聚集省（包括内蒙古、广西、贵州、云南、西藏、青海、宁夏和新疆）来看，固定长途电话业务电路就达到了 44891 个，固定长途电话交换机容量达到 204.2 万路端；移动长途电话业务电路 118314 个，移动电话交换机容量 9661.6 万户，移动分组数据网容量 1240.2 万户，移动短消息中心容量 23003.2 万条；数据通信网长途电路 593329 个 2M；光缆线路长度 847559km，其中长途光缆线路长度 217903km；互联网宽带接入端口 671 万个。

（二）用户规模日益壮大，电话普及率日益提高

截至 2007 年底，8 个少数民族聚集省固定电话用户达到 3552.2 万户，是 2000 年的 2.8 倍；移动电话用户达到 5985.1 万户，是 2000 年的 8.9 倍；电话普及率迅速提高，尤其是移动电话，固定电话普及率达到 18.3 部/百人，移动电话普及率达到 30.6 部/百人。从 2004 年实施“村村通电话”工程以来，少数民族地区的电话普及率迅速提高，我国 55 个少数民族的聚居区全部开通了移动电话。

（三）电信业务收入增速高于国民经济增速，业务使用量大幅增加

我国少数民族地区电信业通过自身的高速增长对国民经济产生直接推动作用。2000～2005 年，各少数民族聚集区的电信业务收入增长速度一直都高于当地国民经济增长速度。2006 年开始，部分省份电信业务收入增长率逐渐低于 GDP 增长率，但是，2007 年，8 个少数民族聚集省完成电信业务收入 699 亿元，比 2006 年增长 605 亿元，年增长率达到 15.5%，比全国电信业 10.9%的增长率高出近 5 个百分点；电信业增加值完成 402 亿元，占各省 GDP 的比重持续提高。

电信业充分发挥着对国民经济增长的直接贡献作用，与此同时，逐渐转向更加积极地发挥对国民经济的间接带动作用。就“十五”期末和期初相比，8 个少数民族聚集省在本地网内和网间通话量、IP 通话时长、移动长途电话通话时长、固定长途电话通话时长的使用量都呈现大幅度增加，这说明电信业在加强少数民族对外沟通和交流方面发挥了积极作用；电信业的迅速发展有力地拉动了当地社会消费与投资的增长，并在拉动社会就业、维护少数民族稳定方面发挥了更加重要的作用。

（四）信息服务和应用日益广泛化和多样化

互联网普及率越来越高。2007 年底 8 个少数民族聚集省的互联网用户数达到 1929 万，是 2000 年的 11 倍，互联网普及率是 2000 年的 10.2 倍。

信息平台日益增加，信息内容日益丰富。根据中国互联网信息中心的统计，2000 年底，8 个少数民族聚集省的域名总数只有 5023 个，2007 年达到 438045 个，是 2000 年底的 87.2 倍；网站数也迅猛增加，2000 年 WWW 站点数只有 9521 个，2007 年所有的网站数达到 39353 个；截至 2007 年底，8 个少数民族聚集省的网页数已经多达 5 亿个。上述这些数据说明了少数民族地区互联网信息服务业的快速发展。

信息应用日益广泛和深入。农村信息化建设迅速地提高了少数民族地区的信息化水平；教育信息化日益广泛，为提高少数民族人口素质和文化程度做出了积极贡献；产业信息化不仅为提高产品产量提供了有益帮助，而且有助于提高产品的经济收益；电子政务让普通老百姓对政策更加了解；电子商务加速了少数民族地区经济和社会发展。

二、少数民族地区电信业发展存在的问题

（一）电信业发展基础条件较差，电信业持续增长动力不足

经济基础薄弱，城乡差距大。少数民族地区经济总量小，2007 年 8 个少数民族聚集省地区生产总值仅占全国 GDP 总量的 9.96%。人均 GDP 只相当于全国平均水平的 67%，民族地区的工业和第三产业的发展都相当滞后，与全国平均发展水平还相去甚远，少数民族地区第一产业比重较高，二、三产业发展滞后全国平均水平，产业结构落后；高投入、高消耗、高污染、低产出的粗放型发展模式没有得到根本改变；缺乏骨干企业和龙头企业的支撑；自主创新能力弱。

2007 年，8 个少数民族聚集省城乡收入之比为 3.67∶1，已超过国际公认的 3∶1 社会警戒线，亦高于全国的平均水平。少数民族地区城乡差距的扩大，不仅表现在经济收入方面，而且还表现在医疗卫生、交通通信以及娱乐、教育、文化等公共服务方面。

文化素质较低，贫困问题突出。少数民族劳动力适龄人口增长幅度远高于全国和汉族的平均水平，但少数民族适龄劳动力人口受教育程度普遍较低。

目前，在全国 11 个省区中，有 77 个县属于特别贫困的少数民族聚居地区，涉及 1600 万人、8240 个村。其中，仍有 1761 个村不通电，有 3160 个村不通路，有 391 万人饮水困难，有 63 万户住房存在不同程度的困难，有约 20 个民族 390 万人的特困少数民族处于极端贫困状态，贫困发生率高达 23.9%。这些贫困人口大都生活在自然条件十分恶劣的地方，有的地方甚至不具备生存条件。

（二）电信业发展水平较低，民族地区内部差距大

电信业发展滞后于全国平均水平。“十五”期间，包括 8 个少数民族聚集省的所有民族地区的固定电话普及率提高了大约 6 个百分点（同期全国提高了约 13 个百分点），移动电话普及率提高了大约 14 个百分点（同期全国提高了约 19 个百分点），互联网普及率提高了约 1 个百分点（同期全国提高了约 6 个百分点）。2006～2007 年，部分少数民族地区的电信业发展速度快于全国平均水平，但整个少数民族地区的电信业发展水平仍然远远滞后于全国的发展。

少数民族地区之间电信业发展程度差距大。我国地域辽阔，各地区社会经济差距较大，少数民族分布也非常广泛，因

此，少数民族地区内部数字鸿沟也比较突出。例如，根据对47个少数民族贫困县的抽样数据分析，目前，少数民族地区的总体固定电话普及率达到12%左右、移动电话普及率大约达到16%、互联网普及率大约达到1%；而47个少数民族贫困县的电信业发展水平均低于总体水平，分别约为10%、16%、1%；边境少数民族地区和少数民族贫困县的情况基本相似；但8个少数民族聚集省电信业发展水平相对较高一些。

（三）自然环境恶劣，信息通信建设及运营成本高

我国少数民族大多居住在西部及边疆地区，这些地方自然环境恶劣、城市化水平低，农村地区多，人口较少且居住分散，因而信息通信建设与运营成本高、难度大、周期长，而发展农村通信的困难尤为巨大。例如，在青海省青南藏区的通信建设中，当地小水电冬季由于结冰不能正常供电，电源问题只能依靠太阳能解决，致使建设成本高，建设周期长，加重了企业负担；同时，比东中部地区高得多的运营维护成本也极大地阻碍了少数民族地区通信业的发展，2004年和2005年两年，西藏移动开通360个行政村的电话业务需要投资4亿多元，而后期的维护成本年平均费用达到1亿元左右，远远高于东部和中部地区提供同等电信服务所需的投资。

（四）通信需求增加但用户经济承受力低，企业投资积极性不高

近年来，随着少数民族地区大力发展乡镇企业和农牧区生产计划，以及中央和自治区关于进一步巩固和建立健全基层政权的要求，各界对少数民族地区的通信发展都提出了新要求，改善少数民族地区通信业的呼声越来越高。但是，由于少数民族地区投资和运维成本高，人民的收入水平低，对于与生活不紧密相关的电信消费有需求，但支出有限。电信运营企业的投资难以回收，甚至就是亏损，这是阻碍少数民族地区通信业快速发展的关键症结所在。

三、2010年少数民族地区电信业发展目标预测

（一）少数民族地区总体目标预测

（1）预测统计口径的选择

由于我国少数民族较多，人口分布广泛，因此在少数民族和少数民族地区分布的统计上存在较大困难。根据宪法规定，我国少数民族自治地方的行政区划划分如下：①少数民族自治区分为地区（市、自治州）、县、自治县、市；②自治州分为县、自治县、市；③自治县分为乡、民族乡、镇。本课题根据研究目的和思路以及资料的可获性，按照如下口径对少数民族地区的统计数据进行梳理。

一是8个少数民族聚集省，按照我国行政区划和少数民族人口规模，8个少数民族聚集省是指少数民族人口比重较高的内蒙古、广西、贵州、云南、西藏、青海、宁夏和新疆。

二是30个少数民族自治州（民族统计年鉴可查），按照相关法律，我国少数民族自治区或非少数民族自治区内都可以设少数民族自治州，因此，部分少数民族自治州分布在少数民族自治区内。

三是120个少数民族自治县（民族统计年鉴可查），按照相关法律，我国少数民族自治区、州或非少数民族自治区、州内都可以设少数民族自治县，因此，部分少数民族自治县被重复统计在少数民族自治区或州内。

（2）样本数据的分析

我们对5个少数民族自治区、8个少数民族自治州、90个左右少数民族自治县（由于有个别的地区有数据不全，但至少有87个自治县，最多有104个自治县的数据是齐全的）在2005年达到的固定电话普及率、移动电话普及率和互联网普及率分析表明："十五"期间，上述地区的固定电话普及率提高了大约6个百分点，移动电话普及率提高了大约14个百分点，互联网普及率提高了约1个百分点，按照年算术平均增长速度计算，固定、移动和互联网普及率大约每年提高1.2、2.9、0.2个百分点；2005年，上述地区的固定电话普及率达到12.3%、移动电话普及率达到16.4%、互联网普及率达到1.02%。

（3）少数民族地区总体目标预测结果

根据"十五"期间少数民族地区电信业发展现状和发展快慢，结合2006～2007年相关地区电信业发展速度，理论系统预测和经验推算相结合的方法，预计2010年少数民族地区总体发展目标如下：

电信业务收入将稍高于民族地区GDP的增长速度；到2010年，少数民族和少数民族地区固定电话普及率达到22%，移动电话普及率达到35%，互联网普及率达到12%。基本实现"村村通电话，乡乡能上网"；部分少数民族地区实现宽带接入，宽带率达到40%以上。

（二）8个少数民族聚集省发展目标

根据理论系统预测和经验推算相结合的方法，到2010年，8个少数民族聚集省的电信业务量、电信业务收入、电信业增加值、固定电话用户总数和普及率、移动电话用户总数和普及率、互联网用户总数和普及率具体目标见表1。

表 1　2010 年 8 个少数民族聚集省电信业发展基本目标

	业务量 (亿元)	业务收入 (亿元)	增加值		固定电话		移动电话		互联网	
			(亿元)	占 GDP 比重 (%)	用户数 (万户)	普及率 (%)	用户数 (万户)	普及率 (%)	用户数 (万户)	普及率 (%)
内蒙古	464	147	98	2.04	824	30	1285	47	820	30
广西	786	219	146	2.72	1278	23	1776	32	1100	22
贵州	412	121	81	2.87	659	16	910	22	500	10
云南	570	202	135	2.87	876	18	1444	30	400	7
西藏	35	20	13	3.60	82	27	87	29	100	31
青海	76	31	21	2.53	185	32	245	42	130	20
宁夏	115	39	26	2.99	258	41	303	48	120	17
新疆	435	151	101	2.96	783	37	1054	50	1000	40

（三）少数民族贫困自治县发展目标

根据理论系统预测和经验推算相结合的方法，预计到 2010 年，少数民族贫困自治县固定电话普及率达到 18%，移动电话普及率达到 33%，互联网普及率达到 4%。

（四）边境少数民族地区发展目标

根据理论系统预测和经验推算相结合的方法，预计到 2010 年，边境少数民族地区固定电话普及率达到 20%，移动电话普及率达到 36%，互联网普及率达到 6%。

四、对策和措施

（一）编制少数民族电信业专项发展规划

针对少数民族大杂居、小聚居的特点，以及少数民族存在内部差距大、文化水平相对较低、语言个性化突出等特征，同时考虑少数民族大多分布在地理条件恶劣、通信建设和维护成本都相对较高、基本无法盈利的地方这一现实情况，结合少数民族事业“十一五”规划，制定少数民族电信业发展专项规划，以指导少数民族地区电信业的发展。

（二）积极利用兴边富民规划和边境合作项目，推动地处边境的少数民族电信业的发展

以兴边富民行动“十一五”规划的实施为契机，充分利用该规划提供的有利条件，积极争取将通信业列为“增加各类资金投入”的项目之列，以缓解边境通信基础设施建设资金困难问题；积极利用电信业跨区域合作中的重大工程项目，如大湄公河信息高速公路、中亚信息高速公路建设等，力争在基础设施建设和市场开放方面加大向少数民族地区的倾斜力度，以带动地处边境的少数民族地区电信业的发展。

（三）积极推进少数民族软件标准化工作

加强对少数民族软件项目的指导和管理，加大少数民族软件项目成果在少数民族地区的推广应用力度。重点是与藏区政府部门联合，研究采取有效措施，务实推动藏文软件专项成果的产业化和广泛应用，切实改变藏区信息化落后的局面，促进藏区社会经济发展，维护国家主权和民族团结。

（四）率先发展融合性业务，因地制宜地推出特色业务

联合广电部、发改委等部门，率先在少数民族地区突破体制性障碍，允许开展 IPTV、VoIP 等融合性业务，以促进电信业在少数民族地区的跨越式发展。针对少数民族地区风俗习惯、文化特点、使用习惯等，鼓励地方运营企业推出适合少数民族的特色业务套餐，以加快电信业务在少数民族地区的普及。

（五）在各项优惠政策中加大对人口较少民族的优惠力度

对人口较少民族地区通信业的发展给予更多的政策倾斜，在通信设备投资上，政府应给予更多的支持，运营企业集团也要在财务收支亏损补贴政策和免缴利润资金等内部政策上有更大程度的倾斜；也要引导和鼓励设备制造企业提供慈善性质的资助；在通信资费上，采取人口较少民族享受其他民族人口最低资费的 80%的优惠政策。

（六）加大财政支持力度

会同财政部，加快普遍服务基金政策的出台，并力争在普遍服务基金的使用方面做出有利于少数民族地区的安排；在普遍服务基金正式运转之前，积极争取中央和地方财政成立专项财政资金，以缓减少数民族地区电信建设资金缺乏的问题。

与政策性银行进行协商，给予少数民族地区电信运营企业政策性贷款优惠。可考虑在民委和国家开发银行签署的贷款协议基础上，对少数民族地区的电信基础设施建设贷款在利率、还贷期限等方面给予优惠。

协助运营企业，加强与地方政府的沟通，推动地方政府在财政、税收等方面给予更大的支持力度；促进地方政府在少数民族基金的使用安排上向电信业进行必要的倾斜。

（七）在少数民族地区率先开放基础电信业务和实施更灵活的资费政策

会同国家发改委出台有利于促进少数民族地区电信市场发展的相关政策，可考虑率先开放少数民族地区的基础电信业务市场，通过发放区域性牌照引入竞争；赋予地方运营企业更大的自主权，允许地方运营企业降低少数民族地区的电信业务资费水平，具体可考虑将少数民族地区按政府定价和政府指导价的业务资费在标准资费的基础上降低 20%。

（八）引导企业进一步加大投入

会同国资委出台相关政策措施，鼓励企业进一步加大在少数民族地区的资金投入；调整对国有电信企业的考核指标，将电信运营企业对少数民族地区发展所做的贡献列为企业绩效考核标准之一，要求集团公司的投资、考核标准适度向少数民族地区倾斜；鼓励非主导运营企业加大对少数民族地区的投入。

无线通信宽带化带来的挑战

北京邮电大学信息与通信工程学院　　王文博、张兴

二十一世纪初的这十年中，全球无线移动通信进入了前所未有的发展阶段，无线通信不仅成为通信业利润增长的最重要来源，而且还深深地改变着人们的通信方式甚至生活方式。无线移动通信在上世纪 80 年代初的第一代（1G）移动通信系统开始商用，到 2009 年全球 3G 无线移动通信系统的大规模应用，仅仅经过 20 多年的时间全球无线移动用户已经达到 40 多亿。随着无线新技术的迅速发展和个性化通信需求的快速增长，全球无线通信技术发展呈现出泛在化和宽带化的趋势，根据现有情况预测，到 2013 年，全球固定宽带用户将达到 6 亿，而同期无线移动宽带用户将达到 20 亿，是固定宽带的 3 倍，相信随着无线通信技术的不断变革，这一差距将进一步扩大。近年来随着无线通信新技术的迅速发展，无线通信宽带化进入了快速发展期。

图 1 所示为无线通信近年来发展出现的几种系统在带宽和速率上的比较。可以看出，随着无线技术的发展和新系统的出现，无线通信呈现出非常明显的宽带化趋势，TD-SCDMA 系统带宽 1.6MHz，可以传输约 2Mbit/s 速率，而到了 LTE 系统阶段，带宽增大为 20MHz，速率可到 100Mbit/s，而到了 4G（IMT-A）系统，带宽将扩展为 100MHz，同时室内环境下速率将达到 1Gbit/s。然而，无线通信系统宽带化带来带宽和速率提升的同时，在其他诸多方面也带来了巨大的政策和技术挑战。

本文将重点分析近年来无线通信发展的新特点以及未来新趋势的基础上，对无线通信宽带化之后可能的遇到的各种问题和挑战进行初步的分析，并给出一些发展建议。

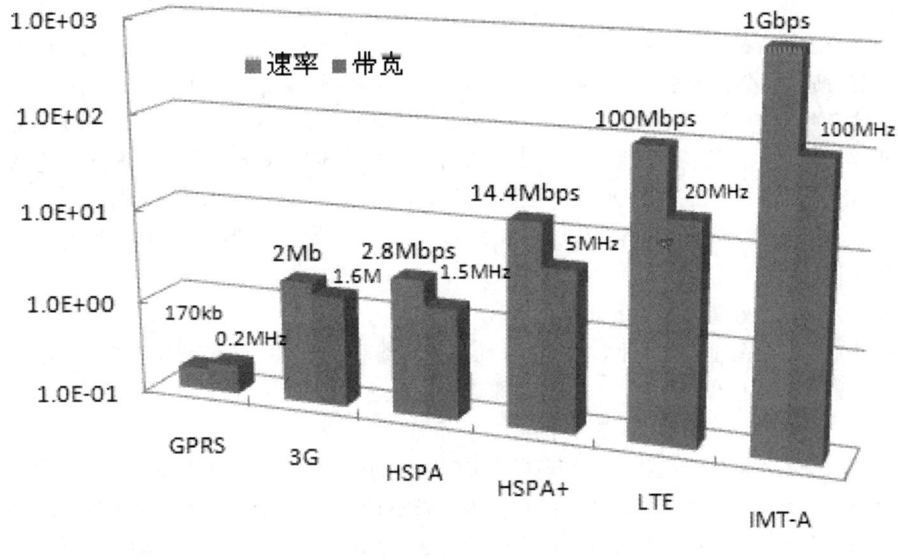

图 1　　无线通信系统带宽化系统比较

一、宽带的无线化和无线的宽带化

通信技术经过几十年的大发展后仍方兴未艾，无线化和宽带化是通信技术的发展方向，宽带无线化技术和无线宽带化

技术都顺承了这一发展趋势。关于宽带无线化与无线宽带化的争论在业界就很多,其实二者的概念是不同的。

宽带无线化是以传统的宽带通信为基础，秉承了基于线缆的传统宽带接入的带宽优势，同时吸收了无线接入的灵活性与移动性，并能够提供可满足语音和视频服务应用的QoS服务质量支持，使宽带无线化技术与无线宽带化似乎有了颇多相似之处。实际上，宽带无线化与无线宽带化在本质上是不同的。宽带无线化是用在城域网上，而无线宽带化则是一种无线广域网，它们并不同属于一个范畴内。无线宽带化网络的核心功能是提供移动电话服务,也可以用来传输数据；宽带无线化的标准则是用无线方式支持高速率的数据传输,语音质量并不是关键要求。因此这两种技术各自的任务和目标都不相同,宽带无线化定位于实现宽带通信的无线传输,而无线宽带化着眼于扩大无线通信的带宽能力。

这也就是说，从解决宽带上网的需求来看，宽带无线化对于在固定的场合中的无线接入应用，才更有先天优势，而无线宽带化的重点更倾向于在非固定的场合也就是移动漫游过程中实现移动通信的宽带化。从这个意义上来说，宽带无线化与无线宽带化技术作为分别着眼于城域网与广域网两个层次分明的技术领域的两类技术,宽带无线化与无线宽带化是总体网络框架中并行不悖、优势互补的有机组成部分。

二、无线宽带化面临的挑战

（一）无线资源面临的挑战

（1）无线频谱短缺的挑战

无线通信宽带化后最直接的挑战问题就是无线频谱资源的紧缺，全球和各国之间的频率协调分配等问题日益凸现。现有的频谱资源即便是在 2GHz 频段，对于数据业务大发展也是远远不够的。在 2007 年世界无线电大会上，当时 ITU 提出4G 的频谱需求是 800M，实际上在全球范围内明确的只有 136M，在一些国家也就是几百兆，所以无线频谱资源短缺的限制对无线通信宽带化发展的影响越来越明显。与此同时，特别伴随着移动互联网的发展，现在的无线业务量却是成倍、几十倍甚至几百倍的增长。而且，未来还有一个新兴的物联网（Internet of Things）的大发展。这些新业务新需求新网络都对无线频谱带来巨大的挑战，与此同时，无线频谱在全球范围内的分配以及各国之间的频谱博弈，也给无线通信宽带化带来巨大的不确定性。

无线宽带化后对频谱和速率要求大幅度地提升，在这种情况下，无线通信发展的趋势之一就是基站覆盖范围走向越来越小的局面，以解决日益增长的无线宽带流量问题。从目前的 3G 来看，下行峰值速率只有 384kbit/s，引入 HSPA 后，下行速率最高达到 14.4Mbit/s（WCDMA 系统）。由于频率的因素，有资料显示 3G 网络基站密度约是 2G 时代的 3 倍，目前 3G 的平均站址在 300 米左右，而无线宽带化后要求更加密集的基站。更加密集的基站意味着更多的站址，但是站址越来越难解决，分布式基站和家庭基站（femto cell）是目前可行的解决方案，可以实现深度覆盖和采用灵活的业务推送方式。但是，更加密集的基站意味着巨大的成本投入。无线宽带化后网络基站数量越来越多，传输需求越来越大，基站回传处需要几十兆甚至几百兆的带宽，传输成本也越来越高。无线宽带不仅仅是互联网和移动网络的简单叠加，而是通过一个最佳的网络拓扑、提供一个最经济的网络覆盖解决方案。

（2）绿色通信带来的节能环保挑战

节能减排、低碳经济不仅是社会文明发展的要求，也是通信行业所承担社会责任。无线宽带化后会占据更宽的带宽和部署更多的无线基站，一个运营商都是几十万个，全国几大运营商加起来会有七八十万个基站，消耗电力巨大，这不光会带来巨大的成本，更重要的是这样发展下去会成为行业发展的另外一个瓶颈，由于电力的巨大的消耗，能源本身面临着很多的问题。例如，无线通信的峰值功率一般满足“速率”×fc^2.6（其中 fc 为载波频率），假设 2GHz 载频处一个 8kbit/s 速率的业务传输 1 公里半径需要 1 瓦的功率，那么对于无线宽带化后在 3.5GHz 载频处传输 1Gbit/s 速率的业务，需要的功率将是原来的 1Gbit/s/8kbit/s×（3.5GHz/2GHz）^2.6=535,561 倍（53 万倍）；或者，如果仍保持 1 瓦的发射功率，那么这种情况下通信半径将缩减 43 倍（通信半径从 1 公里缩减为 23 米），如此运营商将不得不部署更多的基站，从而也会带来巨大的成本压力、消耗更多的能量。

（二）无线宽带化对网络结构和管理带来的问题与挑战

无线通信发展宽带化后，无论在通信技术上、网络设备上以及运维环境上都将带来更多的变化和不确定性，这些变化和不确定性都给无线宽带的网络结构和网络管理与维护带来诸多的问题与挑战。

（1）无线宽带网络运营维护环境的持续演进与升级

近年来无线宽带通信系统的不断更新换代，其物理层、MAC 层和网络层技术是在不断演进和升级的。例如，在 3G 无线系统就依次采用了 R99、R4、R5 等多个不同版本，到未来可能采取 LTE/LTE+/SAE 等空口和网络等技术。同时，随着网络扁平化和即插即用理念的深入，无线宽带网络通信系统将开放更多的接口，这使得未来移动通信系统的开放性更高、设备之间的兼容性需要更强，从而更多的厂商能够参与到宽带无线移动网络系统的开发和生产，这种情况下无线宽带网络通信系统的网络管理系统必然是典型的多厂商设备、多接口环境。面对这样的持续变化的复杂网络环境，无线宽带网络的运营维护系统将相对于传统 2G/3G 系统更为复杂，将在技术上带来很大的挑战。

（2）多网络管理的复杂性

随着技术的不断推进，无线宽带网络将来极有可能面临异构网络联合组网的局面，网络的不断扩大和业务能力的提升，使得宽带移动通信网络管理变得越来越复杂。由于无线宽带网络将会采取基于全 IP 网的有关技术，无线宽带网络通信的网络管理环境中有较多的系统互连的需求，这就使得宽带无线移动网络通信系统的网络管理协议在已有基础上，需要增加更多高级智能的网络管理协议，异构网络管理的复杂性将是未来无线宽带网络管理面临的又一挑战。

（3）无线宽带化后网络的可扩充性、可适应性和兼容性

无线宽带化后对网络级网络管理和业务级网络管理的要求越来越迫切，因此要求网络管理系统在运行时支持在线升级和系统的扩容，结构化的软件设计以及组件。同时，目前无线移动通信系统从第二代（2G）和第三代（3G）向无线宽带网络通信系统过渡的过程中，必将出现 2G、3G 和未来无线宽带网络通信系统异构共存的局面，为了使它们能够协调运转，无线宽带网络管理系统必须能够与 2G、3G 网管系统实现互连互通，网络可扩充性、可适应性、兼容性等都会对无线宽带网络管理带来更多的技术挑战。

（三）无线宽带化后网络业务支撑带来的挑战

无线通信系统宽带化后具有两个鲜明的特点，一是网络承载更多丰富的业务类型，新增了各种视频类业务；二是高速的传输速度，目前 TD/HSPA 业务已具有宽带网的业务特征，未来 IMT-A 系统、异构无线网络系统的宽带化特征将更为明显。针对这两大特点和未来业务运营的需要，无线宽带网络业务支撑系统在渠道管理、客户服务、统计报表、服务开通、产品管理、综合采集、融合计费、综合账务、资源管理、综合结算、经分系统等方面都面临改造升级的需要和更为复杂的管理挑战。

以无线通信宽带化为基础构成的网络与传统的窄带无线互联网在业务支撑上有着本质的区别，两者具有截然不同的业务应用前景和运营模式：无线宽带面对的是行业应用、商业应用、娱乐、消费和家庭服务，需要丰富多彩的内容为基础。成熟的无线宽带产业以业务内容为中心的运作平台，如果无线宽带没有适宜承载的内容，不可能吸引用户应用。而目前全球无线宽带的主要问题是，无线宽带通信为用户提供了传递高速数据的带宽，但却没有提供宽带传输的内容——多媒体和互动性的宽带内容。因此，更多吸引用户的无线宽带内容是全球的无线宽带运营商必须面对的主要问题，也是无线宽带发展的主题和核心。寻求一个成熟的业务运营模式，构造一个良性的合作规则和价值链以及适宜的业务支撑环境，并且使处在无线宽带产业价值链中不同位置的运营商都能够实现共同的、稳定的营利，对当前无线宽带的发展和普及具有重要的意义和挑战。

（四）无线宽带化带来挑战可能的对策分析

经过以上分析可以看到，无线通信宽带化本质上在于传输速率和所占带宽有较大的提高，而这是导致出现新的问题与挑战的根本原因；针对这些挑战，必须深刻认识无线通信宽带化后网络技术特点、网络架构特征、政策制定等方面的信息，从而具体制定应对这些挑战的对策。针对无线资源面临的问题，需要在频谱规划分配中加强协作，充分利用有限的频率资源；同时，也需要加强研发力度，提升频谱利用效率，从而解决无线频谱短缺的问题以及无线宽带化后节能环保的挑战。针对网络结构和运维管理带来的问题，需要规划制定适度合理的网络结构并开发合适高效的网络管理运维技术。针对无线宽带业务支撑带来的挑战，作为宽带网络的运营主体必须加强网络业务的管理和引导，从而确保无线宽带真正为终端用户发挥业务承载的功能。

云计算在下一代网络中的管理应用分析

北京邮电大学经济管理学院　　梁雄健、迟建

目前，IT 行业正处于一个重要的转折阶段，这一转折将最终改变人们获取信息和服务、分享内容和互相沟通的方式。在未来，只需要一台笔记本电脑或一个手机，就可以通过网络服务来实现我们需要的一切，甚至包括超级计算这样的任务；用户不再需要记住数据的存储位置，信息不是存在个人电脑上，而是存在互联网上了，无论信息在什么地方，用户都可以第一时间获得；企业或个人将不再需要在计算机中安装大量套装软件，而是通过 Web 浏览器接入到一种大范围的、按需定制的服务。

这些方式的转变，都得益于云计算技术的出现。

一、云计算的概念及其优势

举一个形象的例子来说，云计算就好比是运营商通过向用户提供“煤气管道”，代替了原先用户家中的“煤气罐”。回到企业对于计算能力的需求，目前个人或者企业通常需要自己购买更多 PC 或者服务器来增加计算能力，这就相当过去买煤气罐。云计算就是要实现让用户通过“管道”随取随用计算能力，让用户通过高速互联网租用计算能力，而不再需要自

己进行大量的硬件投资。这一切是通过云计算核心部分，由成千上万的工业标准服务器组成的数据中心来实现的。这些服务器通过错综的分布式网状链接起来组成服务器集群，集中管理，提供计算能力，而分布式的计算过程被隐匿起来，你不需要具体知道是哪台或哪几台服务器在为你提供服务，你需要的仅仅是接入这个“云”。

其实，Google 的搜索引擎就可以视为云计算的典型实例。用户通过搜索框提交查询计算请求，经过互联网发送到 Google 的大型服务器集群上，Google 将搜索结果再返回给用户。而“云”的计算能力，会随分布式网络的服务器集群规模的不断扩大而增强。

作为一种新兴的商业计算模型，云计算的优势主要体现在：（1）提供了最可靠、最安全的数据存储中心，用户不用再担心数据丢失、病毒入侵等麻烦；（2）对用户端的设备要求最低，使用起来也最方便；（3）可以轻松实现不同设备间的数据与应用共享；（4）为我们使用网络提供了几乎无限多的可能。

互联网的精神实质是自由、平等和分享。作为一种最能体现互联网精神的计算模型，云计算必将在不远的将来展示出强大的生命力，并将从多个方面改变我们的工作和生活。

二、云计算的主要应用形式

云计算为需要时的使用、降低成本和能源的使用提供一种简化的、集中的平台。与网格计算不同，网格计算是为一项具体的任务分布 IT 资源，云计算是在整个活动范围内使用的。受到媒体最多关注的这种平台是外部托管的服务，但是，有些是在企业内部使用的，特别是在全球运营的企业中使用。目前的主要应用形式如下：

（一）软件即服务（SAAS）

这种类型的云计算通过浏览器把程序传给成千上万的用户。一方面，这样会为用户节省在服务器和软件授权上的开支；另一方面，这样只需要维持一个程序就够了，减少了供应商的成本。SAAS 在人力资源管理程序和 ERP 中比较常用。

（二）实用计算（Utility Computing）

这种云计算是为 IT 行业创造虚拟的数据中心使得其能够把内存、I/O 设备、存储和计算能力集中起来成为一个虚拟的资源池，从而为整个网络提供服务。

（三）网络服务

同 SAAS 关系密切，网络服务提供者们能够提供 API 让开发者能够开发更多基于互联网的应用，而不是提供单机程序。

（四）平台即服务

另一种 SAAS，这种形式的云计算把开发环境作为一种服务来提供。可以使用中间商的设备来开发自己的程序并通过互联网和其服务器传到用户手中。

（五）管理服务提供商（MSP）

这种应用更多的是面向 IT 行业而不是终端用户，常用于邮件病毒扫描、程序监控等。

（六）商业服务平台

SAAS 和 MSP 的混合应用，该类云计算为用户和提供商之间的互动提供了一个平台。比如用户个人开支管理系统，能够根据用户的设置来管理其开支并协调其订购的各种服务。

（七）互联网整合

将互联网上提供类似服务的公司整合起来，以便用户能够更方便的比较和选择自己的服务供应商。

三、云计算在下一代网络中的应用

下一代网络（Next Generation Network，NGN）是以软交换为核心，能够提供话音、视频、数据等多媒体综合业务，采用开放、标准体系结构，能够提供丰富业务的下一代网络。它的主要特征是基于分组传输；控制功能从承载、呼叫/会话、应用/业务中分离；业务提供与网络分离，提供开放接口；利用各基本的业务组成模块，提供广泛的业务和应用(包括实时、流媒体、非实时和多媒体业务)；具有端到端 QoS 和透明的传输能力；通过开放接口与传统网络互通；具有通用移动性；允许用户自由地接入不同业务提供商；支持多样标识体系，并能将其解析为 IP 地址以用于 IP 网络路由；同一业务具有统一的业务特性；融合固定与移动业务；业务功能独立于底层传输技术；适应所有管理要求，如应急通信、安全性、私密性等要求。

其中，IP/MPLS 核心是下一代网络的基础，在未来的互联网业务应用中，视频服务，云计算应用等业务将飞速发展，这必然对带宽的要求越来越高，而 NGN 的核心恰恰可以通过扩展来满足带宽的增长需求。

传统的网络中，业务模式非常简单。运营商关注的重点是如何扩充网络的容量和增加通话市场，业务的开发处于次要地位。

NGN 的业务模型变得比较复杂，除了传统的用户到用户的通信以外，大量的业务是信息提供和娱乐类的业务。这些业务吸引用户的是内容，而不是通信能力。因此，业务的种数、业务的开发和提供的速度取代承载网成为运营商的核心竞争力。

如此种类繁多的业务依靠运营商自己来开发、提供、维护是不现实的，由第三方来开发新的业务成为一种趋势。云计算的出现，正好可以满足运营商的这一需求，运营商可以通过“云”平台选择第三方开发的新业务。

下一代网络是分布式网络，系统将由以前的垂直管理，变为平等交互式的扁平管理架构，系统的智能性和可感知性加强。云计算模式正是通过将原先垂直的产业链条扁平化，适应了下一代网络技术的发展，必将在下一代网络中得到广泛应用。

（一）云计算可以满足大量数据的存储需求

在3G时代，手机电视、手机证券、手机资料备份等都将成为重点业务，大量的视频、图像、文档资料将会存储在数据中心供用户随时下载、查看，并实现交互。云计算能够有力支撑该类业务需求，利用有限的资源实现存储的最大化，并在用户需要的时候，通过搜索及时提供给用户，以满足不同用户的需求。

（二）云计算平台为运营商的业务整合提供及时的资源支持

重组之后，三大运营商同时具备固网和移动业务的经营能力。云计算能统一监控和动态部署资源，在运营商进行业务整合中，云计算平台能及时调配相应的资源支持业务的发展，及时响应市场需求、帮助运营商快速占领市场。

（三）云计算实现轻量级终端对网络的访问

3G网络提供的高带宽使手机上网更加方便快捷，手机上网是3G的一个重要应用。云计算使数据中心中的不同设备、不同软件以及不同网络实现兼容，让用户无论拥有何种终端都能访问到“云端”的资源。

四、云计算带来的监管问题

随着云计算技术的出现，IT 产业链上跟云计算相关的环节如云计算服务提供商和虚拟运营商的管理与监督就成为互联网监管的新课题。(1) 云计算的出现彻底打破了地域的概念，这就需要在网络资源存储、资源共享、网络安全监管等方面做好不同地域之间的沟通和协调工作；(2) 随着云计算市场的成长和成熟，也将伴随着新一轮的行业垄断，如何对云计算市场的垄断行为进行抑制和疏导是云计算后互联网监管的一个新课题；(3)由于业务提供模式和维护方式等方面的不同，云计算后互联网上的业务运营模型必然要发生改变。如何重新分配互联网原有商业模式中的各种利益关系，协调云计算产业价值链上、下游各个企业的关系，尽快出台云计算后互联网业务的运营管理办法，从而促进云计算后互联网产业链的有效运转，都将是云计算后互联网监管亟待应对和解决的关键问题。

互联网是一个历来监管宽松的行业，如果突然采取严格的政策管制措施必然引起行业的不满和公众的不理解，因此针对云计算进行政策管制的一个基本思路应当是宽松而有效。另外，云计算一旦大规模应用必然会牵涉到大量隐私数据和企业保密信息，因此保证云计算运营企业的经营稳定性和对私有数据的保密必然会是监管的一个焦点所在。

五、云计算的运营模式

目前，云计算在国际上的运营模式可以分成公共层面和企业级应用。

（一）公共层面

就是我们所熟知的互联网服务模式，其基本模式是免费的，可以用广告来支撑。也有付费模式的，但基本上是以公众服务为主。

（二）企业级应用

就是亚马逊、IBM 等企业提供的企业级应用。例如，波音公司正在设计一款新的机型，模拟机翼的运行需要1万台计算机。但是完成这个项目以后，就不需要这1万台计算机了，这将是很大的浪费。企业级云计算就是使企业能够利用新的技术，以更低的成本对应用进行管理。它实际上有很广阔的市场，例如一家企业如果用自己建的数据中心实现一个重要的工业应用，其每年的成本是600万美元，但如果租用云计算服务，每年的成本只需要60万美元。企业级应用将是云计算非常重要的发展方向。

在未来，电信运营商、大型互联网公司都具有成为云计算运营商的潜力。尤其是电信运营商，一方面这些企业都拥有大型的数据中心。这些数据中心可以在空闲时打包成云计算虚拟机，为用户提供服务；另一方面，随着云计算的发展，用户将更多的借助网络来享受信息和服务的提供，这将大大提高网络数据传输的流量，为运营商带来了新的盈利点。

六、结语

中国拥有世界上数量最多的中小企业，这些企业的业务正在飞速发展。对于正处于成长期的中小企业而言，自己投资建立IT中心一方面会占用企业资源；另一方面其技术能力和水平有限。而云计算刚好为这些中小企业提供了合适的解决方案。同时，中国即将承办的世博会、亚运会等一系列大型活动，也可以借用云计算模式来提供灵活的，具有伸缩性的IT基础架构。云计算对于计算资源更有效率的利用，也使其在节省能耗方面成为“绿色IT”技术的代表之一，这又与中国政府“节能减排”的政策相符。因此，中国市场上对于云计算的需求将成为其在未来几年中高速发展的基石。

作为一项有望大幅降低成本的新兴技术，云计算正日益受到业界厂商的追捧，亚马逊、IBM、英特尔、微软、雅虎、EMC、Google等大型IT厂商都已涉足该领域。现在，随着云计算理念的深入和技术的逐步成熟，云计算在资源最大限度利用、IT 成本可精确量化、实现更广泛信息交付等方面的优势已经得到了多数用户的认可。毫无疑问，云计算正在成为IT业的重要发展趋势，它的影响将会逐渐渗透到下一代网络的整个产业以及用户的应用中。

云计算在电信 IT 领域的应用探讨

中国电信股份有限公司上海研究院　　石屹嵘、段勇

一、引言

云计算作为 2009 年 IT 领域最火热的概念之一，业界各方投入了极大的关注，各大互联网服务商、IT 厂商和电信运营商都提出了对云计算、云服务、云安全等概念的理解。目前，业界普遍接受的概念是这样描述的:云计算本身不是一种技术，它是一种资源交付、使用模式和计算模式，在这种模式中，应用、数据和 IT 资源以服务方式通过网络提供给用户使用；同时，云计算也是一种基础架构的方法论，大量的计算资源组成 IT 资源池，用于动态创建高度虚拟化的资源供用户使用。云计算是并行计算（parallel computing）、分布式计算（distributed computing）和网格计算（grid computing）的发展，又是虚拟化（virtualization）、效用计算（utility computing）、IaaS（基础设施即服务）、PaaS（平台即服务）、SaaS（软件即服务）等概念混合演进并跃升的结果。云计算具有超大规模、虚拟化、高可靠性、通用性、高可扩展性、廉价等特点。

亚马逊、Salesforce、IBM、谷歌、思科、微软等都在推出自己的云计算标准，国外学术机构也针对云计算成立了一些标准组，如开放云计算联盟 （OCC）、分布式管理任务组（DMTF）等，开放云计算联盟的成员包括许多大学，他们致力于提升在地理位置上彼此独立的数据中心存储和云计算的性能，加强开放架构让云计算通过实体的网络实现无缝互操作。创建该组织的主要目的是让大学机构和 IT 厂商以一种非竞争的方式来共享技术信息，让云计算更快、更安全以及基于开源标准和开源软件向前发展。OCC 从 2008 年年中就开始逐渐成型，目前处于起步阶段。另外，分布式管理任务组也宣布组建一个研究组，专门解决云计算开放管理标准的需求，将制定一套云计算资源管理的信息技术规范。

云计算概念的出现，将极大地改变电信运营商的服务模式和商业模式。中国电信作为国内三大综合信息服务提供商之一，如何在云计算模式下开展电信增值业务，并发挥云计算的优势，是电信研发部门急需考虑的问题。

二、云计算的架构

云计算可以从外部视角和内部视角两个视角去理解。外部视角就是客户视角，即从使用者的角度去理解基于云计算的服务和资源的交付方式、计费方式和服务承诺；内部视角就是技术视角，即从运营商的角度去研究云计算内部实现的相关核心技术和方法。

（1）云架构的组成

广义的云计算可分为 IaaS、PaaS 和 SaaS3 种类型，如图 1 所示。IaaS 就是将 IT 基础设施以服务形式提供给客户，包括服务器、存储、网络等资源；PaaS 类似于 IaaS，它将满足某种应用需求的平台以服务形式提供给客户，如在线软件研发平台等；SaaS 是一种由云计算服务商集中部署的应用系统，客户通过互联网访问的一种服务方式。针对以上 3 种类型，云计算服务商可以灵活地根据客户的使用情况进行收费，其关键点在于创建一个能实现快速部署和灵活扩展的 IT 基础架构，基于云模式的 IT 基础架构一般可分为物理设施层、虚拟化层、管理层和服务提供层。

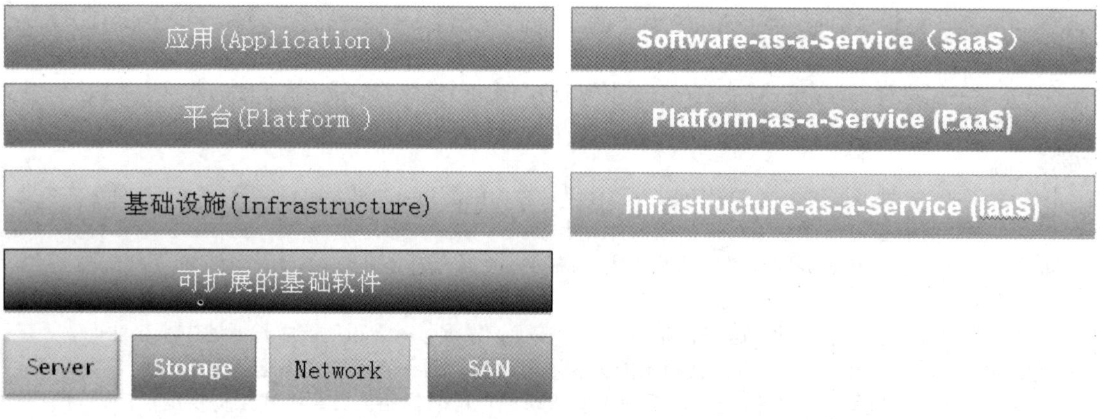

图 1　云架构的组成

物理设施层由服务器、存储和网络设备组成，是真正的资源提供层。

虚拟化层将物理资源虚拟化，提供一个灵活、统一的资源池，提高资源利用率。

管理层负责物理资源和虚拟资源池的统一管理、统一部署、统一监控和报警、统一计费、统一安全策略等，并负责管理对外的服务提供。

服务提供层实现各类云模式的服务调用接口。

（2）云架构的相关技术

云计算基础设施平台的特征有：网络变化的快速收敛、故障自愈合、多用户使用、虚拟化、线性扩展、资源监控和测量、资源注册和发现。与之相关的技术有很多，其中最关键的技术有虚拟化技术、自动化技术、监控技术、SOA等。云架构的相关技术如图2所示。

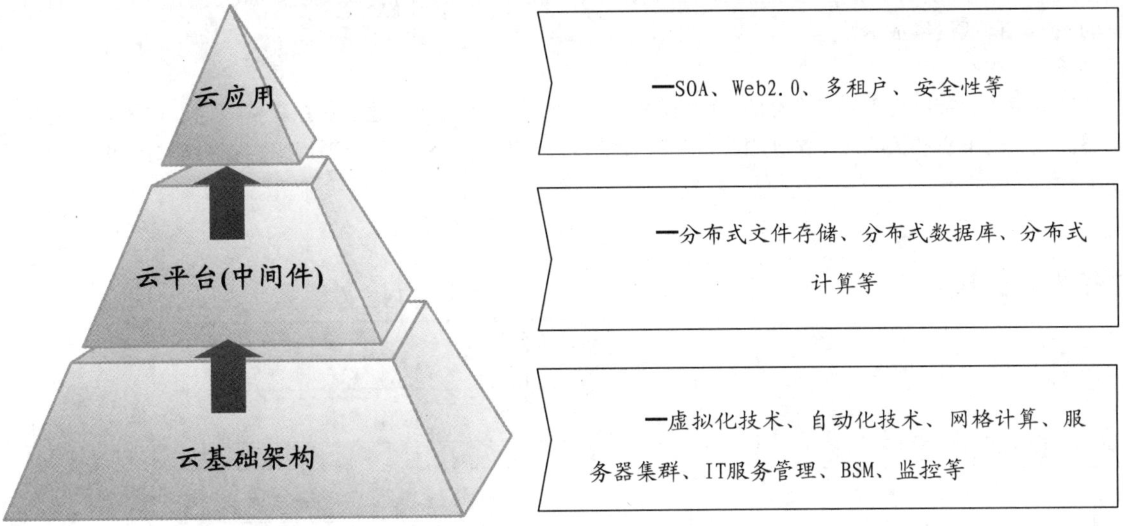

图2　云架构的相关技术

通过虚拟化技术可实现软件应用与底层硬件相隔离，它包括将单个资源划分成多个虚拟资源的裂分模式，也包括将多个资源整合成一个虚拟资源的聚合模式。虚拟化技术根据对象可分成存储虚拟化、计算虚拟化、网络虚拟化等，计算虚拟化又可以分为系统级虚拟化、应用级虚拟化和桌面虚拟化。

采用自动化技术可以实现物理资源和虚拟资源的自动化配置和快速部署，提供了强大的IT自动化运维手段，它主要包括服务器自动化、网络自动化、存储自动化、自动发现等。

基于云计算的监控技术可实现对物理资源和虚拟化资源的性能监控和业务量监控，功能主要包括以下几方面：

收集历史数据，以帮助规划云计算中心的资源需求并优化IT资源的部署；

捕获实时数据，以便能快速应对额外的IT资源需求；

衡量性能服务级别协议(SLA)的符合性；

主动生成告警和详细数据，以便能快速检测和解决应用程序问题。

通过SOA或基于云模式的集成技术可实现基于云模式的不同应用之间的协同和整合，并提高服务的重用性。

三、云计算在电信IT运维中的应用模式

云计算涉及的软硬件资源，如服务器、存储、备份、网络和核心关键技术、虚拟化和自动化技术等都属于数据中心的范畴，因此可将云计算视为新一代数据中心的一个延伸。基于云模式的数据中心按不同的用途，可分为通过互联网提供公众服务的公有云、通过企业网络供企业内部使用的私有云、两者兼而有之的混合云。目前，一些大型的互联网公司和电信运营商开始部署和扩展自己的数据中心以满足业务的快速增长，进而以“云计算”模式为第三方公司提供服务。对于中国电信来说，可将云计算相关技术（如虚拟化技术、资源管理和监控、用户配置、并行计算技术、分布式技术等）逐步引入现有数据中心，逐步转型为新一代的数据中心——云计算中心，实现真正的以客户为中心以及按需响应的服务交付模式。

（1）基于云计算模式的商务领航ICT业务平台

通过Web浏览器向成千上万个用户提供某种单一的软件应用。在用户看来，这样不需要事先购买服务器设备或软件授权；对于运营商来说，与常规的软件服务模式相比，仅提供一项应用的成本也要低得多，一个典型的针对企业级应用的例子就是Salesforce.com的CRM。另外，平台即服务（platform as a service）是软件即服务（SaaS）的变种，这种形式的云计算将开发环境作为服务来提供给用户。也就是说，用户可以在供应商的基础架构上创建自己的应用软件来运行，然

后通过网络直接从供应商的服务器传递给其他用户。商务领航平台作为中国电信面向政企客户统一平台，凝聚了一定数量的中小企业客户和应用软件服务提供商（CP/SP），应用软件的管理集成和资源的灵活扩展都没有达到电信运营级，因此引入云计算中的 SaaS 模式，以服务为中心，开放标准接口，可以加快应用交付的时间，提高应用开发商的黏合度，提升客户的使用体验。

基于云计算模式的商务领航 ICT 业务平台的特点是：能够为各种应用提供统一的开发和运行平台；统一提供高可用性和备份服务；根据应用的访问量动态扩展资源；按照应用资源使用对应用收费。其价值体现在：在不改变应用架构和代码的基础上实现 Web 应用到 SaaS 应用的平滑过渡；通过操作系统虚拟化降低每个租户的成本；通过 SaaS 应用的全生命周期管理提高应用运维的效率，降低运维成本。

（2）基于云计算模式的 IDC

在中国电信传统数据中心的基础上引入云计算的 IaaS 模式，可以整合物理资源，建立虚拟化资源池，实现动态资源调配，自动安装部署，提供给用户按需响应、按使用收费和高质量的基础设施服务。基于云计算模式的 IDC 结构如图 3 所示。

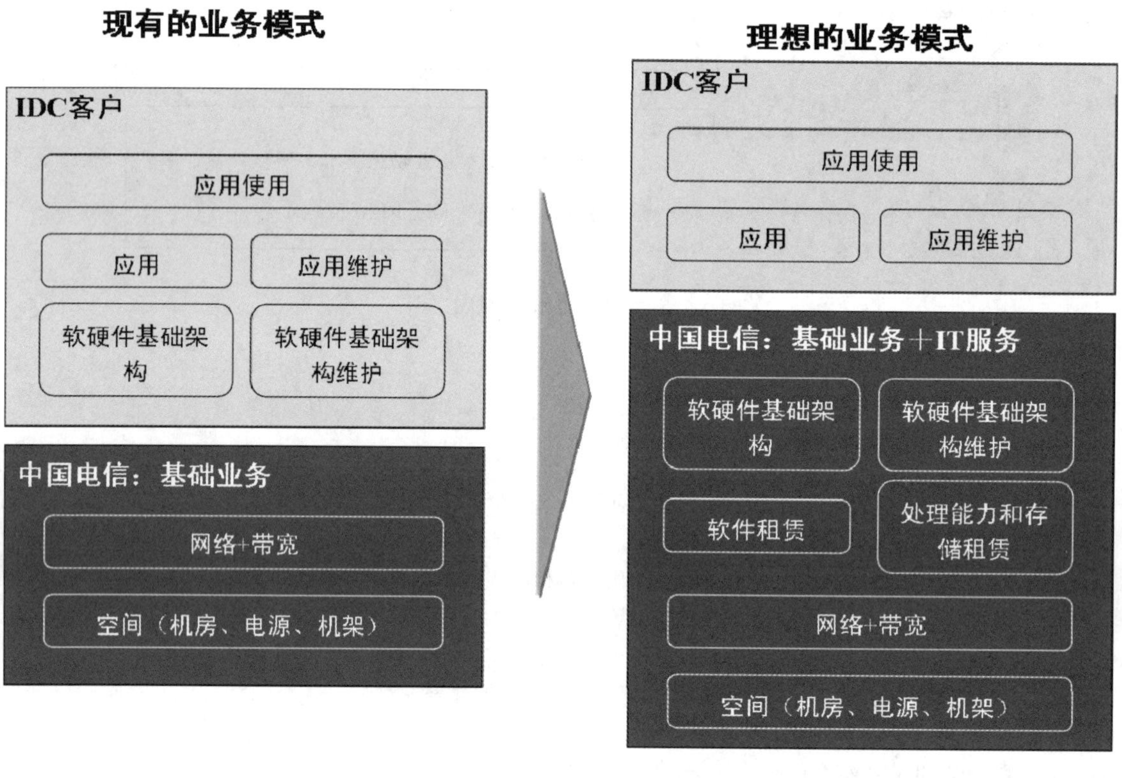

图 3　基于云计算模式的 IDC

基于云计算模式的 IDC 具有以下特点：能够为各种互联网应用提供所需的服务器、存储及网络资源；具备与物理机媲美的性能，且价格更具优势；按需进行快速扩展；支持按使用或月租收费；更好的安全性；更敏捷地支持 SaaS 应用。其价值体现在：可以提供更多种类的增值服务；增加服务竞争力，提升服务利润率；提升服务质量，吸引优质客户；快捷的服务，迅速响应客户需求；更好的客户体验，具备用户自服务能力；较低的人工成本和维护技能需求，较低的运营成本。

（3）基于云计算模式的企业数据中心

基于云计算模式的企业数据中心（见图 4）具有以下特点：集成度高；以服务为中心；资源完全共享，资源自动部署、分配和动态调整。其价值体现在：IT 基础资源灵活调用与扩展；提高 IT 资源利用率，帮助实现绿色计算；降低 IT 复杂性和运营成本；提高业务的响应速度，迅速响应市场需求。

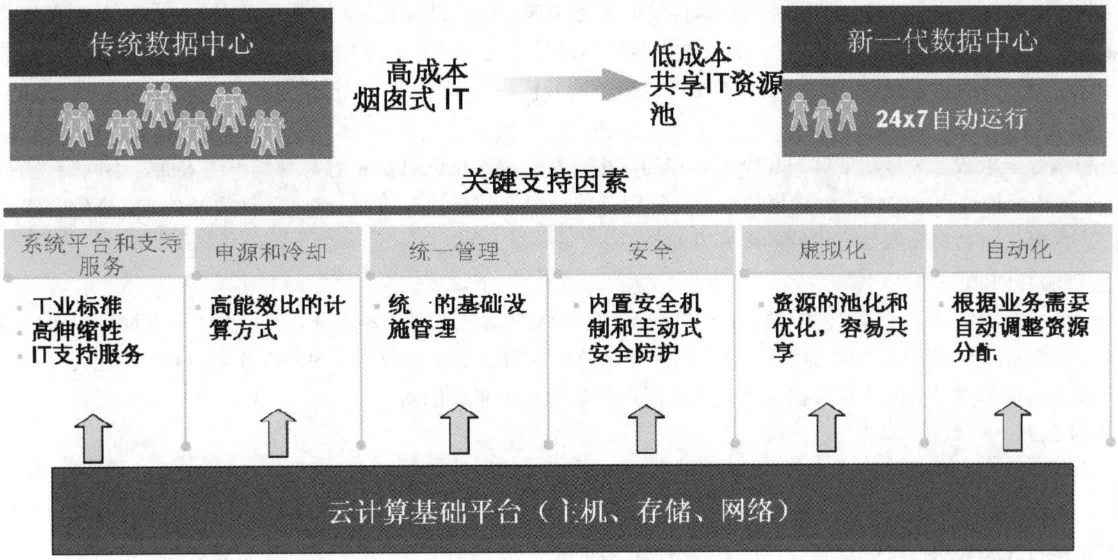

图 4 基于云计算模式的企业数据中心

四、实现云模式数据中心的三部曲

从传统数据中心模式向基于云模式的数据中心转型是中国电信向云计算迈进的较为可行的切入点之一。就其转型过程，应从流程优化和技术标准化入手，逐步引入虚拟化技术和自动化技术，并逐步形成基于云模式的面向服务的统一资源管理平台。

（1）流程优化，实现技术标准化

从传统数据中心模式向云模式的数据中心转型，涉及流程和技术的极大转变。对运维流程进行重组，并制定相关的技术标准，对后期的实施十分关键，具体可包含系统虚拟标准化、运维流程标准化、部署标准化、容量规划标准化、统一监控标准化等。

进行运维流程优化，对资源规划流程、资源发布流程、资源分配和部署流程、资源计费流程、资源变更流程、资源支持流程进行优化，为资源统一管理打下基础。

进行技术标准化，综合考虑虚拟化、集群、SOA 等新技术，制定相应的技术标准，如服务器配置标准、存储配置标准、网络配置标准、监控标准、备份标准、容量规划标准等。

（2）整合资源，实现资源虚拟化和自动化

在流程优化和技术标准化的基础上，对资源进行整合，通过虚拟化技术实现 IT 资源的统一管理，并通过自动化技术实现 IT 资源的自动化部署和配置。

规划并实施资源的整合和虚拟化，整合的主要对象是服务器和存储等资源， 建成一个或多个计算资源共享池。

借助标准化的模板，采用自动化技术，实现自动化部署和配置，从而大规模减少复杂的人工配置和干预，降低故障率。

部署企业级资源管理工具，提高业务连续能力来减少管理和运行成本，实现对系统的更大控制，提供更安全的 IT 运行环境，降低基础设施复杂性，改善设备管理，改善运营成本，实现以规则为基础的动态资源调配弹性扩展。

（3）开放接口，实现统一的端到端服务管理平台

进一步建立面向服务的全生命周期管理模式，实现自服务和量化服务管理，形成开放的新一代数据中心——云计算中心。

建立服务生命周期的管理流程，统一管理平台，并建立面向服务的资源管理、SLA 和收费机制，并建立自服务平台，体现在云模式下的资源按需响应和按服务收费等特征。

开放服务接口，开发和部署新的增值业务，进一步提高 IT 能力和业务的一致性，提高服务响应能力，降低成本和风险，提高 IT 资源管理的敏捷度。

五、存在的不确定性和难点

云计算发展是需求推动、技术进步和商业模式转变共同促进的结果。由于各种原因，对于一些关键业务采用云计算模式存在很大的困难，如数据隐私问题、安全问题、软件许可证问题、应用程序问题、互操作性问题、服务级别问题、网络检测问题等。打消用户对云计算的顾虑，切实解决现存的实际应用障碍，需要电信运营商投入更多的精力去寻找解决方案。

在云计算时代，用户会更关注性价比和服务提供商提供的服务质量，重视投资收益，这就要求服务提供商对原有的企业战略、组织架构和管理模式作出相应的调整。另外，不同客户的差异化定制问题和地域差异可能会成为运营商推行云计算模式的障碍。以下就云计算中常见的问题和应对方法进行简单的分析。

（1）服务的可用性

公共云和私有云承载了大量商业客户和个人客户的应用，在公网上的云计算更容易受到不同方面、不同类型的攻击。同时，云计算运行维护过程中的任何一次事故对云计算服务的可用性都是致命的。冗余的云计算架构、良好的容错性设计以及多个云计算提供商是提高服务可用性的最好方法。

（2）数据隐私问题

数据是一个企业的生命，数据的丢失对于企业客户来说是致命的，尤其是中小企业，如果不能有效地解决云中数据的安全问题，有效地隔离不同企业之间的数据，企业的那些敏感数据将永远不会放到云中。全方位的安全解决方案，多租户架构的良好设计以及确实可信的云计算提供商是保护用户数据隐私的重要因素。

（3）性能问题

在云计算中多虚拟机能够很好地共享 CPU 和内存，但是 I/O 的共享却有明显的问题。体系架构的设计对于云计算的性能至关重要。另外，接入网络是目前制约云计算发展的瓶颈，云计算的服务提供依赖于网络，较低的接入网络带宽和不稳定会使得云计算的性能表现较差，这些还有赖于接入网络技术的发展。

（4）软件许可

当前的软件许可证通常限定在运行软件的机器上，用户使用模式通常是购买软件并按年支付维护费用，目前商业软件的许可证模式并不适合云计算。这一方面可能会使云计算的提供商转向开源软件；另一方面，随着云计算商业模式的发展和完善，传统的软件公司将加入云计算的阵营，提供适合云计算的销售方式。

（5）标准开放性

虽然现在的软件集在跨平台方面作了很大改进，从本质看，云计算的 API 仍是各家私有的，或者说当前没有统一的标准。因此，用户很难将他们的数据和程序从一个站点迁移到另一个站点，这也是很多用户不愿采用云计算的原因。所幸的是，目前有一些组织已经看到了这个问题，成立了一些标准组，如开放云计算联盟 (OCC)、分布式管理任务组(DMTF)等。相信不久的将来，云计算将会从私有走向统一。

泛在传感器网络和业务

中国电信北京研究院　　赵慧玲、江志峰

一、前言

一个无所不在的网络，将人类带入崭新的信息社会。全球对于信息社会的认识经历了一个从 e 到 u 的演进过程，泛在传感器运算（ubiquitous computing）及移动通信技术的发展，促使人们逐渐以 u 取代 e 用于描述信息化事物，各国也纷纷将“无所不在”作为国家信息化战略发展的一个关键要素。1991 年 9 月，已故美国施乐公司 PARC 研究中心首席科学家马克•威赛在国际信息产业界最早提出此概念，他在美国《科学》杂志上发表了引起世人瞩目的“21 世纪的计算机（the computer for the 21st century）”一文，第一次提出了“泛在传感器运算”的概念。进入 21 世纪，“无所不在的信息社会”受到更多的国家和相关组织的重视，日本成为最早采用“ubiquitous”一词描述信息化战略并构建无所不在的信息社会的国家。

二、USN 概述

泛在传感器网络（ubiquitous sensor network，USN）具有的三层含义，为我们勾勒出了一个信息社会的概貌。首先，无所不在是指任何事物都可以通过传感器标签或者传感器节点彼此连接，来自真实世界的任何信息都能够接入全球网络并被共享；其次，各种传感器技术不仅能够提供事物本身的信息，还能够探测、存储、处理乃至整合各种与事物相关的位置、环境等信息，从而向全球网络提供各种关联信息；最后，通过构建一个面向用户的网络，令任何人在任何地方都能够通过该网络获取所需的任何信息。

从网络架构来看，USN 范围要远远大于 NGN。NGN 有着很深的强调远程通信的烙印，侧重于传统的电信网络的演进；USN 更多的是将原本不属于电信范畴的技术，如传感器技术、标识技术等各种近距离通信技术纳入其中，从而真正构建起一个 USN。USN 并不是一个简单的网络，而是一个支持 e-life 社会升级到 u 社会的智能信息架构。而且，USN 不是一个网络技术术语，而是一个强调逻辑网络的服务架构术语。在物理构成上，它是一个综合体，既包括无线传感器网络，也包括有线传感器网络，这两种网络都需要架构在基础性的网络之上，而这个基础性的网络正是 NGN。韩国 ETRI 给出了 USN 的基本构造，即各种传感器网络在最靠近用户的地方组成USN环境，用户在此环境中使用各种服务，NGN在其中则作为核心的处理平台为USN提供支持。换言之，NGN是USN的一个重要组成部分。

ITU在2009年9月的GSI会议上通过了USN相关的两个重要建议"NGN环境中支持泛在传感器网络（USN）业务应用的需求"（Y.2221）和"泛在传感器网络概述及NGN对泛在网的支持"（Y.2002），Y.2221提出了USN的需求、网络和业务架构及业务管理和服务，Y.2002提出了USN和NGN的关系。

三、标识管理

USN由于需要无处不在的信息感知，并对感知的信息进行综合分析处理，因此需要对所有的东西都加上标签，以便于对采集的信息进行分类和管理。

所有的东西加上标签后将可以接入网络，成为全社会的重要基础设施，但此时就会涉及统一标识、隐私保护、安全管理等问题，泛在、安全可信的网络是未来信息化服务的重要前提，而标识管理（identification management，IdM）是构建此安全可信的下一代网络的重要组成部分。随着业务复杂性的增加，识别、认证用户的技术和手段也越来越复杂，IdM提供的统一认证管理功能可以大大简化业务开发，简化用户在享用服务时的认证流程，提升用户体验，并且可以通过对行业用户信息的有效管理提供行业增值业务。与此同时，基于IdM的用户资源共享，令SP/CP能够共享运营商的用户资源，从而快速推广业务。

国际标准化组织正积极推进标识管理工作，包括Id体系框架、需求、功能、接口等。在ITU-T NGN R2的多项新增要求中，IdM就是其中重要的一项，包括IdM的Id构成、能力、应用、互通等。基于Id识别的应用和业务需求（Y.idserv-reqts）标准草案在2009年9月NGN会议上获得通过，成为R2计划涵盖的主要业务和应用之一。

ITU-T IdM的应用实体包括普通用户、用户组、组织、联盟、企业、CP/SP、终端、网络设备以及系统等。IdM的主要功能是：对各种标识的完整生命周期（注册、验证、注销等）的安全进行管理；发现和交换用户标识，在NGN不同管理域之间安全地交换用户标识，并基于策略加载支持一些基于标识的业务。

运营商可以将IdM作为一个业务引擎向第三方提供标识管理服务。目前，AT&T、Verizon等全球知名运营商均比较关注标识管理。例如，Verizon提出了一项名为"可信标识管理"的安全应用，目前已经为美国政府提供用户标识管理服务，但是与ITU－T IdM的目标还有差距，仍需开展进一步的研究工作。

四、USN在国外的应用

USN在每个国家都有不同的提法，USN最早是由韩国提出的。U是无所不在，S是传感器，N是网络，USN就是无所不在的传感器网络。对于USN的架构、业务应用和标准化工作现在主要是亚太国家在ITU-T积极推动，并且亚太主要是韩国和日本。韩国政府正在加速USN的产业化进程，在多个行业促进USN的应用。如图1所示，建筑、军事、灾害、农业、医疗所有的领域都可以信息化，通过中间的网络，底层的传感器，这样建立了整个的信息化网络。

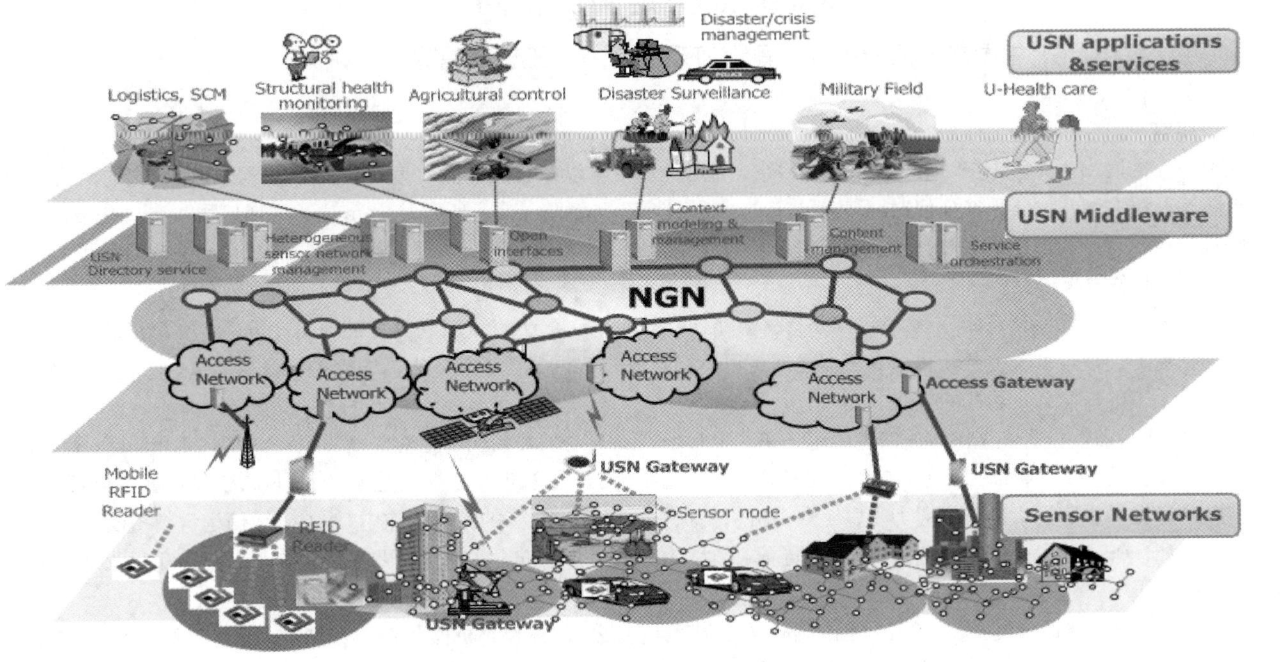

图1　USN应用范畴

USN 应用和服务大大提升了众多领域的自动化水平，带来了革命性的变化，如实现后勤、环境保护、家庭网络、医疗保健、办公大楼等领域的自动化、信息化等。例如，在灾害预警方面，USN 能够监控火灾、洪水、塌方等灾害，如果遇到灾害，国家灾害预警管理中心可以通过 USN 收集数据，启动相应的灾害预案。在医疗方面，可以在病人身上或活动环境部署各种传感器，收集相应的信息，传送给相应的医院或病人家属，加快对紧急事件的响应速度。也可以用于农作物的监控，采集大棚里面的温度、湿度等数据。

韩国立足于可在社会方方面面发挥作用的丰富 USN 应用，启动了以应用为主、提升各个行业乃至整个城市信息化水平的多个 USN 项目。韩国建立了 USN 测试床，通过当地政府以及相关组织实施 7 大 USN 应用项目，包括海滨的安全管理、地表水监控系统、U-Port（U 港口）、公路健康监控、3 大河流的健康监控、天气信息系统以及灾难监控等。另外，为进一步整合资源，韩国在 2007 年启动了以 U-City（U 城市）为代表的系统工程，U-City 项目着眼于提升整个城市的信息化水平。U-City 将通过国家、当地政府以及非政府性组织的主导，利用新兴的 RFID 技术、USN 以及原有的 IT 技术将所有的信息技术整合在一起，最终构建起面向未来的无所不在的信息城市。目前，韩国的许多城市都在计划实施 U-City。U-City 主要包括 U-Home（U 家庭）、U-ITS（U 智能交通系统）、U-FMS（U 综合交通管理系统）、U-Monitoring（U 监控）等。

U-Home 是指家庭的信息化应用，类似于现在的数字家庭，在 U-home 可以把家里的家电和终端、计算机等全部连网享受信息化的服务。

U-ITS 是指智能交通管理系统。开车的人非常希望能够及时了解道路状况，如果有了这个系统在开车的时候信息可以通过传感器传过来，通过网络可以告诉你情况，及时疏通交通，方便出行和旅游。

日本通过 U-Japan 计划将信息化注入了人们的日常生活之中，如人们在超级市场可以通过信息终端获取各种蔬菜和食物的产地和属性，甚至可以与农场主进行对话。在教育方面也有许多应用，如在公园可以通过信息终端查看植物的名称及特点，在博物馆可以通过信息终端马上获取雕塑的作者、背景、时间等信息，这样可以帮助孩子掌握多方面的知识。此外，还可以进行位置的查询，可以在路边电信杆、路灯、报亭/餐馆等部署传感器，准确定位自己的位置，并搜索周围的信息，真正实现信息的触发、感应、搜索无处不在。

五、结束语

USN 能够改变人们的生活和工作环境，提升信息化的能力，运营商应积极利用 USN 技术拓展行业应用，同时利用标识技术为用户提供方便的业务。但是，USN 的实施是复杂的系统工程，需要政府及行业主管协同标准化机构对各类标识进行系统规划和标准化，同时 USN 涉及终端、网络、平台及标识内容的管理和运营，需要各方面的协同工作才能完成。虽然 USN 的研究和实现存在许多挑战，但是给我们在信息化发展领域带来了广阔的空间。

从 M2M 业务走向泛在网

中国电信股份有限公司上海研究院　　王艺、诸瑾文、来勐

一、引言

无所不在的网络，又称泛在网络，是由智能网络、先进计算技术以及智能化应用等数字技术基础设施所构建的网络应用综合体系。泛在网帮助实现在任何时间（anytime）、任何地点（anywhere）、任何人（anyone）、任何物（anything）都能顺畅地通信。这个目标的宏大导致了实施路径的高度复杂。M2M 业务的实践，为泛在网的建设指出了一条可行的路径。

二、M2M 业务方兴未艾

M2M 业务包含了 Machine-to-Machine、Man-to-Machine 和 Machine-to-Man 三种类型的通信业务，即所有和机器通信相关的通信业务。通过 M2M 业务，机器和机器之间可以进行互操作，机器可以响应人员的操控指令从而执行一定的操作，机器也能将采集的信息传送给相应人员。

2002 年底，M2M 技术在美国首先实现商用。在北美市场，M2M 最主要的应用是对车辆的跟踪。在欧洲和韩国，M2M 已被商用于安全监测、机械维修业务、自动售货机、公共交通系统、车队管理、工业流程自动化、城市信息化等多个领域。

广泛的市场需求和巨大的市场潜力吸引了众多机构积极投身于 M2M 业务的推进工作中。其中，通信运营商扮演了重要的角色。例如，Orange 面对 M2M 业务，针对不同需求类型的客户，分别推出了通道化业务、标准平台业务和行业定制化业务。Orange 提出，当客户需要时，能在全世界为各类型业务提供完整的端到端的解决方案和咨询服务。

M2M 业务围绕机器通信展开，未来泛在网的服务对象从数量上看，主体也是机器。仅在 2007 年，全世界约制造了 7500 万台机器供家庭、交通运输和工业使用，包括 3 亿台家用电器、2 亿台能源计量设备、1 亿台 HVAC 设备、7500 万台汽车、5000 万台组合器械和 2500 万台诸如 POS 终端机和安全警报器之类的设备。因而，M2M 业务的开展和泛在网建设必然存在一种联系。为进一步阐述这种联系，我们先从泛在网的架构谈起。

三、泛在网是三大类实体的互动

与电信界在几年前曾提出过移动泛在业务环境（MUSE）概念类似，在概念上，泛在网依赖三个层次的存在和互动，由下往上看，分别是无所不在的终端单元、无所不在的基础网络和无所不在的网络应用。泛在网络的概念层次示意如图 1 所示。

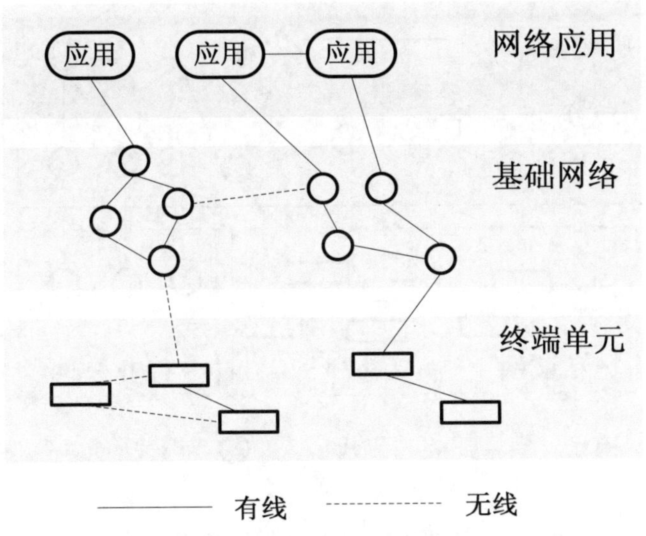

图 1　　泛在网络的概念层次示意

无所不在的终端单元是泛在网的感官和触角。终端单元实现对外界的感知和对受控单元的控制。前者对应传感器，如温感器、湿感器、重力感应器等；后者对应控制器，包括各种依赖于继电器或数字信号管控的控制器，如，通过中国电信的全球眼平台可以实现远程控制云台的升降和摄像头的转动。

泛在网的末端就是由众多形态多样、接入手段多样、功能多样的终端单元组成的。它们实现信息的探知、传输，同时根据自身的逻辑和控制中枢的逻辑实现控制和被控制。从 M2M 业务开展的实践来看，终端类型五花八门、形式多样，如车载终端、无线 POS、电子阅读器、数字计量终端等。

泛在网的终端单元层包括了所有具备通信能力的物理实体单元，如一个局域的传感网内的所有节点都属于泛在网的终端单元。这些终端单元具备本地通信能力，但不具备远程通信能力。如果需要将信息传送到远端，这些终端单元必须依赖一个具有远程通信能力的网关设备。目前，业界关注的 M2M 终端主要是具备远程通信能力的终端单元。这些终端本身就是泛在网终端层的重要组成部分。发展和完善 M2M 终端，建设如上所述的网关设备，就是在完善泛在网的终端单元层，解决终端单元的广域网络接入问题。

无所不在的网络应用是泛在网的大脑。泛在网的巨大效能和对人类生活的深刻影响正是依赖于网络应用所体现的信息数量增益、信息处理增益、效率增益、协作增益、整合增益所实现的。在网络无处不在的基础上，泛在网发挥巨大效益的关键就在于网络应用的无所不在。

这种网络应用可以是简单的、单一的、需要人工干预的普通应用，也可以是复杂的、融合的、高度自动化的智能应用。对于后者，随着时间的推移和社会信息化的发展，必将大量出现。对于前者，现在的 M2M 业务已有很多应用。如电力抄表、基于车辆连续定位的跟踪和调度应用等。实际上，当前阶段在各种论述材料中所提到的很多泛在网应用就是 M2M 应用。当前，M2M 应用正是从简单智能应用出发，最终走向高度智能应用，从而实现泛在网的网络应用层。

无所不在的基础网络是泛在网的神经系统。这个神经系统连接终端单元和网络应用，实现两者之间的有效互动，实现泛在网的巨大效能。没有无所不在的网络，终端单元便不能无所不在地部署，网络应用也不能无所不在地发挥效用。因而，无所不在的基础网络是实现泛在网的基础。泛在网建设的重中之重，首先是泛在网基础网络设施的建设。

四、通信运营商是泛在网基础网络设施建设的主力军

泛在网的基础网络设施的建设是国家信息基础战略的重要组成部分，必然需要政府主管部门的统一规划和政策引导，激励产学研各方面积极参与。通信运营商作为国内通信基础设施建设的主力军，必然在其中发挥主体作用。

泛在网基础网络设施，首先要完成 Man-to-Man 通信业务的泛在网络建设。随着村村通工程、近海通信覆盖工程等通信建设工作的大力开展，应该说，经过几十年的建设，尤其是改革开放 30 多年来的建设，国内的通信网络已经基本实现了上述目标。随着 M2M 业务的开展、物联网应用的开展，通信网络已经从主要面向人与人之间的通信，走向同时要兼顾数

量更多、应用更广的机器通信的阶段了。

按照分步、分布的发展思路来看，泛在网络的基础设施将由广域的核心网、私域网、专域网和公众通信接入网这几大类型的网络互连构成。其中，公众通信接入网面向人与人的通信，本文不做过多关注，而主要讨论广域的核心网、私域网和专域网以及它们之间的相互关系。泛在网网络基础设施构成的概念示意如图 2 所示。

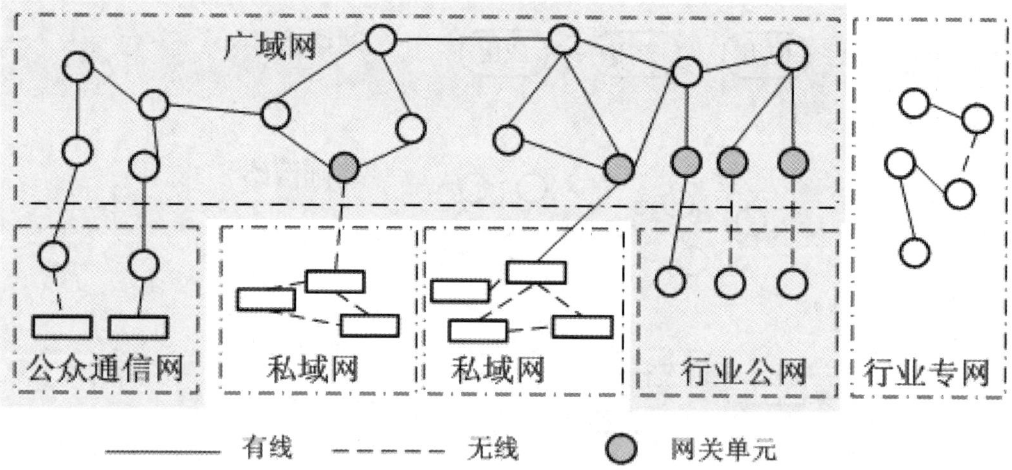

图 2　泛在网网络基础设施构成的概念示意

注：阴影部分是通信运营商关注的重点

构成泛在网的网络基础设施中，广域网是骨架。通信运营商在广域网上经过几十年的建设，有着得天独厚的优势。虽然网络仍有待完善（如 QoS 保障机制等），但基本框架已经形成。一方面，以 IP 为基础的广域网传输网络已经存在；另一方面，各种标准组织仍然从不同角度不断完善广域网基础设施。广域网是网络基础设施中最完善、最成熟的部分。

私域网则是广域网的延伸，通过网关单元与广域网相连。如果私域网本身不需要与外界通信，则其自成一体，不与广域网互连。典型的例子如使用 ZigBee 技术的各种基于传感网的本地应用。私域网的信息一般不面向公众开放（这里引申出一个重要概念，泛在网并不代表任何人、任何机器可以接入任何网络）。一般来说，私域网的建设是由各种专门团体、企业和个人自行组建的。但是一旦私域网的信息需要向远端进行传送，就必然依赖广域网。依赖关系的建立，往往需要一个沟通私域网和广域网的网关设备。

介于私域网和广域网之间的是专域网。一般来说，专域网是针对某些特定应用，对使用这些应用的用户开放的网络。和公共通信网络相比，专域网是私有的；但和私域网相比，专域网又有“公有”的特性。

专域网又分为两种类型：行业专网和行业公网。行业专网主要指某些行业单独设立的通信专网，只为本行业服务，不面向社会公众提供服务。电力专网就是一种行业专网。行业公网主要指面向一种行业，但是为与此行业相关的各种人员和机构提供服务的网络。在某种意义上来讲，狭义的物联网，即基于 RFID 和互联网技术，所构成的一个实现全球物品信息实时共享的“Internet of things”，就可以认为是一种行业公网。

五、泛在网网络基础设施建设应从 M2M 业务入手

运营商在泛在网网络基础设施建设中发挥更大的作用，可以从以下几点入手。

加强运营商的基础网络建设，构建一个可以全面支撑人与人通信和机器通信的“广域网”。

关注行业公网建设需求。在适当的时机，通过和相关部门合作，建设面向公众服务的行业公网节点，并通过广域网进行互联。

关注各种私域网建设的需求，引入私域网通信网关，将其作为连接广域网和私域网的关口单元。

从提供机器终端的统一监控和管理服务起步，构建更全面和完善的泛在网通用服务体系。

从目前国内通信运营商的实践来看，M2M 业务的开展，对上述几种路径都有很好的促进作用。通信运营商可以 M2M 业务的开发为切入点，积累相关经验，探索各种应用模式，逐渐形成有效的泛在网网络基础设施建设方案。

（一）基础网络建设

M2M 业务的开展，对基础网络提出了一些新的要求。主要集中在更广的网络覆盖、更好的通信质量和更高的网络带宽三个方面。这也正是泛在网对基础网络的要求。

广域网的建设，要关注综合运用各项技术，不能幻想一种物理网络、一种技术能够满足所有网络的接入需求，可能有主流技术和主流网络，但不会是单一技术和单一网络。M2M 业务使用了无线通信技术，但这并不代表 M2M 业务一定都是基于无线通信技术。在具备有线通信资源的场所，使用有线通信技术实现 M2M 终端和后端通信，也是一种选择。例如，电力抄表应用，在有线资源充足的楼宇，完全可以采用有线通信技术。在有线资源难于部署的地方，采用无线通信技术则是一个更好的选择。

另外，面向 M2M，尤其是行业公网，可能需要对部分通信质量要求较高的 M2M 应用从承载网络层进行一定的质量保证，这也是未来泛在网的网络基础设施所必须考虑的问题。

泛在网的通信类型大致可以分为人与人的通信、人与物的通信和物与物的通信。由于不同类型通信的特点不同，所承载的内容的重要性要求等的不同，部分通信对于可靠性、实时性的要求较高。如果将所有通信内容承载在一张物理网络上，容量有限的同时又无法区别对待，就可能无法满足这些通信需求，这也是目前部分行业专网不愿意在通信运营商的公共通信网络上承载其专网业务的重要原因之一。

因而，未来可能存在根据通信类型和内容的不同，将不同的通信承载在不同的物理网络之上的情况。例如，针对部分 M2M 应用，可以在 CDMA 网络里使用不同于普通公众通信所使用的载频进行无线接入，从而实现这部分 M2M 应用的终端通信和普通公众通信相互隔离，互不影响。同时，结合呼叫优先级控制技术，在这些和普通公众通信相互隔离的承载网络上，可以满足重要应用的通信接入 SLA 要求，从而满足部分行业专网的通信需求。

（二）行业公网建设

行业公网从本质上来讲，仍然是一种公共网络。固然可以选择由行业部门或企业机构来建设。但是一方面，不一定总是能够找到合适的机构能够胜任这项工作；另一方面，不单单是网络建设，网络维护也需要长期的投入。从集约化和节省全社会成本的角度来看，通信运营商是最佳的建设方和维护方。通信运营商丰富的专业经验、较低的人员维护成本、一体化维护优势都可以得到有效利用和充分发挥。

（三）私域网的接入

在 M2M 应用的开展中，私域网是广泛存在的。在业务发展的一定阶段，连接私域网和广域网的私域网通信网关的建设成为必然。

私域网通信网关是泛在网终端单元接入广域网，实现远程通信和前后端互动的关键设备。就通信技术本身而言不存在大的技术障碍，主要问题在于如何通过实现终端监控和管理功能等手段为私域网提供电信级的接入服务，尤其是通过无线网络接入广域网的通信网关。这种类型的通信网关未来数量可观。

如果仅为单个客户服务，私域网通信网关的产权可能属于运营商，也可能属于客户。如果可能为多个客户服务，私域网通信网关的产权更可能属于运营商。由此带来的建设和运营模式等的合理规划也是运营商在泛在网络建设过程中必须解决的问题。

（四）通用服务体系的建设

运营商开展 M2M 业务的基础是从有质量的数据传输服务和提供机器终端的统一监控和管理服务起步。通过 M2M 业务的开发，形成完善的终端统一监控和管理服务功能，为未来泛在网的网络基础设施的运行维护奠定良好的基础。

由此入手，在泛在网相关的通用服务体系（如终端接入的认证服务体系、数据交换服务体系等）建设工作中，通信运营商也可以发挥在用户管理系统和大型系统建设管理和运营维护方面的优势，积极参与，贡献自己的力量。

总之，大力开展 M2M 业务，并不断在实践中总结经验，并加以提炼，是运营商强化泛在网的网络基础设施建设，并最终走向泛在网的必由之路。

网络与信息安全的问题及发展趋势

工业和信息化部电信研究院　《网络与信息安全》课题组

一、通信网络与信息安全总体形势

（一）美国强化网络空间制控权，引领安全战略进行全面转型

美国高度强调网络安全重要性，所发布的网络安全政策评估报告认为“来自网络空间的威胁已经成为美国面临的最严重的经济和军事威胁之一。……保护网络基础设施将是维护美国国家安全的优先任务。”

2009 年以来，以美国为代表的国家进行网络安全战略的全面转型，从被动防守转向主动进攻。奥巴马总统上台后把网络安全提升到前所未有的高度，发布了网络安全政策评估报告，将指派高层网络安全官员；军方则宣布成立“网络司令部”。此外，美国 2009 年网络安全立法提案已于 2009 年 3 月开始在国会进行讨论，目前正在进行司法流程，等待国会批准，该法案将授予总统限制或关闭互联网的权利。

在美国奥巴马总统发布网络安全计划之后，英国紧接着也发布了英国的网络安全计划，成立了网络司令部；韩国政府已决定把韩国信息安全司令部的成立时间由原计划的 2012 年提前到 2010 年 1 月 1 日。

（二）国内安全水平与网络快速发展不适应，互联网尤为突出

随着我国经济、社会的发展，通信网的基础性、社会性、全局性地位日益凸显，国家、社会、人民对通信网的依赖程度与日俱增，对通信网的信息安全、网络安全也提出更高的要求。政府、基础电信运营商对通信网络安全的重视程度进一步增强。

2009 年我国网络与安全信息工作已有序开展、实施，措施进一步细化，取得了较大的进步：工信部颁布实施了《互联网网络安全信息通报实施办法》、《木马和僵尸网络监测处置办法》、《电信网络运行监督管理办法》，修订完成了《互联网网络安全应急预案》，组织制定了《基础企业安全责任制》、《通信网络安全防护监督管理办法》等法律法规；制订或修订了《电信网与互联网安全防护系列标准》、《绿色上网系列标准》、《增值业务安全标准》、《WAP 网关内容过滤技术要求》、《WAP 网关内容过滤测试方法》等，加强基础电信企业自律、全行业提升网络信息安全防护水平起到及时的指导作用。

但是我国通信网安全水平仍然没有跟上网络和业务的发展规模和速度。2009 年 5.19 暴风影音、6.25 广东电信路由器安全事件、社会普遍关注的电话诈骗、手机色情、以及 2009 年全国通信网安全检查过程中发现的一批问题都体现了通信网、互联网在防攻击、防病毒、防入侵措施方面仍不到位。互联网上安问题依然突出：表现在木马僵尸网络绝对数量仍较高（据 CNNIC 统计前 10 个月，大陆地区约有 21.4 万个 IP 地址主机被境外通过木马程序秘密控制；约有 72.6 万个 IP 地址主机被僵尸网络控制）；挂马网站严重威胁国内互联网安全（据瑞星相关数据。2009 第一季度，挂马网页数累计达 1 亿 9 千多万个，共有 8 亿人次网民遭木马攻击；大型网站、流行软件被挂马的有 24202 个，比去年同期有大幅度增长）；政府网站频繁受攻击（前 10 个月我国政府网站篡改事件达到 2000 多次）。

二、2009 年通信网络与信息安全重点问题及分析

（一）2009 年安全问题依然严峻

2009 年网络安全问题依然严峻，网络黑客攻击、网络病毒等严重威胁网络运行安全；网络欺诈、网络盗窃等网络犯罪活动直接危害公共财产安全；网络淫秽色情等有害信息严重危害未成年人身心健康。

我国互联网受到严重的网络攻击，websense 全球网络安全监测网显示：在过去的 12 个月内，中国和美国、俄罗斯、巴西、法国、德国等是遭受网络攻击最严重的国家。CNCERT 最新的数据显示：针对我国的互联网攻击有增无减，2009 年 11 月运营商报送的针对基础 IP 网络的拒绝服务攻击次数较上月大幅增加 66.0%，对境内基础网络的主要网络攻击仍然是拒绝服务攻击。

2009 年网络病毒整体情况略有好转，全球平均 286.4 个邮件中含 1 个病毒，中国平均 173.3 个邮件含 1 个病毒，高于国际平均值。2009 年尽管我国境内僵尸网络被控端的数量下降，但绝对数量仍较大；网页挂马事件、网络钓鱼事件对互联网用户的威胁程度仍较高。

2009 年度拦截恶意网站 6,550,000 个，相比 2008 年同期有较大提升；网络木马服务器主要集中在中国的广东、福建、浙江等地；恶意域名方面，利用最多的域名当属“.cn”；通过访问挂马网站下载的病毒文件，以网络游戏盗号类木马为主。

（二）域名安全成为基础网络中的安全短板

据 CNNIC 2010 年 1 月发布的《第 25 次中国互联网络发展状况统计报告》统计，2009 年底我国域名总数为 1681 万，其中 80%为.cn 域名，国家顶级域名总数居世界前列。域名数量持续增长体现了互联网业务在我国的快速普及，但同时其安全保障和规范化管理需求也日益凸显。工业和信息化部奚国华副部长在 2009 年 6 月举办的中国首届域名大会上指出：“域名是互联网上的核心资源，我们不仅要提高域名注册数量，更要提高域名发展质量和效益”。

在 2009 年，我国域名安全事件持续不断，总体形势严峻。据 McAfee 在 2009 年第三季度发布的报告显示，“.CN”域名位列全球最危险域名第 3 位。域名系统及其管理正面临着 DNS 攻击、域名滥用、域名系统故障、域名劫持、网络钓鱼等诸多安全威胁。同时，由于域名系统在网络中的特殊地位，恶意人员通过对其攻击可以达到事半功倍的破坏目的，域名系统已成为恶意人员利用和攻击的重要目标。5 月 19 日暴风影音事件，直接造成江苏、安徽、广西、海南、甘肃、浙江在内的 23 个省陆续出现互联网访问变慢、网站无法访问等现象；另外，12 月份的手机涉黄事件也影响巨大，CCTV 针对.CN 域名涉黄事件进行了连续报道。针对这些事件带来的恶劣影响，工业和信息化部领导 CNNIC、域名注册机构和相关管理部门做出快速反应，加强域名审核、备案、清理工作，以实际行动表达了政府加强域名管理的决心。2009 年发生的这些域名安全事件也提醒人们，域名安全已成为基础网络中的安全短板，其安全防护工作刻不容缓！

（三）互联网应用软件影响基础网络安全

丰富互联网应用是互联网快速发展的重要因素之一，目前支持、实现各种应用的互联网应用软件已经成为互联网用户必需装机软件之一。互联网应用软件的用户人数多，主流软件覆盖人数更为集中，并且这些互联网软件均不同程度的使用互联网资源，定期或不定期的访问互联网，执行在线视频，下载软件更新、向用户推送广告等连网行为。2009 年主流软件覆盖数如图 1 所示。

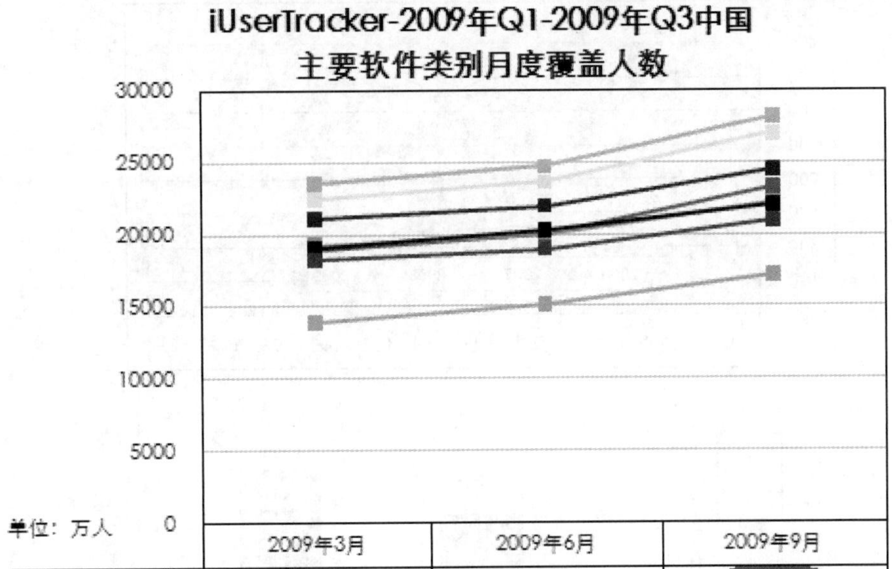

	2009年3月	2009年6月	2009年9月
浏览器	23474	24649	28123
即时通讯	22457	23643	26972
病毒防护	21099	21981	24516
病毒专杀工具	18839	19956	23187
下载软件	19225	20046	22192
办公软件	19043	20295	22021
影视播放	18165	18928	20958
音乐播放	13886	15138	17143

Source：iUserTracker，2009.9，基于对10万多名样本的长期网络行为监测，代表2.1亿中国家庭及工作单位（不含网吧等公共上网地点）网民的整体上网属性数据。

图 1　2009 年前三季度国内主要软件覆盖人数统计

目前互联网应用软件缺乏统一安全设计标准规范，在开发过程中安全水平参差不齐，缺陷漏洞频现 ，一旦软件被滥用或软件漏洞被恶意利用，不仅影响个人用户的业务以及主机安全，而且极有可能影响到基础网络的安全，带来范围更广、程度更深的安全风险。不仅软件业务受到影响，软件客户端计算机被植入木马，用户隐私信息(QQ、网游、银行卡信息)被非法窃取，更可能使得数量巨大的软件客户端成为肉鸡，构成规模庞大的僵尸网络。一旦被非法利用，将会造成大规模的网路攻击，严重影响基础通信网络的安全。

国内各类别的应用软件漏洞近年来层出不穷，其中不乏一些用户过亿应用软件。例如，暴风影音 2009 后台 tormliv 进程缺陷；暴风影音 II 中 activex 控件漏洞；2008 千千静听 med 文件格式堆溢出漏洞；迅雷 xpplayer 漏洞；FLASH 播放器漏洞；联众游戏大 GLIEDown2.dll ActiveX 控件漏洞等等。SANS 研究所 9 月份发布的网络安全风险报告显示，60%的网络攻击的目标都是针对网络应用程序。

目前，我国对互联网应用软件的安全设计、合法传播、正确使用缺少规范和监管，业务软件安全更多的依靠软件提供商的自律。在互联网应用日益丰富快速发展的背景下，政府有必要对互联网业务软件尤其是装机量大的主流软件安全进行有效监管。

（四）移动终端安全问题进一步升级

3G 和移动互联网的发展，移动终端的智能化、非法手机的大众化（包括山寨机、水货手机等）都将使得移动终端安全问题进一步升级。除了用户信息泄露、产生高额话费外，数量庞大的移动终端用户（见图 2）也使得影响面遽然加大。

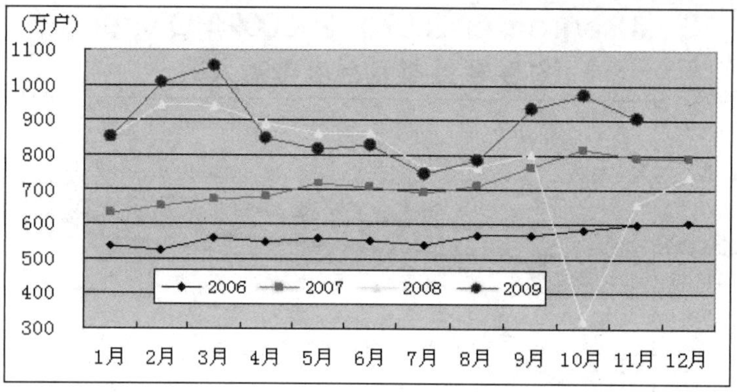

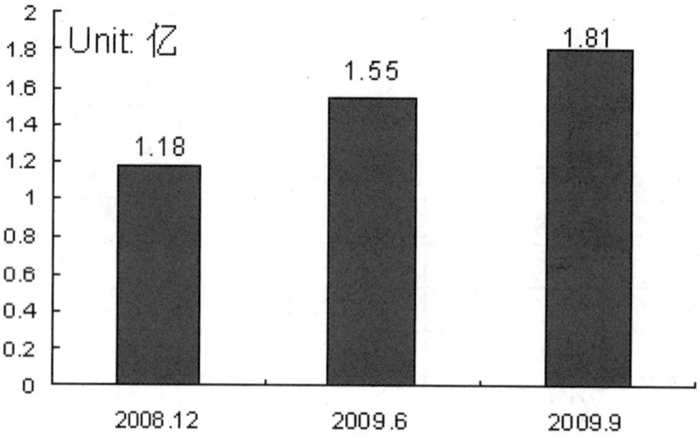

图 2　　移动终端用户数量示意图

2009 年收集相关的安全问题众多：Twitter 和 Facebook 在伊朗大选中扮演重要角色；手机短信助推新疆“7.5”事件；复制的 SIM 卡发送垃圾短信导致运营商巨额经济损失；部分手机 WAP 网站涉黄事件是由于山寨机内置涉黄软件；手机窃听器成为新闻媒体关注焦点；X 卧底软件窥探隐私导致许多家庭纠纷和失窃密事件；凸显在智能手机的五大手机病毒造成众多安全事件。

2009 年仅仅是 3G 启动年，随着 3G 进一步普及，未来移动终端安全问题必然日趋加重。以上移动终端安全事件和分析给我们如下行动启示：继续加大对安全技术的研发和安全产品的研制，特别关注移动互联网应用方面手机安全技术和产品（重点基于手机的防病毒和垃圾消息过滤）；协调部委之间关系，形成严密有效管理链条：在生产环节，加强质检部门管理；在销售环节，加强工商部门管理；在查处环节，加强公安部门查处力度；在司法环节，早日定出有效法律法规；加强用户的手机安全意识教育和培训，通过政府和运营商等网站对用户进行安全教育；加强使用移动办公企事业、政府单位安全保密管理，严控涉密文件；制定相应约束政策，促使运营商启动安全联动系统等有效控制手机安全措施；加强行业自律，促进手机产业链的健康发展；加强在线监控、投诉平台和信息发布等机制。

（五）互联网成为政治宣传平台，如何应对需进一步探索

互联网已成为国家政治动荡的动员工具。2009 年 6 月伊朗大选事件中，美国 Twitter、Facebook 等社交网络曾经被伊朗反对派所利用，成为发动游行示威宣传、散布游行示威信息的重要窗口。伊朗境外的改革派支持者不断通过 Twitter 向伊朗国内传递国际社会反应和主流媒体评论等内容的短信；伊朗境内用户也不断通过 Twitter、Facebook 等社交网络传递着有关抗议集会、示威者与军警冲突、伤亡数字和德黑兰局势的信息，还将现场拍摄到的画面通过“微博客”短信息的形式在第一时间上传到 Twitter、Facebook 等社交网络。政治谣言、有关抗议冲突、枪击死亡等未经证实的信息充斥于 Twitter、Facebook 等社交网络。

互联网成为社会群体事件的煽动串联工具。2009 年 7 月 5 日，我国新疆乌鲁木齐发生了严重的暴力犯罪事件。事前以民族分裂分子热比娅为首的“世维会”在网络上歪曲事实，制造、散播谣言，竭力污蔑中国民族宗教政策，制造民族矛盾，挑起民族仇恨，煽动一小撮“疆独”分子上街游行、示威，鼓动他们“要勇敢一点”、“要出点大事”。在这次事件中，英国 BBC、美国彭博新闻社(Bloomberg L.P.)、《基督教科学箴言报》、美联社等境外媒体新闻对事件做了大量歪曲报道，其中绝大多数是通过互联网进行的。

网络颠覆直接威胁国家安全。2009 年 8 月 6 日，《解放日报》发表文章《网络颠覆：不容小觑的安全威胁》指出，近

年来，格鲁吉亚、爱沙尼亚、伊朗等国发生的政治动荡，不约而同地受到了“外部敌对势力”的网络威胁，网络颠覆成为动荡局势的重要根源之一。美国国防部长罗伯特·盖茨就曾坦言，Twitter 等社交网络是美国“极为重要的战略资产”，奥巴马政府已经把社交网站视为“箭袋中的一支新箭”。2009 年 6 月 16 日，美国国务院官员承认，美国政府要求 Twitter 网站运营商配合伊朗反对派的活动。

（六）网络舆论在现实生活中逐渐突出，网络舆论操控初露端倪

2009 年网上言论之活跃已达到前所未有的程度网络舆论集中关注的热点事件涉及公民权利、公共权力、公共秩序、公共道德等一系列重大社会公共问题，不仅体现了广大网民积极的社会参与意识，更加促使社会问题网络化。网络舆论成为部分社会问题事件得以公开化、透明化、公正化解决的力量，并一定程度地影响广大受众的社会判断、行动方向，也影响着政府工作的相关决策。

网络舆论是一把双刃剑，社会问题网络化也带来了负面影响，其弊端不容回避。网络上出现了一些非理性、情绪化、超越法律和道德许可的言论和行为。互联网是个开放的虚拟空间，匿名传播的方式使得一部分网民在发表言论时缺乏必要的责任感；网络中的“把关人”并不容易像传统媒体中的“把关人”那样起作用，因而网络中充斥着很多非理性言论，有时很难控制其导向和扩张。

2009 年 12 月国内新闻媒体曝光的“网络黑社会”被认为是以谋取利润，在网络上发布大量攻击某品牌信息的网络营销公司。从接受订单到雇佣“水军”、密集发帖都有着明确的运作流程。 一些厂商为了打击竞争对手，廉价雇佣发帖公司长期对竞争对手舆论攻击。

网络舆论在现实生活中所占的地位越来越突出，一方面充分利用网络舆论发挥其积极作用，另一方面则要加强对网络舆论的引导、监管和立法执法，抵制和消除网络舆论的负面影响。

三、网络与信息安全发展展望

在全球范围内，网络已经成为国家重要的基础设施，信息是国家重要的战略资源，网络信息安全对国家政治、经济及社会生活的影响日益增强。国际大环境下，2009 年美国奥巴马政府的网络安全新政把美国的数字基础设施看作国家战略资产，正式确立美国占领“制网权”地位的战略，把保护这些设施置于维护国家安全的优先位置。受美国影响，各个国家将会根据本国的特点，从战略角度对网络信息安全的应对进行调整。

从短期来看，2010 年网络信息安全服务发展势头强劲，将进入快速发展阶段；域名注册与管理、移动互联网安全、内容整治、互联网安全等仍面临较大挑战，但是伴随国家对网络信息安全工作的日益重视、行业自律的不断加强、相关企业自查的深入等多方面综合整治，上述问题将可能取得明显成效。

安全服务将进入快速发展阶段：2010 年，以上海世博会、广州亚运会等重点活动为契机，同时随着两化融合向纵深发展，社会领域信息化的不断深入，行业、政府、大企业信息安全服务需求潜力巨大，安全服务领域有可能出现快速增长机会。

域名注册及管理整治将成为重中之重：域名管理失控是淫秽色情网站泛滥，网络安全问题频发的重要原因之一，国家非常重视域名注册和管理整治工作。2010 年域名注册和管理整治仍将是重点工作内容，管理整治工作将更为深入、更加精细，可以预见域名管理将初见成效。

通信网内容管制将精细化：2010 年，我国有可能从监控机构、立法、技术控制、行业自律等方面入手，实现内容管制的精细化，同时还将调动政府、行业协会、企业、个人四方面的力量共同对网络内容进行管制。

移动互联网安全问题加剧：移动互联网的终端除手机之外，还正在向 MID、上网本等满足用户差异化需求的便携式终端扩展。智能终端多种多样，但用户自身安全意识，使用习惯仍未改变，这会进一步影响移动互联网的安全性。

安全问题继续呈现多样性，政府会持续加大整治力度：2009 年互联网网络信息安全事件的数量居高不下，较大级别的基础网络安全事件增多，引起社会和用户的广泛关注；网络攻击、网络窃密等网络安全事件频繁发生，网络病毒“地下黑色产业链”已形成并初具规模。2010 年这些现象也不会很快消失，安全事件将继续呈现多样性的特点。

安全保障手段和技术能力成为建设重点：安全保障手段和技术能力建设目前是面对“先天不足”的互联网做好网络信息安全保障的基础和条件。国家已经充分认识到这项工作的重要性，行业主管部门会进一步加大组织、推进力度。

未来 20 年是我国和平崛起的战略机遇期，会碰到各种势力利用各种手段的阻扰和破坏。一些国家会利用信息优势进行价值观和意识形态的输出与渗透，对我国的国家安全产生了冲击，同时国内外三股势力利用网络传递信息、组织暴乱活动、制造舆论进行分裂国家跨地区、超国界的恐怖活动，这些都意味着网络政治化趋势将更加突出。从通信技术和网络本身的发展看，随着 3G 网络、移动互联、IPV6 的推进，新技术和新业务特别是物联网的发展，以及互联网地位提升和广泛使用，潜在的安全威胁也越来越大。针对网络信息安全开展的网络治理作为社会工程，将进入社会综合治理阶段，涉及立法执法建设、政策制定、技术研究、标准制定、人才队伍建设、市场服务、宣传教育、国际合作等诸多方面的体系建设，以最大限度地促进形成未来安全、绿色的网络环境。

通信行业转型

中国移动通信集团公司

2009 年以来，面对金融危机、竞争加剧等新挑战，中国移动深入学习实践科学发展观，增强加快发展方式转变的自觉性和主动性，一方面，着力优化业务结构，提高发展质量，保持自身良好发展态势；另一方面，积极为国民经济结构调整和发展方式转变提供服务和支撑。

一、加大农村通信服务力度，优化城乡市场结构

（一）为农村客户提供优质的基础通信服务。在近年的资本开支中加大农村通信设施建设投入，特别是积极投身“村村通电话”工程。从 2004 年“村村通电话”工程启动至 2009 年底，累计投资 23 亿元，建设基站 3.1 万个，实现了 77836 个偏远农村通电话，完成了全国“村村通电话”工程总任务的 51%。为农村用户提供便捷服务，截至 2009 年底，农村营业网点达 518817 个。中国移动网络已覆盖全国 97%以上的人口，有 60%的基站在农村，50%以上的新增用户来自农村。

（二）大力推进农村信息化。建立统一的农村信息化平台，完善“农信通”业务。推广适应农村需求的短信咨询、移动气象、移动询价、电子农务等产品，为农民提供方便、快捷、实惠的信息服务，农信通使用用户超过 4600 万户。以低价或补贴方式推广农村信息机（中国移动为农村市场打造的农业信息化专用终端，可实现信息上传下达、应急远程广播、电子黑板等功能，及时传递农业信息），扩大农村信息化覆盖率。截至 2009 年底，已发展农村信息机 76 万多台，覆盖全国 60%以上的行政村。

（三）合理确定农村移动通信的服务价格，组织厂家生产低价位手机，切实做好“家电下乡”的相关工作，降低农民使用移动通信的门槛。

二、挖掘新业务潜力，优化业务增长结构

一方面，扩大电子信息服务范畴，加快拓展手机的媒体化和多用途化，推广信息服务热点消费。截至 2009 年底，手机短信、手机上网、无线音乐收入均超过百亿元，手机报客户突破 4800 万户，即时通信（飞信）活跃客户超过 6200 万户，139 邮箱注册客户超过 1.1 亿户，数据及信息业务收入占总收入比重从 2003 年的 10%提高到 2009 年的 30%。另一方面，推广信息化应用，助力“无线城市”建设、“电子政务”等工作，提升社会信息化水平。在厦门、无锡、秦皇岛等地组织开展“无线城市”试点进展良好。参与住房和城乡建设部的“数字城市”规划研究和项目试点，由中国移动推动的“数字城管”项目已覆盖 20 个省 80 多个地市。“一卡通”手机支付业务在 15 省展开试商用，用户遍及交通、教育、能源和商贸等多个行业。

三、加强技术业务创新，加快创新型企业建设步伐

在开展深入学习实践科学发展观活动中，中国移动以“推动 TD-SCDMA 发展，建设创新型企业”为实践载体，通过创新开展 TD-SCDMA 建设运营的有力实践，促进完善创新体系，提升企业创新能力。中国移动所完成的“基于大型通信网络和多业务的综合网管技术及应用”项目荣获 2009 年度国家科学技术进步二等奖，“面向企业运营的 TD-SCDMA 技术创新”项目获得中国通信学会科学技术奖一等奖。

（一）建立创新基础支撑平台和有效激励机制。中国移动研究院成为国家确定的“海外高层次人才创新创业基地”，与沃达丰公司、日本软银公司和美国 Verizon 公司合资的联合创新实验室（JIL）的研发工作取得初步成果，在国际上产生了较大影响。在所属省公司择优建立服务全网的产品基地的新业务孵化模式，在新业务、新产品开发推广方面发挥了重要作用。

（二）技术创新成效明显。推进移动通信网络技术升级，全面推进网络 IP 化，软交换 IP 化占全网总容量超过 83%，建成全球规模最大的软交换 IP 化网络。大规模采用 PTN 等分组化传送设备替代传统 SDH/MSTP 设备，实现了城域传送网重大技术创新。

（三）业务创新有声有色。正式推出移动应用商场（Mobile Market），为广大手机用户提供更为开放、丰富、便捷的手机软件和应用下载服务。发布主导研发的智能移动终端软件平台 OMS 平台及 OPhone 手机，可提供端到端的移动互联网用户体验，有效提升国产智能手机产业的国际竞争力。建成全网手机支付平台，自主研发的移动电子商务系统进入试商用。创新推出世博手机票，试点推出手机支付、手机阅读等业务，推进实现手机的多用化。

四、加强成本控制和管理，保持效益水平

积极应对国际金融危机影响，牢固树立效益领先理念，强化成本控制工作和成本费用的精细化管理。一是进一步强调过紧日子和勤俭办企业的要求。根据业务发展重点及打造未来竞争力的战略导向，坚持理性投入、有效配置、前瞻规划、精细管理的成本资源配置原则，从严进行成本控制，精简压缩会议费、差旅费、咨询费等行政管理费用，合理压缩非生产性支出。二是做好固定资产折旧支出等刚性成本的精细化管理和规划，要求所属各公司进一步提高网络资产利用率，根据市场需求和网络资产利用情况合理确定资本开支投入，严格控制资本开支。三是用好营销成本资源，注重提高营销效率，减少无效的营销类费用开支和重复开支，将通信终端补贴控制在预算之内，严禁开展过激的市场促销活动。四是积极研究成本精细化管理方式，运用预算、考核、对标管理等多种管理工具，严格管控各项运营成本，抑制成本费用过快增长，提高成本投入效益。

五、实施“一个中国移动”卓越工程，集中管理优势明显

注重发挥整体规模优势和全程全网优势，大力实施以“一个中国移动”（One CM）为核心的卓越工程，在网络运维、设备采购、业务支撑、财务管理等方面推行集中化、信息化、标准化，全面系统提升企业管理能力和执行能力，发挥整体协同效应，创造整体最佳效益。

（一）不断加大集中建设力度。按集团公司和省公司两级集中模式，对网管支撑系统、业务支撑系统、呼叫中心、业务平台等进行集中建设，避免重复投资，集约效应明显。

（二）注重发挥集中采购优势，扩大集中采购规模。2004 年集中采购范围涵盖 7 种配套产品，之后集中采购范围逐步扩展，2009 年一级集中采购目录扩展为 12 大类 85 小类、400 多种产品和服务，采购总金额约 526 亿元，同比直接降低采购成本超过 189 亿元。

（三）开展所属省公司层面财务集中管理改革。实现集团公司－省公司－市级分公司三级会计核算体系向集团公司－省公司两级会计核算体系转变。

六、支持节能减排工程建设，推进 IT 技术在节能减排方面发挥重要作用

（一）采用信息化手段，积极促进传统工业企业技术改造和社会事业管理手段升级，推出城市供暖系统改造等信息化应用，帮助各行业实现节能减排目标。

（二）推进内部节能、降耗，推动通信设备节电技术、机房空调环境节电、绿色包装创新、电子产品回收等，带动合作伙伴共同打造“绿色通信产业链”。中国移动实施的以节能降耗为核心的绿色行动计划入选了国务院国资委 2009 年度“中央企业优秀社会责任实践”名单，以及由世界自然基金会（WWF）编写的“中国低碳企业发展项目”案例。通过绿色行动计划，2009 年实现单位业务量同比下降 12%，同比节电 15 亿度，相比 2005 年下降 46%，提前完成“十一五”节能减排目标。推广应用绿色包装 4.6 万个次，节约木材 2300 多立方米。累计建设风、光等新能源基站超过 6000 座。完善通信局房、铁塔标准化方案设计，截至 2009 年底，机房建筑面积节省 14 万平方米，基站铁塔节约用钢量 3.5 万吨。

（三）发挥节能减排的示范效应。与工业和信息化部签订节能自愿协议，郑重承诺到 2012 年底实现单位业务量耗电较 2008 年下降 20%，节电 118 亿度的节能减排新目标。配合国务院国资委开展《中央企业节能减排效果评价》实践研究，与世界自然基金会（WWF）就“ICT 对减少碳排放影响”开展合作研究。

七、推进物联网研发应用，助力培育战略性新兴产业

紧密跟踪物联网发展，以机器到机器通信为重点推进物联网应用。中国移动开发的一整套拥有自主知识产权的机器到机器通信（M2M）解决方案，已在智能楼宇、路灯监控、动物溯源、手机钱包、环境监测、电梯安全管理等方面得到广泛应用。中国移动与农业部合作，通过“动物溯源系统”给 10 亿存栏牲畜贴上二维码，消费者可通过手机阅读二维码，确保食品安全。协助江西省电力部门对 2 万台配电变压器装配传感器，对运行状态进行实时监测，实现用电检查、电能质量监测、负荷管理、线损管理等，一年来降低电损 1.2 亿千瓦时。在煤矿等危险作业区，在机械设备和员工服装上配置传感器及电子标签，通过网络系统连接到管理中心，管理中心可随时掌握煤矿内设备和人员的安全。2009 年底，中国移动机器到机器的终端数超过 350 万户。中国移动加速推动 TD-SCDMA 3G 与物联网融合，进一步推进物联网技术研究和应用开发。在无锡设立中国移动物联网研究分院和物联网数据中心，与天津大学联合建立移动物联网 TD 应用与研究工程中心，并先后与无锡、苏州市政府签定合作协议，共同开展包括政务公开、环境监测、智能交通、智能电网等领域的多种应用示范工程建设。

中国联合网络通信集团有限公司

中国联合网络通信集团有限公司（以下简称中国联通）于 2009 年 1 月 6 日在原中国网通和原中国联通的基础上合并而成，是中国唯一一家同时在纽约、香港、上海三地上市的电信运营企业。融合重组后的中国联通，资产、人员、用户和收入规模明显扩大，融合优势逐步显现，综合实力得到提升。截至 2009 年底，中国联通资产规模达到 5127.07 亿元，全系统各类人员 45.47 万人，用户总数超过 2.89 亿户，用户规模位列全球电信运营商第 4 位，收入规模跻身世界 500 强第

419 位，红筹公司市值位列全球电信运营商第 15 位，建成了全球规模最大的 WCDMA 网络，并在全国 335 个城市顺利实现了 3G 业务的正式商用。

2009 年，中国联通以邓小平理论和“三个代表”重要思想为指导，深入贯彻落实科学发展观，牢牢把握国家大力推进信息化的发展战略，以及国内外通信业发展面临的政策、技术、社会和经济发展的新趋势，以“抓机遇，保增长，调结构，上水平”为主线，加大创新力度，积极实施战略转型，结合重组后的公司业务、网络资源等发展实际，从客户信息生活需求角度出发，提出了新的公司愿景，即致力于成为“信息生活的创新服务领导者”（Innovation & Service Leader for Information Life）。其中，信息生活是公司经营的核心领域，是人们社会生活、工作、商务、社交、娱乐等全方位信息服务需求的总称。服务信息生活体现了公司在社会发展进程中扮演的重要角色和强烈的社会责任感，强化了公司坚持以客户为中心，与客户用心沟通，服务社会，为人们的生活、学习和工作助力添彩，做优秀企业公民的愿望。信息生活的核心内涵是要为社会提供高品质的信息服务。引领创新是公司长期健康发展的源动力和形成差异化竞争优势的必然要求。公司要立足成为影响和引领技术、业务、服务和管理的创新型企业。引领创新的核心内涵是打造一流的创新能力。卓越服务是公司未来作为信息服务提供商的立足之本和实现增长的必由之路。要以为客户提供最好的信息服务为己任，建立业界领先的服务体系，形成差异化的竞争优势。卓越服务的核心内涵是始终追求为客户提供卓越的服务感知。领导者是公司始终追求的目标。公司要在企业规模、经营业绩、运营效率、创新能力、服务水平等方面达到世界领先水平，要具有放眼未来，成为行业和谐发展引领者的不懈追求和雄心壮志。领导者的核心内涵是树立世界一流的信息服务品牌，在核心业务上成为具有重大影响力的领导者。“信息生活的创新服务领导者”既是公司的愿景，也是公司未来转型的方向。

中国联通围绕公司愿景，结合内外部环境分析，提出将在未来五年实施“3G 领先与一体化创新战略”。即以科学发展观为统领，以向社会提供高品质的信息服务为己任，聚焦增长、提升效率，积极实施“3G 领先和一体化创新战略”，致力于将中国联通打造成为“行业领先、业绩突出、运营高效、服务卓越”的国际一流创新型企业。“聚焦增长，提升效率”是中国联通未来五年的战略目标，主要包括“行业地位提升”、“核心业务领先”、“运营效率提高”、“客户体验卓越”和“创新能力突破”五个方面。其中，“行业地位提升”是公司实现未来愿景，加快发展的必然要求；“核心业务领先”是实现“行业地位提升”的必由之路；“运营效率提高”是公司在未来全业务融合竞争环境下实现更快增长的基础保障；“客户体验卓越”是公司一切经营活动的目标和落脚点；“创新能力突破”是公司实现可持续发展的内在动力和源泉。

未来五年，中国联通将加快战略转型步伐，聚焦业务增长，提升运营效率，夯实基础管理，强化落实执行，打造核心竞争力，实现公司的跨越式发展。

创新与转型实践

【中国电信加快行业信息化应用领域的转型】

2009 年，中国电信持续深化转型，深入推进聚焦客户的信息化创新战略，进一步发挥基础网络、专业队伍、服务体系的优势，加快提升综合信息服务能力，致力于服务国民经济和社会信息化建设，促进传统产业借助信息化应用转变增长方式。创新开发了针对政务和监管执法、交通物流、环保节能、金融、能源、校园、旅游酒店、医卫健康、中小企业等 20 多个行业的融合应用整体解决方案，持续开展信息化应用拓展工程，努力促进各行业提升信息化应用水平、推动信息化与工业化融合。

（一）加大与政府的战略合作力度，共同推进各省信息化应用工程建设。2009 年，先后与 26 个省（自治区、直辖市）政府签订了推进信息化应用的战略合作协议，充分发挥综合信息服务提供商的优势，在信息化应用规划、综合信息基础设施建设、信息资源开发和应用等领域开展全面合作，大力支持当地平安城市、数字城管、应急联动、电子政务、电子报税、移动监管执法等政务信息化建设，更好地服务于地方经济发展。

（二）全力支持企业信息化应用和中国企业走出去战略，促进企业信息化发展。与东航、南航、中石化、中国农业银行等 15 家企业签订战略合作协议，本着发挥优势、相互促进、长期合作、互利共赢的原则，以全业务综合信息服务解决方案，满足客户需求，培育新的业务增长点，调整业务发展结构。助力中小企业降本增效。在金融危机形势下，面对中小企业发展的困境，积极探索通过信息化手段为企业降本增效。针对中小企业提供固网与移动融合、光纤接入与设备提供相结合的一揽子应用服务方案，提高了中小企业的信息化应用能力，节约了综合通信成本，解决了无 IT 服务人员的担忧，切实帮助企业提高运营效率和管理水平；为企业提供网络及 IT 维护外、数据及灾备服务，实现资源共享，平均节省运营成本 20%。

（三）积极投身“感知中国”建设，大力开发推广物联网行业应用。成立物联网技术实验室和应用推广中心，开展有线、无线宽带网及天翼 3G 网络与传感技术融合的技术研究，开发推广物联网应用。目前已推出智能城市、智能环保、智能水利、智能司法、智能交通、智能物流、智能金融、智能油田、智能医疗、智能校园、智能楼宇、智能文博、智能安防、智能抄表、智能控制、智能分析、智能大棚、智能家居等近20个行业应用。

【中国电信聚焦客户的组织架构优化】

2009年，中国电信针对全业务运行实践中存在的产品开发协同、客户群对渠道的管理冲突、客户服务等关键问题，设立产品中心、客户服务部、海外拓展事业部，把家庭客户事业部和个人客户事业部合并成立公众客户事业部。通过体制调整，减少了管理冲突，实现了产品开发和服务统筹，完善了聚焦客户、融合的前端架构。同时，通过产品委员会、项目制（TOP任务）管理、嵌入式团队、政企与ICT协同等柔性组织，有效支撑全业务发展。

【中国移动推动TD-SCDMA 3G实现创新和突破式发展】

3G牌照正式发放后，中国移动承担了我国具有自主知识产权的TD-SCDMA 3G的建设运营任务。作为全球首张TD-SCDMA商用网络，TD-SCDMA网络建设运营没有国际经验可以参考，中国移动在各级政府和社会各界的支持下，依靠自身基础和实力，依靠创新解决发展中的问题，累计投入约700亿元，在网络建设优化、终端研发、市场营销、产品应用等各个环节积极创新，推动TD-SCDMA建设运营的加速发展，TD-SCDMA建设运营取得令人瞩目的阶段性成果，从局部性实验网发展为覆盖全国70%地市的3G商用网络。到2009年底， TD-SCDMA基站总数超过10万个，覆盖城市达到238个，全国70%以上地市实现TD-SCDMA网络覆盖，其中东部省份100%地市实现覆盖，TD-SCDMA网络核心指标接近2G水平；TD-SCDMA客户数突破500万户，客户发展明显加快；6亿元专项激励资金培育的首批11款TD-SCDMA手机推出，TD-SCDMA终端步入发展快车道，终端品种达到266款。

一、创新组网方式

中国移动在组网方式上创新提出“TD-SCDMA和2G融合组网”的建网新思路。为了实现融合组网，中国移动创新并快速实施了“三不三新三融合”等举措：“三不”即2G客户在“不换号、不换卡、不登记”的情况下，仅需更换双模终端即可使用TD网络服务，最大程度方便客户；“三新”即“新机制、新标准、新测量”，是提高3G与2G网络切换和重选质量的全新规范；“三融合”即TD与2G的网络融合、业务融合和应用融合。这些创新规范也被国内乃至全球同业者广泛学习和借鉴，其中“三新”标准上升为行业标准和第三代合作伙伴计划（3GPP）国际标准。在网络建设中，针对需求和发展特点，提出先室内后室外的建设思路，创新提出两个100%目标，即有数据业务需求的室内分布系统100%开通TD-SCDMA，数据业务热点区域的TD-SCDMA网络室外覆盖100%达到GSM网络水平。在网络优化和维护方面，2009年在全国范围内开展了“TD-SCDMA网络质量提升大会战”，推出2G/3G邻区自动规划和分析平台，优化设置智能天线的赋值参数，发现并解决问题、形成优化案例均超过3000个，积极开展双频混合组网、缩短TD/2G重选时延、移动场景分析和参数设置平台开发、光纤基站拉远、创新型一体化天线等创新实践，降低了建网难度和成本。截至2009年底，中国移动在TD-SCDMA技术创新方面取得技术研究成果164项，申请TD领域专利67项，这些创新提升了TD-SCDMA网络建设和优化水平。融合组网借鉴2G精品网络的成功经验，促进了TD-SCDMA产业的快速成熟。在目前全国TD-SCDMA覆盖城市中，平均掉话率降低到1%，无线接通率升至98%，切换成功率升至96.5%，TD-SCDMA网络核心指标接近2G水平。

二、创新TD-SCDMA终端发展模式

中国移动创新TD-SCDMA终端发展模式，使制约TD-SCDMA发展的终端瓶颈问题得到缓解。相继推出了“2G与3G终端定制联动、TD-SCDMA终端产品库、TD-SCDMA专项激励资金、全网包销深度定制”四大激励举措，深度合作引导TD-SCDMA手机产业链的成熟完善。中国移动主导的TD-SCDMA终端专项激励资金联合研发项目，以6亿元带动3家芯片方案厂商和9家手机厂商共同投入超过12亿元，开创了国内由运营商出资、联合厂家研发的先河。激励资金联合研发项目取得初步成效，2009年底中国移动与九大终端厂商推出11款TD-SCDMA手机，大大降低了用户使用TD-SCDMA的门槛。在该项目的带动下，TD-SCDMA产业链规模不断扩大，更多实力厂商加入为TD终端大军：全球著名芯片厂商Marvell加盟；各大主流操作系统Windows Mobile，Symbian，Wince， Linux等均支持TD手机；TD终端测试中心建立，对终端基础质量的提升至为关键；国际著名手机厂商不断加入，Nokia，Blackberry在2009年都宣布推出TD手机，索爱也宣布即将加入；中邮普泰，天音通信，国美电器，苏宁电器等均成为TD手机的销售渠道。

三、创新TD-SCDMA市场营销

中国移动创新TD-SCDMA市场营销，丰富TD产品应用，推动TD终端规模化销售。一方面，丰富产品应用，针对个人、家庭和集团三大块市场推动产品创新，增强TD服务的市场吸引力：在TD-SCDMA网络上实现对所有2G业务的迁移，业务数量超过150项；开发可视电话、多媒体彩铃、手机视频、手机阅读器等多项TD-SCDMA特色业务；率先推出全球第一家由运营商主导开发的移动应用商场Mobile Market，已有公司开发商1700家和3万个开发者加入，有主题、软件、游戏等各类应用供用户下载；开发OMS（开放的移动系统）操作系统平台，将即时通信，互联网浏览，音乐全曲下载，手机邮箱，号簿管家等应用集成到平台上，有利于用户方便地使用智能手机，将OMS操作系统平台开放给以TD厂商为主的多个手机厂商，手机生产厂家不必支付高价专利费用给手机系统；面向产业链合作伙伴开展TD-SCDMA业务创新大赛，两个多月内收获388个应用，评选出32个获奖产品，为TD-SCDMA业务发展储备了丰富应用；TD-SCDMA无线城市建设取得丰硕成果，在TD-SCDMA首批建网城市之一的福建厦门率先建成第一个无线城市，为城市管理者和市民提供基于“无线政务”、“无线产业”、“无线生活”三大领域的丰富应用，工业和信息化部召开经验交流会在全国范围介绍和推广厦门建设无线城市的做法，为TD-SCDMA产业的创新发展提供了全新的出路。另一方面，创新推动营销工作，根据发展进程制定终端营销策略，在抓住市场发展战机的同时，在不同时期以不同抓手带动产业链资源向TD终端投入：以TD上网笔记本为突破点，率先启动TD终端全网包销工作；进行终端分级分类补贴，充分调动厂商和渠道的积极性，并对客户实施通话费、上网费补贴；全面调动优质社会渠道资源，在全国超过15000家笔记本销售网点和超过8000家手机销售网点进行TD终端销售；向社会发布TD 3G业务标识——G3，使公众关注TD-SCDMA发展。这些措施使TD终端销售获得了较快发展，到2009年12月底，TD用户数已达到551万。

【中国移动面向移动互联网推出智能移动终端软件平台和移动应用下载服务】

3G网络大规模建设和智能手机的迅速普及，使移动互联网发展进一步加速。中国移动立足促进移动互联网产业链健康发展，为广大手机客户提供丰富应用的目标，加快移动终端基础设施建设和业务创新，推出了智能移动终端软件平台——OMS平台，以及移动应用下载服务——移动应用商场（Mobile Market）。

2009年8月，中国移动正式推出主导研发的智能移动终端软件平台——OMS平台，以及多款OPhone终端产品。该平台是一个基于Linux的智能移动终端软件以及系统解决方案，是由电信运营商主导开发的第一个面向移动互联网的智能移动终端软件平台，并可大幅降低终端厂商开发TD-SCDMA智能手机的门槛。OMS平台广泛吸取先进技术和理念，联合产业链合作伙伴共同推进平台研发以及产业化进程，得到产业界各方的广泛关注和支持。在芯片层面，Marvell、高通、联芯、展讯和天碁推出多款相关的芯片解决方案，供终端制造商选择；在终端层面，联想、LG、多普达、DELL、桑菲（飞利浦）等厂商陆续推出了各自的OPhone手机，受到市场好评，摩托罗拉、三星、中兴等十多家手机厂商紧随其后开发基于OMS的智能终端；特别是支持TD-SCDMA的OPhone终端也在2009年陆续推出。

与此同时，中国移动正式推出移动应用商场（Mobile Market），面向广大手机客户提供更为开放、丰富、便捷的手机软件、应用和数字商品下载服务。这是继“移动梦网”后，中国移动面对3G时代全面整合产业链和商业模式的一次创新，也是全球首个以运营商发起推出的线上软件商店。中国移动Mobile Market网站提供6大类下载服务，分别为软件、游戏、主题、音乐、阅读和视频。收费原则采用“部分免费、部分收费”的方式，提供数量众多的免费服务，鼓励用户使用，而在部分收费项目中，中国移动和第三方开发者按照3∶7的比例进行分成，开发者获得手机应用商品实际销售收入的70%，中国移动获得剩下的30%。截至2009年底，移动应用商场（Mobile Market）的个人开发者达3.2万，应用8600个，下载次数超200万次，适配终端120款，进展良好。移动应用商场与以往的网络应用相比，最大的特点就是“开放性”。在其市场价值链中，中国移动与应用提供商、终端厂商和最终客户一起成为参与的主体。在这条由多方共同推动的价值链上，中国移动负责搭建Mobile Market体系，通过中国移动开发者社区为各类应用提供商和个人开发者提供开发技术支持和商业服务，并通过建立统一的销售渠道，向客户提供便利的应用。移动应用商场（Mobile Market）不只是为消费者提供各种精彩的应用和数字产品的巨大商场，更是一个为开发者实现创业梦想的梦工厂。与移动梦网相比，移动应用商场（Mobile Market）降低了合作的门槛，个人开发者被首次纳入应用商品的直接提供者范畴。

【中国联通技术创新与转型】

2009年，重组之后的中国联通高度重视技术创新工作，以技术创新促进公司战略转型，以战略转型带动公司技术发展，取得可喜成绩。

一、建章立制，提升管理，为公司的技术创新转型实践保驾护航

2009年，为稳步推进技术创新，实现公司战略转型，中国联通共完善制定13项技术管理办法，使技术管理工作流程化、制度化。在标准管理流程方面，发布《中国联合网络通信有限公司企业标准管理办法》、《中国联合网络通信有限公司行业标准管理办法》、《中国联合网络通信有限公司国际标准管理办法》、《中国联合网络通信有限公司标准编制奖酬管理办法》等4个管理办法，规范了标准管理流程；在研发管理方面，制订了《中国联通研发项目管理办法（暂行）》，为技术创新工作提供了制度保证；在资源管理方面，完成了《码号资源管理办法》和《频率资源管理办法》编制发布工作，理顺了集团通信资源管理流程，使资源管理工作规范化，初步建立了公司通信资源的管理体系；在专利申请方面，制定并发布《中国联通专利审定与申请流程管理办法》、《中国联通专利文件质量管理暂行办法》、《中国联通专利代理机构管理暂行办法》、《中国联通专利管理暂行办法》等4个专利管理办法；同时，制定并发布了《新技术测试管理办法（暂行）》，规范了公司新技术测试管理流程，制定并发布了公司《中国联通科技创新奖励办法（暂行）》，健全了公司科技创新激励制度。这些制度办法的推出，为公司技术创新实践工作的顺利展开提供了有利保障。

二、积极推进重大专项，深入开展研究试验，有力支撑网络建设运营

2009 年，中国联通积极参与国家重大专项，不断扩大技术合作，强化产学研结合，牵头组织或参与申请了近 20 项国家重大专项，如“核高基”、“863”、“新一代宽带无线移动通信网”等，这批项目的开展对公司在相关技术领域的竞争力和话语权具有战略意义。另外，2008 年申请的六项国家发改委 CNGI 应用研究与产业化应用示范项目获得国家发改委批复，计划于 2010 年底前完成，总投资 23066 万元，其中 2800 万元为国家专项补助资金，这些项目对推动我国下一代互联网业务和应用的自主创新具有重要意义。

2009 年，中国联通继续加大技术创新类研发项目的投入力度，不断加强新技术研究力度，不断拓展新技术研发领域。在移动网络技术试验、数据宽带技术试验、综合业务开发系统试验等方面开展一批战略性、前瞻性、方向性、有影响力的新技术开发和试验项目，如“WCDMA HSPA+技术试验网”、“IMS 技术试验网”、“3G 室内分布技术研究与试验”、“移动基站用新能源（太阳能/风能）供电系统试验项目”、“移动互联网 Web2.0 原型应用平台试验项目”、“3G 差异化服务技术试验项目”等，有力地支撑了公司的网络建设、运营和业务开展。同时结合公司市场、网络及业务发展中面临的迫切问题，开展了一批市场/管理/政策类研究、网络/技术类研究及支撑系统类研究软课题，如“网络运行维护技术指标体系及测量方法研究项目”、“数据管理实施方案研究”等项目，为公司重大决策提供了理论与方案参考。

三、梳理研发部门，整合研发资源，加强企业技术创新体系建设

2009 年，中国联通已经初步建立了完善的科技创新体系。技术部作为全集团的科技工作主管部门，负责公司技术战略、标准、测试、研发的管理。中国联通研究院、中讯邮电咨询设计院和国家工程实验室是 3 大研发基地。

中讯邮电设计院持有国家工程勘察、工程设计、工程咨询、工程总承包、信息网络集成等甲级资质证书和涉及国家秘密的计算机信息系统集成资质证书，拥有研发人才 800 余人，是国家高新技术企业。

国家工程实验室是是我国首批三家国家工程实验室之一，是国家宽带业务应用自主创新和应用示范基地以及科技成果产业化的平台，是中国联通技术与业务的研发、应用和技术支撑机构以及对外技术合作的重要载体。根据国家发改委要求，该实验室瞄准增强宽带通信行业的自主创新能力，以下一代互联网体系架构、宽带业务及应用为重点，系统开展网络架构、基础应用技术、宽带业务与应用平台、运营支撑系统等方面的技术研发，带动网络通信行业的技术进步和升级，突破网络服务质量、网络信息安全等技术瓶颈，增强标准制定主动权和信息安全提供技术基础，积极参与并提出自主技术标准，加强国内外的技术交流与合作，培养高水平的网络通信工程技术研发人才。

2009 年初成立的中国联通研究院主要服务于集团公司内部需求，立足于填补集团公司研究空白，以满足集团公司内部战略规划和生产运营支撑需要为宗旨，从事发展战略研究、通信市场研究、前瞻性应用技术研究，承担新技术、新业务的开发试验，参与标准编制工作，适时开展对外合作项目研发，逐步成为核心技术研究、业务产品开发、网络与平台及终端试验测试和高技术人才培养与储备的综合性基地。

四、夯实基础，不断加强企业技术创新转型实践平台建设

2009 年，中国联通不断加强实验室、试验基地等基础设施建设，提高企业技术创新和成果转化能力。公司面向网络建设、优化、技术演进等投资 2000 多万元，成立了综合性通信技术实验室－中国联通通信技术实验室，提高了公司在网络技术方面的创新能力和成果转化能力。公司还在无锡新建物联网试验基地，加强对物联网的研究。另外，公司继续加强对国家工程实验室的投入和建设，提高其业务开发能力和创新能力。

五、技术创新实践成果

2009 年，中国联通共获得 1 项中国通信标准化协会科学技术奖一等奖，1 项中国通信标准化协会科学技术奖三等奖；2 项中国通信学会科学技术奖二等奖，4 项中国通信学会科学技术奖三等奖。项目名称与奖项见下表。

序号	项目名称	奖项
1	中国联通全国统一电信业务充值（一卡充）工程	中国通信学会科学技术奖 2009 年度二等奖
2	长沙、株洲、湘潭本地固定电话网用户号码升八位及并网	中国通信学会科学技术奖 2009 年度二等奖
3	中国联通“视网计划”创新业务工程	中国通信学会科学技术奖 2009 年度三等奖
4	WCDMA 基站 CE（信道单元）配置模型研究报告	中国通信学会科学技术奖 2009 年度三等奖
5	中国联通“一级架构”的电子渠道系统工程	中国通信学会科学技术奖 2009 年度三等奖
6	中国下一代互联网（CNGI）重大专项——基于 P2P 的安全诚信的数字媒体业务应用	中国通信学会科学技术奖 2009 年度三等奖
7	《电信网和互联网安全防护管理指南》等 32 项行业标准	中国通信标准化协会科学技术奖一等奖
8	《中国联通 GSM/WCDMA 数字蜂窝移动通信网技术体制》等 26 项企业标准	中国通信标准化协会科学技术奖三等奖

【中国联通产品创新与转型】

2009 年，中国联通以 3G 产品开发建设和业务融合为中心，以市场为导向，开展创新产品预研和产品试验，稳步推进融合产品、2G 与宽带应用产品和 3G 产品 3 个产品线的产品开发和运营组织工作。

（一）明确创新产品发展方向，确立产品开发路径，建立创新产品发展体系和研发机制。制定 2009～2011 年创新产品发展路标，按照产品开发总体规划，对手机支付、即时通信、手机阅读、移动社区、综合视频监控、粗定位、M2M 等产品开展预研和开发，做到研发一批、储备一批、推广一批。

（二）狠抓产品运营不放松，制定完善产品管理办法和运营考核办法，强化专业运营机构考核，建立健全专业化深度运营体系，突出做好 3G 产品的运营组织，确保 3G 产品正式商用。牢牢把握发展重点，做大做强规模创收型产品，积极培育成长型产品，跟踪开发战略储备产品,推动信息增值业务健康持续发展。

（三）强化合作模式创新，以 CP 合作模式为重点，引入优势合作资源，拓展内容应用和渠道合作模式。优化实收结算模式，加强数据稽核、流程监控，提高实收数据的准确性和信息费拨付效率，提高实收率，确保信息费及时到账。

（四）全力以赴，争分夺秒，三面突进，抓好融合产品、2G 与宽带应用产品和 3G 产品 3 个产品体系的开发建设，保证系统平台开发建设进度，确保系统按时上线。

（五）精心组织产品端到端质量评测，优化产品功能，提高产品质量，确保 3G 正式商用产品质量和良好的用户体验。

（六）稳步推进，有效实现移固产品融合，统一邮箱实现正式商用，统一个性化回铃音、统一 IVR 等融合类业务按计划推进。

（七）建立增值业务专业运维专家队伍，集中力量解决关键、疑难问题，实现资源与经验共享，提高专业运维水平。加强信息安全管理，积极配合工信部等八部委开展整治手机媒体低俗之风专项行动和垃圾短信综合治理行动，取得明显成效。

【中国联通体制机制创新转型】

根据工业和信息化部、国家发展和改革委员会、财政部联合发布的《关于深化电信体制改革的通告》精神，原中国联通和中国网通合并重组为中国联合网络通信集团有限公司（简称中国联通）。

重组之初，公司确定了在保障各项业务和人员平稳过渡的前提下，充分考虑未来发展方向，适应全业务经营和创新业务发展的需要，有效精简管理机构和管理层次的整合原则，同时积极组织力量，制定周密的重组方案，有计划、有步骤地推进整合工作。

重组之后，中国联通在深化机构体制改革，加快业务资源整合，推进战略型母子公司管控体制建设以及在压缩企业层级、缩短管理链条、提高管理效率等方面，采取一系列具体措施。

一、梳理和优化业务流程

重组合并后，为了确保新公司各项战略措施尽快落实到位，公司组织力量，重点梳理了集团总部部门之间以及总部与省分公司之间的市场策略、品牌广告、促销管理、渠道管理、需求管理、客户维系与挽留、资费管理、产品管理、投诉管理、端到端开通、固定资产投资管理、工程建设管理、物资采购与管理、资源管理、国际业务投诉处理、国际固网业务结算等涉及市场前台和后台支撑等方面的跨部门和省分之间的业务流程，进一步理清了市场前台部门间的职责界面，提高了后台部门的响应速度和支撑效率。通过增加风险控制点有效降低了运作风险，保障公司各项业务平稳运行。

二、分类指导，创新子公司管理模式

依据发展战略和产品规划，公司按照产品线对子公司进行清理和整合，继续整合同质业务的子公司，研究提出市场化经营子公司、运营支撑类子公司以及海外运营子公司管理模式，推进子公司由传统组织模式向以市场为导向的新型组织模式转变，鼓励子公司在实现独立经营、自负盈亏的基础上，积极探索在投资合作、人才引进、运营模式、激励机制等方面的创新。

三、进一步优化集团公司组织机构

2009 年底，经过充分调研和多方论证，集团公司决定按照“充分整合资源，发挥整体优势、理顺业务体系，减少协调障碍和精简职能部门，提高管理效率”的总体原则，在集团总部、省分和市分三个层面，进行组织机构调整，主要内容包括：在市场前台方面，整合市场部、个客和家客部，成立市场部和销售部；后台支撑方面，将公司固网建设、运维部门和移动网络公司合并，组建中国联通网络分公司（简称网络公司）。将管理信息系统部和业务支撑系统部合并为信息化部。职能管理方面，将职责相近或交叉重叠的职能部门、中心合并。调整后，部门数量减少 23%；人员编制减少 2%；处室数量压缩 13%；二级副编制压缩 25%；三级经理编制压缩 8%。

【华为基于客户需求持续创新】

在过去的二十多年，随着移动通信和互联网的快速发展，一个共同分享信息的“地球村”正在到来。全球电信服务的普遍接入即将实现，世界各地无数人们的生活因更便捷的沟通而变得更加美好。作为这一具有重大历史意义进程的见证者和推动者之一，华为的产品和解决方案已服务全球三分之一的人口。

在这一进程中，基于对行业融合趋势的判断和客户需求的深刻理解，华为持续推动了电信网络向全 IP 的转型。通过不断为客户创造新的价值，华为自身也获得了成长。2009 年，尽管受到复杂宏观经济形势的影响，华为的销售收入仍然增长了 19%，达到 1491 亿人民币（218 亿美元）。由于在各个运营环节采取了有效的成本降低措施，华为在帮助客户降低 TCO 的同时，实现了 14.1%的营业利润率，比 2008 年提高了 1.2 个百分点。与此同时，华为实现了 217 亿人民币（32 亿美元）的较充裕的经营活动现金流，财务稳健健康，有利于与客户一道拓展和把握新的市场机遇。

2009 年，华为的四个业务领域（电信基础网络、业务与软件、专业服务、终端）都取得了稳健成长。公司的基础网络稳步增长，以领先的产品与解决方案服务客户。尤其具有里程碑意义的是，2009 年 12 月华为在挪威奥斯陆成功交付了全球首个 LTE/EPC 商用网络，这意味着华为在下一代移动技术已构筑领先地位。在全 IP 宽带网络领域，华为抓住了宽带网络 IP 化、宽带提速和中国 3G 建设的契机，2009 年快速增长。业务与软件领域，公司继续保持增长，帮助客户增加收入、提升效率，实现商业成功。专业服务在过去的一年获得迅速发展，反映出公司在这一领域持续的战略投入已得到客户的认可。在终端领域，尽管受到宏观经济环境的影响，华为依然保持了领先的市场地位。

在稳健经营的同时，华为在全球积极行动，履行作为企业公民的责任。为应对日益严重的气候变化挑战，公司通过创新的绿色网络解决方案，帮助客户降低能耗和二氧化碳排放，创造最佳的社会、经济和环境效益。2009 年，华为主要产品都实现资源消耗同比降低 20%以上，并在全球部署了 3000 多个新能源供电解决方案站点。华为在各地积极推动通信普及，致力于消除数字鸿沟。华为因地制宜的解决方案帮助众多边远地区的人们接入到信息社会，遍及全球的 36 所培训中心为当地培养了大批优秀通信人才。另外，公司的员工保障体系进一步完善，2009 年各种福利保障支出达到 16.8 亿人民币。

随着电信业务和互联网业务的相互渗透与融合，电信领域面临着向信息服务转型的巨大挑战：每年新增的多达 10 余万种业务如何实现快速部署？传统电信业的规模极限将被超越，社会智能化形成的 500 亿 M2M 的各种机器终端互联如何管理？未来 10 年，网络数据流量的增长将高达 70～100 倍，而带来的收入每年仅增长 5～10%。海量数据的处理、存储和传送将如何实现？如何结构性地将单位流量的成本降低到原来的 1/10 甚至 1/100、以降低投资压力？

华为认为以上这些挑战将给现有电信网络架构带来深刻的变革，促使其向业务云化、网络 IP 化和终端智能化的云管端-信息服务架构转变。华为在 2010 年中国国际信息通信展览会上提出基于“云-管-端”的未来信息服务的新架构，这不只是一种网络架构，而是新的信息服务平台架构，同时也是新的发展战略的体现。提出“云-管-端”也代表着华为开始努力与运营商一起探索运维变革之路。云管端的支撑要素——业务 IT 化、网络 IP 化意味着运维体系发生巨大变化，基于网元的运维向基于业务的端到端运维转变。运维合作模式逐步向网络运营外包转变。为此，运营商的运维平台必须与设备商的运维平台有效对接、联合运作，双方的运维能力都逐步向集中化、可视化发展。

未来十年，这些趋势将帮助电信行业突破障碍，拓展巨大的机遇和广阔市场空间，达到新的高度。华为将一如既往地开放进取，基于客户需求持续创新，帮助客户构筑融合、简单、高效、绿色和平滑演进的网络，支撑未来业务增长。我们相信，华为将与行业、客户一起，共同实现新的成长。

2009 年，华为无线接入市场份额已经位居全球第二。

2009 年 12 月，华为为 TeliaSonera 在挪威奥斯陆建设的全球首个 LTE 网络正式商用。目前，华为获得的 LTE 商用合同数居全球首位。

2009 年，华为成为全球首家有能力提供从路由器到传输系统端到端 100G 解决方案的供应商，将帮助运营商轻松构建绿色超宽带网络，为用户提供优质的移动宽带、高清视频和企业网真等高价值业务。

2009 年，华为进一步获得电信行业和国际媒体的认可，获得的重要奖项包括：

■ 沃达丰 2008-2009 年度供应商大奖

■ IEEE 标准组织 2009 年度杰出公司贡献奖

■ GSMA 授予的最佳 SDP 奖

■ Frost&Sullivan 颁发的“2009 年亚太无线基础设施供应商”、“年度宽带设备供应商”以及“年度供应商”三项大奖

■ 英国《金融时报》颁发的“业务新锐奖”

■ 美国 Fast Company 杂志评选的最具创新力公司前五强

华为在全球 123 个行业标准组织中担任 148 个领导职位，包括 OMA, IEEE, ATIS 和 WiMAX 论坛等行业标准组织的董事会成员，累计提交提案超过 18,000 件。截至 2009 年底，华为累计申请专利达 42,543 件，2009 年国际专利申请量居全球第二，在核心领域（如 LTE/EPC 等）方面的基本专利数持续全球领先。

2009 年，华为主要产品都实现资源消耗同比降低 20%以上，在全球部署了 3000 多个新能源供电解决方案站点，积极促进行业和社会的可持续发展。

运营企业节能减排

【充分发挥信息通信对全社会节能降耗的促进作用】

通信业是基础设施，又是服务业，信息通信业务面向社会方方面面，在促进各行各业节能降耗方面具有很大潜力，可以发挥重要作用。

发达国家十分重视发挥信息通信技术在节能降耗中的作用。欧盟最近设立了竞争力与创新计划，将智能能源、创业与创新和信息通信技术（ICT）并列为三大支柱。美国总统科技顾问委员会在“面向 21 世纪的联邦能源研究与发展规划”中指出，无线技术的应用将使工作生产效率提高 10%，并使排放和污染降低 25%。日本利用 IPv6（互联网协议版本 6）技术，将遍布于建筑物的大量传感器联网，因地制宜地动态管理各房间的照明、空调等用电设备，试验表明可降低建筑物能耗 30%左右。

在我国，信息通信技术和应用对社会巨大的减排作用也日益引起重视。根据世界自然基金会（WWF）和中国有关单位合作完成的《低碳通信方案在中国：减排贡献及减排潜力》报告，中国移动对整个社会带来的二氧化碳减排总量，2008 年约为 4850 万吨，2009 年约为 5820 万吨。如果加上固网电信运营企业，整个中国通信行业给社会带来的二氧化碳减排总量则更多。此外，信息化产品本身可以产生巨大的节能减排效果。据统计，我国国民经济万元 GDP 能耗为 1.21 吨标准煤，工业生产万元 GDP 能源为 2.53 吨标准煤，而我国电子信息技术产业万元增加值能耗为 0.166 吨标准煤，只是国民经济平均水平的 1/7，工业平均水平的 1/15，发展智能家居、无纸办公、远程视频会议已经逐渐成为国内外利用信息技术降低资源消耗、减少污染的重要途径。

我国电信运营商积极进行信息化应用推广，开发重点行业节能减排信息化方案、家庭节能减排信息化方案以及个人节能减排信息化方案等，推出了多种信息化服务。中国移动开发的油井注水远程监控系统、电力配网自动化系统、环保检测等节能创新项目，已在部分地区和行业得到推广应用，主要包括政府部门及保险、银行、能源、物流等重点行业。例如，“车务通”出租车电招调度系统，在天津应用后，一个 3000 辆车的车队每年可节油 3000 吨，相当于减少了 7400 吨的二氧化碳排放。又如与江西丰城市政府合作开发城市路灯节能管理项目，利用 GPRS 远程监控功能可节约用电 30% 以上，直接节约的费用超过 200 万元。

【通信业节能降耗大有可为】

节能降耗是科学发展与社会和谐的必然要求。通信作为国民经济基础设施与高科技产业，不仅自身存在着巨大的节能潜力，同时对社会节能降耗减排具有显著的促进作用和倍增效应。

一、我国拥有世界上规模最大的移动和固定通信网络，节能降耗潜力十分可观

通信设备一般属于“弱电”范畴，以往网络规模较小，耗能问题不突出。改革开放以来通信网规模急剧扩大，网上各种先进技术设备翻番增长，耗能耗电水平也随之大幅提高。目前全国通信网络有上万台主交换设备及 100 多万个基站，仅基站空调每年的耗电量就接近 100 亿千瓦时，节能潜力十分可观。据统计，2009 年通信业各种能耗费用超过 300 亿元，各电信运营商耗电近 300 亿千瓦时，并且以每年 15%左右的速度增长。“十二五”期间，随着社会信息化的大力推进，通信网络基础设施能源消耗将急剧增加。同时，由于电信资费不断下降等因素，业务收入增幅趋缓，能耗支出占收入的比重迅速提高，据测算目前已达到 2%～4%。因此，节能减排既是发展大环境的要求，也是企业减少支出、实现自身持续发展的需要。

目前，通信运营企业能源消耗主要为电力、汽油、煤和柴油，其中电力消耗占比为 90%，随着移动网络和宽带网络规模的快速扩大，电力消耗量占比将继续提高。在电力消耗中，基站等主设备耗能占比最高，约占 45%；空调系统耗能约占 40%；电源系统耗能、照明系统耗能等其他耗能约占 15%。随着基站和 IDC 高能耗机房的进一步发展，未来网络耗能重点将集中在基站和 IDC 机房。“十二五”期间，由于节能减排新技术的应用和老旧设备的退网，通信行业能耗下降最具潜力的部分将集中在基站、交换设备和 IDC 机房。

近年来，各企业不断加大对节能的投入，仅 2008 年，中国电信、中国移动、中国联通就分别投入节能专项资金 2.1 亿元、3.45 亿元、1.2 亿元，共计 6.75 亿元，分别节电 2.2 亿千瓦时、11.7 亿千瓦时、2.3 亿千瓦时，节约能耗费用 2 亿元、11 亿元、2 亿元。中国移动 2009 年单位业务耗电量与 2005 年相比下降 49%，提前一年完成“十一五”规划确定的下降 40%的目标。

二、信息通信技术应用对社会节能降耗减排具有显著的促进作用和倍增效应

根据世界自然基金会（WWF）和中国有关单位合作完成的《低碳通信方案在中国：减排贡献及减排潜力》报告，中国移动对整个社会带来的二氧化碳减排总量，2008 年约为 4850 万吨， 2009 年约为 5820 万吨。如果加上固网电信运营企业，整个中国通信行业给社会带来的二氧化碳减排总量则更多。此外，信息化产品本身可以产生巨大的节能减排效果。据统计，我国国民经济万元 GDP 能耗为 1.21 吨标准煤，工业生产万元 GDP 能源为 2.53 吨标准煤，而我国电子信息产业万元增加值能耗仅为 0.166 吨标准煤，只是国民经济平均水平的 1/7，工业平均水平的 1/15，发展智能家居、无纸办公、远程视频会议已经逐渐成为国内外利用信息技术降低资源消耗、减少污染的重要途径。

目前，我国电信运营商积极进行信息化应用推广，开发重点行业节能减排信息化方案、家庭节能减排信息化方案以及个人节能减排信息化方案等，推出了多种信息化服务。中国移动开发的油井注水远程监控系统、电力配网自动化系统、环保检测等节能创新项目，已在部分地区和行业得到推广应用，主要包括政府部门及保险、银行、能源、物流等重点行业。

三、通信业节能降耗的措施建议

（1）建立以政府为主导、企业为主体、全行业参与,运营、制造、建设各个环节共同推进的通信行业节能机制。政府部门应引导带动行业加大节能资金投入，制定相应的激励政策及政策性补贴制度，设置绿色采购专项资金。通信运营企业要进一步强化节能意识，变“要我节能”为“我要节能”，以节能降耗来促进企业科学发展、做大做强。

（2）制订通信行业节能的规划、标准和规范。应从整个产业链角度，包括运营、设备制造、设备报废回收全过程评估节能工作，制定节能规划，制定通信行业节能产品目录，加强产业引导。进一步推进通信行业节能标准体系的建设，加快制定和实施节能标准，如产品能效标准、测试标准等，并对相关通信设备能耗出台标准体系。可由行业协会协调运营企业、设备主要供应商成立通信业节能促进中心，在节能评测、技术推广、项目评估、标准制订等方面为通信企业节能提供服务。

（3）积极推动通信节能技术的开发、应用和示范推广，抓好重点用能单位、重点用能领域、重点用能设备的节能工作。应大力推广目前已经取得明显成效的节能技术和方案。例如，采用分布式基站方案，节能效果超过 40%，按照单个基站一年节省电耗 4700 千瓦时测算，GSM 全网络每年节省的电耗高达 30 多亿千瓦时，相当于节省 120 万吨原煤的消耗，减少二氧化碳排放量 300 万吨。再如,风能光能互补发电技术在西部地区节能也相当可观，目前全国基站数量近 150 万个，如果按照 20%的基站、每个基站年平均耗电量为 3000 千瓦时、节电 40%计算，采用这种技术每年可实现节电约 3.6 亿千瓦时。

（4）进一步挖掘网络建设的节能潜力。通信设施共建共享具有显著的节能效果，应继续推进。2009 年通信行业通过共建共享共减少新建铁塔 4.7 万个，杆路 8.1 万公里、基站站址及其配套环境（含铁塔）6 万个、传输线路（含杆路）9.9 万公里，不仅节约投资上百亿元 ，还有效节约了大量土地,降低了能源和原材料消耗。

（5）强化通信行业节能考核机制，建立通信行业节能工作的监督管理体系。有关主管部门应制定通信运营企业节能考核指标，加大考核力度，并建立能耗统计分析制度，评估通信行业能源消费状况，形成保障通信业节能降耗的长效机制。

【电信运营企业推进节能降耗成效明显】

中国移动自 2007 年启动“绿色行动计划”以来，取得明显效果。通过大规模引入风能、太阳能等可再生能源，利用西北地区丰富的太阳能资源，相关设备每套系统每年可以为基站提供电力约 5000 千瓦时。2008 年全公司耗电量比上年下降 11%；2009 年全公司单位业务耗电量比 2008 年下降 14%，节电 18 亿千瓦时；单位业务耗电量与 2005 年相比下降 49%，提前一年完成“十一五”期间单位业务耗电量下降 40%的目标。

中国电信 2008 年首次对能耗数据进行了精确统计，编纂了《中国电信节能减排技术应用蓝皮书》下发全网实施。2008 年节省电能占其总用电量的 3.06%，节省能耗费用达到能耗总费用的 3.12%。

中国联通加大了节能减排的宣传力度和培训力度，2008 年安排节能减排工作 2000 余项，共有 9 万人次参加了节能减排宣传活动。同时，加强用电管理，建立节能机制，加强设备更新，优先采购节能设备。

下一步，各电信运营企业将进一步强化全员节能意识，积极采用技能技术和措施，完善相关的监测、考核，将节能降耗作为企业科学发展、做大做强的关键来抓，全面提升节能降耗水平。

（中国通信企业协会）

第五篇　邮政业发展及改革

行业发展

【修订后的《中华人民共和国邮政法》颁布施行，邮政法制体系建设取得突破】

2009 年 4 月 24 日，第十一届全国人大常委会第八次会议审议通过修订后的《中华人民共和国邮政法》(以下简称《邮政法》)，自 2009 年 10 月 1 日起正式施行。修订后的《邮政法》将国家扶持邮政业发展的政策方针法定化，将邮政体制改革成果固定化，将邮政管理制度规范化，对于保障邮政普遍服务，加强对邮政市场的监督管理，维护邮政通信与信息安全，保护用户合法权益，推动整个行业健康发展，适应经济社会发展和人民生活需要，具有十分重要的现实意义和深远的历史意义。

国家邮政局高度重视《邮政法》宣贯工作，迅速成立贯彻实施工作领导小组，面向全系统、全行业、全社会，分层次、分阶段、有重点、成系统地开展了宣传培训工作。共组织行业培训 257 次，企业组织培训上百次，培训人员 41.6 万人次。与相关部门联合召开全国贯彻实施《邮政法》电视电话会议。通过国家邮政局和各省局领导接受媒体专访、与网民在线交流、发表署名文章等形式，实现各类媒体全覆盖。

《邮政法》配套法规制度建设同步推进。《快递业务经营许可管理办法》于 2009 年 9 月 1 日颁布施行。《邮政普遍服务》标准于 2009 年 9 月 18 日正式颁布施行。《邮政企业设置和撤销邮政营业场所管理规定（暂行）》、《邮政企业停止办理或限制办理邮政普遍服务业务和特殊服务业务管理规定（暂行）》、《快递业务经营许可条件审核规范》、《机要通信保密管理规定》等一批规范性文件相继出台。同时，国家邮政局积极与相关部委协调落实《邮政法》实施中的具体问题，为《邮政法》的顺利实施打下坚实基础。

【有效应对国际金融危机，促进邮政行业平稳较快发展】

年初确定“保增长、扩需求、调结构、重服务”的总体发展思路。

针对邮政快递服务受国际金融危机影响严重的实际，明确了邮政业贯彻实施国家物流业调整和振兴规划的总体目标，确定了 11 条具体政策措施。加强农村邮政网点改造和快递物流设施建设。发挥大交通平台的资源优势，促进解决制约行业发展的瓶颈性问题。出台促进快递与民航产业协同发展和加强邮件航空运输工作的意见。加快研究制定快递车辆进城通行政策，天津、河北、辽宁、吉林、上海、河南、湖南、广东、新疆等省（区、市）在解决快递车辆进城难等问题方面取得重大突破。

促进快递专业结构调整，加快业务创新。推动国内与国际业务、城市与农村业务、传统业务与供应链服务和电子商务配送等新型业务的联动发展。成功举办首届中国电子商务与快递物流大会，为快递、电子商务企业及网商搭建了交流、合作、共赢的平台。

推动邮政企业深化改革，促进邮政普遍服务与竞争性业务分业经营、分账核算，做大做强邮政快递物流，提高市场竞争力。

经过艰苦努力，邮政行业基本扭转了 2008 年末 2009 年初发展减缓的态势，全行业量收逐月回升，邮政业运行呈现企稳回升、总体向好、结构改善的发展态势。2009 年全行业业务收入预计完成 1094.7 亿元（不包括邮政储蓄银行直接营业收入），同比增长 14%；业务总量累计完成 1632 亿元，同比增长 16.4%；快递业务收入累计完成 479 亿元，同比增长 17.3%，占邮政业总收入的比重达 43.8%。

【认真贯彻落实青岛会议精神，大力推动邮政物流加快发展】

2009 年 5 月 25 日，全国推广山东邮政发展农村物流经验现场会在山东青岛召开。中共中央政治局委员、国务院副总理张德江到会并作重要讲话。会议充分肯定了邮政改革发展取得的成绩和经验，明确了邮政行业在我国经济社会发展中的重要地位和作用，明确了当前和今后一个时期邮政改革发展的主要任务。

5 月 23 日，国务院办公厅转发交通运输部等六部门联合下发的《关于推动农村邮政物流发展的意见》(国办发〔2009〕42 号)。这是我国首次专门制定印发的发展农村邮政物流的文件，通过推进农村邮政基础设施建设，完善农资市场准入机制、连锁经营机制、财政支持机制和规划引导机制等多项扶持政策和措施，为农村邮政物流发展创造良好环境。

邮政管理部门和邮政企业认真研究落实相关措施和工作推进方案。会同有关部委，研究编制空白乡镇邮政局所补建规划。与相关部门积极研究利用农村邮政网络开展农村医药、烟草物流配送、为“农家书屋”工程配送书报刊、参与新型农村养老保险等工作的政策意见。还积极与农业部门合作，联合开展邮政部门农技推广培训。目前，全国已有20个省（区、市）政府出台了关于推动农村邮政物流发展的文件，对邮政补建农村网点、健全完善村邮站、建设邮政物流配送中心、简化工商登记、参与“万村千乡市场工程”等多个方面出台了政策。中国邮政集团公司组建了中国邮政速递物流公司，全力整合邮政速递物流网络，加快速递物流运营能力建设，努力构建由运输、仓储、配送平台组成的全国一体化物流网络，力争成为国内领先、国际先进的综合速递物流服务商。

【成功举办中国2009世界邮展，为集邮事业发展作出新贡献】

2009年4月10日至16日，中国2009世界集邮展览在河南省洛阳市举办。中共中央政治局委员、国务院副总理张德江出席邮展开幕式。交通运输部李盛霖部长担任邮展组委会主任委员。国家邮政局配合邮展专门发行了《中国2009世界集邮展览》纪念邮票和小型张。

国家邮政局、河南省政府、中国邮政集团公司、中华全国集邮联合会四个主办单位齐心协力，实现了邮展组委会提出的“将本届邮展办成高水平、有特色的一流世界级文化盛会”的要求。国际集邮联合会84个成员组织首次全部参加，成为国际集邮历史上规模最大的一次综合性世界邮展；邮展总规模为3200框，展品类别包括规定的全部12类，特邀80框世界珍邮参展，代表了国际集邮发展的最高水平；邮品销售额突破1亿元，为历届邮展效益最好的一次；参观人数达35万人次，创造了邮展参观人数的最高记录。国际集邮联合会主席约瑟夫·沃尔夫称其为“世界集邮展览史上最成功的一次邮展，为世界集邮展览树起了一座永远的丰碑”。

邮政普遍服务保障与监督

【推进“村邮户箱”工程见实效，邮政普遍服务保障不断加强】

《住宅信报箱》标准于2009年12月1日实施，信报箱建设有关条款纳入《住宅设计规范》的强制性条文。

全国22个省（区、市）邮政管理局和当地建设厅等单位联合发文，要求住宅楼房与信报箱建设同步设计、同步施工、同步验收。

在全国各省邮政管理局的积极努力和大力推动下，村邮站建设有了局部多点的突破。全国已有25个省（区、市）政府出台促进村邮站建设的相关文件，部分省政府还给予一定的资金扶持。北京市3864个行政村全部建起了新型村邮站，村邮站运行机制不断完善。

【加强邮政普遍服务监督管理，维护广大用户合法权益】

组织了多种形式的邮件时限测试、局所网点变动和邮政基本业务资费执行情况的检查，开展邮政普遍服务社会满意度调查。全国县以上城市党报当日见报率达到64.3%，邮政普遍服务水平总体保持平稳。

加强社会监督和企业自律。2009年全国新增社会监督员590人，达到2389人，社会监督员地市覆盖率100%，县市覆盖率64.7%。邮政管理部门共收到邮政普遍服务社会监督报告40020份，反映问题和建议15922条，绝大部分由企业进行了落实整改。邮政企业进一步完善服务质量监督保证体系，不断加大对邮政普遍服务和特殊服务的自查力度，并按规定报送服务质量自查报告。

【根据国家邮政局“三定”规定，平稳调整了邮票发行职能】

顺利完成2010年纪特邮票发行计划审定、2009年计划调整的审批工作以及纪念邮票图稿审查工作。

市场与安全监管

【周密组织，有序推进快递业务经营许可工作】

向社会公告申请许可的流程。在国家局网站开通了“快递业务经营许可管理信息系统”，方便企业上网申请。北京、吉林、山东、湖北、广东等9个省（区、市）于2009年底前率先组织开展了快递职业技能鉴定工作，10662名快递业务员参加了职鉴考试。与工商、安全等部门建立协调机制，加强沟通。各类快递企业对许可制度反应热烈，积极配合。到

12 月 31 日，已有 131 家快递企业提出申请。

【依法规范邮政市场秩序，确保消费者权益】

开展快递企业分级分类管理办法、寄递企业办理代收货款业务的指导意见等制度研究，进一步完善以“时限准时率、用户申诉率和公众满意度”为核心的快递服务评价体系，提升服务水平。2009 年邮政业消费者申诉受理中心共受理消费者申诉和咨询 24344 件，消费者对申诉处理结果的满意率达 90.2%，为消费者挽回经济损失 145 万元。推动《快递服务》标准达标工作，2009 年，18 家网络型企业各省分支机构的整体达标率为 73.8%。加大对快递市场、集邮市场、邮政用品用具市场的监管，各级邮政管理部门共开展市场检查、督促指导、协调服务 8635 次，走访、查处和纠正违法违规行为 1396 起。配合有关部门加强了邮递环节“扫黄打非”工作。

【维护社会稳定局面，强化行业安全监管】

制定了《国家邮政业突发事件应急预案》，明确了安全生产监管方法，落实了寄递企业的安全生产责任人，建立健全了行业安全生产责任体系和应急预案体系。抓好应对甲型 H1N1 流感疫情、新疆“7·5”事件邮政业应急处置等工作，维护了邮政业的稳定和生产秩序。切实做好新中国成立 60 周年邮路安保和维护稳定工作，提早启动上海世博会和广东亚运会邮路安保工作，切实履行邮政行业安全生产和应急管理监督指导职责。

政策法规

【拟定出台行业管理和行业发展重大政策】

将邮政和快递服务内容纳入了国家《服务贸易中长期发展规划纲要（2009～2020 年）》。发布《长江三角洲地区快递服务发展规划》、《珠江三角洲地区快递服务发展规划》，编制《京津冀地区快递服务发展规划》，推动了重点区域快递服务的资源整合和跨越式发展。启动邮政行业“十二五”规划编制工作，就规划中涉及的重大课题开展前期调研。

【进一步完善行业统计制度，加快行业标准拟订工作】

根据贯彻实施《邮政法》的新要求，组织完成《邮政行业统计报表制度》的修订工作。将行业统计调查范围扩大到 1500 余家企业，按时发布统计信息和行业经济运行状况分析报告。组织制订并发布了《快递封装用品》、《住宅信报箱》等 6 项国家标准。

【地方立法及政策环境建设取得可喜进展】

江苏省邮政条例的试拟工作完成，辽宁省两个邮政专项规章的草案形成，北京、河北、四川等省市的邮政地方立法工作已经启动。大部分省（区、市）出台了支持邮政业发展的相关政策,河北、山东、广东、湖北、云南等省（区、市）初步形成地方支持邮政业发展的政策框架体系。浙江、山西将邮政基础设施建设纳入当地相关建设规划。

交流与合作

2009 年，国家邮政局积极推进对外交流合作，建立全方位外事合作格局，进一步扩大我国在国际邮政领域的影响。组织开好万国邮联、亚太邮联的各项国际会议，履行好邮联行政理事会二委主席国义务。联合相关部门做好邮政领域知识产权执法对策研究，维护国家利益。

结合邮政行业发展需要，加强与重点国家邮政部门的双边交流。成功举办首届中欧邮政改革和快递服务研讨会、第二届中日邮政政策对话会以及第三届中美邮政改革和快递服务研讨会。通过高层出访和邀请重点国家政府及邮政监管部门来访等多种形式，巩固和拓展了与外国政府、邮政监管机构的高层联系，扩大了双边合作关系。

认真贯彻中央对台工作方针和总体部署，按照“大合作、大交流、大沟通”的总体思路，与台湾邮政主管部门和企业加强交流，扩大合作，认真落实《海峡两岸邮政协议》，积极协调解决两岸直接通邮中存在的问题，两岸邮政电子汇款业务实现双向开通。积极支持海峡西岸经济发展，成功举办“两岸邮政合作交流会”，两岸邮政交流不断加深，合作领域逐步拓展，人员往来不断增多。

继续加强与港澳邮政的交流与合作。2009 年 5 月，国家邮政局副局长苏和首次率国家邮政局代表团参访澳门邮政，并出席在香港举行的万国邮联电子商务峰会，密切了与港澳邮政在国际组织中的合作。

政府自身建设

【加强支撑体系建设】

加强国家局职业技能鉴定指导中心的建设，成立了快递职业教材编审委员会，启动了快递专业教育和培训教材编写工作，先期在全国 12 个省（市）开展职业技能鉴定试点工作。9 月新闻宣传中心成立，出版发行《快递》杂志，探索综合利用现有资源放大宣传效应的途径。推动成立中国快递协会，带动各地快递协会积极协调解决快递企业发展中遇到的问题，维护企业权益，推动行业自律。

【落实“三定”规定职责，加快观念、职能、作风的转变，提升干部队伍综合素质】

积极推进干部人事制度改革，实施国家邮政局机关部分处级领导职位竞争上岗试点，制定《国家邮政局系统党政领导班子后备干部队伍建设规划》，开展《国家邮政局机关职位说明书》的编制工作，引导广大干部提升综合素质，不断适应新时期邮政行业发展的需要。

推进邮政行业人才队伍建设。提出《邮政行业人才队伍建设中长期规划纲要（2009～2020）》，加快编写研究生、高职层次快递专业教材，努力推动专业人才教育培养。

【扎实推进机关党建和全系统党风廉政建设工作】

认真贯彻落实党的十七届四中全会和中央纪委四次全会精神，紧密结合邮政管理工作大局，加强全系统思想建设、组织建设、作风建设、制度建设和反腐倡廉建设。

7 月 1 日，召开国家邮政局机关全体党员大会，选举产生了机关第二届党的委员会和纪律检查委员会。8 月，召开国家邮政局机关第一次团员大会，建立了机关团委。认真开展学习实践科学发展观“回头看”活动和“定位、状态、能力”学习大讨论，深入开展“讲党性、重品行、做表率”和“做党的忠诚卫士，做群众的贴心人”主题实践活动。10 月 23～26 日，国家邮政局系统在革命圣地延安举办研讨班，贯彻落实党的十七届四中全会精神，认真总结三年来邮政管理工作经验，大力弘扬延安精神，推动新时期邮政业又好又快发展。

在全国 31 个省（区、市）邮政管理局开展了干部培训选拔任用和整治用人上不正之风的自查工作，为顺利完成各项任务提供了政治保证和组织保证。

国家邮政局职能及内设机构

2009 年 3 月 2 日印发的《国务院办公厅关于印发国家邮政局主要职责内设机构和人员编制规定的通知》中规定，国家邮政局为交通运输部管理的副部级单位，设办公室（外事司）、政策法规司、普遍服务司（机要通信司）、市场监管司、人事司 5 个内设机构。主要职责如下：

（一）拟订邮政行业的发展战略、规划、政策和标准，提出深化邮政体制改革和促进邮政与交通运输统筹发展的政策建议，起草邮政行业法律法规和部门规章草案。

（二）承担邮政监管责任，推动建立覆盖城乡的邮政普遍服务体系，推进建立和完善普遍服务和特殊服务保障机制，提出邮政行业服务价格政策和基本邮政业务价格建议，并监督执行。

（三）负责快递等邮政业务的市场准入，维护信件寄递业务专营权，依法监管邮政市场。

（四）负责监督检查机要通信工作，保障机要通信安全。

（五）负责邮政行业安全生产监管，负责邮政行业运行安全的监测、预警和应急管理，保障邮政通信与信息安全。

（六）负责邮政行业统计、经济运行分析及信息服务，依法监督邮政行业服务质量。

（七）负责纪念邮票的选题和图案审查，负责审定纪念邮票和特种邮票年度计划。

（八）代表国家参加国际邮政组织，处理政府间邮政事务，拟订邮政对外合作与交流政策并组织实施，处理邮政外事工作，按照规定管理涉及港澳台工作。

（九）垂直管理各省（自治区、直辖市）邮政管理局。

（国家邮政局）

第六篇　电信业发展

2009 年全国电信业统计公报

2009 年，在党中央、国务院的正确领导下，我国电信业紧紧围绕“保增长、扩内需、调结构、惠民生”的目标，认真落实应对国际金融危机的各项政策措施，积极开展 3G 建设及业务应用，大力推进 TD 产业化、商业化进程，加快通信业转型步伐，市场竞争格局得到进一步优化，全行业保持平稳健康发展。

【总体情况】

初步核算，2009 年累计完成电信业务总量 25680.6 亿元，同比增长 14.4%；实现电信主营业务收入 8424.3 亿元，同比增长 3.9%；完成电信固定资产投资 3724.9 亿元，同比增长 26.1%；实现电信增加值 5012.2 亿元，同比增长 7.0%。

2009 年，电信综合价格水平同比下降了 9.0%。

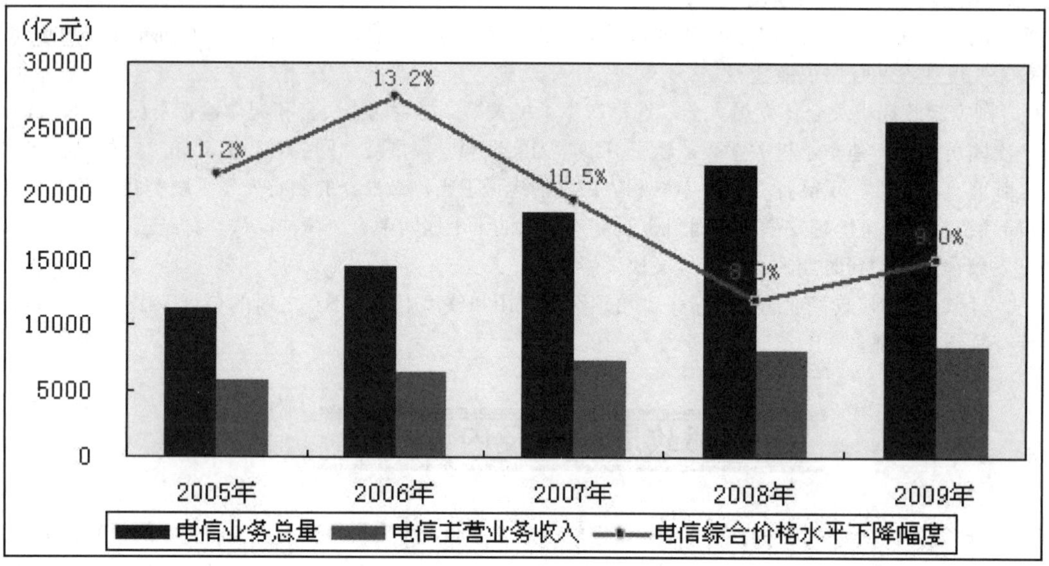

图 1　　2005～2009 年电信综合价格水平下降情况

【电信用户】

2009 年，全国电话用户净增 7946.7 万户，总数达到 106107.2 万户。移动电话用户在电话用户总数中所占的比重达到 70.4%，移动电话用户比固定电话用户多 4 亿户以上。

表 1　　2005～2009 年电话用户到达数和净增数

	单位	2005 年	2006 年	2007 年	2008 年	2009 年
到达数	万户	74385.1	82884.4	91273.4	98160.4	106107.2
净增数	万户	9727.0	8499.3	8389.1	6866.1	7946.7

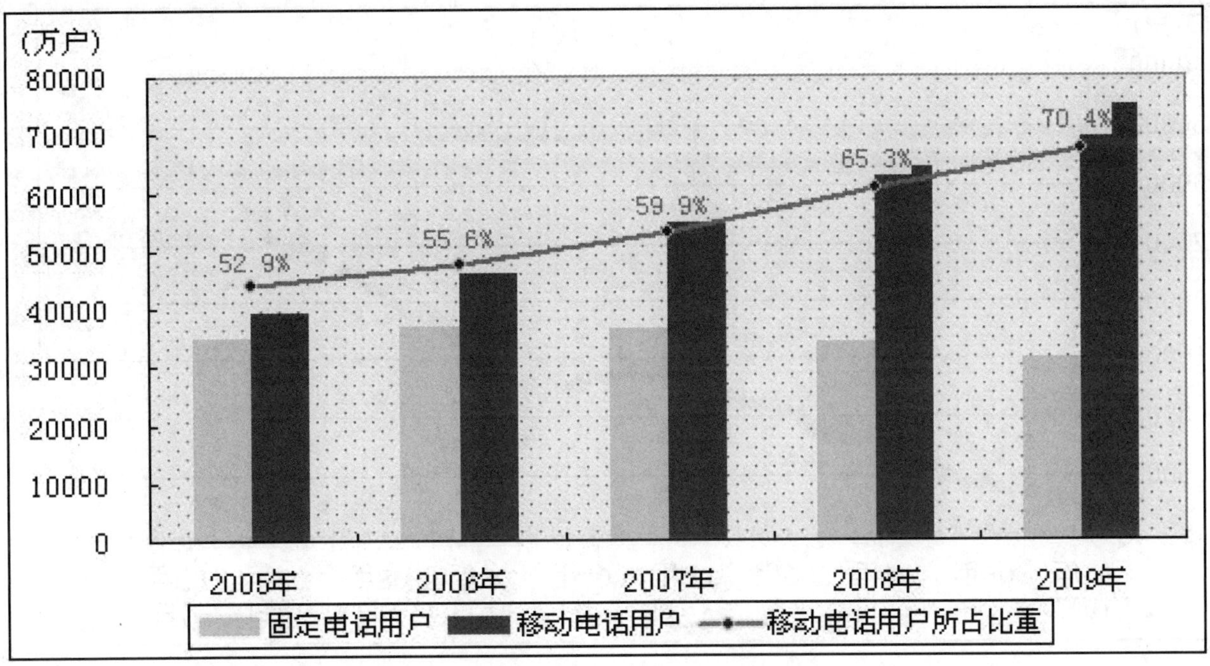

图 2　　2005～2009 年移动电话用户所占比重

（一）移动电话用户

2009 年，全国移动电话用户净增 10613.8 万户，达到 74738.4 万户。2009 年是移动电话用户增长最多的一年，其中 3 月份净增移动电话用户 1055.1 万户，刷新单月增长纪录。移动电话普及率达到 56.3 部/百人，比上年底提高 7.8 部/百人。

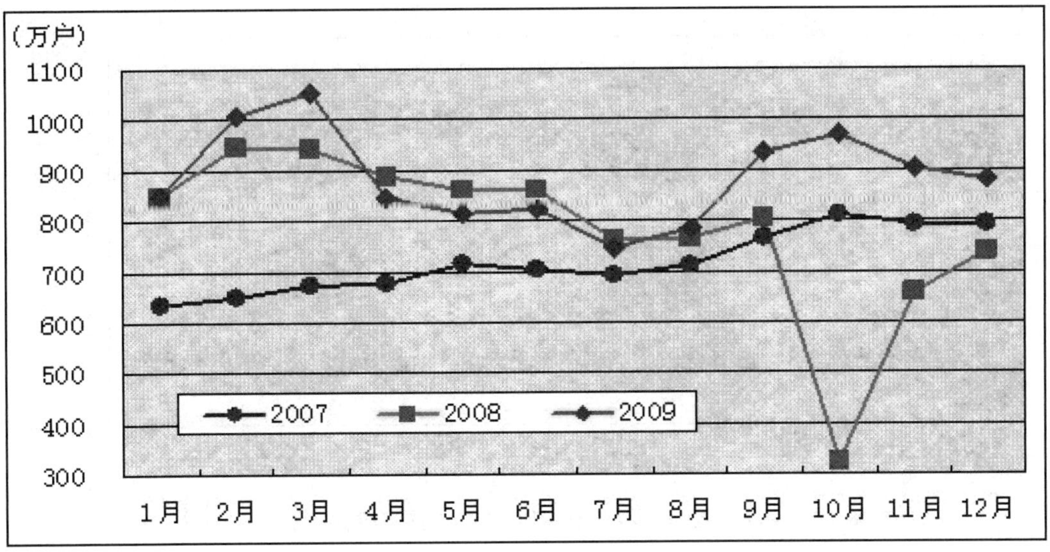

图 3　　2007～2009 年移动电话用户各月净增比较

移动电话用户中，移动分组数据用户净增 12924.0 万户，达到 38455.9 万户。移动分组数据业务的渗透率从上年底的 39.8%进一步上升到 51.5%。

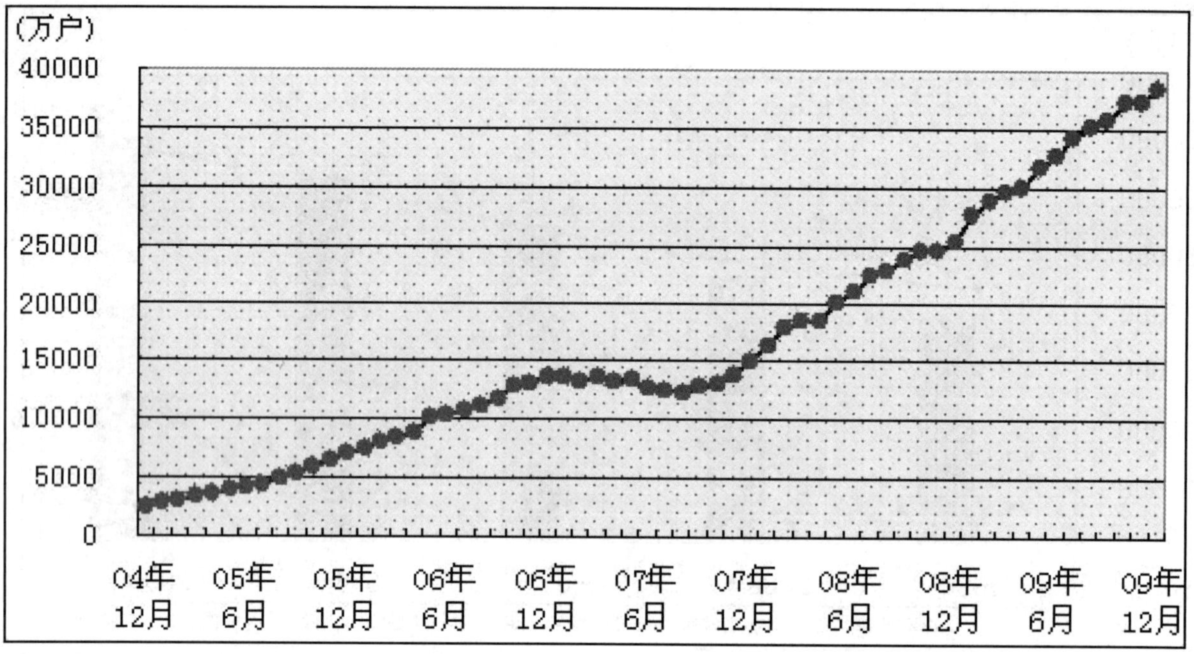

图 4　2004 年以来各月移动分组数据用户发展情况

（二）固定电话用户

2009 年，全国固定电话用户减少 2667.1 万户，达到 31368.8 万户。其中，城市电话用户减少 1978.3 万户，达到 21177.6 万户；农村电话用户减少 688.8 万户，达到 10191.2 万户。固定电话普及率达到 23.6 部/百人，比上年底下降 2.2 部/百人。

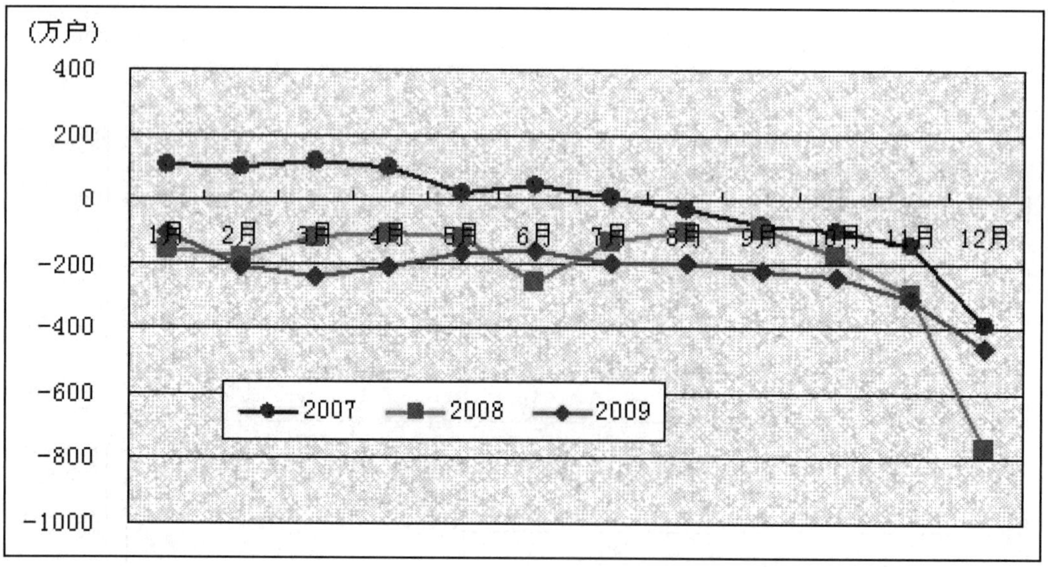

图 5　2007～2009 年固定电话用户各月净增比较

固定电话用户中，传统固定电话用户减少 373.4 万户，达到 26769.4 万户；无线市话用户减少 2293.7 万户，达到 4599.4 万户。无线市话用户在固定电话用户中所占的比重从上年底的 20.3%下降到 14.7%。

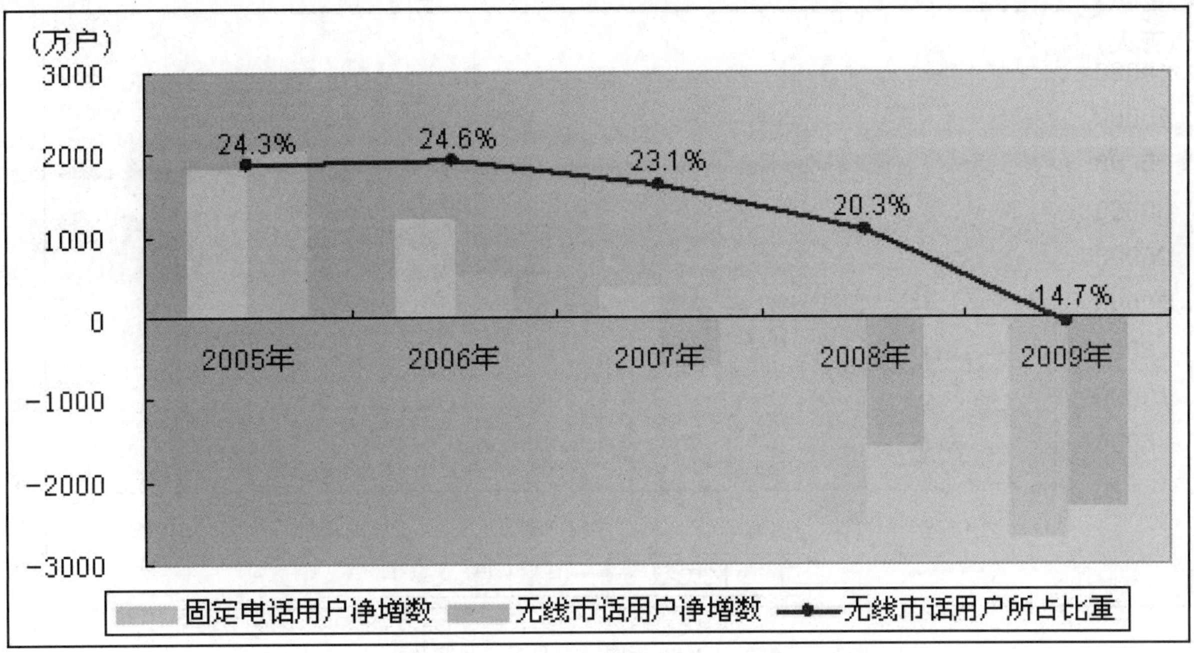

图6 2005～2009年无线市话用户所占比重

固定电话用户中，住宅电话用户虽然仍是我国固定电话用户的主体，但受无线市话用户大幅下降的影响，所占比重下降了4.6个百分点；政企电话用户仍然保持增长，所占比重也逐年上升；公用电话用户所占比重略微上升到8.6%。

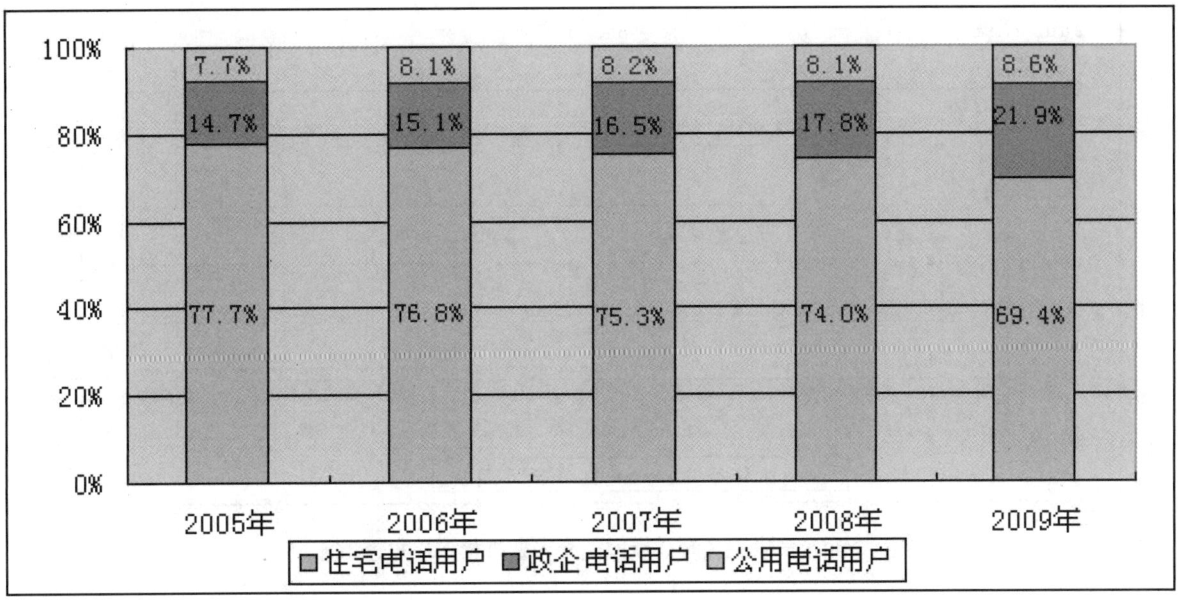

图7 2005～2009年公用、政企、住宅电话用户所占比重

（三）互联网用户

2009年，全国网民数净增0.86亿人，达到3.84亿人，互联网普及率达到28.9%。其中宽带网民数净增0.76亿人，达到3.46亿人，占网民总数的90.1%；手机网民数净增1.2亿人，达到2.33亿人，占网民总数的60.8%；农村网民数净增0.22亿人，达到1.07亿人，占网民总数的27.8%。

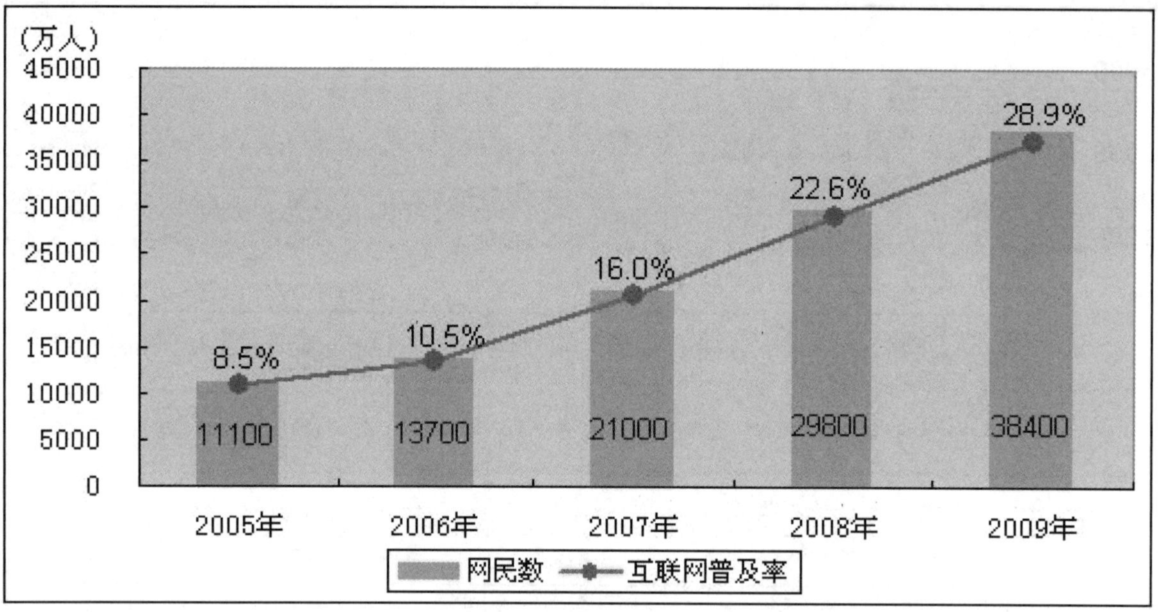

图 8　　2005～2009 年网民数和互联网普及率

2009 年，基础电信企业的互联网拨号用户减少 357.1 万户，达到 870.7 万户，而互联网宽带接入用户净增 2034.7 万户，达到 10322.6 万户。

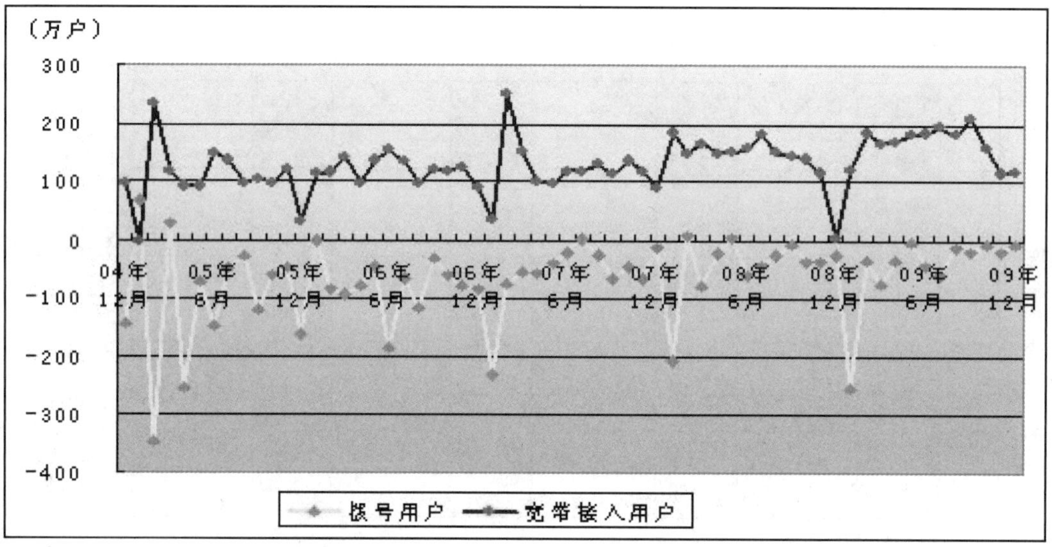

图 9　　2004 年以来各月互联网拨号、宽带接入用户净增比较

【业务使用情况】

（一）本地电话业务

2009 年，固定本地电话通话量累计达到 5398.2 亿次，同比下降 12.7%。其中，本地网内区间通话量 663.7 亿次，下降 11.0%；区内通话量 4645.5 亿次，下降 12.8%；拨号上网通话量 89.1 亿次，下降 22.7%。固定本地通话中，传统电话通话量 4222.3 亿次，下降 9.0%；无线市话通话量 1175.9 亿次，下降 23.9%。

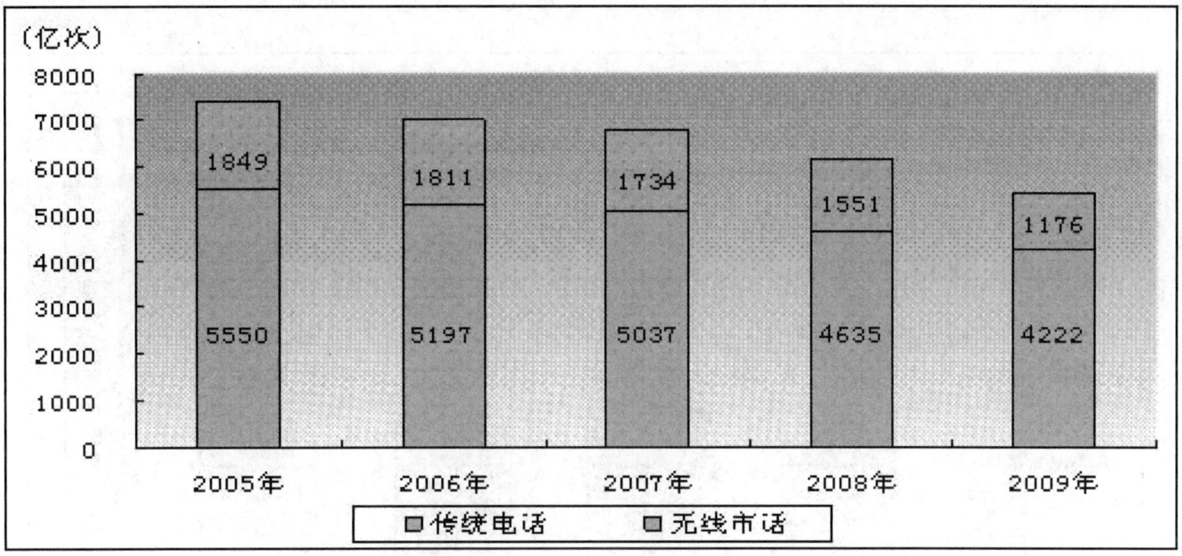

图 10　　2005～2009 年固定本地电话通话量

2009 年，移动本地电话通话时长累计达到 32964.5 亿分钟，同比增长 19.5%。

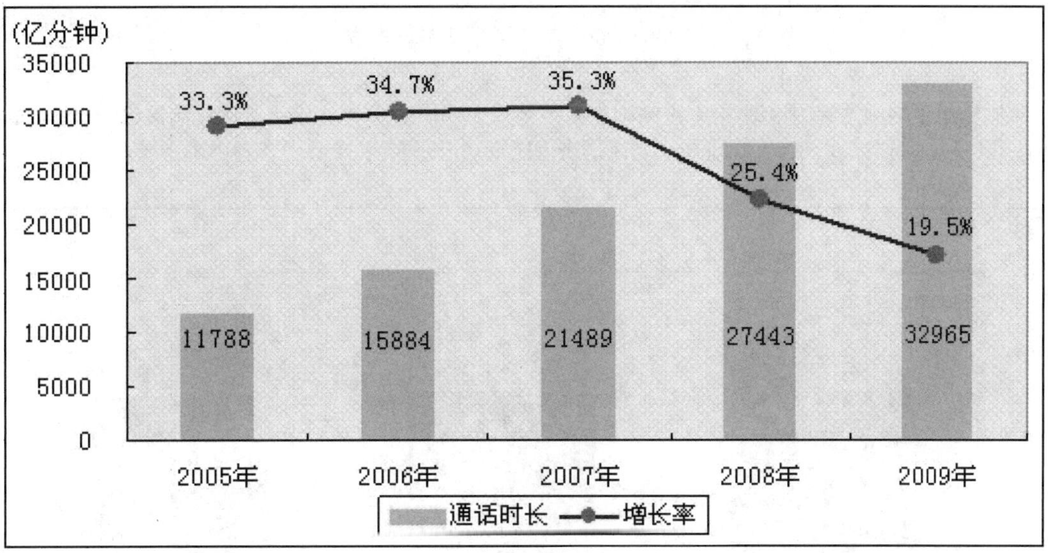

图 11　　2005～2009 年移动本地电话通话时长

（二）长途电话业务

2009 年，全国长途电话通话时长累计达到 4387.6 亿分钟，同比增长 7.5%。其中，国内长途电话通话时长 4346.0 亿分钟，增长 7.8%；国际电话通话时长 21.4 亿分钟，下降 14.2%；港澳台电话通话时长 20.2 亿分钟，下降 9.0%。

长途通话中，固定传统长途电话通话时长 825.6 亿分钟，下降 6.3%；移动长途电话通话时长 2376.4 亿分钟，增长 31.8%；IP 电话通话时长 1185.6 亿分钟，下降 15.1%。

表 2　　2009 年长途电话通话时长

	固定方式		移动方式		IP 方式	
	通话时长（亿分钟）	增长率（%）	通话时长（亿分钟）	增长率（%）	通话时长（亿分钟）	增长率（%）
国内长途	817.4	-6.0	2357.5	32.0	1171.1	-15.0
国际	4.3	-25.4	8.3	7.5	8.7	-23.3
港澳台	3.8	-26.2	10.6	10.3	5.7	-22.0

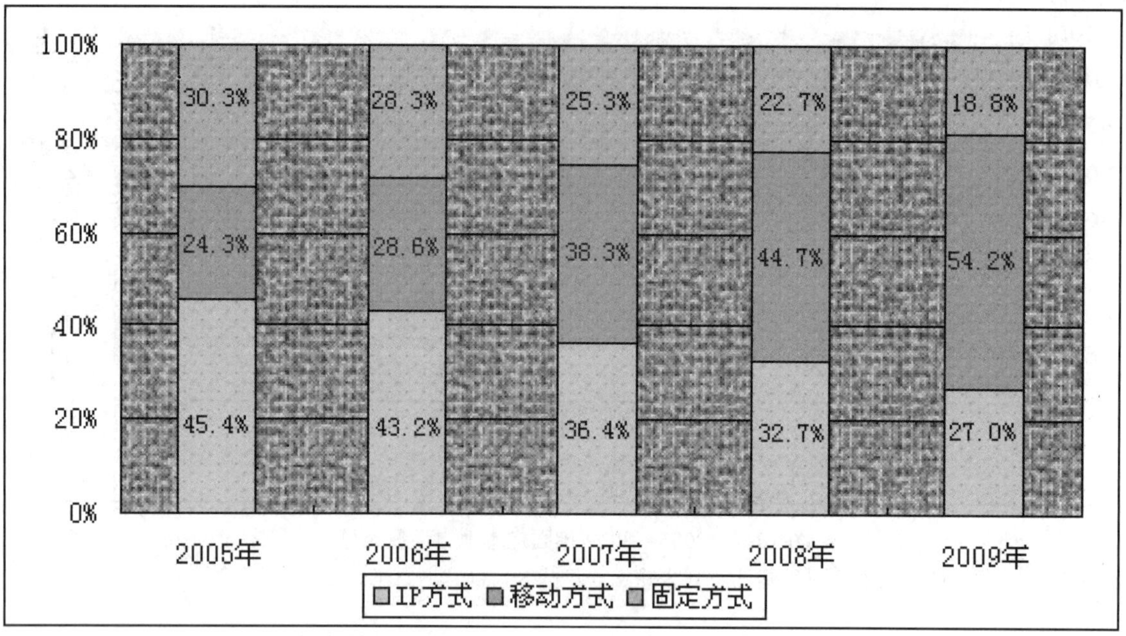

图 12　　2005～2009 年长途电话市场构成

IP 电话中，从固定电话终端发起的通话时长 491.7 亿分钟，同比下降 27.6%；从移动电话终端发起的通话时长 693.9 亿分钟，同比下降 3.3%；通过移动电话终端发起的 IP 电话所占比重从上年底的 51.0%上升到 58.5%。

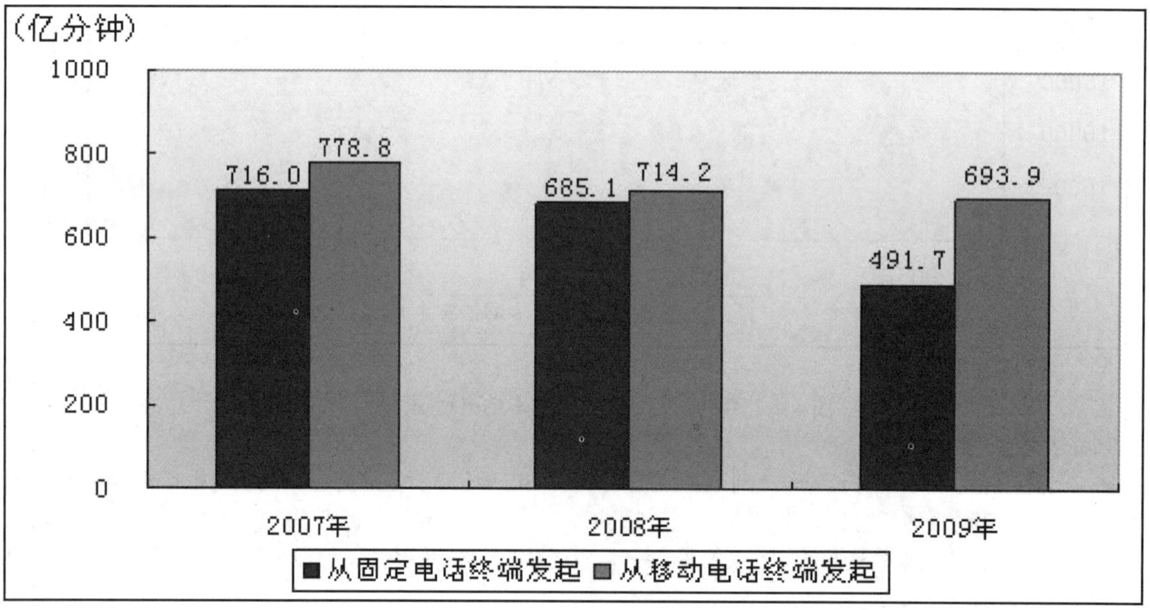

图 13　　2007～2009 年 IP 电话发起方式

（三）短信业务

2009 年，各类短信发送量达到 7840.4 亿条，同比增长 8.4%。其中无线市话短信业务量 127.4 亿条，下降 45.6%；移动短信业务量 7713.0 亿条，增长 10.2%。

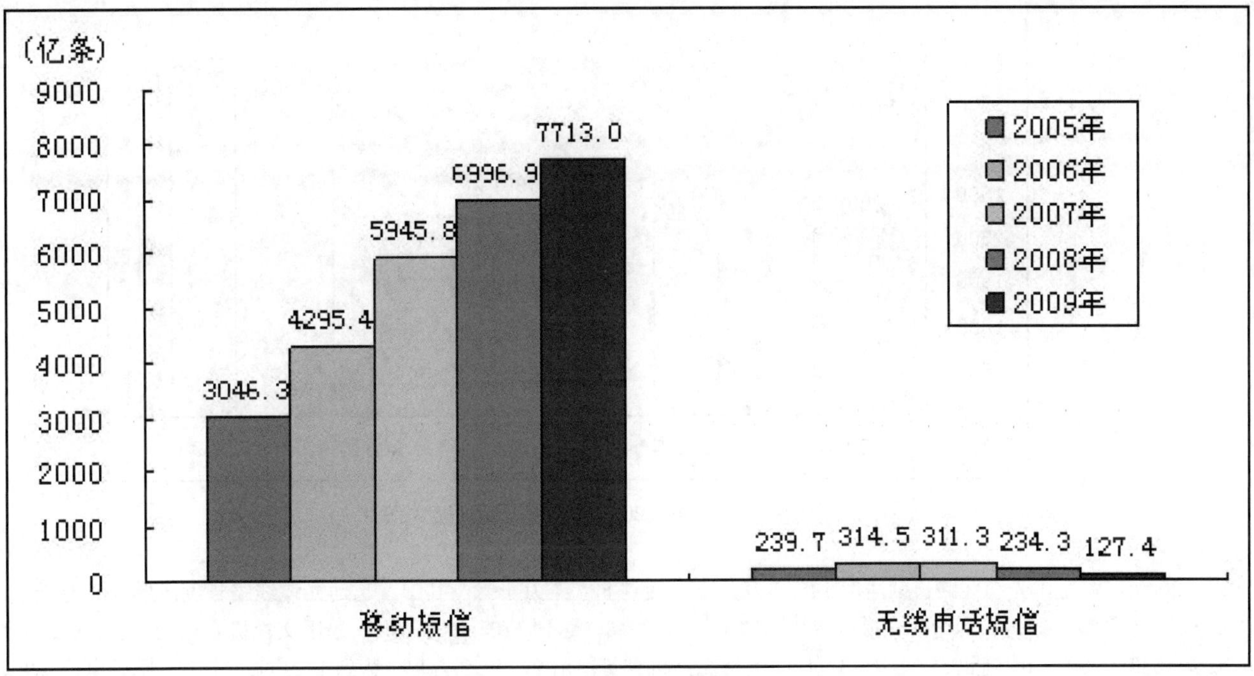

图 14　2005～2009 年短信业务发展情况

【经济效益】

2009 年，全国电信营业收入累计完成 8707.3 亿元，同比增长 4.1%，其中，电信主营业务收入累计完成 8424.3 亿元，同比增长 3.9%。各项电信业务中，移动通信网业务收入 5090.9 亿元，同比增长 13.2%，占主营业务收入的比重为 60.4%；固定本地电话网业务收入 1356.8 亿元，同比下降 14.4%，占主营业务收入的比重为 16.1%；长途电话网业务收入 982.6 亿元，同比下降 5.3%，占主营业务收入的比重为 11.7%；数据通信网业务收入 994.0 亿元，同比增长 0.3%，占主营业务收入的比重为 11.8%。

电信主营业务收入中，非话音业务收入 3135.5 亿元，同比增长 8.8%，占主营业务收入的比重从上年底的 34.5%上升到 37.2%。

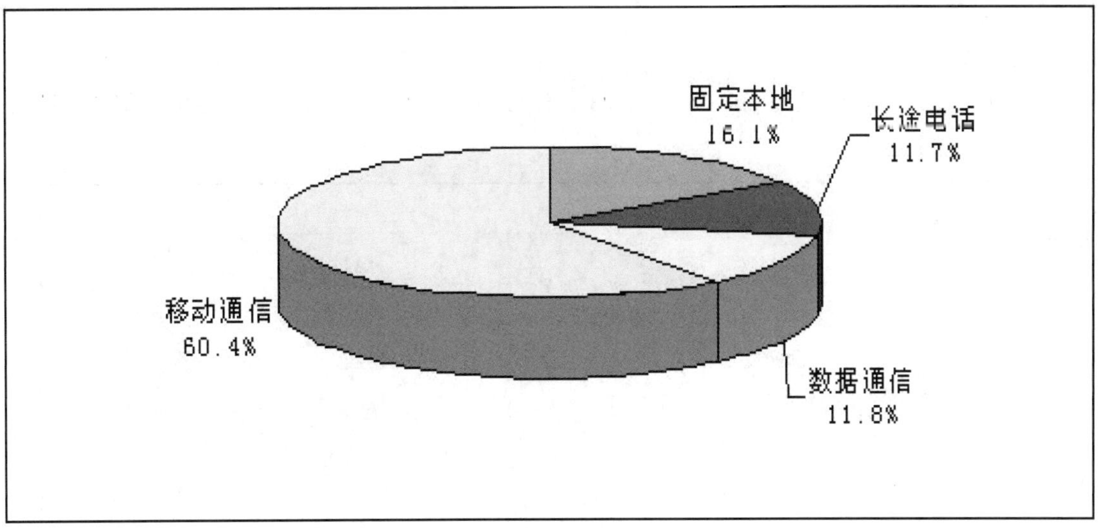

图 15　2009 年电信业务收入构成

2009 年，完成电信固定资产投资 3724.9 亿元，同比增长 26.1%。

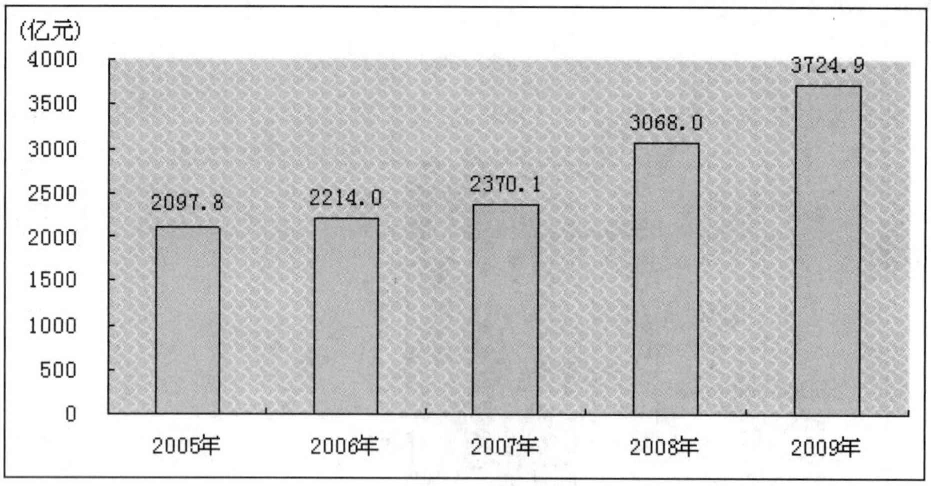

图 16　　2005～2009 年电信固定资产投资

【电信能力建设】

2009 年，全国光缆线路长度净增 148.8 万公里，达到 826.7 万千米。其中，长途光缆线路长度净增 3.9 万千米，达到 83.7 万公里。固定长途电话交换机容量净增 15.1 万路端，达到 1705.9 万路端；局用交换机容量(含接入网设备容量)减少 1643.8 万门，达到 49219.4 万门。移动电话交换机容量净增 27579.9 万户，达到 142111.2 万户。基础电信企业互联网宽带接入端口净增 2702.0 万个，达到 13592.4 万个。全国互联网国际出口带宽达到 866367Mbit/s，同比增长 35.3%。

表 3　　2009 年主要电信能力指标增长情况

指标名称	单位	2009 年	比上年末净增
光缆线路长度	千米	8266655	1488159
其中：长途光缆线路长度	千米	837159	39180
固定长途电话交换机容量	万路端	1705.9	15.1
局用交换机容量	万门	49219.4	-1643.8
移动电话交换机容量	万户	142111.2	27579.9
互联网宽带接入端口	万个	13592.4	2702.0
互联网国际出口带宽	Mbit/s	866367	226080

【增值电信业务】

2009 年，基础电信企业实现增值电信业务收入 1923.0 亿元，同比增长 12.8%，占主营业务收入的比重从上年底的 21.3%上升到 22.8%。

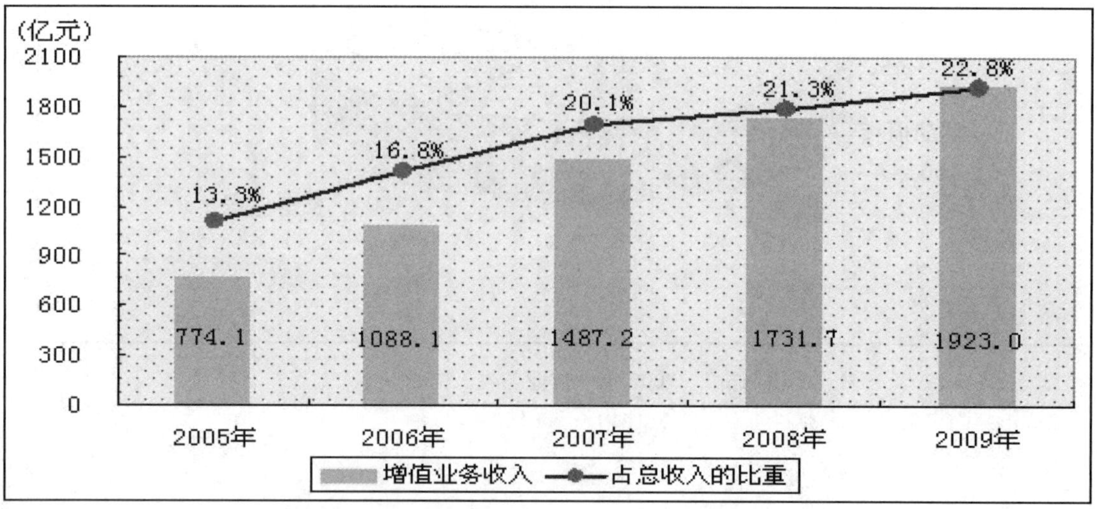

图 17　　2005～2009 年基础电信企业的增值业务收入

【村通工程与农村信息化建设】

2009 年，村村通电话工程确立了“完善基础设施、建设信息平台、开展信息下乡”三大目标任务。通过全行业攻坚克难、奋力拼搏，整体超额完成工程年度计划，各项工作取得新的成效：

偏远农村基础设施建设取得新突破。中国电信、中国移动、中国联通三家基础电信企业克服困难筹集资金 103 亿元，组织力量在大山深处、雪域高原艰苦施工，全年共为 2.7 万多个偏远自然村和行政村开通电话，全国开通电话的行政村和 20 户以上自然村的比重分别达到 99.86%和 93.4%。

农村信息服务能力迈上新台阶。全年共为 4228 个乡镇和行政村开通互联网，开通互联网的乡镇比重从上年底的 98%提高到 99.3%，开通互联网的行政村比重从上年底的 89%提高到 91.5%。三家基础电信企业的“农信通”、“信息田园”、“金农通”等基础性综合信息平台已覆盖全国，为广大农民群众提供了功能强大、种类丰富、经济便捷的公共服务、便民服务和农产品交易服务，极大地促进了农村经济社会的发展。

信息下乡活动进展迅速。目前已在 15 个省份的 1.3 万余个乡镇开展信息下乡活动，并基本实现“一乡一个信息服务站，一村一个信息服务点，一乡一个互联网站，一村一个网上农副产品信息栏目”的“四个一”目标，全国三分之一的乡镇建立了乡村信息服务体系，信息内容、信息业务和信息终端的进乡入村初显成效。

2010 年，我国电信业将继续保持平稳、健康、协调发展。预计全年实现电信主营业务收入 8800 亿元，同比增长 4.5%；电信业务总量 28762 亿元，同比增长 12%；固定电话用户减少 0.28 亿户，达到 2.85 亿户；移动电话用户净增 1.08 亿户，达到 8.55 亿户；互联网宽带接入用户净增 0.2 亿户，达到 1.23 亿户。电信综合资费水平下降 9%。

主要发展指标

【2009 年我国通信业主要指标完成情况】

指标名称	单位	本年止累计到达	比上年同期累计（±%）	本月
电信营业收入	亿元	8707.3	4.1	777.7
其中：电信主营业务收入	亿元	8424.3	3.9	732.1
电信固定资产投资完成额	亿元	3724.9	26.1	951.5
本地网内区间电话通话量	万次	6636538.8	-11.0	522957.2
本地网内区内电话通话量	万次	46454857.0	-12.8	3633441.5
本地网内拨号上网通话量	万次	890572.5	-22.7	59448.1
固定传统长途电话通话时长合计	万分钟	8256022.1	-6.3	661360.4
国内长途电话通话时长	万分钟	8174294.8	-6.0	654449.9
国际电话去话通话时长	万分钟	43414.3	-25.4	3491.8
港澳台电话去话通话时长	万分钟	38312.9	-26.2	3418.7
移动电话通话时长合计(含本地)	万分钟	353409617.4	20.2	32925398.5
移动电话国内长途通话时长	万分钟	23574903.5	32.0	2313458.8
移动电话国际电话通话时长	万分钟	83198.4	7.5	7573.0
移动电话港澳台电话通话时长	万分钟	106017.0	10.3	10072.4
IP 电话通话时长合计	万分钟	11856001.5	-15.1	977516.8
IP 电话国内长途通话时长	万分钟	11711118.7	-15.0	966389.9
IP 电话国际电话通话时长	万分钟	87457.3	-23.3	6650.2
IP 电话港澳台电话通话时长	万分钟	57425.4	-22.0	4476.6
移动短信业务量	万条	77130304.3	10.2	6734749.3

注：移动电话国内长途通话时长的统计口径有所变化。

【用户发展情况】

指标名称	单位	本年末达到	比上年末净增	本月净增
固定电话用户合计	万户	31368.8	-2667.1	-459.7
无线市话用户	万户	4599.4	-2293.7	-287.0
公用电话用户	万部	2708.8	-62.7	-25.9
城市电话用户	万户	21177.6	-1978.3	-322.7
住宅电话用户	万户	12960.7	-2627.6	-170.6
农村电话用户	万户	10191.2	-688.8	-137.0
住宅电话用户	万户	8821.4	-790.8	-140.6
移动电话用户合计	万户	74738.4	10613.8	881.4
移动分组数据用户	万户	38455.9	12924.0	1254.6
互联网拨号用户	万户	870.7	-357.1	-5.5
互联网专线用户	户	98855	41834	2137
互联网宽带接入用户	万户	10322.6	2034.7	117.1
其中：xDSL 用户	万户	8389.6	1687.9	74.5
固定电话普及率	部/百人	23.6		
移动电话普及率	部/百人	56.3		
已通电话的行政村比重	%	99.7		

注：1. 与上年末相比，城市住宅电话用户和互联网专线用户的统计口径有所变化。

2. 已通电话的行政村比重为 2008 年年底数据。

【2009 年我国通信业主要通信能力】

指标名称	单位	本季末达到	比上年末新增
固定长途电话业务电路	2Mbit/s	220975	-73700
移动长途电话业务电路	2Mbit/s	4484202	1799810
光缆线路长度	千米	8266655	1488159
其中：长途光缆线路长度	千米	837159	39180
固定长途电话交换机容量	万路端	1705.9	15.1
局用交换机容量	万门	49219.4	-1643.8
其中：接入网设备容量	万门	24094.7	-1311.7
移动电话交换机容量	万户	142111.2	27579.9
互联网宽带接入端口	万个	13592.4	2702.0

【2009 年度通信水平分省情况】

	固定电话普及率（部/百人）	移动电话普及率（部/百人）
全　国	23.6	56.3
东　部	32.3	73.5
北　京	52.7	107.7
天　津	32.8	84.4
河　北	19.2	54.2
辽　宁	35.4	66.8
上　海	49.5	111.9
江　苏	34.7	64.4
浙　江	41.4	87.1
福　建	34.5	73.2
山　东	23.6	56.7
广　东	35.3	93.6
海　南	21.4	58.1
中　部	18.9	45.2
山　西	22.2	57.3
吉　林	21.3	57.6

黑龙江	22.8	48.9
安　徽	20.7	35.1
江　西	17.0	35.2
河　南	15.5	42.3
湖　北	19.1	54.9
湖　南	18.3	43.2
西　部	17.9	47.4
内蒙古	18.3	66.9
广　西	16.4	40.7
重　庆	22.1	50.8
四　川	19.1	42.6
贵　州	11.9	38.3
云　南	12.8	42.6
西　藏	18.8	43.2
陕　西	21.7	62.1
甘　肃	17.3	45.5
青　海	19.7	54.3
宁　夏	18.5	61.9
新　疆	25.8	52.2

【2009年电话用户分省情况】

单位：万户

	固定电话			移动电话
	合　计	城市电话	农村电话	
全　国	31368.8	21177.6	10191.2	74738.4
东　部	16887.5	11747.2	5140.3	38414.3
北　京	893.1	694.2	198.9	1825.5
天　津	385.3	381.6	3.7	992.5
河　北	1343.9	870.1	473.8	3788.9
辽　宁	1529.1	1075.7	453.4	2882.1
上　海	935.5	923.5	12.0	2113.2
江　苏	2662.4	1694.3	968.0	4940.3
浙　江	2118.6	1313.8	804.8	4459.3
福　建	1244.8	853.8	391.0	2639.1
山　东	2225.3	1260.3	965.0	5341.8
广　东	3366.7	2554.4	812.2	8935.2
海　南	182.8	125.5	57.4	496.4
中　部	7941.9	5140.7	2801.2	18982.0
山　西	758.8	498.6	260.2	1954.3
吉　林	581.3	425.4	155.9	1574.2
黑龙江	870.2	659.1	211.1	1869.3
安　徽	1267.3	625.8	641.5	2154.6
江　西	748.5	448.0	300.5	1548.0
河　南	1460.6	1009.0	451.6	3990.2
湖　北	1088.3	710.2	378.0	3136.9
湖　南	1166.9	764.6	402.4	2754.4
西　部	6539.4	4289.7	2249.7	17326.5
内蒙古	441.6	372.8	68.7	1616.0
广　西	787.6	485.8	301.8	1960.1
重　庆	627.7	397.8	229.9	1440.9

四　川	1551.2	985.3	565.9	3466.9
贵　州	451.1	254.5	196.6	1453.4
云　南	583.1	359.5	223.6	1936.4
西　藏	53.9	51.2	2.7	124.0
陕　西	815.0	525.7	289.2	2337.4
甘　肃	453.9	285.9	168.0	1194.7
青　海	109.3	84.1	25.2	301.0
宁　夏	114.5	77.3	37.1	382.8
新　疆	550.5	409.6	140.8	1113.0

2009年电信业主要指标分省情况

【电信业务总量、收入、投资分省情况】

	电信业务总量		电信主营业务收入		电信固定资产投资	
	2009年（亿元）	比上年（±%）	2009年（亿元）	比上年（±%）	2009年（亿元）	比上年（±%）
全　国	25680.6	14.4	8424.3	3.9	3724.9	26.1
北　京	883.1	15.8	404.0	-1.2	137.6	21.3
天　津	362.5	9.1	124.5	3.7	58.6	33.5
河　北	1152.2	11.3	355.7	0.7	160.7	25.8
山　西	601.2	13.2	204.3	3.4	103.7	22.2
内蒙古	541.0	19.9	147.4	12.1	93.0	53.6
辽　宁	908.9	15.7	349.5	1.8	155.2	43.3
吉　林	512.0	15.9	144.4	6.2	89.1	55.8
黑龙江	663.7	15.5	201.5	4.8	105.2	45.1
上　海	839.1	5.0	418.4	0.2	152.0	19.7
江　苏	1658.8	13.9	641.3	5.2	228.8	21.9
浙　江	1623.4	8.4	584.6	1.5	227.1	30.5
安　徽	666.7	25.2	240.0	9.6	115.3	42.7
福　建	960.1	12.4	325.3	3.5	125.9	20.4
江　西	588.6	25.8	170.7	8.9	71.2	11.2
山　东	1604.0	12.8	509.6	3.1	197.8	33.1
河　南	1226.1	13.8	351.7	2.7	168.0	29.3
湖　北	797.9	17.7	282.1	9.6	125.6	20.2
湖　南	861.6	16.8	292.4	10.9	130.0	34.6
广　东	3849.0	9.2	1211.9	0.2	399.6	31.8
广　西	673.4	18.4	201.4	8.3	96.9	42.4
海　南	184.6	19.8	59.9	9.9	36.2	79.0
重　庆	464.3	13.8	147.8	6.8	72.7	38.3
四　川	1123.5	25.9	357.2	9.5	183.8	24.4
贵　州	473.5	31.4	137.6	12.3	66.1	0.0
云　南	664.2	17.4	193.1	9.3	89.2	23.5
西　藏	50.9	28.1	22.3	19.6	15.5	26.5
陕　西	718.1	16.7	210.1	10.5	90.9	14.8
甘　肃	355.1	26.9	103.5	12.6	66.3	33.4
青　海	87.5	27.0	30.5	8.7	24.5	65.7
宁　夏	117.1	24.4	36.2	12.9	22.1	57.9
新　疆	466.3	26.4	126.5	4.4	80.0	33.5

【电信用户分省情况】

	固定电话用户		移动电话用户		互联网宽带接入用户	
	2009年（万户）	比上年（万户）	2009年（万户）	比上年（万户）	2009年（万户）	比上年（万户）
全 国	31368.8	-2667.1	74738.4	10613.8	10322.6	2034.7
北 京	893.1	8.2	1825.5	209.3	451.8	69.0
天 津	385.3	-11.3	992.5	127.5	158.7	19.9
河 北	1343.9	-113.5	3788.9	574.9	522.7	134.0
山 西	758.8	-44.2	1954.3	255.8	279.9	65.4
内蒙古	441.6	-20.9	1616.0	271.6	157.1	42.6
辽 宁	1529.1	-75.2	2882.1	460.6	502.9	87.6
吉 林	581.3	-40.3	1574.2	211.3	227.9	51.9
黑龙江	870.2	-157.8	1869.3	223.0	277.2	38.3
上 海	935.5	-79.9	2113.2	232.3	434.0	43.4
江 苏	2662.4	-305.9	4940.3	983.3	929.4	212.4
浙 江	2118.6	-179.0	4459.3	482.6	821.1	129.3
安 徽	1267.3	-112.7	2154.6	439.6	258.3	73.0
福 建	1244.8	-186.2	2639.1	271.0	360.3	70.6
江 西	748.5	-98.4	1548.0	270.7	238.7	58.2
山 东	2225.3	-195.8	5341.8	713.9	747.4	126.1
河 南	1460.6	-101.9	3990.2	489.2	503.9	129.4
湖 北	1088.3	-83.6	3136.9	608.1	361.3	78.8
湖 南	1166.9	-90.4	2754.4	514.1	286.0	65.4
广 东	3366.7	-206.6	8935.2	539.5	1123.6	175.6
广 西	787.6	-60.8	1960.1	336.2	248.3	65.9
海 南	182.8	-41.9	496.4	98.7	48.9	12.3
重 庆	627.7	-51.2	1440.9	159.3	201.0	44.8
四 川	1551.2	-109.2	3466.9	614.6	396.1	76.9
贵 州	451.1	-48.5	1453.4	274.3	112.8	28.3
云 南	583.1	-33.2	1936.4	300.5	172.6	33.9
西 藏	53.9	-16.7	124.0	37.0	8.8	1.8
陕 西	815.0	-66.3	2337.4	425.1	221.3	48.4
甘 肃	453.9	-65.1	1194.7	299.4	86.6	20.2
青 海	109.3	-10.1	301.0	53.8	27.9	6.6
宁 夏	114.5	-7.1	382.8	59.5	33.9	9.0
新 疆	550.5	-61.7	1113.0	61.8	122.1	16.0

【电信能力、电话普及率分省情况】

	光缆 线路长度 （公里）	互联网宽带 接入端口 （万个）	局用交换机 容量 （万门）	移动电话 交换机容量 （万户）	固定电话 普及率 （部/百人）	移动电话 普及率 （部/百人）
全　国	8266655	13592.4	49219.4	142111.2	23.6	56.3
北　京	98171	563.2	1483.0	3814.0	52.7	107.7
天　津	48680	183.5	614.6	1688.0	32.8	84.4
河　北	407055	655.3	2057.2	7757.0	19.2	54.2
山　西	431575	368.3	1063.5	4223.5	22.2	57.3
内蒙古	168772	174.5	714.2	3345.4	18.3	66.9
辽　宁	296450	549.9	2115.9	4338.8	35.4	66.8
吉　林	163832	260.6	860.0	3060.0	21.3	57.6
黑龙江	256232	365.4	1384.1	4501.6	22.8	48.9
上　海	121983	660.0	1386.4	4548.0	49.5	111.9
江　苏	585358	1091.8	4455.4	7950.4	34.7	64.4
浙　江	528194	942.2	3109.7	7973.0	41.4	87.1
安　徽	331672	462.0	1606.3	4584.5	20.7	35.1
福　建	302749	471.2	1924.7	5741.2	34.5	73.2
江　西	294685	281.8	1208.5	3630.8	17.0	35.2
山　东	391767	1006.2	3353.1	10537.7	23.6	56.7
河　南	352092	689.8	2316.9	7288.3	15.5	42.3
湖　北	311407	422.1	1732.8	5447.7	19.1	54.9
湖　南	263768	384.5	1745.0	4287.5	18.3	43.2
广　东	663816	1734.7	5426.0	15675.1	35.3	93.6
广　西	267710	402.4	1401.8	3749.5	16.4	40.7
海　南	44797	77.3	289.0	864.4	21.4	58.1
重　庆	199209	285.6	1166.2	2340.2	22.1	50.8
四　川	480466	494.5	2363.6	9611.0	19.1	42.6
贵　州	210105	163.5	851.0	2326.2	11.9	38.3
云　南	279183	247.1	1040.4	3722.5	12.8	42.6
西　藏	26633	15.7	127.5	189.0	18.8	43.2
陕　西	260268	271.9	1325.4	3636.6	21.7	62.1
甘　肃	190245	121.1	799.1	1719.0	17.3	45.5
青　海	57640	32.9	162.9	438.0	19.7	54.3
宁　夏	36626	38.4	219.0	661.4	18.5	61.9
新　疆	195517	175.1	914.2	2461.0	25.8	52.2

注：【1】对于以上表中所披露的数据，2008年及以前的数据为年报最终核算数，2009年的数据为快报初步核算数。2009年的最终核算数及分省、分企业数据将在2010年年中出版的《中国通信统计年度报告(2009)》中公布。

【2】以上表中电信综合指标是基础电信企业的合计数，未包括增值电信企业。增值电信企业年报数据将在2010年年中出版的《中国通信统计年度报告（2009)》中公布。

【3】网民数、互联网普及率、互联网国际出口带宽等数据取自中国互联网络信息中心（CNNIC）发布的《中国互联网络发展状况统计报告（2010年1月)》。

中国互联网络发展状况统计报告

【网民规模】

一、总体网民规模

截至 2009 年底，中国网民规模达到 3.84 亿人，较 2008 年增长 28.9%，在总人口中的比重从 22.6%提升到 28.9%，互联网普及率在稳步上升。

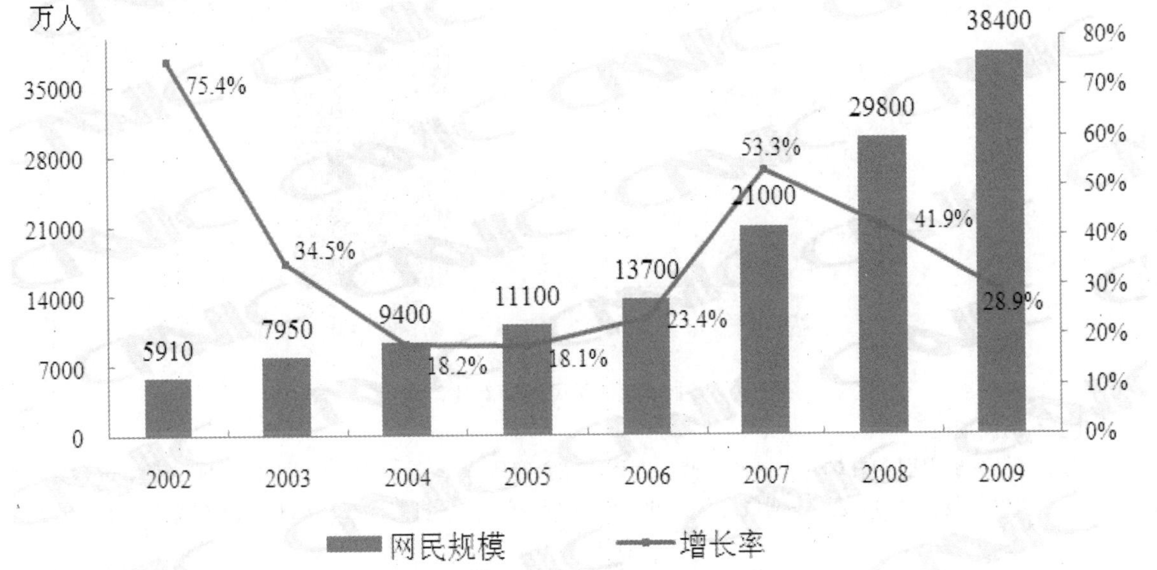

图 1　　中国网民规模与增长率

经济的快速发展是互联网用户持续增长的基础。2009 年全年 GDP 仍保持 8%左右的增长，各项社会事业稳步前进。基础设施投入加大、家电下乡政策鼓励、3G 网络正式开通等共同推动了中国网民规模增长。

虽然普及率持续提升，但是相比发达国家，中国的互联网普及率还较低。截至 2009 年 12 月，美国、日本和韩国互联网普及率分别达到 74.1%、75.5%和 77.3%，我国网络使用的差距还很大，与此同时，中国网民规模增速在逐步放缓。从 2008 年的 41.9%下降到 2009 年的 28.9%。

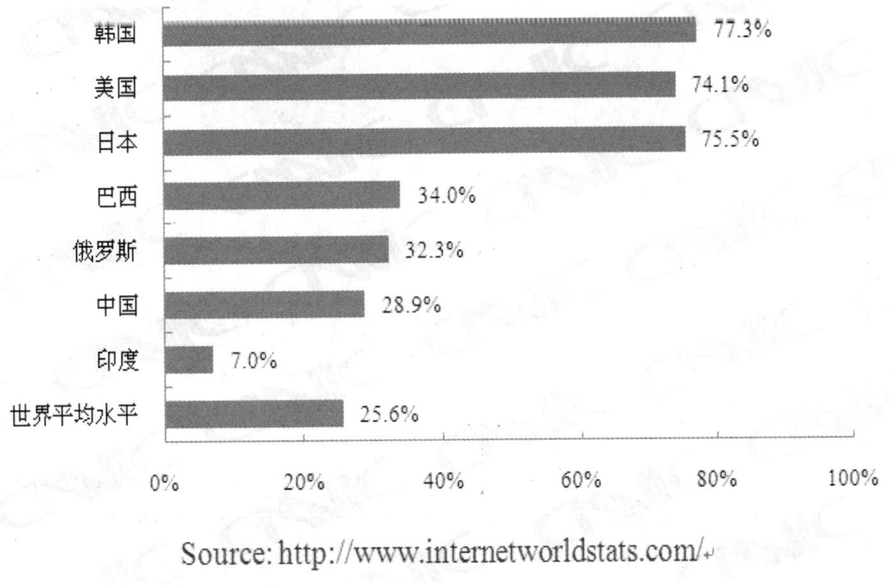

图 2　　2009 年 12 月部分国家的互联网普及率

二、宽带网民规模

2009 年，中国基础电信网络的通信能力进一步提升，保障了宽带互联网的发展。据工业和信息化部统计显示，2009 年我国基础电信企业的互联网用户进一步趋向宽带化。1～11 月份，基础电信企业净增互联网宽带接入用户 1917.6 万户，达到 10205.5 万户，其中 xDSL 用户 8315.1 万户。

随着手机网民的增长，只使用手机上网的群体规模逐渐增大，2009 年末已经占到网民整体的 8%。而其他使用有线（固网）接入互联网的用户占 92%，其中有 97.9%使用宽带，占整体网民的 90.1%，年增长 7598 万用户。

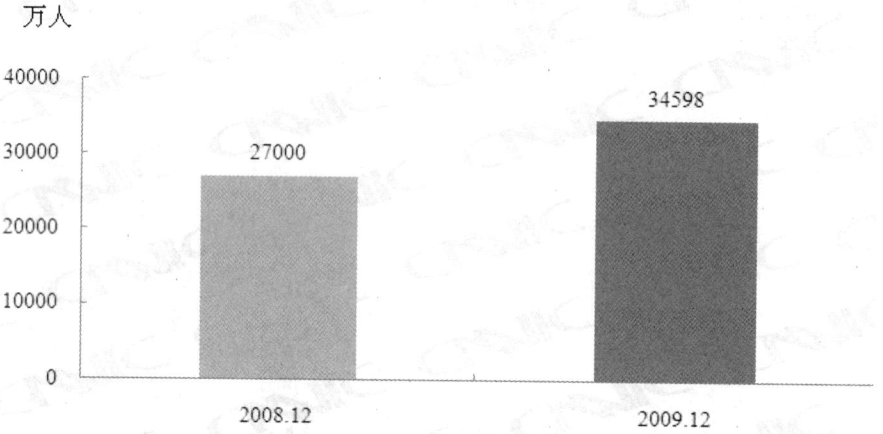

图 3　中国宽带网民规模对比

三、手机上网网民规模

由于 3G 手机上网概念的吸引和终端对上网的支持程度逐步完善等因素影响，中国手机网民呈现迅速增长态势。截至 2009 年 12 月底，手机网民规模 2.33 亿，占网民总体的 60.8%，移动网络、手机终端在中国互联网发展中起着更加重要的作用。

图 4　手机上网网民规模对比

四、分省网民规模

目前，全国互联网普及率为 28.9%，高于世界平均水平，但是各省的互联网发展状况差异较大。

第一梯队：互联网发展水平较好，普及率高于全国平均水平。主要集中在东部沿海地区，包括北京、上海、广东、天津、浙江、福建、辽宁、江苏、山西、山东十个省（直辖市）。其中，辽宁和山东网民规模仍保持较快增长速度，年增幅分别达到 40.2%和 39.6%，增长排名第 10、12 位。

第二梯队：互联网普及率低于全国平均水平，但是高于全球平均水平。包括海南、重庆、青海、新疆、吉林、陕西、河北、湖北 8 个省（直辖市）。其中湖北和吉林省网民增速最快，年增幅 39.9%和 39.6%，增长排名第 11、13 位。

第三梯队：互联网发展水平较为滞后，网络普及率低于全球平均水平。包括黑龙江、内蒙古、宁夏、湖南、广西、河南、甘肃、四川、云南、西藏、江西、安徽、贵州 13 个省（直辖市、自治区）。这些省份网民增速较快，其中甘肃、河南、云南排名全国前三甲，分别为 63.6%、56.4%和 54.0%。

表 1　2009 年分省网民规模及增速

省份	网民数（万人）	普及率	增长率	普及率排名	网民增速排名
北京	1103	65.1%	12.6%	1	28
上海	1171	62.0%	5.5%	2	30
广东	4860	50.9%	6.7%	3	29
天津	564	48.0%	16.3%	4	24
浙江	2452	47.9%	16.3%	5	25
福建	1629	45.2%	18.1%	6	23
辽宁	1595	37.0%	40.2%	7	10
江苏	2765	36.0%	32.7%	8	17
山西	1064	31.2%	29.9%	9	19
山东	2769	29.4%	39.6%	10	12
海南	244	28.6%	13.0%	11	26
重庆	803	28.3%	34.3%	12	16
青海	154	27.7%	18.5%	13	22
新疆	634	27.5%	1.4%	14	31
吉林	726	26.6%	39.6%	15	13
陕西	995	26.5%	25.9%	16	21
河北	1842	26.4%	38.1%	17	15
湖北	1469	25.7%	39.9%	18	11
黑龙江	912	23.9%	47.1%	19	7
内蒙古	575	23.8%	49.4%	20	4
宁夏	141	22.8%	38.2%	21	14
湖南	1406	22.0%	40.7%	22	8
广西	1030	21.4%	40.3%	23	9
河南	2007	21.3%	56.4%	24	2
甘肃	535	20.4%	63.6%	25	1
四川	1635	20.1%	48.2%	26	5
云南	844	18.6%	54.0%	27	3
西藏	53	18.6%	12.8%	28	27
江西	790	18.0%	29.5%	29	20
安徽	1069	17.4%	47.9%	30	6
贵州	573	15.1%	32.3%	31	18

研究发现，互联网发展程度与地区经济发展水平正相关，即地区经济越发达，其互联网也就越发达，互联网普及率可以作为地区经济发展水平的表征。

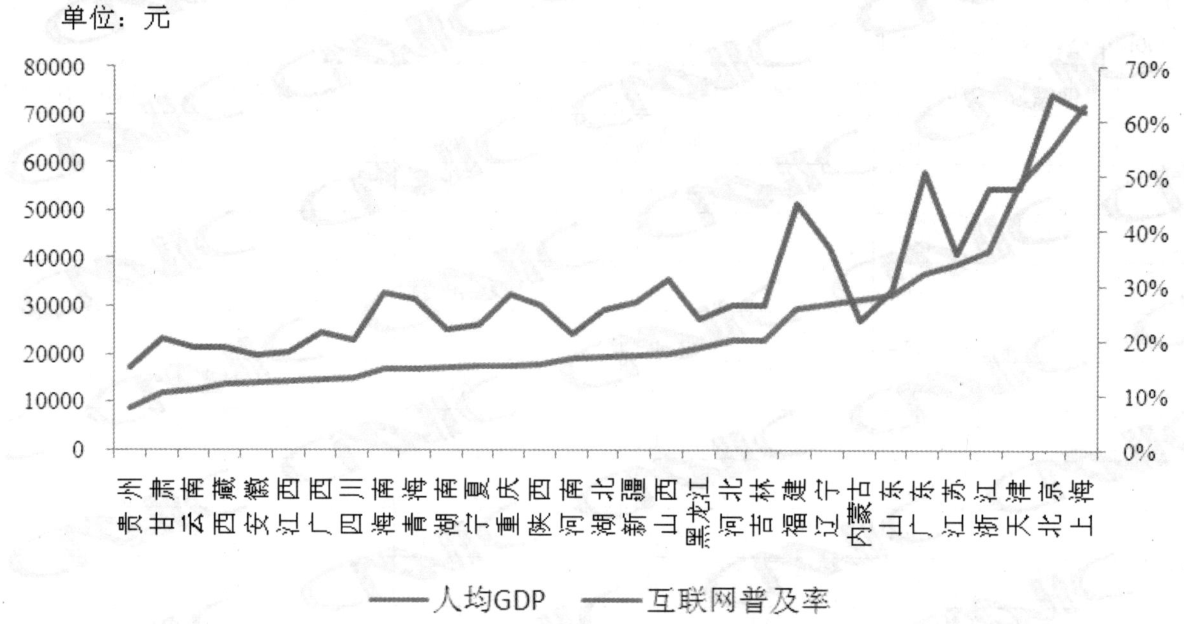

图 5　各省人均 GDP 与互联网普及率

【网民结构特征】

一、性别结构

目前中国网民男女性别比例为 54.2：45.8，女性网民占比略低于全国人口中女性的比例，2009 年底男性网民的规模占比小幅上扬。

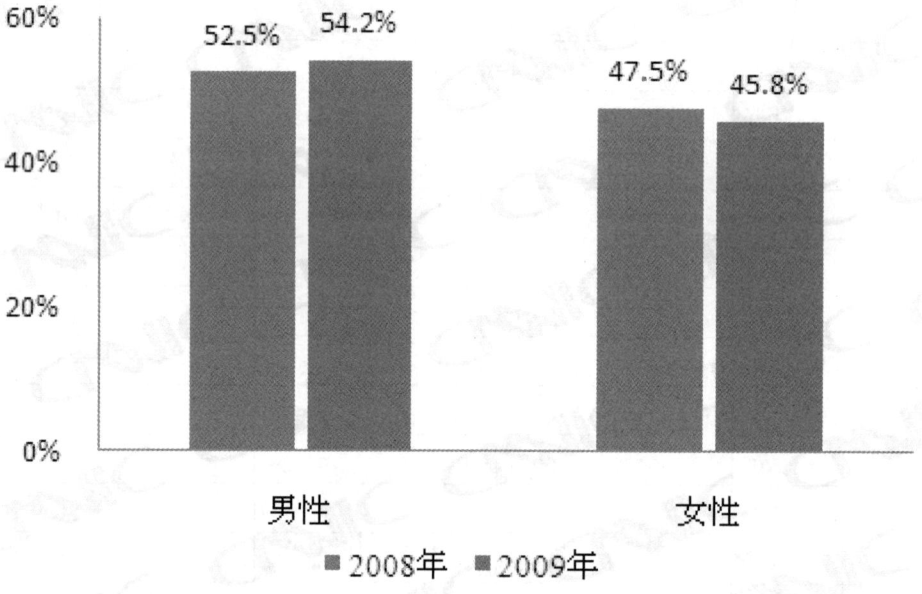

图 6　网民性别结构对比

二、年龄结构

与 2008 年相比，中国网民年龄结构更为优化，网民的年龄结构更加均衡。30 岁以上年龄段人群占比攀升，整体占到网民的 38.5%。这部分人群更为成熟，消费能力较强，是互联网经济发展的重要用户群。

低龄网民占比也在上升，10 岁以下网民群体增至 1.1%，2009 年，“校校通”工程实施接近尾声，大部分初级学校都建立起较为完善的网络教育课程。

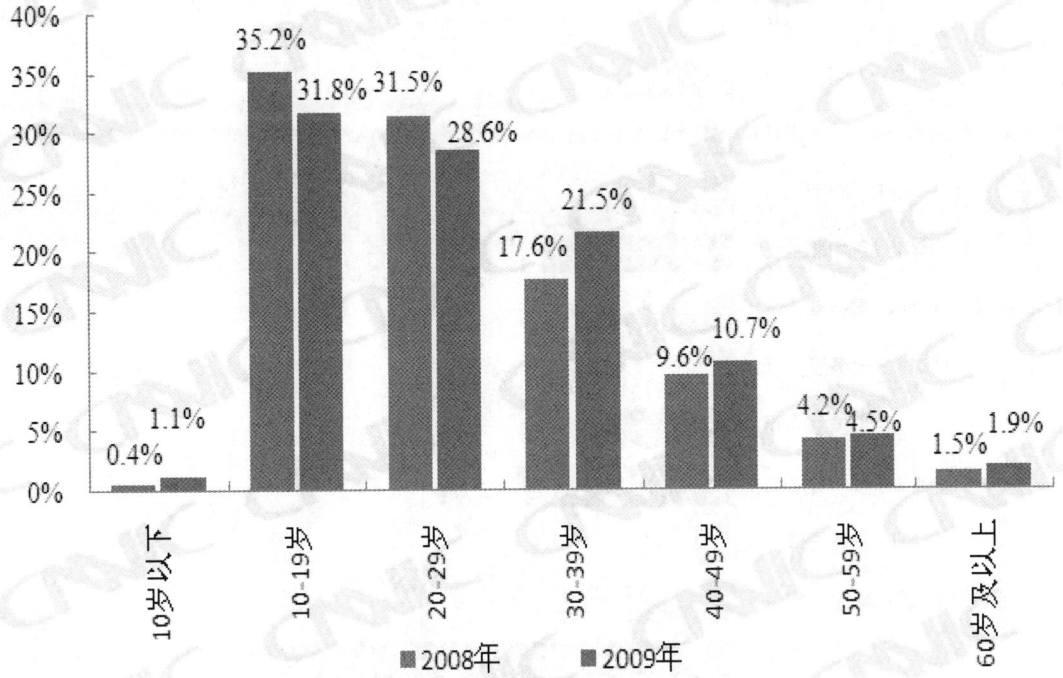

图 7　网民年龄结构对比

三、学历结构

中国网民群体继续向低学历人群渗透。2009 年，小学及以下网民群体增速超过整体网民增速，目前占到网民整体的 8.8%，年增幅 3.4 个百分点。高中学历网民占比也略微提升，大专及以上学历网民占比继续降低，网民学历结构更为均衡。

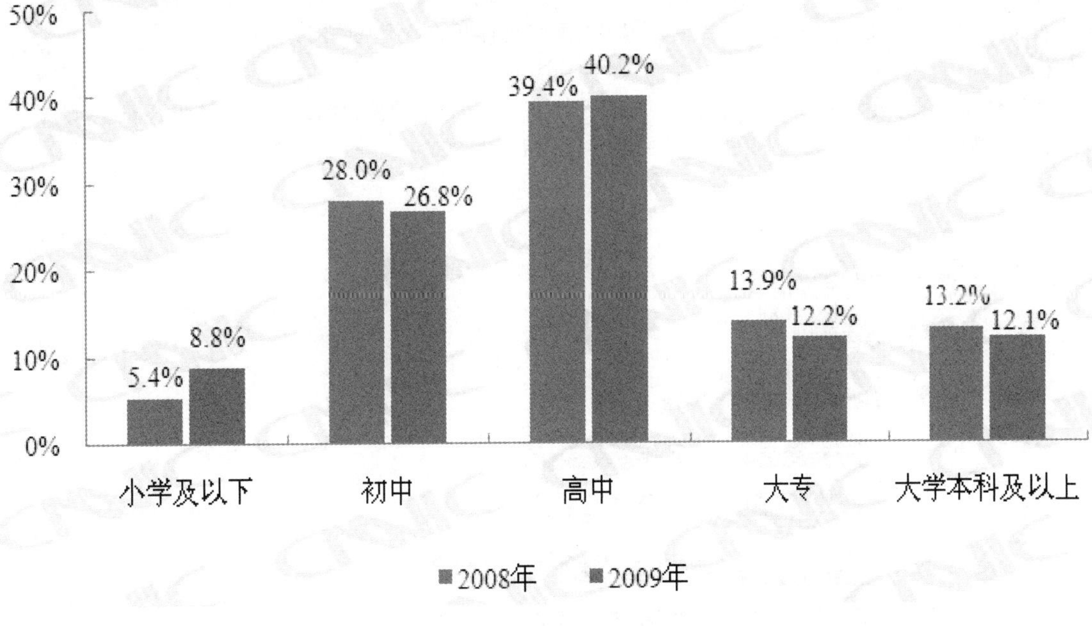

图 8　网民学历结构对比

四、职业结构

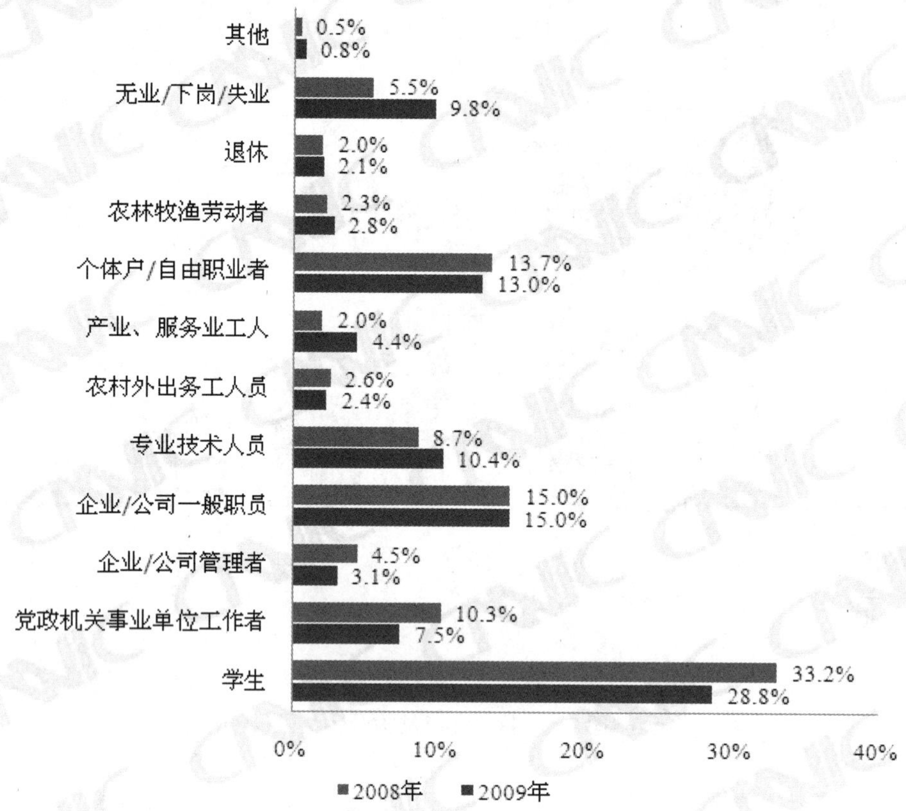

图 9　　网民职业结构

2009 年，中国学生网民群体占比明显下降，这一变化显示出中国互联网用户群体更加成熟，商业价值日益提升。同时，无业人员、农民群体等网民比重也小幅增长。越来越多的弱势群体开始使用互联网。

五、收入结构

网民中无收入群体比重继续上升，目前达到 10%，这与无业人员越来越多地被吸纳到网民群体中有关。同时，月收入在 2000 元以上的网民群体占比也在增大，互联网消费的用户基础更为坚实。

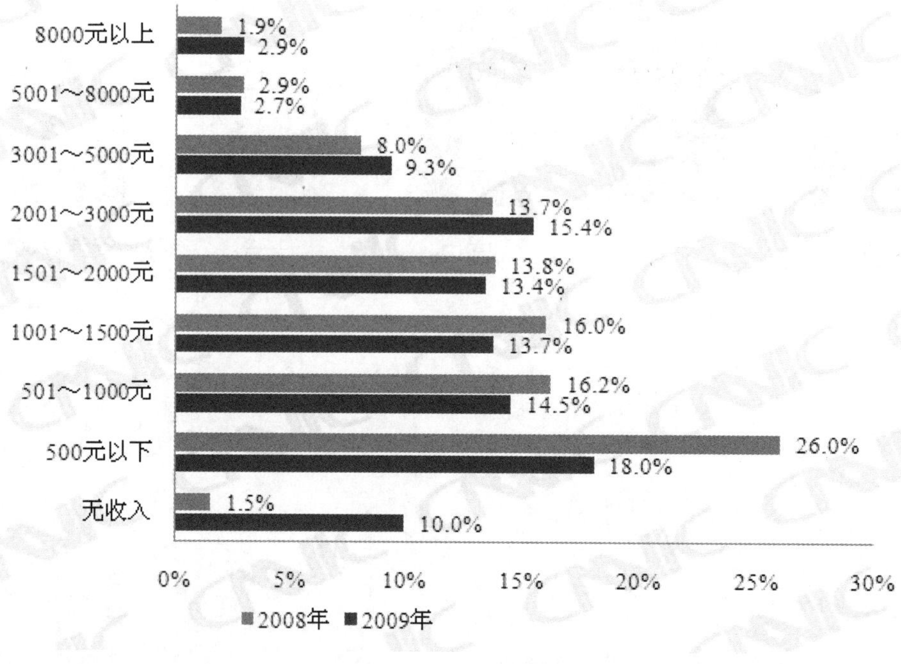

图 10　　网民收入结构

六、城乡结构

2009 年，农村网民规模达到 10681 万，占整体网民的 27.8%。同比增长 26.3%，低于 2008 年增长速度，也低于 2009 年整体网民增幅。

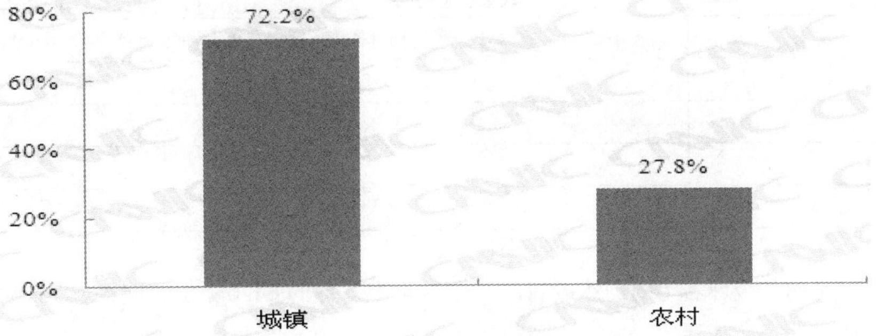

图 11　　网民城乡结构对比

部分农村地区网络使用的基础条件还很匮乏，尤其是中西部农村地区网络使用的意识相对较落后，网络使用的增长条件和空间还很不足。目前农村非网民中，有 38.8%的人是由于不懂电脑/网络而不上网，19.7%的人是由于没有电脑等上网设备，3.5%的人是由于当地没有网络接入条件。由于缺乏相应硬件和知识而不使用网络的相应比例均高于城镇非网民群体。

【互联网基础资源】

一、基础资源概述

2009 年底 IPv4 地址已经达到 2.3 亿，数量仅次于美国，是全球第二大 IPv4 地址拥有国，有力地保障了中国互联网的稳步发展。目前 IPv4 地址数量仍旧增长迅速，年增长率为 28.2%。

2009 年底域名总数为 1682 万，其中 80%为.CN 域名。域名数量保持平稳。域名利用率正在增加。

网站数量达到 323 万个，网站数量继续平稳增长。

国际出口带宽达到 866,367Mbps，增长迅速，年增长率达到 35.3%。

表 2　　2008.12～2009.12 年中国互联网基础资源对比

	2008 年 12 月	2009 年 12 月	年增长量	年增长率
IPv4（个）	181,273,344	232,446,464	51,173,120	28.2%
域名（个）	16,826,198	16,818,401	-7,797	-0.05%
其中 CN 域名（个）	13,572,326	13,459,133	-113,193	-0.83%
网站（个）	2,878,000	3,231,838	353,838	12.3%
其中 CN 下网站（个）	2,216,400	2,501,308	284,908	12.9%
国际出口带宽（Mbps）	640,286.67	866,367.20	226,080.53	35.3%

二、IP 地址

IPv4 地址容量有限，2012 年现有的 IP 地址将分配完毕。尽管中国的 IPv4 地址数量增长迅速，但是仍旧很快将会面临不能满足增长迅速的网民需求境况。届时，运营商、用户和设备提供商将有一系列不良连锁反应。

要解决网络地址的问题，需要尽快过渡到以 IPv6 为基础的下一代互联网，以利于整个互联网未来的互联互通。但是目前国内的 IPv6 产业链还不是很完善，没有形成全国地址分配的机制。目前中国的 IPv6 地址为 63 块。

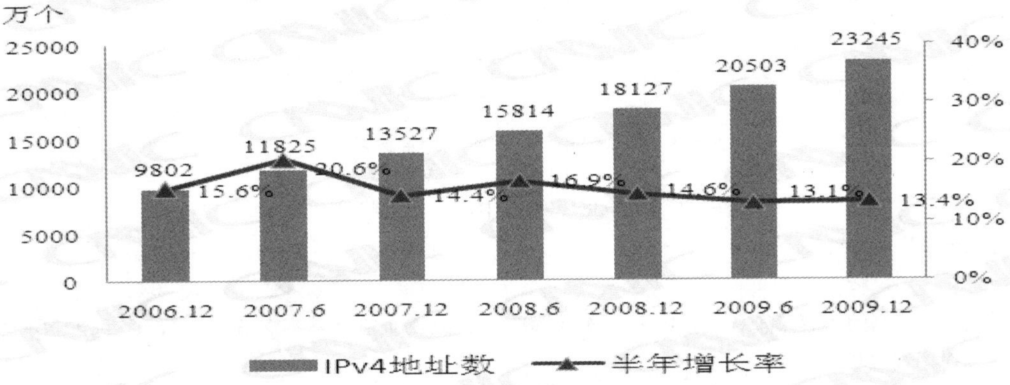

图 12　　2006～2009 中国 IPv4 地址资源变化情况

三、域名

2009 年底域名总数为 1682 万，其中有 80%为 cn 域名。

表 3　　中国分类域名数

	数量（个）	占域名总数比例
CN	13,459,133	80.0%
COM	2,783,652	16.6%
NET	438,662	2.6%
ORG	136,954	0.8%
合计	16,818,401	100%

目前 CN 域名中，.CN 结尾的二级域名比例仍然最高，占到 CN 域名总数的 64.0%，其次是.COM.CN 域名，占比为 23.1%。

表 4　　中国分类 CN 域名数

	数量（个）	占 CN 域名总数比例
.cn	8612100	64.0%
.com.cn	3105501	23.1%
.net.cn	424664	3.2%
.org.cn	181746	1.4%
.adm.cn	1071333	8.0%
.gov.cn	49730	0.4%
.ac.cn	10454	0.1%
.mil.cn	13	0.0%
.edu.cn	3592	0.0%
合计	13459133	100%

四、网站

截至 2009 年 12 月，中国的网站数，即域名注册者在中国境内的网站数（包括在境内接入和境外接入）达到 323 万个，网站数量增长幅度不大。

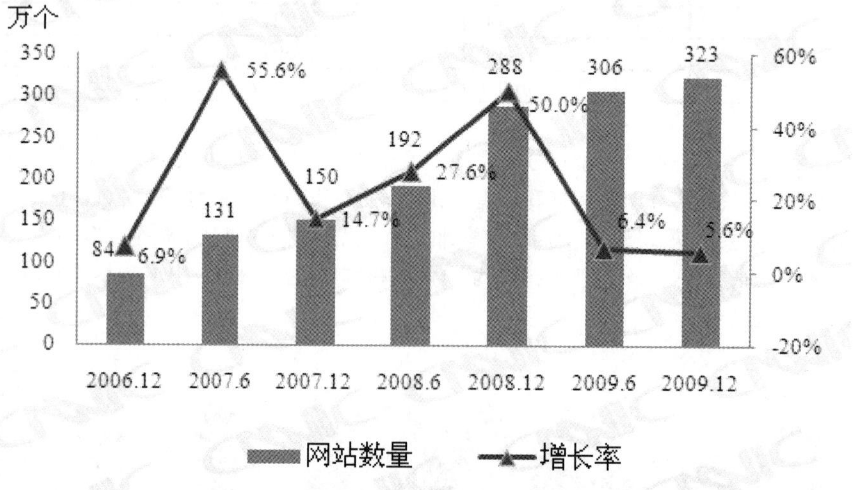

图 13　　2006～2009 中国网站规模变化

注：数据中不包含.EDU.CN 下网站数

五、网页

网页的规模反映了互联网的内容丰富程度。自 2003 年开始，中国的网页规模基本保持翻番增长，2009 年网页数量达到 336 亿个，年增长率超过 100%。

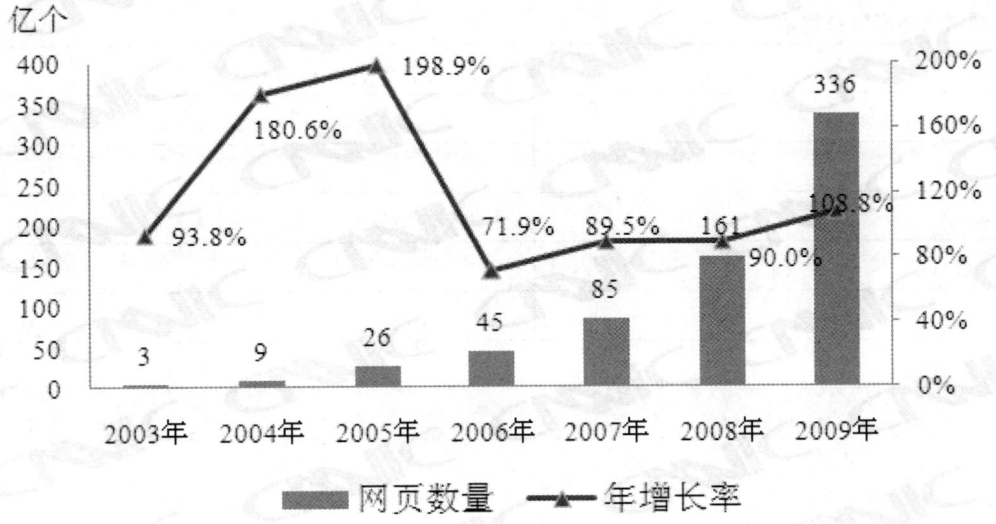

图 14　　2003～2009 年中国网页规模变化

从下表的详细网页情况来看，网页的增加量中以静态网页居多。与此同时，平均每个网站的网页数达到 10397 个，年增长率达到 86%。但平均每个网页的字节数增长不多，只增加了 2.9KB。

表 5　　中国网页数

	单位	2008 年	2009 年	增长率
网页总数	个	16,086,370,233	33,601,732,128	108.88%
静态网页	个	7,891,388,272	18,998,243,013	140.75%
	占网页总数比例	49.06%	56.54%	——
动态网页	个	8,194,981,961	14,603,489,115	78.20%
	占网页总数比例	50.94%	43.46%	——
静态/动态网页的比例		0.96:1	1.3:1	——
网页长度（总字节数）	KB	460,217,386,099	1,059,950,881,533	130.32%
平均每个网站的网页数	个	5,588	10,397	86.06%
平均每个网页的字节数	KB	28.6	31.5	10.30%

六、网络国际出口带宽

中国国际出口带宽继续发展，2009 年底达到 866,367Mbps，年增长率达到 35.3%。

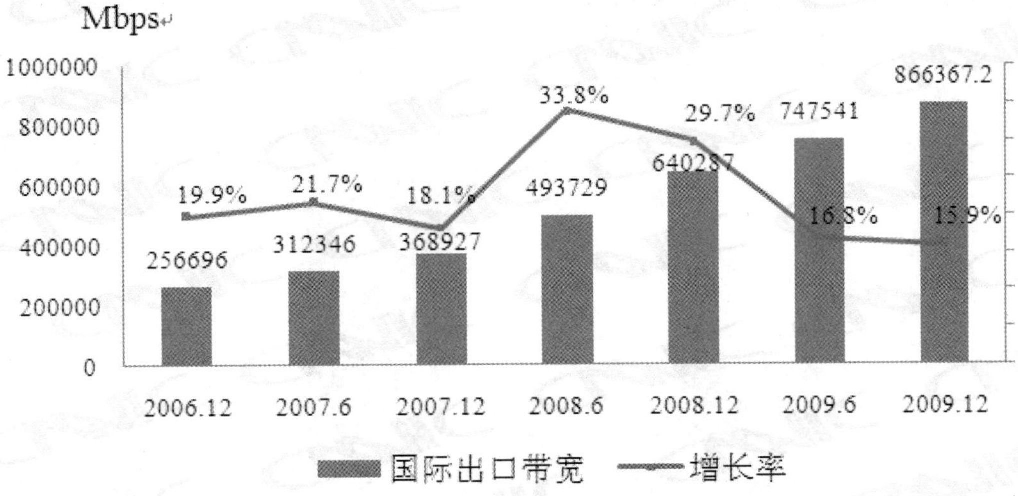

图 15　　2006～2009 中国国际出口带宽变化情况

表 6　　主要骨干网络国际出口带宽数

	国际出口带宽数（Mbps）
中国电信	516650.2
中国联通	298834
中国科技网	10322
中国教育和科研计算机网	10000
中国移动互联网	30559
中国国际经济贸易互联网	2
合计	866367.2

【网络接入】

一、上网地点

与 2008 年底相比，在家上网的比例继续提高，已有超过 80%（83.2%）的网民在家上网。

受手机上网网民规模快速增长和单位上网条件的改善等因素影响，网吧网民的增速放缓。2009 年一年仅增加了 850 万人，年增长率 8%。2009 年一年在单位上网的网民数量增加量超过了 5000 万。

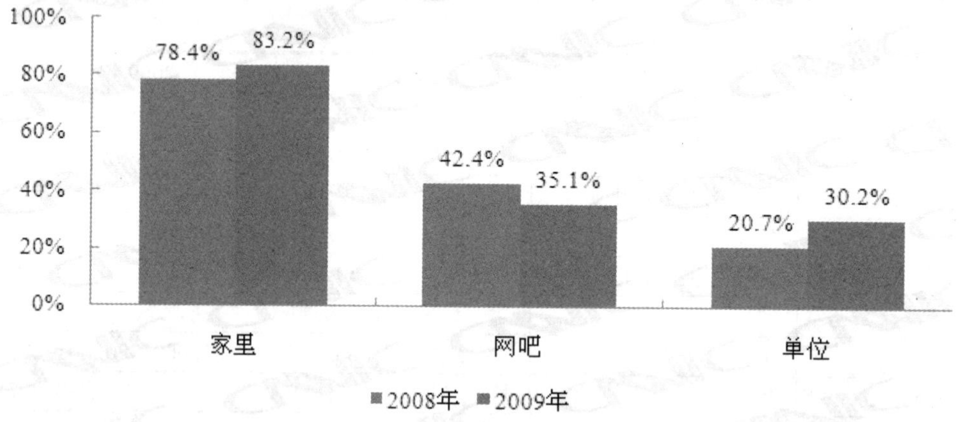

图 16　　网民上网场所

二、上网时间

2009 年网民上网时长继续增加，平均每个网民每周增加了 2.1 小时。在职网民中在业余时间上网的比例较高。只在业余时间上网的比例为 68.1%，仅在单位上网的比例仅有 7.4%。

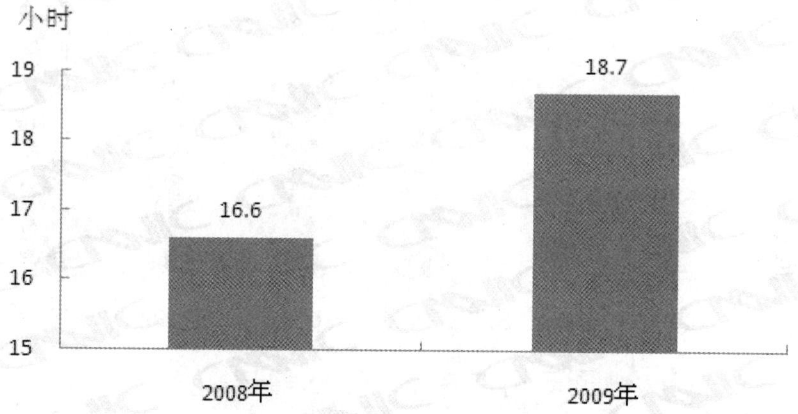

图 17　　网民平均每周上网时长对比

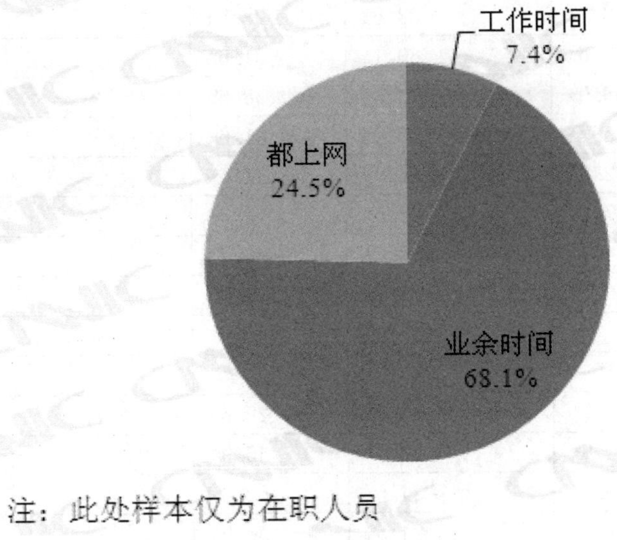

图 18　网民上网时间

三、上网设备

2009 年继续呈现笔记本电脑和手机两种上网设备快速增长、台式机增速缓慢的趋势。2009 年上网手机数量增长率为 98.5%，上网的笔记本电脑增长率为 42.4%，而台式机的增长率仅有 5.8%。

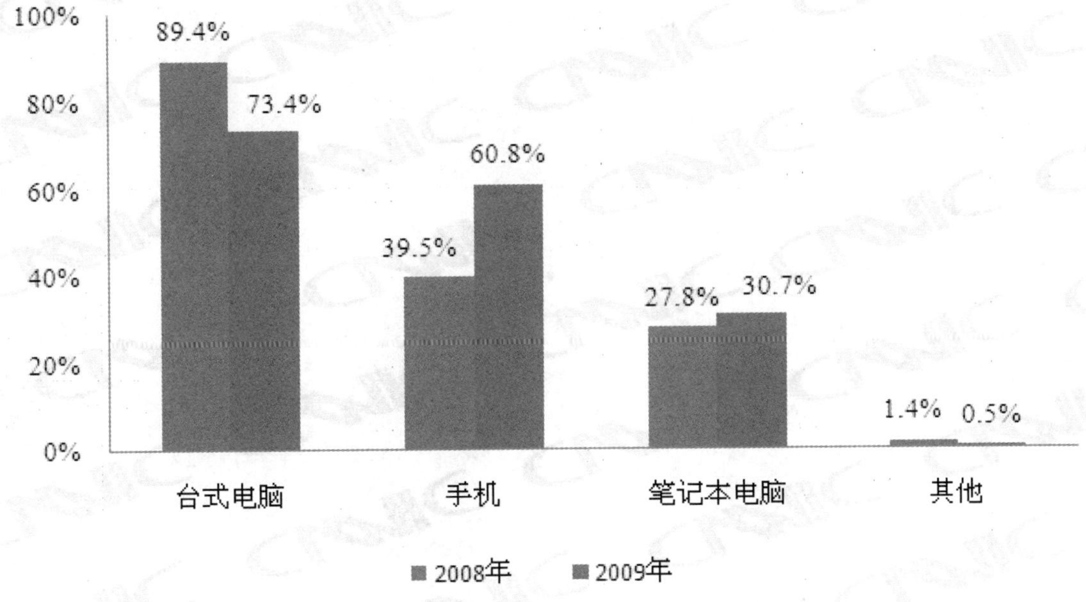

图 19　网民上网设备

【网民网络应用】

一、主要网络应用使用行为

截至 2009 年 12 月，使用率排名前三甲分别是网络音乐（83.5%），网络新闻（80.1%），搜索引擎（73.3%）。但从发展速度上看，商务交易类应用遥遥领先，商务交易类应用平均年增幅 68%。其中，网上支付用户年增幅 80.9%，在所有应用中排名第一。2009 年是商务类应用大发展的一年，中国互联网应用的消费商务化特征走强趋势明显。

表 7　各类网络应用使用状况及用户增长

类型	应用	2008 年使用率	2009 年使用率	用户增长率	使用率排名	增长率排名
网络娱乐	网络音乐	83.7%	83.5%	28.8%	1	11
信息获取	网络新闻	78.5%	80.1%	31.5%	2	9
信息获取	搜索引擎	68.0%	73.3%	38.6%	3	7
交流沟通	即时通信	75.3%	70.9%	21.6%	4	13
网络娱乐	网络游戏	62.8%	68.9%	41.5%	5	6
网络娱乐	网络视频	67.7%	62.6%	19.0%	6	14
交流沟通	博客应用	54.3%	57.7%	36.7%	7	8
交流沟通	电子邮件	56.8%	56.8%	29.0%	8	10
交流沟通	社交网站		45.8%		9	
网络娱乐	网络文学		42.3%		10	
交流沟通	论坛/BBS	30.7%	30.5%	28.6%	11	12
商务交易	网络购物	24.8%	28.1%	45.9%	12	5
商务交易	网上银行	19.3%	24.5%	62.3%	13	4
商务交易	网上支付	17.6%	24.5%	80.9%	14	1
商务交易	网络炒股	11.4%	14.8%	67.0%	15	3
商务交易	旅行预订	5.6%	7.9%	77.9%	16	2

（一）信息获取类网络应用

（1）搜索引擎

2009 年，搜索引擎的使用率为 73.3%，较 2008 年增加了 5.3 个百分点，超过了即时通信成为网民使用互联网的第三大应用。目前搜索引擎用户规模达到 2.8 亿人，年增长率为 38.6%。

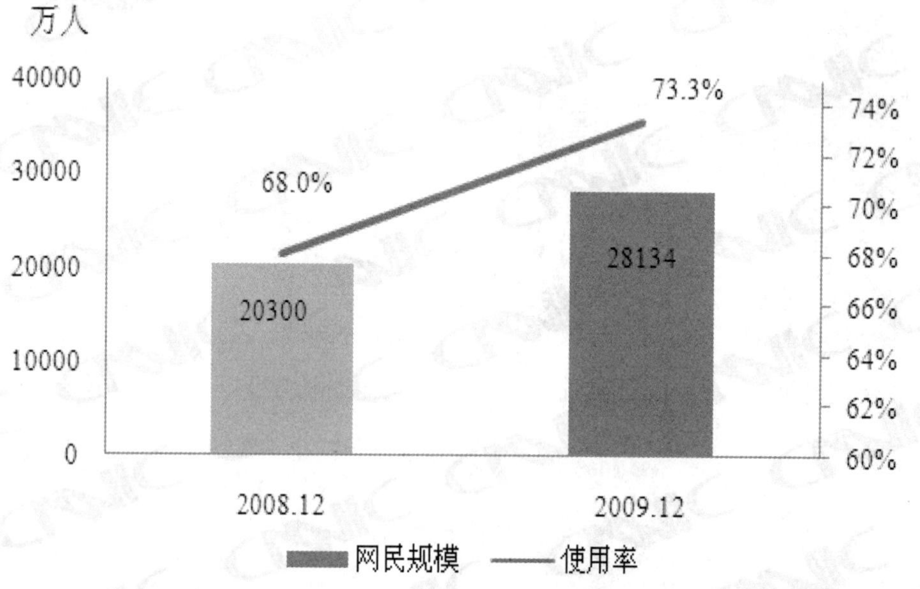

图 20　2008～2009 搜索引擎用户对比

（2）网络新闻

2009 年网络新闻使用率为 80.1%，用户规模达到 30769 万人，年增幅 31.5%。

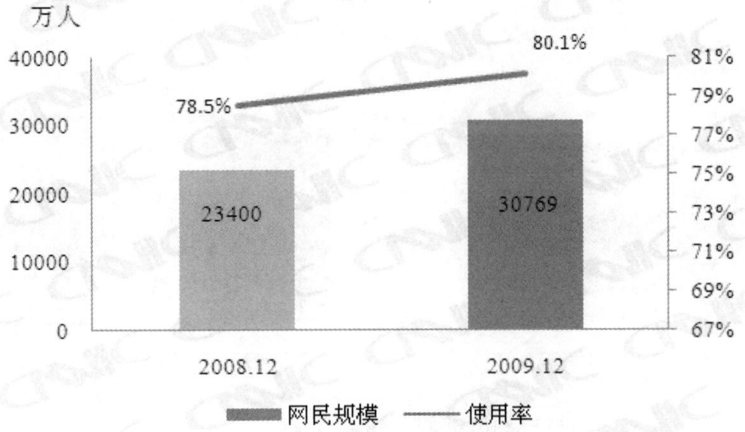

图 21　　2008～2009 网络新闻用户对比

表 8　　2008～2009 信息获取类应用用户对比

	2008 年		2009 年		年变化	
	使用率	网民规模（万人）	使用率	网民规模（万人）	增长量（万人）	增长率
搜索引擎	68.0%	20,300	73.3%	28,134	7,834	38.6%
网络新闻	78.5%	23,400	80.1%	30,769	7,369	31.5%

（二）交流沟通类网络应用

（1）即时通信

2009 年即时通信用户规模达到 2.7 亿人，较 2008 年增长 4822 万，增长率为 21.6%。与此同时，即时通信使用率继续下降。2009 年即时通信网民使用率为 70.9%，而 2008 年与 2007 年用户的使用率分别为 75.3%和 81.4%。

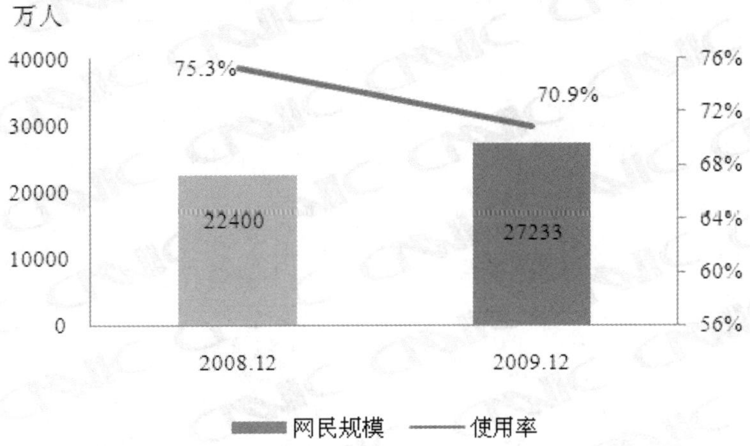

图 22　　2008～2009 即时通信用户对比

（2）博客

截至 2009 年 12 月，博客应用在网民中的用户规模达到 2.21 亿，使用率为 57.7%，较 2008 年底增长 5940 万人，使用率提升了 3.4 个百分点。活跃博客的规模进一步扩大，在半年内更新过博客空间的博客用户规模达到 1.45 亿，增长率为 37.9%。

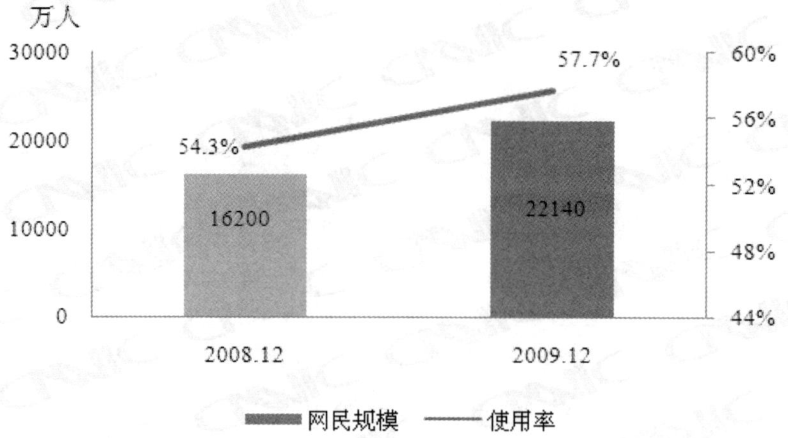

图 23　　2008～2009 博客用户对比

（3）社交网站

截止到 2009 年底，中国使用社交网站的网民数达到 1.76 亿，在网民中的渗透率达到 45.8%。

表 9　　2008～2009 交流沟通类应用用户对比

	2008 年		2009 年		年变化	
	使用率	网民规模（万人）	使用率	网民规模（万人）	增长量（万人）	增长率
即时通信	75.3%	22,400	70.9%	27,233	4,833	21.6%
拥有博客	54.3%	16,200	57.7%	22,140	5,940	36.7%
更新博客	35.2%	10,500	37.7%	14,477	3,977	37.9%
论坛/BBS	30.7%	9,100	30.5%	11,701	2,601	28.6%
社交网站			45.8%	17,587		
电子邮件	56.8%	16,900	56.8%	21,797	4,897	29%

（三）网络娱乐类网络应用

（1）网络游戏

2009 年网络游戏用户规模持续增长，规模达到 2.65 亿人，较 2008 年增长 41.5%。值得关注的是，网络游戏是所有互联网娱乐领域中唯一使用率上升的服务，网民使用率从 2008 年的 62.8%提升至 68.9%。

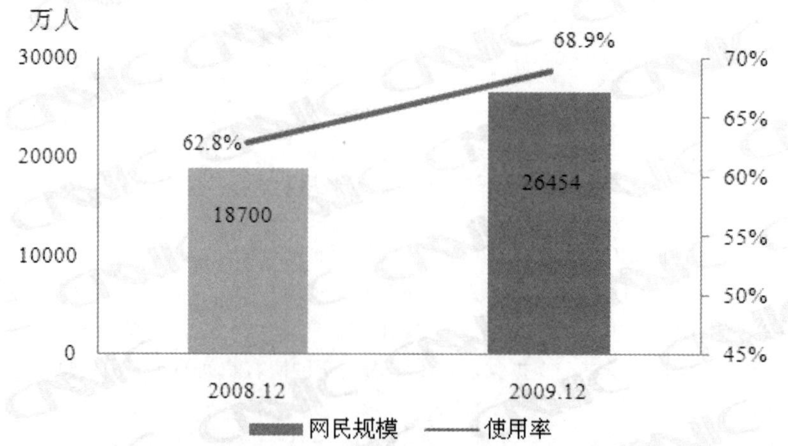

图 24　　2008～2009 网络游戏用户对比

（2）网络文学

CNNIC 在本次调查中增加了网络文学应用的研究。调查结果显示，网络文学用户规模达到 1.62 亿人，使用率为 42.3%。

（3）网络视频

截止到 2009 年底，网络视频用户规模达到 2.4 亿，较 2008 年底增长 3844 万，使用率为 62.6%，下降了 5.1 个百分点。

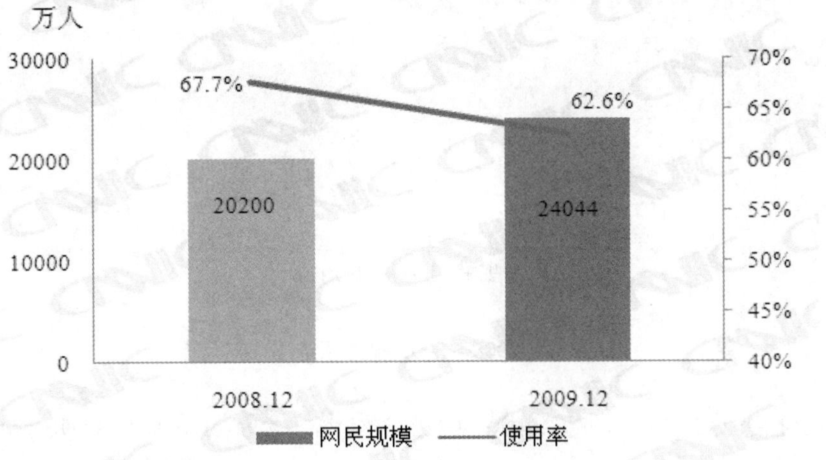

图 25　　2008～2009 网络视频用户对比

表 10　　2008～2009 网络娱乐类应用用户对比

	2008 年		2009 年		年变化	
	使用率	网民规模（万人）	使用率	网民规模（万人）	增长量（万人）	增长率
网络游戏	62.8%	18,700	68.9%	26,454	7,754	41.5%
网络视频	67.7%	20,200	62.6%	24,044	3,844	19.0%
网络音乐	83.7%	24,900	83.5%	32,074	7,174	28.8%
网络文学			42.3%	16,261		

（四）商务交易类网络应用

（1）网络购物

2009 年，网络购物用户规模 1.08 亿人，年增长 45.9%，网络购物使用率继续上升，目前达到 28.1%。

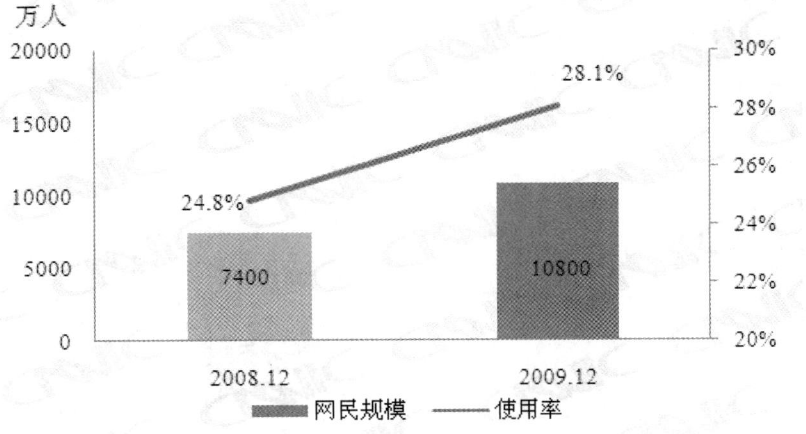

图 26　　2008～2009 网络购物用户对比

（2）旅游预订

截至 2009 年 12 月，旅游预订的使用率为 7.9%，用户规模 3024 万人，年增长 77.9%。

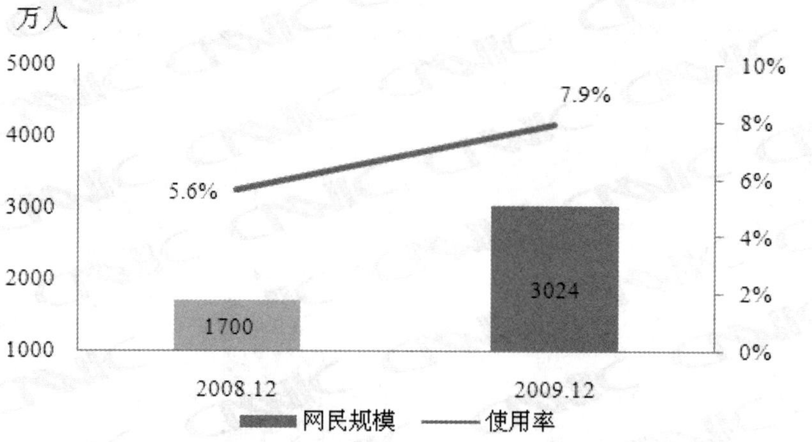

图 27　　2008～2009 旅游预订用户对比

（3）网上支付

2009 年，网络支付的使用率达到 24.5%，用户规模 9406 万，年增幅高达 80.9%，是用户增长最快的网络应用，越来越多的网民开始使用网上支付。

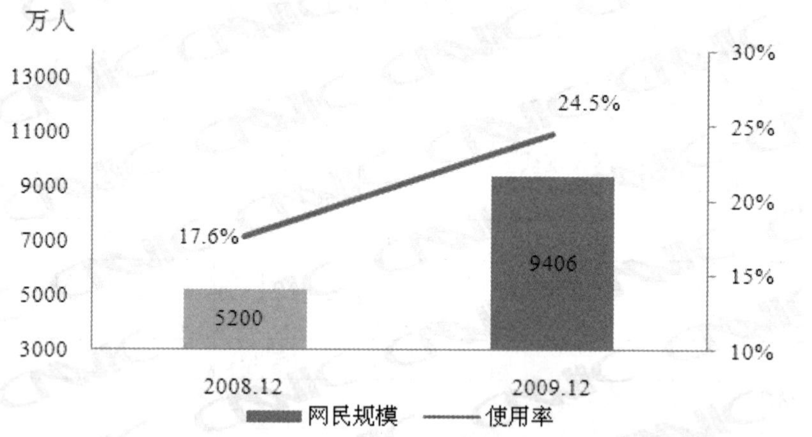

图 28　　2008～2009 网上支付用户对比

（4）网络炒股

2009 年，网络炒股用户规模为 5678 万人，占比 14.8%，年增幅 67%。

图 29　　2008～2009 网络炒股用户对比

根据中国证券登记结算公司的数据，计算近三年来中国股市过户总金额的变化，发现网络炒股的用户使用比例与中国股市过户总金额变化趋势保持一致。

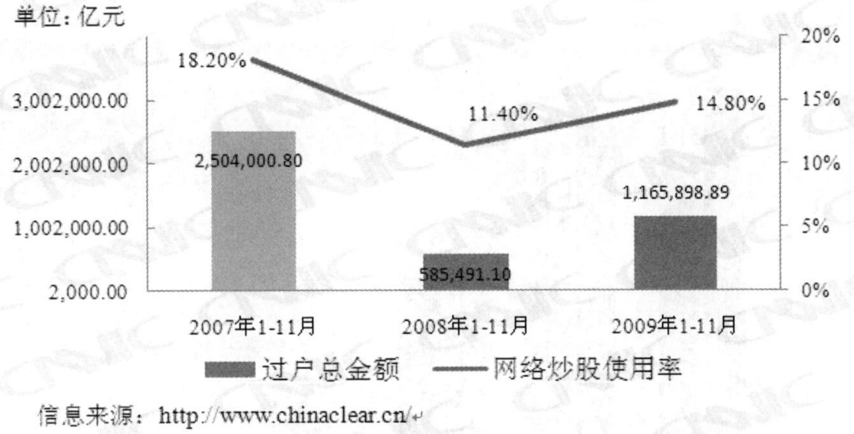

图 30　　2007～2009 中国炒股用户过户总金额和网络炒股比例

表 11　　2008 ～2009 商务交易类应用用户对比

	2008 年		2009 年		年变化	
	使用率	网民规模（万人）	使用率	网民规模（万人）	增长量（万人）	增长率
网络购物	24.8%	7,400	28.1%	10,800	3,400	45.9%
旅行预订	5.6%	1,700	7.9%	3,024	1,324	77.9%
网上支付	17.6%	5,200	24.5%	9,406	4,206	80.9%
网上银行	19.3%	5,800	24.5%	9,412	3,612	62.3%
网络炒股	11.4%	3,400	14.8%	5,678	2,278	67.0%

【手机网民结构特征与应用】

一、手机网民结构特征

与网民总体的性别特征比较来看，手机网民的男性用户更多，达到 56%。主要原因是早期手机上网在内容选择上更适用于男性用户，且男性用户对于新的技术相关事物的关心程度更高。这种比例的失衡正在逐年趋向于整体人口性别比例的分布。

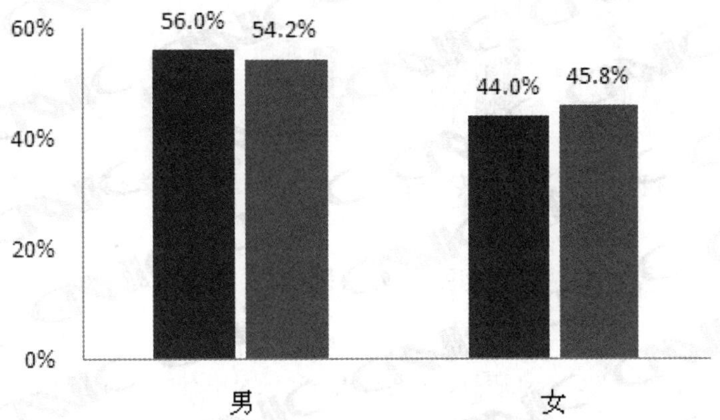

图 31　　手机网民和整体网民性别结构

2009 年手机网民的年龄依然呈偏态分布，在 10-29 岁年龄段的分布最为集中，占到了整体手机网民的 73.2%。与整体网民相比，手机上网更多地吸引了年轻群体，尤其是青少年群体。但与上半年相比，10-19 岁及 20-29 岁年龄段手机网民分别下降了 0.9 和 2.3 个百分点。

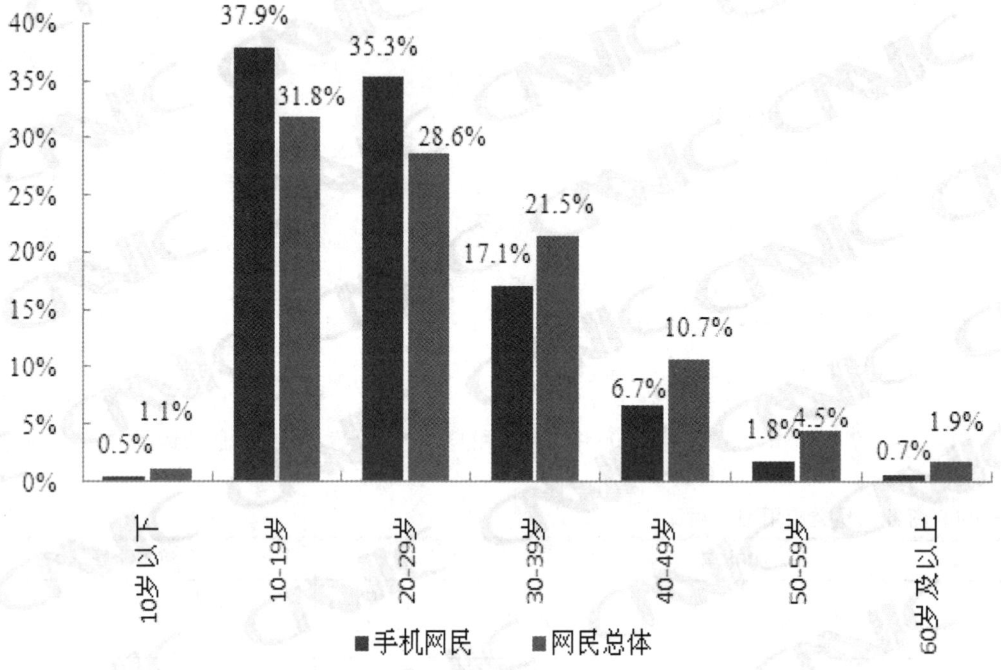

图 32　　手机网民和整体网民年龄结构

学历对比来看，手机网民中低学历群体所占比例更大，初中和高中学历的手机网民所占比例较总体网民在该年龄段的比例高出 2.3 个百分点。

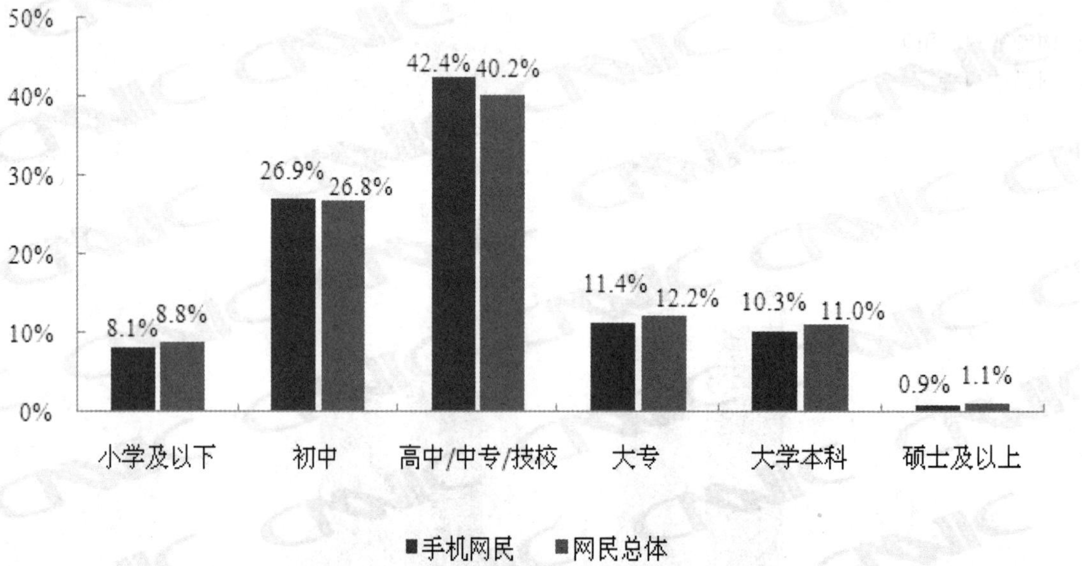

图 33　　手机网民和整体网民学历结构

与整体网民相比，手机网民群体在学生、企业职员、农村外出务工人员中有更高的使用比例，分别高出网民总体的 3.5、0.7 和 0.5 个百分点。

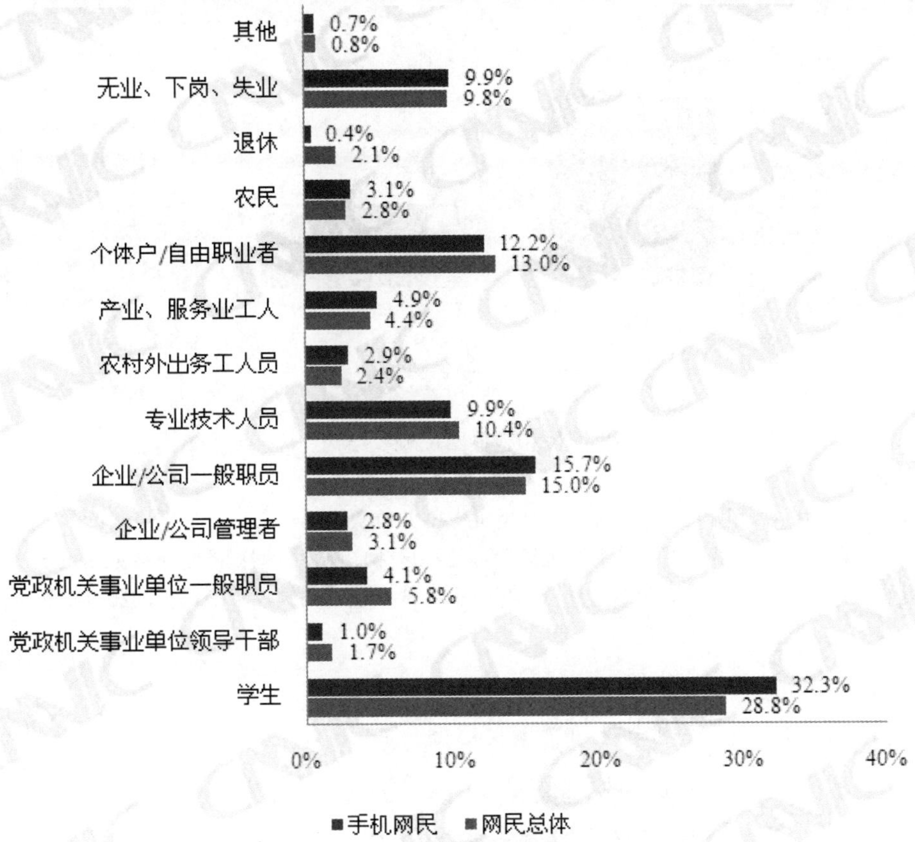

图 34　　手机网民和整体网民职业结构

与整体网民相比，手机网民的低收入群体所占比例更大，500 元以下、501-1000 元两个月收入段均较整体网民有差距，其中月收入在 501~1000 元的手机网民占比高出整体网民的 2 个百分点。在 3001~5000 元的收入段，手机网民占比则低于整体网民 0.9 个百分点。

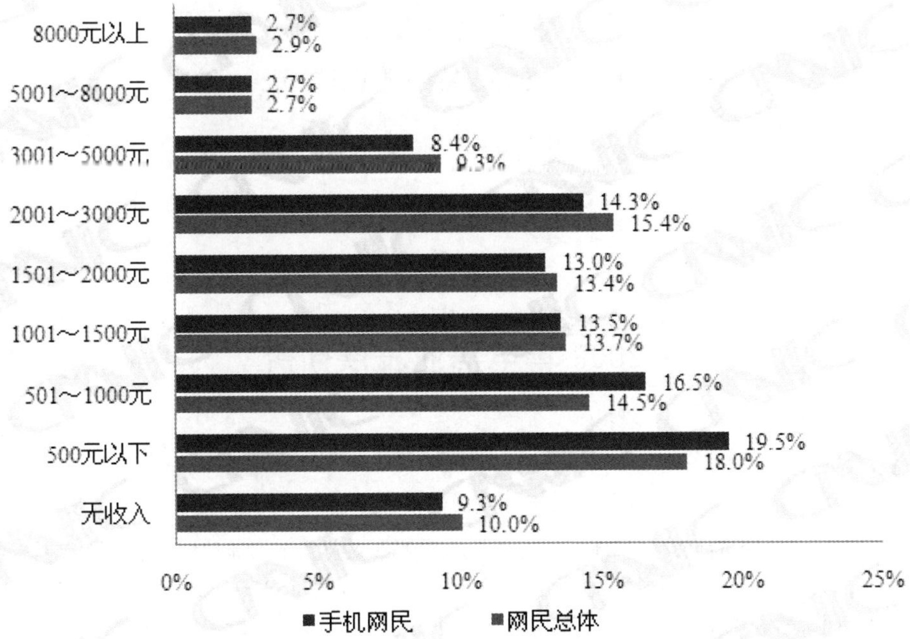

图 35　　手机网民和整体网民收入结构

手机网民居住地为农村的用户占到 30.8%，而总体网民中乡村网民的占比为 27.8%，两者相差 3 个百分点。由于手机的特殊应用便利性，在农村地区相对于传统的互联网有更大的优势，随着手机上网资费的调整等因素的影响，手机上网形式在农村将更加普遍。

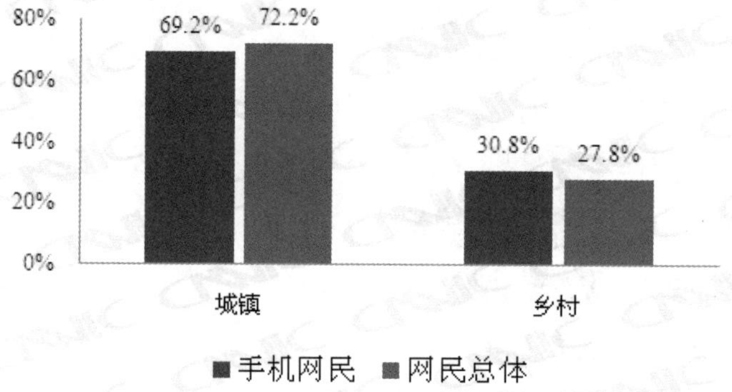

图 36　　手机网民和整体网民城乡结构

二、手机网民应用行为

目前有 77.8%的用户使用手机在线聊天服务，这依然是手机上网的首要应用。第二位是手机阅读，用户的比例占到总体手机网民的 75.4%。手机新闻网站、手机小说、手机报等业务已经成为影响手机网民的最重要应用之一。

手机搜索、手机音乐是目前手机上网应用的第二梯队，其中手机搜索用户比例较年中调查的比例增长了近一倍，市场前景不容忽视。

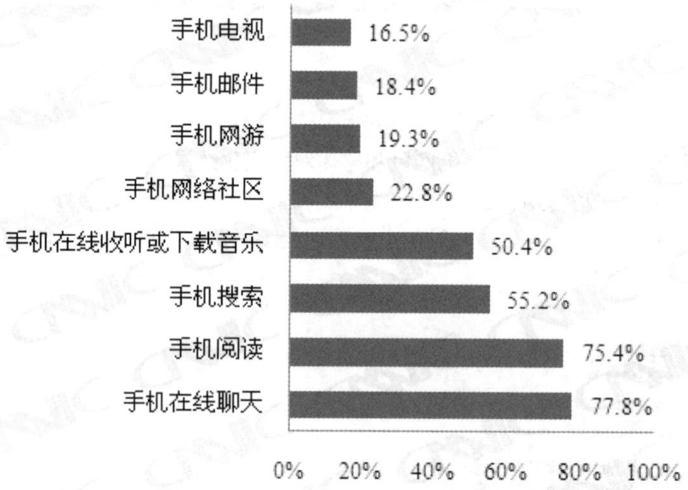

图 37　　手机网民网络应用

2009 年电信业发展研究

【行业发展总体概况】

一、行业运行概况

2009 年，在国家经济回升势头不断巩固、整体向好态势日趋明朗的大背景下，通信业发展呈现逐月持续回升态势。

全行业量收规模继续扩大，但增速持续放缓。全行业累计完成电信业务总量 25680.6 亿元，同比增长 14.4%；实现电信业务收入 8707.3 亿元，同比增长 4.1%。其中，实现电信主营业务收入 8424.3 亿元，同比增长 3.9%。行业利润总额达到 1600 亿元，同比增长 5.9%；新增行业投资 3725 亿元，同比增长 26.1%。其中，电信业务收入各季度增速分别为 1.9%、2.7%、5.2%和 6.5%，呈现逐季回升态势。

普及水平进一步提升，推动通信服务均等化。全行业合计新增电话用户 7946.7 万户，电话用户总数合计达到 10.6 亿户，普及率达到 79.9 部/百人，比 2008 年提升 5.6 个百分点。新增宽带接入用户 2034.7 万户，总量达到 1.03 亿户，宽带普及率达到7.8%。新增互联网网民8600万人，网民总数达到3.84亿，普及率为28.9%，比2008年提升6.3个百分点。超额完成村通任务，行政村通电话比例99.86%，20户以上自然村通电话比重93.4%，99.3%的乡镇开通互联网，行政村通互联网比例达到91.5%。信息下乡活动进展迅速，已在15个省和1.3万余个乡镇开展信息下乡，并基本实现"四个一"目标，全国1/3乡镇建立了乡村信息服务体系，实现了信息内容、信息业务和信息终端进乡入村。

3G建设快速推进，3G业务全面商用。三大运营商完成3G网络建设直接投资1609亿元，共完成3G基站建设32.5万个，累计发展用户超过1500万户。

二、行业对经济社会发展的贡献

经济贡献稳中有升。全行业完成增加值5012.2亿元，同比增长7%，对GDP的直接贡献保持在1.5%左右，间接贡献则随着向国民经济各行业渗透的加强持续提高。网络建设拉动全社会投资1.8%左右，有力刺激内需增长。

3G发展有力促进国民经济增长。据测算，2009年3G直接投资1609亿元，间接拉动国内投资近5890亿元；带动直接消费364亿元（终端消费297亿元，业务消费67亿元），间接消费141亿元；直接带动GDP增长343亿元，间接带动GDP增长1413亿元；直接创造就业岗位26万个，间接创造就业岗位67万个。

带动通信产业链快速发展。3G网络建设和业务拓展拉动通信设备制造业利润同比增长高达49%，拉动移动通信基站设备信道数量同比增长112.8%，手机产量同比增长4.6%（均为截止11月数）。同时，还推动国内通信业设备企业在全球通信设备市场和终端市场的占有率提升，华为和中兴在全球通信系统设备的市场占有率分别上升到14.9%和4.4%，在移动通信设备市场华为在今年三季度以20%的市场份额成为第二大移动设备商。通信业的发展还带动了网络设备国产化率的提升，其中3G设备的国产化率超过92%。

基础设施共建共享带来较显著的经济效益和社会效益。截止2009年12月底，通过共建共享，共减少新建铁塔4.7万个、杆路8.1万公里、基站站址及其配套环境（含铁塔）6.0万个、传输线路（含杆路）9.9万公里，预计节约投资将超过120亿元。同时，通过共建共享还节约了大量土地，有效减少了对电力和钢铁等资源的消耗和对城市景观的破坏。

资费结构调整和上限管制带来消费者福利提升。通过调整资费结构和资费上限，提升消费者福利。其中，消除短信网内网间差别定价，使消费者福利在2009年2月-12月间增加了54亿元；20个省将区间通话费上限由原来的0.3元下调至0.2元（部分0.18元），使消费者节约支出约59亿元；简化移动长途资费结构，将使电信用户每年节约62亿元支出。截至12月底，电信资费综合价格水平同比下降9.2%。

【行业发展状况分析】

一、全年行业收入持续回升，复苏迹象逐月显现

年初受金融危机影响，行业收入同比增速达到历史最低点。但这之后，随着金融危机影响的逐渐减弱、移动和宽带用户规模的高增长以及3G业务的全面启动，收入增速开始逐月恢复。12月份电信主营业务收入同比增速达到6.5%，全年实现电信主营业务收入8424.3亿元，同比增长3.9%。虽然由于有效消费需求不足和资费价格弹性下降等多种因素的影响，未能实现年初确定的6%的收入增长目标，但行业收入迈入上升通道，持续复苏的趋势已经得到基本确立。

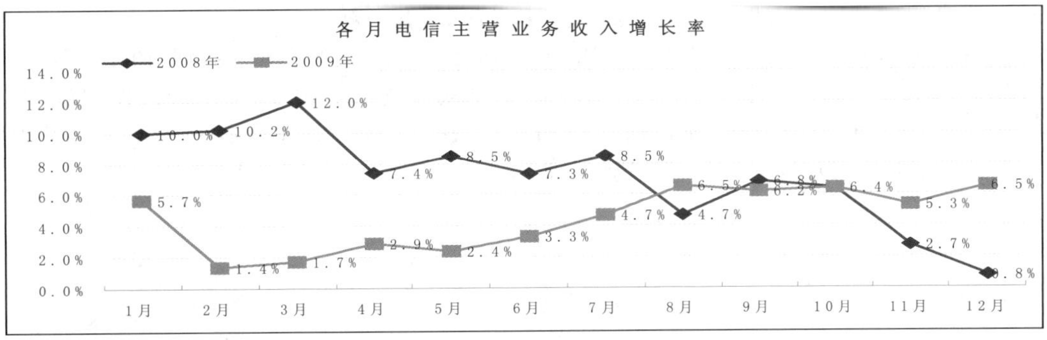

图1　各月电信主营业务收入增长率

受金融危机影响最严重的东部地区，也正逐渐摆脱金融危机的影响。该地区电信主营业务收入已连续多月正向增长，全年实现1.7%的增长。其中，受金融危机影响最重的广东、上海、北京、浙江、江苏、山东等几个收入大省区的收入增速也在继续恢复中，除北京外所有省份电信主营业务收入累计均为正增长，而北京在12月也实现了正增长（16.7%）。表明金融危机对整个东部地区以及全行业的不利影响已大幅减弱。

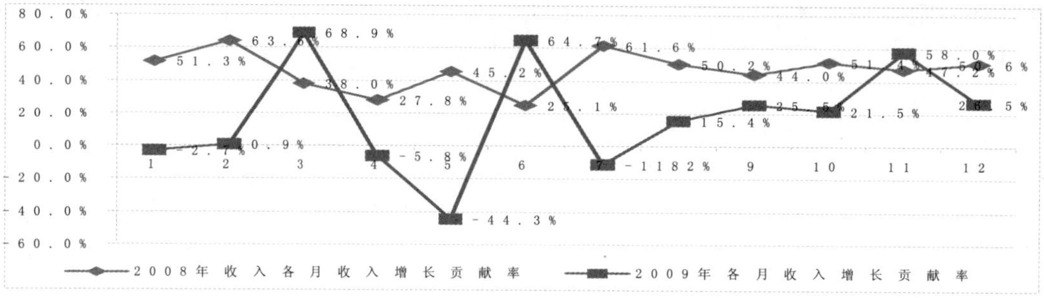

图 2　　各月电信主营业务收入增长率

另外， 2009 年，国际及港澳台漫游出访通话量同比增长 25.9%，较上半年增速提高 1.9 个百分点；国际及港澳台漫游来访通话量同比增速为-1%，相比于上半年（-12.5%）已明显好转；国内漫游出访通话量同比增长高达 30.1%，较上半年增速提高 5.2 个百分点。漫游通话量的迅速增长间接表明国内国际商务经济及旅游等活动进一步活跃，金融危机对宏观经济发展所带来的负面影响正在日趋减弱，国家支持经济发展振兴的各项举措已见成效。这为行业收入的复苏创造了良好的外部环境。

二、用户结构调整节奏进一步加快，推动各类用户变化/发展创新高

固定电话用户规模下降创新高，小灵通用户和农村 PSTN 用户是流失主体。全年固定电话用户减少 2667.1 万户，相比 2008 年，减少幅度增加 7%，其中，12 月单月下降 459.7 万户，达到 2009 年来固定电话用户减少数的最高值。在固定电话用户减少中，小灵通用户减少数为 2320.7 万户，占 87%；从固定电话用户流失的城乡结构看，农村地区固定电话用户下降达 688.8 万户，且以 PSTN 用户为主。小灵通用户的流失是技术和政策影响的必然反映，农村地区电话用户的持续流失除移动对固定的替代外，电话消费的可承受性也是重要原因，即农村地区在通过普遍服务实现可接入之后其持续发展问题需要予以进一步关注。

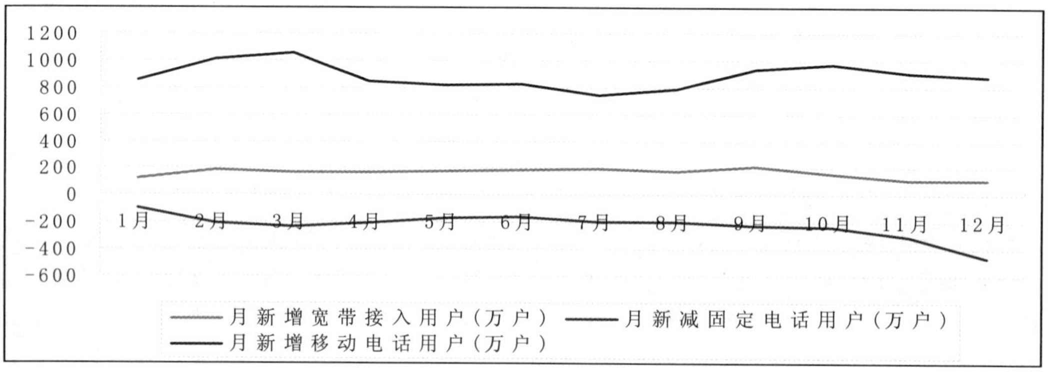

图 3　　月新增固定、移动和宽带用户数

移动电话用户数持续高速增长，移动用户/固定用户比率继续加大。全行业新增移动电话用户 10613.8 万户，使移动用户总数达到固定用户总数的 2.38 倍。同时，在移动用户内部，开始从 2G 向 3G 迁移，目前 3G 用户数已经占移动用户数的 2%左右，由于运营商采用不换号、不换卡、不登记的三不政策，无法确知 2G 向 3G 转移的确切数，但 3G 定位在高端，因此可推测目前的 3G 用户中有相当部分是原 2G 用户迁移而来。

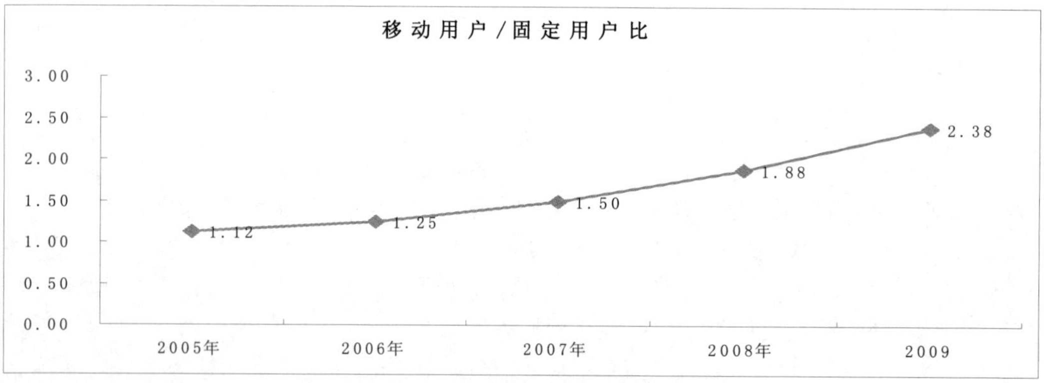

图 4　　移动-固定电话用户比

互联网用户宽带化和移动化趋势加强，移动互联网领域开始逐步出现了 WWW 替代 WAP 的趋势。全行业新增宽带接入用户创记录的达到 2034.7 万户，用户总规模超过 1 亿户达到 10322.6 万户，在固定互联网用户中的比重已超过 92%。互联网领域另一个用户结构变化的特点是移动互联网用户的迅速增长，新增移动互联网用户（无线上网卡+WAP 用户+WWW 用户）7255 万户，达到 19682.7 万户。其中新增 WWW 用户 6243 万户，新增 WAP 用户 519.2 万户，WAP 用户和 WWW 用户在移动用户中的渗透率均达到 12.4%，WAP 用户/WWW 用户的比率从去年的 2.9 下降到 1。这种巨大的发展反差，有技术的原因也与去年手机淫秽色情整治工作的大规模展开有密切关系（仅 11、12 两个月，WAP 用户就分别减少 955.8 万户和 1977.3 万户），在可预见的时间内，移动互联网业务将面临更严格的监管，其未来发展走向也因此需要更多关注。

三、业务结构变迁深化，移动通信和宽带、互联网引领行业发展

非话业务快速发展，成为行业增长重要推动力量。全行业实现非话业务收入 3135.5 亿元，同比增长 8.8%，高于全行业 4.1%的增速；占全部主营业务收入的比重达到 37.2%，比去年同期提高 1.7 个百分点，成为推动行业增长的重要力量。

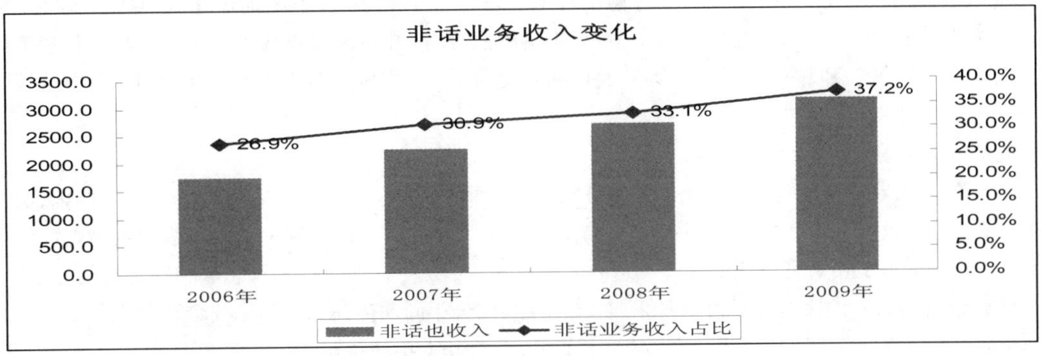

图 5　　非话音业务收入变化与占比

移动通信主导地位进一步增强。在行业增速减缓的大背景下，各业务收入增速较 2008 年都有所下降，但是移动通信网业务收入仍然保持了 13.2%的增长，高出主营业务增速 9.3 个百分点；从收入占比看，移动通信网收入占主营业务收入的比例继续呈扩大趋势，达到 60.4%，较 2008 年增加 5.3 个百分点；对收入的贡献率也持续提高达到 106.6%，较 2008 年同期提高 15.5 个百分点。

宽带接入对收入增长的支撑作用进一步提升。全行业实现互联网接入收入 780 亿元（宽带接入收入约 718 亿元），同比增长 21.1%，在主营业务收入中的比重上升到 9.3%，在以固网业务为主的中国电信其收入贡献更是高达 27.1%，中国联通也达到 14.5%。

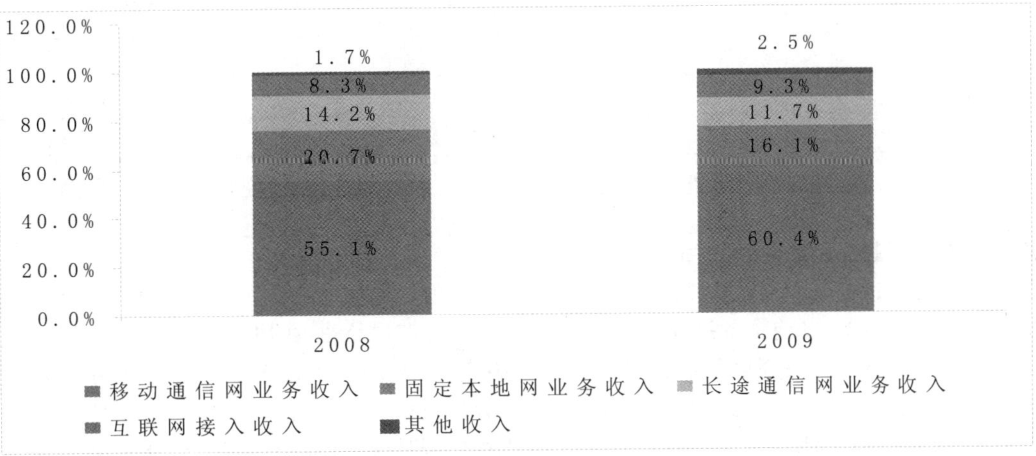

图 6　　各类业务收入组成情况变化

2009 年，在互联网产业主要领域，预计电子商务交易额达到 3.85 万亿元，同比增长 24.7%；网络广告市场规模达到 170.3 亿元，同比增长 12%；国内网络游戏市场规模达到 195.4 亿元，同比增长 36%；搜索引擎市场规模达到 50.3 亿元，同比增长 39%。互联网产业经济快速增长，有效地推动了传统产业升级和现代服务业发展，已成为国民经济新的增长点，但同时一些新技术新业务的出现也给互联网管理带来一定的挑战。

四、3G 元年建设成效显著，移动通信在中国进入新的发展阶段

TD 发展运行总体良好。TD 用户累计达到 551 万户，实际使用 TD 网络的用户数达到 341 万户。TD 网络平均语音接通率为 98.4%（指标为 96%），平均掉话率为 0.77%（指标为 2%），2G/3G 平均切换成功率为 97.5%（指标为 94%）。TD 网络运行质量快速提高。2009 年累计核发 TD 终端进网许可证 179 张，其中 71 款 TD 手机（包括 51 款 HSDPA 手机）、84 款 HSDPA

数据卡、24 款 TD 固定无线终端；核发 TD-HSUPA 系统设备进网许可证 22 张。TD 芯片性能明显提升，2009 年出货量达到 1200 万片，已有 130 多个终端厂家 266 款不同档次的 TD 终端投入市场，终端稳定性和成熟性进一步提升，产业化进程明显加快。

3G 建设稳步推进。截至 2009 年底，中国电信已完成 3G 基站 11.7 万个，实现网络覆盖全国 342 个地市、2055 个县(市)和 6000 多个发达乡镇。中国移动已累计完成 TD 基站约 10.8 万个，覆盖 238 个城市，在 38 个城市开始商用。中国联通已完成 3G 基站 10 万个，实现 335 个城市的 3G 覆盖。

3G 用户突破千万，新业务开发逐步推进。三大运营商 3G 用户总数目前已达到 1500 万户，占到移动用户总数的 2%左右。从国外 3G 用户的发展经验看，在开通 3G 用户的第一年，3G 用户占移动用户总数的比例一般在 0.4%～2.5%之间，说明我国在短时间内实现了较快发展。

3G 增值业务进入培育期。目前各运营商都十分注意新业务的培育与发展，中国联通通过业务捆绑 IPHONE，利用苹果良好的使用性能和品牌效应，增加 WCDMA 的网络使用效率，丰富产品应用。中国移动继续推进手机远程支付和手机现场支付的全面推广，进军有巨大发展空间的电子商务市场，提供新的支付手段。中国电信则致力于互联网综合办公领域的电信应用，为企业打造一体化的信息平台。

五、行业营业费用大幅提升，利润小幅增长

2009 年，由于竞争加剧导致营销费用急剧增加，营业费用同比增长 22.6%，高出收入增速 18.7 个百分点，占主营业务收入的比重超过 20%；管理费用同比增长 10.5%，高出收入增速 6.6 个百分点；同期，国家加强税收检查，使得税费总额同比增长 19.8%。但在营业费用、管理费用和税费总额大幅增加的情况下，全行业利润总额和净利润仍分别实现 5.9%和 1.9%的增长，占主营业务收入的比率分别为 19%和 13.5%，分别比去年同期提高 2.2 和 1.3 个百分点，这主要得益于主营业务成本增速下降（同比增长 7.5%，占主营业务收入比重 49.4%）和上年基数较低。

行业收入和利润总额增速低于央企平均水平。根据财政部公布的 2009 年 130 家央企的运行情况，中央管理企业累计实现营业收入 124035.5 亿元，同比增长 5.9%；累计实现利润 7652.6 亿元，同比增长 14.3%；销售利润率、成本费用利润率和净资产利润率分别为 6.6%、7.1%和 9.2%。同期，三家基础电信企业中仅中国移动的指标高出央企平均水平（其中利润总额增长率低于央企平均水平，但中国移动的利润总额是央企中最高的，占到央企利润总额的 19.2%），中国电信和中国联通的各项收入和利润指标均低于央企平均水平(中国电信的收入高增长是因 2008 年移动通信在 10 月份才真正开始发展，即比较口径不同)。

表 1　2009 年三家运营商与央企的比较

	央企（130 家）	电信行业	中国电信	中国移动	中国联通
营业收入同比增长（%）	5.9%	4.1%	11.0%	8.9%	-3.7%
利润总额同比增长(%)	14.3%	5.9%		0.9%	-74.2%
销售利润率(%)	6.6%	18.4%	5.0%	29.7%	1.6%
成本费用利润率(%)	7.1%	24.4%	5.8%	46.4%	1.7%
净资产利润率(%)	9.2%	8.6%	1.4%	16.0%	-0.3%

六、3G 网络建设拉动行业投资规模大幅扩张

全行业累计完成投资 3725 亿元，同比增长 26.1%。投资规模创下历史最高投资额；投资占同期主营业务收入的比重也提高到 44.2%，同样创历史新高。今年行业投资规模的急剧扩张主要受 3G 网络建设的推动，全年 3G 投资总额达到 1609 亿元，占到行业投资总额的 43.2%，在高额投资的刺激下，3G 网络建设总量接近 2G 网络十几年来累计建设规模的一半，开创了全球电信发展史上建设规模最大、建设速度最快的新纪录。从投资在三家企业的分布看，电信、移动和联通分别为 25.5%：43.5%：31%，相对于各自的收入规模，联通的投资力度是最大，投资收入比高达 75%，在净利润负增长的情况下，高额投资将使联通明年的折旧费用攀升，利润增长将面临更大压力。

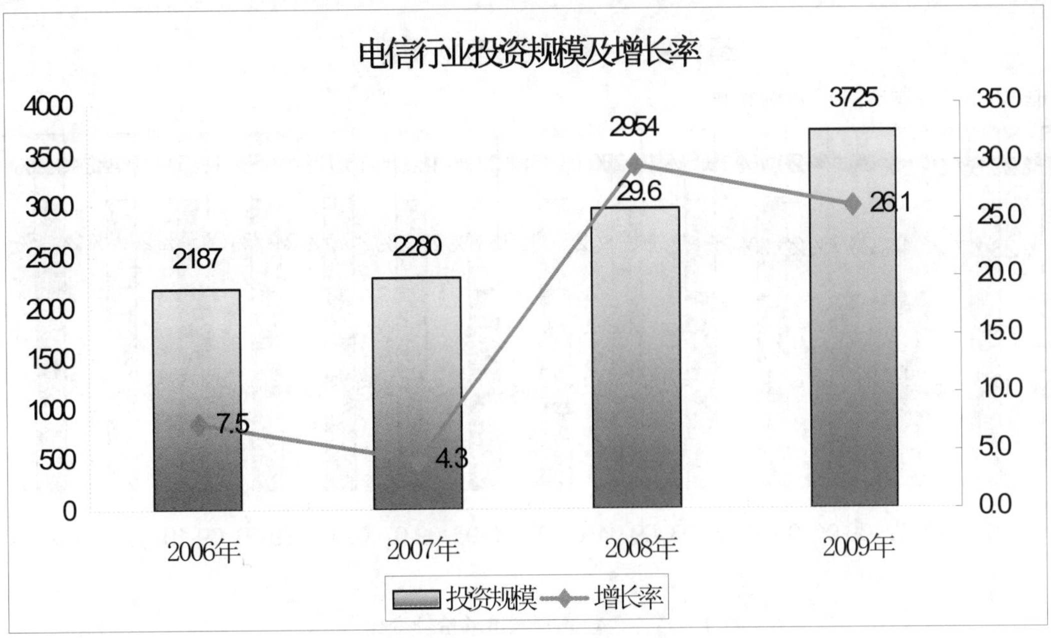

图 7　电信行业投资规模及增长率

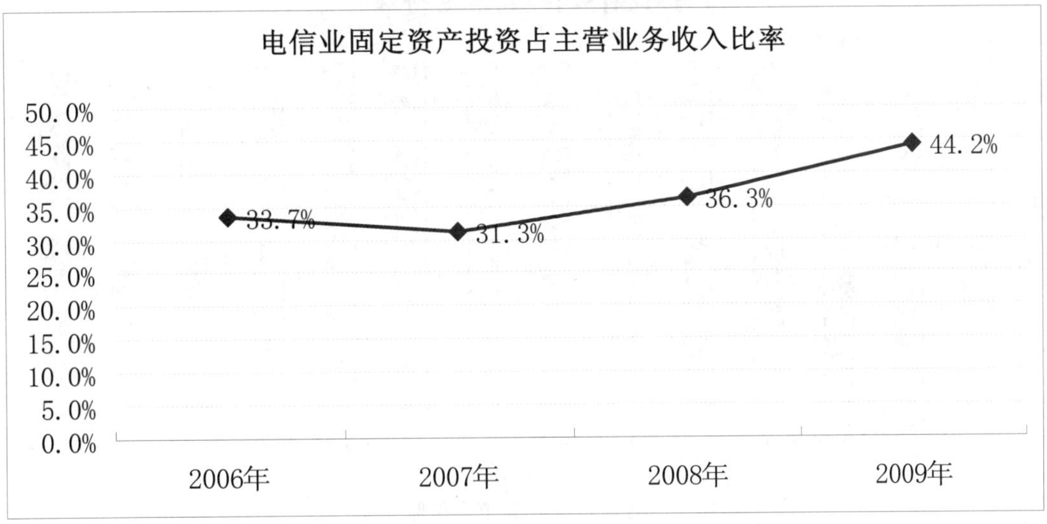

图 8　电信业固定资产投资占主营业务收入比率

七、中国移动居市场发展主导地位，区域市场格局失衡

（一）行业市场结构向均衡趋势发展

12 月份，中国移动新增移动用户市场份额为 47.9%，低于三季度（61.8%）和上半年（67.3%）；中国电信新增移动用户市场份额持续上升，与年初相比上升 22.8 个百分点，达到 35%；在宽带接入市场，中国移动的用户份额进一步上升，从 10 月份的 12.9%和 11 月份的 15.7%上升到 17.8%，使宽带用户市场份额差距有所减小。1～12 月份，中国移动新增移动用户市场份额已逐步下降至 61.1%，中国电信上升至 25.4%，中国联通上升至 13.5%。

（二）电话用户、收入和利润累计市场份额继续向中国移动集中

1～12 月份，中国电信、中国移动、中国联通的电话用户份额为 24.1%:52.3%:23.6%，主营业务收入份额为 24.5%:57.3%:18.2%，利润总额份额为 6.8%:91.6%:1.6%。中国移动电话用户市场份额较年初（50.2%）和上半年（51.2%）分别提高了 2 个和 1 个百分点；收入市场份额较年初（53.2%）和上半年（55.8%）分别提高了 4.1 和 1.5 个百分点；利润市场份额较年初（71.5%）和上半年（83%）分别提高了 20.1 和 8.6 个百分点。

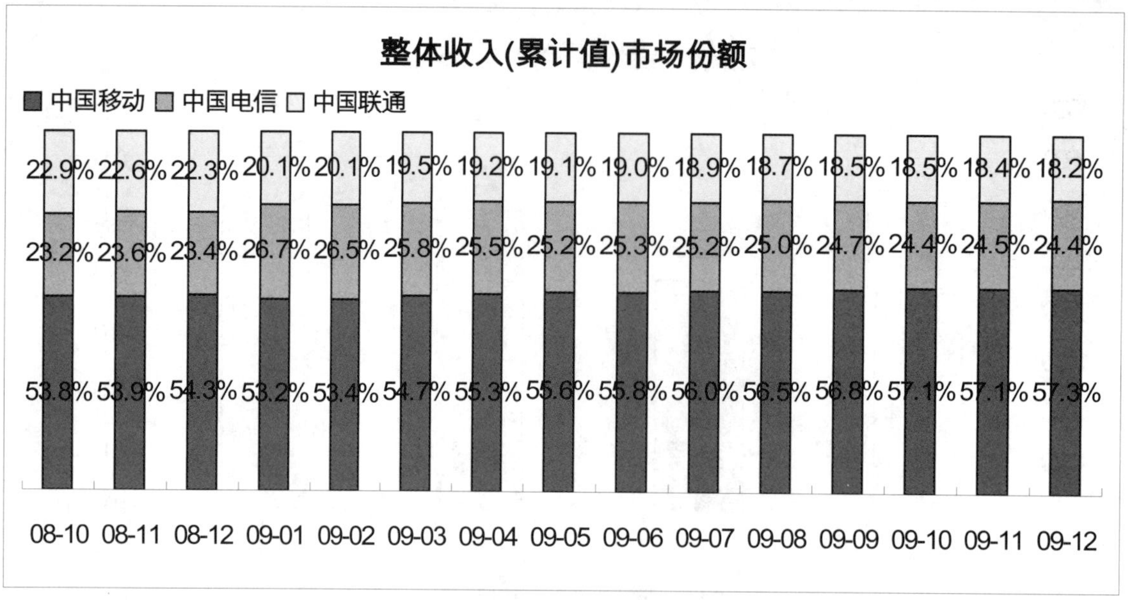

图 9　各运营商收入市场份额变化

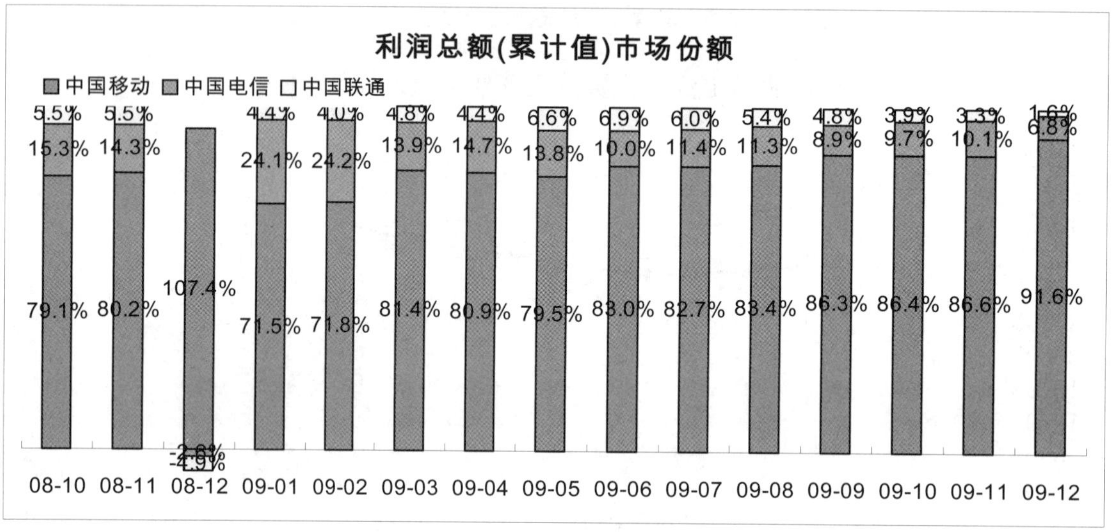

图 10　各运营商利润市场份额变化

（三）区域市场竞争格局需重点关注

从南北区域市场看，电信、移动和联通在北方十省的收入份额分布为 8.2%：58%：33.8%，利润份额分布为-8.4%：93.5%：14.9%；在南方 21 省，电信、移动和联通的收入分布为 34%：56.4%：9.6%，利润分布为 16.3%：85.5%：-1.8%。中国移动在南北区域的市场份额基本一致，电信和联通在南、北的相对优势体现更为显著。从 31 个省级市场看，中国移动在河北、河南、江西、贵州和云南等 5 个省的收入份额超过 62%，在 18 个省的利润份额超过 100%（北方 6 个、南方 12 个），表明部分省级区域市场的集中问题非常严重，需要予以格外关注。

八、行业发展梯次转移趋势进一步加强，西部地区成为重要增长市场

2009 年，东部、中部和西部业务收入分别增长 1.7%、6.9%和 9.6%，总体上中、西部地区发展速度仍明显快于东部地区。但东部地区正逐渐摆脱金融危机的影响，收入已连续多月正向增长，受金融危机影响比较重的几个省区 12 月增速继续恢复，除北京外所有省份电信主营业务收入累计均为正增长，而北京在 12 月也实现了正增长（16.7%）。西部地区是增长最显著的地区，在全国的新增宽带接入用户占比和主营业务收入占比分别达到 19.4%和 20%，分别比上年提高 1.8 和 1 个百分点，成为推动行业增长的主要力量。

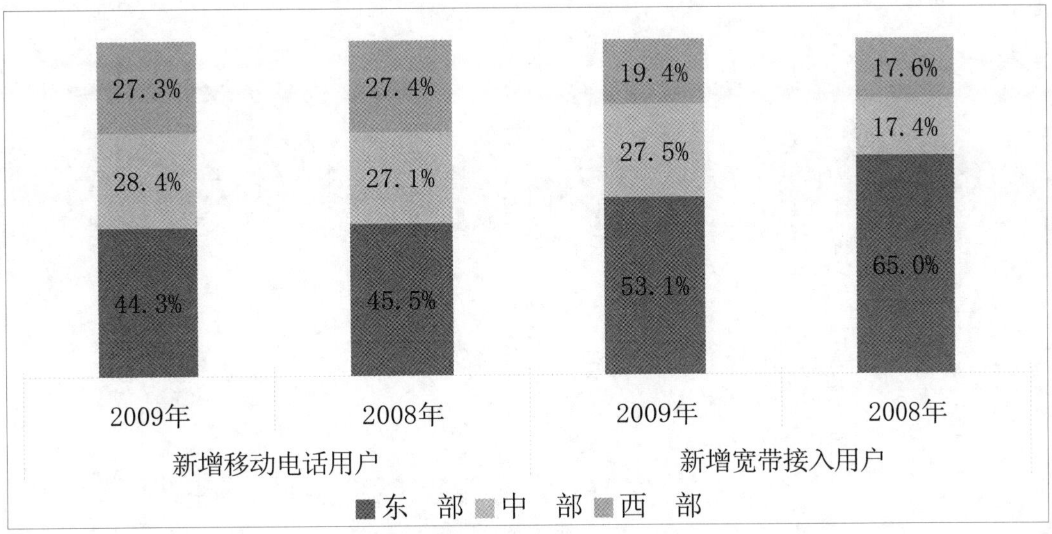

图 11　东中西部地区新增移动用户和宽带用户情况

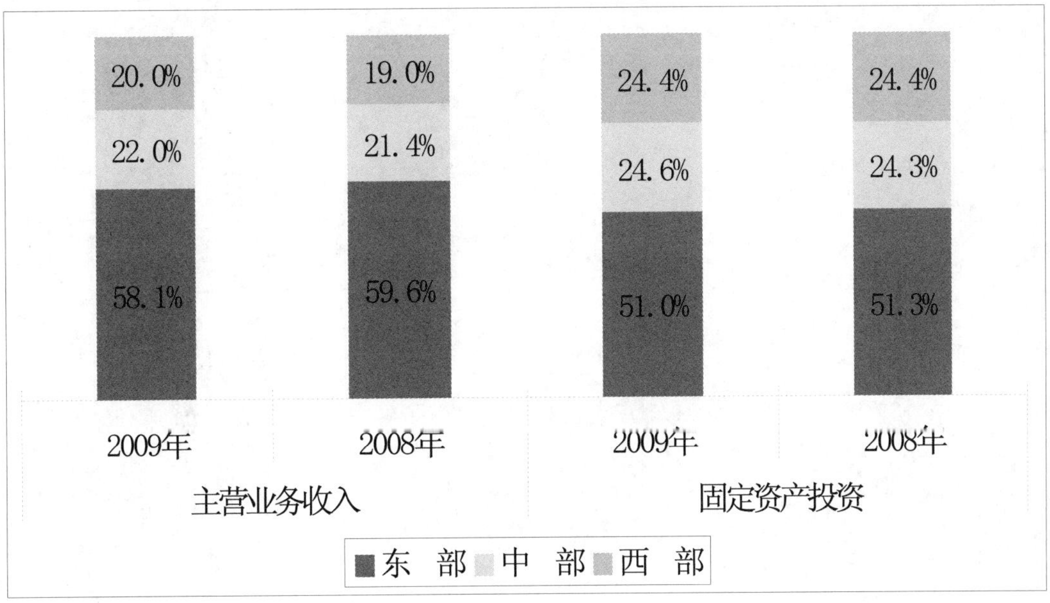

图 12　东中西部地区收入投资情况

（工业和信息化部通信发展司）

2010

中国通信年鉴

YEARBOOK OF CHINA COMMUNICATIONS

《中国通信年鉴》编委会 编

人民邮电出版社
POSTS & TELECOM PRESS

主管：中华人民共和国工业和信息化部
主办：中国通信学会
编辑：《中国通信年鉴》 编辑部

支持单位

特别支持单位

中国电信集团公司
中国移动通信集团公司
中国联合网络通信集团有限公司

支持单位

神州通信集团有限公司
大唐电信科技产业集团
中国通信建设集团有限公司
中讯邮电咨询设计院有限公司
中国普天信息产业股份有限公司
中国邮电器材集团公司
思科系统（中国）网络技术有限公司
长飞光纤光缆有限公司
中国交通通信信息中心
长飞光纤光缆（上海）有限公司
北京理工大学通信技术研究院
深圳市特发信息股份有限公司
上海思华科技股份有限公司
铁道第四勘察设计院
北京互联通网络科技有限公司
诺基亚（中国）投资有限公司
京信通信系统（中国）有限公司
江苏永鼎股份有限公司
重庆重邮信科通信技术有限公司
北京搜狐互联网信息服务有限公司
TOM集团有限公司
东方口岸科技有限公司
中信网络有限公司北京卫星通信分公司
中国电信股份有限公司上海分公司
中国移动通信集团上海有限公司
江苏长飞中利光纤光缆有限公司
深圳金立通信设备有限公司
镇江通达电子有限公司
中达电通股份有限公司
柳州达迪通信设备有限公司
江苏省邮电规划设计院有限责任公司
华信邮电咨询设计研究院有限公司
北京邮电大学经济管理学院
西安邮电学院
石家庄邮电职业技术学院

商务领航
BizNavigator
远 见 成 就 价 值
融合信息应用 远见成就价值
中国电信商务领航，凭借固话、移动、互联网的全网融合优势，为企业提供完善的话音、数据、视频综合信息应用，以专家级ICT整体解决方案和全业务一站式服务体系，全力提升企业信息化水平，成就更大价值。
网管专家服务
灾难备份服务
视频应用
ICT整体解决方案
信息化规划咨询服务
固定、移动、互联网融合通信
网络安全专家服务
网络及IT维护外包服务
全业务一站式服务
EXPO 2010 SHANGHAI CHINA
中国电信 CHINA TELECOM
中国2010年上海世博会全球合作伙伴
用户至上 用心服务 Customer First Service Foremost
www.ct10000.com
客户服务热线 Customer Hotline

天翼宽带
天翼宽带
万千心动 触手可及
4M有线宽带，10万个WiFi热点，3G网络无缝衔接、遍及全国。
支持手机、电脑等多终端接入，一个账号，随时随地畅游网络世界！
中国电信
CHINA TELECOM
世 界 触 手 可 及
用户至上 用心服务 Customer First Service Foremost
www.ct10000.com
客户服务热线
Customer Hotline
10000

天翼
surfing
3G互联网手机
更多丰富应用
尽在天翼3G
中国电信天翼3G的丰富应用，让你不错过任何精彩的影视节目，随时随地与朋友玩游戏，享受海量书库带来的阅读乐趣，更有手机付费购物的时尚体验。还想让手机更好玩？天翼空间缤纷3G手机应用软件等你来下载。超出想象的丰富应用，尽在天翼3G。
应用界面以中国电信提供的具体业务为准。
中国电信
CHINA TELECOM
世界触手可及
用户至上 用心服务 Customer First Service Foremost
www.ct10000.com
客户服务热线 Customer Hotline

天翼
surfing
3G 互联网手机
A14 Gates
翼起来WiFi
极速WiFi上网，天翼邀您免费体验！中国电信推出免费体验天翼宽带WiFi上网活动，2010年9月1日起，在机场、酒店等天翼宽带WiFi覆盖地区，选择ChinaNet无线网络上网时，天翼手机用户可每月免费上网10小时，非天翼手机用户可免费连续上网2小时。
全国10万个热点覆盖，高达11M的迅疾网速，畅快互联体验，触手可及。无限精彩，尽在天翼宽带！
活动详情请咨询当地中国电信营业厅或10000。
中国电信
CHINA TELECOM
世界触手可及
用户至上 用心服务 Customer First Service Foremost
www.ct10000.com
客户服务热线 Customer Hotline 10000

号码百事通
Best Tone
订酒店
订餐
118114
114
订机票
订餐
订酒店
订机票
订世博门票
世博信息查询
EXPO
号码百事通118114，订机票、订酒店、订餐、
订鲜花、订特产、订世博门票……优惠超值，便捷随心
EXPO
SHANGHAI CHINA
中国电信
CHINA TELECOM
中国2010年上海世博会全球合作伙伴
用户至上 用心服务 Customer First Service Foremost
www.ct10000.com
客户服务热线 Customer Hotline 10000

中国移动通信
CHINA MOBILE
移动信息专家
两城
一家
新实惠里新生活，
两城一家，实惠到家！
神州行，我看行！
AD-S-000-018
打拼的城市和遥远的老家，哪个更让你牵挂？佳节临近思念升级，两城一家也升级啦！
两城一家省际套餐：每个月可同时申请不超过两个省作为漫游优惠地；
两城一家省内套餐：每个月可同时申请不超过三个省内城市作为漫游优惠地。
打电话不超过两毛九，接电话咱不花钱！（详情请咨询当地10086）
活动期间，每月还可获赠60分钟（归属地和漫游优惠地各30分钟）直拨12582免费通话时长！
赶快发送“KTLCYJ+申请漫游地长途区号”到10086开通两城一家，告别无尽思念，畅享亲情通话！
轻松由我
神州行
www.10086.cn
客服热线 10086

EXPO 2010 SHANGHAI CHINA
中国移动通信 CHINA MOBILE
世博全球合作伙伴
Global Partner of Expo
移动互联最有型，
M-ZONE人都是型动派
出门在外旅游，
都是当地人
找我问路
潮玩指数
99.1221
互联指数
99.0227
达人指数
98.0615
活跃指数
98.0118
手机导航定位中
99%
AD-M-000-034
手机导航型动派
想去哪儿我说走就走，找人问路太没技术含量。我的手机导航制定精准位置搜索，
轻松搞定玩乐方向，给别人指路才是我的专长！移动互联最有型，走哪都是我地盘。
动感地带（M-ZONE）——我的地盘，听我的！
M-ZONE
动感地带
我的地盘 听我的
WWW.10086.CN
客服热线 10086

中国移动通信
CHINA MOBILE
移 动 信 息 专 家
60%的员工不在办公室
100%的员工都在办公事

中国移动通信
CHINA MOBILE
移 动 信 息 专 家
CBC
中广传播
第一时间获悉政策方向
第一时间把握企业方向
G3手机电视，随时随地看新闻
新闻联播
XINWEN LIANBO
7:00《朝闻天下》
22:00《晚间新闻》
19:00《新闻联播》
AD-T-000-053
G3手机电视全国正式开通
运筹帷幄，自当时刻关注政事时局，洞悉先机。
中国移动G3手机电视，中广传播唯一授权的真正手机电视，同步直播CCTV-1、CCTV-5、CCTV-新闻频道、睛彩电影频道及两个地方频道，让您无论身处何地，都能第一时间获悉新闻大事，为决断赢取关键一刻。
MOTO MT710 酷派F800 酷派F608 三星GT-I6330C LG GW880 中兴U720 中兴U215
中国移动携手中广传播，共同推进手机电视发展。
手机电视
引领3G生活
www.10086.cn
客服热线 10086

沃商店 精彩随心选
"淘"出万元财富 & 争夺玩酷大奖
wo store
沃商店互联网门户：store.wo.com.cn
沃商店手机门户：mstore.wo.com.cn
开发者社区：dev.wo.com.cn
沃·3G wo 精彩在沃
沃商店淘金大赛
万元大奖等你"淘"！
移动互联时代 财富无处不在！
沃商店玩酷大赛
手机玩游戏！谁能比我酷？至酷玩家争夺玩酷大奖！
周年 1 沃·3G
第一个周年 第一的精彩
中国联通沃商店是汇聚优秀应用资源的手机应用商店
时尚新玩法：3G时代你最酷！潮流应用，精彩纷呈！
海量齐分享：沃商店提供海量应用程序选择！
快乐无极限：丰富精彩应用，参与应用软件设计开发，快乐同步！
即日起至2011年3月31日
> 在沃商店首次注册并绑定沃账户的用户，即可在沃账户中获赠20元礼金。
China unicom中国联通
客服热线10010 充值专线10011
网上营业厅 www.10010.com

第一个周年　第一的精彩
沃极速网络成为众多行业信息化的可靠首选
沃·3G
精彩在沃
周年1
沃·3G
2010
基于WCDMA的3G技术，沃完美支持手机银行、移动办公、汽车信息化、物流信息化等服务，与30多家各行业的重点单位签订战略合作协议，创新性地开发了19个3G行业应用产品，成为行业信息化的首选。沃的第一年，成就无限精彩！
手机银行
移动办公
汽车信息化
物流信息化
移动视频
手机航空
hina
nicom中国联通
客服热线10010　充值专线10011
网上营业厅 www.10010.com

第一个周年　第一的精彩
沃极速网络提供海量3G手机应用的畅快体验
沃·3G
精彩在沃
周年
1
沃·3G
2010
基于WCDMA的3G技术，沃提供127套电视直播频道，最新音乐动态，热点社会新闻等手机应用的畅快体验。想要更多精彩，就登录沃门户网站www.wo.com.cn。沃的第一年，成就无限精彩！
沃·3G
手机电视
手机邮箱
手机音乐
手机书城
手机生活
China unicom中国联通
客服热线10010　充值专线1001
网上营业厅　www.10010.com

沃·3G WO
精彩在沃
www.wo.com.cn
海量手机电视节目，驰骋无限3G视界
登陆手机沃门户，127个直播频道，尽享高速流畅的3G电视生活
CCTV
CNR 中央人民广播电台 CHINA NATIONAL RADIO
CRI
SMG 上海东方传媒集团有限公司 SHANGHAI MEDIA GROUP
辽宁广播电视台
华数 wasu
湖南广播电视台
BTV
新华通讯社 XINHUA NEWS AGENCY
人民网 people www.people.com.cn
中国网 china.com.cn china.org.cn
山东电视台
SRT 四川广播电视台
LeTV 乐视网 .com
V1.cn 第1视频
周年 沃·3G
第一个周年 第一的精彩
极速网络、海量节目，尽在中国联通手机电视
爱看电视，就要走到哪儿看到哪儿。手机登陆沃门户，多达百个直播频道精彩上线，任你一次看个够！其中iPhone平台127个直播频道，WAP平台58个直播频道。极速网络带给您清晰流畅的体验。即刻登陆沃门户，即刻开启精彩3G电视生活。
想要体验不一样的手机电视吗？快来参加中国联通“沃爱生活 我爱电视”活动，8月1日~12月31日，拿起手机看电视，惊喜乐不断！智能手机等你拿！
客服热线10010 充值专线10011
网上营业厅 www.10010.com
中国联通

信息点亮生活 中国普天

Genertec

PTAC 中国邮电器材 CHINA P&T APPLIANCES

中国邮电器材集团公司

临时党委书记、总经理：谭星辉

中国邮电器材集团公司（以下简称集团公司）成立于1964年，先后归属于邮电部、信息产业部、中央企业工委、国务院国有资产监督管理委员会管理，2009年12月，公司重组并入中国通用技术（集团）控股有限责任公司成为其二级子企业。近年来，邮电器材集团牢固树立科学发展观，紧密围绕集团公司战略发展规划，坚持以发展为主线，以市场为导向，深化企业改革，积极开拓经营，努力提升企业核心竞争力。通过业务整合和架构重组，邮电器材集团已经具备了通信及电子产品分销业务、物流业务、零售业务、电子商务业务、维修业务的协同发展优势，在完全竞争的市场环境中，有效连接着用户和手机厂商、运营商，并以完善的销售渠道，全方位、优质的服务连续多年成为通信终端销售行业的排头兵，是中国电信、中国移动、中国联通等运营商以及诺基亚、摩托罗拉、三星、LG、多普达等国际品牌和联想、中兴、华为等国内手机生产厂商重要的战略合作伙伴，在通信产业链条中发挥着重要的作用。

在通信电子产品终端销售领域，集团公司是国内实力雄厚的通信电子终端产品销售企业之一，市场份额超过20%，拥有完善的国内通信电子产品销售渠道。在手机零售维修服务领域，已拥有696家零售门店（其中511家运营商合作厅，185家自营营业厅），售后维修网络已覆盖了全国16个省、自治区、直辖市，拥有2家维修工厂，241家维修网点和诺基亚、摩托罗拉、索尼爱立信等知名手机生产厂商授权的维修认证资质，同时还拥有“通信行业职业技能社会培训机构资质”，维修工厂成为国家（工业和信息化部）通信行业职业技能鉴定指导中心指定的手机维修实训基地。

依托在邮电通信行业40多年的发展，集团公司与中国电信、中国移动和中国联通等电信运营商建立了紧密的合作伙伴关系。长期为电信运营商提供设备采购国际招标、集中采购招标、进口代理和国内项目采购商务代理等服务，以及运营商营业厅外包服务管理、增值业务合作、设备器材物流配送服务等，通过发展逐步成为“运营商的服务商”。

在物流业务领域，已经初步建成了覆盖全国各主要地市的物流配送网络，在北京、上海、广州、成都、长春、西安拥有6个大型储运中心，在华北、华南、华东、西南等地建立了多级物流分拨中心，在全国30多个重点城市联接起物流网络，形成了均衡稳定的区域布局。通过信息化系统，实现了对物流配送过程实时跟踪，仓储物资实时管理。

邮电器材集团与诺基亚签署战略合作协议

在展览业务领域，公司承办的“中国国际信息通信展览会”是中国信息通信领域非常重要的信息通信展览会之一，也是国内通过国际展览联盟（UFI）认证的信息通信展览会，至今已成功举办19届，该展会在业界具有很高的知名度和影响力，国家领导人多次莅临展会参观指导，2010年，集团公司成功承办了全国政协“西部大开发十周年生态环境与人居环境成果展”，得到了全国政协领导同志的充分肯定。在境外展览业务方面，公司与包括国际电信联盟、国际GSM协会等在内的众多国际组织和机构建立了紧密的合作关系，承办工业和信息化部组织的相关赴国外参展组织工作，每年组织国内信息通信企业参加境外知名展会，在行业客户中具有良好的信誉和口碑。

在互联网及电子商务类业务领域，集团公司于2010年9月成立电子商务事业部，作为电子商务业务的运营平台开展相关的业务工作。2010年12月17日，普泰商城开始上线试运营。

邮电器材集团承办的中国国际信息通信展览会

集团公司以转型升级战略为指引，以“稳中求好、稳中求优、稳中求进”为原则，围绕做优主业提效益、转型升级促发展，聚焦通信电子产品，进一步创新经营模式、拓展经营品种、强化核心能力、完善管控规则、再造经营流程，巩固提升市场份额，着力提升盈利能力，增强整体竞争力，努力建设成为具有国际竞争力的专业化通信电子产品供应链综合服务商。

邮电器材集团承办的西部大开发成就展-开幕典礼

以人为本，共享智能互联生活
智能互联生活，比想象中更精彩！
公共信息服务将惠及每位市民，
协同医疗为偏远地区带来健康的问候，
互联教育赋予孩子开创未来的力量。
我们同心协力，
以智能互联助力中国城市化进程，
全面践行可持续发展理念。
实现兼顾高效和公平的经济增长，
构建充满活力与包容的社会文化，
开创绿色节能的城市运作模式。
是大势所趋，
更是思科在全球和中国的实践。
智能互联城市，
进取之道，以人为本。
智能互联城市
搜索
新网络，人为本。
同心协力，共建共享。
CISCO

长飞上海科技，一缆众山小
“我们始终领先，我们仍将努力！”
长飞上海将用出色的产品和全方位的服务带您挑战时空的极限！

北京理工大学通信技术研究所

通信技术研究所所长
匡镜明　教授

“通信与信息系统”
国家重点学科带头人
安建平教授

北京理工大学通信技术研究所始建于1992年，其前身是1953年成立的我国第一个地方院校的遥测遥控专业，是我国率先完成电视发射和接收试验系统并拥有我国第一频道的学科点。1984年建立“通信与电子系统”博士点，1987年被评为博士点国家重点学科，1988年建立博士后流动站，连续三度被评为重点学科。

现任所长匡镜明教授为我国通信专家、国家学位委员会学科评议组召集人，曾任北京理工大学校长。安建平教授为“通信与信息系统”国家重点学科带头人，目前研究所在职员工26人，其中教授5人，博士生导师4人，副教授11人，80%以上成员具有博士学历。研究所在读博士研究生42名，硕士研究生103名。

研究所下设现代通信实验室、通信与网络实验室和数字通信技术研究中心（国际合作实验室）。拥有通信与网络技术研究与开发的软硬件环境和齐全的仪器设备。研究所的专业语音实验室已获得国际电信联盟（ITU）授权，具有国际语音/音频编码技术评测资质。

研究所主要研究方向包括:通信系统理论和关键技术、无线传输与网络、宽带无线接入技术、数字移动通信、语音及多媒体信号处理技术等。特别在高速无线接入、抗干扰扩频通信、音频信号处理等方面具有特色。研究所在基础研究、应用研发方面承担了大量项目，包括国家“973”、“863”项目、国家自然科学基金项目、国防预研项目以及国际合作、企事业合作项目等。研究所自1996年起与瑞典爱立信公司在数字移动通信领域开展了长期的科研合作，是国内移动通信研究的重要科研中心和国际交流基地。

研究所在高水平国内外学术刊物和国际学术会议上已发表学术论文700多篇，专著5部，荣获国家科技进步奖2项，部级奖15项。

北京理工大学通信技术研究所将继续以“国际合作，军民兼顾”为特色，以高校研究所的“人才培养、科研攻坚、社会服务”三大职能为己任，再接再厉，不断进取。欢迎各界专家与人士交流合作。

地址：北京理工大学4#教学楼4层，信息楼2017 /2018
电话：86-10-68915838　68912615
邮件：xiexiang@bit.edu.cn
网址：www.commlab.cn

2007.10北京理工大学-瑞典爱立信公司十周年庆典

研究所学生向王越院士展示数字通信技术研究中心成果

国外专家参观实验室

专业语音室工作场景

多导弹模拟系统机载设备

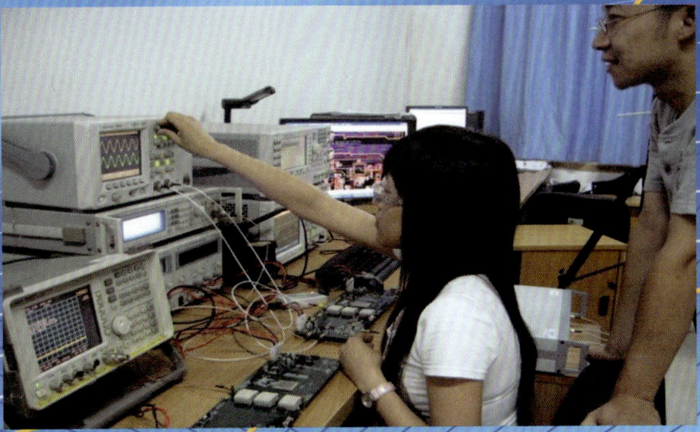

硬件调试

铁道第四勘察设计院

通信信号研究设计处

铁道第四勘察设计院（简称“铁四院”）成立于1953年2月。具有国家计委核发的甲级工程咨询证书、国家有关部委核发的甲级工程设计证书、甲级工程勘察证书及甲级工程总承包资格证书以及各专项工程设计证书（智能建筑等），并通过了中国船级社ISO9000认证、ISO14001：环境管理体系认证、OHSAS18000：职业安全健康管理体系认证。1992年以来连续七次被国家有关部委评定为中国勘察设计单位综合实力百强之一。

通号处现有职工179人，其中高级工程师77人（含教授级高工4人），工程师62人；博士5人，硕士58人，本科115人；铁道部电务系统中青年专家2人、铁道部青年科技拔尖人才2人；先后有2人次获得茅以升铁道工程师奖及第六届湖北省青年科技奖；共有40多人获得国家有关部委、湖北省、武汉市通信、信号、信息专家称号。

近几年来，通号处所完成的设计涉及到铁路、公路、城市轨道交通、公众电信、大厦智能化系统等行业。不但圆满完成了铁道部一大批国家重点铁路建设项目的工程设计，而且完成了多项城市轨道交通、高速公路计算机监控、防灾报警、智能大厦综合布线等项目的工程设计。通号处通信专业已形成了通信线路、通信传输与交换、通信接入、数据通信、计算机通信、移动通信及信息管理自动化系统等全方位涵盖有线通信、无线通信、计算机通信的通信勘测设计体系。2003年入选中国通信企业协会通信设计施工专业委员会设计工作委员会，被聘为常务委员单位。

通号处近几年完成了大量的国内铁路建设项目，其中具有代表性的有：武汉～广州电气化改造工程、新建铁路西安南京线、沪汉蓉铁路通道、广珠城际快速轨道交通工程、武汉至广州客运专线、郑州至西安客运专线等。

通号处还参与了大量的公众电信工程设计，服务对象包括中国联通、中国网通、中国铁通、中国移动公司及其他运营商。其中具有代表性的有：中国联通长沙——南昌光缆工程、中国网通株洲——贵阳、济南——上海光缆干线工程、中国铁通CRNET二期骨干网及扩容工程、铁通十多个分公司的城域网、接入网工程、秘鲁C&G公司全国电信网可行性研究、中国移动湖北本地网工程、广东盈通网络11城市城域网工程等，其中铁通CRNET二期骨干网工程于2003年入选第八届中国企业新纪录。

在城市轨道交通方面，通号处近几年完成了武汉轨道交通一号线一期工程，上海轨道交通6号线，北京地铁四号线，苏州地铁一号线，广州轨道交通三号线、四号线、五号线等项目的设计，并参加了广州地铁二、三、四号线的总体设计和系统设计咨询、杭州地铁总体设计咨询等工作。

通号处近年来还完成了多项科研开发项目。其中“多信息移频自动闭塞CAD软件包”1999年获全国第五界优秀工程设计软件铜奖；“微电子半自动闭塞系统研究”2001年通过铁道部评审；“WYZ-97型18信息无绝缘移频自动闭塞”2002年度获国家科技进步二等奖。

通号处率先在铁路浙赣微波通信、杭州程控交换工程、京九线18信息自动闭塞商阜试验段、京广线良田至太平里段18信息无绝缘自动闭塞验证工程等项目中进行了设计施工总承包以及京九线阜阳北、向塘西两大编组站综合自动化五大系统的系统集成工作，受到了业界的充分肯定，积累了丰富的工程总承包和系统集成的经验。

近年来，通号处多次参与铁道部组织的客运专线通信、信号、信息系统、防灾安全监控系统专题研究，各参与单位对我方提出的方案给予了很高评价；主编完成了《新建时速200～250公里客运专线设计暂行规定》以及《新建时速300～350公里客运专线设计暂行规定》中通信、信号及防灾监控方面的内容。参加了《京沪高速铁路设计暂规》咨询、《京沪高速铁路CHI工程设计》咨询。

通号处先后赴法国、德国、西班牙、日本等国实地考察通信信号等系统的应用并与国外多家著名通信信号公司以及咨询公司交流100余次，基本上掌握了铁路信息化技术、GSM-R铁路专用数字无线通信系统、与GSM-R配套的新型调度系统、铁路专用数据网组网技术、防灾安全监控系统、高速铁路列车运行控制系统、综合接地系统等技术或系统的要点。

在工程勘测设计过程中，我们始终贯彻“坚持科技领先，精心勘测设计，满足合同需求，追求质量效益”的质量方针。

多年来，通号处两个文明相互促进，协调发展，连续八年获得铁四院“文明建设先进单位”光荣称号，2009年获得湖北省“省级文明单位”殊荣。2010年被湖北省国资委授予“先进基层党组织”。

中国通信企业协会
团体会员证书
中通企团字第433号
经中国通信企业协会常务理事会审议通过，
铁道第四勘察设计院 为我会团体会员。
特颁此证
中国通信企业协会

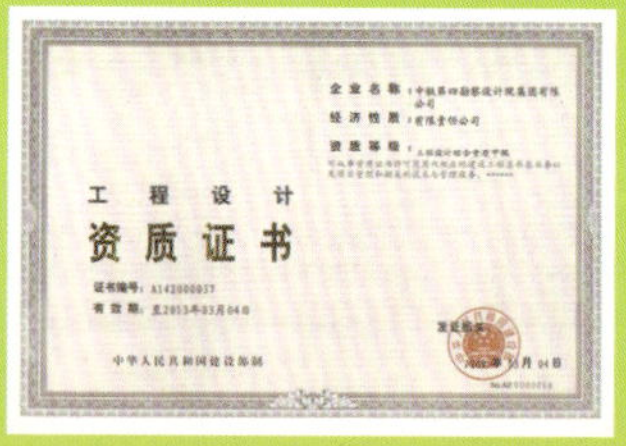
工程设计
资质证书

公司名称：铁道第四勘察设计院
公司地址：武汉市武昌和平大道745号
电　　话：027-51155256
传　　真：027-51157510
Http://www.crfsdi.com.cn
E-mail:tsy3c@public.wh.hb.cn

我们希望能有机会与您合作，为您提供真诚的服务！

CNLink 互联通

服务十年 创新十年 **10** **以专业化的服务 助力企业通讯需求**

专业与发展 – 自有建构骨干网络及一站式综合服务供货商

互联通是国内依托自有IDC建构中国大陆地区骨干网络的ISP，能全方位提供跨地区多点ISP/IDC/VPN/CDN/SOC服务提供商，并利用互联通独自开发的BMS/CRM/OSS管理平台为企业用户业务的拓展提供单一窗口、灵活付费方案的全网服务。过去十年互联通凭借先进的专业技术、优秀的管理服务和资深的科研及管理团队，以丰厚的行业资源为背景，以广泛产业的客户群为坚实的平台，提供专业全方位的企业信息科技综合解决方案，为企业提供优质的一站式服务。

合法与保障 – 深耕中国，取得中国IP VPN业务营业执照

在十年的发展历程中，互联通团队深耕中国，陆续取得ISP/IDC/ICP/IP VPN经营执照。2008年，互联通又获得中华人民共和国增值电信业务经营许可证，为互联通创建十年来重要的里程碑之一。目前，已经完成中国十大核心城市的节点建制，并在主要城市建立二级节点，辐射中国七大区域，为各类型企业用户提供多点多地的一站式服务。

资格	可从事的服务
中华人民共和国增值电信业务经营许可证	国内因特网虚拟专用网业务和因特网数据中心业务。（IP-VPN、IDC） 因特网接入服务业务（ISP）
电信与信息服务业务经营许可证	因特网信息服务（ICP）
中国信息安全产品评测认证中心华中评测中心授权书	SOC安全服务，授权代理全国范围内的网络内容审查服务、网络安全托管服务、网络代报备服务、代理信息安全评测与认证等业务
GB/T19001-2008-ISO9001:2008质量管理体系认证证书	通过电信运营服务（IDC、ISP、VPN服务）及相关服务
CNCERT/CC大区级网络安全应急服务支撑单位	国家计算机网络应急服务支撑

获奖与肯定 – 中国地区荣誉证书

2007-2009互联通连续三年蝉联中国IDC产业优质服务奖，2010荣获中国IDC & CDN产业新锐产品奖及IP VPN年度编辑推荐方案提供商之一，这代表了互联通十年来为企业用户提供全方位跨地区服务已获得肯定。

证书	授予方
2007中国IDC产业优质服务奖	中国IDC产业发展调查组委会
2008中国IDC产业优质服务奖	中国IDC产业年度大典委员会
2009中国IDC产业优质服务奖	中国IDC产业年度大典委员会
2010中国IDC & CDN产业新锐产品奖	中国计算机报社
2010 IP VPN年度编辑推荐方案提供商	中国IP通信大会

地址：北京建国门外大街19号中信国际大厦A座3层307室　邮政编码：100004
电话：北京 86-010-85262288 86-10-85289178　传　真：86-010-65952311
www.cnlinkchina.com

第七篇　通信企业

中国电信集团公司

中国电信集团公司领导

上排左起：王晓初、尚冰、吴安迪、张继平、张晨霜

下排左起：李平、杨小伟、杨杰、孙康敏、苗建华

（中国电信集团公司提供）

【领导成员】

总经理、党组副书记：王晓初

党组书记、副总经理：尚冰

副总经理、党组成员、总会计师：吴安迪

副总经理、党组成员：张继平、张晨霜、李平、杨小伟、杨杰、孙康敏

党组成员、纪检组长：苗建华

【2009 年主要业绩】

2009 年，中国电信认真贯彻中央的决策部署和应对国际金融危机的一揽子计划，深入学习实践科学发展观，大力推进聚集客户的信息化创新战略和差异化发展策略，努力拓展移动市场，实现了全业务发展的良好开局。

（一）高标准、高质量开展学习实践活动，取得明显成效。按照中央的统一部署，紧密联系企业实际，在全集团开展深入学习实践科学发展观活动。围绕“战略转型上水平，服务信息化创一流”的主题，积极探索全业务发展规律，深入查找影响和制约企业科学发展的突出问题，进一步明确了发展方向和工作思路。

（二）成功进入移动市场，树立了全业务运营商的崭新形象。以最快的速度建成了全球规模最大、国内商用最早的 CDMA 3G 网络，并建立起移动业务经营管理体系，创新产品开发机制，成立产品中心，加强产品规划，统筹推进 3G 产品开发上市和持续优化。加强社会渠道建设，积极开展与终端厂商、通信及家电大卖场的合作。积极培育终端产业链，扩大终端供应。

（三）努力完成各项工作任务，实现全业务发展良好开局。经营工作进一步深化。服务体系进一步完善。加强全网协同营销，推广集团级客户首席客户经理责任制，推进纵向一体化营销服务体系建设，初步形成全业务一站服务能力；深化嵌入式机制，组建客户支撑中心，建立首席客户工程师与首席客户经理联动机制；电子渠道能力稳步提升，大部分省份实现 10000 号全省集中。管理水平进一步提高。加强财务管理，强化预算对生产经营和资源配置的指引作用，加强资产管理；深化审计工作转型，大力推进审计信息化；积极推进“光进铜退”，大幅提升宽带网络能力；加快 WLAN 热点覆盖，构建差异化的网络竞争优势；调整投资结构，保证重点能力建设需要；推进价值采购、绿色采购和阳光采购；主动营造发展与竞合的良性环境，积极配合政府打击非法国际话务、构建绿色安全网络；做好企业法律风险防范，强化自主创新的知识产权保护；切实加强企业党建工作，深入开展党风廉政建设，持续推进“四好”班子创建活动；加大干部交流力度，从南方选派 200 人支援北方建设，推进嵌入式培训，开展地、市分公司总经理轮训；加强企业民主管理，关心员工生产、生活，在管理层降薪的同时，给全集团七岗及以下员工岗位工资晋升一级，出台高海拔地区员工专项津贴政策，调增了内退人员的生活费标准；强化安全生产，开展保密大检查，妥善处理来信来访，维护了企业稳定与社会和谐。

公司上下积极应对严峻的市场竞争挑战和金融危机影响，努力完成各项目标任务，取得了显著的成绩。全年实现营业收入 2428.96 亿元（含初装费），同比增长 9.77%；非语音收入占比达到 52.8%，比上年提高 6.8 个百分点。公司的发展受到国际资本市场和相关机构的高度关注，先后被国际著名财金杂志评为“最具潜力中国企业”电信行业最佳公司、最佳管理企业，被国内权威机构授予“具价值企业之社会责任榜样奖”和“中国企业社会责任特别大奖”等奖项。具体业务指标见下表：

项目	达到	增长率 / 增长量
1. 电信业务收入（含初装费,亿元） 其中：非话业务收入（亿元）	2428.96	9.77%
2. 固定电话用户数（万户）	19367	-9.29%
其中：小灵通用户数（万户）	2941	-37.94%
3. 移动通信用户数（万户）	6236	76%
4. 宽带上网用户数（万户）	5753	21.94%
5. 资本支出（亿元）	985	24.37%

【改革与发展重要决策】

2009 年，中国电信加大体制改革力度，激发创新热情，主要采取以下举措：

（一）总结总部项目制运作成功经验，探索项目经理制下的跨部门运作模式。通过 TOP 任务考核，为项目制运作提供支撑。创新公司考核机制，采取 TOP 任务考核与部门绩效考核双维度评价的矩阵考核方式，调动总部员工参与公司重大项目的积极性，集中人员和资源优势，实现项目的重大突破。

（二）持续开展流程优化，推进嵌入团队运作机制。配合相关部门开展产品开发、客户服务、海外拓展等关键流程的梳理和优化，提高运作效率。完善系统集成公司支撑政企客户行业应用发展的协同机制；不断推进嵌入团队运作机制，目前 29 个省公司和 296 个地市分公司建立了支撑政企客户的嵌入式团队。

（三）继续优化业绩考核工作。设立全业务发展指标，实施季度通报和管控，促进和保障了全业务尤其是移动业务的健康发展。修订业绩考核办法，全面推行 EVA 考核，引导省公司有效益规模发展；大幅度精简考核指标，突出重点；对省公司首次实施分类考核和指引，加强精确管理。在支撑战略及体系、方法、过程管控等方面都有较大改进。

【业务亮点】

2009 年，中国电信继续加大业务创新力度，全面推广爱音乐、天翼视讯、天翼 Live、号簿备份（PIM）、协同通信、号码百事通移动版等业务，为用户提供更加丰富的综合信息服务。

1. 爱音乐。“爱音乐 i music”是中国电信数字音乐业务的品牌名称，是中国电信为广大用户倾力打造的互联网在线数字音乐服务。“爱音乐”融合了七彩铃音、音乐盒、网络试听、全曲音乐/振铃下载、音乐资讯、在线搜索、会员服务等多种音乐产品功能，为用户提供全面、时尚、无缝音乐体验服务。用户可通过“爱音乐”随时随地掌握流行音乐的脉搏、快速搜索到喜欢的音乐，并享受歌曲试听定制彩铃、收藏夹等多种形式的音乐服务。

2. 天翼视讯。天翼视讯是中国电信基于 CDMA 2.5G/3G 网络（可提供最高达 3.1Mbit/s 的连接速度）推出的手机在线影视新媒体产品，主要有 CCTV（中央电视台）、SMG（上海文广集团）、CRI（中国国际广播电台）等国内知名媒体合作伙伴，133/153/189 手机用户可以通过手机观看新闻、电影、电视剧、动漫、短片等丰富多彩的精彩视频节目，用户不仅可以选择直播和点播的形式在线收看，而且可以将自己喜欢的节目内容下载保存后观看。

3．天翼 Live。中国电信天翼 Live 产品是中国电信面向家庭和个人用户推出的集融合通信与互联网应用，与内容服务于一体的综合信息服务产品。它为中国电信宽带用户与手机用户提供文字、语音、视频等多媒体视听、沟通平台，它是中国电信互联星空业务、“我的 e 家”业务在用户桌面统一呈现、承载和使用的平台，同时也是扩展中国电信桌面营销，提供在线客户服务的渠道。

4．号簿备份（PIM）。号簿备份（PIM）服务是通过多种工具及手段对转网用户或在网用户提供的通信录转移、备份、恢复、管理等服务。号簿备份（PIM）可以帮助用户将手机终端上的个人通信录转移到新的 C 网终端上，也可以通过无线的方式，为用户提供方便、快捷、安全的备份手机通信录的手段，在需要时可以下载恢复，还可通过 Web 管理其个人通信录。

5．协同通信。协同通信是中国电信针对政企客户的协同办公，CT 和 IT 应用融合的业务需求而制定的综合解决方案。该业务以政企客户电话号码为依托，实现语音、视频、即时通信、数据等多种通信功能的有效集成，为客户提供功能丰富、协同便捷的沟通环境，实现及时、高效的通信。

6．号码百事通（移动版）。号码百事通（移动版）是中国电信在号码百事通品牌下，基于手机终端推出的综合信息服务业务，以“本地生活信息搜索+服务”为切入点，结合移动定位优势，为用户提供精确周到的生活信息服务，核心功能包括本地生活信息搜索、餐饮/酒店/机票预订、地图搜索及导航、本地特色频道服务等。

【品牌亮点】

2009 年，在“综合信息服务提供商”企业品牌内涵下，进一步推进全业务品牌建设工作，重点打造“天翼”品牌并取得明显成效，我的 e 家、商务领航和号码百事通等客户品牌和业务品牌也取得稳定发展。2009 年 12 月，中国电信荣获全国“创新与诚信”十佳优秀企业品牌营销成功案例奖，该奖项由中国广告主协会首次推出，是中国广告界最受广告主推崇的权威营销传播榜单之一，这标志着中国电信的品牌运营获得业界的肯定。

1．天翼。是中国电信推出的移动业务品牌，上市期利用明星代言，以账号经营、互联网应用为主核心诉求，通过前瞻性的“互联网手机”定位抢占移动互联网市场制高点，取得品牌知名度的直线上升。据 2009 年 10 月第三方独立调查（新浪）显示，97.7%的消费者知道天翼品牌，其中 80.7%的受访者表示对天翼十分了解；在用户感觉最熟悉的 3G 品牌中，天翼位居第一，领先竞争品牌 10 个百分点以上。

2．商务领航。是中国电信面向企业客户推出的客户品牌，以“融合信息应用，远见成就价值”为品牌核心内涵。针对不同类型企业客户的综合通信和信息需求，提供通信版、信息版、行业版系列应用，全面支持企业客户提升信息化水平、降低成本、提高效率、增加商业机会、促进业务增长。随着全业务运营时代的到来，企业正努力发挥固移融合、行业应用以及一站式服务的优势，不断开发全业务融合产品和行业应用，为广大企业客户提供更多的安全、优质、高效的移动通信服务，固移融合业务和信息化应用服务，更好地服务企业信息化和行业信息化。

3．我的 e 家。是中国电信面向家庭的客户品牌，该品牌“以综合信息应用服务，让客户尽情享受信息新生活”为内涵，主要通过提供融合的固定和移动服务，结合综合业务终端的推广，向家庭客户提供 3G 时代综合信息应用解决方案，包括融合的语音解决方案、互联网服务及各项增值应用。结合天翼移动业务的融入，针对家庭用户需求推出了新 e6、e9、尊享 e9、我的 e 家无线宽带可选包等移动融合套餐。通过提供综合信息服务，提供更全面、便利的通信应用，打造家庭信息新生活的理想平台，深化传播了“爱没有距离，家就在身边”的品牌核心内涵。

4．号码百事通。是中国电信面向大众推出的综合信息服务业务品牌，以“知百事，通天下”为品牌核心内涵，努力打造国内领先的消费类搜索和服务的综合门户，为客户提供衣、食、住、用、行等日常生活相关的各种信息服务，在全国范围内为客户提供高效便捷的综合信息服务，让客户尽情享受信息新生活。号码百事通依托语音、互联网、手机等多种平台，提供个性化、全方位的综合信息服务业务；围绕“衣食住行乐”等生活信息提供码号、生活、娱乐等多种信息搜索服务，同时提供机票、酒店、餐饮、旅游、商品等预订业务；为企业及个人客户提供通信录查询、话务转接、信息定制等通信信息助理服务；整合中国电信丰富的传媒资源，为企业客户提供本地或跨域的综合媒体解决方案及信息发布服务。2009 年，凭借强大的整体优势、完整的销售方案，中国电信成为上海世博会门票销售指定代理商，负责 2010 年上海世博会门票的全国销售代理工作。

【开拓海外市场进展】

2009 年，中国电信积极实施“走出去”战略，大力拓展海外市场，取得显著成效。

（一）海外公司不断壮大。注册成立了日本分公司并获得了二类电信业务牌照；设立了加拿大公司，成立了越南、印尼代表处；新建了 ChinaNet 华盛顿和迈阿密节点，新建了 CN2 多伦多、西雅图、迪拜、胡志明和河内节点。截至 2009 年底，中国电信在美国、香港、英国、新加坡、哈萨克斯坦、俄罗斯、加拿大、阿联酋、德国、澳门、日本、越南和印尼等 13 个国家和地区设有海外分支机构，在 8 个国家和地区的 13 个城市设有海外网络节点。

（二）品牌影响力逐步提高，得到了中外跨国企业客户的普遍认可。到 2009 年底，三个海外公司所服务的客户总数达到 394 家，包括 Microsoft、Google、DELL、AIG、Morgan Stanley、UBS、AP、Wrigley、Intercontinental、Holiday Inn、国泰航空等一大批有影响的境外跨国企业的首选服务提供商之一。由于中国电信积极部署海外网络和营销渠道，大力提升海外客户接应和服务能力，中国石油、中国石化、中央电视台、新华社、中兴、华为等“走出去”中资企业纷纷选择中国电信，建设和维护其境外通信网络与 IT 设施。

（三）海外业务发展迅猛。中国电信在“三个延伸”（客户延伸、业务延伸、网络延伸）战略的指引下，紧紧围绕服务“走出去”中资企业和来华投资外资企业，充分发挥网络规模和客户规模优势，走出了一条符合企业实际的海外拓展道路，各项业务迅猛发展，过去 4 年（2006～2009 年）销售收入的年均复合增长率达到 44%，并取得了良好的投资效益。

【2010 年主要工作目标】

2010 年主要发展目标是：通信主业收入增长 4.7%，税前利润增长 15%以上，现金流转正；移动业务出账用户超过 9000 万户；有线宽带用户突破 6600 万户；增值及综合信息服务业务收入增长 27%，达到 352 亿元。实业公司收入增长 6%，利润增长与收入增长同步。

2010 年，中国电信将坚持以邓小平理论和“三个代表”重要思想为指导，认真贯彻党的十七届四中全会和中央经济工作会议精神，全面落实科学发展观，持续深化企业转型，积极转变发展方式，大力实施聚焦客户的信息化创新战略和差异化发展策略，加大结构调整力度，不断强化精确管理，进一步坚定信心、创新发展、统筹兼顾、突破拐点，努力开创有效益规模发展的新局面，实现服务信息化的新突破。

以差异化产品和行业应用为抓手，加大市场拓展力度。在坚持业务捆绑、融合经营有效做法的基础上，充分发挥中国电信的比较优势，整合内外部资源，加快差异化产品和行业应用的集约规模推广，以此保存量、激增量、夺市场。以提高客户满意度和忠诚度为目标，改善服务质量和品牌形象。继续加强网络建设和运行维护工作，在巩固基础服务攻坚行动成果的基础上，进一步健全服务体系，提升服务能力，强化前后端协同，打造差异化、可感知的服务竞争优势，树立天翼品牌新形象。以解决终端瓶颈为突破，激发产业链发展活力。强化合作共赢理念，以更加开放的心态，在终端产业链、信息内容、应用等方面加大对外合作力度，创新对外合作模式，巧借外力，补齐短板。创新思路，持续提高管理效率和效益。根据全业务发展的新要求，深化精确管理，创新业绩考评机制，优化资源配置，强化财务管控和风险防范，提高运营效率和效益。

【2009 年股市曲线及简评】

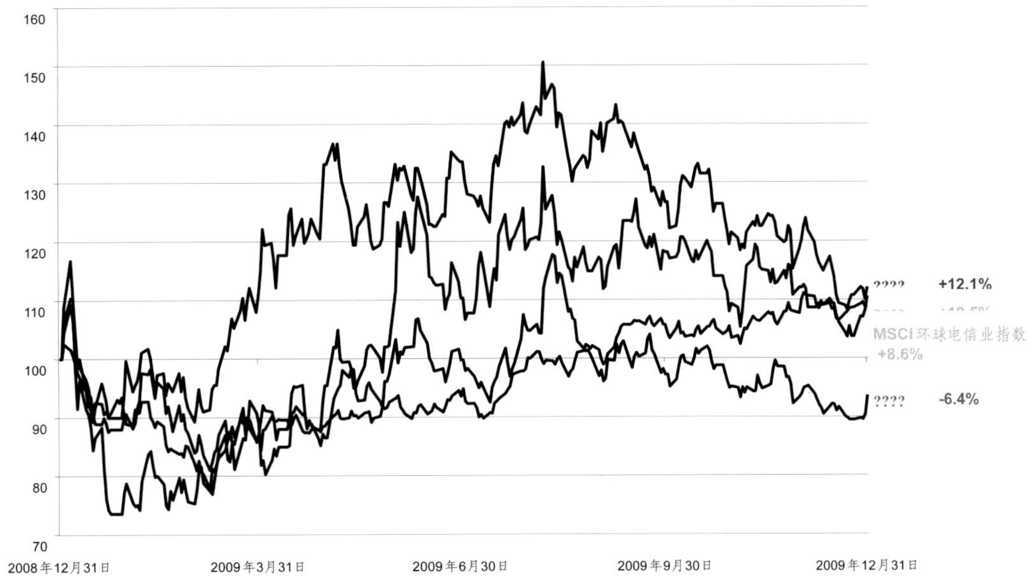

2009 年，中国电信股价受国际金融危机的影响而有所波动，但仍优于国内和国际同业。2009 年，中国电信股价累积上升 12%，MSCI 全球电信指数升 9%，联通股价上升 11%，中国移动股价逆市下跌 6%。

在全业务经营及规模化发展移动业务初期，中国电信面临巨大的业绩压力，通过公司管理层提前向资本市场说明及有效的资本市场预期管理，提早释放了短期利润下滑对公司股价的风险，企业的高透明度深受投资者赞赏。

2009 年的股价表现表明，投资者对中国电信清晰的经营策略、卓越的执行管理、高透明度的公司治理工作给予肯定。国际著名机构投资者 Capital Research 持续吸纳公司股份，持有量超过公司对外发行股份的 9%，成为公司最大的流通股东，显示公司长远发展前景得到资本市场的高度认同。

【中国电信上海公司】

2009 年，上海公司以学习实践科学发展观活动为契机，牢牢抓住全业务经营这条主线，遵循差异化、精确化、规模化、集约化的“四化”原则，深入探索和把握发展规律，不断将转型成果转化为全业务竞争优势，打响了电信在上海地区的全业务经营第一仗。积极落实集团转型战略，明确重点，持续扎实推进，转型成效集团公司内保持领先。在全业务经营第一年，综合发展成效再次实现集团公司最佳，其中战略转型上水平核心指数排名集团公司第一，服务信息化创一流核心指数位居集团公司前列，业务结构保持集团公司内领先，为构建全业务时代企业核心竞争力打下了坚实基础。勤于探索移动发展规律，勇于直面竞争，实现了移动发展用户增量同城排名第一，用户增量市场份额超过 50%。在集团公司内率先建成全覆盖的商用 3G 网络，也是上海最早商用的 3G 网络。

历经一年的精心优化，3G 网络的良好感知已经深入人心。目前上海公司 3G 网络质量的客户感知在运营商中最优。抓住集团公司视讯中心落户上海的机遇，迅速推出天翼视讯应用，在集团公司年度工作会上所做的演示获得集团公司领导的肯定和兄弟单位的高度关注。不断开辟蓝海，把握物联网发展蕴含的巨大商机，在集团公司内率先针对汽车交通行业、3A 化“无线数字医院”等公共事业迅速开发新的应用。

2009 年，上海公司荣获“全国文明单位”、“全国学习型组织标兵单位”、“全国‘安康杯’竞赛优胜单位”、“全国质量协会用户满意企业”和“全国通信行业用户满意企业”等荣誉称号。在“上海市迎世博 600 天文明指数”每百日测评活动中，连续 4 次获评生活服务类窗口行业服务文明满意度第一，连续 4 次获评通信行业服务文明满意度第一。

一、抓住全业务经营主线，实现良好开局

（一）奋力完成各项经营指标，市场份额和收入结构双领先。2009 年，上海公司经营收入达到 191.6 亿元，增长 8.5%，完成年度收入目标。其中，固网收入为 172.8 亿元，移动业务收入为 18.5 亿元。业务收入结构继续优化，非语音收入占比达到 63%，同比上升 3.8%，高于集团 10.9 个百分点。收入市场份额由 2008 年的 47.1%上升到 2009 年的 47.5%，巩固并扩大了市场领先优势。

（二）把握移动发展战略机遇期，月收入和用户规模不断攀升。贯彻聚焦中高端的差异化策略，发挥固移融合优势，移动业务月收入和用户规模不断攀升。全年移动收入市场份额达到 9.1%，超越联通位居第二，移动收入成为新的业务收入增长点。移动用户增量市场份额超过 50%；出账用户达 245 万，较上年增长了 78%；融合用户达 161 万，占全部用户的 65%。

（三）建设全业务渠道，网点与品牌覆盖推进有力。移动业务售后网点门店数达到 148 家，比重组时增加 70%；品牌授权数达到 389 家，比重组时增加 188%。电子渠道方面，网厅掌厅重点业务受理占比约 10%，网厅缴费占比超过 15%。直销渠道方面，各区县局社区网格经理增配 158 人。实体渠道方面，在高等院校开设了 15 家校园专营店。社会渠道方面，制定《社会渠道管理办法》，规范代理商管理。

（四）宽带提速巩固优势，转型业务深入发展。积极响应上海市委号召，实施宽带大提速，并进一步提出了“城市光网”3 年计划，在服务地方经济，共同抵御金融危机的同时，有效降低宽带流失风险。2009 年，宽带用户数超过 370 万户，市场份额达到 81.6%。同时用户带宽不断提升，2M 及以上带宽用户占比达到 47%。IPTV 发展实现历史性突破，上海成为中国首个 IPTV 用户规模超百万的城市；全年业务收入突破 7000 万元，其中增值业务收入稳步提高，达到 5000 万元，PPV 成为千万元级业务。转型业务收入稳定，号码百事通全年实现收入 6.6 亿元，ICT 实现经营收入 10.29 亿元。

（五）服务社会信息化创一流，企业空间有效扩展。2009 年，集团公司与上海市府签署《战略合作框架协议》，实现了邮电与政府大合作以来的又一次历史性突破，提升了开展信息化工作的高度；上海公司与市经信委、市商务委、各区县政府、园区和企业进行一系列签约合作，实现了条块结合的全覆盖，拓宽了服务社会信息化的广度。电信的信息化主力军地位愈加彰显。2009 年，共完成公司层面 6 大领域 20 项信息化工程，区局层面 150 个信息化项目，全年新增 1.1 亿收入。

（六）举全公司之力多路并进，世博会筹备扎实高效。2009 年，上海公司全力以赴，积极为世博会的组织者、参展者、媒体和游客提供覆盖面广和实用性强的各类信息通信服务。全年共下达 48 个世博通信建设和信息化建设项目，总投资 3.4 亿元。开通启用了中文和 12 国外语的“962010 多语言世博服务热线”，方便公众全面了解世博；完成了世博会信息中心 IDC 机房等信息化项目，积极做好互为备份的两个核心 IDC、100 个信息化安保汇聚机房、世博业务专网、视频专网、商银专网、办公内网、办公外网、800MHz 应急指挥专网的建设和运维。

二、实施三项能力提升，全业务基础不断加固

（一）推动网络跨越，城市光网和 3G 建设走在前列。城市光网得到有力推进，完成 75 万户覆盖，实现百兆到户；2M 覆盖达到 98%，4M 覆盖达到 93%，8M 覆盖达到 77%；楼层光缆覆盖的楼宇达 530 幢，商务楼 PON 覆盖达到 554 幢。移动建设实现重大进展。第一季度在集团公司内率先实现 3G 网络的全覆盖，为 3G 业务发展打下良好基础；8 个月完成联通花费 8 年打造的移动交换网络的替换工作；完成新建宏站 396 个、室内分布系统 1003 个，3G 基站 2980 个入网形成通信能力；实现长江隧桥、地铁 7 号线等重大工程的 C 网覆盖，地铁站已全面实现 3G 覆盖。

（二）深化运维转型，快速提升用户可感知的网络质量。C 网网络质量得到有力提升，超过集团公司考核要求，关键指标与竞争对手可比。网运条线组织实施了近 62 次的升级、升版及软交换割接工作，优化了移动网络架构，确保了 C 网网络割接和网络调整实现平滑过渡，提升了网络质量。出色完成建国 60 周年庆、美国总统访沪、汶川“5•12”大地震周年祭卫星直播等 115 次重要通信保障工作。

（三）推进 IT 转型，有力支撑了全业务经营。IT 条线关注热点重点，实施系统保障。一是着力解决了急难问题，为临柜“2+3”、账单改版、国际漫游优化提升、3G 上网计费改进等多项关键工作提供了 IT 支撑。二是解决了许多长期滞留的问题，同时为爱音乐、天翼 Live、PTT、189 邮箱等 3G 产品调测和上线提供 IT 支撑。三是加强对重点工作的支撑能力，顺利完成全息视图、移动统一充值平台二期、移动客挽系统改造等重大项目。

（四）综合服务能力得到提高。一是基础服务能力普遍提升。开展基础服务能力提升攻坚行动，并形成长效管控机制，初步具备实时、便捷的服务能力，用户感知的网络质量明显改善，用户关心的热点问题得到有效改进。实现了从以预约、履约为主要特点的固网服务标准向以实时、便捷为基本要求的全业务服务标准的转变。二是通过创新推进业务受理“2＋3”，窗口客服效能大幅提升。用户平均临柜时间从将近 20 分钟缩短到 5 分钟以内，营销成功率从 10%提高到 40%，员工操作强度也明显降低。

（五）优化运营体制，适应全业务发展需要。围绕全业务经营的实际需要，审时度势，及时优化前后端体制架构。通过强化前端统筹和职责分工，实现了市场部统筹下客户群部门的协同；通过优化服务体制架构，实行管理、监督与操作分离。年底又启动了后端体制的重大调整。全面推进机关精简工作，共精简内设机构 9 个、部管单位 16 个、编制 120 个；在此基础上重塑机关作风，提升全业务指挥协调与接应能力。

（六）优化人力资源配置，支撑转型和全业务经营。人力资源配置向转型业务、移动业务以及前端倾斜。完成直销渠道人才的配置、培训及上岗；引进移动网优成熟人才；组织总部和产品部员工支援区局一线销售工作；加强电子及实体渠道的人员配置，增设营业、后端等几类业务外包督导岗。全年 1300 多人次岗位进行调整，760 位员工岗位得到晋升。

（七）全面运筹资源，化解成本紧缺与业务发展的矛盾。在收入压力大且成本紧张的情况下，积极运筹资源，优化成本结构，为全年发展提供了有力保障。控制和压缩能源性业务费用和管理费，管理费占收比明显下降；支撑前端营销，营销费总体增幅高于收入增幅，确保移动业务、转型业务目标实现。通过激励和考核机制的引导，确保了成本资源科学运用。

三、以科学发展观为统领，保持企业和谐稳定

（一）深入开展学习实践活动，企业注入科学发展活力。党委紧扣集团公司“战略转型上水平，服务信息化创一流”活动主题，认真部署、精心组织、扎实推进科学发展观学实活动，在“党员干部受教育，科学发展上水平，人民群众得实惠”方面取得阶段性成果。290 多名党员领导干部、6755 名党员通过学习实践活动，增强了党性，焕发了精神。深入开展调查研究，准确把握当前制约科学发展的突出问题，形成“聚焦客户需求，发挥全业务优势，勇当上海信息化建设的主力军”的行动目标，为企业科学发展注入活力。扎实推进整改措施，集中力量解决了一批影响科学发展的突出问题，有力推进了宽带提速、无线城市覆盖、服务满意等涉及民生的实事工程，普惠广大社会客户。坚持以人为本，着力解决员工关注的职业发展、薪酬福利、文化需求等问题。领导班子分析检查报告的群众评好率为 97.69%，学习实践活动的群众满意度为 100%。中共中央政治局委员、上海市委书记俞正声，集团公司总经理王晓初等亲临上海公司进行调研指导，并对开展学实活动取得的成绩给予肯定和好评。

（二）面向全业务经营，企业领导力得到全面提升。聚焦提升各级领导人员的转型领导力，锻造全业务经营和驾驭企业科学发展的能力。面向基层一把手、前后端及党群条线领导人员开展全业务经营和领导力培训，面向基层三级经理和分局长开展 C 阶领导力培训和销售领导力培训，面向试点单位二、三级经理开展“战略绩效管理”培训。实施战略绩效管理扩大试点工作，建立健全符合企业转型和全业务经营的绩效管理激励约束机制。制定《上海公司后备人员培养与发展管理办法（暂行）》，建立一支 185 人的后备人员队伍。

（三）发扬党内民主，增强基层党组织生机活力。召开一届三次公司党代会，为全业务发展取得良好开局奠定了思想基础。深化党内民主建设，维护党员的知情权、参与权和监督权。开展主题教育活动，激发党员服务公司发展大局的意识，在全体党员中开展“发挥先锋模范作用”的活动，坚持树立典型，以点带面，弘扬先进基层党组织、优秀党员和党务工作者的闪光事迹。

（四）培育全业务文化，助力企业发展。通过企业文化透视镜、案例示范教育、弘扬先进等载体，积极培育和推进全业务文化落地。组建世博志愿者队伍和客户体验“双新”志愿者团队，在促进服务水平和产品质量提升的同时，有效激发了员工投身企业转型和全业务经营的热情。

（五）开展系列劳动竞赛，激发了员工工作热情。充分发挥劳动竞赛的创造功能、激励功能和教育功能，开展“奋战60天，拿下天翼32万户，实现第一季度开门红”劳动竞赛，发展“天翼”用户57.89万户。“移动基站寻址攻坚战”劳动竞赛签约174个。还开展了“擦亮窗口迎世博——满意服务诚信服务”等系列竞赛活动。这些竞赛贴近需求、服务大局、全员参与，为成功打造“天翼”新品牌、优化移动网络建设、提升窗口服务水平、促进企业发展做出了积极贡献。

（六）坚持以人为本，全方位体现对员工的关爱。关心员工职业生涯发展。建立了员工职业发展与企业经营发展相关联的机制。发布《2009年员工岗位发展指导意见》，引导员工个人职业发展方向；推行专业五、六等岗位任职资格评审制度，拓宽员工职业发展通道。认真做好员工帮困救助工作，开展了大病帮困、重灾帮困、助学帮困、生活帮困、单亲帮困和节假日送温暖的“五帮一送”工作，全年共支出帮困慰问金38.53万元，较好地解决了困难员工的后顾之忧。建成的员工文体活动中心已达18家，既丰富了广大员工的业余文化生活，也为员工提供了“放松身心、减缓压力、展现才华”的场所。认真落实离休干部政治、生活待遇，积极做好老同志的学习、活动、慰问、帮困等工作，做好退休、退养员工的管理和服务工作，保持了离退休、内退员工的和谐。上海公司党委重视舆情分析，做到定期收集、分析和研判，用心化解各类矛盾和不稳定因素，做好转型中员工的思想政治工作。还不断加强人文关怀和员工心理疏导，成立员工心理发展协会，开设了咨询热线和网络咨询，探索帮助员工舒缓情绪、减轻压力的企业思想政治工作新方法，为体制调整和转型提供思想保障。

【中国电信江苏公司】

2009年，是中国电信江苏公司全业务发展的开局之年，是继续实施聚焦客户的信息化创新战略，深入推进企业战略转型的重要一年。这一年，江苏公司在集团公司的正确领导下，深入开展学习实践科学发展观活动，积极探索全业务运营规律，各项工作都取得了新的成绩，经营发展再上新的台阶。

一、深入学习实践科学发展观活动成效明显

具有四方面特色：一是起点高。公司各级党组织高度重视，经过9个月的时间，完成学习调研、分析检查、整改落实等各阶段和各环节的工作，确保实效。二是范围广。全省各单位1万多名党员全部认真参加了各环节的学习实践活动，促进了“战略转型上水平，服务信息化创一流”活动主题的落地。三是形式新。依托“强基网”组织开展学习实践活动，利用《江苏邮电报》等载体全方位展现活动情况。四是效果好。注重实际效果，涉及的所有项目均整改到位，100%完成，全体员工对学习实践活动的满意率达到98%。通过学习实践活动，江苏公司积极探索并初步掌握全业务发展的内在规律。

二、全业务经营局面成功打开

努力克服国际金融危机的影响，以前瞻性的决策部署、得力的工作措施和必胜的坚定信心，迎难而上、奋发有为，企业全业务发展基本面良好，较好地完成年度各主要预算指标。在全业务竞争全面展开的第一个完整财务年度里，公司市场份额保持稳定。在新进入的移动市场，率先推出3G商用业务，天翼移动互联网的概念受到广泛关注和认可，网络规模和质量迅速提升，客户规模不断攀升，至2009年末已经达到650万户，占有了一定的市场份额。

三、转型战略实施取得阶段性突破

多年来，江苏公司推进转型工作的步伐快，成效好，在全省已树立了现代综合信息服务提供商的良好形象。截至2009年末，非语音收入占比近60%，超过一半的收入来自宽带接入和互联网应用、增值业务、号码百事通和系统集成等业务，我的e家、商务领航、天翼品牌深入人心，进一步确立了在业内综合信息服务提供商的引领地位。其中宽带业务已达800万用户，奠定了雄厚的融合固定、移动、宽带业务的发展基础。

四、助推信息化建设的能力和水平不断提高

集团公司与江苏省政府签订战略合作协议后，江苏公司陆续与各地市政府签署战略合作协议，共同推进信息化进程，并在工商、水利、公安等领域达成了一批卓有成效的信息应用合作。在公司的努力下，江苏省在全国率先实现了自然村“村村通宽带”，大学生村官信息服务工程更为农村信息化打下坚实的组织基础。通过公司的积极推动，中国电信物联网应用和推广中心、物联网技术重点实验室落户无锡，中国电信江苏呼叫服务中心和国际数据中心（江苏）相继落户南京、扬州、无锡等城市，为江苏省科技创新、产业升级、抢占信息产业新一轮革命的制高点带来了资源，注入了活力。

五、内部管理能力与水平持续提升

挖掘存量资源潜力，拓展成本空间，通过盘活利用房地产资产、规范拆旧电缆和蓄电池管理等手段，增加成本资源7

亿元；加强内部审计和法律风险防范，有效防范各类风险；强化 IT 支撑，启动BSS系统结构性优化项目，推广CSS系统；进一步加强企业民主管理，组织了多专业劳动竞赛和员工岗位创新成果征集评比，健全完善了职代会评估制度、职工代表巡视制度等，进一步改善了基层员工生产、生活条件；党风廉政建设取得实效，落实惩防体系5年工作规划，开展党风廉政建设责任制检查，抓好反腐倡廉建设，对员工从业行为明确要求。

六、三个文明建设协调发展

公司本部、苏州分公司荣获全国文明单位称号，南京、无锡、徐州、淮安、宿迁分公司等5单位荣获全国精神文明建设工作先进单位称号。泰州、淮安分公司获2009年全国“五一”劳动奖状，苏州分公司被人力资源和社会保障部、国务院国资委授予“中央企业先进集体”称号。公司企业信息化部、盐城分公司的研究项目分获中国电信科技进步一等奖和三等奖。此外，公司还有一批先进集体和个人获得多项省、市级荣誉称号。

【中国电信浙江公司】

2009年是中国电信浙江公司全业务经营的开局之年，也是公司破难奋进、经受严峻考验，努力争取较好成绩的一年。本年度，公司营业收入增长率为5.24%；行业收入市场份额、净增份额占有率两项数据提升2%以上；全省固定电话用户总数达1889.43万户，其中小灵通用户346.42万户；移动电话用户452.20万户；互联网宽带用户总数692.74万户。年内，公司荣获“全国通信行业用户满意企业”、“浙江最具社会责任感企业”等重要荣誉，协同通信ECP产品在国家“第八届信息港论坛”上荣获“信息化应用、通信技术创新”金奖；在第三方品牌调查中，电信“天翼”品牌跃居省内行业3G品牌首位。

一、全业务经营取得阶段成效

2009年，浙江公司正式完成C网承接，进入全业务运营时代。年内，公司移动用户发展超过预期，出账用户较上年底增长102%；网间活跃移动用户市场份额6.3%，比上年提升2.2%，增量份额达24.2%。在个人移动用户方面，公司推出融合及加装版套餐，充分利用代理渠道力量，以预付费的方式全力推进；在企业客户市场，公司依托政企渠道优势，以团购优惠隐性套餐、企业担保零首付、集团虚拟网、行业应用等为切入点，实现C网业务对政企和商户类客户的渗透；在校园市场，公司依托宽带优势，通过“闪讯宽带+C”组合营销，累计发展12万左右C网客户，初步撬开了高校学生市场。同时，浙江公司抓住品牌和市场导入期的先发优势，大力宣传天翼移动互联网手机概念，把握网络覆盖优势和上网卡集采形成的价格优势，设计并推出了以流量为定价核心的3G手机套餐，取得全业务竞争的主动，“天翼”品牌跃居行业3G品牌首位。

二、全面提升网络支撑能力

2009年，公司率先在全国开通3G网络，并开展移动网络建设和优化系列行动，有效保障用户感知。公司积极实施“春风行动”，切实抓好无线网优工作，C网短信下发成功率提高到99.63%，无线网络质量投诉率下降44%；开展室内覆盖优化专题行动，共梳理出重要楼宇小区5227个，发现问题点2197个，已解决发现问题的99.5%；实施高速专题优化，完善边界平滑切换，及时排查隐性故障，高速里程掉话比已达150公里。公司加快宽带提速提质工程，在新建区域持续推进基于EPON设备的宽带网络建设，EPON的宽带端口占宽带端口总量的9.8%，全省宽带具备4M以上能力的占比达到92%（电缆长度2公里以内），城市区域到达94%。公司以FTTH为主，以FTTN/B为辅的策略实施“光进铜退”改造，在样板区改造规模达10万线，并实现IT系统上线。同时，公司持续完善三大客户品牌支撑体系，“我的e家”用户重复障碍率较上年同期下降43%。

三、ICT应用促进行业发展

2009年，浙江公司积极推进ICT产品标准化及行业应用标杆客户体系建设，共在8个行业建立20余家标杆客户，全省共签约近110个融合行业应用项目，发展3万多行业应用终端，带动11万C网用户发展，该指标列全国前列。其中，司法矫正、人保定损、销售管家、车辆服务等应用已成为全国典型案例，数字城管、电子申报、交通运输、银行证券等重要行业取得了突破；全省统一平台车载视频监控，全省烟草批零互动系统集成及维护，全省电力无线数据传输等行业应用发展迅速。年内，全省新增“全球眼”视频实施点数6237个，全年累计完成实施点数32995个，完成年度预算的187.47%。ECP产品已在全国发展用户70余万户，涉及政府、教育、IT、传媒、企业等具有行业标杆效应的大客户，促使集团公司在浙江成立中国电信协同通信运营支撑中心。公司“数字城管”业务拓展已达16个城市，占浙江省内市场80%以上，并获建设部嘉奖，初步形成中国电信“数字城管”品牌效应。

四、有效提高客户服务水平

2009年，浙江公司通过狠抓“比较服务，基础服务攻坚行动”，系统梳理遇到的各类服务问题，着重提升全业务服务能力，通过服务管理创新、机制创新推动服务问题的快速改进，为全业务经营和中高端切入奠定基础。攻坚行动中，公司梳理并解决系统性服务问题375个，涉及产品类问题138个，网络类问题47个，IT类问题67个，支撑类问题14个，渠道类问题 86 个，合作类问题 23 个，实现用户投诉量下降近 25%。同时，公司立足客户感知，建立问题发现机制，有效地把前台客户的压力传递到后台；坚持每周服务例会制度，加强问题整改过程管控；建立前后端联动制度，重点解决移动实时详单查询、停机复开及时率、彩 e 业务漫游结算异常、无线宽带号码被复制等焦点问题。积极开展装维“服务学海尔”，装维服务满意度达 96.8%；定期组织服务检查和流程穿越，确保基础服务标准全面达标。至年底，公司实现全业务客户服务标准达标率 99%，在集团公司服务质量考核中取得 12 分的满分成绩，并获得 2 分（满分）的服务加分，连续 2 年被评为集团服务管理创新一等奖，连续 4 年获得用户满意企业称号。

五、节能减排工作成效显著

2009 年，浙江公司落实科学发展观要求，持续推进节能减排工作，实现每万元收入能耗同比下降 2.2%；全省 TOP-50 办公大楼能耗同比下降 10.93%，年度实际节约办公能耗费用超过 1000 万元。该项工作中，公司成立了以主要领导为组长的节能减排工作领导小组，并以宣传画、宣传标题、漫画、宣传片等方式，通过企业门户网站向全省员工发出“全员行动，节能减排”的倡议，积极宣传节能降耗的重要性和具体建议。公司还发挥全省员工集体才智，征集了很多有效的办法，内容涉及衣、食、住、行，工程建设、电脑使用、设备整合等方方面面；推行能耗精确管理，杜绝跑冒滴漏现象，有效保障节能减排工作出成效。年底，浙江公司荣获“2009～2010 年度通信产业绿色节能先进单位”称号，成为浙江省唯一获奖运营商，省政府金德水副省长做出专门批示予以肯定。

六、切实履行企业社会责任

2009 年，浙江公司促成集团公司与浙江省政府签订战略合作框架协议，并与省内 10 个市级政府签订战略合作实施协议，累计跟踪项目近百个，全面推进浙江信息化建设与经济社会的发展。同时，公司采取多种措施促进就业，协力政府应对金融危机影响，全年主实业新招收从业人员共计 5687 人，招聘应届大学毕业生、社会人才同比上年分别增长 28%和 194%，并通过代理缴费点、业务外包等提供新增就业岗位 4 万多人。公司还倡导通信建设推进共建共享工作，节约建设资金 2.93 亿元；落实中央要求，严厉打击整治网络色情，营造绿色和谐的互联网空间。在农村信息化推进方面，公司促成省信息化工作领导小组发文，按照“四个一点”模式加快推进农村宽带入户，农村信息化综合服务平台年底试点乡镇扩大到 66 个。浙江公司还成功举办了“春回燕归”精英峰会、3G（CDMA）产业链合作联盟国际峰会、互联网产业链大会等重要产业活动，汇聚 IT 产业链力量，推动浙江经济社会发展，获得政府与社会的高度评价。

七、持续推进和谐企业建设

2009 年，浙江公司持续推进和谐企业建设，推出“在线有约”沟通平台，进一步加强管理层与员工沟通，增进理解、集聚智慧；推进积分管理为牵引的计件计量考核，打开非合同制人员职业发展和激励机制天花板；强化队伍能力体系建设，实行客户经理等渠道队伍的规模轮训和岗位认证考试，开展标杆团队创建活动，团队业绩和服务指标快速提升；开展“反腐倡廉宣传月活动”，不断增强管理人员廉洁自律意识；推进“家园式支局”建设，创建“四小建设”活动基本完成，省级家园式支局达 77 个；持续推进人工成本向基层一线员工倾斜政策，推动机关人员深入基层学习支撑的“双百”活动，有效营造了和谐团结的企业氛围。

【中国电信福建公司】

2009 年，中国电信福建公司持续推进企业转型发展，取得了全业务运营良好开局。在加快业务发展、强化支撑保障、提升管控服务水平等工作上均取得了新的成绩，保持了企业的健康稳定发展。福建公司城乡电话用户达到 1363 万户，其中天翼手机用户比上年增长 243%，增幅列全集团第 3 位。重点转型业务快速增长，宽带用户比上年增长 23.22%；全球眼用户比上年增长 34.78%；我的 e 家客户比上年增长 59.68%；商务领航客户比上年增长 107%。业务收入结构进一步优化，非话收入占总收入的51.12%，比2008年底提高8.74个百分点。2009年福建公司被省委、省政府授予“福建省第五届（2006～2008 年度）创建文明行业工作先进行业”。

一、天翼网络质量全面提升，天翼业务快速发展

快速提升天翼无线网络覆盖范围和覆盖质量，以低成本快速平稳实现对高能耗、难升级、体积大的旧基站设备的全替换，天翼无线网络快速实现脱胎换骨，有力支撑天翼业务发展。3 月 31 日前在福建率先完成全省县城以上区域的 3G 网络建设，至年底基本实现全省乡镇以上天翼 3G 全覆盖。4 月 16 日，中国电信福建公司天翼 3G 在全省 9 地市正式面市，构建了天翼无线宽带竞争优势。同时在全国率先实现同类高速铁路（温福铁路——福建段）cdma1x+DO 网络的全覆盖，天翼 3G 网络成为福建大规模商用、网络覆盖最广、网速最快的 3G 网络。成功敲开天翼市场大门，天翼 3G 上市取得领先优势，天翼品牌认知度持续提升。先后推出无线宽带、天翼视讯、爱音乐、综合办公、天翼全球眼、天翼 Live、天翼手机报等产品和应用，“互联网手机”内涵初显。天翼业务实施差异化融合经营，天翼用户融合占比不断提升，全年累计突破 60%。

二、推进海西经济区建设，建成 10 个无线宽带城市

8 月 20 日，中国电信集团公司和福建省人民政府签署《关于共同推进海峡西岸经济区建设的战略合作框架协议》。作为贯彻协议的重要内容，9 月 23 日福建建成“海峡西岸 10 个无线宽带城市”，福建公司无线宽带城市一期工程建设顺利完成，福州、厦门、宁德、莆田、泉州、漳州、龙岩、三明、南平 9 个地级市和武夷山市 10 个城市在福建先行一步，迈入无线宽带城市行列。无线宽带城市以“光纤＋WLAN＋天翼 3G 网络”为解决方案，充分利用已有宽带城域网（包括光纤骨干网、光纤进小区、光纤进大楼）的网络资源，在热点区域，通过有线宽带网络，连接无线路由器并通过技术成熟、应用广泛的 WiFi 技术为客户提供超高速无线宽带网络服务；在非热点区域，则采用稳定的天翼 3G 网络为用户提供无线宽带服务。在这 10 个无线宽带城市，用户可随时随地连接高速稳定的无线网络，进行网络办公或娱乐。

三、聚焦客户信息化需求，各领域信息化应用深入拓展

大力拓展行业信息化应用，与军队、消防、经济信息中心、地税、烟草、金融等多个单位（行业）签订了行业信息化应用项目。9 月，与福建省政府达成省电子政务外网合作项目，标志着省、市、县、乡、村政务内外网都由中国电信承建。快速推广渔信 e 通，已完成海洋与渔业部门政务网，全省 32 个重点渔港养殖区视频监控系统建设。同时，福建公司积极推进社区信息化建设，至年底共有 111 个社区达到省信息化社区建设标准。在推进电话村通工程、光纤入村建设的基础上，加快农村信息化建设，信息化乡镇达到 300 个，完成集团任务 101.4%，同时涌现出了众多“天翼百户村”、“天翼千户镇”，乡情网组建率提高了 8 个百分点，达到 36%。4 月 9 日，全省农村党员干部现代远程教育系统开通，涵盖 90%以上的建制村。7 月 14 日，举办福建省“百村示范”信息化工程第一批表彰会暨第二批启动仪式，福建公司提出要聚焦农村客户，集中资源，加大投入，依托中国电信全业务经营的融合优势，将海西新农村信息化推向更高的水平。

四、加强领导认真组织，深入学习实践科学发展观

围绕“战略转型上水平，服务信息化创一流”这一主题，深入开展学习实践科学发展观活动，实现了“两手抓、两不误、两促进”。在学习实践活动启动之初，对全体党员进行思想动员，扎实做好各项准备，为活动开好局、起好步打下坚实基础；在学习调研阶段，重点抓好学习研讨、深入调研、解放思想大讨论 3 个环节；在分析检查阶段，重点抓好召开专题民主生活会，形成领导班子贯彻落实科学发展观情况分析检查报告，组织群众评议 3 个环节；在整改落实阶段，重点抓好制定整改落实方案，解决突出问题，创新体制机制 3 个环节。共召开 16 次学习实践活动领导小组专题会议，研究安排学习实践活动，汇总群众意见和建议 183 条，省公司 5 位领导都撰写调研报告，查找问题并制定整改落实措施，初步建立完善了制度机制。广大员工进一步增强贯彻落实科学发展观的自觉性和坚定性，在加快公司转型发展是贯彻落实科学发展观的首要任务上形成了共识；在认清公司在海西经济发展中的地位、作用和使命上形成共识。在集团公司进行的问卷调查中，福建公司员工对学习实践活动主题的认同率达到了 99. 6 %。

五、以人为本关爱员工，增强企业凝聚力

坚持以人为本，加大关爱员工的工作力度，努力把员工最关心、最直接、最现实的利益问题解决好、维护好、发展好。福建公司提高一线员工岗位薪酬，下发《关于适当提高一线员工岗位薪酬的通知》；同时，为进一步解决员工在岗期间，发生重大疾病、重大伤亡造成的困难，在参加基本工伤保险的基础上，2009 年建立了企业补充工伤保险、员工非因工的意外保障和重大疾病保障制度，减少员工的后顾之忧。开展创建“六好”（生活好、氛围好、管理好、学习好、形象好、效绩好）农村局所活动，提升农村局所规范化建设水平。出台关爱员工的 4 项工作意见：《改善农村局所人员工作生活条件实施意见》，《困难员工互助会帮扶资金管理办法》，《健全完善员工诉求表达机制实施意见》，《全面实施关爱员工“五必访五必贺”工作的通知》，帮助广大基层员工解决了工作生活中的许多实际问题，增强了企业的凝聚力和向心力。

六、福建公司被国资委评为“中央企业信访工作先进集体”

2009 年，福建公司被国资委评为“中央企业信访工作先进集体”，被中国电信集团评为“集团维稳工作先进单位”。福建公司自觉地把做好信访工作同构建和谐社会、提高电信服务质量、维护企业品牌形象紧密结合，加强信访工作领导，健全信访工作机制，规范信访工作流程，做好企业不稳定因素的化解工作，为保持企业的稳定，促进安定团结发挥了积极的作用。注重制度建设，在信访工作中抓好信访的接收登记、受理、转办、督办、查办、统计、归档等环节。明确部门之间的职责分工，实行首问责任制，建立预警机制，及时排查处理热难点问题。健全信访网络，畅通信访渠道。省公司在管理信息网上开辟了“员工心声”，让员工充分发表自己的看法、意见、建议。强化 10000 号客户服务中心平台，实行 24 小时全天候受理用户的反映和投诉，让电信用户有充分、及时表达诉求反映问题的渠道。

【中国电信广东公司】

2009 年，中国电信广东公司积极克服国际金融危机的不利影响，深入推进聚焦客户的信息化创新战略和差异化发展策略，加快实施宽带提速、业务平台整合、综合信息服务和行业应用发展，用最短时间对移动网进行升级改造，新建成国内规模最大、商用最早、覆盖最广的广东省 3G 网络，移动客户规模翻两番，宽带业务迈上了千万级客户的新台阶，实现了全业务运营的良好开局。

一、以学习实践活动为契机，探索全业务运营发展规律

按照集团“两手抓、两不误、两促进”和“快、准、实”的统一部署，开展深入学习实践科学发展观活动，全省21816名党员共20万人次参加了集团公司与省公司组织的一系列动员大会、培训班和学习讲座，圆满完成学习调研、分析检查、整改落实3个阶段的任务，确定21项整改任务、172项落实措施、544项具体任务，2009年整改落实措施已完成98%。学习实践活动得到了广大党员员工的高度评价，群众满意度达99.4%，29个二级单位的群众满意度均在96.7%以上。

二、坚持中高端发展策略，大力拓展移动市场

客户规模取得突破，移动客户总规模达到600多万。中高端定位牢牢把握，率先建立移动业务综合评价体系，多维度管控发展质量。收入贡献拉动明显，成为拉动收入第一增长动力。校园市场初战告捷，依托校园宽带发挥融合优势，实施拦截营销和驻地营销，提前完成集团T1任务。产品应用极大丰富，构建了开放式手机应用管理平台，集成开发多种3G应用，客户端界面设计成为集团软件超市客户端统一规范，“院线通”和“任翼行”成为集团级重点产品。

三、超常规建设和优化移动网络

网发网运战线不畏艰难，奋勇拼搏，胜利完成“总体网络与对手可比，3G网络行业领先”这项看似不可能完成的任务。按“全省一个网络”高起点规划布局，推进共建共享，利旧现有资源，节约投资超过3亿元；工程管控实行“片区负责制”，主实业工程技术人员白天争分夺秒施工调测，晚上归纳问题重点解决；各市分公司一把手靠前指挥，千方百计协调资源，全力以赴攻坚克难，提前1个月完成2009年一期网络建设任务。稳步推进集约化运营，持续开展春风行动、网优1号等专项行动，解决了大量网络技术难题，客户感知明显改善。

四、服务信息化建设取得关键突破

战略合作不断推进。4月23日，集团公司与广东省政府签订《战略合作框架协议》；5月到8月，广东公司相继与21个市政府签订《信息化战略合作协议》，快速推进框架协议的落地执行；6月，成为深圳第26届大运会通信全业务唯一全球合作伙伴；9月，成为第16届广州亚运会综合信息服务高级合作伙伴，签订800MHz数字集群共网合作协议。深化创新号码百事通信息服务。通过“企业总机+信息服务”、“企业总机+呼叫中心”，形成“媒体报料热线”、“政务热线”和“医疗总机”等行业应用。创新行业应用合作机制，举办合作伙伴招募大会，开发出省委总值班室指挥调度系统、安利易商通、翼路车圣、工商E通、平安南海等具规模推广价值的应用。完成农村党员远程教育平台二期5797个站点建设，新建信息化乡镇100个。

五、全业务IT支撑系统建设成效显著

完成宽带预付费系统割接，OCS实现全业务在线计费支撑，计费能力达到820万户；完成综合调度系统全省上线，支撑外线施工集中管控；完成客户维系挽留系统推广，支撑VIP客服经理服务客户；建设省级财务共享平台，完成综合办公系统上线。以市场为导向，充分发挥省市联动、嵌入式服务优势，主动为分公司和市场前端做好支撑服务，省级营销策略的IT实现缩短至5～10天，解决分公司提出的IT问题852个。先后组织“账单发票优化”、“基础服务能力提升”、“全业务服务标准”和“开通3分钟”等攻坚战役，特别是“临柜5分钟”项目在集团综合评估中名列前茅。

六、全业务运营体系探索先行先试

成立产品开发中心、客户服务中心、亚运/大运办公室、信息化推进办公室、采购部等，率先启动前端组织架构调整，加强全业务组织保障；县（区）分公司市场部更名为“销售部”，强化销售落地执行。探索市场运营集约化，全省统一营销部署，省级营销方案落地时间由60天缩短至20天；稳步推进10000号、NOC、财务共享集约运营。搭建服务标准体系，落实199项服务标准；开展服务攻坚行动，解决260项服务问题。渠道能力快速提升。完成10000号移动业务5大区域集中运营，组建VIP客户服务团队。建立完备的规章制度体系，初步建立安全生产应急预案体系，规章制度、经济合同和重要决策的法律审核率达100%，提前实现央企法制工作3年目标。

七、公司战略执行能力全面提升

针对二、三级经理和营销服务中心经理，举办60期“转型引领、超越自我”培训班，提升软实力；针对二级经理和县（区）分公司总经理，开展6期集约化运营宣贯培训；针对营销人员，实施互联网手机和天翼3G主动营销技能培训；针对全体员工，分类实施战略宣贯培训，提升战略理解与认同。逐月跟踪管控分析绩效管理结果，提升执行质量；实施二级经理正职集中述职考评；对直线经理进行绩效管理理念提升辅导，持续优化员工KPI。组织百场万人“决胜天翼”实战竞赛；组织675名新员工，打响校园营销第一枪；选派40名骨干支援辽宁、山东、河北兄弟公司；开展“增值总动员”系列全员劳动竞赛，带动全网短信迅速增长。

八、服务管控体系保障有力

加强企业党团建设和思想政治工作，深化企业文化和精神引导，发挥先进典型示范作用。扎实推进惩防体系建设，贯彻落实“三重一大”制度，推进效能监察工作。深入开展“四好”班子建设，倡导企业家精神，完善履职行为考核。集约运营全省审计资源。推进企业民主管理，依法维护员工权益。加大信访维稳力度，扎实开展“信访积案化解年”活动。超

额完成集团下达的节能减排目标。关心离退休老同志，做好服务管理工作。开展保密大检查，加强安全生产和保卫，破获利用天翼 189 呼转国外声讯台等诈骗案 9 宗，为全业务运营保驾护航。

中国移动通信集团公司

【2009 年主要业绩】

项目	单位	2009 年累计/到达	增长率
1. 电信业务收入	亿元	4807.9	9.3%
其中：非话业务收入	亿元	1419.7	15.4%
2. 固定电话用户数	万户	1732.1	-2.3%
3. 移动通信用户数	万户	54646.2	13.8%
4. 拨号上网用户数	万户	140.6	-38.1%
5. 宽带上网用户数	万户	797.2	43.8%
6. 固定资产投资	亿元	1652.6	10.4%

注：1. 非话业务收入为增值业务收入

2. 宽带上网用户数包含 WLAN 用户数

【发展与改革主要情况】

2009 年，中国移动面对金融危机和竞争加剧等新环境下的新挑战，在工业和信息化部等上级部门的领导和支持下，认真开展深入学习实践科学发展观活动，全面落实各项工作任务和要求，保持了增长态势，实现了预期业绩。客户总数突破 5 亿户。在《财富》世界 500 强中的排名上升到第 99 位，首次进入世界 500 强前百位。市场价值和品牌价值继续位居国际同行业领先地位，以 613 亿美元的品牌价值位列英国《金融时报》“全球最强势品牌榜”第 7 位。入选了 2008 年度和 2009 年度道琼斯可持续发展指数（DJSI）。

一、较好保持了平稳增长态势

2009 年，中国移动沉着应对客户增长放缓、收入增幅回落等困难局面，面向外部坚定信心拓市场，面向内部苦练内功挖潜力，取得较好的发展成绩。一是业务拓展持续不断。全年净增客户超过 6500 万户。MOU（平均每用户每月通话时长）保持相对稳定，总计费时长同比增长 20.4%。成熟型数据业务继续发展，新推数据业务初具规模，数据及信息业务的收入拉动作用更加显著。无线音乐收入继续超过百亿元。手机报客户突破 4800 万户。飞信客户数达 2.2 亿户。139 邮箱注册客户超过 1.1 亿户。集团客户产品体系初步建立。物联网应用初见端倪，机器到机器的终端数超过 350 万户。开展中小集团“深耕计划”和“百万中小企业信息化体验活动”，动力 100 业务包得到拓展推广，集团客户数超过 260 万家，对保增长的贡献日益凸显。二是业务和服务的支撑工作成效显著。开展“便捷服务、满意 100”主题活动和“移动改变生活”传播活动受到好评。NGBOSS 项目群陆续投入使用，CRM 系统支撑能力持续提升。数据业务健康度评估工作进一步深化。三是基础运营能力再上台阶。基站总数超过 55 万个，基站光纤接入比例超过 93%，粤港跨境传输系统全线贯通。推进集中化网络优化体系建设，开展传送网等基础网络安全整治，网络安全性进一步提高。建立 2G 网络客户感知质量指标体系，网络优势继续保持。电信基础设施共建共享工作进展良好。应急通信保障体系进一步完善，抗灾超级基站建设全面启动。

二、TD-SCDMA 建设运营取得令人瞩目的阶段性成果

中国移动认真贯彻落实国家战略部署，在政府部门指导支持下，在产业链各方的紧密协同和配合下，全力以赴加快 TD-SCDMA 产业化和市场化进程。创造性实施“三不三新三融合”（即客户“不换卡、不换号、不登记”使用 3G 网络，以“新机制、新标准、新测量”解决 TD/GSM 互操作优化问题，以及“网络融合、业务融合、应用融合”）举措，TD-SCDMA 从局部性实验网发展为覆盖全国 70%地市的 3G 商用网络，客户发展目标提前实现。一是创新开展建设优化。完成了 TD-SCDMA 二、三期工程建设，新建 8.7 万个基站，TD-SCDMA 基站总数超过 10 万个，网络覆盖扩展至 238 个城市，实现数据业务需求区域全部开通室内分布系统，数据业务热点区域室外覆盖全部达到 GSM 覆盖水平。开展质量提升大会战，推出 2G/3G 邻区自动规划和分析平台，优化设置智能天线的赋值参数，发现并解决问题、形成优化案例均超过 3000 个，实测 TD-SCDMA 网络质量接近经过多年优化的 2G 网络质量水平。积极开展双频混合组网，缩短 TD/2G 重选时延，移动场景分析和参数设

置平台开发，光纤基站拉远，创新型一体化天线等创新实践，降低了建网难度和成本。二是带动产业加快成熟。投入 6.5 亿元专项激励资金，与制造商合作进行 TD-SCDMA 终端联合研发，增强了产业链信心，作为项目的初步成果已有 11 款终端上市，并带动更多实力厂商跟进投入。在各方的共同努力下，TD-SCDMA 终端数量已达 266 款，建成 TD 终端测试中心。推动设备厂家改进系统，设备性能显著提升。三是业务发展明显加快。组织开展 TD-SCDMA 业务创新大赛，推出广播式手机电视业务和 TD-SCDMA 阅读器。TD-SCDMA 上网本纳入政府采购范围。TD-SCDMA 无线城市试点顺利推进，业务在政府和行业信息化领域得到应用。推动 TD/2G 市场体系融合，优化 TD-SCDMA 终端全网包销模式，2009 年底 TD-SCDMA 客户数达到 551 万。四是各方面都大力支持 TD-SCDMA 建设运营。中国移动与各省、自治区、直辖市政府签订了以支持发展 TD-SCDMA 为主要内容的战略合作协议，TD-SCDMA 发展得到了政府部门在建设用地、频率资源、无线城市建设等各方面支持。在原有频率资源的基础上，工业和信息化部批准将 2320～2370 MHz 共 50MHz 频率用于 TD-SCDMA 室内覆盖。五是在政府部门指导下，与研发和生产企业合作，加快了 TD-SCDMA 演进技术 TD-LTE 的研发。我国主导的 TD-LTE 技术得到了国际标准化组织、设备制造商和运营商的认同与响应，TD-LTE-Advanced 被国际电信联盟确定为 4G 的候选技术方案。

三、技术业务创新不断推进

加快创新型企业建设步伐，重点围绕技术创新、业务创新开展工作卓有成效。中国移动研究院成为国家确定的“海外高层次人才创新创业基地”。中国移动所完成的“基于大型通信网络和多业务的综合网管技术及应用”项目荣获 2009 年度国家科学技术进步二等奖，是 2009 年度获得该奖项的惟一一家通信运营企业。“面向企业运营的 TD-SCDMA 技术创新”项目获得中国通信学会科学技术奖一等奖。推进专利、标准工作的集中化管理，全年提交国内专利申请近 600 件（其中发明专利 550 件），提交国际专利申请 30 件；提交标准文稿超过 840 篇，采纳 480 篇。

（一）技术创新方面：推进移动通信网络技术升级，全面推进网络 IP 化，软交换 IP 化占全网总容量超过 83%，建成全球规模最大的软交换 IP 化网络。大规模采用 PTN 等分组化传送设备替代传统 SDH/MSTP 设备，实现了城域传送网重大技术创新。加强新技术研究，云计算、DSN 分布式业务网络等研发取得明显进展。科研成果推广应用率不断提升。

（二）业务创新方面：正式推出移动应用商场（Mobile Market），为广大手机用户提供更为开放、丰富、便捷的手机软件和应用下载服务。发布主导研发的智能移动终端软件平台 OMS 平台及 OPhone 手机，可提供端到端的移动互联网用户体验，有效提升国产智能手机产业的国际竞争力。建成全网手机支付平台，自主研发的移动电子商务系统进入试商用。产品基地的成效更加凸显，产品市场化效率和进程进一步加快。创新推出世博手机票，试点推出手机支付、手机阅读等业务，推进实现手机的多用化。

四、对外拓展和合作取得新的进展

中国移动香港公司（2006 年收购香港华润万众，将其更名为中国移动香港有限公司）在高普及率的市场上，面对激烈竞争，不断开拓市场，控制营运成本，推进精细化的内部管理，取得了较好的经营成果。中国移动巴基斯坦公司（2007 年收购巴基斯坦巴科泰尔公司，将其更名为辛姆巴科有限公司）在困难的环境下，坚持不断提升网络质量和品牌影响力，逐步扩大客户规模和收入规模，为进一步发展奠定了基础。与台湾远传电信于 2009 年 4 月 29 日签署股份认购协议和战略合作协议，得到政府部门和资本市场的高度肯定。在台湾发生水灾期间，中国移动及时向台湾的灾区提供 3 辆卫星应急通信车，为当地救灾工作提供了通信服务。与沃达丰公司、日本软银公司和美国 Verizon 公司合资的联合创新实验室（JIL）的研发工作取得初步成果，在国际上产生了较大影响。

五、圆满完成了各项通信保障任务

在国庆 60 周年庆典期间，全面承担了首都庆典的训练、彩排、预演、集结、阅兵、游行、晚会、游园等重大活动的移动通信保障任务。中国移动北京公司在各方面的大力支持下，组建了千余人的通信技术和服务支撑团队，顺利完成了国庆 60 周年庆典活动期间的移动通信保障任务。上海世博会通信保障服务的各项工作抓紧开展，信息通信馆主体工程已竣工，配合世博会的各项通信网络建设顺利开展，为世博会提供各项服务的队伍已准备就绪。顺利完成了“十一运”的移动通信保障服务工作。

六、全面履行了企业的各方面责任

继续开展“绿色行动计划”，中国移动的单位业务量耗电较 2005 年已下降 46%，提前完成“十一五”节能减排目标。与工业和信息化部签署了《节能减排自愿协议》，承诺以 2008 年能源消耗为基准，在未来 3 年内实现单位业务量耗电下降 20%的目标。与中央组织部一起建设开通了全国基层党建工作手机信息系统，为加强基层党的建设工作提供了支撑服务。企业社会责任管理体系更加完善。中国移动慈善基金会正式成立，教育、环保等公益慈善项目规范开展。组织开展了“文明短信”、“红段子”传播活动，弘扬先进文化。组织开展治理垃圾信息，防止客户信息泄露，治理恶意订购等工作；大力开展打击淫秽色情手机网站专项行动，净化网络环境，维护客户权益。“村村通电话”工程已超计划完成。

七、网络与信息安全得到进一步加强

以风险管理为核心，构建了包括组织、标准、运行、技术、评价 5 方面的安全工作体系。2009 年，在持续完善安全工作体系的基础上，重点开展了强化客户信息安全、治理垃圾短信、国庆60周年安全保障及淫秽色情手机网站封堵等方面的工作。一是在安全组织方面，2009 年年底，新设立信息安全管理部，统筹管理和协调公司各方面信息安全工作，落实上级单位有关信息安全工作的部署，安全组织进一步得到加强。二是在安全标准环节，2009 年制订了《中国移动安全防护方案制定指导原则》等 17 个安全标准，修订了《中国移动设备通用安全功能和配置规范》等 11 个安全标准，有效规范了公司网络与信息安全工作。三是在安全运行环节，明确要求各省公司在工程及售后服务等合同中增加相应的安全条款，并在验收环节进行检查，进一步落实了安全与业务"同步规划、同步建设、同步运行"的三同步原则，在源头上杜绝了安全风险。四是在支撑手段建设环节，针对内部人员和厂家人员利用手中掌握的系统操作权限，牟取非法经济利益的事件，启动网络安全管控平台建设工作，综合运用接入控制、账号口令管理、日志审计等技术措施，保证"合法的人做合法的事"的管理目标。五是在安全要求落实和考评环节，以现场和远程等多种方式开展安全检查，并积极整改检查中发现的各类问题，其中高风险漏洞已全部清除。在打击淫秽色情手机网站专项工作中，迅速制定淫秽色情网站封堵工作流程和技术方案，确保及时封堵淫秽色情网站域名和 IP 地址。

八、铁通专网顺利划转铁道部

根据国务院批复精神，启动并推进铁通公司铁路通信业务、资产、人员划转铁道部的工作。2009 年 12 月 15 日 18 时，按照与铁道部关于铁通专网划转协议的要求，正式将铁通公司铁路通信网络调度指挥权、管理权移交铁道部，铁通专网及相关人员一并划转，铁路运输通信安全的主体责任同时划转铁路，划转第一阶段工作圆满完成。铁通公司专注于公众电信业务。

【2010 年工作思路和工作重点】

2010 年工作总体思路：认真学习贯彻党的十七大、十七届四中全会以及中央经济工作会议精神，深入实践科学发展观，牢记使命，振奋精神，围绕保持行业的国际领先地位与推进 TD-SCDMA 建设运营，加快创新型企业建设步伐，继续巩固规模优势，更加注重低成本运营，坚持推动创新发展，着力优化增长结构，努力实现更高水平、更宽领域的科学发展。

一、2010 年工作重点

（一）规模推进 TD-SCDMA 建设运营，提高发展效果。科学规划和优化建设思路与方案，提高 TD-SCDMA 覆盖水平和服务能力；进一步拓宽营销思路，扩大 TD-SCDMA 客户规模；推进 TD-SCDMA 技术演进，增强产业竞争力。

（二）打造差异化竞争优势，增强可持续经营能力。面向市场服务需求，夯实全业务竞争环境下的网络基础；加强集团客户市场和家庭市场的产品开发和拓展工作；建立和完善适应业务发展要求的服务支撑体系；发挥铁通的协同作用，构建综合业务运营体系。

（三）优化运营模式和增长结构，保持发展质量和盈利能力。做好重点市场稳定与发展，保持 2G 运营效益；积极发展数据及信息业务，满足客户需求；有效控制投资和经营成本，保持盈利能力；切实强化信息安全，提升发展质量；开拓对外投资，扩大盈利机会。

（四）加快建设创新型企业，推进形成创新发展局面。着力推进技术创新，大力开展业务创新，进一步加强管理创新，不断完善创新体系。

（五）切实加强精细管理和基础管理，着力提升管理效益。进一步完善可持续发展长效机制，进一步完善卓越运营体系，进一步提高基础管理的精细化、规范化水平。

（六）统筹内外发展关系，保持稳健和谐的发展环境。以创新精神加强和改进新形势下党建工作；切实加强党风廉政建设，保持良好风气；更好地履行社会责任；处理好改革与稳定的关系。要做好世博会通信服务保障工作。

【铁通公司】

2009 年，铁通公司认真落实中国移动通信集团的总体部署，坚持以确保铁路通信安全畅通，确保员工队伍稳定，确保完成经营任务为目标；坚持专网改革与经营发展同步推进，克服困难，积极应对挑战，各项重点工作取得了明显成效。

一、铁通专网顺利划转铁道部

5 月，国务院批准铁通公司铁路通信业务资产人员划转铁道部管理，在集团公司的统一领导下，经过与铁道部历时数月的多轮谈判，11 月 12 日正式签订了划转协议，12 月 15 日按期完成了业务、人员移交，资产、负债划转年内稳步推进，为全面划转奠定了基础。

此次业务划转，既满足了铁路通信安全、铁路专业化管理和铁路规模化发展的需要，也为铁通公司集中力量开展公众通信服务提供了保障。业务划转工作按照确保铁路通信安全，实现铁路专用通信业务专业化管理的原则，把与铁路运输指挥高度直接相关的通信业务划转铁道部，包括铁路运输生产专用电话、站车广播、铁路专用电视（电话）会议、铁路专用数据通信、铁路专用图像通信、铁路应急通信，铁路战备通信和铁路专用网络电路业务等。铁通公司 2009 年 12 月 15 日

18 时起，将铁路通信网络调度指挥权、管理权和铁路通信安全责任主体移交铁道部，同时铁通专网相关人员一并划转。划转第一阶段工作圆满完成。

在人员划转方面，按照“人随业务、资产同步划转”、“界面一次划清”的原则，各通信段在册职工及离退休人员整建制划转铁道部；铁通公司总部和省、地市分公司的人员按照与铁路通信业务相关程度部分划转。此次共划转在册员工 31728 人，占在册员工总数的 46%。其中，两级机关管理人员 654 人，中层干部 22 人。共移交离退休人员 12602 人，占离退休人员总数的 76.4%，实现了队伍精简。

在通信设备和系统划转方面，按照“资产随着业务走”、“界面清晰、便于管理，同时确保铁路通信和公众通信的网络畅通与质量”的原则，铁通公司把铁路业务专用的通信设备及系统的产权和管理权划转铁道部；难以完整划转的其他通信设施，进行产权和管理权的拆分和界定；无法切割划转的其他通信设施，实施共享共用。划转到铁道部资产 61.2 亿元，占总资产的 14.4%。按照不增加双方负担的原则，划转铁道部固定资产投资借款负债 61 亿元，划转完成后，按静态计算双方资产负债率基本均衡。

二、生产经营平稳有序推进

2009 年，铁通公司针对电信市场竞争格局的新变化对社会市场经营的影响，以及专网划转对铁路市场经营的冲击，采取“存量保稳定、增量靠协同”的策略，重点发展宽带业务，坚持“安全第一”的原则抓好通信设备维护，落实“效益经营”理念加大成本控制力度，着重做好 3 方面工作，较好地完成了既定目标任务。

（一）实现了市场稳步发展。铁通公司 2009 年宽带用户净增 122 万户，同比增长 77.8%，与行业增速持平；宽带用户总数达到 670 万户，占宽带用户市场份额的 6.5%，与上年基本持平。固定电话用户累计减少 54 万户，占行业累计减少固话的比例为 2.5%，固话用户总数达到 1743 万户，占固定电话市场份额的 5.5%，较上年提高了 0.2 个百分点。公司完成主营业务收入 155.9 亿元，同比增长 3.5%，完成预算的 100.7%，其中社会电信市场收入 107.7 亿元，同比增长 4.7%，完成预算的 104.8%。数据业务收入实现 34 亿元，同比增长 8.4%，占社会电信市场收入比例达到 31.5%，同比增加 1 个百分点；新业务收入实现 7.8 亿元，占社会电信市场收入比例达到 7%。

（二）保证了网络安全畅通。在专网划转前后过渡期间，干部员工思想异常活跃，铁通公司在保证通信网络安全和完成铁路费用清算方面，面临前所未有的压力。但公司上下始终把确保通信网络安全放在首位，保证了专网设备设施的必要投资，强化了安全管理规章制度的落实，骨干通信网络故障率同比下降 11%，铁路通信设备故障率同比下降 8%，客运通信保障做到了万无一失，在每天近百次的铁路施工配合中，铁通公司采取多种措施，保证了铁路通信安全。专网划转后，铁通公司注重与铁路的协调配合，共同加强网络监控，实现了维护工作平稳交接和网络平稳过渡。各省分公司在划转工作异常繁重的情况下，积极加强与相关铁路局的沟通，完成全部铁路通信服务业务量的签认，完成回款 28.7 亿元，回款率达到 63.5%，为完成 2009 年的铁道业务收入任务奠定了基础。

（三）提高了经济运行质量。2009 年，公司在增收空间有限的情况下，注重加强以成本控制为中心的日常经营管理，努力提高经济运行质量。加强了互联网流量管理，全网出口月均价为 35.5 万元/G，同比下降 36.3%，国际出口月均价为 23 万元/G，同比下降 23.3%；单用户带宽成本为 15.3 元/月，同比下降 22.2%；宽带业务流量成本占比为 30.4%，同比下降 22.9%。公司加强了大项费用支出控制，全年销售费用同比下降 17.3%，其中代办手续费下降 27.9%。财务费用同比减少 5.6 亿元，同比下降 27.5%。加强了投资计划管理，2009 年公司完成投资 20.4 亿元，同比下降 31%，比计划少投入 14.6 亿元，减少 42%；宽带新增用户平均综合接入成本下降 37%；优化了投资结构，压缩交换设备和电缆投资，数据通信投资占比增加 20 个百分点。2009 年公司亏损 26.8 亿元，较预算减亏 10.4 亿元。

2009 年，公司面临着协同发展的全新课题，面临着管理基础与移动集团的巨大落差，面临着改革期间职工思想活跃带来的稳定压力，公司上下正视现实，不等不靠，创造性地开展工作，全力抓发展，严管理，保稳定，各项工作都得到了平稳有序推进。

一是协同发展在探索中有新推进。省市两级分公司通过建立协同发展机构，签订合作协议，结合当地实际，围绕全业务经营进行了许多有益的实践和探索。广泛开展了固、移业务捆绑销售，全年通过协同方式新增宽带 107 万户，大客户 7893 个，无线固话 18.7 万户，其中 TD 用户超过 8 万户。积极推进了资源设施共建共享，各省分公司与上市公司相互开放资源，涉及网络资源出租合同额累计达到 2728 万元。已有 8848 个移动营业厅、3308 个铁通营业厅实现相互代理、代办对方业务。努力开发移动内部工程施工、设施维护业务，全年共有 12 个省分公司争取到了当地上市公司的代维业务，收入达 4431 万元。积极与移动开展投资层面的合作，全年与移动合作投资 700 余个项目，缓解了公司投资紧缺和资源不足的压力。

二是基础管理在规范中有新提高。深入开展“规范管理年”活动，组织梳理整改财务管理、代理管理、互联网流量管理等领域存在的突出问题和薄弱环节，进一步完善和优化管理流程，夯实管理基础。加强了收入管理，全面推行权责发生制的收入确认方式，杜绝了收入虚假问题；建立了资金集中管理信息化平台，提高了财务统计和资金使用效率。加大了投资管控，强化集中管理，完善决策流程，突出投资效益，全年集中审批项目 2147 个，涉及投资 1.5 亿元，其中对宽带局端扩容项目采取了集中立项、集中采购、集中付款。加强了互联网出口管理，采用领导班子集体决策的形式，保证骨干网出口管理实现过程公开、效果量化，城域网出口实现报备、审批统一管理，逐月环比价格，及时调整路由，控制了流量成本。对公司 5432 家代理商进行了全面调查分析，排查了 120 个到期代理协议并制定风险防范预案，明确涉及投资代理项目的回收办法，完善了代理费核算、支付流程。

三是队伍建设在稳定中有新加强。开展形势任务教育，广泛宣传重组后公司的内外部形势，教育员工充分理解移动集团对公司重组的重要部署和分步安排，引导员工以做好本职工作的实际行动支持改革。针对专网划转启动后，部分员工的思想波动，及时做好解释疏导工作，增强了员工服从大局的意识，保证了划转工作的顺利进行。结合公司改革发展实际，开展深入学习实践科学发展观活动，破解发展难题，有力地促进了公司的改革与发展。关心员工生活，在公司成本压力较大的情况下，保持了一线员工工资适度增长。党政工团各级组织充分发挥自身优势，有针对性地做好思想政治工作，保持了队伍稳定。

【中国移动北京公司】

2009 年，中国移动北京公司面对金融危机冲击，行业竞争加剧，市场饱和程度加深等重重压力，全面落实科学发展观，弘扬奥运精神，坚定发展信念，迎难进取，开拓创新，圆满完成各项工作任务。

一、市场发展量收并举，综合竞争力持续增强

创新 TD-SCDMA 发展，深挖个人市场，拓展家庭市场，巩固集团客户市场，全年发展超出预期，实现客户规模与收入健康增长。市场主动权进一步巩固，以精细运营为手段，通过策略性资费调整，掌控整体市场竞争节奏和方向。G3（中国移动基于 TD-SCDMA 3G 技术标准提出的服务品牌）品牌营销全面展开，从 G3 品牌 7 大驱动因素着手，通过在客户差异细分、产品/资费优化、宣传资源整合、销售渠道拓宽、网络资源协同等方面狠抓执行，取得 G3 业务新突破。

二、服务品质不断升级，客户感知持续优化

实现客户服务由“以个人客户为主”向“以个人、家庭和集团 3 大客户群并重”转变，深化服务营销协同机制、满意度闭环管理机制和服务价值激励机制，实现服务品质的持续提升，连续两年改善程度列全网第一。热线服务水平稳步提升，在行业对比中，被集团公司划档为“高表现、高领先”维度，连续 5 年荣获中国最佳呼叫中心，并蝉联亚太最佳呼叫中心。

三、集团客户健康发展，信息化覆盖持续深入

围绕“重要客户保有，中小客户拓展，信息化收入提升，转型业务发展”4 项重点工作，攻守结合，保持集团客户市场健康发展。重要集团客户无一流失，秉承“准快狠细稳早”的竞争应对原则，建立完善的客户异动预警体系，客户保有率达到 99%。产品种类不断丰富，开创多个“第一”，第一个全国性跨省数字专线组网项目，第一个 100M 互联网接入项目，第一个固、移融合项目，第一个驻地网项目，第一个全国性统一通信项目。TD 行业应用深入推进，依托“无线城市”139 模式，围绕 TD 基础建设，面向城市发展中 9 个重要应用领域进行开拓，先后与北京科委合作建设移动城市业务平台、首都科技条件平台，与北京经信委合作建设移动政务平台。

四、网络支撑精益求精，两网运营能力持续完善

以管理求效益，以创新促发展，实现网络质量和客户满意度的不断提升，捍卫公司移动信息专家的品牌形象。科技创新能力持续增强。公司首例独立申请并承担的国家级科研项目“工信部电子基金课题”获批。2009 年公司共有 19 项科技创新成果被评为集团公司一类成果，承担完成 6 项重大新技术试验，新增专利申请 57 件，“次 LAC 寻呼方法”、“一种移动上网控制设备及系统”、“机柜的散热节能管装置”等 3 件专利获得国内专利授权，实现了专利授权的“零突破”。圆满完成国庆 60 周年庆典保障。庆典期间，天安门地区小区完好率保持 100%，无线接入性保持 100%，掉话率保持在 0.25% 以下，全网运行平稳，各项 KPI 指标表现优异，以实际行动为祖国 60 华诞献礼，获得国务院国资委颁发的“国庆 60 周年阅兵保障服务先进集体”4 个、先进个人 11 人。

五、基础管理精耕细作，企业协同优势持续巩固

创新成果不断涌现。企业创新能力进一步提升，《大型项目指挥保障体系》管理创新成果获得集团公司管理创新二等奖，9 项成果获得北京市管理创新成果奖，2 项成果获得中国通信行业管理创新成果奖。QC 工作稳步提升。QC 成果在中国质协的评选中获得一等奖 1 名，二等奖 2 名。公司获得“国优”称号 2 项和“全国质量信得过班组”称号 1 项。获得 2009 年度北京质量管理贡献奖先进企业称号，获得通信行业 QC 小组优秀单位称号。财务管理精细化程度进一步增强。开展成本精细化研究，引入新的成本管理维度，扩展财务作业的信息化管理范围，结合业务与财务数据的复合指标体系，建立成本在结构和规模上的逻辑和量化，成本的可决策和可管控程度得到强化。全面风险管理取得新突破。开展重要风险整改完成情况检查，风险发现到风险控制的管理闭环初步形成。审计工作不断完善。持续推进 SOX 法案内控评价常态化，《基于矩阵型组织架构下风险导向的内部控制评价体系》项目获得北京市管理创新一等奖。

六、积极推进与北京铁通的合作

不断深化资源协同与业务合作，利用资源互补优势，积极探索联合营销模式，共同开发综合通信市场，为双方协调发展积累了经验，奠定了基础。

【中国移动福建公司】

2009 年，中国移动福建公司在省委、省政府和集团公司的正确领导下，在行业主管部门的关心支持下，深入学习实践科学发展观，多筹并举保增长，开拓进取，勇于拼博，积极应对金融危机和行业重组带来的影响，企业发展保持平稳较快增长，为地方经济社会发展做出重要贡献。

一、企业综合实力不断增强

公司全年运营收入突破 180 亿元，同比增幅超过 10%，占全省 GDP 的 1.52%；用户总数达 2300 万多户；2009 年上缴各类税收 23 亿元，公司成立 10 年累计上缴税收 126 亿元，税收贡献居福建省外资企业之首。

二、自主创新能力有效突破

在全国率先建设运营中国自主知识产权的国际 3G 标准 TD-SCDMA 网络，并在厦门建成了全球首座“TD 无线城市”，逐步推进建设以厦门为龙头的“海西无线城市群”，其中，厦门“无线城市”充分整合与政府工作、企业运行、群众生活密切相关的应用，成功打造“掌上 110”、“工地噪音远程无线监控系统”、“市民健康系统”及“掌上图书馆”等信息化应用项目，取得良好社会反响，其他地市也结合本地实际，不断拓宽 TD 网络技术应用范围。

三、信息化应用卓有成效

2009 年 8 月，福建省人民政府与中国移动通信集团公司签订了《关于共同推进海峡西岸经济区建设的战略合作框架协议》，未来 5 年，中国移动将在福建投入 550 亿元，双方将在 TD 网络建设、推进社会信息化建设等 9 大领域开展深度合作，共同打造信息强省；积极贯彻省政府提出的实施物联网“129 工程”，推动“数字鼓楼”物联网示范区建设，并在电力、交通、物流、安监等领域建立成熟应用；此外，在政务信息化、企业信息化和农村信息化建设应用方面，创新提供基于移动通信技术的信息化综合解决方案，在金融、制造、医疗卫生等主要行业信息化方面效果显著。

四、企业社会责任扎实履行

以“情满海西——牵手行动”为主题，深入实施企业社会责任 5 大工程。与省总工会继续联合开展关爱农民工系列活动、“金秋助学”活动；建立“动感地带爱心基金”，配合省教育厅开展“影子校长”培训计划；组织开展治理垃圾信息，防止客户信息泄露等工作，大力开展打击淫秽色情手机网站专项行动；全力做好应急通信保障，2009 年共为省内重大活动出动应急保障人员 547 人次、车辆 102 台次、应急通信车 21 台次；特别是在国庆 60 周年前组织完成了全面的应急演练科目，有效保证了国庆、中秋期间的通信网络安全。

【中国移动四川公司】

中国移动四川公司坚持以科学发展观统领全局，不断创新业务，完善产品体系，改善服务质量，市场运营和网络建设均取得长足发展。客户数从 1999 年的 100 万户增加到 2009 年底的 3000 万户，人均服务客户数超过 5800 人；运营收入从 35 亿元增至超过 215 亿元，人均产值超过 410 万元。累计纳税超过 106.5 亿元。

2009 年，中国移动四川公司按照集团统一部署，全力实施灾后重建、村通工程和 TD-SCDMA 等工程项目建设，进一步促进通信消费扩大，带动经济增长。

一、加大投资力度，加快灾后重建，服务经济发展

从 2008 年 8 月开始，在集团公司和政府的领导与支持下，大力推进灾后重建，积极贯彻落实通信基础设施灾后重建规划要求。截至 2009 年底，中国移动四川公司共计批复灾后重建项目 341 个，总批复投资约 65 亿元（含国有资本金项目），两年完成 90%的灾后重建投资计划。网络能力累计新增 VLR 容量 530 万用户，HLR 容量 85 万用户；新入网基站 1575 个，载频 38451 个；完成光缆建设 17797 公里；新增局房面积 9917 平方米。此外，捐资 4500 万元重建都江堰市李冰中学，2009 年 9 月已正式投入使用。同时，为完善应急通信体系、提升网络应急通信保障能力，中国移动四川公司与成都市政府合作建设了 800MHz 应急通信网；公司内部建设了超短波指挥调度网络；并在地震灾区建设 59 个抗震型超级基站，为政府提供应灾指挥保障，计划在 2010 年 6 月前全部建成。加强应急通信设施配置，全省应急车达到 61 辆，应急通信车配置到市州，应急卫星电话配置到县。

二、继续加快村通工程建设，积极承担社会责任

在集团公司和各级地方政府的支持下，先后实施了六期“村通工程”，完成了四川主要城市的国家重点农村基站网络覆盖，解决了全省 10709 个行政村、4424 个自然村的农村基站覆盖，超额完成了上级下达的任务。2009 年是四川移动村通工程历年投资及规模最大的一年，工程量和投资均是 2005 年的 1.2 倍左右，是 2008 年的 2 倍左右。公司全年投资 20

亿元，新建基站 2417 个，共解决 836 个行政村和 3376 个自然村覆盖，凉山、阿坝实现 100%行政村通电话，全省行政村村通率达 99.7%。

三、推进自主知识创新，全力以赴加快 TD-SCDMA 建设

截至 2009 年底，已投资超过 21 亿元，新建 TD 基站 3320 个，在成都等 14 个城市建设 3G 网络，7 个市州建成 TD 体验点。采取 2G/3G 资费融合方式，降低客户使用门槛，提前超额完成集团公司下达的 G3 客户发展计划目标。

四、积极开拓新业务领域，加快四川信息化进程

在集团公司指导下，中国移动四川公司大胆引入新业务、大胆尝试新技术，大胆发展新产品，努力满足消费者多样化的通信需求。一是创新无线音乐基地运营，成为四川新媒体产业名片。2005 年，中国移动无线音乐基地落户四川，累计投资 6.6 亿元，为全网 5 亿用户提供无线音乐业务支撑。无线音乐基地累计引入版权歌曲超过 150 万首，建成了中国最大正版音乐库，华语新歌引入覆盖率达 98%。无线音乐业务收入逐年攀升，2009 年实现收入 240 亿元，俱乐部高级会员超过 9700 万，并成功引入了环球、索尼、华纳等多家世界知名唱片公司和 538 家内容合作伙伴，中国移动无线音乐基地已成为中国影响力最大，交易量最大，盈利最多的音乐门户，有效带动了四川音乐产业价值链的发展，形成了数字娱乐产业集群，为四川省成为数字音乐第一省和世界华语音乐之都做出了积极贡献。二是加快呼叫中心转型，打造国际级服务外包示范模板。2009 年，在成都高新南区投资 3.4 亿元，启动了全国最大多媒体呼叫中心工程建设项目，与全球最大呼叫中心服务外包企业肯沃基建立战略合作伙伴关系，助力国际级服务外包业的发展。多媒体呼叫中心总占地 40 亩，拥有 2100 个台席，提供 6000 多个就业岗位，服务全省 4000 万客户，还可以为企事业单位提供呼叫中心服务。多媒体呼叫中心已于 2009 年 9 月正式投入使用。多媒体呼叫中心将实现客户服务中心从企业呼叫中心向社会商业呼叫中心转变；从本地呼叫中心向区域呼叫中心转变；从成本中心向利润中心转变的“三大转型”。

五、积极开展信息安全治理行动，净化社会文化环境

中国移动四川公司自 2003 年起即成立信息安全管理相关组织架构，明确了管理要求。从 2007 年起，累计投资超过 2000 万元，建设垃圾短信管控系统，通过多专业联动、多制度保障、多手段控制、多渠道宣传，持续开展信息安全治理，累计拦截垃圾短信发送号码达 3000 万次，每月监测 14.5 万个 IP 地址，仅 2009 年就拦截垃圾短信 10 亿条。据四川省通信管理局公布的数据，截至 2009 年底，70%以上客户表示垃圾信息明显减少，四川移动信息服务满意度较 2008 年上升了 1.3 个百分点；无一起因垃圾短信严格治理导致的有责升级投诉，得到社会普遍理解。

六、进一步落实集团公司与省政府签订的战略合作协议

2009 年 5 月，中国移动通信集团与四川省政府签署了战略合作协议。未来 5 年将在四川投入 530 亿元，在 TD-SCDMA 网络建设和应用，成都信息服务业基地建设和推进行业信息化，农村信息惠民等领域发挥自身优势，不断提高四川信息服务业发展水平，并在扩大内需、拉动消费、承接产业转移、实现四川经济平稳较快发展中做出新的贡献。2009 年，在集团公司和各级政府大力支持下，中国移动四川公司在各项重大建设上都取得了显著成绩。截至年底，完成灾后重建投入约 36 亿元（资本开支），村通工程建设投入 20 亿元，TD-SCDMA 投入近 21 亿元，信息化基础设施建设投入超过 45 亿元，无线音乐基地建设投入 3.5 亿元，IDC 建设投入约 1.6 亿元，网络优化与服务提升投入超过 14 亿元，全年共计完成投入约 117 亿元，占合作协议 5 年投入计划的 22%。

七、认真落实共建共享和节能减排工作，助力建设资源节约型、环境友好型社会

在时间紧、推进难度大的情况下，通过大量协调工作及新建资源的自建预留，全面完成集团公司下达的共建共享 KPI 考核指标。截至 2009 年底，共建率分别为：铁塔 37.5%、杆路 8%、基站 25.3%、传输线路 10.7%；共享率分别为：铁塔 40.6%、杆路 79.1%、基站 53.6%、传输线路 79.6%。长期以来，中国移动四川公司一直致力于从各方面推进节能减排。联合摩托罗拉、诺基亚推出绿箱子环保行动；推行企业信息化建设，建设节约型企业；自主研究、创新基站机房节能窗、拔风管等节能技术；推广景观天线等。据初步统计，公司基站数量增长 39%，耗电量仅增长 27%；单位（度/万爱尔兰）话音及数据业务耗电量下降到 1252 度，较 2008 年下降 12%。以新建成投入使用的多媒体呼叫中心为例，大楼建筑中开创性运用 11 项环保设计和节能措施。年总节能达 50%，年节水 9000 吨，年节电超过 100 万千瓦时，人均水消耗仅 1.2 吨/月。

【中国移动贵州公司】

2009 年，在各级党委、政府和集团公司的正确领导和深切关怀下，中国移动贵州公司深入落实科学发展观，坚持夯基础、抓管理、强素质、保稳定、促发展，在金融危机持续深入影响，通信行业环境产生重大变化的情况之下，各项业绩保持稳定增长，发展规模进一步壮大，管理水平进一步改善，运营能力进一步提升。

一、TD-SCDMA 建设运营取得积极进展

站在国家意志、国家战略、国家创新、国家安全的高度，以超常规速度提前完成了既定任务，全力以赴推进 TD-SCDMA（以下简称 TD）在贵州省的发展，取得了明显的成效，成功实现了 TD 在贵州省开通运营，各项 TD 网络指标和用户发展指标均达到上级要求。2009 年，TD 建设和发展得到了各级党委、政府和各单位的大力支持。贵州省政府于年初召开了全省专题电视电话会议，将 TD 纳入了“新增中央投资项目”管理，并与各市（州、地）政府及省直相关部门签订了《目标责任书》；在《关于加快推进信息化与工业化融合的若干意见》中，贵州省政府明确将推动 TD 发展作为推进两化融合的 5 项基本原则之一；省信息化领导小组专门下发了《关于支持 TD-SCDMA 建设与发展的意见》；省委宣传部下发了《在 TD-SCDMA 宣传中发挥正确舆论引导作用》宣传提示等。各级党委、政府的大力支持，为 TD 建设发展提供了强大动力和坚强保障。

二、运营能力和管理水平进一步提升

2009 年，中国移动贵州公司净增客户数达历史最高水平，集团客户市场实现较快增长，整体收入增幅、收入市场份额和净增用户市场份额在全网均处于前列，保持了持续、稳定增长。进一步提升了服务和业务支撑能力，在渠道建设、新资费体系构建、细分市场创新营销、新业务分级运营等方面取得了一定的突破，大力开展“百家签约”工程，市场拓展能力得到了锻炼；基础网络能力持续增强，数据业务接入能力得到显著改善；网络质量领先优势继续保持，各项指标得到进一步改善，第三方网络质量现场测试总体保持领先地位。全年累计完成税金 7.12 亿元，其中企业所得税 4.70 亿元，营业税 2.42 亿元。2009 年，公司坚持夯基础、抓管理，进一步提升了基础管理水平。实现了财务集中管理，深入推进全面预算管理，深化了效益管理与过程监控；进一步增强了内审、内控和风险管理的力度；进一步优化了人力资源结构，实现了职位薪酬一体化。

三、深入推进“村通”工程，持续推进“共建共享”

在 2007 年实现 100%行政村覆盖移动信号的基础上，中国移动贵州公司进一步深入推进“村通”工程建设，完善偏远的自然村覆盖。2009 年，新增覆盖 245 个自然村，使得全省自然村覆盖率超过了 96%，让更多的山区群众享受到移动通信带来的方便与快捷。在贵州省通信管理局统一协调下，中国移动贵州公司深入贯彻落实电信基础设施共建共享工作，积极、主动与合作伙伴沟通、协作，圆满完成了工信部下达的共建共享目标考核值，有效推动电信网络资源的合理利用，减少了行业重复建设。

四、有效执行“绿色行动计划”，大力治理不良信息

全面贯彻并落实关于加强节能减排的政策要求，在推广智能通风系统、载频关断节电技术应用、照明节能改造等方面取得了一定的成绩。较 2008 年，全年的单位业务量能耗（度/万爱尔兰）下降了 14.48%，每载频年耗电量（度/载频）下降了 10.68%，每用户年耗电量（度/户）下降了 20.23%。深入开展“依法打击网络淫秽色情行动”和“整治手机媒体低俗之风活动”，加大监测和查处力度，进一步深化垃圾信息治理工作。通过加强 SP 业务的拨测与监管，WAP 与 Web 网站的排查，IDC 管理，存量网站备案信息核实等措施净化了信息源头；通过加强举报措施，建立投诉处理绿色通道强化了监管力度；通过开展“文明短信”、“红色网络文化传播”等活动，营造了健康向上的手机网络环境。

中国联合网络通信集团有限公司

中国联合网络通信集团有限公司领导

前排为：常小兵（中）、陆益民（右）、左迅生（左）；二排左起为：李刚、李建国、裴爱华；后排左起为：姜正新、赵继东、佟吉禄、李福申、张钧安

（中国联合网络通信集团有限公司提供）

【领导成员】

董事长：常小兵

总经理：陆益民

副总经理：左迅生、佟吉禄

纪检组组长：李建国

副总经理：裴爱华、赵继东、李福申、李刚、张钧安、姜正新

【2009 年主要业绩】

项目	单位	达到	增长率（%）	增长量
1. 电信业务收入	万元	15456593	-4.2	-672803
其中：非话业务收入	万元	5236833.8	7.8	377711
2. 固定电话用户数	万户	8408	-1.8%	-151
3. 小灵通用户数	万户	1874	-21.8%	-524
4. 移动通信用户数	万户	14759	10.7%	1422
5. 拨号上网用户数	万户	315	-23.4%	-96
6. 宽带上网用户数	万户	3848	27.6%	832
7. 固定资产投资	万元	11546531		

【改革与发展重要决策】

2009 年，中国联通在党中央、国务院的亲切关怀下，在国资委、工信部等有关部委的大力支持下，公司上下坚持以科学发展观为指导，按照“抓机遇、保增长、调结构、上水平”的要求，千方百计抓好生产经营，全力以赴保障 3G 建设运营，大力实施宽带升级提速，有效推进企业深度融合，扎实开展学习实践活动。公司总体保持了平稳发展的态势，各项工作取得了新的进展。

一、经营发展呈现向好趋势

2009 年，随着改革重组工作的基本完成，公司迅速将工作重心转移到加快发展的轨道上来，生产经营保持了平稳向好的趋势。3G 业务在全国 335 个城市顺利实现了正式商用，累计完成收入 7.8 亿元，出账用户达到 291 万户；宽带业务继续保持了快速发展，完成收入 258.7 亿元，净增宽带用户 841 万户，用户总数达到 3855 万户，其中 2M 以上用户占比提高 28 个百分点，达到 82%；发挥固移融合优势，2G 业务发展的融合效应逐步显现，2G 业务持续稳定增长，完成业务收入 664.4 亿元，净增出账用户 1914 万户；加大创新型业务拓展力度，移动增值、固网增值业务分别完成收入 195.5 亿元和 85.5 亿元，占移动、固网收入比重分别达到 29.1%和 10.0%；固话业务收入降幅有所趋缓，用户规模基本保持稳定。

二、网络能力显著增强

2009 年，中国联通重点加强移动与宽带网络能力建设，满足重点业务的发展需要。经过一年努力，建成了全球规模最大的 WCDMA 网络，覆盖全国 335 个城市，保证了 3G 业务的顺利运营。继续完善 2G 网络覆盖，扩大了 GSM 网络的覆盖范围和承载能力。全面开展宽带升级提速工程，全国宽带接入端口新增 1788 万个，总端口达到 5553 万个。与此同时，有序推进基础传输网建设，网络能力和安全性全面提升，169 互联网出省带宽新增 3000G，省际 WDM 能力比上年增长 73%。积极开展 GPON、BOD、40GWDM 试商用。全面开展 2A 达标和网优会战，网络质量得到进一步改善。大力推进基础设施共建共享，完成了国资委、工信部的考核指标。

三、融合工作深入推进

在完成集团公司层面合并的基础上，进一步加大融合力度，积极创造企业发展的新优势。加大了网络融合力度，优化了网络结构，提高了网络运行维护质量；全面组织开展资产资源清查，各类资源状况更加明晰，使用效率得到提升。推进了 IT 系统的融合，在全国范围内实现 3G 业务的电子化销售，提供了异地业务支撑手段，缩短了业务支撑响应时间。推进了服务体系的融合与客服系统的整合，在全国范围内统一了面向用户的服务界面。整合各类业务品牌，推出了全业务品牌“沃”。推进了工作流程与薪酬体系的融合，一些重要管理制度先后出台。适应新形势下发展的需要，进一步调整优化了

公司的组织架构。

四、基础管理和对外合作得到加强

围绕市场经营、建设维护、物资采购、财务管理、绩效考核、网间结算、风险控制、效能监察等重要环节，进一步规范政策、明晰流程、落实责任、强化执行，各项基础管理的精细化水平得到了提升。同时，积极加强与资本市场沟通和协调，顺利完成了上市公司对南方 21 省固网业务的收购，实现了主营业务的整体上市；完成了向 SKT 购回公司股份，与西班牙电信换股并签订战略联盟协议，公司治理结构和资本结构得到进一步优化。与 25 个省（自治区、直辖市）政府和一大批集团客户签署了战略合作协议，在推进国家经济社会信息化建设的同时，为拉动国内消费需求作出了应有的贡献。

【业务与品牌亮点】

2009 年，中国联通坚定不移地贯彻实施“企业品牌下全业务品牌的战略”。通过对原有品牌进行梳理和整合，建立了适合全业务运营发展的、高效的企业品牌下全业务品牌架构体系。年初，公司围绕“创新改变世界”进行中国联通企业品牌宣传，阐释创新精神，塑造了全新的企业品牌形象，为全新的“沃”品牌推出奠定了良好基础。中国联通企业品牌“创新改变世界”电视广告片被评为“2009 年中国三亚国际电视广告节广告创意类最佳奖”。

借“5•17”3G 试商用，公司强势推出了“沃”品牌，通过创新性地传播，打造了形象高度统一的全业务品牌“沃”。之后，根据 3G 业务推出进度，围绕“沃 • 3G”亮点业务重点针对公众客户进行了宣传推广，并在全国范围组织“选 3G，就选沃”主题促销活动，吸引用户体验。此外，通过以“沃”品牌冠名创意星空、世界车王争霸赛活动，以及在中国国际通信展、2009 世界电信展上以“精彩在沃”为主题展示“沃”品牌及创新性业务，进一步提升“沃”品牌形象，带动业务发展。

通过整合内外资源，统一形象、统一主题、上下联动，有节奏、递进式地进行品牌建设及创新性传播，全业务品牌“沃”引发了行业、媒体、大众的高度关注和热议，中国联通致力于创新的企业品牌态度得到消费者认同，创新的精神被“沃”品牌充分演绎和展示，“沃”品牌知名度和影响力迅速提升，有效地支撑了公司亮点业务推广。

【开拓海外市场进展】

中国联通结合自身特点，主要通过多渠道、多层次地“走出去”和“引进来”，努力将业务、网络、服务延伸到全球，努力把中国联通打造成国际通信服务的亚太转接中心和中国企业跨国通信服务优选伙伴；从市场拓展、产品创新和服务提升等方面着手，努力使中国联通成为全球通信服务解决方案的提供商。

在资本层面，中国联通已经先后与西班牙电信、香港 PCCW 进行了战略合作，实现了网络、业务和服务的互补，降低了国际化成本，提高了运营效益。

在网络层面，已设立 5 家境外运营公司（中国香港、美洲、欧洲、日本和新加坡运营公司），已有 14 个境外 POP 节点（分布在美国、英国、法国、德国、瑞典、日本、新加坡和中国香港），以较低的成本快速实现全球网络拓展和覆盖，为业务拓展奠定了基础。

在业务层面，目前已与 60 多个国家和地区的 100 多家运营商建立了网络直达业务，固定业务通达 240 多个国家和地区的 400 多家运营商，移动漫游业务覆盖 219 个国家和地区的 389 个运营商，国际化业务拓展取得了初步成效。

【投资、并购、海外上市等活动】

2009 年 9 月 6 日，中国联通与西班牙在京签署了股权认购协议，双方相互投资 10 亿美元，认购对方股份。交易完成后，西班牙电信对中国联通香港上市公司持股比例增至 8.06%，中国联通对西班牙电信持股比例约为 0.87%。

【2009 年股市曲线及简评】

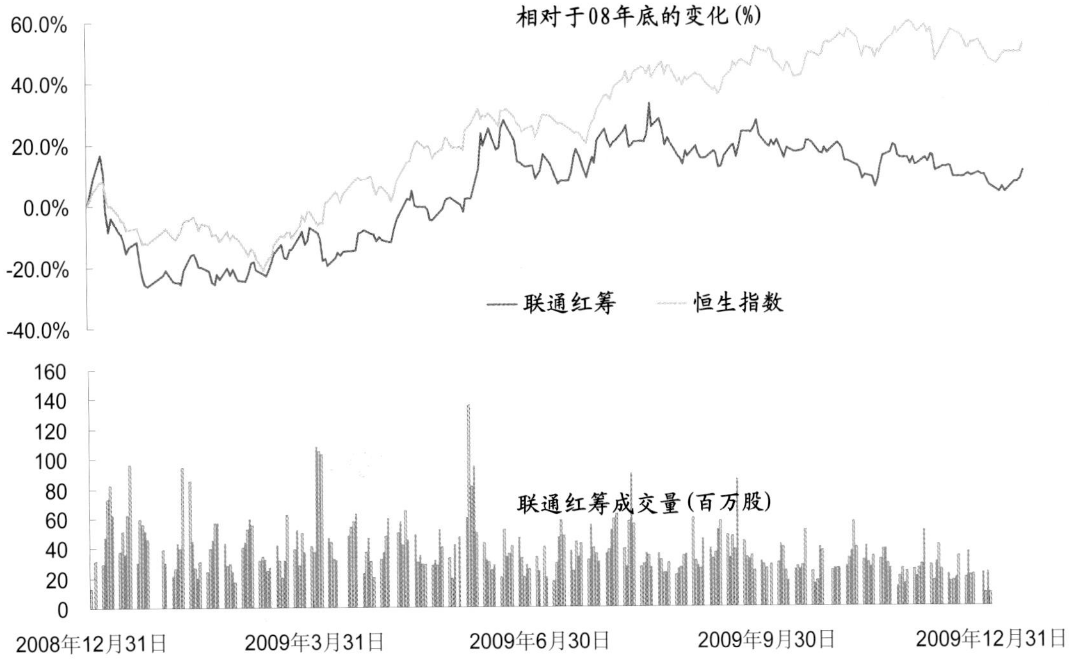

联通红筹股（762.HK）2009 年股价走势图

2009 年，联通红筹股价表现主要受大市、宏观经济、3G 牌照发放及联通 3G 业务商用进展等因素的影响。截至 2009 年最后交易日，联通红筹股价收于 10.28 港元，比 2008 年底上升 10.5%；同期恒生指数上涨 52.0%。2009 年，联通红筹日均成交量约 3809 万股，比上年上涨 22.3%，交投活跃。

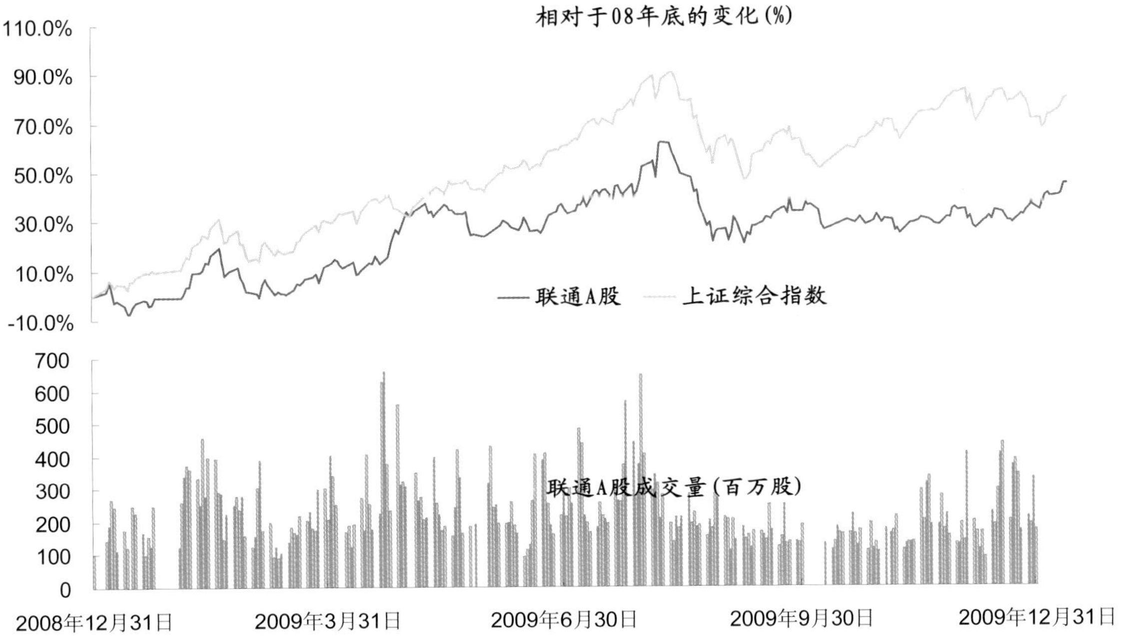

联通 A 股（600050.SH）2009 年股价走势图

截至 2009 年最后交易日，联通 A 股股价收于 7.29 元，比 2008 年底上升 44.9%；同期上证综合指数上升 80.0%。2009 年联通 A 股日均成交量约 2.3 亿股，比上年上升 58.6%，交投活跃度大幅上升。

【2010 年主要工作目标】

2010 年，中国联通将全面贯彻党的十七大和十七届三中、四中全会精神，深入贯彻落实科学发展观，牢牢把握国家大力推进信息化发展战略和通信产业升级换代的大趋势，坚持以“抓机遇、保增长、调结构、上水平”为主线，以“融合创造新优势、3G 实现新发展”为抓手，加快市场拓展，提升支撑能力，夯实基础管理，强化落实执行，在发展中调整结构，在创新中增强活力，全面提升中国联通的综合竞争实力。

按照上述要求，中国联通 2010 年的主要任务是：

一、全力推进业务发展，稳步扩大市场份额

着力加快 3G、宽带业务发展，保持 2G 稳定，控制固话业务下滑，实现整体收入较快增长。着力提高非语音业务收入占比，进一步优化收入结构。提高移动和固网高价值用户占比，进一步改善用户结构。一是大力拓展公众客户市场。二是大力拓展集团客户市场。三是大力拓展国际业务市场。

二、围绕业务发展和结构调整，全面提高经营支撑保障水平

一是提高精细化营销水平。二是提高渠道销售能力。三是提高产品支撑运营水平。四是提高终端保障水平。五是提高信息化支撑水平。六是提高客户服务水平。

三、大力推进网络建设，提高网络保障水平

一是持续建设 3G 精品网络，完善 2G 网络广度覆盖。二是建设高性能宽带和基础传输精品网络。三是稳步推进网络整体发展演进，提升网络对全业务的支撑能力。四是加大维护和优化力度，大幅提升网络质量。

四、完善体制机制，增强发展活力

一是优化管理体制，完善业务流程。二是建立健全授权体系，提高市场反应速度，实现责、权、利匹配。三是精简指标，抓大放小，突出重点，优化绩效考核。

五、注重效率和效益，进一步加强精细化管理

一是加强全面预算管理和资产资金管理。二是加强投资、工程和采购管理。三是加强内部控制和风险管理。四是加强网络信息安全管理。

六、加强企业党建和队伍建设，为经营发展提供有力保障

一是加强企业党建和廉政建设。二是加强领导班子建设。三是加强员工队伍建设。四是加强精神文明建设和企业文化建设。

【北京市联通分公司】

2009 年，中国联通北京市分公司（以下简称“北京联通”）按照集团总体部署，全面践行科学发展观，团结拼搏，锐意进取，创新实干，主营业务收入保持了平稳发展；对集团公司的利润贡献位居首位；宽带业务和增值业务保持了较快的增长速度；网络能力持续提升，网络质量明显改善；万无一失完成国庆 60 周年重要通信保障任务。

一、推进市场经营创新，全业务经营实现平稳起步

2009 年是北京联通融合重组后全业务经营的第一个完整年，也是 3G 运营的起步之年。在 3G 业务方面，北京联通按照集团公司的整体要求，遵循“六统一”的原则，积极发展 3G 业务。截至 2009 年底，累计发展 3G 用户 10 万多户。在 2G 业务方面，通过梳理现有的移动业务产品和销售渠道体系，推出京城卡、乡情卡升级版、农村 VPN 和中小企业无限通等产品，在全国首推预付费用户国际漫游功能；大力开展“世界风，争先锋”和秋季校园营销等活动，促进移动业务发展。在宽带业务方面，通过提速营销，使 2M 宽带用户比例大幅上升，家庭 2M 宽带用户占比由年初的 3.3%上升到 52.58%；推出企业宽带 4M、8M 及限时包月等产品，发展高带宽企业用户。在传统固话方面，通过丰富固话产品种类，重大项目及时签单，存量用户有效维系，积极发展公话业务等手段，实现固话净增用户数和 ARPU 值排名北方 10 省第一。在增值业务方面，通过“增值业务创收工程”有效提升增值业务收入规模，2009 年，移动增值业务占移动业务收入比达到 30.01%，宽带互联网业务占固网业务收入比达到 37.11%。

二、推进网络与 IT 系统建设优化，支撑能力实现全面突破

网络能力大幅提高。在移动网络方面，完成数个核心网络机房建设和数以万计的宏基站、室内分布系统，有力支撑 3G 业务顺利推出，显著改善 2G 网络覆盖。在宽带网络方面，完成宽带新增实配端口近 200 万，2M 带宽能力覆盖率达到 98.58%。2009 年全年，北京联通新增光缆 55.07 万芯公里、电缆 80.65 万对公里，新增管道 1707.76 孔公里。实施网络运维优化，网络指标稳中有升，其中 2G 系统接通率由年初的 92.43%提升至 95.25%，掉话率由最高时的 0.70%降低至 0.50%。在网络运维方面，北京联通在固定、移动两网全面落实集团公司 AA 达标工作，考核成绩位居榜首。

三、推进服务质量提升，客户感知明显改善

2009 年，北京联通整体服务水平稳中有升，移动业务客户满意度 76.8 分，固网业务客户满意度为 84.8 分，实现了工信部全年企业责任投诉零纪录的成绩。完成“10010”和“10060”系统以及坐席资源整合。建设电话营业厅，实现“一站式”全业务客户服务模式。建立了“标准+等级+特色”的全业务服务体系，统一了以客户为导向的服务标准，实施四级会员服务。推出7个档位客户、39种产品的全业务积分兑换服务，完成57.53万客户兑换。建立3G业务客户专属服务流程，建立并完善投诉处理流程。实现2个“沃”品牌店、37个3G专区、55个3G专柜、185个营业厅均可以受理3G业务；组建了第一支网上营业厅在线客户服务队伍；设立客服热线3G专属服务坐席，受理客户呼入15.3万次。

四、推进企业深层管理，各项制度不断完善

依据集团相关制度、规范，结合北京联通融合后的特点，全年共梳理、优化、制定、发布各类规范和制度近900个。按照绩效导向和均衡发展的原则，搭建了生产单位经营业绩考核体系。按照责、权、利相统一的原则，搭建职能部门经营业绩考核体系。推进内控管理标准化和规范化，梳理523个内控关键点，全年未发现实质性缺陷。推进各项法律风险管控措施，全年审核合同5万余份，妥善处理案件百余起，挽回直接经济损失几千万元。强化安全管理措施，落实安全责任。全年未发生各类重大安全生产事故，全面实现了安全生产、治安、消防管理综合目标以及“平安国庆”的工作目标。

五、推进资源科学配置，运营效益不断提升

北京联通狠抓资源科学配置，最大化地保障了运营效益，有力地推进了节约型企业建设。通过合理配置投资结构等手段。全力保障了移动网络建设和宽带提速两项重点投资，确保了移动、宽带业务的发展。前评估、后评价管理办法得到进一步完善，评价关键参数、评估指标、评价标准等得到优化。北京联通根据集团指导意见，制订了2009～2011年和2010～2012年两个3年滚动规划，明确了公司未来发展方向。资源及资产清查第一阶段任务圆满完成。累计清查固定资产条目162.24万条，准确率达到99.8%。加大网络挖潜和闲置资源再利用的力度。在节能减排方面，全年节电3590.34万度。2009年全年实现共建共享塔站1106个，为公司节约建设投资约2.58亿元。进一步规范了存续管理，实业改制企业得到较好发展。

六、推进企业全方位联动，构建和谐能力不断增强

北京联通积极开展深入学习实践科学发展观的各项工作，先后组织“做科学发展排头兵，世界风发展我先行”、“做科学发展排头兵，为企业发展献一策”等主题活动，凝聚了广大党员的力量。开展劳动竞赛和岗位练兵及技术比武，广泛征集合理化建议。建立健全了维稳和信访工作机制，完成了维稳信访工作目标，确保了无非正常上访和无群体过激上访两项“零”指标的完成。把反腐倡廉建设与企业制度、机制建设深度融合，建立健全“三重一大”工作制度，构筑廉洁从业风险防范管理的重要防线。

七、勇于承担社会责任，企业形象不断提升

2009年，北京联通出色完成了国庆60周年庆祝活动、两会、温总理与网民在线交流、奥巴马访华等重要通信保障任务，尤其是国庆60周年庆祝活动，共计投入保障人员1880人，车辆192辆。为市国庆调度中心、阅兵指挥部、中央电视台等22家单位提供了可靠的通信服务和保障，共计开通业务2400余项。国庆通信保障真正做到了万无一失，赢得各方的好评和赞誉。

2009年，北京联通按照国家9部委和集团公司的整体部署，迅速开展互联网低俗之风专项整治工作，成立了以总经理为组长的专项整治机构领导小组，全面排查手机及互联网涉黄重点环节，共关闭未备案网站约2.5万个，关闭IP地址1300余个，封堵各类free wap低俗网站3000多个。

【辽宁省联通分公司】

2009年是辽宁联通实现融合重组后的开局之年，也是全业务运营和3G启动的元年。一年来，全省上下积极应对金融危机的影响，深入学习实践科学发展观，按照集团公司“抓机遇、保增长、调结构、上水平”的要求，充分发挥全业务运营优势，各项工作取得了较好的成绩。先后荣获辽宁省“五一劳动奖状”、“2009年全国通信行业客户满意企业”、“全国精神文明建设工作先进单位”等荣誉称号。全年通信服务收入实现130.5亿元，贡献率列集团公司第3位；利润总额完成22.7亿元，贡献率列集团公司第2位。总体上，2009年工作呈现以下几个特点。

一、经营水平稳步提升

全省上下立足全业务运营谋划市场经营，充分发挥辽宁联通在网络、技术、队伍和服务方面的优势，全面实施“决战农村、竞争城市、渗透校园、拓展集团”的经营策略。一是重点业务持续稳定增长。在3G业务上，严格执行集团公司“三领先”、“六统一”的策略，通过细分市场，开展专业化团队营销和员工内部营销，抢夺中高端客户。全年3G出账用户实现收入2254.5万元。在2G业务上，重点突出县乡市场、校园市场和增值业务发展，实现了业务收入快速增长。在宽带业务上，按照“提速、提质、提价”的原则，结合宽带提速、宽带增值、组合捆绑、私接控制等手段，开展系列专项营销活动，实现业务规模发展。在融合业务上，突出“量质并重”的策略，形成有别于对手的差异化竞争优势，有效地增强了G网用户的粘性，保有了固网用户。二是营销渠道统一协调发展。积极探索和推进以提升营销能力为核心的渠道整合优化工作，及时调整自有渠道营销激励政策，规范社会渠道及代理佣金管理。同时，加大营业员业务培训力度，合理规划渠道和营业厅布局，有效地提高了自有渠道的销售能力。仅用半年时间，电子渠道实现了从发展到迅速壮大的演变。网上营业厅全年交易金额达到3.6亿元，位居全国第三；电子渠道用户达到212万户，位居全国第二。三是营销管理更加精细化。注重对营销过程关键环节和薄弱环节的管控，逐步实现由粗放式目标管理向精细化过程管控的转变。精心策划了“星火燎原计划”、宽带业务“百日会战”和3G业务“精彩在沃”百日促销等系列活动，把握营销过程关键点，迅速掀起业务发展高潮。同时，加强了省公司对基层经营工作的调研和督导，有计划、分阶段地组织了由公司领导带队的融合业务和3G业务调研督导组，指导基层单位有效开展工作。

二、网络能力显著增强

以满足重点业务发展为目标，加大有效益地区和竞争激烈区域的建设，大力提升移动、宽带和基础网络能力。一是构建3G精品网络。全省上下密切配合，以超常规的速度建设了一张覆盖所有市、县、重点乡镇和部分道路的3G网络。全年共建设基站3848个、开通率100%；建成分布系统3217个、开通率98%，为3G业务商用打下了坚实的网络基础。二是调整优化GSM网络。迅速开展G15、G16期网络建设，充分挖掘现有网络潜力。新建基站2680个、扩容2290个，新增无线话务量6万爱尔兰。目前，全省市区、县城网络质量明显改善，热点区域话务需求有效缓解，网络竞争能力明显提升。三是大力推进宽带升级提速工程。对宽带网络布局进行了革新性调整，重点在城市中心区域，采用EPON+LAN建设模式，从根本上提高了宽带接入网承载质量。宽带端口能力达到532万线，同比增长160%。城市公众客户2M和4M以上带宽覆盖率分别达到97.3%、76.1%，超额完成集团公司下达的考核指标。

三、资源整合初见成效

一是网络融合深入开展。在不到5个月的时间内，先后完成了全省干线光缆、传输、IP承载网等网络的交接，实现网络资源共享。通过169网疏通165网流量、实施线路退租和设备退网、统签设备维保等措施，共计节约资金1400万元。优化、核查移动业务承载网，解决隐患300多处，提高了网络安全性。二是IT系统支撑能力迅速提升。按照集团的统一安排，顺利完成了重点系统的建设、改造任务。在前端，能够为自有渠道和社会渠道提供统一的服务管理；在后端，完成了数据整合，支持全业务经营分析。围绕两网核心系统，按照“主辅过渡融合方案”，完成了3G和融合业务的跨系统支撑工作；完成了客服系统、一卡充平台等融合支撑系统的建设工作。三是运行机制逐步完善。针对年初多项经营重点工作责任不明确、落实不到位的问题，确定了市场前台各部门的工作界面和责任段落，有效保障了经营工作的顺利开展。围绕全业务运营、经营方式的转变以及组织结构调整，建立了省、市公司绩效考核办法。组织实施了全省统一职位薪酬体系套改和优化，实现了“五统一”。

四、基础管理进一步夯实

一是财务管理更加精细化。继续实施全面预算管理，强化各级机关本部成本费用预算管控，行政管理费用下降10%。配合集团公司建立三级收支两条线管理，整合账户1300余个，有效提高了营业资金归集效率。强化工程财务管理，推动资本性支出规范、及时入账。二是CAPEX投资确保重点业务发展需求。主要投向重点业务和效益高的业务，全年CAPEX投资中3G占33%、2G占17%、宽带及数据网占21%，满足了业务发展需求。三是物资采购管理更加规范。及时保障3G、宽带升级提速等重点项目的物资需求。科学管控库存资金占用，积极推进闲置物资再利用，回缴“三料”物资6000余万元，再利用价值2766万元。四是客户服务工作迈上新台阶。通过构建全业务服务体系，实行分类分群分级服务管理，推行“客户服务感知双提升”专项活动，有效提升了客户满意度和VIP会员忠诚度。进一步完善服务纵横连锁责任制，从客户感知等5方面分解服务指标，实现全过程管控。第三方调查结果显示，全省固网客户满意度领先主要竞争对手5.2分；移动业务客户满意度与主要竞争对手的差距逐步缩小，全面实现集团公司的考核标准。

五、学习实践科学发展观活动成效显著

紧紧围绕“融合创造新优势，3G实现新发展”和“通过实践加速融合，提高效率加快发展”的基本思路，将学习实践活动与企业生产经营管理实际紧密联系起来，着力解决影响和制约公司科学发展的突出问题，共有851个基层党组织和12322名党员参加。通过学习实践活动，进一步理清了发展思路，明确了工作举措，有力地推动了生产经营工作的开展。公司党建和精神文明建设取得新成就，职代会制度进一步完善，民主管理得到加强。

六、抓班子，带队伍收效明显

各级领导班子起到了核心引领作用，为企业发展提供了坚实的组织保障。以领导班子作风建设为重点的党风建设和反腐倡廉工作得到强化。员工综合素质稳步提高，先后开展“新联通、新形象、新价值”、“沃•3G”、“百日促销”和“3G护航”劳动知识竞赛等活动，促进了员工对全业务知识技能的学习和熟练掌握。共有4名个人被辽宁省总工会授予辽宁“五一”奖章，3人通过全球顶级的思科高级认证培训。

【上海市联通分公司】

2009年，中国联通上海市分公司（以下简称上海联通）紧紧围绕集团公司的整体发展战略和工作部署，紧扣“发展”与“融合”两大主题，牢牢把握“保发展、调结构、健体系、强管理、抓落实、促和谐”的十八字方针，坚持以品牌为引领、以市场为导向、以客户价值创造为核心、以差异化经营为手段，实现了经营业绩稳定增长，结构调整成效初显，融合工作稳步推进，网络建设规模空前，创新工作有所突破，员工队伍保持和谐，企业总体呈现出稳健发展的良好局面。全年累计实现营业收入43.65亿元（不含3G，下同）、利润4.98亿元、EBITDA 17.96亿元，累计EBITDA率为42.1%，高于年度预算2.44个百分点。收入市场份额达到10.87%，同比提升0.52个百分点。2009年上海联通综合绩效考核结果列全集团公司31省（区、市）之首。

一、调整结构，健全体系，收入质量稳步提升

面对金融危机和外部形势变化带来的挑战，迅速调整经营思路，完善经营战略，健全营销服务体系，强化销售组织，客户及产品收入结构持续改善。集团客户收入占3大客户群收入的47.9%；固网非语音收入占比达到58.3%，同比提高了2.1个百分点；移动增值业务收入占比达到24.69%，同比提高2.13个百分点；平均移网用户ARPU值提高了0.9元，提升了1.8%；移动业务有效发展率提升了0.6%。积极拓展主流渠道、掌控末端渠道，全年新发展主流卖场85家，新增末端销售门店658家，通过“关、停、并、转”，进一步优化营业厅总体规模。加大了电子渠道建设力度，全年实现网上交易金额3.1亿元，完成年度预算的560%。在楼宇销售上，实现了代理商的嵌入式管理，楼宇网格化营销服务体系日臻完善，通过楼宇精准化销售创新计划的推进，楼宇内用户数比实施前增长了32.18%，平均单楼宇收入产出量增长32.24%，楼宇固网收入ARPU值较融合之前提高了8个百分点，商务楼宇综合收入投资比达到2.66倍，得到了集团的充分肯定。

二、夯实网建，重拳出击，综合通信能力显著增强

全面启动并完成了上海联通3年发展规划的制订；编制了郊区固网3年发展规划，明确了郊区网络发展策略；围绕世博通信保障，制订了世博专项规划。全年累计完成固定资产投资35.75亿元，通信能力显著提升。超过95%的小区和大楼完成驻地网上联改造；超过70%用户具备100M接入能力；城域网出口扩容至40G；全年新增城域网管线达2331孔公里管道、1311皮长光缆；实现了核心汇聚网的同路由改造，城市光网在核心层初具网格格局。完成了52个汇聚环、接入环，以及87个以太环网的重叠部署工作；郊区的网络资源接入能力较融合之初提高了一倍；完成了包括BSS3.0系统、OCS系统、电子渠道、电子销售平台等在内的大量的系统支撑工程建设，系统对业务的支撑能力有所加强。圆满完成WCDMA2009年建设任务，共开通3G宏站2558个，微站1630个。同步完成了3G网管系统新建、应急通信车改造、网优支撑平台升级、统一信令平台等一批OSS项目建设。与此同时，积极协调各方资源，重点公关，强力推进，较为有效地解决了地铁、机场等处移动网络进入难的问题。在此基础上，共建共享工作也取得积极进展，为企业节省资金4亿元。

三、解放思想，创新发展，企业活力生机勃发

在运营模式上，按照“客户共享、客户维系、收益增加、改善服务”＋“联合推广”的“4＋1”合作模式，先后与招商银行、东方航空、平安保险等诸多知名跨界企业达成了战略合作意向，积极利用各行业的优势资源，整合产业价值链上下游资源，建立起以“价值联盟”为基础的全新的合作模式。在客户服务上，大力推动“诚信感恩文化”，在全国首次推出了“视频服务”，改变了话务人员“只闻其声、不见其人”的传统沟通方式。在管理体制上，建立了14个准利润中心的区县分公司，一级管理二级运营的体系架构基本形成，强化了区县在市场销售与客户服务等方面的能力；建立起大项目推进组、郊县固网业务推进组、楼宇（含酒店）及中小企业市场拓展能力提升推进组、校园市场拓展推进组、家庭宽带推进组、移动业务有效发展率提升推进组、ICT业务推进组、用户欠费回收推进组等8个跨部门和跨区域的虚拟拓展团队，以项目管理方式，充分发挥团队合作精神和前后台部门协调联动优势，全面提升了重点业务、重点市场、重点工作的拓展及推进力度。在产品开发上，推出了国内第一台真正意义上的大尺寸、高清晰的数字娱乐一体机；与合作伙伴成功研发的内置NFC芯片的刷卡手机荣获“2009国家金卡工程金蚂蚁奖”，已在公共交通、商业购物等领域实现了商用，并实现了国内首创的智能卡消费“空中充值”等功能；Wo-Store开发软件500多款，为广大用户带来了更多创新体验。在技术支撑上，大力推广PON技术接入和FTTB、FTTO网络建设模式，并逐步向FTTH的目标网络演进；完成了以太环网和PTN的试验；搭建了Femtocell试验环境，强化了3G在家庭、楼宇室内的深度覆盖；完成了IVPN、一号多机等技术方案；全面启动了云计算、物联网等新技术的探讨应用。

四、扩大合作，备战世博，品牌形象全新展现

相继与上海市人民政府、市经信委及相关区县政府签订了政企战略合作协议，围绕保障世博、服务民生、促进就业、改善信息通信条件、提高服务质量等内容明确方向、细化任务，在更广、更宽、更深层次的范围，为联通服务世博、服务上海经济建设和社会发展争取了更多的支持，创造了更加和谐的氛围。在此基础上，成立了由公司总经理挂帅，运维、市场、服务等职能部门负责人组成的世博专项工作领导小组，下设网络保障、业务保障、危机保障、服务保障、安全保障等5大保障小组，制定了迎世博行动方案，逐步形成了由市公司统一指挥、领导小组组织协调、各职能部门分工负责、基层单位具体实施的工作机制，并专为世博项目设置特殊流程、开辟“绿色通道”，全面启动了各项世博通信保障准备工作。

（一）继续抓好精品网络建设，建成一张更为先进、更加可靠、全球通用的 WCDMA 精品移动通信网络。积极参与园区内所有场馆的 GSM 和 WCDMA 室内分布系统建设和室外宏基站的建设，逐步在重要交通枢纽区域增加宏站室内覆盖的容量和安全性配置，对新开通的 7 条地铁线 101 个站点同步开通室内覆盖，对现网已开通的地铁站点开通 W 网覆盖，在火车站、长途汽车站、景点等主要场所附近，实现 G 网全网范围内扩容 240 个站、扩容载频 569 块。完成世博园区路面管道购买工程、世博园区永久场馆接入管道购买工程，以及园区外部沟通管道的容量扩容，满足了世博期间光缆引入需求。

（二）以 3G 的规模商用为契机，加快产品创新和行业应用。重点在上海 M13 世博专线沿线广泛推广 NFC 刷卡手机，加大行业应用推广力度，针对交通、物流、酒店、旅游等客户行业，积极探索行业彩信、保险行业远程定损、手机银行、手机订票、旅游产品推送等更多层次的行业应用合作模式，组织开发为世博观众量身定做的基于宽带应用业务、传统语音信息业务及 3G 增值业务融合的多媒体综合信息服务平台。

（三）以“精彩世博、文明先行”为宗旨，拓展服务内涵，展示企业和城市文明。从用户需求出发，组织关怀活动，推出了 8 大服务新举措和十项服务举措，开设了 18 条投诉受理渠道，公开接受社会监督。推行细致入微服务方式，逐步提升联通“10010”热线在线业务办理的范围，完善并新增服务内容多达 22 项。大力弘扬“感恩文化”，在主要营业场所提供便利的手语服务和手写板服务，为残疾人提供“贴身服务”。

（四）在全公司范围内层层部署了迎世博安全管理网络。对重点目标及重点部门，按照反恐怖防范工作要求，切实加强人防、物防、技防相结合的安全管理和防范措施；制定世博通信保障工作方案和应急预案，建立应急保障队伍，开展通信保障应急演练，有效提升突发事件应急处置能力，制定和完善应急处置预案。同时，广泛发动、招募平安志愿者，充分发挥了党组织和工会、共青团在维稳和处理突发事件中的积极作用。

【湖南省联通分公司】

一、基本情况

一年来，湖南联通在总部和各级政府的正确领导下，坚持以科学发展观为指导，统一思想、坚定信心、和衷共济、共克时艰，全面完成了 2009 年各项生产经营任务。全年完成通信服务收入 36.29 亿元，完成总部年计划的 100.6%，同比增长 15.2%。其中 2G 业务实现收入 30.5 亿元，同比增长 16.8%；3G 业务实现收入 0.2 亿元；固网业务实现收入 5.14 亿元，同比增长 3.6%。公司累计实现利润 1.38 亿元，完成总部下达计划的 105.1%。全年净增 GSM 移动出账用户 111.3 万户，网上用户达到 710.9 万户；全年发展 WCDMA 用户 12.34 万户；全年净增宽带用户 13.6 万户，累计达到 26.9 万户。

二、网络支撑不断加强

2009 年，湖南联通实现了网络建设的跨越式发展。组织实施了两期 WCDMA 网络的工程建设，建设 RNC28 套，室外宏基站 2227 个，室内分布系统 660 套，实现了 14 个市州和 28 个重点县城的覆盖。GSM 网工程累计投资 6.58 亿，新增交换容量 71 万门，达到 714.5 万门；HLR 新增容量 252 万户，达到 1441 万户；无线容量新增 194 万户，达到 1697 万户；基站新建 1952 个，达到 11808 个；载频增加 8878 个，达到 62880 个；室内分布系统 177 套。全省宽带接入网端口已全部升级达到 8M 的能力。全年敷设光缆 12295 公里，建设管道 549 公里，实现 2267 个 WCDMA 基站、660 套室内系统、1952 个 GSM 基站的传输接入。大力推进光进铜退，建设 EPON OLT 353 套，节约投资 1500 余万元。完成 GSM 网村通工程，在永州、郴州、娄底、怀化、湘西 5 个市州新建 61 个基站，覆盖了 130 个自然村，总投资 3600 万元。积极推进共建共享，大大节约了建设成本，减少了重复投资。

三、基础管理日趋规范

2009 年，湖南联通以“双同”活动为契机，在计划管理、物资采购、财务管理、绩效管理、人力资源管理、流程管理、风险管理等方面不断健全制度，规范运作，全省共整合优化了 240 项制度和 40 项流程。加强项目建设的全过程管理，提升投资效益，有效规避了投资风险；深化财务基础管理，推进财务深度融合，初步建立了统一、高效、有序的财务管理体系；在继续推行“结果导向、过程管控”绩效管理模式的基础上，不断探索适应湖南联通本土的绩效管理新方法、新思路；积极推进管理创新和 QC 管理活动，两项成果分别获得湖南省管理创新一等奖、全国通信行业管理创新三等奖。重新搭建了适应公司发展的人力资源管理体系，加强了工程及运维物资管理和安全生产的基础管理，全年组织了 3 次以整治安全隐患为重点的安全生产大排查。开展了为期 4 个月的学习实践科学发展观活动，按质按量完成学习调研、分析检查、整改落实 3 个阶段工作，活动满意率达到 99.6%。

四、成功实施升位并网

从 2009 年 1 月起，湖南联通就集结了 400 多名工程技术人员和设备厂商人员，经过夜以继日的工作，于 4 月 30 日前正式完成了包括省公司的长途局、NGN、智能网、增值业务平台，长株潭 3 市的关口局、市话局和前置机等共 53 个通信网元；以及营业、计费、结算等支撑系统的升级与改造工作；工程总投资达 2000 多万元。6 月 28 日，湖南联通成功实施了长沙、株洲、湘潭3市通信一体化和升位并网工程，3市统一区号为0731，固定电话由7位升为8位。惠及湖南的固定电话用户30多万户，移动电话用户200多万户。长株潭升位并网之后，本地网固定电话的用户数达到450万，仅次于上海、北京、重庆、天津，在国内排名第五位。湖南省政府对在长株潭升位并网工程中做出突出贡献的45名干部员工和部分先进集体进行了立功授奖。

五、3G业务正式商用

2009年，湖南联通加快了3G网络的建设进程。首批3G设备到货后，广大工程技术人员就日夜奋战在3G网络的施工现场，在短短7天内成功接通了首个3G视频电话，并在4月底前完成了首期3G网络的建设。5月，湖南联通3G业务在长沙实现试商用。8月，湖南联通在全省14个市州全面启动3G业务的试商用。短短几个月时间里，湖南联通的工程技术人员迅速在全省铺设了一张覆盖全面、技术先进、运行稳定的WCDMA第三代移动通信网络。全省共投入WCDMA建设资金近30亿元，网络覆盖已正式达到商用标准。10月，3G业务在湖南全省范围内实现正式商用。

六、与政府达成战略合作

2009年，湖南省政府与中国联通达成战略合作，约定中国联通将进一步加大在湖南的信息化基础设施建设投入，未来5年内在湖南投资150亿元；加快推进3G移动网络建设，力争2009年底覆盖全省主要区域；继续加大2G移动网络及宽带网络建设，建立移动网络与宽带网络相结合的综合信息体系。湖南省政府支持中国联通在湖南省的移动网络与宽带网络建设，将WCDMA发展纳入本省和各地方政府的发展规划，积极帮助协调解决工程实施进程中的有关问题。双方还在加快全社会的信息化改造，加快发展电子商务、网络增值、电子金融、现代物流、连锁经营、专业信息服务等现代服务业上展开进一步合作。

【重庆市联通分公司】

一、2009年公司整体概况

2009年，是公司融合后的第一个核算年度。重庆分公司在中国联通集团的正确领导与关怀下，分公司全体干部员工按照集团“抓机遇、保增长、调结构、上水平”的要求，以科学发展观为指导，以发展为中心，积极应对新挑战，面对电信行业改革重组后的新形势、新局面，团结一致、奋力拼搏，不断强化团队和体系建设，积极调整经营思路，制定发展战略，用户规模稳步扩大，各项指标均衡发展，公司的综合管理水平得以全面提高，企业的抗风险能力和应急处置能力得以持续提升，公司各项工作取得了新的进展，为企业健康、持续发展打下了良好的基础。

截至2009年年末,公司总资产550022万元,固定资产406062万元，占总资产比例73.8%，无形资产及其他长期资产32284万元，占总资产比例5.9%。

2009年,重庆分公司主营业务收入净额192720万元,2009年重庆分公司成本费用总额为56218万元,EBITDA为68448万元，利润总额为-807万元，圆满完成集团各项指标。移动业务实现较快发展，全年净增移动用户15万户，累计出账用户达到284.3万户。宽带业务继续保持了高速增长，全年净增宽带用户10.5万户，累计在网用户达到51.46万户。固话业务保持了相对稳定，全年净增用户4.18万户，累计在网用户达到56.89万户。

二、重要经营活动

（一）深入推进全面融合，努力发挥协同效应。在2008年底完成机构与人员融合的基础上，加快了全方位的融合步伐，通过整合网络资源，实现了原有两张网络的优势互补，据初步估算，在基础设施、传输网络建设方面，因网络融合而节约投资3000多万元。积极推进渠道资源的融合，完成了IT支撑系统和财务体系的融合，统一了面向客户的服务界面，实现了10010/10060的全面合并，整合了客服资源，统一了服务形象。持续推进了企业文化的融合，经过半年多的磨合，公司干部员工加深了了解、交流了思想、融洽了感情，培育了新的组织氛围，逐步形成了新的企业文化。

（二）积极开拓市场，实现主营业务持续增长。2009年，重庆分公司以移动业务和宽带业务为重点，全面推进全业务经营，努力实现宽带业务的高速发展、移动业务的快速发展、增值业务的规模发展、固话业务的平衡发展。按总部的统一部署，大力推动实施“沃”全业务品牌策略，逐步形成包含主要产品、业务、服务的全业务品牌体系。围绕集团“做3G市场领先者”的定位，按照“六个统一”的部署和要求，着力3G业务发展，推进3G渠道建设，落实自有营业厅3G业务销售的“专区、专柜、专人”，建立完整、可控、有效的营销体系，逐步形成差异化的竞争优势。以全业务经营为主线，以宽带互联网业务为重点，全力保有传统业务，全面推进固网业务的发展。以基于带宽和时长的宽带价格体系为基准，制定“宽带+固话+手机+增值应用”等不同的套餐捆绑策略，深度开发创新型的融合业务，加速固网业务与移动业务的交叉渗透。以“提速、提质、提价”为核心。抓住宽带已完成全面提速的契机，加大市场推广力度，保持并提升宽带业务高速发展的势头。抓好重点目标市场的发展。针对校园市场、农村市场、城市大众市场和集团客户市场，制定不同的营销策略，根据不同的目标用户群确定不同的营销手段，提高精确营销水平。大力拓展固网增值业务，进一步加大“116114”的推广力度，加强运营管理，努力实现电话导航业务的跨越式发展。着力大客户市场的拓展，持续对重点行业、重点领域、重点客户实施重点关注，紧紧抓住社会信息化、政务信息化、企业信息化、城市信息化建设的时机，实现“行业、区域、客户”三维聚焦，加大对集团客户、商企客户的拓展力度。融合业务取得进一步发展，实现了移动业务与固网业务的交叉渗透，推出了“宽带+固话+手机+增值业务应用”融合类业务产品，全年固网业务累计拉动手机用户 8.8 万户，预算完成率 100%。

（三）狠抓客户服务质量，提升服务水平，努力改善用户感知。2009 年，重庆分公司以“双升、双达、一改善”为客服工作目标，围绕“建立统一的全业务服务标准体系，快速推进客服资源整合，实施全业务全过程质量监控，构建全业务的维系挽留体系”等重点工作，实现了全业务的分层、分组、分类服务，在全渠道推行了“标准+等级+特色”的积木式服务体系；推进了标准服务专属化、等级服务差异化、特色服务个性化、支撑响应快速化、能力提升持续化；加强了服务工作的考核监督，强化了窗口服务人员的培训，提升了一线人员技能水平。移动增值业务强行定制申诉 2009 年为 0 例，宽带修障满意率较年初提升 6 个百分点，GPRS 功能异常投诉率较年初下降 1 倍。全年移动 VIP 用户保有率列集团前茅，宽带 VIP 用户累计续费率 92.7%，高出全网 7.8 个百分点。

（四）加大投资力度，加快网络建设，持续提升网络通信能力。全年共完成投资 16.6 亿元。2009 年，全面完成了即定的 2G 与 3G 网络建设任务：2G 网络全年共建成 1761 个宏基站，1667 套室内分布系统，3G 网络全年共新建 1719 个宏基站，180 套室内分布系统，较大程度地改善了网络覆盖质量，减少了网络盲点，扩充了网络容量；大力开展宽带提速工程，全市 85%的地区具备了 4M 带宽接入能力，主城区 91%以上的地区具备了 4M 带宽接入能力，网络质量得到大幅度提升；全面完成了全市最后 10 个区县的数固网络建设，使公司在全市所有区县都实现了全业务经营；相继完成了数固业务与移动业务支撑系统、经营分析系统的全面整合，完成了 BSS3.0 系统的升级上线；完成了 OCS 在线计费系统建设，实现了全部智能网用户的割接升级，配合总部完成全国一卡充上线工作，为全业务经营提供了强有力的支撑。

（五）加强网络维护管理，持续进行网络优化，不断提升网络质量。2009 年，重庆分公司富有成效地推进网络维护与优化工作，通过调整运维体制、充实优化队伍、强化质量考核监督等多种举措，最大限度地减少了网络故障。移动网络基站中断次数与时长呈逐月下降趋势，年末系统接通率较年初提升了 3.37 个百分点，无线系统接通率提升了 2.99 个百分点；数固网络各项通信指标满足集团公司达标要求，固网障碍频率大幅减少，修复时限大幅缩短；业务支撑网络运行稳定。

（六）改革运行机制，夯实基础管理，强化内部治理。2009 年，重庆分公司针对融合后公司面临的新情况、新问题，适时调整了管理体制，压缩了机关人员，加强了各项基础管理工作。实施扁平化的管理模式，贯彻“小机关、大生产”的管理思路，优化了人力资源配置，推行机关人员向一线岗位分流等措施。着力建维体制改革，使建维工作更贴近市场、贴近用户，提高了维护人员的工作积极性和技术水平。以“改善一点”活动为抓手，提升了精细化管理水平。公司年初提出的“每天改善一点”的倡议得到了各部门和广大干部员工的广泛响应和参与，通过“改善一点”活动，公司的精细化管理水平有所提高。

（七）深入学习科学发展观，推进精神文明建设和企业文化建设。2009 年，重庆分公司坚持“两手抓、两不误、两促进”的指导思想，按照集团公司的统一安排和部署，在狠抓生产经营的同时，切实开展了学习实践活动，圆满完成了“三个阶段、六个环节”的各项任务。党建工作取得新成绩，在党的思想建设、作风建设、组织建设方面，都有了新的进步。落实“一岗双责”的党风廉政建设责任制，开展了廉洁自律大检查；建立了宣传教育警示机制，开展了多项效能监察工作，为公司经济活动的健康开展起到了监督检查与保驾护航的作用。

主要增值电信服务企业

【20 家主要增值电信服务企业 2009 年业绩汇总表】

推荐原则：

1、根据咨询中心掌握情况，在企业选择上首先保证各主要增值业务都有涉及，按经营者数量和业务内容分配比例，在推荐企业中信息服务业务为主 10 家，呼叫中心和 IDC 业务为主各 3 家，VSAT 业务 2 家，由于 ISP 为主营业务企业收入不高，没有单独选择，所选涵盖多种业务的企业，ISP 业务经营较好。其中有 1 家合资企业，有些公司涵盖多种业务。

2、每项业务选择的公司主要是该业务中收入居前，业绩比较突出，在业务领域知名度较高，业务有特色的企业。

3、信息服务业务选择的企业包括网络游戏、门户、移动信息等多种业务领先企业。

4、各公司收入以电信业务为主，而非公司所有业务总收入。

序号	许可证编号	企业名称	主要业务种类	电信业务收入（来源：年检报送）	备注
1	B2-20040095	广州网易计算机系统有限公司	信息服务	38.00 亿元	
2	B2-20040031	深圳市腾讯计算机系统有限公司	信息服务	88.22 亿元	
3	B2-20040022	北京雷霆万钧网络科技有限责任公司	信息服务	6.66 亿元	未含雷霆无极 1.52 亿元
4	B2-20050191	上海第九城市信息技术有限公司	信息服务	8.33 亿元	以网络游戏为主
5	B2-20040152	北京空中信使信息技术有限公司	信息服务	6.4 亿元	
6	B2-20040144	北京搜狐互联网信息服务有限公司	信息服务	3.16 亿元	
7	B2-20040016	北京新浪互联信息服务有限公司	信息服务	11.55 亿元	
8	B2-20100053	新华网络有限公司	信息服务	1.9 亿元	
9	B1.B2-20050234	北京万网志成科技有限公司	互联网数据中心（IDC）、信息服务	2.86 亿元	
10	B1-20060088	北京蓝汛通信技术有限责任公司	互联网数据中心（IDC）	2.71 亿元	
11	A2.B2-20050323	北京世纪互联宽带数据中心有限公司	互联网数据中心（IDC）、互联网接入服务（ISP）	2.61 亿元	
12	A2-20040164	上海证券通信有限责任公司	国内甚小口径终端地球站（VAST）	3.42 亿元	
13	A2.B2-20050323	上海双威理想通讯网络有限公司	国内甚小口径终端地球站（VSAT）、互联网接入服务（ISP）	0.38 亿元	
14	合字 B2-20040002	北京鸿联九五信息产业有限公司	呼叫中心、信息服务（含固定电话信息）、互联网数据中心、互联网接入服务（ISP）	0.94 亿元	
15	A2.B2-20080117 B2-20040109	润迅通信集团，有两家持证企业： 润迅通信集团有限公司 深圳市润迅电话商务有限公司	呼叫中心、互联网接入服务（ISP）、多方通信，省内互联网数据中心（IDC）	7.1 亿元	润迅通信集团有限公司业务收入 4.3 亿；深圳市润迅电话商务有限公司业务收入 2.8 亿元
16	B2-20040139	上海蔚蓝计算机有限公司	信息服务	1.96 亿元	
17	B1.B2-20050405	上海网宿科技股份有限公司	互联网数据中心（IDC）、互联网接入服务（ISP）	2.87 亿元	
18	B2-20070058	深圳市南凌科技发展有限公司	信息服务、互联网接入服务（ISP）、国内互联网虚拟专用网（IP-VPN）	1.38 亿元	
19	B2-20050121	南京欣网视讯科技股份有限公司	信息服务	1.22 亿元	
20	B2-20040046	二六三网络通信股份有限公司	互联网接入服务（ISP）、呼叫中心、信息服务、传真存储转发等	3.03 亿元	

（工业和信息化部电信管理局）

【广州网易计算机系统有限公司】

网易公司创立于 1997 年 6 月，是一家开发互联网应用、服务及其它技术的中国互联网技术公司。网易利用互联网技术，加强人与人之间信息的交流和共享，实现“网聚人的力量”。网易是中国门户网站之一，2009 年网易新闻、娱乐、体育、财经、科技、汽车、女人等主要频道的流量均有较大程度的增长。网络游戏是网易的主营业务之一。2009 年 8 月《梦幻西游 Online》同时在线人数已经超过 256 万，注册人数超过 2.2 亿。网易游戏产品也在 09 年进一步丰富，《大唐豪侠》、《天下贰》、《大话西游外传》、《新飞飞》陆续开放运营。2009 年 4 月，网易获得暴雪旗下在线角色扮演游戏《魔兽世界》在中国大陆未来 3 年的独家运营权。邮件业务是网易公司的重要基础服务。10 年来，网易坚持在电子邮件领域不断投入和创新。网易博客截至 2009 年 9 月 30 日，已拥有 1 亿注册用户数。围绕“新锐人文生活”的全新定位，网易博客未来将深度挖掘品质内容，聚合更大范围的优质博友，致力于成为方便、易用的网络个人表达和用户交流分享生活平台。网易同时也提供中文搜索引擎、在线互动社区服务、无线数据服务、即时通信工具等其他互联网服务。

【深圳市腾讯计算机系统有限公司】

腾讯公司成立于 1998 年 11 月，是目前中国规模较大的互联网综合服务提供商之一，也是中国服务用户数量最多的互联网企业之一。成立十年多以来，腾讯一直秉承一切以用户价值为依归的经营理念，始终处于稳健、高速发展的状态。深圳市腾讯计算机系统有限公司于 2004 年获得了由工业和信息化部颁发的跨地区增值电信业务许可证 B2-20090028，短消息代码：10661700。腾讯以“为用户提供一站式在线生活服务”作为自己的战略目标，并基于此完成了业务布局，构建了 QQ、腾讯网（QQ.com）、QQ 游戏以及拍拍网这 4 大网络平台。在满足用户信息传递与知识获取的需求方面，腾讯拥有门户网站腾讯网（QQ.com）、QQ 即时通讯工具、QQ 邮箱以及 SOSO 搜索；满足用户群体交流和资源共享方面，腾讯推出的 QQ 空间（Qzone）与访问量极大的论坛、聊天室、QQ 群相互协同；在满足用户个性展示和娱乐需求方面，腾讯拥有虚拟形象产品 QQShow、QQ 宠物、QQ 游戏和 QQMusic/Radio/Live （音乐/电台/电视直播）等产品，同时，还为手机用户提供了多种无线增值业务；在满足用户的交易需求方面，C2C 电子商务平台——拍拍网已经上线，并完成了和整个社区平台的无缝整合。截至 2009 年 9 月 30 日，腾讯即时通信工具 QQ 的注册账户总数已经达到 10.57 亿，活跃帐户数达到 4.849 亿，最高同时在线账户数达到 7550 万。“QQ 游戏”门户最高同时在线帐户数达到 570 万。目前，腾讯 60%以上员工为研发人员。腾讯在即时通信、电子商务、在线支付、搜索引擎、信息安全以及游戏方面等都拥有了相当数量的专利申请。2007 年，腾讯投资过亿元在北京、上海和深圳 3 地设立了中国互联网首家研究院——腾讯研究院，进行互联网核心基础技术的自主研发。腾讯的自主创新工作已经进入到企业开发、运营、销售等各个环节当中。

【北京雷霆万钧网络科技有限责任公司】

北京雷霆万钧网络科技有限责任公司成立于 2000 年，公司创建以来，致力于 TOM.COM 网站的建设及经营，并结合自身优势，不断创新，逐步确立了代表中国互联网经济发展的电信增值服务平台的商业模式。在无线增值电信领域，TOM.COM 是中国移动梦网的最重要的战略合作伙伴之一，短信、彩信、IVR、彩铃、WAP 业务凭借独特的个性服务和营销理念，奠定了公司在无线增值电信业务领域的优势。

【上海第九城市信息技术有限公司】

上海第九城市信息技术有限公司是国内较大的网络游戏开发商和运营商之一，旨在通过世界“第九艺术”——游戏艺术，为都市人创造一种全新的在线娱乐生活方式。公司是具备全网通道的一点接入 SP 企业，目前与中国移动（全网）、中国电信（全网）、中国联通（全网）都签署了合作协议，在全国 31 个省市地区开展移动网电信增值业务，并且与各运营商保持了非常良好的合作关系。公司主营的无线电信增值业务主要服务于公司出品及代理的各款游戏，业务内容主要是游戏相关及延伸出的辅助性业务，为游戏玩家提供便捷的增值服务，提高用户的满意度。公司一直致力于打造绿色、和谐、便捷、令用户满意的无线增值电信业务。公司的承诺：面对千变万化的市场需求和层出不穷的挑战，以不变应万变，坚持“客户至上，玩家为主”的服务宗旨；凭借以人为本的管理理念、精益求精的专业技术，不断地为玩家提供高品质的游戏产品，打造一个精彩的互动娱乐天地；为中国网络娱乐产业的发展做出积极贡献。

【北京空中信使信息技术有限公司】

北京空中信使信息技术有限公司作为手机娱乐公司，其 MMS（彩信）、WAP（手机上网）、Java（手机游戏）收入在国内一直处于领先位置。旗下空中网（Kong.net）是国内较为知名的无线互联网门户网站。空中网是中国领先的无线增值服务提供商和领先的无线互联网门户网站，拥有体育、财经、新闻、娱乐等数十个频道和中国知名的无线互联网门户品牌 Kong.net。空中网为中国千万手机用户获取资讯和娱乐提供最个性化的服务，包括即时互动的资讯、图铃下载、手机游戏、交友社区、论坛与聊天、移动博客等互动内容。无线增值业务和无线互联网业务是空中网的两大基础业务，空中网将继续努力以保持和巩固它在这两个领域内的旗舰地位，努力成长为国际一流企业。空中网在与各运营商保持紧密合作的同时，拥有电视、电台、平面媒体、互联网等在内的众多商务渠道，以及 NBA 中国、新华社、体坛传媒集团、华谊兄弟、YOGA 等众多知名内容合作伙伴。自 2003 年空中网无线增值业务实现盈利以来，各类业务收入一直快速发展，包括手机游戏业务，涵盖手机网络游戏、单机游戏、WAP 页面游戏，旗下拥有手机游戏品牌空中猛犸。凭借自主研发能力和多元化的运营模式，空中网手机游戏收入处于业内领先位置，并正成为空中网营收新的增长点。Kong.net 现设有新闻、娱乐、体育、财经、小说、女性等多个频道，同时为广告主提供全面的无线互动营销服务，为手机用户提供多样化的资讯及网络社区服务。

【北京搜狐互联网信息服务有限公司】

北京搜狐互联网信息服务有限公司成立于 2003 年，是中国新媒体、通信及移动增值服务公司。目前，搜狐拥有超过 1 亿注册用户，日浏览量 7 亿，是中国门户网站之一。搜狐公司其主要业务及产品涉及互联网网站、无线增值业务、新媒体业务、网络广告业务、网络游戏、电子出版、软件开发等多种方面。经过十余年的发展，搜狐网已经形成了强有力的互联网门户及内容矩阵。目前，搜狐门户矩阵包括七大网站：中国门户网站之一的 sohu.com、华人青年社区 ChinaRen.com、中国网络游戏信息和社区网站 17173.com、北京房地产网站 focus.cn、手机 WAP 门 goodfeel.com.cn、搜索搜狗 sogou.com、地图服务网站图行天下 go2map.com。目前，搜狐新闻和内容频道已成为获取资讯的重要的平台；搜狐的社区体系，包括搜狐社区 ChinaRen 社区，是年轻人休闲娱乐的平台；搜狗也已成为受人关注的搜索引擎。搜狐在广大用户中享有良好声誉，注册用户已逾 1 亿，每天在线访问及浏览量已逾 7 亿人次。正是基于这样的努力和成就，搜狐于 2005 年 11 月正式成为 2008 北京奥运会互联网内容服务赞助商。

【北京新浪互联信息服务有限公司】

新浪是一家在线媒体及增值资讯服务提供商。新浪拥有多家地区性网站，通过旗下 5 大业务主线：提供网络新闻及内容服务的新浪网（SINA.com）、提供移动增值服务的新浪无线（SINA Mobile）、提供 Web 2.0 服务及游戏的新浪互动社区（SINA Community）、提供搜索及企业服务的新浪企业服务（SINA.net）以及提供网上购物服务的新浪电子商务（SINA E-Commerce），向广大用户提供包括地区性门户网站、移动增值服务、搜索引擎及目录索引、兴趣分类与社区建设型频道、免费及收费邮箱、博客、影音流媒体、网络游戏、分类信息、收费服务、电子商务和企业电子解决方案等在内的一系列服务。公司收入的大部分来自网络广告和移动增值服务，少部分来自搜索及其他收费服务。公司目前职工总人数为 151 名，其中：硕士及以上 8 名；本科 69 名；专科及以下 74 名。总部办公面积 1494.58 平方米。公司 2009 年度电信业务总收入为 115501 万元，比去年同比增长 105.62%。2009 年度公司广告业务收入 62066 万元，与去年相比增加 11.53%；网络游戏收入 1522 万元，与去年相比减少 55.63%，电子邮箱收入 64 万元，与去年相比减少 21%；搜索引擎收入 1156 万元，与去年相比减少 14.31%，但总体来讲，公司在 2009 年度整体销售收入是持上升态势。

【新华网络有限公司】

新华网 1997 年 11 月 7 日创办，当时名称为新华通讯社网站。2000 年 3 月，新华通讯社网站更名为“新华网”，依托新华社遍布国内外的 150 多个分支机构，组成了覆盖全球的新闻信息采集网络，每天以中（简、繁体）、英、法、西、俄、阿等 6 种语言，24 小时向全球发布新闻信息，实时滚动播出新华社视频产品。新华网的报道成为互联网上中文新闻信息的主要来源之一，被海内外网站大量转载，成为海内外网民了解中国、认识中国、传播中国的重要窗口。经过十余年的创新发展，目前新华网实现了从单媒体到多媒体、从单语种到多语种、从有线到无线、从单一新闻发布平台到多功能发布平台的发展，成为集新闻资讯、文化娱乐、信息服务于一体的综合性新闻网站。

【北京万网志成科技有限公司】

中国万网是阿里巴巴公司旗下成员，是中国互联网应用服务提供商，企业网络服务品牌，致力于为企业客户提供完整的互联网应用服务，服务包括域名服务、主机服务、企业邮箱、网站建设、网络营销以及高端的企业电子商务解决方案和顾问咨询服务，以帮助企业客户应用互联网，实现电子商务，提高企业竞争能力。 中国万网一直秉承专业、诚信、服务、进取的价值观，坚持客户第一的服务理念，以“关注企业需求，实现企业价值”为导向，向企业提供全面优质的互联网应用服务。中国万网通过 ISO 9001 质量管理体系认证，并获得了 AAA 级信用等级评价，具有国家信息安全应急响应资质。中国万网是世界互联网名称与数字地址分配机构（ICANN）在中国的域名注册服务商，重要的合作伙伴。目前，中国万网已经成为在全国拥有 16 家分公司、近万家代理商的集团企业，业务遍布全国 31 个省市区和全球几十大国际城市。众多世界 500 强企业、中国知名企业、中国各级政府、社会服务机构、中小企业和个人客户使用中国万网的服务开展互联网应用。中国万网研发中心拥有一支由网络安全专家、软件工程专家和项目管理专家组成的专业队伍，50%以上的工程师拥有微软、Oracle、Cisco、HP 的认证资质，申请了多项专利及近百项软件著作权。中国万网构建了 365 天不间断的稳定运行保障体系，其服务器群分布在国内外 10 个 IDC 机房，全部机房均部署独立 IP、光纤接入及线路冗余、Intel 多核服务器平台、DDT 备份体系、电信级网络设备以及网络实时监控系统等，为客户提供高质量、高效率、高安全性的 7×24 小时专业运维保证。中国万网拥有设施齐备、功能完善的专业级呼叫中心，下设的中国万网客户服务中心和技术支持中心，为中国万网用户提供 7×24 小时不间断的专业的电话服务和全方位的网络实时智能监控。

【北京蓝汛通信技术有限责任公司】

北京蓝汛通信技术有限责任公司成立于 1998 年，是中国的专业 CDN 服务提供商，向客户提供全方位网络内容快速分布解决方案。目前蓝汛在全国 100 多个大中城市拥有近 500 个节点，覆盖中国电信、中国网通、中国移动、中国联通、中国铁通和中国教育科研网等各大运营商。2007 年及 2009 年，蓝汛北美公司和韩国公司相继建立。蓝汛对 CDN 行业的发展所作出的贡献得到了社会各界的肯定和认可，先后荣获中国互联网协会颁发的多个奖项。蓝汛将一如既往地提供优质、高效的服务，设立行业标准，秉承着“互联网改变生活，我们改变互联网”的信念，筑就中国互联网上的内容及应用分发平台，全力支撑中国互联网的发展。

【北京世纪互联宽带数据中心有限公司】

世纪互联创立于 1996 年，是中国最早的 ISP/IDC 服务商之一。主营业务包括互联网数据中心服务（IDC）及全方位的增值服务和完整的行业解决方案。具有多年服务经验的专业团队，为客户获得高标准承诺与高质量服务提供了保障。对客户承诺，网络联通及电力持续供应。推出专业服务标准，24 小时客响热线，每一客户均配有全程责任客户服务代表。主要客户有合一网络，KDDI 等。机房都具备高等级的网络、电力、空调、消防、安全等专业设施，配备了专业团队，为客户获得高质量服务提供了可靠的保障。IDC 数据中心服务，世纪互联汇聚八大运营商网络资源，拥有独立的自治域（AS）与 6 大电信运营商建立 BGP 连接，与教育网和科技网建立光纤直联，并通过骨干网与各大区节点直联，通过高速稳定的网络环境、安全可靠的技术保障，为互联网用户提完整的产品线和基于行业应用的 IT 外包服务。全方位增值服务，世纪互联充分整合网络优势资源，以客户需求为导向，通过不断技术创新，提供包括网络安全服务、系统管理服务、OS&DB 备份及安全服务、负载均衡服务、反垃圾邮件服务和监控报告服务在内的多项增值服务。

【上海证券通信有限责任公司】

上海证券通信有限责任公司（简称“上海证通”）于 1997 年 4 月正式成立，注册资金为人民币 2 亿元。公司前身为上海证券交易所通信部。上海证通主要负责管理上海证券交易所卫星通信网和地面通信网，为交易所与会员单位提供安全、稳定、可靠和高速的信息通信，保障证券交易所买卖申报、即时行情、成交回报、清算数据及公告信息的有效传输；同时提供机房托管、集中交易模式下的新型营业网点系统、安全数据交换平台、数据集中备份等服务，为会员单位提供全方位的相关服务。公司于 2003 年 10 月在证券业内制定并发布《证券通信网络技术白皮书》，设置了专项通信网络运行指标以监控全网安全运营水平。技术白皮书详细明确了不同交易模式下证券通信网络建设规范要求，为使通信网络能够达到高标准安全运行的行业要求，以及满足选择不同交易模式的用户需求，公司并以此研究规划了在通信平台、通信安全、信息处理和服务管理等方面的技术研发重点方向。长期以来，公司致力于科技研发，产品开发，拥有较为完备的研究开发组织管理体系、通过项目管理制度做到进度可控、质量可测、费用可管，使有限资源得到最充分的利用。经过多年实践与努力，目前上海证通拥有卫星宽带广播系统等三套卫星系统和 SDH、DDN 等地面接入系统，以及“LinBox”等多项服务产品。上海证通已完成天地互为备份，网络覆盖整个中国大陆，为会员单位提供了安全、迅速、高效、优质的通信保障服务，以及与证券业务相关的其他保障服务。公司始终致力于证券交易、服务金融市场，并努力打造中国一流的高科技公司。

【上海双威理想通讯网络有限公司】

双威公司通过卫星通信及互联网技术为教育行业、政府机构及行业、大企业用户提供远程教育、行业与职业培训、视频会议系统、宽带多媒体平台、信息与数据传输等全面解决方案及运营维护服务。双威公司拥有 DirecWay、DirecPC 卫星通信平台，通过亚洲 3S 卫星为客户提供单向和双向宽带多媒体、数据分组投递等卫星通信服务。通过与其它地面网络运营商和无线网络设备供应商的紧密合作，公司推出了空中和地面立体网状网络，成为“天•地•人”三网合一全面解决方案的提供商。“提供令客户满意的服务”是公司经营、生存之道。网管工程师为用户提供 7×24 小时全天候支持服务；并且开通了 800 免费客服热线。一直以来，双威公司赢得了客户的认可和信赖，业务遍及基础教育、高等教育、职业教育、视频会议系统、宽带多媒体平台、语音与数据传输等多个领域，与多个部委、教育主管部门、高等院校及银行、石油、煤炭、保险、邮政等行业、大型企业开展了多层次合作，目已成为中国卫星通信服务商、远程教育服务商及教育资源提供商。双威公司企业理念：时刻关注顾客的需求和期望，向顾客提供优质服务。一切从细节做起，不断应用尖端技术，提供多元化产品与服务，树立精品服务的典范。通过建立质量管理体系，充分发挥持续改进机制的作用，不断提高管理水平。通过不断的了解、分析顾客的反馈信息作为企业创新的动力，不断进取，争创国际一流品牌。

【北京鸿联九五信息产业有限公司】

北京鸿联九五信息产业有限公司成立于 1995 年，主要从事电信增值业务。1997 年鸿联九五通过国家高新技术企业认证，2001 年正式加盟中信集团，成为其一级子公司，归中信国安集团管理，主要股东为中信国安和中信 21 世纪两家上市公司，总资产达 2.9 亿元。 北京鸿联九五信息产业有限公司在全国范围内拥有 50 家以上的全资子公司或是分公司，通信网络遍布全国 90%的省市和自治区。北京鸿联公司 10 年来一直从事电信增值运营服务，在服务内容和运营方式上积极探索，取得了一系列成果，在该领域积累了丰富的运营经验和拥有广泛的客户资源，打造了一支具有丰富经验和先进理念的人才团队，牢固树立了国内在增值电信运营方面的知名品牌。北京鸿联九五信息产业有限公司拥有工业和信息化部颁发的多项全国范围的电信增值业务许可及特服号码资源，主要从事固定电话信息（PIS）、移动短信（SMS）、移动声讯（IVR）、彩信（MMS）、彩铃（CRBT）、WAP、呼叫中心（Call Center）和互联网服务等增值电信业务运营。

【润迅通信集团有限公司】

润迅通信集团成立于 1992 年，前期主要经营无线寻呼业务，从 20 世纪 90 年代后期开始，随着寻呼业务逐步退出电信服务市场，润迅通信进行了一次彻底的业务转型，并成为国内由寻呼业务转型的通信企业。目前，集团拥有由工业和信息化部及各地通信管理机构发放的各类电信业务牌照，经营呼叫中心业务，通信系统集成及工程业务，多方通信业务，集群通信业务、数据通信业务等多种电信增值业务。国内员工人数超过 1 万余人，业务遍及北京、天津、上海、广东、浙江、江苏、福建、广西、山东、重庆、云南、贵州、湖南等国内主要省市。 1999 年，润迅公司率先与广东移动合作，成为首家“广东省移动网络设备维护工作社会化”的服务供应商。公司在中山移动以 50 个移动基站代维工作起步，通过 10 年发展，业务区域逐步扩大，现已在北京、上海、广东、广西、贵州、云南、黑龙江等地开展业务。公司具有多年为运营商、设备供应商提供服务的成功经验，服务项目涵盖了通信信息系统集成、基站建设、网络代维、网络优化、3G 建设等业务，维护基站数超过 8000 个。公司取得了原信息产业部颁发的通信信息网络系统集成甲级资质证书、广东数字移动通信工程施工入围证书、ISO9001：2000 质量管理体系认证等各类资质证书。

【上海蔚蓝计算机有限公司】

上海蔚蓝计算机有限公司（以下简称“蔚蓝”）于 2005 年 12 月获得跨区域增值电信业务许可证（编号：B2-20040139），并已建立了与中国移动和中国联通全网和部分地网接入的网络。许可经营的业务种类为：第二类增值电信业务中的信息服务业务（不含固定网电话信息服务）。蔚蓝的个性化短信服务包括彩铃、图像、屏保以及互动视频短信。目前，蔚蓝提供 4000 多种高质量的铃声以及 5000 多种图像，并且每天会再增加更新鲜生动的选择。蔚蓝还对星空卫视的一些特别节目提供服务，例如，客户可以通过短信在比赛进程中进行投票，由此，公司所提供的服务与电视节目也紧密联系起来。蔚蓝是中国无线通信游戏的供应商之一。蔚蓝除提供了包括“星云战纪 III:角斗士归来”等经典游戏，此外还有虚拟宠物游戏“宠物宝宝”以及 IQQ “夺宝 2004”，等短信游戏。蔚蓝还提供信息和通信服务，包括信息服务、发烧友俱乐部、以及互动社区，通过这些蔚蓝帮助用户建立自己个性化的无线通讯群。

【上海网宿科技股份有限公司】

上海网宿科技股份有限公司前身是上海网宿科技发展有限公司，最早成立于 2000 年 1 月，是国内互联网业务平台服务提供商，主要向客户提供内容分发与加速、服务器托管、服务器租用等互联网业务平台解决方案，是国内开展 IDC 和 CDN 业务的厂商之一。网宿科技在全国拥有北京、上海、广州、深圳等 4 个营销分公司以及位于厦门的研发中心，员工总数超过 500 人。客户群主要包括各类互联网门户网站、网络游戏运营商、电子商务网站、即时通信网站、音视频网站、博客/播客论坛类网站、政府以及企业网站等，目前公司服务的客户近 2000 家。网宿科技持有中华人民共和国工业和信息化部颁发的跨省市经营增值电信业务（IDC、ISP）经营许可证，是亚太互联网络信息中心 APNIC 会员单位（拥有 AS 自治域号）、中国互联网络信息中心 CNNIC 会员单位（拥有 AS 自治域号）。

【深圳市南凌科技发展有限公司】

深圳市南凌科技发展有限公司成立于1996年，是专业的信息网络服务提供商，提供IP-VPN、行业方案、外包服务整体解决方案。以IP-VPN、行业方案、外包服务为3大业务支柱，南凌科技致力于各行业网络平台、行业应用技术方案的研发和IT系统外包服务等。南凌科技承建了遍布全国的众多大型信息系统综合项目。公司总部位于深圳，在北京、上海、广州、西安、成都、重庆、沈阳、长春、哈尔滨、深圳、东莞、苏州、等设有分支机构，并在北京和西安两地设有软件研发中心，公司现有员工300多人，技术服务人员100多名，其中软件团队60多人，专业认证工程师40多名，12位CCIE，30多名具备丰富实践经验CCNP/CCDP/CCSP，以及其他专业工程师。公司在全国20多个城市设立了服务机构，服务区域覆盖全国各大中城市，为用户提供7×24小时全天候服务响应、远程技术支持、现场技术服务及工程巡回，完善的客户服务体系和强大的技术服务力量为遍布全国各地的客户提供统一、快捷的本地化技术支持与服务。南凌科技获得全国电信业务（ISP/ICP/SP）经营许可证，2007年初再次被深圳市科技局认定为重点软件企业和高新技术企业。2008年2月获得原信息产业部颁发的IP-VPN运营牌照。以创造客户核心竞争力为宗旨，南凌科技在完成大型信息系统集成和行业软件开发项目的基础上，不断深化对政府、交通、企业等行业业务的理解，积累了大量应用系统开发、系统集成项目管理的宝贵经验，形成了从售前咨询、项目实施到售后服务一整套完善的项目管理体系。为了向用户提供系统化、多元化、层次化的优质服务，南凌科技学习和借鉴国际知名企业的管理经验，及时导入ISO 9000质量管理体系，并于2000年底通过了ISO 9001质量管理体系认证。同时，南凌科技面向行业客户提供系统规划、设计、实施、管理和运营维护等全方位的专业化技术服务。南凌科技以快速响应客户需求、技术创新和国际化作为不断前进的动力，能够帮助顾客从容面对动态的商业环境带来的挑战，实现业务流程与先进IT技术的完美结合，有效管理变革，确保组织快速持续和健康成长。

【南京欣网视讯科技股份有限公司】

南京欣网视讯科技股份有限公司是以通信软件开发为核心，集软件开发、计算机信息系统集成、通信信息网络系统集成、电信增值业务为一体的高新技术企业。2003年10月，公司成功在上海证券交易所上市，是江苏省第一家A股上市的软件企业。公司成立近10年来获得了诸多荣誉，先后被评为江苏省高新技术企业、科技部火炬中心认定的国家火炬计划软件产业基地骨干企业、国家火炬计划优秀高新技术企业、国家规划布局内的重点软件企业等。2003年，公司开始投入电信增值运营服务，在江苏首家推出了彩铃业务，并迅速在这方面取得了拓展，迄今为止，公司已经为用户提供了各类以通信技术为依托的增值服务，取得了良好的社会效益和经济效益。公司为了让一些成熟业务获得更大的发展空间，从2003年以来逐步将一些业务从股份公司剥离出去，投资成立了以无线增值业务为主体的信息技术公司、通信软件及通信工程服务业务为主体的通信科技公司等。无线增值业务经过几年的培育已进入良性发展轨道，业务种类已从单一的短彩信、彩铃，扩展到无线娱乐、行业应用、互联网业务、个人信息门户等领域，逐步形成了自己的产品线，并探索出了一套适合自身发展的产品开发流程和市场营销模式。公司一方面在挖掘成熟产品潜力的同时，把握市场机遇，加大对新产品研发的投入，培育新兴用户群；另一方面积极开拓外省市场。

【二六三网络通信股份有限公司】

二六三网络通信是一家股份制公司，成立于1999年，主营业务为增值电信业务，总部设于北京，下设上海、广州、成都、西安、沈阳等分公司，并在济南、杭州、武汉、东莞、深圳设立了办事处，现有员工近300人。作为新电信服务提供商，263网络通信致力于运用互联网技术和现代通信技术，通过创新的业务模式提供“更便捷，更便宜”的新通信服务产品，满足企业和个人日益增长的信息交流与沟通服务。公司现有3大业务群组：增值通信、互联网通信、海外基础通信。增值通信业务包括：95050，企业呼叫中心等；互联网通信业务包括互联网接入、企业邮箱和个人邮件；海外基础通信业务是2008年末与北美电信运营商iTalk Global Communications公司签署战略合作协议后形成的第3大业务群组，主要在北美开展家庭网络电话业务。特色业务：（1）反垃圾邮件：263智能反垃圾邮件系统是263网络通信公司承担国家863项目的研究成果，采用多层次过滤、多模式识别、自适应的内容过滤、周全的频率检测模型、先进的黑/白名单机制，以及高效的内容识别、贝叶斯垃圾邮件过滤、特征码图像识别、特征码链接类型垃圾邮件识别等多项技术来降低垃圾邮件给用户带来的不良影响。（2）传真邮件：263传真邮件服务在应用上，传真邮件融入了日常的电脑办公之中，使用简单。它使用电脑查看传真，并有一系列智能管理办法。比如，它能自动接收传真，接收到的传真会自动上传到邮箱中，并可以实现传真的存档、查询等管理。

（工业和信息化部电信管理局）

【TOM集团有限公司】

TOM集团有限公司于香港联交所主板上市，经营业务包括互联网、户外传媒、出版、电视及娱乐等多元化业务，遍及中国内地、台湾及香港。TOM集团于1999年10月成立，为和记黄埔及长江实业（集团）有限公司与其他策略性投资者组成的合营公司，集团总部设于香港，地区总部分别设于北京、上海及台北。

TOM门户网站 tom.com 拥有完整的互联网应用平台，是一个以应用和工具为核心的开放平台，服务逾三亿在线用户。旗下体育频道一直致力给用户带来多元化、完整丰富的赛事，包括 WCBA、NBL、斯坦科维奇杯、亚洲男子篮球联赛、英超 2010-11 赛季等，并与中国篮球协会共同运营了面向中国青少年的篮球互动平台——篮球大本营 (uhoop.tom.com)。

TOM 的无线增值服务通过短信、彩信、IVR、彩铃、WAP 等方式为四亿的无线用户提供信息、互动、音乐、阅读、游戏等多种无线增值服务。

TOM 更将线上体育服务延展至个人健康方面，推出 Dietmama.com，是一个包括健康餐单、适量的运动及充足的睡眠的网上及手机游戏，用户可随时随地获得 Dietmama 最新的健康瘦身消息。

TOM-Skype 是专为国内用户量身定制的免费全球语音沟通软件，为其庞大的八千万用户网提供本地化的通信服务。

TOM 集团与运营商、技术和内容伙伴紧密合作，持续开发优质的差异化产品和服务，尽享线上、线下以至手机的至佳体验。

主要通信设备制造企业

【综述】

2009 年，我国政府扎实推进 3G 发展和两化融合，顺利发放了 3G 牌照，TD 商用取得实质性进展；围绕扩大内需和优化市场格局，电信网络建设和业务推广应用全面展开，有效地拉动了包括通信与网络设备制造业在内的上下游产业发展。在宏观经济形势面临严峻考验的情况下，我国通信与网络设备制造业依托国家为抵御金融危机出台的相关政策措施，在电信业的强力拉动下，呈现恢复性增长，基本上保持了平稳发展态势，为我国电子信息产业平稳较快发展做出了积极贡献。

2009 年，我国电话用户总量突破了 10 亿大关，达到 10.6107 亿户，比 2008 年增长 8.04%，电话普及率达到 79.9%，比 2008 年提高了 6.0 个百分点；移动电话用户 7.4740 亿户，比 2008 年增长了 16.6%，手机普及率达到 56.3%，比 2008 年提高了 6.8 个百分点；互联网用户 3.84 亿户，比 2008 年增长 28.9%，普及率达到 28.9%，比 2008 年提高了 4.3 个百分点。电话用户、手机用户和互联网用户的快速增长为通信与网络设备制造业的发展注入了强大的市场活力。

根据工业和信息化部统计数据，2009 年通信设备制造业实现产品销售收入 8815 亿元，增长 4.2%，占电子信息产业销售收入的 17.2%，比上年提高了 3.8 个百分点；实现利税总额 663 亿元，增长 49.6%，占电子信息产业利税总额的 25.8%，比上年提高了 7.4 个百分点；实现产品出口额 836.2 亿美元，比上年增长 1.91%，占电子信息产业总出口额的 18.3%。

【20 家主要通信设备制造企业 2009 年业绩汇总表】

推荐原则:

对企业从规模、效益、研发能力 3 个方面进行综合评价。其中，规模包括资产和收入规模;效益包括企业的盈利能力、发展能力、债务偿还能力以及经营能力 4 个方面;研发能力包括研发投入比例和专利数量两个方面。通过选取具有代表性的指标并赋予适当的权重进行加权计算，得出企业综合评分。

序号	公司名称	综合评分	序号	公司名称	综合评分
1	华为技术有限公司	86.09	11	深圳普联技术有限公司	9.48
2	中兴通讯股份有限公司	39.17	12	永鼎集团有限公司	9.34
3	南京中电熊猫信息产业集团有限公司	18.27	13	富通集团有限公司	9.26
4	上海贝尔股份有限公司	14.76	14	浙江富春江通信集团有限公司	9.01
5	武汉邮电科学研究院	12.53	15	长飞光纤光缆有限公司	8.1
6	亨通集团有限公司	11.47	16	通光集团有限公司	7.74
7	中天科技集团有限公司	10.33	17	侨兴集团有限公司	7.65
8	江苏宏图高科技股份有限公司	10.23	18	普天东方通信集团	7.6
9	通鼎集团有限公司	9.83	19	大唐电信科技股份有限公司	6.64
10	广州无线电集团有限公司	9.77	20	北京天宇朗通通信设备股份有限公司	6.59

资料来源:《2010 年（第 24 届）电子信息百强企业》，工业和信息化部运行监测协调局，2010 年 6 月 3 日

【华为技术有限公司】

一、基本情况

华为技术有限公司（以下简称“华为公司”）是全球领先的电信解决方案供应商，致力于解决客户关注的挑战和压力。依托一流的研发平台和流程化运作体系，华为公司快速响应客户需求，持续创新，为客户提供全面的解决方案并创造长期价值。

华为公司在全球建立了 100 多个分支机构，超过 95,000 名专注敬业的员工，其中 27,000 名员工在除中国外其他地区工作，海外员工本地化达 65%。为客户提供快速、优质的服务。华为公司的产品和解决方案已经应用于全球 100 多个国家，服务全球运营商 50 强中的 45 家及全球 1/3 的人口。

基于客户需求驱动，华为公司在电信基础网络、业务与软件、专业服务和终端等四大领域都确立了端到端的领先地位。凭借在固定网络、移动网络和 IP 数据通信领域的综合优势，华为公司已成为全 IP 融合时代的领导者，提供一个最广泛的端到端产品组合，包括：

（1）基础网络

- 移动（LTE，HSPA/WCDMA/EDGE/GPRS/GSM, cdma2000 1x EV DO/cdma2000 1x，WiMAX）
- 核心网（IMS，移动软交换， NGN，分组交换网络， 用户数据中心，信令网）
- 网络（接入，传送，城域以太，路由器与网络安全）

（2）终端

- 移动宽带终端（数据卡，无线路由器，嵌入式模块，WiMAX 终端）
- 手机（UMTS，GSM，CDMA，TD-SCDMA）
- 融合终端（固定/无线终端，无线网关，数码相框，机顶盒）
- 视讯解决方案（智真，视频会议）

（3）业务与软件（SDP，BSS，数字家庭，富通信，移动办公）

（4）服务（网络部署，网络集成，客户支持，管理服务，网络技术服务，培训服务）

2009 年，华为公司向国家缴纳各项税收 160 亿元，累计向国家缴纳各种税收达到 685 亿元。

二、科技创新

目前，华为公司 46%的员工从事研发工作。每年，华为公司将销售收入的 10%以上投入研发领域，同时作为整合产品开发进程的一部分，在全球运营创新中心。全球共 17 个研发中心，其中中国设有 7 个研发中心，包括：

- 德国，慕尼黑——All-IP 网络，核心网，业软
- 法国，巴黎——通信标准和 GSM-R
- 意大利，米兰——微波
- 俄罗斯，莫斯科——无线算法，业软
- 印度，班加罗尔——软件技术、平台
- 美国，达拉斯——ASIC 技术及移动编码
- 加拿大，渥太华——无线，光网络，IP 网络
- 中国，北京、上海、南京、西安、成都、武汉、杭州

除此之外，华为公司与领先运营商成立 20 多个联合创新中心，把领先技术转化为客户的竞争优势和商业成功。

在知识产权领域，华为公司申请专利的数量已经业界领先。截至 2009 年 12 月，华为公司累计申请 42,543 件专利，包括中国专利申请 29,011 件、国际专利申请 7,144 件、国外专利申请 6,388 件，共计 13,236 件专利已被批准。

华为公司处于科技领域的最前沿，共加入 123 个国际标准组织，担任 OMA, IEEE, ATIS, WiMAX 论坛董事会成员，并在任 148 个领导职位，为业界标准的发展做出了积极的贡献。

在独立研发的基础上，华为公司也积极与全球领导厂商进行合作，与诺基亚西门子、赛门铁克、Global Marine 分别在 TD-SCDMA 解决方案、安全存储设备及海底光缆领域成立了合资公司。

三、企业管理

在管理方面，从 1997 年起，华为公司同 IBM、Hay Group、PwC 和 FhG 等世界一流管理咨询公司合作，引进了集成产品开发（IPD）、集成供应链（ISC）等流程，并在人力资源管理、财务管理和质量控制等方面进行了深刻变革，引进业界最佳实践，建立了基于 IT 的管理体系。

此外，华为公司还与英特尔、摩托罗拉、高通、微软及英飞凌等世界一流公司建有联合实验室。

经多年努力，到 2009 年 4 季度，华为公司在多个领域的市场份额继续名列前茅：无线接入网整体全球第二，市场份额为 21%；移动软交换解决方案全球第一，市场份额为 39%；NGN 出货量全球第一，市场份额为 22.5%；分组核心网出货量

全球第一；SDM 和 ngHLR 市场全球第一；DSL 全球第一，市场份额为 34%；GPON 全球第一，市场占有率为 36%；光网络全球第一，市场占有率为 23.6%；IP 微波全球第一，市场占有率为 24%；运营商路由器市场全球第三，市场占有率为 14.21%。

四、荣誉

- 2010 年 2 月，华为公司入选美国知名商业杂志 Fast Company 评选的最具创新力公司前五强；
- 2010 年 2 月，华为公司 SDP（业务交付平台）获得全球移动通信系统协会（GSMA）授予最佳奖；
- 2009 年 12 月，华为公司获美国电气和电子工程师学会（IEEE 标准组织）颁发的“杰出公司贡献奖”，成为第一家获得该殊荣的中国企业；
- 2009 年 11 月，华为公司 SAN 传送解决方案（存储区域网络）荣获美国著名科技杂志《研究与发展》颁发的 2009 年度“R&D 100 Award”，该奖项被誉为科技界的“创新奥斯卡奖”；
- 2009 年 5 月和 2007 年 6 月分别荣获沃达丰“年度最佳供应商奖”和“全球供应商杰出表现”大奖；
- 2009 年 11 月，华为公司与 Telenor 在孟加拉的子公司 Grameenphone 获 GSMA 亚洲移动大会授予的“绿色移动奖”；
- 2009 年 3 月，因在新兴市场所取得的成绩和做出的贡献，获得金融时报“业务新锐奖”；
- 2004 年至 2009 年，华为公司连续 6 年在多个领域荣获 Frost＆Sullivan 的亚太 ICT 奖项，并于 2009 一举荣获 3 项大奖；
- 2008 年 12 月，被商业周刊评为“全球最有影响力的公司”；
- 2005～2009 年连续 5 年在由中华英才网组织的“大学生最佳雇主排名”中名列前茅。

五、社会责任

华为公司是联合国全球盟约的成员，致力于履行其作为一个良好企业公民的职责：

- 华为公司致力于通过设计环保产品来保护环境，例如 2009 年，华为公司主要产品都实现资源消耗同比降低 20%以上，在全球部署了 3000 多个新能源供电解决方案站点，积极促进行业和社会的可持续发展；“绿色站点解决方案”能将一个基站的电力消耗降低 60%，并能与环保能源结合，如风能、太阳能和甲烷。
- 华为公司在节约能源方面已采取了许多措施，如将夏季空调温度提高到 26°C 以上，每年共节电近 400 万千瓦时；在中国区所有员工餐厅全面推广循环使用餐筷，每年节省的一次性餐筷相当于减少砍伐 16800 棵大树，并相当于减排二氧化碳 1800 吨。
- 华为公司已加入全球 ICT 行业最有影响力的环保行业组织 GeSI（Global e-Sustainability Initiative，全球电子可持续发展推进协会），积极推动全球绿色通信事业的发展。
- 华为公司积极参与和努力促进平等使用电讯服务，同时通过在如非洲和中国西部等地区开展 CSR 项目，帮助弥合地区之间、发展中国家与发达国家之间的“数字鸿沟”。
- 华为公司通过增加就业和给当地的工程师作培训，为当地的经济作贡献。华为公司在全球设立了 36 个培训中心。
- 捐助四川地震灾区 2,630 万元现金和 5,800 万元通信设备；捐助缅甸“纳尔吉斯”台风受灾地区 300 万美元通信设备；捐赠东南亚海啸灾区 2000 万元应急设备和 2000 万元现金。
- 员工社会保险按法规足额缴纳，2009 年各项福利保障支出 16.8 亿元。

【中兴通讯股份有限公司】

一、基本情况

中兴通讯股份有限公司（以下简称“中兴通讯”）是全球领先的综合性通信制造业上市公司和全球通信解决方案提供商之一，已向全球 140 多个国家和地区的 500 多家运营商提供优质、高性价比的通信产品和服务。2009 年，中兴通讯逆市突破，牢牢抓住了难得的市场机遇，实现了规模和盈利的同步增长，实现营业收入 602.73 亿元，同比增长 36.08%；实现净利润 24.58 亿元，同比增长 48.06%。其中，实现国际市场营业收入 298.69 亿元，同比增长 11.34%，占整体营业收入的比重达 49.56%。2009 年公司营收增速同业排名第一，近三年复合增长率也排名行业第一。

中兴通讯在全球设立了 107 个分支机构、9 个物流运转中心、42 个本地服务中心、7 个区域服务网点和 12 个培训中心，海外工作人员超过 1 万名，其中本地化员工占 65%。自 1995 年开始国际化战略，中兴通讯已相继与沃达丰、Verizon、和记电讯、法国电信、英国电信、西班牙电信、澳大利亚电信、荷兰皇家电信等等全球顶级运营商及跨国运营商建立了长期合作伙伴关系，进入全球 TOP 100 运营商中的 59 家。

中兴通讯深入分析客户的需求，结合公司的无线、核心网、接入/承载、业务、终端、服务等 5 大业务领域，针对客户的定制化需求，超越客户期望，提出顾问式的综合解决方案和端到端的交付。2009 年，中兴通讯抓住了全球经济环境变化带来的机遇，在海内外市场均有不凡的收获。

2009 年，中兴通讯全系列通信产品在全球市场快速增长。无线领域，载频全球出货量居业内第四。其中，GSM/UMTS

出货量跻身全球第四，SDR 基站发货量全球第一；CDMA 全球新增市场份额排名第一，全球市场累计份额排名第二；TD-SCDMA 居行业领先地位，在国内 3G 市场中以 36%的综合份额位居行业第一，获得中国移动 TD-LTE 世博会实验网合同。终端领域，中兴通讯主要通过运营商定制方式，实现有线领域，DSL 产品市场份额居全球第三；FTTx 光纤接入产品出货量位居全球第一，市场份额超过 19%；核心网产品服务全球 110 多个国家，NG-HLR 第一。全年手机销量超过 6000 万部，全球排名第六，国内厂商首位，累计出货 1.8 亿部；借助强大研发定制能力，为全球 120 多个国家 270 余运营商提供个性化终端产品。

二、科技创新

中兴通讯长期坚持自主创新，每年都将营业收入的 10%投入研发。即使在全球金融危机环境下，公司依然坚持按照营业额的相同比例投入研发。2004～2009 年近 6 年来，中兴通讯研发投入累计超过 200 亿元，其中，2009 年投入 57.8 亿元。目前中兴通讯拥有 7 万余名员工，其中研发人员超过 23,000 名，占公司总人数的 33.5%。中兴通讯充分利用全球智力资源，跟踪、共享世界先进技术，在全球设立了包括美国奥斯汀、新泽西、圣地亚哥，瑞典斯德哥尔摩，巴基斯坦伊斯兰堡，印度班加罗尔及国内的深圳、上海、南京、北京、西安等在内的 15 个全资研究机构，确保技术领先优势和持续成本领先优势。

中兴通讯坚持以市场为驱动的研发模式进行自主创新。通过独立自主的开发主体，层次分明、科学规范的创新体系、持续的研发投入，中兴通讯在技术开发领域取得一系列的重大科技成果。中兴通讯是中国重点高新技术企业、技术创新试点企业和国家 863 高技术成果转化基地，承担了近 30 项国家“863”重大课题，是通信设备领域承担国家 863 课题最多的企业之一。

中兴通讯目前已加入了 ITU、ETSI、3GPP、3GPP2、IEEE、IETF、OMA 等 70 多个国际标准化组织，累计提交国际标准技术提案 12,000 多个，担任 ITU-T SG17 副主席，3GPP2 TSG-A 主席等 30 多个标准组织领导职位，获得移动通讯（WCDMA、cdma2000、TD-SCDMA）、NGN、光网络、数据、交换，多媒体通信、网络安全及终端等多个领域的 80 多个国际标准起草权和 Editor 席位，并多次承办 ITU、3GPP、3GPP2、IEEE 大型重要国际标准会议。中兴通讯牵头、参与制定的国家、行业标准和企业标准已有 1000 多项，参与率在 90%以上。中兴通讯是国家第一批重要技术标准研究专项试点企业，目前有 14 名专家在国家、行业标准化组织中担任领导职务。截至 2009 年 12 月底，全球范围内的专利申请数量达到 26,000 项，其中相当比例是 3G 系统、核心网、光传输系统、手机领域的核心专利。2005 年，中兴通讯作为中国内地唯一的 IT 和通信制造企业率先入选全球“IT 百强”，目前排名上升至第 39 名，居通信行业第四。

2009 年，中兴通讯的自主创新成果获得了业界的高度认可。公司助力香港移动运营商 CSLNWM(CSL New World Mobility) 建设了全球首个基于 SDR 技术的 HSPA+网络正式商用，下载速率达 21Mbit/s，当时业内最快；发布全球首台对称 10G EPON 设备样机；携手高通公司大幅提升 WCDMA 系统容量与性能。中兴通讯获 2009 全球最佳 CDMA 设备制造商奖，公司“新一代无线技术平台”建设工程荣获国家科技进步二等奖。

三、企业管理

历经 25 年的努力，中兴通讯不仅进入全球通信设备企业的一流阵营，而且积累了丰富的管理运营经验。2009 年，面对经济危机的影响，中兴通讯依靠成本、技术、中国资金“三大法宝”取得了全球市场的持续增长。第一，中兴通讯充分发挥中国企业的成本领先优势，在技术创新和服务领域形成差异化竞争优势；优化企业运营机制，不断提升成本优势。第二，中兴通讯继续坚持自主创新，掌握核心技术和产品的研发能力；通过深度、及时的客户定制服务，提供个性化、差异性产品；从技术追随者逐渐向技术领先者转变。第三，国际金融危机发生后，中兴通讯将健康安全、值得信赖的中国资金与企业“走出去”战略相结合，满足全球电信运营商对资金、高性价比通信产品的需求，为赢得全球市场的稳健成长奠定了坚实的基础。

在不断成长的过程中，中兴通讯兼收并蓄，在各主要领域都和业界领先的咨询公司合作，进行市场导向型企业组织变革、人力资源改革、财务审计与财务体系建设、质量控制与改进等，提升管理能力，逐步与国际接轨。2009 年，中兴通讯全面推行高效研发项目化运作（HPPD），在公司投入产出效率和研发进度、研发质量、成本控制等各方面都取得了显著成效。

【中国普天信息产业集团公司】

一、基本情况

2009 年，中国普天信息产业集团公司（以下简称“中国普天”）深入贯彻落实科学发展观，积极应对金融危机带来的挑战，坚持推进国际化进程；坚持自主创新和自主品牌，集中资源发展核心产业，提升产业竞争力；完善“三位一体”经营管理体系，以全面风险管理和信息化手段全面提升经营管理水平；用优质的产品质量和工程服务，提升 POTEVIO 品牌的影响力；坚持“沟通、执行、业绩”文化，打造普天文化的核心价值；通过一年的扎实工作，全面完成各项任务，超预算完成经营指标，取得了可喜的成绩。

2009年中国普天营业收入225.88亿元，其中主营业务收入218.67亿元；工业增加值20.67亿元，同比增长38.45%；利税总额达到9.6亿元，同比增加23.79%，其中利润总额4.77亿元，应交税金总额5.86亿元，应交所得税1.01亿元。公司整体毛利率连续4年提升，2009年提高3.05个百分点，成本费用占营业收入比例较上年降低了1.25个百分点，人均利润较上年增长62%，整体盈利能力明显提升。

2009年，中国普天坚持自主创新和自主品牌，积极推进产业结构调整和产品升级换代，加大重点市场、重点客户和重点项目开拓力度，3大主导产业通信产业、行业电子、广电产业的竞争力稳健提升。2009年中国普天的通信产业实现了稳健发展，加大TD-SCDMA系统设备自主研发力度，产业化能力、供应链管理能力进一步提升，市场份额和区域不断扩大；中国普天的无线接入认证管理平台应用于电信3G网络保持了90%以上市场占有率的领先地位；中国普天的天线产品在国内外市场的销售额继续扩大，同比增长69%；配线、光纤光缆、电源电池等通信配套产品市场规模不断扩大。中国普天的行业电子产业实现了创新突破，完成了物流产业的重组和资源整合，实现了一体化经营；加大自主研发力度，丰富了ATM柜员机、银行卡、机具、金融网管系统等金融电子产品线，加强了提供金融电子服务整体解决方案的能力；自动售检票系统产品成功进入北京地铁市场；中国普天的电动汽车动力系统产业确立了发展思路和商业模式，取得了实质性进展；中国普天瞄准物联网发展商机，深化与宁波市政府合作，推进非银行卡运营项目取得了阶段性成果。2009年，中国普天的广电产业实现了扎实拓展，积极参加数字电视国家实验室建设，完成中国地面数字电视（DTMB）标准在国际化推广中的技术支持工作；自主研发了增值业务接入和管理系统、条件接收系统，并参加国家下一代广播电视网（NGB）示范项目；创新系统集成、项目运营等商业模式，广电产品销售同比增长的同时，拓展了在部队、公安、林业等行业应用市场。

二、科技创新

2009年，中国普天科技活动支出经费总额达到10.99亿元，同比增长3%，占主营业务收入比重5.02%，其中研发经费支出总额6.9亿元，同比增长7%，占主营业务收入比重3.16%。科技活动人员数量3937名，其中研发人员数量2778名，占员工总数的15%。新产品销售收入63.49亿元，占主营业务收入比重达到29%。

2009年在科技成果方面取得了较大的进步，其中，TD产品获得北京市重大科技成果转化证书；1项产品被科技部评为国家自主创新产品；5项产品被评为北京市自主创新产品；在科技创新活动中，2009年度项目总数为87项，其中：对外合作项目数17项、当年完成新产品新技术新工艺开发项目数为62项、研发周期3年及以上的项目数为13项。申请专利169项（其中发明专利122项），授权专利105项（其中发明专利69项）；软件著作权54项；参与国家和行业标准159项（其中国家标准29项，行业标准130项）。

三、企业管理

（1）企业经营管理水平显著提升

2009年中国普天加大了信息化管理的力度，取得实质性进展，建成中国普天合同管理信息系统、中国普天电子商务系统等6个信息化系统，并投入应用。在成功建成和应用银企直联资金管理系统（EBANK）和财务综合信息系统（IDSS）的基础上，财务管理实现了历史性跨越，实现了大额资金流向的实时监控管理，提高了财务信息的透明度和真实性，提升了整个集团上下财务核算的规范化水平和工作效率。2009年中国普天继续开展全面风险管理工作，开展财务管理审计和集采业务效能监察专项工作，对2006～2008年投资项目进行了后评估工作，形成了专项年度风险评估报告。

中国普天的人力资源体系建设从强调领导干部的能力建设向提高全体员工的素质延伸；围绕企业生产经营的薄弱环节，集中组织了生产管理与精细化管理培训交流；组织了第三批中青年干部“领导力”培训，实现了用三年的时间对企业推选的近百名中青年干部基本上轮训一遍的目标。

中国普天的集中采购管理进一步深化，采购深入到研发和生产过程，成为生产成本控制的重要环节。2009年，10家出资企业实现了集中采购管理。

（2）产业结构和资产配置不断优化

中国普天继续推进产业结构调整，优化资源配置，为实现可持续发展打下良好基础。2009年，中国普天积极推进产业升级，做强主业。中国普天出资企业首信股份完成增资扩股，经过几年的持续结构调整，成功转型为以软件和增值服务为主业的企业；中国普天出资企业成都普天完成了机车缆、极细线材等新产品定型，通过技术改造形成规模生产能力，开拓了铁路机车等新的市场领域，实现了由低端产品向高端产品升级。

推动企业改制重组取得重要突破。完成了北京地区两企业的改制重组工作，进入新成立的普天科创实业有限公司，实现了一体化经营；产业园区建设和实业发展取得了较好的成效，提升了资源效益，支持了主业发展；完成了贵阳普天进入普天物流等8个项目的资产重组工作，资产结构进一步优化。

（3）国际贸易与国际合作稳健提升

中国普天获得了中国出口信用保险公司中长期和短期政策性信保项目，有效防范贸易风险，扩大了国际贸易规模，同时建立了项目出口等新的业务模式。普天品牌金融产品首次推向国际市场，微波天线继续扩大出口规模，配线、通信电源等出口工作取得了突破。

中国普天积极参与国际资源配置，国际经济合作进一步深化。东信和平孟加拉工厂成功投产，将国内产能过剩生产设备通过本地化生产实现利用，提升了资源配置效率，有效规避了后金融危机时代的贸易保护主义。中国普天继续巩固与主要合资公司外方合作伙伴的战略合作关系，促进了合资公司业务的良好发展。

在国家有关部委的支持下，中国普天主导推进中国地面数字电视（DTMB）技术标准在亚洲和拉美国家的推广，取得阶段性成果，提升了公司的国际影响力。

【大唐电信科技产业集团】

一、企业简介

大唐电信科技产业集团（简称大唐电信集团），是国务院国有资产监督管理委员会管理的一家专门从事电子信息系统装备开发、生产和销售的大型高科技中央企业，总部位于北京，在上海、天津、成都、西安、重庆、深圳等主要经济发达城市设有研发与生产基地。

大唐电信集团的企业发展宗旨是“以提升员工价值为基点，以创造客户价值为导向，以带动产业进步为保障，以技术价值转化为市场价值为抓手，以实现企业价值为目标，以保障国家信息安全，实现国有资产保值增值为己任”。企业使命愿景是“创新沟通未来——信息通信价值创造者”。企业价值观是“创新、市场、诚信、责任”。

二、发展道路

作为 TD-SCDMA（简称 TD）第三代移动通信国际标准的提出者、核心专利拥有者、产业化主要推动者和设备市场领先者，大唐电信集团近年来全面提升对企业科学发展规律的把握能力，通过持续增强自主创新能力，掌握全球移动通信标准制定的主动权，加强对主体产业的资源投入，占据产业链高端关键环节，协同促进整体产业的快速发展，走出了一条“技术专利化、专利标准化、标准产业化、产业市场化”的科学发展道路，在我国移动通信产业乃至整个电子信息产业领域成功实践了“中国创造”的发展模式。

大唐电信集团以技术创新为原动力，在发展战略、组织结构、管理体制、人力资源、商业模式等方面进行全面系统的整改与创新，为企业的快速发展提供了全方位体系化的支撑和保障。

三、发展成就

2009 年，大唐电信集团克服了市场竞争白热化和成本价格处于竞争劣势等诸多不利因素，提出“坚持自主创新，走新型发展之路”，进一步深化了系统创新和轻型工业化等重大战略思想，经营业绩持续高速增长，完成第二任期中央企业考核责任目标。

TD 产业市场地位持续巩固，已成为中国移动 TD 网络系统设备主流供货商；在 TD 芯片及终端解决方案领域均获得了 50%以上的市场份额；集成电路产业、特通产业均取得突破。

积极运用资本运作手段有效配置资源，优化现有投融资结构。大唐电信集团成功获得全国社保基金战略入资，发行 15 亿元中期票据，获得中国进出口银行 200 亿元的授信额度，实现了资金链对产业链的深度覆盖。

强化成本质量控制，提升市场竞争力。大唐电信集团不断完善制度体系，强化精细化管理力度，持续强化成本质量控制，完善成本费用体系，多措并举提升产品质量，TD 主设备一次安装接通率达到 99%以上。

学习实践科学发展观活动取得重大成效。大唐电信集团在学习实践活动中将应对金融危机作为实践课堂，积极探索，真正提高企业科学发展能力，着力突出活动特色，注重解决制约企业发展的实际问题，获得了中央企业学习实践活动指导检查组的高度评价，群众综合满意度达到 100%。

探索知识产权新商业模式，加强法律风险防范。大唐电信集团颁布《知识产权商业模式体系框架》等指引性文件，探索由知识产权创造和保护向知识产权运用的战略性转移。近两年来，随着知识产权战略的有效实施，大唐电信集团专利以近 40%的速度增长，自主创新能力持续增强。

凝练企业文化，提升集团社会形象。大唐电信集团发布《大唐共同纲领》，提出了新形势下集团的使命、愿景和核心价值观，为形成全新的、统一的集团意志奠定了基础。全面策划，借助有广泛影响力的媒体树立了集团负责任的中央企业新形象，提升集团社会影响力和品牌知名度。

2009 年大唐电信集团经受住了严峻挑战，推动 TD 产业实现商用历史性突破，得到了党和国家领导人的高度肯定。2010 年 1 月 5 日，中共中央政治局委员、国务院副总理张德江视察大唐电信集团时特别指出，“大唐代表国家提出 TD 国际标准并推动其实现产业化，贡献卓著，为 TD 产业发展立了首功，为中国电信业发展争了光”。

工业和信息化部部长李毅中在陪同张德江副总理调研 3G 和 TD 发展情况时，对大唐电信集团推进 TD 网络建设工作、推动 TD 芯片性能快速提升、促进 TD 终端产业化能力不断增强的工作予以充分肯定。国务院国资委主任李荣融也特意为大唐电信集团 2010 年工作会发来贺信，对集团领导班子团结带领干部员工，在企业改革、自主创新能力建设、产业结构调整与市场开拓等方面取得的突出成绩表示祝贺和感谢，并高度赞扬大唐电信集团“成功走出了一条现代企业转型发展之路”。

秉持“创新、市场、诚信、责任”的核心价值观，基于高素质的人才队伍、强大的自主创新实力和对市场的敏锐洞察力，大唐将以高性价比的系统设备、高效节能的解决方案和面向市场与客户需求的全方位服务，实现对客户的长期承诺和企业的核心价值，营造一个和谐美好的信息化社会。

【烽火科技集团】

一、集团简介

烽火科技集团是中国主要的信息通信领域产品和综合解决方案提供商，“武汉•中国光谷”的核心企业，直属国务院国有资产监督管理委员会管理。

集团于1974年正式成立，经过三十多年的发展，已形成覆盖光纤通信技术、数据通信技术、无线通信技术与智能化应用技术四大产业的发展格局，是目前全球唯一集光电器件、光纤光缆、光通信系统和网络于一体的通信高技术企业。集团旗下拥有多家上市公司、控股公司、全资公司与合资公司。

烽火科技集团•武汉邮电科学研究院（WRI）是中国光通信的发源地，是中国电子信息百强和软件百强企业。经国家批准为“光纤通信技术和网络国家重点实验室”、“国家光纤通信技术工程研究中心”、“国家光电子工艺中心（武汉分部）”、“国家高新技术研究发展计划成果产业化基地”、“亚太电信联盟培训中心”和创新型企业等。

坚持光纤通信、数据通信、无线通信和智能化应用四大业务方向，以自有知识产权的光电子设计与制造技术、ASIC设计技术、软件开发技术和光纤制造技术以及光纤传感技术为核心技术，构筑竞争优势，以提供下一代网络（NGN）、下一代互联网、下一代无线移动网和智能化应用解决方案为主攻目标，整合资源，构建合理的产业结构，逐步成为集传输、数据、交换、无线通信、光电器件、光纤传感为一体的信息通信设备制造商和综合服务提供商，为客户提供全面的产品和智能化应用解决方案。

十二五”期间，烽火科技集团的发展目标是：产业规模与我国电子信息产业发展速度同步，力争在2010年的基础上翻一番；产品结构进一步优化，产业布局更加合理；国内市场地位得到进一步巩固和提升，国际市场销售额占集团销售额的比例显著提高；企业核心竞争力、为运营商以及其它用户提供装备和服务的能力显著增强，成为“国内一流、国际知名”的信息通信和智能化应用领域全面解决方案提供商，争创全国文明建设先进单位。

二、产业方向

（一）光纤通信技术

全球唯一集光纤通信领域三大战略技术：光电器件、光纤光缆、光通信系统和网络的研究、开发、生产与销售于一体的科研与产业实体，国际知名的通信设备制造商与解决方案提供商之一。

全面掌握了从器件、线缆到设备的全系列FTTX技术，具备一揽子解决方案提供能力。主导FTTX产业联盟的建立，是我国FTTX的积极倡导者、推动者和主要标准制定者。

国际知名的光电子器件供应商，拥有先进的光电子器件研发工艺和制造技术，以及具有自主知识产权的ASIC芯片研制技术。

拥有从制棒、拉丝到成缆的全套产业链，光纤、光缆年产能双双跨越一千万芯公里，跃居全球同行业先进行列。

（二）数据通信技术

数据通信产品在电信、广电、能源、教育、金融、政府等行业应用广泛，是电信及行业市场的主要供应商之一。

交换机及转换器在国际市场上应用于北美、欧洲、亚洲等多个地区。

提供电信级视频监控整体解决方案，并参与行业内相关IP视频标准的制订工作。

（三）无线通信技术

全系列网络优化产品、网络覆盖解决方案已在国内2G/3G网络建设中获大规模应用，品牌影响力稳居行业前列。

积极参与中国通信标准化协会（CCSA）以及各电信运营商的数字直放站等新型网优产品的技术标准制定工作，是第三代移动通信技术标准参与和制定的核心企业。

在第三代移动通信（3G）及LTE产品开发方面已取得阶段性成果，为电信运营商提供完备的3G系统设备和全套解决方案以及相应的网络优化服务。

具备为电信运营商提供第三方网络优化产品和网优服务的能力，综合网优平台、无线网络测试仪表等产品大规模应用于2G/3G网络建设。

LTE系统开发取得实质性突破，为电信运营商提供完备的3G向TLE平滑升级解决方案，并全程参与运营商组织的联调及商用测试。

3G测试仪表以第一名的身份中标中国移动集团TD测试仪表招标；路测软件及数据卡产品同时入围中国移动集团集采，并获十余省市分配份额。

（四）智能化应用技术

专业从事基于电网智能化的光电互感器、光供能系统、无线无源温度监测与管理系统、智能电网数字化变电站等技术的研发、生产、应用。

专业从事基于新一代光纤传感器的物联网解决方案（用于油库、桥梁、隧道、公路等）以及相关仪器仪表器件的研发、生产、应用。

三、自主创新

1976 年，中国第一根符合国际标准的实用化光纤在这里诞生，首创我国实用化光纤的制作方法和制造设备。

1981 年，在中国率先开发出光纤通信用长波长器件。

1982 年，开通中国第一个实用化光纤通信系统工程，中国开始走进数字通信时代。

1993 年，中国第一套 565Mb/s PDH 设备在这里诞生。

1996 年，中国第一套 2.5Gb/s SDH 设备在这里诞生。

1997 年，在国内首次开发出应用于超大容量超长距离光传输的 EDFA 产品中国第一套 DWDM 系统在这里诞生。

1999 年，中国第一套 10Gb/s SDH 系统和 32×2.5Gb/s DWDM 系统在这里诞生。

2000 年，中国第一套 32×10Gb/s DWDM 系统在这里诞生，并在国内首次开发出 OXC、OADM 设备向国际电联（ITU）提交中国第一个 IP 国际标准（ITU-T X.85）并获批准，实现了 130 年间国际电信史上中国在制订和掌握电信技术标准上零的突破。

2001 年，全球第一套互连互通的全光网设备在这诞生并开通实际工程向国际电联提交第二个 IP 通信标准（ITU-T X.86）并获批准，这是全球 MSTP 领域的第一个国际标准。

2002 年，中国第一套 1.6Tb/s DWDM 系统在这里诞生。

2003 年，向国际电联提交的第三个 IP 通信标准（ITU-T X.87）并获批准中国第一套具有自主知识产权的超长距离光传输系统（ULH）在这里诞生。

2004 年，中国第一套具有喇曼光纤放大器的商用水平的实际光纤 WDM ULH 和光纤到户 EPON 系统、中国第一个由运营商主导成功的 FTTH 工程在这里诞生。

2005 年，世界第一个符合 ITU-T 标准的 STM-256 帧结构的 40Gb/s SDH 设备、中国第一个 Tb/s 级 DWDM（80×40Gb/s DWDM 传输系统）在这里诞生。

2006 年，集团承建的世界上容量最大、传输速率最快的首个商用光传输系统 80×40Gb/s DWDM 系统在上海到杭州之间的通信干线网上投入使用，标志着我国在这一领域已走在世界前沿率先在国内开通 10G 电信级以太网商用工程。

2007 年，“80×40Gb/s 密集波分复用光传输系统”获得 2007 年度中国通信学会科学技术奖一等奖电信级软交换产品和 IMS 分别通过原网通集团的互通测试和业务测试。

2008 年，“年度中国光通信最具综合竞争力企业 10 强”三项产品组（光传输设备、光纤光缆、光器件）榜单之首，并名列“年度中国光通信市场最具品牌竞争力企业 10 强”榜单之列。

2009 年，二期光纤扩产项目竣工投产，光纤产能超过 1000 万芯公里，居国内前三名，是全球前十大光纤生产商之一。

2010 年，正式成为全球仅有的具备最先进的器件封装技术的 5 家 CSFP MSA 联盟成员之一。

【上海贝尔股份有限公司】

2009 年，上海贝尔股份有限公司（下称“上海贝尔”）在工业和信息化部等国家相关部委的领导下，积极开展学习实践科学发展观活动，全力以赴应对全球金融危机；通过各种有效手段努力“保增长、保民生、保稳定”。尽管受到金融危机及国内外通信市场竞争日益激烈等众多不利因素影响，但上海贝尔积极应对挑战、抓住机遇；团结拼博，迎难而上，实现了持续健康的发展。

一、基本情况

2009 年，上海贝尔共实现主营业务收入超过 180 亿元，人均劳动生产率位居行业前茅。实现产品出口合同销售收入近 80 亿元，在全球金融危机的影响下，仍保持同比增长。研发净投入约占上海贝尔销售收入的 8%，企业自主创新能力得到进一步提升。

2009 年生产产量，包括 3G、宽带接入等各类主要产品产量均有较大幅度增长。由于市场产品结构调整，3G 增长迅猛，WCDMA、TD-SCDMA 和 cdma2000 分别同比增长 1142%、84%和 74%。其他传统产品，如 GSM 移动设备、光传输产品及宽带接入产品中 PON（GPON/EPON），同比均实现不同程度地增长，涉及通信全业务领域 10 大类 220 余种产品。

二、企业成功抵御全球金融危机冲击

面对全球金融危机的冲击，在全球经济出现衰退、通信产业存在众多不确定性因素的环境下，上海贝尔在困境中积极谋求生存和发展，努力变“熬冬”为“冬训”，加强精细化管理，加大改革力度，加快结构调整，上海贝尔的综合素质和竞争能力得到进一步提高。

（一）“冬猎”：在风险动荡的环境中寻求机遇，积极开拓国内外市场

（1）国内运营商市场开拓：上海贝尔积极应对各种危机，制定各种有效的市场开拓策略，加大对国内运营商市场的开拓，获得多项重大突破，如：与中国电信及中国移动签署总额为 17 亿美元的框架协议；被中国移动选择为主要供应商，参与上海 2010 年世博会新一代移动 TD-LTE 试验网建设；在固定宽带光接入 FTTx 市场也取得战略性突破。2009 年上半年，特别是针对国内上半年开展的大规模 3G 三种制式（TD-SCDMA，WCDMA，cdma2000）的网络建设，上海贝尔进一步加强了与客户的沟通，制定完善的销售策略，获得了领先的市场地位，并以在 3G 新业务、新市场的销售增长弥补海外市场可能缩水带来的影响。

（2）专网市场开拓：上海贝尔继续拓展和完善渠道管理，打造跨领域、多元化、专业化的强大团队，在政府电子政务，能源，地铁信号/通信系统、广电等项目领域实现了多项成功应用；在成功实施上海、广州、深圳等地铁信号/通信项目的基础上，顺利完成北京地铁 4 号线通信工程的建设任务。10 月 7 日，胡锦涛总书记等亲自乘坐北京地铁 4 号线，考察北京国庆期间交通、安全工作；获得上海东方有线等下一代广电宽带网络（NGB）项目等。

（3）国际市场开拓：由于受到国际金融形势动荡影响，上海贝尔在国际市场上受到了较大挑战，但上海贝尔继续坚定不移地贯彻国家“走出去”战略，抓住发展中国家对通信的钢性需求机遇，迎难而上，克服困难，利用自身的海外营销服务网络以及跨国公司全球营销网络，开拓海外“三片区域”，即亚太（东盟）、独联体（上合组织）、拉美及非洲（南南合作），“危”中寻“机”，公司的海外抗风险能力和赢利能力都得到了提高，并在众多新兴国家取得重大业务突破

（二）“冬耕”：降低成本、减少开支、提升效率，积极实施企业精细化管理

在面临内外部环境剧变动荡的情况下，上海贝尔进一步加强企业精细化管理：通过降低成本和提升研发效率等措施，努力提升企业毛利率水平。

（1）降低成本、提高毛利：2009 年，上海贝尔在主要产品价格持续大幅下降的不利条件下，继续加强降本增效工作，全年采取了多种有效措施来努力提升毛利率水平，如：全年销售费用及管理费用分别比 2008 年同期实现大幅下降；优化工程项目流程和资源配置效率，在保证服务质量的前提下实现整体服务成本下降 10%以上；加强本地化采购，全年采购价格实现同比下降 17%；成立了多个专门任务团队，高举削减成本的“五把大刀”：开展采购降价重新谈判、产品成本重新设计、关键产品加大国产化、供应商重新认证、合同设备优化配置，来努力降低产品成本。全年主要产品成本同比下降 30%以上。

（2）减少费用开支：2009 年，公司继续加强企业内部精细化管理，提升管理效率。采取的主要措施有：严格控制各类费用支出及固定资产投入，全年非研发性固定开支同比下降 16%；公司号召员工通过选择套餐等形式节省手机等通信费用；优化节电节水措施，节能减排；减少不必要的员工出差，内部会议尽量采用会议电话形式；公司领导带头，出差期间优先入住经济型酒店，进一步增加了员工的责任意识和节约意识。

（3）提升研发效率：在降低各项成本开支的同时，为保证持续竞争力，一方面继续加强自主创新，确保研发投入，另一方面强化各种措施，通过提高研发效率来相对降低研发成本；调整部分非核心研发领域的项目支出；提升研发效率，使研发成果能更快、更准地满足市场需求。研发实际开支比计划节约近 25%。

（三）“冬泳”：优化结构调整、加强能力打造，实施企业改革发展计划

（1）加大国际化区域中心打造：上海贝尔积极调整产业结构和整合产业链资源，充分发挥中国低成本、高效率的比较优势，进一步加强与全球跨国公司开展国际间合作。完善面向全球的工业化制造中心建设，提升高端制造业和新产品产业化能力；打造服务中国乃至全球的研发中心，在提升上述“两大中心”的基础上，积极打造面向国际的全新的“三大中心”，即技术服务中心、采购物流中心以及财务管理中心。

（2）实施改革发展计划：面对通信产业正经历革命性转型、以及日益复杂的市场竞争环境，上海贝尔不断审视自身在经营发展中出现的问题与矛盾，不断加快内部管理体制的变革调整。自 2009 年 11 月起，公司董事会制定了中国区未来一年加快转型变革的方案，在战略与业务拓展、营销服务、产品研发、制造供应、组织流程五大领域加快推进变革。目前该计划正有序推进，并将成为 2010 年企业改革发展的重要工作内容之一。

三、科技创新

上海贝尔始终把自主创新作为企业发展的基本战略，在通信信息技术的核心领域开展自主创新工作，通过持续提升研发效率，使研发成果能更快、更准地满足市场需求。2009 年，上海贝尔通过了科学技术部、国务院国资委和中华全国总工会 3 个部门的评价，被命名为全国第二批创新型企业。11 月，公司蝉联国家发展改革委、科技部、财政部、海关总署、税务总局颁发的“国家认定企业技术中心成就奖”。

作为国家创新型企业、国家级企业技术中心以及国家多个通信领域重大科技项目研发创新基地，同时又是阿尔卡特朗讯全球主要研发中心之一；公司既有相当规模的本地研究与开发项目，还参与集团的全球项目；不仅注重当前产品的开发，更有从事前沿技术的超前研究与创新，以确保公司技术核心能力的可持续发展。

2009 年，上海贝尔强化了研究与创新中心的超前研发职能，通过突破性以及渐进性的创新工作，创造出对未来有深远影响的研究成果。上海贝尔实施的重大研发项目数十项，涵盖无线、有线宽带接入、核心网、光通信、IP、各类增值业务等，上海贝尔进一步加大第三代移动通信及其增强型通信系统、LTE、光通信、光接入、三网融合等主导产品的研发，在“新一代宽带无线技术”国家重大专项的研发中取得重大进展；在 RRH 无线射频关键技术、EPON/GPON 光接入技术等领域，也实现了重大突破。

上海贝尔以国家战略和市场需求为导向，自主创新为基础，重大专项为契机，积极响应并全面参与到“新一代宽带无线移动通信网”（国家重大专项三）的申报和实施之中，其中 TD-LTE 研发和产业化作为专项三在“十一五”期间的重中之重，得到公司的高度重视和巨大投入。上海贝尔被确立为阿尔卡特朗讯集团内部 TD-LTE 技术及产品开发的唯一责任单位，2009 年 6 月，上海贝尔建设启用新的 TD-LTE 研发中心，配备了 3 大基础实验室：射频实验室、产品认证测试实验室和系统测试实验室，同时建立了专门的外场测试环境。并成功为上海世博会提供 TD-LTE 试验网。

在另一个战略重点领域 IMT-Advanced 方面，上海贝尔重点致力于系统技术方案、关键技术研究和标准化工作，力争成为 4G 标准的重要贡献者，掌握自主核心知识产权。早在 2007 年 3 月，上海贝尔作为首批成员加入中国 IMT-Advanced 推进组以前，上海贝尔的研究和创新中心就一直致力于 4G 相关技术的研究，为参加 IMT-Advanced 相关课题研究积累了许多优势条件和研究成果。目前，上海贝尔已向国际化标准组织提交了数十项行业标准报告。

【联想移动通信科技有限公司】

一、基本情况

2009 是不寻常的一年，经济危机的爆发给企业的经营蒙上了重重的阴影，联想移动通信科技有限公司（以下简称“联想移动”）凭借一系列过冬政策以及 S700、I60、X1、P82 等多款精品的优异表现，快速走出了经济危机的阴影。2009 年联想移动首次超过摩托罗拉，历史性跃居整体市场份额第三位置，并位居国产品牌第一，我们的销量和净收入在 2009 年均取得超过 30%的增长 。在经济寒冬，通信市场风云变化的 2009 年，我们呈现了一份基本及格的答卷。 财务和税务方面，联想移动 2009 年度平均资产规模 139,983 万元，平均负债 106,503 万元，资产负债率 76%，公司经营性现金累计净流入 35,404 万元，营运资金充足，财务状况良好。上缴税收总额在厦门高新区上千家企业中排名前 5 名，为厦门经济特区的建设和海西经济的发展做出应有的贡献。同时，公司还获得厦门市国家税务局的纳税信用最高荣誉 AA 类企业。

2009 年，联想移动产品展现实力：2 月，联想移动 15 款产品成功入围国家“家电下乡”计划；3 月，联想手机 X1、01 荣获工业设计界的奥斯卡大奖——德国“红点奖”，展现了联想移动手机在设计方面的卓然实力。9 月，全球首款支持 TD-SCDMA 3G 网络的 OPhone 平台手机 01 盛大发布，开启 3G 精彩。12 月，联想移动四款时尚设计手机荣获“2009 年度色彩应用大奖”。同时，联想移动手机凭借独有的设计风格荣获“2009～2010 最具流行魅力 IT 品牌”，联想移动也成为 IT 业惟一一家获此殊荣的企业。12 月，联想移动还凭借创新的设计及出色的应用，联想 01 手机赢得消费者和媒体的一致青睐，一举斩获 6 项大奖。分别为：由网易评选的“年度最佳 TD-SCDMA 手机”，由中关村在线评选的“ZOL 2009 年度优秀产品奖”，由手机中国评选的“最佳编辑推荐奖”，由赛迪网评选的“2009 年度最佳 3G 影音娱乐手机”，由小熊在线评选的“3G 手机年度创新奖”以及由人民网评选的“2009 年度中国手机行业十大最具影响力国产新品手机”。

2009 年，联想移动苦练内功，在研发中心，实验室，海关，专业能力活动获得各界认可：9 月，联想移动实验室顺利通过“国家认可实验室 2009 年度监督评审和扩项评审”；11 月，联想移动被正式列入中华人民共和国第十六批享受优惠政策的国家级企业技术中心（National Technology Center，NTC）。这是由国家发展改革委、科技部、财政部、海关总署、国家税务总局联合颁发一项殊荣。5 月，被厦门市人民政府授予“2007～2008 年度厦门市守合同重信用企业”荣誉称号；6 月，荣获“2009 厦门百强企业”称号；厦门海关给予联想移动“海关 AA 管理企业”资质。

做为一家有责任的公司，联想移动的售后服务也获得了业界认可：3 月，联想移动客服喜获中关村在线“最佳手机客户服务中心”奖（三连冠）和中国电子商会“2008 年度手机行业售后服务消费者满意单位”；7 月荣获赛迪顾问（CCID）“用户服务满意奖”、“服务承诺兑现奖”、“家电下乡突出贡献企业”、“绿色服务突出贡献企业”及“最具价值 3G 服务品牌”等五项大奖，客服部负责人周斌被评为“中国手机售后服务十年领军人物”。

2009 年，联想移动总裁兼 CEO 吕岩荣获人民网“2009 年度中国手机行业十大最具影响力人物”，联想移动荣获人民网“2009 年度中国手机行业十大最具影响力企业”。

2009 年，联想移动和中国移动深度定制了全球首款 3G OMS 手机-01。01 具有超强硬件配置，荣获国际工业设计界的“奥斯卡”大奖——德国红点奖，在上市后的半年间，01 以超过 40%的份额成为市场上销量最大的 OPhone 产品。

01 的成功，不仅标志着联想移动对移动互联网布局的正式开始，也使联想移动在与运营商的合作关系、智能手机研发能力的积累、高端产品营销能力以及 VIP 客户服务模式的探索上，均上了一个全新的台阶。下一步， OPhone 产品的布局也将系列化，覆盖不同用户群，后续的 03 产品将为 OPhone 增加强大的影音功能以及时尚元素，还会进一步推出更具性价比的 OPhone 产品。

二、科技创新

支撑明星产品背后的是联想移动强大的研发实力，联想移动技术中心拥有业内最为资深的手机研发团队和人才积累，从 1997 年即开始了掌上手持电脑设备的开发，至今已有 13 年的经验积累。研发机构拥有科研人员 317 人，硕士及以上学历人员 68 人，博士 1 人，中高级职称 103 人，含 10 位高级专家。除此之外，公司还聘请多位业内资深的技术专家作为技术中心的顾问，同时通过同北京邮电大学、清华大学、厦门大学等重点院校建立联合试验室，建立产学研人才培养基地。

联想移动坚持以“自主研发”为核心，积极创新，每年开发出的手机产品达到 50 款左右，从 2002 年至今已累计开发出 253 款，其中包括 Windows Mobile、Android、OMS 智能手机系列和 3G（TD、cdma 1x/EV-DO、WCDMA 3 种制式）手机系列的高端产品。

联想移动是长期坚定不移地推进 TD 产业化，在旗舰宽带互联网手机、TD 功能手机、TD 行业机、TD 数据卡、TD 无线座机等方面积极布局并推出多款产品，积极支持 TD 产业联盟部署的各项工作。2009 年成功推出国内首款基于 OMS 系统的旗舰互联网手机 O1，2010 年将持续推出多款 TD 手机，包括服务上海世博会的全球第一款 TD-LTE 数据卡。此外，在 2010 年上半年将推出 WCDMA 制式的高端旗舰智能手机乐 Phone。

联想移动积极参与各种国家标准和行业标准的制定和产业化实施，如 2009 年配合中国移动完善智能手机嵌入式软件平台 OMS 并首先推出产品；作为 TD-LTE 标准组成员之一，在 LTE 终端产业化、试验网测试阶段都承担了重要任务。联想移动积极参与手机行业的部件标准化，如插座、耳机、充电器、电池等，并作为副组长单位进行手机外部接口国家标准的起草。

联想移动注重自主知识产权的积累，向国家申请了多项移动通信等方面的专利和软件著作权。在专利方面，截至 2009 年底，公司专利申请受理专利合计 318 件，其中发明 109 件，实用新型 74 件，外观设计 135 件。申请 TD 专利 10 余件，在“智音”等技术上初步形成专利池。联想移动公司已形成完善的专利申请和激励机制，专利激励年投入数十万元。在手机设计方面拥有的核心技术包括：超薄结构设计，Smart 技术（Smart-sound，Smart-Browse，Smart-Music，Smart-DC，Smart-Navi，Smart-TV，Smart-Finger，Smart-Easy），PC 互联技术，多天线共存抗干扰设计和天线小型化设计，先进的电源管理技术，系统噪声的抑制技术，软件易用性交互设计等等。

三、企业管理

危机爆发后，公司果断采取了主动的费用控制策略。管理层身先士卒，首先主动降薪 20%，同时提倡同舟共济，员工与公司共甘共苦，变固定费用为变动费用，整体有效降低了公司费用，帮助公司走出经济危机的影响。2009 年公司费用同比下降 40%，有力的支撑公司的良性运转。

（工业和信息化部电子信息司）

主要通信建设与物资企业

【中国通信建设集团有限公司】

中国通信建设集团有限公司（以下简称 CITCC）系由原中国通信建设总公司经公司制改建而成，隶属于中国电信旗下的中国通信服务股份公司，是具有国家颁发通信施工企业最高资质，并拥有外经、外贸经营权、劳务进出口权的我国通信建设领域国际化、专业化、规模化的大型通信建设综合性集团企业，是中国通信建设走向世界的综合性“窗口”企业。“十二五”期间，公司在央企“做强做优”的发展思路下，正以“加快融合、逐步提升、务实进取、再创辉煌”的企业发展战略夯实前进。

在计划经济时期，CITCC 及所属的各施工企业作为国家通信建设的主力军，通过几代人的无私奉献、艰苦奋斗，完成了我国几乎所有重点通信工程的建设任务。特别是改革开放三十年以来，通过工程总承包方式，出色完成了我国以光缆为主体的“八横八纵”36 条光通信系统的工程建设任务，为建成以光纤通信（PDH/SDH/WDM）、微波通信、移动通信（2G、3G）、卫星通信和程控交换等高新技术为主体的国家骨干通信网做出了突出贡献。

1997 年下半年，根据国家政企分开的政策，CITCC 结束了计划经济时期的管理模式，全面进入市场。在激烈的市场竞争中，CITCC 由原来单一型施工企业向以工程总承包为平台，集设计、施工、监理、、光缆水敷设、微管微缆、网络服务、工贸、经贸、物贸和进出口等诸业务于一体的大型通信建设综合性企业健康发展。这期间，CITCC 培养了一支市场化程度高、施工能力强的专业队伍，具有了承接高新技术、高难度项目的经验和能力。

2008 年 5 月 30 日， CITCC 完成了公司制改建，成为中国电信大家庭的一员、中国通信服务的重要子公司，以崭新面貌迎来了企业新的大发展。在 3G/TD-SCDMA 网络建设和北京 C 网搬迁替换项目中，CITCC 分别承担了项目总量的 50%和

48%，并荣获奥运通信工程优秀合作伙伴奖杯。作为中国通信服务的重要子公司，CITCC 定位成为国内施工业务的骨干企业、国际业务的龙头企业。CITCC 基本业务方向：巩固国内传统业务和区域市场；谋划实施好 CTW 计划，抢占更多 3G 业务；加大国际业务的拓展力度；加快维护业务的发展；稳妥做好贸易业务；培育铁路和高速公路政企信息化业务。

CITCC 下属各工程局有限公司均为原邮电部属的国家专业施工企业，多次荣获全国优秀施工企业、全国最佳施工企业、用户满意施工企业、质量效益型先进企业、优秀建筑施工企业和全国建筑业百家最具竞争力企业等称号；近百人次获得市、省、部和国家级各种表彰与奖励；多人荣获国家和省、部级劳动模范（先进工作者）称号和全国优秀项目经理称号；六位工程局领导荣获全国优秀施工企业家称号。在 CITCC 员工队伍中，中、高级专业技术管理人员所占比例高达三分之二，1600 余人取得了国家通信工程概预算资格认证，200 余人获得国家一级建造师资格，多人获得国际通用的 PMP 证书。CITCC 在全国通信建设企业中率先通过质量、环境、职业健康安全三项管理体系认证。

CITCC 在我国通信建设领域始终发挥着重要的技术先导和主力军作用。CITCC 参与了我国多项通信建设施工技术标准、规范和定额的制定，承担了几乎国内所有首次应用于通信建设的各种新技术、新设备和新工艺的试验任务。例如管道光缆气吹法敷设和高原缺氧地区光缆熔接工艺，以及最近完成的光缆水敷设试验等，均属国内首次，形成了一整套先进、独有的施工工艺。

CITCC 拥有成龙配套的咨询规划设计、工程监理、通信网络施工、维护、网络运营、招标代理及贸易物流服务等全业务支撑服务能力，拥有成熟的大项目建设的管理经验，拥有先进、齐全的通信建设专用机具、仪表，装备水平处于国内外同行业领先地位，可为国内外用户提供高质量的贴身服务。

多年来，CITCC 一直保持了工程质量合格率 100%、优良品率 96%以上，40 余项工程获部级优质工程奖，11 项工程获国家优质工程银质奖，并有工程荣获全国用户满意工程、跻身全国企业新记录。在我国通信建设史上不同时期，CITCC 创造了六十余项各种类型通信工程建设的全国第一，取得了“基站上珠峰，光缆进西藏，网络通南极，信息下乡村”的好成绩。此外，在 2008 年四川汶川地震灾区通信抢通过程中，CITCC 全力投入、无私奉献，迅速开通了地震灾区的通信设施，得到运营商领导高度评价：“抗震救灾全靠解放军，通信抢险全靠中通建！”

CITCC 设有多家海外公司和办事机构；与世界上 35 个国家、60 多家国际著名公司保持着良好的业务关系；向美、英、日等发达国家输出了中、高级技术劳务人员 1000 余人次；承担了数十个国家的通信工程建设、劳务合作任务，圆满完成了数十个国家的通信工程项目和政府间经援任务，所建工程均获好评，并有项目荣获受援国最高奖总统独立勋章。CITCC 贯彻党中央“走出去”战略，在海外通信工程建设市场从经援项目到分包项目，继而发展到总承包项目，得到了阶梯式的稳步拓展。总承包建设的埃塞俄比亚、尼日利亚等国家骨干光缆网项目获得政府和业主的好评。CITCC 作为中国通信建设企业总承包海外大型通信工程的第一家，已在国际市场初步树立了重质量、守合同的良好、专业的企业形象。

CITCC 遵循“通信建设，建设通信，服务通信”的企业理念，愿以专业化的科学管理和优秀的工程质量，竭诚为中外客户提供优质服务，为中国的通信建设事业和人类的共同文明建设，构筑信息沟通的桥梁。

【中国移动通信集团设计院有限公司】

中国移动通信集团设计院有限公司（China Mobile Group Design Institute Co., Ltd.），是中国移动通信集团公司直属设计企业，发展历史可以追溯到 1952 年，是国家甲级咨询勘察设计单位，中国工程咨询协会常务理事单位。具有承担各种规模信息通信工程和通信局房建筑及民用建筑工程的规划、可行性研究、评估、勘察、设计、咨询、项目总承包和工程监理任务的资质；持有建筑智能化、消防设施专项设计甲级资质；具有承担国家发展与改革委员委托投资咨询评估资格；业已通过 ISO 9001 国际质量体系认证；持有《中华人民共和国对外承包工程经营资格证书》，可承接对外承包工程业务；是中国工程标准化协会通信委员会的组建单位；受聘参加中国国际工程咨询公司等对大型工程项目的可行性研究报告进行评估，被北京市科委和北京市科技咨询业协会评为北京首批科技咨询“信誉单位”，连续数年跻身建设部组织评选的中国勘察设计单位综合实力百强行列。近年来，在由中国通信企业协会组织的评选活动中，被评为“全国通信行业用户满意企业”及“先进通信设计企业”；在中国承包商、工程设计企业双 60 强的评选中，在工程设计企业 60 强中排名第 14 位；被北京市地方税务局评为“纳税信用 A 级企业”。

中国移动通信集团设计院有限公司服务于通信咨询与设计领域的最前沿，以推进中国移动通信事业的发展为己任。按照集团公司“新跨越战略”的思想，围绕“三个贴近”、“四个中心”，认清形势，应对挑战，把握定位，提升服务；努力贴近企业、贴近网络、贴近市场，将建设成为中国移动通信集团公司的设计咨询中心、技术开发中心、技术支持与支撑中心、工程建设监理服务中心及技术人才库；以优质的服务、创新的态度，做国内最佳、争创世界一流咨询设计企业，确保企业在快速变化的市场中能够全面、协调、可持续地发展，适应市场形势的变化及国际、国内电信产业发展的需要。

中国移动通信集团设计院有限公司设计手段先进，服务质量优良，技术力量雄厚。现有职工 2500 多人，四分之三以上人员为大学本科以上学历，专业技术人员占全院人员总数的 89%以上，其中全国设计大师 4 人、一级注册建筑师 14 人、一级注册结构工程师 20 人、注册监理工程师 36 人、国家注册咨询工程师（投资）48 人，并拥有一批我国信息通信行业的知名专家。目前，全院共有11人次获国家及部级有突出贡献专家称号，有42人次获政府特殊津贴。

中国移动通信集团设计院有限公司多年来充分发挥在人才、技术上的优势，为中国通信网络的建设发展提供了有力的技术支持和保障，先后完成了一大批全国性的通信骨干网工程和新技术首例工程的设计任务。其中获国家级优秀设计奖和优秀咨询奖52项，各类部级优秀奖157项；此外，还承担和完成了7项国家和35项行业有关通信工程设计标准规范的编制修订和管理工作。先进技术，人才实力与优质服务赢得了主管部门和业主的赞誉。

中国移动通信集团设计院有限公司除继续在工程咨询设计领域保持优势外，同时在企业规划、网络规划优化软件的开发、网络技术研究等技术咨询领域还为我国著名的电信运营商提供着优质的服务。在做好国内信息通信设计市场的同时，对外加强横向联合，开展多渠道、多领域的合作，积极投身国际市场，参与国际竞争。不断向国际化、综合化的方向发展。目前作为咨询、设计及总承包单位，我公司参与了多项国际工程的投标，取得了一定的成绩。

【上海电信工程有限公司】

上海电信工程有限公司成立于1952年12月，在2003年9月改制为有限公司。

公司经国家建设部审定为“通信工程施工总承包壹级”企业，获得《国外承包工程劳务合作经营许可证》、《中华人民共和国进出口企业资格证书》、《建筑智能化系统集成专项工程甲级设计证书》、《通信信息网络系统集成企业资质证书》等。公司通过ISO 9001:2000的审核，了获得美国国家认可委员会颁发的《质量管理体系认证证书》，又在同行业中率先获得了ISO 14001:1996《环境管理体系认证证书》和OHSAS 18001《职业健康安全管理体系认证证书》。

公司采取“立足上海、面向全国、走向世界”的经营战略，参与全国20余个省市通信工程建设，先后承建了国家南北沿海光缆、中美中日海底光缆、上海浦东国际机场、上海800MHz数字集群政务网及洋山深水港、城市图像监控覆盖工程等标志性通信工程。公司又大胆参与和开辟国际市场、先后承建了孟加拉、老挝、缅甸等国家的全国通信网建设工程，俄罗斯移动基站项目，承揽了安哥拉2000多公里的光缆敷设及NGN工程、印度移动核心网工程、泰国CATV网络工程、加纳光缆环网工程和尼日利亚通信工程等，足迹遍布亚非欧3大洲。

公司发扬“团结、奉献、务实、创新”的企业精神，坚持“以信义为本、以技术创新、以质量取胜、以管理促效益、以服务赢顾客”的企业宗旨，注重企业内部管理，推进标准化和现代化管理，不断完善工程项目管理，深入推进项目经理责任制，曾获得全国通信行业用户满意企业、全国优秀施工企业、质量安全管理先进单位、上海市用户满意企业、全国用户满意企业、企业信用AAA证书等荣誉称号。公司多项工程项目被原邮电部、信息产业部评为优质工程。

【广东省电信工程有限公司】

广东省电信工程有限公司成立于1950年，是一家拥有近60年历史的国内大型通信施工企业，是中国通信服务股份有限公司旗下广东省通信产业服务有限公司的专业子公司。经过多年的沉淀，公司已成为一家专业齐全、技术雄厚、装备精良、管理先进的大型现代化企业，是中国最具实力的通信网络服务商之一。

目前，公司下辖11家经营单位，拥有各类管理技术人员几千人，具备通信工程施工总承包壹级等各项行业内高端资质，是广东省科学技术厅认定的高新技术企业，已通过ISO 9001、ISO 14001和OHSAS 18000认证。公司主要从事通信网络及信息集成的相关技术服务，服务对象为主要为中国移动、中国电信、中国联通等运营商及政企客户，年业务收入超过10亿元，曾获得包括中国建筑工程鲁班奖、部级和省级优质工程奖在内的数百个奖项。

作为国内一流的通信服务商，公司积极实施“走出去”战略，与国内外设备商开展了在中国大陆以外区域的合作，主要合作伙伴有华为、中兴、诺西、爱立信等国内外知名企业。公司在法国、塞黑、捷克、塔吉克斯坦等地实施过设备商工程项目。目前公司的对外业务主要以香港、澳门、东南亚、中东为重点发展区域。

【江苏省邮电规划设计院有限责任公司】

江苏省邮电规划设计院有限责任公司是一家从事通信网络技术的国家级高新技术企业，1963年始建，2007年在香港上市，注册资金6585.79万元。公司研发创新、设计业务总量、人均劳动生产率等指标，均位居全国同行业前列，先后获全国用户满意工程创建先进单位、全国先进通信设计企业、中国电信系统抗震救灾先进集体、江苏省五一劳动奖状先进集体、江苏省文明单位、江苏省用户满意明星企业、江苏省服务业名牌企业、全国青年文明号、省级青年文明号、江苏省AAA级信誉单位、江苏省质量管理优秀企业等荣誉称号。

企业资质：公司获建筑智能化工程设计与施工、通信工程勘查、建筑智能化系统工程设计、通信工程设计、通信信息、建筑工程咨询、涉及国家秘密的计算机信息系统集成、建筑工程设计等10多项甲级资质（资格）证书；取得对外经济合作经营资质、进出口企业、国际咨询工程师联合会会员单位、AAA级信誉单位等证书。

市场分布：国内有江苏、北京、广东、山东、安徽、四川、云南、贵州、重庆、山西、内蒙、甘肃、黑龙江等；国外有印尼、尼日利亚等。

人力资源：公司员工中博士学历占4%、硕士学历占比52%、本科学历占36%；中高级职称占比45%。

科技创新：公司近3年来完成科技创新321项，其中软课题113多项；完成技术革新83项，为国家和客户节约投资23亿元；仅2008年就获国家专利6项。

项目获奖：公司近3年获各类优秀设计、优秀咨询成果奖103项，其中国家优秀设计奖5项、国家优质工程银质奖2项、国家级咨询成果奖17项、全国优秀通信规划奖13项、信息产业部优秀通信设计奖15项。

企业管理：公司1998年在全国同行中率先通过ISO 9001国际质量管理体系认证，2006年成为全国通信设计企业中首家通过质量、环境、职业健康安全"三标一体"管理体系认证单位。公司设计质量合格率始终保持在100%，优良率95%以上。

【华信邮电咨询设计研究院有限公司】

华信邮电咨询设计研究院有限公司，成立于1984年，现注册资金3亿元，系全国邮电系统第一批6家甲级单位之一，经营范围涵盖通信和建筑工程勘察设计、工程咨询、工程总承包、通信工程系统集成和招投标代理等，拥有相应的甲级资质和对外经营许可证，公司1997年7月在全国邮电设计同行业中首家通过ISO 9001国际质量保证体系认证，连续五年被评选为国家勘察设计百强企业，2003年荣获信息产业部先进集体荣誉称号，2006年、2008年连续2年荣获"全国用户满意企业"称号。

华信公司专业配套齐全、机构完善、人才荟萃，设置有五个通信设计院和一个建筑设计院，同时在宁波、福建设置了分院，在北京、香港设置了分公司，在上海、广东、河北、广西等国内12个城市和巴基斯坦、尼日利亚、沙特、埃塞等4个国家设置了办事处。目前公司拥有职工1405人，其中博士16人，硕士290人，本科824人。

自建院以来，公司先后承担了国内外各大通信运营商及其他系统行业的通信及建筑工程的规划、设计和咨询工作，公司的业务范围已覆盖70多个国家和国内所有省（市）。

近几年，华信公司先后有100多项成果获国家及部、省级奖励，其中获得国家级优秀设计奖8项、国家级优秀咨询成果奖10余项和部级优秀设计和优秀工程咨询成果奖80余项。

【北京市驰跃翔工程监理有限责任公司】

公司成立于1996 年 10 月，注册资金600万元，员工700 余人；具有通信工程监理甲级资质、信息系统工程监理部级资质、建筑工程监理甲级资质、通信工程招标代理甲级资质、建筑工程招标代理乙级资质；主要经营通信工程监理、信息系统工程监理、建筑工程监理、装饰装修工程监理和通信工程招标代理、建筑工程招标代理业务；取得质量、环境、职业健康安全管理体系认证。

公司先后圆满完成北京网通和北京移动奥运工程建设中全部27个北京奥运场馆及天津、上海、沈阳、青岛、秦皇岛、香港6个异地分赛场的通信工程、首都机场3号航站楼室内覆盖工程、国家大剧院多系统合路室内覆盖系统建设工程、2009年北京联通3G基站会战、2010年北京联通20Mbit/s宽带升速建设、北京移动信令监测系统工程、北京电信德外通信楼增配油机工程油机设备安装工程、北京市公安局西城分局指挥中心升级改造工程、北京120指挥调度系统升级改造工程、北京市崇文区图像信息管理系统等的监理业务。

公司历年监理的多项工程曾获市级"长城杯奖"、市级"优质工程奖"、部级"优质通信工程奖"；在奥运通信工程建设中，公司被北京网通、北京移动授予多项荣誉称号；历年被多个行业协会评为先进单位。

公司经济实力雄厚，拥有一支专业配套、监理经验丰富、掌握高新技术的监理队伍，注册监理工程师 100 余人；拥有工程监理所需的先进完备的仪器仪表、检测工具、办公自动化设备及交通工具等。

【广东省电信规划设计院有限公司】

广东省电信规划设计院有限公司系中国通信服务股份有限公司旗下的龙头咨询设计企业，系原邮电部首批7家甲级勘察设计单位之一。

公司持有国家各主管部门颁发的通信勘察设计、通信工程咨询、信息网络系统集成、建筑规划、通信工程总承包等甲级资质证书；系中国通信企业协会通信设计施工专业委员会常务委员单位、CCSA标准组织会员、中国工程咨询协会通信信息专业委员会副主任委员单位、国际咨询工程师联合会（FIDIC）成员协会会员。

公司在全国设计同行中第一批通过ISO质量体系认证。2002年以来，公司连续多年位居"全国百强勘察设计企业"前列，并被国家工商行政管理局授予"全国守合同重信用企业"。2005年，荣膺信息产业部"全国通信行业用户满意企业"称号。2006年，被评为中国通信企业协会"2005年度先进通信设计企业"。2007年，自2000年以来连续8年获广东省直机关“文明单位”称号。2008 年，公司通信机楼结构安全评估专家团队荣获“全国通信行业抗震救灾先进集体”荣誉称号。2009 年，荣获第三届哈佛商业评论“管理行动奖”。2009 年，荣获全国通信行业企业管理现代化创新成果二等奖。

公司现有专业技术人员 1600 人，本科以上学历占 91%，其中博士、硕士研究生达 24%；并拥有教授级高工 3 人，高中级工程师 300 余人，国家一级注册建筑师、结构师和建造师 15 人，注册咨询（投资）工程师 37 余人。在设计、咨询和科技创新方面共获国家级奖项 30 多项，部级奖项 100 多项。

（工业和信息化部通信发展司）

企业管理经验

【第六届全国通信行业企业管理现代化创新成果】

共有 82 项成果获第六届（2009 年）全国通信行业企业管理现代化创新成果奖，其中一等奖 14 项，二等奖 18 项，三等奖 50 项。中国移动通信集团公司获优秀组织单位奖。

这 82 项成果集中反映了各通信企业应对全球金融危机，为实现企业平稳较快发展，努力探索企业保增长、保稳定、保就业的新思路和新举措。一是加强战略管理，加快战略转型，实现企业可持续发展；二是加强企业社会责任，强化诚信服务；三是加强基础管理，推动企业管理的科学化和规范化；四是加强以人为本的人力资源管理，调动员工的积极性和创造力；五是加强信息化与工业化的融合，发挥信息化的带动作用；六是加强科技创新管理，提高自主知识产权比例；七是加强竞合管理，促进产业链整体发展；八是加强风险和应急管理，提高通信安全和保障能力。

其中代表性的成果有：“以价值管理为核心的管理会计体系的构建与实施”（中国电信集团公司）、“创新实施战略性企业社会责任管理”（中国移动通信集团公司）、“农科在线，助力社会主义新农村建设”（中国联合网络通信集团有限公司）、“邮政企业员工帮扶救助长效机制的构建与管理”（中国邮政集团公司）。

【第六届全国通信行业企业管理现代化创新成果获奖名单】

序号	等级	申报单位	成果名称
1	一等	中国移动通信集团公司总部发展战略部	创新实施战略性企业社会责任管理
2	一等	中国联合网络通信集团有限公司吉林省分公司	农科在线 开创农村信息化营销新模式助力社会主义新农村建设
3	一等	中国移动通信集团公司总部网络部	中国移动快速高效运维管理指挥调度及响应体系
4	一等	中国邮政集团公司	以“全夜航”为主线、构建中国邮政航空快速网
5	一等	河南省邮政公司	邮政企业员工帮扶救助长效机制的构建与管理
6	一等	中国电信集团公司	以价值管理为核心的管理会计体系的构建与实施
7	一等	中国邮政储蓄银行有限责任公司	“商易通”业务品牌建设与创新
8	一等	中国移动通信集团湖南有限公司	创建面向移动电子商务的一体化手机支付对帐管理体系
9	一等	中国移动通信集团江苏有限公司	增值业务“健康度”评估体系研究与应用
10	一等	中国联合网络通信集团有限公司山东省分公司	和谐农村的“平安互助网”建设
11	一等	中国电信股份有限公司	面向政企客户的嵌入式服务及 IT 支撑
12	一等	中国移动通信集团广东有限公司	基于企业软实力提升的“走进中国移动”管理实践
13	一等	中国联合网络通信集团有限公司电子渠道中心	构建一级架构、三级运营的创新型电子渠道生产管理体系
14	一等	中国电信学院	构建和实施基于战略的领导力发展体系
15	二等	中国移动通信集团江西有限公司	提升资源高效运营能力的策略成本管理
16	二等	广东省珠海市邮政局	网商创业园项目的实践
17	二等	北京市邮政公司	信筒同城快件的开发与实践
18	二等	中国通信服务有限公司	中国通信服务客户服务与市场拓展规划

19	二等	中国移动通信集团江苏有限公司	省级“12580”运营能力提升的创新研究与实践
20	二等	中国电信集团公司	支撑战略转型的动态资源配置模型
21	二等	中国移动通信集团北京有限公司	大型项目移动通信服务保障指挥体系
22	二等	江苏省苏州邮政局	实施和谐企业建设的目标化管理
23	二等	中国联合网络通信集团有限公司内蒙古自治区分公司	创新直销考核体系，提升发展能力
24	二等	中国移动通信集团总部业务支撑系统部	创建支撑系统量化管理指标体系、提升中国移动业务运营管理水平
25	二等	中国移动通信集团广东有限公司	基于价值保障的全业务稽核体系
26	二等	中国移动通信集团公司总部市场经营部	创建维基 OPSC 管理模型，建立扁平化、一体化的市场管理模式
27	二等	中国联合网络通信集团有限公司福建省分公司	节能减排 打造绿色环保机房 创资源节约型环境友好型企业
28	二等	中国电信股份有限公司	通信运营商接入网光纤化实施与运营
29	二等	中国电信广西公司	基于精确管理创新的时效管控系统建设与应用
30	二等	中国联合网络通信集团有限公司吉林省分公司	构建网络安全认证服务体系 打造企业新的收入增长点
31	二等	中国移动通信集团广东有限公司	通信企业集成管理模式的探索与实践
32	二等	中国电信云南公司	以实现跨越式发展为目标的“传帮带”执行体系的构建
33	三等	中国移动通信集团北京有限公司	以创新为灵魂以贡献为基石构建专家人才动态管理体系
34	三等	中国移动通信集团公司总部计划部	创新供应链管理方式，建立新型商业合作形式
35	三等	黑龙江省邮政公司	邮运网路优化管理
36	三等	中国联合网络通信集团有限公司广东省分公司	基于通信网价值提升的投资后评价及问责体系
37	三等	中国移动通信集团四川有限公司	服务危机主动管理体系
38	三等	中国移动通信集团新疆有限公司	基于价值创造的信用服务体系研究及实践
39	三等	广州市邮政局	以提升服务效能为导向创新“11185”运营管理模式
40	三等	云南省邮政公司	构建“三流合一”为核心的烟草配送体系
41	二等	中国电信集团公司	高效运营支撑系统的合理构建与实施
42	三等	中国联合网络通信集团有限公司广东省分公司	基于销售模式转型的销售管理系统创新应用
43	三等	黑龙江省邮政公司	以转换发展方式为目标的资产经营与管理
44	三等	中国移动通信集团黑龙江有限公司	全新指挥调度管理模式的应用与实践
45	三等	中国联合网络通信集团有限公司辽宁省分公司	构建省级运营商销售支撑管控体系，提升精确化客户营销水平
46	三等	中国电信安徽公司	固定资产“全生命周期和价值创造”管理体系建设
47	三等	中国电信黑龙江公司	创新成本定额管控方法，推进全员价值管理
48	三等	中国联合网络通信集团有限公司河北省分公司	电信增值业务平台集约化建设与维护管理创新实践
49	三等	中国联合网络通信集团有限公司黑龙江省分公司	增值业务精确营销管理系统
50	三等	中国联合网络通信集团有限公司陕西省分公司	网格化营销体系的建设与运用
51	三等	江西省赣州市邮政局	建设卓越营销团队，促进企业持续发展
52	三等	广州市邮政局	嵌入式服务在商函高端客户关系维护中的应用
53	三等	湖北省邮政速递物流公司	以色彩控制为中心的“6S”现场管理模式
54	三等	陕西省西安邮区中心局	总包分拣前置处理的应用
55	三等	中国电信泉州公司	构建以流程为纽带的企业法律风险防范体系创新与实践
56	三等	中国电信江苏公司	引领供应链科学发展的公式报价采购模型的构建与应用
57	三等	中国移动通信集团安徽有限公司	构建面向客户体验的电子渠道运营评估体系

58	三等	西藏区邮政公司	农牧区邮政通信网络体系统建设
59	三等	广州邮区中心局	国际邮件通关新模式的构建
60	三等	中国移动通信集团浙江有限公司	基于酬金自动归集信息化系统的渠道管理能力提升
61	三等	中国移动通信集团贵州有限公司	省级电信企业业务支撑网量化与标准化运营管理体系的构建与实施
62	三等	中国移动通信集团陕西有限公司	基于客户感知的基站密集区域的高效运维管理模式创新实践
63	三等	浙江省邮政公司	以“经营网路”为核心的邮政生产流程再造
64	三等	中国邮政储蓄银行有限责任公司广东省分行	搭建体系创新管理，提升 ATM 创效能力
65	三等	福建省邮政公司	邮政便民服务站
66	三等	中国移动通信集团宁夏有限公司	以预测模型为依据，加强中高端用户流失管理
67	三等	广东长实通信工程有限公司	内部等级认证制度
68	三等	山东万博科技股份有限公司	网络代维业务管理系统
69	三等	中国电信厦门公司	创新性实践“竞标”管理新机制
70	三等	中国移动通信集团江苏有限公司	打造营业厅“超级电视”互动传播平台
71	三等	中国移动通信集团河南有限公司	基于经营分析系统监控收入异动，防范市场风险
72	三等	中国邮政储蓄银行有限责任公司河南省分行	小额信贷业务专业化经营管理
73	三等	中国电信股份有限公司宁夏长途电信传输局	创新长途电信传输维护量化管理
74	三等	中国联合网络通信集团有限公司山西省分公司	通信行业运营支撑系统的集中化建设与管理
75	三等	中国移动通信集团江西有限公司	基于快速响应基层需求的“一线直通车”信息化管理与应用
76	三等	中国移动通信集团河南有限公司	新媒体公关传播管理模式
77	三等	中国联合网络通信集团有限公司辽宁省分公司	电信企业面向转型的 e 团队构建与实施
78	三等	中国移动通信集团浙江有限公司	面向核心竞争力提升的精益运营体系的构建与实施
79	三等	中国电信上海研究院	适应全业务运营的产品端到端开发评测管理创新
80	三等	中国移动通信集团重庆有限公司	面向集团客户销售的知识型员工自我管理模式
81	三等	中国联合网络通信集团有限公司湖南省分公司	探索国有基层电信企业人力资源激励新机制
82	三等	中国电信股份有限公司	中国电信 IT 设备集采综合管理体系建立

【通信行业 QC 小组活动发展情况】

2009 年，中国通信企业协会连续第 7 年组织了对通信行业 QC 小组活动成果的评审工作，全行业有 524 个 QC 小组活动成果讲行了申报，各集团公司及部分省、区、市通信行业（企业）协会通过对本地区、本企业申报的 QC 小组活动成果进行评审和优选，择优向中国通信企业协会推荐了 269 个 QC 小组的成果材料，占申报总数的 51%。经过通信行业优秀 QC 小组评审委员会和审定委员会的评审，共评出 201 个“全国通信行业优秀 QC 小组，49 个“全国通信行业开展 QC 小组活动先进单位”。25 个 QC 小组荣获“全国优秀 QC 小组”称号、16 个 QC 小组荣获“全国质量信得过班组”，3 个通信企业荣获“全国开展 QC 小组活动优秀企业”。

【全国优秀 QC 小组名单】

序号	企业名称	小组名称
1	中国移动通信集团广东有限公司	网管维护中心卓越数据网络 QC 小组
2	珠海市邮政局	营业分局大客户部 QC 小组
3	中国移动通信集团上海有限公司	移动信使 QC 小组
4	中国移动通信集团浙江有限公司杭州分公司	网络部综合维护中心信令研究 QC 小组
5	中国移动通信集团江苏有限公司	网络部完美接入 QC 小组
6	中国电信股份有限公司上海中区电信局	“攻克”QC 小组
7	中国电信股份有限公司中山分公司	末梢管控 QC 小组
8	中国电信股份有限公司上海分公司	企业信息化部精确制导 QC 小组

9	中国移动通信集团广东有限公司珠海分公司	创意无限 QC 小组
10	中国移动通信集团公司	网络部超越 QC 小组
11	中国电信股份有限公司上海分公司	信息网络部“零距离”QC 小组
12	中国电信股份有限公司上海北区电信局	北极星 QC 小组
13	中国联合网络通信有限公司威海市分公司	运维部重点客户机房整治 QC 小组
14	中国移动通信集团山西有限公司	呼叫业务分公司综合业务项目部 QC 小组
15	中国移动通信集团安徽有限公司	客户服务中心“GO GO 加油”QC 小组
16	中国移动通信集团江苏有限公司	网络部网优无限 QC 小组
17	中国联合网络通信有限公司青岛市分公司	移动网络化 QC 小组
18	中国移动通信集团广东有限公司惠州分公司	网络优化研究 QC 小组
19	中国联合网络通信有限公司天津市分公司	产品创新部热线动车 QC 小组
20	中国铁通集团有限公司天津分公司	10050 客服中心 QC 小组
21	广州市邮政局	客户服务中心语音部 QC 小组
22	中国移动通信集团江苏有限公司常州分公司	动车之星 QC 小组
23	中国移动通信集团广东有限公司中山分公司	至善网络 QC 小组
24	中国移动通信集团北京有限公司	12580 信息运营 QC 小组
25	中国移动通信集团浙江有限公司嘉兴分公司	工程建设中心 QC 小组

【全国质量信得过班组名单】

序号	企业名称	班组名称
1	中国电信股份有限公司广东研究院	网络发展研究部
2	中国电信股份有限公司绍兴分公司	10000 号客户服务中心
3	中国电信集团公司吉林省电信分公司	10000 号呼叫中心
4	中国电信集团公司南宁分公司	C 网客户服务中心
5	中国移动通信集团上海有限公司	传动中心浦东传输维护部武胜传输维护班
6	中国移动通信集团贵州有限公司	客户服务中心现场话务班
7	中国移动通信集团广东有限公司	网管维护中心数据网络维护室
8	中国移动通信集团天津有限公司	客户服务中心业务部
9	中国联合网络通信有限公司太原市分公司	网络优化小组
10	中国联合网络通信有限公司北京市分公司	网络管理中心资源管理部资源系统建设小组
11	中国联合网络通信有限公司浙江省分公司	网管中心传输组
12	中国联合通信网络有限公司河北省分公司	应用软件维护组
13	重庆市邮政信息技术局	技术开发组
14	河南郑州邮区中心局	包刷组
15	中国铁通集团有限公司四川分公司	网管中心新业务室
16	中国铁通集团有限公司甘肃兰州分公司	传输室

【全国开展 QC 小组活动优秀企业名单】

序号	企业名称
1	中国移动通信集团江苏有限公司
2	中国电信股份有限公司浙江分公司
3	中国联合网络通信有限公司天津分公司

【2009 年通信行业 QC 小组活动主要特点】

一、坚持自主创新

通信行业 QC 小组活动坚持自主创新，不断深入推进，取得丰硕成果，全行业 QC 小组注册数达 1.2 万个，（比 2008

年增加4000多个）累计注册数达4.7万个，创可计算经济效益18亿元；提出合理化建议4.6万条，转化成制度、规范数7000余条，比2008年都有较大幅度的增加。其中，中国移动新注册的QC小组数达9000余个，累计注册2.6万个，提出合理化建议近3万条，转化成企业制度规范数达6000余条，创可量化经济效益11.84亿元。事实证明，2009年度，中国通信业QC小组活动呈现出快速发展的良好势头，小组的注册率、活动率、成果率不断攀升，经济效益和社会效益不断增强，为通信企业持续快速发展发挥了重要的作用。

二、坚持贯彻以人为本的科学发展观

各集团公司在贯彻以人为本的科学发展观，积极指导QC小组活动深入开展方面，做了大量卓有成效的工作：中国移动以创新为核心，全面发动企业班组推广QC小组活动，使其成为最广泛的基层管理创新活动的载体。他们在不断总结多年QC活动经验的基础上，创建了QC管理“3334”立体化组织体系：一是3个管理层级，即集团、省、地市公司对QC小组活动的分级管理；二是3个管理线条，即形成网络技术、经营服务、综合管理3个线条的特色QC活动；三是3种管理角色、即QC管理员、QC诊断师、QC活动骨干；四是4级骨干培训，即建立国家/行业、集团、省公司、地市公司4级培训体系，积极培养基层班组质量管理骨干。同时，他们还建立了多渠道奖励和表彰的激励体系，组织多层面的QC成果评比和发表赛。这一系列措施为基层班组有效开展QC活动提供了强有力的保障和支持，有效地推动了中国移动QC小组活动蓬勃发展，为中国移动通信事业的发展做出积极的贡献。

三、促进企业转型和持续发展

世界范围的金融危机对我国通信业也有较大的影响，对此，很多企业积极应对，在QC小组活动中也充分体现出来。

（一）围绕企业的中心工作，解决经营中的难点、热点问题

2009年，通信企业QC小组活动成果与企业生产经营中的热点和难点问题结合的更加紧密，与KPI的关联更强，很多省公司上报的QC成果都是围绕其KPI短板问题进行活动，并加以研究和解决。同时，围绕社会热点问题开展的QC活动课题越来越多，如垃圾短信拦截、TD网络、节约环保和社会责任等等。

（二）技术网络类成果仍占较大比重

在2009年评审的267个成果中，技术类成果有203个，占比76%。这些成果具有质量高、覆盖面广、成效显著、推广价值高的特点。

二、加大了评审工作和推广工作的力度

（一）不断优化评审流程，努力提高评审质量

要想保持QC小组旺盛的生命力，就必须树立创新意识，不断的改进优化工作程序。2009年，对QC小组的评审方法进行了调整和改进，将近300个成果材料按运行维护，网络优化和客户服务3个专业分组进行了评审，评审结果按3个专业组平均出线，省略了平衡组间分差的程序，另外在评委的组成上吸收了邮电院校的教授和企业的技术专家担任评委，使评审工作更加完善、健康。

（二）积极宣传推广优秀QC小组成果，促进资源共享

根据协会领导有关加强优秀QC小组活动成果宣传推广的指示，中国通信企业协会加大了宣传推广的力度，今年又和天津通信行业协会联合举办了“通信行业优秀QC小组成果交流会”，来自各集团公司主管部门的代表和北京、天津、河北、山西、山东等地区的通信运营企业的代表250余人参加了会议。会上北京移动、天津移动、天津联通、山西联通等4个通信运营企业的优秀QC小组的代表进行了成果发布，专家作了讲评；会议还邀请了上述单位的代表交流了企业如何开展QC小组活动的工作经验。这些活动受到与会者的欢迎，在当地引起较好的反响。中国移动集团总部近两年来连续举办QC小组成果发表赛，并组织8个国优小组到10个省公司进行巡讲推广和经验交流，确保优秀经验共享，取得非常好的效果，大大提高了这些省公司开展QC小组活动的热情和水平。

为了进一步增强宣传推广的效果，2009年，中国通信企业协会完成了2000余册《2009年通信行业优秀QC小组活动成果汇编》编印发行工作，对2009年评选出来的25个优秀QC小组活动成果进行交流与推广，提高了成果的应用价值，使这些成果能够在更大的范围、更广的领域进行宣传和推广，发挥了良好的参考和示范作用。同时，我们还收录了中国移动集团公司、上海电信公司等3个企业的经验介绍；精选了10篇优秀论文汇编在本书中。这样不仅增加了《汇编》的信息量,提高了《汇编》的实用价值，而且为QC小组活动骨干提供了理论探讨和经验交流的平台。

三、举办了3期通信行业级QC小组活动诊断师培训班

2009年共举办了3期通信行业QC小组活动诊断师考评班，培养了622个通信行业级诊断师，其中包括和中国移动山西有限公司合作共同培训考评的161个诊断师。

（中国通信企业协会）

第八篇　政策法规与体制改革

综　　述

【立法工作】

继续配合国务院法制办推进《电信法》立法工作。研究提供《电信法》涉及的“互联网监管”、“网络实名制”及“双向进入”等立法资料。参加《电信法》修改论证会，就三网融合、新业务管理、网络与信息安全事件应急处置等问题提出意见。协助完善《电信法》草稿，提出有关问题的处理建议。

配合国务院法制办开展《无线电管理条例（修订送审稿）》的论证工作。收集提供有关无线电管理的立法研究资料。参加军地双方有关《条例》的协调论证会，配合论证是否将《无线电管制规定》的内容并入《条例》。配合研究相关企业对《条例》修订送审稿的意见。配合国务院法制办开展《条例》修订工作调研，研究无线电频率保护及协调等问题。

认真开展《电信设施保护条例》起草工作。组织对我国电信设施保护现状和不足进行专题研究，梳理了国内外电信设施及其他公共基础设施保护法律制度，对《条例》立法中的难点问题进行了专题论证。组织开展立法调研，召开《条例》立法座谈会，听取了各省（区、市）通信管理局有关电信设施保护制度建设的经验和建议。研究提出《条例（框架）》和《条例（征求意见稿）》，并多次征求意见。根据各方面反馈的意见，对《条例（征求意见稿）》进行了进一步修改完善，形成了《条例（草稿）》，并送国务院有关部门征求意见。

开展《信息安全条例》立法工作。根据立法工作程序，对《信息安全条例（报送稿）》进行审查，制定审查计划，提出审查意见。

部门规章立法工作。发布了 9 个部长令，完成了《工业和信息化部行政许可实施办法》等 8 件规章的修订工作和原邮电部《关于损坏通信线路赔偿损失的规定》等 8 部规章的废止工作。对《电子认证服务承接管理办法（报批稿）》、《通信网络安全防护管理办法（修订报批稿）》、《电信用户申诉处理办法（修订报批稿）》等进行了合法性审查。

不断健全立法工作制度和法规、文件审查机制。结合工业和信息化部立法工作的实际，在进行全面调研的基础上，组织起草了《工业和信息化部规章制定程序规定》，为规范工业和信息化部规章立法程序提供了制度保障。对规章审查过程中向社会公开征求意见制度进行了研究，明确了规章对外公开征求意见的程序，确定了规章对外公开征求意见的形式和方式。对工业和信息化部在起草法律、行政法规过程中的工作分工进行了研究，提出了指导意见，对规范性文件合法性审核工作进行了规范，明确了规范性文件合法性审核流程，确定了合法性审核意见的反馈方式和反馈格式。

【执法监督】

积极推动行政审批制度改革。根据行政审批制度改革联席会议的统一部署，就工业和信息化部现有行政审批项目提出了取消调整建议，积极配合审改办完成审核工业和信息化部行政审批项目工作。

组织开展依法行政培训。组织召开了全国通信行政执法培训暨依法行政工作会议，经过培训、考核，为各省（区、市）通信管理局的 900 名行政执法人员换发了《行政执法证》。邀请北京市第一中级人民法院行政庭庭长为工业和信息化部全体同志做“依法行政辅导讲座”。

积极推进行政复议、行政应诉及普法工作。认真完成各项行政复议及行政应诉工作。今年共收到行政复议申请 49 件，均已办结。协调处理了时玉琛就工业和信息化部《关于 1900～1920MHZ 频段无线接入系统相关事宜的通知》提起的行政诉讼案。完成了杭州奥普特公司向北京市高级人民法院提起的上诉案的应诉工作。

推动法制宣传教育工作。启动了《依法行政案例选编》（暂定名）的编写工作，对实施行政复议、行政处罚、行政许可、政府信息公开、《信访条例》过程中涉及的典型案例进行分析研究。推进依法行政宣传教育工作，完成了通信系统普法先进集体、先进工作者和先进个人的推荐，经全国普法办组织评审，电信研究院、广东省通信管理局、河南省通信管理局、天津市通信管理局、黑龙江省通信管理局、中国移动公司等单位和个人受到表彰奖励。

【体制改革】

加强统筹协调，务实推进体制改革工作。按照国务院关于 2009 年深化经济体制改革工作分工要求，研究提出了工业和信息化部负责（牵头）和配合的重点任务分工和落实意见，并进行了认真部署。认真做好经济体制改革的指导推进和综合协调，对重点任务的实施进展、面临形势和存在问题进行阶段性总结，及时向国家发展改革委反馈。不断督促检查各项改革进展和落实情况，积极推动有关司局按照实施步骤和时限要求完成任务，并谋划 2010 年度深化经济体制改革的工作思路。

突出重点任务，体制改革工作取得积极进展。继续深化电信体制改革，制定出台了配套监管政策，为加快形成有效的市场竞争格局发挥了重要作用。进一步推动“三网融合”进程。

（满辉）

法制建设

【电信立法工作】

2009 年，工业和信息化部根据全国人大常委会和国务院的立法计划和工作要求，积极推进《电信法》、《无线电管制规定》、《无线电管理条例》、《电信设施保护条例》和部门规章立法工作，认真开展了以下立法活动：

一、《电信法》立法工作

2009 年，国务院将《电信法》列入一类立法计划，部积极配合国务院法制办开展了相关立法活动。1 月，部组织对国外互联网安全管理法律制度和国外推行网络实名制的情况进行了专题研究。2 月中旬，部配合国务院法制办召开论证会，对网络融合、电信新业务管理、电信设施保护、网络与信息安全事件应急处置等问题进行了研究和座谈。3 月，部按照国务院法制办的要求，对电信业务的资费结构与计费方式的关系、相关专业术语的使用和界定等立法技术问题进行了研究并提出意见。4 月，部配合国务院法制办对《电信法》涉及的法律责任条款和规定进行了研究，并从操作性方面对法律责任部分的相关规定进行了进一步完善。5～6 月，部配合国务院法制办开展了美国电信与广电双向进入法律制度研究，并就平等接入、电信标准的制定、不同种类电信资源的权利归属和管理方式等问题进行专题研究。7～8 月，部配合国务院法制办召开《电信法》论证会，对应急通信保障和通信管制法律制度进行了研究，在《电信法》中增设了“应急通信保障和通信管制”一章，并拟定了相关具体条款。10 月，部与商务部和国务院法制办赴美国，与美国的政府管理部门和电信监管机构就《电信法》立法中的相关问题进行了交流。11～12 月，部结合加强互联网管理的需要，对《电信法（草稿）》进行了进一步完善。

二、《无线电管制规定》立法工作

2009 年，国务院将《无线电管理条例》立法列入国务院一类立法计划。4 月，国务院法制办组织召开《无线电管制规定》立法座谈会，对《无线电管制规定》和《无线电管理条例》的关系、《规定》的发布形式等问题进行了研究。5 月中旬，部在对《规定》和《无线电管理条例》的关系、《规定》发布形式等问题进行研究的基础上，建议对无线电管制事项进行单独立法。7 月，部参加国务院法制办、军委法制局联合召开的《规定》立法论证会，研究《规定（草案）》的具体规定。8 月，部参加国务院法制办召开的《规定》座谈会，对《规定（草案）》进行了进一步完善，并将修改后的《规定（草案）》送相关部门征求意见。

三、《无线电管理条例》修订工作

2009 年，国务院将《无线电管理条例》立法列入国务院年度立法计划。2 月，部参加了国务院法制办组织的《条例》立法论证会，对《条例（草稿）》中有关军队电磁频谱管理机构的职责以及涉及军地协调机制的相关规定进行了研究。6 月，部对国务院法制办转来国家海洋局等单位对《条例（修订送审稿）》的意见进行了研究并提出书面反馈意见。9 月中旬，部会同国务院法制办赴内蒙古，对民航频率管理等问题进行了实地调研。9 月下旬，部对“无线电”、“通信”、“电信”等概念的关系等涉及《条例》立法的问题进行了研究。11 月下旬至 12 月上旬，部会同国务院法制办赴希腊、埃及等国进行无线电立法考察，拜会了承担无线电管理职责的希腊电信邮政委员会、埃及国家电信监管局等机构。

四、《电信设施保护条例》起草工作

2009 年，国务院将《电信设施保护条例》立法列入年度立法计划。根据国务院立法工作计划，部开展了《条例》起草工作。2～6 月，部对《条例》立法涉及的相关问题进行了专题研究，组织对国内相关行业的法律制度进行了研究，并对其他国家和地区的电信设施保护法律制度进行了比较研究。3～5 月，部在组织对相关问题进行专题研究的基础上，形成了《条例（框架）》。6～8 月，部组织开展了《条例（草稿）》的起草工作。《条例》起草过程中，部先后赴安徽、青海、上海等省市进行了专题调研，并组织部分省通信管理局就《条例》立法问题进行了座谈。8～9 月，部完成《条例（草稿初稿）》，并先后两次征求各省（区、市）通信管理局和基础电信企业的意见。9 月，部征求了国家发展改革委、公安部、广电总局等十八个部门对《条例（征求意见稿）》的意见。12 月，部在充分听取和吸收各方面意见的基础上，形成了《条例（送审稿）》。

五、部门规章立法工作

2008 年部成立后，在积极推进各项法律、行政法规立法工作的同时，加强了规章立法工作。2009 年主要开展了如下规章立法工作：一是修订发布了《工业和信息化部行政许可实施办法》、《电信设备抗震性能检测管理办法》、《电信业务经营许可管理办法》、《无线电台执照管理规定》、《建立卫星通信网和设置使用地球站管理规定》等 9 部规章。二是废止了原邮电部发布的《邮电部关于损坏通信线路赔偿损失的规定》、《公众电信业务使用规则》、《边境通信管理暂行规定》、《市内电话业务规程》、《电信应急通信保障暂行规定》、《关于盗用电信码号赔偿损失计算标准的暂行规定》、《中国公众多媒体通信管理办法》、《集中式用户交换机（CENTREX）业务管理办法（暂行）》8 部不适合管理工作需要的规章。三是对部内司局起草的《电子认证服务承接管理办法》进行审查，并于 11 月 12 日提请部第 7 次部务会议审议。四是对部内司局起草的《通信网络安全防护管理办法》等规章草案进行了审查。五是对商务部起草的《关于境内企业承接服务外包业务信息保护的若干规定》进行了研究，并于 12 月 28 日与商务部联合发布。

（李长喜）

【《电信法》起草工作】

2009年，《电信法》立法工作被列入国务院立法工作计划，属于“力争年内完成的重点立法项目”。工业和信息化部作为起草单位，继续将《电信法》立法列为工作重点，并按照目标责任制的要求予以推进。

2009年1月，按照国务院法制办工交司的要求，部政法司专题研究了国外网络安全管理法律制度，并就国外推行网络实名制的情况提出报告，配合开展《电信法》立法论证工作。2月上旬，国务院法制办提出了关于《电信法》需要讨论的主要议题，并于2月16～19日组织召开了《电信法》修改论证会，部相关司局的同志参加了会议。会议围绕着电信的定义、网络融合、电信新业务管理、电信设施保护、网络与信息安全事件应急处置等问题展开了深入讨论。3月，结合《电信法》修改论证会的要求，部就有关电信、电信业务经营者等用语的界定、电信业务的资费结构与计费方式的关系等技术性问题研究提出意见，同时提出了对《电信法》草稿的修改建议，一并提供给国务院法制办参考。4月，部配合国务院法制办对《电信法》有关“法律责任”的条款进行了研究，在梳理有关义务性、禁止性条款的基础上，细致地论证了所设定法律责任的合理性和可行性，并修改完善了《电信法》相关条款。5月中旬，国务院法制办就《电信法》涉及的网络融合推进机制进行了专题研究，部政法司配合开展了美国电信、广电双向进入法律制度的研究工作，并提出了完善《电信法》相关条款的立法建议。

6～7月，部继续配合国务院法制办修改、论证《电信法》草稿，就平等接入、电信标准的制定、不同种类电信资源的权利归属和管理方式等问题进行了专题研究，并提出对《电信法》有关条款的完善性建议。7～8月，部协助国务院法制办召开《电信法》论证会，研究完善《电信法》有关应急通信保障等规定。经反复论证，确定在《电信法》中设“应急通信保障和通信管制”一章，对电信主管部门和电信业务经营者在应急通信保障中的职责和义务、实施通信管制的条件、决定主体及其程序、受通信管制影响的电信业务经营者和用户的权利义务等事项作出了明确规定。之后，部继续配合国务院法制办修改《电信法》草稿，并于9月底形成了较为完善的《电信法（征求意见稿）》。10月，工业和信息化部应邀与商务部、国务院法制办一起赴美访问，与美国政府的相关部门和电信监管机构就他们所关注的电信法》立法问题进行了交流。11～12月，结合相关部门开展互联网综合调研及法律制度研究情况，部对《电信法》有关制度进行了对照研究，提出进一步完善《电信法》相关制度等工作建议。

（朱秀梅）

【《电信设施保护条例》起草工作】

为了加强对电信设施的保护，维护公用基础设施安全，保障电信网络安全畅通，促进电信业健康发展，国务院将制定《电信设施保护条例》列入《国务院2009年立法工作计划》，由工业和信息化部负责起草。根据国务院立法工作计划和国务院领导同志的要求，部组织开展了《条例》起草工作。

1月，工业和信息化部会同有关研究机构提出了《条例》2009年立法工作安排，确定了工作任务、工作方式和时间进度等。同时，部署了有关课题研究任务，组织对国内相关行业的法律制度进行专题研究，对其他国家和地区的电信设施保护法律制度进行比较研究。2月26～27日，部在初步整理了各省（区、市）有关电信设施保护制度的基础上，在安徽组织召开了电信设施保护条例立法座谈会，邀请安徽、上海、江西、福建、海南、广东、广西、四川、贵州、陕西等省（区、市）通信管理局、部电信管理局、电信研究院以及基础电信运营商等单位，交流各地在电信设施保护立法方面的做法和经验。座谈会围绕电信设施保护现状和问题、各地已经出台或正在制定的电信设施保护制度及效果、《条例》的保护对象、管理制度、处罚措施等问题进行了深入研讨。与会的省通信管理局和基础电信企业结合当地电信设施保护的形势和立法情况，从保障电信设施建设、防范破坏电信设施、相关部门职责分工、促进共建共享电信设施等方面，提出了相关的意见和建议，为进一步推进《条例》立法奠定了良好的基础。3～5月，部组织有关研究支撑机构汇编、整理国内外电信等基础设施保护立法，组织对《条例》立法涉及的重要问题进行专题研究，并征求基础电信运营商、部内相关司局以及省通信管理局对《条例》框架结构和主要制度的建议。在与基础电信运营商、部内相关司局充分协调的基础上，于5月上旬形成了《条例（框架）》，明确了《条例》拟具体规定的法律制度。

6～8月，部组织开展了《条例（草稿）》的起草工作。6月下旬，组织研究起草了《条例（草稿初稿）》，送各省（区、市）通信管理局和基础电信运营商征求意见。各有关单位结合近年来电信设施保护工作的实际，就电信设施的定义和保护对象、电信设施保护区的范围、禁止实施的危害行为和电信设施保护措施等规定反馈了修改意见。结合《条例》起草过程中遇到的问题，部于8月中旬赴青海、上海等省市进行了专题调研，并组织有关单位就《条例》立法问题进行了座谈。调研组先后听取了有关省市通信管理局和基础电信运营商的意见和建议，并就国际海缆的保护、电信设施保护区的划定、电信设施损坏赔偿制度的设定等问题赴相关企业和地区进行了专题调研。8月下旬，我们研究提出了《条例（草稿修改稿）》，再次送各省（区、市）通信管理局和基础电信运营商征求意见。在认真研究通信管理局和基础电信企业意见和建议的基础上，对《条例（草稿修改稿）》作了进一步完善，形成了《条例（征求意见稿）》。9月下旬，部书面征求了国家发展改革委、公安部、广电总局等十八个部门对《条例（征求意见稿）》的意见。各相关部门对《条例（征求意见稿）》均没有原则性不同意见，只是从进一步完善的角度提出了部分修改建议。结合意见反馈情况，部于 11 月中旬通过走访座谈、电话沟通等形式与国家发展改革委、国土资源部、住房和城乡建设部、农业部、海洋局等部门进行了协调。

12 月，部形成了《条例（送审稿）》。《条例（送审稿）》共三十三条，分为总则、保护措施、法律责任和附则等四章。针对目前盗窃、破坏、损坏电信设施的现象突出，阻碍电信设施建设的事件时有发生，全国电信设施保护的形势严峻等问题，《条例（送审稿）》对电信设施进行了界定，明确了电信设施保护的范围；规定了电信设施保护的体制，明确了电信、公安、规划、建设、海洋等主管部门的保护职责，建立了有关执法协作机制；设定了具体的安全保护制度，如电信设施建设保障、划定安全保护区、禁止实施危害行为、应急抢修保障、供电保障、废品回收管理、奖励措施等制度。《条例（送审稿）》还规定了侵占、盗窃、破坏、损毁电信设施的民事法律责任和行政处罚措施。12 月下旬，《条例（送审稿）》报请工业和信息化部部务会议进行了审议。

（石玉春）

【《无线电管理条例》修订工作】

《无线电管理条例》修订工作被列入国务院 2009 年立法工作计划，属于“需要抓紧研究、待条件成熟时提出的立法项目”，也是工业和信息化部 2009 年重点工作，要求政策法规司按照目标责任制的规定有计划地推进。

在已开展的征求意见和立法调研工作的基础上，2009 年初，部配合国务院法制办收集、整理了有关国际无线电管理的规定，为修订《无线电管理条例》提供了必要的基础资料。2 月上旬，国务院法制办主持召开了《无线电管理条例》立法论证会，部、中央军委法制局和总参谋部的相关同志参加了会议，重点论证了《无线电管理条例（修订送审稿）》中有关军队电磁频谱管理机构的职责以及涉及军地协调机制的相关规定。6 月，国务院法制办陆续转来国家海洋局、中国航天科技集团公司等单位有关《无线电管理条例（修订送审稿）》的意见，部认真研究了相关意见，并向国务院法制办反馈了对相关问题的意见和建议。

为深入调研无线电管理的立法需求，有针对性地解决民航等部门提出的频率管理职能配置等问题，9 月 8～11 日，部协同国务院法制办赴内蒙古开展《无线电管理条例》修订工作调研。调研组参加了“民航专用频率保护工作座谈会”和“无线电频率边境协调工作会”，深入了解民航等专门领域的无线电频率管理情况和需要解决的问题，并就边境无线电频率的使用管理和国际协调工作听取了与会同志的意见。同时，调研组还实地考察了内蒙古自治区无线电监测中心和凉城县民航导航站，就地方无线电管理体制、无线电管理工作的现状、主要管理手段及存在的问题等与内蒙古自治区无线电管理委员会办公室进行了深入交流，详细了解地方无线电管理机构的工作情况和相关法律制度诉求。9 月下旬，结合《无线电管理条例》修订工作的需要，部政法司就无线电、通信、电信三个概念及其相互关系进行了梳理研究，为准确界定无线电管理的范围提供基础。11 月 28 日至 12 月 9 日，部协同国务院法制办赴希腊、埃及等国开展了无线电立法考察工作。考察团走访了承担无线电管理职责的希腊电信邮政委员会（Hellenic Telecommunication &Post Commission）、埃及国家电信监管局（National Telecom Regulatory Authority）等机构，围绕着无线电管理机构设置及职能分工、无线电立法情况、3G 频谱牌照发放情况以及无线电监测工作等议题深入交流了意见，为论证《无线电管理条例》修订中涉及的相关问题提供了有益的参考。

（朱秀梅）

【《无线电管制规定》立法工作】

《无线电管制规定》是国务院、中央军事委员会联合开展的立法项目，旨在适应组织重大活动、处置突发事件等特殊情况下对无线电实施管制的立法需要。

2007 年 3 月，作为起草单位的原信息产业部和总参谋部完成《中华人民共和国无线电管制规定（草案）》的起草工作，联合报请国务院、中央军事委员会审议。2008 年，《无线电管制规定》被列入国务院立法工作计划，属于“力争年内完成的重点立法项目”。

2009 年 4 月 22 日，国务院法制办组织召开了《无线电管制规定》立法座谈会，中央军委法制局、总参谋部和工业和信息化部的相关同志参加了会议。会议集中讨论了《无线电管制规定》与正在修订的《无线电管理条例》的关系，研究了《无线电管制规定》出台后可能产生的社会影响等问题。会后，国务院法制办就《无线电管制规定》立法的必要性等问题正式发函征求相关部门的意见。经认真研究并商总参谋部，5 月中旬，部向国务院法制办反馈了意见，坚持就无线电管制事项单独立法的要求。

7 月 10 日，国务院法制办、中央军委法制局联合召开了《无线电管制规定》立法论证会，部和总参谋部的同志参加了会议，逐条研究了《无线电管制规定（草案）》的具体规定，重点讨论了实施无线电管制应当具备的条件、有权决定实施无线电管制的主体、无线电管制命令的发布程序以及无线电管制的实施主体、相关要求等事项。根据会议讨论的情况，国务院法制办修改形成了新的《无线电管制规定（草案）》并征求相关各方的意见。8 月初，部反馈了有关立法建议，提出完善无线电管制的定义、明确《无线电管理条例》是《无线电管制规定》的立法依据等意见。8 月 17 日，国务院法制办召开了《无线电管制规定》座谈会，与中央军委法制局、总参谋部和工业和信息化部进一步沟通相关立法建议，继续完善《无线电管制规定（草案）》，并将修改后的《无线电管制规定（草案）》送相关部门征求意见，为提交国务院、中央军委审议做准备。

（朱秀梅）

【部门规章立法工作】

工业和信息化部组建一年多来，加强法律制度建设，推进依法行政的需求非常迫切。随着工业、通信业和信息化的快速发展，现有法律制度也出现一定的不适应性。为此，部不断加强规章制定和修改、废止工作。一是公布了9个部令，完成了《工业和信息化部行政许可实施办法》、《电信设备抗震性能检测管理办法》、《电信业务经营许可管理办法》、《无线电台执照管理规定》、《建立卫星通信网和设置使用地球站管理规定》等8件规章的修订工作以及原邮电部《关于损坏通信线路赔偿损失的规定》等8件规章的废止工作。二是对《通信网络安全防护管理办法（报批稿）》进行审查，研究提出《办法（征求意见稿）》，征求各省、自治区、直辖市通信管理局和社会公众的意见。在认真研究各方面意见的基础上，对《办法》进行了进一步完善，形成了《办法（草案）》及其起草说明，并提请部务会审议。三是对有关司局送来的《电子认证服务承接管理办法（报批稿）》进行审查，公开征求了社会的意见。根据各方面的意见，形成《办法（草案）》及其起草说明，提请部务会议审议。部务会议审议后，配合有关司局将《办法（草案）》的有关内容纳入《电子认证服务管理办法》。四是做好与商务部联合发布《关于境内企业承接服务外包业务信息保护的若干规定》有关工作，会同相关司局提出会签意见，《规定》已于2009年12月28日公布。

（石玉春）

【重要过路法规审查工作】

为了切实履行国务院赋予工业和信息化部的职责，围绕着"走新型工业化道路"这一主旨目标，法制工作重点是继续积极推进工业、通信业、信息化法律制度建设。从全国人大、国务院以及相关部门送工业和信息化部征求意见的法律、行政法规和部门规章的内容来看，具有如下特点：一是内容涵盖了工业、通信业、信息化等领域。如涉及通信业领域的有《广播电视传输保障法》、《无线电管制规定》等，涉及信息化领域的有《电子认证服务密码管理办法》等；二是涉及工业和信息化部职能的其他法律和行政法规数量增多，如《统计法》、《反不正当竞争法》、《领事保护和服务条例》等。

截至2009年12月，按照全国人大、国务院以及相关部门的工作安排和计划，工业和信息化部组织部机关相关司局对《中华人民共和国侵权责任法》、《中华人民共和国专利法实施条例》、《政府投资条例》等140余件法律、行政法规和部门规章进行研究，并提出了修改建议。对《中华人民共和国保守国家秘密法》、《国防动员法》等11件拟提请国务院常务会议审议的法律、行政法规草案进行了重点办理，在汇总相关司局意见的基础上，形成书面审查报告，供领导参阅。

做好过路法规的审查，要求认真研究相关法律、行政法规和部门规章的立法背景和起草情况，组织相关司局提出修改建议，并组织做好与相关部门的沟通工作。重要过路法规主要是从以下几个方面进行审查：一是征求意见的法律、行政法规和部门规章设立的制度和规范的内容是否涉及工业和信息化部有关管理职责；二是征求意见的法律、行政法规和部门规章的规定是否与相关法律法规保持协调，是否存在法律冲突；三是整体结构是否存在矛盾；四是对各司局提出的修改意见是否合法合理进行研究，并积极与相关司局进行沟通，做好协调工作。

（王晓非）

【规范性文件合法性审核工作】

为保证规范性文件合法，工业和信息化部"三定"规定：部政法司负责对机关有关规范性文件的合法性进行审核。2009年，送政法司审核的规范性文件达150件，其中工业领域的文件90件，通信和信息化领域的文件60件。从调整的内容看，送政法司审核的规范性文件主要包括如下几类：一是关于工业行业准入和行业产业发展政策的文件；二是关于加强市场管理的文件；三是关于实施行政许可的文件；四是对特定事项实施管理的文件。从合法性审核情况看，部机关起草的规范性文件主要存在如下几个方面的问题：超越法定权限实施管理；违法作出行政许可规定；违法设定行政处罚；违法规定管理程序和设定管理措施；以内设机构名义实施行政行为。

2004年，国务院《全面推进依法行政实施纲要》确立了"推进依法行政，建设法治政府"的工作目标。在依法行政的背景和要求下起草规范性文件，应当满足"主体适格、权限法定、程序合法、措施得当"等要求。结合工业和信息化部规范性文件起草情况，部机关各司局在起草规范性文件时重视做好如下工作：一是严格按照法定权限起草规范性文件；二是文件的内容符合法律、行政法规等上位法的规定；三是严格按照规定的程序起草和发布文件。

（王晓非）

【《工业通信业信息化法规汇编》印发工作】

加强工业、通信业和信息化领域的法律制度建设，强化行政执法监督，是推进信息化和工业化融合、走新型工业化道路的需要，是落实依法治国基本方略、建设法治政府的内在要求。全面准确地掌握相关法律法规是各级政府及其部门严格执法、依法实施行政管理的前提，也是公民、法人和其他组织自觉守法经营、维护自身合法权益的需要。为了推进工业、通信业和信息化领域依法行政，方便社会各界系统了解工业、通信业和信息化法律法规，工业和信息化部政策法规司在对部机关各司局、国防科工局、烟草专卖局进行专题立法调研的基础上，组织编辑了《工业通信业信息化法规汇编》，已由法律出版社出版发行。

《法规汇编》收录了截至2009年4月底出台的工业、通信业和信息化法律、行政法规和部门规章共117部。其中，法律7部，行政法规26部，部门规章84部（包括工业类规章22部、国防科技工业类规章26部、通信和信息化类规章36部），包括工业和信息化部成立后公布的《电子认证服务管理办法》、《工业和信息化部行政许可实施办法》、《电信业务经营许可管理办法》等部门规章。

《法规汇编》根据法律文件的效力层级，分编编辑了相关法律、行政法规、部门规章。同一编中，按照公布时间依次排列。在部门规章的编辑方面，又根据规章的类别，在区分工业、国防科技工业、通信和信息化的基础上进行了专编编辑。上述编辑方式，便于使用者及时查找不同类别的法律文件，增加了《法规汇编》的实用性。

结合工业、通信业和信息化管理职能和行业发展编辑而成的《法规汇编》具有权威、全面、新近和实用的特点。一是由工业和信息化部政策法规司在广泛深入调研的基础上编辑而成，收录了工业、通信业和信息化领域的现行法律文件，对工业、通信业和信息化发展和管理具有直接的指导作用；二是收录的法律、行政法规和部门规章涉及工业、国防科技工业、通信业和信息化等领域，是迄今为止工业、通信业和信息化领域最为全面、专业的法律文件汇编；三是收录了截至2009年4月底的法律文件，纳入了工业和信息化部组建以来公布实施的一系列规章，涵盖了我国工业、通信业和信息化领域的最新法律规定；四是全面系统地反映了近年来国家有关工业、通信业和信息化领域的立法成果，对于工业、通信业和信息化管理、生产和科研人员，都具有极强的指导性。

（石玉春）

【工业和信息化法律框架研究工作】

工业是我国国民经济的主体，推进国民经济和社会信息化涉及现代化建设的全局。推动信息化和工业化融合、走新型工业化道路，需要完善的制度保障。这要求深入分析国内外相关立法情况和面临的形势，统筹规划下一步立法工作。紧密围绕推进信息化和工业化融合、走新型工业化道路的要求，工业和信息化部政法司继续深入开展我国工业和信息化法律框架研究。

2009年5月、8月、9月，部政法司加强与有关研究机构的沟通，组织对有关的阶段性研究成果进行研究讨论、修改完善，提出《我国工业、通信业和信息化法律框架研究报告（修改稿）》。《研究报告（修改稿）》回顾了我国现行工业、通信业和信息化立法的总体情况和规范的主要内容，认为：我国现行工业立法主要规范了节能环保和资源综合利用、市场准入管理、产品质量管理、安全生产管理等内容，呈现宽领域、多层级等特点；我国通信法制建设步伐不断加快，监管法规框架逐步形成，但是法律效力层级不高；信息化领域的立法还处于起步阶段。《研究报告（修改稿）》对美国、欧盟、日本等国相关立法情况、主要内容及特点进行了比较研究，并分析了我国工业、通信业和信息化立法面临的主要问题。《研究报告（修改稿）》指出：我国工业行业管理的法律手段不足，立法需求迫切；通信立法的层级较低，不适应技术业务迅猛发展的要求；我国信息化立法还不完善，相对滞后于信息化快速发展的要求。在有关研究分析的基础上，《研究报告（修改稿）》提出了我国工业、通信业和信息化法律体系结构、重点立法选题等初步建议。目前，有关研究报告正在进一步修改完善中。

（石玉春）

【“中欧信息社会合作项目”电信法制研究推进工作】

“中国－欧盟信息社会项目”是中国政府与欧盟之间的合作项目，目标是根据中国信息化工作的政策和实施战略，加强中欧交流与合作，通过信息化，推动中国的经济和社会改革。工业和信息化部作为“中欧信息社会合作项目”的中方合作单位，在前几年工作的基础上，继续深入推进项目合作工作。

根据中欧双方共同确定的推进计划，2009年为项目的结题年。2009年，主要开展了如下四个方面的工作：一是组织召开中欧电信监管制度专题研讨会。3月，部组织召开了“中欧电信新业务发展研讨论”，来自中欧双方的专家介绍了中欧双方电信市场和电信新业务发展和应用的情况，中欧双方电信运营企业和电信监管部门就电信市场与电信新业务发展问题进行了专题研讨。4月，部组织召开了“中欧电信新业务发展与监管政策研讨论”，来自中欧双方的专家介绍了中欧双方监管政策的最新走向，中欧双方电信监管部门就电信新业务的发展问题进行了研讨，部和各省、自治区、直辖市通信管理局的代表参加研讨。二是对近年来“中国－欧盟信息社会项目”推进情况进行总结，对合作成果进行梳理，并根据“中国－欧盟信息社会项目”项目组的要求，撰写了专题总结报告。三是在“中国－欧盟信息社会项目”项目组的协助下参加了“2009年全球论坛”。部作为项目的中方组织者，组织电信研究院等单位赴罗马尼亚进行了电信法立法考察，并通过参加“2009年全球论坛”与其他国家和地区的电信监管机构进行电信政策法律制度交流。四是配合“中国－欧盟信息社会项目”项目组对整个“中国－欧盟信息社会项目”合作情况进行评估，并对下一步中欧合作情况进行研究和提出建议。

（李长喜）

【通信行政复议工作】

工业和信息化部2009年共收到行政复议申请51件，其中，涉及通信领域的行政复议申请49件。经审查，不符合《中华人民共和国行政复议法》、《中华人民共和国行政复议法实施条例》关于行政复议范围的相关规定，决定不予受理的33件；符合《中华人民共和国行政复议法》、《中华人民共和国行政复议法实施条例》规定的行政复议范围，决定受理的16件。在予以受理的16件案件中，从复议申请事项上看，主要有三类：一是行政不作为，二是政府信息公开，三是行政处罚；从处理结果上看，有 5 件驳回申请人的复议申请，有 4 件维持原行政机关的具体行政行为，有 3 件因申请人撤销行政复议申请而终止，有 2 件确认违法，还有 2 件作其他处理。

上述数据反映出通信行政复议工作的两个特点：（一）办理通信行政复议案件已经成为工业和信息化部行政复议工作的重点。2009 年，涉及通信领域的行政复议申请占全年复议申请的 96%，主要原因，一方面是通信贴近百姓的生活，与百姓的生活息息相关；另一方面是通信管理体制为部省两级，省级通信管理局为部垂直管理的机构，对省级通信管理局的具体行政行为不服，直接向工业和信息化部提起行政复议。（二）通信行政争议类型越来越复杂。从 2009 年办理通信行政复议案件的类型看，已经由过去主要针对行政处罚行为，逐步扩大到行政不作为、行政行为程序违法以及政府信息公开等更加广泛的领域。例如，上述确认违法的两起案件，一起是因为行政行为的程序违法，另一起是因为适用法律错误。随着《政府信息公开条例》的施行，2009 年出现了 6 件因政府信息公开而提起的行政复议案件，虽然这类案件的数量不多，但处理起来难度较大。

工业和信息化部行政复议机构在行政复议案件的办理中，认真研究通信行政复议案件的新情况，针对电信用户法律意识不断增强，不仅要求弄清法律事非，而且要求实现现实利益；不仅要求解决当前利益，而且希望解决长远利益；不仅要求解决实体利益，而且希望参与解决争议的过程的特点，严格复议案件的办案程序，明确工作责任，坚持集体讨论，并积极探索召开行政复议案件听证会，使通信行政复议案件的办案质量有了进一步提高。2009 年立案审理的 16 件复议案件，均为通信领域的争议。其中，经审理，确认原行政机关具体行政行为违法的 2 件，直接纠错比例为 12.5%，低于全国平均比例 14.67%。在通信行政复议案件的审理中，以申请人撤回行政复议申请的方式结案的 3 件，间接纠错比例为 18.75%，与全国平均比例 18.92%基本持平（注：全国平均比例数字来源：国务院法制办公室主任曹康泰同志在“全国法制办主任法规司司长会议”上的讲话）。

（柳婧）

【行政审批制度改革工作】

2009 年，行政审批制度改革工作的总体要求是：以邓小平理论和“三个代表”重要思想为指导，深入贯彻落实科学发展观，继续推进行政审批制度改革，减少和规范行政审批，加强对行政审批权力运行的监控，推动服务政府、责任政府、法治政府和廉洁政府建设，促进经济社会又好又快发展。工业和信息化部政策法规司紧紧围绕行政审批制度改革工作的总体要求，根据行政审批制度改革工作部际联席会议办公室（以下简称审改办）的统一布置，对部行政审批事项进行了两次清理。

2009 年 7 月，按照审改办《关于对现有行政许可事项进行审核论证并提出取消或调整建议的通知》（监函〔2009〕76 号）要求，由政策法规司牵头，商各相关司局对部 71 项行政审批事项进行了审核论证，提出建议取消或调整的许可事项共 4 项，其中，3 项是通信领域行政许可事项，分别是：（一）建议取消经营性互联网信息服务提供者境内上市审查。（二）建议将“退出电信业务市场审批”合并到“电信业务经营许可证的审批”中。（三）建议将“互联网电子公告服务专项审批（备案）”合并到“非经营性互联网信息服务备案”中。

2009 年 11 月，审改办至函工业和信息化部，提出拟取消工业和信息化部 11 项行政审批事项(《关于征求对有关行政审批事项处理意见的函》监函〔2009〕107 号)。部政策法规司及时召集相关司局召开会议，深入研究论证这 11 项审批事项本身的合法性、合理性以及保留的必要性。在此基础上，部提出同意 2 项拟取消事项，建议保留 9 项的处理意见，并复函审改办，其中，同意拟取消事项中涉及通信领域的有“无线电管制审批”。

为了做好行政审批制度改革工作，减少和规范行政审批事项，政策法规司于 2009 年 4 月，由司领导带队，分别到承担行政审批事项相对较多的原材料司、电信管理局、通信发展司和无线电管理局进行调研，深入了解相关行政审批事项的运行情况。2009 年 9 月和 10 月，政策法规司会同产业政策司、原材料司、通信发展司和无线电管理局多次赴审改办进行汇报和沟通，在全面汇报工业和信息化部开展行政许可事项清理工作的基础上，对拟保留项目本身的合法性、合理性和保留的必要性进行重点说明。

经过深入的调查研究，认真细致的梳理和积极主动的沟通，部行政审批制度改革工作取得了良好的成效，在 2009 年 12 月 11 日召开的行政审批制度改革工作部际联席会议上受到表扬。

（柳婧）

【通信行政执法工作】

2009 年，工业和信息化部及各省、自治区、直辖市通信管理局紧紧围绕依法行政的总体目标，结合电信监管的实际，扎实推进通信行政执法工作。

完成全国通信行政执法证件的换发工作。机构改革后，根据工业和信息化部“三定”方案，全国 31 个省（区、市）的通信管理局由工业和信息化部实行垂直管理，负责依法对本行政区域内电信业实施监督管理。为落实国务院《全面推进依法行政实施纲要》（国发〔2004〕10 号）要求的“规范行政执法行为，建立健全行政执法主体资格制度”，根据《行政处罚法》、《电信条例》等相关法律、法规的规定，2009 年上半年，部政策法规司为全国 31 个省（区、市）通信管理局的行政执法人员统一制作了行政执法证件，并指导各省（区、市）通信管理局完成了 972

人执法证件的换发工作。

开展业务培训，进一步提高执法人员素质。随着通信业的高速发展，涉及到消费者切身利益的行政许可、行政处罚、信息公开等行政执法事项急剧上升，给各省（区、市）通信管理局的执法监管工作提出了更高要求。针对这一情况，2009 年 5 月 21～22 日，部政策法规司在江苏省无锡市召开了全国通信行政执法培训暨依法行政工作会议，全国 31 个省（区、市）通信管理局的局领导和法制机构负责人参加了会议。会议对新形势下全面推进通信行政执法工作做了部署，邀请了国务院法制办公室副主任郜凤涛同志、中国政法大学副校长马怀德教授讲授了政府依法行政的理论与实务，辽宁、天津、江苏、河南、福建和广东六个通信管理局进行了经验交流。

积极探索，不断提升行政执法工作实效。各省（区、市）通信管理局结合电信监管实际，紧扣服务地方经济发展主题，在通信行政执法工作中积极探索，不断提升工作实效。天津市通信管理局本着服务好行政管理相对人的主旨，努力挖掘潜力，实现了行政审批大提速，共计压缩审批时限 155 日，平均压缩审批时限达 45.1%，得到市政府有关部门的认可。江苏省通信管理局根据省政府、省纪委的要求，对行使的行政权力及其依据进行了梳理和汇总，对 188 项行政权力分别编制内部、外部流程图，对 146 项行政处罚权制定了自由裁量基准。广东省通信管理局确立了电信法律热点难点问题研讨会例会制度，探讨用户和企业关心或者有争议的法律问题，如“来电显示”和“号码隐藏”业务的法律冲突及其合法性等，为电信企业提供了有价值的指导意见。重庆市通信管理局制定了《重庆市通信管理局行政执法卷宗管理办法》，并于 2009 年 12 月 7～18 日开展了执法检查，执法检查的一个重要环节，就是依据办法的规定查阅案卷资料，大大加强了内部监督管理。辽宁省通信管理局认真组织开展行政处罚案件的听证工作，2009 年 1 月 4 日，公开举行了某公司涉嫌伪造电信业务经营许可证行政处罚案件的听证会，邀请辽宁电视台、辽宁日报等相关媒体进行全程报道，有效地促进了全局行政执法水平的提高。

（柳婧）

【江苏省通信管理局法制工作】

2009 年江苏省通信管理局围绕构建和谐行业、建设电信强省目标，坚持将法制工作作为规范市场、促进行业和谐的重要手段，作为监管为民、服务发展的重要保障，大力推进依法行政，努力推动江苏通信业又好又快发展。

整合力量，在形成法制工作合力上下功夫。一是积极加强与省有关部门的联系，建立联动机制。如就推进“三网融合”等通信发展重点难点法律问题与省有关部门联合召开研讨会；在通信设备入网监管等方面与省工商、质量监督部门建立联合查处机制；在治理网上诈骗、侵权盗版等方面与省公安、版权等部门建立违规网站黑名单通报制度；在互联网站内容监管等方面与省文化、广电、测绘等部门建立起联动查处机制。二是充分调动行业内法制工作机构的积极性。如建立通信业法制工作联席会议制度，成员单位为省通信行业协会、通信学会、互联网协会、省级运营公司和局相关处室，联席会议每季度召开一次，针对局法规处通报的上一季度电信市场行政执法情况进行分析研究，同时，交流各单位法制工作动态和工作经验，并共同研究拟出台的有关重要文件和规定。三是密切加强局机关内部各处室的相互配合。全局的行政执法工作在局党组的领导下，由相关业务处室具体承担，法规处提供法律支撑和程序把关。行政处罚案件实行会商制度，重大案件处理由局行政合议组讨论通过，有力保护了相对人的合法权益。

推动转型，在提高依法监管水平上下功夫。江苏省通信管理局为适应新形势下通信发展对依法行政工作提出的新要求，大力推动四个方面转变，努力提高依法监管水平。一是监管范围从传统的以通信网为主向通信网与互联网并重转变。随着网络新技术和新业务的快速发展和互联网用户数的激增，由网络服务、网络质量、信息安全等引发的法律问题日益凸显。江苏管局以法律手段配合行政、技术手段，2009 年依法关闭网站 567 家，维护了网络信息安全；同时，坚持依照法律法规做好互联网用户的申诉处理工作，2009 年用户对互联网申诉处理的满意率达 97.51%。二是监管对象从以基础电信运营商为主向基础电信运营商和增值电信企业并重转变。增值电信业务发展是电信服务业向信息服务业战略转型的重要体现。江苏管局认真研究增值市场出现的问题，以严格执行法律法规推进增值电信监管，促进信息服务市场不断规范。2009 年，该管局先后对为未履行备案手续网站提供接入服务、未经许可从事互联网信息服务等违法违规行为进行了查处。三是监管措施从以协调为主向协调与处罚并重转变。2009 年，江苏管局坚持以事实为依据，以法律为准绳，依照法定权限和法定程序行使权力、履行职责，加大行政执法力度，全年作出行政处罚决定 26 起，下达责令整改通知 3 件，有力地保障了通信市场的健康发展。四是监管机制从临时性、突击性向科学性、持续性转变。江苏管局切实转变了行政执法等同于行政处罚的观念，将行政执法的理念覆盖到行政许可审批、行政检查等日常行政行为中去，着眼于增强依法行政的科学性、主动性和持续性，对局机关行政行为进行全面规范。

健全机制，在增强依法行政成效上下功夫。一是注重法制培训。结合“五五”普法，每年初制定公务员法制教育培训计划。严格规范行政执法证件的发放、使用、管理和审验，重点加强执法人员培训，有效提高了行政执法人员的法律意识和法制水平。二是注重规范程序。依法对管理局行政权力进行全面梳理，共梳理出 188 项行政权力（10 项行政许可、146 项行政处罚、1 项行政征收、31 项其他类），逐一编制运行流程图。对其中的 146 项行政处罚，依据相关法律法规，结合实际制定了行政处罚自由裁量基准和适用规则。管理局还制定、完善了信访工作流程、政府信息公开工作流程等程序性文件，从制度上预防行政不作为和乱作为情况的发生。三是注重执法监督。管理局成立依法行政领导小组，负责对全局依法行政工作的统一领导。明确各部门负责人为执法第一责任人，负责本部门执法活动的日常监督检查。局依法行政领导小组定期对执法责任制落实情况进行考评，并将结果纳入目标管理。为进一步规范通信行政处罚行为，管理局结合实际，对原有的行政处罚内部流程进行了修订，将合议环节前移至《案件处理意见报告》制作之前，强化了执法监督的前期介入，确保了重大、复杂案件办理的合法性和合理性。

（江苏省通信管理局政策法规处）

【辽宁省通信管理局法制工作】

2009年辽宁省通信管理局（以下简称“辽宁管局”）政策法规工作建立了要紧紧围绕全局中心工作的开展，全面推进依法行政，着力抓好法律、法规的执行和监督，依法规范行政行为，把行政执法责任制落到实处的工作原则和目标。

一、认真完成各类规章征求意见工作

辽宁管局全年共处理工业和信息化部及省政府转来的规章征求意见稿12件，其中工业和信息化部2件、省政府10件。在工作中，积累的主要经验是：一是充分反映工作中遇到的问题和有关建议，以便使规章的制定更具有针对性和可操作性；二是要真正做到集思广益，认真进行讨论和分析。尤其是规章制定涉及多个部门时，更要认真研究分析。

二、做好行政处罚案件的办理工作

辽宁管局全年共办理行政处罚案件15起，共处罚金10万元。从处罚的主体看，除一家基础电信企业外均是增值电信企业。下一步，辽宁管局监管工作的重心应当从基础电信企业向增值电信企业和代理商转移。从案件的类型看，除三家增值电信企业是因未年检受到处罚外，其余案件均与互联网增值服务有关。这预示着随着互联网的快速发展，今后在加强互联网管理方面的工作任务会越来越重。从案件的处理过程看，辽宁管局执法人员在执法过程中严格执法，在立案、收集证据、笔录等各个环节严格把关，在合议过程中认真分析，充分体现了依法行政的要求。

三、认真做好行政处罚案件的听证和复议工作

2009年，辽宁管局首次接到行政相对人的听证申请和对行政处罚的复议请求。2009年1月4日，辽宁管局公开举行了大连北辰广告公司涉嫌伪造电信业务经营许可证案听证会，并请辽宁电视台、辽宁日报、法制报等相关媒体进行全程报道。通过本次听证会的举行，更加有效地促进了依法行政工作水平的提高。此次行政处罚案件的处理对于辽宁管局进一步加强依法行政工作具有重要的推动作用。

四、认真总结法制工作经验

根据辽宁省全面推进依法行政工作领导小组关于对贯彻落实《全面推进依法行政实施纲要》情况进行总结检查的通知精神，辽宁管局对国务院发布《纲要》以来的贯彻落实情况进行了认真的总结。根据辽宁省委、省政府转发的《中共辽宁省委宣传部、辽宁省司法厅关于在公民中开展法制宣传教育的第五个五年规划》的通知精神，将中期工作完成的主要工作情况进行了总结。这两项工作的总结都已经以报告的形式上报相关部门。

（辽宁省通信管理局办公室）

【安徽省通信管理局法制工作】

2009年，安徽省通信管理局始终坚持把依法行政作为通信管理工作的基本要求，认真贯彻执行相关规章制度，大力加强执法队伍建设，努力提高执法水平，依法行政工作取得了一定成效。

一、推动管理职能转变，加强行政执法队伍建设和制度建设

充分发挥市场监管职能，主要运用法律手段、经济手段和技术手段，辅以必要的行政手段，推动建立公平、公正、有效、有序的市场竞争秩序，切实把职能转变到为市场主体服务和创造良好发展环境上来。进一步规范行政执法主体资格制度，所有行政执法人员均已经过培训考核，取得工业和信息化部颁发的行政执法证件。定期组织领导干部和工作人员学习宪法和相关法律法规，不断增强法律意识，提高法律素养。制定学习培训计划，分期、分批选派各级干部参加部、省组织的学习培训和党校、行政学院的学习。

二、推进政务公开，做好行政审批

认真学习、严格执行政许可法，按照行政许可法的要求，对行政审批项目进行了清理、分类，在局网站上对外公布了安徽通信管理局的机构设置、处室职责、技术标准、政务信息等，并专门设置了政务公开栏目，依法公开行政审批的条件、申请材料、办事程序、审批依据、办理时限、收费标准等。印制了办事指南，为前来办事人员提供方便。在办公场所公开行政审批的事项、依据、条件、数量、程序、期限以及需要提交的全部材料的目录和申请书示范文本，实现一个窗口对外、并联审批。2009年，共发布信息93条，全部为主动公开。

三、加大法制宣传，“以案学法”取得实效

每年召开省内主要电信运营企业座谈会，剖析电信市场竞争中的实际问题，宣传贯彻有关法律法规，增强企业的依法经营意识。结合实际工作，组织电信运营企业及其所接入的增值电信企业负责人参加法规学习，传达中央、工业和信息化部有关规定，同时要求各增值电信企业认真开展自查自纠工作。为引导电信从业人员进一步提高法律意识，规范市场竞争行为，强化维护消费者合法权益观念，促使省通信市场竞争更加规范有序，在《安徽通信业》杂志上开辟了“以案学法”专栏，刊登有关案例分析，通过法制教育和培训，提高了全局工作人员依法行政的水平，增强了电信从业人员依法经营的意识。2009年，共刊登8件（次）通信行业案件，并附有业内专家点评和相关文件解释。

四、严格依法行政，行政执法工作取得一定成效

在清理完善行政许可程序的基础上，结合行政处罚案件的办理，明确了行政处罚的合议、决定均由局务会议讨论决定的机制，做到执法程序合法、公正。健全行政执法案卷制度，制定了行政处罚文书立卷归档办法，使行政执法案卷立卷归档工作逐步规范化、制度化。明确责任，加强考核，严格执行行政执法责任制暂行规定，进一步明确各部门及执法人员的行政执法职责，建立了重大行政处罚决定备案制度、行政执法过错责任追究制度、行政处罚情况报告制度等。2009年，共立案查处各类违法案件7起，处罚金额共计 9 万元。其中，未履行网站备案手续类 4起，处罚金额4.5万元；为淫秽色情网站提供接入服务类2起，处罚金额2.5万元；为无证单位提供电信资源类1起，处罚金额2万元。通过对案件的查处，使执法人员在执法实践中得到了全面的锻炼，行政执法水平有了较大的提高，依法行政的意识进一步增强，同时进一步促进电信运营企业加强内部管理，规范企业的经营行为。

（安徽省通信管理局政策法规处）

【重庆市通信管理局法制工作】

2009年，重庆市通信管理局（以下简称"重庆管局"）以科学发展观为统领，紧紧围绕普法教育、执法监督、立法建规三项任务，充分发挥法制机构"组织、协调、监督、审核"的职能作用，全面提升依法行政能力，保障并有力促进了通信监管工作的顺利进行。

一、着力推进普法教育，强化依法行政和依法经营意识

按照《重庆市通信管理局"五五"普法规划》和《2009年度法制宣传教育计划》，重点学习《重庆市行政执法基本规范》等九部法律法规。以旁听行政诉讼庭审、"平安重庆，法治同行"法律知识竞赛、重庆市法制故事会、参观打黑除恶成果展览等方式，有效地调动了全局上下学法用法的积极性。编印《通信行业规范性文件汇编》和《重庆市通信管理局内部管理制度汇编手册》，推动依法行政、依法监管。在《重庆通信业》杂志上开辟"法规视点"专栏，推动企业依法经营。

二、着力加强执法监督，规范行政执法行为

重庆管局将效能监察和执法检查相结合，对电信业务经营许可证审批等七大领域的行政许可、备案工作进行监督检查，调阅案卷100余份。行政执法人员在牢固树立依法行使职权意识的基础上，极大地提升了依法行政水平。此外，为信访和政务公开工作提供法律支撑，为14件过路法规、2件规范性文件和7件内部管理制度的制定提供法律意见。按照行政执法工作关口前移、为市场监管提供服务的工作思路，对2件行政处罚案件、24件责令整改进行合法性审查。承办的12件人大提案、政协建议，取得办复率100%、沟通率100%、满意率100%"三个百分之百"的优异成绩。

三、着力推动立法建规，促进通信行业科学发展

重庆管局把制度建设放在突出位置。对规范性文件进行清理，废止6个，宣布失效9个，出台了《关于重庆市宽带城市建设的指导意见》等7份文件，为行业健康发展创造良好政策环境。为推动重庆市"三网融合"试点工作，深入企业开展专项调研，出台《关于重庆市通信行业进一步加快发展的意见》和《关于加快推进重庆市"三网融合"试点工作相关政策请示》，争取政策支持，推动"三网融合"。按照"完善地方立法，为平安重庆建设提供法律保障"的要求，开展对《重庆市电信条例》施行情况的调研工作。就该条例实施七年来的效果、存在的问题、立法空白、运营企业在依法经营和市场竞争等广泛征求意见，并将调研报告提交市人大。《重庆市电信条例》的修订已被列入重庆市人大常委会2010年预备项目。

（重庆市通信管理局政策法规处）

【中国电信集团公司法制工作】

2009 年是电信行业改革重组的收尾年，也是中国电信全业务融合发展的关键年，中国电信法律工作全面落实科学发展观，围绕全业务经营和推进聚焦客户的信息化创新战略继续完善法律工作体系，有效防范企业法律风险，为企业发展和全业务经营提供了强有力的法律支撑。

一、积极学习和践行科学发展观，推进法律工作全面、协调、可持续发展

从进一步健全法律风险防范机制、做好全集团法律工作的指导和管理、进一步完善知识共享机制并提高法律工作人员的能力和工作水平等三个方面组织安排并完成 35件专项工作，形成2份课题研究成果，16份工作通报，4份工作指引、1份指导意见，组织完成了针对北方公司的调研、培训、座谈并组建了北方法律工作虚拟团队。

二、加强法律工作与业务工作的融合，为全业务经营和公司重大项目提供法律支撑

组织开展专题研究，从移动终端、网络建设、内容应用、代理渠道等四个方面对移动通信法律问题进行分析并编发移动业务法律问题指引手册；支撑"整治互联网和手机媒体淫秽色情及低俗信息"专项行动；做好CDMA资产和业务交易项目、中国卫通基础电信业务承接项目以及中卫国脉股权划转和重组项目等涉及的法律工作，保障项目顺利实施。

三、将加强知识产权管理作为重点法律工作之一，不断强化自主创新知识产权保护

积极落实国家知识产权管理战略，组织专业部门和各级企业做好知识产权管理工作；落实国务院国资委《关于加强中央企业知识产权工作的指导意见》，提出了落实工作建议；编写《有关产品开发中知识产权管理的操作指引》，将知识产权保护工作嵌入产品开发的关键环节；对中国电信近年来商标、域名管理工作进行总结并分别予以通报。中国电信的商标被（第三届）中国商标节组委会推荐为2009最具竞争力的服务商标。

四、继续落实精确化管理的要求，进一步夯实法律基础工作

组织规范合同文本课题研究，完善充实集团合同范本库，年内未发生重大合同纠纷；按季度对涉及总部的纠纷案件进行通报，编写著作权案件法律文书选编；对中国电信工商管理工作进行通报，完成全集团各级分支机构的清理统计并下发分支机构名录；完成关联交易课题研究；做好普法工作的组织安排，以全国知识产权宣传周、“12•4”全国法制宣传日为重点，组织各级企业开展普法宣传活动，取得实效。

五、进一步完善法律工作体系和法律风险防范长效机制

对央企法制三年工作目标落实情况进行通报，从推进法律顾问制度建设、完善法律审核把关、防范并处理纠纷案件和壮大企业法律顾问队伍等方面，指导各重要子企业完善法律工作体系，有效防范法律风险；年内就包括《中华人民共和国电信法（征求意见稿）》在内的15项法律法规向有关机构反馈意见；开展法律工作体系研究；支撑公司海外业务拓展，对海外公司法律工作情况进行通报。

2009年4月，中国电信荣获《亚洲法律事务》杂志颁发的“最佳中资公司律师”和“最佳中国地区公司律师”两项大奖，成为第一个同时囊括上述两个奖项的中国企业。5月，中国电信被全国普法办授予“全国‘五五’普法中期先进集体”荣誉称号。

（中国电信集团公司法律部）

【中国移动通信集团公司法制工作】

2009年，中国移动外部环境发生重大变化，公司进入新的发展阶段，法律工作面临很多新的挑战，工作任务非常繁重。按照公司领导在2009年法律工作会上提出的新形势下做好法律管理工作应当主动适应形势变化，实现超前服务、全面服务、高效服务的总体要求，法律管理工作紧紧围绕公司发展战略需求和运营管理的中心任务，积极拓展法律支撑服务领域，深入开展法律风险管理体系建设，全面推进各项法律管理工作，进一步提高了中国移动法律管理整体水平，有效发挥了为公司新形势下发展保驾护航的作用，取得较好成绩。主要工作内容如下：

一、主动拓展法律支撑工作的广度和深度，围绕企业运营发展的中心任务做好法律支撑保障

根据公司全业务发展的实际需要，积极开展相关业务经营资质的申领工作；围绕公司重大决策和经营活动，提供主动、有效的法律支撑服务；为对外投资项目提供法律支撑；深入推进对垃圾短信治理、用户信息保护及整治手机淫秽色情专项行动的法律支撑工作；为存续企业改制工作提供法律支撑；为MOBILE MARKET、手机支付、手机视频、手机阅读等公司新业务提供法律支撑；积极参加对公司经营有重大影响的法律法规和电信监管政策的制定；完成《全业务运营环境下市场竞争相关法律问题调研分析报告》；积极开展法律前瞻性研究，推进中国移动法律专家库专项研究工作，完成红筹公司回归A股法律问题研究。

二、以法律风险管理体系的实施与完善为核心，全面提升企业风险防范能力

中国移动总部完成2009年度风险控制实施评估工作，并对风险数据库进行了滚动更新；31个省级公司对风险控制措施的落实情况进行了自查。总部下发了《中国移动统一信息平台业务规范法律风险管理分册》，与31个省级公司风险数据库完成整合，风险信息实现全国共享；总部受国家标准委委托，主持编写了企业法律风险管理国家标准。

三、切实加强法律基础管理，保障公司经营管理活动的顺利开展

一是持续优化合同管理，切实提升对企业发展的支撑服务能力。不断提高合同审查效率，优质高效地完成合同审查和签署工作；制定《合同授权委托管理办法》，明确了合同授权委托管理流程；开展了合同履行监控专项调研；组织31个省级公司召开了合同审查指引宣贯会，统一明确了合同法律审查的方式；总部新合同管理系统完成开发上线，并针对省公司下发了《中国移动合同管理信息系统需求规范》。二是推进知识产权管理，不断健全知识产权保护体系。按照“集中化”的知识产权管理模式，总部紧密结合公司技术创新和业务发展，持续推进知识产权管理和保护工作，深化商标管理、著作权管理和专利法律等知识产权工作，并就《专利法实施条例修订草案》提出立法建议。三是加强法律纠纷监测和预警，提高案件管理能力。开展中国移动2007～2009年法律纠纷典型案例研究工作，注重加强案件预警管理，加强对省公司案件的指导，建立联动处理机制。四是开展多层次法制宣传活动，提升普法工作效果。创新形式开展普法宣教活动，组织开展《中华人民共和国突发事件应对法》贯彻实施情况专项检查工作、2008年度法制好新闻评选、学习《社会主义法治理念读本》、2009年“12•4”法制宣传日主题普法宣教活动和2009年百家网站知识竞赛等主题普法活动。五是不断优化管理手段，提高法律基础管理效率。对原有合同管理信息系统的升级改造，建设法律风险管理信息系统，搭建“法律事务部知识共享平台”。

四、推进落实中央企业法制工作三年目标工作计划，企业法律顾问制度建设取得实质性进展

按照国资委要求，确定了中国移动落实中央企业法制工作三年目标工作计划。推进各重要子企业完善企业法律顾问制度建设、推动落实企业法律顾问工作职能和提升法律顾问队伍素质和职业化水平。目前实施总法律顾问制度的重要子企业有 6 家，设立独立法律事务机构的达到 15 家；总部制定下发《中国移动企业法律顾问管理办法》，各重要子企业对规章制度、经济合同和重要决策的法律审核把关率已经达到 70%；目前全集团共有法律工作人员 506 人，其中专职人员 240 人，具有企业法律顾问执业资格和律师执业资格的有 127 人。

（中国移动通信集团公司法律事务部）

【中国联合网络通信集团有限公司法制工作】

2009 年，中国联通重组改革进一步向纵深发展，法律工作紧密围绕公司经营管理中心任务，深入贯彻国资委中央企业法制工作新三年目标，坚持“服务改革、服务市场”的指导方针，切实履行法律服务与支撑职能，主要完成以下几方面工作：

一、健全完善企业法律风险防范体系

根据重组后新公司的职责界面和管理流程，梳理整合法律风险防范制度。制定下发了《合同管理办法》、《法律纠纷管理办法》、《知识产权管理办法》等 10 个制度。以此为依托，实现了法律工作从语言、流程到产品的“三统一”，从制度层面上完善了具有联通特色的法律风险防范机制。

二、贯彻落实国资委中央企业法制工作新三年目标

根据国资委要求，公司研究制定了《中国联通法制工作三年目标实施方案》，明确了公司法制工作的阶段目标、进度安排、保障措施和相关要求。积极推进总法律顾问制度建设，下属各重要子企业陆续任命总法律顾问。加大培训力度，先后组织了 5 期面向全集团的专项培训，参训人数达 410 人。完成向国资委的报备工作，对公司落实三年目标情况进行中期摸底，并向国资委报送了《关于落实法制工作三年目标情况的报告 》。

三、做好融合重组后续相关法律工作

协调相关政府主管部门，完成集团公司合并、运营公司合并、移动网络公司设立涉及的工商登记和政府审批工作。开展各海外公司的法律合并工作，完成美国、香港、日本和欧洲公司的股权合并和调整。部署开展总部和下属各单位办理公司合并后的合同主体变更、知识产权类无形资产权属变更和转让登记、涉诉案件主体变更以及相关工商变更登记工作，避免遗留重大法律风险与隐患。

四、深化合同全过程精细化管理

在完成大量合同法律审核的同时，为公司多起重大项目提供全程法律支撑。根据合同管理信息系统运转情况，不断优化合同管理信息系统，进一步提升了合同流转效率。积极推进合同标准化工作，总部层面制定了 53 种合同范本并上线运行，建立分公司合同范本库，涵盖 11 个合同类型、1925 个合同范本。深化合同统计分析机制，定期对合同系统运行情况进行了统计分析，并向公司管理层提交合同统计分析报告。同时，将统计分析发现的问题及时反馈相关专业线，有效提升了合同审签的质量和效率。

五、加强诉讼风险管理，妥善处理法律纠纷

落实法律风险评估反馈机制，继续做好年度诉讼案件法律风险梳理工作。通过梳理 2008 年全集团近 1000 起诉讼案件，将公司主要法律风险划分为 88 个风险领域和 357 个风险点，形成《法律风险防控总报告》、《法律风险索引表》、《诉讼案件基础表》及《典型案例汇编》等系列成果，为各专业线提供具有操作性的法律风险防范指引手册，并指导所属下级单位持续改善法律风险管理工作。强化了对重大案件的跟踪和指导，联通各级法律事务机构会同公司相关部门妥善处理了多起重大案件，有效维护了公司合法权益。

六、知识产权管理与保护工作进一步规范

根据融合重组工作需要，顺利完成公司商标权、计算机软件著作权的承继工作。总部层面，2009 年完成了 1260 件商标转让、279 件商标变更工作，办理原联通公司和原网通境外申请中和已注册商标共计 51 件的变更、转让工作。部署分、子公司开展商标、计算机软件著作权变更、转让工作。为公司全业务品牌计划提供法律支撑，完成全业务品牌商标的注册申请工作。围绕公司手机终端定制等重点项目，进行前瞻性专题研究，提出有针对性的意见和建议。

七、大力开展普法宣教活动

继续推进公司“五五普法”规划的贯彻落实，以学习《企业国有资产法》为重点，部署各级单位开展普法宣教工作。总部层面组织学习《企业国有资产法》报告会，购买发放 800 余本法律知识读本，举办了普法宣传专题展览，并定期制发法制宣传专刊。此外，在集团范围内开展了一次“五五”普法知识竞赛活动，取得良好效果。

八、法律综合管理信息化平台上线运营

为提高公司法律专业线管理水平，2009 年集团法律综合管理信息平台正式上线运营。该平台包括法律工作动态、公告通知、信息共享、在线交流、统计报告、网上培训、典型案例、法律顾问信息管理、通讯录等栏目。以该平台为依托，建立了上下互动和横向联动的工作机制，提升了集团法律管理整体水平。

（中国联合网络通信集团有限公司法律与风险管理部）

体 制 改 革

【深化电信体制改革】

2009 年，贯彻落实党中央、国务院关于应对国际金融危机，保增长、保发展、保稳定的一系列决策，工业和信息化部继续深化电信体制改革。按照国务院常务会议的部署和要求，依照企业申请和法定程序，1 月 7 日，工业和信息化部向三家基础电信运营企业发放了第三代数字蜂窝移动通信（3G）业务许可证。其中，中国移动通信集团公司获得基于 TD-SCDMA 技术制式的 3G 牌照，中国电信集团公司获得基于 CDMA2000 技术制式的 3G 牌照，中国联合通信有限公司获得基于 WCDMA 技术制式的 3G 牌照。

为全力支持第三代移动通信的发展，工业和信息化部研究并制定了一系列配套的政策措施，加快推动 3G 网络建设和商用服务，促进电信资源共享，支持通信产品制造业、软件业和信息服务业等上下游协同发展，并推动电信资费水平不断下降，努力使电信业发展改革的成果惠及广大用户。

一是大力支持 TD 等 3G 网络的发展。工业和信息化部与国家发展和改革委员会、科技部、财政部等部门研究制定了《关于推进第三代移动通信网络建设的意见》，提出将 TD 等 3G 的网络建设、应用和研发纳入《产业结构调整指导目录》鼓励类，并继续利用国家科技重大专项、科技支撑计划、重点产业振兴和技术改造资金等政策措施，落实国家对 3G 的各项支持。鉴于 TD-SCDMA 发展在 3G 发展中具有重要地位，工业和信息化部还印发了《关于继续支持中国移动 TD-SCDMA 网络建设工作的通知》、《关于 TD-SCDMA 网络网间互联结算问题的通知》等文件。

二是推动电信设施共建共享。工业和信息化部出台了《电信基础设施共建共享工程技术暂行规定》等文件，明确规定了铁塔、杆路、管道、光缆、基站机房等共建共享的具体要求。同时，还与国资委联合下发了《关于 2009 年电信基础设施共建共享考核工作的通知》，对三家基础电信企业共建共享工作考核的具体指标、办法和要求作出规定；与电监会联合出台了有关供电支持措施；参与“城市通信工程规划规范”的编制，促进共建共享和缓解基站选址难等问题。

三是加强电信市场监管工作。面对电信市场全业务经营的新竞争格局，工业和信息化部密切关注相关市场状况及由此产生的问题，及时印发了《关于进一步落实规范电信市场秩序有关文件精神的通知》，对加快推动 TD 发展、依法严处违法违规行为、严格执行网间结算政策、规范电信企业定价行为以及维护国家网络信息安全五个方面提出了具体要求。

四是进一步推动电信资费的市场化改革。继取消短信业务网内网外差别定价后，工业和信息化部与国家发展和改革委员会公布了《关于移动可视电话业务实行市场调节价的通知》，同意对移动可视电话业务资费实行市场调节价，并要求该业务标准资费应避免叠加收费，以促进此类 3G 业务的发展应用。同时，天津、海南的移动用户号码携带试验相关工作全面启动，不同企业间异网漫游、网间结算等政策研究也取得积极进展。

五是积极支持通信终端的研发应用。为满足电信运营商发展业务和用户使用需要，工业和信息化部积极稳妥地开展 3G 终端设备进网许可工作，2009 年共核发 500 多张 3G 终端进网许可证，有 3321 款手机获得进网许可。同时，工业和信息化部积极扶持移动终端平台的开发及产业化应用，通过国家重大专项资金等政策，引导企业集中力量突破移动终端基带、射频芯片等核心环节。

3G 牌照的发放，有力地推进了我国自主创新 TD-SCDMA 的产业化和商业化，拉动了 3G 网络和终端建设。到 2009 年底，三家基础电信企业共完成 3G 网络建设直接投资 1609 亿元，完成 3G 基站建设 32.5 万个。3G 用户发展呈现加速增长态势，用户数达到 1500 万户，其中 TD 用户 551 万户。3G 业务应用不断推陈出新，可视电话、手机视频等面向个人应用，宽带上网、家庭网关等面向家庭应用，无线城市、视频监测、移动办公等行业信息化应用不断涌现，移动支付、手机阅读等新型业务不断推出，为广大电信用户提供更加多样、便捷和个性化的电信服务。同时，3G 所带来的网络带宽的优势和终端供应的丰富，推动了移动互联网、电子商务、文化创意等新兴产业发展，也带动了信息通信、商务金融、文化娱乐等各方面的业务应用和创新，并催生着新的经济增长模式和增长点。

（朱秀梅）

【互联网管理法规调研】

为进一步做好互联网管理工作，2009 年 10 月中旬至 11 月中旬，工业和信息化部政策法规司参加了由国务院新闻办公室牵头组织的互联网法规调研。法规调研组在全面梳理我国现行互联网管理的法律、行政法规和部门规章的基础上，通过部门走访、实地调研等方式，围绕着我国互联网法制建设存在的主要问题、完善互联网法律制度的思路及对策建议的主题，对我国互联网法律制度建设问题进行了较为系统的调查、总结和研究。

10 月 22 日，在互联网综合调研组走访工业和信息化部的座谈会上，政法司指出，我国互联网法律法规建设存在的主要问题，包括互联网管理的法律规定以部门规章为主，一些管理手段、处罚措施不能满足管理要求；互联网法律制度偏重政府管理，而权利保护、个人信息安全等方面的内容不足；一些法律制度可操作性不强；部分法律规定之间存在交叉；以及个别互联网法律制度未能得到有效落实。同时提出了完善我国互联网法律制度的相关建议，如加强对互联网法律制度建设的前瞻性研究、加强对互联网立法工作的统筹协调、充分利用现有的法律规定解决互联网发展中遇到的问题，以及加强对互联网法律制度的执行力等。

10 月下旬，工业和信息化部政法司的同志参加了赴浙江、安徽两省的互联网综合管理调研工作。调研主要围绕互联网执法过程中遇到的问题、我国网络接入服务监管存在的主要问题、对实行网络实名制的看法以及增强网上舆论引导能力的建议四个方面展开。在工作方式上，调研组召开了与地方互联网管理相关部门的座谈会，听取了通信管理局和公安、文化、广电、新闻出版等管理部门对完善互联网立法、加强互联网管理工作的意见；实地走访了杭州电信、阿里巴巴公司、合肥论坛等互联网服务提供商，重点了解网站接入、备案以及信息安全管理等方面的情况。就互联网立法和执法问题而言，相关部门普遍反映：法律规定不完善、执法手段不足、取证和保存证据难以及执法队伍不能满足工作需要等，是互联网管理存在的突出问题。同时，互联网管理模式在很大程度上难以适应管理需要，也是管理部门面临的难题。例如，实践中违法行为发生地、服务器托管地和网站登记备案地往往不一致，导致违法网站的查处工作区域跨度大，而地方管理部门之间又缺乏有效的协作机制，给行政执法造成很大的困扰，尤其是未建立违法网站的全国联动查处机制，违法网站往往"此地关、异地开"，互联网管理工作陷于被动。

在理论研究和实地调研的基础上，法规调研组通过分小组起草、合稿讨论等方式，提出了我国互联网法律法规建设的专题报告，从我国互联网法律法规建设基本情况、我国互联网法律法规建设存在的突出问题、完善我国互联网法律法规建设的基本思路和工作建议三个方面，较为系统地阐述了健全我国互联网法律制度的基本思路和具体要求。

（朱秀梅）

2009年发布的法律、法规和行政规章

【《电信设备抗震性能检测管理办法》】

（2009年3月1日工业和信息化部令第3号公布，自2009年4月10日起施行）

第一章　总则

第一条　为了保证公用电信网的安全性、可靠性，提高公用电信网中主要电信设备的抗震性能，根据国家有关规定，制定本办法。

第二条　本办法适用于我国抗震设防烈度7烈度以上（含7烈度）地区的公用电信网中的交换类、传输类、接入类、服务器网关类、移动基站类、通信电源类等主要电信设备的抗震性能检测管理，具体设备目录由中华人民共和国工业和信息化部（以下称工业和信息化部）制定并公布。

第三条　在我国抗震设防烈度7烈度以上地区的公用电信网中使用的主要电信设备，应当经过抗震性能检测，并获得工业和信息化部颁发的电信设备抗震性能检测合格证（以下简称检测合格证）。

第四条　工业和信息化部负责全国电信设备抗震性能检测管理工作。

省、自治区、直辖市通信管理局依照本办法的规定，负责本行政区域内电信设备抗震性能的监督检查工作。

第五条　工业和信息化部为检测合格证申请的受理机关。

第六条　本办法第二条所列电信设备抗震性能的具体检测工作，由工业和信息化部指定的电信设备抗震性能检验机构负责。

电信设备抗震性能检验机构应当依据国家标准、通信行业标准及工业和信息化部的有关规定对电信设备进行抗震性能检测。

第二章　申请检测合格证的条件和程序

第七条　申请检测合格证的，应当符合下列条件：

（一）申请人是依法设立的、具有独立法人地位的企业。

（二）电信设备经过7烈度以上抗震性能检测合格。

第八条　电信设备生产企业（以下简称生产企业）申请检测合格证，应当向受理机关提交下列申请材料：

（一）检测合格证申请表。申请表应当由生产企业法定代表人或其委托代理人签字并加盖公章；境外电信设备生产企业应当委托中国境内的代理机构提交申请表，并出具委托书原件；申请人与生产企业为不同的法人的，应当提交双方法定代表人或其委托代理人签字并加盖公章的委托加工协议书。

（二）企业法人营业执照复印件（境外企业可以提供其境内分支机构或者代理人的有效执照复印件）。

（三）设备外观和内部结构照片。

（四）实行进网许可制度的电信设备，应当提交工业和信息化部颁发的进网许可证复印件。

（五）电信设备抗震性能检测报告。

申请人应当同时提供上述材料的原件，交由受理机关验证后退回申请人。

第九条　受理机关应当对申请材料进行形式审查。申请材料齐全、符合法定形式的，受理机关应当受理；申请材料不齐全或者不符合法定形式的，应当当场或者在5个工作日内一次告知申请人需要补正的全部内容。

工业和信息化部应当自受理之日起20个工作日内作出是否颁发检测合格证的决定。20个工作日内不能作出决定的，经工业和信息化部负责人批准，可以延长10个工作日，并应当将延长期限的理由告知申请人。

第十条　工业和信息化部定期向社会公布获得检测合格证的电信设备。

第三章　检测合格证和检测合格标志

第十一条　生产企业应当在其获得检测合格证的电信设备上粘贴电信设备抗震性能检测合格标志。

未获得检测合格证或者检测合格证有效期届满的电信设备上不得粘贴检测合格标志。

第十二条　检测合格证的有效期为3年。有效期届满后需要延续的，生产企业应当在检测合格证有效期届满3个月前，向受理机关提出延续申请，并提交下列材料：

（一）申请检测合格证应当提交的全部资料。电信设备未发生结构设计、连接工艺或者框架材料等影响抗震性能的变化的，可以提供原电信设备抗震性能检测报告。

（二）原检测合格证。

第十三条 检测合格证中有关电信设备生产企业名称、设备产地等登记事项发生变化的，应当向受理机关提出变更申请，并提交下列材料：

（一）检测合格证变更申请表。

（二）所变更内容的证明材料。

（三）原检测合格证。

经审查，申请材料齐全、符合法定形式的，受理机关应当受理，并自受理申请之日起 10 个工作日内完成变更手续。

第四章 监督管理

第十四条 生产企业获得检测合格证后，应当保证电信设备的质量和性能稳定，不得随意改变电信设备的结构设计、连接工艺和框架材料等。

违反前款规定，擅自改变电信设备的结构设计、连接工艺和框架材料的，由工业和信息化部或者省、自治区、直辖市通信管理局依据职责给予警告，可以并处 1 万元以下的罚款；情节严重的，处 1 万元以上 3 万元以下的罚款。

第十五条 电信业务经营者在抗震设防烈度 7 烈度以上地区的公用电信网中应当使用获得检测合格证的电信设备。

违反前款规定，在抗震设防烈度 7 烈度以上地区的公用电信网中使用未获得检测合格证的电信设备的，由工业和信息化部或者省、自治区、直辖市通信管理局依据职责责令改正，并给予警告；拒不改正的，处 1 万元以下的罚款；情节严重的，处 1 万元以上 3 万元以下的罚款。

第十六条 工业和信息化部和省、自治区、直辖市通信管理局对获得检测合格证的电信设备进行抽查，并向社会公布抽查记录。

工业和信息化部和省、自治区、直辖市通信管理局对电信设备实行检查，不得妨碍生产企业正常的生产经营活动，不得收取任何费用。

工业和信息化部和省、自治区、直辖市通信管理局对电信设备实行检查时，应当记录检查情况和处理结果，由检查人员签字后归档。公众有权查阅检查记录。

第十七条 生产企业隐瞒有关情况或者提供虚假材料申请检测合格证的，工业和信息化部不予受理或者不予颁发检测合格证，并给予警告，生产企业在一年内不得再次申请检测合格证。

生产企业以欺骗、贿赂等不正当手段取得检测合格证的，由工业和信息化部撤销其检测合格证，给予警告，并视情节轻重处 5000 元以上 3 万元以下的罚款，生产企业在三年内不得再次申请检测合格证。

第十八条 电信设备抗震性能检测报告、检测合格证及检测合格标志不得伪造、冒用、涂改和转让。

违反前款规定，伪造、冒用、涂改、转让检测合格证的，由工业和信息化部或者省、自治区、直辖市通信管理局依据职责责令改正，给予警告，可以并处 1 万元以下的罚款；情节严重的，处 1 万元以上 3 万元以下的罚款。

第十九条 有下列情形之一的，工业和信息化部应当依法注销检测合格证，并公告证书作废，生产企业应当及时交回检测合格证：

（一）检测合格证有效期届满，未依法延续的。

（二）生产企业依法终止的。

（三）检测合格证依法被撤销、撤回或者吊销的。

（四）法律、行政法规规定的应当注销检测合格证的其他情形。

第二十条 电信设备抗震性能检验机构及其工作人员有下列行为之一的，由工业和信息化部责令改正；构成犯罪的，依法追究刑事责任：

（一）泄露被检设备的技术秘密的。

（二）出具虚假证明或者出具错误数据造成严重后果的。

第二十一条 生产企业对电信设备抗震性能检验机构出具的检测结论和检测收费有异议的，或者认为电信设备抗震性能检验机构和受理机关的工作人员有违法违纪行为的，可以向工业和信息化部申诉。

第二十二条 从事检测合格证申请受理、审批的工作人员玩忽职守、滥用职权、徇私舞弊的，依法给予行政处分；构成犯罪的，依法追究刑事责任。

第二十三条 本办法自 2009 年 4 月 10 日起施行。2001 年 6 月 15 日发布的《电信设备抗震性能检测管理暂行办法》（中华人民共和国信息产业部令第 12 号）同时废止。

【《工业和信息化部关于废止原邮电部〈邮电部关于损坏通信线路赔偿损失的规定〉等 8 部规章的决定》】

（2009 年 3 月 1 日工业和信息化部令第 4 号公布）

中华人民共和国工业和信息化部决定：原中华人民共和国邮电部 1983 年 6 月 7 日发布的《邮电部关于损坏通信线路赔偿损失的规定》（〔1983〕邮电字 458 号）、1987 年 5 月 21 日发布的《公众电信业务使用规则》（〔1987〕邮部字 225 号）、1992 年 10 月 16 日发布的《边境通信管理暂行规定》、1995 年 10 月 23 日发布的《市内电话业务规程》、1996 年 6 月 12 日发布的《电信应急通信保障暂行规定》（邮部〔1996〕634 号）、1996 年 10 月 17 日发布的《关于盗用电信码号赔偿损失计算标准的暂行规定》（邮部〔1996〕981 号）、1997 年 9 月 10 日发布的《中国公众多媒体通信管理办法》（邮部〔1997〕733 号）、1997 年 10 月 13 日发布的《集中式用户交换机（CENTREX）业务管理办法（暂行）》，自 2009 年 4 月 10 日起废止。

【《电信业务经营许可管理办法》】

（2009 年 3 月 5 日工业和信息化部令第 5 号公布，自 2009 年 4 月 10 日起施行）

第一章 总则

第一条 为加强电信业务经营许可管理，根据《中华人民共和国电信条例》及其他法律、行政法规的规定，制定本办法。

第二条 在中华人民共和国境内申请、审批和管理电信业务经营许可证（以下简称经营许可证），适用本办法。

第三条 中华人民共和国工业和信息化部（以下称工业和信息化部）和省、自治区、直辖市通信管理局（以下统称电信管理机构）是经营许可证的审批管理机构。

电信管理机构在经营许可证审批管理中应当遵循便民、高效、公开、公平、公正的原则。

第四条 经营电信业务，应当依法取得电信管理机构颁发的经营许可证。

电信业务经营者在电信业务经营活动中，应当遵守经营许可证的规定，接受、配合电信管理机构的监督管理。

电信业务经营者按照经营许可证的规定经营电信业务受国家法律保护。

第二章 经营许可证的申请

第五条 申请经营基础电信业务的，应当符合下列条件：

（一） 经营者为依法设立的专门从事基础电信业务的公司，并且公司的国有股权或者股份不少于51%。

（二）有业务发展研究报告和组网技术方案。

（三）有与从事经营活动相适应的资金和专业人员。

（四）有从事经营活动的场地、设施及相应的资源。

（五）有为用户提供长期服务的信誉或者能力。

（六）在省、自治区、直辖市范围内经营的，注册资本最低限额为1亿元人民币；在全国或者跨省、自治区、直辖市范围经营的，注册资本最低限额为10亿元人民币。

（七)公司及其主要出资者和主要经营管理人员三年内无违反电信监督管理制度的违法记录。

（八）国家规定的其他条件。

第六条 申请经营增值电信业务的，应当符合下列条件：

（一）经营者为依法设立的公司。

（二）有与开展经营活动相适应的资金和专业人员。

（三）有为用户提供长期服务的信誉或者能力。

（四）在省、自治区、直辖市范围内经营的，注册资本最低限额为100万元人民币；在全国或者跨省、自治区、直辖市范围经营的，注册资本最低限额为1000万元人民币。

（五）有必要的场地、设施及技术方案。

（六)公司及其主要出资者和主要经营管理人员三年内无违反电信监督管理制度的违法记录。

（七）国家规定的其他条件。

第七条 申请办理基础电信业务经营许可证的，应当向工业和信息化部提交下列申请材料：

（一)公司法定代表人签署的经营基础电信业务的书面申请。内容包括：申请经营电信业务的种类、业务覆盖范围、公司名称、公司通信地址、邮政编码、联系人、联系电话、电子信箱地址等。

（二）公司的企业法人营业执照副本及复印件。

（三）公司概况。包括公司基本情况，拟从事电信业务的机构设置和管理情况、技术力量和经营管理人员情况，与从事经营活动相适应的场地、设施等情况。

（四）公司最近经会计师事务所审计的企业法人年度财务会计报告或者验资报告及工业和信息化部规定的其他相关会计资料。

（五）公司章程、公司股权结构及股东的有关情况。

（六）业务发展研究报告。包括：申请经营电信业务的业务发展和实施计划、服务项目、业务覆盖范围、收费方案、预期服务质量、效益分析等。

（七）组网技术方案。包括：网络结构、网络规模、网络建设计划、网络互联方案、技术标准、电信设备的配置、电信资源使用方案等。

（八）为用户提供长期服务和质量保障的措施。

（九）网络与信息安全保障措施。

（十）证明公司信誉的有关材料。

（十一）公司法定代表人签署的公司依法经营电信业务的承诺书。

尚未获得企业法人营业执照的申请人，应当提交公司的企业名称预先核准通知书，不需提交前款第（二）项、第（十）项规定的材料。对于前款第（一）项规定的书面申请和第（十一）项规定的承诺书，拟成立有限责任公司的，应当由全体股东签署；拟成立股份有限公司的，应当由全体发起人签署。

第八条 申请办理增值电信业务经营许可证的，应当向电信管理机构提交下列申请材料：

（一)公司法定代表人签署的经营增值电信业务的书面申请。内容包括：申请经营电信业务的种类、业务覆盖范围、公司名称、公司通信地址、邮政编码、联系人、联系电话、电子信箱地址等。

（二）公司的企业法人营业执照副本及复印件。

（三）公司概况。包括：公司基本情况，拟从事增值电信业务的人员、场地和设施等情况。

（四)公司最近经会计师事务所审计的企业法人年度财务会计报告或者验资报告及电信管理机构规定的其他相关会计资料。

（五）公司章程、公司股权结构及股东的有关情况。

（六）申请经营电信业务的业务发展、实施计划和技术方案。

（七）为用户提供长期服务和质量保障的措施。

（八）信息安全保障措施。

（九）证明公司信誉的有关材料。

（十)公司法定代表人签署的公司依法经营电信业务的承诺书。

申请经营的电信业务依照法律、行政法规及国家有关规定须经有关主管部门事先审核同意的，应当提交有关主管部门审核同意的文件。

尚未获得企业法人营业执照的申请人，应当提交公司的企业名称预先核准通知书，不需提交前款第（二）项、第（九）项规定的材料。对于前款第（一）项规定的书面申请和第（十）项规定的承诺书，拟成立有限责任公司的，应当由全体股东签署；拟成立股份有限公司的，应当由全体发起人签署。

第三章 经营许可证的审批

第九条 经营许可证分为《基础电信业务经营许可证》和《增值电信业务经营许可证》两类。其中，《增值电信业务经营许可证》分为《跨地区增值电信业务经营许可证》和省、自治区、直辖市范围内的《增值电信业务经营许可证》。

《基础电信业务经营许可证》和《跨地区增值电信业务经营许可证》由工业和信息化部审批。省、自治区、直辖市范围内的《增值电信业务经营许可证》由省、自治区、直辖市通信管理局审批。

外商投资电信企业的电信业务经营许可证，由工业和信息化部根据《外商投资电信企业管理规定》审批。

第十条 工业和信息化部应当对申请经营基础电信业务的申请材料进行审查。申请材料齐全、符合法定形式的，应当向申请人出具受理申请通知书。申请材料不齐全或者不符合法定形式的，应当当场或者在五日内一次告知申请人需要补正的全部内容。

工业和信息化部受理申请之后，应当组织专家对第七条第一款第（六）项、第（七）项申请材料进行评审，形成评审意见。

工业和信息化部应当自受理申请之日起 180 日内完成审查工作。予以批准的，颁发《基础电信业务经营许可证》。不予批准的，应当书面通知申请人并说明理由。

第十一条 电信管理机构应当对申请经营增值电信业务的申请材料进行审查。申请材料齐全、符合法定形式的，应当向申请人出具受理申请通知书。申请材料不齐全或者不符合法定形式的，应当当场或者在五日内一次告知申请人需要补正的全部内容。

电信管理机构应当自收到申请之日起 60 日内完成审查工作，作出予以批准或者不予批准的决定。予以批准的，颁发《跨地区增值电信业务经营许可证》或者省、自治区、直辖市范围内的《增值电信业务经营许可证》。不予批准的，应当书面通知申请人并说明理由。

第十二条 经营许可证由发证机关的批准文件和许可证书组成。

发证机关的批准文件包括经营许可证使用规定、经营者的权利和义务、特别规定事项、年检和违法记录表等文件。原发证机关根据管理需要可以按照工业和信息化部的规定增加相应内容。

许可证书应当载明公司名称、法定代表人、业务种类、业务覆盖范围、有效期限、发证机关和发证日期、签发人、经营许可证编号等内容。

经营许可证的具体内容由工业和信息化部依法另行制定。工业和信息化部可以根据实际情况，依法调整电信业务经营许可证的内容，重新公布。

第十三条 《基础电信业务经营许可证》的有效期，根据电信业务种类分为 5 年、10 年。

《跨地区增值电信业务经营许可证》和省、自治区、直辖市范围内的《增值电信业务经营许可证》的有效期为 5 年。

第十四条 《基础电信业务经营许可证》、《跨地区增值电信业务经营许可证》以及外商投资电信企业的电信业务经营许可证由工业和信息化部部长签发。

省、自治区、直辖市范围内的《增值电信业务经营许可证》由省、自治区、直辖市通信管理局局长签发。

第十五条 经营许可证由公司法定代表人领取，或者由其委托代理人凭委托书领取。

第四章 经营许可证的使用

第十六条 获准经营电信业务的公司，应当按照经营许可证所载明的电信业务种类，在规定的业务覆盖范围和期限内，按照经营许可证的规定经营电信业务。

第十七条 获准经营电信业务的公司持经营许可证到工商行政管理机关办理公司变更登记手续。

获准经营无线电通信业务的，持经营许可证到无线电管理机构申请办理无线电频率使用手续。

第十八条 获准跨地区经营电信业务的公司，应当按照经营许可证的要求，在相应的省、自治区、直辖市设立分公司或子公司等相应机构经营电信业务。

基础电信业务经营者的子公司中，国有股权或者股份的比例应当符合国家有关电信的法律、行政法规的规定。

第十九条 获准经营电信业务的公司经发证机关批准，可以授权其持有股份不少于 51%并符合经营电信业务条件的子公司经营其获准经营的电信业务。该子公司的名称、法定代表人、业务种类、业务覆盖范围等内容，由发证机关在获准经营电信业务的公司的经营许可证许可证书附页中载明。在一个地区不能授权两家或者两家以上子公司经营同一项电信业务。

第二十条 获准经营基础电信业务或者跨地区经营增值电信业务的公司，应当凭经营许可证到相关省、自治区、直辖市通信管理局办理备案手续，并提交下列备案材料：

（一）负责当地业务经营、客户服务等事务的相应机构情况。内容包括：公司负责备案地业务经营、客户服务等事务的相应机构的名称、通信地址、邮政编码、联系人、联系电话、电子信箱地址等。

（二）经营许可证复印件。

（三）公司负责当地业务经营、客户服务等事务的相应机构的营业执照复印件、章程等有关材料。

（四）在当地开展业务的方案。

省、自治区、直辖市通信管理局收到前款规定的备案材料后，对材料齐全的，应当在15日内出具备案确认书，并报工业和信息化部。对材料不齐全的，应当在5日内书面一次告知需要补正的全部内容。

未办理备案手续的，不得在当地经营电信业务。负责当地业务经营、客户服务等事务的机构可以是获准经营电信业务的公司本身或者其在备案地之外的相关省、自治区、直辖市设立的机构，但应当符合经营许可证的要求。

第一款所列材料发生变化的，负责当地业务经营、客户服务等事务的相应机构应当在20日内，向当地的省、自治区、直辖市通信管理局及发证机关报告。

第二十一条　除经营许可证中有特别规定外，电信业务经营者取得经营许可证后，应当在1年内按照经营许可证规定的业务种类和业务覆盖范围提供电信服务。不能在1年内提供电信服务的，应当在申请经营许可证时提出并说明理由，报电信管理机构批准，并在经营许可证中作出特别规定。

第二十二条 任何单位和个人不得伪造、涂改、冒用和以任何方式转让经营许可证。

第五章 经营行为的规范

第二十三条 基础电信业务经营者应当按照公开、平等的原则为取得经营许可证的公司提供经营相关电信业务所需的电信服务和电信资源，不得为无经营许可证或者未办理备案手续的单位或个人提供用于经营电信业务的电信资源或者提供网络接入、业务接入服务。

第二十四条 电信业务经营者不得以任何方式实施不正当竞争。

第二十五条 为增值电信业务经营者提供网络接入、代理收费和业务合作的基础电信业务经营者，应当对相应增值电信业务的内容、资费与收费、合作行为等进行规范、管理，并建立相应的发现、监督和处置制度和措施。

第二十六条 基础电信业务经营者调整与增值电信业务经营者之间的合作条件、协议等的，应当事先告知相关增值电信业务经营者并充分听取其意见。

有关意见征求情况及记录应当留存，并在电信管理机构监督检查时予以提供。

第二十七条 提供网站接入服务的增值电信业务经营者应当遵守下列规定：

（一）应当租用获得相应经营许可证的基础电信业务经营者提供的网络接入等电信资源从事业务经营活动，不得向其他从事网站接入服务的增值电信业务经营者转租所获得的网络接入等电信资源。

（二）不得为未经许可或未备案的网站提供接入或代收费等服务。

（三）按照电信管理机构的规定，建立相应的网站经营许可管理和备案管理的业务管理系统，实现对代报备网站用户信息的动态维护和更新，并定期向电信管理机构报送网站管理所需有关信息。

（四）对所接入网站传播违法信息的行为进行监督，发现传播明显属于《中华人民共和国电信条例》第五十七条规定的信息的，应当立即停止接入和代收费等服务，保存有关记录，并向国家有关机关报告。

（五）按照电信管理机构的要求终止或者暂停对违法网站的接入服务。

第二十八条 电信管理机构应当建立电信业务经营者的违法行为记录和公示制度，对有违法行为记录的电信业务经营者实施重点监管。

基础电信业务经营者向增值电信业务经营者提供网络接入、代收费和业务合作时，应当考虑电信管理机构公示的有关违法行为记录。

第二十九条 电信管理机构建立电信业务市场监测制度。相关电信业务经营者应当按照规定向电信管理机构报送相应的监测信息。

第六章 经营许可证的变更和注销

第三十条 经营许可证有效期届满需要继续经营的，应当提前 90 日向原发证机关提出续办经营许可证的申请；不再继续经营的，应当提前90日向原发证机关报告，并做好善后工作。

第三十一条 取得电信业务经营许可证的公司或者其授权经营电信业务的子公司，遇有合并或者分立、有限责任公司股东变化、业务经营权转移等涉及经营主体需要变更的情形，或者业务范围需要变化的，应当自公司作出决定之日起30日内向原发证机关提出申请，经批准后方可实施。

其中，涉及有限责任公司股东变化、业务经营权转移的，应当符合下列条件：

（一）变更后的公司应当符合本办法第五条、第六条规定的条件。

（二）提出申请时，公司的业务已开通并且没有违反电信监督管理制度的行为。

第三十二条 在经营许可证的有效期内，变更公司名称、法定代表人的，应当在完成公司的工商变更登记手续后30日内向原发证机关申请办理电信业务经营许可证变更手续。

第三十三条 在经营许可证的有效期内，电信业务经营者需要终止经营的，应当符合下列条件：

（一）终止经营基础电信业务的，应当符合电信管理机构确定的电信行业管理总体布局。

（二）有可行的用户妥善处理方案并已妥善处理用户善后问题。

第三十四条 在经营许可证的有效期内，电信业务经营者需要终止经营的，应当向原发证机关提交下列申请材料：

（一）公司法定代表人签署并加盖公章的终止经营电

信业务书面申请。内容包括：公司名称、联系方式、经营许可证编号、申请终止经营的电信业务种类、业务覆盖范围等。

（二）公司股东会关于同意终止经营电信业务的决定。

（三）公司法定代表人签署的做好用户善后处理工作的承诺书。

（四）公司关于解决用户善后问题的情况说明。内容包括：用户处理方案、社会公示情况说明、用户意见汇总、实施计划等。

（五）公司的电信业务经营许可证原件，企业法人营业执照复印件。

原发证机关收到终止经营电信业务的申请后应当向社会公示，公示期为30日。自公示期结束60日内，原发证机关应当完成审查工作，作出予以批准或者不予批准的决定。对于符合退出电信业务市场条件的，原发证机关应当予以批准，收回并注销电信业务经营许可证、或者注销相应的电信业务种类或者电信业务覆盖范围；对于不符合退出电信业务市场条件的，原发证机关应当不予批准，书面通知申请人并说明理由。

对申请终止经营基础电信业务或者跨地区增值电信业务的，工业和信息化部应当将予以批准或者不予批准的决定抄送相关省、自治区、直辖市通信管理局，相关省、自治区、直辖市通信管理局应当依法注销相应的电信业务经营许可备案。

第三十五条 电信业务经营者被有关机关依法处罚，不能继续经营电信业务的，原发证机关应当将其经营许可证收回注销。

第三十六条 发证机关吊销或者注销电信业务经营者的经营许可证后，应当通知相应的工商行政管理机关，并向社会公布。

发证机关吊销、撤销或者注销电信业务经营者的经营许可证，涉及用户善后问题的，可以通过招标方式指定业务承接单位。

被吊销或者注销经营许可证的公司，应当及时到相应工商行政管理机关办理相关手续。

第七章 经营许可的监督检查

第三十七条 发证机关对经营许可证实行年检制度。电信业务经营者应当在报告年的次年第一季度向原发证机关报送下列年检材料：

（一）本年度的电信业务经营情况；网络建设、业务发展、人员及机构变动情况；服务质量情况；执行国家和电信管理机构有关规定的情况等。

（二）公司的企业法人营业执照复印件。

（三）发证机关要求报送的其它材料 。

第三十八条 省、自治区、直辖市通信管理局应当对跨地区电信业务经营者在当地开展电信业务的有关情况进行监督检查，并向工业和信息化部报告有关检查结果。

第三十九条 发证机关进行经营许可证年检时，应当对电信业务经营者报送的材料进行全面审核，并对其经营主体、经营行为、电信设施建设、电信资费和服务质量、执行国家和电信管理机构有关规定的情况等进行检查。

按时参加年检并且年检事项符合规定的，为年检合格。未按规定参加年检或者年检事项不符合规定的，电信管理机构应当责令改正，并依法给予相应的行政处罚；按时改正的，为经整改年检合格；拒不改正的，为年检不合格。

年检结果和处罚情况应当在经营许可证附件《年检和违法记录》中记录，向社会公布并通报工商行政管理机关。

第四十条 电信管理机构对经营许可证实行年检等监督检查，不得妨碍电信业务经营者正常的生产经营活动，不得收取任何费用。

电信管理机构对经营许可证实行年检等监督检查时，应当记录监督检查的情况和处理结果，由监督检查人员签字后归档。公众有权查阅监督检查记录。

电信业务经营者应当按照国家规定的服务标准、资费政策和电信管理机构的规定，向用户提供安全、方便、稳定的服务，并履行普遍服务的义务；未经发证机关批准，不得停业、歇业。电信业务经营者不履行上述义务的，电信管理机构应当责令限期改正，或者依法采取有效措施督促其履行义务。

第八章 罚则

第四十一条 隐瞒有关情况或者提供虚假材料申请电信业务经营许可的，电信管理机构不予受理或者不予行政许可，并给予警告，申请人在一年内不得再次申请该行政许可。

以欺骗、贿赂等不正当手段取得电信业务经营许可的，电信管理机构撤销该行政许可，给予警告，并视情节轻重处5000元以上3万元以下的罚款，申请人在三年内不得再次申请该行政许可；构成犯罪的，依法追究刑事责任。

第四十二条 违反本办法第十六条、第三十一条规定的，依照《中华人民共和国电信条例》第七十条规定予以处罚。

第四十三条 违反本办法第二十二条规定的，依照《中华人民共和国电信条例》第六十九条规定予以处罚。

第四十四条 违反本法第二十四条规定的，依照《中华人民共和国电信条例》第七十二条规定予以处罚。

第四十五条 违反本办法第四条第二款、第十八条、第十九条、第二十条第三款、第四款、第二十一条、第二十三条、第二十五条、第二十六条、第二十七条、第三十条、第三十二条、第三十四条和第三十七条规定的，由电信管理机构责令改正，给予警告，并处5000元以上3万元以下的罚款。

第四十六条 当事人对电信管理机构作出的行政许可和行政处罚决定不服的，可以依法申请行政复议或者提起行政诉讼。

当事人逾期不申请行政复议也不提起行政诉讼，又不履行行政处罚决定的，由作出行政处罚决定的电信管理机构申请人民法院强制执行。

第四十七条 电信管理机构的工作人员在经营许可证管理工作中，玩忽职守、滥用职权、徇私舞弊，构成犯罪的，移交司法机关依法追究刑事责任；尚不构成犯罪的，由所在单位或者上级主管部门给予行政处分。

第九章 附则

第四十八条 经营许可证由工业和信息化部统一印制。

第四十九条 本办法自2009年4月10日起施行。2001年12月26日公布的《电信业务经营许可证管理办法》（中华人民共和国信息产业部令第19号）同时废止。

【《无线电台执照管理规定》】

（2009年3月5日工业和信息化部令第6号公布，自2009年4月10日起施行。原信息产业部1999年5月18日公布的《无线电台执照管理规定》（信部无〔1999〕424号）同时废止）

第一条 为了加强无线电台（站）管理，保护合法无线电台（站）正常工作，根据《中华人民共和国无线电管理条例》，制定本规定。

第二条 无线电台执照是合法设置、使用无线电台（站）的法定凭证。使用各类无线电台（站），包括在机车、船舶和航空器上设置、使用制式电台，应当持有无线电台执照，但中华人民共和国工业和信息化部（以下称工业和信息化部）规定不需要取得无线电台执照的除外。

无线电台（站）是指开展无线电业务所必需的一个或者多个发射机、接收机、或者发射机和接收机的组合（包括附属设备）。

第三条 无线电台执照分为《中华人民共和国无线电台执照》、《中华人民共和国船舶电台执照》和《中华人民共和国航空器电台执照》。

无线电台执照由工业和信息化部统一印制。

第四条 无线电台执照由工业和信息化部或者省、自治区、直辖市无线电管理机构根据《中华人民共和国无线电管理条例》规定的无线电台（站）审批权限和各类无线电台（站）的管理规定核发，或者由工业和信息化部委托的国务院有关部门核发。

第五条 无线电台执照的有效期不超过三年，临时无线电台（站）执照的有效期不超过半年。

第六条 设置、使用无线电台（站）的单位和个人，应当向无线电管理机构提交书面申请和必要的技术资料，经审查批准并按照国家有关规定缴纳频率占用费后领取无线电台执照。

第七条 持照者应当妥善保管无线电台执照。遗失无线电台执照的，应当追查下落，并立即报告原执照核发机构。

第八条 变更无线电台执照中所核定的内容的，应当向原执照核发机构提交申请，经审查批准后重新核发无线电台执照。

第九条 无线电台执照有效期届满后需要继续使用无线电台（站）的，应当在有效期届满一个月前向原执照核发机构申请办理无线电台执照延续手续。

无线电台执照有效期届满未延续的，原执照核发机构应当注销无线电台执照，持照者应当立即停止使用其无线电台（站）。

第十条 停用或者撤销无线电台（站）的，持照者应当自停用或者撤销之日起一个月内向原执照核发机构交回无线电台执照，并报告设备处理情况。

第十一条 严禁仿制、伪造或者出借无线电台执照。

第十二条 各级无线电管理机构每年应当对无线电台执照进行核验，对持照者执行本规定第七条、第八条、第九条、第十条和缴纳频率占用费的情况进行检查，并记录核验和缴费情况。

各级无线电管理机构对持照者实行监督检查时，应当记录监督检查的情况和处理结果，由监督检查人员签字后归档。公众有权查阅监督检查记录。

各级无线电管理机构对持照者实行监督检查，不得妨碍持照者正常的生产经营活动，不得收取任何费用。

第十三条 违反本规定的，由工业和信息化部或者省、自治区、直辖市无线电管理机构依据《中华人民共和国无线电管理条例》等有关规定处罚。

第十四条 军事用途无线电台（站）执照管理办法，由中国人民解放军无线电管理机构另行制定。

第十五条 本规定自2009年4月10日起施行。本规定施行前颁布的有关规定与本规定不一致的，按照本规定执行。

【《建立卫星通信网和设置使用地球站管理规定》】

（2009年3月1日工业和信息化部令第7号公布，自2009年4月10日起施行）

第一章 总则

第一条 为了规范建立卫星通信网和设置使用地球站的行为，避免和减少卫星网络之间、地球站与共用频段的其他无线电台之间的相互干扰，促进卫星通信事业健康发展，根据《中华人民共和国无线电管理条例》和相关行政法规，制定本规定。

第二条 在中华人民共和国境内建立卫星通信网和设置使用地球站，适用本规定。

本规定所称的卫星通信网，是指利用卫星空间电台进行通信的地球站组成的通信网。

本规定所称的地球站，是指设置在地球表面或者地球大气层主要部分以内的、与空间电台通信或者通过空间电台与同类电台进行通信的电台。

第三条 国家对建立卫星通信网实行许可制度。

建立卫星通信网的，应当经中华人民共和国工业和信息化部（以下称工业和信息化部）批准；未经批准，任何单位或者个人不得建立卫星通信网。

第四条 设置使用地球站的，应当按照本规定办理审批手续，取得工业和信息化部或者省、自治区、直辖市无线电管理机构颁发的无线电台执照。

设置使用单收地球站，不需要无线电管理机构对其信息接收提供电磁环境保护的，可以不按本规定办理审批手续；要求无线电管理机构保护其信息接收免受有害无线电干扰的，应当按照本规定办理审批手续并取得无线电台执照。

第二章 建立卫星通信网

第五条 建立卫星通信网的，应当具备下列条件：

（一）具有法人资格。

（二）拟使用的国内空间电台经工业和信息化部批准，并取得无线电台执照。

（三）拟使用的国外空间电台已完成与我国相关卫星网络空间电台和地面电台的频率协调，其技术特性符合双方主管部门之间达成的协议的要求。

（四）无线电频率的使用符合国家无线电频率划分、规划和有关管理规定。

（五）有合理可行的技术方案。

（六）有与卫星通信网建设、运营相适应的资金和专业人员。

（七）有可利用的、由合法经营者提供的卫星频率资源。

（八）法律、行政法规规定的开展有关业务应当具备的其他条件。

建立涉及电信业务经营的卫星通信网的，还应当持有相应的电信业务经营许可证。

第六条 建立卫星通信网的，应当符合国家通信网建设的统筹规划，遵守国家建设管理规定。

第七条 申请建立卫星通信网的，应当向工业和信息化部提交书面申请和下列材料：

（一）法人资格证明。

（二）申请单位基本情况说明。

（三）包含本规定附录所列基本资料的技术方案。

（四）可用资金证明材料。

（五）可使用相关卫星频率资源的证明材料。

（六）国家规定的开展有关业务应当提交的其他材料。

申请建立涉及电信业务经营的卫星通信网的，还应当提交相应的电信业务经营许可证复印件。

第八条 申请材料齐全、符合法定形式的，工业和信息化部应当受理，并向申请人出具书面受理通知；申请材料不齐全或者不符合法定形式的，工业和信息化部应当当场或者在 5 个工作日内一次告知申请人需要补正的全部内容；依法不予受理的，应当书面通知申请人。

第九条 工业和信息化部应自受理申请之日起 20 个工作日内作出审批决定。经审查合格的，出具批准建立卫星通信网证明，并书面通知网内地球站所在地的省、自治区、直辖市无线电管理机构。经审查不合格的，书面通知申请人不予批准并说明理由。

第十条 工业和信息化部批准建立卫星通信网时，应当确定其频率使用期限，该期限最长不超过 10 年。频率使用期限届满需要继续使用的，应当在期限届满 30 日前向工业和信息化部提出书面申请，由工业和信息化部在期限届满前作出是否准予继续使用的决定，并书面通知申请人。

第十一条 获准建立卫星通信网的，应当自批准之日起一年内将该卫星通信网投入使用。

不能在前款规定的期限内启用的，应当在该期限届满 30 日前书面告知工业和信息化部，说明理由和启用日期。

终止运行卫星通信网的，应当提前 30 日向工业和信息化部申请办理注销手续。

获准建立卫星通信网的法人或者其他组织依法终止的，工业和信息化部应当注销对其建立卫星通信网的批准，并书面通知网内地球站所在地的省、自治区、直辖市无线电管理机构。

第十二条 需要变更卫星通信网使用的卫星、频率、极化、传输带宽或者通信覆盖范围的，应当提前 30 日向工业和信息化部提出书面申请，并取得批准。

未经批准，不得改变卫星通信网使用的卫星、频率、极化、传输带宽或者通信覆盖范围。

获准建立卫星通信网的单位变更名称、法定代表人或者注册住所的，应当自变更发生之日起 30 日内向工业和信息化部备案。

第十三条 获准建立卫星通信网的单位与卫星转发器经营者签署的转发器租赁协议，以及涉及租赁卫星、频率、极化、带宽和有效期变更的补充修改协议，应当自签署之日起 30 日内向工业和信息化部备案。

第十四条 获准建立卫星通信网的单位设置网内地球站，应当按照本规定办理地球站设置审批手续并领取无线电台执照；由用户设置网内地球站的，获准建立卫星通信网的单位应当协助用户办理地球站设置审批手续。

获准建立卫星通信网的单位不得向未办理地球站设置审批手续的用户提供卫星信道，但是根据本规定第四条第二款的规定可以不办理审批手续的单收地球站除外。

第十五条 获准建立卫星通信网的单位应当在每年一月三十一日前向工业和信息化部书面报送上年度卫星通信网建设和运行的材料，包括：

（一）开通业务的城市或地区、业务种类。

（二）卫星频率资源使用情况，包括空间电台的名称和轨道经度、实际使用带宽、上下行频率范围和极化。

（三）网内用户名单、双向和发射地球站数量、单收地球站数量。

（四）已领取无线电台执照的地球站数量。

（五）工业和信息化部要求报送的其他材料。

上述材料应当同时送地球站所在地的省、自治区、直辖市无线电管理机构备案。

第十六条 获准建立卫星通信网的单位应当接受无线电管理机构的监督检查，配合无线电管理机构对网内地球站进行管理。

第三章 设置使用地球站

第十七条 设置使用下列地球站，应当经工业和信息化部审查批准：

（一）中央国家机关及其在京直属单位在北京地区设置使用的地球站。

（二）与国外或者港澳台地区通信的地球站。

（三）涉及与境外电台协调的地球站。

（四）各类空间无线电通信业务的馈线链路地球站、关口站或者测控站。

设置使用前款规定之外的地球站，由地球站所在地的省、自治区、直辖市无线电管理机构审查批准。

在北京以外的省、自治区、直辖市辖区内设置使用第一款第（二）项、第（三）项、第（四）项所列地球站的，工业和信息化部委托省、自治区、直辖市无线电管理机构负责对站址和电磁兼容情况进行初步审查，报工业和信息化部批准。

第十八条 设置国际通信地球站的，应当按照有关规定向工业和信息化部申请办理国际通信出入口审批手续。

第十九条 地球站的技术特性、站址选择应当符合国家规定的标准和有关规定。

在城市市区的限制区域内设置使用的发射地球站，其天线直径不应超过4.5米，实际发射功率不应超过20瓦。

设置地球站所使用的发射设备，应当通过国家无线电发射设备型号核准。

第二十条 申请设置使用属于某个卫星通信网的地球站的，应当按照本规定第十七条的规定，向工业和信息化部或者地球站所在地的省、自治区、直辖市无线电管理机构提交书面申请和下列材料：

（一）设置无线电台（站）申请表。

（二）地球站技术资料申报表。

（三）地球站站址电磁环境测试报告。

设置天线直径不超过4.5米的地球站，站址周围视距传播范围内不存在其他同频段无线电台的，可以不提交地球站站址电磁环境测试报告。

第二十一条 申请设置使用不属于某个卫星通信网的地球站的，除本规定第二十条所列申请材料外，还应当提交下列材料：

（一）法人资格证明。

（二）卫星传输链路计算材料。

（三）可使用相关卫星频率资源的证明材料。

（四）国家规定的开展有关业务所需提供的其他材料。

申请设置涉及电信业务经营的地球站的，还应当提交相应的电信业务经营许可证复印件。

第二十二条 申请材料齐全、符合法定形式的，工业和信息化部或者省、自治区、直辖市无线电管理机构应当受理，并向申请人出具书面受理通知；申请材料不齐全或者不符合法定形式的，应当当场或者在5个工作日内一次告知申请人需要补正的全部内容；依法不予受理的，应当书面通知申请人。

第二十三条 设置使用属于某个卫星通信网的地球站，应当符合下列条件：

（一）地球站所属卫星通信网已获得批准。

（二）所使用的空间电台、频率和极化与所属卫星通信网获得的批准文件一致。

（三）地球站的技术特性、站址选择符合本规定的相关要求。

（四）地球站与周围已建或者已受理申请的同频段其他无线电台之间不会相互产生有害干扰。

第二十四条 设置使用不属于某个卫星通信网的地球站，除应当符合本规定第二十三条第（三）项、第（四）项规定的条件外，还应当符合下列条件：

（一）拟使用的国内空间电台经工业和信息化部批准，并取得空间电台执照。

（二）拟使用的国外空间电台已完成与我国相关卫星网络空间电台和地面电台的频率协调，其技术特性符合双方主管部门之间达成的协议的要求。

（三）无线电频率的使用符合国家无线电频率划分、规划和有关管理规定。

（四）拟使用的卫星频率资源由合法经营者提供。

（五）法律、行政法规规定的开展有关业务应当具备的其他条件。

第二十五条 除本规定第十七条第三款所列的申请外，工业和信息化部或者省、自治区、直辖市无线电管理机构应当自受理申请之日起20个工作日内作出审批决定。经审查合格的，书面批准申请人设置使用地球站；经审查不合格的，书面通知申请人不予批准并说明理由。

无线电管理机构在审查期间，需要邀请专家进行干扰分析、测试验证的，所需时间不计算在上述期限内，但无线电管理机构应当将所需时间书面告知申请人。

第二十六条 省、自治区、直辖市无线电管理机构根据本规定第十七条第三款受理设置使用地球站申请的，应当自受理申请之日起15个工作日内完成初步审查，并将初审意见和全部申请材料报送工业和信息化部。

工业和信息化部应当自省、自治区、直辖市无线电管理机构受理申请之日起20个工作日内，作出批准或者不予批准的书面决定。

第二十七条 工业和信息化部或者省、自治区、直辖市无线电管理机构批准申请人设置使用不属于某个卫星通信网的地球站的，应当确定其频率使用期限，该期限最长不超过10年。频率使用期限届满需继续使用的，应当在该期限届满30日前向原审批机构提出书面申请，由原审批机构作出是否准予继续使用的决定，并书面通知申请人。

第二十八条 拟建地球站与已建或者已受理申请的同频段其他无线电台之间将产生有害干扰的，工业和信息化部或者省、自治区、直辖市无线电管理机构应当书面通知申请人不予批准，并告知将受其干扰影响者的情况。

申请人可以与将受其干扰影响者直接协商，寻求解决干扰问题的可行方案；或者提请工业和信息化部或者省、自治区、直辖市无线电管理机构组织技术专家和有关单位进行论证和协调。

在完成干扰协调后，申请人可以重新向工业和信息化部或者省、自治区、直辖市无线电管理机构提出设置使用该地球站的申请。

第二十九条 在沿海和与其他国家或者地区相邻的省、自治区、直辖市辖区内设置使用与其他无线电业务共用频段的大、中型地球站，并且该地球站的协调区覆盖其他国家或者地区的，受理申请的省、自治区、直辖市无线电管理机构应当在实质审查合格后，将有关情况书面告知申请人，并按照国际电信联盟《无线电规则》的有关规定，向工业和信息化部报送有关资料和审查意见。

工业和信息化部应当按照《无线电规则》的有关规定或者双边协议，与相关国家或者地区进行协调，协调时间为 4 至 6 个月。

在完成有关协调后，工业和信息化部应当作出予以批准或者不予批准的决定，书面通知申请人和受理申请的省、自治区、直辖市无线电管理机构。

第三十条 申请人应当自收到无线电管理机构批准设置使用地球站的文件之日起 15 日内，到工业和信息化部或者省、自治区、直辖市无线电管理机构办理设置使用无线电台手续，领取无线电台执照。

第三十一条 地球站应当按照核定的项目进行工作。变更地球站站址、频率、极化、发射功率、天线特性或所使用的卫星的，应当提前 30 日向原审批机构提出书面申请。

未经批准，不得改变地球站的站址、频率、极化、发射特性或所使用的卫星。

第三十二条 停止使用地球站的，应当在停止使用后 30 日内向原审批机构申请办理注销手续，交回无线电台执照，并采取拆除、封存或者销毁措施保证已停止使用的地球站终止发射信号。

未经批准，任何单位和个人不得重新启用已办理注销手续的地球站。

第三十三条 地球站的无线电台执照持照者应当按规定在指定期限内缴纳年度频率占用费，接受无线电管理机构对其无线电台执照的核验。

第三十四条 临时设置使用地球站的，应当根据本规定第十七条的规定，在启用日期 15 日前，向工业和信息化部或者省、自治区、直辖市无线电管理机构提交书面申请和相关申请材料。经审查批准后，办理临时设站手续。临时设置使用的地球站，使用期限不超过 6 个月。

第四章 罚则

第三十五条 违反本规定第三条第二款、第四条第一款、第三十二条第二款规定的，由工业和信息化部或者省、自治区、直辖市无线电管理机构依据职责责令改正，并按照《中华人民共和国无线电管理条例》等行政法规的规定给予处罚。

第三十六条 违反本规定第十二条第二款、第三十一条第二款规定的，由工业和信息化部或者省、自治区、直辖市无线电管理机构责令限期改正；逾期不改的，按照《中华人民共和国无线电管理条例》等行政法规的规定给予处罚。

第三十七条 违反本规定第十四条第二款规定的，由工业和信息化部或者省、自治区、直辖市无线电管理机构依据职责责令限期改正，处 5000 元以上 3 万元以下的罚款。

第五章 附则

第三十八条 外国领导人访华、各国驻中华人民共和国使领馆和享有外交特权与豁免的国际组织驻中华人民共和国代表机构设置使用地球站，应当通过外交途径向工业和信息化部提出申请。

第三十九条 卫星移动业务涉及的终端地球站的使用管理规定，由工业和信息化部另行制定。

第四十条 本规定自 2009 年 4 月 10 日起施行。2002 年 6 月 21 日公布的《建立卫星通信网和设置使用地球站管理规定》（中华人民共和国信息产业部令第 21 号）同时废止。

附录：卫星通信网技术方案应包含的基本资料

一、网络的一般特性

1、业务需求和功能

网络用途和功能；业务类型和业务量；传输容量。

2、组网方式

网络结构（含网络拓扑结构图）；通信覆盖范围。

3、 网络规模

网络规模；实施计划；启用日期。

4、技术体制

基本信号形式；信源编码方式、复用方式、纠错方式；调制方式；多址联接和分配方式；网络监控系统等。

二、工作频段和卫星空间电台特性

拟使用的上、下行频率范围。

拟使用的卫星空间电台名称、轨道位置。

相关转发器的编号、类别、极化和带宽。

相关发射、接收波束的天线增益等值线图。

卫星接收系统噪声温度。

相关转发器的饱和等效全向辐射功率（EIRPs）图或表、接收系统品质因素（G/T）图或表。

三、载波参数

每个载波的发射类别、必要带宽和拟使用的上、下行频率。

每个载波的上、下行功率和功率谱密度。

载波频率规划示意图（适用于多载波工作情况）。

载波正常接收所要求的 C/N 值。

四、地球站特性

1、主站技术参数：

地理位置。

高功放饱和输出功率、所要求的实际发射功率。

天线类型和口径、发射及接收天线增益、旁瓣特性。

接收系统噪声温度。

2、远端站（典型）技术参数：

近期建站的数量和地理分布。

高功放饱和输出功率、所要求的实际发射功率。

天线类型及口径、发射及接收天线增益、旁瓣特性。

（远端站功率和天线特性应包括所使用的各种组合）

五、传输链路计算

提供计算所采用的参数和下列结果：

主站每个载波所需的上行 EIRP 或发射功率、全部载波所需的发射功率。

远端站（典型）每个载波所需的上行 EIRP 或发射功率、全部载波所需的发射功率。

所占用的转发器 EIRP 和带宽的百分比。

【《工业和信息化部行政许可实施办法》】

（2009 年 3 月 1 日工业和信息化部令第 2 号公布，自 2009 年 4 月 10 日起施行）

第一条 为了规范行政许可实施行为，保护公民、法人和其他组织的合法权益，维护公共利益和社会秩序，按照《国务院对确需保留的行政审批项目设定行政许可的决定》有关“国务院有关部门应当对实施本决定所列各项行政许可的条件等作出具体规定，并予以公布”的要求，依据《中华人民共和国行政许可法》的相关规定，制定本办法。

第二条 中华人民共和国工业和信息化部（以下称工业和信息化部）及受其委托实施行政许可的单位、省、自治区、直辖市通信管理局等单位（以下统称行政许可实施机关）实施行政许可，应当遵守法定权限、范围、条件和程序，遵循公开、公平、公正、便民和高效的原则。

第三条 行政许可实施机关应当建立健全监督制度，依法对被许可人从事行政许可事项的活动实施监督检查。监督检查可以采取书面检查、实地检查、抽样检查或者检验、检测等方式。实施监督检查时，行政许可实施机关有权向被许可人询问有关情况，要求被许可人提供相关材料，进入被许可人的机房等场所调查情况，被许可人应当予以配合。

行政许可实施机关依法对被许可人进行检查时，应当记录检查的情况和处理结果，由检查人员签字后归档，公众有权查阅执法检查记录。

行政许可实施机关实施监督检查不得向被许可人收取任何费用，不得妨碍被许可人正常的生产经营活动，不得索取或者收受被许可人的财物，不得谋取其他利益。

第四条 申请人隐瞒有关情况或提供虚假材料申请行政许可的，行政许可实施机关不予受理或者不予行政许可，并给予警告；行政许可申请属于直接关系公共安全、人身健康、生命财产安全事项的，申请人在一年内不得再次申请该行政许可。

第五条 被许可人以欺骗、贿赂等不正当手段取得行政许可的，行政许可实施机关应当撤销其行政许可，给予警告，并视情节轻重处 5000 元以上 3 万元以下的罚款；但撤销行政许可可能对公共利益造成重大损害的，不予撤销；行政许可申请属于直接关系公共安全、人身健康、生命财产安全事项的，申请人三年内不得再次申请该行政许可。

第六条 有下列情形之一的，行政许可实施机关应当依法注销行政许可，并向社会公告：

（一）行政许可有效期届满未延续的。

（二）取得资格许可的公民死亡或者丧失行为能力的。

（三）取得行政许可的法人或者其他组织依法终止的。

（四）行政许可依法被撤销、撤回，或者行政许可证件依法被吊销的。

（五）因不可抗力导致行政许可事项无法实施的。

（六）法律、行政法规规定的应当注销行政许可的其他情形。

第七条 行政许可实施机关发现被许可人不再符合相关行政许可条件的，应当责令被许可人限期改正，处以 3 万元以下的罚款，并将上述情况向社会公告。

第八条 公民、法人或者其他组织未经行政许可，擅自从事相关行政许可活动的，或者被许可人超越行政许可范围从事相关活动的，行政许可实施机关应当依法采取措施予以制止，并依据相关法律、行政法规、规章的规定予以处罚；法律、行政法规、规章未作规定的，应当责令其停止违法行为，可以并处 3 万元以下的罚款。

第九条 被许可人转让、涂改、伪造、倒卖、出租、出借行政许可证件的，由发证机关依据相关法律、行政法规、规章的规定予以处罚；法律、行政法规、规章未作规定的，由发证机关责令改正，给予警告，可以并处 3 万元以下的罚款；构成犯罪的，依法追究刑事责任。

第十条 被许可人从事行政许可活动违反相关法律、行政法规或者规章的，依照相关法律、行政法规或者规章的规定处理。

第十一条 行政许可实施机关及其工作人员有下列情形之一的，由上级行政机关或者监察机关责令改正；情节严重的，对直接负责的主管人员和其他直接责任人员依法给予行政处分：

（一）对符合法定条件的行政许可申请不予受理的。

（二）不在办公场所公示依法应当公示的材料的。

（三）在受理、审查、决定行政许可过程中，未向申请人、利害关系人履行法定告知义务的。

（四）申请人提交的申请材料不齐全、不符合法定形式，不一次告知申请人应当补正的全部内容的。

（五）未依法说明不受理行政许可申请或者不予行政许可的理由的。

（六）依法应当举行听证而不举行听证的。

第十二条 本办法自 2009 年 4 月 10 日起施行。本办法施行前颁布的有关规定与本办法不一致的，按照本办法执行。2004 年 12 月 2 日公布的《信息产业部负责实施的行政许可项目及其条件、程序、期限规定（第一批）》（中华人民共和国信息产业部令第 31 号）同时废止。

附件：

行政许可项目的条件和程序规定（第一批）

序　号	1
项目名称	军工电子计量技术机构建立认定
法律依据	《国防计量监督管理条例》
实施主体	工业和信息化部
受理单位	工业和信息化部科技司
许可条件	申请设立军工电子计量技术机构的单位应当具备下列条件： （一）具有法人资格和军工电子科研生产许可证。 （二）具有军工电子计量测试能力，在某个专业计量测试能力领先，或者在某地区军工电子计量技术机构属空白确实需要建立的。 （三）具备国防军工三级以上计量技术机构认可资格，并能按 GJB-15481《检测和校准实验室通用要求》建立质量管理体系并试运行。
程序和期限	一、申请程序 申请建立军工电子计量技术机构的，应当提交下列材料： （一）建立军工电子计量技术机构申请报告。报告应当包括下列主要内容： 1、申请建立军工电子计量技术机构的必要性、可行性，所具有的军工计量测试能力，在某个专业计量测试能力领先或有特色或在某地区军工电子计量技术机构空白等。 2、对外服务范围，服务情况的预测分析。 3、申请单位通过有关认证、认可的情况，并按 GJB-15481《检测和校准实验室通用要求》建立质量管理体系及试运行情况等。 （二）其他有关资料 1、单位的营业执照和军工电子科研生产许可证。 2、电子二级或国防军工三级以上计量技术机构证书复印件。 3、本单位持有最高计量标准器具情况表及测试能力情况表。 4、单位计量机构人员组成情况及持证情况等。 5、计量技术机构组织结构图、资源、环境配备图等。 二、受理程序 申请人提交的申请材料齐全、符合法定形式的，工业和信息化部应当出具受理申请通知书；申请材料不齐全或者不符合法定形式的，工业和信息化部应当自收到材料之日起 5 个工作日内一次告知申请人需要补正的全部材料；申请依法不需要取得行政许可或者不属于工业和信息化部职权范围内的，工业和信息化部应当出具不予受理通知书。 三、审查、决定程序 工业和信息化部应当自受理申请之日起 20 个工作日内作出批准或者不予批准的决定。20 个工作日内不能作出决定的，经工业和信息化部负责人批准，可以延长 10 个工作日，并应当将延长期限的理由告知申请人。予以批准的，向申请人出具批准文件；作出不予批准书面决定的，应当说明理由，并告知申请人依法享有申请行政复议或者提起行政诉讼的权利。 工业和信息化部组织专家进行材料审查和现场评审，所需时间依法不计算在工业和信息化部的审批期限内，但工业和信息化部应当将所需时间书面告知申请人。

序 号	2
项目名称	通信建设监理企业资质认证和监理工程师资格认定
法律依据	《国务院对确需保留的行政审批项目设定行政许可的决定》
实施主体	工业和信息化部
受理单位	工业和信息化部通信发展司；各省、自治区、直辖市通信管理局
许可条件	一、申请通信建设监理企业资质的条件 通信建设监理企业资质等级分为甲级、乙级和丙级，甲级和乙级资质分为电信工程专业和通信铁塔专业，丙级资质只设电信工程专业。 （一）申请通信建设监理企业资质的，应当具备下列基本条件： 1、在中华人民共和国境内依法设立的、具有独立法人地位的企业（已取得企业法人营业执照，或者取得工商行政管理机关核发的工商预登记文件）。 2、有健全的组织机构，具有固定的、与人员规模相适应的工作场所。 3、具备承担相应监理工作的检测仪器、仪表、设备和交通工具。 4、符合通信建设监理企业资质等级的标准。 （二）通信建设监理企业资质等级的标准 1、甲级 （1）有关负责人资历：企业负责人应当具有从事通信建设或者管理工作的经历，并具有中级以上（含中级）职称或者同等专业水平；企业技术负责人应当具有8年以上从事通信建设或者管理工作的经历，并具有高级技术职称或者同等专业水平，同时取得通信建设监理工程师资格。 （2）工程技术、经济管理人员的要求：通信建设监理工程师总数不少于60人，申请资质中包含电信工程专业的，电信工程专业监理工程师应当不少于45人；申请资质中包含通信铁塔专业的，通信铁塔专业监理工程师应当不少于5人。在各类专业技术人员中，高级工程师或者具有同等专业水平的人员不少于12人，具有高级经济系列职称或者同等专业水平的人员不少于3人，具有通信建设工程概预算资格证书的人员不少于20人。 （3）注册资本：注册资本不少于200万元人民币。 （4）业绩：企业近2年内完成2项投资额3000万元以上或者4项投资额1500万元以上的通信建设监理工程项目。 2、乙级 （1）有关负责人资历：企业负责人应当具有从事通信建设或者管理工作的经历，并具有中级以上（含中级）职称或者同等专业水平；企业技术负责人应当具有5年以上从事通信建设或者管理工作的经历，并具有高级技术职称或者同等专业水平，同时取得通信建设监理工程师资格。 （2）工程技术、经济管理人员的要求：通信建设监理工程师总数不少于40人，申请资质中包含电信工程专业的，电信工程专业监理工程师应当不少于30人；申请资质中包含通信铁塔专业的，通信铁塔专业监理工程师应当不少于3人。在各类专业技术人员中，高级工程师或者具有同等专业水平的人员不少于8人，具有中级以上（含中级）经济系列职称或者同等专业水平的人员不少于2人，具有通信建设工程概预算资格证书的人员不少于12人。 （3）注册资本：注册资本不少于人民币100万元。 （4）业绩：企业近2年内完成2项投资额1500万元以上或者5项投资额600万元以上的通信建设监理工程项目，但首次申请乙级资质的除外。 3、丙级 （1）有关负责人资历：企业负责人应当具有从事通信建设或者管理工作的经历，并具有中级以上（含中级）职称或者同等专业水平；企业技术负责人应当具有3年以上从事通信建设或者管理工作的经历，并具有中级以上（含中级）技术职称或者同等专业水平，同时取得通信建设监理工程师资格。 （2）工程技术、经济管理人员的要求：电信工程专业的通信建设监理工程师不少于25人，高级工程师或者具有同等专业水平的人员不少于3人，具有中级以上（含中级）经济系列职称或者同等专业水平的人员不少于1人，具有通信建设工程概预算资格证书的人员不少于8人。 （3）注册资本：注册资本不少于人民币50万元。 （4）业绩：企业近2年内完成5项投资额300万元以上的通信建设监理工程项目，但首次申请丙级资质的除外。 二、申请通信建设监理工程师资格的条件（通信建设监理工程师按专业设置，分为电信工程专业和通信铁塔专业）：

（一）遵守国家各项法律规定。
（二）从事通信建设工程监理工作，在通信建设监理单位任职。
（三）身体健康，能胜任现场监理工作，年龄不超过 65 周岁。
（四）申请电信工程专业监理工程师资格的，应当具有通信及相关专业或者经济及相关专业中级以上（含中级）职称或者同等专业水平，并有 3 年以上从事通信建设工程工作经历；申请通信铁塔专业监理工程师资格的，应当具有工民建及相关专业中级以上（含中级）技术职称或者同等专业水平，并有 3 年以上从事相关工作经历。
（五）近 3 年内承担过 2 项以上（含 2 项）通信建设工程项目。
（六）取得《通信建设监理工程师考试合格证书》。

程序和期限

一、申请程序
（一）通信建设监理企业资质申请程序
1、申请通信建设监理企业资质的，应当提交下列材料：
（1）通信建设监理企业资质申请表。
（2）企业法人营业执照或者工商预登记文件复印件（提供工商预登记文件的，应当提供企业近 6 个月的验资证明文件）。
（3）办公场地的房产证明或者房屋租赁合同复印件。
（4）购买或者租赁检测仪器、仪表和交通工具等相关设备的发票复印件。
（5）企业负责人、技术负责人的任职文件、职称证书、学历证书、身份证复印件。
（6）企业工程技术、经济管理人员的职称证书、学历证书、身份证复印件。
（7）《通信建设监理工程师资格证书》复印件。
（8）《通信建设工程概预算人员资格证书》复印件。
（9）上述第（5）、（6）、（7）、（8）项所列人员的社会保险证明文件和劳动合同复印件。
（10）相关业绩的工程合同和验收证书等证明材料的复印件（但首次申请乙级以下资质的不需提交）。
申请人应当提供上述证书及材料的原件，交由受理单位验证后退回申请人。
2、为方便申请人，国务院国有资产监督管理机构管理的企业及其下属一层级的企业申请通信建设监理企业资质的，直接向工业和信息化部报送申请材料；其他企业申请通信建设监理企业资质的，可以向所在地的省、自治区、直辖市通信管理局报送申请材料，由省、自治区、直辖市通信管理局初审后将初步审查意见和申请人的全部申请材料报工业和信息化部审批。
3、申请企业资质采用网络与纸质材料相结合的方式。申请人在提交书面申请材料前，应当通过工业和信息化部确定的信息系统上传申请表。申请表上传成功后，打印申请表并连同附件等纸质材料一起报送。
（二）通信建设监理工程师资格申请程序
1、申请通信建设监理工程师资格的，应当提交下列材料：
（1）通信建设监理工程师资格申请表。
（2）申请人的职称证书、学历证明、身份证原件扫描件。
（3）《通信建设监理工程师考试合格证书》原件扫描件。
（4）申请人的社会保险证明文件原件扫描件。
受理单位有权对以上证书原件进行验证。
2、为方便申请人，申请人可以向所在地的省、自治区、直辖市通信管理局提出申请，由省、自治区、直辖市通信管理局初审后将初步审查意见和申请人的全部申请材料报工业和信息化部审批。
3、通信建设监理工程师资格采取网上申请和审批的方式，申请人通过工业和信息化部确定的信息系统上传资格申请表和附件等电子文档。
二、受理、审查、决定程序
（一）通信建设监理企业资质的受理、审查、决定程序
1、首次申请或者升级资质的，受理期限为每季度第一个月的前 15 个工作日。
2、对于申请材料齐全、符合法定形式的，工业和信息化部或者省、自治区、直辖市通信管理局应当受理，并向申请人出具书面受理通知；申请材料不齐全或者不符合法定形式的，工业和信息化部或者省、自治区、直辖市通信管理局应当当场或者在 5 个工作日内一次告知申请人需要补正的全部内容；对不予受理的，应当书面通知申请人。
3、对于省、自治区、直辖市通信管理局受理的申请，省、自治区、直辖市通信管理局应当及时完成初审工作，并将初审意见和全部申请材料报工业和信息化部。

对于工业和信息化部直接受理的申请或者经省、自治区、直辖市通信管理局受理、初审后报送的申请，工业和信息化部应当自受理之日起 20 个工作日内完成审批工作。作出准予行政许可决定的，应当自作出决定之日起 10 个工作日内向申请人颁发相应等级的《通信建设监理企业资质证书》；作出不予行政许可书面决定的，应当说明理由，并告知申请人享有依法申请行政复议或者提起行政诉讼的权利。工业和信息化部不能在审查时限内作出行政许可决定的，经工业和信息化部负责人批准，可以延长 10 个工作日，并应当将延长期限的理由告知申请人。

工业和信息化部或者省、自治区、直辖市通信管理局可以组织专家对企业的申请材料中人员素质、专业技能、管理水平、资金情况、承担过的工程业绩等进行综合评定，必要时组织有关人员对申请企业承担通信建设监理的能力进行实地考核。专家评审所需时间依法不计算在审批期限内，但应当将所需时间告知申请人。

（二）通信建设监理工程师资格的受理、审查、决定程序

1、首次申请的，受理期限为每季度第一个月的前 15 个工作日。

2、申请材料齐全、符合法定形式的，工业和信息化部或者省、自治区、直辖市通信管理局应当受理，并通知申请人；申请材料不齐全或者不符合法定形式的，工业和信息化部或者省、自治区、直辖市通信管理局应当当场或者在 5 个工作日内一次告知申请人需要补正的全部内容；对不予受理的，应当书面通知申请人。

3、对于省、自治区、直辖市通信管理局受理的申请，省、自治区、直辖市通信管理局应当及时完成初审工作，填写初审意见报工业和信息化部。

对于工业和信息化部直接受理的申请或者经省、自治区、直辖市通信管理局受理、初审后报送的申请，工业和信息化部应当自受理之日起 20 个工作日内完成审批工作。作出准予行政许可决定的，应当自作出决定之日起 10 个工作日内向申请人颁发《通信建设监理工程师资格证书》；作出不予行政许可书面决定的，应当说明理由，并告知申请人享有依法申请行政复议或者提起行政诉讼的权利。工业和信息化部不能在审查时限内作出行政许可决定的，经工业和信息化部负责人批准，可以延长 10 个工作日，并应当将延长期限的理由告知申请人。

工业和信息化部组织专家对申请材料进行综合评定，专家评审所需时间依法不计算在审批期限内，但应当将所需时间告知申请人。

三、延续、变更、补办程序

（一）延续程序

1、首次申请或者升级取得的《通信建设监理企业资质证书》的有效期为 2 年，企业取得资质 2 年后可以提出升级申请。续办取得的《通信建设监理企业资质证书》的有效期为 5 年。

2、资质证书有效期届满后需要延续的，企业应当在《通信建设监理企业资质证书》的有效期届满 3 个月前，向发证机关提出延续申请，并提交下列材料：

（1）申请通信建设监理企业资质应当提交的全部材料。

（2）原资质证书正本和副本复印件。

3、《通信建设监理工程师资格证书》的有效期为 5 年。有效期届满后需要延续的，持证人员应当在《通信建设监理工程师资格证书》的有效期届满 3 个月前，向发证机关提出延续申请，并提交下列材料：

（1）通信建设监理工程师资格延续申请表。

（2）申请人的社会保险证明文件。

（3）继续教育证明。

（4）原资格证书复印件。

（二）变更程序

《通信建设监理企业资质证书》、《通信建设监理工程师资格证书》登记事项发生变更的，应当在 30 日内向发证机关提出变更申请，并提交下列材料：

（1）证书变更申请表。

（2）所变更内容的证明材料。

（3）原资质、资格证书。

（三）补办程序

《通信建设监理企业资质证书》、《通信建设监理工程师资格证书》遗失的，应当向发证机关提出补办申请，并提交下列材料：

（1）证书补办申请表。

（2）公众媒体上刊登的遗失声明。

序　号　　3

项目名称	通信信息网络系统集成企业资质认定
法律依据	《国务院对确需保留的行政审批项目设定行政许可的决定》
实施主体	工业和信息化部 通信信息网络系统集成企业资质分为甲级、乙级和丙级。其中，工业和信息化部依法委托省、自治区、直辖市通信管理局负责实施乙级、丙级通信信息网络系统集成企业资质认定。省、自治区、直辖市通信管理局应当将审批结果报工业和信息化部，由工业和信息化部颁发《通信信息网络系统集成企业资质证书》。
受理单位	工业和信息化部通信发展司；各省、自治区、直辖市通信管理局
许可条件	一、申请通信信息网络系统集成企业资质的，应当具备下列基本条件： （一）在中华人民共和国境内依法设立的、具有独立法人地位的企业（已取得企业法人营业执照，或者取得工商行政管理机关核发的工商预登记文件）。 （二）专门从事通信信息网络系统集成业务的企业。 （三）有健全的组织机构，具有固定的、与人员规模相适应的工作场所。 （四）具备承担相应通信信息网络系统集成业务的计算机、设备、交通工具及质量检测手段。 （五）符合通信信息网络系统集成企业资质等级标准。 二、通信信息网络系统集成企业资质等级标准 （一）甲级 1、有关负责人资历：企业负责人应当具有中级以上（含中级）职称或者同等专业水平；企业技术负责人应当有 6 年以上从事通信信息网络系统集成工作经验，并具有通信及相关专业高级技术职称或者同等专业水平。 2、工程技术、经济管理人员的要求：企业具有通信及相关专业初级以上（含初级）职称或者同等专业水平的工程技术和经济管理人员不少于 80 人，其中高级工程师不少于 15 人，工程师不少于 35 人，具有初级技术职称的人员或者技术员不少于 25 人，具有初级以上（含初级）经济系列职称的人员不少于 5 人。在各类专业技术人员中，具有通信建设工程概预算资格证书的人员不少于 20 人。 3、安全生产管理人员的要求：企业主要负责人应当取得工业和信息化部或者省、自治区、直辖市通信管理局核发的《安全生产考核合格证书》（A 类），人数不少于 4 人；企业项目负责人应当取得工业和信息化部或者省、自治区、直辖市通信管理局核发的《安全生产考核合格证书》（B 类），人数不少于 30 人；企业专职安全生产管理人员应当取得工业和信息化部或者省、自治区、直辖市通信管理局核发的《安全生产考核合格证书》（C 类），人数不少于 8 人。 4、注册资本：注册资本不少于人民币 1000 万元。 5、业绩：企业近 2 年内完成 2 项投资额 2000 万元以上或者 4 项投资额 1000 万元以上的通信信息网络系统集成工程项目。 （二）乙级 1、有关负责人资历：企业负责人应当具有中级以上（含中级）职称或者同等专业水平；企业技术负责人应当有 4 年以上从事通信信息网络系统集成工作经验，并具有通信及相关专业中级以上（含中级）技术职称或者同等专业水平。 2、工程技术、经济管理人员的要求：企业具有通信及相关专业初级以上（含初级）职称或者同等专业水平的工程技术和经济管理人员不少于 60 人，其中高级工程师不少于 10 人，工程师不少于 25 人，具有初级技术职称的人员或者技术员不少于 20 人，具有初级以上（含初级）经济系列职称的人员不少于 5 人。在各类专业技术人员中，具有通信建设工程概预算资格证书的人员不少于 15 人。 3、安全生产管理人员的要求：企业主要负责人应当取得工业和信息化部或者省、自治区、直辖市通信管理局核发的《安全生产考核合格证书》（A 类），人数不少于 3 人；企业项目负责人应当取得工业和信息化部或者省、自治区、直辖市通信管理局核发的《安全生产考核合格证书》（B 类），人数不少于 15 人；企业专职安全生产管理人员应当取得工业和信息化部或者省、自治区、直辖市通信管理局核发的《安全生产考核合格证书》（C 类），人数不少于 6 人。 4、注册资本：注册资本不少于人民币 500 万元。 5、业绩：企业近 2 年内完成 2 项投资额 1000 万元以上或者 5 项投资额 400 万元以上通信信息网络系统集成工程项目，但首次申请乙级资质的除外。 （三）丙级

1、有关负责人资历：企业负责人应当具有中级以上（含中级）职称或者同等专业水平；企业技术负责人应当有 2 年以上从事通信信息网络系统集成工作经验，并具有通信及相关专业中级以上（含中级）技术职称或者同等专业水平。

2、工程技术、经济管理人员的要求：企业具有通信及相关专业初级以上（含初级）职称或者同等专业水平的工程技术和经济管理人员不少于 35 人，其中高级工程师不少于 3 人，工程师不少于 15 人，具有初级技术职称的人员或者技术员不少于 15 人，具有初级以上（含初级）经济系列职称的人员不少于 2 人。在各类专业技术人员中，具有通信建设工程概预算资格证书的人员不少于 8 人。

3、安全生产管理人员的要求：企业主要负责人应当取得工业和信息化部或者省、自治区、直辖市通信管理局核发的《安全生产考核合格证书》（A 类），人数不少于 2 人；企业项目负责人应当取得工业和信息化部或者省、自治区、直辖市通信管理局核发的《安全生产考核合格证书》（B 类），人数不少于 10 人；企业专职安全生产管理人员应当取得工业和信息化部或者省、自治区、直辖市通信管理局核发的《安全生产考核合格证书》（C 类），人数不少于 4 人。

4、注册资本：注册资本不少于人民币 300 万元。

5、业绩：企业近 2 年内完成 5 项投资额 200 万元以上通信信息网络系统集成工程项目，但首次申请丙级资质的除外。

程序和期限　一、申请程序

（一）申请通信信息网络系统集成企业资质的，应当提交下列材料：

1、通信信息网络系统集成企业资质申请表。

2、企业法人营业执照或者工商预登记文件复印件（提供工商预登记文件的，应当提供企业近 6 个月的验资证明文件）。

3、办公场地的房产证明或者房屋租赁合同复印件。

4、购买或者租赁计算机、技术装备、交通工具等相关设备的发票复印件。

5、企业负责人、技术负责人的任职文件、职称证书、学历证书、身份证复印件。

6、企业工程技术、经济管理人员的职称证书、学历证书、身份证复印件。

7、《通信建设工程概预算人员资格证书》复印件。

8、安全生产管理人员的《安全生产考核合格证书》复印件。

9、上述第 5、6、7、8 项所列人员的社会保险证明文件和劳动合同复印件。

10、相关业绩的工程合同和验收证书等证明材料（但首次申请乙级以下资质的不需提交）。

申请人应当提供上述证书及材料的原件，交由受理单位验证后退回申请人。

（二）为方便申请人，国务院国有资产监督管理机构管理的企业及其下属一层级的企业申请乙级、丙级通信信息网络系统集成企业资质的，直接向工业和信息化部报送申请材料；其他企业申请甲级通信信息网络系统集成企业资质的，可以向所在地的省、自治区、直辖市通信管理局报送申请材料，由省、自治区、直辖市通信管理局初审后将初步审查意见和申请人的全部申请材料报工业和信息化部审批。

（三）申请企业资质采用网络与纸质材料相结合的方式。申请人在提交书面申请材料前，应当通过工业和信息化部确定的信息系统上传申请表。申请表上传成功后，打印申请表并连同附件等纸质材料一起报送。

二、受理、审查、决定程序

（一）首次申请或者升级资质的，受理期限为每季度第一个月的前 15 个工作日。

（二）对申请材料齐全、符合法定形式的，工业和信息化部或者省、自治区、直辖市通信管理局应当受理，并向申请人出具书面受理通知；申请材料不齐全或者不符合法定形式的，工业和信息化部或者省、自治区、直辖市通信管理局应当当场或者在 5 个工作日内一次告知申请人需要补正的全部内容；对依法不予受理的，应当书面通知申请人。

（三）工业和信息化部或者省、自治区、直辖市通信管理局应当自受理之日起 20 个工作日内完成审批工作。作出准予行政许可决定的，应当自作出决定之日起 10 个工作日内向申请人颁发《通信信息网络系统集成企业资质证书》；作出不予行政许可书面决定的，应当说明理由，并告知申请人享有依法申请行政复议或者提起行政诉讼的权利。工业和信息化部或者省、自治区、直辖市通信管理局不能在审查时限内作出行政许可决定的，经其负责人批准可以延长 10 个工作日，并应当将延长期限的理由告知申请人。

工业和信息化部或者省、自治区、直辖市通信管理局可以组织专家对申请材料中人员素质、专业技能、管理水平、资金情况、承担过的工程业绩等进行综合评定，必要时组织有关人员对申请企业承担通信信息系统集成的能力进行实地考核。专家评审所需时间依法不计算在审批期限内，但应当将所需时间告知申请人。

三、延续、变更及补办程序

（一）延续程序

1、首次申请或者升级取得的《通信信息网络系统集成企业资质证书》的有效期为2年，企业取得资质2年后可以提出升级申请。续办取得的《通信信息网络系统集成企业资质证书》的有效期为5年。

2、资质证书有效期届满后需要延续的，企业应当在《通信信息网络系统集成企业资质证书》有效期届满3个月前，向发证机关提出续办申请，并提交下列材料：

（1）申请通信信息网络系统集成企业资质应当提交的全部材料。

（2）原资质证书正本和副本复印件。

（二）变更程序

资质证书登记事项发生变更的，应当在30日内向发证机关提出变更申请，并提交下列材料：

1、资质证书变更申请表。

2、所变更内容的证明材料。

3、原资质证书。

（三）补办程序

资质证书遗失，向发证机关提出补办申请的，应当提交下列材料：

1、资质证书补办申请表。

2、公众媒体上刊登的遗失声明。

序　号　4

项目名称　通信用户管线建设企业资质认定

法律依据　《国务院对确需保留的行政审批项目设定行政许可的决定》

实施主体　工业和信息化部

工业和信息化部委托省、自治区、直辖市通信管理局负责通信用户管线建设企业资质的认定工作。省、自治区、直辖市通信管理局应当将审批结果报工业和信息化部，由工业和信息化部颁发《通信用户管线建设企业资质证书》。

受理单位　各省、自治区、直辖市通信管理局

许可条件　一、申请通信用户管线建设企业资质的，应当具备下列基本条件：

（一）在中华人民共和国境内依法设立的、具有独立法人地位的企业（已取得企业法人营业执照，或者取得工商行政管理机关核发的工商预登记文件）。

（二）有健全的组织机构，具有固定的、与人员规模相适应的工作场所。

（三）具备承担相应通信用户管线建设业务的技术装备、施工设备、交通工具及质量检测手段。

（四）符合通信用户管线建设企业资质标准。

二、通信用户管线建设企业资质标准

（一）有关负责人资历：企业负责人应当具有初级以上（含初级）职称或者同等专业水平；企业技术负责人应当具有2年以上从事通信建设或者管理工作的经历，并具有通信及相关专业中级以上（含中级）技术职称或者同等专业水平。

（二）技术人员的要求：企业具有通信及相关专业初级以上（含初级）职称或者同等专业水平的工程技术人员不少于15人，其中高级工程师不少于1人，工程师不少于6人；具有工民建及相关专业初级以上（含初级）职称的人员不少于2人。在各类专业技术人员中，具有通信建设工程概预算资格证书的人员不少于4人。

（三）安全生产管理人员的要求：企业主要负责人应当取得工业和信息化部或者省、自治区、直辖市通信管理局核发的《安全生产考核合格证书》（A类），人数不少于2人；企业项目负责人应当取得工业和信息化部或者省、自治区、直辖市通信管理局核发的《安全生产考核合格证书》（B类），人数不少于3人；企业专职安全生产管理人员应当取得工业和信息化部或者省、自治区、直辖市通信管理局核发的《安全生产考核合格证书》（C类），人数不少于2人。

（四）企业注册资本不少于人民币80万元。

（五）企业近2年内完成8项投资额50万元以上的通信用户管线建设项目，但首次申请资质的除外。

程序和期限	一、申请程序 （一）申请通信用户管线建设企业资质的，应当向所在地的省、自治区、直辖市通信管理局提交下列材料： 1、通信用户管线建设企业资质申请表。 2、企业法人营业执照或者工商预登记文件复印件（提供工商预登记文件的，应当提供企业近 6 个月的验资证明文件）。 3、办公场地的房产证明或者房屋租赁合同复印件。 4、购买或者租赁技术装备、施工设备、交通工具及检测仪器等相关设备的发票复印件。 5、企业负责人、技术负责人的任职文件、职称证书、学历证书、身份证复印件。 6、企业工程技术人员的职称证书、学历证书、身份证复印件。 7、《通信建设工程概预算人员资格证书》复印件。 8、安全生产管理人员的《安全生产考核合格证书》复印件。 9、上述第 5、6、7、8 项所列人员的社会保险证明文件和劳动合同复印件。 10、相关业绩的工程合同和验收证书等证明材料（但首次申请资质的不需提交）。 申请人应当提供上述证书及材料的原件，交由受理单位验证后退回申请人。 （二）申请企业资质采用网络与纸质材料相结合的方式。申请人在提交书面申请材料前，应当通过工业和信息化部确定的信息系统上传申请表。申请表上传成功后，打印申请表并连同附件等纸质材料一起报送。 二、受理、审查、决定程序 （一）首次申请资质的，受理期限为每季度第一个月的前 15 个工作日。 （二）申请材料齐全、符合法定形式的，省、自治区、直辖市通信管理局应当受理，并向申请人出具书面受理通知；申请材料不齐全或者不符合法定形式的，省、自治区、直辖市通信管理局应当当场或者在 5 个工作日内一次告知申请人需要补正的全部内容。对不予受理的，应当书面通知申请人。 （三）省、自治区、直辖市通信管理局应当自受理之日起 20 个工作日完成审批工作，并将审批结果报工业和信息化部。作出准予行政许可决定的，应当自作出决定之日起 10 个工作日内向申请人颁发《通信用户管线建设企业资质证书》；作出不予行政许可书面决定的，应当说明理由，并告知申请人享有依法申请行政复议或者提起行政诉讼的权利。 省、自治区、直辖市通信管理局可以组织专家对申请材料中人员素质、专业技能、管理水平、资金情况等进行综合评定，必要时组织有关人员对申请人承担通信用户管线建设的能力进行实地考核。专家评审所需时间依法不计算在审批期限内，但应当将所需时间告知申请人。 三、延续、变更及补办程序 （一）延续程序 首次申请取得的《通信用户管线建设企业资质证书》的有效期为 2 年，续办取得的《通信用户管线建设企业资质证书》的有效期为 5 年。资质证书的有效期届满后需要延续的，通信用户管线建设企业应当在《通信用户管线建设企业资质证书》有效期届满 3 个月前，向发证机关提出续办申请，并提交下列材料： 1、申请通信用户管线建设企业资质应当提交的全部材料。 2、原资质证书正本和副本复印件。 （二）变更程序 资质证书登记事项发生变更的，应当在 30 日内向发证机关提出变更申请，并提交下列材料： 1、资质证书变更申请表。 2、所变更内容的证明材料。 3、原资质证书。 （三）补办程序 资质证书遗失，向发证机关提出补办申请的，应当提交下列材料： 1、资质证书补办申请表。 2、公众媒体上刊登的遗失声明。

序　号	5
项目名称	通信建设工程概预算人员资格认定
法律依据	《国务院对确需保留的行政审批项目设定行政许可的决定》
实施主体	工业和信息化部
受理单位	工业和信息化部通信发展司；各省、自治区、直辖市通信管理局

许可条件	申请通信建设工程概预算人员资格的，应当具备下列条件： （一）遵纪守法，身体健康。 （二）具有初级以上（含初级）职称或者同等专业水平，有 2 年以上从事通信工程建设的工作经历。 （三）从事通信建设工程建设或者概、预算文件的编制、审核工作。 （四）近 2 年内承担过 2 项以上（含 2 项）通信建设工程项目。 （五）取得《通信建设工程概预算人员考试合格证书》。
程序和期限	一、申请程序 （一）申请通信建设工程概预算人员资格的，应当提供下列材料： 1、通信建设工程概预算人员资格申请表。 2、申请人的职称证书、学历证书和身份证原件扫描件。 3、《通信建设工程概预算人员考试合格证书》原件扫描件。 4、申请人的社会保险证明文件原件扫描件。 受理单位有权对以上证书原件进行验证。 （二）为方便申请人，申请人可以向所在地的省、自治区、直辖市通信管理局提出申请，由省、自治区、直辖市通信管理局初审后将初步审查意见和申请人的全部申请材料报工业和信息化部审批。 （三）通信建设工程概预算人员资格采取网上申请和审批的方式，申请人通过工业和信息化部确定的信息系统上传资格申请表和附件等电子文档。 二、受理、审查、决定程序 （一）首次申请的，受理期限为每季度第一个月的前 15 个工作日。 （二）申请材料齐全、符合法定形式的，工业和信息化部或者省、自治区、直辖市通信管理局应当受理，并通知申请人；申请材料不齐全或者不符合法定形式的，工业和信息化部或者省、自治区、直辖市通信管理局应当当场或者在 5 个工作日内一次告知申请人需要补正的全部内容；对不予受理的，应当书面通知申请人。 （三）对于省、自治区、直辖市通信管理局受理的申请，省、自治区、直辖市通信管理局应当及时完成初审工作，填写初审意见报工业和信息化部。 对于工业和信息化部直接受理的申请或者经省、自治区、直辖市通信管理局受理、初审后报送的申请，工业和信息化部应当自受理之日起 20 个工作日内完成审批工作。作出准予行政许可决定的，应当自作出决定之日起 10 个工作日内向申请人颁发《通信建设工程概预算人员资格证书》；作出不予行政许可书面决定的，应当说明理由，并告知申请人享有依法申请行政复议或者提起行政诉讼的权利。工业和信息化部不能在审查时限内作出行政许可决定的，经工业和信息化部负责人批准，可以延长 10 个工作日，并应当将延长期限的理由告知申请人。 工业和信息化部组织专家对申请材料进行综合评定，专家评审所需时间依法不计算在审批期限内，但应当将所需时间告知申请人。 三、延续、变更及补办程序 （一）延续程序 《通信建设工程概预算人员资格证书》的有效期为 5 年。资格证书的有效期届满后需要延续的，持证人员应当在《通信建设工程概预算人员资格证书》有效期届满 3 个月前，向发证机关提出延续申请，并提交下列材料： 1、通信建设工程概预算人员资格延续申请表。 2、申请人的社会保险证明文件。 3、继续教育证明。 4、原资格证书复印件。 （二）变更程序 资格证书登记事项发生变更的，应当在 30 日内向发证机关提出变更申请，并提交下列材料： 1、资格证书变更申请表。 2、所变更内容的证明材料。 3、原资格证书。 （三）补办程序 资格证书遗失的，应当向发证机关提出补办申请，并提交下列材料： 1、资格证书补办申请表。 2、公众媒体上刊登的遗失声明。

序　号	6
项目名称	通信建设项目招标代理机构资质认定
法律依据	《中华人民共和国招标投标法》
实施主体	工业和信息化部

受理单位　工业和信息化部通信发展司；各省、自治区、直辖市通信管理局

许可条件

申请通信建设项目招标代理机构资质应当具备的条件：

（一）基本条件

1、在中华人民共和国境内依法设立的、具有独立法人地位的企业或社会中介组织。

2、与行政机关和其他国家机关不存在隶属关系或者其他利益关系。

3、有健全的组织机构，具有固定的、与开展招标代理相适应的工作场所。

4、具有开展招标代理业务所需的办公设备。

5、具备独立编制招标文件和有效组织相应专业评标的能力。

（二）申请甲级通信建设项目招标代理机构资质的，除应当具备通信建设项目招标代理机构资质的上述基本条件外，还应当具备下列条件：

1、有关负责人资历：单位负责人应当具有中级以上（含中级）职称或者同等专业水平；单位技术负责人应当具有 8 年以上从事通信建设管理工作经验，并具有中级技术职称或者同等专业水平。

2、技术、经济管理人员的要求：单位具有通信及相关专业初级以上（含初级）职称或者同等专业水平的工程技术和经济管理人员不少于 20 人，其中高级工程师不少于 3 人，具有高级经济系列职称的人员不少于 2 人，工程师不少于 10 人。在各类专业技术人员中，具有通信建设工程概预算资格证书的人员不少于 5 人。

3、评标专家库要求：有按规定组建的不少于 8 个专业且每个专业不少于 15 人的评标专家库。

4、注册资本：注册资本不少于 100 万元。

5、业绩：近 2 年内代理招标项目累计中标金额在 5 亿元以上，并有良好的社会信誉。

（三）申请乙级通信建设项目招标代理机构资质的，除应当具备通信建设项目招标代理机构资质的基本条件外，还应当具备下列条件：

1、有关负责人资历：单位负责人应当具有中级以上（含中级）职称或者同等专业水平；单位技术负责人应当具有 6 年以上从事通信建设管理工作经验，并具有通信及相关专业中级技术职称或者同等专业水平。

2、技术、经济管理人员的要求：单位具有通信及相关专业初级以上（含初级）职称或者同等专业水平的工程技术和经济管理人员不少于 10 人，其中高级工程师不少于 1 人，工程师不少于 4 人，具有高级经济系列职称的人员不少于 1 人，具有中级经济系列职称的人员不少于 2 人。在各类专业技术人员中，具有通信建设工程概预算资格证书的人员不少于 3 人。

3、评标专家库要求：有按规定组建的不少于 5 个专业且每个专业不少于 15 人的评标专家库。

4、注册资本：注册资本不少于 50 万元。

5、业绩：近 2 年内代理招标项目累计中标金额在 2 亿元以上，并有较好的社会信誉，但首次申请乙级资质的除外。

一、申请程序

1、申请通信建设项目招标代理机构资质的，应当提交下列材料：

（1）通信建设项目招标代理机构资质申请表。

（2）企业法人营业执照或者工商预登记文件复印件，或者社会团体法人登记证书复印件（提供工商预登记文件或者社会团体法人登记证书的，应当提供企业或社会团体近 6 个月的验资证明文件）。

（3）办公场地的房产证明或者房屋租赁合同复印件。

（4）机构负责人、技术负责人的任职文件、职称证书、学历证书、身份证复印件。

（5）企业工程技术、经济管理人员的职称证书、学历证书、身份证复印件。

（6）《通信建设工程概预算人员资格证书》复印件。

（7）上述第（4）、（5）、（6）项所列人员的社会保险证明文件和劳动合同复印件。

（8）评标专家库成员的身份证及聘用确认书复印件。

（9）招标代理业绩：业主委托合同和中标通知书等材料（但首次申请乙级资质的不需提交）。

申请人应当提供上述证书及材料的原件，交由受理单位验证后退回申请人。

2、为方便申请人，国务院国有资产监督管理机构管理的企业及其下属一层级的企业申请通信建设项目招标

程序和期限

代理机构资质的，直接向工业和信息化部报送申请材料；其他企业申请通信建设项目招标代理机构资质的，可以向所在地的省、自治区、直辖市通信管理局报送申请材料，由省、自治区、直辖市通信管理局初审后将初步审查意见和申请人的全部申请材料报工业和信息化部审批。

3、申请企业资质采用网络与纸质材料相结合的方式。申请人在提交书面申请材料前，应当通过工业和信息化部确定的信息系统上传申请表。申请表上传成功后，打印申请表并连同附件等纸质材料一起报送。

二、受理、审查、决定程序

1、首次申请或者升级资质的，受理期限为每季度第一个月的前 15 个工作日。

2、申请材料齐全、符合法定形式的，工业和信息化部或者省、自治区、直辖市通信管理局应当受理，并出具书面受理通知；申请材料不齐全或者不符合法定形式的，工业和信息化部或者省、自治区、直辖市通信管理局应当当场或者在 5 个工作日内一次告知申请人需要补正的全部内容；对不予受理的，应当书面通知申请人。

3、对于省、自治区、直辖市通信管理局受理的申请，省、自治区、直辖市通信管理局应当按时完成初审工作，并将初审意见和申请人的全部申请材料报工业和信息化部。

对于工业和信息化部直接受理的申请或者经省、自治区、直辖市通信管理局受理、初审后报送的申请，工业和信息化部应当自受理之日起 20 个工作日完成审批工作。作出准予行政许可决定的，应当自作出决定之日起 10 个工作日内向申请人颁发相应等级的《通信建设项目招标代理机构资质证书》；作出不予行政许可书面决定的，应当说明理由，并告知申请人享有依法申请行政复议或者提起行政诉讼的权利。工业和信息化部不能在审查时限内作出行政许可决定的，经工业和信息化部负责人批准，可以延长 10 个工作日，并应当将延长期限的理由告知申请人。

工业和信息化部或者省、自治区、直辖市通信管理局可以组织专家对企业的申请材料中人员素质、专业技能、管理水平、资金情况、承担过的工程业绩等进行综合评定，必要时组织有关人员对申请企业承担通信建设项目招标代理的能力进行实地考核。专家评审所需时间依法不计算在审批期限内，但应当将所需时间告知申请人。

三、延续、变更及补办程序

（一）延续程序

1、首次申请或者丌级取得的《通信建设项目招标代理机构资质证书》的有效期为 2 年，企业取得资质 2 年后可以提出升级申请。续办取得的《通信建设项目招标代理机构资质证书》的有效期为 5 年。

2、《通信建设项目招标代理机构资质证书》的有效期届满后需要延续的，招标代理机构应当在《通信建设项目招标代理机构资质证书》有效期届满 3 个月前，向发证机关提出申请，并提交下列材料：

（1）申请通信建设项目招标代理机构资质应当提交的全部材料。

（2）原资质证书正本和副本复印件。

（二）变更程序

资质证书登记事项发生变更的，应当在30 日内向发证机关提出变更申请，并提交下列材料：

1、资质证书变更申请表。

2、所变更内容的证明材料。

3、原资质证书。

（三）补办程序

资质证书遗失的，应当向发证机关提出补办申请，并提交下列材料：

1、资质证书补办申请表。

2、公众媒体上刊登的遗失声明。

序　号	7
项目名称	设立外商投资电信企业审批
法律依据	《外商投资电信企业管理规定》
实施主体	工业和信息化部

受理单位	工业和信息化部通信发展司；省、自治区、直辖市通信管理局
许可条件	一、外商投资电信企业的注册资本应当符合下列规定： （一）经营全国的或者跨省、自治区、直辖市范围的基础电信业务的，注册资本最低限额为10亿元人民币；经营增值电信业务的，注册资本最低限额为1000万元人民币。 （二）经营省、自治区、直辖市范围内的基础电信业务的，注册资本最低限额为1亿元人民币；经营增值电信业务的，注册资本最低限额为100万元人民币。 二、外方投资者在企业中的出资比例应当符合下列规定： （一）经营基础电信业务（无线寻呼业务除外）的外商投资电信企业的外方投资者在企业中的出资比例，最终不得超过49%。 （二）经营增值电信业务（包括基础电信业务中的无线寻呼业务）的外商投资电信企业的外方投资者在企业中的出资比例，最终不得超过50%。 外商投资电信企业的中方投资者和外方投资者在不同时期的出资比例，由工业和信息化部按照有关规定确定。 三、外商投资电信企业的中、外方主要投资者应当符合下列条件： （一）经营基础电信业务的外商投资电信企业的中方主要投资者应当符合下列条件： 1、是依法设立的公司。 2、有与从事经营活动相适应的资金和专业人员。 3、符合工业和信息化部规定的审慎的和特定行业的要求。 前款所称外商投资电信企业的中方主要投资者，是指在全体中方投资者中出资数额最多且占中方全体投资者出资总额的30%以上的出资者。 （二）经营基础电信业务的外商投资电信企业的外方主要投资者应当符合下列条件： 1、具有企业法人资格。 2、在注册的国家或者地区取得基础电信业务经营许可证。 3、有与从事经营活动相适应的资金和专业人员。 4、有从事基础电信业务的良好业绩和运营经验。 前款所称外商投资电信企业的外方主要投资者，是指在外方全体投资者中出资数额最多且占全体外方投资者出资总额的30%以上的出资者。 （三）经营增值电信业务的外商投资电信企业的外方主要投资者应当具有经营增值电信业务的良好业绩和运营经验。 四、应当具备的其他条件 （一）外商投资电信企业经营电信业务，除应当满足上述条件外，还应当符合《中华人民共和国电信条例》规定的经营基础电信业务或者经营增值电信业务应当具备的条件。 （二）外商投资电信企业经营业务的地域范围，由工业和信息化部按照有关规定确定。
程序和期限	、申请程序 （一）设立经营基础电信业务或者跨省、自治区、直辖市范围增值电信业务的外商投资电信企业，由中方主要投资者向工业和信息化部提出申请并报送下列文件： 1、项目申请报告（外商投资电信企业项目申请报告的主要内容包括：合营各方的名称和基本情况、拟设立企业的投资总额、注册资本、各方出资比例、申请经营的业务种类、合营期限等）。 2、中方投资者、外方投资者符合许可条件的资格证明或者有关确认文件。 3、《中华人民共和国电信条例》规定的经营基础电信业务或者增值电信业务应当具备的其他条件的证明或者确认文件。 （二）设立外商投资电信企业经营省、自治区、直辖市范围内增值电信业务，由中方主要投资者向省、自治区、直辖市电信管理机构提出申请并报送下列文件： 1、外方投资者符合许可条件的资格证明或者有关确认文件。 2、《中华人民共和国电信条例》规定的经营增值电信业务应当具备的其他条件的证明或者确认文件。 二、受理、审查和决定程序 （一）《外商投资经营电信业务审定意见书》环节 1、对于设立经营基础电信业务或者跨省、自治区、直辖市范围增值电信业务的外商投资电信企业申请，工业和信息化部应当自收到申请之日起对上述的有关文件进行审查。属于基础电信业务的，应当在180日内

审查完毕，作出批准或者不予批准的决定；属于增值电信业务的，应当在９０日内审查完毕，作出批准或者不予批准的决定。予以批准的，颁发《外商投资经营电信业务审定意见书》；不予批准的，应当书面通知申请人并说明理由。

2、对于设立经营省、自治区、直辖市范围内增值电信业务的外商投资电信企业申请，省、自治区、直辖市通信管理局应当自收到申请之日起６０日内签署意见。予以同意的，转报工业和信息化部；不予同意的，应当书面通知申请人并说明理由。

工业和信息化部应当自收到省、自治区、直辖市通信管理局签署同意的申请文件之日起３０日内审查完毕，作出批准或者不予批准的决定。予以批准的，颁发《外商投资经营电信业务审定意见书》；不予批准的，应当书面通知申请人并说明理由。

设立外商投资电信企业，按照国家有关规定，其投资项目需要经国务院发展改革部门核准的，工业和信息化部应当在颁发《外商投资经营电信业务审定意见书》前，将申请材料转送国务院发展改革部门核准。转送国务院发展改革部门核准的，审批期限可以延长３０日。

（二）《外商投资企业批准证书》环节

设立外商投资电信企业，属于经营基础电信业务或者跨省、自治区、直辖市范围增值电信业务的，由中方主要投资者凭《外商投资经营电信业务审定意见书》向国务院商务主管部门报送拟设立外商投资电信企业的合同、章程；属于经营省、自治区、直辖市范围内增值电信业务的，由中方主要投资者凭《外商投资经营电信业务审定意见书》向省、自治区、直辖市人民政府商务主管部门报送拟设立外商投资电信企业的合同、章程。

国务院商务主管部门和省、自治区、直辖市人民政府商务主管部门应当自收到报送的拟设立外商投资电信企业的合同、章程之日起９０日内审查完毕，作出批准或者不予批准的决定。予以批准的，颁发《外商投资企业批准证书》；不予批准的，应当书面通知申请人并说明理由。

（三）《电信业务经营许可证》环节

外商投资电信企业的中方主要投资者凭《外商投资企业批准证书》，到工业和信息化部办理《电信业务经营许可证》手续。

（四）工商注册登记环节

外商投资电信企业的中方主要投资者凭《外商投资企业批准证书》和《电信业务经营许可证》，向工商行政管理机关办理外商投资电信企业注册登记手续。

备　注

1、外国投资者同中国投资者在中华人民共和国境内依法以中外合资经营形式，共同投资设立经营电信业务的企业，应当事先取得行政许可。

2、外商投资电信企业申请材料目录

（1）中方投资者的有关材料：企业法人营业执照；企业基本情况的介绍。

（2）外方主要投资者的有关材料：公司登记证；电信业务（基础电信业务和增值电信业务）经营许可证和运营经验与良好业绩的证明；过去3年的公司年报；资信证明。

（3）外方其他投资者的材料：公司登记证；公司基本情况介绍。

（4）项目申请报告。

（5）其他材料：股权转让协议；法律、行政法规规定的其他材料等。

3、外商投资电信企业项目申请报告范本

（1）合营各方的名称和基本情况。

中方：名称、法定代表人及其国籍与职务、公司住所、注册地、基本情况介绍。

外方：名称、法定代表人及其国籍与职务、公司住所、注册地、基本情况介绍。

（2）拟设立企业的投资总额及出资方式。

（3）拟设立企业的注册资本：注册资本的金额；出资方式。

（4）注册资本中各方出资比例：中方出资比例；外方出资比例。

（5）申请经营的业务种类：属于我国加入世界贸易组织服务贸易承诺中的业务种类；具体开展业务的说明。

（6）合营期限：外商投资电信企业的合营期限是　　年。

4、外商投资电信企业经营跨境电信业务，应当经工业和信息化部批准，并通过工业和信息化部批准设立的国际电信出入口局进行。

序　号	8
项目名称	电信设备进网许可（含试用）审批
实施主体	工业和信息化部

受理单位	工业和信息化部电信管理局
法律依据	《中华人民共和国电信条例》
许可条件	申请电信设备进网许可的，应当符合下列条件： （一）电信设备应当符合国家标准、通信行业标准以及工业和信息化部的规定。 （二）具有完善的质量保证体系和售后服务措施。 （三）申请进网许可的无线电通信设备、涉及网间互联的设备或者电信新设备，应当进行至少三个月的进网试验。 （四）符合国家其他有关规定。
程序和期限	一、申请程序 申请电信设备进网许可的，应当向工业和信息化部提交下列申请材料： （一）电信设备进网许可申请表（由工业和信息化部提供格式文本）。申请表应当由电信设备进网许可申请人的法定代表人或其委托代理人签字并加盖公章；申请人与生产企业为不同法人的，还应当提供由双方法定代表人或其委托代理人签字并加盖公章的委托加工协议书。境外申请人应当委托中国境内的代理机构作为申请人提交申请表，并出具委托书。 （二）企业法人营业执照。境内申请人应当提供企业法人营业执照。受境外申请人委托代理申请电信设备进网许可的代理机构，应当提供代理机构有效执照及境外申请人的注册登记证明（申请人与生产企业为不同法人的，还应当提供生产企业的相关材料）。 （三）申请人情况介绍。包括申请人概况、生产条件、仪表配备、质量保证体系和售后服务措施等内容。对国家规定包修、包换和包退的产品，还应当提供履行有关责任的文件（申请人与生产企业为不同法人的，还应当提供生产企业的相关材料）。 （四）质量体系认证证书或者审核报告。通过质量体系认证的，提供认证证书；未通过质量体系认证的，提供满足相关要求的质量体系审核机构出具的质量体系审核报告。 （五）电信设备介绍。包括设备功能、性能指标、原理框图、内外观照片和使用说明等内容。 （六）检测报告或产品认证证书。由国务院产品质量监督部门认可的电信设备检测机构或者认证机构出具的检测报告或者产品认证证书。 （七）申请进网许可的无线电发射设备，提供工业和信息化部颁发的“无线电发射设备型号核准证”。 （八）申请进网许可的无线电通信设备、涉及网间互联的设备或者电信新设备，应当在中国境内的电信网上或者工业和信息化部指定的模拟实验网上进行至少三个月的进网试验，并提供总体技术方案和试验单位出具的试验报告。 （九）属于国家有特殊规定的事项，还应当提交符合规定的相关材料。 上述申请材料中证书、执照类材料应当提供原件和一份复印件，或者盖有发证机关证明印章的复印件；其它材料应当使用中文。 申请人可以通过来人、函件、电子数据交换等方式提交电信设备进网许可申请。 工业和信息化部在其办公场所公示申请程序、申请材料目录及申请书示范文本。申请人要求对公示内容予以说明、解释的，工业和信息化部应当予以说明、解释，提供准确、可靠的信息。 二、受理程序 申请进网的电信设备不属于进网许可范畴的，工业和信息化部应当即时告知申请人不受理，并出具加盖专用印章和注明日期的不予受理通知书。 申请材料不齐全或者形式不符合本办法要求的，工业和信息化部应当当场或者在5个工作日内一次告知申请人需要补正的全部内容。 申请材料齐全、符合法定形式的，工业和信息化部应当受理申请，出具加盖专用印章和受理日期的受理通知书。 三、审查、决定程序 工业和信息化部应当自收到电信设备进网许可申请之日起60日内，对申请人提交的申请材料进行审查。经审查符合条件的，颁发进网许可证（含进网试用批文）并核发进网许可标志（含进网试用标志）；不符合条件的，应当书面通知申请人并说明理由，告知申请人享有依法申请行政复议或者提起行政诉讼的权利。 工业和信息化部可以组织专家对申请进网许可的无线电通信设备、涉及网间互联的设备或者电信新设备的总体技术方案、试验报告、检测报告等进行评审。评审所需时间依法不计算在工业和信息化部审批时限内，但

	应当将所需时间书面告知申请人。 四、变更、延续程序 被许可人对获得进网许可证的电信设备进行技术、外型改动的，应当进行检测或者重新办理进网许可证。 对获得进网许可证的电信设备外型改动较小，被许可人申请减免测试项目的，可以将改动前后的照片、电路原理图、改动说明和改动后的样品等交工业和信息化部进行审核。经工业和信息化部同意，可以减免测试项目。 电信设备进网许可证中规定的内容发生变化的，被许可人应当重新办理进网许可证。 进网许可证有效期届满，被许可人需要继续生产和销售已获得进网许可的电信设备的，应当在进网许可证有效期届满 3 个月前，重新申请办理进网许可证并交回原证。
备　注	1、国家对接入公用电信网的电信终端设备、无线电通信设备和涉及网间互联的电信设备实行进网许可制度。实行进网许可制度的电信设备应当获得工业和信息化部颁发的进网许可证；未获得进网许可证的，不得接入公用电信网使用和在国内销售。 2、实行进网许可制度的电信设备目录，由工业和信息化部会同国务院产品质量监督部门制定并公布。 3、实行进网许可制度但暂无国家标准、行业标准的电信新设备，由检测机构根据国际标准、企业标准确定相应的检测标准并报工业和信息化部审定后进行检测，并出具检测报告。工业和信息化部对检测报告和有关材料进行审查，在符合国家产业政策和不影响网络安全畅通的条件下，颁发进网试用批文批准进网试用，待国家标准、行业标准颁布后再按程序办理进网许可证。获得进网试用批文的电信新设备应当加贴进网试用标志。 4、进网许可证的有效期为 3 年，进网试用批文有效期不超过 1 年。 5、我国与其它国家或者地区政府间签署电信设备检测实验室和检测报告相互认可协议的，按协议规定执行。 6、申请人提交申请后被依法告知需要补充材料的，补充材料的时间不计入审批期限内。

序号	9
项目名称	电信网码号资源使用审批
法律依据	《中华人民共和国电信条例》
实施主体	工业和信息化部，省、自治区、直辖市通信管理局 跨省、自治区、直辖市行政区域使用的码号审批，由工业和信息化部负责实施；在省、自治区、直辖市行政区域范围内使用的码号审批，由相关省、自治区、直辖市通信管理局负责实施
受理单位	工业和信息化部电信管理局；省、自治区、直辖市通信管理局
许可条件	根据所申请号码种类的不同，申请人应当分别具备下列资格： （一）1 字头号码申请人资格：基础电信业务经营者或者中央、国家政府部门等。 （二）95XXX 短号码申请人资格：跨省电信业务经营者或者业务规模覆盖全国 1 5 个以上城市的服务型企事业单位（目前仅开放银行、保险部门）。 （三）全国统一使用的其他智能业务接入码申请人资格：基础电信业务经营者。 （四）国际 NO.7 信令点编码申请人资格：具有国际通信出入口局的基础电信业务经营者。 （五）国内 NO.7 信令点编码申请人资格：电信业务经营者或者专用网单位。 （六）本地电话网局号申请人资格：固定网本地电话业务经营者或者专用电信网单位。 （七）96XXX 短号码申请人资格：电信业务经营者或者服务性企事业。 详见工业和信息化部发布的《电信网码号资源分类管理目录》之表二和表三。 工业和信息化部或者省、自治区、直辖市通信管理局应当根据码号资源规划、申请码号的用途和申请人的预期服务能力审批码号。
	一、申请程序 根据申请使用的电信网码号资源种类的不同，申请人应当按照工业和信息化部发布的《电信网码号资源分类管理目录》的有关规定，向工业和信息化部或者省、自治区、直辖市通信管理局提交以下材料的相关部分： （一）申请报告（包括申请码号的用途、使用范围、数量）。 （二）申请资格证明材料及联系方式（有电信业务经营许可证的，应当提供许可证复印件）。 （三）业务原使用码号资源情况（包括原使用的码号、码号使用的范围等，只适用于业务原使用码号的情况）。 （四）业务发展规划和预期服务能力（包括业务种类及业务发展规划内容，业务发展进度安排，预期服务范

	围、服务内容、用户容量和所能提供的服务质量等）。 （五）启用码号的技术方案（包括与启用码号有关的网络组织方案、与相关基础电信网络的连接方式、电信用户（服务对象）的接入方式等）。 （六）码号启用实施进度安排（包括启用码号城市的时间安排、码号启用城市系统建设规模和目标、网络建设实施进度安排等）。 （七）码号资源使用保证书（按照规定的格式作出书面保证）。 （八）近期启用码号所需设备、线路等的准备情况（包括达到近期启用码号所需设备的订货或到货、存货情况，以及线路准备情况等）。 （九）原分配码号资源正在使用的情况和申请日前6个月内每月用户号码回收再利用情况。 （十）有关推广该公益服务的政府文件。 （十一）该公益服务归口主管部门及联系方式。 （十二）服务内容、服务量预测和服务质量保障措施。 （十三）专家评审后的业务开展可行性报告和专家评审意见。 （十四）申请码号使用规划。
程序和期限	二、受理、审查、决定程序 申请材料齐全、符合法定形式的，工业和信息化部或者省、自治区、直辖市通信管理局应当受理，并出具受理申请通知书；对不予受理的，应当向申请人出具不予受理通知书，并说明理由；对申请材料不齐全或者不符合法定形式的，应当在5个工作日内一次书面告知申请人需要补正的全部内容。 工业和信息化部或者省、自治区、直辖市通信管理局应当自出具受理申请通知书之日起20个工作日内完成审查工作，作出予以批准或者不予批准的决定。20个工作日内不能作出决定的，经工业和信息化部或者省、自治区、直辖市通信管理局负责人批准，可以延长10个工作日，并将延长期限的理由告知申请人。予以批准的，出具正式批准文件；不予批准的，书面通知申请人并说明理由。 工业和信息化部作出批准决定的，应当将批准文件抄送相关省、自治区、直辖市通信管理局和相关基础电信业务经营者；省、自治区、直辖市通信管理局依法作出批准决定的，应当将批准文件报工业和信息化部。
备　注	1、未经工业和信息化部或者省、自治区、直辖市通信管理局批准，任何单位或者个人不得擅自启用电信网码号资源。 2、工业和信息化部与省、自治区、直辖市通信管理局负责分配管理的码号资源范围、各种码号的结构、位长、含义和管理要求，详见工业和信息化部发布的《电信网码号资源分类管理目录》。 3、专用网单位、增值电信业务经营者（含省、自治区、直辖市范围内的增值电信业务经营者和跨地区的增值电信业务经营者）可以同与其有直接网络连接关系的基础电信业务经营者协商，使用后者的国内NO.7信令点编码。专用网单位也可以同预期有直接网络连接关系的基础电信业务经营者协商，使用后者的本地电话网千层或百层码号，

序　号	10
项目名称	国际通信出入口局的设置和调整审批
法律依据	《中华人民共和国电信条例》
实施主体	工业和信息化部
受理单位	工业和信息化部电信管理局
许可条件	一、申请设置国际通信出入口局应当满足下列条件： （一）国际通信出入口应当由国有电信业务经营者申请设置。 （二）国际通信信道出入口应当设置在国际海光缆或者陆地光缆易于登陆或者入境的地点，并应当考虑网络的安全可靠及方便向国内网络延伸等因素。 （三）国际通信业务出入口应当设置在国际通信业务集中的中心城市。 （四）边境地区国际通信出入口应当设置在与境外接壤的地市级以上（含地市级）城市，并应当考虑该城市的未来发展，及与其接壤的境外地区之间通信业务量水平等因素。 （五）国际通信出入口的设置数量、地点，由工业和信息化部根据我国国际通信网发展总体规划、电信业务经营者的申请和国际电信业务发展的需要确定。 二、撤销已设立的国际通信出入口，应当提前30日向工业和信息化部提出书面申请。

	三、对已设立的国际通信出入口进行扩容调整，其建设项目应当按照有关规定经审批。电信业务经营者应当在开工 90 日前将扩容调整方案报工业和信息化部备案，但国家另有规定的除外。
程序和期限	一、申请程序 （一）申请设置国际通信出入口的，应当向工业和信息化部提交下列材料： 1、设置国际通信出入口的申请。 2、国际通信设施服务业务经营许可证或者相应的国际电信业务经营许可证。 3、设置国际通信出入口的技术方案。 4、工业和信息化部要求提交的其他相关材料。 （二）对已设立的国际通信出入口进行扩容调整的，应当向工业和信息化部提交下列材料： 1、对国际通信出入口进行扩容调整的申请报告。 2、获准设置该国际通信出入口的批准文件的复印件。 3、国际通信出入口扩容调整技术方案（含网络信息安全保障技术措施）。 （三）申请撤销国际通信出入口的，应当向工业和信息化部提交下列材料： 1、撤销国际通信出入口的申请。 2、拟撤销的国际通信出入口的现状。 3、撤销后的善后处理措施。 二、受理、审查、决定程序 申请材料齐全、符合法定形式的，工业和信息化部应当出具受理通知书；申请材料不齐全或者不符合法定形式的，工业和信息化部应当在 5 个工作日内一次告知申请人需要补正的全部内容。 工业和信息化部应当自出具受理通知书之日起 20 个工作日内，完成对申请材料的审查，作出予以批准或不予批准的决定。20 个工作日内不能作出决定的，经工业和信息化部负责人批准，可以延长 10 个工作日，并将延长期限的理由告知申请人。予以批准的，向申请人颁发正式批准文件；不予批准的，书面通知申请人并说明理由。
备　注	1、未经工业和信息化部批准，任何单位和个人不得以任何形式设置国际通信出入口局(包括国际通信信道出入口、国际通信业务出入口和边境地区国际通信出入口)，不得擅自调整或者撤销已有的国际通信出入口局。 2、经营用于国际通信的甚小地球站（VSAT）业务的电信业务经营者或者利用 VSAT 组建专网的单位，应当办理国际通信出入口审批手续，并在获准设置后，按照有关规定办理无线电台（站）设置审批手续。 3、获准设置国际通信出入口后的建设项目，应当按照国家有关项目建设管理的规定履行相关手续。

序　号	11
项目名称	互联网域名根服务器设置及其运行机构和注册管理机构的设立审批
法律依据	《国务院对确需保留的行政审批项目设定行政许可的决定》
实施主体	工业和信息化部
受理单位	工业和信息化部电信管理局
许可条件	一、申请设置互联网域名根服务器及设立域名根服务器运行机构的，应当具备下列条件： （一）具有相应的资金和专门人员。 （二）具有保障域名根服务器安全可靠运行的环境条件和技术能力。 （三）具有健全的网络与信息安全保障措施。 （四）具有适应互联网络发展和保障域名系统稳定运行的能力。 （五）符合国家其他有关规定。 二、申请成为域名注册管理机构的，应当符合下列条件： （一）在中华人民共和国境内设置顶级域名服务器（不含镜像服务器），并且相应的顶级域名符合国际互联网域名体系和我国互联网域名体系。 （二）有与从事域名注册有关活动相适应的资金和专业人员。 （三）有从事互联网域名等相关服务的良好业绩和运营经验。 （四）有为用户提供长期服务的信誉或者能力。 （五）有业务发展计划和相关技术方案。 （六）有健全的域名注册服务监督机制和网络与信息安全保障措施。

	（七）符合国家其他有关规定。
程序和期限	一、申请程序 （一）申请设置互联网域名根服务器及设立域名根服务器运行机构的，应当向工业和信息化部提交下列书面申请材料： 1、申请单位的基本情况。 2、拟运行维护的域名根服务器情况。 3、网络技术方案。 4、网络与信息安全技术保障措施的证明。 （二）申请成为域名注册管理机构的，应当向工业和信息化部提交下列材料： 1、有关资金和人员的说明材料。 2、有效管理境内的顶级域名服务器的证明材料。 3、证明申请人信誉的材料。 4、业务发展计划及相关技术方案。 5、域名注册服务监督机制和网络与信息安全技术保障措施。 6、拟与域名注册服务机构签署的协议范本。 7、法定代表人签署的遵守国家有关法律、政策和我国域名体系的承诺书。 二、受理、审查、决定程序 对申请材料齐全、符合法定形式的，工业和信息化部应当向申请人出具受理申请通知书；对申请材料不齐全或者不符合法定形式的，应当在5个工作日内一次书面告知申请人需要补正的全部内容；对不予受理的，应当向申请人出具不予受理通知书，并说明理由。 工业和信息化部应当自出具受理申请通知书之日起20个工作日内完成审查工作，作出予以批准或者不予批准的决定。20个工作日内不能作出决定的，经工业和信息化部负责人批准，可以延长10个工作日，并将延长期限的理由告知申请人。予以批准的，出具批准意见书；不予以批准的，书面通知申请人并说明理由。

序　号	12
项目名称	设立互联网域名注册服务机构审批
法律依据	《国务院对确需保留的行政审批项目设定行政许可的决定》
实施主体	工业和信息化部
受理单位	工业和信息化部电信管理局
许可条件	申请从事互联网域名注册服务活动的，应当具备下列条件： （一）是依法取得互联网信息服务增值电信业务经营许可证的公司。 （二）在中华人民共和国境内设置域名注册服务系统，并且有专门从事域名注册服务的技术人员和客户服务人员。 （三）有为用户提供长期服务的信誉或者能力。 （四）有业务发展计划及相关技术方案。 （五）有健全的网络与信息安全保障措施。 （六）有健全的域名注册服务退出机制。 （七）符合国家其他有关规定。
程序和期限	一、申请程序 申请成为互联网域名注册服务机构的，应当向工业和信息化部提交下列书面材料： （一）法人资格证明和互联网信息服务增值电信业务经营许可证复印件。 （二）拟提供注册服务的域名项目及技术人员、客户服务人员的情况说明。 （三）与相关域名注册管理机构或者境外的域名注册服务机构签订的合作意向书或者协议。 （四）用户服务协议范本。 （五）业务发展计划及相关技术方案。 （六）网络与信息安全技术保障措施的证明。 （七）证明申请人信誉的有关材料。 （八）法定代表人签署的遵守国家有关法律、政策的承诺书。

	二、受理、审查程序 申请材料齐全、符合法定形式的，工业和信息化部应当向申请人出具受理申请通知书；申请材料不齐全或者不符合法定形式的，应当在5个工作日内一次书面告知申请人需要补正的全部内容；对不予受理的，应当向申请人出具不予受理通知书，并说明理由。 三、决定程序 工业和信息化部应当自出具受理申请通知书之日起20个工作日内完成审查工作，作出予以批准或者不予批准的决定。20个工作日内不能作出决定的，经工业和信息化部负责人批准，可以延长10个工作日，并将延长期限的理由告知申请人。予以批准的，出具批准意见书；不予批准的，书面通知申请人并说明理由。

序　号	13
项目名称	互联网电子公告服务专项审批及备案
法律依据	《互联网信息服务管理办法》
实施主体	工业和信息化部，省、自治区、直辖市通信管理局。
受理单位	工业和信息化部电信管理局；省、自治区、直辖市通信管理局
许可条件	开展互联网电子公告服务，除应当符合《互联网信息服务管理办法》规定的条件外，还应当具备下列条件： （一）有确定的电子公告服务类别和栏目。 （二）有完善的电子公告服务规则。 （三）有电子公告服务安全保障措施，包括上网用户登记程序、上网用户信息安全管理制度、技术保障设施。 （四）有相应的专业管理人员和技术人员，能够对电子公告服务实施有效管理。
程序和期限	一、对于新办互联网信息服务时申请电子公告服务的审批程序 对于在申请经营性互联网信息服务许可时提出电子公告服务专项申请的，或者在办理非经营性互联网信息服务备案时提出电子公告服务专项申请的，省、自治区、直辖市通信管理局或者工业和信息化部应当自收到申请之日起60日内审查完毕。对符合条件的，连同互联网信息服务一并予以批准，并在经营许可证或者备案文件中专项注明；不符合条件的，不予批准或者不予备案，书面通知申请人并说明理由。 二、对于已取得经营许可或者已履行备案手续的互联网信息服务提供者申请电子公告服务的审批程序 对于已取得经营许可或者已履行备案手续的互联网信息服务提供者，拟开展电子公告服务的，应当向原许可或者备案机关提出专项申请或者专项备案。省、自治区、直辖市通信管理局或者工业和信息化部应当自受理专项申请或者专项备案材料之日起20个工作日内审查完毕。经审查符合条件的，予以批准或者备案，并在经营许可证或者备案文件中专项注明；不符合条件的，不予批准或者不予备案，书面通知申请人并说明理由。
备　注	1、从事互联网信息服务，拟开展电子公告服务的，应当在向省、自治区、直辖市通信管理局或者工业和信息化部申请经营性互联网信息服务许可或者办理非经营性互联网信息服务备案时，提出专项申请或者专项备案。 2、电子公告服务，是指在互联网上以电子布告牌、电子白板、电子论坛、网络聊天室、留言板等交互形式为上网用户提供信息发布条件的行为。

序　号	14
项目名称	设置卫星网络空间电台审批
法律依据	《国务院对确需保留的行政审批项目设定行政许可的决定》
实施主体	工业和信息化部
受理单位	工业和信息化部无线电管理局
许可条件	申请设置卫星网络空间电台的，应当具备下列条件： （一）具有法人资格。 （二）有与操作空间电台相适应的专业人员和必要的设施、资金。 （三）有履行国家无线电管理机构和国际规则规定义务的能力。 （四）符合国家无线电频率划分的空间无线电通信业务的无线电频率和卫星轨道规划及相关管理规定。 （五）按照有关规定完成国内、国际无线电频率和卫星轨道的协调，并达成协议。 （六）近三年内没有违反无线电管理规定的重大违法记录。 （七）法律、行政法规规定的其他条件。

程序和期限	一、申请和受理程序 （一）申请设置卫星网络空间电台的，应当向工业和信息化部提出申请，并提交下列材料： 1、设置卫星网络空间电台申请表。 2、空间电台技术资料申报表。 3、完成国内、国际协调的证明材料。 4、申请人资格证明。 5、申请人的技术人员和管理人员的主要情况。 6、拥有必要资金的证明材料。 7、开展特定空间业务的批准文件或者证明材料（如：开展卫星广播业务需要广电部门的批准；开展卫星气象业务需要气象部门的批准等）。 （二）工业和信息化部收到申请材料后，应当进行形式审查。申请材料齐全、符合法定形式的，应当受理申请，并出具受理通知书；申请材料不齐全、不符合法定形式的，应当当场或者在5个工作日内一次告知申请人应当补正的全部内容。 二、审查程序 工业和信息化部应当自受理申请之日起20个工作日内，完成对申请人所提交申请的实质性审查，作出予以批准或者不予批准的决定。予以批准的，应当自作出决定之日起10个工作日内，向申请人颁发《中华人民共和国空间电台执照》，并通知其办理设台手续。不予批准的，应当说明理由，并告知申请人享有依法申请行政复议或者提起行政诉讼的权利。 三、变更程序 空间电台应当按照核定的项目进行工作。变更空间电台轨道位置、使用频率、发射功率、天线特性等技术参数或使用用途的，应当向工业和信息化部提出书面申请，并提交完成国内、国际协调的相关材料。经审查、批准，办理设台手续并领取《中华人民共和国空间电台执照》后方可实施变更。

第九篇　电信行业管理

综　述

【总体情况】

2009 年，全行业认真贯彻落实十七大、十七届四中全会、中央经济工作会议、全国工业和信息化工作会议精神，以及中央和部党组关于应对国际金融危机，保增长、保发展、保稳定的一系列决策、部署，按照促进“两化”融合及“服务社会、服务民生”的总要求，力求准确把握电信企业改革重组完成、3G 牌照发放后行业发展面临的新形势，采取有力举措，统筹推动 TD 和 3G 发展，着力规范电信市场竞争秩序，积极推进三网融合，继续实施“村村通电话”工程，切实解决社会关注的电信服务热点问题，各项重点工作取得明显进展。从全年行业经济运行情况看，我国电信业总体上继续保持平稳、较快增长，对于拉动经济增长、促进国民经济和社会信息化建设发挥了重要作用。

【TD 和 3G 发展取得实质性进展】

按照中央部署，三种不同制式 3G 牌照平稳顺利发放；支持自主创新取得积极进展，年初部署扶持 TD 加快发展的 42 项工作、15 项财税政策基本落实，TD 产业化能力明显提升，后续技术演进进展顺利。到 2009 年底，三家基础电信企业共完成 3G 网络建设直接投资 1609 亿元，完成 3G 基站建设 32.5 万个，建设规模超过十多年来累计规模的一半，开创了全球电信发展史上建设规模最大、建设速度最快的新纪录。中国移动完成三期 TD 网络建设规划，TD基站累计建设完成10.8万个，网络覆盖城市占全国70%的地级市，TD 基站建设数量是中国移动近十年来累计建设的总和。3G 用户发展呈现加速增长态势，用户数达到 1500 万户，其中 TD 用户 551 万户。3G 业务应用不断推陈出新，可视电话、手机视频等面向个人的应用，宽带上网、家庭网关等面向家庭的应用，无线城市、视频监测、移动办公等行业信息化应用不断涌现，移动支付、手机阅读等新型业务不断推出。据初步测算，2009 年 3G 间接拉动国内投资 5890 亿元；带动直接消费 364 亿元（终端消费 297 亿元，业务消费 67 亿元），间接消费 141 亿元；直接带动 GDP 增长 343 亿元，间接带动 GDP 增长 1413 亿元；直接创造就业岗位 26 万个，间接创造就业岗位 67 万个。同时，3G 还带动了信息通信、商务金融、文化娱乐等各方面的业务应用和创新，推动移动互联网、电子商务、文化创意等新兴产业发展。3G 在拉动经济增长、推动工业化和信息化融合方面的作用日益显现。

【稳步实施电信改革配套政策，积极推进三网融合】

经过各方面的积极努力，国家注资 600 亿元等配套扶持政策基本落实，电信企业全业务经营全面展开；基础设施共建共享取得积极成效；相关电信资费、网间结算、频率调整政策已经出台；天津、海南的移动用户号码携带试验相关工作全面启动；异网漫游、网间结算等政策研究取得积极进展。随着第一阶段 8 项政策的逐步实施，基础电信企业新增市场份额不断改善，电信资费持续下降，老百姓更多地享受到了电信改革带来的实惠。

【维护电信市场竞争秩序】

适应 3G 牌照发放后电信市场竞争加剧的形势，研究出台了“关于规范当前电信市场秩序的意见”，从 10 个方面对市场监管工作提出了明确要求。网站备案管理工作取得重要进展，备案率、备案信息准确率明显提高。对垃圾信息的整治力度进一步加大，处理违规增值企业 600 多家，关闭违规短信群发端口 1.3 万余个。配合新疆“7•5”事件的处置，开展了打击非法经营国际电信业务的工作。牵头组织了“山寨手机”治理和手机产品专项整治，对 95 家手机企业开展了证后监督检查，对不合格的 15 家企业给予警示。启动了电信设备进网电子签名网上受理和审批。

【扎实开展整治手机涉黄专项行动】

按照中央领导同志指示及九部委关于整治手机淫秽色情和低俗信息的统一部署，部决定组织开展为期 14 个月的专项整治行动，由电信管理局牵头，研究制订了专项行动工作方案，并会同相关司局组织实施。自 2009 年 11 月 12 日至 12 月 31 日为专项行动第一阶段。在各方面的协同配合和共同努力下，组织对手机涉黄的 5 个关键环节进行了全面排查和清理，共暂停业务合作推广渠道合作伙伴 460 家，关闭未备案网站 13.6 万多个，关闭或屏蔽涉黄手机网站 1.17 万个，规范服务器层层转租接入商 53 家，停止违规手机代收费业务 1630 个，暂停解析涉黄域名 1.2 万个，手机网络有害信息传播得到一定遏制，第一阶段工作目标初步完成。

【保障电信网络平稳运行】

针对企业重组后一些地方互联互通违规事件有所抬头的现象，迅速采取措施，严肃查处，有效地维护了市场秩序。对电信网络架构保护措施进行了完善，网络运行的抗风险能力进一步提高。与相关部委密切配合，继续开展了打击盗窃破坏电信设施违法犯罪专项斗争。加强安全生产监督检查，组织开展隐患排查治理和重要通信设施安全巡护，确保了“两会”和建国 60 周年庆典期间网络运行安全畅通。

【全行业对地方经济社会发展的服务和支撑明显增强】

发布了《关于支持服务外包示范城市国际通信发展的指导意见》，批准湖北、重庆、四川等地通过建设国际通信专用通道等方式，满足各地服务外包企业和高新技术园区的通信需求。此外，配合国家综合改革相关试验，批准并组织实施了湖南长株潭两型社会试验区的本地网并网调整，成都城乡统筹试验区本地网升位并网调整以及吉林、南昌等 6 个本地网的调整工作也在稳步推进。

【继续实施“村村通电话”工程，开展“信息下乡”】

全年共为 2.74 万个自然村和行政村新开通了电话，为 4371 个乡镇和行政村新开通了互联网，实现全国 99.8% 的行政村和 93.4%的 20 户以上自然村通电话，96%的乡镇通宽带，91%的行政村能上网。推动农村信息服务平台建设取得积极进展，中国移动的“农信通”已完成三期扩容，中国电信的“信息田园”、中国联通的“金农通”等初具规模，总体上已实现全国各个省份全覆盖。“信息下乡”活动顺利开展，各地已建成乡镇信息服务站 1.27 万个、行政村信息服务点 11.7 万个，乡镇上网信息库 9579 个、村级上网信息栏目 7 万多个。“村村通电话”工程和“信息下乡”活动的实施，对于促进农业发展、农民增收，以及开拓农村市场起到了积极作用。

【稳步推进服务质量监督管理和行风建设】

为贯彻中央关于开展“质量和安全年”活动的部署，发出《关于进一步加强电信服务质量工作的通知》，发布了《第二代移动通信服务规范》，研究提出了通信行风建设工作要点。为切实维护消费者合法权益，组织电信企业对损害消费者权益的规定和收费进行了全面清理，并通过定期服务质量分析、服务行为抽查和重点问题督办等手段，问责督办重大服务质量问题 72 项，查处违规企业 234 家，其中停业整顿 7 家。全年受理电信用户申诉、咨询和举报 11 万多人次，处理部长信箱和网上留言 620 余件，申告处理及时率超过 99%。

【加强战备应急通信体制、机制和能力建设】

经过 2008 年大灾之后的深入反思和长时间的调研论证，研究提出《关于进一步加强战备应急通信工作的意见》，明确了今后一段时期战备应急通信管理工作的总体思路，并就重点工作、进度安排等作出了部署。《国家通信保障应急预案》、《战备应急通信物资管理办法》等的修订工作，以及国家通信网应急指挥调度系统、宽带 VSAT 网络工程等重点建设项目进展顺利。为提高实战能力，还组织了华东 4 省突发事件应急通信保障综合演练。经过全行业的共同努力，圆满完成防汛抗洪、维稳等通信保障工作任务。

业务资源管理

【深化电信体制改革配套政策稳步落实】

国家注资 600 亿元扶持政策稳步落实，铁通铁路专用通信剥离以及卫通业务并入中国电信、航天科技等相关工作进展顺利，相对均衡的市场竞争架构基本形成；改革重组涉及到的业务经营许可、电信网码号资源使用、新业务商用试验主体变更等全面完成，积极稳妥推进全业务经营政策实施；不同制式的 3 张 3G 牌照顺利发放，保定、青岛 TD 网平稳移交给中国移动，TD 发展步伐不断加快；电信基础设施共建共享取得阶段性成果；取消网内差别定价和电信资费管理政策调整进展顺利；固定移动结算由原来单向结算向更加符合国际惯例和发展趋势的双向结算转变，短信结算向基于成本方向调整；频率资源配置政策平稳实施；海南、天津移动用户号码携带试验网络调整和平台建设全面展开。不同企业间异网漫游、全国移动用户号码携带、移动网络之间结算政策研究已全面展开。

【TD-SCDMA 加快发展】

3G 牌照发放后，TD 政策扶持力度不断加大，TD 高性能芯片和手机一致性测试系统等 4 个项目建设列入了技术改造专项；国家重大专项、科技支撑计划给 TD 开辟了绿色通道，并将 TD 产品和业务列入《国家自主创新产品目录》试点；TD 发展、基础设施共建共享列入相关企业经营考核；7 个品牌 13 种 TD 上网笔记本纳入政府采购扶持范围，42 项支持 TD 发展的工作任务基本完成。经过相关部门共同努力，TD 产业化、商业化进程明显加快，TD 和 3G 网络建设全面推进，业务开发、市场推广有序展开，3G 在扩内需、保增长、调结构、惠民生中作用日益显现，总体呈现起步扎实、开局良好、快速推进、规范有序的发展态势。

【三网融合加快推进】

根据党中央、国务院的决策部署，为落实深化重点领域改革要求，经与广电部门多次协商，研究提出了推进三网融合的实施意见并报国务院；我国光进铜退、宽带发展、无线城市、手机电视、CMMB 向农村延伸、AVS 发展、Achore 卫星、国庆手机视频等有关三网融合重大问题的研究取得积极进展。

【新业务稳定发展】

《电信业务分类目录》修订工作全面展开；用户驻地网、VoIP、数字集群、国内多方通信等商用试验平稳推进，互联网技术、业务、市场、管理等方面研究取得初步成效，搜索引擎发展不断加快，回拨业务清理调整不断深入。

【码号资源管理不断深入】

湖南长株潭本地网顺利升位并网，四川眉山、资阳并入成都本地网前期准备基本就绪；吉林市、江西南昌等本地网的升位论证实施工作基本完成；就区域经济协调发展涉及的通信服务研究取得阶段性成果；深圳、香港两地同城化粤港澳大桥建设涉及的通信相关问题妥善解决；电信网编号计划的修订工作基本完成；为支持 SP 发展，SP 代码收费政策继续推后实施；Femtocell 发展所需号码资源问题基本解决；TD 固定业务、区域一体化对码号资源的需求研究进展顺利；电信业务资源管理系统建设取得阶段性成功，先来先得的码号分配理念和规范、有序、及时的码号资源网上受理经过试验已经全面推开；全年完成码号申请审批 769 件，其中 SP 代码 721 件，其他短号码 48 件，号码资源管理日益规范、科学。

【互联网域名、IP 地址资源管理进展顺利】

中文域名发展工作全面展开，“.中国”国家顶级域名纳入全球解析工作已经启动，相关国际、区域协调工作进展顺利；我国顺利重返 ICANN GAC 并受到国际互联网组织成员国广泛欢迎。国内外 IPv4、IPV6 地址使用和相关管理政策研究取得阶段性成果，完成域名注册服务机构审批 28 件，平均受理审批时间为 25 个工作日，均在行政许可法规定的 35 个工作日之内。

互联互通及国际通信管理

【概况】

2009 年，针对电信重组后市场竞争引发的破坏通信设施、阻碍互联互通等恶性事件有所抬头的形势，督促各省、区、市通信管理局和运营企业及时发现、解决问题，严肃处理了互联互通违规事件，有效维护了市场秩序。继续贯彻落实《公用电信网间通信质量监督管理办法》和《互联网骨干网网间通信质量监督管理暂行办法》。

【互联网网间通信质量管理力度加大】

结合我国互联网发展现状，综合利用行政、技术、经济等多种手段，重点解决互联网骨干网网间“扩容难、质量差”问题。督促、协调互联网骨干网网间各直联带宽扩容 67.5GB，交换中心扩容 19GB，网间通信质量得到一定改善。组织研究我国互联网架构优化调整，从质量、效率、安全等方面对我国互联网架构进行评估，预测新技术新业务发展趋势，提出网络架构调整方案建议。在新疆进行互联网本地直联试点，疏通新疆区内互联网业务，重点保障金融、高招等特殊需求。

【加强监测系统运行管理】

部署监测系统调整工作，出台了《电信重组后网间结算及互联互通监测系统调整工作方案》。“互联互通监控中心”工程项目于 2009 年 7 月正式启动，建成后将具备对互联网和短信网间通信质量进行监测的功能。

【改进网间结算管理】

降低了区间结算标准，降低了短信结算价，并将由企业协商短信结算价改为政府确定，将固定一移动结算调整为双向结算，对 TD 话音结算给予优惠。研究提出移动一移动网间结算政策调整建议。研究完善互联网骨干网网间结算体系，协调运营企业协商互联网网间结算。

【提高国际通信管理水平】

建立了国际通信出入口基础信息数据库，全面掌握国际出入口数据，提高国际出入口管理能力。发布并贯彻落实《关于支持服务外包示范城市国际通信发展的指导意见》，通过建设国际通信专用通道等方式，满足各地服务外包企业和园区的通信需求，服务地方经济建设和信息化发展。批准中国电信设置阿图什国际通信信道出入口，批准中国移动开通满洲里、二连浩特和凭祥国际通信设施，批准中国联通设置喀什国际通信信道出入口，批准中国电信、中国联通在厦门设置两岸通信信道出入口。研究并批复中石油建立中俄石油管道专用通信系统，支持中俄石油管道跨境通信保障。组织因台风、地震受损海缆的修复工作，督促企业采取有效措施恢复国际通信业务，协调交通、渔政等部门加强海缆安全巡护。

电信业务市场管理

【深入开展手机淫秽色情专项行动】

为全面贯彻党中央、国务院有关净化网络环境、保护未成年人健康成长的有关精神，切实做好净化网络环境的基础性工作，2009 年 12 月 14 日发布实施《工业和信息化部关于进一步深入整治手机淫秽色情专项行动工作方案》（工信部电管〔2009〕672 号），决定从 2009 年 11 月至 2010 年底，开展为期 14 个月的专项行动。专项行动共分为三个阶段，自 2009 年 11 月 12 日至 2009 年 12 月 31 日为第一阶段，抓住业务推广渠道、手机网站接入、接入资源层层转租、手机代收费和涉黄网站域名变换等 5 个关键环节，全面清理、重点整治，全面遏制手机淫秽色情传播态势；自 2010 年 1 月 1 日至 2010 年 9 月 30 日为第二阶段，在继续深入整治 5 个涉黄关键环节的基础上，通过强化管理、技术手段，建立对涉黄手机网站和违规经营行为的发现与处置机制，扩大网络净化成果；自 2010 年 10 月 1 日至 2010 年 12 月 31 日为第三阶段，通过完善企业监测体系和资源管理平台，夯实管理基础、完善管理机制、全面提升行业管理水平，使针对网络不良信息管理的各项手段措施常态化、制度化，构建均衡发展的和谐网络环境。

【垃圾短信专项治理】

为综合治理人民群众反映强烈的垃圾短信息问题，净化短信息服务环境，保护用户合法权益，巩固和扩大前一阶段治理成果，工业和信息化部继续深入开展垃圾短信专项整治行动，以加强对基础电信运营企业的监督管理为抓手，重点治理以个人手机号码形式滥发垃圾短信，以及基础电信运营企业自有群发短信业务管理不到位等突出问题。一是排查违规短信群发端口，严肃处理违规移动信息服务运营企业。二是引导基础电信企业设立移动终端短信群发数量门限，对一定时间内的大量短信群发予以限制。三是组织基础电信企业对短信管理制度和流程进行了全面梳理，完善了短信群发业务的管理规范，经工业和信息化部组织，各基础电信企业在自建垃圾短信监控拦截系统的基础上，签署了"网间垃圾短信信息联动处理协议"，于 2009 年 6 月建成网间垃圾短信联动处理平台（smscom.12321.cn)，初步建立了对异常群发短信的发现和处理机制。

【网站备案管理】

网站备案管理工作取得重要阶段性进展。通过制定并组织实施《关于加强互联网站备案管理的工作方案》（工信部电管〔2009〕188 号），以及加强对基础电信企业、接入服务商接入网站的发展引导，网站备案管理工作取得成效。一是网站备案在各项互联网管理工作中的基础性、全局性作用不断增强。截至 2009 年底，已向 11 家部委级单位、247 家省级使用单位提供备案信息密钥查询服务，配发备案信息查询电子密钥 425 把。二是网站备案率显著提高。全国已备案网站总数从年初的 225 万余个增长到 326 万余个，净增长 101 万余个，网站备案率从年初的 91% 提高到 99.7%。三是备案信息准确率从 2009 年初的 64% 提高到 83.1%，初步实现对互联网站的实名管理。四是启动备案管理系统的升级改造工程，制定发布企业系统的功能要求及接口规范，备案管理系统架构由集中式改造为部、省、企业三级分布式系统，提升技术支撑的能力。五是狠抓 IP 地址备案的集中清理和落实，IP 地址备案进入日常核查巩固阶段。六是继续加大对发布虚假信息、散播谣言、淫秽色情、涉枪涉税、制售假药、仿冒高校进行诈骗、擅自开办互联网视听节目以及含有"九不准"信息的违规网站的查处力度。据统计，2009 年配合相关部门共对 3900 余家境内违规网站进行了停止接入服务或域名解析服务处理。

【电信业务经营许可证年检】

依据《电信业务经营许可管理办法》（工业和信息化部令第 5 号）的有关规定，按期对工业和信息化部颁证的电信业务经营者（包括 3 家基础电信企业和 1932 家增值电信企业）实施了 2009 年度电信业务经营许可证年检。

相关工作围绕两项目标展开：一是规范市场，充分发挥年检作为制度化监管手段的作用，对电信业务市场行为进行规范；二是了解市场，通过年检收集了解电信业务市场情况，把握市场发展状态、监测市场运行状况。

（一）围绕"规范市场"的目标，按照全面审核企业年检材料、监督检查重点企业、拨测重点业务、征求部内相关部门意见、征求相关省通信管理局意见、接受社会举报等 6 个步骤开展年检工作，对参检企业的经营主体、经营行为、电信设施建设、电信资费、电信服务质量、执行国家和电信管理机构有关规定等 6 个方面情况进行了综合检查；在全面监督检查企业经营行为的基础上，重点结合《工业和信息化部关于进一步深入整治手机淫秽色情专项行动工作方案》（工信部电管〔2009〕672 号)，围绕整治手机淫秽色情等问题，从业务推广渠道、手机网站内容接入、服务器层层转租、手机代收费和涉黄网站域名变换等 5 个关键环节，对重点接入企业进行了实地监督检查。对监督检查过程中发现问题的，立即部署企业整改，限期改正；对监督检查过程发现企业违规经营的，严格依法处罚，并纳入年检整改范围。

（二）围绕了解市场情况的目标，充分发挥各通信管理局、工业和信息化部电信研究院、基础电信企业、增值电信企业的协同作用，通过增值企业自报、基础企业总结、典型调查、市场抽样、企业调研等方式多渠道获取电信业务市场运营数据，了解电信业务市场情况，把握市场发展状态，监测市场运行状况，为政府决策提供依据，引导市场发展。

（三）年检结果处理：经综合检查，年检事项符合规定的企业，给予"年检合格"；对未按时参检或经综合检查存在年检事项不符合规定要求的企业，责令"年检整改"；对于拒不改正或虽经整改但年检事项仍不符合规定的企业，给予"年检不合格"处理。

电信设备进网管理

【进网许可证审批】

2009 年核发电信设备进网许可证（含试用批文）5007 张，同比增长 18.3%。其中，电信终端设备 4105 张，同比增长 13.6%；无线电通信设备 249 张，同比增长 55.6%；网间互联设备 653 张，同比增长 41.3%。全年核发进网标志 4.28 亿枚，同比增长 21.6%。其中，电信终端设备 4.20 亿枚，同比增长 20.4%；无线电通信设备 139.2 万枚，同比增长 114.2%；网间互联设备 671.6 万枚，同比增长 144.6%。截至 2009 年底，共有 1186 家企业持有 13714 张在有效期内的进网许可证。

【优先保障 TD 及 3G 设备进网使用】

继续开辟绿色通道，全力支持 TD 设备进网检测和审批。推动检测机构下调 TD 终端进网检测费用，调整后接近 2G 终端水平。组织专业技术人员为 19 家 TD 芯片、终端厂家提供上门服务 115 人次，帮助企业改进完善产品。同时，积极稳妥组织开展 WCDMA、cdma2000 设备进网检测工作。2009 年共核发 TD 终端设备进网许可证 193 张，WCDMA 终端设备进网许可证 155 张，cdma2000 终端设备进网许可证 176 张。

【启动电子签名网上受理和审批】

完成电信设备进网管理系统升级改造，启动电信设备进网电子签名网上受理和审批，使企业实现足不出户、不提交任何书面材料即可办理进网许可证，切实方便了企业，提高了审批效率和透明度。2009 年，共有 318 家企业办理了电子签名密钥，已有 218 家企业的 1311 款手机以电子签名方式网上提交进网申请。

【实现国内免费核发 IMEI】

指导电信终端测试技术协会（TAF）积极参与国际合作，与全球移动通信协会（GSMA）协商建立了国内 IMEI（国际移动设备标识码）核发系统，实现电信设备进网管理系统与 GSMA 数据同步对接。截至 2009 年底，TAF 已为国内 232 家企业的 1769 款移动终端免费核发 IMEI。针对 9 月份 GSMA 单方面决定调整 IMEI 核发程序、征收 IMEI 注册费用的情况，指导 TAF 组织手机企业联合其他国际组织积极应对，以维护我国企业的利益。

【加强对手机企业的技术指导和服务】

组织检测机构就测试中发现的共性问题提出技术解决方案建议，帮助手机企业完善产品设计方案。指导进网检测实验室加强与主要手机设计企业的技术交流，将技术服务延伸到产品设计环节，从设计源头帮助企业提高产品质量。2009 年举办了两期手机生产企业培训班，宣贯手机技术标准和进网检测技术要求。

【多渠道开展手机产品市场监管】

分两批对 76 家手机生产企业开展了证后监督抽查，并对抽查中产品质量不合格的 15 家企业给予警示。根据部质量工作组安排，会同相关司局组织开展了“山寨手机”治理暨手机专项整治工作；提供技术支持，配合执法部门开展市场检查，共鉴定手机 832 万台，出具鉴定报告 1981 份；印刷 4 期共 16000 册《已获进网许可证移动电话机产品目录》，并发放至全国县区级工商管理部门作为市场执法参考手册。

电信普遍服务

【概况】

2009 年，“村村通电话”工程确立了“完善基础设施、建设信息平台、开展信息下乡”三大目标任务，各项工作进展顺利，村村通电话工程成效显著。

【超额完成农村通信基础设施建设任务】

全年共为全国 27382 个自然村和行政村新开通了电话，通电话行政村的比重达到 99.8%，全国 29 个省份实现所有行政村通电话（全国仅剩四川 253 个、西藏 807 个行政村未通电话），20 户以上自然村通电话的比重达到 93.5%，全国 15 个省份实现所有自然村通电话；为 4371 个乡镇和行政村新开通互联网，全国 96%的乡镇通宽带，91%的行政村能上网。

【农村信息服务发展迅速】

各地适农业务和平台推广迅速，农村信息化步伐不断加快。“农信通”、“信息田园”、“金农通”等综合信息平台已覆盖全国；专门为农民工就业开设的“务工易”系统，直接促成农村劳动力转移 20 多万人次。

【“信息下乡”取得初步成效】

全国已有 15 个省份 13129 个乡镇开展“信息下乡”活动，共建成乡镇信息服务站 12728 个、行政村信息服务点 117281 个，乡涉农网站 9579 个、村信息栏目 71590 个。

电信服务质量监督管理

【概况】

2009 年经过各相关方面的不懈努力，在电信深化改革、企业重组和 3G 牌照发放的头一年，通过及时了解分析情况、适时加强督导、快速扎实解决问题等有效手段，不断加大监管力度，维护用户权益。电信服务质量整体保持稳定，用户满意度指数稳中有升。

【完善服务质量监督管理体系】

建章立制，规范第三代移动通信服务质量，完善电信用户申诉处理工作规范，规范公用电话管理。强化服务质量监管措施。通过季度通报、定期抽查、专项督办等方式，查处基础电信企业服务缺陷 80 多项，查处服务违规企业 277 家，其中停业整顿 7 家。同时，按照“发现、提醒、通报、处理、跟踪”的电信收费监管机制，对 2273 项增值业务的服务和收费情况进行拨测检查，并对在抽查中发现的问题进行了纠正。

【加强用户申诉、信访处理，维护社会稳定】

组织部申诉受理中心处理用户关于电信服务的申诉5.03万人次，指导各地申诉受理机构处理相关用户申诉3.84万人次，直接处理用户信访和网上留言1000余件，基本做到事事有回复、件件能落实。完成部申诉受理系统平台一期工程建设并投诉试运行。

电信资费管理

【概况】

2009年，工业和信息化部下发了《关于开展清理损害消费者权益规定和收费工作的通知》，加强规范通信服务和价格行为，查处电信服务中乱收费、单方面改变资费标准、未明码标价、价格欺诈和虚假宣传等违规行为。年内在全国范围对损害消费者权益的行为和收费问题进行了全面清理，并组织电信企业逐项进行了自查自纠。

【加强电信收费监督检查】

定期组织开展电信收费监督检查，重点关注"手机内置业务吸费"等问题，加强对SP收费行为的治理。定期组织针对电信服务规范和收费情况的拨测检查，重点处理了手机内置业务、增值电信服务中用户反映较多的诱导消费、乱收费和服务不规范等热点问题，并对违规经营者进行严厉处罚。2009年度，共开展4次全国范围、30余次各省范围的服务和收费行为检查拨测，对324家增值电信企业的2273项增值业务的服务和收费情况进行了抽查，通报处理违规SP企业14家。全国各级电信监管机构共查处违规企业277家，其中停业整顿7家。

网络运行及安全生产管理

【加强基础性管理工作】

建立了国内、国际通信网络和"三电斗争"基础资料数据报送制度，建立了通信网络运行数据和交换机软件版本等信息的数据库。发布了《电信网络运行监督管理办法》，填补了我国在电信网络运行监管政策方面的空白。通过调研和分析，形成国内和国际通信网络运行情况的评估报告。

【确保网络安全运行】

联合公安部、中央综治办等九部委，在全国范围内深入开展打击盗窃破坏电信设施违法犯罪专项斗争。组织了通信业安全生产"三项行动"和安全生产隐患排查治理和督促检查活动。采取有效措施，确保了春节、"两会"和建国60周年庆典期间电信网络运行安全畅通。

（工业和信息化部电信管理局）

行业规划与宏观指导

【加强行业规划指导】

为切实做好通信业"十二五"规划工作，把握行业在"十二五"期间的发展方向，建立和完善通信业"十二五"发展规划体系，2009年，组织了通信业"十二五"规划预研工作，对通信业"十二五"期间发展面临的形势和主要任务，发展中出现的新趋势、新问题进行深入研究，并完成通信基础设施建设总体思路和国民经济结构调整研究等重点任务。积极开展调查研究，组织专家论证，扩大公众参与，运用现代规划方法和技术手段，理清总体思路，提出发展目标、重点任务、重大工程和主要保障政策措施，逐步推进通信业"十二五"规划编制工作。同时，加强与各通信管理局的沟通和交流，指导各通信管理局做好"十二五"规划编制工作。编制《2009年中国电信业发展指导》，明确2009年行业发展方向和重点工作任务。通过"十二五"规划预研工作，重点研究工作，编制"十二五"规划，编制2009年行业发展指导等工作，对于落实任务，明确发展方向，把握发展重点起到了积极作用。

【加强通信业经济运行监测分析工作】

为积极应对金融危机，监测分析行业发展总体情况和发展趋势，及时发现制约行业科学发展的突出问题，定期开展通信业经济运行监测分析工作，研究通信业运行状况和发展态势，深入分析制约行业发展的重要问题并提出相应对策建议。

2009年，进一步完善监测分析体系，将有代表性的增值电信企业纳入分析体系，扩大了分析范围；建立完善了工作制度，加强与企业的沟通交流，对3G发牌后市场竞争状况、发展趋势，国际金融危机和国内宏观经济形势对通信业发展的影响等重点问题进行重点跟踪和分析，针对性地提出政策建议。

通过开展通信业经济运行分析工作，针对通信业发展特点，在应对金融危机、推动行业转型方面提出了加快推进3G发展建设、落实支持TD发展相关政策、加快推动三网融合取得实质性进展、积极研究制定宽带发展战略和规划等方面提出有价值的政策建议，对行业应对全球金融危机，保持平稳较快发展起到了积极作用。

【加强通信业发展战略研究】

加强通信业发展与结构调整战略研究，统筹考虑互联网产业经济对国民经济和社会的推动作用，明确通信业在国民经济中的地位和作用。统筹研究通信技术发展和网络演进重大问题，重点研究物联网、移动互联网、下一代互联网的发展，并提出网络演进发展及相关政策措施的建议，推进网络和业务升级。认真落实电子信息产业调整和振兴规划，研究制订了推动光纤宽带网络建设的意见；组织专题研究了我国发展下一代互联网相关重大问题。加强基于信息网络的新兴产业发展研究，着力培育战略性新兴产业，推动新型消费领域蓬勃发展。开展“数字新农村”战略研究工作，深入推进“信息下乡”工作，着力提升农村信息通信水平。继续推进通信业服务两化融合工作，拓展通信业发展和服务空间。

【深入推进电信基础设施共建共享】

深入推进电信基础设施共建共享开展，与国资委联合发文确定了各基础电信企业集团公司 2009 年共建共享定量考核指标；与电监会联合出台了有关供电支持措施；与铁道部多次沟通初步达成共识就铁路沿线通信设施共建共享联合发文；参与城乡建设部“城市通信工程规划规范”的编制，落实将电信基础设施建设纳入城市规划，促进共建共享和缓解基站选址难等问题；发文要求在共建共享中大力支持 TD 网络建设；加强对各地、各企业的督导、检查，及时针对突出问题出台配套措施；于年底召开部领导出席的全国共建共享现场推进会，进行全面总结，推广交流经验，部署下一步工作。2009 年，累计减少新建铁塔 4.7 万个、传输线路（含杆路）9.9 万千米，节约投资超过 120 亿元。

【推动 3G 建设全面启动，大力支持 TD 发展】

协调落实企业 3G 网络规划，统筹 3G 投资、招标安排；落实电子信息产业调整和振兴规划，研究制订了拟多部委联合发文的推动 3G 网络建设的意见；印发了《关于继续支持中国移动 TD-SCDMA 网络建设工作的通知》（工信部通〔2009〕29 号），加大支持 TD 的力度，地方政府陆续出台了一系列支持政策。2009 年，三大电信运营企业 3G 投资约 1609 亿元，网络建设规模按计划完成。中国移动建设 TD 基站 10.8 万个，TD 网络覆盖 238 个地市；中国电信建设 3G 基站 11.7 万个，网络覆盖全国 342 个地市、2055 个县（市）和 6000 多个发达乡镇；中国联通建设 3G 基站 10 万个，网络覆盖 335 个城市。

通信建设市场管理

【规范通信建设项目招投标活动，依法查处通信建设招投标活动中违法违规行为】

在中央积极采取措施扩内需、保增长的大背景下，各电信运营企业大规模开展 3G 网络建设的招标。为进一步做好通信建设项目招投标管理工作，维护公平竞争的市场环境，2009 年通过完善制度、健全机制、加强监督检查等措施，继续加强了对 3G 等重要通信建设项目招投标活动的监管，提高了招投标当事人的法律意识和法制观念，有效防止了重要工程建设项目招投标活动中出现违法违规行为。一是组织有关单位和专家依据《招标投标法》等法律法规，全面梳理通信建设招投标管理中存在的问题，积极跟踪《招标投标法实施条例》制定进程，着手研究制定通信建设项目招投标管理措施，对原有规章制度进行修订；二是发布实施了《通信建设项目施工招标文件范本》及《通信建设项目货物招标文件范本》，并积极组织《标准施工招标文件》以及通信行业招标文件范本的宣贯实施工作；三是组织开展了全国通信建设项目招投标专项检查，针对企业部分招标流程与法律法规不一致、招投标程序不规范、低价中标造成质量与安全隐患等突出问题，要求企业限期整改；四是对中国电信 CDMA 网络设备招标和中国移动 TD-SCDMA 二期试验网招投标过程进行了跟踪、监督，同时着手研究建立重大项目跟踪机制、评标专家管理办法、备案管理机制等具体措施以及通信建设项目招投标监管平台；五是组织有关单位着手研究建立工程建设市场信用体系，对其他专业部门建立工程建设市场信用体系情况进行调研，搜集整理了大量、丰富的资料；六是积极参与招标投标部际联席会议机制和招标投标高层论坛活动，增进了与发改委等有关部门招投标监督管理工作协作交流，促进了企业依法开展招标投标活动。

【贯彻落实“质量和安全年”，加强通信工程质量和通信网络抗震防灾管理工作】

认真贯彻落实国务院“质量和安全年”活动的各项部署，结合通信建设质量现状，下发了《关于加强通信工程质量管理，落实质量和安全年活动的通知》。把 2009 年作为质量整治年，要求各通信管理局、各运营企业统一思想，提高对通信工程质量重要性的认识，加强通信工程质量监管，强化企业质量安全主体责任，建立质量管理长效机制，推动通信工程质量诚信体系建设。通过开展“质量和安全年”活动，坚决遏制通信工程质量和安全重大事故的发生，确保全网通信工程质量。一是加强监督检查，落实“质量和安全年”工作要求。组织开展了部、省质量监督联合检查工作，重点对 6 个省的电信运营企业通信工程进行检查，对发现的工程不执行强制性标准，设备、材料不合格，安全设施不到位，偷工减料，施工质量达不到规范要求等违规建设问题进行查处，对质量不合格工程，责令停工整顿。通过对工程项目的检查，以点带面，进一步推动全国通信工程质量管理工作上一个新台阶。二是加强对通信工程质量管理制度和方法的研究。探讨新形势下通信工程质量监督新思路、新方法，建立适应行业发展需要的通信工程质量监管体系。组织召开通信工程质量监督管理工作座谈会，开展各省通信质量管理人员通信新技术、新业务和相关法律法规培训工作，进一步提高管理人员的执法水平和专业能力，提高依法监管、严格执法的能力。三是建立部、省两级通信建设质量通报制度，及时通报查出的问题及对违法违规行为的处理情况，总结、宣传好的经验，逐步建立适应行业发展需要的通信工程质量监管体系。

【编制通信建设标准规范，规范通信企业的建设行为】

为贯彻落实建设资源节约型、环境友好型社会等重大战略部署，实现经济社会可持续发展，2009 年重点制定涉及工程质量安全、节能、环保、公众利益、电信基础设施资源共享等方面的标准，有效地规范了通信企业建设行为，充分发挥了标准的政策引导性和推动性作用，促进了共建共享、节能减排等重大决策的贯彻实施，更好地实现全网的互联互通和保障网络质量及安全。一是组织编制了《通信工程建设标准管理办法》、《通信工程建设标准编写规定》及《通信工程建设标准体系》等管理规定，着手研究通信工程建设标准的发展方向。制定了 2009 年通信工程建设标准编制计划。二是发布并施行了《电信基础设施共建共享技术暂行规定》、《通信局（站）节能设计规范》、《通信工程建设环境保护技术暂行规定》等 19 项通信工程建设标准。三是为做好新的通信工程建设标准的贯彻实施工作，提高从业人员的法制意识和贯彻执行标准的自觉性，保证工程建设质量和安全，组织有关单位修订通信工程建设标准强制性条文宣贯教材，并组织了 31 个省、区、市通信管理局、工程质量监督机构、电信运营企业及相关建设企业参加的通信建设标准强制性条文宣贯会。

【做好通信建设行政许可工作】

2009 年遵循公开、公平、公正、高效、便民的原则，不断提高施行行政许可的质量和效率，确保通信建设从业队伍的质量。一是全年受理申请通信建设企业资质的单位 121 家，审查批准 84 家，降级 2 家，未审查通过 35 家。二是加强行政许可后续监管，建立健全举报投诉渠道，严格实行“有进有出”的动态管理机制，对发现弄虚作假或不符合标准的企业和个人一律不予批准。三是为规范和指导企业和个人申请通信建设行政许可，发布实施了《工业和信息化部行政许可实施办法》（部 2 号令）和《关于受理和审批通信建设行政许可项目有关具体问题的通知》，同时为统一思想、提高认识，做到审批的公平、公正、公开，组织对各省通信管理局负责通信建设行政许可工作的人员进行培训。四是加强与有关部门的沟通协调，研究通信建设市场对外资开放的政策和措施，并组织起草了相关文件。五是为加强通信建设市场准入管理，杜绝工程转包和违法分包行为，确保通信工程质量和安全，印发了《关于清理通信建设工程转包和违法分包行为的通知》，要求各单位提高认识，对参与工程建设项目的单位和个人进行清理和整顿。

【加强通信网络抗震防灾管理工作】

通信网络抗震防灾工作是国家防震减灾规划总体发展战略的重要内容。汶川大地震后，国家对铁路、交通、通信等生命线工程的抗震防灾工作提出了更高的要求。2009 年，为加强通信网络抗震防灾管理工作，贯彻国家防震减灾工作整体要求，以完善规章制度、加强标准宣贯、提高抗震意识为重点，主要做了以下工作：一是发布实施了《电信设备抗震性能检测管理办法》（工业和信息化部 3 号令），逐步完善了通信网络抗震防灾有关规章制度，并使电信设备抗震性能检测管理工作有法可依；二是依据国家相关标准和规定，修订了《电信建筑抗震设防分类标准》、《通信设备安装抗震设计图集》以及各类电信设备抗震检测标准，完善了通信网络抗震防灾标准体系，为抗震防灾工作提供了技术依据；三是举办了包括抗震防灾标准在内的标准强制性条文宣贯会，提高了通信行业各企业抗震防灾意识；四是对传输、交换、电源、基站、接入和服务器网关设备进行电信设备抗震性能考核，2009 年共核发 82 种型号电信设备抗震性能检测合格证。

【推荐参加国家级优秀设计和优质工程奖评选】

为鼓励通信建设、设计、施工、监理单位技术创新、提高工程质量，2009 年推荐了部分获得部级优秀通信工程设计奖和优质工程奖的项目参加国家级优秀设计和优质工程奖评选，13 项通信工程获得全国优秀工程勘察设计奖（其中金质奖 2 项，银质奖 3 项，铜质奖 8 项），1 项通信工程获得国家优质工程银质奖。

（工业和信息化部通信发展司）

第十篇　网络信息安全及通信保障

通信网络安全管理

【通信网络安全制度建设取得积极进展】

2009 年，部先后制订出台《通信网络安全防护管理办法》（通信行业第一部网络安全部令）、《互联网网络安全信息通报实施办法》、《木马和僵尸网络监测处置办法》，修订了《互联网网络安全应急预案》。制、修订了 10 余项网络安全行业标准，开展了网上营业厅安全、域名系统安全和 3G 网络安全管理的标准制订工作。

【做好通信网络安全防护和应急管理工作】

2009 年 5～9 月，组织开展了通信网络安全防护检查，检查对象涵盖全国 3200 多个三级以上通信网络单元及网上营业厅、域名系统等重点专业，重点围绕防攻击防病毒防入侵、远程维护管理、第三方服务管控等非传统安全项目开展了安全评测和风险评估，发现了一批网络安全漏洞和薄弱环节。通过监督检查和督促整改，大大增强了全行业的网络安全意识，尤其是对非传统安全的认识，提高了通信网络的安全防护水平。此外，指导中国互联网络信息中心（CNNIC）扩大.CN 节点的海外部署，完成.CN 域名系统定级备案，提高了通信网络安全防护体系建设的完整性。组织开展了 2009 年度互联网网络安全应急演练，支持 CNNIC 开展了.CN 国家顶级域名系统应急演练，提高了通信行业应急处置和协同配合能力。

【妥善处理重大网络安全突发事件】

2009 年，先后发生“5•19”多省区互联网域名系统故障、“6•25”广东省互联网路由器故障等网络安全事件，引起社会、媒体和用户的广泛关注。事件发生后，工业和信息化部及时组织运营企业和支撑单位采取有效措施，加强安全监测和分析研判，积极妥善处置事件，努力将影响和损失降到最低，并将有关情况及时向社会进行了通报，得到了各方的理解和支持。同时，针对事件暴露出的网络安全薄弱环节，举一反三，指导企业采取有效措施，加强整改应对，不断提高通信网络的健壮水平。

【认真做好重大活动网络安全保障工作】

2009 年，组织通信行业圆满完成温总理在线访谈专项保障（2 月 28 日）、温总理接受新华社记者独家专访保障（12 月 27 日）、“两会”保障、国庆 60 周年保障、第 11 届全运会保障、2009 年夏季达沃斯论坛会议保障、美国总统奥巴马在上海与青年互动交流网络直播保障（11 月 16 日）等重大活动的网络安全保障工作，得到了党和国家领导人及有关部门的肯定和表扬。

【推进通信网络安全行业自律工作】

加强对行业协会和中介组织的指导，支持中国互联网协会成立“反网络病毒联盟”，发动社会力量联合治理网络病毒。发挥“12321 网络不良和垃圾信息举报受理中心”平台作用，接受公众举报，维护用户权益。加强通信行业网络安全自律工作，指导中国通信企业协会组建了网络安全防护专业委员会。

信息安全管理

【加大监管力度，积极开展专项整治】

2009 年 1 月，在中央统一部署下，工业化信息化部会同中央外宣办、公安部等 7 部门，在全国范围内组织开展了整治互联网低俗之风专项行动。专项行动开展以来，按照有关部门的书面认定意见，全国各级通信管理部门依法关闭淫秽色情等违法网站 3109 家，依法注销违法网站域名 1597 个，列入部 ICP 备案系统黑名单的网站 3153 个，依法处罚向未备案网站提供接入的服务商 68 家，有力地推动了专项行动的顺利有效开展。中国电信、中国移动、中国联通三家基础电信运营企业针对自身业务特点积极开展自查自纠行动。其中，中国电信自查自纠网站 25229 家，要求整改合作单位 143 家，终止合作 33 家；中国移动自查自纠网站 1092 家，要求整改合作单位 135 家，终止合作单位 68 家；中国联通自查自纠网站 6014 家。随着专项行动不断加大对违法网站的关闭整治力度，公众举报违法网站的数量呈明显下降趋势，互联网上低俗之风得到有效遏制。

【畅通举报渠道，强化社会监督】

指导中国互联网协会“12321 网络不良与垃圾信息举报受理中心”发挥社会监督作用，制定并向社会公布实施了《举报互联网和手机媒体淫秽色情及低俗信息奖励办法》，建立并完善了与其它三个举报中心和有关政府管理部门之间的工作流程和举报线索移送机制，建立与基础电信企业的协同处置机制，加强对举报信息的梳理汇总和分析研判能力。截至 2009 年底，举报中心共接受公众对各类不良和垃圾信息内容的举报 118 万余件次，均及时转送相关部门和企业进行了处理。实践证明，畅通举报渠道，强化社会监督，对于查处互联网上违法有害内容发挥了十分重要的作用。

（工业信息化部通信保障局）

重要活动与重大事件的通信保障

【组织通信行业做好2009年防汛通信保障工作】

针对2009年防汛形势，5月11日部印发《关于做好2009年防汛抗旱通信保障工作的通知》（工信部电管〔2009〕206号），对全国通信行业做好2009年防汛通信保障工作作出了统一部署，重点从严格落实责任制、完善防汛应急预案、加强通信设备检修以及应急保障队伍的管理等方面提出了具体要求，全力保障汛期通信的安全畅通。此外，部于5月31至6月5日，派出检查组赴河南、安徽、江西三省，对防汛通信保障准备工作情况进行了全面检查，并针对存在的问题提出了整改要求，消除隐患，确保不留死角。由于汛前准备充分、预案到位，面对汛期（5～11月）严重的山洪、泥石流、山体滑坡以及9次台风等灾害，在部的统一组织下，相关省通信管理局积极指导辖区各电信运营企业迅速开展防汛抗洪通信恢复和保障工作。各企业发扬团结协作、勇于拼搏的优良作风，及时启动预案，紧急调派抢修队伍前往灾区，克服暴雨、高水位及山体滑坡等危险和困难，全力开展通信抢修，有力地保障了通信畅通。同时，各通信管理局还组织协调各企业配合政府有关部门发送应急短信息，提醒群众防灾避灾，并利用VSAT电话，移动通信车、卫星通信车等多种应急通信手段，保障抢险救灾指挥通信的畅通，得到了各地党委、政府的高度赞扬。据不完全统计，各企业累计投入抢修人员11万人次，抢修车辆7.4万台次，油机3.7万台次、其它应急通信设备6000余台次参与汛期通信保障，在各方面的共同努力下，通信行业圆满完成了防汛抗洪通信保障任务。

【全力做好国庆60周年庆祝活动通信保障】

工业和信息化部由于做了大量扎实细致的准备工作，因而有效组织协调北京市通信行业承担了国庆60周年庆祝活动通信保障任务。满足了阅兵、游行、晚会等指挥部和新闻媒体的各类通信需求，实现了“五个确保”的既定目标（即：确保国庆庆典活动通信保障万无一失，确保网络运行稳定，确保信息管控安全，确保应急处置有效，确保沟通汇报全面及时），圆满完成了各项通信保障任务。

【完成第十一届全国运动会通信保障任务】

全国运动会是我国四年举行一届的重要综合性体育赛事，第十一届全运会由山东承办。为做好“十一运”通信保障工作，部积极部署相关工作，山东省通信管理局组织省内通信行业开展通信保障工作。一是提前成立了通信保障工作小组，制定并细化了“十一运”通信保障实施方案；二是省内通信行业加大资金投入，加强了比赛场馆周边、火炬传递路线等重点区域的通信网络测试和优化；三是各企业为全运会指挥调度系统和媒体村等提供了优质可靠的通信保障服务。全运会期间，各企业确保了比赛场馆及周边地区、运动员酒店及新闻中心等重点部位的通信畅通，出色地完成了全运会通信保障任务。

（工业和信息化部电信管理局）

第十一篇　无线电管理

综　述

2009 年，在工业和信息化部及地方党委、政府的领导下，全国无线电管理机构围绕工业和信息化部各项重点工作和重要决策部署，以邓小平理论和“三个代表”重要思想为指导，以科学发展观统揽工作全局，求真务实、开拓创新，在科学规划合理配置无线电频谱资源，加强和规范无线电频率台站管理，开展无线电频率/卫星网络协调，维护空中电波秩序等方面取得了可喜成绩，无线电管理综合能力明显提升。截至 2009 年底，我国移动通信用户已达 7.4 亿户，以中国名义在轨运行的静止卫星 24 颗，非静止卫星 16 颗。除军队和公安系统外，全国共计核发各类无线电台站执照 270 万个，累计批准设立卫星通信网络 180 个（双向、单向），向国际电联申报卫星轨道位置 248 个，累计报送登记资料 1410 份。全年共核准无线电发射设备型号 6036 个，查找无线电干扰 3094 起。

【加强无线电频率资源管理】

统筹协调保障无线电频率需求，重点为 3G 及国家重大专项工程建设与发展提供频率支持。紧紧围绕保经济大局，结合无线电新技术、新应用的发展，科学规划与合理配置无线电频谱资源，完成 3G 频率分配，为 3G 发展，特别是我国 TD-SCDMA 自主创新技术的应用和发展提供频率资源保障。制定并下发《关于支持 TD-SCDMA 通信基站设置和使用的通知》，进一步落实支持 TD-SCDMA 网络通信基站设置和使用的政策。加强 3G 核心频段无线电监测，及时协调解决各运营企业 3G 网络建设过程中的无线电干扰问题，制定并下发了《关于加强第三代公众移动通信网络干扰排查工作的通知》，保障 3G 用频安全。开展 2500～2690MHz 频段 3G 及后续演进技术与卫星广播、卫星移动、无线电定位、固定等业务间的电磁兼容分析工作，为 3G 及其演进技术规划使用频率做好技术准备。为推动 3G 网络建设和管理，连续举办 8 期第三代移动通信技术培训班，为地市无线电管理机构培训技术人员共计 460 余人。加强 3G 台站和无线电发射设备型号核准管理，对 TD-SCDMA 设备采取“绿色通道”的核准方式，平均 2.5 个工作日即可完成 TD-SCDMA 设备的审批，与规定的 20 个工作日相比，大大缩短了审批时间，受到用户好评。积极开展频率协调，保障国家重大专项工程用频需求。协调解决我国气象雷达网、水利部郑州－三门峡微波电路等用频需求。

立足当前、着眼未来，科学规划无线电频谱资源，引导无线电技术发展，为各类无线电业务提供频谱资源保障。无线电频谱资源是无线电技术应用所依赖的唯一载体，科学规划和管理无线电频谱资源，是实现频谱资源充分有效利用、正确引导新技术发展、保证各类无线电业务共同发展的核心手段。根据国际电联《无线电规则》(2008 年版），结合当前我国经济社会发展和国防建设各领域无线电业务应用情况及未来发展对无线电频谱资源的需求分析，组织修订 2006 版《中华人民共和国无线电频率划分规定》，引导和推动未来几年各类无线电业务的共同有序发展。目前，修订草案已完成，并通过了无线电频率规划专家咨询委员会的审议。为促进对讲机技术和应用的发展，清理与整合了近 30 年来发布的对讲机管理政策，完成并发布了新的 150、400MHz 频段专用对讲机的频率规划。

【强化无线电台站设置、使用与管理】

积极开展清理违法使用对讲机专项行政执法活动取得积极成效。近年来，违法使用对讲机（包括车载电台）的现象呈扩大趋势，严重扰乱和破坏了正常的空中电波秩序。为此，组织在全国范围内开展清理违法使用对讲机专项行政执法活动。在此次活动中，全国各级无线电管理机构共派出行政执法人员 19509 人次，出动各类车辆 3321 台，行程 151423 公里，发放宣传资料 725181 份，检查了 30970 家对讲机销售商和用户，检查对讲机 116885 台，检测对讲机设备 969 台，检查出违规单位 1973 家，违法使用对讲机 66100 部。通过此次专项行政执法活动，基本摸清了违法设置使用对讲机的情况，查处了一批违法使用对讲机的单位和个人，进一步规范了各级无线电管理机构的执法程序和执法文书，公众和企业依法设置使用无线电台站的意识得到增强，电磁环境得到明显改善，专项行政执法活动成效显著。

全国无线电台站数据清理登记工作全面完成。为进一步加强无线电台站的规范化、科学化管理，维护良好的空中电波秩序，历时三年多的全国无线电台站数据清理登记工作全面完成。据统计，全国共清理验收各类无线电台站 212 万部，基本摸清了无线电台站数量和用频情况。

【加大无线电监测力度】

实施严格电磁管控，全力保障国庆 60 周年庆典活动安全顺利举行。无线电管理局组织相关单位，建立了高效的工作机构，科学规划无线电频率资源，有效保障了群众游行指挥、联欢晚会指挥、阅兵指挥调度、航空导航通信、广播电视直播、安全保卫、应急通信等用频安全，圆满完成了首都国庆60周年活动无线电管控任务，得到了阅兵联合指挥部通信组、中央电视台和中央人民广播电台等重要用户的高度赞誉。

加大对重要地域、重要航路、重要频段的无线电监测力度，有效维护空中电波秩序。不断加强对不明信号和干扰的分析、排查，保障重要业务无线电安全。进一步落实保护航空无线电专用频率工作长效机制，组织召开全国保护航空无线电专用频率工作协调办公室年度会议。据统计，2009年全国各级无线电管理机构共受理民航无线电干扰投诉371件，查处301件，有效保障了民航飞行安全。支持国家铁路高速化、信息化建设，调查了解全国高速铁路和客运专线建设情况以及专用频率保护需求，建立铁路无线电专用频率保护工作长效机制，确保铁路运输生产安全。继续组织全国无线电管理机构开展国家各类重要考试无线电安全保障工作，防范和打击利用无线电发射设备进行作弊的行为，取得良好效果。继续开展全国无线电监测统计报告工作，全国无线电监测设施使用率明显提高，监测时间显著增长，每月累计无线电监测时长由去年的13.2万小时上升为19.6万小时，增长了48%，为科学规划和管理频率资源提供了可靠依据。

【推进无线电管理法制建设】

继续推进无线电管理法制建设。配合国务院法制办，大力推进《中华人民共和国无线电管理条例》的修订工作。针对修订过程中反映出来的重点和难点问题，先后组织了涉及无线电频率和台（站）管理的多项专题课题研究，为修订工作提供支持。贯彻无线电频谱资源有偿使用原则，维护公平公正平等的频占费征收制度，启动并完成第三代公众移动通信网络频占费收费标准及减免政策制定的起草工作。

推行政务公开，创新管理方式，综合服务意识明显提高。政务公开是提高政府效能的有效措施。在加快推进政务公开和政府网站建设等方面，建立和完善相关制度，真正做到想群众所想，急群众所急，为群众做好事、办实事，全局意识和服务意识明显增强，取得积极成效。坚持依法行政，建设服务型政府，认真处理每一件群众发来的政府信息公开申请，坚持做到有问必答、及时回复。全年共受理部长信箱群众有效投诉信件共263封，全部按时回复，回复率100%。同时，针对群众主要反映的某些单位非法安装使用卫星电视干扰器，干扰群众接收卫星电视信号等问题，迅速组织相关地方无线电管理机构快速查清干扰，严肃处置违法行为，维护正常电波秩序，保证了人民群众正常收听收看卫星电视节目。改进管理方式，成立中国无线电协会，充分发挥协会的桥梁纽带作用，依托协会进行行业管理，理顺业余电台管理方式，推动业余电台健康发展。

【边境无线电频率和卫星网络国际协调取得新进展】

积极开展我国边境地区无线电频率协调。根据我国边境（界）地区无线电业务的发展需要，分别组织与朝鲜、俄罗斯和港澳等国家和地区开展了边境（界）地区无线电频率协调会谈。

稳步推进卫星网络协调工作。根据我国卫星国际协调的需要，遵照国际电联《无线电规则》，先后与白俄罗斯、俄罗斯、韩国和日本进行了主管部门间的卫星频率轨道资源国际协调会谈；与泰国、日本、哈萨克斯坦进行了操作者级卫星频率轨道资源国际协调会谈；与美国进行了大量的信函协调，双方来往函电100多封。继续做好卫星频率轨道资源的国内协调和国际申报工作，召开卫星频率轨道资源国内协调会议，协调有关部门和单位对卫星频率轨道资源的使用要求，向国际电联申报了通信、气象、广播、海洋、业余、火星探测等卫星网络资料共87份。认真做好卫星频率轨道资源日常维护和管理工作，全年收到国际来函700多封，发出国际函电300多封，涉及43个国家和国际组织。按照行政许可程序，做好卫星空间电台、卫星通信网和设置使用地球站的审批工作，有效保护我国已在国际电联登记的卫星频率轨道资源权益。

【争取我国在无线电管理国际事务中的话语权】

积极参与无线电管理国际事务。高度重视、精心安排，出色完成2011年世界无线电通信大会亚太地区第二次筹备会（APG2011-2）在杭州召开的会议承办任务，受到了APT秘书处和所有与会代表的高度赞扬。作为参加此次APG2011-2的中国代表团，在前期和各工作组主席沟通协调的基础上，经过代表团全体成员的共同努力，成功获得了会议确定的25个议题起草组中7个议题起草组的主席职位，使我国成为担任议题起草组主席职位最多的国家，进一步增强了我国在国际电联《无线电规则》制定中的话语权，为扩大我国在国际组织中的影响，积极争取和维护我国在国际上的合法权益做出了贡献。组团参加国际电联（ITU）和亚太电信组织（APT）举办的各类无线电管理国际会议，圆满完成参会预案任务。此外，与国际电联联合在上海举办了国际电联无线电频谱管理与监测培训班，为来自10个国家的45名学员进行了培训；积极履行国际义务，共享奥运成果，与英国及俄罗斯无线电主管部门就奥运会无线电管理工作进行了业务交流，在亚太电信组织（APT）相关论坛上向与会各国介绍北京奥运会无线电管理经验，进一步提升了我国在国际无线电管理领域的地位与影响力。

【加强无线电管理技术设施和人才队伍建设，深入开展无线电管理理论研究】

无线电管理技术设施建设稳步推进。按照“十一五”规划的要求，各地稳步开展“十一五”规划建设工作，在法制建设、频率规划、台站监管、国际协调、人力资源开发、技术设施建设等方面取得积极进展。目前，全国已建成超短波固定监测站 883 个，移动监测站 427 个，可搬移监测站 305 个，地（市）级固定无线电监测站数量有所增加，上述设施在及时排除无线电干扰，减少无线电干扰隐患，促进经济社会发展和维护社会稳定方面发挥了重要作用。按照工业和信息化部的统一部署，正式启动全国无线电管理“十二五”规划编制工作。

无线电管理人员素质和能力显著提高。召开超宽带无线电技术频率规划及 3G 频率台站管理政策宣贯会议，提升无线电管理队伍的行政能力和技术、业务、政策水平。举办无线电管理业务培训，全面提高干部队伍的综合素质，指导全国无线电管理人才队伍建设工作取得积极成效。

积极开展无线电管理理论研究，为无线电管理工作提供支持。先后组织开展了《我国业余无线电操作等级管理制度的研究》、《新时期的无线电频谱资源经济和管理模式研究》、《主要国家卫星行业现状研究》、《遥感卫星间频率共用及干扰评估方法研究》《工业、科学、医疗（ISM）设备的无线电管理政策研究》、《关于建立重要无线电台站电磁环境保护区制度的研究》等无线电管理课题研究，为加强无线电频谱资源管理及制定相关无线电管理政策提供理论依据和决策支持。

无线电频率划分和规划

为适应新时期无线电管理工作的要求，科学规划和使用无线电频率资源，从而更好的解决社会各行业对专用对讲机使用需求不断增加和频率资源日益紧缺的矛盾，在充分调研和征求意见的基础上，工业和信息化部于 2009 年 12 月 12 日发布了《关于 150MHz 400MHz 频段专用对讲机频率规划和使用管理有关事宜的通知》（工信部无〔2009〕666 号，以下简称《通知》）。

《通知》既是对过去 30 年以来国家无线电管理部门陆续颁布的对讲机管理政策的清理和整合，也是适应当前数字对讲机技术的演进发展而进行的必要调整。《通知》规定将信道间隔从 25kHz 调整为 12.5kHz，同时确定了 150MHz 和 400MHz 频段数字对讲机设备无线射频技术标准，明确了该频段内对讲机设备模拟转数字的过渡期和过渡措施，为国内数字对讲机产业发展明确了方向。

根据对讲机以局部地区使用为主的应用特点，以及对讲机频率台站管理依托地方无线电管理机构的管理特点，《通知》打破了原来各部门条块分割的频率分配方式，明确了以属地化管理为主的对讲机频率台站管理模式。这一管理方式的转变，既体现了按照无线电波传播特性来管理无线电设备的科学性，又充分遵循了无线电管理工作分级负责的原则。允许各地因地制宜进行相应频率分配和使用的规划，不仅提高了频率资源使用的灵活性和实用性，也有利于充分发挥各地无线电管理机构的积极性，进一步强化对讲机管理工作。

《通知》明确规定了国家专用频率的数量和使用管理，保证了国家在应急状况、重大活动等特殊情况下对频率资源的调度能力。同时，《通知》还明确了该频段内水上、卫星、航空、寻呼、铁路、射电天文、业余和遇险、安全、呼叫业务等不同业务的使用和保护问题，体现了频率资源共用的规划原则。

卫星空间电台和地球站审批与管理

【卫星网络空间电台】

2009 年度，工业和信息化部无线电管理局完成 1 个卫星网络空间电台的行政许可，颁发了 1 个空间电台执照（工信部无函〔2009〕569 号，中国无线电运动协会，希望一号（XW-1），卫星业余业务）。

【卫星通信网和地球站管理】

2009 年度，工业和信息化部批准了中国海监总队、中国石油天然气管道通信电力工程总公司等 5 家单位建立卫星通信网；批准了中国卫星通信集团公司、中国计量科学研究院、广电总局等 8 家单位设置地球站 27 座、要求电磁环境保护的单收地球站 8 座。

截止到 2009 年年底，全国已领取无线电台执照的地球站共 10078 座。

【涉外临时频率指配】

2009 年无线电管理局共完成涉外临时频率审批任务 85 批次，所批准的无线电设备运行良好，为相关外交活动的顺利开展提供了有利条件，受到外交部等相关部门的好评。

边境地区无线电频率协调

2009 年，无线电管理局分别与香港（2009 年 10 月 13～14 日在深圳）、澳门（2009 年 12 月 15～16 日在中山），朝鲜（2009 年 4 月 21～24 日在平壤）和俄罗斯（2009 年 6 月、7 月和 12 月分别在中俄两国）主管部门进行了 6 次边境无线电频率协调会谈。

【与香港特别行政区频率协调】

2009年10月，内地无线电业务频率协调代表团与香港电讯管理局代表团在深圳举行了2009年内地与香港无线电业务频率协调会谈。双方对2008年4月局长会谈各项议题进行了回顾。自2008年4月至今，双方在公众移动电话信号过界覆盖测试点的调整、2500～2690MHz频率协调事宜、3G业务频率协调、广播业务频率协调等方面做了大量工作，对内地MMDS业务和香港宽频无线接入（WBA）业务频率共用标准达成了共识。此次会谈，双方对公众移动电话（包括2G和3G）过界覆盖测试点的调整、深圳湾口岸公众移动电话信号覆盖问题、3G业务使用频率协调机制、地面数字电视广播的频率协调、模拟电视的协调、调频广播协调及如何加强对过境车辆车载对讲设备的监管等多个议题进行了认真讨论，在许多方面达成了一致意见，并对下一步的工作进行了安排，双方签署了会谈纪要。

【与澳门特别行政区频率协调】

2009年12月，内地与澳门无线电频率协调代表团在广东中山举行了2009年内地与澳门无线电频率协调专题会谈。双方对自2008年10月内地与澳门无线电业务频率协调专题会议以来，双方进行的珠澳公众移动通信过界信号联合测试及独立测试的有关情况进行了讨论分析，为进一步提高过界信号测试的可信度和科学性，双方同意考虑进一步完善过界信号测试机制，并就今后的测试报告中标识测试点的经纬度信息等方面达成一致意见；双方就12月举行的澳门回归十周年庆典、澳门大学新校区奠基仪式等相关活动期间的移动通信网络保障事宜进行了交流协调，双方同意在相关活动期间双方无线电管理部门建立应急联络协调机制，并确定具体联系人；双方还探讨了横琴岛澳门大学新校区公众移动信号覆盖的解决方案和珠港澳大桥的无线电覆盖等问题，通报了各自的3G频率分配及使用情况，同意将加快边界地区不同3G技术体制相互兼容的研究，以便下一步提出合理可行的协调方法及机制。

【与朝鲜边境地区无线电频率协调会谈】

2009年4月，中华人民共和国工业和信息化部无线电频率协调代表团与朝鲜民主主义人民共和国递信省无线电频率协调代表团在朝鲜民主主义人民共和国首都平壤进行了会谈。此次会谈，按照2008年2月北京会议纪要精神，双方主要讨论“中朝边境地区30～3000MHz频段陆地移动业务、固定业务和广播业务之间频率协调协议书”（以下简称协议书）草案并进行公众移动通信和广播业务频率台站协调。经过认真讨论，双方同意对于公众陆地移动通信业务，先行在两个区域（丹东－新义州、长白－惠山）进行网络调整试点工作。关于广播业务频率台站协调，双方对模拟广播电视业务之间的协调方法、协调技术标准以及在模拟广播和电视频率规划表上变更、添加和删除的台站列表格式达成一致意见。

【与俄罗斯边境地区无线电频率协调会谈】

2009年6月和12月，中俄两国无线电频率主管部门两次在北京举行了中俄两国边境地区广播电视业务无线电频率协调和边境地区数字电视频率规划和协调技术专家组会谈。会议就边境地区调频广播和电视等业务的无线电频率和台站协调、数字电视的频率规划、技术测试等内容进行了会谈，并签署了相关会议纪要。

2009年7月19～21日，中华人民共和国总理与俄罗斯联邦总理定期会晤筹备委员会通信与信息技术分委会框架内中俄有效使用无线电频谱和边境地区无线电频率协调常设工作组会议在俄罗斯伊尔库兹克举行。双方就中俄边境地区模拟电视和VHF调频广播台站频率指配协调、中俄边境地区地面数字电视广播频率规划和协调、中俄边境地区广播和非广播业务频率指配协调、边境地区GSM-900网络参数调整以及通信设施使用无线电频谱以保证中俄石油管道正常运行等问题进行了讨论，两国代表还就WRC-12的筹备工作交换了意见。

卫星网络协调

【卫星网络资料的国内协调】

按照卫星网络国内协调机制，2009年无线电管理局共组织了3次卫星网络资料的国内协调会议，基本满足各卫星网络操作单位的国内协调需求，达到了避免国内卫星网络间的干扰、为更好地开展我国卫星网络资料的国际申报和国际协调工作奠定基础的目的。

——2009年3月24日，第一次卫星网络国内协调会议，研究了广电总局科技司的CHNBSAT-G1-5（92.2E），CHNBSAT-11（124.7E），CHNBSAT-13（134E）对地静止轨道卫星网络的协调资料的国内卫星网络间协调和国际申报问题。

——2009年5月12日，第二次卫星网络国内协调会议，研究了国家卫星海洋应用中心的HY-2对地非静止轨道卫星网络的提前公布资料的国内卫星网络间协调和国际申报问题。

——2009年10月30日，第四次卫星网络国内协调会议，研究了中国通信卫星集团公司的CHINASAT-A5（87.5E）对地静止轨道卫星网络的协调资料的国内卫星网络间协调和国际申报问题。

【卫星网络资料的国际申报】

2009年，工业和信息化部作为在国际电信联盟登记的中国主管部门，代表中国各卫星操作单位（包括港澳台地区）共向国际电信联盟申报各类卫星网络资料共 87 份，其中提前公布资料 40 份，协调资料 5 份，通知资料 4 份，决议 49 信息 5 份，投入使用信息 2 份，地球站资料 12 份，修改确认资料 19 份，覆盖了我国海洋、气象、火星探测、业余无线电、广电、卫星集团、CESEC、BGIC、ASIASAT、中继星等部门的需求。同时无线电管理局按照《内地与香港卫星网络申报与协调办法》与香港无线电主管部门和两家卫星操作者沟通相关情况。

截止到 2009 年年底，我国在国际电信联盟登记的有效卫星网络资料已达：231 个对地静止卫星网络的 1396 份资料和 25 个对地非静止卫星网络的 98 份资料，涵盖了 UHF、L、S、C、X、Ku、Ka 等频段，业务涉及卫星固定业务、卫星移动业务、卫星广播业务、卫星气象业务、卫星定位业务、卫星导航业务、卫星地球探测业务、空间研究业务、空间操作业务、卫星业余业务等全部 20 种空间无线电业务。已初步实现我国传统对地静止轨道位置资料的全频段、全业务、全覆盖申报的目标，同时，为了今后走向国际市场，拓展了对地静止轨道位置向东、向西的卫星网络资料，为未来卫星系统的发展储备了相应卫星频率/轨道资源。

【卫星网络资料的国际协调】

2009 年，卫星网络资料的国际协调工作在主管部门层面和操作者层面通过信函协调和会议协调方式积极进行，保证了国际协调的连续性、有效性和及时性。

一、信函形式的卫星网络国际协调

无线电管理局组织国内相关单位，广泛开展了信函形式的卫星网络资料的国际协调。全年共收到各类国际函电 700 余封，发出各类国际函电 300 余封，涉及美国、俄罗斯、日本、印度、INTELSAT、INMARSAT 等 43 个国家主管部门和国际组织。特别是与美国的协调，双方均希望在协调会谈前，通过信函解决一些问题，双方来往函电达 100 余封。

二、主管部门级卫星网络协调会谈

2009 年，中国无线电管理主管部门分别与俄罗斯、白俄罗斯、韩国和日本无线电管理主管部门举行了卫星网络协调会谈。

（一）中国与俄罗斯第十次卫星网路协调会谈

2009 年 4 月 6～15 日，无线电管理局与俄罗斯频率总局在北京举行了第十次卫星网路协调会谈。根据我国卫星对外协调的需要，广电总局科技司、国家卫星气象中心、中国卫星通信集团公司、香港亚洲卫星公司和亚太卫星公司等相关人员参加了此次会谈。双方就两国一些卫星之间现有和潜在的频率干扰事宜等进行了探讨。

（二）中国与白俄罗斯第三次卫星网路协调会谈

2009 年 2 月 19～20 日，无线电管理局与白俄罗斯频率主管部门在北京举行了第三次卫星网路协调会谈。国家无线电监测中心、中国直播卫星公司、香港电讯管理局和香港亚洲卫星公司等相关人员参加了会议。双方主要就白俄罗斯与美国公司合作的 Protostar-1 卫星对我国相关卫星的干扰事宜进行了深入探讨，要求白方卫星对我国现有和将要发射的卫星提供足够保护。

（三）中国与韩国第九次卫星网路协调会谈

2009 年 6 月 3～12 日，无线电管理局与韩国电波放送局在韩国首尔举行了第九次卫星网路协调会谈。国家无线电监测中心、中国气象局、广电总局科技司、中国卫星通信集团公司等相关人员参加了会议。双方主要就卫星通信和卫星广播业务之间可能存在的干扰事宜进行了探讨。

（四）中国与日本第十一次卫星网路协调会谈

2009 年 10 月 18～28 日，无线电管理局与日本总务省无线电局在东京举行了第十一次卫星网路协调会谈。国家无线电监测中心、中国气象局、广电总局科技司、中国卫星通信集团公司、等相关人员参加了会议。双方主要就卫星通信、卫星广播和卫星定位导航和卫星中继业务之间可能存在的干扰事宜进行了探讨，取得一定进展。

三、 操作者级卫星网络国际协调

——香港亚洲卫星公司（ASIASAT）与越南 VNPT

——中国卫星通信集团公司（CHINASAT）与泰国关于卫星广播业务规划

——中国卫星通信集团公司（CHINASAT）与哈萨克斯坦卫星

——中国卫星通信集团公司（CHINASAT）与新加坡（SINGTEL）关于第二代卫星（2 次）

——北京环球信息开发应用中心（BGIC）的 COMPASS 系统与美国 GPS（1 次）

——北京环球信息开发应用中心（BGIC）的 COMPASS 系统与欧盟 GALILEO（非正式 1 次）

【其它空间业务管理活动】

2009 年 5 月 20 日，无线电管理局组织召开了卫星移动通信频率轨道资源需求座谈会，会议参加的各方共同分析了我国卫星移动业务频率轨道资源面临的现状，讨论了我国自主卫星移动通信系统可能的运营和管理模式，探讨了我国如何建立军民结合、寓军于民的卫星移动通信系统，形成一些初步共识。

2009 年 7 月 14～15 日，无线电管理局组织召开了中国与美国主管部门间协调情况总结和进一步协调的准备会议。会上，总结了历年来，特别是近三年，中国与美国主管部门间信函协调的情况，涉及来往函电 200 余件，针对各卫星操作者的不同情况，研究和布置了进一步协调的口径和方式，讨论了进一步的协调会谈所应做的准备工作。

2009 年 12 月 9～10 日，无线电管理局组织召开了 2009 年度空间业务管理年度座谈会。会议总结了 2009 年工作情况，包括重点工作项目、国际和国内协调（主管部门间和操作者间）、卫星网络资料申报、参加国际组织活动（包括 WRC，ITU-R，APG，AWF 等）情况等等，研究了 2010 年的工作计划，包括国际协调会谈需求、参加国际组织活动、需要重点关注的系统和可能遇到的困难分析和策略分析、总体预算和出国计划等等。

组织了两个软科学研究项目，分别是《主要国家卫星行业现状研究》和《遥感卫星间频率共用及干扰评估方法研究》。

防范打击在各类考试中利用无线电设备作弊行为

近年来，全国各类重大考试的安全形势依然严峻，不法分子利用无线电设备进行窃密、团伙舞弊、助考等考试作弊的违法违规行为逐渐增多，考试作弊高科技化、团伙化呈上升趋势，对考试的公平公正形成公然挑战，对全国各类重大考试安全危害日趋严重。

为了维护国家各类重大考试的公平公正，确保考试安全顺利进行，2009 年，工业和信息化部积极配合教育部、公安部、司法部、国家公务员局等相关部门，深入分析当前教育考试的严峻形势，共同研究制定考试安全保障方案，采取有效措施，严厉防范和打击利用无线电设备进行考试作弊行为。工业和信息化部与教育部、公安部联合下发了《关于做好 2010 年全国硕士生招生统一入学考试考务安全工作的通知》（教学厅〔2009〕12 号）。各地无线电管理机构深入贯彻落实全国各类重大考试安全保障有关要求，在各地党委和政府的领导下，按照考试安全保障方案部署，与相关部门密切协作、联合行动，保障全国各类重大考试的安全平稳进行，有效遏制利用无线电设备进行考试作弊行为，取得显著成效。无线电管理机构充分发挥无线电技术设施力量，在考试保障期间，派出大量人员车辆，对考试作弊使用的无线电频率进行监测定位，配合公安机关查处了一批非法利用无线电设备进行考试作弊的案件。对作弊信号出现时间短、准确定位和查找存在一定困难的情况，无线电管理机构采取无线电压制措施，迅速阻断考场内外串通作弊的无线电信号，及时遏止了作弊信息的传播。

根据各省、区、市无线电管理机构保障情况统计，2009 年，高考期间，发现无线电作弊信号共 1580 余个，配合相关部门查处涉及无线电考试作弊案件 70 余起、查获涉案无线电设备 120 余台套，采取有效措施阻断无线电作弊信号 1090 余次；国家公务员考试期间，发现无线电作弊信号共 103 个，配合相关部门查处涉及无线电考试作弊案件 3 起、查获涉案无线电设备 3 台套，采取有效措施阻断无线电作弊信号 96 次；硕士研究生考试期间，发现无线电作弊信号共 1290 余个，配合相关部门查处涉及无线电考试作弊案件 200 余起、查获涉案无线电设备 380 余台套，采取有效措施阻断无线电作弊信号 1090 余次。

首都国庆 60 周年活动无线电管控工作

为确保首都国庆 60 周年各项活动安全顺利举行，工业和信息化部无线电管理局组织相关单位，科学规划无线电频率资源，审批国庆活动使用频率 1000 余条；在首都地区动用固定无线电监测站 17 座、可搬移监测站 4 座，无线电监测车、管制车 16 辆以及大量便携式监测设备，调集无线电管理专业技术人员 200 余名，排查各类不明信号和可疑干扰 60 余起；在北京市部分地区实施了局部无线电管制；在各庆祝活动控制区域的各安检口对无线电设备进行了严格检查。由于管控工作有力，整个活动期间，未发生一起有害无线电干扰事件，有效地保障了群众游行指挥部、联欢晚会指挥部指挥调度，广播电视直播、安全保卫、应急通信等重要无线电业务的频率使用安全，赢得了中央电视台、中央人民广播电台等有关各方的高度赞扬。

无线电管理干扰查处与行政执法

2009 年，全国各级无线电管理机构从维护国家安全、各行各业生产安全和人民生命财产安全的大局出发，贯彻落实《中华人民共和国无线电管理条例》，切实履行无线电干扰查处与行政执法职能，充分发挥现有技术设施力量，采取有力措施，深入开展无线电保护性监测、干扰查处与行政执法工作，通过密切协调相关部门建立长效机制，形成联合机制，加强保护重大无线电专用频率力度，提升联合查处和应急反应能力，依法严厉查处违规设台、擅用频率的非法行为，全面保障无线电使用安全，维护空中电波秩序。

为加强对航空无线电专用频率的保障力度，全国各级无线电管理机构，按照原信息产业部、原国家安全生产监督管理局、国务院中央军委空中交通管制委员会和原民用航空总局《关于建立保护航空无线电专用频率工作长效机制的通知》（信部联无〔2005〕68 号）等通知要求，不断完善航空频率保护工作长效机制，扎实开展工作，保障航空无线电专用频率使用安全的效果显著。2009 年，全国各级无线电管理机构组织开展专项检查整顿工作共 270 余次，召开相关专题会议共 170 余次，共查处航空无线电专用频率受干扰案件共 400 余件。

按照《中华人民共和国无线电管理条例》和《关于禁止非法研制生产和使用卫星电视无线电干扰器的紧急通知》有关规定，各地无线电管理机构依法严厉查处卫星电视干扰器无线电干扰，通过协调广电、公安等相关部门组建联合检查组、召开部门协调会、以及联合下发关于查处干扰卫星电视信号专项整顿工作通知文件等多种措施，加大清理卫星电视干扰器力度。全年，各地无线电管理机构查处卫星电视干扰器干扰案件共300余起，有效维护空中电波秩序，保障各类无线电业务使用安全。

2009年4月，针对当前违法使用对讲机（包括车载电台、业余电台）的现象呈扩大趋势、严重扰乱和破坏了正常的空中电波秩序情况，我部下发了《关于开展清理违法使用对讲机专项行政执法活动的通知》（工信部无〔2009〕134号）。

《通知》下发后，全国各级无线电管理机构认真按照《通知》提出的要求、方法和步骤，结合各地违法使用对讲机的情况、特点和无线电管理工作的实际情况，建立健全组织领导机构，多形式、全方位的广泛宣传，逐户排查，文明执法，充分利用技术手段，有针对性、分阶段地开展了不同形式的专项行政执法活动，取得了显著的成效。

通过专项行政执法活动的开展，各地无线电管理机构进一步摸清了对讲机设置使用的情况，完善了频率台站数据库。

查处了一批违法设置使用对讲机的单位和个人，使违法使用对讲机的行为得到了有效遏制。

各级无线电管理机构执法队伍得到了锻炼和加强，执法程序和执法文书进一步规范。

公众和企业依法销售、使用对讲的意识显著增强。

据不完全统计全国各省共依法查处违法使用对讲机6.6万余台，补办对讲机使用手续2.5万份，收回应缴频率占用费近百万元。

无线电监测和电磁兼容分析

【无线电监测】

积极推动无线电监测技术设施建设；继续开展无线电监测和干扰查找工作。据初步统计，国家无线电监测中心全年共执行超短波频率指配监测任务61个、短波频率指配任务2个、干扰查找任务13个、专项监测任务14个；上报监测月报和卫星监测周报40多份。

【电磁兼容分析】

2009年，电磁兼容分析工作稳步推进。圆满完成首都国庆60周年庆典活动的电磁兼容技术分析和技术审查100余份，处理应急频率申请1份，频率调换2份，涉及频点1003个，所有指配的频率在电磁兼容方面都没有出现问题，获得相关部门好评。

在电磁兼容技术研究方面，开展工业和信息化部重大专项“宽带无线移动频谱规划与干扰分析”、“面向WRC-11的频谱有效利用关键技术研究及验证”的研究，并参与了863课题“动态频谱资源共享技术标准与应用研究”、“频谱感知与干扰评估新技术研究”、“超宽带无线通信系统研发与应用示范”、“高频段无线通信基础技术研究开发与示范系统”的研究工作，对不同频段的新技术、新业务与现有业务的电磁兼容性进行了深入的研究，取得一定的成果。

在开展重大课题研究的同时，完成了多项无线电业务系统间电磁兼容分析工作，包括645～862MHz频段广播业务对无线电导航业务的干扰研究、790～862MHz频段移动业务（IMT）对航空无线电导航业务的干扰研究、1880～1920MHz频段PHS对TD-SCDMA的干扰研究、2.1GHz频段Femtocell（WCDMA）系统与卫星移动等系统的电磁兼容研究、射电天文静默区研究等，保障了现有业务的正常运行。

此外，还开展了我国部分高速铁路的GSM-R频率保障工作，先后在广深铁路、沪宁铁路、广深港铁路沿线等地区进行了GSM-R频率的电磁环境测试工作，并基于测试结果开展了电磁兼容分析和部门协调工作，保障了相关高速铁路的正常开通和运行。

无线电发射设备型号核准

2009年1月9日，工业和信息化部下发《关于变更无线电发射设备型号核准代码格式的通知》，规定自2009年1月30日起，无线电发射设备型号核准代码中的“CMII”变更为“CMIIT”。原型号核准代码格式对应的已核发的“无线电发射设备型号核准证”及其核准代码在其有效期内继续有效。

根据“无线电设备发射特性核准检测机构认定”这一行政许可事项的相关规定，2009年，工业和信息化部批准国家无线电频谱管理研究所对十七个类别产品进行规定检测项目的无线电设备发射特性核准检测工作，有效期自2009年1月15日起至2014年1月14日；批准天津市无线电监测站对十五个类别产品进行规定检测项目的无线电设备发射特性核准检测工作，有效期自2009年1月15日起至2014年1月14日；批准江苏省无线电管理监测计算站对七个类别产品进行规定检测项目的无线电设备发射特性核准检测工作，有效期自2009年2月1日起至2014年1月31日。至此，全国具有无线电设备发射特性核准检测资质的机构从原来的6家，增加到9家，使得广大无线电设备生产企业能够更加便捷地进行无线电设备发射特性核准检测，从而帮助企业缩短从产品设计到产品生产和销售的周期。

2009年，工业和信息化部无线电管理局共核准6036

个型号的无线电发射设备，比2008年度增加了20.55%。全社会可以方便地从国家无线电频谱管理与监测网www.srrc.org.cn上查询无线电发射设备型号相关信息。同时，为支持我国自主知识产权的TD-SCDMA产业的发展，工业和信息化部无线电管理局为TD-SCDMA相关设备的型号核准工作开辟了绿色通道，确保第一时间完成TD-SCDMA设备的型号核准，以促进TD-SCDMA产业的发展。

2009年度已核准的无线电发射设备型号分类统计如下：

全国无线电发射设备特性核准检测机构列表

设备类型	核准数量	百分比
一、公众移动通信设备	4230	70.10%
二、无线接入系统	3	0.05%
三、专网设备	295	3.81%
四、微波设备	30	0.50%
五、卫星设备	38	0.63%
六、广电设备	92	1.52%
七、2.4GHz/5.8GHz无线接入设备	660	10.93%
八、短距离无线电设备	634	10.50%
九、雷达	54	0.89%
十、其它无线电设备	0	0%

无线电管理基础性研究

开展无线电管理基础性研究，是在无线电管理工作中实践科学发展观，确保无线电管理决策的科学性、前瞻性，从而使得无线电管理更好地服务于我国社会、经济和国防建设发展的重要工作。无线电管理局围绕无线电管理法规建设、无线电频谱资源管理、无线电台站管理、无线电波秩序维护以及无线电管理"十二五"规划等重要工作，组织完成了《无线电频率资源在国家新一代信息通信技术开发中的应用和管理研究》、《基于典型领域的无线电频率技术的经济价值评估研究》、《国家无线电管理"十二五"规划框架研究》、《2500～2690MHz频段IMT技术频率规划研究》、《重大突发公众事件应急无线电管理对策研究》、《2012年世界无线电通信大会1.6和1.8项议题研究》、《业余无线电台操作登记管理政策研究》、《新形势下业余无线电台管理政策研究》、《业余无线电台管理办法研究》、《工业科学医疗（ISM）设备的无线电管理政策研究》、《遥感卫星系统间频率共用及干扰评估方法研究》、《主要国家卫星行业现状研究》、《国家无线电管理应急预案研究》、《中俄边境地区模拟广播电视台站协调策略的研究》、《射电天文业务无线电安静区研究报告》及《美国联邦法典电信部分翻译》等无线电管理软科学研究课题。这些研究课题，为解决无线电管理在新时期遇到的不同课题，为中长期无线电管理政策的制定，提供了较为充足的技术分析和理论依据。

各地无线电管理机构在实际工作中不断积累实践经验的同时，也对无线电管理工作中遇到的一些基础性课题进行了相应的研究，为如何做好新形势下的无线电管理工作进行了理论探索。

（工业和信息化部无线电管理局）

第十二篇　通信科技

综　　述

【加强政策指导，推动企业自主创新和产业技术进步】

会同科技部等联合发布了《国家产业技术政策》，对我国产业技术发展的目标、途径、手段、作用等作了全面阐述，对构建产业技术创新体系提出了具体要求。印发了《关于进一步加强技术创新工作的通知》，指导各地工业和信息化部门把"企业技术中心"作为工业技术创新体系建设的重要抓手，分层次抓好国家、省、市企业技术中心工作，积极完善企业技术创新平台。

与国家发展改革委等建立四部门联合工作机制，组织实施自主创新和高技术产业化专项相关工作。组织地方编制该领域自主创新和产业化专项实施方案和项目建议，经联合评审确定项目储备并给予支持。

组织产业技术创新专项，启动实施创新项目，大力促进科技成果转化有关工作。提出了36项成果转化技术，通过技术改造项目的实施逐步落实。组织开展"中国工业技术创新体制"课题研究，探索新形势下如何通过体制的创新来形成推进工业技术创新的长效机制。指导部属高校科研工作，加强高校实验室能力建设。

推动国家知识产权战略在工业和信息化领域实施。印发了《工业和信息化部2009年知识产权工作要点》，推荐的高速产生调频网点的方法和装置专利获得中国专利奖金奖。开展第九届信息产业重大技术发明评选活动和第十一届信息技术领域专利态势发布会。

【做好重大科技专项的实施工作】

积极推进"核心电子器件、高端通用芯片及基础软件产品"、"新一代宽带无线移动通信网"等重大科技专项的实施工作。及时提出应对金融危机的相应措施，调整重大科技专项任务安排。完成了相关课题的立项与经费下达工作。各专项管理体系已初步建立，明确提出了加强知识产权管理的指标要求。积极推进海外高层次人才引进工作。

在实施"新一代宽带无线移动通信网"专项过程中，注重发挥地方政府的作用，落实了地方配套经费，形成了各部门、地方政府、各方专家、产学研用各单位、联盟和研究机构等共同参与的格局。完成了2008年课题的立项与2008年度经费下达工作。完成了2009年立项课题预算编制工作，预算书已提交财政部评审。2010年课题指南已发布。2009年安排与扩内需相关的课题46个，涉及总经费约76亿元，重点支持了TD-SCDMA和TD-LTE产业化。TD-SCDMA增强型系统已投入商用，形成了以国内企业为核心的完整产业链。

落实温总理今年8月份在无锡考察期间对我国发展传感网的重要指示，在2010年课题指南中重点安排了具有典型应用示范效应的课题，以应用为牵引，进一步支持传感网研发，培育新兴战略性产业。

【继续推动TD-SCDMA研究开发和产业化】

从政府采购和项目安排等方面加大对TD的支持力度，协调TD产业链发展，促进中国移动与产业链企业良性互动。组织TD产业联盟、相关企业进行攻关，提升TD终端产品质量。组织并完成2G/3G互操作技术试验、跟踪协调中国移动实施TD-SCDMA终端专项激励资金联合研发项目、支撑开展网络优化升级工作。

积极探索我国应用TD技术建设无线城市，推动行业应用，开展了TD-SCDMA家庭、农村、行业信息化等应用研究，丰富TD业务种类，拓展在城市远程监控、公共交通监控、应急指挥视频通信、民生信息化等领域的行业应用。在台湾成功建立了TD-SCDMA试验网络，并于11月在台湾举行的第六届海峡两岸信息产业技术标准论坛期间，实现海峡两岸TD视频通话。

【扎实做好标准化工作】

制定了《部行业标准制定管理办法》，下达了2009年行业标准计划项目331项，报送第一批国家标准制修订计划40项，发布行业标准314项，通信参考性技术文件9项，国家标准9项。制定完成了一批TD-SCDMA HSUPA系列标准，满足我国3G网络建设急需。我国主导的TD-LTE-Advanced（4G）取得重大突破，成为4G国际标准侯选技术之一。手机充电器接口标准其核心内容被ITU采纳，并将其技术方案列入ITU-T建议书的技术性附录。

完成了对标龄10～20年的560项通信行业标准的复审，其中287项标准继续有效，28项标准予以修订，245项标准自2009年12月1日废止。

【加强质量体系建设，提升产品质量】

胡锦涛总书记、温家宝总理、张德江副总理对加强产品质量工作多次作出重要批示和指示，把提升工业产品质量置于应对国际金融危机、增强行业竞争力的战略层面进行部署，在深刻领会中央领导有关批示精神、广泛调研的基础上，制定出台了《工业和信息化部关于加强工业产品质量工作的指导意见》，明确了工业和信息化系统加强产品质量建设开发品种、提升质量、培育品牌和改善服务的工作要点，确定了工作目标和工作手段。

组织召开了全国加强工业产品质量工作全国电视电话会议，协助国务院办公厅召开了全国加强工业产品质量工作座谈会，加强了部门之间、部门与地方、部门与行业协会之间的沟通协调。会同有关部门全面部署“质量和安全年”和“质量月”的各项工作。与国家质检总局联合下发了《关于做好“质量和安全年”活动的有关工作的通知》，与中宣部、国家质检总局、住房和城乡建设部、全国总工会、团中央等部门联合下发了《关于开展2009年全国“质量月”活动的通知》。联合召开了“全国质量管理暨可靠性现场经验交流会”，联合举办以“质量与发展”为主题的第十六届中国质量高层论坛，积极营造关注质量、参与质量、宣传质量的良好社会氛围。

【积极开展国际科技合作】

加强对国际电信联盟国内对口研究工作的组织管理。组织专家参加电联研究组会议，参会专家共700余人次，审查提交到国际电联的文稿900余篇。对《我国参加国际电信联盟研究组活动的管理办法》进行修订，进一步规范对口研究、文稿审查等工作流程。对电联研究组国内对口组进行了调整，增设了部分工作组，重新确定了对口组组长单位和组长人选。加入国际科技合作部际合作协调机制成员单位，为部直属高校、研究院所更深入地参与国际科技合作创造了有利环境。完成了国际科技合作计划项目评价专家的征集和遴选工作，共计200余名专家入选国际科技合作专家库。完成了2010年度国际科技合作计划项目的推荐。

（工业和信息化部科技司）

【第五届海峡两岸信息产业技术标准论坛在渝举行】

2009年2月26日，工业和信息化部组织中国通信标准协会、中国电子工业标准化技术协会与华聚产业共同标准推动基金会在重庆举办了第五届“海峡两岸信息产业技术标准论坛”。论坛开幕式由国台办国务院台湾事务办公室常务副主任郑立中主持，重庆市市长王鸿举、中国通信标准化协会理事长朱高峰、台湾华聚基金会董事长陈瑞隆分别致辞，华聚基金会荣誉董事长江丙坤为论坛发来贺信。工业和信息化部副部长娄勤俭、华聚基金会会荣誉顾问、台湾经济部门负责人施颜祥和重庆市副市长黄奇帆分别就两岸信息产业发展及渝台信息产业合作情况做了专题演讲。

两岸业界专家学者及企业代表，在数字音视频编解码技术（AVS）、第三代移动通信TD-SCDMA及演进技术、移动存储、平板显示技术、绿色能（电）源、半导体照明（LED）、交互式网络电视（IPTV）与互动媒体等七个专业技术领域进行了广泛而深入的研讨，达成23项共识。国家发改委、科技部、广电总局和国家标准委派员参会，两岸业界近300人出席论坛。

【第六届海峡两岸信息产业技术标准论坛在台北举行】

2009年11月24日，中国电子工业标准化技术协会名誉理事长、中国通信标准化协会名誉理事长、工业和信息化部副部长娄勤俭率大陆业界代表团赴台出席第六届海峡两岸信息产业技术标准论坛。两岸业界专家学者及企业代表，在数字音视频编解码技术（AVS）、第三代移动通信TD-SCDMA及演进技术、移动存储、平板显示技术、绿色能（电）源、半导体照明（LED）、交互式网络电视（IPTV）与互动媒体等七个专业技术领域进行了广泛而深入的研讨，达成23项共识，论坛取得圆满成功。

代表团在台期间，还参访了台湾工业技术研究院等研究机构和知名电子信息企业，两岸信息产业交流取得重要进展，受到岛内业界的高度重视和欢迎。新华网、台湾多家媒体对第六届论坛进行了大量报道，并给予积极评价，普遍认为标准论坛是两岸信息产业在技术、标准、产品等各方面合作的重要平台。

2009年11月，两岸企业联手在台成功建设TD试验网，娄勤俭副部长及两岸业界重要人士出席了该试验网启动仪式，见证了两岸第一个TD视频通话。试验网的建立，为台湾企业提供了测试环境。

（杜晓雁）

【中国自主标准入围国际电联4G标准候选技术】

10月14～21日，国际电信联盟在德国德累斯顿举行ITU-R WP5D工作组第6次会议，征集遴选新一代移动通信（IMT-Advanced，又称4G）候选技术。工业和信息化部组团参会，并提交了具有自主知识产权的TD-LTE-Advanced技术方案。

国际电信联盟收到来自中国、日本、韩国、欧洲标准化组织3GPP和北美标准化组织IEEE的共6项4G候选技术提案。这些提案涵盖了LTE-Advanced和802.16m两种技术，并且都包含了TDD和FDD两种制式。LTE-Advanced得到国际主要通信运营企业和制造企业的广泛支持。法国电信、德国电信、美国AT&T、日本NTT、韩国KT、中国移动、爱立信、诺基亚、华为、中兴等明确表态支持LTE-Advanced。802.16m也获得部分芯片、网络产品制造企业如英特尔、思科等的联合推荐。

国际电信联盟确定LTE-Advanced和802.16m为4G国际标准候选技术。根据工作计划，国际电信联盟下一步将对两种候选技术进行分析评估和试验验证，并于2010年10月最终决定4G国际标准。

TD-LTE-Advanced（LTE-Advanced TDD制式）是中国继TD-SCDMA之后，提出的具有自主知识产权的新一代移动通信技术。它吸纳了TD-SCDMA的主要技术元素，体现了我国通信产业界在宽带无线移动通信领域的最新自主创新成果。2004 年，中国在标准化组织 3GPP 提出了第三代移动通信 TD-SCDMA 的后续演进技术 TD-LTE，主导完成了相关技术标准。2007 年，按照“新一代宽带无线移动通信网”重大专项的要求，中国政府面向国内组织开展了 4G 技术方案征集遴选。国内企事业单位积极响应，累计提交相关技术提案近 600 篇。经过 2 年多的攻关研究，对多种技术方案进行分析评估和试验验证，最终中国产业界达成共识，在 TD-LTE 基础上形成了 TD-LTE-Advanced 技术方案。目前，TD-LTE-Advanced 已获得欧洲标准化组织 3GPP 和亚太地区通信企业的广泛认可和支持。在 4G 国际标准制定过程中，TD-LTE-Advanced 将面临其他候选技术的挑战。中国将全力推动 TD-LTE-Advanced 成为 4G 国际标准，积极推进相关产业发展。

（人民邮电报社）

2009 年发布的通信标准

【通信类国家标准】

●GB/T 11594-2009 公用数据网上数据终端设备（DTE）与数据电路终接设备（DCE）间的互换电路定义表

该标准等同采用 ITU-T 建议 X.24。代替 GB/T 11594-1989，与之相比对原“电路 S—信号码元定时”的技术内容进行了补充、对原“电路 B—字节定时”中的部分规定进行了修改调整。

该标准规定了公用数据网上数据终端设备（DTE）与数据电路终接设备（DCE）间的互换电路定义表。适用于公用数据网上数据终端设备（DTE）与数据电路终接设备（DCE）间的接口。

●GB/T 11599-2009 与同步 V 系列调制解调器接口的数据终端设备（DTE）在公用数据网上的用法

该标准等同采用 ITU-T X.21bis 建议。代替 GB 11599-1989，与之相比，修改了对部分内容的描述及技术指标。

该标准规定了数据电路与 V 系列调制解调器的数据终端设备互连时的操作方法和可选的性能要求。适用于 V 系列调制解调器同步接口设备的选型与设计。

●GB/T 11600-2009 与异步双工 V 系列调制解调器接口的数据终端设备（DTE）在公用数据网上的用法

该标准等同采用 ITU-T X.20 bis 建议。代替 GB/T 11600-1989，与之相比，修改了对部分内容的描述及技术指标。

该标准规定了对原设计为与异步双工 V 系列调制解调器接口的数据终端设备（DTE）在接入公用数据网络时的要求。适用于 DTE（原设计与双工 V 系列起止传输的调制解调器接口）和公用数据网上的 DCE 之间的接口。

该标准仅限定操作于 GB/T 11589-1999 中对起止传输所规定的数据信号速率和字符结构。其应用包括：线路交换业务、租用电路业务。

●GB/T 24365-2009 通信用光电探测器组件测试方法

该标准与 GB/T 24366-2009 通信用光电探测器组件技术要求配套使用。主要参照 IEC 62007-2。注意到与 GB/T 15651-1995、GB/T 15651.3-2003 的协调一致。

该标准规定了通信用光电探测器组件相关参数的测试方法，包括光学参数、电参数。适用于通信用光电探测器组件。

●GB/T 24366-2009 通信用光电探测器组件技术要求

通信用光电探测器组件系列标准包括：GB/T 24365-2009、GB/T 24366-2009。与 GB/T 24365-2009 配套使用。

在起草过程中，参考了 IEC 62007-1（1999）。注意到与 GB/T 15651.2-2003、GB/T 18904.4-2002、GB/T 18904.5-2003 的协调一致。

该标准规定了通信用光电探测器组件的技术要求。适用于数字应用光通信系统以及模拟应用光通信系统中的光电探测器组件。

●GB/T 15972.55-2009 光纤试验方法规范 第 55 部分：环境性能的测量方法和试验程序-氢老化

GB/T 15972《光纤试验方法规范》由若干部分组成，其中 GB/T 15972.5×由以下部分组成：

第 50 部分：环境性能的测量方法和试验程序—恒定湿热；

第 51 部分：环境性能的测量方法和试验程序—干热；

第 52 部分：环境性能的测量方法和试验程序—温度循环；

第 53 部分：环境性能的测量方法和试验程序—浸水；

第 54 部分：环境性能的测量方法和试验程序—伽玛辐照；

第 55 部分：环境性能的测量方法和试验程序—氢老化。

该部分为 GB/T 15972 的第 55 部分。其中基准试验方法主要参考国际电工技术委员会标准 IEC 60793-2-50：2008 编写，同时结合了国内试验的具体情况。

该部分规定了光纤在给定的含氢环境中进行氢老化试验的方法和试验程序。主要适用于评估 GB/T 15972.10-2008 中规定的 B1.3 类波长段扩展的非色散位移单模光纤的氢老化性能，也可用于评估 B4 类单模光纤的氢老化性能。

●GB/T 21645.3-2009 自动交换光网络（ASON）技术要求 第 3 部分：数据通信网（DCN）

GB/T 21645 由以下部分组成：

1）GB/T 21645.1-2008 自动交换光网络（ASON）技术要求 第 1 部分：体系结构与总体要求；

2）自动交换光网络（ASON）技术要求 第 2 部分：术语和定义；

3）GB/T 21645.3-2009 自动交换光网络（ASON）技术要求 第 3 部分：数据通信网（DCN）

4）自动交换光网络（ASON）技术要求 第 4 部分：信令；

5）自动交换光网络（ASON）技术要求 第 5 部分：路由；

6）GB/T 21645.6-2009 自动交换光网络（ASON）技术要求 第 6 部分：管理平面；

7）自动交换光网络（ASON）技术要求 第 7 部分：自动发现。

该部分为第 3 部分。对应于 ITU-T G.7712，其一致性程度为非等效。规定了自动交换光网络（ASON）数据通信网的体系结构和功能，主要包括数据通信网（DCN）应用、ASON DCN 总体要求、管理通信网（MCN）要求、信令通信网（SCN）要求、DCN 功能和结构要求以及 DCN 的网络性能。适用于 ITU-T G.803 定义的同步数字系列（SDH）传送网络和 ITU-T G.872 定义的光传送网络（OTN），其它通信网络中的 DCN 应用也可参照使用。

●GB/T 21645.6-2009　自动交换光网络（ASON）技术要求　第 6 部分：管理平面

该部分为第 6 部分。参考了 ITU-T G.7718、G.7718.1，以及 TMF 国际标准化组织有关自动交换光网络管理方面的建议和草案。规定了自动交换光网络（ASON）管理平面技术要求，主要包括：ASON 管理框架、管理需求和 ASON 网元管理系统（EMS）技术要求。适用于 ASON 网元管理系统。

●GB/T 24367.1-2009　自动交换光网络（ASON）节点设备技术要求　第 1 部分：基于 SDH 的 ASON 节点设备技术要求

GB/T 24367 由以下部分组成：

1）GB/T 24367.1-2009　ASON 节点设备技术要求 第 1 部分：基于 SDH 的 ASON 节点设备技术要求；

2）GB/T 24367.2-2009　ASON 节点设备技术要求 第 2 部分：基于 OTN 的 ASON 节点设备技术要求。

该部分为第 1 部分。相关技术内容参考了 ITU-T G.8080、G.7713、G.7714、G.7715、G.7718 等建议，以及 OIF、IETF 等国际标准化组织有关自动交换光网络的建议和草案，并结合我国具体情况制定。与《自动交换光网络（ASON）测试方法 第 1 部分：基于 SDH 的 ASON 测试方法》配套使用。

该部分规定了基于同步数字体系（SDH）的自动交换光网络（ASON）节点设备技术要求，包括节点设备的基本组成，与控制平面、传送平面和数据通信网（DCN）相关的节点设备技术要求，相关接口的技术要求，性能指标要求，保护与恢复要求，管理要求，以及运行和维护要求等。适用于在公用电信网中使用的，基于 ITU-T G.783 规范的 SDH 设备功能块特性之上的 ASON 节点设备。专用电信网中的同类设备亦可参照使用。

●GB/T 22727.1-2008　通信产品有害物质安全限值及测试方法　第 1 部分：电信终端产品

GB/T 22727 分为两个部分：第 1 部分：电信终端产品；第 2 部分：网络设备。

该部分是 GB/T 22727 的第 1 部分。规定了电信终端产品中含有的铅（Pb）、汞（Hg）、镉（Cd）、六价铬（Cr（Ⅵ））、多溴联苯（PBB）和多溴二苯醚（PBDE）六种有害物质的安全限值及测试方法。安全限值要求适用于电子信息产品污染控制重点管理目录中列出的电信终端产品，测试方法适用于电信终端产品。

【通信行业标准】

●YD/T 883-2009　900/1800MHz TDMA 数字蜂窝移动通信网 基站子系统设备技术要求及无线指标测试方法

该标准主要依据 ETSI 的相关 GSM 标准，并考虑到 GSM900/1800 在第 2 阶段和第 2+阶段引入的新功能以及 GSM900/1800 系统自身的特点以及我国数字蜂窝网发展的实际需要。

该标准中基站无线指标及测试方法部分是根据 ETSI 的 EN 301 087 制订的。完全采用 EN 301 087 中的必备项。选择项则根据我国的具体情况进行了修改。

标准中有关多载波的无线指标及测试方法对应于 3GPP TS 45.005 和 3GPP TS 51.021。

该标准代替 YD/T 883-1999。与之相比增加了多载波基站的定义、多载波基站的有关无线指标、多载波基站的无线指标的测试方法；更新了规范性引用文件。

该标准规定了 900/1800MHz TDMA 数字蜂窝移动通信网基站子系统在结构配置、功能、性能、操作维护、接口、机械和环境、电源和接地、同步等方面的要求及基站无线指标测试方法。适用于 900/1800MHz TDMA 数字蜂窝移动通信网的基站子系统。

●YD/T 901-2009　层绞式通信用室外光缆

该标准参考了 IEC 60793-2-50:2007、IEC 60794-3:2001、IEC 60794-3-11:2007 和 ITU-T G.652:2005、G.655:2006、G.656:2006 进行修订，代替 YD/T 901-2001。注意了与 GB/T 13993.2、GB/T 13993.4 协调一致。与 YD/T 901-2001 相比主要变化如下：

——外护层铠装部分的非金属加强材料用“6”表示。

——增加了 B1.3 类和 B5 类、禁用物质的含量限值的规定。

——删去了产品光缆中铝带和钢带的最小厚度要求、光缆护套磨损试验要求；光缆出厂不作检验的光纤性能指标，改为控制成缆前的这些光纤性能。

——对 B1.1、B4 类光纤的性能要求进行了修订。增补了 B1.3、B5 类光纤的性能要求。

该标准规定了松套层绞式室外光缆的产品分类、要求、试验方法、检验规则、标志、使用说明书、包装、运输、贮存的要求，适用于管道、直埋、水下、非自承式架空等常规敷设方式的通信核心网及接入网用填充式光缆和接入网用半干式及干式光缆，不适用于气吹敷设的微型光缆和路面微槽及排水管道敷设的光缆。

●YD/T 925-2009　光缆终端盒

该标准代替 YD/T 925-1997。与 YD/T 925-1997 相比主要变化如下：

——修改了光缆终端盒的分类；明确了使用场合；去掉了湿度要求、使用寿命；取消“支撑架”要求；耐电压强度改为“3000V 直流电”；更改了贮存温度。

——增加了“装配适配器的构件”、“尾纤和适配器”；“电气连接装置”、“高压防护接地装置”、光纤冷接子、金属件、装配的要求；光纤接头保护件、尾纤、适配器的要求、装配适配器的功能、标识记录功能；高、低温等环境性能；有毒有害物质的限量要求；对金属电镀层和涂覆处理的要求；

该标准规定了光缆终端盒的分类和命名、要求、试验方法、检验规则和包装、标志、运输和贮存，适用于室内以及非露天的室外使用的光缆终端盒。

●YD/T 926.1-2009　大楼通信综合布线系统　第 1 部分：总规范

YD/T 926 分为三部分：第 1 部分：总规范；第 2 部分：综合布线用电缆、光缆技术要求；第 3 部分：综合布线用连接硬件和接插软线技术要求。该部分为第 1 部分。

该部分修改采用 ISO/IEC 11801 Ed.2.1：2008。与其主要差异有：不推荐采用 ISO/IEC 11801 中允许的 120Ω 阻抗电缆品种及星绞电缆品种；增加了“标志”和“记录”的条文；删除 ISO/IEC 11801 附录 I。将 ISO/IEC 11801 所列“5 类”部件均标志为“5e 类”部件。

该部分代替 YD/T 926.1-2001，与 YD/T 926.1-2001 相比主要变化如下：

——适用线路长度改为“不超过 2000m”，并取消了总面积和人员数的规定；增加了有关外部串音的参数；

——删除 3 类，4 类及 150Ω 布线部件，增加了 6、7、6A、7A 类的要求；删除转接点（TP），增加集合点（CP）。增加了 CP 对链路和信道性能的影响；

——修改了 D 级信道的直流环阻、传播时延等指标；

——对称链路的分级增加了 E 级和 F 级以及 EA 和 FA 及相应级别的参数要求；

——对光纤布线明确 3 种级别，分别支持 300m、500m 和 2000m 的应用；

——增加了“不平衡衰减和耦合衰减”。删除“链路性能试验方法”。

该部分规定了大楼通信综合布线系统的总体结构与配置、性能要求、试验方法与验证程序等。规定的综合布线包括对称电缆布线和光缆布线。规定的综合布线系统可以支持话音、数据、文字、图像和视频等各种应用。适用于线路长度不超过 2000m 布线区域。布线区域超出上述范围时，也可以参考使用。

YD/T 926.2-2009　大楼通信综合布线系统　第 2 部分：电缆、光缆技术要求

该部分为 YD/T 926 的第 2 部分。修改采用 ISO/IEC 11801 Ed.2.1:2008。代替 YD/T 926.2-2001，与 YD/T 926.2-2001 相比主要变化如下：

——删除了特性阻抗为 150Ω 的对称电缆；3、4 类电缆的性能要求；增加了 6、6A、7、7A 类电缆的性能要求；

——对 YD/T 926.2-2001 中待定的对称电缆安装后的弯曲半径做出了详细的规定；对光缆的传输特性和多模光纤的带宽作了补充。

该部分规定了综合布线中的水平布线和主干布线子系统用电缆、光缆的主要技术要求和试验方法，适用于综合布线用对称电缆、光缆。不包括某些应用对综合布线用电缆、光缆的特殊要求，与 YD/T 926 系列标准的第 1 部分和第 3 部分配套使用。

●YD/T 926.3-2009　大楼通信综合布线系统　第 3 部分：连接硬件和接插软线技术要求

该部分为 YD/T 926 的第 3 部分。修改采 ISO/IEC 11801 Ed.2.1:2008。修订时，参照了 ANSI/TIA-568-B.2-10：2008，ANSI/EIA/ TIA-568-B2-1：2002，增加 6A 类部件传输性能。

该部分代替 YD/T 926.3-2001，与 YD/T 926.3-2001 相比，主要变化如下：

——增加了“机械物理性能、电气特性和试验方法”等内容；6、6A、7、7A 类综合布线用连接硬件的品种，并规定其主要性能要求；对称接插软线和试验方法；对称布线用连接硬件的机械物理和环境性能试验；连接硬件测量程序和测试插头 FEXT 测试程序。

——删除 150Ω 通信引出端连接器和非通信引出端连接硬件的品种及其要求；

该部分规定了综合布线用连接硬件和接插软线的主要机械物理性能、电气特性、光学特性和试验方法。适用于综合布线用连接硬件和接插软线。

●YD/T 943.3-2009　射频同轴连接器　第 3 部分：T2.8（C3）型

YD/T 943 分为第 1 部分：T5.6（L9）型；第 2 部分：T3.8（C4）型；第 3 部分：T2.8（C3）型；第 4 部分：T5.1（C5）型。该部分为第 3 部分，代替 YD/T 943－1998 中外导体内径为 2.8mm 的射频同轴连接器的相关内容。与 YD/T943-1998 的对应内容相比，主要变化如下：

——将原标准拆分为四个部分重新编写；删去了弹性材料检测；

——修改了镀层厚度、电压驻波比的测试工作频率范围、外观检查、接触电阻、绝缘电阻测、耐压、拔出力试

验、机械耐久性试验、夹紧装置抗电缆拉伸的能力所对应的试验方法的引用标准；

——增加了接触区域尺寸；线簧同轴连接器标准规保持力及界面尺寸、检验规则、标志、包装、运输和贮存。

该部分规定了T2.8（C3）型射频同轴连接器的要求、试验方法、检验规则、标志、包装、运输和贮存。适用于特性阻抗为75Ω，数字通信设备和其他电子设备用的射频同轴连接器。

●YD/T 943.4-2009 射频同轴连接器 第4部分：T5.1（C5）型

该部分为YD/T 943的第4部分。规定了T5.1（C5）型射频同轴连接器的要求、试验方法、检验规则、标志、包装、运输和贮存。适用于特性阻抗为75Ω，数字通信设备和其他电子设备用的射频同轴连接器。

●YD/T 979-2009 光纤带技术要求和检验方法

该标准参考IEC 60794-3（2001）和IEC 60794-1-2（2003），并结合我国的实际情况制定，替代YD/T 979-1998。与YD/T 979-1998相比的主要变化如下：

——删除了B2类单模光纤的要求，增加了B.13类和B5类单模光纤的要求；

——表1中各类光纤的指标按GB/T 9771的最新版本要求做了相应的修改；表2中增加了24芯带的尺寸参数；

——修改光纤翘曲半径R为应不小于4m；光纤带宏弯损耗弯曲直径修改为60mm；

——各种试验方法作了修改，光纤带几何尺寸参数测量、机械性能试验中除残余扭转试验外的其他性能试验方法修改为直接引用GB/T 7424.2；

——“NZDSF类光纤”都修改为“B4类光纤”。

该标准规定了光纤带的定义、技术要求、试验方法和检验规则，适用于光缆中缆芯元件的光纤带，也适用于单独作为产品的光纤带。

YD/T 981.1-2009 接入网用光纤带光缆 第1部分：骨架式

YD/T 981分为3个部分：第1部分：骨架式；第2部分：中心管式；第3部分：层绞式。该部分是第1部分。根据IEC 60793-2-50:2008、IEC 60794-3:2001、IEC 60794-3-11:2007、ITU-T G.657:2006和GB/T 9771、GB/T 13993.4等规定，结合我国实施后的实际情况，进行修订。代替YD/T 981.1-1998。与之相比主要变化如下：

——外护层铠装部分的非金属加强材料用“6”表示。

——增加了室内通信用的型号，删除了05型；增加了B1.3类和B6类A类；光纤数值调整为12～1200芯。光缆材料中禁用物质的含量限值的规定。

——删除了光缆中铝带和钢带的最小厚度要求和光缆护套磨损试验要求。

——直埋[II]的允许短暂拉力改为4000N。敷设方式水下（III）的允许压扁力分别改为6000N//100mm和4000N/100mm。

——删除了光缆出厂不作检验的光纤性能指标，改为控制成缆前的这些光纤性能。

该部分规定了光纤带骨架式光缆的产品分类、要求、试验方法、检验规则、标志、使用说明书、包装、运输、贮存的要求，适用于管道、直埋、水下、非自承式架空等常规敷设方式的通信接入网室外馈线和配线用单模光缆，也可适用于接入网引入光缆和楼道竖井布线用光缆。不适用于气吹敷设的微型光缆和排水管道敷设的光缆。

●YD/T 981.2-2009 接入网用光纤带光缆 第2部分：中心管式

该部分是YD/T 981的第2部分。根据IEC 60793-2-50:2008、IEC 60794-3:2001、IEC 60794-3-11:2007、ITU-T G.657:2006和GB/T 9771、GB/T 13993.4等的规定，结合我国实施后的实际情况，进行修订。代替YD/T 981.2-1998。

该部分规定了光纤带中心管式光缆的产品分类、要求、试验方法、检验规则、标志、使用说明书、包装、运输、贮存的要求，适用于管道、直埋、水下、非自承式架空等常规敷设方式的通信接入网室外馈线和配线用单模光缆，也可适用于接入网引入光缆，不适用于气吹敷设的微型光缆和路面微槽及排水管道敷设的光缆。

●YD/T 981.3-2009 接入网用光纤带光缆 第3部分：松套层绞式

该部分是YD/T 981的第3部分，参考IEC 60793-2-50：2008、IEC 60794-3：2001、IEC 60794-3-11：2007、T G.652：2005、G.655：2006、G.657：2006进行修订。代替YD/T 981.3-1998。在编制过程中，注意了与GB/T 13993.4的协调一致。

该部分规定了光纤带松套层绞式光缆的产品分类、要求、试验方法、检验规则、标志、使用说明书、包装、运输和贮存。适用于管道、直埋、水下、非自承式架空等常规敷设方式的接入网室外馈线和配线用单模光缆，也可适用于接入网引入线用光缆。不适用于气吹敷设的微型光缆和排水管道敷设的光缆。

●YD/T 1096-2009 路由器设备技术要求 边缘路由器

该标准是《支持IPv4的路由器设备》系列标准之一，系列的标准结构和名称如下：

1）YD/T 1096-2009 路由器设备技术要求 边缘路由器；

2）YD/T 1097-2009 路由器设备技术要求 核心路由器；

3）YD/T 1098-2009 路由器设备测试方法 边缘路由器；

4）YD/T 1156-2009 路由器设备测试方法 核心路由器。

与该系列标准相关的标准还有《支持IPv6的路由器设备》系列标准，该系列的标准结构和名称如下：

1）YD/T 1452-2006 IPv6 网络设备技术要求——支持 IPv6 的边缘路由器；

2）YD/T 1453-2006 IPv6 网络设备测试方法——支持 IPv6 的边缘路由器；

3）YD/T 1454-2006 IPv6 网络设备技术要求——支持 IPv6 的核心路由器；

4）YD/T 1455-2006 IPv6 网络设备测试方法——支持 IPv6 的核心路由器。

该标准代替 YD/T 1096-2001，与 YD/T 1096-2001 相比主要变化如下：

——增加了 MPLS、QoS、IPsec 及 VPN 等功能要求；SDH 接口、MPLS 要求、IPsec 要求、移动 IP 要求、VPN 要求、安全性要求；增加了错序比、标记交换丢包率、标记交换吞吐量、标记交换时延、标记交换路径容量、转发表容量、标记交换转发表容量和时延抖动技术指标，并修改路由器丢包率和路由表容量技术指标；

——删除 FDDI 接口；Netware 的要求。

该标准规定了边缘路由器的技术要求，包括功能特性、通信接口、通信协议、性能指标、运行维护以及环境要求等。适用于支持 IPv4 的边缘路由器，不包括支持 IPv6、NetWare 和 AppleTalk 的路由器。

●YD/T 1097-2009　路由器设备技术要求 核心路由器

该标准代替 YD/T 1097-2001 ，与之相比主要变化如下：

——增加了 MPLS、QoS、IPsec 及 VPN 等功能要求；10GE、10G POS 接口要求，删除 E3 接口；MPLS 要求、IPsec 协议要求、VPN 要求、安全性要求；

——增加或修改了双向交换容量，删除对吞吐量、丢包率；增加对 BGP、IGP 邻居的数量要求、对标记交换吞吐量、标记交换转发延迟指标。

该标准规定了核心路由器的技术要求，包括功能特性、通信规程、协议要求、路由协议、接口类型及特性、性能指标要求、定时和同步要求、可靠性和可用性要求、操作维护功能以及安全、环境等内容。适用于支持 IPv4 的核心路由器设备。

●YD/T 1098-2009　路由器设备测试方法 边缘路由器

该标准代替 YD/T 1098-2001，与之相比主要变化如下：

——增加了边缘路由器安全测试内容的规定；MPLS 测试、MPLS VPN 测试、IPSec 测试、SNMPv3 协议测试、混合包吞吐量测试和吞吐量下混合包转发时延测试、QoS 测试、设备可靠性测试。

——删除了 RIPv1 协议测试、“对松散源路径记录选项的处理”测试项、“对严格源路径记录选项的处理”测试项、“对记录路径选项的处理”测试项、“对时戳选项的处理”测试项；“环境测试”的内容；修改了网管功能测试。

该标准规定了边缘路由器的接口特性测试、X.25 协议测试、帧中继协议测试、ISDN 协议测试，ATM 协议测试、PPP 协议测试、TCP/IP 协议测试、路由协议测试、组播协议测试、MPLS 及 MPLS VPN 功能测试、网管测试、性能测试、可靠性测试等方面的测试方法。适用于支持 IPv4 协议的边缘路由器。

●YD/T 1156-2009　路由器设备测试方法 核心路由器

该标准代替 YD/T 1156-2001，与之相比主要变化如下：

——增加了对核心路由器安全测试的规定、10GE 接口测试、MPLS 测试、MPLS VPN 测试、IPSec 测试、SNMPv3 协议测试；不再对 E3 接口测试进行规定。

——删除了“对松散源路径记录选项的处理”测试项、“对严格源路径记录选项的处理”测试项、“对记录路径选项的处理”测试项、“对时戳选项的处理”测试项；网同步测试、环境测试内容。

该标准规定了核心路由器的接口特性测试、ATM 协议测试、PPP 协议测试、TCP/IP 协议测试、路由协议测试、组播协议测试、MPLS 及 MPLS VPN 功能测试、网管测试、性能测试、可靠性测试等方面的测试方法。适用于支持 IPv4 协议的核心路由器。

●YD/T 1272.5-2009　光纤活动连接器 第 5 部分：MPO 型

YD/T 1272 包括第 1 部分 LC 型、第 2 部分 MT-RJ 型、第 3 部分 SC 型、第 4 部分 FC 型、第 5 部分 MPO 型。该部分为 YD/T 1272 的第 5 部分。

该部分修改采用 IEC 61754-7:2004-11，对 MPO 型光纤活动连接器进行定义和分类；规定了其接口的图形、配合面尺寸、光学性能指要求、标准连接器指标要求、材料、环境及机械性能要求、测量和试验方法、质量评定程序和检验要求以及标志、包装、运输及贮存要求。适用于 MPO 型光纤活动连接器产品。

●YD/T 1375-2009　2GHz TD-SCDMA/WCDMA 数字蜂窝移动通信网 Iu 接口测试方法（第三阶段）

该标准既是 2GHz WCDMA 数字蜂窝移动通信网（第三阶段）系列标准之一，也是 2GHz TD-SCDMA 数字蜂窝移动通信网高速下行分组接入（HSDPA）系列标准之一。2GHz WCDMA 数字蜂窝移动通信网（第三阶段）系列标准的结构和名称如下：

1）YD/T 1552-2009　2GHz WCDMA 数字蜂窝移动通信网 无线接入子系统设备技术要求（第三阶段）；

2）YD/T 1553-2009　2GHz WCDMA 数字蜂窝移动通信网 无线接入子系统设备测试方法（第三阶段）；

3）YD/T 1547-2009　2GHz WCDMA 数字蜂窝移动通信网 终端设备技术要求（第三阶段）；

4）YD/T 1548-2009　2GHz WCDMA 数字蜂窝移动通信

网 终端设备测试方法（第三阶段）；

5）YD/T 1375-2009 2GHz TD-SCDMA/WCDMA 数字蜂窝移动通信网 Iu 接口测试方法（第三阶段）；

6）YD/T 1551-2009 2GHz WCDMA 数字蜂窝移动通信网 Iub 接口测试方法（第三阶段）；

7）YD/T 1549-2009 2GHz WCDMA 数字蜂窝移动通信网 Iur 接口测试方法（第三阶段）。

2GHz TD-SCDMA 数字蜂窝移动通信网高速下行分组接入（HSDPA）系列标准的结构和名称预计如下：

1）YD/T 1719-2007 2GHz TD-SCDMA 数字蜂窝移动通信网 高速下行分组接入（HSDPA）无线接入子系统设备技术要求；

2）YD/T 1720-2007 2GHz TD-SCDMA 数字蜂窝移动通信网 高速下行分组接入（HSDPA）无线接入子系统设备测试方法；

3）YD/T 1776-2008 2GHz TD-SCDMA 数字蜂窝移动通信网 高速下行分组接入（HSDPA）终端设备技术要求；

4）YD/T 1777-2008 2GHz TD-SCDMA 数字蜂窝移动通信网 终端设备测试方法；

5）YD/T 1773-2008 2GHz TD-SCDMA 数字蜂窝移动通信网 高速下行分组接入（HSDPA）终端设备协议一致性测试方法；

6）YD/T 1375-2008 2GHz TD-SCDMA/WCDMA 数字蜂窝移动通信网 Iu 接口测试方法（第三阶段）；

7）YD/T 1721-2007 2GHz TD-SCDMA 数字蜂窝移动通信网 高速下行分组接入（HSDPA））Uu 接口物理层技术要求；

8）YD/T 1722-2007 2GHz TD-SCDMA 数字蜂窝移动通信网 高速下行分组接入（HSDPA）Uu 接口层 2 技术要求第 1 部分：MAC 协议；第 2 部分：RLC 协议；

9）YD/T 1723-2007 2GHz TD-SCDMA 数字蜂窝移动通信网 高速下行分组接入（HSDPA）Uu 接口 RRC 层技术要求；

10）YD/T 1724-2007 2GHz TD-SCDMA 数字蜂窝移动通信网 高速下行分组接入（HSDPA）Iub 接口技术要求；

11）YD/T 1725-2007 2GHz TD-SCDMA 数字蜂窝移动通信网 高速下行分组接入（HSDPA）Iub 接口测试方法；

12）《2GHz TD-SCDMA 数字蜂窝移动通信网 高速下行分组接入（HSDPA）Iu 接口技术要求》。

该标准代替 YD/T 1375-2007，与之相比主要变化如下：

增加了 Iu-Flex，Iu-CS 接口用户面速率控制、时间对准等内容的测试；Iu-CS 接口模式的协议版本增加 Version 2。

该标准规定了 2GHz TD-SCDMA 数字蜂窝移动通信网和 2GHz WCDMA 数字蜂窝移动通信网中，无线网络子系统（RNS）与核心网（CN）电路域间接口（Iu-CS 接口）、无线网络子系统（RNS）与核心网（CN）分组域间接口（Iu-PS 接口），以及无线网络子系统（RNS）与核心网（CN）广播域间接口（Iu-BC 接口）的测试方法。适用于 2GHz TD-SCDMA、WCDMA 无线网络子系统 Iu 接口部分的测试，也可用作其他测试的参考。

●YD/T 1394-2009 GSM/CDMA 1X 双模数字移动台技术要求

该标准是 GSM/CDMA 1x 双模数字移动台的系列标准之一，与 YD/T 1395-2009 配套使用。该系列标准的名称及结构如下：

1）YD/T 1394-2009 GSM/CDMA 1x 双模数字移动台技术要求；

2）YD/T 1395-2009 GSM/CDMA 1x 双模数字移动台测试方法。

该标准代替 YD/T 1394-2006，与之相比增加了支持双模卡功能的定义；默认方式拨打本机号码的要求、充电器及接口安全性要求所参考的标准。修改了开机过程中网络选择的技术要求、PIN 码保护的要求。

该标准规定了 GSM/CDMA 1x 双模数字移动台的业务和功能、性能、环境适应性、寿命、电池、充电器、待机时间、通话时间、卡接口、电磁兼容、比吸收率、外观、包装和装配以及技术文件和售后服务等方面的技术要求。适用于支持 SIM、UIM 和 SIM/UIM 双模卡的 GSM/CDMA 1x 双模数字移动台，不适用于机卡一体的 GSM/CDMA 1x 双模数字移动台。也适用于双模单待机和双模双待机的 GSM/CDMA 1x 双模数字移动台。

●YD/T 1395-2009 GSM/CDMA 1X 双模数字移动台测试方法

该标准与 YD/T 1394-2009 配套使用。代替 YD/T 1395-2006，与之相比增加了支持双模卡功能的定义、充电器及接口特性测试方法所参见的标准。修改了卡槽要求的测试方法、开机过程中的网络选择、待机状态下的网络选择、使用双模卡时的补充业务的测试方法。

该标准规定了 GSM/CDMA 1X 双模数字移动台的业务和功能、性能、环境适应性、寿命、电池、充电器、待机时间、通话时间、卡接口、电磁兼容、比吸收率以及外观、包装和装配等方面的测试方法。适用于支持 SIM、UIM 和 SIM/UIM 双模卡的 GSM/CDMA 1X 双模数字移动台，不适用于机卡一体的 GSM/CDMA 1X 双模数字移动台。适用于双模单待机和双模双待机的 GSM/CDMA 1X 双模数字移动台。

●YD/T 1402-2009 IP 网间互联总体技术要求

该标准根据《公用电信网间互联管理规定》、《中华人民共和国计算机信息网络国际联网管理暂行规定》以及相关标准制订。代替 YD/T 1402-2005，与之相比增加了直连方式互联质量要求；删除了 IP 网间互联扩容基本要求；修订了 IP 网间互联安全要求。

该标准规定了不同互联单位的 IP 互联网网间互联的总体技术要求，包括网间互联模型、互联方式、互联功能、路由策略、计费与结算以及安全、服务质量和管理等方面的技术要求。可作为不同互联单位之间进行 IP 互联网网间互联的技术依据。

●YD/T 1522.31-2009　会话初始协议（SIP）技术要求 第3部分:ISDN用户部分(ISUP)和会话初始协议(SIP)的互通（补充件 1）

YD/T 1522 分为 6 个部分：第 1 部分：基本的会话初始协议；第 2 部分：基于会话初始协议（SIP）的呼叫控制的应用；第 3 部分：ISDN 用户部分（ISUP）和会话初始协议（SIP）的互通；第 4 部分：基于软交换网络呼叫控制的 SIP 协议；第 5 部分：基于 IMS 网络的 SIP 协议总体技术要求；第 6 部分：BICC 和会话初始协议（SIP）的互通。

该部分为 YD/T 1522.3-2006 的补充件 1，其中规定了通过 re-INVITE 来携带后续地址消息的技术内容，而该部分则补充了通过 INFO 来携带后续地址消息的相关技术内容。

该部分规定了在使用 SIP 协议的网络中通过 INVITE 携带初始地址信息、INFO 消息携带后续地址信息的重叠发码方式技术内容，包括规定了对有关 SIP 参数和消息体的扩展以及始发局、终结局和中间局一些处理程序。适用于软交换网络中使用重叠发码方式的设备。

●YD/T 1522.4-2009　会话初始协议（SIP）技术要求 第 4 部分：基于软交换网络呼叫控制的 SIP 协议

YD/T 1522 预计分为 6 个部分，该部分为第 4 部分，是会话初始协议（SIP）系列标准之一。

该部分规定了软交换网络支持的 SIP 消息的格式和内容，包括 SIP/SIP-I 协议在软交换网络中对基本业务、补充业务、连通性检查的支持以及各种业务的信令流程等技术要求。适用于我国使用 SIP/SIP-I 协议的固定软交换网络终端。不适用于游牧业务、移动业务。

●YD/T 1547-2009　2GHz WCDMA 数字蜂窝移动通信网 终端设备技术要求（第三阶段）

该标准在技术内容上与 3GPP R99、R4 和 R5 的 2007 年 12 月版本保持一致，是 WCDMA 终端系列标准之一。代替 YD/T 1547-2007，与之相比，对规范性引用文件、缩略语、概述、业务、功能等相应内容进行了修订或补充；增加了对 HSDPA 等新增功能的要求；根据 3GPP 标准的相关修订，对射频性能的部分技术要求依照相应版本进行了区分、修订和补充；对接口要求、外观包装、装配要求和附录等章节的内容进行了修订或补充。

该标准主要规定了 2GHz WCDMA 数字蜂窝移动通信网第三阶段的 WCDMA 终端设备（UE）功能、性能、接口、环境和可靠性、电池和充电器等方面的要求。适用于第三阶段的 2GHz WCDMA 数字蜂窝移动通信网各类型的单模终端，和双模终端、多模终端的 WCDMA 模块。

●YD/T 1548.1-2009　2GHz WCDMA 数字蜂窝移动通信网 终端设备测试方法（第三阶段）第 1 部分：基本功能、业务和性能

YD/T 1548 分为两个部分：第 1 部分：基本功能、业务和性能测试；第 2 部分：网络兼容性测试，是 WCDMA 终端系列标准之一。

该部分是 YD/T 1548 的第 1 部分，代替 YD/T 1548.1-2007。在技术内容上与 3GPP R99、R4 和 R5 的 2007 年 12 月版本保持一致。与 YD/T 1548.1-2007 相比，主要修订内容如下：

1）对规范性引用文件、缩略语、业务、UE 基本功能等相应内容进行了修订或补充；

2）增加了对 HSDPA 等新增功能的测试方法；

3)对射频性能的测试方法依照相应版本进行了区分、修订和补充。

4）对待机时间和通话时间要求及测量方法、包装和装配等内容进行了修订或补充。

该部分规定了 2GHz WCDMA 数字蜂窝移动通信网第三阶段的 WCDMA 终端设备（UE）功能、性能、业务、环境和可靠性、电池和充电器等方面的测试方法。适用于第三阶段 2GHz WCDMA 数字蜂窝移动通信网各类型的单模终端，和双模终端、多模终端的 WCDMA 模块。

●YD/T 1548.2-2009　2GHz WCDMA 数字蜂窝移动通信网 终端设备测试方法（第三阶段）第 2 部分：网络兼容性

该部分是 YD/T 1548 的第 2 部分，代替 YD/T 1548.2-2007，是 WCDMA 终端系列标准之一，与 YD/T 1547 配套使用。在技术内容上与 3GPP R99、R4 和 R5 的 2007 年 12 月版本保持一致。与 YD/T 1548.2-2007 相比，增加了相关对于 HSDPA 特性的测试场景、HSDPA 兼容性性能及功能测试；删除较成熟、没有测试必要性的补充业务。

该部分规定了 2GHz WCDMA 数字蜂窝移动通信网 WCDMA 终端设备（UE）在系统接入、位置区/路由区更新、小区重选、寻呼、小区更新/URA 更新、切换、电路域/分组域业务、HSDPA、补充业务、增值业务、并发业务、呼叫性能等方面的测试方法。适用于 2GHz WCDMA 数字蜂窝移动通信网各类型的单模终端，和双模终端、多模终端的 WCDMA 模块。

●YD/T 1549-2009　2GHz WCDMA 数字蜂窝移动通信网 Iur 接口测试方法（第三阶段）

该标准是 2GHz WCDMA 数字蜂窝移动通信网（第三阶段）系列标准之一，代替 YD/T 1549-2007，与之相比，增加了 HSDPA 相关测试内容。该系列标准的结构和名称如下：

1）YD/T 1552-2009　2GHz WCDMA 数字蜂窝移动通信网 无线接入子系统设备技术要求（第三阶段）；

2）YD/T 1553-2009　2GHz WCDMA 数字蜂窝移动通信网 无线接入子系统设备测试方法（第三阶段）；

3（YD/T 1547-2009　2GHz WCDMA 数字蜂窝移动通信网 终端设备技术要求（第三阶段）；

4）YD/T 1548-2009　2GHz WCDMA 数字蜂窝移动通信

网 终端设备测试方法（第三阶段）第1部分：基本功能、业务和性能；第2部分：网络兼容性；

5）YD/T 1375-2009 2GHz TD-SCDMA/WCDMA 数字蜂窝移动通信网 Iu接口测试方法（第三阶段）；

6）YD/T 1551-2009 2GHz WCDMA 数字蜂窝移动通信网 Iub接口测试方法（第三阶段）；

7）YD/T 1549-2009 2GHz WCDMA 数字蜂窝移动通信网 Iur接口测试方法（第三阶段）。

该标准规定了2GHz WCDMA数字蜂窝移动通信网中无线网络控制器（RNC）之间Iur接口的测试方法。适用于WCDMA无线接入子系统设备。

●YD/T 1551-2009 2GHz WCDMA 数字蜂窝移动通信网 Iub接口测试方法（第三阶段）

该标准是2GHz WCDMA数字蜂窝移动通信网（第三阶段）系列标准之一。代替YD/T 1551-2007，与之相比增加了HSDPA相关测试内容。特殊操作维护通道的建立增加了采用DHCP方式的测试。

该标准规定了2GHz WCDMA 数字蜂窝移动通信网Node B和RNC之间Iub接口的测试方法。适用于WCDMA无线接入子系统设备。

●YD/T 1552-2009 2GHz WCDMA数字蜂窝移动通信网 无线接入子系统设备技术要求（第三阶段）

该标准代替 YD/T 1552-2007。与之相比增加了 RAB QoS协商、TrFO、Iu-Flex等相关技术要求；HSDPA相关技术要求。

该标准是2GHz WCDMA数字蜂窝移动通信网（第三阶段）系列标准之一，与YD/T 1553-2009配套使用。规定了2GHz WCDMA数字蜂窝移动通信网的无线接入子系统设备的功能要求、性能要求、接口要求、操作维护要求、机械和环境要求、电源和接地要求、同步要求等。适用于WCDMA无线接入子系统设备。

●YD/T 1553-2009 2GHz WCDMA数字蜂窝移动通信网 无线接入子系统设备测试方法（第三阶段）

该标准是2GHz WCDMA数字蜂窝移动通信网（第三阶段）系列标准之一，与YD/T 1552-2009配套使用。代替YD/T 1553-2007，与之相比增加了RAB QoS协商、TrFO、Iu-Flex等相关技术的测试；HSDPA相关内容的测试。

该标准规定了2GHz WCDMA数字蜂窝移动通信网的无线接入子系统设备基本功能、业务能力、无线指标、操作维护、环境适应性等方面的测试方法和测试过程。适用于WCDMA无线接入子系统设备。

●YD/T 1576.3-2009 800MHz/2GHz cdma2000数字蜂窝移动通信网设备测试方法 移动台（含机卡一体） 第3部分：网络兼容性测试

YD/T 1576分为5部分：第1部分：基本无线指标、功能和性能；第21部分：协议一致性 基本信令；第22部分：协议一致性 短消息业务信令；第23部分：协议一致性 数据业务信令；第3部分：网络兼容性测试。

该部分是第3部分。代替YDC 041-2006、YD/T 1576.3-2007，与YDC 041-2006和YD/T 1576.3-2007相比，新增了业务应用测试、定位测试；去除原空中业务的提供和维护测试及业务重定向测试；增加了以下项目：移动台对状态请求消息作出响应、业务配置与协商、接入信道释放指令、在等待移动台应答子状态下的硬切换、呼叫等待/回呼、语音邮件提示和语音邮件取回。

YD/T 1576是800MHz/2GHz cdma2000数字蜂窝移动通信网设备 移动台（含机卡一体）系列标准之一，该系列标准的名称及结构如下：

1）YD/T 1558 2GHz cdma2000数字蜂窝移动通信网设备技术要求：移动台；

2）YDC 015 800MHz CDMA 1X 移动台技术要求（含机卡一体）；

3）YD/T 1576 800MHz/2GHz cdma2000 数字蜂窝移动通信网设备测试方法 移动台（含机卡一体）系列。

该部分规定了800MHz/2GHz cdma2000数字蜂窝移动通信网移动台的基本空中接口测试、普通呼叫测试、注册测试、鉴权及加密测试、切换测试、补充业务测试、短消息业务测试、cdma2000 高速数据业务（HSPD）测试、业务应用测试的网络兼容性测试方法。适用于支持 UIM 卡（机卡分离）及不支持UIM卡（机卡一体）的800MHz/2GHz cdma2000移动通信终端。

●YD/T 1588.3-2009 光缆线路性能测量方法 第3部分：链路偏振模色散

YD/T 1588分为以下几个部分：第1部分：链路衰减；第2部分：光纤接头损耗；第3部分：链路偏振模色散；第4部分：链路波长色散。

该部分为 YD/T 1588 的第 3 部分。参考了 IEC 61280-4-4:2006、IEC 61282-9:2006、ITU-T G.650.2，并结合我国实际情况而制定。

该部分规定了光缆传输链路中光纤偏振色散的测量方法、测量系统、测量程序、计算方法和结果处理。适用于二氧化硅系单模光纤光缆链路偏振模色散的测量，即由GB/T 15972.10-2008中规定的B类光纤所组成的光传输链路。它们可以是已经铺设熔接互联的光缆线路，也可以是光通信收发设备之间的光通路，或者是其中的一部分。链路中可以包含其他光学元件，如光放大器、WDM器件、合波器等。

●YD/T 1620.5-2009 基于同步数字体系（SDH）的多业务传送节点（MSTP）网络管理技术要求 第5部分：基于IDL/IIOP技术的网元管理系统（EMS）—网络管理系统（NMS）接口信息模型

YD/T 1620分为5个部分：第1部分：基本原则；第2部分：网络管理系统（NMS）系统功能；第3部分：网元管理系统（EMS）－网络管理系统（NMS）接口功能部分；第4部分：网元管理系统（EMS）－网络管理系统（NMS）接口能用信息模型部分；第5部分：基于IDL/IIOP技术

的网元管理系统（EMS）—网络管理系统（NMS）接口信息模型。

该部分为第 5 部分。规定了基于 SDH 的 MSTP 网管系统 EMS-NMS 之间基于 CORBA IDL 的接口规范。适用于基于 SDH 的 MSTP 网元管理系统（EMS）与基于 SDH 的 MSTP 网络管理系统（NMS）之间的接口。不适用于对 WDM 光网和 PDH 系统的管理。

●YD/T 1642-2009　互联网业务服务质量测试方法

该标准是“互联网业务服务质量“系列标准之一，该系列标准的结构及名称为

1）YD/T 1641　互联网业务服务质量技术要求；

2）YD/T 1642　互联网业务服务质量测试方法。

该标准代替 YD/T 1642-2007。与之相比增加了互联网网络质量测试范围、跨网业务在对方网内的质量测试、测试环境要求。

该标准规定了互联网网络和业务服务质量的测试方法，包括互联网网络质量以及 WWW 业务、Email 业务、FTP 业务的服务质量测试方法，互联网其他业务服务质量测试方法待定。可作为互联单位以及管理部门对互联网网络和业务质量进行评估的技术依据。

●YD/T 1812.2-2009　10Gbit/s 同轴连接型光发射组件（TOSA）和同轴连接型光接收组件（ROSA）技术要求和测试方法 第 2 部分：10Gbit/s 有制冷 TOSA

YD/T 1812 分为 3 个部分：第 1 部分：10Gbit/s 无制冷 TOSA；第 2 部分：10Gbit/s 有制冷 TOSA；第 3 部分：10Gbit/s ROSA。

该部分为第 2 部分。在编制过程中，主要参考了 ITU-T G.691（2006）、G.957（2006）、IEEE 802.3-2005、GR-468-CORE:2004、MIL-STD-883G 等标准，并结合我国光通信用光发射组件的研制情况而制定。并注意到与 YD/T 111.2-2001、YD/T 1321.2-2004 保持一致。

该部分规定了 10Gbit/s 有制冷 TOSA 的技术要求、测试方法、检验规则、标志、包装、贮存和运输要求等。适用于高速光纤通信 SDH 系统中波长为 1550nm 的 10Gbit/s 电吸收调制有制冷 TOSA。该部分的 10Gbit/s 速率最高可支持速率为 12.5Gbit/s。

●YD/T 1840-2009　2GHz TD-SCDMA 数字蜂窝移动通信网 高速上行分组接入（HSUPA）终端设备技术要求

该标准是 2GHz TD-SCDMA 数字蜂窝移动通信网高速上行分组接入（HSUPA）终端设备系列标准之一，与 YD/T 1841 配套使用。

该标准规定了 2GHz TD-SCDMA 数字蜂窝移动通信网中高速上行分组接入（HSUPA）终端设备在业务、功能、射频性能、音频、环境和可靠性、电磁兼容、寿命等方面的要求。适用于 2GHz TD-SCDMA 数字蜂窝移动通信网高速上行分组接入（HSUPA）终端设备。

●YD/T 1841.1-2009　2GHz TD-SCDMA 数字蜂窝移动通信网 高速上行分组接入（HSUPA）终端设备测试方法 第 1 部分：基本功能、业务和性能测试

该部分遵循 3GPP R4 2003 年 3 月版本。与 YD/T 1840-2009 配套使用。

该部分规定了 2GHz TD-SCDMA 数字蜂窝移动通信网终端设备在业务、UE 基本功能、无线射频性能、音频、可靠性、终端耗电性能、电磁兼容、比吸收率（SAR）、电池充电器测试等方面的测试方法。适用于 2GHz TD-SCDMA 数字蜂窝移动通信网终端设备。

●YD/T 1841.2-2009　2GHz TD-SCDMA 数字蜂窝移动通信网 高速上行分组接入（HSUPA）终端设备测试方法 第 2 部分：网络兼容性

该部分规定了 2GHz TD-SCDMA 数字蜂窝移动通信网终端设备与网络设备进行兼容性测试的测试方法。适用于 2GHz TD-SCDMA 数字蜂窝移动通信网终端设备与网络设备的兼容性测试。与 YD/T 1840-2009 配套使用。

●YD/T 1842-2009　2GHz TD-SCDMA 数字蜂窝移动通信网 高速上行分组接入（HSUPA）终端设备协议一致性测试方法

该标准是 2GHz TD-SCDMA 数字蜂窝移动通信网高速上行分组接入（HSUPA）系列标准之一，随着技术的发展，还将制定后续的相关标准。

该标准规定了 2GHz TD-SCDMA 数字蜂窝移动通信网高速上行分组接入（HSUPA）终端设备协议一致性测试的测试方法。

●YD/T 1843.1-2009　2GHz TD-SCDMA 数字蜂窝移动通信网 高速上行分组接入（HSUPA）Uu 接口物理层技术要求 第 1 部分：总则

YD/T 1843 分为 6 个部分，第 1 部分：总则；第 2 部分：物理信道和传输信道到物理信道的映射；第 3 部分：复用和信道编码；第 4 部分：扩频与调制；第 5 部分：物理层过程；第 6 部分：物理层测量。该部分是第 1 部分，与 3GPP TS 25.201 的一致性程度为非等效，主要差异为删除了 FDD 相关的内容。

该标准是 2GHz TD-SCDMA 数字蜂窝移动通信网高速上行分组接入（HSUPA）系列标准之一，该系列标准的结构和名称如下：

1）YD/T 1843-2009　2GHz TD-SCDMA 数字蜂窝移动通信网 高速上行分组接入（HSUPA） Uu 接口物理层技术要求；

2）YD/T 1845-2009　2GHz TD-SCDMA 数字蜂窝移动通信网 高速上行分组接入（HSUPA） Uu 接口 RRC 层技术要求；

3）YD/T 1846-2009　2GHz TD-SCDMA 数字蜂窝移动通信网 高速上行分组接入（HSUPA） Uu 接口层 2 技术要求；

4）YD/T 1847-2009　2GHz TD-SCDMA 数字蜂窝移动通信网 高速上行分组接入（HSUPA）Iub 接口技术要求；

5）YD/T 1848-2009　2GHz TD-SCDMA 数字蜂窝移动

通信网 高速上行分组接入（HSUPA）Iub接口测试方法；

6）YD/T 1849-2009 2GHz TD-SCDMA数字蜂窝移动通信网 高速上行分组接入（HSUPA）无线接入子系统设备技术要求；

7）YD/T 1850-2009 2GHz TD-SCDMA数字蜂窝移动通信网 高速上行分组接入（HSUPA）无线接入子系统设备测试方法。

该部分规定了2GHz TD-SCDMA数字蜂窝移动通信网高速上行分组接入（HSUPA）Uu接口的物理层与其他层的关系及物理层概述和物理层标准的文件结构。适用于2GHz TD-SCDMA数字蜂窝移动通信网Uu接口物理层。

●YD/T 1843.2-2009 2GHz TD-SCDMA数字蜂窝移动通信网 高速上行分组接入（HSUPA）Uu接口物理层技术要求 第2部分：物理信道和传输信道到物理信道的映射

该部分是YD/T 1843的第2部分，对应于3GPP TS25.221（v7.9.0），一致性程度为非等效，主要差异为删除了HCR TDD相关的内容。

该部分规定了2GHz TD-SCDMA数字蜂窝移动通信网高速上行分组接入（HSUPA）Uu接口物理层中物理信道的特性和传输信道到物理信道的映射过程。包括传输信道的类型及定义、帧结构、专用及公共物理信道以及传输信道到物理信道的映射等。适用于2GHz TD-SCDMA数字蜂窝移动通信网高速上行分组接入（HSUPA）Uu接口物理层。

●YD/T 1843.3-2009 2GHz TD-SCDMA数字蜂窝移动通信网 高速上行分组接入（HSUPA）Uu接口物理层技术要求 第3部分：复用和信道编码

该部分是YD/T 1843的第3部分，对应于3GPP TS25.222—复用和信道编码（v7.9.0），一致性程度为非等效，主要差异为删除了HCR TDD相关的内容。

该部分规定了2GHz TD-SCDMA数字蜂窝移动通信网高速上行分组接入（HSUPA）Uu接口物理层的复用、信道编码、交织和物理信道映射等。适用于2GHz TD-SCDMA数字蜂窝移动通信网高速上行分组接入（HSUPA）Uu接口物理层。

●YD/T 1843.4-2009 2GHz TD-SCDMA数字蜂窝移动通信网 高速上行分组接入（HSUPA）Uu接口物理层技术要求 第4部分：扩频和调制

该部分是YD/T 1843的第4部分，对应于3GPP TS25.223（v7.7.0），一致性程度为非等效，主要差异为删除了HCR TDD相关的内容。

该部分规定了2GHz TD-SCDMA数字蜂窝移动通信网高速上行分组接入（HSUPA）Uu接口物理层的扩频和调制。适用于2GHz TD-SCDMA数字蜂窝移动通信网高速上行分组接入（HSUPA）Uu接口物理层。

●YD/T 1843.5-2009 2GHz TD-SCDMA数字蜂窝移动通信网 高速上行分组接入（HSUPA）Uu接口物理层技术要求 第5部分：物理层过程

该部分是YD/T 1843的第5部分，对应于3GPP TS25.224（v7.a.0），一致性程度为非等效，主要差异为删除了HCR TDD相关的内容。

该部分规定了2GHz TD-SCDMA数字蜂窝移动通信网高速上行分组接入（HSUPA）Uu接口的物理层过程，包括了功率控制、同步过程、随机接入过程、HS-DSCH过程以及E-DCH过程等。适用于2GHz TD-SCDMA数字蜂窝移动通信网高速上行分组接入（HSUPA）Uu接口物理层。

●YD/T 1843.6-2009 2GHz TD-SCDMA数字蜂窝移动通信网 高速上行分组接入（HSUPA）Uu接口物理层技术要求 第6部分：物理层测量

该部分是YD/T 1843的第6部分，对应于3GPP TS25.225－物理层测量（v7.4.0），一致性程度为非等效，主要差异为删除了HCR TDD相关的内容。

该部分规定了2GHz TD-SCDMA数字蜂窝移动通信网高速上行分组接入（HSUPA）Uu接口UE和网络测量的描述和定义，以便支持空闲模式和连接模式的运作。适用于2GHz TD-SCDMA数字蜂窝移动通信网高速上行分组接入（HSUPA）Uu接口物理层。

●YD/T 1844-2009 WCDMA/GSM（GPRS）双模数字移动通信终端技术要求和测试方法（第三阶段）

该标准主要依据3GPP R99、R4和R5的2007年12月版本的相关标准和我国已有的相关国标和行标制定，并考虑了WCDMA/GSM（GPRS）双模数字移动通信终端和相应测试仪表设备的发展现状，吸取了以往终端检测的经验。

该标准规定了WCDMA/GSM（GPRS）双模数字移动通信终端设备（UE）在业务、功能、射频性能、协议性能和网络兼容性等方面的技术要求和测试方法。适用于WCDMA/GSM（GPRS）双模数字移动通信终端。

●YD/T 1845-2009 2GHz TD-SCDMA数字蜂窝移动通信网 高速上行分组接入（HSUPA）Uu接口RRC层技术要求

该标准规定了2GHz TD-SCDMA数字蜂窝移动通信网Uu接口上的无线资源控制（RRC）协议。规定了在源RNC和目标RNC之间以透明方式传输的与SRNC重定位有关的信息；在目标RNC与其它系统之间以透明方式传输的信息。适用于2GHz TD-SCDMA数字蜂窝移动通信网Uu接口RRC层。

●YD/T 1846.1-2009 2GHz TD-SCDMA数字蜂窝移动通信网 高速上行分组接入（HSUPA）Uu接口层二技术要求 第1部分：MAC协议

该部分规定了2GHz TD-SCDMA数字蜂窝移动通信网的MAC协议规范，主要包括以下内容：MAC结构，MAC实体，信道结构，向上层提供的服务，MAC功能，期望物理层提供的服务，包括MAC和RLC间原语的层与层通信的元素，对等层通信的元素，协议数据单元、格式和参数，基本过程等。适用于2GHz TD-SCDMA数字蜂窝移动通信网中具有高速下行分组接入（HSDPA）功能的MAC协议。

●YD/T 1846.2-2009　2GHz TD-SCDMA 数字蜂窝移动通信网　高速上行分组接入（HSUPA）Uu 接口层二技术要求　第 2 部分：RLC 协议

该部分规定了 2GHz TD-SCDMA 数字蜂窝移动通信网空中接口层 2 的 RLC 协议的功能，RLC 提供给上层的业务和期望从下层获得的业务，以及层与层之间通信的原语，确立了对等层通信的元素结构和参数的具体要求，给出了 RLC 协议的基本过程和对未知、未预见和错误事件的处理方法。适用于 2GHz TD-SCDMA 数字蜂窝移动通信网中具有高速上行分组接入（HSUPA）功能的空中接口 RLC 协议。

●YD/T 1847.1-2009　2GHz TD-SCDMA 数字蜂窝移动通信网　高速上行分组接入（HSUPA）Iub 接口技术要求　第 1 部分：总则

该部分确立了 2GHz TD-SCDMA 数字蜂窝移动通信网高速上行分组接入（HSUPA）Iub 接口的总体描述、Iub 接口协议的功能、Iub 接口中 Node B 的逻辑模型与 Iub 接口协议结构的一般规则。适用于 2GHz TD-SCDMA 数字蜂窝移动通信网高速上行分组接入（HSUPA）的 Iub 接口。

●YD/T 1847.2-2009　2GHz TD-SCDMA 数字蜂窝移动通信网　高速上行分组接入（HSUPA）Iub 接口技术要求　第 2 部分：层一

该部分规定了 2GHz TD-SCDMA 数字蜂窝移动通信网高速上行分组接入（HSUPA）Iub 接口上使用的层 1 标准。适用于 2GHz TD-SCDMA 数字蜂窝移动通信网高速上行分组接入（HSUPA）的 Iub 接口。传输延迟要求和 O&M 要求不在本部分范围内。

●YD/T 1847.3-2009　2GHz TD-SCDMA 数字蜂窝移动通信网　高速上行分组接入（HSUPA）Iub 接口技术要求　第 3 部分：信令传输

该部分规定了 2GHz TD-SCDMA 数字蜂窝移动通信网高速上行分组接入（HSUPA）Iub 接口上使用的信令传输的技术要求。适用于 2GHz TD-SCDMA 数字蜂窝移动通信网高速上行分组接入（HSUPA）的 Iub 接口。传输延迟要求和操作维护要求不属于本部分范围。

●YD/T 1847.4-2009　2GHz TD-SCDMA 数字蜂窝移动通信网　高速上行分组接入（HSUPA）Iub 接口技术要求　第 4 部分：NBAP 信令

该部分规定了 2GHz TD-SCDMA 数字蜂窝移动通信网 Iub 接口的无线网络层信令协议：Node B 应用部分（NBAP）。还规定了 NBAP 支持的 Iub 接口通过信令过程实现的功能。适用于 2GHz TD-SCDMA 数字蜂窝移动通信网高速上行分组接入（HSUPA）的 Iub 接口。

●YD/T 1847.5-2009　2GHz TD-SCDMA 数字蜂窝移动通信网　高速上行分组接入（HSUPA）Iub 接口技术要求　第 5 部分：公共传输信道数据流的数据传输和传输信令

该部分规定了 2GHz TD-SCDMA 数字蜂窝移动通信网高速上行分组接入（HSUPA）Iub 接口上用于公共传输信道数据流的数据传输和传输信令。适用于 2GHz TD-SCDMA 数字蜂窝移动通信网高速上行分组接入（HSUPA）的 Iub 接口。

●YD/T 1847.6-2009　2GHz TD-SCDMA 数字蜂窝移动通信网　高速上行分组接入（HSUPA）Iub 接口技术要求　第 6 部分：公共传输信道数据流的用户平面协议

该部分规定了 2GHz TD-SCDMA 数字蜂窝移动通信网高速上行分组接入（HSUPA）的 Iub 接口上用于公共传输信道数据流的用户平面协议。适用于 2GHz TD-SCDMA 数字蜂窝移动通信网高速上行分组接入（HSUPA）的 Iub 接口。

●YD/T 1847.7-2009　2GHz TD-SCDMA 数字蜂窝移动通信网　高速上行分组接入（HSUPA）Iub 接口技术要求　第 7 部分：专用传输信道数据流的数据传输和传输信令

该部分规定了 2GHz TD-SCDMA 数字蜂窝移动通信网高速上行分组接入（HSUPA）Iub 接口上用于公共传输信道数据流的数据传输和传输信令，但不包括传输承载的物理层。适用于 2GHz TD-SCDMA 数字蜂窝移动通信网高速下行分组接入（HSUPA ）的 Iub 接口。

●YD/T 1847.8-2009　2GHz TD-SCDMA 数字蜂窝移动通信网　高速上行分组接入（HSUPA）Iub 接口技术要求　第 8 部分：专用传输信道数据流的用户平面协议

该部分规定了 2GHz TD-SCDMA 数字蜂窝移动通信网高速上行分组接入（HSUPA）Iub 接口上用于 DCH 数据流的用户平面协议。适用于 2GHz TD-SCDMA 数字蜂窝移动通信网高速上行分组接入（HSUPA）的 Iub 接口。

●YD/T 1847.9-2009　2GHz TD-SCDMA 数字蜂窝移动通信网　高速上行分组接入（HSUPA）Iub 接口技术要求　第 9 部分：执行特定操作维护通道的建立和维护

该部分规定了 2GHz TD-SCDMA 数字蜂窝移动通信网高速上行分组接入（HSUPA）Iub 接口上执行特定 O&M 通道的建立和维护的基本流程和标准。适用于 2GHz TD-SCDMA 数字蜂窝移动通信网高速上行分组接入（HSUPA）的 Iub 接口。

●YD/T 1848-2009　2GHz TD-SCDMA 数字蜂窝移动通信网　高速上行分组接入（HSUPA）Iub 接口测试方法

该标准规定了 2GHz TD-SCDMA 数字蜂窝移动通信网具有 HSUPA 功能的 Node B 和 RNC 之间接口（即 Iub 接口）的控制面和用户面的测试方法。适用于具有高速上行分组接入（HSUPA）功能的 2GHz TD-SCDMA 数字蜂窝移动通信网。

●YD/T 1849-2009　2GHz TD-SCDMA 数字蜂窝移动通信网　高速上行分组接入（HSUPA）无线接入子系统设备技术要求

该标准是 2GHz TD-SCDMA 数字蜂窝移动通信网　高速上行分组接入（HSUPA）系列标准之一，该系列标准的结构和名称如下：

1）YD/T 1843-2009　2GHz TD-SCDMA 数字蜂窝移动通信网　高速上行分组接入（HSUPA）Uu 接口物理层技术

要求；

2）YD/T 1846-2009 2GHz TD-SCDMA 数字蜂窝移动通信网 高速上行分组接入（HSUPA）Uu 接口层 2 技术要求；

3）YD/T 1845-2009 2GHz TD-SCDMA 数字蜂窝移动通信网 高速上行分组接入（HSUPA）Uu 接口 RRC 层技术要求；

4）YD/T 1847-2009 2GHz TD-SCDMA 数字蜂窝移动通信网 高速上行分组接入（HSUPA）Iub 接口技术要求；

5）YD/T 1849-2009 2GHz TD-SCDMA 数字蜂窝移动通信网 高速上行分组接入（HSUPA）无线接入子系统设备技术要求；

6）YD/T 1850-2009 2GHz TD-SCDMA 数字蜂窝移动通信网 高速上行分组接入（HSUPA）无线接入子系统设备测试方法；

7）YD/T 1848-2009 2GHz TD-SCDMA 数字蜂窝移动通信网 高速上行分组接入（HSUPA）Iub 接口测试方法；

8）YD/T 1840-2009 2GHz TD-SCDMA 数字蜂窝移动通信网 高速上行分组接入（HSUPA）终端设备技术要求；

9）YD/T 1841-2009 2GHz TD-SCDMA 数字蜂窝移动通信网 高速上行分组接入（HSUPA）终端设备测试方法；

10）YD/T 1842-2009 2GHz TD-SCDMA 数字蜂窝移动通信网 高速上行分组接入（HSUPA）终端设备协议一致性测试方法。

该标准规定了 TD-SCDMA 在引入高速上行分组接入（HSUPA）功能后，对无线接入网络设备提出的一些新的功能与性能要求，主要包括 Node B、无线网络控制器（RNC）等设备支持高速上行分组接入（HSUPA）所需的功能和性能要求。适用于具有高速上行分组接入（HSUPA）功能的 2GHz TD-SCDMA 数字蜂窝移动通信网。

●YD/T 1850-2009 2GHz TD-SCDMA 数字蜂窝移动通信网 高速上行分组接入（HSUPA）无线接入子系统设备测试方法

该标准是 2GHz TD-SCDMA 数字蜂窝移动通信网 高速上行分组接入（HSUPA）系列标准之一，与 YD/T 1849-2009 配套使用。

该标准主要规定了 TD-SCDMA 在引入高速上行分组接入（HSUPA）功能后，对无线接入网络设备提出的一些新的功能和性能要求的测试方法，包括 Node B、无线网络控制器（RNC）等设备在基本功能、操作维护、无线指标等方面的测试方法和测试过程。适用于具有高速上行分组接入（HSUPA）功能的 2GHz TD-SCDMA 数字蜂窝移动通信网。

●YD/T 1851-2009 2GHz TD-SCDMA 数字蜂窝移动通信网 分布式基站的基带单元设备技术要求

该标准是 TD-SCDMA 数字蜂窝移动通信网分布式基站系列标准之一，与 YD/T 1852 配套使用。该系列标准的结构和名称如下：

1）YD/T 1851-2009 2GHz TD-SCDMA 数字蜂窝移动通信网 分布式基站的基带单元设备技术要求；

2）YD/T 1852-2009 2GHz TD-SCDMA 数字蜂窝移动通信网 分布式基站的基带单元设备测试方法；

3）YD/T 1853-2009 2GHz TD-SCDMA 数字蜂窝移动通信网 分布式基站的射频远端设备技术要求；

4）YD/T 1854-2009 2GHz TD-SCDMA 数字蜂窝移动通信网 分布式基站的射频远端设备测试方法；

5）YD/T 1855-2009 2GHz TD-SCDMA 数字蜂窝移动通信网 分布式基站的 Ir 接口技术要求；

6）YD/T 1856-2009 2GHz TD-SCDMA 数字蜂窝移动通信网 分布式基站的 Ir 接口测试方法。

该标准规定了 2GHz TD-SCDMA 数字蜂窝移动通信网无线接入网设备中基带单元设备（BBU）的功能要求、性能要求、业务要求、接口要求、操作维护要求、机械要求、电源和接地要求、同步要求等。适用于 2GHz TD-SCDMA 数字蜂窝移动通信网的分布式基站的基带单元部分。

●YD/T 1852-2009 2GHz TD-SCDMA 数字蜂窝移动通信网 分布式基站的基带单元设备测试方法

该标准是 TD-SCDMA 数字蜂窝移动通信网分布式基站系列标准之一，与 YD/T 1851-2009 配套使用。

该标准规定了 2GHz TD-SCDMA 数字蜂窝移动通信网无线接入网设备中基带单元设备（BBU）的设备功能、业务、解调性能、操作维护等测试方法。适用于 2GHz TD-SCDMA 数字蜂窝移动通信网的分布式基站的基带单元部分。

●YD/T 1853-2009 2GHz TD-SCDMA 数字蜂窝移动通信网 分布式基站的射频远端设备技术要求

该标准是 TD-SCDMA 数字蜂窝移动通信网分布式基站系列标准之一，与 YD/T 1854-2009 配套使用。

该标准规定了 2GHz TD-SCDMA 数字蜂窝移动通信网无线接入网设备中射频远端设备（RRU）的功能要求、性能要求、智能天线、操作维护要求、接口要求、同步要求、环境要求、电源和接地要求、整机机械要求、电磁兼容能力、安全要求等。适用于 2GHz TD-SCDMA 数字蜂窝移动通信网分布式基站子系统的射频远端设备部分。

●YD/T 1854-2009 2GHz TD-SCDMA 数字蜂窝移动通信网 分布式基站的射频远端设备测试方法

该标准是 TD-SCDMA 数字蜂窝移动通信网分布式基站系列标准之一，与 YD/T 1853-2009 配套使用。

该标准规定了 2GHz TD-SCDMA 数字蜂窝移动通信网无线接入网设备中射频远端设备（RRU）的测试方法，包括 RRU 设备功能测试、射频测试、操作维护测试、同步测试及环境测试等。适用于 2GHz TD-SCDMA 数字蜂窝移动通信网分布式基站子系统的射频远端设备部分。

●YD/T 1855-2009 2GHz TD-SCDMA 数字蜂窝移动通信网 分布式基站的 Ir 接口技术要求

该标准是 TD-SCDMA 数字蜂窝移动通信网基站系列标

准之一，与 YD/T 1856-2009 配套使用。

该标准规定了2GHz TD-SCDMA 数字蜂窝移动通信网无线接入网设备中 Ir 接口的功能要求、性能要求、接口物理层、应用层 C&M 流程等技术要求。适用于 2GHz TD-SCDMA 数字蜂窝移动通信网的分布式基站的 Ir 接口部分。

●YD/T 1856-2009　2GHz TD-SCDMA 数字蜂窝移动通信网　分布式基站的 Ir 接口测试方法

该标准是 TD-SCDMA 数字蜂窝移动通信网基站系列标准之一，与 YD/T 1855-2009 配套使用。

该标准主要规定了2GHz TD-SCDMA 数字蜂窝移动通信网无线接入网设备中 Ir 接口的测试方法，包括 Ir 接口功能测试、Ir 接口性能测试、启动流程测试和应用层 C&M 流程测试等。适用于 2GHz TD-SCDMA 数字蜂窝移动通信网的分布式基站的 Ir 接口部分。

●YD/T 1857-2009　2GHz TD-SCDMA/WCDMA 数字蜂窝移动通信网　通用认证架构（第一阶段）

该标准是 2GHz TD-SCDMA/WCDMA 数字蜂窝移动通信网通用认证架构系列标准之一，该系列标准结构如下：

1）YD/T 1857-2009 2GHz TD-SCDMA/WCDMA 数字蜂窝移动通信网通用认证架构（第一阶段）；

2）YD/T 1858-2009 2GHz TD-SCDMA/WCDMA 数字蜂窝移动通信网通用认证架构（第二阶段）。

该标准主要参考了 3GPP TR 33.919 V6.2.0、TS 33.220 V6.5.0、TS 33.221 V6.2.0 及 TS 33.222 V6.5.0。

该标准规定了 2GHz TD-SCDMA/WCDMA 数字蜂窝移动通信网能用认证框架的架构模型，协议体系，能用认证框架的认证与密钥协商的流程以及能用认证框架的使用。适用于用户访问 TD-SCDMA/WCDMA 网络中多种应用业务。

●YD/T 1858-2009　2GHz TD-SCDMA/WCDMA 数字蜂窝移动通信网　通用认证架构（第二阶段）

该标准是2GHz TD-SCDMA/WCDMA 数字蜂窝移动通信网通用认证架构系列标准之一，与 YD/T 1857-2009 相比较，增加了通用认证架构 push 功能、2G GBA 功能，具备 GBA 功能的漫游用户访问漫游网络 GAA 应用，终端分离情况下的通用认证架构需求和解决方案。

该标准主要参考 3GPP TS 33.919 V 7.2.0、TS 33.220 V 7.7.0、TS 33.221 V6.3.0，TS 33.222 V7.2.0 以及 TS 33.223 V 0.3.0。

该标准规定了2GHz TD-SCDMA/WCDMA 数字蜂窝移动通信网通用认证框架的架构模型，协议体系，能用认证框架的认证与密钥协商的流程，通用认证框架的使用，漫游应用以及扩展的 push 业务应用。适用于用户访问 TD-SCDMA/WCDMA 网络中多种应用业务。

●YD/T 1859-2009　2GHz WCDMA 数字蜂窝移动通信网　分布式基站的射频远端设备技术要求

该标准是 2GHz WCDMA 数字蜂窝移动通信网分布式基站系列标准之一，该标准与 YD/T 1860-2009 配套使用。该系列标准的结构和名称如下：

1）YD/T 1859-2009　2GHz WCDMA 数字蜂窝移动通信网　分布式基站的射频远端设备技术要求；

2）YD/T 1860-2009　2GHz WCDMA 数字蜂窝移动通信网　分布式基站的射频远端设备测试方法；

3）YD/T 1861-2009　2GHz WCDMA 数字蜂窝移动通信网　分布式基站的基带单元设备技术要求；

4）YD/T 1862-2009　2GHz WCDMA 数字蜂窝移动通信网　分布式基站的基带单元设备测试方法。

该标准规定了 2GHz WCDMA 数字蜂窝移动通信网中分布式基站的射频远端设备（RRU）的功能要求、性能要求、接口要求、操作维护要求、机械和环境要求、电源和接地要求、同步要求等。适用于 2GHz WCDMA 数字蜂窝移动通信网中分布式基站的射频远端设备部分。

●YD/T 1860-2009　2GHz WCDMA 数字蜂窝移动通信网　分布式基站的射频远端设备测试方法

该标准是 2GHz WCDMA 数字蜂窝移动通信网分布式基站系列标准之一，与 YD/T 1859-2009 配套使用。

该标准规定了 2GHz WCDMA 数字蜂窝移动通信网中分布式基站的射频远端设备的基本功能、无线指标、操作维护和环境试验等方面的测试方法和测试过程。适用于 2GHz WCDMA 数字蜂窝移动通信网中分布式基站的射频远端设备。

●YD/T 1861-2009　2GHz WCDMA 数字蜂窝移动通信网　分布式基站的基带单元设备技术要求

该标准是 2GHz WCDMA 数字蜂窝移动通信网分布式基站系列标准之一，与 YD/T 1862-2009 配套使用。

该标准规定了 2GHz WCDMA 数字蜂窝移动通信网中分布式基站的基带单元设备（BBU）的功能要求、性能要求、接口要求、操作维护要求、机械和环境要求、电源和接地要求、同步要求等。适用于 2GHz WCDMA 数字蜂窝移动通信网中分布式基站的基带单元设备部分。

●YD/T 1862-2009　2GHz WCDMA 数字蜂窝移动通信网　分布式基站的基带单元设备测试方法

该标准是 2GHz WCDMA 数字蜂窝移动通信网分布式基站系列标准之一，与 YD/T 1861-2009 配套使用。

该标准规定了 2GHz WCDMA 数字蜂窝移动通信网中分布式基站的基带单元设备的组网功能、性能要求、接口要求、同步功能、操作维护和环境试验等方面的测试方法和测试过程。适用于 2GHz WCDMA 数字蜂窝移动通信网中分布式基站的基带单元设备。

●YD/T 1863.1-2009　2GHz WCDMA 数字蜂窝移动通信网　高速下行分组接入（HSDPA）网络管理技术要求　第 1 部分：配置网络资源模型

YD/T 1863 分为 3 个部分：第 1 部分：配置网络资源模型；第 2 部分：性能网络资源模型；第 3 部分：基于 CORBA 技术的网络资源模型设计。

该部分为第 1 部分，主要参考 3GPP 关于 WCDMA Release 5 HSDPA 接入技术 TS 32 系列标准，与之相比增加了 HSDPA 功能标识属性、HS-SCCH/HS-PDSCH 的码字配置属性。对部分资源模型进行简化。与 3GPP 相关标准的一致性程序为非等效。

该部分规定了 2GHz WCDMA 数字蜂窝移动通信网高速下行分组接入（HSDPA）的网络管理接口的配置网络资源模型。适用于 2GHz WCDMA 数字蜂窝移动通信网高速下行分组接入（HSDPA）的网络管理。

●YD/T 1863.2-2009 2GHz WCDMA 数字蜂窝移动通信网 高速下行分组接入（HSDPA）网络管理技术要求 第 2 部分：性能网络资源模型

该部分为第 2 部分，参考 3GPP 关于 WCDMA Release 5 HSDPA 接入技术的 TS 32 系列标准，与之相比补充了 UtranCell 粒度的针对 HS-SCCH/HS-PDSCH 的实际资源占用情况的性能测量、针对有数据传输的活跃用户数的测量；完善了无线侧软/硬切换性能统计；对各性能参数进行了加强和扩充。与 3GPP 相关标准的一致性程序为非等效。

该部分规定了 2GHz WCDMA 数字蜂窝移动通信网高速下行分组接入（HSDPA）的网络管理接口的性能网络资源模型。适用于对 2GHz WCDMA 数字蜂窝移动通信网高速下行分组接入（HSDPA）的网络管理。

●YD/T 1863.3-2009 2GHz WCDMA 数字蜂窝移动通信网 高速下行分组接入（HSDPA）网络管理技术要求 第 3 部分：基于 CORBA 技术的网络资源模型设计

该部分为第 3 部分。参考 3GPP 关于 WCDMA Release 5 HSDPA 接入技术 TS 32 系列标准，与之相比增强 IDL 文件的注释说明、增强配置和性能网络资源模型参数数据类型的定义；完善配置和性能网络资源模型 Schema 文件定义，规范了其目标域名空间的域名取值。与 3GPP 相关标准的一致性程度为非等效。

该部分规定了 2GHz WCDMA 数字蜂窝移动通信网高速下行分组接入（HSDPA）的网络管理接口的 CORBA/IDL 定义。适用于 2GHz WCDMA 数字蜂窝移动通信网高速下行分组接入（HSDPA）的网络管理。

●YD/T 1864-2009 800MHz/2GHz cdma2000 数字蜂窝移动通信网 传统终端域（LMSD）ZZ 接口技术要求

该标准是 800MHz/2GHz cdma2000 数字蜂窝移动通信网传统终端域设备系列标准之一，与 YD/T 1865-2009 配套使用。该系列标准的名称和结构如下：

1）YD/T 1864-2009 800MHz/2GHz cdma2000 数字蜂窝移动通信网 传统终端域（LMSD）ZZ 接口技术要求；

2）YD/T 1865-2009 800MHz/2GHz cdma2000 数字蜂窝移动通信网 传统终端域（LMSD）ZZ 接口测试方法；

3）YD/T 1872-2009 800MHz/2GHz cdma2000 数字蜂窝移动通信网技术要求 传统终端域（LMSD）A 接口；

4）YD/T 1873-2009 800MHz/2GHz cdma2000 数字蜂窝移动通信网测试方法 传统终端域（LMSD）A 接口；

5）YD/T 1874-2009 800MHz/2GHz cdma2000 数字蜂窝移动通信网设备技术要求 传统终端域（LMSD）移动交换子系统；

6）YD/T 1875-2009 800MHz/2GHz cdma2000 数字蜂窝移动通信网设备测试方法 传统终端域（LMSD）移动交换子系统。

该标准规定了 800MHz/2GHz cdma2000 数字蜂窝移动通信网设备传统终端域（LMSD）移动交换子系统设备 ZZ 接口的技术要求，包括 ZZ 接口功能、SIP 协议与消息、SDP 与媒体协商、ZZ 接口业务与信令流程、SIP-ISUP 之间的消息映射等。适用于 LMSD 软交换网中支持 ZZ 接口的相关设备。

●YD/T 1865-2009 800MHz/2GHz cdma2000 数字蜂窝移动通信网 传统终端域（LMSD）ZZ 接口测试方法

该标准是 800MHz/2GHz cdma2000 数字蜂窝移动通信网传统终端域设备系列标准之一，与 YD/T 1864-2009 配套使用。

该标准规定了 800MHz/2GHz cdma2000 数字蜂窝移动通信网传统终端域（LMSD）ZZ 接口需要支持的基本业务消息测试、SIP 与 ISUP 互通测试及相应的测试场景等内容。适用于 800MHz/2GHz cdma2000 数字蜂窝移动通信网传统终端域（LMSD）ZZ 接口相关设备。

●YD/T 1866-2009 800MHz/2GHz cdma2000 数字蜂窝移动通信网设备技术要求 分组子系统

该标准非等效采用 3GPP2 X.S0011-D 版本 1.0。根据我国技术发展需要新增了分组子系统接口、网管要求、环境要求、电源与接地的内容，删除了分组预付费的内容。

该标准是 800MHz/2GHz cdma2000 数字蜂窝移动通信网分组子系统系列标准之一，与 YD/T 1867-2009 配套使用。

该标准规定了 800MHz/2GHz cdma2000 数字蜂窝移动通信网分组子系统中分组数据服务节点（PDSN）、归属代理（HA）和 AAA 服务器等设备的主要功能、协议要求、计费要求、性能要求、安全要求以及服务质量要求等方面内容。适用于 800MHz/2GHz cdma2000 数字蜂窝移动通信系统中 PDSN、HA 和 AAA 设备。

●YD/T 1867-2009 800MHz/2GHz cdma2000 数字蜂窝移动通信网设备测试方法 分组子系统

该标准是 800MHz/2GHz cdma2000 数字蜂窝移动通信网分组设备系列标准之一，与 YD/T 1866-2009 配套使用。

该标准规定了 800MHz/2GHz cdma2000 数字蜂窝移动通信网中分组核心网设备的测试环境，PDSN、HA 和 AAA 设备的测试内容。适用于我国采用 800MHz/2GHz cdma2000 数字蜂窝移动通信网的分组核心网设备。

●YD/T 1868-2009 800MHz/2GHz cdma2000 数字蜂窝移动通信网设备技术要求 分组预付费

该标准对应于“3GPP2 X.S0011-D，版本 1.0，CDMA2000 无线 IP 网络系列标准”，一致性程度为非等效，根据我国技术发展需要新增基于流量预付费流量点费率切换、基于时长预付费流量点费率切换、用户从 cdma2000 1x 切换到 HRPD 系统预付费、用户从 HRPD 切换到 cdma2000 1x 系统预付费的内容；删除了简单 IP 和移动 IP 接入业务、分组数据移动性和资源管理、QoS 和头压缩的内容。

该标准是 800MHz/2GHz cdma2000 数字蜂窝移动通信网分组预付费业务系列标准之一，与 YD/T 1869-2009 配套使用。

该标准规定了 800MHz 2GHz cdma2000 数字蜂窝移动通信网中分组数据预付费设备技术要求。包括：预付费客户端、归属 AAA 服务器、预付费服务器及业务控制点的要求。该标准还描述了 800MHz/2GHz cdma2000 数字蜂窝移动通信网分组预付费系统的网络结构、各功能实体的功能定义、基本呼叫流程及切换等内容。适用于采用 800MHz/2GHz cdma2000 数字蜂窝移动通信网的分组预付费设备。

●YD/T 1869-2009　800MHz/2GHz cdma2000 数字蜂窝移动通信网设备测试方法 分组预付费

该标准是 800MHz/2GHz cdma2000 数字蜂窝移动通信网分组预付费业务系列标准之一，与 YD/T 1868-2009 配套使用。

该标准规定了 800MHz/2GHz cdma2000 数字蜂窝移动通信网中分组数据预付费业务的测试环境，PDSN、HA 和 AAA 设备的测试内容。适用于采用 800MHz/2GHz cdma2000 数字蜂窝移动通信网的分组预付费设备。

●YD/T 1870-2009　800MHz/2GHz cdma2000 数字蜂窝移动通信网技术要求 高速分组数据(HRPD)(第二阶段) A 接口

该标准是 800MHz/2GHz cdma2000 数字蜂窝移动通信网高速分组数据（HRPD）（第二阶段）系列标准之一，修改采用 3GPP2 A.S0008-A v1.0。与 YD/T 1871-2009 配套使用。

该系列标准的结构及名称如下：

1）YD/T 1677-2007　800MHz/2GHz cdma2000 数字蜂窝移动通信网设备技术要求 高速分组数据(HRPD)(第二阶段) 接入网（AN)；

2）YD/T 1678-2007　800MHz/2GHz cdma2000 数字蜂窝移动通信网设备测试方法 高速分组数据(HRPD)(第二阶段) 接入网（AN)；

3）YD/T 1679-2007　800MHz/2GHz cdma2000 数字蜂窝移动通信网设备技术要求 高速分组数据(HRPD)(第二阶段) 接入终端（AT)；

4）YD/T 1680-2007　800MHz/2GHz cdma2000 数字蜂窝移动通信网设备测试方法 高速分组数据(HRPD)(第二阶段) 接入终端（AT)》；

5）YD/T 1681-2007　800MHz/2GHz cdma2000 数字蜂窝移动通信网设备技术要求 高速分组数据(HRPD)(第二阶段) 空中接口；

6）YD/T 1876-2009　800MHz/2GHz cdma2000 数字蜂窝移动通信网测试方法 高速分组数据(HRPD)(第二阶段) 空中接口信令一致性；

7）YD/T 1870-2009　800MHz/2GHz cdma2000 数字蜂窝移动通信网技术要求 高速分组数据(HRPD)(第二阶段) A 接口；

8）YD/T 1871-2009　800MHz/2GHz cdma2000 数字蜂窝移动通信网测试方法 高速分组数据(HRPD)(第二阶段) A 接口。

该标准规定了高速分组数据（HRPD）（第二阶段）的 A 接口互操作的原则和技术要求。适用于 800MHz/2GHz cdma2000 数字蜂窝移动通信网高速分组数据（HRPD）（第二阶段）系统。

●YD/T 1871-2009　800MHz/2GHz cdma2000 数字蜂窝移动通信网测试方法 高速分组数据(HRPD)(第二阶段) A 接口

该标准是 800MHz/2GHz cdma2000 数字蜂窝移动通信网高速分组数据（HRPD）（第二阶段）系列标准之一，与 YD/T 1870-2009 配套使用。

该标准规定了高速分组数据(HRPD)网络 PCF 与 PDSN 之间 A10/A11 接口、AN 与 AN-AAA 之间 A12 接口、AN 与 AN 之间 A13 接口以及 AN 与 MSC/MSCe 间 A1/A1p 接口的测试方法。适用于 800MHz/2GHz cdma2000 数字蜂窝移动通信网高速分组数据（HRPD）（第二阶段）系统。

●YD/T 1872-2009　800MHz/2GHz cdma2000 数字蜂窝移动通信网技术要求 传统终端域（LMSD）A 接口

该标准是 800MHz/2GHz cdma2000 数字蜂窝移动通信网传统终端域设备系列标准之一，与 YD/T 1873-2009 配套使用。该系列标准的结构及名称如下：

1）YD/T 1864-2009　800MHz/2GHz cdma2000 数字蜂窝移动通信网 传统终端域（LMSD）zz 接口技术要求；

2）YD/T 1865-2009　800MHz/2GHz cdma2000 数字蜂窝移动通信网 传统终端域（LMSD）zz 接口测试方法；

3）YD/T 1872-2009　800MHz/2GHz cdma2000 数字蜂窝移动通信网技术要求 传统终端域（LMSD）A 接口；

4）YD/T 1873-2009　800MHz/2GHz cdma2000 数字蜂窝移动通信网测试方法 传统终端域（LMSD）A 接口；

5）YD/T 1874-2009　800MHz/2GHz cdma2000 数字蜂窝移动通信网设备技术要求 传统终端域（LMSD）移动交换子系统；

6）YD/T 1875-2009　800MHz/2GHz cdma2000 数字蜂窝移动通信网设备测试方法 传统终端域（LMSD）移动交换子系统。

该标准非等效采用 3GPP2 A.S0001-A、3GPP2 A.R0011-0、3GPP2 A.S0011-C—A.S0014-C。是 800MHz/2GHz cdma2000 数字蜂窝移动通信网传统终端域设备系列标准之一，与 YD/T 1873-2009 配套使用。

该标准规定了 800MHz/2GHz cdma2000 数字蜂窝移动通信网传统终端域（LMSD）A 接口的接口模型和参考点、

呼叫处理和补充业务、无线资源管理、移动性管理、层1及层2和地面电路管理、消息、信息单元及定时器定义等。适用于800MHz/2GHz cdma2000数字蜂窝移动通信网传统终端域（LMSD）通信系统。

●YD/T 1873-2009 800MHz/2GHz cdma2000 数字蜂窝移动通信网测试方法 传统终端域（LMSD）A接口

该标准是800MHz/2GHz cdma2000数字蜂窝移动通信网传统终端域设备系列标准之一，与YD/T 1872-2009配套使用。

该标准规定了800MHz/2GHz cdma2000数字蜂窝移动通信网传统终端域（LMSD）移动交换中心和基站子系统间接口的测试方法，包括话音业务处理、补充业务和短消息、分组数据业务处理、无线资源管理、移动性管理和鉴权及地面电路管理等及其测试环境。适用于800MHz/2GHz cdma2000数字蜂窝移动通信网传统终端域（LMSD）系统设备。

●YD/T 1874-2009 800MHz/2GHz cdma2000 数字蜂窝移动通信网设备技术要求 传统终端域（LMSD）移动交换子系统

该标准是800MHz/2GHz cdma2000数字蜂窝移动通信网传统终端域设备系列标准之一，与YD/T 1875-2009配套使用。

该标准规定了800MHz/2GHz cdma2000数字蜂窝移动通信网设备传统终端域（LMSD）移动交换子系统设备的技术要求，包括总体技术要求、网络互通、业务与功能、基本业务数据和性能、接口和信令、计费、传输、定时和同步、话务统计和网管、操作维护、硬件、软件、机械结构和工艺、过压保护，环境以及电源与接地等方面的要求。适用于800MHz/2GHz cdma2000数字蜂窝移动通信网设备传统终端域（LMSD）移动交换子系统设备。

●YD/T 1875-2009 800MHz/2GHz cdma2000 数字蜂窝移动通信网设备测试方法 传统终端域（LMSD）移动交换子系统

该标准是800MHz/2GHz cdma2000数字蜂窝移动通信网传统终端域设备系列标准之一，与YD/T 1874-2009配套使用。

该标准规定了800MHz/2GHz cdma2000移动通信系统LMSD移动交换子系统设备的功能、性能、操作维护及网络管理、可靠性、供电以及环境测试等。适用于800MHz/2GHz cdma2000移动通信系统LMSD移动交换子系统设备。

●YD/T 1876-2009 800MHz/2GHz cdma2000 数字蜂窝移动通信网测试方法 高速分组数据(HRPD)(第二阶段)空中接口信令一致性

该标准是800MHz/2GHz cdma2000数字蜂窝移动通信网高速分组数据（HRPD）（第二阶段）系列标准文件之一，对应于3GPP2 C.S00038-A v1.0和C.P0081-0，一致性程度为非等效，未采用C.S0038-A中广播协议测试的内容。

该标准规定了800MHz/2GHz cdma2000数字蜂窝移动通信网高速分组数据（HRPD）（第二阶段）接入终端和接入网的信令一致性测试内容，包括缺省信令应用、缺省分组应用、流层协议、会话层、连接层、安全层和MAC层测试的内容。适用于800MHz/2GHz cdma2000数字蜂窝移动通信网高速分组数据（HRPD）第二阶段技术的数字蜂窝移动通信系统。

●YD/T 1877-2009 800MHz/2GHz cdma2000 数字蜂窝移动通信网高速分组数据（HRPD）（第二阶段）空中接口测试方法 网络兼容性

该标准规定了800MHz/2GHz cdma2000数字蜂窝移动通信网中，高速分组数据（HRPD）（第二阶段）空中接口网络兼容性测试方法，即移动通信终端的网络兼容性测试内容，包括系统接入及空闲模式下的测试、数据连接模式下的基本功能测试、切换测试、鉴权测试、混合业务测试、业务性能测试、业务应用测试等。适用于800MHz/2GHz cdma2000数字蜂窝移动通信网的高速分组数据（HRPD）第二阶段技术的数字蜂窝移动通信系统的AT和接入网络。由于高速分组数据（HRPD）第二阶段具有对高速分组数据（HRPD）第一阶段的向后兼容性，故也适用于基于高速分组数据（HRPD）第一阶段开发的AT。

该标准适用于支持UIM卡（机卡分离）及不支持UIM卡（机卡一体）的800MHz/2GHz cdma2000高速分组数据（HRPD）的AT。

●YD/T 1878.1-2009 800MHz/2GHz cdma2000 数字蜂窝移动通信网高速分组数据（HRPD）网络管理技术要求 第1部分：配置网络资源模型

YD/T 1878分为3个部分：第1部分：配置网络资源模型；第2部分：性能网络资源模型；第3部分：基于CORBA技术的网络资源模型设计。

该部分为系列标准的第1部分。规定了800MHz/2GHz cdma2000数字蜂窝移动通信网高速分组数据（HRPD）的网络管理接口的配置网络资源模型。适用于800MHz /2GHz cdma2000数字蜂窝移动通信网高速分组数据（HRPD）的网络管理。

●YD/T 1878.2-2009 800MHz/2GHz cdma2000 数字蜂窝移动通信网高速分组数据（HRPD）网络管理技术要求 第2部分：性能网络资源模型

该部分为系列标准的第2部分。规定了800MHz/2GHz cdma2000数字蜂窝移动通信网 高速分组数据（HRPD）的网络管理接口的性能网络资源模型。适用于800MHz/ 2GHz cdma2000数字蜂窝移动通信网 高速分组数据（HRPD）的网络管理。

●YD/T 1878.3-2009 800MHz/2GHz cdma2000 数字蜂窝移动通信网高速分组数据（HRPD）网络管理技术要求 第3部分：基于CORBA技术的网络资源模型设计

该部分为系列标准的第3部分。规定了800MHz/2GHz cdma2000数字蜂窝移动通信网高速分组数据（HRPD）的网络管理接口的 CORBA/IDL 定义。适用于 800MHz/ 2GHz cdma2000 数字蜂窝移动通信网高速分组数据（HRPD）的网络管理。

●YD/T 1879-2009　软交换互通系列互通设备技术要求

该标准是软交换网络互通的系列标准之一，该系列标准的结构及名称预计如下：

1）YD/T 1879-2009　不同运营商软交换网络之间互通的总体技术要求；

2）YD/T 1881-2009　不同运营商软交换网络之间互通的协议技术要求；

3）YD/T 1880-2009　不同运营商软交换和电路交换网之间的互通技术要求；

4）YD/T 1882-2009　不同运营商软交换和数字集群网之间的互通技术要求；

5）软交换网络互通系列互通设备技术要求。

该标准规定了不同运营商软交换网络之间互通时互通软交换和互通媒体网关设备的技术要求，具体包括：网络结构、互通软交换设备、互通媒体网关设备技术要求。适用于不同运营商间的软交换网络和电中交换网之间的语音业务的互联互通。

●YD/T 1880-2009　不同运营商软交换和电路交换网之间的互通技术要求

该标准是根据我国软交换网络和电路交换网的相关通信行业标准以及各运营商开展软交换和电路交换网互通的实际情况制定的，是软交换网络互通的系列标准之一。

该标准主要规定了不同运营商软交换网络和电路交换网之间的互通方式以及相关的要求，包括互通总体架构、互通时的路由方式、主被叫号码传送要求、信令要求以及计费和结算相关要求。适用于不同运营商间的软交换网络和电路交换网之间的语音业务的互联互通。

●YD/T 1881-2009　不同运营商软交换网络之间互通的协议技术要求

该标准是软交换网络互联互通系列标准之一，规定了不同运营商软交换网络之间互通的协议的技术要求，包括对 No.7 信令、SIP-I、BICC 等信令的要求。适用于不同运营商软交换网络之间的互联互通。

●YD/T 1882-2009　不同运营商数字集群网络互通技术要求

该标准规定了用于不同电信业务经营者的数字集群网络之间互通的技术要求。包括网络互通的总体要求、互通的接口和协议、以及计费和结算要求等。适用于不同电信运营者的数字集群系统之间的互通。

●YD/T 1883.1-2009　固定软交换网语音业务计费技术要求和检测方法 第 1 部分：中继网关、信令网关接入方式

该部分是固定软交换网计费技术要求和检测方法的系列标准之一。该系列标准结构和名称为：YD/T 1883.1-2009　固定软交换网语音业务计费技术要求和检测方法 第 1 部分：中继网关、信令网关接入方式；第 2 部分：接入网关接入方式；第 3 部分：综合接入设备接入方式。制定过程中，还注意了与 YD/T 1278-2003、YD/T 1434-2006、YDC 045-2007 的协调统一。

该部分规定了固定软交换网，通过中继网关、信令网关接入的本地语音业务/或长途语音业务的计费技术性能和检测方法。适用于软交换设备和相关计费处理系统。

●YD/T 1884-2009　信息终端设备声压输出限值要求和测量方法

该标准在制定过程中参考了 ITU-T P.360(07/2006)、ETSI EG 202 518 v1.2.1 （2008-05)、EN 50332-1:2000、EN 50332-2:2003、GB/T 15279、YD/T 1538-2006、YD/T 1686-2007 标准的内容。

该标准规定了针对不同类型的设备、使用方式和场合的声压输出限值要求，并给出了测试条件和相应的测试方法。适用于通信终端设备、提供原配耳机的便携音频设备、独立提供的便携音频设备和独立提供的耳机。具有音频播放功能的便携通信终端设备参照便携音频设备的相应部分要求。还适用于每日噪声暴露量的监测。

●YD/T 1885-2009　移动通信手持机有线耳机接口技术要求和测试方法

该标准非等效采用了 IEC 60130-8-1986 和 IEC 60603-11-1992。并保持了与 GB/T 14471-1993、GB/T 14947-1994 的协调统一。

该标准规定了移动通信手持机有线耳机接口的技术要求和测试方法，包括接口的物理结构、连接定义、标志、机械性能、安全防护性能、电气性能和环境适应性等。适用于移动通信手持机有线耳机接口以及与之连接的有线耳机和接口转换装置等。其他音频播放设备可参照执行。不适用于移动通信手持机数字传输方式的有线耳机接口。

●YD/T 1886-2009　移动终端芯片安全技术要求和测试方法

该标准是对 YD/T 1699-2007 和 YD/T 1700-2007 在移动终端芯片安全方面的补充和完善，并在制定过程中保持了与 GB 17859-1999 的一致。

该标准确立了移动终端芯片安全应符合的一般原则，并根据该原则规定了移动终端芯片、芯片中的软硬件以及芯片与外围设备之间通信的安全分级方法以及在不同安全分组下芯片应达到的安全技术要求，并规定了在上述各级安全分级下的测试方法。适用于第二代以上移动终端芯片。

●YD/T 1887-2009　用于公用交换电话网（PSTN）终端的低码速率图像编解码

该标准参考了 ITU-T H.263。规定了一种可应用于低比特率视听服务中压缩动态图像的编解码方法。适用于窄带，如 PSTN、cdma2000 1x 和 GPRS 等无线网络上视频终

端算法的采用。

●YD/T 1888-2009 移动多媒体广播业务 终端/卡设备测试方法

该标准是移动多媒体广播业务系列标准之一，该系列标准的名称及结构如下：

1）YD/T 1785-2008 移动多媒体广播业务 总体技术要求；

2）YD/T 1786-2008 移动多媒体广播业务 业务保护技术要求；

3）YD/T 1787-2008 移动多媒体广播业务 业务指南技术要求；

4）YD/T 1788-2008 移动多媒体广播业务 业务平台设备技术要求；

5）YD/T 1988-2009 移动多媒体广播业务 业务平台设备测试方法；

6）YD/T 1789-2008 移动多媒体广播业务 终端/卡设备技术要求；

7）YD/T 1888-2009 移动多媒体广播业务 终端/卡设备测试方法；

8）YD/T 1790-2008 移动多媒体广播业务 应用层接口技术要求；

9）YD/T 1791-2008 移动多媒体广播业务 交互应用技术要求；

10）YDC 081-2009 移动多媒体广播业务 终端接收性能技术要求和测试方法；

11）YDC 080-2009 移动多媒体广播业务 终端电磁兼容性限值及测量方法。

该标准与 YD/T 1789-2008 配套使用。规定了提供移动多媒体广播业务的移动终端设备和智能卡设备的功能与业务、协议、性能、卡接口及智能卡等测试方法。适用于支持移动多媒体广播业务的数字蜂窝移动终端设备以及用户智能卡。

●YD/T 1889-2009 手柄电话助听器耦合技术要求和测量方法

该标准的制定过程中注意了与 GB/T 15279、YD/T 867、YD/T 1686 的协调统一。

该标准规定了使用辅助放大、磁场耦合和电耦合等 3 种助听耦合方式的手柄电话的技术要求和测量方法。适用于使用助听耦合技术的手柄电话。此外，无绳电话和移动电话的助听器电耦合以及使用头戴机接听的固定电话助听器磁场耦合也可参照相应章节使用。

●YD/T 1890-2009 信息终端设备信息无障碍辅助技术的要求和评测方法

该标准对应于 ITU-T P.851。并与语音识别技术相关术语及 GB/T 21023-2007 保持一致。

该标准分析了不同残障类型对辅助技术和辅助功能的需求，并对信息无障碍的辅助技术和辅助功能进行了分类，规定了目前主流信息无障碍辅助技术、辅助功能的技术要求和评测方法。适用于支持信息无障碍辅助技术的辅助功能的信息终端设备和业务。

●YD/T 1891-2009 cdma2000/cdma2000 HRPD 双模数字移动通信终端技术要求和测试方法

该标准是 cdma2000 及 cdma2000 HRPD 数字移动通信终端的系列标准之一。该系列标准的名称及结构如下：

1）YD/T 1558 2GHz cdma2000 数字蜂窝移动通信网设备技术要求：移动台；

2）YD/T 1576.1 2GHz cdma2000 数字蜂窝移动通信网设备测试方法：移动台 第 1 部分 基本无线指标、功能和性能；

3）YD/T 1562 2GHz cdma2000 数字蜂窝移动通信网设备技术要求：高速分组数据（HRPD）（第一阶段）接入终端（AT）；

4）YD/T 1567 2GHz cdma2000 数字蜂窝移动通信网设备测试方法：高速分组数据（HRPD）（第一阶段）接入终端（AT）；

5）YD/T 1679 2GHz cdma2000 数字蜂窝移动通信网设备技术要求：高速分组数据（HRPD）（第二阶段）接入终端（AT）；

6）YD/T 1680 2GHz cdma2000 数字蜂窝移动通信网设备测试方法：高速分组数据（HRPD）（第二阶段）接入终端（AT）；

7）YDC 015 800MHz CDMA 1x 数字蜂窝移动通信网设备技术要求：移动台（含机卡一体）；

8）YDC 023 800MHz CDMA 1x 数字蜂窝移动通信网设备测试方法：移动台（含机卡一体）第 1 部分 基本无线指标、功能和性能；

9）YDC 036 800MHz CDMA 1x 数字蜂窝移动通信网总技术要求 高速分组数据（HRPD） 接入终端（AT）；

10）YDC 037 800MHz CDMA 1x 数字蜂窝移动通信网总测试法方法 高速分组数据（HRPD）接入终端（AT）；

11）YDC 068 800MHz CDMA 1x 数字蜂窝移动通信网高速分组数据（HRPD） 设备技术要求：接入终端（第二阶段）；

12）YDC 069 800MHz CDMA 1x 数字蜂窝移动通信网高速分组数据（HRPD） 设备测试方法：接入终端（第二阶段）；

13）YD/T 1891 cdma2000/cdma2000 HRPD 双模数字移动通信终端技术要求和测试方法。

该标准规定了 cdma2000/cdma2000 HRPD 双模数字移动通信终端的业务、功能、射频性能等方面的技术要求和测试方法。适用于 cdma2000/cdma2000 HRPD 双模数字移动通信终端。

●YD/T 1892-2009 移动终端管理业务技术要求

该标准以 OMA DM 工作组的系列标准作为技术实现依据，其中 DM 传输协议完全等同于 OMA DM 1.2 标准。与 YD/T 1893-2009 配套使用。

该标准是终端管理（DM）业务系列标准之一，该系列标准的名称及结构如下：

1）YD/T 1892-2009　终端管理（DM）业务技术要求；

2）YD/T 1893-2009　终端管理（DM）业务测试方法。

该标准规定了终端管理(DM)业务的系统结构、功能、接口、业务流程以及性能等技术内容。适用于终端管理（DM）业务的系统平台。

●YD/T 1893-2009　移动终端管理业务测试方法

该标准以 OMA DM 工作组的系列标准作为技术实现依据，其中 DM 传输协议完全等同于 OMA DM 1.2 标准，是终端管理（DM） 业务系列标准之一，与 YD/T 1892-2009 配套使用。

该标准规定了终端管理(DM)业务的系统结构、功能、接口、业务流程以及性能等技术内容。适用于终端管理（DM）业务的系统平台。

●YD/T 1894-2009　移动终端电子邮件通知服务技术要求

该标准参考了开放移动联盟（OMA）的规范《电子邮件通知》（OMA-Push-EMN-V1_0-20040614-C）相关技术内容。

该标准规定了移动终端电子邮件通知服务的技术要求,定义了一个用于通知电子邮件客户机新邮件可从电子邮件服务器上被接收的内容类型。适用于按照 YD/T 1894-2009 提供电子邮件通知（EMN）增值服务的终端与系统网络设备提供商、电信运营商、服务提供商、内容提供商。

●YD/T 1895.1-2009　移动通信网业务拨测管理技术要求 第 1 部分：拨测管理系统功能

YD/T 1895 分为 3 个部分。该部分为第 1 部分。规定了移动通信网移动业务拨测管理系统的功能要求。适用于移动通信网移动业务拨测管理系统。

●YD/T 1895.2-2009　移动通信网业务拨测管理技术要求 第 2 部分：拨测管理系统与拨测终端设备技术要求

该部分为 YD/T 1895 系列标准的第 2 部分。规定了移动通信网移动业务拨测管理系统与拨测终端设备接口要求。适用于移动通信网移动业务拨测管理系统与拨测终端设备接口。

●YD/T 1895.3-2009　移动通信网业务拨测管理技术要求 第 3 部分：拨测管理系统与测试卡管理设备接口要求

该部分为系列标准的第 3 部分。规定了移动通信网移动业务拨测管理系统与测试卡管理设备接口要求。适用于移动通信网移动业务拨测管理系统与测试卡管理设备接口。

●YD/T 1896-2009　移动终端产品使用说明规范

该标准在制定过程中与 B 5296.1-1997、GB 5296.2-1999 协调一致。规定了移动终端产品使用说明的形式、编制要求、内容及标注、安全警告、标准化用语和标志、视听信号、耐久性等的要求等内容。适用于移动通信终端产品。

●YD/T 1897-2009　互联网密钥交换协议（IKEv2）技术要求

该标准是 IP 安全协议（IPSec）系列标准之一，与 YD/T 1898-2009 配套使用。该系列标准的名称及结构预计如下：

1）IP 安全协议体系结构；

2）IP 认证头（AH）；

3）IP 安全载荷（ESP）；

4）YD/T 1466-2006　IP 安全协议（IPSec）技术要求；

5）YD/T 1467-2006　IP 安全协议（IPSec）测试方法；

6）YD/T 1648-2006　IP 安全协议（IPSec）穿越网络地址翻译（NAT）技术要求；

7）YD/T 1897-2009　互联网密钥交换协议（IKEv2）技术要求；

8）YD/T 1898-2009　互联网密钥交换协议（IKEv2）测试方法。

该标准规定了动态建立并管理 IPsec 安全联盟的协议——互联网密钥交换协议（IKEv2）技术要求，包括 IKEv2 协议使用的命令、交换过程、报头和载荷格式、安全性等方面的要求。适用于支持互联网密钥交换协议（IKEv2）的设备和网络。

●YD/T 1898-2009　互联网密钥交换协议（IKEv2）测试方法

该标准是 IP 安全协议（IPSec）系列标准之一，与 YD/T 1897-2009 配套使用。规定了动态建立并管理 IPSec 安全联盟的协议——互联网密钥交换协议（IKEv2）一致测试方法，包括功能测试、包格式处理等。适用于对支持 IKEv2 协议的设备。

●YD/T 1899-2009　深度包检测设备技术要求

该标准是“互联网业务识别”系列标准之一。该系列标准的结构和名称如下：

1）YD/T 1901-2009　互联网业务识别系统应用场景和总体需求；

2）YD/T 2025-2009　互联网业务识别系统总体框架；

3）YD/T 1899-2009　深度包检测设备技术要求；

4）YD/T 1900-2009　深度包检测设备测试方法。

该标准规定了深度包检测设备的各项技术要求，包括：功能要求、可靠性要求、安全要求、接口要求、操作维护要求、可扩展性要求、性能要求以及功耗、电气安全、定时与同步等。适用于深度包检测设备，其他集成深度包检测功能的网络设备也可参考使用。

●YD/T 1900-2009　深度包检测设备测试方法

该标准是“互联网业务识别”系列标准之一，与 YD/T

1899-2009 配套使用。

该标准规定了深度包检测设备的测试方法，包括：接口测试、组网方式测试、QoS 测试、业务识别功能测试、业务控制功能测试、可靠性测试、可扩展性测试、统计报表功能测试、管理功能测试、附加功能测试和性能测试。适用于深度包检测设备，其他集成深度包检测功能的网络设备也可参考使用。

●YD/T 1901-2009　互联网业务识别系统应用场景和总体需求

该标准是“互联网业务识别”系列标准之一。

该标准给出了互联网业务识别系统在运营商网络、企业网络和家庭用户中的应用场景，以及满足这些应用场景，互联网业务识别系统所必需的通用性需求，包括：功能需求、管理需求、安全需求、性能需求、可扩展性需求和可靠性需求。适用于互联网业务识别系统，或者集成了业务识别互联网设备。

●YD/T 1902-2009　消息类业务内容分类技术要求

该标准是“基于用户设置规则的消息过滤业务”系列标准之一，该系列标准的名称预计如下：

1）YD/T 1774-2008 基于用户设置规则的消息过滤业务技术要求；

2）YD/T 1775-2008 基于用户设置规则的短消息过滤系统技术要求；

3）YD/T 1902-2009 消息类业务内容分类技术要求；

4）移动终端垃圾短信息过滤技术要求。

该标准描述了消息类业务内容分类总体技术要求，规范了消息类业务分类编码方案和分类代码表，并且对消息分类编码在消息类业务中具体实施进行了具体技术规范。适用于消息业务提供商提供的群发广告消息类业务，其他消息业务可参照执行。

●YD/T 1903-2009　反垃圾电子邮件设备技术要求

该标准是《反垃圾电子邮件设备》系列标准之一，该系列标准如下：

1）YD/T 1903-2009　反垃圾电子邮件设备技术要求；

2）YD/T 1904-2009　反垃圾电子邮电设备测试方法。

该标准主要规定了反垃圾电子邮件设备的功能要求、管理要求、性能指标和环境要求。适用于反垃圾电子邮件设备。

●YD/T 1904-2009　反垃圾电子邮件设备测试方法

该标准是《反垃圾电子邮件设备》系列标准之一，与 YD/T 1903-2009 配套使用。

该标准主要规范了反垃圾电子邮件设备的测试方法，包括对功能要求、管理要求、性能指标和环境要求的测试。适用于反垃圾电子邮件设备。

●YD/T 1905-2009　IPv6 网络设备安全技术要求——宽带网络接入服务器

该标准是 IPv6 网络设备——宽带网络接入服务器安全系列标准之一，与 YD/T 2041-2009 配套使用。该系列标准的结构和名称如下：

1）YD/T 1905-2009 IPv6 网络设备安全技术要求——宽带网络接入服务器；

2）YD/T 2041-2009 IPv6 网络设备安全测试方法——宽带网络接入服务器。

该标准规定了支持 IPv6 的宽带网络接入服务器安全技术的基本要求，包括数据平面、控制平面和管理平面的安全威胁和安全服务要求，以及标识验证、数据保护、系统功能保护、资源分配、安全审计、安全管理、可信信道/路径和系统访问等八个安全功能需求。标准中出现的所有未指明的宽带网络接入服务器、接入服务器等均特指 IPv6 宽带网络接入服务器。适用于支持 IPv6 的宽带网络接入服务器。

●YD/T 1906-2009　IPv6 网络设备安全技术要求——核心路由器

该标准是“路由器设备安全”系列标准之一，该系列标准结构和名称如下：

1）YD/T 1358-2005　路由器设备安全技术要求——中低端路由器（基于 IPv4）；

2）YD/T 1359-2005　路由器设备安全技术要求——高端路由器（基于 IPv4）；

3）YD/T 1439-2005　路由器设备安全测试方法——高端路由器（基于 IPv4）；

4）YD/T 1440-2005　路由器设备安全测试方法——中低端路由器（基于 IPv4）；

5）YD/T 1907-2009　IPv6 网络设备安全技术要求——边缘路由器；

6）YD/T 2044-2009　IPv6 网络设备安全测试方法——边缘路由器；

7）YD/T 1906-2009　IPv6 网络设备安全技术要求——核心路由器；

8）YD/T 2045-2009　IPv6 网络设备安全测试方法——核心路由器。

该标准与 YD/T 2045-2009 配套使用。与该系列标准相关的标准还有“支持 IPv6 的路由器设备”系列标准，该系列标准结构和名称如下：

1）YD/T 1452-2006 IPv6 网络设备技术要求——支持 IPv6 的边缘路由器；

2）YD/T 1453-2006 IPv6 网络设备测试方法——支持 IPv6 的边缘路由器；

3）YD/T 1454-2006 IPv6 网络设备技术要求——支持 IPv6 的边缘路由器；

4）YD/T 1455-2006 IPv6 网络设备测试方法——支持 IPv6 的边缘路由器。

该标准规定了支持 IPv6 协议的核心路由器的安全技术要求，包括数据转发平面安全、控制平面安全、管理平面安全等。适用于支持 IPv6 的核心路由器设备。

●YD/T 1907-2009　IPv6 网络设备安全技术要求

——边缘路由器

该标准是“路由器设备安全”系列标准之一，规定了支持 IPv6 协议的边缘路由器的安全技术要求，包括数据转发平面安全、控制平面安全、管理平面安全等。标准中所有对路由器的安全规定均指对支持 IPv6 的边缘路由器的规定。适用于支持 IPv6 的边缘路由器设备。

●YD/T 1908-2009 基于可扩展认证协议（EAP）的动态地址分配扩展协议（DHCP+）IP 网接入认证鉴权技术要求

该标准是公众 IP 网络安全要求系列标准之一，该系列标准的结构和名称预计如下：

1）YD/T 1613-2007 公众 IP 网络安全要求——安全框架；

2）YD/T 1614-2007 公众 IP 网络安全要求——基于数字证书的访问控制；

3）YD/T 1615-2007 公众 IP 网络安全要求——基于远端接入用户验证服务协议（RADIUS）的访问控制；

4）公众 IP 网络安全要求——基于 802.1x 的访问控制要求；

5）YD/T 1908-2009 基于 EAP 的动态地址分配扩展协议（DHCP+）IP 网接入认证鉴权技术要求。

该标准规定了基于 EAP 的 DHCP+IP 网络接入认证系统的体系结构、组网方式、通信流程，通信协议以及对相关设备的要求。适用于链路层采用 IEEE 802 局域网技术、xDSL 技术和 HFC 技术的公用 IP 接入网，也适用于基于 EAP 的 DHCP+认证、鉴权软件和设备。不适用于 IPv6 网络环境。

●YD/T 1909-2009 运营商提供的虚拟专用网安全技术要求

该标准是 IP 虚拟专用网系列标准之一，该系列标准名称和结构预计如下：

1）YD/T 1190-2002 基于网络的虚拟 IP 专用网（IP-VPN）框架；

2）YD/T 1909-2009 运营商提供的虚拟专用网安全技术要求；

3）YD/T 1477-2006 基于边界网关协议/多协议标记交换的虚拟专用网（BGP/MPLS VPN）组网要求；

4）YD/T 1476-2006 基于边界网关协议/多协议标记交换的虚拟专用网（BGP/MPLS VPN）技术要求；

5）公用三层 IP 虚似专用网（PPVPN）业务技术要求；

6）YD/T 1471-2006 基于 IP 的二层虚拟专用网（VPN）业务技术要求；

7）BGP/MPLS 虚拟专用网测试方法；

8）LDP 信令的虚拟专用以太网技术要求；

9）LDP 信令的虚拟专用以太网测试规范。

该标准规定了运营商提供的虚拟专用网（PPVPN）在安全技术方面的要求，主要包括 PPVPN 面临的安全威胁、对运营商的安全要求、运营商使用的安全技术、运营安全防护要求等。适用于单播技术的 PPVPN，不适用于组播技术的 PPVPN。PPVPN 主要指 MPLS VPN。

●YD/T 1910-2009 接入网安全技术要求——综合接入系统

该标准是接入网安全系列标准之一，该系列标准预计结构及名称如下：

1）YD/T 2046-2009 接入网安全技术要求——xDSL 用户端设备；

2）YD/T 2047-2009 接入网设备安全测试方法——xDSL 用户端设备；

3）YD/T 2048-2009 接入网安全技术要求——DSL 接入复用器（DSLAM）设备；

4）YD/T 2049-2009 接入网设备安全测试方法——DSL 接入复用器（DSLAM）设备；

5）YD/T 2050-2009 接入网安全技术要求——无源光网络（PON）设备；

6）YD/T 2051-2009 接入网设备安全测试方法——无源光网络（PON）设备；

7）YD/T 1910-2009 接入网安全技术要求——综合接入系统；

8）接入网安全测试方法——综合接入系统。

该标准的制定过程中注意了与 YD/T 1418-2008、YD/T 1418-2008、YD/T 1772-2008 的协调统一。

该标准规定了综合接入系统（MSAN）的用户平面安全要求、控制平面安全要求、管理平面安全要求、设备可靠性和电气安全要求。适用于公众电信网的综合接入设备，专用电信网上的综合接入设备也可参考使用。

●YD/T 1911-2009 软交换业务接入控制设备安全技术要求和测试方法

该标准是软交换网络安全系列标准之一，与 YD/T 1927-2009 配套使用。该系列标准的名称及结构预计如下：

1）软交换网络网管与运维安全技术要求；

2）软交换设备安全技术要求和测试方法；

3）YD/T 1914-2009 基于软交换的应用服务器设备安全技术要求和测试方法；

4）YD/T 1912-2009 基于软交换的媒体服务器设备安全技术要求和测试方法；

5）YD/T 1911-2009 软交换业务接入控制设备安全技术要求和测试方法；

6）YD/T 1913-2009 基于软交换的信令网关设备安全技术要求和测试方法；

7）媒体网关设备安全技术要求和测试方法；

8）IP 智能终端设备安全技术要求和测试方法。

该标准给出了和软交换业务接入控制设备相关的安全技术要求，主要包括信令面安全要求、媒体面安全要求、可靠性要求、管理安全要求、地址溯源和防火墙相关功能要求，并根据安全要求制定了相应的测试方法。适用于软交换网络中由运营商提供、维护和管理的软交换业务接入控制设备。

●YD/T 1912-2009 基于软交换的媒体服务器设备安全技术要求和测试方法

该标准是软交换网络安全系列标准之一。与 YD/T 1386-2005、YD/T 1389-2005 配套使用。规定了软交换网络中媒体服务器设备在通信、可靠性和管理等方面的安全要求，并根据上述要求制定了相应的测试方法。适用于软交换网络中由运营商提供、维护和管理的媒体服务器设备。

●YD/T 1913-2009 基于软交换的信令网关设备安全技术要求和测试方法

该标准是软交换网络安全系列标准之一，与 YD/T 1203-2002、YD/T 1408-2005 配套使用。规定了基于交换的信令网关的安全要求，主要包括通信安全、可靠性以及管理安全等方面的要求，并根据上述要求制定了相应的测试方法。适用于软交换网络中由运营商提供、维护和管理的信令网关设备。

●YD/T 1914-2009 基于软交换的应用服务器设备安全技术要求和测试方法

该标准是软交换网络安全系列标准之一，与 YD/T 1390-2005、YD/T 1480-2006 配套使用。规定了软交换网络中应用服务器设备在业务、通信、系统和管理等方面的安全要求，并根据上述要求制定了相应的测试方法。适用于软交换交换网络中由运营商提供、维护和管理的应用服务器设备。

●YD/T 1915-2009 IPv6 技术要求——移动 IPv6 快速切换

该标准是“IPv6 协议”系列标准之一，该系列标准预计的结构及名称如下：

1）YD/T 1341-2005 IPv6 基本协议——IPv6 协议；

2）YD/T 1442-2006 IPv6 网络技术要求——地址、过渡及服务质量；

3)YD/T 1343-2005 IPv6 邻居发现协议——基于 IPv6 的邻居发现协议；

4）IPv6 技术要求——IPv6 路由器重配置协议；

5）IPv6 技术要求——IPv6 反向邻居发现协议；

6）IPv6 技术要求——IPv6 路径 MTU 发现协议；

7）IPv6 技术要求——IPv6 动态主机配置协议；

8）YD/T 1344-2005 IPv6 地址结构协议——IPv6 无状态地址自动配置；

9）YD/T 1612-2007 IPv4 网络向 IPv6 网络过渡中的互联互通技术要求；

10）YD/T 1635-2007 IPv6 网络技术要求——面向网络地址翻译（NAT）用户的 IPv6 隧道技术；

11）YD/T 1656-2007 采用边界网关协议多协议扩展（BGP-MP）的基于 IPv6 骨干网的 IPv4 网络互联（4 over 6）技术要求；

12）IPv6 技术要求——支持计算机移动部分；

13）YD/T 1915-2009 IPv6 技术要求——移动 IPv6 快速切换；

14）IPv6 邻居发现安全性技术要求。

该标准规定了运营商通过移动 IPv6 网络提供快速切换的方法，以及实现移动 IPv6 快速切换操作时的技术要求。适用于 IPv6 网络与系统。

●YD/T 1916-2009 IPv6 网络设备技术要求——宽带网络接入服务器

该标准是“IPv6 宽带网络接入服务器”系列标准之一，该系列标准预计的结构及名称如下：

1）YD/T 1916-2009 IPv6 网络设备技术要求——宽带网络接入服务器；

2）IPv6 宽带网络接入服务器设备测试方法。

该标准建议与《IPv6 宽带网络接入服务器设备测试方法》配套使用。

该标准规定了 IPv6 宽带网络接入服务器的设备功能、接口、协议、操作管理和维护、安全、性能、环境、电气等方面技术指标的基本要求。标准中出现的所有未指明的宽带网络接入服务器、接入服务器、设备等均特指 IPv6 宽带网络接入服务器。适用于支持 IPv6 的宽带网络接入服务器，不支持 IPv6 的设备不在本标准的规定范围之内。适用于 IPv6 宽带网络接入服务器的设计、生产和评估。

●YD/T 1917-2009 IPv6 网络设备测试方法——具有 IPv6 路由功能的以太网交换机

该标准是“IPv6 网络设备”系列标准之一。该系列标准的结构及名称如下：

1）YD/T 1452-2006 IPv6 网络设备技术要求——支持 IPv6 的边缘路由器；

2）YD/T 1453-2006 IPv6 网络设备测试方法——支持 IPv6 的边缘路由器；

3）YD/T 1454-2006 IPv6 网络设备技术要求——支持 IPv6 的核心路由器；

4）YD/T 1455-2006 IPv6 网络设备测试方法——支持 IPv6 的核心路由器；

5）YD/T 1698-2007 IPv6 网络设备技术要求——具有 IPv6 路由功能的以太网交换机；

6）YD/T 1917-2009 IPv6 网络设备测试方法——具有 IPv6 路由功能的以太网交换机。

该标准与 YD/T 1698-2007 配套使用。规定了对具有 IPv6 路由功能的以太网交换机的设备进行功能测试、性能测试、协议测试和常规测试的方法。具有 IPv6 路由功能的以太网交换机是基于 IPv6 协议栈、具有路由学习能力和第三层交换能力的以太网交换机。适用于支持 IPv6 协议、具有路由功能的以太网交换机。

●YD/T 1918-2009 ISDN 信令与 IP 互通用户适配层（IUA）测试方法

该标准是“用户适配层”系列标准之一，该系列标准的名称及结构如下：

1）YD/T 1472-2006 ISDN 信令与 IP 互通用户适配层（IUA）技术要求；

2）YD/T 1918-2009 ISDN 信令与 IP 互通用户适配层（IUA）测试方法；

3）YD/T 1473-2006 接入网与 IP 互通 V5.2 用户适配层（V5UA）技术要求；

4）YD/T 1919-2009 接入网与 IP 互通 V5.2 用户适配层（V5UA）测试方法。

该标准规定了 ISDN 信令于 IP 互通用户适配层(IUA)协议的测试方法，包括 SG 侧协议与 ASP 侧协议测试。适用于支持 IUA 协议的信令网关、媒体网关和软交换设备。

●YD/T 1919-2009　接入网与 IP 互通 V5.2 用户适配层（V5UA）测试方法

该标准是“用户适配层”系列标准之一，规定了接入网与 IP 互通 V5.2 用户适配层（V5UA）的测试方法，包括 SG 侧协议与 ASP 侧协议测试。适用于支持 V5UA 协议的信令网关、综合接入媒体网关和软交换/媒体网关控制器等设备。

●YD/T 1920-2009　IPTV 承载网络体系架构

该标准是“IPTV 业务”系列标准之一，该系列标准的结构和名称预计如下：

1）YD/T 1654-2007 IPTV 业务需求；

2）IPTV 用户场景要求；

3）YD/T 1823-2008 IPTV 业务系统总体技术要求；

4）YD/T 1697-2007 IPTV 内容运营平台与业务运营平台接口技术要求；

5）YD/T 2015-2009 IPTV 业务管理系统体系架构；

6）YD/T 1655-2007 IPTV 机顶盒技术要求；

7）YD/T 2017-2009 IPTV 机顶盒测试方法；

8）YD/T 1696-2007 机顶盒与 IPTV 业务平台接口技术要求；

9）YD/T 1824-2008 IPTV 终端管理系统体系架构；

10）YD/T 1825-2008 IPTV 终端机卡分离技术要求；

11）IPTV 安全体系架构；

12）YD/T 1920-2009 IPTV 承载网络体系架构；

13）YD/T 1695-2007 IPTV 对接入网络的技术要求（第一阶段）；

14）IPTV 系统的媒体交付系统——基于 CDN 结构；

15）IPTV 系统的媒体交付系统——基于 P2P 结构；

16）IPTV 系统的内容管理系统；

17）IPTV 内容安全架构；

18）IPTV 终端中间件技术要求；

19）IPTV 业务导航系统技术要求；

20）IPTV 数字版权管理架构及需求；

21）IPTV 业务用户界面流程（UI Flow）技术要求；

22）IPTV 媒体交换容器格式。

该标准规定了公众 IPTV 承载网的网络体系架构，包括 IPTV 业务模型、IPTV 业务对承载网的要求、IPTV 承载网网络架构以及 IPTV 承载网实现的要求。适用于公众 IPTV 承载网网络，不适用于对 IPTV 系统支撑层、业务层和终端层。

●YD/T 1921.1-2009　IP 业务详细记录技术要求 第 1 部分：总则

YD/T 1921 分为 2 个部分：第 1 部分：总则；第 2 部分：VoIP 业务技术要求。

该部分为第一部分，其他部分将根据需要陆续制定。主要参考了互联网协议详细记录组织(IPDR)的相关标准，并结合我国的具体情况编制而成。

其中，对相关主要标准的引用、参考了 Business Solution Requirements-Network Data anagement-Usage（NDM-U),2004:还参考了 IPDR 提供过程的参考模型,BSS 间结算的要求、接口协议的标、IP 业务规范定义方法的要求。

该部分规定了 IP 业务详细记录的提供方式、应用模式、内容和格式，规定了 IP 业务详细记录提供过程的技术要求以及基于特定业务的详细记录规范的定义指南。适用于利用 IP 业务详细记录进行计费、服务提供商之间的网间或业务结算以及服务提供商的业务运营分析和优化。

●YD/T 1922-2009　基于 H.323 协议的 IP 用户终端设备技术要求

该标准是“IP 用户终端设备技术要求”系列标准之一，该系列标准的结构及名称如下：

1）YD/T 1922-2009 基于 H.323 协议的 IP 用户终端设备技术要求；

2）YD/T 1923-2009 基于 MGCP 协议的 IP 用户终端设备技术要求；

3）YD/T 1924-2009 基于 SIP 协议的 IP 用户终端设备技术要求；

4）YD/T 1925-2009 基于 H.248 协议的 IP 用户终端设备技术要求。

该标准规定了基于 H.323 协议 IP 用户终端设备的功能、接口、协议、流程、协议、操作维护、网管及性能指标等要求。适用于在 IP 网络上开放语音业务、采用 H.323 协议的 IP 用户终端设备。

●YD/T 1923-2009　基于 MGCP 协议的 IP 用户终端设备技术要求

该标准是“IP 用户终端设备技术要求”系列标准之一。规定了基于 MGCP 协议 IP 用户终端设备的功能、接口、协议、流程、协议、操作维护和网管、性能指标等要求。适用于在 IP 网络上开放语音业务、采用 MGCP 协议的 IP 用户终端设备。

●YD/T 1924-2009　基于 SIP 协议的 IP 用户终端设备技术要求

该标准是“IP 用户终端设备技术要求”系列标准之

一。规定了基于SIP协议用户终端设备的功能、接口、协议、流程、协议、操作维护和网管、性能指标等要求。适用于在IP网络上开放语音业务、采用SIP协议的IP用户终端设备。

●YD/T 1925-2009 基于H.248协议的IP用户终端设备技术要求

该标准是“IP 用户终端设备技术要求”系列标准之一。规定了基于H.248协议IP用户终端设备的功能、接口、协议、流程、协议、操作维护和网管、性能指标等要求。适用于在IP网络上开放语音业务、采用H.248协议的IP用户终端设备。

●YD/T 1926.1-2009 IT运维服务管理技术要求 第1部分：体系架构

IT运维服务管理技术要求分为5个部分：第1部分：体系架构；第2部分：管理服务定义；第3部分：服务管理流程；第4部分：服务管理支撑系统；第5部分：配置管理数据库。

该部分为IT运维服务管理技术要求的第1部分。在编制过程中，非等效采用 ISO/IEC 20000-1；ITU-T M.3342、E.860；英国商务部（OGC）标准：ITIL V3等相关标准。

该部分规定了IT运维服务的管理框架，并规定了管理框架中各部分之间的关系。本部分定义了IT运维服务的概念。适用于指导IT运维服务管理工具、产品和系统的开发，指导服务双方完成服务规范与设计、服务实施、服务监测与评估以及服务改进等4个生命周期阶段的IT运维服务管理。

●YD/T 1926.2-2009 IT 运维服务管理技术要求 第2部分：管理服务定义

该部分为IT运维服务管理技术要求的第2部分。编制过程中参考了 YD/T 1926.1、ISO/IEC 20000、ITU-T M.3342、ITIL V2和ITIL V3等相关标准。

该部分规定了各类IT运维服务的服务内容、服务方式、服务条件和相关服务质量指标等内容，规定了IT运维服务的报告模板。适用于IT运维服务提供商和客户就服务内容和服务标准达成共识，为服务提供商编制服务产品目录和客户选购相关服务提供参考。

●YD/T 1927-2009 软交换业务接入控制设备技术要求

该标准是基于软交换的网络组网系列标准之一，该系列标准的名称及结构如下:

1）YDC 045-2007 基于软交换的网络组网总体技术要求；

2）YD/T 1927-2009 软交换业务接入控制设备技术要求。

该标准规定了软交换业务接入控制设备的功能要求、协议要求、接口要求、计费要求、安全要求、性能要求、操作维护管理要求、可靠性要求等基本要求。适用于软交换业务接入控制设备。

●YD/T 1928.1-2009 软交换网网络管理技术要求 第1部分：总体技术要求

YD/T 1928分为2个部分：第1部分：总体技术要求；第2部分：网络管理系统功能。

该部分为第1部分。非等效采用ITU-T M.3010，并结合软交换网络的特征编写而成。

该部分规定了软交换网网络管理技术要求标准的制定原则，规定了制定软交换网络管理的框架、对软交换网络进行综合管理所需的网管接口的位置以及相关接口所采用的管理协议。适用于软交换网网络管理系统。

●YD/T 1928.2-2009 软交换网网络管理技术要求 第2部分：网络管理系统功能

该部分规定了对软交换设备、中继网关设备、信令网关设备、接入网关设备、综合接入设备、应用服务器、媒体服务器等设备构成的软交换网的管理功能技术要求。适用于软交换网网络管理系统。

●YD/T 1929-2009 统一IMS的需求（第一阶段）

该标准是统一IMS（第一阶段）的系列标准之一，该系列标准的结构及名称预计如下：

1）YD/T 1929-2009 统一IMS的需求（第一阶段）；

2）YD/T 1930-2009 统一IMS的功能体系架构（第一阶段）；

3）YD/T 1930-2009 统一IMS的组网总体技术要求（第一阶段）；

4）统一 IMS 查询/服务会话控制设备（I-CSCF/S-CSCF）技术要求（第一阶段）；

5）统一IMS代理会话控制设备（P-CSCF）技术要求（第一阶段）；

6）统一IMS归属用户服务器（HSS）设备技术要求（第一阶段）。

该标准规定了统一IMS（第一阶段）的需求，包括总体需求、网络能力需求、支持的业务等。适用于统一IMS（第一阶段）。

●YD/T 1930-2009 统一IMS组网总体技术要求（第一阶段）

该标准是统一IMS（第一阶段）阶段系列标准之一。规定了统一IMS网络的能力要求、统一IMS网络系统架构、统一IMS网络的组网结构、业务应用层结构、编号、漫游和游牧、数据网相关要求、多认证方式共存的解决方案、路由细则、IMS网络与其他网络的互通、网络性能和服务质量要求、运营支撑相关要求、安全要求、网络可靠性要求等。适用于同一运营商的统一IMS网络。

●YD/T 1931-2009 基于统一 IMS 的业务技术要求 呼叫前转类业务（第一阶段）

该标准是基于统一 IMS 的业务技术要求系列标准之一。制定过程中参考了YD/T 1929-2009、YD/T 1930-2009、YD/T 1930-2009。

该系列标准的结构及名称如下：

1)YD/T 1932-2009 基于统一 IMS 的业务技术要求 标识显示及限制类业务（第一阶段）；

2)YD/T 1931-2009 基于统一 IMS 的业务技术要求 呼叫前转类业务（第一阶段）；

3)YD/T 2011-2009 基于统一 IMS 的业务技术要求 呼叫等待与呼叫保持业务 （第一阶段）；

4）YD/T 2013-2009 基于统一 IMS 的业务技术要求 恶意呼叫追踪和匿名呼叫拒绝业务（第一阶段）；

5)YD/T 1933-2009 基于统一 IMS 的业务技术要求 IP Centrex 业务（第一阶段）；

6）基于统一 IMS 的业务技术要求 点击拨号业务（第一阶段）；

7)YD/T 2008-2009 基于统一 IMS 的业务技术要求 多媒体彩铃业务（第一阶段）；

8)YD/T 2009-2009 基于统一 IMS 的业务技术要求 个性化振铃业务（第一阶段）；

9)YD/T 2010-2009 基于统一 IMS 的业务技术要求 多媒体会议业务（第一阶段）。

该标准规定了基于统一 IMS 的呼叫前转类业务的业务描述、业务特征、业务服务终端、业务使用和管理、业务触发、业务对功能实体和信令的要求、与其他基于统一 IMS 的业务间的交互作用等要求。适用于基于统一 IMS 的呼叫前转类业务。

●YD/T 1932-2009 基于统一 IMS 的业务技术要求 标识显示及限制类业务（第一阶段）

该标准是基于统一 IMS 的业务技术要求系列标准之一。制定过程中保持了与 YD/T 1929-2009、YD/T 1930-2009 的协调统一。

该标准规定了基于统一 IMS 的标识显示及限制类业务的业务描述、业务特征、业务服务终端、业务使用和管理、业务触发、业务对功能实体和信令的要求、与其他业务间的交互作用、Ut 接口方式实现业务配置等技术要求。适用于基于统一 IMS 的标识显示及限制类业务。

●YD/T 1933-2009 基于统一 IMS 的业务技术要求 IP Centerex 业务（第一阶段）

该标准是基于统一 IMS 的业务技术要求系列标准之一。制定过程中保持了与 YD/T 1929-2009、YD/T 1930-2009 的协调统一。

该标准规定了基于统一 IMS 的 IP Centrex 业务的业务定义、业务系统结构及接口、业务特征、业务对网元和信令的要求、业务对客户端的要求和管理要求等。适用于基于统一 IMS 的 IP Centrex 业务。

●YD/T 1934-2009 基于 IMS 的组管理（XDM）业务技术要求（第一阶段）

该标准是基于 IMS 的业务(第一阶段)系列标准之一，与 YD/T 1935-2009 配套使用。该系列标准的名称及结构如下：

1）基于 IMS 的呈现（Presence）业务技术要求（第一阶段）；

2）基于 IMS 的呈现（Presence）业务测试方法（第一阶段）；

3）YD/T 1645-2007 基于数字蜂窝移动通信网的即按即说业务（PoC）总体技术要求；

4）YD/T 1646-2007 基于数字蜂窝移动通信网的即按即说业务（PoC）终端技术要求；

5）YD/T 1647-2007 基于数字蜂窝移动通信网的即按即说业务（PoC）终端测试方法；

6）YD/T 1648-2007 基于数字蜂窝移动通信网的即按即说业务（PoC）服务器技术要求；

7）YD/T 1649-2007 基于数字蜂窝移动通信网的即按即说业务（PoC）服务器测试方法；

8）YD/T 1934-2009 基于 IMS 的组管理（XDM）业务技术要求（第一阶段）；

9）YD/T 1935-2009 基于 IMS 的组管理（XDM）业务测试方法（第一阶段）。

该标准规定了基于统一 IMS 的 IP Centrex 业务的业务定义、业务系统结构及接口、业务特征、业务对网元和信令的要求、业务对客户端的要求和管理要求等。适用于基于统一 IMS 的 IP Centrex 业务。

●YD/T 1935-2009 基于 IMS 的组管理（XDM）业务测试方法（第一阶段）

该标准是基于 IMS 的业务(第一阶段)系列标准之一，与 YD/T 1934-2009 配套使用。

该标准规定了数字蜂窝移动通信网 XDM 业务中，聚合代理、共享 XDM 服务器、引擎特定的 XDM 服务器以及 RLS XDM 服务器的测试环境和测试内容。适用于基于 IMS 网络的组管理业务相关设备的一致性测试以及互操作性测试。

●YD/T 1936-2009 会话描述协议（SDP）技术要求

该标准对应于 IETF 组织的 RFC 4566，与其一致性程度为非等效，主要差异有：增加了对传真的支持、相关扩展内容的 ABNF 语法、a=modem 属性。

该标准定义了用于进行会话声明、会话邀请和其他形式的多媒体会话邀请的会话描述协议的基本技术内容。适用于任何需要通过会话描述协议进行会话声明、会话邀请或其他形式的多媒体会话邀请的应用协议。

●YD/T 1937-2009 移动网络中基于会话初始协议的推送业务技术要求

该标准参考开放移动联盟的《基于会话初始协议的推送业务标准》，以及 SIP 和 Push 技术相关标准而制定。

该标准规定了移动网络中基于会话初始协议的推送业务功能，体系架构、业务流程，并对安全性提出要求。适用于基于 SIP 来实现消息推送业务。

●YD/T 1938.1-2009 会话初始协议（SIP）测试方法 第 1 部分：基本的会话初始协议

YD/T 1938 分为两个部分：第 1 部分：基本的会话初

始协议；第 2 部分：基于软交换网络呼叫控制的 SIP 协议。该部分为第 1 部分，对应于 ETSI TS 102 027-2 V3.1.1，与 ETSI TS 102 027-2 的一致性程度为非等效。

该部分是会话初始协议系列标准之一，与 YD/T 1938.2-2009 配套使用。该系列标准的结构为：

1）YD/T 1522-2006 会话初始协议（SIP）技术要求；

2）YD/T 1522.31-2009 会话初始协议（SIP）技术要求 第 3 部分：ISDN 用户部分（ISUP）和会话初始协议（SIP）的互通（补充件 1）；

3）YD/T 1938-2009 会话初始协议（SIP）测试方法。

该部分规定了我国通信网络中的基本的会话初始协议（SIP）的测试方法，包括注册功能、呼叫控制功能、消息处理功能、可靠的临时性响应和 UPDATE 方法等方面的测试内容。适用于我国使用 SIP 协议的网络设备及终端。

●YD/T 1938.2-2009 会话初始协议（SIP）测试方法 第 2 部分：基于软交换网络呼叫控制的 SIP 协议

该部分是会话初始协议系列标准之一，将与 YD/T 1938.1-2009 配套使用。

该部分规定了 SIP/SIP-I 协议在软交换网络中对各种呼叫控制的应用的测试方法。适用于我国使用 SIP/SIP-I 协议的固定软交换网络设备及终端，不适用于游牧业务和移动业务。

●YD/T 1939.1-2009 开放业务接入主程序接口（Parlay API）映射技术要求 第 1 部分：与会话初始协议（SIP）的映射

YD/T 1939 分为 3 个部分。该部分为第 1 部分，非等效采用 3GPP TR 29.998-04-4。其中的 Parlay API 协议参考 Parlay Group 组织的 Parlay 5.0，SIP 协议参考 YD/T 1522.1-2006。

该部分规定了 Parlay API 中的多方呼叫控制（MPCC）业务能力特征和 SIP 协议的映射要求，包括 Parlay 接口的映射和参数的详细映射。适用于使用 Parlay API 与 SIP 协议映射的 Parlay 网关等实体。

●YD/T 1939.2-2009 开放业务接入主程序接口（Parlay API）映射技术要求 第 2 部分：与 900/1800MHz TDMA 数字蜂窝移动通信网移动应用部分（MAP）和 CAMEL 应用部分（CAP）的映射

该部分为 YD/T 1939 的第 2 部分。其中的 Parlay API 协议参考 Parlay Group 组织的 Parlay 5.0，MAP 协议参考 3GPP TS 29.002 V4.17.0，CAP 协议参考 YD/T 1261-2003。

该部分规定了 Parlay API 到 MAP 和 CAP 协议的映射要求，包括 Parlay API 中基本呼叫控制业务，用户交互业务，数据会话控制业务，移动性业务中各接口、方法和参数到 MAP 和 CAP 协议各操作和参数的映射。适用于使用 Parlay API 与 MAP 和 CAP 协议映射的 Parlay 网关等实体。

●YD/T 1939.3-2009 开放业务接入主程序接口（Parlay API）映射技术要求 第 3 部分：与智能网应用规程（INAP）的映射

该部分为 YD/T 1939 的第 3 部分。其中的 Parlay API 协议采用 Parlay Group 组织的 Parlay 5.0，INAP 协议，采用 YD/T 1226-2002。

该部分规定了 Parlay API 和 INAP 协议的映射要求，包括了 Parlay API 中基本呼叫控制业务，多方呼叫控制业务，用户交互业务中各接口、方法和参数与 INAP 协议各操作和参数的映射。适用于使用 Parlay API 和 INAP 协议映射的 Parlay 网关等实体。

●YD/T 1940-2009 开放业务接入 PARLAY 网关设备测试方法

该标准是 Parlay 网关技术的系列标准之一，与 YD/T 1708-2007 配套使用。该系列标准的名称及结构如下：

1）YD/T 1708-2007 开放业务接入 PARLAY 网关设备技术要求；

2）YD/T 1940-2009 开放业务接入 PARLAY 网关设备测试方法。

该标准规定了 Parlay 网关设备的测试方法，包括框架功能、相关业务能力特征、协议映射功能、性能及可靠性、安全性以及网管功能等方面的测试。适用于固定网络、移动网络、软交换网络和 IMS 网络中的 Parlay 网关设备。

●YD/T 1941-2009 具有内容交换功能的以太网交换机设备测试方法

该标准是“具有内容交换功能的以太网交换机设备”的系列标准之一，与 YD/T 1691-2007 配套使用。该系列标准的结构和名称如下：

1）YD/T 1691-2007 具有内容交换功能的以太网交换机设备技术要求；

2）YD/T 1941-2009 具有内容交换功能的以太网交换机设备测试方法。

该标准主要规定了具有内容交换功能的以太网交换机设备的测试方法，包括接口特性测试、TCP/IP 协议测试、路由协议测试、内容交换功能测试、网络管理功能测试、可靠性测试、操作管理测试、安全性功能测试、性能测试以及环境测试等。适用于具有内容交换功能的以太网交换机设备或集成了内容交换功能的网络设备。

●YD/T 1942-2009 基于标记分配协议（LDP）的虚拟专用以太网技术要求

该标准非等效采用 IETF RFC 4762（2007），是“IP 虚拟专用网（VPN）”的系列标准之一，与《基于标记分配协议（LDP）的虚拟专用以太网测试方法》配套使用。该系列的标准结构和名称如下。

1）YD/T 1190-2002 基于网络的虚拟 IP 专用网（IP-VPN）框架；

2）YD/T 1471-2006 基于 IP 的二层虚拟专用网（VPN）业务技术要求；

3）YD/T 1943-2009 公用三层虚拟专用网业务技术要

求；

4）YD/T 1476-2006 基于边界网关协议/多协议标记交换的虚拟专用网（BGP/MPLS VPN）技术要求；

5）基于边界网关协议/多协议标记交换的虚拟专用网（BGP/MPLS VPN）测试方法；

6）YD/T 1477-2006 基于边界网关协议/多协议标记交换的虚拟专用网（BGP/MPLS VPN）组网要求；

7）YD/T 1942-2009 基于标记分配协议（LDP）的虚拟专用以太网技术要求；

8）基于标记分配协议（LDP）的虚拟专用以太网测试方法。

该标准规定了基于LDP的VPLS技术要求，包括VPLS的技术模型、发现机制、控制平面、以太网VC数据转发、VPLS操作、层次化VPLS模型及以太接入网层次化VPLS模型的要求。该标准没有对自动发现机制给出明确的要求。适用于支持基于LDP的VPLS技术的设备以及能够在参与VPLS业务的设备之间转发带有标签的分组设备。

●YD/T 1943-2009　公用三层虚拟专用网业务技术要求

该标准非等效采用IETF RFC 4031（2005年），是虚拟专用网（VPN）的系列标准之一。

该标准从客户和运营商不同角度出发，规定了运营商提供三层虚拟专用网业务的技术要求，包括能用业务要求、客户要求、运营商网络要求、运营商管理要求和安全考虑等。适用于运营商提供的三层虚拟专用网业务，不适用于二层虚拟专用网业务和应用层虚拟专用网业务。

●YD/T 1944-2009　基于IPv6的边界网关协议/多协议标记交换的虚拟专用网（BGP/MPLS VPN）技术要求

该标准是“IPv6虚拟专用网（VPN）”系列标准之一，该系列标准结构如下：

1）YD/T 1944-2009　基于IPv6的边界网关协议/多协议标记交换的虚拟专用网（BGP/MPLS IPv6 VPN）技术要求；

2）YD/T 1945-2009　基于IPv6的边界网关协议/多协议标记交换的虚拟专用网（BGP/MPLS IPv6 VPN）测试方法。

该标准规定了BGP/MPLS IPv6 VPN的网络结构、VPN路由、运营商的运营商、跨域VPN、VPN访问Internet、VPN管理、安全、服务质量、可靠性和扩展性等方面的内容。适用于BGP/MPLS IPv6 VPN网络和设备。

●YD/T 1945-2009　基于边界网关协议/多协议标记交换的虚拟专用网（BGP/MPLS VPN）测试方法

该标准是“IPv6 虚拟专用网（VPN）”系列标准之一。规定了对基于边界网关协议/多协议标记交换的虚拟专用网（BGP/MPLS VPN）进行测试的项目和内容，包括网络功能和业务测试、服务质量测试、性能测试、安全测试及管理测试等。适用于支持BGP/MPLS VPN业务的设备和网络。

●YD/T 1946-2009　支持组播的边界网关协议/多协议标记交换（BGP/MPLS）三层虚拟专用网（L3VPN）技术要求

该标准是“IP虚拟专用网（VPN）”的系列标准之一，该系列标准的结构如下：

1）YD/T 1190-2002 基于网络的虚拟 IP 专用网（IP-VPN）框架；

2）YD/T 1471-2006 基于IP的二层虚拟专用网（VPN）业务技术要求；

3）YD/T 1476-2006 基于边界网关协议/多协议标记交换的虚拟专用网（BGP/MPLS VPN）技术要求；

4）YD/T 1477-2006；基于边界网关协议/多协议标记交换的虚拟专用网（BGP/MPLS VPN）组网要求；

5）YD/T 1942-2009 基于标记分配协议（LDP）的虚拟专用以及网技术要求；

6）YD/T 1943-2009 公用三层虚拟专用网业务技术要求；

7）《基于标记分配协议（LDP）的虚拟专用以太网测试方法》；

8）YD/T 1945-2009 基于边界网关协议/多协议标记交换的虚拟专用网（BGP/MPLS VPN）测试方法；

9）YD/T 1946-2009 支持组播的边界网关协议/多协议标记交换（BGP/MPLS）三层虚拟专用网（L3VPN）技术要求。

该标准规定了运营商利用IP骨干网向IPv4/IPv6客户提供基于BGP/MPLS三层VPN组播业务的技术要求，包括BGP/MPLS 三层VPN组播的业务需求、体系架构、成员自动发现、路由分发、骨干数据转发和报文封装技术等。适用于支持BGP/MPLS组播VPN业务的网络和设备。

●YD/T 1947-2009　基于2D-PAM3和4D-PAM5编码方法的距离增强型以太网物理层技术要求

该标准在制定过程参考了IEEE Std 802.3-2002的内容，有些内容直接引用IEEE 802.3-2002，特别是4D-PAM5编码方法基本等同于 IEEE Std 8202.3-2002 中的第 40章。同时通过链路协商保持了与现有IEEE以太网标准的兼容。

该标准规定了基于2D-PAM3和4D-PAM5编码方法的距离增强型以太网物理层接口的技术要求，包括功能要求、性能指标、电气特性、机械特性和环境要求等。适用于在1对或2对三类/五类双绞线上，采用2D-PAM3编码方法；在 4 对五类双绞线上采用 4D-PAM5 编码方法，以10Mbit/s/100Mbit/s 速率传输数据的距离增强型以及网接口。

●YD/T 1948.2-2009　传送网承载以太网（EOT）技术要求　第2部分：以太网用户网络接口（UNI）的网络节点接口（NNI）

该部分是第2部分，非等效采用ITU-T G.8012。YD/T 1948 的结构及名称为，第 1 部分：以太网层网络的体系结构；第2部分：以太网用户网络接口（UNI）和网络节点接口（NNI）；第3部分：以太网业务框架；第4部分：以太网OAM；第5部分：以太网专线（EPL）业务和以太网虚拟专线（EVPL）业务；第6部分：以太网保护；第7部分：以太网管理功能要求；第8部分：以太网专网（EPLAN）业务和以太网虚拟专网（EVPL）业务；第9部分：以太网根基多点业务（EP-Tree 和EVP-Tree）。

该部分规定了以太网用户网络接口（UNI）和网络节点接口（NNI），包括以太网传送网络的接口结构（包括UNI和NNI的参考点、参考模型和基本的信号结构以及ETH接口的信息结构和MAC地址、标签等）、复用/映射准则、以太网接口的物理规范等。适用于IEEE 802.3系列规定的以太网接口以及传送网的接口。

●YD/T 1949.1-2009　接入网技术要求——吉比特的无源光网络（GPON）第1部分：总体要求

该标准分为四个部分，第1部分：总体要求；第2部分：物理媒质相关（PMD）层要求；第3部分：传输汇聚（TC）层要求；第4部分：ONT管理控制接口（OMCI）要求。该部分为第1部分，是无源光网络系列标准之一。该标准系列的名称和结构如下：

1）YD/T 1077-2000　接入网技术要求——窄带无源光网络（PON）；

2）YD/T 1090-2000　接入网技术要求——基于ATM的无源光网络（A-PON）；

3）YD/T 1250-2003　接入网设备测试方法——基于ATM的无源光网络（A-PON）；

4）YD/T 1475-2006　接入网技术要求——基于以太网的无源光网络（EPON）；

5）YD/T 1531-2006　接入网设备测试方法——基于以太网方式的无源光网络（EPON）；

6）YD/T 1771-2008　接入网技术要求——EPON系统互通性；

7）YD/T 1805-2008　接入网设备测试方法——EPON系统互通性。

该部分规定了传输汇聚（TC）层采用GPON封装模式（GEM）的吉比特无源光网络（GPON）系统的参考模型、设备功能结构、光网络要求、业务承载能力和性能指标、业务接口类型、功能与协议、保护与安全、操作维护管理以及设备电气安全等方面的要求。适用于公众电信网环境下的GPON设备，专用电信网也可参照使用。

●YD/T 1949.2-2009　接入网技术要求——吉比特的无源光网络（GPON）第2部分：物理媒质相关（PMD）层要求

该部分规定了吉比特无源光网络（GPON）系统的物理媒质相关（PMD）层要求，以及PMD层和传输汇聚（TC）层之间的交互。规定的GPON系统上、下行传输速率为吉比特级。适用于公众电信网环境下的GPON设备，专用电信网也可参照使用。

●YD/T 1950-2009　接入网技术要求——局侧ADSL线路收发器单元（ATU-C）带内管理

该标准注意了与YD/T 1323-2004、YD/T 1347-2005的协调统一。

该标准规定了局侧不对称数字用户线（ADSL）线路收发器（ATU-C）带内管理的接口、管理/通信协议、功能等方面的技术要求。适用于基于异步传输模式（ATM）模式的ATU-C。基于ATM模式的ADSL2/ADSL2+的ATU-C、基于ATM模式的单线对高比特率数字用户线（SHDSL）局侧线路收发器单元（STU-C）可参考使用。不适用于包传输模式（PTM）及同步传输模式（STM）模式的ATU-C。

●YD/T 1951-2009　接入网技术要求——数字用户线（DSL）单端线路测试系统

制定过程中参考了YD/T 1323-2004、YD/T 1530-2006、YD/T 1348-2005。

该标准规定了数字用户线（DSL）单端线路测试系统相关的功能定位及系统结构，数字用户线（DSL）局端设备的单端线路测试（SELT）系统技术要求，以及线路测试运行支撑系统（OSS）与数字用户线（DSL）局端设备、数字用户线（DSL）局端设备与数字用户线（DSL）局端设备网管之间的接口及协议。适用于公用电信网的基于数字用户线（DSL）收发器的单端自动测试功能的数字用户线（DSL）局端设备及相关的管理系统。专用电信网也可参考使用。

●YD/T 1952-2009　接入网技术要求——数字用户线（DSL）多线对绑定

该标准参考了ITU-T G.998.1、ITU-T G.998.2、IEEE 802.3-2005、YD/T 1323-2004、YD/T 1239-2002、YD/T 1185-2002、YD/T 1064-2000、YD/T 1530-2006。

该标准规定了数字用户线（DSL）多线对绑定的参考模型、体系构架、实现方式、管理要求和初始化过程等。适用于公用电信网环境下的基于ATM或以太网方式的DSL多线对绑定，专用电信网也可参考使用。不适用于基于TDM方式的DSL多线对绑定。

●YD/T 1953-2009　接入网技术要求——EPON/GPON系统承载多业务

该标准参考了DSL论坛TR-101《基于以太网的DSL汇聚演进》和FSAN CTS 3.0《GPON通用技术规范3.0》。在制定过程中还参考了YD/T 1475-2006、YD/T 1619-2007、YD/T 1636-2007、YD/T 1771-2008、YD/T 1860-2009。

该标准规定了EPON/GPON系统承载的数据业务、话音业务、视频业务以及TDM专线业务、CATV业务等多种业务的功能技术要求，包括VLAN、QoS、组播、端口定位、安全、设备管理等。适用于公众电信网环境下的EPON/GPON系统，专用电信网也可参照使用。

●YD/T 1954-2009　接入网用弯曲损耗不敏感单模光纤特性

该标准光纤的几何、光学、传输特性参考ITU-T G.657

（2006）中 G. 657. A、G. 657. B 类光纤特性的规定，光纤的机械、环境性能参考了 IEC 60793-2-50:2008 中 B6 类光纤的规定。

该标准规定了 B6 类接入网用弯曲损耗不敏感单模光纤的几何、光学、传输特性和机械、环境性能的要求，规定了光纤特性的测量方法。适用于通信光缆和其他信息传输设备中使用的 B6 类接入网用弯曲损耗不敏感单模光纤。

●YD/T 1955-2009　适用于 xDSL 传输的引入电缆

该标准根据国内外 xDSL 引入电缆的相关技术规范制定。规定了适用于 xDSL 传输的引入电缆的要求、试验方法、检验规则、标志和包装等要求。适用于 xDSL 通信线路中用户终端设备到电缆分线箱之间的建筑物内和露天敷设的连接电缆。

●YD/T 1956-2009　1800MHz SCDMA 宽带无线接入系统 空中接口技术要求

该标准规定了 SCDMA 宽带无线接入系统空中接口技术要求。是 SCDMA 宽带无线接入系统的系列标准之一。该系列标准的名称预计如下：

1）YD/T 1956-2009 1800MHz SCDMA 宽带无线接入系统 空中接口技术要求；

2）YD/T 1989-2009 1800MHz SCDMA 宽带无线接入系统 空中接口测试方法；

3）SCDMA 宽带无线接入系统：系统技术要求；

4）SCDMA 宽带无线接入系统：系统测试方法；

5）SCDMA 宽带无线接入系统：终端技术要求；

6）SCDMA 宽带无线接入系统：终端测试方法。

该标准规定了 SCDMA 宽带无线接入系统的空中接口协议，包括物理层和数据链路层两部分内容。适用于 SCDMA 宽带无线接入系统。供运营、管理、规划、设计 SCDMA 宽带无线接入系统，以及引进或生产相关设备时使用。

●YD/T 1957.1-2009　自动交换光网络（ASON）节点设备技术要求 第 1 部分：基于同步数字体系（SDH）的 ASON 节点设备

YD/T 1957 预计由以下部分组成：第 1 部分：基于同步数字体系（SDH）的 ASON 节点设备和第 2 部分：基于 OTN 的 ASON 节点设备技术要求；

该部分为 YD/T 1957 的第 1 部分。技术内容参考了 ITU-T G. 8080、G. 7713、G. 7714 G. 7715、G. 7718 等建议，以及 OIF、IETF 等国际标准化组织有关自动交换光网络的建议和草案，并结合我国具体情况制定。与《自动交换光网络(ASON)测试方法 第 1 部分:基于同步数字体系(SDH)的 ASON 测试方法》配套使用。

该部分规定了基于同步数字体系（SDH）的自动交换光网络（ASON）节点设备技术要求，包括节点设备的基本组成，与控制平面、传送平面和数据通信网（DCN）相关的节点设备技术要求，相关接口的技术要求，性能指标要求，保护与恢复要求，管理要求以及运行和维护要求等。适用于在公用电信网中使用的，基于 ITU-T G. 783 规范的 SDH 设备功能块特性之上的 ASON 节点设备。专用电信网中的同类设备亦可参照使用。

●YD/T 1958-2009　准同步数字体系（PDH）虚级联和通用成帧规程（GFP）帧映射技术要求

该标准非等效采用 ITU-TG. 7043/Y. 1343-2004 和 G. 8040/Y. 1340-2005，还参考了 GB/T 7611-2001、GB/T 15941-2006、YD/T 1443-2006、YD/T 1631-2007。

该标准规定了准同步数字体系（PDH）信号虚级联接口的规范和能用成帧规程（GFP）帧映射进 PDH 的方法。适用于将以太网或其他数据业务信号通过具有 PDH 接口的传送网络进行传输的系统。

●YD/T 1959-2009　继电保护设备和复用器之间 2048kbit/s 光接口技术要求

该标准是在参考 IEEE C37. 94-2002 相关技术内容的基础上，结合我国继电保护设备和复用器的具体情况制定的。并注意了技术内容与 GB/T 7611-2001 协调统一。

该标准规定了继电保护设备和复用器之间 2048kbit/s 光接口的帧结构、信号丢失申告和清除准则、抖动漂移的限值和容限、光接口参数、以及继电保护设备和复用器对通信故障处理和通信时钟定时的技术要求。适用于公用电信网和专用电信网中使用的复用器的 2048kbit/s 光接口，以及需要通过公用电信网或专用电信网传送数据信号的继电保护设备的 2048kbit/s 光接口。

●YD/T 1960-2009　N×10Gbit/s 超长距离波分复用（WDM）系统技术要求

该标准参考 YDN 120-1999、YD/T 1143-2001、YD/T 1274-2003 的基础上，结合我国具体情况制定。

该标准规定了 N×10Gbit/s 的单纤单向超长距离波分复用（WDM）系统在 C 波段传输时的技术要求，主要包括系统分类、系统参数要求、光波长转换器（OTU）技术要求、光放大器技术要求、色散补偿技术要求、前向纠错（FEC）技术要求、动态功率控制和增益均衡技术要求、光分插复用器（OADM）技术要求、光监控通路要求、传输功能和性能要求、网络管理要求和自动功率减小（APR）进程要求等。适用于无电中继传输距离在 1000km～3000km、单通路速率为 10Gbit/s、工作在 C 波段、传输码型为非归零（NRZ）和归零（RZ）的多跨段超长距离 WDM 系统和无电中继传输距离 160km～200km、单通路速率为 10Gbit/s、工作在 C 波段、传输码型为 NRZ 和 RZ 的单跨段超长距离 WDM 系统。

●YD/T 1961-2009　基于同步数字体系（SDH）的多业务传送节点（MSTP）技术要求——互联互通部分

该标准是基于同步数字体系（SDH）的多业务传送节点(MSTP)系列标准之一，该系列标准的名称及结构如下：

1）YD/T 1345-2005　基于同步数字体系（SDH）的多业务传送节点（MSTP）技术要求——内嵌弹性分组环

（RPR）功能部分；

2）YD/T 1474-2006 基于同步数字体系（SDH）的多业务传送节点（MSTP）技术要求——内嵌MPLS功能部分；

3）YD/T 1961-2009 基于同步数字体系（SDH）的多业务传送节点（MSTP）技术要求——互联互通部分。

该标准参考了ITU-T G.8011、G.8012中的部分内容。还参考了YD/T 1631-2007、YD/T 1443-2006、YD/T 1474-2006、YDN 099-1998。

该标准规定了基于SDH的多业务传送节点（MSTP）设备的互联互通技术要求，包括SDH互通、虚级联/链路容量调整方案（LCAS）互通、通用成帧规程（GFP）互通、多协议标记交换（MPLS）互通和以太网业务互通等。其他功能如异步转移模式（ATM）、弹性分组环（RPR）等的互通、自动交换光网络（ASON）/通用多协议标记交换（GMPLS）控制平面互通以及用户设备与MSTP之间的互通不在该标准范围内。适用于不同厂家基于SDH的MSTP设备互通。

●YD/T 1962-2009 具有复用去复用功能的10Gbit/s和40Gbit/s光收发合一模块软件技术要求

该标准在制定过程中考虑了我国光模块实际研制情况，主要参考了300Pin MSA Group的《300Pin MSA 10G和40G光收发合一模块的I2C参考文档》，并注意与YD/T 1111-2001、YD/T 1199-2002、YD/T 1321-2004、YD/T 1465-2006协调一致。

该标准规定了具有复用去复用功能的10Gbit/s和40Gbit/s光收发合一模块软件技术要求，主要涉及光模块与上位机之间的通信协议以及光模块内部各种类型的命令代码，包括控制光模块工作状态的设置命令代码、光模块性能量的查询命令代码、光模块告警量查询命令代码等。适用于低比特误码率（<1E-6）的通讯环境，高比特误码率的环境不推荐使用。

●YD/T 1963-2009 远程教学通信平台 通信协议

该标准是远程教学通信平台系列标准之一，该系列标准的结构和名称如下：

1）GB/T 21644-2008 网络远程教育平台总体要求；

2）YD/T 1514-2006 远程教学通信平台 用户接入认证授权计费技术要求；

3）YD/T 1963-2009 远程教学通信平台 通信协议。

该标准规定了远程教学通信平台相关的通信协议。主要包括远程教学通信平台的参考点、远程教学业务的通信阶段、远程教学业务的通信流程以及远程教学通信平台用户接入认证授权计费系统的通信协议。适用于远程教学通信平台用户接入认证授权计费系统。

●YD/T 1964-2009 基于公用电信网的宽带客户网络服务质量（QoS）技术要求

该标准是《基于公用电信网的宽带客户网络》系列标准之一。该系列标准的结构和名称预计如下：

1）YD/T 1448-2006 基于公用电信网的宽带客户网络总体技术要求；

2）YD/T 1964-2009 基于公用电信网的宽带客户网络服务质量（QoS）技术要求；

3）基于公用电信网的宽带客户网络安全技术要求；

4）YD/T 1814-2008 基于公用电信网的宽带客户网络的远程管理；

5）YD/T 1815-2008 基于公用电信网的宽带客户网络的远程管理；

6）基于公用电信网的宽带客户网络联网技术要求；

7）基于公用电信网的宽带客户网络编址技术要求；

8）基于公用电信网的宽带客户网络环境保护要求；

9）基于公用电信网的宽带客户网络设备技术要求；

10）YD/T 1965-2009 基于公用电信网的宽带客户网络设备及其辅助设备的电磁兼容性要求和测量方法；

11）基于公用电信网的宽带客户网络业务数字版权技术要求；

12）基于公用电信网的宽带客户网络业务媒体格式技术要求。

该标准规定了基于公用电信网的宽带客户网络设备的服务质量（QoS）需求、服务质量（QoS）架构、服务质量（QoS）能力、服务质量（QoS）策略管理、流分类技术、流量整形技术、排队与调度技术、流标记技术、服务质量（QoS）统计和服务质量（QoS）性能等。适用于电信网络通过网关向宽带客户网络内的用户提供业务和应用的情况。

●YD/T 1965-2009 基于公用电信网的宽带客户网络设备及其辅助设备的电磁兼容性要求和测量方法

该标准主要参考了CISPR 22，CISPR 16-1-4，IEC 61000-4-3，IEC 61000-4-11进行制定。在起草过程中还参考了GB 9254、GB/T 17626系列标准、YD/T 1483、YD/T 1312.1。

该标准规定了基于公用电信网的宽带客户网络设备及其辅助设备的电磁兼容性（EMC）限值、性能判据和测量方法等。适用于基于公用电信网的宽带客户网络设备及其辅助设备。

●YD/T 1966-2009 移动通信用50Ω射频同轴跳线

该标准在制定时参考了IEC 60966-3-2:2003和国内外同类产品技术资料。

该标准规定了移动通信用50Ω射频同轴跳线的产品分类、要求、试验方法、检验规则、包装、运输和贮存。适用于连接基站天线到主馈线或塔顶放大器之间、主馈线或天馈避雷器与基站收发信设备之间的射频同轴跳线。其主要工作频率范围为5MHz～3000MHz。

●YD/T 1967-2009 移动通信用50Ω射频同轴连接器

该标准参考了GB/T 11313.1-2008、GB/T 11313.4-2007、SJ/T 11071-1996，还参考了国内同类产品的产品标准和相关技术资料。

该标准规定了移动通信用 50Ω 射频同轴连接器的产品分类、要求、试验方法、检验规则以及包装、运输和贮存。适用于移动通信天馈系统射频同轴电缆连接用 7/16 和 N 型两大类 50Ω 射频同轴连接器，其主要工作频率范围为 5MHz～3000MHz。

●YD/T 1968-2009　通信局（站）用智能热交换系统

该标准依据 YD/T 1821-2008 的有关要求，并结合各通信运营企业对通信局站电源、空调及智能新风系统和智能热交换系统等设备开展节能试点工作所采取的多项有效措施制定。规定了通信局（站）用智能热交换系统的产品分类、技术要求、试验方法、检验规则、标志、包装、运输、贮存。适用于通信局（站）用智能热交换系统。

●YD/T 1969-2009　通信局（站）用智能新风节能系统

该标准依据 YD/T 1821-2008 的有关要求，并结合各通信运营企业对通信局站电源、空调及智能新风系统和知能热交换系统等设备开展节能试点工作所采取的多项有效措施，制定。规定了通信局（站）用智能新风节能系统产品分类、主要组成部分、技术要求、试验方法、检验规则、标志、包装、运输、贮存。适用于通信局（站）用智能新风节能系统。

●YD/T 1970.1-2009　通信局（站）电源系统维护技术要求 第 1 部分：总则

该部分为 YD/T 1970 的第 1 部分。主要依据 YD/T 1051 有关规定，同时参考了中国电信、中国移动、中国联通、中国铁通电源、空调相关运行维护规程等规定制定的。

该部分规定了通信局（站）电源系统结构组成、维护原则、维护技术目标、主要设备的有效使用年限和能用检测方法。适用于通信局（站）中的高、低压变配电系统、直流系统、交流不间断电源 UPS 系统、逆变系统、发电机组系统、接地系统、动力环境监控系统、光伏与风力发电系统、蓄电池等系统设备。

●YD/T 1970.4-2009　通信局（站）电源系统维护技术要求 第 4 部分：不间断电源（UPS）系统

该部分为 YD/T 1970 的第 4 部分。主要依据 YD/T 1051、YD/T 1095-2008 的有关规定，同时参考了中国电信、中国移动、中国联通、中国铁通电源、空调相关运行维护规程等规定制定的。

该部分规定了不间断电源—UPS 系统的使用条件、维护和现场验收项目、周期、指标要求及检测方法。适用于通信局（站）中 UPS 系统。

●YD/T 1970.6-2009　通信局（站）电源系统维护技术要求 第 6 部分：发电机组系统

该部分为 YD/T 1970 的第 6 部分。主要依据 YD/T 1051、YD/T 502-2007 的有关规定，同时参考了中国电信、中国移动、中国联通、中国铁通电源、空调相关运行维护规程等规定制定的。

该部分规定了通信局(站)发电机组系统的使用条件、维护项目、周期、指标要求和检测方法。适用于通信局(站)发电机组系统中的发电机设备、机组控制屏、转换设备、配电设备、启动系统、通风排烟系统、燃油系统等设备。

●YD/T 1970.10-2009　通信局（站）电源系统维护技术要求 第 10 部分：阀控式密封铅酸蓄电池

该部分为 YD/T 1970 的第 10 部分。主要依据 YD/T 1051、YD/T 799-2002、YD/T 1360-2005 和 YD/T 1715-2007 的相关规定，同时参考了中国电信、中国移动、中国联通、中国铁通电源、空调相关运行维护规程等规定制定的。该部分规定了通信局(站)用阀控式密封蓄电池使用条件、维护项目、周期、指标要求和检测方法。还规定了通信局（站）中直流系统、交流不间断电源 UPS 系统、逆变系统、发电机组系统、光伏与风力发电系统等供电系统所配置的铅酸蓄电池。

●YD/T 1971-2009　基于移动通信网络业务的用户代理特性技术要求

该标准在技术内容上参考了开放移动联盟（OMA）的 OMA-TS-USProf-V2_0-20060206-A 使用者代理概况规范。规定了在无线终端和源服务器之间的用户代理特性（UAProf）的产生、传输和处理的技术要求。适用于采用用户代理特性机制的终端与系统网络设备提供商、电信运营商和服务器提供商。

●YD/T 1990-2009　光传送网（OTN）网络总体技术要求

该标准参考 ITU-T G.872、G.8201、M.2401、G.8251；YD/T 1462-2006 等标准制定。

该标准规定了基于 ITU-T G.872 定义的光传送网（OTN）总体技术要求。主要内容包括：OTN 网络功能结构、接口要求、复用结构、性能要求、设备类型、保护要求、DCN 实现方式、网络管理和控制平面要求等。适用于 OTN 终端复用设备和 OTN 交叉连接设备，其中 OTN 交叉连接设备主要包括：OTN 电交叉设备、OTN 光交叉设备和同时具有 OTN 电交叉和光交叉功能的设备。

●YD 5039-2009　通信工程建设环境保护技术暂行规定

该规定是在原 YD 5039-1997 的基础上修订的。主要针对通信工程项目建设和运营中对外部环境的影响而制定的相关内容，通信局（站）内部的环境要求应按 YD/T 1821-2008 和 YD/T 1712-2007 执行。适用于新建通信工程建设项目，改建、扩建项目可参照执行。

●YD 5110-2009　800MHz/2GHz CDMA 2000 数字蜂窝移动通信网工程设计暂行规定

该规定主要包括服务质量指标、网络设计的一般要求、核心网网络设计、无线网网络设计、中继线路、信令和接口要求、编号方式、计费与网管、同步、局址和站址选择、设备安装工艺要求、多电信业务经营者资源共建共享等内容。适用于 800MHz/2GHz CDMA 2000 数字蜂窝移动通信网的工程设计，适用于 1x，EV-DO 建网设计，其网络组织、使用频段等按相关规定执行。窄带CDMA移动通信网的工程设计可参照执行。

●YD 5111-2009 2GHz WCDMA 数字蜂窝移动通信网工程设计暂行规定

该规定主要包括服务质量指标、网络设计的一般要求、核心网网络设计、无线网网络设计、中继线路、信令和接口设计要求、编号方式、计费和与网管、同步要求、局（站）址选择、设备安装工艺要求、多电信业务经营者资源共建共享等内容。适用于2GHz WCDMA数字蜂窝移动通信网工程的设计，其他移动通信网的工程设计可参照执行，其网路组织、使用频段等按相关规定执行。

●YD 5163-2009 电信客服呼叫中心工程设计规范

该规范主要包括客服呼叫中心的组成、组网方式、主要设备功能及配置、系统主要功能、性能要求、应用软件要求、设备安装工艺及环境要求等内容。适用于电信客服呼叫中心新建工程设计，改、扩建工程在合理利用原有设施的基础上可参照执行。

●YD 5164-2009 电信客服呼叫中心工程验收规范

该规范主要包括工程验收前检查、工程初验、工程试运行、工程终验等内容。是电信客服呼叫中心设备安装工程进行施工质量检查、阶段验收以及竣工验收等工作的主要依据，适用于新建工程，改、扩建工程可参照执行。

●YD 5166-2009 本地网光缆波分复用系统工程设计规范

该规范主要包括本地光缆波分复用的系统制式及系统设计、网络组织、网络管理、传输性能设计指标、设备选型及配置、局站设备安装等内容。适用于本地网（包含城区及郊县）新建光缆波分复用系统的工程设计，改、扩建工程设计参照执行。

●YD 5167-2009 通信用柴油发电机组消噪音工程设计暂行规定

该规定主要包括环境要求、消噪音计算、消噪音装置的要求等内容。适用于新建通信用柴油发电机组消噪音工程，改、扩建工程及燃气轮机发电机组的消噪音工程可参照执行。

●YD 5168-2009 移动WAP网关工程设计规范

该规范主要包括移动WAP网关的业务与功能、系统组网、接口与协议、认证及计费、IP 地址、服务质量、网络管理、系统安全、设备配置、设备安装工艺要求等内容。适用于移动WAP网关新建工程设计，改扩建工程设计在合理利用原有设施的基础上参照本规范执行。

●YD 5169-2009 移动WAP网关工程验收规范

该规范主要包括移动WAP网关工程的验收前检查、工程初验、工程试运行、工程终验等内容。是移动WAP网关工程施工质量检验、随工检验和竣工验收等工作的依据，适用于移动WAP网关新建工程，改、扩建工程可参照执行。

●YD 5170-2009 个性化回铃音平台工程设计暂行规定

该规定主要包括个性化回铃音平台的结构组成及节点设置，网络组织，编号计划，信令点编码及IP地址，中继、信令链路计算及设备配置，计费、网管和网络安全，同步方式，机房场地环境要求等内容。适用于同一电信业务经营者的移动或固定网中新建个性化回铃音平台安装工程设计，扩、改建工程设计在充分考虑原有设备可参照执行。

●YD 5171-2009 个性化回铃音平台工程验收暂行规定

该规定主要包括工程验收前检查、工程初验、工程试运行、工程终验的各项检查、测试项目和要求等内容。该规定是个性化回铃音平台设备安装工程中进行施工质量检查、阶段验收以及竣工验收等工作的技术依据，适用于新建工程，改、扩建工程可参照执行。

●YD 5172-2009 800MHz/2GHz CDMA2000 数字蜂窝移动通信网工程验收暂行规定

该规定主要包括总则、工程验收前检查、工程初验、工程试运行、工程终验等内容。该规定是 800MHz/2GHz CDMA2000 数字蜂窝移动通信网安装工程的施工质量检查、随工检验和交工验收的技术依据，适用于新建800MHz/2GHz CDMA2000 数字移动通信设备安装工程，扩建和改建工程参照执行。

●YD 5173-2009 2GHz WCDMA 数字蜂窝移动通信网工程验收暂行规定

该规定主要包括总则、工程验收前检查、工程初验、工程试运行、工程终验等内容。是2GHz WCDMA数字移动通信设备安装工程的施工质量检查、随工检验和交工验收的技术依据，适用于新建2GHz WCDMA数字移动通信设备安装工程，扩建和改建工程参照执行。

●YD/T 5175-2009 通信局（站）防雷与接地工程验收规范

该规范主要包括随工检验、工程初验、工程试运行、竣工验收等内容。是通信局（站）防雷与接地工程施主质量检查、随工检验和竣工验收等工作的技术依据，适用于新建通信局（站）防雷与接地工程，改建、扩建工程可参照执行。

●YD/T 5176-2009 本地网光缆波分复用系统工程验收规范

该规范主要包括设备安装检查、设备功能检查及单机指标测试、系统指标测试及功能检查、网管功能检查、竣工技术文件检查、工程验收等内容。是本地网光缆波分复用系统工程施工质量检查、随工检验和工程竣工验收等工作的技术依据，适用于新建的本地网光缆波分复用系统工程，改、扩建工程可参照执行。

●YD/T 5177-2009 互联网网络安全设计暂行规定

该规定主要包括网络拓扑结构、路由协议、高可靠性、边界完整性、入侵防范、网络访问控制、网络安全审计、灾难备份与恢复、安全运行管理中心等内容。适用于新建互联网网络安全工程设计，改扩建工程应在合理利用原有系统的基础上参照执行。

●YD/T 5178-2009 通信管道人孔和手孔图集

该图集是通信管道工程建设的人孔和手孔专业图集。本图集包括标准系列的夸砌人孔和手孔、混凝土砌块人孔及配件等。适用于新建通信管道工程。改、扩建通信管道工程应根据当地材料供应情况和施工现场条件、环境、市政要求等情况，执行本图集相关规定。

●YD/T 5179-2009 光缆通信工程网管系统验收规范

该规范主要包括光缆通信工程网管系统的验收前检查、工程 初验、工程试运行和工程终验等内容。是光缆通信工程网管系统的工程施工质量检验、工程初验、工程试运行和竣工验收的依据。适用于新建的SDH/WDM光缆通信工程的网管系统工程，改建、扩建工程可参照本规范执行。

●YD/T 5180-2009 移动通信直放站工程验收规范

该规范主要包括工程验收前检查、工程初验、工程试运行、工程终验等内容。适用于新建移动通信直放站工程的施工质量检查、随工检验和交工验收，改扩建工程参照执行。

●YD/T 5181-2009 宽带IP城域网工程验收暂行规定

该规定主要包括工程验收前检查、工程初验、工程试运行和工程终验等内容。适用于基于IPv4的宽带IP城域网新建工程施工质量检验、随工检验和竣工验收，改、扩建工程可参照执行。

●YD/T 5182-2009 第三代移动通信基站设计暂行规定

该规定主要包括站址选择、系统间干扰协调、供电系统、工艺要求、环境保护和安全防护等内容。是对已发布的有关移动通信网工程基站设计规范和标准的补充。在进行移动通信基站设计时，除执行现有的规范和标准外，还应执行该规定的相关要求。

●YD/T 5184-2009 通信局（站）节能设计规范

该规范对各种通信局（站）的建筑、通信设备、配套设备等方面提出了节能要求。适用于新建通信局（站）的节能设计，改、扩建通信局（站）的节能设计可参照执行。

●YD/T 5191-2009 电信基础设施共建共享工程技术暂行规定

该规定对目前电信基础设施的共建共享提出具体要求，主要内容包括基站铁塔、传输杆路、管道、光缆、基站机房、基站天面、室内分布系统、电源及其他配套设施的共建共享要求。适用于已有、新建电信基础设施的共建共享工程项目，改建、扩建工程项目可参照执行。

国家科技重大专项

【新一代宽带无线移动通信网】

2009年是“新一代宽带无线移动通信网”国家科技重大专项全面实施的一年。该年度共启动168个课题，包括TD-SCDMA增强型、LTE、IMT-Advanced、宽带无线接入、短距离无线互联与传感器网络研发和产业化、移动网络、业务应用和终端研究、无线移动通信共性关键技术研发及项目管理等方面内容。

专项在组织管理中注重管理体系的建立健全、顶层设计的统筹部署、标准和知识产权战略的实施、产学研用结合机制的培育等，通力打造创新链和产业链，在宽带无线移动通信等核心技术领域取得积极进展。

一、我国的4G提案已入围国际候选标准

为确保TD-SCDMA的长期可持续发展，我国研究提出了TD-SCDMA后续演进技术TD-LTE，并在国际标准化组织中推动其成为了国际标准。以此为基础，经过2年多的攻关研究，形成了我国的4G标准提案（TD-LTE-Advanced）。该标准提案充分吸纳了TD的核心技术元素，体现了我国在新一代移动通信技术中的最新创新成果，达到了国际先进水平，并得到国际上的广泛认可和支持。在各方的努力推动下，我国的4G标准提案于2009年10月在德国举行的ITU会议中确定成为国际候选技术标准之一。

二、打造了TD-SCDMA完整产业链

在专项的支持与推动下，TD-SCDMA 形成了以国内企业为核心，从芯片、终端、系统、仪表、软件到业务应用的完整产业链。随着TD产业与市场的不断发展，国外企业也逐渐参与到TD产业当中，目前TD产业链上下游已有200多家中外企业。

三、TD-LTE研发工作按计划进行

支持建设TD-LTE室内测试环境和外场试验网络，为设备研发和系统集成提供了测试平台。成立测试工作组，推动终端芯片的研发。邀请爱立信、诺西、摩托罗拉等国外著名厂商参加测试试验，推动TD-LTE的国际化。

四、积极应对金融危机，对扩大内需具有成效的项目作了重点部署

在具体的任务部署中，专项重点支持TD-SCDMA和TD-LTE产业化以及传感网的研发等项目。通过专项的支持，将促进TD应用推广和持续发展，为扩内需、保增长做出贡献。积极贯彻落实温家宝总理在无锡考察期间对我国发展传感网的重要指示，在专项三中加快部署与实施相关课题任务，并研究提出了传感网与移动通信网结合发展的初步构想。

重大科技成果

【TD-SCDMA 及其增强型终端一致性测试技术与平台】

我国 3G 标准 TD-SCDMA（简称 TD）在实施产业化时，由于是多厂商参与开发的巨型系统，检验终端是否符合标准的一致性测试验证是产业链中关键一环，需要高端测试仪器提供支撑。而我国无线通信高端测试仪器历史上全部依赖进口，此时由于几个国际厂商未进入 使得产业链出现空白，造成在多方芯片组成的多方终端与多方网络系统联调时出现了终端故障定位不明、无法及时再现、无法量化等致命性问题，导致终端品质无法保证。

为攻克这一难关，项目组在国家相关科技计划的支持下，自 2003 年起对 TD 无线通信终端测试技术进行了深入探索和不懈研发。项目组设计完成了一个高计算能力、高精度和高可靠性的具有国际先进水平的商用仪器平台，其结构合理、功能完备且能够扩展；在此平台上针对 TD 基带信号处理、高层协议控制与无线传播环境模拟三项关键技术，提出并实现了性能与复杂度有效平衡的高效无线网络模拟方法，解决了有限结构下的功能完备性问题。针对 TD 终端的多项测试要求，设计了精确高效、达到终端认证系统标准的完备测试项目，并根据生产线要求实现了高速终端校准与测试算法，解决了高精度要求下的计算有效性问题。以上三项科技创新使得项目组研制成功的网络模拟与测试、测量算法以及 TD 终端一致性测试仪具有国际领先水平。在此基础上项目组与国家认证机构和运营商、芯片、终端设计和制造商等就测试系统开展合作，对测试中出现的异常现象进行问题定位，制订解决方案从而提高了终端的品质。项目组还及时地将研发成果形成标准提案提交给国内、国际标准化组织并被采纳，为我国争得了 TD 及 TD-LTE 测试技术领域的国际地位与话语权，保持了项目组在该领域的技术领先地位。

项目组于 2005 年底推出了全球第一款商用的 SP6010 TD-SCDMA 终端综合测试仪，随后又推出了目前仍是全球唯一且被认为是通信仪器行业尖端的 SP6200 TD-SCDMA 终端无线资源管理（RRM）一致性测试仪，并依据 TD 技术演进和产业需求，依次增加了支持 TD HSPA、TD/GSM 双模以及我国手机电视标准 CMMB 的测试功能。项目组还与认证机构合作开发出满足认证要求的 TD 及其增强型终端射频一致性测试系统、音频测试系统等。产品已应用于国内包括台湾的多个厂商的生产线上，还出口到美国、英国、法国和韩国等国家，客户数达 83 家，直接销售收入和推动 TD 终端产值超过 30 亿元，未来潜在市场巨大。

该项目“发现并协助解决了 TD 终端商用化过程中出现的重大工程技术问题，促进了 TD-SCDMA 终端产业化过程，是我国在无线通信高端测试技术与仪器仪表领域的重大突破，填补了 TD-SCDMA 产业链中的空白”，其产品“国际领先”，在 TD 终端的进网测试、型号核准、芯片研发、终端设计制造等部门产生了不可替代的作用，提升了我国科技进步水平。

【基于异构网络融合的多媒体技术】

该项目实现了产学研相结合，从异构网络融合下流媒体编码传输关键技术入手进行了多年深入研究，探索异构网络流媒体传输技术，开发新型异构网络流媒体传输控制设备，以及统一的网管运维支撑平台，完成了视频监控、视频会议等多媒体业务，实现了交互类视音频服务、信息服务、游戏、视频监控、可视电话等的融合，有效解决了公众流媒体服务、国家应急安全处理方面的需求，拓展了集家庭娱乐、公共安全一体的流媒体服务的新局面，得到各大运营商的大力支持。

该项目在国内外首次提出了异构网络多媒体高效动态码率转码架构与算法、带宽适配与 QoE 动态控制技术，突破了传统固定码率转码瓶颈，提升了异构网络可伸缩转码能力；提出了双层视频传输差错控制与自适应增强技术，解决了监控中高质量目标图像获取的难题；提出了流媒体业务水平组网架构下数字签名与加密认证及低功耗优化等技术，实现了图像智能存储管理与远程实时调度，解决了大并发用户问题，保证了高质量 QoS 服务。产生了一百多项核心专利技术成果和软件著作权，部分成果已成为中国电信和移动标准。

该项目成功研制出异构网络融合业务平台：1）包括核心控制网络、多媒体业务平台、综合用户数据库系统、综合接入网络、多媒体固定和移动终端在内的全系统、端到端的一站式解决方案。2）具有完善的网络融合支持能力，提供综合统一的业务平台、统一的用户数据管理系统、统一的核心网络。3）简易的业务生成环境，强大的业务提供能力。4）支持包括 WCDMA、TD-SCDMA、CDMA2000、LAN/WLAN、WiMAX、CABLE、xDSL 以及传统 2G 移动接入和 2G 固定接入等在内的多种接入类型。5）强大的终端支持能力，多样的多媒体终端解决方案，开放的终端平台。6）良好的可扩展性，可满足不同规模网络建设需求。7）灵活的组网能力，提供集中处理到全分布处理的不同组网需求。

该项目产品有很强的国际竞争优势，广泛应用于多个国家重大工程和海外市场，包括奥运保障、数百个城市应急指挥、世博会等，取得了重大社会效益与经济效益，提升了我国异构网络多媒体通信的国际地位。

【时域同步正交频分复用接收机系统】

数字电视是未来的发展趋势，长期以来数字电视的编码核心技术被国外专利严密保护着。“时域同步正交频分复用接收机系统”项目实现了数字电视编码的捕获和稳健的同步跟踪，形成了与欧洲、日本完全不同的自主核心技术。

该项目源自地面数字电视标准研发及产业化专项，完成了我国地面数字电视传输标准测试接收机部分，2006年1月，被确定为该标准提案的核心支撑系统，经全国广电标委会评测达到标准制定要求。该项目是在自主研发的仿真平台、验证测试平台上，首次实现国内外DTMB标准测试样机，系统关键性能指标处国际领先水平，2006年8月，我国颁布了数字电视领域唯一的强制性国家标准GB20600-2006（DTMB），该项目成为DTMB格式信号的接收系统，具有完整的知识产权和国际领先的系统性能，在DTMB的产业化和强制实施中起到了关键的重大作用。

该项目的核心技术是将接收的DTMB信号分成时域单载波调制的PN序列和频域多载波调制的数据信号两部分进行综合处理。其它创新点还包括快速系统同步、精确的信道估计、多码率合一的实现技术和系统的扩展应用。本项目成果有效地避免了同类技术中同步提取和数据恢复必须反复迭代处理的问题，并同时解决了单、多载波信号在统一结构和参数的硬件平台上自适应接收的世界性难题。本项目国内外首次实现DTMB标准产业化样机，其主要性能优于现有其它数字电视传输系统，系统频谱利用率提高10%左右，系统功率效率提高约3dB，信号快速捕获时间缩短十倍以上，快速信道估计使其单天线高清电视移动接收性能处国际领先水平。

该项目通过专利实现技术非独家许可支持了国内外廿多家著名企业开展产业化工作，形成DTMB产业链并在包括港澳在内的近40个省、市数字电视广播中获得应用，仅香港特区已有64万用户，渗透率达28.7%。近三年累计应用本项目技术的芯片和终端销售额已达数亿元，根据国家规划，我国近十年内有超万亿元的市场前景。DTMB正在积极参与国际竞争。近两年在古巴、委内瑞拉、秘鲁、厄瓜多尔四国分别进行的标准对比测试中，使用本项目成果的DTMB性能明显取胜美、欧、日同类标准，证实了本项目产品的主要性能具有国际领先优势。这将带动本行业技术、产品、服务和金融的成套出口，是我国从电视大国变为强国的重大历史机遇。

该项目通过专利实现技术非独家许可支持国内外企业开展产业化工作，形成DTMB产业链并在包括港澳在内的近40个省、市电视台的数字电视广播中获得应用。近三年累计应用本项目技术的芯片和终端销售额已达十多亿元，具有广阔的市场前景。该项目的成功应用和推广将推动我国高科技产业的进步和学科研究的跨越式发展。这一首创的重大科技成果符合我国建设创新型国家的战略，已取得重大经济和社会效益，正在推动我国高科技产业的进步和学科研究的跨越式发展。

【面向企业运营的TD-SCDMA技术创新】

提高自主创新能力、建设创新型国家，是我国发展战略的核心，是提高综合国力的关键。TD-SCDMA第三代移动通信标准（以下简称“TD”）是我国自主创新的重要里程碑，加快推进TD-SCDMA发展对于建设创新型国家具有极其重要的意义。

TD标准的成功完成了TD发展的第一步，后续更大的成功则取决于运营是否成功。中国移动承担了建设和运营TD网络的重任，肩负起国家的重托和人民的期望。但与其他3G标准相比，TD不论从网络建设还是网络运营，都存在较大的差距，且无任何经验可寻，需依靠自身不断摸索和实践。为此，中国移动结合自身网络运营需求从标准，设备技术，测试评估体系，网络融合等多方面全面展开技术攻关工作，并取得了丰硕的成果，这些成果，包括双极化天线、三不、三新、三融合等均在TD-SCDMA现网得到了广泛应用，为TD-SCDMA网络建设、运营和业务发展起到了极为关键的作用，对于我国高技术产业自主创新的发展具有示范意义。

1）面向运营的设备创新

传统TD智能天线因为产品形态，一直是困扰TD网络快速发展的重要难题。中国移动创新提出具有自主知识产权的新型双极化天线标准化方案，破解了TD发展的一个重大难题。

2）面向运营的融合创新

为了迅速提升TD网络质量及用户感受，创新提出2/3G网络互操作特殊解决方案，“三新”方案和核心网融合的方案。目的是充分利用成熟2G网络的已有优势，在降低自身网络建设和运营成本的同时，来促进3G网络的整体可持续发展。

3）面向运营的技术体系创新

从实际网络建设和运营角度出发，系统梳理了TD运营需求，通过建立了完整的企业标准体系和“多维度，综合化”科学的管理测试评估体系来有效支撑TD-SCDMA健康成熟发展。

4）面向运营的网络优化创新

面向实际网络运营需求，积极发挥自主能动性，创新开发优化工具，拓展优化思路，通过实际工作中的细微环节，快速提升网络质量。

5）面向运营的行业信息化创新

积极探索和拓展TD技术及业务的行业应用空间，利用TD技术特点和优势，针对特殊场景，开展无线信息化应用，有效支撑相关行业信息化发展。

6）面向运营的未来演进创新

为了进一步推动TD技术国际产业化，增强国际竞争力，通过智能天线同MIMO技术融合，网络设备演进升级，确保TD未来持续发展。

重大试验网络

【TD-SCDMA 与 TD-LTE 技术试验】

TD-SCDMA 是由我国自行提出并主导完成、被国际电联批准的主流第三代移动通信国际标准。为全面推进 TD-SCDMA 技术的演进和发展，2009 年继续进行与 TD 相关的技术试验，主要包括以下工作：

一、全力实施 TD-SCDMA HSPA 技术试验，大力推进 TD-SCDMA 增强型技术的研发和产业化。

全面组织 TD-SCDMA HSPA 标准化、研究开发、技术试验和产业协调方面的工作，构建了 MTNet 室内外一体综合实验网络和终端一致性测试环境，对系统设备和芯片终端进行了几千项测试，全面验证了设备功能和性能、互操作能力、业务应用、关键技术、组网技术、网络性能、干扰和互操作能力，加快推进了技术和产品成熟以及产业化进展。主要系统厂商完成 TD-SCDMA HSUPA 设备进网检验，具备了 TD-SCDMA 商用网升级的条件。

二、完成 TD-LTE 概念验证测试，开展 TD-LTE 研究开发技术试验，加快推动 TD-LTE 技术的研发和产业化进程。组织开展 TD-LTE 总体技术研究和产业化布局研究工作，按计划完成 TD-LTE 概念验证室内及室外测试工作，验证了 TD-LTE 基本技术的可行性。

7 月 2 日，组织召开 TD-LTE 研究开发技术试验启动会，全面启动研究开发技术试验工作。在 MTNet TD-LTE 实验室和怀柔、顺义外场网络构建统一试验平台，形成室内外数十套系统规模的公共测试验证环境。技术试验测试按计划推进，已陆续开始室内系统功能、性能、射频测试和外场关键技术测试。

科技奖励

【获国家科学技术奖励情况】

表 1　获 2009 年国家科学技术奖励情况

编号/获奖等级	获奖项目名称/获奖单位	获奖者名单
F-223-1-01 国家技术发明奖一等奖	空地协同的民航空域坚实新技术及装备 北京航空航天大学、民航数据通信有限责任公司	张　军、朱衍波、薛　瑞、吕小平、蔡开泉、张学军
项目简介： 该成果针对飞机自身定位误差超限的盲视问题，发明了用于飞机自主定位的地基区域完好性监测方法及装置，完好性风险低于 2x10-7，检测时间小于 3 秒；针对多元监视条件下的飞行伪态势问题，发明了基于多元融合的实时可信监视方法及装置，更新率提高到 2 次/秒，95%以上的监视位置估计误差（EPU）小于 0.1 海里；针对传统空管监视缺乏对航迹保持稳定性监测的问题，发明了航路空间容限动态监测方法及装置，解决了密集飞行区域空域安全动态评估的难题；针对传统空管监视信息内容单一难以提供飞行增强服务的问题，发明了面向飞行服务的综合态势增强监视方法及装置，实现了空中交通态势信息的实时共享。		
编号/获奖等级	获奖项目名称/获奖单位	获奖者名单
J-206-2-01 科技进步二等奖	中兴通讯“新一代无线技术平台”建设工程 中兴通讯股份有限公司	中兴通讯股份有限公司
项目简介： 近年，随着全国 3G 网络建设向二三线城市的纵深铺开，使用 3G 手机和 3G 业务的人越来越多，提升网络建设速度、维持现网稳定的需求大幅提高。同时，2G、3G 以及未来的 4G 多制式、多频段也将在一段时间内长期共存。中兴通讯“新一代无线技术平台”相关技术，能基于同一硬件兼容多种无线通讯制式和多个频段，不仅减少了运营商的重复投资，使网络建设大大提速，同时体积更小的设备还同比降低了 45%的能耗，响应了国家建设节约型社会的号召。 中兴通讯“新一代无线技术平台”突破了移动通信关键技术，对于加快国家移动通讯技术的产业化进程和产业结构升级、带领我国企业实现由从“中国制造”到“中国创造”的超越有重大意义。 由于迎合了市场需求和行业发展趋势，在该技术平台上设计制造的通讯设备在方兴未艾的国内 3G 网络建设中获得了领先其他厂商的成绩。在全球市场，公司 3G 基站发货量也持续提升，逐渐突破欧美高端市场，成为第一阵营中有力的竞争者。		
编号/获奖等级	获奖项目名称/获奖单位	获奖者名单
J-219-2-05 科技进步二等奖	移动通讯用滤波器关键技术及产业化 中国电子科技集团公司第二十六研究所、清华大学、中国科学院微电子研究所、中电科技德	胡爱民、潘　峰、曹　亮、刘明、秦廷辉、朱怀烈、李　勇、王继扬、陈小兵、何利松

	清华莹电子有限公司、中国电子科技集团公司第五十五研究所、山东大学、无锡市好达电子有限公司	

项目简介：

声表面波滤波器（SAWF）是一种利用声表面波（SAW）效应和谐振特性制成的对频率有选择作用的器件。在四端网络理论中，它是一种对频率有选择的电路，其作用是允许某一频带的信号通过而阻止其它频率信号通过。其具体工作原理是由输入 IDT（叉指换能器）经逆压电变换将电信号转换成声信号，声信号沿压电晶体表面传播，再由输出 IDT 将接受到的声信号经压电变换转变成电信号输出，它对电信号的处理是在这两次变换中完成的。

中国通讯产业尤其是移动通讯产业的迅猛发展已经成为中国 SAW 产业发展强大的推动力。但国内大多数公司的设备不适合于高频 SAW 器件的批量生产以及缺乏表面贴装设备以及相关工艺技术基础。这一现状直接导致目前整个国内 SAW 行业难以与世界范围内的大公司形成竞争。

该项目所取得的技术成果大大提升了我国声表面波技术领域在设计、材料、工艺、器件等方面的技术水平，打破了国外对移动通讯用关键元器件技术、知识产权等的垄断，推动了移动通讯国产化进程。该成果实施后产生了显著的社会效益和经济效益。

编号/获奖等级	获奖项目名称/获奖单位	获奖者名单
J-220-2-03 科技进步二等奖	大规模网络安全监控数据库系统 中国人民解放军国防科学技术大学、国家计算机网络应急技术处理协调中心	邹　鹏、贾　焰、杨树强、吴泉源、童晓民、刘欣然、韩伟红、舒　敏、李爱平、周　斌

项目简介：

“大规模网络安全监控数据库系统”针对实时监管数据有归档数据和流数据的特性，提出了海量关系数据与高速流数据混合处理的新型数据库管理系统体系结构，实现了关系模型和流数据模型的融合，并突破了一系列要害性技术难题，有效地解决了海量数据高效查询、持续加载、安全事件实时监测和发现等挑战性问题。在此基础上，科研团队还开发了自适应的多级容错技术，并制定了 2 个国家行业标准，获得 3 项国家发明专利和 16 项软件著作权。

经过一系列的技术突破和创新，“大规模网络安全监控数据库系统”最终于 2005 年研制成功。其中数据存储管理的规模、事务吞吐率，以及并行加载和查询 seo 技术均处于国际领先水平。与国际排名前 10 的数据处理系统相比较，该系统在数据总量、最大表记录数、查询吞吐率 3 项关键指标上均超过当前国际最好值。该成果推出 4 年来，已经广泛应用于中心、地方等多级政府部门和相关单位，为国家网络安全作出了重要贡献。

编号/获奖等级	获奖项目名称/获奖单位	获奖者名单
J-230-2-03 科技进步二等奖	ITU-T 多媒体业务系列国际标准及应用 工业和信息化部电信研究院、上海交通大学、UT 斯达康（中国）有限公司、中兴通讯股份有限公司、华为技术有限公司	蒋林涛、聂秀英、申瑞民、孙明俊、金　伟、杨　崑、凌太明、孙志斌、罗　忠、张　清

项目简介：

“ITU-T 多媒体业务系列国际标准及应用”共完成了如下 3 个 ITU-T 标准建议：1）ITU-T 建议 F.733，基于 IP 网络的多媒体会议业务描述和需求，2）ITU-T 建议 F.741，音视频点播业务的业务描述和需求，3）ITU-T 建议 F.742，远程教学业务的业务描述及需求。这三个标准建议主要是按照 ITU-T 建议 F.701 所描述的方法规定基于 IP 网络的多媒体会议业务、音视频点播业务和远程教学业务的定义、功能模型、应用场 n 景以及业务需求。研究用于各种通用的多媒体应用和业务的一致方法，同时考虑电信、电视和计算机领域的技术融合并将融合技术应用规定的应用和业务。

该课题组代表我国率先向国际电信联盟提交了业务需求标准文稿，得到了 ITU-T SG16 与会专家的认可，这也是我国在参与 ITU-T SG16 活动中，首次独立提交并获批准的国际建议，实现了我国在多媒体通信领域国际标准制定方面零的突破，表明我国在参与国际标准化工作中进入了一个新的阶段。本项目填补了国内外在 IP 多媒体业务、音视频点播业务以及远程教学业务领域的研究空白，获得了原创性知识产权，使我国客观上能够成为多媒体视频会议业务、音视频点播业务以及远程教学业务等方面国际标准制订的主导国家，为我国进一步研究和制订这些业务的体系架构标准打下了良好的基础，从而掌控这些业务相关产业形成的主动权。

本项目的完成有助于形成健康的 IP 网多媒体会议、音视频点播以及远程教学产业链，推进了相关产业的产业化进程。

编号/获奖等级	获奖项目名称/获奖单位	获奖者名单
J-236-2-01 科技进步二等奖	TD-SCDMA 基站系统关键技术研究、设备研制及产业化	谢永斌、杨家军、孙晓南、王新民、王映民、冉会娟、张　民、任世岩、梅俊蓉、刘传印

<table>
<tr><td></td><td>大唐移动通信设备有限公司</td><td></td></tr>
<tr><td colspan="3">项目简介：
“TD-SCDMA 基站系统关键技术研究、设备研制及产业化”项目在技术方面，突破了时分双工、智能天线、上行同步、联合检测、接力切换等 TD-SCDMA 核心关键技术难题；在市场产业化方面，采用了一系列独创核心技术的 TD-SCDMA 基站系统性能优异、成本低廉，其高效的频谱利用率、优异的非对称数据应用特性以及低廉的网络建设成本，为推动 TD-SCDMA 的产业化和商用进程发挥了积极作用。</td></tr>
<tr><td>编号/获奖等级</td><td>获奖项目名称/获奖单位</td><td>获奖者名单</td></tr>
<tr><td>J-236-2-02
科技进步二等奖</td><td>无源光接入汇聚复用设备（MA5680T/MA5600T）
华为技术有限公司</td><td>梅运明、蒋作谦、吴海军、万俊华、盛　晖、张　群、范剑波、董英华、谢培宏、吴广东</td></tr>
<tr><td colspan="3">项目简介：
“无源光接入汇聚复用设备”采用自主研发的系列核心技术，是业界第一款 T 比特大容量高性能光接入设备。
MA5680T 是一款全光接入网产品，可以提供 GPON、EPON、P2P、GE 等多种接口，作为 GPON、EPON 系统中 OLT 设备，和终端 ONU 设备配合使用，提供 GPON、EPON 接入业务。该产品有以下特性：1）大容量的共享平台：先进的架构和设计理念，背板容量达到 1Tb/s，与华为的宽带设备共享开发平台；2）灵活、量化的带宽分配：提供灵活、量化的带宽分配机制，同时在上行和下行方向上提供分级别的带宽控制；3）高速率、高分光比、长距离：支持下行 2.488Gb/s、上行 1.244Gb/s 的传输速率，支持最高 1：64 分光比，支持最大传输距离为 20km，支持 FEC 延长传输距离；4）强大的组播业务；5）强大的 QoS 能力；6）完善的安全保证机制：适应电信业务的安全性要求，对安全性方面的协议进行了深入研究和应用，充分保障了系统安全和用户接入安全；7）高可靠性：在系统设计、硬件设计以及组网设计等各个环节均考虑了可靠性指标，充分保证设备能够长期正常运行；8）良好的维护管理功能：支持良好的管理维护、监控功能，便于日常管理和故障诊断。
至 2008 年底，该项目已在无源光接入领域累计获专利授权 177 件，获欧洲和美国专利授权 48 件，有 13 项技术已被接纳成为国际标准，有力提升了我国电信设备商在国际上的地位和影响。</td></tr>
<tr><td>编号/获奖等级</td><td>获奖项目名称/获奖单位</td><td>获奖者名单</td></tr>
<tr><td>J-236-2-03
科技进步二等奖</td><td>无线多媒体通信传输与终端系统关键技术的创新及应用
宁波大学、清华大学、大连海事大学、宁波波导股份有限公司、奥克斯集团有限公司、上海优思通信科技有限公司、宁波新然电子信息科技发展有限公司</td><td>何加铭、曹志刚、郑紫微、蒋刚毅、徐铁峰、聂秋华、李有明、徐立华、郑坚江、王泰雷</td></tr>
<tr><td colspan="3">项目简介：
该项目解决了大功率宽带射频功率放大器既缺乏高效率又缺少良好线性度的问题，开发出了高可靠性、高效率、高线性度、低成本的大功率宽带射频功率放大器，很好地解决了同步和信道估计的快速性与鲁棒性问题、多用户信号检测器的抗干扰性与低实现复杂性问题，开发出了高可靠性、低复杂度的无线多媒体通信接收机同步模块、信道估计模块、多用户信号检测模块，设计和实现了一种无线多媒体通信终端的集成开发平台，缩短了产品的开发周期，降低了成本，提高了市场竞争力。
该项目相关成果已成功应用于高速 CDMA 基站系统、微波中继直放站（大功率微波中继直放站产品于 2003 年 1 月获得国家电信设备进网许可证，性能和技术达到国际同类产品先进水平，使营运商降低设备成本 30%以上）、多媒体手机、超长待机手机、带 GPS 导航功能的智能手机、数字电视手机、数字移动可视电话、可视对讲机、TD-SCDMA 手机，以及多媒体无线通信数据卡等产品的开发。近三年相关技术成果的应用，使得企业新增销售 182.32 亿元，新增利润 13.65 亿元，新增税收 4.87 亿元；已开发出面向国际市场的系列无线多媒体通信终端产品，创收外汇 13.10 亿美元。
该项目组获得中国发明专利授权 25 项，申报美国发明专利 1 项，软件著作权登记 16 项，软件产品登记 12 项，发布企业标准 2 部，出版专著 2 部，发表学术论文 182 篇（其中 IEEE Transactions 上发表 22 篇，SCI 收录 53 篇，EI 收录 156 篇）。该项目的实施和完成，培养了一批高层次的工程技术人员，在学术界和产业界产生了广泛影响，为我国电子通信领域的科技进步和产业发展做出了积极贡献。</td></tr>
<tr><td>编号/获奖等级</td><td>获奖项目名称/获奖单位</td><td>获奖者名单</td></tr>
<tr><td>J-236-2-04
科技进步二等奖</td><td>基于 CDMA 的数字集群通讯技术标准应用
中兴通讯股份有限公司、信息产业部电信研究院</td><td>赵先明、李　键、董晓鲁、刘金龙、吴　强、耿兆森、李侠宇、任　岗、凌　勇、丁梦蛟</td></tr>
<tr><td colspan="3">项目简介：</td></tr>
</table>

中兴通讯股份有限公司基于 CDMA 技术开发了 GoTa（Global Open Trunking Architecture，全球开放式集群体系）这一新一代数字集群技术。GoTa 在 CDMA 无线技术和协议标准基础上，对空中接口进行了优化和改进，使其能够符合集群系统的技术要求，同时又具有很强的共网运营能力和业务发展能力，满足集群未来发展的需求，组网灵活，可以单独建专网，也可以通过升级现有的 CDMA 网络实现共网集群。

GoTa 解决了在 CDMA 上实现集群的两项关键技术，即信道共享和快速链接，实现方案简洁，投资少，部署方便，使新增的集群业务不会对传统移动业务和网络资源带来不利影响。GoTa 不仅能提供专业的集群业务和功能，还能提供多种增值业务和功能，例如短信、漏话提示、定位业务、宽带数据业务、视频监控等，与集群业务完美地结合在一起，可为企业、集团和个人提供更优质的服务。中兴通讯可以提供 GoTa 集群系统的全套解决方案，目前已承担了 GoTa 产业链的大部分关键环节。全套的无线网络解决方案优化了覆盖质量，实现 GoTa 集群网络的无缝覆盖。

GoTa（GlobalOpenTrunkingArchitecture，全球开放式集群体系）在国内外成熟商用多年，目前已经成为应用范围最广、国际化程度最高的国产数字集群系统。中兴通讯立足自主研发，GoTa 拥有超过 300 项基于 CDMA 技术的集群核心技术专利和扩展业务专利，无论在技术和业务上，都比传统集群技术具有更加明显的优势。

编号/获奖等级	获奖项目名称/获奖单位	获奖者名单
J-236-2-05 科技进步二等奖	基于大型通信网络和多业务的综合网管技术及应用 中国移动通信集团公司、亿阳信通股份有限公司、宁波普天通信技术有限公司、北京直真节点技术开发有限公司	魏丽红、任志军、徐海东、李　跃、李冶文、王　烨、李　伟、潘阳发、胡润东、袁　隽

项目简介：

基于大型通信网络和多业务的综合网管系统采用了自主研制的规范化建模工具，确保系统核心数据的规范性和一致性，有效地提高了系统的可扩展能力，丰富了系统功能，提高了系统性能，增强了系统灵活性。在中国移动的网管建设项目中，大型通信网络及多业务的综合网管系统市场占有率达 85%。由于其领先的技术和卓越的性能，以及产生的巨大经济效益和社会效益，被业内广泛认同。该项目对国内、国际同类网络管理系统的开发建设均具有重要推广应用价值。

该项目研制开发过程中所提出的多种技术和解决方案被国内和国际网管标准组织采纳为标准，其中国内行业标准 3 项，国际网管标准 13 项，具有很好的应用推广性，填补了国内该领域的空白，整体上处于国际先进水平，部分创新技术处于国际领先水平。

编号/获奖等级	获奖项目名称/获奖单位	获奖者名单
J-240-2-01 科技进步二等奖	移动通信增值业务网络智能化技术及应用 北京邮电大学、杭州东信北邮信息技术有限公司	廖建新、徐　童、王　晶、王　纯、沈奇威、陈俊亮、朱晓民、张乐剑、李　炜、张　磊

项目简介：

该项目对业务网络智能化技术展开研究，提出业务网络智能化的概念模型，为业务网络智能化的研究设计提供创新的建模工具和指导方法；以此为基础设计的业务网络智能化的体系结构体现了抽象、封装、分层、解耦、开放、共享的思想，为运营商所接受；采用该概念模型和体系结构设计实现了以通用消息总线为核心技术的通用业务系统架构（USSA），提供可重用的基础组件集和业务组件集，具有良好的可重用性、开放性和兼容性；设计实现了多种通用业务能力组件，在遵循相关国际标准的同时根据国内业务需求和技术发展趋势对相关技术进行了改进和增强；结合在大型电信级业务软件系统的性能建模与优化、协议映射、实时计费机制等关键技术方面取得的创新性研究成果，USSA 可提供快速灵活的电信业务平台产品生成能力和升级演进能力；在此基础上根据市场需求实现了彩铃业务平台、下一代核心业务平台、移动支付平台、无线一键通平台、语音增值业务平台、综合数据业务平台等多个可灵活组合的业务系统和多类业务解决方案及业务融合解决方案，且实现现网大规模应用，相关产品还通过了多项针对 NGN/3G/IMS 网络的测试。

该项目技术具有完全自主知识产权，总体技术水平居国际先进行列，已申请国家发明专利 36 项，其中 20 项已获授权；获 6 项计算机软件著作权；出版国内专著 1 部，国外专著 1 部（合编），译著 2 部；发表论文 200 余篇，其中 SCI 检索 12 篇，EI 检索 100 余篇。

目前，该项目产品已大规模应用于全国 22 个省级通信网，取得销售合同近 16 亿元，创造利税超过 3.7 亿元。该项目产品服务现网用户超过 1 亿户，为运营商带来了巨大的经济效益，例如截至 2008 年 12 月为四川移动和浙江移动创造的业务收入都超过了 20 亿元。

编号/获奖等级	获奖项目名称/获奖单位	获奖者名单

F-219-2-01 国家技术发明二等奖	微波通信用高温超导接收前端 清华大学	曹必松、张晓平、魏　斌、郭旭波、郜龙马、朱美红

项目简介：

微波通信用高温超导接收前端由清华大学物理系曹必松教授带领的研究团队研究而成。该团队发明了高性能高温超导滤波器、零下 200 度工作的低噪声放大器的设计制备技术和超导—金属接触电极制备工艺，研制成功了第一台适合于我国 CDMA 移动通信用的超导前端，在北京建成了我国首个高温超导移动通信应用示范基地并成功地连续运行超过三年，每天为十多万居民提供优质服务，使手机发射功率下降一半以上，大幅提高了基站的覆盖范围和通话质量，实现了高温超导在中国通信领域的首次应用和批量长期应用，使我国成为继美国之后，世界上第二个成功地将高温超导技术应用于移动通信的国家。

该项目关键技术指标处于国际先进水平，获得授权中国发明专利 9 项，授权美国发明专利 1 项。该技术已与十多家用户签订了合同、协议，研制、生产超导前端并实现其在多种通信设备中的应用。

编号/获奖等级	获奖项目名称/获奖单位	获奖者名单
F-236-2-01 国家技术发明二等奖	城域网多业务环技术方法 武汉邮电科学研究院、武汉烽火网络有限责任公司	余少华、吉　萌、董喜明、戴锦友、王文力、刘志炉

项目简介：

城域网多业务环（MSR）技术方法采用以太网组成环形网络传送多业务的城域网多业务环技术，开创了城域网国际标准。MSR 是新一代的多业务光平台，它对交换和传输进行简化，同时也把交换和传输这两项技术进行了有机的集成，使之成为一个整体。MSR 可提供 Ethernet、GigabitEthernet、DVB、ATM、POS、X.85 和 X.86 支路业务，同时还能以动态数据分组环的方式工作，像路由器一样在环上转发包括 IP 包在内的分组，在环上运行的业务可提供单播、组播和广播模式，其组网方式使网络费用和维护工作量大大减少。由 MSR 数据节点机组成的网络属电信级 IP 数据网络具有以下特点：环上的业务是透明的；数据、视频和 TDM 可集成在一块芯片上，实现三网融合；在 50 毫秒以内实现二层保护倒换，具有自动拓扑发现和性能管理功能；环和环上运行的业务具有弹性，可大可小、可多可少；接入环和骨干环可以互相嵌套；双向对称反转环都被用来传送数据、信令和网管帧；群管可以是 STM－16 / OC－48、STM－64 / OC－192、GE、10GE、HOVC 的级联；动态的节点添加和删除；所有支路业务、信令和网管帧有提供优先级队列和服务质量等级的功能，支持三层（包括 IP 包在内）的存储转发；MSR 帧格式与群管的类型、速率无关。

城域网多业务环技术于 2003 年 10 月成为国际电联标准 I-TU-TX.87，是烽火科技拿到的第 3 项国际标准。MSR 技术与其它方案相比，实现简单，功能更多，市场前景好。

【中国通信学会第六届评奖情况】

表 2　2009 年度“中国通信学会科学技术奖”一等奖项目名单

序号	获奖项目名称/获奖单位	获奖者名单
1	TD-SCDMA 及其增强型终端一致性测试技术与平台 北京邮电大学、北京星河亮点通信软件有限责任公司	张　平、姜　军、张　治、邓　钢、李亦农、唐晓晟、王　莹、唐　恬、马　楠、陈　杰、李卫东、赵　璨、张　翼、刘宝玲、陶小峰
2	基于异构网络融合的多媒体技术 中兴通讯股份有限公司、北京邮电大学	邓中亮、王晓明、李学明、戴志军、沈　灿、刘继年、李加周、段大高、崔岩松、韩　可、钟　宏、王　宁、杨福兴、刘敦军、王志英
3	时域同步正交频分复用接收机系统 清华大学	杨知行、潘长勇、宋　健、王　军、王劲涛、彭克武、符　剑、阳　辉、张　彧、薛永林、吴佑寿、龚　克
4	面向企业运营的 TD-SCDMA 技术创新 中国移动通信集团公司	王建宙、李　跃、沙跃家、鲁向东、李慧镝、周建明、王溪澄、阎　江、王晓云、魏丽红、王红宇、张同须、刘　佳、沈　忱、于　川

表 3　2009 年度“中国通信学会科学技术奖”二等奖项目名单

序号	获奖项目名称/获奖单位	获奖者名单
1	中国联通全国统一电信业务充值（一卡充）工程 中国联合网络通信有限公司	刘诚明、李连祥、刘晓亮、杜志涛、陆　海、李福庆、李长连、王永刚

2	奥运宽带移动通信系统的研究与应用 中国移动通信集团北京有限公司、中国移动集团公司研究院	沙跃家、杨晓范、马圣贤、王文明、吴晓梅、徐小超、盛凌志、杜建凤、马奔腾、邵春菊
3	长沙、株洲、湘潭本地固定电话网用户号码升八位及并网 中国电信湖南公司、中国电信集团公司运维部、中兴通讯股份有限公司、上海贝尔股份有限公司、 中国移动湖南公司、中国联通湖南公司	廖仁斌、刘少阳、申志云、秦树春、欧亚非、肖大力、寻俊毅、潘东云、张灵毅、范中平
4	小型智能化光收发合一模块研究及应用 武汉电信器件有限公司、武汉邮电科学研究院、光纤通信技术和网络国家重点实验室（筹）	高明锁、陈　寅、郑　林、全本庆、宿志成、宋蓓莉、刘志刚、金　灿、张德玲
5	中小企业信息化综合服务解决方案 中国电信集团公司	赵慧玲、谭国权、冯　明、姚寄东、杨明川、广小明、徐秋慧、李若朋、朱　敏、侯光华
6	量子保密通信协议理论及其模拟技术 北京邮电大学	温巧燕、高　飞、郭奋卓、秦素娟、张　劼、张　华、杨宇光、林　崧
7	SIM 卡防克隆技术研究 中国移动通信集团公司	沙跃家、杨志强、赵　芳、于　川、侯海涛、粟　栗、刘　斐、罗　红、彭华熹、裴志刚
8	号码携带技术和管制政策的研究 工业和信息化部电信研究院、太极华能信息系统有限公司、上海梁江通信系统有限公司	龚双瑾、吕　军、徐　玉、林美玉、陶　晨、曹　远、吴宏建、黄荷仙、张　捷、刘荣朵
9	互联网接入管控系统（DACS）及差异化业务研发与商用 中国电信股份有限公司广东研究院	冷荣泉、蔡　康、冯　明、吴　伟、吴湘东、李　洪、卢燕青、陆　立、贾　曼、毛东峰
10	基于 MAS 的集团客户移动信息化服务 中国移动通信集团公司	周　毅、叶　兵、沈卫中、肖　军、杨　楠、彭　华、赵立君、赵　辉、朱　宇、刘　越

表 4　2009 年度“中国通信学会科学技术奖”三等奖项目名单

序号	获奖项目名称/获奖单位	获奖者名单
1	无线通信中的宽带天线与传输性能优化关键技术 南京邮电大学	朱洪波、程崇虎、吕文俊、薄亚明、扈罗全
2	IPTV 高清技术研究及试商用 中国电信股份有限公司上海分公司	王思伟、肖　晴、冯耀洲、金剑锋、沈昕
3	基于 P2P 的数字媒体业务研发及应用试验 中国电信股份有限公司广东研究院	蔡　康、冯　明、胡乐明、武　娟、陈　珣
4	全业务 IP 承载网技术研究与推广应用 中兴通讯股份有限公司	范成法、陈志伟、申春升、夏迎春、李　刚
5	我国移动互联网发展战略研究 工业和信息化部电信研究院	余晓晖、许志远、王志勤、万　彭、李　婷
6	基于电信产业价值链整合的商业运营模式创新研究 西安邮电学院	张　鸿、张　利、杨　洵、张　权、吕建东
7	国家互联网骨干网流监测分析系统 国家计算机网络与信息安全管理中心、中国科学院计算技术研究所	黄澄清、云晓春、刘欣然、孙蔚敏、周勇林
8	大规模恶意代码捕获分析与追踪系统 国家计算机网络与信息安全管理中心、北京大学、北京理工大学	杜跃进、徐　娜、刘伯超、王　勇、朱春鸽
9	中国联通“视网计划”创新业务工程 中国联通集团宽带业务应用国家工程实验室、中国联合网络通信有限公司、中国联通集团宽带在线公司、中国联合	唐雄燕、马少武、王佳楠、马占勇、申志伟

	网络通信集团公司贵州省分公司	
10	WCDMA 基站 CE（信道单元）配置模型研究报告 中国联通移动公司网络建设部、中讯邮电咨询设计院有限公司	南新生、张忠平、蔡庆宇、王常玲、王靖宇
11	中国联通“一级架构”的电子渠道系统工程 电子渠道中心	宗新华、李莞菁、刘海舟、翟立柱、杨宇
12	中国下一代互联网（CNGI）重大专项——基于 P2P 的安全诚信的数字媒体业务应用 中国联合网络通信有限公司	张　范、张智江、王明会、彭久生、王有爽
13	基于 TD-SCDMA 网络的“无线城市”创新与实践 中国移动通信集团福建有限公司	张　莉、刘卫国、魏汉辉、张燕鹏、傅　海
14	集中式通信网络自动监测诊断系统 中国移动通信集团浙江分公司	祝瑾华、李立奇、张卷卷、朱贤斌、蒋　熠
15	TD-SCDMA 网络规划优化系统 大唐移动通信设备有限公司	马　军、李东宇、张　民、甄　颖、杨永炜
16	汶川地震灾后通信基础设施重建规划 工业和信息化部电信研究院	余晓晖、刘树苹、陈立东、文　剑、郭春源

【通信标准协会奖项】

表 5　2009 年度“中国通信标准化协会科学技术奖”一等奖

序号	获奖项目名称/获奖单位	获奖者名单
1	基于 SDH 的多业务传送节点（MSTP）技术要求和测试方法行业标准 华为技术有限公司、中兴通讯股份有限公司、上海贝尔股份有限公司、中国电信集团公司、工业和信息化部电信研究院	张成良、蔡常天、袁　飞、黄　峰、胡昌军、蒋章震、曾　理、赵福川、马　琳、陈　樵、荆瑞泉、李　伟、郁志勇、权星月、王　郁
2	《电信网和互联网安全防护管理指南》等 32 项行业标准 工业和信息化部电信研究院、中国电信集团公司、中国联合网络通信集团有限公司、中国移动通信集团公司、中国铁通集团有限公司	龚双瑾、张雪丽、魏　亮、魏　薇、田慧蓉、赵　阳、王　宇、陈敏时、陈利军、冯　铭、黄　颖、杨剑锋、袁　琦、李　成、赵文玉
3	《2GHz TD-SCDMA 数字蜂窝移动通信网高速下行分组接入（HSDPA）无线接入网络设备技术要求》等 32 项行业及国际标准 工业和信息化部电信研究院、大唐移动通信设备有限公司、中国移动通信集团公司、中兴通讯股份有限公司、鼎桥通信技术有限公司	李文宇、王小奇、王　可、陈　慧、沈东栋、李　星、胡海静、王小旭、徐霞艳、全海洋、张大均、马志锋、王浩然、黄　河、李　凤

表 6　2009 年度“中国通信标准化协会科学技术奖”二等奖

序号	获奖项目名称/获奖单位	获奖者名单
1	网络管理通用接口国际和行业标准及其应用 北京邮电大学、北京市天元网络技术股份有限公司	王　颖、王智立、刘会永、高志鹏、亓　峰、张　杰、陈兴渝、柯小婉、熊　翱、陈　纲
2	《ITU-T Y.1910 IPTV 功能架构》等 2 项国际标准 工业和信息化部电信研究院、中兴通讯股份有限公司	蒋林涛、刘　多、谢　玮、何宝宏、魏　凯、夏宏飞、王　东
3	宽带、多天线系统的电波测量、建模研究和国际标准 北京邮电大学、中国移动通信集团公司	张　平、张建华、刘光毅、黄宇红、冯志勇、崔春风、董伟辉、邓　刚、沈晓东、张　煜

4	《中国电信网络视频监控业务技术规范》等11项企业标准 中国电信集团有限公司、中国电信股份有限公司上海研究院	冯　明、郑泽民、曹　宁、梁笃国、雷俊智、张艳霞、李　杰、任广杰
5	EPON系统互通性等3项行业及企业标准 中国电信集团公司、工业和信息化部电信研究院、武汉邮电科学研究院、中兴通讯股份有限公司、华为技术有限公司、北京格林威尔科技发展有限公司、UT斯达康（重庆）通讯有限公司、上海贝尔股份有限公司、北京邮电大学、北京西门子通信网络股份有限公司	韦乐平、沈成彬、王作强、王　波、蒋　铭、任　艳、何小玉、余景文、王成巍、杜　喆
6	《在用局用交换设备计费技术要求和检测方法—固定电话网部分》等4项行业标准 工业和信息化部电信研究院	孟艾立、陈　欣、唐静波、胡晓宇、苏　娜、张大元、张汇钧、戈志勇、周　璟、陈　昱
7	《信息安全运行管理系统总体架构》行业标准 中国移动通信集团公司、国家计算机网络应急技术处理协调中心、北京安氏领信科技发展有限公司	刘　楠、周　智、尤　梦、孙金霞、李　威、黄元飞、舒　敏、李　本、李欣欣、张　瑾
8	《通信网络设备的回收处理要求》等6项国家标准 工业和信息化部电信研究院、中兴通讯股份有限公司、厦门科华恒盛股份有限公司、江苏双登集团有限公司、浙江南都电源动力股份有限公司	蒋京鑫、郭伟祥、吴京文、余　斌、卢春阳、刘　妍、王丽琴、安石妍、杨　帆、李　婷

表7　2009年度“中国通信标准化协会科学技术奖”三等奖

序号	获奖项目名称/获奖单位	获奖者名单
1	《2GHz TD-SCDMA数字蜂窝移动通信网终端设备技术要求》等14项行业标准 工业和信息化部电信研究院、中国移动通信集团公司、大唐移动通信设备有限公司、北京星河亮点通信软件有限责任公司、北京展讯高科通信技术有限公司、北京天碁科技有限公司、天津三星通信技术有限公司	果　敢、石美宪、来志京、朵　灏、田云飞、王海燕、李　波
2	《中国联通GSM/WCDMA数字蜂窝移动通信网技术体制》等26项企业标准 中国联合网络通信有限公司、中讯邮电咨询设计院有限公司	张智江、迟永生、顾旻霞、马红兵、刘申建、贾　川、陈国利
3	《中国联通AVS-IPTV技术规范》企业标准 中国网通集团宽带业务应用国家工程实验室有限公司	滕　勇、高　文、刘红旗、陶蒙华、胡舜耕、张伦泳、姜智峰
4	《电信中心内通信设备的过电压过电流抗力要求》等5项国家及行业标准 中国电信集团公司、广东天乐通信设备有限公司、工业和信息化部电信研究院、爱普科斯电子（孝感）有限公司、上海贝尔股份有限公司	石　莹、刘裕城、陈少川、陈健儿、王华刚、田继清、陆冰松
5	《中国移动TD-SCDMA智能天线阵列设备规范》等3项企业标准 中国移动通信集团公司	王晓云、马　欣、刘　佳、丁海煜、徐晓东、余　立、金　磊
6	《IMS可靠性》国际标准 华为技术有限公司	时书锋、申林飞、梁　枫
7	《ISIS扩展支持MPLS和GMPLS域间流量工程》等2项国际标准 华为技术有限公司、中国移动通信集团公司	张仁海、段晓东、陈国义、夏洪淼
8	《数字移动终端外围接口数据交换第1部分：数据格式技术要求》等2项行业标准	何桂立、史德年、匡晓烜、项宗建、易高雄、陈国乔、杨健

	工业和信息化部电信研究院、华为技术有限公司、成都市奇点软件有限公司	
9	《基于以太网方式的无源光网络（EPON）技术要求》行业标准 工业和信息化部电信研究院、中兴通讯股份有限公司、上海贝尔股份有限公司、UT 斯达康（中国）有限公司、烽火通信科技股份有限公司、华为技术有限公司	陈　洁、敖　立、刘　谦、谢云鹏、张凯宾、宋小燕、何　岩

【2009 年信息产业重大技术发明】

表 8　　2009 年信息产业重大技术发明通信类入选项目

获选项目名称	获选单位
CDMA/GSM 双网双通终端研发项目	中国联合网络通信集团有限公司
项目简介： 该项目属于 CDMA 和 GSM 移动通信终端领域，通过自主研发，成功在一部手机终端上实现了双网双通。该研发首次推出 CDMA/GSM 双网双通终端，消费者在使用手机时，CDMA 和 GSM 两个手机号码可以同时处于开机在线状态，使用其中任何一个号码均能拨打、接听电话和收发短信，也可预设接听和拨打的顺序，以选择优先使用的网络，真正做到了两种移动网络制式在终端侧的融合，而网络侧部不需要任何改动。该研发首次提出了微波暗室下的射频干扰测试方法，自主研发出业界公认难以解决的频率干扰抑制技术，在 5MHz 频率间隔条件下成功抑制了 GSM 对 CDMA 接收机的干扰，在双待机时不会影响用户接听和通话质量。该研发该研发创造性的提出主控模块设计思路和多种实现方案，很好的解决了用户使用两网的诸多复杂协同问题，使得用户可以根据需求任意在双网单通和双网双通之间切换。 该研发项目解决了多年来业界认为在一部手机上无法实现双网双通的全球移动通信领域的难题，在全球首次推出了 CDMA/GSM 双网双通的商业终端，首次形成了国家行业标准和联通企业标准，具有自主知识产权，已正式被国际标准组织 CDG 采纳为世界模手机的基本版本。CDMA/GSM 双网双通终端目前已大量销往国内国外市场（数百万台），引导了终端技术发展趋势，创造了新的终端产业，促进了国家经济发展。	
获选项目名称	获选单位
TD-SCDMA 及其增强型终端一致性测试技术与平台	北京邮电大学、北京星河亮点通信软件有限责任公司
项目简介： 该项目提出了一种具有实际应用价值的可以支持终端协议一致性测试的 TD-SCDMA 及其增强型终端测试系统结构。该系统不仅可以提供协议一致性测试，而且可以模拟网络的基本业务，并且实现了体系架构模块化以具有标准的接口的灵活扩展方式，具备开放的体系结构。该测试平台包括多个功能实体和框架模块，主要由脚本部分、协议部分和应用部分 3 个部分构成，其中脚本部分为为整个测试平台的控制核心，负责完成无线资源管理分配与调度的功能，模拟 3GPP 协议中的 RRC 和 NAS 实体，可以模拟高层的具体信令也可以提供 TTCN 一致性测试。该平台主要用来模拟基站侧的行为并通过脚本来完成终端测试中所需高层的所有的信令测试和实现业务模拟，包括 3G 网络的基本功能、电路域基本过程、分组域基本过程和参考测量信道工程模式基本过程。 该平台的研发成功，打破了国际公司的垄断，支持了国家的基础工业创新并节省了大量外汇，为我国主导的 TD-LTE 系统研究打下良好基础。目前，该项目的成果已广泛应用于 TD 及其增强型终端在不同 TD 网络环境下的各种测试，产生了良好的经济效益和社会效益。	

通信产品质量管理

【工业和信息化部质量工作要点】

一、指导思想

2010 年，要按照胡锦涛总书记关于质量工作“重在落实、重在持之以恒、重在严格管理”的批示精神，深入贯彻落实科学发展观，学习实践中央经济工作精神，通过推动工业产品质量进步，为调结构、上水平，转变经济发展方式，保持工业经济平稳较快发展做出贡献。

在质量工作中，要突出企业的质量主体地位；推动企业建立全员、全过程、全方位的质量管理体系和质量诚信体系；以品种开发、质量提升、品牌创建和服务改善为工作要点，积极推进质量工作。

二、工作重点

在进一步落实《关于加强工业产品质量工作指导意见》（工信部科〔2009〕180 号）的基础上，2010 年质量工作要突出以下四个重点。一是通过加强自主创新能力建设和大力实施名牌战略，推动品种开发和品牌培育工作深入开展；二是通过开展“提高工业产品质量示范项目”和“质量兴业”等活动，推动地方和行业质量进步；三是完成工业产品质量“十二五”规划的编制，为持之以恒地开展质量建设打好基础；四是通过推广先进质量管理方法、加强质量公共服务等工作，提高企业质量管理能力和水平。

三、主要工作内容

（一）制定完善工业产品质量规划和政策法规

按计划完成《工业产品质量“十二五”发展规划》的编制工作。十大行业在编制行业“十二五”规划时，要对行业质量发展提出目标要求和措施；继续推动修订《工业产品质量责任条例》。运用修订完善“产业结构调整指导目录”、重点行业产业政策、行业准入条件等手段，推动工业产品质量进步；组织开展重点工业行业质量指标体系研究，逐步建立工业行业质量水平评价和发布制度。

（二）完善工业产品标准，提高标准符合性水平

继续开展梳理工业行业标准体系和标准的制、修订工作，2010 年要完成 3400 项急需标准的制、修订；在重点行业、重点产品组织开展达标工作的试点，推动企业严格执行强制性标准，引导企业采用推荐性标准，提高工业产品采标率水平，稳定提高产品质量；鼓励行业和企业参与国际标准的制、修订，增强我国在国际标准制定中的话语权和消除标准性的贸易壁垒，并组织开展相关的研究工作，争取逐步形成一批“以我为主”的技术和产品标准。

（三）落实提高产品质量的技术改造和技术创新项目

在技术改造和技术创新项目中，加大对提高产品质量的支持力度。重点安排与新产品开发、产品共性质量问题攻关、提高实物质量水平和增加产品知识产权含量相关的项目；要通过技术改造和技术创新项目，促进企业实现生产改造，增强企业制造能力和工艺水平，保证产品质量稳定提高；要通过技术改造和技术创新项目，支持和引导有关产业领域优化技术攻关组织形式，加大研发投入，集中力量攻克制约我国工业化和信息化发展的关键技术。

（四）发挥行业和地方在质量工作中的作用

指导和帮助地方工信部门落实质量工作职能，积极开展工作。在“提高工业产品质量示范项目”试点工作的基础上，推广开展“示范项目”的活动；以“示范项目”拉动地方质量工作，提高区域性重点产品质量水平和竞争力，促进经济发展；组织工信系统开展质量工作研讨和培训活动，提高地方工信部门质量意识和能力，促进地方质量工作。积极促进和指导行业协会加强质量工作，提高行业质量管理水平；在重点行业组织开展“质量兴业”活动，2010 年将确定 3～5 个行业和领域开展“质量兴业”活动试点；通过发挥行业协会在质量工作中的作用，指导和帮助业内企业提高产品质量和质量管理水平，转变发展方式，增强竞争力，提高行业整体质量和效益。

（五）加强工业产品质量诚信体系的建设

开展对工业产品质量诚信体系的研究工作，并将质量诚信体系纳入社会诚信体系框架；制定和发布食品质量诚信体系的标准，抓好在黑龙江省、河南省分别开展的乳制品和肉类加工企业诚信体系建设的试点工作；鼓励和推动有条件的地区和行业建立完善区域性、行业性的质量诚信体系。

（六）落实“下乡”产品质量保证措施

继续配合财政部、商务部、发展改革委和农业部等部门做好“家电下乡”、“汽车下乡”、“农机下乡”和“建材下乡”产品的质量保证工作；通过产品选点、制定目录、质量监督和签署质量责任协议书等工作，配合有关部门切实保证下乡产品的质量和售后服务水平，维护农村用户的合法权益；对农村消费市场的开发和保持进行研究，巩固和扩大“下乡”政策的效果。

（七）加大扶持中小企业质量发展的力度

积极宣传贯彻《关于推进中小企业质量建设的若干意见》，推动中小企业提高产品质量；加快中小企业公共服务平台的建设，增强平台的质量服务功能和水平。继续开展中小企业公共（技术）服务示范平台的遴选工作，2010 年要建成 150 个公共（技术）服务示范平台；在中小企业银河培训工程中，将质量管理培训作为一项重要内容，2010 年为中小企业培养 300 名全面质量管理普及教育教师；鼓励行业和地方在政策、技术、资源等方面加强对中小企业质量工作的指导和扶持。

（八）推动工业企业提高质量管理能力

积极推动工业企业建立和完善全员、全过程、全方位的质量管理体系，提高企业质量管理的效率和效果，筑牢企业科学管理、严格管理的根基；宣传贯彻《关于推广先进质量管理方法的指导意见》，依靠行业协会和质量协会等组织在重点行业、地区采用多种手段宣传推广适用有效的质量管理方法，逐步改变我国企业管理粗放的状况；鼓励企业推行 ISO9000、ISO22000 等国际质量管理体系标准，切实提高体系运行和认证的有效性；通过实施《关于鼓励工业产品开发品种和技术创新的指导意见》，增强企业产品开发和创新的能力；加强质量控制和技术评价机构管理，为企业提高质量管理能力提供技术保障；开展工业企业质量管理研究，提炼源于我国企业成功实践的质量管理经验并普及推广；组织开展先进质量管理方法及其在我国企业中成功推进的路径研究，为推广先进质量管理方法提供指导和帮助；研究开展评选工业行业质量人才培训示范基地的有关工作，为培养质量人才创造更好的条件。

（九）积极开展消费品领域质量品牌建设

开展对工业消费品品牌建设的研究，制定《加快我国家用电器行业自主品牌建设的指导意见》；组织实施《关于大力推进服装家纺行业自主品牌建设的指导意见》，以服装和家纺行业为切入点，推进自主品牌建设；开展对市场和用户信息收集和分析的研究工作，开展在重点产品领

域的用户评价和市场评价工作，了解和掌握重点产品的顾客满意度和市场认同度，为质量改进和品牌建设打好基础；鼓励有条件的地区、行业和产业聚集区培育区域性、行业性品牌，提升区域和行业质量形象。

（十）做好重点产品质量整治工作

继续配合执法部门，做好相关工业产品质量整治工作；与质检、工商部门配合，对国家监督抽查和国家市场监测的重点工业产品进行质量分析和质量改进活动；做好与有关部门、单位配合，做好农资产品和生产单位的管理，做好农资质量监测和农资打假，提高支农化工产品质量；开展做好通信工程建设领域突出问题的专项治理活动，加强建设中的程序管理、质量责任制和质量通报制度，切实提高通信工程质量；继续开展手机产品的质量整治工作，重点治理手机生产和非法手机交易市场两个源头，制定手机企业售后服务行业标准，维护手机用户的合法权益；会同国家质检总局和工商总局，对手机、电视、计算机商品“三包”规定进行修订。

（十一）组织和支持全国性质量活动

继续作为主办单位之一，会同质检总局、中宣部等有关部门组织开展“全国质量月”活动，共同举办“第十七届中国质量论坛”和“全国工业质量管理和可靠性现场经验交流大会”；支持中国质量协会等组织开展“先进质量方法推广年”、质量管理知识普及教育、用户评价和质量宣传交流等活动；会同宣传部门，广泛开展质量宣传，提高全民质量意识，营造重视质量、关心质量的社会氛围。

【质量信誉建设的指导思想和主要任务】

以科学发展观为指导，按照质量工作要“重在落实、重在持之以恒、重在严格管理”的要求，通过提高工业产品质量信誉，为我国工业调结构、上水平，转变发展方式、提高发展质量和效益奠定坚实基础。

增进沟通配合，加强协调，形成合力，共同开展工作；综合发挥质量法规、规划统筹、政策引导、标准建设、技术改造、执法监督和行业自律等手段的作用，把我国工业产品质量信誉水平提升到一个新的高度。

以加强标准化工作为突破口，为我国工业产品提供具有竞争力的标准支撑，拉动内需、稳定出口；以稳定提高产品质量为基础，保护和提高“中国制造”的国际质量形象；以规范企业自我声明为手段，推动质量信誉建设，促进形成与经济大国地位相称的质量责任意识。

针对当前我国产品质量信誉上存在的突出问题，各有关单位要从以下六个方面，明确任务、采取措施。

一、提高思想认识，加强组织领导

各有关单位要从满足人民需求、增强我国产品竞争力和树立国际质量信誉形象的高度，提高对我国工业产品质量信誉建设工作重要性的认识，做到领导到位、职责落实、目标明确、措施得力，抓出成效。

二、进一步落实企业质量主体责任

要引导企业树立正确的质量责任观、增强企业履行质量责任的能力，让企业把质量主体责任意识融入到企业文化里，落实在经营活动中。要规范企业的自我声明，鼓励企业做出质量承诺，并通过加强监管工作，监督企业兑现承诺。

三、积极推动质量诚信体系建设

质量诚信体系既要促进企业提高质量诚信水平，又要发挥对产品质量和信誉的社会监督作用。要通过加快质量诚信体系的建设，保护诚实守信的企业，制约和惩戒失信企业和行为。

四、加快自主品牌培育

品牌要以质量信誉为基础，质量信誉要通过品牌价值获得市场回报。要发挥技术改造、财政金融、品牌激励等方面政策的作用，推进企业实施商标战略，努力打造知名商标，推动培育自主品牌，为质量信誉建设营造良好的市场环境。

五、提高工业产品质量，维护消费者合法权益

要督促和指导企业通过工业产品质量信誉建设，在开发品种、提升质量、培育品牌和改善服务等方面实现进步，负责任地向消费者提供质量合格的产品。

六、大力加强标准化工作

通过加快我国工业标准的制、修订，开展对标和达标；鼓励参与国际标准的制、修订，增强我国在国际标准制定中的话语权；开展消除贸易技术壁垒的研究等工作，全面提升我国产品标准的总体水平。

（工业和信息化部科技司）

第十三篇　对外合作与交流

综　　述

【深化信息通信领域对外合作与交流】

2009 年，工业和信息化部参与了中美战略与经济对话、第二次中日经济高层对话和第二次中欧经贸高层对话中涉及工业和信息通信领域的工作。举行了中美商贸联委会信息产业对话会议。继续落实中俄总理定期会晤委员会通信与信息技术分委会第七次会议制定的合作计划并召开了分委会第八次会议，确定了新的合作计划。积极推动上合组织信息高速公路项目的进展，中国－吉尔吉斯两国电信运营企业达成了启动中吉光缆建设的共识，吉尔吉斯与乌兹别克光缆将于年内完成对接。与日本总务省举行了通信发展经验与监管政策研讨会，与日本经济产业省举行了第五次中日信息技术和产业政策交流会。继续推动对东盟地区的通信领域合作，部领导率团参加了第四次中国－东盟电信部长会议。参加了第十五次东盟电信监管理事会会议，举办了首次东盟－中日韩通信培训。继续推动大湄公河次区域信息通信合作。与欧盟建立了通信和信息对话机制，并举行了首次有关信息社会政策、互联网管理、通信法律框架的对话与交流，举办了中欧电子商务圆桌会议。召开了中英信息通信政策磋商会议。与新西兰、日本、西班牙、朝鲜、德国、法国和东盟等签署了信息通信领域的合作文件。

【务实参与信息通信领域多边国际事务】

部领导率团出席了国际电联 2009 年世界电信展、亚太电信组织部长级论坛。部组团参加了国际通信卫星组织顾问委员会会议、互联网地址和域名分配组织政府间咨询委员会会议、联合国互联网治理论坛、国际电联世界电信政策论坛、国际电联理事会、亚太经合组织电信工作组会议、亚太电信组织管理委员会会议等信息通信领域国际组织会议。与国际电联合作在华举办了“工业和信息化融合”研讨会。

【做好与台港澳信息通信领域合作与交流工作】

随着两岸经贸交流蓬勃发展，两岸通信业界开展了多种形式的交流合作活动。成立了海峡两岸通信交流协会，举办了第五届和第六届海峡两岸信息产业技术标准论坛、两岸电信业交流合作座谈会、两岸通讯产业合作及交流会议，确定了两岸“无线城市”试点项目等。

组织参加内地与港澳 CEPA 高官会，开展了 CEPA《补充协议六》涉及工业和信息化部的有关工作。签署了港澳通信服务提供者在粤销售电话卡的备忘录，组织和参与粤港电子证书互认框架性意见签署等工作，协同处理了港－深通信市场同城化问题。定期向港澳特区政府电信主管部门通报内地电信业落实 CEPA 进展情况，批准了 4 家香港投资电信企业在内地经营增值电信业务。

（吴锡增）

双边合作与交流

【中英举行信息通信政策交流会】

2009 年 3 月 25 日，工业和信息化部副部长奚国华与英国商业、企业和制度改革部国务大臣史蒂芬•卡特在京共同主持了中英信息通信政策交流会，双方就通信政策、电信体制改革和第三代移动通信发展、世界通信业发展情况、下一代网络、互联网治理、电信监管、奥运无线电频率管理以及加强部际合作等交换了意见。

交流会上，奚副部长还重点介绍了 2008 年中国工业经济及信息产业发展情况和中国政府为应对国际金融危机采取的一系列政策措施。

交流会后，奚国华副部长与英国商业、企业和制度改革部国务大臣史蒂芬•卡特共同出席了工业和信息化部电信研究院与英国通信管理局签署合作备忘录的仪式。

（罗俊章）

【中日举行第五次信息技术与产业政策交流会】

2009 年 4 月 26～29 日，工业和信息化部国际合作司司长陈因率部节能与综合利用司、电子产品司、软件服务业司、国际合作司组成的代表团赴日本东京参加了第五次中日信息技术与产业政策交流会，并会见了日本总务省、经济产业省相关官员。陈因司长与日本经产省情报通信局局长近藤贤二共同主持了 IT 产业政策交流会。会议围绕金融危机下电子信息产业发展情况和应对措施、绿色 IT、软件产业、信息安全、新技术发展及应用政策等五个议题展开。

日方重点介绍了面对金融危机日本的 IT 政策，主要包括就业对策、金融对策以及提前实施投资项目等措施，绿色 IT 计划的开展情况，特别是“领跑者”制度；信息服务及软件产业的动向、软件产业国际外包状况；运用电子标签和无线电技术开展提高产品安全及促进产品回收再利用的相关工作等。

中方重点介绍了全球金融危机对中国电子信息产业

的影响以及应对措施，包括电子信息产业调整与振兴规划、家电下乡工程等相关情况，《电子信息产品污染控制管理办法》、《电子信息产品污染控制管理目录》、《废弃电器电子产品回收处理管理条例》以及能效标识制度，国家软件产业的政策环境、产业发展特点、人才培养体系等内容，TD-SCDMA 产业发展情况和鼓励发展的有关政策。还简要介绍了多载波无线信息本地环路、薄膜太阳能电池的发展及政策等。

（李圆）

【中欧电子商务圆桌会议在京举行】

2009 年 6 月 24 日，工业和信息化部与欧盟驻华代表团、欧盟贸易总司在京举行了中国－欧盟电子商务圆桌会议。工业和信息化部副部长杨学山与欧盟驻华代表团大使赛日•安博共同主持了会议。杨副部长在会上做了主旨发言，介绍了中国电子商务发展情况。会上，中国和欧盟有关从事电信服务和电子商务业务的企业代表就电子商务总体设计与政策框架、法律法规、市场监管及发展环境、中欧企业应用电子商务发展的经验等进行了交流。

（罗俊章）

【奚国华副部长出席中俄通信与信息技术分委会第八次会议】

2009 年 7 月 22～25 日，工业和信息化部副部长奚国华率团赴俄罗斯伊尔库茨克出席中俄总理定期会晤委员会通信与信息技术分委会第八次会议.

会议通报了中俄两国在通信和信息技术领域的最新发展情况，总结了中俄通信与信息技术分委会第七次会议以来双方在上述各领域开展的合作情况，确定了下一年度的合作方向。会后，中国邮政集团公司与俄罗斯邮政统一企业代表签署了《中国黑河对俄罗斯布拉格维申斯克边境包裹交换业务合作议定书》，奚副部长和俄通信与大众传媒部副部长纳乌姆签署了《中俄总理定期会晤委员会通信与信息技术分委会第八次会议纪要》。

会议取得以下成果：

一、关于电信合作

分委会在肯定两国电信运营企业在扩大跨境话务交换和数据传输量以及现有跨境通信线路扩容项目合作取得成果的同时，支持双方企业加快实施从中国黑河至俄罗斯布拉格维申斯克国际陆缆传输系统进一步扩容工程项目；支持两国电信运营企业在互惠互利基础上继续就国际固定话音业务结算价问题进行磋商。

中俄移动通信领域合作取得进展，双方电信运营企业商定在边境地区扩大话务交换和数据传输量、组织实施优惠的漫游业务、增加业务合作种类，并且在国际漫游反欺诈方面开展合作。

二、关于无线电频率协调

分委会肯定两国无线电频率协调部门在有效使用无线电频谱、频率指配协调、开展边境地区地面数字电视广播、对边境地区 GSM-900MHz 网络参数调整工作和两国筹备 2011 年世界无线电大会等方面所做的大量工作和取得的合作成果。分委会成功协调解决了中俄原油管道地面对讲机、固定微波通信系统使用频率问题，同意为中俄原油管道顺利开通提供适时的通信保障。

双方商定加速中俄全国电视和米波调频广播台站频率指配协调工作进程，加大协调力度，争取在 2010 年完成这一工作。

三、关于信息技术合作

分委会对两国信息技术主管部门及企业进一步开展互惠互利的合作表示了支持。同意双方依据两国现行法律法规，在建立信息产业园方面相互协作。

双方同意支持两国企业参加对方组织的国际展会，并商定在举办相关国际展会期间组织双方企业开展务实合作。

四、关于邮政合作

分委会对两国政府邮政主管部门在保障普遍服务实施、提高邮政服务质量、研究市场发展变化以及建立公平的市场竞争环境方面所进行的交流工作给予了肯定。

双方邮政企业商定进一步扩大边境包裹业务合作，在 2010 年 1 月前开办中国黑河至俄罗斯布拉格维申斯克的边境交换业务；将于近期就开办中国满洲里至俄罗斯赤塔间边境包裹业务的可行性进行研究。双方还商定将采取积极措施，扩大通过万国邮政联盟国际金融业务系统交换开办电子汇兑的业务量。

会议期间，中俄两国邮政企业签署了《中国黑河对俄罗斯布拉格维申斯克边境包裹交换业务合作议定书》。

五、关于加强双方在上海合作组织内通信项目的合作

俄联邦委员会前副主席、伊尔库茨克州州长德米特里•梅津采夫出席了分委会会议并致辞。作为上合组织实业家委员会主席，梅津采夫表示十分关注上合组织内通信合作项目的发展，提出希望中俄两国加强合作，推进上合组织目前正在开展和计划开展的电子签名与上合信息高速公路项目。奚副部长表示，上合信息高速公路项目旨在推动中亚地区通信的发展，中俄鼎力合作是该项目取得成功的重要基础，中方将积极推进该项目，也希望梅津采夫发挥其在上合组织的影响力，推动上合信息高速公路项目的进展。

（何萍）

【中日通信发展经验及监管政策研讨会在京举行】

2009 年 8 月 4 日，工业和信息化部与日本总务省在京共同举办了中日通信发展经验及监管政策研讨会。

会上，中方分别以“中国通信业发展及电信企业重组情况”和“中国电信市场开放政策”为题，介绍了目前中国通信行业发展整体情况、国内电信行业重组情况及中国电信市场对外开放政策等内容，对目前中国国内通信行业

主要政策法规、开放成效以及未来合作方式等情况进行了详细的说明。中方还以“电信基础设施共建共享”为题从推进共建共享的背景、要求及实施情况等方面以量化的方式进行了介绍。此外，中方还从政策、技术等角度详细介绍了号码携带以及垃圾短信治理情况。

日方首先介绍了日本通信市场发展基本情况、宽带竞争政策，并阐述了日本制定的与 IBM“智慧地球”概念类似的“无处不在智慧网络社会”发展战略。此外，日方还介绍了目前日本通信行业非对称管制、互联互通、虚拟运营、号码携带政策、垃圾短信和垃圾邮件的治理政策等情况。

研讨会由工业和信息化部国际合作司司长陈因和日本总务省综合通信基础局局长樱井俊共同主持。部通信发展司、电信管理局、国际合作司、电信研究院及日本总务省、相关研究机构共 40 余人参加了会议。

（李圆）

【中美商贸联委会信息产业对话会议在京举行】

2009 年 9 月 11 日，中美商贸联委会信息产业对话 2009 年度会议在北京举行。双方就电信市场准入、电信设备进网许可和型号核准、数字电视标准专利、3G 标准与频率规划等问题进行了交流。中方还就美国《电信法》对移动牌照间接控股规定的问题、美国外国投资委员会（CFIUS）对电信业的安全审查问题、美国 ATSC 标准数字电视中的专利问题等表示了关注，表示希望美方多做有利于促进两国经贸合作的事情，不要借国家安全、知识产权等名义为中美经贸关系发展设置障碍。

此次会议继续了中美商贸联委会原信息产业工作组框架下双方就信息产业交流与合作开展的对话，并就第 20 届中美商贸联委会建议成果深入交换了意见，对继续深化中美信息通信领域对话合作并做好联委会相关准备工作起到了积极作用。

会议由工业和信息化部国际合作司副司长赵永红和通信发展司副司长陈家春与美国贸易代表办公室副助理贸易代表乔纳森•麦考尔和商务部国际贸易局技术与电子商务办公室副主任斯科特•马修斯共同主持，部科学技术司、电子产品司、通信发展司、电信管理局、无线电管理局、国际合作司及美贸易代表办公室、商务部和驻华使馆相关人员近 30 人参加了会议。

（杨盛）

【首次东盟－中日韩人力资源开发研讨班在西安举行】

为落实 2007 年 11 月在新加坡举行的第 11 次东盟与中日韩（10+3）领导人会议的相关倡议，首次东盟－中日韩面向农村通信的人力资源开发研讨班于 2009 年 9 月 22～27 日在西安举行。研讨班由中国工业和信息化部、日本总务省、韩国广播通信委员会共同主办，由西安邮电学院承办，主题为“发展农村通信，缩小数字鸿沟”。

研讨班于 2006 年 3 月在第四次中日韩信息通信部长会议上首次提出，旨在由中日韩三方发挥各自优势，面向东盟国家合作举办信息通信人力资源开发培训班，培训项目轮流在中日韩三国举行，三方共同选派专家参与课程设计与授课。2007 年 6 月，在韩国首尔举行的第二次中日韩国际合作工作组会议确定首期东盟－中日韩人力资源开发项目在中国举行，主题为“发展农村通信，缩小数字鸿沟”。该研讨班原定于 2008 年 5 月在西安举行，后因四川汶川特大地震波及西安而推迟。

研讨班就发展农村通信的技术选择及政府推动农村通信的政策、提高农村人口 IT 素质的途径及解决方案、运营商在推动农村通信建设中的责任与表现、各国发展农村通信的模式等问题进行了探讨，并参观了西安市长安区的农村通信。东盟 9 个成员国和东盟秘书处的 27 名代表以及来自中日韩的 10 位专家与企业高层人员参加了研讨班。

（杨盛）

【杨学山副部长出席第四次中国－东盟电信部长会议】

2009 年 10 月 15～18 日，应老挝国家邮政电信署副署长帕达佩•塞亚空邀请，工业和信息化部副部长杨学山率团赴老挝参加了第四次中国－东盟电信部长会议。

第四次中国－东盟电信部长会议在第九次东盟电信部长会议期间举行，会议由杨学山副部长和老挝国家邮政电信署署长坎銮•西拉空共同主持。杨副部长在会上作了主旨发言，总结了自 2008 年 8 月在印尼举行第三次中国－东盟电信部长会议以来双方交流与合作取得的新进展，通报了中国 3G 牌照发放情况，围绕第九次东盟电信部长会议主题“促进全东盟实现宽带化”介绍了中国宽带化发展经验，并就进一步推动落实中国国家领导人有关倡议、深化中国－东盟面向共同发展的信息通信领域伙伴关系提出了相关合作建议。

会议积极评价了过去一年双方合作成果，对中方发挥的积极作用和给予东盟国家的支持表示高度赞赏。会议同意双方继续推动业界完善信息高速公路建设，继续推动农村通信基础设施建设、网络安全、人力资源开发等领域的交流与合作，并同意将合作范围扩展到农村信息技术应用及远程医疗、信息技术在工业领域的应用等新的领域，以进一步挖掘双方合作潜力，提高合作水平。

会议正式审议通过了《中国－东盟电信监管理事会关于网络安全问题的合作框架》及《中国-东盟 2009～2010 年通信领域合作计划》。《合作框架》确定了双方将通过建立信息交流渠道、互访、事故处理协作等方式，联合打击网络滥用、解决网络威胁、提升网络安全，以促进双方在网络安全领域加强合作。

会议期间，杨副部长分别与老挝国家邮政电信署署长坎銮•西拉空、老挝教育部部长宋果•芒诺梅、韩国广播通信委员会常任委员洪泰健举行了双边会谈。坎銮•西拉空感谢中方对老挝信息通信建设的支持，并希望中方继续向老挝提供经验普及、人员培训等方面的支持。宋果•芒诺梅表示，老挝将在教育领域更多的应用信息通信技术，希望在此领域学习中国经验。洪泰健赞扬了中国在通信领域所取得的成就，并希望与中方恢复中韩通信部长级定期对话。

（李圆）

【中日韩信息通信合作工作组举行第三次会议】

2009年12月1～2日，工业和信息化部国际合作司副司长赵永红率团赴韩国首尔参加了第三次中日韩信息通信国际合作工作组会议。会议由韩国广播通信委员会国际合作局局长朴基勋主持，日本总务省情报通信国际战略局局长谷重男率团参加了会议。

会上，韩方代表中日韩三方对中日韩信息通信领域的合作情况进行了回顾，中方介绍了2009年9月在西安举行的首次东盟－中日韩（10+3）面向农村通信的人力资源开发研讨班的情况。会议讨论了中日韩信息通信领域合作机制重组、未来三方合作领域及拟于2010年召开的第五次中日韩信息通信部长会议的相关安排等问题，并签署了《会议纪要》。

（李圆）

【中－委高委会第八次会议及科技和航天分委会会议】

2009年12月18～25日，工业和信息化部国际合作司副司长赵永红等赴委内瑞拉加拉加斯参加了中国－委内瑞拉高层合作委员会第八次会议及科技和航天分委会会议。

中－委高委会第八次会议于12月20～22日在加拉加斯举行，由国家发改委主任张平与委计划发展部部长豪尔赫•希奥尔达尼共同主持，查韦斯总统出席闭幕式并致辞。会议期间，双方签署了石油、融资、电站建设、灌溉设施、水产养殖、通信网络、公务员培训等29项合作文件。

中委科技和航天分委会会议由赵永红副司长及委内瑞拉科技和中间产业部副部长卡林 • 格瑞纳蒂罗、爱夫仁•马丁•派曼梯勒共同主持。双方就工业和通信业的合作项目及分委会更名事宜进行了交流。分委会会议内容以会议纪要形式报告了高委会。

分委会就华为公司与委内瑞拉外交部机要中心合作项目、与委内瑞拉国家传送接入网互联互通合作项目、“第八个电信普遍服务——国家传输网OPSUT项目”、卫星电视项目和国际互联传输项目、古巴－委内瑞拉－牙买加海缆项目等通信项目进行了商谈。

经协商，双方同意将“科技和航天合作分委会”更名为“科技、工业和航天合作分委会”。双方表示将致力于推进中委工业、通信业和航天领域的相关合作。

（李圆）

多边合作与交流

【APEC第39次电信工作组会议在新加坡召开】

亚太经合组织（APEC）第39次电信工作组会议于2009年4月13～18日在新加坡召开。工业和信息化部国际合作司、电信管理局、通信保障局、电信研究院、国家计算机应急处理协调中心、北京邮电大学等单位组成的中国代表团出席了会议。APEC 21个成员经济体中除俄罗斯、巴布新几内亚外均派代表参加了会议。

会议审议了各经济体电信设备相互认可（MRA）实施进展以及电信设备技术要求等效性互认可（即“新MRA”）文本的制定工作；讨论了宽带普遍接入、下一代网络发展、海底光缆保护等问题，并与OECD联合举办了“保护未成年人健康网络环境”研讨会，通过了北京邮电大学提出的举办IPv6研讨会等项目建议。为明确电信工作组未来工作重点和方向，会议决定成立起草小组研究制定电信工作组未来几年工作的长期战略规划。

在会议最后一天的全会上，工业和信息化部国际合作司国际组织处处长刘子平正式接任APEC电信工作组主席一职，任期两年。这是中国第一次担任该组织主席。

（蔡国雷）

【国际电联世界电信政策论坛在里斯本举行】

国际电信联盟第四届世界电信政策论坛于2009年4月22～24日在葡萄牙里斯本举行。工业和信息化部国际合作司副司长赵永红率团与会。

国际电联118个成员国、44个部门成员、5个联合国机构的代表及75位公众代表共850多人参加了会议。其中，部长19人、副部长9人、电信监管机构主席40多人。葡萄牙总理若泽•苏格拉底出席闭幕式并发言，葡萄牙国务秘书兼公共设施与通信部副部长保罗•康伯斯任论坛主席。美国、俄罗斯、挪威、加蓬、印度和叙利亚任论坛副主席。论坛围绕与互联网相关的公共政策问题、下一代网络、新近出现的电信政策与监管问题、《国际电信规则》等四个主题进行了讨论，并审议通过了6个《意见》，亦称为“里斯本共识”：（1）关于互联网相关的公共政策问题；（2）关于下一代网络及先进宽带接入出现所带来的影响；（3）关于信息通信技术（ICT）与环境；（4）关于树立使用ICT的信心和提高安全性的协作战略；（5）关于有助于采用IPv6的能力建设；（6）关于《国际电信规则》。

国际电联在本届论坛召开之前举行了为期一天、主题为“面对危机”的ICT战略对话，探讨ICT产业应对金融危机的战略及如何通过ICT杠杆作用促进其它领域的经济复苏。28位来自政府部门、管制机构、跨国企业、国际组织和研究机构的嘉宾就上述议题发表了意见。

（张晓雷）

【互联网域名与地址分配机构咨询委员会会议在悉尼举行】

工业和信息化部国际合作司司长陈因率由部电信管理局、国际合作司、电信研究院等单位组成的代表团出席了于2009年6月20～26日在澳大利亚悉尼召开的互联网域名地址分配机构（ICANN）政府咨询委员会（GAC），并与ICANN总裁就加强双方合作、进一步落实双方共识等问题交换了意见。电信管理局调研员崔淑田作为中国政府代表参与了会议有关中文顶级域名问题的讨论。本次会议是原信息产业部自2002年终止参与GAC活动以来首次与会。

（唐子才）

【APEC第40次电信工作组会议在墨西哥召开】

亚太经合组织（APEC）第40次电信工作组会议于2009年9月24～30日在墨西哥坎昆召开。由工业和信息化部国际合作司、通信保障局、电信研究院、国家计算机应急处理协调中心、北京邮电大学等单位组成的中国代表团出席了会议。墨西哥通信与交通部部长阿卡西多斯和联邦通信委员会委员阿罗多出席会议开幕式并致辞。

会议讨论了MRA实施及新MRA制定工作，选举了新的任务组主席（中国香港）；举办了IPv6、ICT投资和国际漫游费等专题研讨会，并就提高网络安全意识、防范网络色情对儿童的侵害、防范网络恐怖活动等网络安全等议题进行了讨论。北京邮电大学牵头组织了IPv6研讨会。，就IPv6技术、政策、发展战略以及宽带接入和应用等问题进行了探讨。

工业和信息化部国际合作司国际组织处处长刘子平作为电信工作组主席主持了全会、代表团团长会议和执行委员会会议等，妥善处理了下次工作组会议承办方、工作组副主席人选和工作组2015年战略规划起草工作等问题。

（蔡国雷）

【郭炎炎组长出席2009年世界电信展】

2009年10月4～9日，工业和信息化部党组成员、中央纪律检查委员会驻部纪检组组长郭炎炎率团出席了在瑞士日内瓦举办的国际电信联盟2009年世界电信展暨论坛大会。世界电信展暨论坛大会是由国际电联每三至四年举办一次的信息通信展览会。联合国秘书长潘基文、卢旺达总统保罗•卡加梅出席开幕式并致辞。来自50个国家的400多个参展商以及150个国家的近千余人参加了展会，80多个国家派部级代表团与会。潘基文在致辞中呼吁各方利用信息通信技术促进人类和平、人权和社会发展，卡加梅强调应重视解决日益扩大的数字鸿沟问题。

本届展会以“开放网络，联接思维”为主题，展示了当今信息通信领域最新技术和应用发展成果，研讨了如何应对当前经济危机、气候变化、数字鸿沟等全球性挑战，强调利用信息通信技术促进全球工业贸易增长和经济复苏。

展会期间，郭炎炎组长出席了展会开幕式，参观了中国移动、大唐电信、中兴等公司的展台，详细了解了TD-SCDMA及TD-LTE技术发展以及我国企业在新技术研发方面的工作情况。应邀出席了中国移动、TD产业联盟与国际电联联合举办的TD-LTE产业论坛，并在论坛发言。他在发言中介绍了中国政府有关发展TD-SCDMA第三代移动通信的政策及取得的成果，表明了中国政府支持TD-SCDMA及TD-LTE发展的积极态度。

展会期间，郭炎炎组长还会见了国际电联秘书长哈玛德•图埃、美国国务院负责信息通信事务的新任大使、阿尔及利亚通信部长、埃及通信部长。

（唐子才）

【国际电联2009年理事会在日内瓦召开】

国际电信联盟2009年理事会于10月19～30日在瑞士日内瓦举行。工业和信息化部派团与会。共有来自46个理事国和35个观察员国的360余名代表出席了会议。加纳通信部长任主席，印度任副主席。会议讨论研究了国际电联的总体政策、战略和规划，审议批准了理事会各工作组的报告和建议，审议研究了国际电联人财物和机构改革等管理运行问题，讨论确定了国际电联未来活动等以及成员问题等。共审议107份文件，讨论研究了45个重大问题，通过了6项决议，成立了4个理事会工作组。

理事会审议批准了国际电联2010～2011年双年度预算，确定成员国会费单位值为31.8万瑞郎；部门成员会费单位值为6.36万瑞郎。本着将战略规划、财务规划和运作规划挂钩、确保资源合理分配原则，理事会将2010～2011年3.33亿瑞郎预算拨款至总秘书处和各部门。会议还讨论了以最低标准（1/32会费单位，约1987瑞郎）接纳学术界、大学及其附属研究机构参加国际电联标准化部门工作，并将其推广至无线电通信部门和电信发展部门的相关建议。会议请理事会财务规则工作组开展研究，并由2010年理事会根据该工作组报告向2010年国际电联全权代表大会提出建议。

关于国际电联的运作和管理，会议讨论了国际电联基本文件问题。会议决定就此广泛征求各成员国意见，将研究结果提交2010年理事会和全权代表大会讨论。

会议对国际电联2008～2011年战略规划的实施表示认可，并通过决议成立了理事会工作组，着手制订国际电联2012～2015年战略规划。理事会围绕国际电联电信展财务、规模、形式、频度等问题进行了讨论。会议听取了电信标准化局主任有关国际电联开展合规性和互操作性措施研究、向发展中国家提供的帮助和可能的未来国际电联标志计划问题的报告，请国际电联相关部门继续开展研究。关于《国际电信规则》问题，理事会根据多数理事国意见成立了向所有成员国、部门成员开放的理事会WCIT-12筹备工作组，正式启动国际电信世界大会筹备工作。

（张晓雷）

【娄勤俭副部长赴印尼出席亚太电信组织部长级会议】

2009 年 11 月 11～15 日，工业和信息化部副部长娄勤俭率团赴印度尼西亚巴厘岛出席了亚太电信组织部长级会议。

本次会议是继 2004 年亚太电信组织“宽带及信息通信技术发展”部长级会议之后召开的一次以宽带发展为主题的亚太地区高级别会议，亚太地区 20 多个国家通信主管部门部级官员率团出席了会议。国际电联秘书长图埃、印度尼西亚通信和信息技术部部长迪法杜尔•森比林、亚太电信组织秘书长山田敏之出席了会议开幕式并致辞。会议讨论了促进宽带普遍连接、提升网络安全以及如何利用宽带通信技术进一步促进亚太地区各国通信发展等问题，并审议通过了《巴厘宣言》和《行动计划》两份成果文件。

在大会全会上，包括中国在内的 20 多个国家代表团团长就如何促进宽带普遍连接、发展宽带经济等问题做了主旨发言。娄勤俭副部长在题为《实现宽带普遍接入 推动宽带经济发展》的主旨发言中，围绕本次部长级会议主题“加强区域合作，迈向宽带经济”，介绍了中国宽带通信的发展政策和成果，通报了自 2004 年以来中国在发展农村通信方面取得的新进展，呼吁亚太各国立足本国国情、采取积极措施进一步缩小“数字鸿沟”，并通过加强区域合作等方式推动本地区宽带通信发展。

各国代表认为，促进普遍连接、提升网络安全以及促进融合发展符合未来宽带通信发展趋势，有利于各国加快信息通信发展步伐，缩小“数字鸿沟”，实现互利共赢。在国际合作方面，斐济等国代表在发言中对中国通信领域近年来取得的成绩表示祝贺，同时赞扬中国在促进发展中国家人力资源建设方面发挥的积极作用，并呼吁本地区发达国家进一步加强对发展中成员国在技术标准培训和设备网络建设方面的援助力度以及在普遍服务和市场监管等方面的经验共享。亚太电信组织秘书长山田敏之在致辞中对中国政府为促进亚太地区信息通信技术发展、支持本地区发展中国家人力资源建设方面所做出的努力表示感谢。

会议期间，娄勤俭副部长还分别与印度尼西亚通信和信息技术部部长迪法杜尔•森比林、亚太电信组织秘书长山田敏之等举行了会谈，就进一步加强双方通信领域合作等事宜交换了意见。

（孙颖）

【联合国第四届互联网治理论坛在埃及举行】

工业和信息化部国际合作司司长陈因率由外交部、驻埃及使馆、国务院新闻办及部电信管理局、通信保障局等单位组成的中国代表团出席了 2009 年 11 月 15～18 日在埃及沙姆沙伊赫召开的联合国互联网治理论坛（IGF）第四届会议。96 个国家 600 余名政府代表以及私营部门、民间机构等共计 1800 多名代表出席了会议。埃总理纳齐夫、联合国副秘书长沙祖康、埃通信部长卡麦尔（大会主席）等出席开幕式并致辞。埃总理在致辞中介绍了埃信息通信发展政策和成就，强调了信息通信技术对埃经济社会发展的贡献。埃总统夫人苏珊•穆巴拉克出席东道国荣誉会议并致辞。

本次会议主题为“互联网治理：为所有人创造机遇”，主会场分设“互联网关键资源管理”、“安全、开放和隐私”、“接入和多样性”、“峰会原则下的互联网治理”以及“IGF 延续”等五个主议题，分会场召开了近百场经 IGF 秘书处批准并由各利益攸关方主办的研讨会，内容涉及互联网资源管理、网络犯罪、接入费用、本地内容开发、社交网络、隐私和内容保护、信息自由流动和非法内容监管等问题。

美国、瑞士、瑞典、法国、斯洛文尼亚、巴西、安哥拉、肯尼亚、孟加拉和欧盟派出了部级代表团与会。联合国教科文组织、联合国信息通信与发展全球联盟以及互联网域名地址分配机构（ICANN）、亚太网络信息中心（APNIC）等国际和区域组织、非政府组织、民间社会以及相关研究机构、大学等参会。

（唐子才）

【部与国际电联联合举办国际研讨会】

2009 年 11 月 19～20 日，工业和信息化部与国际电信联盟在广州联合举办了“工业与信息化融合”国际研讨会。奚国华副部长出席研讨会开幕式并致辞。奚副部长在致辞中就工业与信息化融合提出了四点看法，第一，加强战略研究，明确信息化和工业化融合的目标和方向。第二，找准切入点，推进信息化与工业化融合取得实效。第三，加快信息产业发展，为信息化和工业化的融合奠定坚实的基础。第四，加强各方协同，形成工业化和信息化融合的合力。

来自国际电信联盟、联合国贸易与发展会议（UNCTAD）、英国 GSM 协会、亚洲经济团体基金会等国际组织和英国、澳大利亚、印度、蒙古、印度尼西亚以及中国香港的电信监管部门、科研机构和电信运营企业的 10 多位知名专家和中国内地相关单位的代表在会议发言。

本次研讨会是 2008 年 3 月工业和信息化部成立以来首次与国际电联联合举办电信政策研讨会。部机关相关司局和直属单位、各省市区通信管理局负责同志参加了会议。此前，原信息产业部与国际电联已经连续合作举办了 6 次此类研讨会。

（唐子才）

与台港澳合作交流

【海峡两岸通信业交流合作情况】

2009 年 4 月，台湾电信产业发展协会理事长吕学锦率团访问大陆。中华电信、大哥大、远传、台湾固网、威宝电信等台湾 5 家主要电信公司均派员参团，代表团与中国通信企业协会共同举办“两岸电信业交流合作座谈会”，双方就新形势下两岸电信产业合作发展进行了深入探讨，两岸业者对建设两岸直达海缆达成共识，并将积极推动实施。代表团还参访了中国电信、中国移动、中国联通。中国电信集团公司总经理王晓初、中国移动通信集团公司总经理王建宙、中国联合网络通信集团公司董事长常小兵等分别会见代表团成员，介绍了本公司的发展状况，提出进一步加强两岸电信业交流合作意向。

2009 年 6 月，中国通信企业协会会长刘立清率团赴台，与台湾工业技术研究院共同举办“2009 两岸通讯产业合作及交流会议”，中国电信、中国移动、中国联通、大唐电信、华为、中兴通讯等大陆企业派员参团。双方就两岸通信业的现状及发展趋势、电信技术及网络发展趋势等相关政策、两岸通信产业未来交流合作建议等议题进行了深入研讨和交流，中国通信企业协会与大唐电信分别与台湾工业技术研究院签署了会议纪要和在台设立 TD-SCDMA 试验网的合作备忘录。

2009 年 8 月，国台办确定了两岸产业合作 3 个试点项目，作为“无线城市“试点项目的牵头单位，工业和信息化部会同国务院台办、国家发展改革委组成该项目协调小组，工业和信息化部电信研究院牵头成立项目工作小组。协调小组先后召开两次会议，研究推进无线城市试点项目相关工作。工作小组提出了试点城市、合作内容、合作模式等建议。2009 年 12 月，两岸工作组在北京联合召开第一次会议，共同研究了两岸无线城市试点项目候选城市、合作内容及合作方式。

（杨少丽、杜晓雁、王超楠）

【海峡两岸通信交流协会成立】

2009 年 8 月 26 日，海峡两岸通信交流协会成立暨第一届全体会员大会在京召开，奚国华副部长出席大会并讲话，中国通信学会理事长周德强、民政部民间组织管理局副局长杨岳等出席了大会。

会议讨论并通过了协会《章程》等文件，选举产生了协会理事长、副理事长、秘书长。中国电信集团公司副总经理李平当选协会理事长，工业和信息化部国际合作司（港澳台办公室）司长陈因当选协会常务副理事长兼秘书长，中国移动通信集团公司副总经理刘爱力、中国联合网络通信集团公司副董事长兼副总经理左迅生当选副理事长，理事会聘请中国通信学会理事长、原信息产业部副部长周德强任协会名誉理事长。

国台办、商务部、农业部、国家旅游局、国家邮政局等部门及相关协会的代表到会表示祝贺。中国通信企业协会副会长杜肤生代表中国通信企业协会、中国通信学会、中国通信标准化协会、中国通信体育协会、中国互联网协会、中国无线电协会在会上宣读了贺词，台湾海峡交流基金会董事长江丙坤、台湾电信产业发展协会理事长吕学锦、台湾区电机电子工业同业公会理事长焦佑钧、台北市电脑商业同业公会理事长王振堂等发来了贺信、贺电。

该协会是由大陆通信业界单位和个人自愿结成的行业性、非营利性社团组织，共有会员 110 个，其中团体会员 23 个，个人会员 87 个，理事 35 位。

根据协会章程，协会的宗旨是研究海峡两岸通信，促进两岸通信业务的不断发展及两岸通信界的交流与合作。协会业务范围：一是对海峡两岸通电（信）及所衍生的各项业务经济技术问题进行调查和研究，经政府有关部门委托，为政府主管部门制定产业政策、法律法规，以及为两岸通信企业合作发展等提供意见和建议；二是接受政府有关部门委托，与台湾相应民间团体商谈两岸通信活动中的各项经济技术和业务合作问题，切实保障两岸通信用户的权益；三是研究两岸通信业发展、改革、服务和经营管理方面的新思路、新途径和新方法，与台湾相应的民间机构合作，组织两岸通信业务技术研讨、合作与交流活动；四是及时跟踪了解世界通信业发展动向和技术进步趋势，根据两岸企业的需要，组织开展新技术、新业务培训，提高两岸通信企业的管理水平和研发水平；五是与台湾有关民间机构、工商团体建立关系，通过研讨会和专业性、技术性对口磋商等各种形式促进两岸信息产业的合作与发展；六是依照有关规定编写两岸业界交流的相关资料，促进两岸业界的交流与合作；七是承办政府主管部门交办或委托的其他工作及会员单位、其他社会团体委托的有关事项。

“海峡两岸通信交流协会”的成立，符合两岸关系和平发展的主题，顺应两岸通信交流合作的发展态势。

（杜晓雁）

【内地与港澳合作交流情况】

一、内地与港澳 CEPA 工作

（一）CEPA《补充协议六》有关信息产业内容。2009 年 5 月 9 日和 5 月 11 日，内地与香港、澳门特区政府分别签署 CEPA《补充协议六》，其中涉及信息通信领域的内容为：自 2009 年 10 月 1 日起，允许香港/澳门服务提供者在广东省销售只能在香港/澳门适用的固定/移动电话卡（不包括卫星移动电话卡）。

2009 年 9 月 21 日，工业和信息化部通信发展司司长王占甫、广东省通信管理局局长古伟中与香港电讯管理局局长黎陈芷娟签署了《关于香港服务提供者在广东省销售香港电话卡的备忘录》。次日，王占甫、古伟中与澳门电信管理局局长陶永强签署了《关于澳门服务提供者在广东省销售澳门电话卡的备忘录》；同期，广东省通信管理局发布了港澳服务提供者在广东省销售香港电话卡的具体指导办法。

（二）落实 CEPA 工作进展

（1）截至 2009 年底，工业和信息化部共批准 4 家香港投资电信企业在内地经营增值电信业务，这 4 家企业为网通宽带网络有限责任公司、太平洋电信（深圳）有限公司、东方口岸科技有限公司、北京鸿联九五信息产业有限公司。截止 2009 年底，尚未接到澳门企业与内地合资经营 6 项增值电信业务的申请。

（2）计算机信息系统集成企业资质认定：2009 年，工业和信息化部完成了对 4 家香港特区计算机信息系统集成资质企业的年度监督检查；认定了香港 2 名计算机信息系统集成项目经理资质人员；截至 2009 年底，共认定了 5 家香港特区计算机信息系统集成资质企业。

（3）计算机技术及软件专业技术资格（水平）考试：香港特区有 26 人、澳门特区有 4 人报名参加考试，香港特区有 21 人、澳门特区 1 人通过考试。

（4）电子商务领域：根据 CEPA《补充协议五》相关规定，2009 年 6 月，工业和信息化部信息安全协调司司长周宝源、广东省信息产业厅厅长温国辉、香港特区商务及经济发展局常任秘书长（通讯及科技）柏志高共同签署了《粤港两地电子签名证书互认的框架性意见》。两地还就粤港电子签名互认试点项目申请程序进行了认真研究。

二、内地与港澳交流情况

2009 年，香港特区商务及经济发展局常任秘书长（通讯及科技）柏志高、香港电讯管理局局长黎陈芷娟、香港工业总会主席陈镇仁、香港商业总会中国委员会主席黄照明、香港中华厂商联合会主席尹德胜以及澳门电信管理局局长陶永强等先后率团访问工业和信息化部，就加强内地与港澳地区工业和信息化领域交流与合作交换了意见。

（甄芳洁）

通信企业实施国际化战略

【主要通信运营企业开拓海外市场情况】

中国电信集团公司在海外公司不断壮大，注册成立了日本分公司并获得了二类电信业务牌照，设立了加拿大公司和越南、印尼代表处；新建了 ChinaNet 华盛顿和迈阿密节点和 CN2 多伦多、西雅图、迪拜、胡志明市、河内节点。至 2009 年底，已在美国、香港、英国、新加坡、哈萨克斯坦、俄罗斯、加拿大、阿联酋、德国、澳门、日本、越南和印尼等 13 个国家和地区设立分支机构，在 8 个国家和地区的 13 个城市设有海外网络节点。品牌影响力逐步提高，得到了中外跨国企业客户的普遍认可，三个海外公司所服务的客户总数达到 394 家，包括 Microsoft、Google、DELL、AIG、Morgan Stanley、UBS、AP、Wrigley、Intercontinental、Holiday Inn、国泰航空等一大批有影响的境外跨国企业的首选服务提供商之一，中资企业纷纷选择中国电信建设和维护其境外通信网络和 IT 设施。海外业务发展迅猛，中国电信在“三个延伸”（客户延伸、业务延伸、网络延伸）战略的指引下，紧密围绕为“走出去”的中资企业和“请进来”的外资企业服务，充分发挥网络规模和客户规模优势，走出了一条符合企业实际的海外拓展道路，各项业务迅猛发展，过去五年（2006～2009 年）销售收入的年均复合增长率达到 44%。

中国移动通信集团公司中国移动香港公司面对高普及率的市场的激烈竞争，不断开拓市场，控制营运成本，推进精细化的内部管理，取得了较好经营成果。中国移动巴基斯坦公司（2007 年收购巴基斯坦巴科泰尔公司，将其更名为辛姆巴科有限公司）在困难的环境下，坚持不断提升网络质量和品牌影响力，逐步扩大客户规模和收入规模，为进一步发展奠定了基础。与沃达丰公司、日本软银公司和美国 Verizon 公司合资的联合创新实验室（JIL）的研发工作取得初步成果。

中国联合网络通信集团有限公司在资本层面，已先后与西班牙电信、香港 PCCW 公司进行了战略合作，实现了网络、业务和服务的互补，降低了成本，提高了运营效益。在网络层面，已设立香港、美洲、欧洲、日本和新加坡五家境外运营公司，已有分布在美国、英国、法国、德国、瑞典、日本、新加坡和香港的 14 个境外 POP 节点，以较低的成本快速实现全球网络拓展和覆盖，为业务拓展奠定了基础。在业务层面，目前已与 60 多个国家和地区的 100 多家运营商建立了网络直达业务，固定业务通达 240 多个国家和地区的 400 多家运营商，移动漫游业务覆盖 219 个国家和地区的 389 个运营商，国际化业务拓展取得了初步成效。2009 年 9 月 6 日，中国联通与西班牙在京签署了股权认购协议，双方相互投资 10 亿美元认购对方股份，西班牙电信对中国联通香港上市公司持股比例增至 8.06%，中国联通对西班牙电信持股比例约为 0.87%。

【主要通信设备制造企业开拓海外市场情况】

华为技术有限公司全公司 95,000 余名员工中海外占 27,000 余名，海外员工本地化达 65%。产品和解决方案已应用于全球 100 多个国家，服务全球 50 强运营商中的 45 家。已在全球建立 17 个（含国内 7 个）研发中心，加入了 123 个国际标准组织，与全球领导厂商诺基亚西门子、赛门铁克、Global Marine 分别在 TD－SCDMA 解决方案、安全存储设备及海底光缆领域成立了合资公司，与英特尔、摩托罗拉、高通、微软及英飞凌建有联合实验室。至 2009 年底，多种通信设备的市场份额处于行业领先地位，无线接入网第二，市场份额为 21%；移动软交换解决方案全球第一，市场份额为 39%；NGN 出货量全球第一，市场份额为 22.5%；分组核心网出货量全球第一；SDM 和 ngHLR 市场全球第一；DSL 全球第一，市场份额为 34%；GPON 全球第一，市场占有率为 36%；光网络全球第一，市场占有率为 23.6%；IP 微波全球第一，市场占有率为 24%；运营商路由器市场全球第三，市场占有率为 14.21%。

中兴通讯股份有限公司 2009 年实现营业收入 602.73 亿元人民币，其中国际市场营业收入 298.69 亿元人民币，同比增长 11.34%，占整体营业收入的比重达 49.56%。无线领域，载频全球出货量居业内第四。其中，GSM/UMTS

出货量跻身全球第四，SDR 基站发货量全球第一；CDMA 全球新增市场份额排名第一，全球市场累计份额排名第二；TD-SCDMA 居行业领先地位，在国内 3G 市场中以 36% 的综合份额位居行业第一，获得中国移动 TD-LTE 世博会实验网合同。终端领域，中兴通讯主要通过运营商定制方式，实现有线领域，DSL 产品市场份额居全球第三；FTTx 光纤接入产品出货量位居全球第一，市场份额超过 19%；核心网产品服务全球 110 多个国家，NG-HLR 第一。全年手机销量超过 6000 万部，全球排名第六，国内厂商首位，累计出货 1.8 亿部；为全球 120 多个国家 270 余运营商提供个性化终端产品。目前已加入了 70 多个国际标准组织，担任 ITU-T SG17 副主席，3GPP2 TSG-A 主席等 30 多个标准组织领导职位。

上海贝尔股份有限公司 2009 年实现主营业务收入超过 180 亿元，产品出口合同销售收入近 80 亿元，在全球金融危机的影响下，仍保持同比增长。利用自身的海外营销服务网络以及跨国公司全球营销网络，开拓海外“三片区域”，即亚太（东盟）、独联体（上合组织）、拉美及非洲（南南合作），“危”中寻“机”，公司的海外抗风险能力和赢利能力都得到了提高，并在众多新兴国家取得重大业务突破。发挥中国低成本、高效率的比较优势，完善面向全球的工业化制造中心建设，打造服务中国乃至全球的研发中心。在此基础上，积极打造面向国际的全新的技术服务中心、采购物流中心和财务管理中心。

中国普天信息产业集团公司获得了中国出口信用保险公司中长期和短期政策性信保项目，建立了项目出口等新的业务模式。普天品牌金融产品首次推向国际市场，微波天线继续扩大出口规模，配线、通信电源等出口工作取得了突破。东信和平孟加拉工厂成功投产，将国内产能过剩生产设备通过本地化生产实现利用，提升了资源配置效率。推进中国地面数字电视（DTMB）技术标准在亚洲和拉美国家的推广，取得阶段性成果。

大唐电信科技产业集团通过资本运作的方式积极培育和布局新兴产业，通过创业投资与产业投资等方式培育和完善 TD 产业链，并专门成立大唐投资公司，积极探索与开拓增值业务等新业务领域，已与国内外 60 余家移动通信增值业务及产业链上下游企业建立了良好的合作关系，储备增值业务项目 40 余个。

武汉邮电科学研究院与其他企业开展各种方式的合作，与国家开发银行签署开发性金融合作协议，为邮科院（集团）更好地实施“走出去”战略提供长期稳定的融资支持；与爱立信就 MSTP 全系列产品及解决方案的合作签署了相关协议，共同开发光网络整体解决方案，为打造具有国际竞争力的企业创造更好的基础；与日本藤仓公司在光棒制造方面开展合作，将有力扭转光纤光缆产能发展一直处于受制于人的局面，进一步丰富产业链。

【主要通信建设企业开拓海外市场情况】

中国通信建设集团有限公司（ CITCC ）设有多家海外公司和办事机构。圆满完成了数十个国家的通信工程项目和政府间经援任务，所建工程均获好评，并有项目荣获受援国最高奖总统独立勋章。CITCC 作为中国通信建设企业总承包海外大型通信工程的第一家，已在国际市场初步树立了重质量、守合同的良好、专业的企业形象。

中国移动通信集团设计院有限公司在做好国内信息通信设计市场的同时，对外加强横向联合，开展多渠道、多领域的合作，积极投身国际市场，参与国际竞争。不断向国际化、综合化的方向发展。目前作为咨询、设计及总承包单位，参与了多项国际工程的投标。

上海电信工程有限公司经建设部审定为“通信工程施工总承包壹级”企业，获得《国外承包工程劳务合作经营许可证》、《中华人民共和国进出口企业资格证书》、《建筑智能化系统集成专项工程甲级设计证书》、《通信信息网络系统集成企业资质证书》等。公司通过 ISO 9001:2000 的审核，获得美国国家认可委员会颁发的《质量管理体系认证证书》，又在同行业中率先获得了 ISO14001：1996《环境管理体系认证证书》和 OHSAS18001《职业健康安全管理体系认证证书》等。

江苏省邮电规划设计院有限责任公司 2007 年在香港上市，为国际咨询工程师联合会会员单位。在国外建立覆盖工程咨询、管理咨询、IT 咨询、绿色建筑及软件开发的业务体系。公司业务已发展至欧洲、东南亚、中亚、非洲、北美和南美的 20 多个国家，几年来主持或参与了巴西、墨西哥、印度尼西亚、尼日利亚、老挝和刚果等国的工程设计项目 300 余项。公司所属的印尼华宁咨询公司已发展为中国通信服务股份有限公司在东南亚开拓市场的平台。在市场转型和业务转型中，努力拓展欧美设备商市场，获得了诺基亚西门子公司在印尼 Telkomsel 公司 60% 的项目份额。公司完成的《大湄公河次区域信息高速公路网络规划》、《尼日利亚 CDMA 综合运营咨询报告》获中国工程咨询协会优秀咨询成果二等奖。

广东省电信工程有限公司与华为、中兴、诺基亚西门子、爱立信等国内外知名企业合作。参与了法国、塞黑、捷克、塔吉克斯坦等国通信工程项目建设。目前公司的海外业务主要以香港、澳门、东南亚、中东为重点发展区域。

华信邮电咨询设计研究院有限公司 1997 年 7 月在全国邮电设计同行业中首家通过 ISO9001 国际质量保证体系认证，在香港设置了分公司，在巴基斯坦、尼日利亚、沙特、埃塞俄比亚等国设置了办事处。

（根据相关资料整理）

签署合作文件

【中国－新西兰签署信息通信领域合作安排】

2009年4月15日，温家宝总理和新西兰总理约翰·基在京出席了两国合作文件签字仪式，奚国华副部长与新驻华大使包逸之签署了《中华人民共和国工业和信息化部与新西兰经济发展部信息通信领域合作安排》。双方同意在信息通信领域开展合作与交流，具体包括：信息通信法律法规与政策制定、电信市场监管政策、信息通信新技术与新业务的开发与应用、互联网应用与管理及垃圾邮件控制、无线电频谱监管框架、信息通信标准、普遍服务与农村通信、能力建设与人才资源开发、通信产品研发与企业间合作、软件研发应用与信息技术服务合作、电子政务与电子商务、在国际电信联盟等国际组织和会议中的相互沟通与协调等。

【中国－日本签署加强通信领域合作会谈纪要】

2009年5月5日，李毅中部长与日本总务省总务大臣鸠山邦夫在京举行了会谈，并共同签署了《中华人民共和国工业和信息化部与日本国总务省关于加强通信领域交流与合作的会谈纪要》。双方将本着互利互惠、友好合作的原则，积极开展在信息通信领域的交流与合作，包括：通信发展经验及电信监管政策交流、促进通信技术应用、通信技术在处理环境问题和自然灾害问题中的应用交流等。

【中国－西班牙签署工业、通信业和信息化合作协议】

2009年9月21日，李毅中部长与西班牙工业旅游贸易大臣塞巴斯蒂安在出席在穗举行的第六届中国国际中小企业博览会暨中国－西班牙中小企业博览会上签署了《中华人民共和国工业和信息化部与西班牙王国工业旅游贸易部关于工业通信业和信息化的合作协议》。双方同意在相互信任、平等互利的原则基础上建立工业、通信业和信息化领域的长期合作机制，对双方共同关注的问题进行探讨，促进双方在工业、通信业和信息化领域的合作与交流。双方同意在以下领域开展合作与交流：工业政策和相关行业法律法规交流、行业发展和市场信息交流、中小企业政策交流和对话、电信市场监管和经验交流、无线电频谱资源管理和经验交流、促进相互投资和推动两国企业及研究机构进行互利合作、知识产权、工业标准和信息通信技术标准、信息化政策和经验交流等。

【中国－朝鲜签署软件产业交流与合作谅解备忘录】

2009年10月4日，温家宝总理与朝鲜总理金英日在平壤出席了中朝两国合作文件签字仪式，我国驻朝大使刘晓明代表工业和信息化部与朝国家软件总局局长韩宇哲签署了包括在信息通信领域开展合作与交流内容的《中华人民共和国工业和信息化部与朝鲜民主主义人民共和国国家软件总局关于软件产业交流与合作的谅解备忘录》。

【中国－德国签署信息通信领域合作谅解备忘录】

2009年12月7日，李毅中部长与德国经济和技术部部长布吕德勒在京签署了《中华人民共和国工业和信息化部与德意志联邦共和国联邦经济和技术部关于在信息和通信技术领域开展合作的谅解备忘录》。双方同意将根据两国法律、规章、政策和责任，在各自的职责范围内开展在信息通信技术领域合作与交流。通过信息交流，推动双方制定并完善信息和通信技术领域的相关政策，推动两国政策研究机构和企业之间的合作与交流。具体内容为交流信息通信技术与业务的最新发展动态和趋势、政策规划、立法和法律体系、信息社会发展过程中的政策和经验、包括信息技术标准和电信标准在内的知识产权、电信市场监管、企业和研究机构的合作、在国际电信联盟等国际组织的合作。

【中国－法国签署信息通信领域合作谅解备忘录】

2009年12月21日，温家宝总理与法国总理菲永在京出席了两国合作文件签字仪式，李毅中部长与法国经济、工业和就业部部长拉嘉德女士签署了《中华人民共和国工业和信息化部与法兰西共和国经济、工业和就业部合作谅解备忘录》。双方同意见将本着相互信任、平等合作、互惠互利的原则，致力于促进中法两国在工业、通信业和信息领域及中小企业方面的合作。合作内容包括交流工业、通信业和信息化发展的公共政策和措施、法律制度、中小企业及其相关政策、工业标准和信息通信技术标准、推动两国有关企业和研究机构进行互利合作、推动与国际组织相关的工作等。

（吴锡增）

通信对外经贸管理

【积极研究电信业市场开放和市场准入政策和措施，稳妥应对电信市场对外开放谈判】

积极参加中美、中欧等双边谈判，顶住压力、澄清了国外对相关问题的模糊认识，为行业发展和相关政策准备赢得时间；在自贸区机制下参加中国与挪威、新西兰、澳大利亚、巴基斯坦、哥斯达黎加等国家和地区的双边自贸区谈判中涉及电信服务领域问题的谈判工作；在WTO机制下稳妥应对各类审议工作。完成了WTO对电信服务部分的系列审议；配合国家金融危机下支持香港经济总体战略，在广东试点销售在香港使用的电话卡并与港、澳电信管理机构签署相关《备忘录》。

【积极推进通信领域国际合作项目】

建立政府与企业的互动协调机制，就双边自贸区谈判、国际合作机制、企业合作项目等方面交流情况和信息，以帮助企业充分利用各种政府间多边、双边和自贸区框架下谈判和对话机制，以及其他通信领域国际合作机制"走出去"开拓海外市场。

推动实施 ICT EMALL 项目。2009 年 8 月，工业和信息化部在北京举办了中国一东盟电子商务研讨会，主要内容包括中国和东盟各国电子商务发展的交流、有关电子商务技术与运营的培训以及赴中国电子商务企业的实地参观。会议为东盟 ICT E-mall 项目的深入实施创造了有利的条件，为中国和东盟各国在电子商务领域发展与合作奠定了良好的基础。

圆满完成中俄通信与信息技术分委会电信工作组的有关工作。电信工作组会议于 2009 年 7 月在俄罗斯伊尔库茨克召开。双方就运营商长期合作、主叫号码真实传输、移动通信领域的合作、双方经验的交流等问题进行了磋商。此前，双方召开了研讨会，取得了加强沟通、增信释疑的良好效果。

【依法履行外商投资电信企业审批工作】

2009 年，我国通信主管部门（工业和信息化部及各地通信管理局）共正式受理外商投资电信企业申请 8 份（均为增值电信业务），获得工业和信息化部颁发的《外商投资经营电信业务审定意见书》的有 7 份。经与商务部外资司多次磋商，两部于 2009 年 9 月联合下发《商务部、工业和信息化部关于境外直接上市的境内企业申请经营电信业务使用程序有关问题的通知》，为相关企业后续审批工作提供了法规政策依据。

（工业和信息化部通信发展司）

第十四篇　人事与教育

综　述

【加强领导班子和干部队伍建设，推进干部人事制度改革】

一、学习贯彻中央精神，积极推进领导班子思想政治建设

认真学习十七届四中全会精神，积极贯彻落实《2010～2020年深化干部人事制度改革规划纲要》，制定了《关于进一步加强和改进领导班子思想政治建设的意见》。

二、严格履行程序，做好干部选拔任用工作

配合中组部完成增补党组成员、省部级后备干部推荐考察等相关工作。在部党组的领导下，完成三总师、有关司局主要负责同志、局处级领导干部的选拔任用工作，完成部分部属事业单位和通信管理局领导班子的考察配备工作。配合有关部门认真指导北京航空航天大学和北京理工大学党委做好换届的各项工作。

三、推动干部交流，着力优化机关干部队伍结构

采取干部交流轮岗、挂职锻炼、招考录用以及干部选调多种形式，努力缓解机关干部队伍的结构性矛盾。

四、开拓进取，努力推进竞争性选拔干部工作

印发了部党组关于《公开选拔直属单位党政领导干部工作暂行办法》和《直属单位领导干部竞争上岗工作暂行办法》，开展了中国电子信息产业发展研究院院长及副院长竞争上岗工作。

五、创新工作方式，不断加强考核工作

根据部党组要求，建立了2009年部机关工作目标责任制，按季度监督检查各司局目标责任制完成情况。按照干部考核规定，完成了部机关和直属单位领导干部2008年度考核工作。

六、加强干部监督，不断提高选人用人公信度

贯彻落实中央“一个意见、三个办法”，根据中组部的部署，在部党组的领导下，配合中组部开展了部领导班子、领导干部年度考核及工业和信息化部“一报告两评议”工作。严格执行干部任前征求机关党委和纪检组监察局意见制度。强化干部日常管理教育，坚持干部任前谈话、诫勉谈话、干部个人事项报告和因公（私）出国（境）审查等制度。

七、加强干部教育培训工作，努力提高干部素质

围绕部的中心工作，加强培训需求调研，组织局处级领导干部参加有关提高能力的专项培训；开展机关新调入和新录用人员的培训；举办省区市信息化主管部门和重点企业高层次管理与技术人员研修班，缩小数字鸿沟统筹城乡发展和现代企业能源管理、节能减排与电力需求管理等多期高研班。认真组织执行出国（境）培训项目，达到了预期目的。

【加强专业人才队伍建设】

一、广泛开展调研，做好人才规划编制工作

完成了装备制造、信息产业、航空航天三个重点领域紧缺人才现状及其未来需求数据预测，提出了人才资源统计指标体系建议方案。以培养重点领域紧缺人才为重点，组织编制了三个重点领域中长期人才队伍建设规划（2010～2020）。认真开展“十二五”工业、通信业和信息化领域人才队伍建设战略研究工作。完成了《工业质量人才调研分析报告》。

二、积极开展人才培养选拔工作，切实加强人才队伍建设

2009年工业和信息化部共有4位同志当选院士、有1人获得全国杰出专业技术人才、1个单位获得了全国杰出专业技术先进集体称号，有2名外国专家荣获中国友谊奖，有7名高级留学回国人员获国家重点资助。公布2008年工业和信息化部22名专家享受政府特殊津贴，印发了《工业和信息化部享受政府特殊津贴专家工作管理办法》。完成了第九批“博士服务团”成员、“西部之光”访问学者选派和接收等工作。

三、严格执行政策，做好职称评审和资格考试工作

印发了《工业和信息化部专业技术职务评聘工作管理办法（试行）》、《工业和信息化部高级职称评审工作实施细则（试行》等文件，成立了社科等9个系列高级职称评委会，完成了2009年高级职称评审工作。做好计算机专业技术资格（水平）年度考试的组织工作。启动了通信专业技术人员职业水平评价工作，完成了2009年通信专业技术人员初级职业水平考试试点工作，为2010年全面实施打下了良好基础。

【开展机构编制工资工作】

一、妥善协调有关机构、职责和人员编制等问题，完成工业和信息化部“三定”规定的评估等项工作

先后清洁生产促进、减轻企业负担等职能问题，以及加挂国家网络与信息安全协调小组办公室牌子等问题，与中编办多次协调，争取理解和支持。稳妥做好离退休干部局组建，明确了“三定”规定。按照中央编办要求，组织完成了工业和信息化部“三定”规定执行情况的自查自评工作。会同办公厅完成了部机关各司局“三定”规定修订工作，进一步明确了各司局工作界面。

二、规范管理，进一步加强事业单位机构编制工作

完成了电子教育考试中心更名工作，向中编办提出中小企业对外合作协调中心更名的建议。完成了信息中心的组建工作。为加强机构编制管理，布置事业单位开展了“三定”工作，印发了部分事业单位的“三定”规定，其他事业单位“三定”工作正在有序开展。稳步探索和推进事业单位人事制度改革，完成直属事业单位总体岗位设置方案的核准、报批工作，并据此批复各单位岗位设置实施方案。

三、认真执行国家有关政策，圆满完成工资、人事调配、表彰奖励等各项工作任务

指导各省（区、市）通信管理局规范津补贴，完成了第一步规范津贴补贴整改抽查工作。及时准确做好中管干部、部管干部工资变动报批和审批、发放工作，做好直属事业单位工资总额管理工作。印发《部京外调配人员管理办法》，完成了2009年接收高校毕业生、军转安置干部和解决夫妻两地分居、京外调干等工作。组织完成“全国民族团结进步先进集体和个人”、“载人航天工程突出贡献集体和突出贡献者”、“国家西部大开发突出贡献集体”、“中央单位模范军队转业干部、先进军转工作者”等评选推荐工作。

【部属高校开展学习实践活动】

一、认真指导检查部属高校开展深入学习实践科学发展观活动，特色突出，成效明显

部党组高度重视部属高校学习实践活动，党组书记、部长李毅中同志作了“国际金融危机与中国工业经济”的专题报告，两次听取指导检查组工作汇报并提出明确要求。陈求发副部长到北航、北理工进行调研，听取学校活动进展情况。部党组成员陈小筑同志作为部属高校学习实践活动领导小组成员，赴部属高校参加指导学习实践活动共计20次。部属高校学习实践活动第十四指导检查组严谨、深入、细致和创新性地开展了指导和检查工作。人事教育司结合学生党员特点，举办了高校学生党员学习实践活动报告会，组织了部属高校“家电下乡”、家电“以旧换新”暑期社会实践调查活动。各高校突出科学发展主题，认真完成各阶段规定的任务，学习实践活动特色突出、成效明显，获得了广大师生员工的广泛认可。

二、编制《部属高校“十二五”规划总体思路》，组织完成部属高校研究生教育优秀工程评估工作

在抓好部属高校实施“十一五”发展规划实施的同时，开展了部属高校“十二五”建设发展规划预研工作，编制了《部属高校教育事业发展“十二五”规划总体思路》。在全面完成本科教学优秀工程评估的基础上，推进办学水平提升工程、研究生教育优秀工程、党建创优工程建设，加大实施“一提三优”工程力度，组织开展了部属高校研究生教育创优工程评估工作。

三、做好部属高校招生就业指导工作，强化高校维稳工作

组织召开部属高校2009年招生就业会议。认真核算和制定部属高校和有关科研院所招生规模，严格审核部属高校2009年招生简章。部属高校毕业生就业率名列全国高校前列，全面完成向国防系统输送毕业生的年度任务。指导学校认真做好各项维稳工作。各高校建立了应急工作预案制度、重大信息报送制度、24小时值班制度等，加强学生思想政治和心理健康教育，加强新闻宣传和学校网络监管以及校园安全保卫，严防发生大规模群体性事件。面对甲型流感呈现高发和加重态势的严峻形势，指导各高校切实做好甲型H1N1流感的防控工作。

四、扎实做好高校有关管理工作

贯彻落实张德江同志在部属高校座谈会上的指示精神，积极推进部属高校产学研工作。组织开展国防科技奖学金申报和评选工作。组织开展了来华留学生和国家公派出国留学申报工作。根据国务院领导同志要求，制定了教育中长期发展纲要有关调研方案，完成了调研报告。

【行业精神文明创建和社团管理工作】

一、积极推动行业精神文明建设

按照中央文明办部署，开展了“窗口行业创建文明单位网上行”活动，组织编辑制作了三期《通信文明》杂志，完成“通信业创建文明单位网上行”活动在线访谈。与团中央联合开展了通信行业全国青年文明号的评选表彰工作。加强未成年人思想道德建设，认真履行职责，配合做好净化网络环境的相关工作。努力推动全国妇女“巾帼文明岗”创建工作。

二、加大对部管社团的指导力度

根据中央部署，组织并指导工业和信息化部21家社团开展第三批学习实践科学发展观活动。按照社团管理要求，完成部管社团2008年度年检工作，指导社团开展换届及章程备案审查、法人变更、设立分支机构等相关工作。组织社团参加民政部开展的首次行业协会商会评估工作。围绕部履行职能的需要，研究制定了《工业和信息化部社团管理暂行办法》。

【加强自身建设，推进工作科学化】

一、加强队伍自身建设

召开部成立后首次人事工作座谈会，交流工作，拓展了思路。司领导重视干部培养锻炼和学习培训工作，坚持例会制度，通报布置工作，加强沟通交流。做好政务公开，认真完成了政协提案办理、大事记编撰、来信来访等各项工作。

二、加强制度建设，努力推进工作的科学化

印发了《工业和信息化部专业技术职务评聘工作管理办法》等十余个文件，涉及人事教育工作各个方面，为提高规范化管理水平打下了良好基础。完成中组部“关于国有企事业单位干部选拔任用监督检查办法”的课题任务。编印了《工业和信息化部人事教育工作文件选编》，为部属单位提供了工作便利和服务。按照中组部、中编办等部门要求，完成了机关、直属单位机构编制、人员和工资情况的统计工作。

公务员队伍建设

工业和信息化部机关共有公务员658名，其中女干部183名，少数民族干部18名。学历层次方面：获得研究生学历的有293人，占44.53%，其中获得博士学位的52人；获得大学本科学历的有318人，占48.33%；获得大专及以下学历的有47人，占7.14%。(见图1)

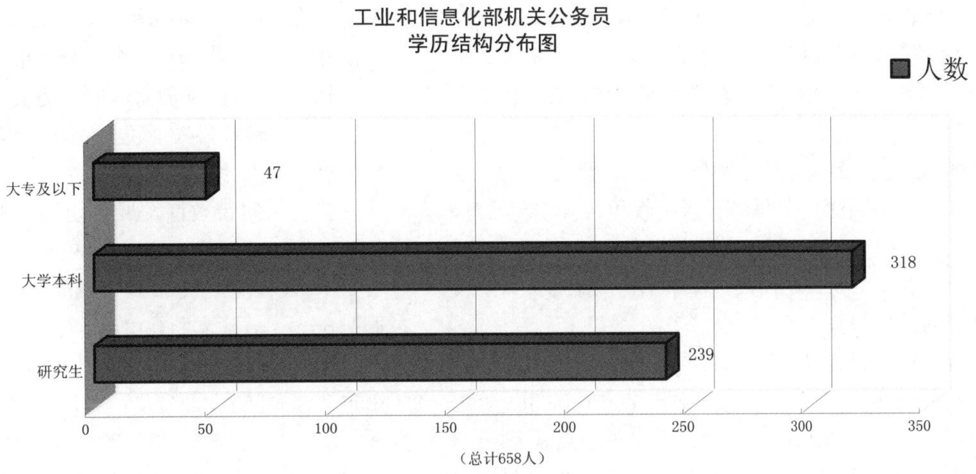

图1　学历结构分布图

工业和信息化部机关公务员平均年龄43岁。其中，35岁以下159人，占24%；36-45岁共204人，占31%；46-54岁203人，占31%；55岁及以上92人，占14%。(见图2)

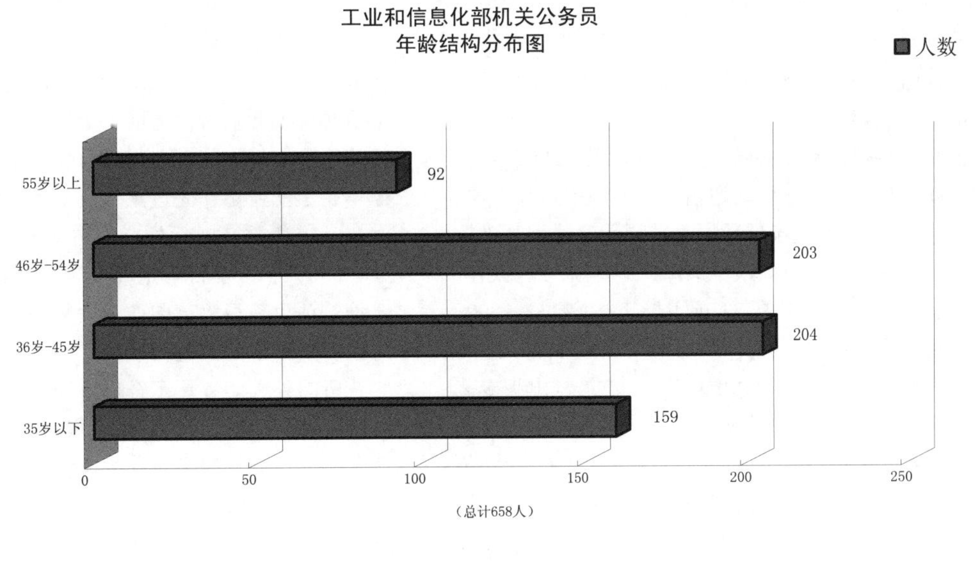

图2　年龄结构分布图

通信院校

【北京邮电大学】

北京邮电大学是中华人民共和国教育部直属、首批进行“211 工程”建设的全国重点大学，是一所以信息科技为特色，工学门类为主体，工管文理相结合的多科性大学。学校现设有信息与通信工程、电子工程、计算机、自动化、软件、经济管理、人文、理学、国际、网络教育、民族教育等 11 个学院，网络技术、信息光子学与光通信等 2 个研究院，以及 1 个马克思主义教学与研究中心；学校设有研究生院。

2009 年，学校继续推进“两翼齐飞、四轮驱动”发展战略构想，不断深化学科、科研、教学、人才、教育、管理、岗位、条件、环境和产学研等方面的“十个归位”改革举措，学校事业长足发展，各项工作成绩喜人，学校呈现良好的发展势头。

学校注重学科建设，学科结构布局进一步优化。学校现有博士后流动站 5 个，博士学位授予点 15 个（其中“智能科学与技术”为 2009 年新增博士学位授予点），硕士学位授予点 42 个，本科学位专业 35 个；拥有一级学科国家级重点学科 2 个、北京市重点学科 5 个、部级重点学科 8 个；学校现设有国家重点实验室和国家工程实验室各 1 个、教育部工程研究中心 2 个、教育部“111 创新引智基地”2 个、各类部级重点实验室 8 个。学校“高水平特色型大学战略研究培育基地”获教育部批准建设，成为全国 9 个基地之一；成立了国内第一家专业从事互联网治理与信息社会法律研究的学术机构——北京邮电大学互联网治理与法律研究中心；同时 EMBA 专业学位教育项目获教育部批准并顺利招生。

学校注重科技创新，科研实力不断增强。2009 年，学校在“新一代宽带无线移动通信网”专项中牵头 7 项，参与 28 项；在“核心电子器件、高端通用芯片和基础软件产品”重大专项中方面 1 项牵头，2 项参与，经费逾两亿；学校新增 973 计划 4 项，1 项主持，3 项参与。2009 年，学校获“国家科技进步奖”二等奖 1 项，省部级奖 9 项，社会力量设奖 13 项；发表论文 3298 篇，出版专著 99 部；申请专利 323 项、授权专利 86 项。此外，“灾备技术国家工程实验室”获批立项建设；顺利通过了总装“装备承制单位资格审查”小组的现场审查，并被推荐注册。

学校注重人才队伍建设，师资力量不断壮大。学校现有院士 11 人（含外籍院士 1 名），其中有 7 位院士分别担任校长和 6 个学院的院长。2009 年，学校引进教师 44 人，现有专任教师 1327 人；增加博士生导师 14 人，硕士生导师 92 人，现有博士生导师 174 人，硕士生导师 645 人。学校新增“长江学者”2 人；国家级教学名师 1 人，北京市教学名师 2 人；国家杰出青年科学基金 1 人；教育部新世纪优秀人才 5 人。学校名誉教授、“光纤之父”高锟教授获得诺贝尔物理学奖。学校“54321”辅导员队伍建设新机制获北京教工委颁发的“首都大学生思想政治教育工作实效奖”。

学校坚持教学质量领先，“质量工程”建设成果丰硕。2009 年，学校获：国家级教学成果二等奖 3 项，北京市教学成果奖一等奖 6 项、二等奖 3 项；国家级特色专业 1 个；国家级教学团队 2 个，北京市优秀教学团队 3 个；国家精品课程 1 门，北京市精品课程 4 门，教育部双语教学示范课程 1 门，教育部普通高等教育精品教材 1 本；北京市校外人才培养基地 1 个；北京市实验教学示范中心 1 个。此外，学校民族教育学院成为教育部直属高校中惟一一所集“本科预科”、“硕士基础”和“骨干教师”为一体的少数民族人才培养基地。

学校在创新教育发展和创新人才培养方面取得长足发展。2009 年，学校招生 16978 人，其中，全日制研究生 2990 人（博士生 333 人、硕士生 2657 人），在职研究生 1186 人；普通本科生 3185 人，成人教育本专科生 1261 人（本科生 1076 人、专科生 185 人），网络教育本专科生 8356 人（本科生 3251 人、专科生 5105 人）。在校生 60801 人，其中，全日制研究生 7925 人（博士生 1272 人、研究生 6653 人），在职研究生 7810 人，普通本科生 12921 人，成人教育本专科生 3843 人（本科生 3360 人、专科生 483 人），网络教育本专科生 28302 人（本科生 15388 人、专科生 12914 人）。2009 年，在校学生中 114 人次获得国际竞赛奖项，其中 24 人获一等奖；294 人次获得国家级竞赛奖项，其中特等奖 3 人、一等奖 39 人；338 人次获得北京市级竞赛奖项，其中特等奖 3 人，一等奖 137 人次。学校优秀博士学位论文成果喜人，共有 3 篇博士学位论文获得 2009 年全国优秀博士学位论文提名奖，1 篇博士学位论文获得北京市优秀博士学位论文奖。学校本科毕业生就业率达 99.41%，研究生达 100%，并荣获“北京地区高校毕业生就业工作先进集体”荣誉称号。

学校注重开展对外合作与交流，产学研合作不断扩大。2009 年，学校与伦敦大学玛丽女王学院学士学位联合培养项目获得“英国商业大奖——最佳合作伙伴奖”；与俄罗斯科学院圣彼得堡科学院大学、日本电气通信大学等 6 所国外大学签署了合作协议；与诺基亚、法国电信、美国高通、IBM、中国移动、华为、中兴等数十家国内外著名通信企业签署了成立联合实验室、联合进行硕博人才培养项目等协议。2009 年，学校率先在物联网国家战略方面布局，成立了“感知技术与产业研究院”，并与无锡市政府签订了“政产学研用合作协议”、与北京经信委签订了“物联网技术及产业促进战略合作协议”。此外，学校还先后与邯郸市政府、密云县政府签署了框架合作协议，大力推进校市合作。

学校注重办学条件改善，办学经费稳步增长。2009

年，北京邮电大学占地面积461225平方米，建筑总面积511126平方米。固定资产总值156867.77万元，其中教学、科研仪器设备总值42305.42万元。全年教育经费总投入94692.84万元，其中，国家拨款45875.60万元，自筹经费48817.24万元。

【南京邮电大学】

南京邮电大学现有通信与信息工程学院、电子科学与工程学院、物联网学院等16个院（部），信息材料与纳米技术研究院、信号处理与传输研究院、物联网与传感网研究院等13个研究院（所、中心）。校园占地133.2万平方米，分仙林、三牌楼两个校区。

2009年，新增“电子科学与技术”博士后流动站，现共有2个博士后流动站，另有8个博士点，22个硕士点和38个本科专业；拥有1个国家重点（培育）学科——信号与信息处理，省级重点学科4个，原信息产业部重点学科6个；新增2个国家特色专业建设点，现共有6个国家特色专业建设点，另有10个省级品牌特色专业及建设点。

学校现有1个教育部工程中心、3个省级重点实验室，11个原信息产业部重点实验室，3个省级工程中心，新增3个省级实验教学示范中心建设点，现共有8个省级实验教学示范中心及建设点。拥有全国高校首个3G国际标准实验室。已建成一个以万兆光纤为骨干的高速校园网络环境，实现了校园有线、无线网络双覆盖。学校拥有纸质文献藏书量135.34万余册。

截至2009年9月，现有教职工1622人，其中专任教师1039人，具有高级专业技术职务的占43.41%，具有博士、硕士学位的占71.51%。有博士生、硕士生导师257人，校长杨震荣获2008年度“江苏省有突出贡献中青年专家”称号。现有普通全日制本科生12721人，研究生2640人。2009届本科生就业率一直保持在99.08%，研究生就业率保持在100%。学生首次获全国优秀博士学位论文提名奖；首次摘得ACM国际大学生程序设计竞赛亚洲区现场赛铜牌；在全国大学生电子设计竞赛、第十一届“挑战杯”全国大学生课外学术科技作品竞赛、全国大学生数学建模竞赛等各种赛事中获得国家级、省级奖励约90项。

2009年新获国家级教学成果一等奖1项，另有省级教学成果奖19项，其中特等奖1项，一等奖8项；建成国家级精品课程1门，国家级双语教学示范课程1门，省级精品（优秀）课程13门，省级优秀课程群2个；2部教材被评为国家级精品（优秀）教材，17部教材被评为省级精品教材及立项建设精品教材；21部教材入选“十一五”国家级教材规划，首获国家“三个一百”原创出版工程奖1项。

2009年，省级及其以上项目新立90项，其中，863计划项目5项，国家自然科学基金项目30项，国家社会科学基金1项，江苏省自然科学基金项目13项，教育部博士点基金7项，教育部人文社会科学研究项目2项。新获江苏省高校优秀科技创新团队1个，省科技进步二等奖3项，南京市科技进步三等奖1项，中国电子学会电子信息科学技术奖三等奖1项，2009年度中国通信学会科学技术奖三等奖1项。

学校新获“江苏省科技工作先进高校”称号。

【重庆邮电大学】

重庆邮电大学是国家布点设立并重点建设的几所邮电高校之一，是工业和信息化部与重庆市共建的一所以信息科学技术为特色，在邮电通信行业、信息产业领域具有重要影响和地位的高等学校。

学校现有各类在校学生两万余人，其中研究生近3000人；现有教职工1600余人，其中具有正高级职称的140余人，具有副高职称的350余人，外聘了10名中科院、工程院院士为校兼职教授，中国工程院副院长邬贺铨院士为名誉校长。学校现有10个省部级重点学科，24个教育部、重庆市重点实验室、工程研究中心、人文社科基地。学校现有41个本科专业，4个一级学科、20个二级学科硕士学位授权点，并在8个学科领域招收培养工程硕士，经教育部批准具有推荐本科生免试直接攻读研究生资格。学校招收外国留学生和港、澳、台及华侨学生，与多所国内高校联合培养博士生，与国外大学联合培养硕士生。

2009年在获得14项重庆市优秀教学成果奖的基础上，同时获得3项国家级教学成果奖，获奖数列全国高校39位。

2009年，学校获得19个重庆市的质量工程项目，《计算机科学与技术》又成为国家级特色专业建设点，《软件工程》成为国家第二类特色专业建设点，《移动通信技术与网络实验中心》被批准为国家级实验教学示范中心。

2009年，校生物与生命信息实验室、通信软件工程研发中心、三网融合网络工程实训中心获得财政部资助经费1400万元，连续三年获得中央财政资助经费列重庆市高校前列。

学校进一步探索学生教育管理工作的新途径、新方式，积极推进素质教育，完善AB学分制的实施；组建大学生发展研究中心，加强大学生诚信教育、法制教育、心理健康教育和国防教育；完善引导学生健康成才的激励措施和保障机制，共发放奖助学金2886万元，受益学生达到10307名（含研究生），申请发放助学贷款1437万元，受助学生3681名，同时学校资助8831人次（含研究生）开展勤工俭学及三助活动；积极开展争先创优活动，颁发校长荣誉奖；采取积极措施，切实加强专兼职学生工作队伍的建设；学校在金融危机的特殊背景下，加强大学生职业生涯规划和就业指导服务，积极拓展就业市场，超额完成了毕业生就业工作年度目标；不断改进招生工作，完成年度招生计划任务。

不断增强学生实践创新能力，学生科技文化活动成绩显著。获得全国及重庆市的各类奖项达到270项，其中挑战杯的总成绩名列全国参赛高校的21位，数学建模连续5年获全国及重庆市奖项数量列重庆市高校前列，电子设计竞赛获得全国一等奖，首次参加全国大学生广告艺术设计大赛获9项大奖。

2009年，与浙江大学等共同完成的项目“新一代控制系统高性能现场总线——EPA”获国家技术发明二等奖，与中科院沈阳自动化所共同完成的项目“流程工业现场总线核心芯片、互操作技术及集成控制系统开发”获国家科技进步二等奖。同时还获得了8项教育部及重庆市科研成果奖。

2009年获得13项重大专项项目，国拨经费超过1亿，单项经费达到6千万；成功申报20项国家自科基金和社科基金项目，其中“宇宙学和场论中的全息性质研究”项目获得国家自然科学基金重点项目，国家社科基金项目在2009年获得5项。2009年，学校国防科研项目争取和实施取得积极进展。学校重点项目数、科研成果数大幅增长，年科技经费超过2亿元，科技工作主要指标进入全国高校百强之列。

重点实验室建设取得新的进展。“信号与信息处理重点实验室”通过重庆市科委组织的专家论证，获批准立项建设；“工业自动化技术工程实验室”通过重庆市发改委组织的答辩和现场检查，获批准立项建设；“移动通信技术重庆市市级重点实验室”列入研发平台示范提升工程，获“重庆市开放示范研发平台”称号。与重庆西山科技公司联合成立了“重庆市生物医学工程研究中心”、与重庆市山外山公司联合组建了“重庆市数字医疗工程研究中心”。

2009年，进一步加强校企与校所合作。学校深化与中国电信、中国移动、中国联通的传统合作关系，与中国电信签订了战略合作协议；学校与华为公司、中兴通信、大唐电信等电信设备商加强了合作关系，中兴通讯在学校设立了西部培训基地。与无锡物联网（国家）研究院联合组建“无锡－重邮物联网研发中心”，与中国电子科技集团41所、重庆声光电公司和中天集团等企业签订了合作协议。2009年学校与甲骨文公司组建“数据库技术联合实验室”、与全球最大的笔记本电脑生产商惠普公司联合组建“重庆邮电大学惠普软件学院”、与全球最大的网络设备制造商思科公司联合组建“思科－重邮绿色科技实验室”。

进一步加强校地与园区合作。与南岸区签订了战略合作协议，与工业和信息化部电信研究院共同组建“电信研究院西部分院”，进一步探索北部新区和西永微电子园的产学研合作模式。积极服务城乡统筹，深化与綦江县和璧山县的校地合作，参与制订了《重庆市璧山县微电子产业发展规划》、与綦江等县签订培养1900余名干部和技术人员的协议等；与垫江县签订战略合作框架协议，结成战略合作伙伴，在成人教育和制定《垫江县电子政务信息建设方案》等方面开展合作；与涪陵区签订战略合作协议，推进涪陵工业化与信息化进程。

进一步加强对外交流与合作。学校召开了第一次外事工作会，启动了扩大开放合作，加快实施“1165”国际化工程；组织干部、外语师资赴加拿大培训，组织学生工作系统的同志赴英国考察；组织学生赴美开展境外社会实践活动，开展2+2、3+1等联合培养和中加项目的实施；实施了教育部港澳台学生交流重点项目“渝港大学生文化交流项目”；争取邵逸夫基金资助建设经费500万元，争取到科技部国际合作科研专项资助100万元。

【西安邮电学院】

西安邮电学院现有在校硕士研究生、本科生、高职生等共计1.6万人，设有通信与信息工程学院、电子工程学院、计算机学院、自动化学院、理学院、经济与管理学院、管理工程学院、人文社科学院、外语系、数字媒体艺术系等10个院（系），以及研究生部、物联网与两化融化研究院、体育部、信息中心和继续教育学院、职业技术学院等教学研究机构。有7个硕士授权一级学科和24个硕士授权二级学科，学校是工程硕士、工商管理（MBA）专业硕士学位授权单位，在电子与通信工程、计算机技术、项目管理、物流等五个领域开展工程硕士培养工作。有40个本科专业，3个省部级重点学科，7个省级名牌特色专业，6个省部级重点实验室（工程技术研究中心），9门省级精品课程。《微型计算机原理》被列入教育部－英特尔精品课程立项。学校拥有“计算机核心课程”国家级教学团队，全国优秀教师、省级优秀教师、教学名师及师德先进个人7人，获新世纪“百千万人才工程” 国家级人选、高校骨干教师资助计划和国家级有突出贡献中青年专家4名，享受政府特殊津贴专家10人，双聘院士6人。教学科研仪器设备总值近1.5亿元，图书馆藏书130万册。在编教职工1100余人，其中教师及各类专业技术人员900人，教授110余人，具有高级专业技术职称教师400余人，博士、硕士占教师队伍的70%。

近年来，全校共承担国家“863”计划、国家自然科学基金、国家社会科学基金、国家“242”信息安全计划、国家软科学研究计划、国家科技专项计划、陕西省“13115”科技创新工程技术研究中心等国家和省部级科研项目160余项，获国家级、省部级等科技成果奖励33项，其中《40Gb/s SDH（STM-256）光纤通信设备与系统》获2008年国家科学技术进步二等奖；发表学术论文4500余篇，出版学术著作150余部。有百余项科技成果通过评审鉴定并被转化为生产力，有些科研成果在国内居于领先地位。2008年，学校申请设立的“陕西省通信专用集成电路设计工程技术研究中心”获得批准，被列入陕西省“13115”科技创新工程建设计划，促进其自行设计具有自主产权的核心芯片系列，培养高质量的集成电路卓越工程师。2009年，陕西省工业和信息化厅在学校成立"陕西省网络与信息安全技术支持中心"，加强学校对陕西省信息化建设发展中涉及的网络与信息安全工作提供技术支持与智力服务。2010 年，陕西省信息化与工业化融合创新研究中心在学校挂牌。

学校先后与德国、美国、加拿大、日本、法国等十多个国家及香港、台湾地区的 30 余所大学、学术机构建立了合作关系；与美、英、德、法等国多所大学签署了"1+2+1"、"2+2"、"4+1+2"等合作培养协议，使在校优秀学生有机会赴发达国家学习并取得中外双方互认的学位。作为西北唯一一所承担亚太电信组织（APT）和东盟（ASEAN）培训任务的普通高校，学校先后为亚太和东盟国家培养了多批电信领域的中高级技术人员和管理人员。学校还是国际电联中国互联网培训中心之一，与美国思科公司、加拿大北方电讯公司及国内的华为公司、中兴通讯、大唐电信、陕西电信、陕西移动、陕西联通、陕西邮政等著名企业建立了科研和人才培训方面的战略合作关系。

建校 60 年来，为国家培养了 6 万多名优秀人才，毕业生大多在电信、移动、联通等通信运营企业及华为公司、大唐电信、中兴通讯、诺基亚等通信制造企业或高校、研究机构工作，很好地发挥专业特长，成为所在单位的业务骨干，深受用人单位欢迎。学校以"为企业提供最短时间能适应企业工作的优秀人才"为培养目标，按照企业用人要求对大学生进行技术应用能力和职业素质培训，成立 IT 应用型人才实训中心，通过与企业的合作，探索出企业对接定制培养、3+1 创新教育培养等多种人才培养模式，提高了毕业生的就业能力与就业率，开辟了学生就业的有效途径。

【石家庄邮电职业技术学院】

石家庄邮电职业技术学院（以下简称学院），隶属原邮电部，现为中国邮政集团公司所属的全国唯一培养邮政高技能人才的高等院校，同时是中国邮政集团公司培训中心、远程教育中心和科技支撑服务基地，承担着全网 80 万员工的教育培训和邮政业务研究、技术创新等任务。

学院建有两个校区，占地 300 亩，拥有各类教职工 1000 余名，其中专职教师和专业技术人员 560 名。中高级以上职称教师 364 人，同时聘有企业和社会兼职教授 120 余人。建有与企业生产实际相一致的邮政、金融、经济、信息技术等实验（实训）室 50 余个。

2009 年，学院面向全国招收了邮政类、金融类、信息技术类、经济类等专业新生 2547 名，毕业学生 2594 人，在校生规模保持在 8000 人以上；建成国家级优秀教学团队 1 个，新建国家级精品课程 3 门，新增专业 3 个，新建和改造实训室 9 个，计算机应用技术专业实训中心被批准为中央财政支持建设的实训基地；继续推进"订单式"人才培养工作，2009 年面向全国 14 个省邮政公司和 5 个省邮储分行招收订单生 659 人，"订单式"人才培养已扩展到全国 25 个省邮政公司和省邮储银行。"订单式"人才培养已被纳入邮政人力资源建设规划，成为学院实施每年为每个县企业培养 1 名高技能人才的主要方式；协同集团公司人力资源部争取了将邮政行业纳入高校毕业生学费补偿和国家助学贷款代偿范围的政策支持，吸引了更多高层次人才到邮政企业基层就业。

学院作为中国邮政集团公司培训中心和远程教育中心，2009 年共举办邮务类、金融类、速递物流类、信息技术类等集中培训班 245 期，培训学员 18189 人次，开办各类远程培训班 28 期，培训人数 69.4 万人次。学院不断加强培训能力建设，拓建了培训中心北京培训点，并不断改善培训基础设施与环境，同时完成了中国邮政远程教育培训网管理应用系统的升级，大大提升了教育培训能力水平；中国邮政远程教育网一级中心建在学院，目前，全网已建成 31 个二级中心、5000 余个学习点，累计注册学员达 34.8 万人，年远程培训规模 70 万人次；积极推进了中国邮政集团公司"中国邮政网络大学"建设工程，并将在 2010 年实现上线运行，全力服务于中国邮政学习型企业建设。同时，学院面向邮电企业和社会开办函授、自学考试、研究生教育等成人学历教育，并与人民大学、北京邮电大学合作，实施面向全国邮政支局长、邮储银行支行长、城市营业人员的在职大专学历培养项目，2009 年招收大专化学员 3142 名，有力支撑了邮政企业全员素质的提升。

2009 年，学院被纳入中国邮政"两院一校"的科技工作建设布局，科研服务企业的地位和能力进一步增强；全年承担集团公司、省教育厅等省部级项目 40 余项，校级科研立项 90 余项，科研项目经费达 804.2 万元；中国邮政商函研究中心、中国邮政营销研究中心、邮政金融研究中心、速递物流研究中心、邮政信息情报研究中心、国际邮政研究中心、惠远邮电设计咨询（甲级）有限公司、中驿软件技术有限公司、灾备技术国家工程实验室等科研机构设在学院，骨干研究中心在 2009 年取得了丰硕成果，有力推动了邮政商函、营销、物流等业务发展；同时，学院积极承担中国邮政职业技能鉴定、信息灾备中心建设、中国直邮协会支撑、各类邮政知识和技能大赛等支撑服务工作。2009 年，学院圆满完成了全国第二届邮政通信特有职业技能竞赛、集团公司营业岗位"双定"标准、业务流程优化、河北省教育厅高职院校人才培养工作状态数据采集支撑工作等，受到企业和社会好评。

优秀专业人员

【全国杰出专业技术人才】

2009 年 9 月 10 日，由中央组织部、中央宣传部、人力资源社会保障部、科学技术部联合授予来自科技、教育、文化、卫生等领域科研和生产第一线的50名同志全国"杰出专业技术人才"荣誉称号，其中工业和信息化部推荐的北京航空航天大学房建成成为被表彰的50名"杰出专业技术人才"之一。

【中国青年科技奖】

中国青年科技奖是由中央组织部、人力资源和社会保障部、中国科协共同设立并组织实施，面向全国广大青年科技工作者的奖项，旨在造就进入世界科技前沿的青年学术和技术带头人；表彰奖励在国家经济发展、社会进步和科技创新中做出突出成就的青年科技人才。中国青年科技奖奖励40岁以下、从事自然科学和交叉科学的青年科技工作者，每两年评选一次，每届获奖人数不超过100名。2009年工业和信息化部系统有云晓春等5名同志荣获第十一届中国青年科技奖。

【"新世纪百千万人才工程"】

"新世纪百千万人才工程"是由人力资源社会保障部、科技部、教育部、财政部、国家发改委、国家自然科学基金委员会及中国科学技术协会共同实施的人才培养工程，旨在"努力造就世界一流科学家和科技领军人才，注重培养一线的创新人才"。该工程的实施，对于统筹抓好以高层次人才为重点的各类人才队伍建设，切实加强人选的培养和管理工作，都起到了积极作用。2009年"新世纪百千万人才工程"国家级人选名单公布。2009年工业和信息化部有15人当选"新世纪百千万人才工程"国家级人选。

（工业和信息化部人事教育司）

老干部工作

【基本情况】

工业和信息化部党组2009年3月25日决议，原邮电离退休干部局和电子离退休干部局撤销，成立组建工业和信息化部离退休干部局筹备组。6月5日部印发《工业和信息化部离退休干部局具体职责内设机构和人员编制规定》（工信厅〔2009〕109号），规定行政编制118名；内设综合处、党委办公室、秘书一处、秘书二处、离休干部处、退休干部处、组织协调处、西长安街离退休干部活动中心、万寿路离退休干部活动中心；并确定局和处（室、中心）具体工作职责。6月8日任命吴亚军为工业和信息化部离退休干部局局长。

截至2009年12月31日，工业和信息化部共有离退休人员20223名（部机关1188名），其中离休干部1591名（部机关374名），退休人员18632名（部机关814名）。

【主要工作】

一、全力抓好离退休干部局组建，努力推动思想、人员、工作融合

组建离退休干部局是2009年的首要任务，重点抓了三方面的工作。

（一）确保"两支队伍"的稳定。

（二）细化落实"三定"规定。

（三）切实加快融合步伐。

二、以落实离退休干部政治生活待遇为核心，进一步提高服务管理水平

在落实政治待遇方面。一是多次召开离退休干部大会、片区会、座谈会，定期组织老同志开展政治学习、阅读文件，及时为老同志购买和发放有关学习资料，帮助老同志更好地学习理解党的十七届四中全会、全国工业和信息化工作会议等重要会议精神，让他们了解到工业和信息化发展及离退休干部工作等有关情况。二是陪同部分离退休老部长参加了庆祝新中国成立60周年招待会、焰火晚会和中央组织部组织的老同志迎春茶话会。组织老同志参加了部党组举办的团拜会，举办离退休干部迎春联欢会、迎新春"大观园"游艺活动。三是对个别年老体弱的支部书记进行了调整，认真开展"五好"党支部创建活动，进一步发挥好支部的战斗堡垒作用。向中央国家机关工委报送了原电子东郊支部开展"五好"党支部创建活动的经验材料。四是按照中央组织部的要求，在工业和信息化系统开展了全国先进离退休干部党支部和离退休干部先进个人评选推荐工作。在2009年9月召开的全国离退休干部"双先"表彰会上，部系统的哈尔滨工程大学离休干部党支部被表彰为全国先进离退休党支部，部离休干部刘大明、屈井河被表彰为离退休干部先进个人。部党组书记部长李毅中、党组成员人事教育司司长陈小筑专门接见了受表彰的先进典型代表并为他们颁发了奖牌和证书。

在落实生活待遇方面。一是在部领导的关心和相关司局的支持下，保障了离退休干部生活补贴的足额发放和医药费的及时报销。高度重视并妥善解决了22位具有高级职称的老同志和48名退休工人在第二次规范生活补贴中的补贴标准问题。对部直属事业单位贯彻执行中央组织部《关于调整因瘫痪等原因生活长期不能自理的离休干部护理费标准的通知》（组通字〔2008〕6号）情况进行了调查，为电信研究院、电子四所、人民邮电报社、人民邮电出版社等4家单位的6名离休干部申报调整了护理费标准。二是根据中央组织部《关于提高部分离休干部医疗待遇的通知》（组通字〔2009〕43号）要求和部党组的部署，协助人事教育司对部系统符合提高医疗待遇条件的离休干部进行了统计和初审，报经中央组织部和部党组批准，部系统36名离休干部享受副省（部）长级医疗待遇，147名离休干部享受副司局级医疗待遇。三是经过深入调查研究，多次与机关服务局协调沟通，并报请部领导批准，增加北京市第二医院、清华大学玉泉医院为离退休干部的定点医院，按规定把部定点医院由协和医院一家变为协和医院、北大医院两家，帮助部分老同志办理了医疗照顾手续、更换了就近医院，一定程度上缓解了看病不方便、住院特别难的问题。四是组织 705 名离退休人员进行了健康体检，开展了春游、秋游、秋季运动会和与北京同行、80 岁以上老同志集体祝寿等传统特色活动。五是通过深入细致的工作，协助机关服务局完成了原电子离退休人员的住宅配售工作，协调解决了增加老同志医药费报销次数、到机关食堂就餐、宿舍供暖等具体问题，对有特殊困难的老同志给予了重点帮扶。

三、以庆祝新中国成立 60 周年为契机，努力丰富离退休干部精神文化生活

（一）承办了部庆祝新中国成立 60 周年离退休干部座谈会。部党组书记、部长李毅中亲自出席座谈会并发表重要讲话，部党组成员陈小筑主持会议。座谈会上，老部领导钱敏、吴基传、宋直元和老同志代表结合自己的亲身经历，回顾了新中国成立 60 年来的光辉历程，讴歌了祖国改革与发展取得的巨大成就。

（二）举办了离退休干部第一届艺术节。部党组副书记、副部长奚国华出席艺术节开幕式并发表热情洋溢的讲话。部机关离退休干部和有关新闻记者近 500 人参加了艺术节开幕式。艺术节上，老同志们自编自导了精彩的文艺演出，展出了精心创作的书画、篆刻、根雕、布艺和编织等艺术作品 190 多件，受到了部领导和机关干部的好评。

（三）广泛开展走访慰问活动。按照中央组织部的要求，从 2009 年 8 月下旬开始，采取登门拜访等多种形式，对老干部、老专家、老劳模、老工人、老党员进行了广泛的走访慰问，为有特殊困难的老同志发放了慰问金。同时，指导部属单位对老干部、老工人、老党员进行了走访慰问。国庆期间，部系统共走访慰问离退休老同志近 1600 人。

（四）组织参加庆祝新中国成立 60 周年知识竞赛。组织部机关离退休干部和在职人员共 1080 人参加了由中国老龄协会、民政部、老年报社共同举办的庆祝建国 60 周年知识竞赛活动，竞赛组委会授予优秀组织奖，授予 5 位老同志优秀个人奖。

（五）开展丰富多彩的文化体育活动。主动与国家机关事务管理局联系，请有关负责同志到局老干部活动中心指导工作，国管局为两个活动中心配置了电脑、空调等设备，局里也为活动中心采购了复印机、游艺机、乐器等。认真办好老年大学，根据老同志的意愿调整了课程设置和服务管理方式。加强对活动中心图书室、阅览室、健身设施和各老干部活动站的管理，更好地满足老同志活动的需要。组织老同志参加了第一届全国老年人体育健身大会、国家机关离退休干部庆祝建国 60 周年大型书画展、中央国家机关 27 个部门老年大学喜迎建国 60 周年书画展等活动，都取得了很好的成绩。举办了门球赛、象棋赛、跳棋赛、乒乓球赛等多种赛事，开展了登山、钓鱼、文艺表演等丰富多彩的活动，鼓励老同志走出家门，强身健体，陶冶情操，丰富离退休生活。

四、拓宽沟通渠道，加强对部属单位的宏观指导

（一）加强对重点工作的指导。及时转发中央组织部有关文件，传达部党组对离退休干部工作的要求，指导部属单位完成提高部分离休干部医疗待遇、开展国庆前夕走访慰问老红军、老干部、老党员、老工人等重点工作。

（二）摸清了部属单位离退休干部工作基本情况。开展了部属单位离退休干部工作基本情况调查，编制完成了部属单位离退休干部人数统计、离退休干部工作主管领导和工作部门及工作人员情况登记、副局级以上离退休干部基本信息登记工作，对部属单位离退休干部工作的基本情况做到了心中有数。

（三）创办了《工业和信息化部离退休干部工作交流》。经报请李毅中部长批准，创办了《工业和信息化部离退休干部工作交流》，并以此为载体，及时通报部机关离退休干部工作动态和各直属单位有关工作情况，增添了与直属单位联系的桥梁和纽带，增进了互相交流和了解。

（四）深入部属单位调查研究。由局领导带队，组织专题调研组，分别到北京理工大学、南京理工大学、南京航空航天大学、电子技术标准化研究所等部属单位进行了调研，学习、总结、宣传、推广各单位好的做法和先进经验。

（五）举办部系统离退休干部信息管理系统和统计工作培训班。按照中央组织部《关于填报 2009 年离退休干部统计表的通知》（组厅字〔2009〕40 号）精神，对部机关和直属单位离退休干部工作部门负责离退休干部信息管理与统计工作的同志进行了培训，明确了统计要求，统一了报表口径，为做好 2009 年离退休干部统计工作奠定了基础。

五、围绕中心，服务大局，积极为创建和谐部机关服务

坚持离退休干部工作为部中心工作服务，积极为工业和信息化发展营造稳定和谐的良好环境。

一是根据部领导要求，配合完成了欧新黔副部长、张胜利局长、办公厅罗思明同志的丧事办理工作。二是按照部统一部署，切实加强对甲型 H1N1 流感的防控，认真开展清理“小金库”活动，积极组织全局人员向计划生育的贫困母亲捐款、向甘肃省地震灾区捐款。三是无偿提供六号楼老干部活动中心报告厅给部机关 100 余场会议使用，热情做好音响设备调试等服务工作。在保障为老同志服务用车的前提下，尽可能的满足相关司局借用工作车辆的要求。四是高度重视安全稳定工作，每逢重要节日或重大活动，专题研究部署安全稳定工作，落实安全稳定责任和措施。注重掌握老同志的思想动态，有针对性的做好思想政治工作。定期排查安全稳定方面存在的突出问题，努力把隐患消除在萌芽状态，确保了全年的安全稳定。

（工业和信息化部离退休干部局）

第十五篇　精神文明与行风建设、廉政建设

精神文明创建活动

【开展专项治理，净化网络环境】

作为互联网行业的主管部门，认真贯彻落实党中央国务院的部署和要求，在净化网络环境、保护未成年人健康成长方面开展了大量工作。

一、开展互联网淫秽色情治理专项活动

2009 年 1 月，工业和信息化部联合 6 个部委在全国范围内开展整治互联网低俗之风专项行动，配合关闭有害网站近 4000 家，整改 3.3 万家。2009 年 8 月至 10 月，联合公安部等 9 部门在全国范围组织开展打击网络淫秽色情专项行动，对涉及违规接入和违法的网站一律要求关闭。对接入未备案网站的网络服务商依法予以行政处罚，加大了对类似违法行为的震慑力度。根据国务院关于网吧管理工作的精神，工业和信息化部配合文化、工商、公安等部门开展了对违规、违法网吧接入互联网的关停工作。

二、按照《深入整治手机淫秽色情专项行动工作方案》的部署安排，整治手机信息涉黄问题

在各成员单位的努力下，对业务推广渠道、手机网站内容接入、服务器层层转租、手机代收费和涉黄网站域名变换等五个手机涉黄关键环节进行了全面排查和清理，关闭了一批淫秽色情违法 WAP 网站，严厉打击了一批发送淫秽色情等违法短信的 SP，手机网络有害信息传播得到了一定遏制。

三、制定颁布和推动出台了互联网信息服务管理办法等 10 余部互联网管理的法规规章，制订了一批行业技术标准

基本形成“齐抓共管、各负其责”的互联网信息安全管理格局，事前审批与事后监管相结合、分级管理与属地管理相结合、政府管理与行业自律相结合等多种工作机制不断完善。积极发挥信息资源和技术手段优势，组织力量开发了全国互联网 ICP/IP 地址信息备案管理系统，为打击淫秽色情等违法网站提供了有力的技术保障。

四、在中央文明办、财政部等有关部门的大力支持下，组织开展了绿色上网过滤软件的推广应用工作

制订了《基于 PC 终端的互联网内容过滤软件技术要求》和《基于 PC 终端的互联网内容过滤软件测试方法》，组织产品测评和预装工作。截至 2009 年 9 月底，“绿坝－花季护航”绿色上网过滤软件推广数量累计已超过 2000 万套。中央五部门联合采购赠送边疆地区的 5 万台计算机全部预装了“绿坝－花季护航”绿色上网过滤软件，电脑下乡的部分计算机机型也预装了“绿坝－花季护航”绿色上网过滤软件。上述工作为营造良好的未成年人上网环境发挥了作用。五是积极开展行业自律，坚持依法行政，以落实企业网络信息安全责任为重点，下大力加强互联网接入服务市场管理，开展了以虚拟主机、主机托管为重点的互联网服务市场治理整顿。

【开展行业精神文明创建工作】

按照中央文明办部署，深入开展通信业“窗口单位树新风网上行”活动。

一、组织编辑制作三期《通信文明》电子杂志

宣传了全国文明单位、全国精神文明建设工作先进单位以及全国未成年人思想道德建设工作先进单位等集体和先进个人事迹，弘扬了先进典型，树立了学习榜样。介绍了通信业在抗震救灾、奥运保障、国庆 60 周年等国家重点工程、突发事件等急、难、险、重任务中，为确保通信安全与畅通所发挥的重要作用。展示了通信业 30 年来业务、技术迅速发展的新成就，弘扬了通信企业改革创新、拼搏进取的精神风貌。公布了窗口单位加强管理、规范服务流程与标准、积极解决消费者诉求的有效措施。

二、参加“窗口单位树新风网上行”网上访谈活动

组织电信行业监管部门和三大基础电信运营商及基层单位负责人，参加了中国文明网访谈活动，围绕通信业的发展概况，近年来开展行风建设、创建文明单位以及创新体制机制，进一步做好行业文明创建工作等与网民在线交流，听取了网民有关通信领域窗口单位服务质量等方面的意见和建议，在线访谈在社会上产生了积极反响。

【加强通信业行风建设】

2009 年工业和信息化部确立了“服务社会，服务民生”的行风建设任务，积极推动电信企业树立良好的自律意识、责任意识，不断强化讲诚信经营、讲和谐服务、讲社会效益、讲科学发展的企业宗旨。一是充分发挥信息通信技术和网络优势，服务社会经济发展。指导三家电信集团公司制定 3G 发展规划，开发出丰富多彩的 3G 特色业务，推动移动互联网、电子商务、公共服务、文化创意等新兴产业发展。印发了《关于继续支持中国移动 TD-SCDMA 网络建设工作的通知》和《第三代移动通信服务规范（试行）》。与国资委联合印发了《关于 2009 年

电信基础设施共建共享考核工作的通知》，提出相关定量考核指标和具体要求，与电监会联合下发《关于电信基础设施共建共享中供电有关问题的通知》，提出有关共建共享供电支持措施，大力推进电信基础设施共建共享。从设施、信息服务和惠农工程三方面入手，完善农村通信设施、延伸农村信息网络，推进农村综合信息服务下乡进村。会同发展改革委、广电总局等部门研究提出推进三网融合总体方案，更好地满足人民群众日益增长的物质文化生活需要。二是全面提升通信服务水平，营造用户放心的通信消费环境。从电信服务窗口抓起，通过全面提升营业窗口的服务能力，创建优秀服务文化，妥善处理新业务带来的用户申诉，为用户营造放心的通信消费环境。认真落实中共中央办公厅、国务院办公厅《关于开展治理商业贿赂专项工作的意见》，将治理商业贿赂专项工作与廉洁文化建设、廉洁诚信平台建设、完善规章制度、构建企业风险管理体系等方面的工作紧密结合，逐步完善治理商业贿赂长效机制。

【组织开展评选表彰工作】

一、积极组织开展全国道德模范推荐工作

按属地原则，将在抗击低温雨雪冰冻灾害、抗震救灾、成功举办北京奥运会残奥会等重大事件中涌现出的先进人物,推荐到各地全国道德模范评选表彰活动组委会。同时要求各单位将开展道德模范推荐评选活动作为践行社会主义核心价值体系、加强公民思想道德建设和弘扬先进人物的有力抓手和载体，在行业内营造了讲道德、做好人的浓厚氛围，掀起学习、崇尚、争当道德模范的热潮。

二、启动通信行业2008年度全国青年文明号评选表彰工作

根据《全国青年文明号活动管理办法》的规定和全国青年文明号活动组委会的统一部署，与共青团中央启动了通信行业2008年度全国青年文明号评选表彰工作，经过认真评选、层层审查，命名表彰了2008年度通信行业111个全国青年文明号。

三、开展全国妇女“巾帼建功”活动评选工作

表彰了全国巾帼文明岗16个、巾帼建国标兵4个、优秀组织奖1个和先进工作者2个。这些先进集体为引导和激励女职工爱岗敬业、建功立业发挥了榜样作用。为进一步加强对全国“巾帼文明岗”活动的标准化、规范化、科学化、品牌化管理，根据全国妇女“巾帼建功”活动领导小组的要求，对2003年以来荣获全国“巾帼文明岗”称号的33个集体，进行了检查，总结了经验，找到了差距，进一步推动了“巾帼文明岗”创建工作的扎实开展。

（工业和信息化部人事教育司）

通信行业行风建设工作

【部门和行业作风建设】

工业和信息化部加强部门作风建设，在部系统大力弘扬勤奋学习、真抓实干、勤勉尽责、艰苦奋斗的作风，努力推进依法行政和机关的团结融合。加强对部机关司局工作目标责任制执行情况的监督检查，会同有关部门制定部党政领导干部问责的实施办法，推动了部机关和部属各单位工作职能、工作方式和工作作风的转变。认真落实中央关于党政机关厉行节约的要求，开展制止公款出国（境）旅游专项工作，全年取消出国（境）团组16个，压缩人员42人次，压缩在外停留时间316天；开展“小金库”专项治理工作，清理违规资金973.76万元；继续规范公务员津贴补贴工作，清退违规发放津补贴348.2万元。推进行风建设，把行风建设工作由通信业向工业和信息化系统其他行业拓展，形成了抓重点行业、抓关键环节、各司其职、共同推进的新格局，确定了以加强工业产品质量建设和提升通信服务水平为重点的新思路。推进“质量和安全年”活动，配合相关业务部门重点加强对食品生产、民爆企业、农资生产和通信工程等方面的质量和安全监管，推进“三下乡”、企业治乱减负、“村村通电话”和“信息下乡”、电信行业“服务社会、服务民生”主题活动及部系统和通信行业精神文明建设，依法处理电信用户投诉，认真解决群众反映突出的问题，深入开展治理垃圾短信、打击手机网络淫秽色情等专项整治工作。积极推进工程建设领域突出问题专项治理工作。部属高校积极推进学风校风建设，加强对招生和收费的监督检查，在2009年招生和收费中实现了零违规。西北工业大学开展了加强学术道德建设专项活动，哈尔滨工程大学处理了3起违反学术道德的行为，哈尔滨工业大学出台了学术道德规范，南京理工大学成立了学术道德与纪律监督委员会。

（驻工业和信息化部纪检组监察局）

【改善和提高电信服务质量】

定期开展电信服务质量状况评估、用户申诉成因分析、服务和收费拨测检查，重点查处手机内置业务、增值电信服务中的诱导消费、乱收费和服务不规范等热点问题。改进电信资费结构，使消费者受益。2009年电信综合资费水平下降9%。

（工业和信息化部电信管理局）

廉政建设和反腐败工作

【工业和信息化部纪检监察工作会议】

工业和信息化部召开部组建以来第一次纪检监察工作会议，传达学习十七届中央纪委三次全会精神，研究部署2009年反腐倡廉建设和纪检监察工作。中央纪委委员、驻工业和信息化部纪检组组长郭炎炎代表部党组作工作报告，提出2009年纪检监察工作要切实做到“六个加强”。一是加强对政治纪律和中央重大决策部署执行情况的监督检查；二是加强反腐倡廉宣传教育工作；三是加强领导干部作风建设和机关作风建设；四是加强反腐倡廉制度建设和源头治理工作；五是加强对领导干部特别是主要领导干部的监督工作；六是加强信访举报和查办案件工作。

【工业和信息化部党风廉政建设工作会议】

工业和信息化部党风廉政建设工作会议于4月2日在北京召开。部党组书记、部长李毅中出席会议并讲话，监察部副部长郝明金应邀出席会议并讲话，部党组成员、驻部纪检组组长郭炎炎作工作报告。李毅中要求，各单位各部门要认真落实十七届中央纪委三次全会、国务院第二次廉政工作会议和胡锦涛总书记、温家宝总理的重要讲话精神，推动部党风廉政建设和反腐败工作，统一思想，凝聚力量，振奋精神，为实现党和国家保工业、保增长、保民生、保稳定的各项政策措施，为战胜国际金融危机影响，实现经济平稳较快发展提供坚强保证。要重点抓好四个方面工作。一要加大监督检查力度，认真抓好中央政策措施的落实，促进工业和通信业平稳较快发展。二要坚持以人为本的执政理念，认真监督检查关系民生的各项政策措施的落实，切实维护群众利益。三要坚持依法治部，认真抓好制度建设，规范行政行为，查处和纠正违纪违法行为，提高政府的公信力。四要落实责任制，加强反腐倡廉教育和领导干部廉洁自律，加强和改进纪检监察工作。郝明金指出，工业和信息化部成立以来，在部党组的高度重视下，党风廉政建设和反腐败工作取得了积极进展。2009年要重点抓好五方面工作。贯彻落实中央纪委三次全会和国务院第二次廉政工作会议精神，一要严明政治纪律，促进中央重大决策部署落实；二要加强作风建设，增强领导干部党性修养；三要维护群众利益，发挥改善民生维护稳定的重要作用；四要推进办案工作，保持惩治腐败的强劲势头；五要深化制度建设，提高从源头上防治腐败工作水平。郭炎炎组长在工作报告中对2008年党风廉政建设和反腐败工作做了总结，对2009年反腐倡廉任务进行了全面部署。2009年部党风廉政建设和反腐败工作的思路是坚持深入贯彻落实科学发展观，认真按照中央反腐倡廉各项部署要求，紧紧围绕保增长、保民生、保稳定这一主线，全力服务于贯彻落实中央促进经济平稳较快发展的政策措施，严格执行党风廉政建设责任制，认真落实《实施办法》，强化监督检查，规范权力运行，加强作风建设，为确保政令畅通，确保部保增长各项措施落到实处，确保中央赋予的各项职能认真履行提供有力保证。

【工业和信息化部纪检负责人会议】

工业和信息化部纪检负责人会议于7月24日在北京召开。部党组成员、驻部纪检组组长郭炎炎出席会议并讲话。驻部纪检组副组长、监察局局长黄文玉主持会议，并传达了全国纪委书记座谈会上贺国强同志及何勇同志的讲话精神，对四个反腐倡廉重要文件的重要意义、指导思想和主要内容进行了宣贯。工业和信息化部机关各司局总支（支部）纪检委员、直属机关纪委书记、直属单位纪委书记及各省（区、市）通信管理局纪检组组长参加了会议。郭炎炎要求认真传达全国纪委书记座谈会精神，学习宣传《中国共产党巡视工作条例（试行）》等四个反腐倡廉重要文件，按要求抓好会议精神和四个文件的贯彻落实工作。郭炎炎同时回顾总结了工业和信息化部上半年党风廉政建设和反腐败工作，对下半年的工作作出了部署。郭炎炎指出，下半年各级纪检监察机构和纪检监察干部要按照部党组年初对党风廉政建设工作的部署和要求，在全面推进反腐倡廉建设中，重点抓好以下工作：一是继续加大监督检查力度，加强对中央关于促进经济平稳较快发展和维护社会稳定等方面决策部署贯彻落实情况的监督检查，集中组织对重点产业调整和振兴规划落实以及技术改造专项投资管理使用情况的监督检查，切实抓好对工程建设领域特别是涉及重点产业调整与振兴规划、技术改造、3G和TD发展的工程建设项目的监督，加强对“三定规定”和“三个转变”的监督检查，确保年度工作任务全面完成。二是以贯彻《中共中央纪委关于推进惩治和预防腐败体系建设的检查办法（试行）》为契机，扎实推进惩防体系建设和党风廉政建设责任制的落实，继续下大力气抓好领导干部作风建设和廉洁自律工作，抓好厉行节约、制止公款出国（境）旅游、治理“小金库”等专项工作，加强对行政审批、行政执法、人财物管理及高校招生和收费等重点领域权力行使的监督。三是进一步完善信访举报制度，建立部系统案件管理、协调办案及查结案件通报等制度，加大查办案件力度。四是以落实《关于2009年工业和信息化系统部门和行业作风建设的实施意见》为抓手，大力推进纠风工作和行风建设，以加强工业产品质量建设和提升通信服务水平为工作重点，认真抓好“三下乡”产品质量和售后服务监督管理、食品工业企业诚信体系建设以及通信行业主题活动等工作。五是加强队伍建设，加强对部系统纪检监察机构和干部队伍情况的调查分析，对建立与部实际相适应的纪检监察工作体系进行认真研究，完善工作报告和工作指导制度，进一步完善纪检监察工作体系。郭炎炎要求，部系统各级纪检监察机构要对照今年部党风廉政建设工作会议的各项部署和部反腐倡廉任务分工表确定的25项任务，对本部门本单位的工作进行认真梳理，对已经完成的工作要总结经验，抓好巩固完善，对尚未完成的工作要加快进度。纪检监察领导干部要发挥表率作用，身先士卒、靠前指挥，扎扎实实地推进各项工作，确保优质高效如期完成各项任务。

【反腐倡廉工作任务分解落实及监督检查】

2009年5月16日，工业和信息化部党组印发了《关于印发<2009年工业和信息化部反腐倡廉工作任务分解表>的通知》（工信部监〔2009〕222号）（以下简称《分解表》），将全年反腐倡廉工作任务分解为六大类25小项，落实到各责任单位，并明确了完成时限。部党组要求部属各单位要根据第十七届中央纪委第三次全会和国务院廉政工作会议精神，按照2009年工业和信息化部党风廉政建设工作会议的部署和要求，对《分解表》中所列各项任务进行认真研究，细化目标要求，制定具体措施。对于长期性、跨年度的工作，要提出分阶段的时限要求和目标、措施，有计划、分步骤地推进实施。部党组委托驻部纪检组监察局负责《分解表》中所列任务的日常督办和协调工作，并在年底前对各单位落实《分解表》的情况进行检查。10～11月，结合部落实党风廉政建设责任制和推进惩防体系建设，对2009年反腐倡廉工作任务分工情况进行了检查。

【对部贯彻中央应对国际金融危机一揽子计划政策措施情况的监督】

部纪检监察机构和业务部门紧密配合，围绕和服务部扩内需、保增长、调结构、惠民生的中心任务和工作大局，将纪检监督、行政监察与行政业务部门的督促检查相结合，加强了对落实部“三定”规定、重点产业调整和振兴规划、技术改造、推动3G和TD发展等政策措施情况的监督，督促工业和信息化系统单位认真落实中央应对危机的政策措施，取得了显著成效。各司局党支部及纪检委员加强了对落实部党组各项要求和反腐倡廉分工任务的督促检查。通信管理局纪检监察机构加强了对3G及TD建设和发展、电信基础设施共建共享、应急通信保障、网络信息安全等方面工作的监督检查。直属单位纪检监察机构加强了对本单位落实科学发展观实现又好又快发展、为部中心工作提供支撑等方面的监督检查。部属高校纪委加强了对开展学习实践科学发展观活动、加强思想政治工作、维护校园稳定、促进学生就业等方面的监督检查。

【对领导班子和领导干部的监督】

加强对执行民主集中制和“三重一大”制度情况的监督。部纪检组监察局会同有关部门严格执行干部任用沟通制度，对100余名部党组拟任命的干部在上部党组会前提出了书面意见，加强了对5个国家科技重大专项评审、11个重点工程建设和重大政策制定等方面的监督。通信管理局加强了对行政审批、行政执法和公务员津补贴发放的监督。直属单位加强了对内部管理的监督。部属高校加强了对招生、收费、采购、基建、招标投标、职称评审、科研经费管理等方面的监督，形成了较为完善的监督机制。加强对领导干部廉洁自律情况的监督检查。组织部系统处以上干部对元旦、春节期间廉洁自律情况进行了自查，并分级对10名部党组成员、419名司局级干部及各单位处级干部的自查报告进行了审查；加强对执行党员领导干部个人有关事项报告制度的监督检查，部系统167人申报登记了配偶和子女经商办企业情况，12人申报了配偶子女到国（境）外定居情况，20名干部上缴礼金、有价证券合计3.6万元。认真执行党内监督制度。部系统纪检负责人同下级党政主要负责人谈话322人次，对领导干部进行任前廉政谈话779人次，诫勉谈话8人次，司局级干部述职述廉389人，函询5人次。大力推进政务公开工作。加强对政府信息公开工作的监督检查，认真处理群众投诉，畅通群众监督渠道。部属各单位积极探索多种有效的监督方式，如对领导干部进行经济责任审计，建立完善领导干部廉政档案，推行廉政承诺制度，向社会聘请或在单位内部设置党风廉政监督员，发挥职工代表大会监督作用等。

【反腐倡廉教育】

组织开展了学习王瑛同志先进事迹、“扬正气，促和谐”优秀廉政公益广告展播、反腐倡廉教育讲座等活动，利用《党风廉政建设通讯》和部政府网站、报刊等媒体扩大了反腐倡廉宣传教育的覆盖面。部系统各单位纪检监察机构通过开展党风廉政建设宣传月，树立身边党风廉政建设先进典型、印发反腐倡廉学习材料、观看反腐倡廉题材录像、参观反腐倡廉教育基地、将反腐倡廉教育纳入干部任职培训和在岗培训等活动，进一步增强了领导干部廉洁从政的自觉性。人教司将反腐倡廉教育纳入新公务员入职培训和机关处级干部培训，机关纪委开展了“反腐倡廉每季一课”、反腐倡廉论文评选交流活动，电子出版社和哈尔滨工业大学充分利用网络开展宣传教育，北京理工大学坚持每年一次反腐倡廉知识考核，贵州通信管理局、电子四所将反腐倡廉教育与机关文化建设和廉政文化建设相结合，增强了教育的针对性和实效性。电子发展研究院和部分高校建立了宣传教育联席会议等制度，形成了反腐倡廉宣传教育的合力。北京航空航天大学加强反腐倡廉理论研究，成立了廉政研究所。

【反腐倡廉制度建设】

各级纪检监察机构将制度建设作为惩防体系建设的

基础工作和根本举措，督促和配合业务部门出台了一系列反腐倡廉制度和措施。部制定修订了规划管理暂行办法、行政许可实施办法、公开选拔直属单位党政领导干部工作暂行办法、部机关行政财务工作管理办法（试行）、因公出国（境）管理暂行办法等规章制度。运行监测局建立了局内干部检查、监督和谈话提醒制度，原材料司、节能司、装备司、企业司等司局和上海、浙江、贵州等通信管理局制定了本单位廉洁自律规定，机关部分司局制定完善了本司局专项经费、行政许可等方面的管理制度。部属高校进一步完善了党委常委会讨论任命干部票决制等制度、特殊招生方面的规定、干部管理办法和采购管理办法等。江苏通信管理局、哈尔滨工业大学等单位积极开展廉政风险防范工作。部属各单位健全完善了党风廉政建设责任制，办公厅和安徽、重庆等 12 个通信管理局及西北工业大学等 4 所高校逐级签订了党风廉政建设责任书，安全生产司等司局和大部分部属单位对反腐倡廉任务按照党风廉政建设责任制要求进行了责任分解。北航等单位所有校领导带队检查党风廉政建设责任制落实情况，部系统各级纪检监察机构对局处两级 398 个单位党风廉政建设责任制执行情况进行了检查考核。

【信访举报和查办案件工作】

部系统纪检监察机构查处或配合有关部门查处了挪用公款、违反财经纪律、嫖娼、贪污受贿等案件，全年受理信访举报件 286 件，初核 131 件，立案 12 件，部系统干部受到党纪处分 8 人，政纪处分 11 人，涉嫌违法移送司法机关 3 人。其中部纪检组监察局受理信访举报件 43 件，属于自办范围的 28 件，初核 6 件，立案 3 件，对 4 人提出党纪或政纪处分建议，指导、协调和配合有关部门办案 6 件；直属机关纪委受理信访举报件 17 件，初核 2 件，立案 2 件；通信管理局纪检监察机构受理信访举报件 10 件，初核 5 件，1 人受到党纪政纪处分；部直属单位纪检监察机构受理信访举报件 41 件，初核 39 件；部属高校受理信访举报件 175 件，初核 79 件，立案 7 件，党纪政纪处分 12 人次，涉嫌违法移送司法机关 2 人。湖北通信管理局、北京航空航天大学、北京理工大学等单位坚决查处本单位干部违纪违法行为，维护了党纪政纪的严肃性。信访举报、案件管理和制度建设等方面也取得新的进展。哈尔滨工业大学定期召开信访案件分析会，南京航空航天大学等单位对信访举报件认真对待，及时处理。继续开展治理商业贿赂专项工作。

【部系统纪检监察工作体系建设】

进一步完善了纪检监察机构设置和干部配备，重点解决了个别党政“一把手”兼任纪委书记、纪检主要负责人兼职过多或长期缺位、纪检监察机构长期不健全的问题，共有 11 个单位对纪检主要负责人进行了补充调整。部纪检组监察局加强了对部分新任纪检机构主要负责人考察工作的监督，对 4 个单位新任纪检监察主要负责人人选提出了书面意见。加强了对纪检监察干部的管理和教育培训，组织了两次系统纪检监察干部培训班，160 余人参加了培训。对部系统纪检监察干部队伍情况进行了问卷摸底调查，初步建立了纪检监察干部信息库，建立了纪检监察干部培训档案，进一步密切了纪检监察体系的内部联系与沟通。各级纪检监察机构加强了内部管理和制度建设，部纪检组监察局制定了 11 项规章制度，电子工业出版社健全了纪委议事决策机制和制度，西工大制订完善了案件检查等十余项纪检监察工作制度。电子发展研究院建立完善了 6 项纪检监察工作制度，福建管局每季度召开纪检监察联席会议制度，北理工、南理工建立了多项专项工作联席会议制度。

（驻工业和信息化部纪检组监察局）

扶贫工作

【总体情况】

按照党中央、国务院关于定点扶贫工作的总体要求和部署，在国务院扶贫办的关心和帮助下，2009 年工业和信息化部继续做好定点扶贫工作，选派四位同志分别到定点帮扶的山西省大宁县、永和县，四川省南充市嘉陵区、南部县等四县（区）挂职副县（区）长，负责定点扶贫工作。扶贫干部以科学发展观为指导，以关注民生为重点，以项目扶贫为手段，充分体现工业和信息化特色，在当地政府、广大干部群众的大力支持下，扶贫工作取得了显著成效。

2009 年扶贫工作直接组织投入资金 200 万元，带动地方相关投资 480.6 万元，帮助上项目 15 个；安排企业技术改造项目 9 个，投入资金 2182 万元；投入资金 8 万元，资助 51 名贫困大学生顺利入学。通过采取形式多样的帮扶活动，有效地改善了当地贫困群众的生产生活条件，加快了农民脱贫的步伐。同时加强了贫困地区与外界的联系与沟通，为当地经济发展和社会进步做出了积极贡献。

【扶贫项目】

工业和信息化部对各地的扶贫项目主要集中在基础设施建设、当地主导产业（特色种植业、养殖业等）以及科教领域。2009 年 8 月，工业和信息化部印发《关于同意扶贫四县（区）2009 年度帮扶项目的函》（工信规简函〔2009〕185 号），组织投资 200 万元支持了四县（区）的 15 个扶贫项目，推动项目实施并发挥效益。

山西省大宁县立足当地情况，建设了东房小学、大冯小学、太德小学农村寄宿制学校取暖设施，徐家垛乡、太古乡人畜饮水工程，曲娥镇农副产品批发市场等项目，三所小学取暖设施安装后，供热面积达到1614平方米，目前已全部完工并投入使用，改善了学校生活设施。饮水工程解决了3个自然村，4个村民小组，1144口人和1341头大牲畜的饮水问题。支持农产品批发市场建设，取得了良好的经济效益和社会效益。

山西省永和县结合实际，建设了坡头乡循环经济示范区，阁底乡旅游综合开发，芝河镇核桃经济林等项目，试点农村循环经济，扶持特色农业和特色旅游发展，帮助农民增产增收，促进了社会和谐。对核桃产业和养殖业进行科学开发和管理，完成2000亩6万株核桃经济林栽植，200亩核桃经济林嫁接。

四川省南充市嘉陵区重点建设了大通镇梓桐庙村集中供水工程，积善乡唐底垭提灌站工程、土门乡联合村小建设等项目。供水工程解决了380人，360头牲畜的饮水难问题和农业灌溉问题，村小建设促进了当地落后地区教育事业的发展，改善了民生基础设施，受到当地群众的一致好评。

四川省南充市南部县建设了升水镇洛阳村集中供水设施，五灵乡场镇人饮水设施，长坪镇污水处理设施等项目，重点解决了事关民生的饮水基础设施，取得了良好社会效益。污水处理工程解决场镇2000多人污水处理、饮水安全和周边100多亩良田被污染问题。供水站解决近300人、1200头牲畜的饮水。

【帮扶救助】

在完成正常扶贫项目的同时，工业和信息化部还开展了多次济困救助工作，把党中央、国务院的关怀送到了千家万户。

帮扶救助，为困难群众排忧解难。在部机关司局的大力支持下，2009年10月，工业和信息化部向扶贫县捐助甲型流感特效药达菲，缓解了抗甲流药品奇缺的状况。开展“圆梦大学”助学金发放活动，部扶贫办支持资金8万元，资助51名考入大学的贫困学生顺利入学。扶贫干部还深入农村访贫问寒，累计慰问救助残疾人、孤寡老人等困难户100多户。这些帮扶救助活动送去工业和信息化部对贫困地区人民的关怀和温暖。慰问活动把党和政府对群众的关怀与帮助实实在在地送到这些困难农民手上，密切了党同人民群众的血肉联系，进一步赢得了广大干部群众对扶贫工作的信任。

开展多种培训活动，帮助群众智力脱贫。选派扶贫县信息办主任和乡镇书记参加2009年6月在山东举办的全国乡镇干部信息化培训班。在中国青基会的支持下，资助小学教师参加希望工程全国教师培训班。在南部县建立威盛中国芯成长数字营计算机培训基地，为贫困地区青少年搭建信息交流平台。

支持扶贫县（区）技术改造项目。按照国家扩大内需一揽子政策的安排，2009年工业和信息化部对扶贫县（区）上报技术改造项目进行了认真的遴选，在符合产业政策的情况下，给予优先考虑、适当照顾，共批复9个技术改造项目，直接投资2182万元，有力地推动了扶贫县（区）企业的发展。

（工业和信息化部规划司）

第十六篇　省、自治区、直辖市邮政发展与管理

北京市邮政发展与管理

【邮政发展统计】

指标名称	单位	数据
邮政行业业务收入	万元	853866
其中：快递业务收入	万元	366642
函件业务量	万件	64265
快递业务量	万件	14986
从业人员	人	49604
其中：快递从业人员	人	19037
营业网点	处	1757
其中：快递营业网点	处	1006

注：邮政行业业务收入中未含邮政储蓄银行直接营业收入

【邮政发展情况综述】

一、总体评价

2009 年按照国家邮政局和北京市委、市政府相关工作部署，北京市邮政管理局以科学发展观为指导，以“邮政服务国计民生”为宗旨，以提高邮政网络能力、服务水平和实现快递市场科学有效监管为目标，破解科学管理难题，重点抓好邮政基础设施和新型村邮站建设，进一步推进邮政市场监管工作，北京邮政行业发展稳步向前。2009 年全市邮政行业业务总收入 85.4 亿元，其中规模以上快递企业收入达到 36.7 亿元。

二、本年度特色和亮点工作

在全国率先完成村邮站全面建设工作。2009 年北京市政府将村邮站推广建设纳入为民办实事项目，在市政府直接领导和国家邮政局高度重视下，在市农委和邮政管理局的全力推动下，在市邮政公司和各区（县）的共同努力下，北京市 3875 个行政村全部建立新型村邮站，在全国率先实现“村村建站，户户通邮”的目标。

《促进首都邮政科学发展》课题研究工作结硕果。2009 年邮政管理局认真践行科学发展观，按照“国内领先、国际一流”的“世界城市”要求，结合北京邮政实际，会同市政府研究室和 8 个委办局以及市邮政公司共同开展《促进首都邮政科学发展》课题研究，该课题研究经市政府批准立项，由分管副市长任课题研究领导小组组长，分管副秘书长任副组长，课题组历时 11 个月艰苦工作，形成课题研究总报告 1 个，分报告 4 个，调研报告 3 个，考察报告 2 个报告。课题研究通过国际间的横向比较和对北京特殊地位及实际情况的深入研究，理清了当前邮政普遍服务中存在的设施欠账多、体制障碍多、协调难度大和邮政企业经营困难、政府支持亟待完善等重点问题，并从北京建设国际化大都市和世界城市的未来远景出发，按照“国内领先、国际一流”的要求，提出了首都邮政建设发展新目标，即在“国家保障、政府支持、行业主管、企业承担”的指导思想下，将邮政普遍服务纳入政府公共服务体系，到“十二五”末，达到“四个一”、“三个 100%”：即每万人一个邮政局（所）、住宅楼房一户一个信报箱、城市每个社区设置邮政服务点、农村每个行政村建立一个村邮站；具备通邮条件的住宅楼房通邮率达到 100%，住宅楼房标准信报箱插箱投递到户率达到 100%，城区内互寄邮件次日送达率达到 100%。课题研究成果通过专家评审，提交市政府依此出台地方政府扶持邮政发展政策。课题研究注重成果转化，得到了北京市政府和国家邮政局的充分肯定。

牵头组织完成《京津冀地区快递服务发展规划》编制工作。根据国家邮政局有关要求，邮政管理局牵头组织开展《京津冀地区快递服务发展规划》编制工作，成立了北京、天津、河北三地参加的规划编制小组开展工作。规划以“集成优势、高端引领、竞合共赢、点轴支撑、跨越发展”为指导思想，提出了确立快递发展“二核双轴三带一区”的发展布局，构建电子商务、产业集群、专业市场等现代快递服务体系，实现三大整合，建立三个平台，完成四项重点项目和工程的目标，为京津冀快递服务发展描绘了宏伟蓝图。

【监管工作】

“检查、安全”两手抓，市场监管体系得到强化。市场监管以执法检查、邮路安全为重点积极开展工作，全年共进行各项执法检查 393 次，受理邮政业消费者申诉 598 件，配合国家邮政局申诉受理中心完成申诉受理系统改造，全市网上申诉受理工作实现了快速受理、快速处理、快速应答的目标。邮政管理局成立了国庆庆典活动安保工作领导小组，调研编写了《新中国成立 60 周年庆祝活动期间北京市邮路安全风险评估与控制对策报告》，制订了《北京市邮政业突发事件应急预案》以及五个专项风险应急处置预案。局内增加应急力量，24 小时专人值守反恐电台，与 222 家已备案快递企业建立了电话通信联系机制，形成了安全信息情报反馈网络。开展 2 次大规模收寄验视制度测试工作，组织 10 次有关邮路安全及反恐技能培训，与 56 家品牌快递企业签订安全责任书，指导市邮政公司和快递企业开展了 5 次邮路反恐和突发事件应急处置演练。配合市国家安全局查扣“法轮

功”等反动宣传材料数十万件，配合海关、市公安局在寄递渠道查获 2 起藏毒邮件。市场监管处被授予“北京市反恐怖工作先进集体”称号。

深入贯彻实施《快递业务经营许可管理办法》，在《北京日报》发布许可公告，组织召开宣传贯彻《快递业务经营许可管理办法》暨培训动员大会。成立职业技能鉴定中心，启动快递员职业技能鉴定工作。制订《北京市邮政管理局组建保障城市货运 “绿色车队”行业窗口工作方案》，市“绿色车队”联合窗口共批准成立快递“绿色车队”12 户，批准车辆 156 辆。帮助快递企业解决国庆 60 周年活动期间货车进城通行困难，为 8 家快递企业办理货车通行证 110 个，缓解了国庆期间因交通限行措施给快件运输带来的压力，确保了快件时限。

“宣传贯彻”、“建设”相结合，机关管理效能得到提高。围绕宣传贯彻《邮政法》，邮政管理局先后组织了社会监督员新法培训活动、专家座谈新法释义活动。与市邮政公司共同举办宣传贯彻培训班，与市国家安全局采取联合召开宣传贯彻大会、小范围专题研讨等形式就如何健全完善国家安全保障机制进行重点章节的学习。利用与 10 余个委办局工作沟通联系的机会加强专项工作研讨。结合“世界邮政日”宣传，通过北京人民广播电台交通台专题访谈节目，向社会宣传新《邮政法》的颁布实施。邮政管理局还采取局长宣讲、骨干专题宣讲、处室集中学习等多种形式开展局内《邮政法》培训达 8 次。与此同时启动《北京市邮政通信条例》修订立项工作，配合市政府法制办和市人大城建委、法制办开展立法调研和论证工作。制定《开展弘扬北京奥运精神 加强领导干部作风建设年活动实施方案》，加强机关作风建设方面。局领导班子成员带队到邮政企业、村邮站、快递企业调研次数累计超过 10 次。局内组织各种业务学习和政策法规培训超过 20 次。进一步加强人事、财务、统计、后勤等基础管理工作，全市有 14 家企业被评为国家邮政局邮政业统计工作先进企业。

【重大事项、事件】

1 月 17 日，北京市快递协会召开了北京市快递协会第一届四次理事会和第一届四次会员代表大会。

1 月，北京 EMS 等 18 家快递公司成为北京第一批《快递服务》标准达标企业。

2 月 19 日，北京市苟仲文副市长主持召开会议，听取了市邮政管理局等单位关于北京邮政局所配套还建、信报箱更新补建、报刊亭建设管理等有关情况的汇报，并对相关工作进行了研究部署。会议明确由市邮政管理局、市邮政公司拟定调研提纲，会同市政府研究室和相关委办局就首都邮政的中长期发展规划开展课题研究，按照国际化大都市标准建设北京邮政。

3 月 2 日，交通运输部李盛霖部长、高宏峰副部长一行在国家邮政局苏和副局长、中国邮政集团公司刘安东总经理、张亚非副总经理的陪同下，到北京东四邮电局视察工作。北京市邮政管理局胡仲元局长、邮政公司章干泉总经理、丁前亮书记等领导参加。

自 3 月起北京管理局编印《北京邮政社会监督信息》，为社会监督员建立有效的信息交流、沟通提高平台。

3 月 25 日，交通运输部党组成员、纪检组组长杨利民，纪检组副组长、监察局局长钟华带领纪检组监察局全体成员一行 20 余人到东四邮电局视察工作。国家邮政局党组副书记、纪检组长盛汇萍，中国邮政集团公司党组成员、纪检组长马建中，北京市邮政管理局局长胡仲元，北京市邮政公司党委书记丁前亮、纪委书记何培恩参加了活动。

4 月 17 日，北京邮政“昌平阅兵村临时邮局”和“通州区阅兵村临时邮局”正式营业，开始为新中国成立 60 周年庆典受阅人员提供邮政服务。

4 月 20 日，国家邮政局马军胜局长前往北京市政府，与苟仲文副市长就西长安街邮局拆除后就近重建问题进行了会晤。国家邮政局综合司司长刘君、北京市邮政管理局局长胡仲元、北京市邮政公司总经理章干泉和北京市规划委委员刘玉民参加会晤。

5 月 19 日，北京正式启动首都邮政科学发展课题研究，该课题开题会在北京新闻大厦召开。名为《适应国际化大都市发展需要 提升首都邮政公共服务水平》的首都邮政科学发展课题研究，是经北京市政府批准的软科学研究项目。项目组由市政府研究室、市邮政管理局、市邮政公司牵头，市发改委、市财政局、市国土局、市规划委、市住建委、市市政管委、市农委、市工商局等单位参加。

6 月 1 日，市邮政管理局与市邮政公司共同就全国推广山东邮政发展农村物流经验现场会工作，向苟仲文副市长作专题汇报，提出要结合北京实际推广山东经验，实现“村邮站”建设工程、乡镇局所补建与推动农村邮政物流工作的有机结合，以构建电子商务网络为依托，以农产品配送进城为发展重点，将乡镇邮政局所和“村邮站”打造为北京农村邮政物流综合服务平台，在保障农村邮政普遍服务的同时，提升农村邮政物流服务能力和水平。

6 月 25～26 日，北京市国家安全局三局和北京市邮政管理局，联合召开新《邮政法》宣传贯彻工作会。国家安全部九局、部法制办派员参加了会议。会议邀请全国人大法工委巡视员何永坚作了学习新《邮政法》的辅导报告。市邮政管理局局长胡仲元和市国家安全局副局长兼三局局长李心纲分别结合邮政、国家安全工作就宣传贯彻新《邮政法》作了讲话。

7 月 1 日，为纪念中国共产党成立 88 周年，北京管理局在“七一”期间开展以“学法律、弘斗志、提素质、献爱心、庆七一”为主题的“六个一”系列活动，即：学好一部法律、上一堂廉政党课、读一本好书、召开一次支部组织生活会、献一次爱心、写一篇心得。

7月2日，北京市农委和北京市邮政管理局联合召开北京市新型村邮站建设工作部署会。会上部署《2009年北京市新型村邮站建设工作方案》，市农委副主任刘春广代表北京市社会主义新农村建设领导小组办公室与各区县社会主义新农村建设领导小组办公室的负责同志签署了《北京市2009年新型村邮站建设责任书》。

8月20日，北京市邮政管理局召开全市已备案快递企业参加的“迎国庆、保安全”工作会，部署落实国庆邮路安保工作。

8月27日，北京市邮政管理局召开贯彻落实《快递业务员国家职业技能标准》工作部署会，全市各快递企业负责人和培训主管共70余人参加了会议。北京管理局局长胡仲元、北京市快递协会秘书长王宝华出席了会议。

9月18日，由国家邮政局市场监管司安定司长和北京市邮政管理局李新中副局长带队的国庆邮路安全联合检查组对北京宅急送、顺丰快递公司和以及北京市邮政公司的信函分拣处、包刷分拣处、东单邮局和天安门邮局进行了邮路安全检查。

9月24日，为确保国庆安全，由国家反恐怖工作协调小组办公室副主任熊德生带队、公安部反恐怖局应急管理处和防范指导处相关人员参加的调研组赴北京市邮政公司开展国庆邮路安全调研。国家邮政局、中国邮政集团公司相关领导及北京管理局胡仲元局长、市邮政公司王金波副总经理陪同调研。

10月9日，北京市邮政管理局胡仲元局长接受北京人民广播电台交通台主持人王佳一专访，进行世界邮政日主题宣传活动。

10月28日，北京市邮政管理局召开了宣传贯彻《快递业务经营许可管理办法》暨培训动员大会，全市近百家快递企业负责人及许可申请工作主管人员参加会议。

11月10日，北京市委召开专题会议，听取市邮政公司关于贯彻落实国办发[2009]42号文件精神，推动北京农村邮政物流发展有关情况的汇报。会议由中共中央政治局委员、北京市委书记刘淇主持，市委常委牛有成、副市长程红以及市农委、市财政局、市交通委、市商务委、市邮政管理局等有关部门领导参加。刘淇明确表示：要将邮政物流纳入北京城乡经济一体化发展中统一规划、统一协调，尽快制定和完善各项配套政策；建立村邮站长效运行机制，以政府购买公共服务的方式，比照护林等类似人员标准解决村邮员报酬问题；对邮政服务“三农”运输成本给予一定政策支持；争取将农村乡镇邮政局所欠账问题纳入2011年政府办实事项目，确保2012年前完成。

11月16～25日，《促进首都邮政科学发展》课题研究项目组就《适应大都市发展要求，提高北京邮政普遍服务水平》课题研究报告组织专家函审。由国务院发展研究中心、国家邮政局、北京邮电大学、北京市邮政科学规划研究院等部门专家组成的专家组一致同意该课题研究报告通过评审。

（北京市邮政管理局）

天津市邮政发展与管理

【邮政发展统计】

指标名称	单位	数据
邮政行业业务总收入	万元	229168.49
其中：快递业务收入	万元	94742.49
函件业务量	万件	11241.16
快递业务量	万件	3180.3
从业人员	人	15318
其中：快递从业人员	人	5370
营业网点	处	1249
其中：快递营业网点	处	763

注：邮政行业业务收入中未含邮政储蓄银行直接营业收入

【邮政发展情况综述】

一、总体评价

2009年，天津市邮政管理局认真贯彻落实国家邮政局和天津市委、市政府工作部署，深入学习实践科学发展观，按照“解放思想、科学管理、持续发展，争当排头兵”的工作主题，注重规划政策引导，强化基础管理，健全监管体系，积极探索创新型、服务型邮政管理机构，引导天津邮政业克服了国际金融危机的影响，保持了平稳较快发展的良好势头，营造了和谐共赢的市场竞争环境，邮政普遍服务基本保障，快递业务迅猛发展，安全通信得到保障，在促进天津科学发展和谐发展率先发展方面做出了贡献。

二、业务发展状况

面对国际金融危机，天津邮政业化压力为动力，以挑战为机遇，着手调整企业管理结构，扩大生产规模，提升服务质量，努力保持良好发展态势，企稳回升势头明显。全年累计完成业务总量27.78亿，同比增长16.92%；实现业务收入18.14亿元（不包括邮政储蓄银行直营收入），同比增长7.01%；民营快递企业逆市投资1800多万，购置电子终端、自动分拣、车辆等设备，更新扩大场地，增加经营网点，新增就业600多人，基本实现了“保增长、渡难关、上水平”的工作要求，行业整体发展再上新台阶。

——邮政普遍服务基本保障。2009年，邮政企业投资1亿多元进行基本建设和技术改造，调整新增局所10处、改造110处，进一步夯实了普遍服务和特殊服务的物质基础。“整合提升 1000 个农村邮电服务站”列入市政府二十项民心工程，机要通信、党报党刊发行、盲人读物和义务兵免费信函寄递等特殊服务有效实施，基本满足了社会各界对邮政普遍服务和特殊服务的需求。

——快递业务保持快速发展。2009 年，全市 60 多家快递企业累计完成业务量3180.3万件，同比增长18.57%；累计完成业务收入 9.47 亿元，同比增长 15.33%，占邮政业总收入的 52.21%，比 2008 年增加了 3.7 个百分点，在拉动邮政业增长方面发挥了主力军作用。

——邮政业结构调整初现端倪。规模以上快递企业注重开拓农村市场，部分快递企业直接进入农村；推出“京津即日件”等特色产品，促进快件产品的良性发展；电子商务配送蓬勃兴起，已占快递业务量的半壁江山；一些企业开始调整产品价格和企业内部利益分配，韵达、圆通天津本部实现直营，申通天津本部直营网点达 15%。

——邮政业“抱团取暖”开始显现。2009 年，天津市邮政速递物流公司与顺丰速运（天津）有限公司达成战略合作协议，探索了一条国有快递企业与民营快递企业的合作模式，为优化行业环境、促进经营合作提供了样板。顺丰、申通等十几家快递企业与本市印刷企业合作，实现快递封套、详情单在津印制，年产量超过 350 万枚/套；与天津交通职业学院等院校建立“校企”合作平台，为提升行业人员素质提供了支持。

【监管工作】

一、邮政业政策、规划工作取得突破

——“村邮户箱”工程建设纳入市政府民心工程。“整合提升 1000 个农村邮电服务站”纳入市政府 20 项民心工程，使部分农村用邮状况得到改善。尝试商业化运作模式，解决信报箱维修资金缺乏问题。联合市建委、市国土房管理局出台《关于城镇居民楼房住宅区信报箱建设和管理的意见》，经市政府批转，对城镇居民楼房信报箱建设、管理做出明确规定，实现“阶段性成果”到“长效性机制”的转变。

——邮政业发展规划纳入市重点规划项目。编制列入市政重点控制性规划的《天津市邮政设施布局规划（2008～2020 年）》。协调相关部门，将《天津市邮政业“十二五”发展规划》纳入市重点规划项目，将《天津市快递服务专项规划》纳入国家邮政局重点规划项目，初步建立了“一体两翼”的邮政业规划体系（以邮政业“十二五”规划为主体，快递服务和邮政设施两个专项规划为两翼）。与京冀两省市邮政管理局合作编制《京津冀地区快递服务发展规划》。

——稳步推进津台两地直接通邮工作。与市台办建立津台直接通邮沟通机制，出台《关于为在津台胞提供便捷邮政业服务和与台资企业加强合作的意见》，推出服务在津台企、台胞 9 项举措，联合市台办申请增设天津为海峡两岸直接通邮邮件封发局。

——支持邮政企业开展服务民生的增值业务。协调相关部门出台《关于推动全市农村邮政物流发展实施意见》，经市政府批准，在基础网络、农资市场、信息披露、规划引导等方面给予政策支持。进一步发挥邮政实物传递和信息交流的功能，协调、指导邮政企业服务大型会展论坛活动。

二、加大《邮政法》宣传贯彻力度

2009 年 10 月 1 日，修订后的《邮政法》正式实施。

——四个层面宣传贯彻《邮政法》。确立机关内部、行业整体、政府机关、社会大众四个层面的宣传贯彻目标：一是组织机关工作人员集中学习《邮政法》及配套法规，局领导带头讲解，相关处室强化自学，梳理编制《邮政法涉及快递业务部分行政处罚条款及依据汇编》，为依法行政、履行职责打基础；二是通过教育培训、送法上门、以案说法、强制培训等形式，督促、指导从业企业学习《邮政法》，涉及从业企业 50 多家、1.2 万余人；三是利用会议、座谈的机会，向相关政府部门宣传贯彻《邮政法》16 次，涉及 20 多个部门、400 多人。四是通过《天津日报》、天津政务网、北方网在线解读《邮政法》，组织《邮政法》有奖答题活动，吸引 2 万名读者和网民参与其中。

——加强与地方各职能部门的联系。以宣传贯彻《邮政法》为契机，向地方主要领导递交《关于加快天津邮政业发展的调研报告》；主动向市政府汇报政企分开以来的政府管理工作，得到副市长熊建平的批示，“希望抓住机遇，克服困难，实现天津邮政又好又快发展”；促成左明副主任、市人大法制部门及部分人大代表的调研考察；协调市法制部门将邮政业地方立法列为市政府 2010 年立法项目。

三、加强行业管理基础工作

——健全邮政通信安全监管体系。与法制、安全、工商、公安、海关、机场等部门，建立邮政通信安全监管工作联席会议制度。提前启动国庆 60 周年邮路安全专项检查活动，联合相关部门出动执法 480 余人次，执法检查 50 天，收寄验视测试 100 余次，签订安全责任书 65 份，检查邮政企业及其分支机构 78 个，快递企业及其作业部 140 个，圆满完成国庆 60 周年“护城河工程”任务。

——建立邮政业突发事件应急管理机制。制定《天津市邮政业突发事件应急预案》，成立天津邮政业应急工作领导小组，确定市邮政公司、市邮政速递物流公司、顺丰速递（天津）有限公司、天津天地申通物流有限公司等 4 家单位组成突发事件应急队伍。包括市邮政公司在内的 60 多家从业企业制定和完善了企业应急预案。

——实施快递业务经营许可备案管理。开展摸底调查，召开《快递业务经营许可管理办法》宣传贯彻培训会，本着先易后难、先简后繁、先重点后一般的原则，逐步推进经营许可工作，年底前为两家企业颁发省内快递业务经营许可。

——加强邮政业统计调查和运营分析。以“抓好数据质量，做好分析服务”为重点，做好统计报表制度的修订完善。通过网站、媒体、政务信息等载体，定期通报天津邮政业经济运行情况，对邮政业发展趋势作出分析和阐述。

——扎实推进快递业务员技能鉴定工作。成立天津市邮政行业技能鉴定中心，为开展快递业务员技能鉴定工作提供保障。组织完成本市首批快递业务员技能鉴定考试，43 家快递公司 1044 人报名参加，占全市快递应试人员的 25.3%，合格率超过 82%。

——完善邮政业申诉处理机制。与市工商局 12315 建立协作关系，及时转办各类申诉。全年共受理邮政业申诉 574 件，挽回经济损失约 63696.5 元，服务满意率达到 95%以上。

四、行业监管再上新台阶

——政府监管、行业自律、社会监督的监管体系进一步完善。一是加强执法人员培训，形成执法检查常例，将安全检查、市场检查、督促指导相结合，每月保持 50 个左右分支网点的检查幅度。二是快递协会进一步发挥桥梁纽带作用，推动《快递服务》标准达标活动，建立行业自律公约。三是 39 名邮政特邀监督员，覆盖全部 18 个区县，填写监督报告 528 份，提出相关意见建议 43 条，涉及普遍服务、机要通信、快递业务、邮票销售等方面。

——普遍服务保障监督工作有效开展。开展农村通邮情况调查，了解到本市仍有 47 个乡镇未设立邮政局所；对 94 个邮政普遍服务局所实施监督检查，发出《邮政普遍服务意见书》9 份，《整改通知书》3 份；将“扫黄打非”工作列入邮路安全保障体系，配合公安、安全、扫黄打非部门开展专项检查；调研滨海新区邮政机要通信服务情况，研究制定机要通信服务保障方案。

——快递市场监管有力开展。全年共开展市场检查、督促指导、协调服务 700 余次，走访、检查单位 519 个，纠正和查处违法违规行为 53 起，下达行政处罚决定 27 份，整改通知 33 份，查缴假冒 EMS 封套一万余枚，罚款 92400 元。建立法定节假日营业信息通告制度，向社会各界节假日公开营业安排；密切关注申通、圆通等加盟式快递企业改制、收购经营权等体制上的变化，维护市场稳定；严肃查处圆通快递积压快件、擅自中断通信事件，依法实施行政处罚 3 万元。

五、有效开展邮政业新闻宣传、精神文明、作风建设等工作

——构建电视、广播、报纸、网络立体宣传格局。全年召开两次媒体通气会，通报行业状况、存在的问题及政府部门的态度；在《天津日报》全文发布《邮政法》及配套法规，刊登国庆 60 周年庆祝活动和第 40 届世界邮政日纪念文章；在《交通报》《人民邮电》、《天津日报》以及新华社、中央人民广播电台、天津电视台等媒体刊登、播发各类报道 200 余篇；多次参与天津电台“行风坐标”、“公仆走进直播间”等民生热线栏目，在线解答消费者咨询、投诉达 20 件以上；联合《今晚报》开展快递服务体验活动。

——加强邮政业精神文明建设。找准精神文明建设与行业发展的切合点，重点抓好“三个服务”：一要更好地服务国民经济和社会发展全局，把思想和行动统一到保增长、扩需求、调结构、重服务上来；二要更好地服务社会主义新农村建设，因地制宜地推进邮政服务基础设施建设；三要更好地服务人民群众安全方便快捷使用邮政服务，提升行业服务质量和水平。以构建企业与用户和谐关系为目标，9 家企业获得“天津市邮政行业 2008 年度精神文明创建活动先进单位”称号。

——加强机关作风建设和信访工作。坚持文明执法，严格执行“对一般违规者先教育规范，再限期整改，对拒不改正的最后依法处罚”的“三步式”执法程序，做到公开、公正、公平，被天津市全面推进依法行政工作领导小组评定为优秀等级执法单位。深化行政审批制度改革，调整、取消（暂缓执行）行政审批事项 2 项，提高审批时限 30%。建立领导干部接待群众来访制度，全年接待、处理群众来访 1 件、来信 27 件。

——加强党性修养和党风廉政建设。做好第一批学习实践科学发展观活动整改后续工作，年底前完成全部 18 项整改措施；深入开展“讲党性、重品行、做表率”和“做党的忠诚卫士，当群众的贴心人”主题实践活动，弘扬延安精神，倡导实事求是、创新能干的工作要求；注意学习党的方针政策、政府工作要求及法律法规，提高领导干部干事创业的能力和水平。

【重大事项、事件】

1 月 8 日，邮政用品用具生产工作研讨会召开，研究探讨邮政业“抱团取暖、合作共赢”事宜。

2 月 1 日，天津市 2009 年 20 项民心工程正式公布，“整合提升 1000 个农村邮电服务站”列入其中。

2 月 1 日，天津市邮政管理局决定调整、取消（暂缓执行）行政审批事项 2 项。

2 月 25 日，《天津市邮政设施布局规划》被确定为市重点规划。

2 月下旬，熊建平副市长在天津市邮政管理局工作汇报上批示：“天津邮政 2008 年为全市经济社会发展做出了显著贡献。2009 年尽管面临很大困难，但天津邮政仍面临很大的机遇。希望抓住机遇，克服困难，实现天津邮政又好又快发展。”

2 月 27 日，天津市人民政府批转发布《市邮政管理局、市建委、市国土房管理局关于加强城镇居民楼房住宅区信报箱建设和管理意见的通知》。

2 月 28 日，天津市快递协会组织顺丰、全一等快递企业参加大型人才招聘会。

3 月 4 日，天津市反假币工作联席会议决定增补天津市邮政管理局为成员单位。

3月9日，召开邮政行业工会座谈会，研讨民营快递企业工会工作。

3月11日，天津市邮政管理局联合《今晚报》、顺丰速运举办快递服务消费者体验活动。

3月19日，市人大常委会左明副主任对顺丰速运（天津）有限公司进行调研。

3月23日，天津市邮政行业精神文明创建工作推动大会召开，国家邮政局党组副书记盛汇萍、市文明办刘春雷副主任出席会议。邮政EMS、顺丰速运、天地国际、同乐邮票社、全一快递、宅急送、华印纸业、欧西爱斯、新天马印刷等9家企业荣获“天津市邮政行业2008年度精神文明创建活动先进单位”称号。

4月1日起，天津市邮政管理局开展积压快件情况专项检查，共查处8家快递企业超期积压快件800余件。

4月中旬，天津百业中通货运代理有限公司与天津市华印纸业有限公司签订快递封套生产合同，实现规模以上快递企业与本市邮政用品用具生产企业的首次合作。

4月下旬，天津市邮政管理局协调财税部门解决顺丰速运（天津）有限公司集中纳税问题。

5月上旬，成立天津市邮政管理局应对甲型H1N1流感疫情领导小组，指导邮政行业疫情防控工作。

5月11日，天津市邮政业12305申诉中心与市工商局12315申诉中心建立协作机制。

5月25日，向市政府45个组成部门、19个直属机构及22个区县政府和管委会寄发《邮政法》400余本。

6月8日下午，李文喜副市长、于忠诚副秘书长召集市农委、发改委、建交委、商务委、财政局、工商局等部门领导听取天津市邮政管理局、天津市邮政公司关于青岛会议精神、张德江副总理讲话精神和贯彻落实青岛会议的具体意见。

6月下旬，只升华副市长对落实旧楼区综合整修工程中信报箱更新和维修资金做出批示。

6月下旬，《天津市邮政设施布局规划》开始征集部分委局意见。

7月3日，召开天津邮政业服务在津台胞恳谈会，正式推出服务在津台企、台胞9项举措。

7月9日，组织市人大代表到市邮政公司狮子林邮电支局、顺丰速运（天津）有限公司调研。

7月10日，《天津日报》全文刊登《邮政法》。

7月15日，市政府批复邮政服务纳入天津市大型展会论坛活动通信服务保障内容。

7月22日，天津市邮政管理局召开邮政行业新《邮政法》宣传贯彻培训大会。

7月30日，李京明局长通过天津政务网和北方网宣传贯彻解读新《邮政法》。

8月上旬，《天津市邮政设施布局规划》开始征集部分区县意见。

8月6日，天津市“迎国庆”确保邮路安全誓师动员大会召开，并现场签订《保证国庆60周年邮路安全责任书》。

8月7日，邮政通信安全监管工作联席会议正式启动，成员单位包括公安、安全、工商、海关、铁路、机场、法制等11部门。

8月12日，召开新《邮政法》新闻媒体座谈会。

8月中旬起，天津市快递协会开展“迎国庆，执行验视制度，确保邮路安全”竞赛活动。

8月19日，天津市邮政业服务大型活动座谈会召开。

8月20日，天津市邮政管理局召开2009年度邮政行业管理工作座谈会，研探新《邮政法》实施后邮政行业管理工作的主题、思路和目标。

8月下旬，国家邮政局以天津为试点开展农村通邮情况问卷调查工作。

8月28日，齐亚力副局长通过天津电台经济广播“行风坐标”栏目解读新《邮政法》，受理听众咨询和投诉。

8月下旬，天津市快递协会网站正式开通。

9月2日，《天津日报》刊登天津市邮政管理局献礼新中国60华诞特别报道。

9月4日，天津市快递协会审议通过修订后的《天津市快递协会章程》和《自律公约》。

9月17日，天津市邮政管理局在《渤海早报》、北方网举办《邮政法》知识有奖答题活动。至活动结束，约2万名读者和网民参加。

9月下旬，天津市邮政业突发事件应急预案管理工作会议召开，决定市邮政公司、市邮政速递物流公司、顺丰速运（天津）有限公司、天津市联合申通物流有限公司组成突发事件应急队伍。

9月27日，市政府办公厅批转天津市邮政管理局等十一个部门《关于推动全市农村邮政物流发展实施意见》。

10月9日，李京明局长在《天津日报》发表世界邮政日致辞，主题是“深入贯彻实施《中华人民共和国邮政法》，保障和支持邮政普遍服务，促进快递等新兴业务加快发展”。

10月13日，天津市邮政速递物流公司与顺丰速运（天津）有限公司达成战略合作协议，探索了一条国有快递企业与民营快递企业的合作模式。

10月14日，齐亚力副局长携市邮政公司、顺丰、宅急送等企业负责人做客天津人民广播电台“公仆走进直播间”栏目。

10月27日起，开展寄递渠道销售假药专项整治行动。

11月2日，天津市邮政业发展“十二五”规划列入市级重点专项规划。

11月11日，建立法定节假日营业信息通告制度。

12月13日，天津市首批快递业务员职业技能鉴定考试举行。全市43家快递公司1058名快递从业人员参加考试，占全市快递业务员的 25.28%。

12 月 25 日，“天津市提升村邮站效能工作现场会”在武清区河西务镇木厂村举行。

（天津市邮政管理局）

河北省邮政发展与管理

【邮政发展统计】

指标名称	单位	数据
邮政行业业务总收入	万元	325700
其中：快递业务收入	万元	103300
函件业务量	万件	35812
快递业务量	万件	4506.8
从业人员合计	万人	3.4
其中：快递从业人员	人	6269
营业网点合计	处	1962
其中：快递营业网点	处	1680

注：邮政行业业务收入中未含邮政储蓄银行直接营业收入

【邮政发展情况综述】

2009 年，全省邮政行业呈现总体向好、结构改善的发展态势，全年实现业务收入 32.57 亿元（不含邮政储蓄银行直接营业收入），同比增长 23.27%，增幅列全国第二位，完成函件业务 26921 万件，快递业务 4506 万件。

邮政普遍服务和特殊服务得到加强，截至 2009 年底，全省邮政局所、代办点合计 1742 处，其中 1098 处设在农村，农村邮路长度（单程）2.82 万公里，农村投递路线长度（单程）18.25 万公里，行政村通邮率达到 100%，初步建成了全省邮政农村社会化服务体系。机要通信、党报党刊发行、盲人读物和义务兵免费信件寄递等特殊服务得到较好的保障和落实，机要通信实现连续 12 年秘密载体传递无差错。

快递业务保持高速增长，全省备案快递市场主体共计 346 家，规模以上快递企业实现快递业务收入 10.33 亿元，同比增长 29.6%。

2009 年，全省邮政系统文明单位覆盖率达到 100%，11 个市邮政局、33 个县邮政局获得“河北省 AAA 级和谐企业”称号。在 2009 年度河北省民主评议工作中，河北省邮政公司获得公益经营类单位第三名。

【监管工作】

一、行业发展环境明显改善

政府支持力度加大。省政府政府工作报告将农村邮政基础设施建设列为“千方百计促进经济增长”的工作任务之一，出台了《关于进一步支持农村邮政物流发展的意见》、《关于加快发展快递服务业的通知》，省邮政管理局与省委农工部、省公安厅、省住房和城乡建设厅、省商务厅、省工商局、省公安交通管理局等部门联合发文 4 件，内容涉及邮政设施建设、农村邮政服务保障、邮政服务三农、快递业交通管理等方面。

学习贯彻《中华人民共和国邮政法》（以下简称《邮政法》），营造邮政法制环境。组织召开了全省邮政业《邮政法》宣传贯彻动员大会，面向全系统及社会监督员进行《邮政法》培训，与省政府新闻办联合组织了《邮政法》在线访谈，召开了《邮政法》实施新闻通气会，开展了纪念第 40 届世界邮政日系列活动，全行业依法经营、依法行政的法律意识明显提高。

邮政地方法制建设取得突破。《邮政法》颁布后，在广泛征求相关部门和市场主体的意见基础上，拟定了《河北省实施〈中华人民共和国邮政法〉办法（草案）》，经河北省邮政立法专家咨询委员会论证，报请省法制办、省人大列入 2010 年一类立法计划，邮政地方性法规立法工作走在了全国前列。

邮政管理部门干部作风建设成效显著。认真开展干部作风建设年活动，明确审批、备案、年检、申诉为窗口部门，实施“服务窗口亮起来”活动，组织开展“动真心为企业解难题，用真情为群众送服务”的“两为活动”，结合年度工作重点，对“法规保障工程”、“破题解难工程”、“村邮户箱工程”和“协调机制拓展工程”四大项目实行挂牌督办、公开承诺，在省委组织的“干部作风建设年”行风测评中名列前茅。

二、邮政普遍服务、特殊服务监督得到加强

邮政公共服务水平继续提升。扎实推进《邮政普遍服务》标准的贯彻落实，保障和提高服务水平，组织企业应对冰雪灾害，做好邮件、快件疏运安排，确保邮运畅通。积极履行普遍服务特殊服务监督检查职责。完成了信函时限监测、邮政局所增减变化、邮政资费执行、机要封装用品、机要投递环节、机要时限测试、党报发行、邮票销售等 8 项监督检查。

邮政基础设施建设取得一定成效。与省委农工部联合印发《关于大力发展农村邮政服务促进社会主义新农村建设的实施意见》，确定了村邮站的设置条件、功能和服务对象，并对人员配备、组织实施、部门职责等做出了明确规定。联合省文明办、建设、工商、公安、新闻出版等部门印发《关于推进邮政报刊亭建设的通知》，明确了邮政报刊亭的建设目标，以及规划、建设和维护方面的支持政策。继续推进信报箱建设，开展了信报箱建设情况摸底调查。

三、邮政市场秩序得到维护

强化用户权益保障和申诉处理工作。组织快递企业签署了《河北省快递企业服务承诺》，邮政业消费者申诉中心受理有效申诉 205 件，全部实现妥善处理。与省工商局、省消协、省快递协会建立邮政业申诉沟通机制，成立邮政业申诉案件协调小组，实现“12305”与“12315”

申诉电话的对接。

千方百计推动邮政市场发展。编制了河北快递发展宣传提纲，在上海召开了河北快递发展推介会。与省公安交通管理局联合印发了《关于贯彻落实省政府支持邮政业发展政策有关事项的通知》，强化快递车辆管理，并为有效解决快递车辆的通行难题提供了依据。

圆满完成国庆 60 周年邮路安保“护城河工程”。印发了《关于进一步加强收寄验视工作的紧急通知》，召开了全省邮政业“迎国庆、保安全、维稳定”动员大会，组织 174 家企业签订了《河北省寄递企业安全稳控责任状》，建立安全稳定日报制度和安全稳控制度，深入企业指导企业维稳和安全工作，确保邮路安全通畅。

加大监督检查力度。围绕信函专营、服务质量、邮路安保维稳等内容开展系列执法检查主题战役，对省内四地市开展收寄验视专项检查，指导企业完成了甲型H1N1 流感防控和扫黄打非工作。全年共开展市场检查 277 次，检查各类企业 548 家，查处违规经营行为 43 起，涉及数量 8878（枚）件。

四、邮政行业监管机制得到拓展和增强

实施监管体制创新。邮政普遍服务特邀监督员作用进一步增强，全省邮政普遍服务特邀监督员共计 119 名，其中新聘 47 名，全年收到普遍服务监督反馈报告 3052 份，监督邮政网点 1142 个，征求了 1396 个用户意见，收到建议 413 条。建立了全省寄递服务企业安全专员制度，全省企业共上报安全专员 150 人，实现了重点地市、重点网络企业的全覆盖。深化了快递企业联络员制度，邮政速递、顺丰、联邦快递、宅急送、申通等 17 家快递公司已设立了省内联络员。

五、监管基础工作得到夯实

《河北省快递服务发展规划》、《京津冀地区快递服务发展规划》纳入了省重点推进的专项发展规划，快递物流发展列入全省服务业发展重点。组织开展了河北省备案快递企业统计调查、经济普查调查工作，编写了《河北省快递企业统计分析报告》，帮助企业解决了生产经营受侵害、车辆通行受限等问题，在沧州集中开展了邮政用品用具生产企业集中审批服务活动。

【重大事项、事件】

5 月 7 日，河北快递发展推介会在上海召开，国内外多家快递企业总裁及高管人员参会，并达成了一些项目的合作意向。

5 月 26 日，河北省邮政管理局组织召开“全省邮政业《邮政法》宣传贯彻动员会议”，省法制办相关部门领导出席会议，省电视台等新闻媒体进行了宣传报导。

6 月 9 日，河北省邮政管理局与省工商局、省消协建立“12305”与“12315”协作机制，共同维护邮政业消费者权益。

7 月 3 日，河北省邮政管理局局长韩瑞林做客“中国河北”网站在线访谈栏目，就宣传贯彻《邮政法》，保障邮政普遍服务，保护用户合法权益，推动河北邮政业又好又快发展，与网民进行了在线交流，访谈被国务院办公厅网站转发。

7 月 17 日，河北省政府办公厅转发了省发展改革委、省邮政管理局等六部门《关于进一步支持农村邮政物流发展意见的通知》，在全国范围内最早将全国推广山东邮政发展农村物流经验现场会议精神落实到位，在农村邮政基础设施建设用地、村邮站人员补贴、工商注册登记、专项资金支持及开办涉农金融业务等方面均取得了突破，为打造邮政服务“三农”网络体系、拓展农村邮政物流经营空间，创造了良好的政策环境。

8 月 2 日，河北省邮政管理局、河北省商务厅联合下发《关于利用邮政信函媒体加快推进“家电下乡”宣传工作的通知》，就充分利用邮政信函媒体资源，加大全省家电下乡宣传力度提出要求。

8 月 12 日，河北省政府召开推动农村邮政物流发展电视电话会议，张和副省长主持会议，孙瑞彬副省长出席会议并做重要讲话，省委省政府有关部门，各市、县（市、区）政府主管邮政工作的市、县（市、区）长，市、县有关部门负责同志，以及省邮政公司、速递物流公司负责人参加会议。孙瑞彬副省长、张和副省长对加快推进河北省农村邮政物流发展提出了要求。

9 月 4 日，全省邮政业“迎国庆、保安全、维稳定”动员大会在石家庄召开，《国庆 60 周年河北省邮政业安保工作预案》启动，174 家企业当场签订并向省局提交了《河北省寄递企业安全稳控责任状》。

9 月 28 日，河北省政府召开了《邮政法》贯彻实施新闻通气会，中央驻冀、省直、省会 35 家新闻媒体记者参加了会议。

10 月 9 日，河北省召开纪念第四十届世界邮政日暨维护邮政市场秩序领导小组座谈会。省维护邮政市场秩序领导小组副组长、省政府副秘书长于万魁出席会议。河北电视台、河北日报、河北经济日报、燕赵都市报等媒体对会议进行了报道。同日，《河北日报》刊发韩瑞林局长“深入贯彻落实《邮政法》，积极推进行业科学发展”的世界邮政日致辞。

11 月 5 日，河北省邮政管理局和河北省公安交通管理局联合印发《关于贯彻落实省政府支持邮政业发展政策有关事项的通知》，就规范快递车辆管理及保障快递车辆通行出台六项具体优惠政策。

11 月 6 日，省政府办公厅印发了《关于加快发展快递服务业的通知》，就加快全省快递服务业发展提出明确要求，引起了国家局的高度重视和肯定，国家局马军胜局长专门作出批示，向全国推广河北破解发展难题经验。

11 月 8 日起，河北出现特大冰雪灾害，给全省邮政业带来较大影响，造成少数邮路中断，上万票快件滞留，个别企业分拨场所倒塌。全省邮政业在省邮政管理局的统筹安排下全力抗灾自救，及时调整运输力量，尽最大努力确保邮政通信畅通。

12 月 14 日，河北省邮政管理局与省文明办、省住房和城乡建设厅、省公安厅、省工商行政管理局、省新闻出版局联合下发《关于推进邮政报刊亭建设的通知》，明确邮政报刊亭的重要地位，提出五项措施推进邮政报刊亭建设。

12 月 24 日，全省快递服务发展暨市场准入动员大会在石家庄召开，动员企业谋划发展的新思路、新举措，全面做好快递业务经营许可工作，不断开创河北快递服务科学发展的新局面。省发展改革、安全、工商、交管等部门出席。

（河北省邮政管理局）

山西省邮政发展与管理

【邮政发展统计】

指标名称	单位	数据
邮政行业总收入合计	万元	201543.5
其中：快递业务收入	万元	30798.3
函件业务量	万件	8277.6
快递业务量	万件	1595
从业人员合计	万人	28600
其中：快递从业人员	人	3690
营业网点合计	处	1590
其中：快递营业网点	处	860

注：邮政行业业务收入中未含邮政银行直接营业收入

【邮政发展情况综述】

2009 年山西省行业业务收入完成 20.15 亿元（不包括邮政储蓄银行直接营业收入），同比增长 7.8%；业务总量完成 37.95 亿元，同比增长 18.75%；规模以上快递企业业务收入完成 3.08 亿元，同比增长 16.38%，快递业务量完成 1595 万件，同比增长 14.5%。

2009 年全省邮政业呈现出平稳较快发展的良好局面。省邮政公司的业务收入完成 18.67 亿元，同比增长 2.35%，其中，邮务类业务平稳增长，完成收入 4.8 亿元，同比增长 7.12%。速递物流类业务较快增长，完成收入 2.17 亿元，同比增长 15.04%。金融类业务完成收入 11.46 亿元，同比增长-1.75%。全省快递业务发展迅猛，社会服务能力增强。全省从事快递业务的企业发展到 195 家，其中非邮政快递企业发展到 88 家，同比增长 18.3%，快递业的迅猛发展为促进山西省经济发展、方便社会交流、满足消费者和商家多元化寄递需求、扩大就业方面发挥了积极作用。

但是，同国民经济和社会发展的要求来看，总体上山西省邮政业发展水平还比较落后；随着市场经济的发展，邮政业市场的从业主体越来越多，竞争越来越激烈，市场主体无序经营还不同程度存在；邮政普遍服务水平距社会公用服务事业的发展要求有差距，邮政普遍服务现状有待于进一步改善等。

【监管工作】

一、贯彻落实政策法规，积极争取地方支持，行业发展环境进一步改善

（一）学习宣传贯彻《邮政法》，行业法制建设工作取得新进展。新《邮政法》正式颁布后，管理局及早开展《邮政法》的学习宣传贯彻工作，成立了宣传贯彻工作领导组，制定了宣传贯彻工作方案，针对系统、行业和社会三个层面，有组织、有步骤、有重点地开展宣传贯彻工作。局机关全体人员积极学习，认真讨论，基本做到全面理解法律条款内容，依法行政能力进一步提高。以推动邮政市场主体自觉学法、守法、用法为目的，采取下发学习宣传资料、培训、召开座谈会等形式加强了对各相关企业的学习宣传工作。与省委、省人大、省政府和相关部门、新闻媒体积极沟通联系，在全省社会各界展开系统的、有声势、有影响的宣传活动，通过局长在线访谈、座谈会、报纸解读、世界邮政日宣传及网站专栏宣传等多种方式，提高了公众对《邮政法》的认知程度。

在学习宣传贯彻的基础上，积极落实《邮政法》相关政策。一方面加快推进地方立法工作进程。完成《山西邮政条例》送审稿，协助省人大和省政府法制办开展了立法调研和论证，现已被列入明年立法计划。另一方面，积极协调政府相关部门落实支持政策。经过努力，将邮政基础设施建设明确纳入刚刚出台的《山西省城乡规划条例》中，为山西省邮政基础设施建设规划提供了强有力的法律保障。

（二）积极落实“发展农村邮政服务”政策，行业政策建设工作取得新突破。启动新型村邮站建设，与省农业厅联合发文，贯彻国家局、农业部《关于大力发展农村通邮服务促进社会主义新农村建设的意见》，确定 2009 年首先在全省新农村建设试点村试点建设新型村邮站，并争取到试点村邮站建设政策支持，地方财政给予村邮站建设补贴 330 万元。5 月份，认真贯彻落实青岛会议精神和国办 42 号《关于推动农村邮政物流发展的意见》的精神，结合全省实际，重点采取加强领导、制定规划、增加投入、融入地方等多项措施推动农村邮政物流发展，在征得省发改委等六部门同意的基础上，形成了落实意见并上报省政府。

（三）以落实行业标准为抓手，推进行业规范发展。对照《快递服务标准》，对各快递企业进行有计划有步骤地核查评估和督促检查，先后对 9 家达标企业进行了通报表彰。对没有达标的企业进行了有针对性的辅导，推动企业加强自身建设、规范经营行为、提高服务质量，促进快递市场的健康有序发展。

以地市为重点推进信报箱标准和图集的落实。继续强化与建设部门、邮政企业三方联合推进机制，联合组织开展全省11个市的住宅信报箱建设专项督导检查。通过督查，各市加大了信报箱建设力度，继吕梁、朔州、运城、大同市后，忻州、晋城市出台了地方配套政策。晋城市将信报箱建设纳入工程建设竣工验收内容；临汾市对新开工的滨河西路还迁小区等住宅建设项目均按标准设计了信报箱设施。

二、强化监督、完善体系，普遍服务监督管理工作进一步推进

（一）强化普遍服务重点环节的监督检查。按照国家局部署，认真开展了机要函件时限测试、机要通信投递环节检查、邮政资费检查、全国信函时限测试和邮政局所增减变化五项内容为主的普遍服务监督检查工作，做到了精心组织、责任到人，确保了各项任务的高质量完成。国家局机要通信处来晋抽检机要邮件后，对邮政管理局机要通信监管工作给予肯定。

全年，管理局对邮政普遍服务和特殊服务共监督检查61人次，监督检查市县总数40个，监督检查邮政服务网点110处，向邮政企业填发《邮政普遍服务意见书》12份，要求整改的问题179个，整改率100%。12月份国家局普遍服务监督检查组对全省进行了实地检查，对全省监督检查工作给予肯定，对需要企业整改的问题已及时通报企业整改。

（二）完善社会监督体系。新增社会监督员15人，对原聘监督员进行了调整，促使社会监督覆盖面达到56个市（地）、县，覆盖率达58.33%。继续加强对监督员的管理，与邮政企业视检部门建立社会监督信息沟通反馈机制，有效发挥了社会监督作用。全年监督员共监督检查1560人次，监督网点1229个，走访消费者1423人，反馈监督报告1281份，提出相关建议35条，反馈问题158个。

三、履行职责、加强监管，邮政市场秩序进一步规范

（一）组织开展快递业务经营许可工作。认真落实《快递业务经营许可管理办法》，制订了实施方案、工作规范和工作流程，加强了对企业的宣传贯彻和培训工作，组织开展了经营许可有关问题的解答活动，严格按照许可条件和程序开展许可工作。目前有30多家快递企业进行了咨询，6家快递企业正式提出了申请，许可工作正有条不紊地进行。

（二）加强市场监管力度。以依法监管快递市场、集邮市场和用品用具市场为重点，继续加强市场检查力度。全年，共检查246次，下达整改通知书42份，其中涉及检查快递企业173个（次），经营集邮票品的公司100个（次），邮政用品用具生产企业和邮政网点73个。查处3起销售假邮票违法违规行为，查缴不合格邮件包装箱20个、信封65枚，对山西亿鑫通商贸有限公司存在的产品质量问题罚款500元,有效地规范了邮政市场秩序。

同时，加强监督员管理，提高监督水平，发挥监督作用。加强用户申诉受理工作，全年共受理用户申诉179件，均得到妥善处理，申诉处理用户满意率达97%。

（三）加强安全监管。做好重大节日和重要事件期间的安全监管工作，特别是建国60年国庆期间，以落实寄递物品收寄验视制度为重点，切实加强了督促检查，确保了国庆期间全省寄递渠道万无一失。认真落实国家局和省“扫黄打非”办公室在寄递渠道查缴堵截非法出版物工作，加大督促检查力度，确保及时发现问题并保持信息渠道畅通。就应对甲型H1N1流感疫情的工作向省邮政企业和主要快递企业发出通知，要求加强安全管理，避免通过寄递渠道传播。

【重大事项、事件】

2月18～22日，国家邮政局王渝次副局长一行到山西调研，省邮政管理局张勤学局长、省邮政公司张建新资深经理等人陪同调研。

3月24日，山西省邮政管理局召开了全省快递会议。全省50余家规模以上快递企业参加了会议，省工商局、省安全厅相关领导应邀出席了会议。会议主要是传达贯彻国家局工作会议精神，回顾总结2008年全省快递工作，安排部署2009年工作，同时对快递达标企业和奥运安保先进单位进行表彰。

3月31日，山西邮政管理局举办了全省快递服务用户申诉受理人员培训班。太原地区主要快递企业的专职受理用户投诉的近30名人员参加了培训。

5月31日上午，山西邮政管理局召开全局人员会议，传达贯彻学习了张德江副总理、李盛霖部长在“全国推广山东邮政发展农村物流经验现场会”上重要讲话精神。

6月8日，山西省副省长陈川平听取了省邮政管理局局长张勤学和省邮政公司副总沈润生关于“山东会议”的汇报。陈川平副省长在听取汇报后就山西农村邮政物流发展作出初步安排。

6月14日，中共山西省委依法治省领导组办公室、省人民政府法制办公室和省邮政管理局联合发文就《关于做好〈中华人民共和国邮政法〉宣传贯彻工作的通知》（晋法治办〔2009〕14号）提出要求。

6月26～28日，山西邮政管理局在太原举办了全省邮政特邀监督员第三期培训班，对2009年新选聘的28位邮政特邀员进行了培训，并为新聘监督员颁发了聘书和证书。

6月30日下午，山西邮政管理局局长张勤学来到山西省人民政府网的在线访谈直播间，就“宣贯贯彻《邮政法》，保障普遍服务，推动邮政业健康发展”这一主题，与网友在线交流。

7 月 5 日，国家邮政局局长马军胜在山西调研。马局长在调研中指出，邮政部门要深入贯彻落实张德江副总理“青岛会议”讲话和国办发 42 号文件精神，确实提高普遍服务和特殊服务的水平，发挥网络优势，大力发展邮政快递物流。与山西省副省长陈川平同志会面并交换了意见。

7 月 6～7 日，国家邮政局在太原晋祠宾馆召开全国邮政管理局长座谈会。马军胜局长作了重要讲话，提出认真贯彻落实科学发展观，以贯彻实施《邮政法》为重点，以“保增长、保民生、保稳定”为目标，统一思想，明确任务，把握大局，真抓实干，努力完成全年工作计划，为促进邮政行业又好又快发展做出新贡献。

7 月 6 日下午，全国邮政管理局长座谈会期间，国家邮政局局长马军胜、副局长王渝次、纪检组长张绳华以及各省（区、市）邮政管理局局长和部分老领导赴大寨参观学习。当年的大寨“铁姑娘”队队长，现任十一届全国人大常委、大寨村党总支书记、大寨集团董事长郭凤莲同志亲自为大家讲解大寨的光荣历史。

8 月 21 日，山西邮政管理局召开国庆 60 周年寄递企业安保会议。省邮政公司、省速递物流公司和太原地区快递企业有关负责人参加了会议。

9 月 16 日，山西省政府法制办和省邮政管理局共同组织召开了宣传贯彻《邮政法》座谈会。会议由省政府法制办傅平副主任主持，省人大财经委赵建平主任出席会议并作了重要讲话。省人大、省政府、省发改委、省公安厅、省建设厅、省交通厅、省工商局等 20 多个单位和企业 40 余人参加了会议。山西电视台、山西日报、山西晚报等新闻媒体对会议进行了报道。

9 月 10～11 日，国家局机要通信司机要通信处检查指导山西机要通信监管工作。

9 月 18 日，山西省邮政管理局局长张勤学接受《山西日报》记者专访，就“保障普遍服务，推动邮政业健康发展”这一主题畅谈新《邮政法》。

9 月 28 日，山西省邮政管理局召开了《快递业务经营许可管理办法》宣贯培训会。中国邮政 EMS、民航快递、中外运、顺风速运、宅急送、申通快递、圆通快递、DHL 等 25 家快递企业负责人和许可经办人近 40 人参加了培训。

10 月 9 日，在《山西日报》上省局张勤学局长以《深入贯彻实施《邮政法》 保障邮政普遍服务》为题发表了庆祝第 40 届世界邮政日致辞。

11 月 16 日，山西省邮政管理局就《山西省邮政条例》的立法准备情况向省人大做了专题汇报。省人大法工委王凤祥主任、邓永明副主任，省人大财经委赵建平主任，省政府法制办王卫星副主任以及省人大和省政府相关部门负责人听取了汇报。

11 月 26 日，由山西省第十一届人民代表大会常务委员会第十三次会议通过的《山西省城乡规划条例》，将邮政基础设施建设作为城镇体系规划的强制性内容被明确列入其中，为山西省邮政基础设施建设规划提供了强有力的法律保障，进一步提升了山西省邮政基础设施建设在城乡规划中的重要性，为保障山西省邮政普遍服务水平和邮政业的长远发展奠定了坚实基础。

12 月 12～17 日，国家邮政局邮政普遍服务监督检查组在山西省进行了为期六天的监督检查工作。

（山西省邮政管理局）

内蒙古自治区邮政发展与管理※

【邮政发展统计】

指标名称	单位	数据
邮政行业业务总收入	万元	110600
其中：快递业务收入	万元	33500
函件业务量	万件	3674.57
快递业务量	万件	1196.43
从业人员合计	人	17665
其中：快递从业人员	人	2300
营业网点合计	处	1754
其中：快递营业网点	处	220

注：邮政行业业务收入中未含邮政储蓄银行直接营业收入

【邮政发展情况综述】

1 月，自治区党委下发了《内蒙古党委、政府关于进一步推进农村牧区改革发展的意见》（内党发〔2009〕1 号），作出了“加强农村牧区邮政设施建设，巩固完善农村牧区邮政网络，努力拓宽邮政服务领域”、“邮政储蓄银行要坚持为农服务的方向，强化职能，落实责任，稳定和发展农村牧区服务网络，不断拓展服务领域和服务范围”的重要决定。这是自治区党委、政府近年来首次将邮政发展服务明确纳入 1 号文件中，为自治区邮政加强基础设施建设，提升普遍服务水平，加快邮政业发展创造了良好的政策环境。

邮政业发展规划进一步健全。4 月，自治区政府出台了《内蒙古自治区人民政府关于加快自治区电信和邮政业发展的意见》，《意见》明确了自治区邮政业发展的指导思想、基本原则、发展目标，主要任务、发展重点和政策措施。《意见》的出台，使自治区邮政业的发展规划进一步明确，为邮政业适应自治区国民经济和社会发展需要，促进全行业科学发展将起到重要的保障和推动作用。

政府支持邮政基础设施建设的力度逐步加大。在自治区政府办公厅内政办发〔2009〕1号文件中，将加强邮政基础设施建设作为2009年十项民生工程之一，计划投资5277万元，用于农村牧区投递网点、邮政营业、邮路设施改造和建设。2月，自治区政府将邮政基础设施建设纳入2009年自治区国民经济和社会发展计划，明确规定2009年将“完成61个邮政营业网点的改造和建设”。《内蒙古党委、政府关于进一步推进农村牧区改革发展的实施意见》中也明确作出“加强农村牧区邮政设施建设，巩固完善农村牧区邮政网络，努力拓宽邮政服务领域”的决定。这些举措，对于加强自治区邮政基础设施建设，增强邮政服务能力，提升邮政服务水平将起到重要的推动作用。

【监管工作】

一、宣传贯彻新《邮政法》，推进邮政行业发展

健全工作机构，加强组织领导。成立了领导小组，研究制定了重点工作方案，明确了加强新闻宣传、加快地方性立法步伐、强化联合执法协作机制、加强普遍服务监督四个方面八项工作。

强化学习培训。一是强化系统内的学习培训。新《邮政法》公布后，即刻组织全局干部通学了《邮政法》全文，对宣传贯彻工作进行了动员部署。组织全局干部集中进行了两次专题辅导和一次重点解读释义交流会。观看了国务院法制办赵晓光司长的专题辅导讲座。组织了学习新《邮政法》知识竞赛。除集中学习外，机关各处也结合自身工作重点进行了学习研讨，特别就一些热点难点问题进行了深入思考和交流，收到了明显成效。二是加强行业培训。行业培训重点做好自治区邮政公司、快递企业和邮政特邀监督员的培训工作。一是在与自治区邮政公司建立联席会议制度的基础上，9月25日至26日组织了全区邮政企业贯彻实施新《邮政法》高管人员培训班。二是9月23日组织了全区快递企业负责人培训班，加强对邮政市场管理和新《邮政法》配套法规、规章等方面的培训。三是分两批组织开展了对社会监督员的培训工作，提高了社会监督员的法律意识和监督水平。

面向社会广泛宣传。充分发挥新闻媒体的宣传作用，使新《邮政法》深入人心。一是8月7日在《内蒙古日报》全文刊登了新《邮政法》，在当日《内蒙古日报》上发表了署名文章。二是根据内蒙古的民族区域自治特点，在2009年8月20日《内蒙古日报》上全文刊登了蒙文版的新《邮政法》，联系印刷了蒙文版的新《邮政法》单行本。三是联合内蒙古电视台和内蒙古人民广播电台在相关栏目中对新《邮政法》进行了详细解读。四是采取在《内蒙古日报》发表著名文章的形式广泛宣传第40届世界邮政日。

建立联席制度。积极与贯彻实施新《邮政法》相关的自治区人大、政府、工商、公安、安全、建设、海关等部门联系，逐步建立健全工作机制，分别建立联席制度，促进新《邮政法》实施后各项工作的衔接。

推进地方法制建设。积极与自治区人大进行沟通协调，在启动《内蒙古邮政条例》制定工作的基础上，广泛开展立法调研活动，促使《内蒙古邮政条例》适时出台。

二、落实“青岛会议”精神，深化邮政市场改革

认真传达学习会议精神，积极向自治区党委政府汇报。“青岛会议”结束后，邮政管理局迅速组织传达学习了会议精神，同时将积极争取自治区党委政府的支持，主动向自治区党委、政府作了几次专题汇报。自治区党委储波书记、自治区政府巴特尔主席、任亚平副主席、赵双连副主席都对贯彻落实“青岛会议”精神提出了明确指示，为邮政管理局更好地贯彻落实“青岛会议”精神奠定了坚实的基础。

出台《关于推动农村牧区邮政物流发展的意见》。经积极努力，多方联系协调，7月22日，自治区政府办公厅转发了自治区发改委、自治区邮政管理局等七部门《关于推动农村牧区邮政物流发展的意见》。《意见》充分阐述了发展农村牧区邮政物流的重要意义，明确了发展农村牧区邮政物流业务的指导思想和目标，提出了发展农村牧区邮政物流的三项主要任务和政策措施，为加快自治区农村牧区邮政物流发展将起到重要的指导作用。

召开全区农村牧区邮政物流现场会。为了进一步深入贯彻落实“青岛会议”精神，7月24日，内蒙古自治区政府在赤峰市组织召开了全区农村牧区邮政物流现场会。自治区政府及相关部门负责人、各盟市分管领导参加了现场会。自治区政府主席助理黄·阿拉腾别立格代表自治区政府作了重要讲话，从认真抓好各项政策法规的贯彻落实、大力推进邮政基础网络建设、进一步深化邮政改革、下大力气提高服务水平、切实加强组织领导五个方面对做好全区农村牧区邮政物流工作提出了具体要求。

三、邮政普遍服务监督进一步规范

制定监督计划。结合内蒙古实际，制定了《内蒙古邮政管理局2009年工作普遍服务和特殊服务监督工作计划》，明确了全年监督目标，确定了监督内容、完成时间和完成人员。

对信报箱建设落实情况的监督。印发了《内蒙古自治区住宅信报箱建设标准》和《内蒙古自治区住宅信报箱图集》，联合自治区建设厅、自治区邮政公司共同推进自治区信报箱建设标准和图集的宣传贯彻工作。

开展省会城市机要函件时限测试和信函时限监测工作。按照国家局要求，自2009年5月18～22日对全国其他30个省会城市进行了测试，并将相关测试数据报送国家局。信函时限监测的前期准备工作已经完成。

四、快递市场监管进一步加强

快递市场进一步规范。与自治区工商行政管理局建立了联合执法协作机制，加大了快递市场执法力度。上半年共组织执法检查24次。重点对无照经营、没有进行备案的“黑速递”以及快递企业侵犯邮政信件专营权、违规使用邮政包裹袋和邮政专用胶带、侵犯了邮政企业合法权利的行为进行严厉查处，查封取缔了呼和浩特希伊艾斯货运信息部等无照经营的快递企业。通过不间断的联合执法检查，自治区的快递市场秩序明显好转，为快递业创造了良好的发展环境。主动出击，维护邮政信函专营权，严肃处理了北方新报发行物流公司侵犯邮政专营权的违法行为。

消费者权益得到有效保障。2月，通过与自治区工商局、自治区消费者协会积极协调，使邮政管理局的“12305”与消费者协会的“12315”实现了信息共享，进一步加大了邮政业消费者申诉处理力度，有效维护了消费者权益。

强化应急保障机制。制定下发了《内蒙古邮政业突发事件应急预案》，从工作机制、工作制度等方面提出了明确要求。对做好内蒙古自治区邮政行业运行安全的监测、预警和应急管理工作，提高了应对突发事件的组织指挥能力和应急处置能力。

行业安全监管。一是进一步加强与安全、公安部门的工作沟通和联系。二是注重行业运营的预警、预测，组织了市场调研，掌握了企业重组动态。三是加大邮政业寄递窗口安全验视制度执行情况的检查，以现场交寄物品的方式，多次组织检查，对检查发现的安全隐患进行了通报批评，责令整改。四是加强了国庆期间邮路寄递安全保障工作。坚持以宣传贯彻新《邮政法》为契机，从加强组织领导、健全相关制度、组织安全培训、加强执法检查等方面认真做好全区邮路寄递安全保卫工作，确保了国庆期间邮路寄递渠道安全。

快递服务达标。协助快递协会开展快递服务达标活动，完成了首批5家快递企业达标验收工作。认真做好快递企业备案工作。按要求启用了新的备案信息系统。

【重大事项、事件】

1月22日，内蒙古自治区政府将自治区列入自治区2009年重点实施的“十项民生工程”，并对农村牧区邮政基础设施建设补贴资金100万元。

2月，内蒙古自治区住宅与城乡建设厅出版印制了《内蒙古自治区住宅信报箱建设标准》和《内蒙古自治区住宅信报箱图集》，自治区邮政管理局与自治区住宅与城乡建设厅联合开展了宣传贯彻工作。

3月12日，为指导全区邮政行业安全生产管理工作，做好全区邮政业运行安全的监测、预警和应急管理工作，提高应对突发事件的组织指挥能力和应急处置能力，有效的预防和减少突发事件及其造成的危害，确保邮政通信安全和畅通，内蒙古自治区邮政管理局制定下发了《内蒙古自治区邮政业突发事件应急预案》。

3月12日，内蒙古自治区邮政管理局与内蒙古自治区农牧业厅联合下发《关于抓紧做好贯彻落实〈关于大力发展农村通邮服务促进社会主义新农村建设的意见〉的通知》，积极推进村邮站建设。

3月，内蒙古自治区地税局继续免征邮政企业2009－2011年三年房产税。

4月9日，内蒙古自治区政府出台了《关于加快自治区电信和邮政业发展的意见》(内政发[2009]28号)。

6月26日，内蒙古自治区邮政管理局下发了《关于续聘、新聘邮政特邀监督员的通知》(内邮管〔2009〕50号)，对全区特邀监督员队伍进行了调整。调整后，全区共有75名邮政特邀监督员分布在12个盟市和30个旗县。

7月22日，内蒙古自治区人民政府办公厅转发自治区发改委、财政厅、交通厅、农牧业厅、商务厅、工商局、邮政管理局制定的《关于推动农村牧区邮政物流发展的意见》。

7月24日，全区农村牧区邮政物流现场会在内蒙古赤峰市召开。

8月11日，内蒙古自治区邮政管理局下发了《关于印发〈特邀监督员管理办法〉的通知》(内邮管〔2009〕65号)，对原《内蒙古自治区特邀监督员管理办法》进行了修订。

8月18日，为贯彻实施新修订的《邮政法》，促进我区邮政业发展，维护邮政市场秩序，保障广大人民群众的通信自由和通信秘密，维护邮政通信与信息安全，内蒙古自治区邮政管理局与内蒙古自治区公安厅联合下发了《关于加强邮政快递业治安案件处置工作的通知》。

8月31日，内蒙古自治区邮政管理局下发了《关于切实做好我区建国60周年邮路安全保卫工作的通知》，部署建国60周年邮路安保工作。

9月3日，内蒙古自治区邮政管理局下发了《关于对部分邮政专用车辆减征通行费的通知》(内邮管〔2009〕72号)。自2009年8月至2011年8月期间，内蒙古自治区交通部门减半征收部分在我区境内划定路线上持有“内蒙古自治区邮政专用车辆通行费专用证”的邮政专用车辆通行费。

9月16日，《内蒙古自治区邮政管理局与内蒙古自治区邮政公司工作联系制度》制定出台。

10月19日，内蒙古自治区邮政管理局与内蒙古自治区工商行政管理局联合下发了《关于做好全区快递业务经营许可和工商注册登记有关工作的通知》，就《快递业务经营许可证》的发放、变更、注销等与自治区工商行政管理局联合作了相关规定。

10月21日，内蒙古自治区邮政管理局下发了《关于做好〈快递业务经营许可证〉申请有关事宜的通知》，全区快递业务经营许可工作正式展开。

12月23日，内蒙古自治区邮政行业职业技能鉴定中心成立。

12月25日，内蒙古自治区邮政管理局与自治区公安厅、自治区交通运输厅、自治区住房和城乡建设厅、自治区工商行政管理局联合下发了《关于保障快递企业运输车辆便捷通行的通知》，为快递车辆进城通行开辟绿色通道。

（内蒙古自治区邮政管理局）

辽宁省邮政发展与管理

【邮政发展统计】

指标名称	单位	数据
邮政行业业务收入	万元	313900
其中：快递业务收入	万元	108996
函件业务量	万件	7486
快递业务量	万件	3497.3
从业人员	人	32641
其中：快递从业人员	人	9062
营业网点	处	2964
其中：快递营业网点	处	1895

注：邮政行业业务收入中未含邮政储蓄银行直接营业收入

【邮政发展情况综述】

一、总体发展情况

2009 年，全省邮政业积极应对金融危机，实现全行业持续发展。全省邮政业业务收入完成 31.39 亿元，同比增长 12.8%，业务总量完成 55.87 亿元，同比增长 37%。其中，邮政企业实现业务收入 20.49 亿元（不含邮储银行直营收入和速递物流收入），同比增长 20.57%，业务总量完成 39 亿元，同比增长 19.3%；快递企业实现业务收入 10.9 亿元（含邮政速递），同比增长 3.9%，快递业务量累计完成 3497 万件，同比增长 8%。全省快递服务总体满意度达到 80.7 分。

二、发展特色和亮点

（一）抓规划，统揽行业发展。省发改委、省建设厅、省交通厅、省邮政管理局等部门密切配合，将全省邮政业建设规划要点编入全省经济与社会发展规划及城镇建设总体规划。省邮政业“十二五”发展规划框架编制完成，逐步适应辽宁沿海经济带、沈阳经济区、辽西北开发的总体经济发展建设格局需求。积极协调有关部门，将全省邮政业发展规划融入省内各市经济社会发展规划，落实邮政基础设施配套建设规划，与全省各地经济社会建设协调发展，与公共服务业统筹布局，与社区、乡镇发展建设同步进行。有效落实国家提出的发展农村邮政服务，加快发展农村公共事业，促进农村社会全面进步的重大战略任务。

（二）抓建设，支持企业发展。鼓励和扶持邮政企业完善服务网点布局，提出邮政公共服务网点规划和建设的基本框架，优化营投网点资源配置，增强邮政基本公共服务能力。落实信报箱等通邮服务设施规划建设和管理工作。在基础设施建设规划中，按照国家标准明确新建住宅小区、办公楼信报箱建设规划，按照“统一规划、统一设计、统一施工、统一建设”和“谁建设、谁投资、谁管理、谁收益”的原则，明确建设单位、建设标准、权属单位和管理主体，保证规划的落实。

（三）重服务，逐步满足社会用邮需求。全省邮政企业按行政区设 14 个市、44 个县（市）邮政局。全省邮政企业从业人员 23615 人。共有邮政营业网点 1563 处，其中县以下农村网点 848 处。全省设置邮政信筒（箱）4100 个。全省城镇投递段道 5218 条，其中城市 2463 条，每日投递邮件 2 个频次以上；县及县下 2755 条，县城基本实现每周六天投递，县以下经济较发达地区的农村，为每周六天投递，偏远地区的农村基本保证周三班投递。

（四）促竞争，提供优质快递服务。快递企业发展进入快车道，全省登记注册的快递服务企业 158 家，设快递服务网点 1895 处。全省快递服务企业从业人员 9062 人。规模以上快递企业及其分支机构 49 家，其中注册资金 500 万元以上企业 18 家，50%以上的企业集中在全省经济和交通较发达的沈阳和大连地区。其中，国有快递企业 24 家，民营快递企业 101 家，外资快递企业 33 家，基本形成了国有、民营、外资等多种经济类型快递企业并存的格局。

【监管工作】

一、农村“村邮站”建设

2009 年，辽宁省邮政管理局将农村“村邮站”建设作为普遍服务工作重点，积极与省农办进行多次协商与沟通，在省农委、省农办的大力支持下，将农村“村邮站”建设工作纳入农村公共基础设施建设范畴，力争在三至五年时间内，实现全省所有行政村“村村建站，户户通邮”的目标。辽宁省委、省政府下发的《关于 2009 年促进农业稳定发展农民持续增收的意见》（辽委发〔2009〕1 号）中明确指出：将农村“村邮站“建设纳入农村公共基础设施建设范畴。

二、城市信报箱建设

省住房和城乡建设厅、省民政厅、省邮政管理局联合下发了《关于进一步加强全省居民楼房信报箱建设和管理的通知》，对各市建设部门提出了具体要求。进一步明确了抓好居民楼房信报箱建设和管理的目标和措施，明确了各管理部门及邮政企业和相关建设单位的职责，建立了信报箱建设的部门联动监督的机制。

三、快递服务运输车辆管理

与省交通运输管理部门联合制定下发《辽宁快递服务车辆运行管理办法（试行）》，为运递快件车辆办理《道路运输证》和《快递服务车辆专用标识》，进一步加强快递服务车辆管理，保证快递服务车辆顺利通行，提高快递服务质量和快件传递时效。

【重大事项、事件】

1月6日，辽宁省邮政管理局召开辽宁省2009年邮政业统计工作座谈会，部署2009年邮政业统计工作。会议总结了2008年辽宁省邮政业统计工作情况，部署了2009年统计工作，对获得“投入产出调查先进个人”的统计人员进行了表彰。省邮政公司、省邮政速递局及嘉里大通、上海圆通、大连申通等30多家规模以上快递企业的统计工作负责人参加会议。

1月20～22日，辽宁省邮政管理局组织相关人员，分别对大连、辽西等地区的13家规模以上快递企业的快件处理、生产现场防火安全、防盗，以及执行收寄验视制度等安全生产工作进行了检查。

2月20日，辽宁省邮政管理局召开2009年全省邮政业工作会议。局党组书记、局长孙康同志总结了2008年邮政业发展情况，提出2009年邮政业发展思路。省人大、省委宣传部、省发展改革委、省财政厅、省交通厅、省建设厅等22个厅局有关领导及邮政企业、快递企业负责人和社会监督员代表参加会议。辽宁日报、辽沈晚报等新闻媒体对此次会议进行了采访。

2月26日至3月5日，辽宁省邮政管理局在省内14个市组织开展了“两会”期间邮政、快递服务寄递邮件安全和服务的监督检查活动。

3月3日～11日，辽宁省邮政管理局以引领、扶持、服务、规范快递企业发展为主题，对沈阳、大连、抚顺地区部分规模以上快递企业进行调研。

3月10日，辽宁省邮政管理局邀请省物价检查分局、省邮政公司的有关负责人员召开邮政资费专项检查情况通气会。

3月16～17日，辽宁省邮政管理局配合国家邮政局民用建筑工程信报箱设计规范国家建设标准项目调研组，开展住宅小区信报箱设置使用与管理情况调研工作。

4月2日，辽宁省邮政管理局召开党组扩大会议，就贯彻落实全国邮政普遍服务监督管理工作座谈会精神和部署的中心工作任务进行专题研究，确定了“村邮站”建设、邮政设施专项规划编制、城市信报箱工程建设等四个方面重点工作。

4月24日，辽宁省邮政管理局党组组织召开会议，研究部署新《邮政法》宣贯工作。

5月26日，辽宁省邮政管理局在沈阳举办了首期邮政社会监督评价工作培训。来自沈阳、铁岭、抚顺、本溪、丹东地区的邮政社会监督员参加了培训。

6月8日，辽宁省邮政管理局同省邮政公司共同向省政府刘国强副省长作贯彻落实“全国推广山东邮政发展农村物流经验现场会”工作汇报。刘国强副省长指示：辽宁要深入学习国务院42号文件精神，深刻领会张德江副总理重要讲话，认真贯彻全国推广山东邮政发展农村物流经验现场会议精神，召集相关部门，紧密结合辽宁实际，专题讨论落实山东会议精神，对我省农村邮政物流工作做出部署。

6月9日，辽宁省邮政管理局召开全省邮政（快递、集邮、用品用具）特邀监督员工作会议，辽宁省消费者协会领导出席会议并讲话，并以“发挥监督员作用，依法维护消费者权益”为题，向与会监督员提出工作要求。全省各地市邮政特邀监督员30余人参加会议。

7月15日，辽宁省邮政管理局孙康局长以“构建邮政法制环境，促进辽宁邮政业快速发展”为主题接受《辽宁日报》专访。

7月20日，省住房和城乡建设厅、省民政厅、省邮政管理局联合下发《关于进一步加强全省居民楼房信报箱建设和管理的通知》，贯彻落实《中华人民共和国邮政法》（修订）关于“建设城镇居民楼应当设置接收邮件的信报箱，并按照国家规定的标准验收”的规定，对全省居民楼房信报箱建设和管理工作提出要求。

7月22日，辽宁省人大常委会财政经济委员会、辽宁省邮政管理局共同组织召开贯彻实施《中华人民共和国邮政法》座谈会。省人大财政经济委员会宫正奇副主任主持会议，省人大常委会仲跻权副主任出席会议并讲话。省委办公厅、省政府办公厅、省委宣传部、省政府法制办、省发展和改革委、省财政厅、省安全厅、省公安厅、省住房和城乡建设厅、沈阳军区通信部、省消费者协会等32个部门和单位的领导参加会议。

8月4日，辽宁省邮政管理局召开党组扩大会议，落实国家局关于津补贴规范自查整改和“小金库”重点检查布置工作电话会议精神。

8月20日，辽宁省邮政管理局组织召开了安全、公安、海关、保密等政府部门和部分企业分管领导、负责人参加的国庆邮路安全监管工作联席会议。会上，讨论通过了国庆邮路安全检查方案和关于调整邮路安全监管工作领导小组成员单位意见。

8月21日，辽宁省邮政管理局在沈阳召开全省邮政用品用具企业负责人座谈会，近40家生产企业负责人参加了会议。

8月31日，辽宁省邮政管理局在沈阳召开全省邮政业国庆邮路寄递物品安全工作座谈会，省邮政公司及规模以上快递企业负责人参加了会议。

9月1～23日，辽宁省邮政管理局分三个检查组开展省内国庆邮路安全检查工作。共检查114家邮政局所和快递企业，并依照“送法上门，普法到人”的工作原则，向快递企业宣传《邮政法》，发放《邮政法》单行本1000余册。

9月22日，国家邮政局组织召开“《中华人民共和国邮政法》贯彻实施全国电视电话会议”，省委办公厅、省政府办公厅、省委宣传部、省政府法制办、省发展和改革委、省财政厅、省安全厅、省公安厅、省住房和城乡建设厅等38个部门和单位的有关负责人在辽宁分会场参加了会议。会后，省人大财政经济委员会宫正奇副主任讲话，提出了全省贯彻落实新《邮政法》的意见。新华社辽宁分社、辽宁日报、辽宁电视台、辽宁电台等新闻媒体对此次会议进行了采访报道。

9月23～24日，国家邮政局国庆邮路安全检查组到辽宁检查指导国庆邮路安全工作。

9月28日，辽宁省召开全省党报党刊电视电话会议。中共辽宁省委常委宣传部部长张江、副部长孟繁华；省委组织部、省直工委、省总工会、省国资委、省财政厅、省教育厅、省新闻出版局、省邮政管理局和省邮政公司主要领导；人民日报辽宁分社社长、辽宁日报社社长、光明日报驻辽宁记者站站长、经济日报驻辽宁记者站站长在主会场出席会议。各市市委宣传部部长、有关新闻单位和市邮政企业、部门领导在当地分会场出席会议。

10月30日，辽宁省邮政管理局在沈阳召开落实普遍服务工作协调会，进一步贯彻落实《邮政法》、《邮政普遍服务》邮政行业标准，推动"村邮户箱"工程建设。省邮政管理局李志良副局长、省邮政公司刘斌副总经理及对口联系部门负责人和相关工作人员参加会议。

11月6日，辽宁省人民政府办公厅转发省服务业委等部门《关于加快发展农村邮政物流的意见》，推动开展全省农村邮政物流建设工作。

11月12日，辽宁省邮政管理局在沈阳召开全省快递业务经营许可工作培训班，省邮政公司和80多家快递企业负责人及相关人员参加了培训。

11月17日，辽宁省邮政管理局与省工商管理局就快递业务经营许可工作建立协作机制。

11月27日，全省快递、集邮、用品用具邮政特邀监督员工作会议在大连市召开。

12月2日，辽宁省邮政管理局与省邮政公司在沈阳召开座谈会，共同推进《邮政普遍服务》行业标准和《邮政企业设置和撤销邮政营业场所管理规定（暂行）》、《邮政企业停止办理或者限制办理邮政普遍服务业务和特殊服务业务管理规定（暂行）》。

12月4日，辽宁省邮政管理局与辽宁省工商局12315指挥中心建立邮政业申（投）诉受理工作沟通机制座谈会在沈阳召开。

12月9日，辽宁省邮政管理局在沈阳召开快递服务社会满意度调查结果通报会。省邮政公司，顺丰、申通、宅急送、圆通、天天、韵达、中通、佳惠尔、TNT、DHL、Fedex、UPS等13家快递企业的负责人参加会议。

（辽宁省邮政管理局）

吉林省邮政发展与管理

【邮政发展统计】

指标名称	单位	数据
邮政行业业务收入	万元	182416.10
其中：快递业务收入	万元	42554.10
函件业务量	万件	8087.48
快递业务量	万件	1486.79
从业人员	人	16701
其中：快递从业人员	人	3164
营业网点	处	1446
其中：快递营业网点	处	1110

注：邮政行业业务收入中未含邮政储蓄银行直接营业收入

【邮政发展情况综述】

面对金融危机通过经济传导机制对全省邮政行业的影响，有效化解各种不利因素，邮政行业收入增幅呈逐月回暖、企稳回升的发展态势，总体运行平稳。2009年，全省邮政行业实现业务收入18.25亿元，同比增长10.8%。其中，快递业务收入4.26亿元，同比增长11.2%；快递业务量1486.8万件，同比增长10.7%。

【监管工作】

一、行业发展环境逐步优化

规划编制衔接成效明显。通过成立机构、召开会议，印发方案等形式，积极启动并组织完成了《吉林省邮政速递物流发展规划（2009～2014年）》的编制工作。在规划编制过程中，紧紧抓住国务院《物流业调整和振兴规划》、六部委《关于推动农村邮政物流发展的意见》等政策出台的有利时机，积极与省发改委等部门协调沟通，做好规划重点工程与地方经济社会总体发展重点、区域布局的有效衔接，为努力争取地方政府对邮政行业的政策扶持，积极融入地方发展规划体系创造了条件。

政策扶持力度不断加大。先后协调省政府办公厅组织召开了由省发改委、省公安厅等12个部门参加的支持邮政行业发展的专题会议，研究出台了《关于进一步支持邮政业发展的通知》。《通知》下发后，经过与省、市交警部门的沟通协调，有效解决了长春市快递车辆通行难、停靠难等问题；长春市邮政局、延边州邮政局分别协调地方政府出台了支持本地区邮政发展的政策措施；吉林、白城、通化、松原等邮政局还协调地方政府出台了支持信报箱建设的相关文件。一系列改善行业发展环境的措施和办法，有效解决了企业在经营发展中遇到的实际困难和问题，取得了实实在在的效果。

二、邮政法制建设扎实推进

《邮政法》宣传贯彻工作成效显著。在加强组织领导、召开相关会议、下发文件资料、组织学习培训、开展访谈竞赛、强化舆论宣传的基础上，引导行业抓宣传贯彻，推动企业促落实，汇聚部门推实施，使全省《邮政法》宣传贯彻工作有力度、有广度、有深度，得到了国家局的充分肯定。一是针对政府部门、邮政行业和社会各界三个不同层面，认真做好了《邮政法》宣传普及工作；二是加强了与地方政府各职能部门的沟通衔接，借力造势，积极推进了《邮政法》中各项政策的落实和细化，努力形成了齐抓共管的良好局面；三是指导企业按照《邮政法》规定进行对照整改，进一步提升服务质量和水平。邮政企业、快递企业按照要求，通过上上下下、多层次、多角度的学习、宣传和培训，有效提高了法律意识、服务意识和管理意识。

规章标准宣传贯彻工作稳步推进。《快递业务经营许可管理办法》、《邮政普遍服务标准》以及两个“管理规定”等《邮政法》配套规章标准相继出台后。采取印发单行本，在新闻媒体、内部报纸杂志以及局机关门户网站刊发全文和解读文章等形式，广泛宣传规章标准。及时组织召开宣传贯彻会、实施会和推进会，督促和指导企业强化学习，对照整改，抓好规章标准的贯彻落实。积极与省银监局、省邮政公司协调沟通，推动解决农村邮政网点恢复办理汇兑业务、邮政网点空白乡镇建设等问题。通过一系列行之有效的措施，稳步推进了规章标准的宣传贯彻工作，取得了初步成效。

邮政地方立法取得实质进展。《邮政法》颁布后，积极协调省人大、省法制办，第一时间启动立法程序，加强对《吉林省邮政条例》修订工作的支持和指导，先后组织完成了《条例》(修订稿）的研究讨论、修订起草和征求意见等工作。按照省人大关于集中清理法规的部署要求，及时调整思路，加强联系，反复协商，于2009年12月初，联合组织召开了《条例》修订座谈会，对《条例》(修订稿）进行了最后一次研究讨论，达成了一致修订意见。目前，《条例》(修订稿）已经正式提交省人大研究讨论。

三、监督保障能力有效提升

监督检查工作有效开展。采取监督检查和调研摸底相结合的方式，先后组织开展了邮政资费、机要通信专项检查，信函、包裹、报刊服务质量监测以及邮政网点空白乡镇、不开办汇兑业务网点、交通不便东部山区农村投递班期以及村邮站建设试点情况等一系列调查工作。全年共深入邮政企业检查、调研51人次，检查城乡网点59个，填发检查意见书36份，督促整改服务质量问题26个。基本摸清了服务需求状况，掌握了大量的基础数据，有力地促进了服务质量的提高。

社会监督效果明显提高。通过开展集中培训、加强管理考核、建立协作小组以及强化监督指导等形式，使邮政社会监督员作用得到了较好发挥，社会监督效果明显提高。2009年，全省监督员报送普遍服务质量测试报告278份，反馈邮政服务质量问题86个，走访用户1000多户，提出相关意见和建议38条。目前，现有社会监督员59名，市县覆盖率达到近70%，政府机关、消协、新闻媒体等部门人员所占比例达到80%，人员素质逐步提高，结构层次日趋合理。

服务监督机制逐步健全。2009年，依据《邮政法》和《邮政普遍服务标准》，进一步建立健全普遍服务监督机制，督促邮政企业依法履行普遍服务义务，提高服务意识。坚持政企联系会议制度，定期通报情况，交换意见，研究提出改善服务的措施和办法。要求企业建立服务质量自查制度和整改情况报告制度，加强自律行为，不断提高普遍服务能力和水平。推动企业加强视检视察机构和队伍建设，强化内控机制，组织开展服务质量自检自查活动，促进了服务水平的提升。

四、市场监管效能不断提高

加强市场检查，规范市场秩序。加大对快递、集邮、邮政用品用具等三大市场的监督检查力度，有效规范了邮政市场经营秩序，维护了消费者合法权益，确保了邮政通信和信息安全。全年共出动检查294人次，检查单位490家，查处违法违规经营行为37起；共受理邮政业消费者申诉77起，所有申诉在规定时限内全部妥善解决。

创新监管方式，建立协作机制。通过分区分片召开现场会等形式，不断创新监管方式，着力研究解决异地监管难度大、执法检查力度低、效果差等问题。先后分期、分批、分地区联合各地工商部门组织开展了邮政市场检查，建立了长效协作工作机制，同时，召开了9个市州市场监管工作现场会，取得了良好的效果。

强化安全监管，维护行业安全。以国庆60周年邮路安全稳定工作为重点，通过召开专题会议、制定下发文件、开展收寄验视制度执行情况大检查、查堵非法出版物以及督促企业开展甲流防控、假日节日安全生产和“三项行动”专项整治等工作，保证了邮政行业生产运行和邮路安全。

健全组织体系，规范许可流程。在建立健全快递许可的组织体系、工作制度和审核程序的基础上，采取召开会议、加强培训和广泛宣传等方式，与工商部门建立了许可协调工作机制，制订并下发了许可申请规范和审批规范，为公开、公平、公正、有序地开展快递业务经营许可工作奠定了坚实的基础。

搭建处理平台，妥善受理申诉。以贯彻执行《邮政业消费者申诉处理办法》为支点，着力规范“12305”申诉流程管理，建立健全与消费者协会协调处理机制。积极搭建与省邮政公司、快递企业之间的申诉处理平台，创新有效解决纠纷的载体，督促企业改善服务，充分发挥了申诉中心的维权作用，维护了消费者的合法权益。

五、支撑体系建设不断完善

行业职鉴工作有序开展。先后组织完成了职鉴机构的筹备组建，鉴定考核的动员部署、师资培训、教材征订、组织报名等一系列工作。2009 年 11 月中旬，对全省首批 393 名快递业务员进行了鉴定考核，占全省快递从业人员的 32%；经阅卷评审，总体合格人数 313 人，通过率 79.5%。国家局对吉林省局在全国率先开展的职鉴工作给予了充分肯定。职鉴工作的有序开展，为提高全省快递从业人员素质、顺利开展快递业务许可工作奠定了基础。

行业统计工作有效加强。在加强统计队伍建设，扩大统计覆盖范围的基础上，着力加大统计分析、数据审核和行业运行监控力度，确保了统计数据及时、准确、有效、完整，为制定邮政行业宏观政策提供了科学依据。全年共按月编制分析报告、发布行业运行情况通报 12 期，向国家局编报全省邮政业运行情况季度报告 4 期，年度报告 2 期。行业统计工作的有效加强，得到了国家局和地方统计部门的肯定，2009 年底，省管理局被吉林省统计局评为“2009 年度交通运输邮电统计工作先进单位”。

行业宣传力度明显提升。通过编发工作简报、专题简报，在局机关门户网站和省内主要新闻媒体发布信息、公告等形式，积极搭建宣传工作平台，全面反映局机关工作进度和情况，广泛宣传行业发展的新动态、新情况、新经验，有效地为企业提供了法律法规、方针政策等方面的信息服务，宣传力度明显提升。2009 年，共编发《邮政政务信息》82 期、《吉林邮政市场监管》3 期、《邮政社会监督信息》13 期，在省内各主要新闻媒体发布各类法律法规、信息公告和交流文章 10 余次。实现了上情下达、信息公开、政令畅通。

【重大事项、事件】

1 月 8 日，吉林省邮政管理局和吉林省邮政公司共同参加了省电台“政行风热线”直播节目，现场接受用户咨询、投诉，倾听用户意见，解答有关问题。此次活动得到社会各界和广大用户的欢迎，对加强邮政服务质量监督、促进邮政服务水平和服务质量稳步提升、不断满足社会用邮需求等方面起到很好的推动作用。

1 月 16 日，吉林省邮政管理局召开首批《快递服务》标准达标企业颁牌大会，对省邮政速递公司、中外运敦豪、省顺丰速递公司、中外运速递长春分公司、中通快递吉林省分公司、圆通速递公司等 6 家达标企业颁发了证书。

2 月 6 日，吉林省委省政府把“支持邮政服务三农，大力发展农资连锁经营”写进了《关于贯彻<中共中央国务院关于 2009 年促进农业稳定发展农民持续增收的若干意见>的实施意见》（省委省政府 1 号文件）中。

2 月 24 日，吉林省委副书记王儒林同志对邮政管理工作做出批示：一是要继续做好邮政普遍服务和特殊服务监督保障工作，不断推进邮政基本公共服务均等化，提高邮政服务“三农”能力，为社会主义新农村建设多做贡献；二是要以诚信建设为抓手，强化行业社会责任，着力抓好行业精神文明建设，全面提升企业综合能力和素质，提高全行业的服务水平，为吉林经济社会健康可持续发展多做贡献。

3 月 20 日，吉林省政府办公厅组织省发改委、省工信厅、省公安厅、省国土资源厅、省建设厅、省交通厅、省农委、省商务厅、省工商局、沈阳铁路局长春办事处、省邮政管理局、省邮政公司等 12 个部门召开了研究支持邮政行业发展的专题会议。

3 月 27 日，吉林省政府办公厅下发了《关于进一步支持邮政业发展的通知》，明确了邮政业是国家重要的公用事业和面向民生的现代服务业，要求各级政府把邮政业作为鼓励扶持的重点行业，支持行业发展。

4 月 29 日，吉林省邮政管理局与长春市交警支队联合下发 133 个快递车辆通行证，有效解决了快递车辆进城难、通行难、停靠难等问题，受到了快递企业的好评。

5 月 7 日，吉林省邮政管理局与吉林省政府法制办联合召开《邮政法》宣传贯彻动员大会，对《邮政法》宣传贯彻工作做出具体部署。

5 月 13 日，吉林省邮政管理局和吉林省政府法制办向省政府各厅委、各直属机构以及各市（州）、县（市、区）法制办联合下发了“关于做好《中华人民共和国邮政法》宣传贯彻工作的通知”，进一步加大宣传贯彻工作力度。

5 月 15 日，吉林省人大、省政府法制办组织省发改委、省公安厅、省国土资源厅、省建设厅、省交通厅等 19 个部门，联合召开了《邮政法》宣传贯彻座谈会，研究落实支持邮政业发展的有关政策措施。

6 月 9 日，吉林省韩长赋省长就贯彻落实山东青岛会议精神做出批示：邮政在农村有网络、有信誉、有传统，应注意发挥邮政在农村物流、信息流中的作用，请交通厅并有关部门认真落实德江副总理讲话和国办通知精神。

6 月 24 日，吉林省邮政管理局与省工商局对延边、通化、辽源地区及所辖县（市）快递企业开展联合执法检查。共检查快递企业 48 家，查处违法经营行为 11 起，发现无照经营企业 6 家，未备案企业 16 家，下达责令整改通知书 6 份，并依据相关法律法规进行了处罚。

6 月 29 日，吉林省邮政管理局与省政府法制办联合举办第一期全省邮政业骨干人员新《邮政法》培训班。

7 月 10 日，吉林省邮政管理局刘英杰局长就“宣传贯彻新《邮政法》，推动吉林邮政业健康发展”这一主题，接受吉林省人民政府门户网站专访，并与网友在线互动交流。

8 月 4 日，国家邮政局党组成员、纪检组长张绳华同志一行赴吉林深入了解《邮政法》宣传贯彻情况、“山东青岛会议”精神落实情况及机关党建和纪检工作情况。

9 月 8 日，吉林省邮政管理局组织召开了国庆 60 周年邮路安全稳定工作会议，对全省国庆 60 周年邮路安全保障工作做出具体部署。

10 月 9 日，吉林省邮政管理局围绕 2009 年世界邮政日“世界邮政网，网络连天下”的主题，以“深入贯彻实施《邮政法》，保障邮政普遍服务”为重点，结合本省实际，有针对性地开展纪念活动，取得了良好的效果。

10 月 12 日，吉林省邮政管理局和吉林省工商行政管理局联合下发了《关于进一步加强快递市场监督管理工作的通知》，建立了长效协作的快递市场监管工作机制。

11 月 14 日，吉林省邮政管理局圆满完成了首批 393 名快递业务员职业技能鉴定考核工作。

11 月 19 日，吉林省邮政管理局发布《吉林省邮政速递物流发展规划（2009～2014 年）》。

12 月 10 日，吉林省邮政管理局被吉林省精神文明委授予“2007-2009 年度全省精神文明建设先进单位”荣誉称号。

12 月 20 日，吉林省邮政管理局被吉林省统计局评为“2009 年度交通运输邮电统计工作先进单位”。

（吉林省邮政管理局）

黑龙江省邮政发展与管理

【邮政发展统计】

指标名称	单位	数据
邮政业总收入合计	万元	288852.40
其中：快递服务企业	万元	58412.20
函件业务量	万件	8668.20
快递业务量	万件	2052.90
从业人员合计	人	29664
其中：快递服务企业	人	1819
营业网点合计	处	1808
其中：快递服务企业	处	1623

注：邮政行业业务收入中未含邮政储蓄银行直接收入

【邮政发展情况综述】

一、总体发展概况

全省邮政业实现总收入 28.89 亿元，同比增长 13.31%。其中：邮务类业务收入 6.28 亿元，同比增长 18.05%；快递业务收入 5.84 亿元，同比增长 16.60；代理金融业务收入 16.79 亿元，同比增长 10.68%。

全省邮政业务总量完成 40.01 亿元，同比增长 13.31%。

二、发展特点

（一）认真贯彻落实邮政普遍服务标准

2009 年，全省邮政普遍服务业务稳定发展，基本满足了社会公众的用邮需求。全年函件业务量达到 8668.20 万件，包裹 229.60 万件，订销报刊 43064.40 万份。全省共有邮政局所、代办点 2137 处，其中农村局所 1155 处。邮路总条数 614 条，长度达 10.22 万公里。农村投递路线 363 条，长度达 2.26 万公里。

2009 年全省邮政在全面推进营业网点改造和投递网建设、进一步优化邮运网络、加快信息网建设和应用步伐等方面不断加大投入，加快提升了营投网的综合服务能力。

（1）加快营业、投递网络建设，不断满足人民群众的用邮需要。按照注重效益、结构合理，满足服务的原则，积极推进营业网络整体规划、建设，确保了邮政普遍服务水平与经济社会发展和人民群众的需要相适应。新购置 32 处网点。营业网点标准化建设继续推进建设了一批能够代表邮政先进服务理念的和形象的优质服务示范窗口，省会城市旗舰店通过了验收。投递网建设方面，完成了 2008 年重点地市、现居投递网达标工作的验收，启动了 5 个地市局、20 个县局局投递网达标工作。

（2）实施网络优化工程，提高普邮网路运行效率和效益。邮运网优化持续推进，网路运行双效不断提升。制定了网路优化工程方案及实施细则，组织开展了以提升网路双效为目标的邮政网路优化工作，通过加强物流固定班期邮路的统一管理，合并、调整部分路向邮路，加强社会运输资源的利用等措施，促进了网路资源综合利用；调整了省内部分航空、铁路、汽车邮路发运计划，购置、改造部分邮政基础设施、设备，强化了对速递、物流等竞争性业务的支撑。同时，进一步深化了网运分离和车运分离改革，研究了车辆合编工作，实行了单车核算，完成了对哈尔滨邮区中心局空袋处理业务的外包。认真研究了网运基础管理，推广应用网运 KPI 指标，制定邮件全程时限管理、网路运行动态指挥调度管理等措施办法，使网路管理有章可循，网路管理水平进一步提升。

（3）推进信息网建设与应用，信息化支撑能力得到加强。坚持以业务发展和满足用户服务需求为先导，推进信息网建设由重视建设转向建设与运行维护并重。信息网建设持续推进，技术支撑作用更加明显。建设完成了邮政客户营销管理系统，实现了省、市、县三级客户管理、营销管理、用邮管理和经营分析；完成了省内 186 个手工营业网点电子化支局建设任务，实施了投递系统省内 1248 各投递网点、31 个投递管理部门的推广上线，开展了网运信息系统工程在四个邮区中心局的系统切换上线，全面提高了营业、投递、网运环节的信息化水平。

（二）邮政服务能力增强

全省邮政积极响应国家有关政策，充分发挥“三个平台”的综合服务优势，继续加大服务“三农”力度，有力支持了地方经济发展和新农村建设，农村市场开发取得了新进展。邮政融入地方经济发展与和谐社会建设，促进了企业效益和社会效益的有机统一。

（1）大力发展农村地区的连锁配送，净化了农村市场，维护了农民利益。农资分销业务按照“渠道经营、要数分销、项目管理、质量监控”的方针，积极稳妥地组织了化肥、饲料、日用品、酒水分销，累计实现收入3347万元。着手启动了“中邮连锁”品牌体系建设工作。

（2）发挥邮政储蓄的优势，为广大农民提供简单、可靠地金融服务。邮政储蓄在农村的发展，为广大农民提供了便捷的融资渠道，为繁荣农村经济、促进农业发展发挥了积极作用，小额贷款业务成功试点后开办范围进一步扩大，72个二类支行具备了开办资格，其中29个二类支行成功开办，进一步拓宽了邮政代理金融业务的增收渠道。

（3）密切联系，真正为中小企业提供优质服务。在服务中小企业方面，积极实施商信、邮资封、无名址广告等业务的综合营销，开发中小企业客户百余家，为全省中小企业拓展市场、降低成本提供了支撑服务。

（三）快递业务量呈现强劲态势

随着全省经济的快速发展和邮政市场的不断开放，省内各快递企业经营规模持续扩大，从业人数也不断增加。快递企业在促进经济发展、方便社会交流等方面发挥了积极地作用。

（1）快递服务规模增长迅速，各类业务协调发展。2009年，全省规模以上快递企业实现业务收入5.84亿元，同比增长16.60%；国内同城、国内异地和国际及港澳台业务量占比分别为11.10%、87.48%、1.41%；业务收入占比分别为2.66%、81.53%、和7.21%，其他业务占8.60%。从业务结构来看，在各类业务协调发展的基础上，随着各地经济联系的日趋紧密，对异地快递业务的需求进一步加大，国内异地是快递市场的核心部分。

（2）快递服务能力显著提升，技术进步速度加快。省内各快递企业通过在营业网点、作业设施、运输设备等方面的大幅投入，提高了作业处理能力，显著提升了对服务的支撑能力。计算机、手持终端设备的投入，有效提升了快递企业揽收、分拣、派送、查询等环节的信息化水平。随着生产能力的提升和信息技术的广泛应用，快递企业的服务种类不断增加、服务功能日趋完善，服务水平不断提高。技术进步和企业信息化的发展，在为生产提供有效支撑的同时，也加快了快递企业向技术密集型企业发展的步伐。

（3）经营管理、人力资源管理和品牌建设成为重中之重。随着市场竞争的不断深入，省内各快递企业越来越重视经营管理水平的全方位提高。各快递公司都加大了品牌建设的力度，特别是特许加盟公司通过强化统一的服务标准和统一的运作方式，树立良好的企业形象。在提高经营管理水平和运营效率过程中，快递企业的人力资源管理越来越重要，各快递企业开始积极建立完善的用工和薪酬制度，通过各种方式积极培养复合型管理人才，为企业的持续稳定发展提供保障。

（4）多元竞争格局已经形成。在邮政市场不断开放的背景下，快递已成为邮政市场中最活跃和最具发展潜力的部分。全省快递业务市场已形成了多元化市场主体共存、相互补充、相互竞争的市场格局。国有快递企业凭借其网络、品牌等优势，在国内同城、国内异地和国际及港澳台业务中都占据重要份额，尤其是把握着国内异地业务的主动权。民营快递企业凭借其灵活的机制、相对较低的运营成本、方便的服务和企业数量优势，在国内同城快递业务市场上的优势逐渐提升，业务收入增长迅速。在国际快递业务方面，外资企业依靠其雄厚的资金和技术实力、遍布全球的运递网络、良好的管理与服务，在国际快递业务市场上占据着明显优势。

（5）促进就业作用明显。伴随着快递业务的快速发展，省内各快递企业的运营网点业不断增加，快递企业从业人员数量持续增长。快递服务的发展对于创造就业岗位，吸纳劳动力，发挥了积极作用。

【监管工作】

一、加强对邮政企业普遍服务和特殊服务履行情况的监督检查

按照国家邮政局关于做好邮政普遍服务和特殊服务监督的有关要求，管理局认真开展了普遍服务、特殊服务的监督工作。2009年，共检查邮政服务网点960个，走访用户2090个，反馈监管报告460份，反馈各类服务问题520条，提出相关建议180条。

（一）做好普遍服务和特殊服务的监督检查工作。一是对大庆市邮政局所辖杜蒙县和肇源县的邮政局所增减变化情况、城市信报箱建设、邮政资费、机要通信四个方面进行了监督检查，检查情况较好。二是对哈尔滨市邮政局及所辖的部分网点生肖邮票的发行销售情况进行了监督检查。对存在的没有向社会公布拟售邮票的数量等情况，通知省邮政公司予以改正。三是完成了省会城市机要函件时限测试的寄发和接收工作。四是按照国家邮政局的有关要求，对省机要通信局的机要专用封装用品进行了检查，对大庆市、鹤岗市邮政局的投递环节、运输环节进行了监督检查，并将检查结果上报国家邮政局。五是开展纪特邮票销售情况的监督工作。按照国家局要求，对哈尔滨市邮政局及所辖部分营业网点生肖邮票的发行销售情况进行了监督。六是开展了全省机要通信15周年无事故表彰活动。全省邮政企业评选出机要通信先进集体8个、先进班组27个和先进个人50名。

（二）加强对邮政行业基本邮政业务价格执行情况的监督。一是对邮政企业执行邮政业务价格情况进行了监督，对个别单位存在的强迫和误导用户使用高资费业务的情况，要求落实整改。二是配合省物价局开展了邮政资费专项检查工作，并按照国家邮政局的要求对大庆

市、杜蒙县、肇源县 3 个市县局的 5 个支局的邮政资费情况进行了第一阶段的检查，没有发现违反国家邮政资费政策的问题。

（三）加强社会监督，督促邮政企业强化内控机制。2009 年，社会监督员工作紧紧围绕邮政普遍服务标准，切入涉及社会热点和难点问题，重点监督服务水平、收费标准，先后开展了信函、包裹、印刷品、特快专递等全程时限测试、机要通信服务质量、社会用户意见征询、集邮票品组织和发行等多方面的社会监督工作。2009 年，特邀监督员共实施监督 628 人次，填写检查工作单 593 份，深入邮政网点 1264 个，走访消费者和社会单位 2793 个，提出建议 196 条，反馈各类问题 608 件。邮政管理局筛选有代表性的普遍服务问题 106 件，向省邮政公司下发了 3 次通报。

二、加强市场监管和寄递渠道安全监管，促进快递行业服务水平稳步提升

（一）积极开展市场监管工作，确保了邮政市场经营秩序。2009 年，管理局共开展市场检查 243 次，检查主场主体 435 家次。通过开展集中检查、专项检查等监管手段，有效维护了全省邮政市场的稳定，促进了全省邮政业市场主体的发展。一是开展快递市场执法检查工作。在春节、大冬会、两会、国庆等特殊的时期，开展有针对性的专项执法检查，有效地维护了全省快递市场的经营秩序。二是开展集邮市场执法检查。按照国家邮政局的要求，多次组织对假邮票的专项检查行动，未发现售假贩假活动。三是开展对邮政用品生产质量的检查。对部分信封生产企业的产品质量和生产样品的情况、邮政营业厅邮政用品的出售情况进行了检查。通过执法检查，信封生产企业的产品质量和邮政窗口邮政用品的质量得到了保证。

（二）认真开展邮路反恐、禁毒和非法出版物的查堵工作，积极应对甲型 H1N1 流感疫情。一是按照按照国家邮政局要求和省相关部门的部署，与省公安厅联合成立了“黑龙江省邮路寄递物品安全协调联络办公室”，明确了工作职能和工作机制。二是会同省公安厅深入到牡丹江地区及口岸和海关了解邮路禁毒工作情况。要求各企业积极做好甲型 H1N1 流感疫情的应对工作，并进行检查和指导。三是在国庆前，与省国家安全厅联合对在哈部分快递企业进行了国庆邮路安保工作检查，并深入佳木斯等地市进行检查，督导企业做好国庆期间的邮路安保工作。四是对全省通过寄递渠道传递的非法出版物情况进行了检查，在各类邮件、快件中，未发现通过寄递渠道传递的非法出版物和假药。

（三）认真贯彻安全生产“三项行动”工作。按照省政府和国家邮政局要求，结合黑龙江省实际，下发了《关于深入开展黑龙江省邮政业安全生产“三项行动”的通知》，部署相关企业做好相关工作。

【重大事项、事件】

2 月 13 日，第 24 届世界大学生冬季运动会寄递物品安全工作全面展开。

5 月 27 日，邮政管理局《邮政法》宣传贯彻工作完成“三步走”。

7 月 27 日，刘彦辰局长做客黑龙江省人民政府门户网站在线解读新《邮政法》。

8 月 5 日，国家邮政局纪检组长张绳华赴黑龙江调研。

8 月 28 日，黑龙江省省长栗战书对农村邮政物流发展工作做出批示。

9 月 15 日，邮政管理局与省公安、国家安全部门联合开展迎国庆邮政业安全检查。

10 月 14 日 黑龙江省人民政府办公厅转发省邮政管理局等部门《关于加快推进农村邮政物流发展的实施意见》。

（黑龙江省邮政管理局）

上海市邮政发展与管理

【邮政发展统计】

指标名称	单位	数据
邮政业总收入合计	万元	1437618
其中：快递服务企业	万元	1105436
函件业务量	万件	103340
快递业务量	万件	39371
从业人员合计	人	749087
其中：快递服务企业	人	51268
营业网点合计	处	5202
其中：快递服务企业	处	4491

注：邮政行业业务收入中未含邮政储蓄银行直接收入

【邮政发展情况综述】

一、总体发展情况

2009 年，上海邮政业发展保持了良好势头，以科学发展观为指导，重点宣传贯彻新《邮政法》，全面提升发展环境，大力提升管理能力，持续推进邮政普遍服务保障监督和邮政市场监督管理，各项工作取得新成效。上海邮政业保持了平稳较快的发展势头：普遍服务水平稳中有升，快递服务继续以 30%以上的速度增长。其中，电子商务业务已经占据申通、圆通、中通等快递企业业务量的 40～50%。各大快递企业收入同比增长 28%以上，增幅明显高于上海市 GDP 增长率。行业保持了和谐稳定；邮政管理部门进一步树立了自身形象，为社会各界所认可和肯定。

二、本年度发展特色和亮点

（一）邮政业总体规模不断增长

社会对邮政服务的整体需求增加，邮政市场进一步开放，各种市场主体表现活跃，邮政业发展取得长足进步，服务种类更加丰富，服务能力不断增强，经营效益逐年提高，2009 年上海市邮政业规模以上企业实现总收入 143.76 亿元，同比增长 30.3%，高于本市同期 GDP 增幅 22.1 个百分点。

（二）普遍服务和特殊服务得到基本保障

邮政企业积极参与“三农“服务，普遍服务和特殊服务水平得到保障，并进一步得到改善。普遍服务网点分布广泛。重视农村、新建城市小区等的通邮工作，基本满足了人民群众对邮政普遍服务的需求。机要通信、党报党刊发行、盲人读物和义务兵免费信函寄递等特殊服务，保证了国家政令畅通，使义务兵享受到国家给予的通信便利，把对残疾人的关怀落到实处。上海邮政普遍服务基本状况良好、总体满意，邮政普遍服务水平高于《邮政普遍服务标准》，市民办理邮政业务较为方便。

（三）快递服务发展迅速

上海作为全国各大民营快递公司及部分国际快递公司总部所在地，快递市场业务结构基本稳定，市场年增长速度超过 28%。形成了国有企业在国内异地快递市场占优势、民营企业在国内区域和同城快递市场占优势、合资（外资）企业在国际快递市场占优势的“三足鼎立”的市场态势。

（四）邮政业保持了繁荣稳定

文明行业建设和行风政风建设有效推进，“政府主导、企业实施、社会监督”的建设格局成效显著，上海邮政荣获“2007～2008 年度上海市文明行业”荣誉称号，邮政行业在全市政风行风测评中名列前茅。各大快递企业保持较高增长的势头，在民营企业发展、新经济组织和新社会组织“两新组织”建设等方面发挥了带头作用。

全面实施《上海市邮政业迎世博 600 天行动计划》。组织包括邮政公司、外资公司、民营公司在内的 16 家企业签订了“迎世博行动成员单位”目标任务书。有序组织开展了行业迎世博培训活动、“迎世博、讲文明、树新风”每月“三五”活动，上海邮政业企业在全市迎世博评先选优活动中，获得“市工人先锋号”5 个、“世博服务卓越奖”2 个、“世博服务品牌奖”2 个、“世博服务明星奖”5 个、“世博服务风采奖”5 个、并荣获迎世博“优质服务示范窗口”65 个、“优质服务示范员”213 名。在市迎世博相关部门联合发布的窗口城市服务文明指数测评中，上海邮政业服务文明指数达到“五色评估系统”的最高等级，提升了全市邮政业的影响度和美誉度。

三、存在问题

一是地方立法有待加快，二是管理和监管手段有待丰富，三是队伍能力有待加强。

【监管工作】

一、全面宣传贯彻《邮政法》，推进邮政法制建设

（一）认真学习贯彻国家邮政局宣传贯彻电视电话会议精神和全国电视电话会议精神，成立局《邮政法》宣传贯彻领导小组，构建行业《邮政法》宣传贯彻工作体系。

（二）实施新《邮政法》宣传。通过上海市委机关报《解放日报》、“中国上海”政府门户网站、局网站等开设《邮政法》宣传专版、专栏、局长专访。举办邮政社会监督员培训班、《邮政法》企业管理人员培训班、以及 200 多家市场主体专题送法上门等方式宣传《邮政法》，直接培训宣讲 2 万多人。

（三）全面沟通协调，推进地方立法。与地方政府和有关部门加强沟通协调。经市政府常务会议审议通过，邮政企业暂时停止或限制办理邮政业务审批等四项邮政业务审批纳入上海市行政审批告知承诺事项目录。将《上海市保护和发展邮政业规定》（暂定名）纳入人大近期立法计划。

二、优化行业发展环境

（一）推进规划统计工作。认真贯彻国务院《物流业调整和振兴规划》，牵头组织编制完成了《长三角快递服务发展规划（2009～2010 年）》，并经国家邮政局审批后发布实施，组织召开了新闻通气会。组织编制了《上海快递服务发展规划》，推进与地方规划的对接。扩展邮政业统计报表制度实施范围，纳入统计范围的全市快递企业从 2008 年底的 57 家增加到 83 家。

（二）在车辆进城、企业用工、用地等方面取得政策突破。通过积极协调和大量工作，与市城乡建设交通委、公安局、市港口交通管理局等相关部门建立了解决快递企业发展重点难点问题沟通协调机制，力促市相关部门出台了对快递骨干企业增加货运车通行证发放比例、客车载货进城、引导快递企业置换车型等政策，使快递车辆进城难等发展难点问题获得突破性解决。协调相关部门研究快递企业用工争议问题，对企业实施不定时工资制度予以认可。积极推动上海青浦快递物流园区建设，协同青浦区政府研究制定促进快递总部经济发展的相关意见；并经多方协调，促使圆通快递、中通快递等快递企业用地得以落实，顺丰快递等企业的标识应用问题得以解决。

（三）新闻宣传效果明显。与上海市委机关报《解放日报》建设合作机制，自 2008 年 12 月以来，在每月的“两新星空”专版上对快递行业整版报道。通过在《解放日报》发表局长署名文章、举行市有关部门负责人、邮政监督员、市场主体负责人等不同范围、不同层次人员参加的“世界邮政日”座谈活动等多种形式开展 10 月 9 日“世界邮政日”宣传活动。组织快递企业通讯员新闻采写培训班，健全了政府、企业、媒体间的新闻宣传工作联系沟通机制。完成了国家邮政局《汶川特大地震抗震救灾志》（邮政部分）、市《汶川特大地震抗震救灾志．社会赈灾志》（上海部分）和《上海交通运输改革开放三十年》（邮政部分）文稿的征集编写工作。

（四）积极推进各项行业标准落实。指导快递协会组织动员快递企业开展《快递服务》达标活动，并完成了对邮政 EMS、顺丰、申通、DHL 等首批 17 家申请达标的快递品牌企业在全市 92 家网点的检查评审和颁证授牌工作。通过联系协调，促使《上海市住宅信报箱标准》列入市工程建设规范、标准设计制订（修订）项目建议表，并积极争取项目立项和经费落实。积极推进《快递业务员职业技能标准》落实，成立了局职业技能鉴定中心，开办了师资培训班，完成了征订快递业务员培训教材和考评员队伍组织工作。

三、加强协调监管，推进普遍服务

（一）认真贯彻落实中共中央政治局委员、国务院副总理张德江同志在“全国推广山东邮政发展农村物流经验现场会”上的重要讲话要求和国家邮政局党组要求，多次协调市城乡建交委、市发改委等多部门研究贯彻落实的具体举措，起草贯彻落实国办发〔2009〕42 号文件的具体文件。

（二）推进邮政普遍服务政策支持。“发展农村邮政服务”被写入市委《关于贯彻落实<中共中央关于推进农村改革发展若干重大问题的决定>的实施意见》；《关于推进本市大型居住社区市政公建配套建设和管理的若干意见》将邮政服务列入涉及民生、关乎民利的大型居住社区百姓开门七件事，并提出了大型居住社区邮政服务设施建设的相关配套政策，实现了邮政普遍服务监管工作在政策层面的新突破。积极探索应用邮政规划专业机构具体编制、邮政管理部门主持评审、审核批准的邮政普遍服务规划管理模式，批复同意了浦东周康航等五项大型居住社区的邮政专业规划，进一步发挥了政府的规划引导职能。

（三）实施提升普遍服务水平“三大战役”。一是坚持实施每月检查分析一个邮政区局的普遍服务联系机制，贯彻落实《邮政普遍服务监督管理办法》，开展《普遍服务标准》监督检查，并对涉及本市 18 个区县的近 500 个单位及个人用户开展抽样调查。二是大力协调，将第二轮信报箱改造项目纳入上海旧城改造工程，经努力，全市中心城区的信报箱安装率已经在 95%以上。三是逐步推进邮政综合服务点建设，实施邮政综合服务进街道、进社区、进小区、进农村，本市邮政综合服务点已达到 2100 余个。

（四）加强普遍服务监管。先后完成全国 31 个城市之间的信函、机要邮件的全程时限监测、机要专用封装用品营业窗口和封装破损情况检查，开展对市邮政公司的邮政资费检查。与市委宣传部、市新闻出版局等单位联合召开全市党报党刊征订动员大会，确保 2010 年度党报党刊收订任务完成。加强调研，基本摸清了全市邮政普遍服务网点情况。加强社会监督员管理，完成续聘 23 名、新聘 6 名特邀社会监督员的选聘上报工作。

四、加强检查管理，保证市场规范

（一）以开展“寄递物品禁限寄”、“打击无证无照”、“职业技能培训”三大战役为载体，开展了《邮政法》实施情况检查。提升了企业寄递物品安全工作水平，规范了市场秩序。

（二）积极开展受理快递企业备案登记。对上海快递企业备案信息系统（数据库）进行整理和升级，与国家邮政局联网上线。2009 年新受理快递企业备案登记 226 家，累计 631 家。实行经办邮政委托业务国际货贷企业年度报告制度，对 13 家经办邮政委托业务国际货贷企业办理了续办委托手续。

（三）开展对邮政通信、集邮、邮政用品用具市场的执法检查。全年对邮政三大市场 464 家企业和 3 个集邮市场共出检 303 次，其中快递市场出检 174 次，对 336 家企业进行检查；集邮市场出检 82 次，收缴假邮票 276 枚；邮政用品用具市场出检 47 次，对 122 家企业进行检查。共下达整改通知 137 份，行政处罚 5 起。

（四）及时完成对上海 3 大集邮交易市场许可证、14 家信报箱和 1 家包装箱生产企业监制证的复审换证工作以及 91 家信封生产企业监制证的复审换证工作。

五、加强行业管理，提升服务、安全、稳定工作水平

（一）广泛开展“3·15”宣传活动。坚持与市消保委的联席会议制度，组织市消保委、快递协会、快递企业负责人及社会监督员召开消费者投诉处理“3·15 座谈会”。指导圆通、中通、CCES 等民营快递企业首次参加市“3·15”大型宣传服务现场咨询活动。

（二）认真受理消费者申诉，实施“12305”申诉和“12315”投诉合并处理，引导快递企业做好消费者售后服务工作。全年共受理消费者申诉 1037 件，为消费者挽回经济损失 47060 元。

（三）围绕重大活动、重要工作，确保行业安全稳定。深入落实行业“扫黄打非”工作，对上海市邮政公司、各快递企业实施禁寄物品周报制。认真做好甲型 H1N1 流感疫情监控和信息上报工作。指导企业做好雨雪冰冻应对工作。引导总部在上海的各大快递企业配合国家相关部门做好《邮政法》相关法规的制定工作，确保了行业和谐稳定。

六、做好国庆安保工作，推进世博邮政服务与安全工作

（一）健全组织机构，完善协调机制。完善与安全、公安等部门的联动协调，先后组织制定了《上海市寄递业反恐防范标准及指导意见》、《上海市邮政业突发事件应急方案》、《上海市邮政业处置恐怖袭击事件应急预案》。按照“谁经营，谁负责”的原则，与全市 105 家快递企业负责人签订了《上海世博会期间邮政业反恐工作任务书》和《上海世博会期间邮政业群防群治工作任务书》

（二）落实安保工作培训，开展安全、反恐工作检查。为确保国庆安全、推进世博邮政寄递物品安全工作，对26家快递企业进行了反恐专题培训。协同市相关部门，组织对143家快递企业反恐工作进行检查，并对发现的问题逐家下发了《上海市反恐指导意见书》，帮助快递企业提高安全意识和反恐防范工作能力。组织开展邮路检查40多次、近百个网点进行国庆安全检查，下达整改通知书46份，进行行政处罚3起，确保了国庆邮路安全。

（三）加强世博网点规划。建立了与市邮政公司的世博服务沟通联系机制，协调推进世博园区邮政服务网点规划和建设。经多方协商，将在整个世博园区5.28平方公里范围的14处邮政网点纳入了园区规划。

【重大事项、事件】

3月10日，邮政管理局召开“3•15”座谈会，市消保委法律与理论研究部和投诉部、市快递行业协会相关负责人出席会议。圆通、CCES、中通等民营快递公司首次参与了以“消费与发展”为主题的上海市“3•15国际消费者权益日”大型宣传服务咨询活动。

3月23日，邮政管理局召开《长江三角洲地区快递服务发展规划（2009～2013年）》发布新闻通气会。新华社上海分社、中新社上海分社、《解放日报》、《新民晚报》、《文汇报》等众多中央及上海媒体近日纷纷在显要位置或重要时间段对此予以报道。市相关部门对规划的出台表示充分肯定和大力支持，社会各界对规划发布给予好评。

7月，在召开的上海市窗口指挥部第十一次工作会议上，市迎世博600天行动社会动员指挥部、窗口服务指挥部、城市管理指挥部联合发布《上海市迎世博600天城市服务文明指数第三次测评调查报告》。报告指出上海邮政业进步显著，服务文明指数从第一次测评的82.81分上升到85.14分，从处于迎世博窗口服务文明五色标识区的代表“良好”的蓝色标识区，首次进入为代表“优异”的绿色标识区。

8月，邮政管理局召开了“上海市邮政业迎世博600天行动窗服务工作暨立功竞赛先进表彰大会”。

8月21日，李惠德局长做客“中国上海”政府网站“在线访谈”栏目，以“宣传贯彻《邮政法》让公众共享邮政改革发展成果”为题接受专访，并与网民进行了互动。“中国上海”政府网站和“东方网”同步在线直播。据不完全统计，仅当日就有万余人在线收看了访谈节目，网友的在线反应热烈。

8月21日，上海市人民政府正式印发《上海市人民政府印发关于推进本市大型居住社区市政公建配套设施建设和管理若干意见的通知》（沪府发〔2009〕44号），将邮政服务列入涉及民生、关乎民利的大型居住社区百姓开门七件事，将邮政等设施网点配套工作，列为发展社区服务的“重中之重”，并提出了“各行业主管部门按照职责分工，做好专业规划审核，制订相关管理实施细则，并协调推进建设基地内外的配套建设、运营管理等工作”、“邮政配套设施由邮政企业按成本价收购后及时开办”等大型居住社区邮政服务设施建设的相关配套政策。

9月，在上海市政府召开的第54次常务会议上，经会议审议通过，根据新《邮政法》要求，邮政管理局上报的邮政企业暂时停止或限制办理邮政业务审批、仿印邮票图案及制品审批、经营邮政通信业务审批、开办集邮票品集中交易市场审批等4项审批事项均被纳入到上海市第二批行政审批告知承诺48项事项目录之中。

9月，邮政管理局举办了三期由120名国营、民营和外资快递企业法人和相关部门负责人参加的《邮政法》培训班。培训班讲解了《邮政法》修订的主要内容，重点讲解了与快递服务紧密相关的条款，并对参训人员进行了知识问答。

12月，邮政管理局组织召开了上海邮政行业统计工作会议，贯彻国家邮政局统计工作会议精神，对2010年邮政行业统计工作进行部署并作了专题培训。

（上海市邮政管理局）

江苏省邮政发展与管理

【邮政发展统计】

指标名称	单位	数据
邮政行业业务总收入	万元	913400
其中：快递业务收入	万元	451600
函件业务量	万件	94703.3
快递业务量	万件	17523.13
从业人员合计	人	64134
其中：快递从业人员	人	18631
营业网点合计	处	3920
其中：快递营业网点	处	1314

注：邮政行业业务收入中未含邮政储蓄银行直接营业收入

【邮政发展情况综述】

2009年，江苏邮政业保持良好发展态势。2009年全省邮政业业务收入累计完成91.34亿元，同比增长21.64%。其中邮政公司完成邮政业务收入64.38亿元，同比增长15.5%；完成邮政业务总量92.69亿元，同比增长11.2%。快递服务企业完成业务收入45.16亿元（包含EMS），同比增长28.94%；快递业务量完成17498.2万件，同比增长46.7%。

邮政普遍服务能力不断提升。2009年，全省邮政普遍服务累计实现业务收入17.80亿元，同比增长13.16%。其中，函件业务收入9.5亿元，同比增长19.98%；包裹收入 1.35 亿元，同比增长 2.96%；代理汇兑 1.08 亿元，同比增长-3.67%；报刊 5.87 亿元，同比增长 12.41%。全年函件业务量完成 950908914 件，包裹 4313114 件，机要文件 832693 件，报纸 1539945747 份，杂志 85465319 份，汇票 18175299 笔。邮政通信能力增强，加强了营投终端能力建设。营业网点达到 2815 处，其中新建营业网点 18 处，建成营业旗舰店 4 个、营业精品窗口 72 个，自办支局所标准店达标率为 89%。新建投递站点 3 处，改造投递站点 181 处，新增投递机动车 49 辆、投递电动车 344 辆。调整《新华日报》在淮安设印点后的网路组织，提高了《新华日报》的当日见报率。全省机要通信质量实现了“十七连冠”。

快递业务以较快速度发展。全省规模以上快递企业全年累计完成收入 45.16 亿元，同比增长 28.94%.，全年累计完成业务量 17523.13 万件，同比增长 46.92%。全年快递业务量收均呈现快速增长趋势。其中，国际快递业务收入增幅提高，回暖势头明显；国内快递业务收入尤其是异地业务收入发展迅速，增长势头强劲。国际及港澳台快递业务收入 17.1 亿地，同比增长 10.98%；国内异地快递业务收入 24.64 亿元，同比增长 43.89%。全省登记备案的快递企业共有 799 家，从业人员约 1.8 万人。

【监管工作】

一、大力宣传贯彻修订后的《邮政法》，行业法制环境明显改善

修订后的《邮政法》于 2009 年 4 月 24 日经十一届全国人大常委会第八次会议审议通过，自 2009 年 10 月 1 日起正式施行。按照国家局的统一部署，大力宣传贯彻修订后的《邮政法》。一是加强对《邮政法》宣传贯彻工作的组织领导，研究制定了管理局的贯彻实施工作方案，成立了《邮政法》宣传贯彻领导小组，明确了工作重点和任务分工，为宣传贯彻工作提供了有力的组织保障。二是通过全面学习、重点学习和有针对性地学习，全面掌握《邮政法》各项规定。三是突出“三个面向”，努力扩大《邮政法》宣传覆盖面。一是面向企业宣传。二是面向社会宣传。三是面向相关职能部门宣传。四是迅速启动地方邮政立法工作。在新《邮政法》公布后，结合全省邮政业发展的现状以及承接的国家局地方综合立法课题，迅速启动了地方邮政立法工作。主动向省人大、省政府有关部门进行汇报、沟通，并邀请省人大、省法制办相关领导及高校有关专家，对文本初稿进行研讨、征求意见，为下一步出台《江苏省促进邮政普遍服务发展管理办法》奠定了基础。五是出台处置扣留隐匿用户快件有关规定。针对快递企业“扣件”案件频发的情况，根据新《邮政法》的有关规定，会同省公安厅联合出台了《依法处置扣留隐匿用户快件案件的意见》，并进行了大力宣传贯彻，全省扣留隐匿用户快件案件明显减少，有效遏制了扣留隐匿用户快件频发态势，也为今后处理类似案件有据可依。

二、积极应对金融危机，江苏邮政业保持了平稳较快发展

（一）加强规划工作，引导行业发展。召开了《长江三角洲地区快递服务发展规划（2009～2013 年）》发布新闻通气会；完成了《江苏省快递服务发展规划（2009～2012）》的编制工作，提出了全省今后快递发展目标与任务、政策措施，具有行业指导性和可操作性，为实施江苏省快递服务业总体发展战略提供了科学依据，2010 年将发布；启动了江苏邮政业“十二五”规划编制工作，成立规划工作领导小组和工作组，制定了工作方案，加强了与省发改委的沟通联系，规划各项工作有序推进。

（二）加强政策工作，优化发展环境。一是推进邮政基础设施建设。主动争取地方政策支持，重点实施“村邮户箱”工程。同时，努力推进《住宅信报箱标准》的出台，目前《住宅信报箱标准》已完成专家评审，进入报批阶段。二是主动加强与省交通运输厅的沟通、协调，省交通运输厅组织了省有关部门召开专题协调会，并同意延续高速公路对邮政运输车辆收费优惠政策。三是着力解决快递车辆通行难问题。通过与省交通、公安、工商等部门的反复沟通协商，在统一快递车辆标识、快递车辆进城停靠、发放快递专用证等关键问题上，达成一致意见，形成共识。

（三）推动农村邮政物流发展。在全国推广山东邮政发展农村物流经验现场会后，省政府办公厅转发了由省发改委、省经贸委、省交通厅、省财政厅、省农林厅、省工商局联合出台的《关于推动江苏农村邮政物流发展的意见》。省政府 9 月份在徐州召开了全省发展农村邮政物流现场会，史和平副省长到会并发表重要讲话，为全省邮政企业发展农村物流业务创造了良好的外部氛围和政策环境。

（四）依托大交通平台推动行业发展。与省交通厅联合下发了《关于加强交通和邮政合作推进全省农村物流和邮政业发展的意见》，进一步利用交通资源降低邮政普遍服务成本，提高服务时效，发展了农资仓储和配送业务，促进全省快递业发展，促进客运企业和邮政企业合作开展客票销售业务。对南通邮政速递物流利用飞鹤客车带运特快邮件、仪征市邮政局利用交通资源带运报刊进行了专题调研，以推进邮政企业、快递企业利用交通平台加快发展。

（五）加强行业运行统计工作。进一步完善了江苏邮政业统计体系，有 56 家新增规模以上快递企业纳入了邮政业统计范围，并开展了业务培训，全省纳入统计范围的规模以上快递企业累计达到 136 家。2009 年，江苏省邮政管理局荣获“江苏省第二次经济普查省级先进集体”荣誉称号，并被评为全省“2009 年度运输邮电及能源消费统计工作先进集体”三等奖。

经过全省邮政行业的共同努力，江苏邮政业呈现出企稳回升、平稳较快发展的良好势头，2009 年，江苏邮政业完成业务总收入 93.27 亿元（不包括邮政储蓄银行直接业务收入），同比增长 24.2%。规模以上快递企业累计完成业务收入 45.2 亿元，同比增长 29%。

三、加大依法行政和监督检查力度，行业运行质量进一步提高

（一）强化邮政普遍服务监督。一是开展邮件时限监测工作。二是开展邮政基本资费专项检查。三是开展邮政局所增减变化检查。四是加强了机要通信管理。五是完善社会监督。全省新增社会监督员 11 人，累计达到 76 人。市县覆盖率达到 100%。六是完成了 2009 年邮政普遍服务、特殊服务监管报告。

（二）依法开展快递业务经营备案、许可工作。认真做好快递企业备案工作，到目前为止，累计为 799 家快递企业办理了备案登记，并根据国家局要求，把所有备案企业的信息导入了“经营快递企业综合信息管理平台”。组织快递业务经营许可工作，召开了《快递业务经营许可管理办法》宣传贯彻会，组织全省 20 个品牌、110 家规模以上快递企业学习《快递业务经营许可管理办法》和《快递业务经营许可条件审核规范》等法律法规，演示了许可申报系统的具体操作流程，公布咨询电话和审批流程。到目前为止，已有 4 家快递企业提出许可申请。

（三）强化邮政市场监管。为贯彻修订后的《邮政法》，组织开展了“外商不得投资经营信件的国内快递业务”的专项检查。继续加强对邮政用品用具的监管，对全省 109 个有效期内的用品用具生产监制证、46 个有效期即将届满的用品用具生产监制证开展年检和换证工作。依法加强集邮市场监管，对集邮票品集中交易市场进行明查暗访。查处了冒用“中国邮政”标识的违法行为，协助公安部门查处了个别快递企业内部职工盗窃快件的案件。2009 年，累计开展市场检查 398 次、涉及被查单位 768 个。

（四）强化行业安全监管。重点部署国庆 60 周年邮路安保工作，与快递企业签订了《快递服务安全承诺书》，落实企业安全生产责任。积极开展安全生产“三项行动”，针对重点部位排查治理安全隐患。在全省范围内开展了国庆邮路寄递安全暨全省邮政业安全生产大检查。会同省民航管理部门对南京邮政局违规收寄危险品进行了调查处理。通过采取有效措施，确保了新中国成立 60 周年邮路安全。启动了 2010 年上海世博会安保工作。

（五）提升行业服务水平。一是深入开展“放心消费”创建活动。与省放心消费创建活动办公室联合在全省快递行业开展了“放心消费”创建活动。经过自愿申报、各市县创建办的层层选拔推荐和省创建办的最终审定，苏州 EMS、无锡顺丰、扬州申通、南京圆通、南通全一等 5 家企业被列入江苏省第三批放心消费创建活动省级试点单位，填补了快递行业在全省放心消费创建工作中的空白。二是加强申诉管理。对“12305”投诉受理中心进行了扩容改造，申诉处理能力明显提高。建立了邮政业投诉情况的定期通报制度。据统计，2009 年，“12305”邮政业消费者申诉中心共接听咨询、投诉、申诉电话共 1556 个，处理消费者有效申诉（含国家局转办的消费申诉 298 件）820 件，申诉处理及时率达到 100%。三是指导省快递协会开展达标验收工作。2009 年，新增达标企业 53 家，累计达到 84 家。四是开展快递服务公众满意度调查。联合北京零点市场调查与分析公司首次对 2009 年江苏省快递服务公众满意度进行调查，并对调查结果进行了通报，引导和督促企业改善服务。五是组织首批 1174 名从业人员进行快递员技能鉴定考试，进一步提升了全省快递从业人员的整体素质。

【重大事项、事件】

3 月 22～24 日，全国邮政普遍服务工作会议在南京召开。

3 月 23 日，《长江三角洲地区快递服务发展规划（2009～2013 年）》发布。

4 月 23 日，《江苏省快递服务发展规划（2010～2012）》通过评审。

8 月 11 日，陶伯刚局长做客“中国江苏”政府网站在线解读新《邮政法》。

9 月 9 日，江苏省邮政行业职业技能鉴定中心成立。12 月 6 日，举办首次快递业务员职业技能鉴定考试。

9 月 14 日，江苏省政府发展农村邮政物流现场会在徐州召开。副省长史和平到会并发表重要讲话。

9 月 24 日，江苏局召开《邮政法》施行新闻通气会。

10 月 20～21 日，第三届中美邮政改革和快递服务研讨会在南京召开。副省长徐鸣到会致辞。

11 月，江苏省两家民营快递企业首次荣获省级“青年文明号”。

12 月，江苏省邮政管理局荣获经济普查省级先进集体荣誉称号，并被评为全省“2009 年度运输邮电及能源消费统计工作先进集体”三等奖。

【重要经验、成果】

（一）江苏省委省政府下发的《关于 2009 年促进农业农村经济稳定发展农民持续增收的意见》（苏发 1 号）中明确指出：发展农村邮政服务，加大行政村邮件接转点建设力度，尽快实现农村邮件直接投递到户。这是近年来江苏农村通邮工作首次纳入省委省政府一号文件中，体现了省委、省政府对邮政工作的高度重视。

（二）江苏省政府出台政策推动农村邮政物流发展。在全国推广山东邮政发展农村物流经验现场会议召开后，省政府批准转发了省邮政管理局、省发展改革委、省经济和信息化委员会、省交通运输厅、省财政厅、省农业委员会、省工商局《关于推动江苏农村邮政物流发展的意见》，为进一步做大做强江苏农村邮政物流，充分发挥邮政企业服务“三农”的作用，提供了有力的政策支持和保障。

（三）江苏省邮政管理局与省公安厅联合出台《依法处置扣留隐匿用户快件案件的意见》。该《意见》出台以后，在该局的执法工作中发挥了突出作用，全省扣留隐匿用户快件案件明显减少，有效遏制了扣留隐匿用户快件频发态势，也为执法人员查处有关案件提供了有力的武器。

（江苏省邮政管理局）

浙江省邮政发展与管理

【邮政发展统计】

指标名称	单位	数据
邮政业总收入合计	万元	747080.5
其中：快递业务收入	万元	400556.6
函件业务量	万件	83625.4
快递业务量	万件	15004.5
从业人员合计	人	53615
其中：快递从业人员	人	19378
营业网点合计	处	2792
其中：快递营业网点	处	2410

注：邮政行业业务收入中未含邮政储蓄银行直接收入

【邮政发展情况综述】

一、总体发展情况

2009年浙江邮政行业运行呈现企稳回升、总体向好、结构改善、较快增长的发展态势。从2009年第二季度开始，2008年末2009年初发展减缓的态势得到基本扭转，全省邮政行业业务量和业务收入逐月逐季回升。

2009年，全省邮政企业和规模以上快递企业业务收入累计完成747080.5万元（不包括邮政储蓄银行直营收入），同比增长26.2%；业务总量累计完成1126521.7万元，同比增长29.8%。全省规模以上快递业务收入累计完400556.6万元，同比增长30.7%。全省规模以上快递企业业务量累计完成15004.5万件，同比增长52.2%。超额完成年初计划，增长幅度均超过全国邮政行业的平均水平。

二、发展特色和亮点

（一）积极应对国际金融危机，促进邮政行业平稳较快发展

2009年，受国际金融危机和出口市场急剧萎缩的严重冲击，浙江经济受到严重影响，浙江邮政业发展增长趋缓。按照浙江省政府和国家邮政局的工作部署，省邮政管理局坚定不移地贯彻“保增长、扩需求、调结构、重服务、保稳定”的总体思路，积极贯彻全省经济工作会议精神，宣传和鼓励快递企业在困难时期，化解金融危机影响，在保增长的同时，承担社会责任，不减员，为保就业、保稳定做贡献，2009年邮政业新增就业岗位约1万人。

（二）邮政企业的改革进一步深化

邮政普遍服务与竞争性业务分业经营，快递物流资源加速优化整合，提升服务能力和水平，逐步建立市场化经营体制机制，提高市场竞争能力，组建成立浙江邮政速递物流公司。邮政快递物流面向市场化方向迈出重要步伐。省邮政公司全面推进“三年滚动计划”，进一步激发了各地经营活力，全省各地市邮政局全部超过计划目标。

（三）邮政公司函件、速递业务快速发展

邮务类业务全年实现业务收入16.73亿元，同比增长14.80%；速递物流类业务实现业务收入12.57亿元，同比增长27.10%。2009年函件、速递业务增长分别高于全国平均9.46、11.32个百分点，增幅明显高于全国平均水平。加大通信质量、服务质量管理力度，邮件处理合格率比去年提高3.2个百分点，社会用户满意度达86.32分，邮件全程时限准时率达95%。

（四）企业把握发展机遇，加大投资建设

省内邮政企业、快递龙头企业抓住金融危机导致原材料价格下降的机遇，加强网络能力建设，增强总部调控能力，为后续发展奠定基础。浙江省邮政公司增加国泰航空公司杭州至旧金山发运路由、杭州至伦敦国际特快航空邮路，国际特快自主发运能力得到加强；积极协助开通江苏到杭州三条快速邮路，金华邮区义乌速递物流集散中心工程主体已结顶，邮运能力得到进一步提高；完成嘉兴、衢州、宁波等地区126处网点标准化改造，积极创建“示范精品窗口”，终端服务能力切实提高。民营企业同样看好行业发展态势，加大投资力度。位于杭州萧山机场的申通快递华东分拨中心2009年9月9日落成，总投资约1.5亿元，占地面积约4.5万平方米，建筑面积近4万平方米；圆通速递杭州转运中心于2009年12月20日正式运营，该转运中心占地31亩、总建筑面积达2.2万余平方米。快递企业的网络基础设施建设，对提高快件中转效率、提升客户服务能力起到了战略性作用。

（五）企业顺应发展趋势，拓展服务领域

省邮政公司大力拓展服务新领域，业务结构不断优化。大力开发高端市场，银企对账单业务发展走在全国前列；突出做好重点畅销报刊和形象期刊市场开拓，与浙报的战略性合作取得突破性进展，报刊业务同比增长9.35%；加快开发集邮文化礼品市场，集邮业务同比增长7.7%。积极培育新的增长点，新业务规模不断做大。电子商务速递业务突破亿元大关，实现收入1.33亿元，航空票务销售位居全国前列，短信业务收入实现收入2555万元，“自邮一族”项目发展取得较大突破，成功开发吉

利北京库等一体化物流大项目，有效推动了电子商务业务拓展。

（六）快递企业不断加强管理，提升服务水平

快递企业逐步从价格竞争向服务竞争、质量竞争、品牌竞争发展。积极涉足电子商务配送业务，供应链管理等服务领域，开发代收货款等增值服务，拓展服务范围，积极推进快递服务进学校、进小区、进商厦，满足了不同层次的需求，促进快递业务的快速发展，更好地满足人民群众和经济社会的发展需要。

三、存在问题

（一）《邮政法》10 月 1 日实施，但配套的《邮政企业专营管理办法》尚未出台，相关法律与政策滞后，扶持快递服务发展的配套政策还不完备。

（二）邮政普遍服务的保障措施有待完善，邮政企业普遍服务基础设施、能力和水平亟待完善和提高。

（三）快递企业管理能力、服务能力和服务水平，还不能满足社会生产和人民生活日益增长的需求，快件延误、损毁和丢失的投诉率较高。

（四）邮政行业从业人员素质偏低，从业人员流动性大，专业化、高技能、管理型人员缺乏，制约了邮政行业的发展。

【监管工作】

一、认真履行行业管理职责，进一步创造邮政行业良好发展环境

（一）积极争取政策支持，为全省邮政行业的发展创造良好的环境。认真落实《国务院关于印发物流业调整和振兴规划的通知》和《国家邮政局关于落实物流业调整和振兴规划实施意见》精神，完成推进邮政快递物流业发展对策的课题报告，并积极向省政府相关部门争取发展快递物流的政策。

（二）推进邮政行政许可制度工作。为实施《邮政法》和贯彻落实《快递业务经营许可管理办法》，加快完善企业许可资质，召开《快递业务经营许可管理办法》宣传贯彻会和邮政职业技能鉴定工作推进会，制订重点区域、重点快递企业推进职业技能培训鉴定工作计划方案。为帮助企业达到《快递业务经营许可管理办法》规定的从业人员持证上岗比例要求做好基础性工作。

（三）邮政职业技能鉴定工作稳步推进。成立省邮政行业职业技能鉴定工作领导小组，筹备成立省邮政业职业技能鉴定中心，加快职业技能培训鉴定工作的开展，推进邮政行业国家职业资格证书制度的进一步完善。

二、全面宣传贯彻《邮政法》，邮政政策法规工作稳步推进

（一）全面宣传贯彻《邮政法》。成立学习宣传《邮政法》领导小组，组织深入开展《邮政法》宣传和贯彻实施工作，从本局、行业和社会三个层面入手，积极开展学习培训和宣传工作，取得良好的社会反响和成效。

（二）高度重视重点区域快递服务的资源整合和跨越发展，参与编制发布《长江三角洲地区快递服务发展规划（2009～2013 年）》。启动邮政行业“十二五”规划编制的前期工作，组建由局长担任组长的规划编制工作领导小组，积极与省发展改革研究所等单位衔接，保障规划工作顺利启动。

（三）邮政标准化体系宣传贯彻到位。结合《快递业务经营许可管理办法》和《邮政普遍服务标准》等配套法规制度的出台，组织参加标准培训电视电话会议，向主要快递企业和社会监督员宣传贯彻标准的内涵和精神。

（四）行业统计体系进一步完善。按照修订后的《邮政行业统计报表制度》，扩大行业统计调查范围，近百家快递企业新纳入统计范围，被纳入统计范围的企业增加到 200 多家，提高了统计信息的完整性、及时性、准确性和指导性，加强了行业经济运行状况的分析和研究，已成为省政府关于邮政行业发展战略决策的重要数据。

三、贯彻落实“青岛”会议精神，着力推进邮政公共服务均等化

（一）认真贯彻落实张德江副总理重要讲话、六部委联合文件和国家邮政局的工作部署，及时向省政府领导作专题汇报。分管省长听取汇报后提出，要以改革的新思路、发展的新举措，拓展农村邮政物流的新天地。向省交通运输厅做工作沟通，得到省交通运输厅的高度重视和大力支持。

（二）把贯彻“青岛”会议精神与推进邮政基本公共服务工作紧密结合起来。浙江省邮政管理局和省发改委、省财政厅、省邮政公司共同组成“基本公共服务均等化邮政项目调研组”，对萧山、湖州、安吉、金华、义乌、衢州、江山、余杭等 7 个市县邮政局，7 个行政村，5 个社区的村邮站和信报箱建设情况进行了深入调研，推进“村邮户箱”建设工作。

（三）积极探索拓展农村邮政物流新天地。省邮政公司积极探索“工业品下乡，农产品进城”这篇大文章，依托综合交通运输体系，努力构建“邮政城市快速网络向农村延伸，完善邮政城乡综合网络体系”网络基础。既要发挥邮政优势，也要依托交通优势，省邮政公司和省交通运输厅在嘉兴等地区积极开展农村快递物流工作，推进交通邮政城乡物流配送体系建设，使全省的农副产品进城，农资、家电和生活消费品下乡更为快捷，同时小件快运或特快专递在农村的服务时效将大大提升，农村邮政物流体系建设进一步推进。

四、切实维护消费者合法利益

（一）继续发挥快递服务社会监督员作用和省邮政消费者申诉中心“12305”作用，维护用户合法权益，促进服务质量的提升。2009 年全年共受理消费者的申诉 182 件，答复咨询 110 件，其中有效申诉 132 件，为消费者挽回经济损失 38146 元，同时转办国家局申诉 167 件，

消费者对申诉处理满意率达 74%。

（二）完善社会监督员网络和工作机制。建立以用户满意度为核心的邮政普遍服务社会评价体系。召开了全省邮政特邀监督员会议，充分发挥社会监督员作用。全省邮政社会监督员共计 77 名，邮政社会监督队伍市（地）县覆盖面达 83.56%。2009 年，共开展社会监督 1185 人次，收回监督报告 1659 份，从报表中反映，全省特邀监督员走访用户 2308 人次，查看邮政网点 815 个，提出相关建议 31 个，大部分由企业进行了落实整改。

五、普遍服务保障和监督工作取得新进展

邮政普遍服务保障监督工作取得新进展。2009 年管理局监督检查邮政网点总数 63 处，监督检查 201 人次，开展调研活动并在调研过程中进行网点检查的达 72 人次。

（一）着力推进邮政基础设施建设“村邮户箱”工程。落实省基本公共服务均等化行动计划（邮政项目）“村村建站，户户建箱”的工作要求，着力解决邮政终端服务能力薄弱问题。

（二）加强普遍服务监督管理。开展信函传递时限监测工作，对信函全程时限和全国 31 个省会城市间机要函件的全程时限进行测试。

（三）加强邮政局所网点和资费监督管理。对浙江省的舟山、宁波市邮政局及所属岱山、普陀、慈溪、余姚等县（市）邮政局，开展了邮政局所增减变化和邮政资费等专项监督检查工作。向社会各界发出 298 份浙江省邮政投递专项调查问卷并形成调查报告。

（四）进行机要通信监督检查。对杭州、宁波、余姚、慈溪市机要通信网点、投递道段和交接点的机要通信投递环节保密安全工作进行了专项检查。对机要通信专用封装用品使用情况进行检查。

（五）进行党报党刊发行和邮票发行监督检查。落实浙江省委宣传部 2010 年度全省党报党刊发行工作电视电话会议精神。全省圆满完成党报党刊年度征订任务。检查落实《中华人民共和国成立六十周年》和《中华人民共和国成立六十周年首都国庆阅兵》纪念邮票发行销售情况。

六、邮政市场监管工作得到强化

（一）抓好快递业务经营许可工作。建立专门工作制度，设立专人负责，召开快递业务经营许可工作推进会议，及时制订经营许可审核规范，构建经营许可管理信息系统，与工商、国家安全等部门建立沟通协调机制。

（二）依法加强市场监管。强化快递市场、集邮市场、邮政用品用具市场的监管。针对快递市场存在的主要问题，重点检查积压、扣件、延误、损毁、收寄不规范、侵犯邮政专营权等问题，及时妥善处理企业纠纷和扣件问题，维护稳定局面。共开展市场检查、督促指导、协调服务 256 次，走访、检查单位 395 个，查处和纠正违法违规行为 13 起，妥善解决快递企业扣件问题 2 起，涉及快件 245 件。

（三）促进市场竞争有序，企业经营规范。进一步完善以“时限准时率、用户申诉率和公众满意度”为核心的快递服务评价体系，继续组织快递服务满意度调查，积极推进《快递服务》标准达标工作，推动快递企业提升质量和服务，发挥快递行业协会的自律作用，快递服务满意度比上一年提高 2 分。

七、依法加强行业安全管理

继续加强寄递渠道安全监管，严防不法分子利用寄递渠道非法寄递违禁危险品。积极部署甲型 H1N1 流感疫情在全省邮政业的应对工作，指导企业应对雨雪冰冻灾害，要求各企业成立相应的工作机构，责任到人，加强值班，随时报告，增强防护意识。配合国家安全、公安等部门，在国庆六十周年期间，强化快件安检工作，签订安全责任书，普及安全防控知识，组织开展邮政业安全生产和邮路寄递安全的大检查。配合有关部门抓好邮路禁毒、反恐、危险品管理等工作，切实维护邮政通信和信息安全。抓好邮政业的安全生产，落实管理和安全责任。

【重大事项、事件】

2 月 26 日，浙江省邮政公司举行新闻通报会，中国邮政正式向社会公众推出国内特快专递邮件时限承诺服务。全省除丽水、舟山以外的其它 9 个地级以上城市都纳入了首批时限承诺服务范围，范围内的城市间互寄的标准型 EMS 邮件将做到“限时未达，原银奉还”。

2 月 27 日，浙江省邮政管理局召开了全省邮政特邀监督员会议，全省 40 余名邮政特邀监督员及省局相关人员参加了会议。会议组织邮政特邀监督员学习了《邮政普遍服务监督管理办法》，并对 2009 年需要填报的报表及专项调研工作作了讲解和布置。会议期间，邮政特邀监督员开展了相互交流，并对做好邮政社会监督工作提出意见和建议。

3 月 23 日，浙江省邮政管理局召开《长江三角洲地区快递服务发展规划（2009～2013 年）》发布新闻通气会。浙江省发改委、交通厅、公安厅、安全厅、工商局等有关部门领导、省消保委、省快递行业协会领导和省邮政公司、相关快递企业出席了会议。新华社浙江分社、人民日报浙江记者站、浙江日报、中国交通报浙江站、浙江卫视、浙江经视、浙江教育科技频道、浙江钱江都市频道、新华网浙江频道、现代企报 、今日早报、钱江晚报、浙江人民广播电台、杭州电视台综合频道、西湖明珠电视台、杭州日报、都市快报等多家媒体到场采访。

5 月 4 日，天天快递德清公司租用的运营车辆（社会车辆）凌晨从杭州快件集散中心返回途中与一辆微型客车相撞，造成重大交通事故。事发后双方肇事司机均被海宁警方拘留，所运 231 包（袋）快件也被当地警方扣押。浙江省邮政管理局接到上海天天快递总部报告后高度重视，一方面立即向国家邮政局报告，一方面指派市场监管处同志赶赴肇事地，协助交警部门，将重大交通事故而滞留的快件得到了妥善处理，截至5月7日12时，231包（袋）快件全部派送完毕。

5月20～25日，浙江省邮政管理局与省发改委、省财政厅、省邮政公司等单位组成邮政基本公共服务均等化工作联合调研组，在省政府基本公共服务均等化协调小组办公室主任、省发改委副主任、党组副书记金兴盛带队下。对杭州市萧山区、湖州市、安吉县开展了邮政基本公共服务均等化调研工作。

6月18日，浙江省副省长王建满专题听取了浙江省邮政管理局杨世忠局长关于全国推广山东邮政发展农村物流经验现场会精神和国务院副总理张德江重要讲话精神，以及浙江邮政业改革发展、服务地方经济的工作汇报。王建满副省长就贯彻落实山东会议时指出，一要牢固树立邮政业大有发展前途的信心，做好为地方经济社会发展服务。二要坚持做好邮政普遍服务，大力推进“村邮站”建设，为社会主义新农村服务。三要以改革的新思路、发展的新举措，拓展农村邮政物流的新天地。

7月3～4日，浙江省邮政管理局召开了2009年新聘邮政特邀监督员培训会议，旨在提高邮政特邀监督员队伍的业务知识和监督水平，促进全省邮政社会监督工作进一步开展与深化，推进“政府监管、社会监督、企业自律”的邮政监管体系的不断完善。

7月28日，浙江省邮政管理局杨世忠局长以“学习新《邮政法》，保障邮政普遍服务，加强邮政市场监管，促进邮政业健康发展”为主题，接受浙江省人民政府门户网站在线访谈，深入宣传新《邮政法》，省政府网站、浙江在线、新华网浙江频道三家媒体同步进行直播。

7月31日，浙江省邮政管理局与浙江省人民政府法制办联合召开“学习宣传《中华人民共和国邮政法》会议”。30多个省政府直属相关部门、在浙中直部门以及省邮政公司、省内主要快递企业共100余人参加了学习宣传《邮政法》会议。浙江日报、浙江电视台、浙江在线和钱江晚报应邀参加了学习宣传《邮政法》会议，并做了宣传报道。

9月1日，浙江省快递行业协会网站正式开通。该网站定位于政策宣导、信息交流、服务会员的行业性网站，设有“协会动态、行业资讯、热点聚焦、政策法规、行业统计、会员风采、社会广角”等栏目。通过网站向企业提供政策法规、行业新闻等信息服务，并努力打造为会员企业宣传的窗口和社会了解浙江省快递业发展的平台。

9月10日，浙江省邮政管理局杨世忠局长在杭州会见了由韩国邮政物流局局长简钟旭任团长的韩国邮政官员交流团一行。双方介绍了本国、本地区邮政业发展的情况，并就邮政要抓住信息技术发展有利机遇，积极发展电子商务邮政业务等问题进行了有益的探讨。

9月11日，国家邮政局王渝次副局长到申通快递华东分拨中心进行调研考察。申通快递华东分拨中心2009年9月9日正式投入运行，总投资1.5亿元，毗邻杭州萧山机场，是华东除上海总部外最大的分拨中心，日处理快件量20万票（件）。王渝次副局长对申通快递公司加大网络设施投资建设非常赞赏，对业务的快速发展非常高兴，鼓励企业面对电子商务发展带来的新需求，抓住历史发展机遇，开拓创新，做大做强，继续走在全国快递企业的前列。

9月12日，为了解《邮政法》学习宣传情况和贯彻实施前的准备工作，国家邮政局在杭州召开贯彻实施《邮政法》座谈会，国家邮政局王渝次副局长参加并主持了会议。上海、湖北、江苏、浙江、安徽五省（市）邮政管理局局长、国家邮政局相关司局的领导参加了座谈会。与会代表对《邮政法》贯彻实施后，如何继续加强社会宣传、推动企业贯彻落实、加强依法行政等工作进行了讨论。

9月23日，浙江省邮政管理局召开贯彻实施《邮政法》确保邮路寄递安全工作会议。省公安厅、 省国家安全厅、省工商局、杭州海关、省快递行业协相关领导到会并作讲话。省邮政速递物流公司等94家快递企业负责人共130余人参加了会议。会议对全省快递行业学习贯彻《邮政法》进行了再一次动员，并就国庆60周年、上海世博会的邮路寄递安全保障工作进行了专题部署。随后，浙江省邮政管理局副局长张荣君于9月28日带队对杭州、富阳、桐乡等地的快递企业及营业网点进行了国庆邮路寄递安全专项检查。

10月1日，新《邮政法》正式实施。值国庆六十周年之际，省局王文海副局长组织普遍服务处同志，前往杭州市邮票公司检查落实《中华人民共和国成立六十周年》和《中华人民共和国成立六十周年首都国庆阅兵》两套纪念邮票发行销售情况。

10月16日，浙江省邮政管理局研究部署本省快递业务员职业技能鉴定工作，并在杭州召开邮政职业技能鉴定工作推进会，省局相关处室，快递协会，邮政EMS、民航快递、顺丰、申通、宅急送等13家网络型快递企业参加了会议。省局随后于10月27～30日举办浙江省首期快递业务员师资培训班，12家网络型快递企业的68名快递业务员参加了培训。

11月25～27日，国家邮政局局长马军胜一行赴浙江，就贯彻落实《中华人民共和国邮政法》，加快快递市场发展情况进行专题调研。马军胜局长一行考察了申通、圆通快递企业新的处理中心、大学快递服务网点，参观了电子商务快递业务集聚的“四季星座“大楼，还会晤了阿里巴巴集团董事局主席马云、淘宝网总裁陆兆禧，并分别与浙江省政府、绍兴市政府有关领导就促进邮政业发展进行了座谈。

12月7～11日，国家邮政局检查组对浙江省邮政普遍服务工作进行监督检查。检查组一行对杭州市、金华市、淳安县、义乌市邮政局及界首、汤溪乡镇邮政局所网点开展了邮政普遍服务监督检查。检查组实地抽查了邮政窗口服务、生产处理场地、邮件传递时限等。检查组还听取了省邮政公司及杭州、金华、义乌、淳安等邮政局履行邮政普遍服务义务的情况汇报。

12 月 18 日、19 日、28 日，浙江省邮政管理局分三次召开浙江省邮政行业统计报表制度布置会，分别对 2010 年新增纳入统计范围的快递企业和已纳入统计报表范围内的共 200 余家快递企业，进行了 2010 年邮政行业统计工作布置。

（浙江省邮政管理局）

安徽省邮政发展与管理

【邮政发展统计】

指标名称	单位	数据
邮政业务总收入	万元	261600
其中：快递业务收入	万元	63339
函件业务量	万件	24388
快递业务量	万件	2362.4
从业人员合计	人	28313
其中：快递从业人员	人	5918
营业网点合计	处	2879
其中：快递营业网点	处	1866

注：邮政行业业务收入中未含邮政储蓄银行直接营业收入

【邮政发展情况综述】

一、总体发展情况

2009 年，安徽邮政行业努力克服宏观经济形势的不利影响，致力于改善经营管理，不断提升服务水平，积极服务全省经济社会建设，全省邮政业业务收入完成 26.16 亿元，同比增长 12.9%。其中快递业务继续保持快速发展势头，年度规模以上快递企业（含邮政 EMS）完成业务收入 6.33 亿元，同比增长 24.9 %。

二、本年度本省发展特色和亮点

（一）邮政企业情况

（1）业务保持平稳较快发展。2009 年，安徽邮政秉承“更新一点，再快一点”企业核心理念，邮务类、速递物流类和代理金融业务三大板块实现平稳协调发展，整体业务结构逐步优化，各板块内部业务结构调整取得实效。邮务类中，邮政贺卡客户数占组织机构库的比重连续两年居全国第二。开展“两区一商”深化年活动，“两区一商”收入增加。以百强农村邮政支局所为依托，促进县域邮政发展。主动出击会展、庆典市场，为中国农交会、芜湖动漫节、安庆黄梅戏艺术节提供礼品、票证制作、临时邮局等服务，为邮政服务会展经济积累了实践经验。利用邮政资源优势，服务“家电下乡”，为近 300 家制造商、经销商提供函件、物流配送、代收货款等服务。

（2）农村邮政物流加快发展。贯彻落实全国推广山东邮政发展农村物流经验现场会和张德江副总理指示精神，向安徽省委、省政府领导做农村邮政物流发展专题汇报。王三运省长、黄海嵩副省长对此分别作出重要指示。全省邮政企业认真贯彻国务院《关于推动农村邮政物流发展的意见》（国办发〔2009〕42 号）精神，创新经营理念和营销方式，深入基层调研，加强渠道建设，强化技术支撑，全年共建设“绿色走廊”115 条，新建或改造农资配送中心 141 个。

（3）邮政网运生产效能明显提升。安徽邮政与多家国际货运公司建立货运代理关系，建立合肥、南京、上海、深圳间的国际邮件运输的非邮渠道。精心组织长三角集散中心转场和无锡二频次邮路开通工作，组开安庆至芜湖委办快速汽车邮路，合肥、蚌埠、芜湖至无锡二频次邮路，合肥至巢湖、合肥至六安、滁州至南京、芜湖至铜陵（委）等邮路，新增阜阳—蚌埠—上海自备火车邮路，有效提升了各地出口至长三角地区邮件运输能力和速度。芜湖、蚌埠邮区中心局实现速递邮件上机分拣，加快了邮件处理速度。推进“大同城”网路配送平台建设和推进县乡邮路的信息化建设，加快了“两区一商”重点区域的邮件传递速度，提高县乡邮路的承载能力和管控水平。扎实推进投递网建设，加大硬件投入，突出抓好服务管理，全面提高投递网品质。

（4）率先整体推进信息化应用。2009 年，安徽邮政在全系统率先开展整体推进信息化应用，分为应用、融合、延伸拓展三个层次，全面增强企业信息化应用能力，实现改造传统业务，拓展新领域，提升服务品质。一是贯穿了企业运营始终。目前上线 70 多套信息系统，涉及邮政生产、经营、管理和服务的全流程，促进企业运营效能的提升。二是实现了降本增效。如推进邮件封发清单无纸化改革，取消了中心局、各市邮政局间普通给据邮件封发纸质清单。组织实施了芜湖、蚌埠邮区中心局利用包分机分拣速递邮件，优化了场地、人员、设备配置。三是提高了工作效率。通过信息系统实时掌握、分析、应用各类数据信息，有效辅助科学决策。应用网运、报刊、商函投递、邮件容器调拨等信息系统，提高了邮件处理效率和劳动生产率。建成并推广连接省、市、县和较大邮政支局的综合办公信息平台。四是增强了现代服务能力。自主研发报纸全程发运监控系统，推广到《人民日报》、《新华每日电讯》和《安徽日报》，提高了党报和新华社系列报纸发行服务水平。利用电子商务信息平台，相继开发航空电子客票、世博会门票、思乡月、家乡包裹等业务，为用户提供便捷服务。投入使用 PDA、移动 POS、ATM 机等器具，提升了客户端现代服务品质。

（5）开办代售长途汽车客票业务。2009年，安徽邮政以“网点+客户经理”为基础业务受理渠道，以“11185”、邮政网站、社会代办点为补充，以强大的信息化能力为支撑，与交通运营部门、汽车客运公司合作，开办了代售汽车客票业务。汽车客运站与邮政联网售票项目是依托于邮政电子商务信息平台，自主研发邮政代售汽车客票系统，通过统一接口，与汽车站客票系统实现互联互通，从而实现了邮政电子化支局网点的实时查询、售票、退票、销票、废票、对账等功能。已有黄山、芜湖、舒城等2市10县的140多个邮政网点开始售票。2010年春运期间，共售票汽车客票19057张，一定程度上缓解了交通部门的售票压力，方便了百姓出行。新华社、《新安晚报》、《安徽商报》、中安在线网站等多家媒体予以报道。

（二）快递企业情况

（1）营运能力明显增强。一是管理水平提升。加强基础管理，注重内控制度建设。省内DHL、申通、圆通、韵达、全一、宅急送6家品牌快递均参加了第二批《快递服务》标准的达标活动，提升了企业管理水平和服务质量，快件的安全性有效提升，损坏率有效降低。推行服务标准化，品牌快递实现了统一着装、统一服务用语、统一服务技能、统一运营车辆标志形象。二是业务拓展加快。安徽顺丰推出中秋月饼代购服务，开展了华中地区特产销售服务；开通了国内主要城市间航空即日到服务产品。嘉里大通安徽分公司开展了公路整车及零担运输新业务，成为公司快运部盈利重要支柱。三是软环境建设改善。更加注重企业文化建设，优化人力管理，在企业内部开展业务员、操作人员、客服人员等不同类型的业务知识培训，员工综合素质大为提升。四是业务增长迅速。电子商务的兴起成为快递服务发展的助推剂。2009年，国有、民营、外资快递业务量和业务收入均有不同程度的增长，民营快递表现更为抢眼。安徽顺丰全年完成收件量250万票，完成派件360万票，业务量较2008年增幅达65%；业务收入达7300万元。合肥申通本年快件量增长迅速，日收件量达6000票，日派件量达8000票，业务量较2008年增加43%；业务收入近千万元。

（2）网络建设明显加快。2009年，各品牌快递在内部推行低成本扩张模式的同时，都不同程度加强了地级市的网络力量，并加快了在县城区域的布点。如安徽顺丰新开通了阜阳、池州两市和固镇、全椒两个县城区域，营投网络已覆盖省内14个地级市；在现有开通区域增加了10个网点，提高了收派及时性，方便了客户。还增加了3条跨省往返干线，充足的运力确保了快件中转安全、及时。

（3）基础投入明显加大。一是加快了信息化建设，管理软件普遍应用，业务员配备手持终端，实现快件信息便捷传输，客户随寄随查随收。二是添购运营车辆，提高了企业的揽收能力和作业效率。三是搬迁新址，扩大操作场地。四是加强了客服力量。合肥申通全年新增派件车辆30辆；操作场地扩大到3000平方米；新建200多平方米的客服呼叫中心，客服热线增至23条，客服人员25人，实现了快件分拣作业与客服的分离，企业形象为之一新。嘉里大通安徽分公司9月迁至合肥市经济技术开发区新址，占地20000平方米，其中包括5个大型仓库和一个现代化的办公楼，一期总投资达2000多万元。2009年也是合肥天天快递发展最为显著的一年，该公司在运递车辆、分拣设备、监控设备、消防设施等方面都有大量投入，新建1200平方米的独立分拣厂房，业务人员和管理人员增至94人。

随着全省经济社会的加快发展和沿海产业转移效应开始显现，安徽在全国经济发展的大格局中的区位优势和后发潜力越发突出，各快递品牌总部也越发关注安徽市场，加大在皖投资力度。

——2009年1月，顺丰速运华东呼叫中心（合肥）正式上线运营，中心先后完成东南经营本部泉州区和福州区、华中经营本部安徽区、华东经营本部计13个地区的话务集中，目前日均话务17万多，员工总数570人，整体运行情况良好，为公司前端业务的发展做出巨大贡献。

——2009年8月，申通合肥大型快件分拨中心成立，增加运营网络车16辆，配备了流水线传输带80多米，装配监控设备3台，监控摄像头50多个，实现了一体化操作，总投入350万元，安徽省内部分城市实现快件集中操作、分拣，运往华东各目标区域，在处理实效、安全操作等多方面助推申通在皖发展。

三、存在问题

2009年，全省邮政行业发展也面临着一些不容忽视的问题。一是邮政企业体制改革有待深入，速递物流专业化经营尚需进一步拓展。二是邮政网点从部分乡镇撤出，对邮政普遍服务产生不利影响。三是快递企业综合运营能力亟待加强。受宏观经济形势影响，省内经营进出口快件业务的企业遭遇业务萎缩，特别是大客户的丢失导致业务量上不去，企业整体效益提升困难，急需加快内部资源整合和业务结构调整。四是应急处置能力的不足。年末北方大面积的雨雪天气直接影响了网络快件发运和投递，出现快件积压。五是快递市场竞争激烈，经营成本上升，部分民营快递规模小，多采取低价策略以求生存，直接影响了内部管理和服务质量，快件延误、丢失、损毁、服务态度仍为用户投诉焦点。

【监管工作】

一、做好《邮政法》宣传贯彻工作

修订后的《邮政法》自2009年10月1日起施行。安徽省邮政管理局高度重视《邮政法》宣传贯彻工作，制定了宣传贯彻《邮政法》工作方案，明确了宣传贯彻任务。一是大力推动企业学习。将《邮政法》转发邮政企业和快递企业，对其学习贯彻《邮政法》提出要求。

召开全省邮政行业宣传贯彻《邮政法》动员大会，对企业代表进行培训。二是广泛开展社会宣传。对近三年聘请的邮政特邀监督员进行《邮政法》知识培训。在《安徽日报》上刊登《邮政法》全文和局长署名文章。在《新安晚报》刊登《邮政法》全文及知识问答。在局网站开辟了《邮政法》宣传专栏。面向社会开展《邮政法》有奖知识竞赛活动，共收到参赛答卷 1800 余份。第 40 届世界邮政日当天在《安徽日报》开设专版，对省内有代表性的国有、民营和外资共 7 家快递企业进行集中宣传。

二、做好邮政普遍服务保障监督

（一）对芜湖、铜陵、祁门等 25 个市、县邮政局所 86 个网点的服务设施、营业服务、投递服务、邮件安全、查询和赔偿及机要通信、党报党刊发行、义务兵通信和盲人读物的寄递情况进行全面检查。

（二）开展邮政基础设施空白乡镇调查，核实乡镇未设立邮政局所数量。

（三）开展党报党刊投递时限监测，在全省 17 个市的 30 个县选取 30 个监测点，对《人民日报》、《安徽日报》在乡镇的投递情况进行监测，为改进党报党刊发行工作提供了依据。

（四）落实与省建设厅联合下发的《关于进一步做好信报箱建设工作的通知》（建办〔2008〕218 号）精神，在全省 17 个市邮政局开展了信报箱建设情况调查。

（五）开展了机要通信用户满意度调查，机要投递环节和机要通信专用封装用品专项检查，新邮发行、销售检查，邮政基本资费检查，信函全程时限监测等邮政普遍服务监督检查工作。

（六）做好邮政社会监督工作。全省邮政特邀监督员已聘 97 名，市、县覆盖面达 88.5%。监督员共反馈监督报告 2527 份，查看城乡邮政网点 1344 个，走访用户 1183 人次，提出相关建议 129 条。

三、加强邮政市场监管

（一）开展快递业务经营许可工作。9 月底举办一期快递业务经营许可培训班。与省工商局联合出台快递业务许可审批和工商登记管理衔接文件，为快递企业申办经营许可开辟绿色通道。

（二）依法加强市场监管。强化快递市场、邮政用品用具市场、集邮市场检查。全年检查快递企业 429 次，纠正和查处违法违规行为 48 起，下达整改通知书 43 份，立案查处 5 起违法行为。完成了 213 家快递企业的经营备案工作。推动《快递服务》标准达标工作，全年有 31 家快递企业通过达标评定。开展全省快递服务质量调查，以普通用户实寄包裹形式，对全省主要快递企业进行全面测评，涉及 12 个网络品牌在全省 17 个市的网点，内容含受理、揽收、投递、网上查询等 32 项指标。

（三）加强行业安全监管。扎实开展安全生产“三项行动”活动，落实企业安全管理责任。强化邮路寄递安全监管。第四届中博会和国庆 60 周年期间，与快递企业签订安全承诺书 250 份，确保了寄递安全无事故，获省政府第四届中博会优秀集体奖。编制了《安徽省邮政业突发事件应急预案》，通过省政府应急办审查备案。四是受理消费者申诉。依托“12305”邮政业消费者申诉平台，共受理有效用户申诉 145 件，各类申诉均按时限办结，并按季度向社会通报申诉受理情况。

四、推动农村邮政物流发展

根据安徽省政府办公厅关于落实国务院 42 号文件的拟办意见，结合安徽实际，与省交通运输厅、发改委、财政厅、农委、商务厅、工商局等六部门联合制定了安徽省关于推动农村邮政物流发展的意见，于年底呈报省政府批转实施。

五、推进支撑体系建设

一是联合省统计局对 2008 年底前备案的快递企业进行统计调查，基本摸清了全省快递企业基本情况及行业规模。二是对黄山市三区四县进行抽样调查，基本掌握了皖南山区邮政普遍服务实际水平等情况。三是开展了全省邮政业统计和经济运行分析工作。四是支持省快递协会工作，履行好服务、协调、自律三项职能。

【重大事项、事件】

1 月 21 日，安徽省政府在合肥召开全省交通运输工作会议。省邮政管理局做邮政业发展专题报告。省邮政公司及各市邮政企业负责人参加会议。

2 月 24 日，省邮政管理局、省快递行业协会联合召开全省《快递服务》标准达标工作推进会。邮政 EMS、顺丰速运、嘉里大通、民航快递 4 家首批达标企业当场授牌。

3 月，省邮政管理局在《新安晚报》公告 2008 年全省邮政业消费者申请情况公告，社会反响强烈。

4 月 15 日，安徽省政府出台《关于加快发展交通运输业的若干意见》（皖政〔2009〕48 号），扶持邮政物流发展列入重要内容，提出加快邮政枢纽建设，省邮政管理局为省交通运输业发展联席会议成员单位。

4 月 24 日，《中华人民共和国邮政法》由十一届全国人大常委会第八次会议修订通过，自 2009 年 10 月 1 日起施行。安徽省邮政管理局 5 月起全面部署新《邮政法》宣传贯彻活动。

5 月 11 日，安徽省邮政行业职业技能鉴定中心成立。

6 月 11 日，黄海嵩副省长听取省邮政管理局和省邮政公司关于国务院推广山东发展农村邮政物流经验“青岛会议”情况汇报，并就贯彻落实国务院 42 号文件，发展安徽农村邮政物流提出要求。

6 月底，全省新增 31 家《快递服务》标准达标企业。

9 月 1 日，交通运输部公布《快递业务经营许可管理办法》，自 2009 年 10 月 1 日起施行。

9 月 3 日，举办安徽省首次快递业务员师资培训班。

9 月 28 日，省邮政管理局通过局网站发布办理快递业务经营许可公告和指南。

10 月 9 日，省邮政管理局开展第四十届世界邮政日纪念活动。在《安徽日报》发表局长致辞，宣传邮政普遍服务的基础地位和基本公共服务特性，介绍快递业务发展和快递法制建设情况；开设专版，对省内有代表性的国有、民营和外资共 7 家快递企业进行集中推介。

11 月 10 日，国家邮政局发布《邮政企业设置和撤销邮政营业场所管理规定（暂行）》和《邮政企业停止办理或者限制办理邮政普遍服务业务和特殊服务业务管理规定（暂行）》。

11 月 20 日，安徽省快递行业协会召开一届二次会员大会。协会会员单位达 62 个。

11 月，安徽省邮政行业"十二五"规划编制工作启动。

12 月 14～17 日，国家邮政局检查组来皖对邮政普遍服务工作进行监督检查，现场指导普遍服务工作。

12 月 20 日，全省首次快递业务员职业技能鉴定考试开考。共有 137 个快递企业的 950 名业务员报名参考。

12 月 21 日，安徽省邮政管理局、省工商行政管理局联合发出《关于快递业务许可审批和登记管理有关事宜的通知》。

（安徽省邮政管理局）

福建省邮政发展与管理

【邮政发展统计】

指标名称	单位	数据
邮政行业业务总收入	万元	476400
其中：快递服务收入	万元	204000
函件业务量	万件	37553.6
快递业务量	万件	7366
从业人员合计	人	41200
其中：快递从业人员	人	13100
营业网点合计	处	2931
其中：快递服务企业	处	1812

注：邮政行业业务收入中未含邮政储蓄银行直接收入

【邮政发展情况综述】

一、总体发展情况

2009 年，面对复杂多变的社会经济形势和繁重的邮政改革发展任务，福建省邮政管理局以贯彻落实《邮政法》为主线，大力推进监管体系和支撑体系建设，加快《福建省邮政条例（草案）》立法进程，推进村邮站和城镇信报箱建设，加大市场执法检查力度，行业服务水平得到全面提升。

二、发展特色和亮点

（一）邮政行业总体规模持续增长

2009 年是福建邮政实现政企分开的第三年，全省邮政行业总体规模持续增长，结构调整步伐继续加快，业务发展迅速，总收入累计完成 47.64 亿元，同比增长 15.3%，其中全省规模以上快递企业业务收入累计完成 20.4 亿元，同比增长 17.6%，快递业务量完成超过 7366 万件，同比增长 28%。

（二）政策法规环境显著改善

《中华人民共和国邮政法》10 月 1 日正式施行，行业发展环境得到显著改善。结合国务院《关于调整和振兴物流业规划》精神，开展海峡西岸经济区快递服务发展规划（2011～2015 年）立项研究，启动全省邮政行业"十二五"规划编制工作，修改完善《福建省邮政条例》立法材料。加大支持快递业发展力度，协调解决快递业务税率和快递车辆通行难题等。

（三）普遍服务得到保障

邮政服务"三农"和便民服务稳步推进，服务机构和人员逐步到位，"村邮户箱"工程取得新进展，对台通邮工作积极稳妥，普遍服务和特殊服务的监督得到不断的加强。在龙岩市开展以"农家书屋"为形式新型村邮站试点工作，年内建成新型村邮站 35 个。海西书报亭和邮政进社区两项为民办实事项目进展顺利，全省新安装海西书报亭 346 个，新增便民服务站 1230 个，城镇邮政普遍服务水平得到进一步的提高。全年对台水陆路邮件监管中心和邮政物流中心项目相继开工建设，两岸水陆路总包邮件量呈稳步增长趋势。对台汇兑业务开通，"两门"、"两马"各类邮件总包直封关系确立。全年全省出口函件 98.6 万件，特快专递 5.3 万件，包裹 7390 件，电子汇兑 811 张/583.2 万美元，全国经福州邮政交换站的水陆路邮政总包 1.5 万袋/307.5 吨，其中全省自有水陆路邮政总包 2542 袋/33.5 吨。

（四）快递服务水平大幅提高

结合快递企业备案情况，组织对顺丰等 13 个快递品牌开展快递企业基本情况调查。召开快递业务经营许可动员会，指导快递企业进行许可准备工作。强化通信安全监管。根据国家邮政局"国庆 60 周年"期间安全工作有关要求，对 73 家快递企业进行了国庆安全生产专项检查。与省安全厅联合检查顺丰等快递企业快件处理中心，落实《邮政法》关于快件处理场所设计与建设的要求。召集省内 48 个品牌 129 家快递企业，召开国庆安全生产动员大会，传达公安部等六部局《关于加强物流、寄递渠道安全监管工作的通知》精神，签订《国庆邮路运营安全责任书》。组织开展收寄验视制度执行情况测试、邮政业安全生产"三项行动"以及"扫黄打非"等专项行动。加强邮政用品用具监管，全年受理省内外 8 家信报箱生产企业申报的 83 个楼盘 57103 户信报箱，审查 52246 户信报箱，核发监制认证标牌 1016 枚。开展用品用具生产企业产品质量市场执法检查，发现 4 家信报箱生产企业生产不符合标准的产品，责令立即整改，并予以行政处罚。统一要求信报箱生产企业在产品上印制“邮政业消费者申诉热线：12305”，完善信报箱监督的长效机制。

三、存在的问题

（一）政府运作经验不足。邮政政企分开时间不长，政府运作经验不够丰富。邮政管理局为中央驻闽垂管机构，与地方政府相关部门相比，面对的市场主体相对狭窄。目前，福建省邮政行业管理以事后监管执法为主，较少以战略思维来谋划行业发展，对企业的信息引导、宏观指导和经济调控力度较小，在企业的健康、快速、规模化发展上缺乏更多有效的办法、措施。政府运作的模式、流程和套路，需要进一步深入学习和熟练掌握。

（二）政策支撑力度不足。成立三年来，基础性工作开展较好，但与地方政府领导和相关部门的沟通协调较少，全局为行业发展争取政策支持不够多。对企业发展过程中存在瓶颈问题或迫切问题的调查研究深度不够，政策支撑力度有待加强。福建省邮政法规空白未得到填补，9 个地级市只有 1 个《厦门市邮政设施管理办法》规章，邮政法制建设滞后于邮政行业发展的水平。

（三）行业管理力量不足。内勤管理和外出执法人员偏少，省级以下机构尚未健全，监督管理和市场执法力量的薄弱影响到企业服务水平不稳定。全省邮政普遍服务点多、面广、线长，任务较重。目前承担普遍服务的邮政企业 67 个，邮政服务网点 1368 个，全省乡镇总数 928 个，仍有 8.5%计 79 个乡镇未设立邮政局所，邮政信筒信箱损毁现象较多，部分农村支局所投递班次较往年减少。快递服务市场多元竞争，服务质量参差不齐，违法经营、不正当竞争现象较严重，寄递市场存在安全隐患，重大事故较难预防，信息安全和公共安全面临挑战。执法人员编制不到位，影响工作积极性。

（四）工作创新力度不足。三年基础性工作扎实开展，但走在全国邮政管理系统前列的大手笔业务较少，具有福建特色的工作亮点不多，全体干部需进一步解放思想、更新观念，加大工作创新力度，改进思维模式和工作作风，全面提高工作效率。全局年轻干部较多，业务知识结构有待完善，工作经验有待积累，整支队伍需进一步锻炼，整体素质亟待提升。

【监管工作】

一、开展快递经营许可

结合对快递企业备案情况，组织对顺丰等 13 个快递品牌开展福建省内快递企业基本情况调查。加强对快递企业备案情况核查，为快递业务经营许可工作做好前期准备工作。召开快递业务经营许可动员会，指导快递企业进行许可准备工作。走访部分快递企业，对企业在经营许可工作中存在的问题进行现场答疑解惑，讲解快递许可法律规定及许可条件、办事程序、办事时限等事项，帮助企业创造许可条件，保证许可工作顺利开展。

二、强化通信安全监管

根据国家局国庆 60 周年期间安全工作有关要求，对 73 家快递企业进行了国庆安全生产专项检查，全力保障国庆 60 周年邮路寄递安全。与福建省安全厅联合检查顺丰等快递企业快件处理中心，落实《邮政法》关于快件处理场所设计与建设的要求。召集省内 48 个品牌、129 家快递企业，召开国庆安全生产动员大会，传达公安部等六部局《关于加强物流、寄递渠道安全监管工作的通知》精神，签订《国庆邮路运营安全责任书》。组织开展收寄验视制度执行情况测试、邮政业安全生产“三项行动”以及“扫黄打非”等专项行动，有力地保障了通信安全。厦门办建立与厦门公安、国家安全、烟草、物价、法制等部门的协作执法机制。

三、推进分级分类管理

对不同级别类别企业制订差别性管理措施，根据日常检查和接受举报的情况，建立违法企业档案。执法队、厦门办全年共检查快递企业 349 家次，查处违法违规行为 86 起，开具责令整改通知书 32 份，登记保存违法收寄的信件 844 件，对 8 起严重违法案件进行立案处罚，罚没收入 15000 元。组织全省第二批申请达标快递企业验收工作，开展快递服务标准贯彻执行情况专项检查。厦门办协助厦漳两地烟草专卖局查处云霄圆通、龙海韵达等违法寄递假烟的行为，配合公安机关侦破福建韵达整车快件被扣案，调解处理厦门天天快递业务员盗窃厦门中通快件案以及巴客、厦门快捷业务员私自扣留快件事件，初步建立了快递公司及业务员的违法“黑名单”制度。

四、加强邮政用品用具监管

2009 年共受理省内外 8 家信报箱生产企业申报的 83 个楼盘 57103 户信报箱，审查 52246 户信报箱，核发监制认证标牌 1016 枚。开展用品用具生产企业产品质量市场执法检查，发现 4 家信报箱生产企业违法生产不符合标准的产品，责令立即整改，并予以行政处罚。统一要求信报箱生产企业在产品上印制“邮政业消费者申诉热线：12305”，完善信报箱监督的长效机制。开展以检查楼房信报箱产品质量和执行标准情况为重点的，包括邮件包装箱、信封等在内的产品质量检查和抽检活动。全年对省内 85 家邮政用品用具生产企业进行年检换证，48 家生产企业通过年检，31 家生产企业符合换证条件，6 家企业未按规定办理年检、换证手续，依法取消生产资格，收回邮政用品用具生产监制证。

五、强化消费者申诉受理和统计工作

按月对申诉受理的情况进行统计、分析和通报。全年“12305”邮政业消费者申诉处理中心共处理消费者申诉 508 件，其中直接受理 266 件，国家局转办 242 件。有效申诉案件处理方面，申诉人对处理结果的满意率

72.32%。根据国家局《关于对备案快递服务企业进行统计调查的通知》要求，在福州、厦门和泉州三地召开统计布置会，指导统计工作。对福州申通等快递企业上报的数据进行现场核查，要求企业提高数据上报时效性，增强统计数据真实性。统计系统全年新增36家快递企业。

【重大事项、事件】

3月15日，福建省邮政管理局与福建省新闻出版局联合下发了《关于搭载“农家书屋”平台推动全省村邮站建设试点工作的通知》和《福建省落实国家邮政局、农业部<关于大力发展农村通邮服务促进社会主义新农村建设的意见>工作实施方案》，从多个层面对2009年在革命老区龙岩地区开展新型村邮站建设试点工作进行了具体部署，共同打造“三能合一”的综合性“三农”服务站。

4月24日，福州马尾港区新对台贸易码头启用，邮政对台水陆路邮件监管中心正式成立，这是全国唯一对台水陆路邮件监管中心。监管中心由海关、边防、检验检疫等部门合署办公，将为两岸邮件往来提供更为规范的管理和更加便利的操作流程，邮件通关时间比之前缩短一半。

8月4日，福建省委八届六次全体会议审议并通过的《福建省贯彻落实〈国务院关于支持福建省加快建设海峡西岸经济区的若干意见〉的实施意见》（以下简称《实施意见》）在省内各大媒体公布，其中，两岸直接通邮被写入《实施意见》，明确提出在福州、厦门建成对台邮件总包交换中心。

9月30日，党组书记、局长赵进修接受中国福建政府网和福建电视台联合专访，就贯彻实施《邮政法》，推动邮政行业科学发展等与网民进行在线交流。

（福建省邮政管理局）

江西省邮政发展与管理

【邮政发展统计】

指标名称	单位	数据
邮政行业业务总收入	万元	215000
其中：快递服务收入	万元	43700
函件业务量	万件	17413.76
快递业务量	万件	2177.87
从业人员合计	万人	17922
其中：快递从业人员	万人	3282
营业网点	处	3528
其中：快递营业网点	处	1789

注：邮政行业业务收入中未含邮政储蓄银行直接收入

【邮政发展情况综述】

一、行业经济实现稳步增长

2009年，全行业积极应对全球金融危机带来的不利影响，不仅实现了保增长目标，而且呈现企稳回升，加速增长的良好发展态势。其中，省邮政公司完成业务收入27.04亿元，同比增长21.97%；全省14家规模以上快递企业完成业务收入4.37亿元，同比增长24.5%。

二、继续推进体制机制改革

按照国务院关于邮政体制改革的总体部署，顺利完成邮政金融体制改革，邮政金融收入实现了30.4%的增长，业务发展势头强劲；在全国率先组建了省市县三级速递物流公司，并建立了相应的经营、运行、管理和考核机制，完成了固定资产转换、股改尽职调查、资产评估和房产土地确权办证等工作，为股份制改造打下基础；获中国保监会批准筹建中邮人寿保险股份有限公司江西省分公司，人员配备基本到位，业务培训通过了中邮人寿保险公司的内部验收。

三、服务能力达到新水平

2009年，全省邮政局所共有1739处，建成邮政营业电子化支局所1465处，自办网点上线率达100%；开设邮政书报刊亭928个；县以上区域全面推行电动车投递模式，全省配置投递电动车1297辆；全省共开通各级邮路668条，单程总长度达37622公里，通达全省11个市、85个县（市）及所有的乡镇农村；开办小额信贷、预约挂号、缴费管家等新业务，服务功能不断丰富。

四、服务满意度不断提升

2009年，全省邮政普遍服务用户总满意度达83.1分，较上年提高1.6分；机要通信保密安全和服务质量综合满意率达98.7%，较上年提高0.6%；全省快递服务满意度测评中11个品牌快递企业总体达到70.4分，较上年提高2分；在快递服务标准达标活动中，有8家企业实现同品牌全网达标。

【监管工作】

一、广泛开展新《邮政法》宣传贯彻活动

修订后的《邮政法》颁布实施后，全行业积极行动，开展了形式多样，富有成效的学习宣传贯彻活动。省邮政管理局面向邮政、快递企业和邮政特邀监督员组织了专题培训和送法上门活动，各企业也开展了全员学习，全行业共发放学习资料1012册，组织专题培训12次，培训人数近8000人。借助媒体力量，省邮政管理局向社会开展了多方位的立体宣传：在省政府网站组织“在线访谈”，在《江西日报》、《信息日报》开辟专刊专栏进行法律解读，参与“政风行风”热线现场答疑，组织全省近百名邮政特邀监督员进行《邮政法》学习，与省内22家厅局召开联席会议，从5方面协调贯彻实施工作。2009年10月，省人大专门组织召开了全省贯彻实施《邮政法》动员部署会，省委宣传部、省人大财经委、法制委、省政府法制办、省发改委、交通运输厅等23个职能部门和邮政、快递企业负责人、相关协会组织参加了会议，省人大副主任魏小琴亲自到会，并对实施工作提出4点具体要求，进一步推动了全省新《邮政法》的贯彻实施工作。

二、“村邮户箱”工程顺利启动

继省委明确提出“加快农村邮政基础设施建设，逐步实现乡乡有局所、村村有邮站”的目标要求后，省政府将“村邮户箱”工程列入2009年全省为民办实事的60件民生工程加以实施。“村邮站”建设作为全省统筹城乡经济社会发展一体化的首发工程，在新余顺利开展试点，邮件接转工作正式纳入村委会为民服务的工作内容。至2009年底,新余市分宜县128个行政村全部建立“村邮站”，运行情况良好，洪礼和副省长对试点工作给予充分肯定。赣州、鹰潭、抚州、吉安4地市邮政局与当地建设规划部门联合下发了加强城市住宅楼房信报箱建设与管理工作的通知，鹰潭市新建住宅楼房安装信报箱建设进入采购实施阶段，新余市确定对新建住宅楼房的信报箱建设进行“联审联验”。

三、出台发展福建省农村邮政物流实施意见

为贯彻全国推广山东邮政发展农村物流现场会精神，省邮政管理局会同省公司拟定全省贯彻国办发42号文件的具体措施向省领导汇报，吴新雄省长、洪礼和副省长专门进行了批示和工作部署。经多次修改完善，省邮政管理局会商省交通运输厅、省发改委、省财政厅、省农业厅、省商务厅、省工商局6部门共同起草《关于推动全省农村邮政物流发展的实施意见》，经省政府办公厅正式批转执行。《实施意见》根据江西实际，提出4大项工作措施，明确提出到2012年基本建成“布局合理、双向高效、种类丰富、服务便利”的农村邮政物流服务体系。

四、建立长效政企联系制度

3月，省邮政管理局与省邮政公司正式建立了工作联系制度，明确了工作联系的目的、形式、内容及保障措施，双方就形成常态工作机制达成了共识。通过这一平台，管理局与公司就村邮户箱工程建设、农村邮政物流发展具体措施等重点工作进行面对面的沟通、研究和协商，形成政企工作联动，有效推动各项工作开展。

五、建立“江西省规范和促进快递市场发展厅（局）际联席会议机制”

5月，省邮政管理局牵头省交通运输厅、公安厅、国安厅、工商局、中小企业局、价格监督局、南昌海关、民航江西监管局、出入境检验检疫局，组建了10家职能部门共同参与的“江西省规范和促进快递市场发展厅（局）际联席会议机制”。这一平台的建立，为发挥行政管理合力，更有效地监管市场、争取政策提供了便利。

六、全力保障国庆期间寄递渠道安全

围绕保障60周年国庆期间寄递渠道安全这一重点，省邮政管理局采取系列行动，加大安全监管力度。对全省11个地市、18个品牌的85家快递企业进行寄递安全专项测试，督促整改，邮政营业网点普包验视率达100%，快递企业验视率明显提升至87%；与全省各市、县快递企业负责人逐一签订“迎国庆快件寄递安全责任书”；与国安部门组成联合检查组，对全省11个地市的邮政、快递企业安保状况进行拉网式检查，发现问题要求立即整改；组织省会南昌邮路安保专项检查。各邮政、快递企业按照工作要求，扎实开展安全生产“三项行动”，国庆期间全省邮政行业未发生一起安全生产事故、未发生一起危害寄递渠道通信和信息安全事件。

七、社会监督有效开展

2009年，省邮政管理局创新方式，聘用32名素质高的民主党外人士充实邮政特邀监督员队伍，进一步优化了队伍结构，拓宽了社会监督面，全省监督员总数达94名，市覆盖率达100%，县覆盖率达63.75%。监督员通过培训，开展了对1041个网点的服务质量监督、对103个营业局所的邮政资费专项检查，对《江西日报》发行工作的专项监督等工作，填报报表1518份，走访用户1042户，反馈问题69个，提出可行性建议38条。“12305”申诉热线共受理申诉、咨询470件，处理有效申诉120件，国家局转办件103件，人民群众来信20件，做到了“件件有着落、事事有回音”。

八、普遍服务监督常抓不懈

2009年，省邮政管理局对48个县市、110个网点进行邮政普遍服务、机要通信、报刊发行工作进行监督检查208人次，调研30人次。组织开展省会城市机要函件时限测试，省内邮件传递时限测试，配合完成全国城市普遍邮件时限测试，建立了省内邮政普遍服务业务、机要通信业务传递时限基础数据；完成全省邮政普遍服务满意度测评和机要通信用户评价活动；联合邮政公司开展综合检查，核查网点增减情况，了解群众用邮需求和建议。

九、市场执法检查形成常态

2009年，省邮政管理局进一步加大市场监管力度，实现执法检查常态化。全年共执法156次,检查快递单位165家；纠正和查处违法违规行为91起；下达违法违规整改通知书44件，处罚决定书3份，罚款5000元。配合企业处理扣件案件2起，妥善处理扣件1543件。针对集邮市场，检查6家单位，检查7次；针对邮政用品用具市场，检查10家单位，检查次数5次。委托中介机构对南昌非标准信封生产销售情况开展暗访调查，取得证据样本30个。

十、行业文明建设富有成效

省邮政管理局发挥行业主导作用，引导邮政、快递企业积极参与行业精神文明、行风建设。成功举办“江西快递庆祝新中国成立六十周年文艺汇演”，组织全省各快递企业首次参与行业文明创建，充分展示了全省快递员工奋发有为、健康向上的精神风貌。12 月，组织各快递企业开展以“共铸诚信快递、促进行业发展”为主题的精神文明创建活动，通过向社会公开服务承诺，诚信打造快递队伍、树立企业形象、展示行业风貌。2009 年，全省所有市、县邮政局全部达到县级以上文明单位标准，其中 6 个单位被评为“全国精神文明建设先进单位”。局机关也被评为省直文明单位，受到通报表彰。

十一、成立全省邮政行业职业技能鉴定中心

11 月，经江西省事业单位登记管理局批准，江西省邮政行业职业技能鉴定中心正式成立，为开展快递业务员等邮政行业特有职业的技能鉴定工作准备了条件。年底，省邮政管理局与专业院校签定开展邮政行业技能培训的合作协议，并完成师资培训。

【重大事项、事件】

2 月 12 日，在全省第十一届人大二次会议吴新雄省长作的政府工作报告中，“村邮户箱”建设工作被纳入了全省为民办实事的“民生工程”。随后，省政府下发《2009 年民生工程安排意见》，明确提出“启动‘村邮户箱’工程，逐步解决邮件及时投送到户问题”。为确保民生工程顺利实施，省政府要求各地、各部门必须加强组织领导、明确工作责任、保障资金筹集、加强监督检查、做好绩效考核评价。

3 月 19 日，省邮政管理局与省邮政公司召开首次工作联系会，讨论通过了《江西省邮政管理局与江西省邮政公司工作联系制度》，对工作联系的目的、形式、内容及保障措施给予明确，正式建立了常态化的政企联系制度。会议还研究成立了“村邮户箱”工程领导小组，就推进“村邮户箱”工作方案进行了磋商。

5 月 20 日，省邮政管理局牵头组织召开会议，讨论通过了由省邮政管理局、省交通运输厅、省公安厅、省国家安全厅、省工商行政管理局、省中小企业局、省价格监督检查局、南昌海关、民航江西监管局和江西出入境检验检疫局共同参与的“江西省规范和促进快递市场发展厅（局）际联席会议机制”。联席会议机制要求各成员单位本着“协商、协调、配合、合作”原则，履行 4 方面职能：一是掌握快递市场运行情况，指导快递市场监管工作；二是督促落实快递市场监管相关法律法规和方针政策；三是听取各部门建议，协调解决监管工作的重大问题；四是研究促进快递业健康持续发展的重大问题，提出政策措施。

7 月，省邮政管理局召开 2009 年邮政社会监督工作会，全省新一届特邀监督员共 93 人参加会议，省委统战部、省消协、省邮政公司等部门负责人应邀出席。本次会议是政企分开后全省邮政第一次社会监督工作会，会议总结了 2008～2009 年全省邮政社会监督工作，顺利完成监督员换届及《邮政法》、基础业务知识的学习，对新一轮社会监督工作进行了全面部署。

9 月 10 日，江西省分宜县城乡统筹邮政工程——村邮站揭牌仪式在钤山镇白芒村举行。省委副秘书长、省委农工部部长吕滨和新余市委书记汪德和共同为白芒村“村邮站”揭牌并讲话。揭牌仪式后，该县 128 个行政村村邮站正式全部投入运行。

10月15日，江西省人大组织召开了全省贯彻实施《中华人民共和国邮政法》座谈会。省人大常委会副主任魏小琴出席会议并讲话，省委宣传部、统战部、农工部，省人大财经委、法制委、省政府法制办、省发改委、交通运输厅、国安厅、公安厅、邮政管理局等 23 个部门和省消费者协会、省快递行业协会、省邮政公司以及省内主要快递企业主要负责人参加了会议。

1 月 10 日，经江西省事业单位登记管理局批准，江西省邮政行业职业技能鉴定中心正式成立。

12 月 2 ～3 日，国家邮政局党组成员、纪检组组长张绳华对井冈山地区贯彻落实《中华人民共和国邮政法》，保障邮政普遍服务情况进行调研。

12 月 27 日，由省邮政管理局主办、省快递协会协办的全省快递“共铸诚信快递，促进行业发展”主题创建活动在南昌正式启动，全省 20 家主要快递服务企业的负责人及 150 名员工代表在活动现场向社会郑重承诺：信守服务承诺，提升服务水平，优化发展环境，创建文明企业。整个活动将历时一年，各快递企业将开展“快递服务放心承诺”优质服务月、“安全快递迎接世博和亚运”安全服务 200 天、“诚信快递，取信于民，增光添彩”主题服务等一系列活动，将创建工作落实到实处。

（江西省邮政管理局）

山东省邮政发展与管理

【邮政发展统计】

指标名称	单位	数据
邮政行业业务收入	万元	526200
其中：快递业务收入	万元	186500
函件业务量	万件	754371.6
快递业务量	万件	7163.6
从业人员	人	43869
其中：快递从业人员	人	12169
营业网点	处	3408
其中：快递营业网点	处	3635

注：邮政行业业务收入中未含邮政储蓄银行直接营业收入

【邮政发展情况综述】

一、邮政企业发展情况

（一）业务发展实现平稳较快增长。2009 年，山东省邮政企业三大板块业务的协调发展，业务总量累计完成65.17亿元，同比增长10%。业务收入累计完成43.53亿元，同比增长11.55%。

（二）邮政基础网络不断优化，服务能力得到提升。全省现有邮件处理中心10个，生产场地130多万平米，邮运车辆1789部，省内快速干线汽车邮路达137条，单程总长度13.4万公里；邮政服务网点3084处，普邮投递机构2267个，邮政服务网点点均服务人口达3万人；17个地市全面实现营业系统与网运系统的互联互通，电子化支局系统在自办网点的普及率达100%。

二、规模以上快递企业发展情况

（一）快递服务发展迅速。2009年，全省纳入统计范围的111家规模以上快递企业业务总量累计完成7163.6万件（含邮政速递，下同），同比增长16%。业务收入累计完成18.65亿元，同比增长15.5%。

（二）快递市场主体呈现多元化发展格局。目前，全省办理快递经营许可证或备案企业已达550余家，涵盖国有、民营、外资等多种类型，兼容“直营制”、“加盟制”、“直营制+加盟制”等多种经营模式。

（三）快递服务覆盖范围扩大。规模以上快递企业服务网点已实现覆盖地市及以上、基本覆盖县级城市，有的服务还延伸到了乡镇村庄。服务种类逐渐丰富，除传统快递服务外，多数企业还提供代收货款、仓储等增值服务，涉足供应链管理等服务领域，在电子产品和电子商务配送方面发挥主力军作用，满足了不同层次的需求。

【监管工作】

一、认真贯彻落“青岛会议”精神，大力推动邮政农村物流加快发展

根据张德江副总理关于“总结推广山东打造农村邮政物流新模式”的重要批示精神，经国务院同意，全国推广山东邮政发展农村物流经验现场会于2009年5月25日在山东青岛召开，会前，国务院办公厅转发交通运输部等6部门《关于推动农村邮政物流发展的意见》（国办发〔2009〕42号）。5月27日和7月22日，省委、省政府分别召开第71次常委会和49次常务会，专题学习张德江副总理的重要讲话，听取邮政工作汇报，研究山东省的贯彻意见。7月24日，省政府办公厅转发邮政管理局等十部门联合出台的《关于推动农村邮政物流发展的实施意见》（鲁政办发〔2009〕55号），进一步明确细化政策措施，支持邮政企业发挥自身优势，完善物流连锁配送渠道，做大做强农村邮政物流。

二、深入学习贯彻《邮政法》，努力营造良好发展环境

面对突如其来的国际金融危机对邮政行业发展带来的巨大冲击和影响，管理局积极会同有关企业，加大了对行业发展内外部环境的分析研究，及时把握行业发展趋势，鼓励企业坚定信心、开拓创新、沉着应对，有效化解各种不利因素。一是深入学习贯彻《邮政法》。修订后的《中华人民共和国邮政法》颁布后，管理局及时行动，迅速落实，积极推动新《邮政法》以及配套法规的学习、贯彻和实施工作，大力开展了面向行业和社会的学习宣传活动，通过座谈会、培训班、送法上门等多种形式加强宣传贯彻，为规范市场、引导企业依法经营奠定良好基础。组织召开了由省委宣传部、省人大法工委等22家部门、单位以及省邮政公司和部分快递企业参加的山东省贯彻实施《邮政法》座谈会，进一步推动了法律的贯彻实施，为行业发展营造良好氛围。二是推动出台扶持邮政业发展具体政策。根据省委常委、副省长王军民指示精神，管理局积极协调有关部门，牵头制定扶持邮政业发展意见。2009年6月21日，省政府办公厅正式印发了《关于扶持邮政业发展有关问题的通知》（鲁政办发〔2009〕48号），对有关政策作出了明确规定。

三、切实履行法定职责，加强普遍服务和邮政市场监督管理

（一）与省农业厅联合转发《关于大力发展农村通邮服务促进社会主义新农村建设的意见》，加快推进农村邮政基础设施建设，做好农村通邮服务工作，促进邮政公共服务均等化。

（二）加强普遍服务政府监管。经常性组织开展邮政普遍服务综合性监督检查，对邮政局所网点增减变化、邮政基本业务资费执行等情况进行专项检查，开展了信函时限、机要通信时限以及机要通信安全、党报党刊投递等测试活动。督促企业建立邮政普遍服务内控机制，定期编制邮政普遍服务监管报告，保障普遍服务水平不降低。

（三）依法加强邮政市场监管。以快递市场、集邮市场、邮政用品用具市场为重点，加强执法检查、督促指导和协调服务，维护公平竞争的市场秩序。积极发挥政府网站、“12305”消费者申诉电话、邮政社会监督员作用，逐步构建起较为完善的监督体系。开展快递服务达标活动，促进服务质量改善，维护人民群众合法权益。

（四）强化行业安全监管。制定了《山东邮政业突发事件应急预案》，坚持深入开展行业安全生产检查，指导企业加强安全生产基础建设，及时化解企业扣件等纠纷，维护了行业稳定。配合有关部门积极应对甲型H1N1流感疫情，参与“护城河”工程，保障了新中国成立60周年和全运会邮路安全。

四、坚持以服务为导向，不断提升政府工作效能

按照省政府和国家邮政局的要求，全面推进依法行政，优化行政审批流程，依法开展行政审批和备案，提高了办事效率和水平。积极推进政府职能转变，不断提高为企业服务的意识和水平。全运会期间，济南主会场开幕式前后赛事高峰期实行市区车辆单双号限行。鉴于快递服务的时限要求和作业组织的特殊性，邮政管理局有关部门积极协调济南公安交警部门和交通部门，促成了快递业务车辆不受单双号限制的优待政策，保障了快递企业的正常运营和快递服务的顺利进行。坚持把行业人才发展放在突出位置，大力实施快递业务员国家职业资格证书制度，在全国率先开展了快递业务员职业技能鉴定考试。同时，不断拓展人才培养渠道，在山东省工程技师学院设立"山东邮政行业技能人才培养基地"，开设邮政快递专业，搭建校企合作平台，为促进行业人才队伍建设提供支撑。

【重大事项、事件】

3月3～5日，由交通运输部、商务部、农业部、国家邮政局、中国邮政集团公司组成的联合调研组，到山东进行调研，对邮政三农服务站建设运行情况进行调查摸底。

4月14日、18日，山东省邮政管理局分别在济南、青岛全省备案快递服务企业统计调查布置会，对全省180余家备案快递服务企业进行了培训和布置。

4月22～23日，交通运输部部长李盛霖到聊城市冠县，就交通邮政服务"三农"工作进行专题调研。交通运输部党组成员、国家邮政局局长马军胜，中国邮政集团公司总经理刘安东，省委常委、副省长王军民陪同调研。

5月19日，交通运输部党组成员、国家邮政局局长马军胜赴山东平度实地考察邮政农村物流工作。

5月25～26日，全国推广山东邮政发展农村物流经验现场会在山东青岛召开，中共中央政治局委员、国务院副总理张德江出席会议并作重要讲话，强调要深入贯彻落实科学发展观，认真总结推广山东发展农村邮政物流的经验做法，充分发挥邮政优势，积极服务"三农"，深化改革、加快发展，做大做强农村邮政物流，为建设社会主义新农村和保持经济平稳较快发展做出更大贡献。

5月18日，山东省经济贸易委员会下发《关于印发山东省现代物流业振兴发展规划重点项目的通知》，顺丰速运（集团）有限公司潍坊分拨中心（项目投资7500万）和济南元智捷诚快递有限公司济南仓储中心（项目投资5000万）两个项目成为列入规划的重点建设项目。

6月21日，山东政府办公厅印发了《关于扶持邮政业发展有关问题的通知》，对促进山东邮政业又好又快发展提出了一系列政策措施。

7月13日，全国快递业务员第一期师资骨干培训班在山东举办。

7月15日，山东省邮政管理局召开驻鲁部队邮政通信服务暨庆"八一"座谈会。

7月24日，山东省政府办公厅转发了省邮政管理局、发展改革委、经济和信息化委、财政厅、交通运输厅、农业厅、工商局、安监局、法制办、食品药品监管局十部门联合下发的《关于推动山东省农村邮政物流发展的实施意见》（鲁政办发〔2009〕55号），进一步明确细化政策措施，支持邮政企业发挥自身优势，完善物流连锁配送渠道，做大做强农村邮政物流。

8月29日，全国首批快递业务员职业技能鉴定试考在山东开考，来自省内67家快递企业的1185名快递业务员在全省六处考点同时参加理论知识考试和实际操作笔试部分考试。

9月22日，山东省邮政管理局召开山东贯彻实施《中华人民共和国邮政法》座谈会，山东省委宣传部、省人大法工委、城环委和省政府法制办、省公安厅、省国家安全厅、省交通运输厅、省工商局、济南军区司令部等22家部门、单位以及省邮政公司和部分快递企业代表参加了会议。

10月23日，山东召开2010年度全省重点党报党刊发行工作电视电话会议。省委常委、宣传部长李群出席会议并作重要讲话，省纪委、省委办公厅、省委组织部、省委宣传部、省邮政管理局等省直有关部门负责同志、中央驻鲁主要新闻单位记者站（分社）、省直有关新闻单位负责同志在主会场参加会议，各市设分会场。

12月29日，在山东省民政厅召开的省管社会组织座谈会上，山东省快递协会被省民政厅评为2008年度省管社会组织年检优秀单位，并授予"优秀社会团体"奖牌。

（山东省邮政管理局）

河南省邮政发展与管理

【邮政发展统计】

指标名称	单位	数据
邮政行业业务收入	万元	608200
其中：快递业务收入	万元	83972
函件业务量	万件	19786.04
快递业务量	万件	4141.52
从业人员	人	47970
其中：快递从业人员	人	7619
营业网点	处	3576
其中：快递营业网点	处	1038

注：邮政行业业务收入中未含邮政储蓄银行直接营业收入

【邮政发展情况综述】

一、河南邮政业总体发展情况

2009年，河南邮政全行业业务收入完成60.82亿，较上年增长28.26%。其中：河南省邮政企业完成业务收入58.31亿元，较上年增长27.39%。河南规模以上快递企业（含邮政EMS）完成业务收入8.39亿元，较上年增长 20.72%。

（一）邮政企业发展情况

省邮政公司被省政府确定为全省服务业 50 强企业，连续四年被评为“全省政风行风建设先进单位”，连续三年综合考核成绩居全省公共服务行业第二名，2009 年又被省政府确定为“免评单位”。截至 2009 年底，全省邮政企业共有营业网点 2530 个，投递段道 7639 条，投递里程 25 万公里，基本覆盖了全省城乡。全省楼房安装信报箱的有 92815 幢，约占楼房总数的 12 %。2009 年补建信报箱 17.17 万户，建成信报箱总户数达到 47.95 万户，省辖市区信报箱平均覆盖率超过 30%，较年初提高 15 个百分点。

（二）快递企业发展情况

2009 年，虽然经济危机对快递企业影响较大，但随着法制、政策和发展环境的不断优化，企业不断加大资金投入，加快基础设施建设，加大营销力度，强化内部管理，提高服务质量和服务水平，全省快递业整体保持了平稳较快的发展态势。据统计，截止目前，全省具有独立网络品牌的快递企业 25 家，快递经营单位 427 家，快递业务的法人企业有 85 家，省一级分公司 15 家。快递服务市场已经形成国有、民营、外资等经营主体“三足鼎立、多元竞争”的格局。

二、存在问题

（一）全省邮政业的发展水平还不能很好地满足人民群众不断提升的用邮需求，不能很好地适应经济社会的发展需要；基础能力建设和信息化管理水平需要进一步提高。

（二）邮政改革有待继续深化，影响行业发展的一些深层次矛盾还有待解决。

（三））快递企业数量多，发展迅速，但整体规模不大，人员少，资金不充足，抗风险能力较差，实物传递网络不完善，管理水平不高，经营不规范，服务质量参差不齐。有序竞争的格局尚未形成，违法经营的现象有时发生，干扰了市场秩序。

（四）邮政行业管理水平还不能很好地适应行业发展改革的需要，依法行政能力有待提高，《邮政法》贯彻实施有待全面加强。

【监管工作】

一、法律法规宣传贯彻

（一）积极向地方政府和有关部门汇报《邮政法》出台的相关情况，争取落实新法扶持邮政业发展的规定。组织承办了河南省人大召开的贯彻实施《邮政法》暨庆祝第四十届“世界邮政日”会议。省人大常委会副主任刘新民在会上就贯彻实施《邮政法》作出重要讲话。

（二）全方位多渠道开展《邮政法》实施系列宣传活动。在省局网站开辟了新《邮政法》宣传专栏，局领导接受了省政府门户网站联合大河网的特别邀请，以“解读新《邮政法》”为主题接受专访，与网友进行了在线交流，并在《河南日报》发表署名文章宣传新《邮政法》的实施。

（三）组织开展了机关、行业、社会多层面的《邮政法》学习活动。一是组织全局干部认真学习新《邮政法》和配套法规标准。二是和省邮政公司召开联席会议，就邮政企业对新《邮政法》的学习培训和宣传贯彻工作提出了明确要求。三是通过组织会议、培训班，在局政务网站、《快递信息》、《普遍服务监督信息》上刊载学习内容等多种形式，向邮政公司、各快递企业和邮政社会监督员宣传贯彻新《邮政法》内容和精神。

二、政策扶持保障

（一）省政府领导高度重视支持邮政发展。山东青岛会议之后，省政府张大卫副省长多次亲自主持召开专题会议，听取省邮政管理局和省邮政公司关于全省邮政发展总体情况的汇报，研究省政府支持河南邮政发展的优惠扶持政策，并深入信阳、驻马店等地区，实地调研邮政服务工作，要求各级政府部门要在规划、政策、资金、土地等方面，为河南邮政发展营造良好的外部环境。

（二）省七厅局委联合发文支持发展农村邮政物流。2009 年 10 月份，省邮政管理局与省发展改革委、财政厅、农业厅、商务厅、交通运输厅、工商局等七厅局委联合制定了《河南省加快农村邮政物流发展实施意见》（豫政办〔2009〕151 号），并由省政府办公厅予以转发，在政策上解决了“农资行业注册资质难”、“农产品运输配送难”、“分支结构经营注册难”等一系列问题，大力推动河南农村邮政物流发展。

（三）邮政普遍服务网点建设列入民生工程。农村“村邮站”和邮政基础设施空白乡镇局所补建工作被纳入省政府民生工程，并列入 2010～2012 年省政府为民办好的十大实事之一。省政府研究决定，2010～2012 年三年分批完成 30000 个农村“村邮站”建设，其中 2010 年全省完成 10000 个“村邮站”，每年由省财政拨付 3000 万专项资金，用于补贴“村邮站”建设和运行管理。

（四）省、市、县政府加快推进信报箱建设。2009 年，省邮政管理局多次同省政府、省建设厅、省邮政公司联合开展督查活动，并与省邮政公司联合召开信报箱建设专题联席会议，建立了信报箱建设进度台帐，定期通报信息，按照目标落实进度，有效推动了工作的开展。郑州市专门成立了邮政信报箱建设领导小组和办公室，召开了郑东新区信报箱建设观摩会。郑州市政府还将信报箱建设工作列入了 2009 年度为民办十件实事范围，由市财政出资为 118 个拆迁安置小区和困难破产企业家属院免费安装 6 万个信报箱，截至 2009 年年底，已建成信报箱达 40 万户；新乡市政府专门成立了由副市长担任组长的信报箱建设工作领导小组，制定了城区 7 万多户信报箱的建设和补建工作计划；焦作市邮政局在市政府的大力支持下，积极沟通主要楼房住宅区产权单位，较快地推进了建设步伐。

（五）制定邮政普遍服务发展中长期规划。省发展改革委牵头组织交通、邮政等部门，编制了全省邮政普遍服务中长期发展规划，将邮政普遍服务网点等基础设施的布局和建设纳入城乡建设规划，要求县、乡政府在土地征用上予以划拨，在选址上满足邮政网点建设以及当地群众和政府的用邮需求。

（六）完成河南邮政物流"十二五"规划编制工作。以省政府制定《河南省现代物流业"十二五"发展规划》为契机，把邮政物流（快递物流、农村邮政物流、一体化物流）发展作为第九章纳入了规划。

（七）省政府办公厅转发《河南省解决快递服务车辆通行问题的意见》。省政府办公厅转发了省局联合省交通运输厅、公安厅、工商局制定的文件《河南省解决快递服务车辆通行问题的意见》，"快递运营车辆办证难"、"厢式货车进城难"、"揽投车辆停靠难"得到解决。

三、普遍服务监督

（一）2009 年，省管理局围绕"保障和监督并举，全面提升邮政普遍服务水平和质量"的总体工作思路，积极争取省委、省政府支持邮政企业提供邮政普遍服务义务的政策措施，以邮政局所设置、邮件全程时限、用户满意度、机要通信安全等为重点，按照国家邮政局工作安排，全年监督检查县市 53 个，邮政服务网点 102 处，监督检查 87 人次，缮发《邮政普遍服务限期整改书》38 份，处理各类问题 52 条，编撰 2009 年度邮政普遍服务监管报告和机要通信监管报告并上报国家邮政局，有效促进了邮政普遍服务和特殊服务水平和质量的进一步提高。

（二）多方联系，全力推动城市信报箱建设。5 月份召开了与省邮政公司的普遍服务和特殊服务联席会议，专题研究信报箱建设问题。此后多次同省政府基本建设门、省建设厅、省邮政公司联合开展了督查活动，并建立了信报箱建设进度台帐，定期通报信息，按照目标落实进度，有效推动了工作的开展。截止 12 月底，全省补建信报箱 17.17 万户，已建成信报箱户数达到 47.95 万户，省辖市城区信报箱平均覆盖率超过 30%，较年初提高了 15 个百分点，较 2007 年底提高 25 个百分点。

（三）目标明确，推进农村邮政基础设施建设。5 月份，省管理局组织调研组深入林州市调研当地邮政企业"以邮养邮"的"村邮站"建站模式。10 月中旬，在省政府办公厅转发的省邮政管理局等七厅局联合制定的《河南省加快农村邮政物流发展实施意见》（豫政办〔2009〕151 号）中，明确提出了在 2012 年年底前全部完成 138 个邮政基础设施空白乡镇的邮政局所补建和 29 个县(市)、447 个乡镇营业面积较小、条件简陋的邮政局所改造工作，完成 30000 个建制行政村"村邮站"的建设目标；三是 10 月下旬在向主管省长的专题汇报会议上，确定了"邮政普遍服务+邮政物流配送"的新型"村邮站"建站模式，由省发改委牵头制定规划并列入 2010 年政府为民办好的实事，同时启动了相应试点的建设工作。

（四）加大扶持力度，推动农村邮政物流发展。省管理局联合省发展改革委、财政厅、农业厅、商务厅、交通运输厅、工商局制定了《河南省加快农村邮政物流发展实施意见》，并由省政府办公厅以豫政办〔2009〕151 号文件予以转发。明确了加快农村邮政物流发展的指导思想和发展目标，《意见》确定了当前工作重点及具体的扶持政策。要求全省高度重视农村邮政物流发展，使其成为农村物流的生力军和骨干力量，到 2012 年基本建成"布局合理、双向高效、种类丰富、服务便利"的农村邮政物流服务体系。

（五）突出重点，开展邮政普遍服务和特殊服务监督。一是组织开展了省内邮件时限监测。9～10 月间，对全省 18 个省辖市间和 31 个县（市）与省会郑州间信函的传递时限进行了测试。信筒（箱）开取合格率达到 89.3%，收寄日戳合格率达到 99.52%，投递日戳合格率达到 89.47%，省辖市间传递时长平均 1.9 天，省会郑州与县（市）间传递时长平均 2.4 天，信件传递不超过 6 天的所占比例为 98.88%，平常信件损失率 3.17%。其中日戳盖销合格率、平常信函损失率等多项指标较 2008 年有大幅改善。二是组织开展邮政基本资费专项检查。5～6 月份对鹤壁、洛阳、平顶山、安阳 4 个地市的 13 个市区邮政局所、7 个县城邮政局所和 9 个乡镇邮政局所共 29 处营业网点进行了监督检查。各项资费公示、出售品销售等情况均符合相关规定，未发现强迫或变相迫使用户使用高资费业务、强行要求用户使用其包装箱用品、擅自设立收费项目或者制定收费标准等问题。三是建立邮政机要通信联席会议制度。9 月份，省管理局会同省国家保密局、省机要通信局召开了邮政机要通信工作联席会议，进一步宣传贯彻《邮政法》和《邮政机要通信保密管理规定》，就执行新法、新规和做好当前邮政机要通信生产组织和监督管理，解决省机要通信局独立作业生产场地和减免运送机要邮件车辆路桥费等问题展开了深入的研讨。四是配合开展省会城市机要函件时限测试。5 月 18～22 日连续 5 天在省机要局营业窗口交寄机要函件 150 件，在随后的接收登记中共收到全国其它省会城市测试邮件 150 件，无一丢失和封装破损。五是组织开展省内邮政机要通信投递环节检查。6～7 月间，以保密安全"四率"（交接手续合格率、封装破损率、绝密件双人投递率、安全携带合格率）为重点，对郑州、洛阳、平顶山 3 个市的机要通信网点、6 个投递段道、21 个投递交接点进行了监督检查。除有部分投递人员和用户反映个别厂家封装用品质量相对较差外，其他方面基本符合相关规定。六是组织开展邮政机要封装用品检查。9 月 8～11 日，共检查了 23 个省的进口机要件 386 件，其中：343 件信封、39 件纸包、4 件包装箱，超额完成国家局下达检查数量的要求，并按照要求做好相关汇总，按时上报国家邮政局。七是组织开展党报党刊发行监督工作。10月22日，在郑州召开了2010年度全省党报党刊发行工作会议，省委宣传部部长孔玉芳出席会议并做重要讲话，省、市宣传、新闻出版、邮政、党报党刊社等相关领导负责同志参加了会议。省管理局副局长訾小春，在会上对省邮政管理部门和邮政企业共同做好2010年党报党刊发行工作提出具体要求。八是积极指导，完善体系，开展邮政社会监督。2009年，国家邮政局在河南聘请监督员累计达到114名，覆盖全省17个省辖市、75个县市(含1个省直辖县级市)，覆盖率达到73.02%。省管理局继续完善"划区组织、分层管理"的监督员管理体制，组织全省监督员开展了国庆60周年邮件寄递安全社会监督、学习宣传贯彻《邮政法》和《邮政普遍服务标准》、监督员区域协作组异地监督等多项专项活动。全年监督员共监督检查邮政服务网点2382处次，邮票销售窗口584处次，机要营业网点35次，抽查邮资凭证印制产品质量50余次，走访各类用户2854位，反馈有效问题31个，邮政企业逐一进行了整改，有效促进了邮政普遍服务质量的提高。

四、邮政市场监管

（一）2009年，省管理局认真贯彻落实全国邮政工作会议精神和全国邮政市场监管工作会议精神，紧紧围绕张德江副总理提出的"深化改革，做大做强快递物流业"和国家邮政局马军胜局长提出的"提升服务、提高效能，促进邮政行业科学发展"的总体要求，深刻分析邮政业监管工作面临的新形势和新任务，结合河南实际，认真组织开展"规范管理年"活动，全面履行市场监管职能；继续深入开展快递达标活动，巩固和提升快递企业的服务管理水平；落实快递企业备案工作，进一步规范快递企业的经营资格；重申行业自律规定，维护快递市场秩序；依法规范市场检查行为，全面履行市场监管责任；建立部门协作机制，加强安全监管。圆满完成了各项工作任务，快递企业发展和管理工作上了一个新台阶。

（二）维护信件寄递业务专营权。2009年5月，河南省邮政管理局开展了维护信件寄递专营权的专项检查活动。专项检查期间，河南省邮政管理局检查河南省内18地市快递企业104家，出检108人/次，行程约7200公里，下发整改通知12份，暂扣疑似信件52封，发现1起违法收寄信件行为，行政罚款5000元。通过这次专项检查活动，进一步加强了快递市场监督管理，规范快递市场经营秩序，维护了信件寄递专营权。

（三）全面开展"快递规范管理年"专项检查。为规范市场监督检查工作，履行市场监管责任，管理局制订了《河南省邮政市场监督检查管理办法（试行）》，将法定市场检查监督的内容规范为四类十八项，明确了日常检查的范围、频次和方法，全面落实了法规赋予行业管理部门的监督检查责任，将过去随机性检查转变为常态化的制式检查。

管理局依据《河南省邮政市场监督检查管理办法（试行）》，通过生产现场检查与实寄测试相结合的方式，按照经营资格、快递服务、快递安全和基础管理等四个方面、十八大项、七十四小项检查内容，对各快递企业开展了一系列检查活动。4月，对许昌市的申通、顺丰、中通等三家快递公司进行了检查；7月，对郑州市的联邦，漯河市的申通、汇通、顺丰，信阳市的申通、天天、中通、汇通、中诚、圆通、韵达十一家快递公司进行了检查；11月，对郑州市的安达信，许昌市的安达信、中通、申通、天天，平顶山市的安达信、中通、宅急送、顺丰九家快递企业逐项逐条进行了检查。

检查之后，省局公布了各快递企业合格率的具体指数，对在经营管理中存在的较好方面给予了肯定和赞扬，也指出了在经营备案、生产现场安全与管理、超范围收寄快件、低于公示价格收寄快件、服务人员着装、运单填写等各方面存在的问题，并针对问题下达了整改通知，要求其在规定时间内完成整改。省局把检查合格率在80%以下、生产现场存在安全隐患及未严格执行收寄验视的企业列为重点检查对象，将对其进行重点复查。

（四）全面做好2009世界邮展邮路寄递安保工作。省邮政管理局与省安全厅联合下发《关于做好"中国2009世界集邮展览"物品寄递安全工作的通知》和《关于进一步做好"中国2009世界集邮展览"期间洛阳市非邮快递企业进口快件安全检查工作的通知》的传真电报，全面启动中国2009世界邮展邮路寄递安全保障机制。并组成联合安全检查小组，采取现场检查、巡回检查和实寄测试等方式，对4月1日至4月20日寄往邮展村、邮展区、党政军机关等重点区域和重要部门的邮件和快件全部进行了安检，共检查各类邮件和快件50余万件(对其中发现的禁寄管制刀具六起七把及时交有关部门做了妥善处理)，圆满完成了邮展期间物品寄递安全检查任务。

（五）全面做好国庆60周年全省邮路安保工作。管理局成立了寄递安全领导小组，召开了全省邮政业安全工作会议，发布了一系列文件、通知等，要求各快递企业要严格执行《禁寄物品指导目录及处理办法（试行）》，认真落实收寄验视制度；制定了《河南省邮政业寄递安全联合执法检查实施方案》，要求快递企业按照方案的检查项目内容，认真做好自查自纠；修订完善《河南省邮政业突发事件应急预案》，并指导快递企业制定和完善突发事件应急预案，初步建立上下衔接的突发事件应急预案体系。《河南省邮政业突发事件应急预案》已呈报省政府。

为确保国庆60周年邮路寄递安全，省局加强安全管理，加大检查力度。2009年9月至10月，省局联合检查小组对34家快递企业进行了实地检查和实寄测试，出检102人次，出检30天，下发通报3期，发现问题16个，现场整改10个，下发整改通知书6份；组织全省114名邮政特邀监督员，开展为期一个月的邮件寄递安全专项监督检查；每周对安全检查情况以河南省安全寄递办公室名义进行通报，共编发6期检查通报。

（六）消费者申诉。2009年河南省邮政业消费者申诉受理中心全年共受理消费者有效申诉389件，有效申诉为197件，其中邮政普遍服务22件，申诉的主要问题是服务态度和包件延误问题；快递申诉175件（含社会快递公司），申诉的主要问题是快件延误和快件丢失短少问题。

（七）快递服务满意度调查。2009年，国家邮政局委托零点调查公司在全国范围内对国内省际间快递服务满意度进行了调查，涉及郑州的快递企业有邮政EMS、顺丰、民航、圆通、中通、申通、汇通、宅急送、全一、天天、韵达十一家快递公司。郑州快递服务总体满意度63.4分，在全国排名第二十三位。郑州快递服务公众满意度66.9分，在全国排名第二十位。郑州快递服务实测满意度59.9分，在全国排名第二十位。

（八）快递企业寄递服务实寄测试。2009年，河南省邮政管理局针对全省快递企业实际服务状况在总结2008年测试经验的基础上，编写了《河南省快递企业寄递服务测试使用手册》。2009年5月11日、12日、13日，使用《测试手册》对全省网络型快递企业省内服务情况进行了实寄测试。被测试的快递企业有河南邮政EMS、顺丰、中外运、申通、宅急送、圆通、中通、汇通、中诚、全一、天天、韵达、安达信十三家快递公司。十三家快递企业综合平均得分为84.87分。获得前五名的快递企业分别是邮政EMS、河南顺丰、河南汇通、郑州圆通、郑州中通。

（九）组织开展快递业务员职业技能鉴定工作。经省有关部门批准，省局成立了河南省邮政行业职业技能鉴定中心。已完成了省职鉴中心事业单位登记，完成了两期快递业务骨干培训。2009年12月20日，河南省快递业务员职业技能鉴定考试在郑州顺利举行，来自全省22家快递企业的698名业务员报名参加了考试，考试人员占全省应考人数的13.2%，考试过关率达到65%。

【重大事项、事件】

1月6日，全省首批快递达标企业颁证授牌仪式在郑州举行。省快递协会对首批13家通过达标验收的快递企业颁证授牌表彰。

1月9日，河南省人大召开了邮政“一法两条例”执法调查活动总结暨纪念《河南省邮政条例》颁布实施三周年座谈会。

1月10～11日，2009年全省国家邮政局特邀监督员座谈会在郑州召开。

1月12日，召开“河南省快递企业统计工作座谈会”，对我省邮政业统计制度实施以来的统计工作情况进行了通报，对评选出的11家河南省快递统计先进单位进行了表彰。

1月22日，召开河南省邮政管理局2009年工作会议暨党风廉政建设工作会议。

2月5日，省局《邮政社会监督信息》正式创刊。

2月16日，发文《关于在两会期间做好我省物品寄递安全工作的通知》，要求各快递企业在“两会”期间要明确专人负责物品寄递安全工作，加强对寄递物品安全和收寄验视制度落实的检查。

2月20日，市场监管处对省内12家快递企业的快递价格进行了调查。

2月25日，就快递企业办理道路运输经营许可证问题与河南省交通厅道路运输局有关部门协商，对全省快递企业办理“两证”进行规范。

3月27日，召开了全省重点快递企业座谈会，23家重点快递企业负责人参加了会议。会上，杨汉振局长传达了《国务院办公厅关于印发国家邮政局主要职责内设机构和人员编制规定的通知》、《国家邮政局关于转发国务院物流业调整和振兴规划的通知》、国家邮政局2009年工作会议精神和河南省邮政管理局工作会议精神。

3月27日，河南省快递协会第二次会长办公会议在郑州召开。

4月10～16日，中国2009世界集邮展览在洛阳成功举办。

4月13日，联合河南省快递协会召开部分民营快递企业座谈会，研讨解决快递价格自律、季度经营分析报告、资源共享和加盟企业中建立网络管理安全制度问题。

5月18日，省邮政管理局致函省公安厅协商解决快递企业运输途中快件被盗问题。5月21日，公安厅领导批示有关部门办理。

5月18日起，连续5天开展了全国省会城市间机要函件寄递时限的测试工作，在省机要局营业窗口交寄机要函件150件，收到全国其它省会城市测试邮件150件，无一丢失和封装破损。

5月20日，组织调研组深入林州市，对当地邮政企业“以邮养邮”的“村邮站”建站模式进行了调研总结。与河南省出入境检验检疫局、河南省安全厅、郑州海关等相关单位的负责人和国际邮件处理中心主任进行座谈，联防联控防止疫情疫病有毒有害物质传入。

5～6月份，开展了邮政资费第一阶段专项检查，对鹤壁、洛阳、平顶山3个地市的7个市区邮政局所、4个县城邮政局所和4个乡镇邮政局所共15处营业网点的资费执行情况进行了监督检查。

5月26日，河南省快递协会召开了重点快递企业座谈会议，传达贯彻国家邮政局学习宣传贯彻《邮政法》电视电话会议及中国快递协会《关于学习贯彻实施新修订<邮政法>的通知》精神。

6月6～7月，组织开展了机要邮件投递环节专项检查，以保密安全“四率”（交接手续合格率、封装破损率、绝密件双人投递率、安全携带合格率）为重点，对郑州、洛阳、平顶山 3 个市的机要通信网点、6 个投递段道、21 个投递交接点进行了监督检查。

7 月 2 日，杨汉振局长接受省政府门户网站联合大河网的特别邀请，以“解读新《邮政法》”为主题接受专访，并与网友进行了在线交流。

7 月 4 日，召开了河南省快递企业《邮政法》宣贯大会；河南省快递协会召开了一届二次会员大会。

7 月 16 日，召开了全省宣贯《邮政法》座谈会。

7 月 18～19 日，在郑州举办了 2009 年新聘监督员培训班。

8 月 17～24 日，会同省邮政公司对全省邮政基础设施空白乡镇进行了摸底调查，建立了空白乡镇的基础台帐，并按照国家局要求完成了未设邮政局所乡镇的问卷调查工作。

8 月 18～19 日，在郑州举办全省邮政用品用具标准培训班。

8 月 20 日，组织召开全省邮政业安全工作会议。

8 月 20 日至 10 月 20 日，河南省邮政管理局向省政府呈报了《河南省邮政业突发事件应急预案》，制定印发了《河南省邮政业寄递安全联合执法检查实施方案》，联合省反恐办、安全厅、公安厅对省内各快递企业邮路寄递安全组织联合检查，确保建国 60 周年邮路寄递安全。

8 月 22～23 日，省邮政行业职业技能鉴定指导中心、省快递协会在郑州联合举办了河南省第一期快递业务员培训班。

9 月 2 日，会同省国家保密局、省机要通信局召开邮政机要通信工作联席会议。

9 月 5 日至 10 月 22 日，组织全省六大监督员区域协作组以学习宣贯《邮政法》、《邮政普遍服务》标准和开展监督员报表会审、国庆邮件寄递安全专项监督为重点，开展了六个区域监督组的专项活动。

9 月 8～11 日，组织开展了机要封装用品专项检查。根据国家邮政局方案安排，共检查了 23 个省的进口机要件 386 件，并进行了初步汇总统计，按时上报国家邮政局。

9 月 9～10 日，省邮路寄递物品安全监管工作联合领导小组办公室工作人员分别对郑州市四家快递企业贯彻落实河南省邮政业安全工作会议的情况进行抽查。

9 月 1 日至 10 月 20 日，组织开展了国庆 60 周年邮件寄递安全社会监督专项活动。

9 月 28 日，河南省贯彻实施《邮政法》（修订）暨庆祝第四十届“世界邮政日”会议在郑州召开。省邮政管理局召开《快递业务经营许可管理办法》宣贯培训会议。

9 月 28 日，对全省 100 多家具有法人性质的快递企业就《快递业务经营许可管理办法》的有关内容进行了培训，按照《邮政法》的要求，于 2009 年 10 月 1 日正式实施快递业务经营许可。

9～10 月，对全省 18 个省辖市间和 31 个县（市）与省会郑州间信函的传递时限进行了测试。共抽测信筒（箱）89 个，邮政营业网点 89 个，完成有效测试信件共计 4219 封。其中日戳盖销合格率、平常信函损失率等指标较 2008 年有大幅改善。

9～10 月，开展了邮政资费第二阶段专项检查，对安阳、鹤壁 2 个市的 6 个市区邮政局所、3 个县城邮政局所和 5 个乡镇邮政局所共 14 处营业网点的资费执行情况进行了监督检查。

10 月 16 日，联合省发展改革委、财政厅、农业厅、商务厅、交通运输厅、工商局等六厅局委制定了《河南省加快农村邮政物流发展实施意见》，并由省政府办公厅以豫政办〔2009〕151 号予以转发，明确提出了农村邮政基础设施补扩建和村邮站建设目标，到 2012 年，基本建成“布局合理、双向高效、种类丰富、服务便利”的农村邮政物流服务体系。

10 月 22 日，2010 年度全省党报党刊发行工作会议在郑州召开，省委常委、宣传部部长、副省长孔玉芳出席会议并做重要讲话。省、市宣传、新闻出版、邮政、党报党刊社等相关领导负责同志参加了会议。省管局訾小春副局长出席会议。

10 月 23 日，省政府张大卫副省长主持召开会议，听取我省邮政业发展情况专题汇报，研究省政府支持我省邮政业发展的优惠扶持政策。

10 月 27 日，根据国家邮政局邮政行业“十二五”规划工作全国电视电话会议精神，河南省邮政管理局启动了河南快递业“十二五”规划的编制。

12 月 4 日，河南省政府办公厅转发省邮政管理局联合省交通运输厅、公安厅、工商局制定的文件《河南省解决快递服务车辆通行问题的意见》，“快递运营车辆办证难”、“厢式货车进城难”、“揽投车辆停靠难”得到解决。

12 月 15 日，经省人民政府审核批准，《河南省邮政业突发事件应急预案》印发执行。在全省初步建立应急预案体系。

12 月 20 日，河南省快递业务员职业技能鉴定考试在郑州举行，来自全省 22 家快递企业的 698 名业务员报名参加了考试。

12 月 20～23 日，配合国家邮政局、住房和城乡建设部信报箱抽样调查试点工作组，对我省郑州市、周口市、永城市、永城市双桥镇的信报箱建设情况进行了抽样调查。

12 月 31 日，召开“河南省快递企业统计工作培训会”。

（河南省邮政管理局）

湖北省邮政发展与管理

【邮政发展统计】

指标名称	单位	数据
邮政行业业务收入	万元	320509.7
其中：快递业务收入	万元	83863.7
函件业务量	万件	14474.1
快递业务量	万件	3840.3
从业人员	人	30503
其中：快递从业人员	人	5732
营业网点	处	2358
其中：快递营业网点	处	1279

注：邮政行业业务收入中未含邮政储蓄银行直接营业收入

【邮政发展情况综述】

2009年，全省邮政业务收入达到32.05亿元（不包括邮政储蓄银行直接营业收入），同比增长13.91%。其中全省规模以上快递企业实现业务收入8.39亿元，同比增长25.37%，占行业总收入的比重达26.18%。

邮政普遍服务平稳发展。全年函件业务量14474.14万件，包裹196.59万件，机要61.11万件，报纸51744.17万份，杂志5569.46万份，汇兑604.31万笔。邮政网络支撑能力持续增强，营投网络建设力度不断加大，全年购置营业网点8处，改造邮储骨干网点81处，安排投递网建设资金851万元，改造城市投递站点14个，新增投递汽车150辆，完成180个城区站点投递信息系统上线工作。完成机要通信、党报党刊发行、义务兵函件免费服务和盲人读物免费服务等工作。

快递市场加快发展。全省规模以上快递企业业务总量为3840.25万件，同比增长12.73%。其中，国内同城业务总量874.45万件，同比下降9%；国内异地业务总量2913.77万件，同比增长20.62%；国际及港澳台业务总量52.03万件，同比增长72.17%。

【监管工作】

一、加强法制建设

先后三次协助配合规模较大的法制调研活动。2月，全国人大调研组就《邮政法》（修订草案）的修订工作来湖北调研，听取相关省直部门及部分全国、省人大代表的修改意见，召开座谈会，并深入省内进行实地考察。6月，中编办、交通运输部和国家邮政局组成的健全省以下邮政监管体制调研组来湖北调研，省邮政管理部门向调研组作了专题汇报，配合调研组组织召开相关部门座谈会。12月，国务院法制办等六部委就邮政专营范围到湖北调研，视察了邮政企业和快递企业的生产现场，召开由邮政企业、快递企业、消费者协会和部分用户代表参加的座谈会。修改后《邮政法》出台后，面向局机关、企业和社会三个层次加强了《邮政法》的宣传贯彻工作。在《湖北日报》上组织策划两期专版，省人大常委会副主任任世茂和副省长段轮一先后分别发表署名文章，要求各地各部门高度重视和切实贯彻实施好《邮政法》。邮政管理局领导就宣传《邮政法》，先后接受了湖北省人民政府网在线访谈、湖北电视台、省人民广播电台、湖北日报、省荆楚网等省内10余家新闻媒体的专访。与省人大、省政府法制办有关领导和《湖北省邮政条例》课题组专家举行座谈、调研，完成《湖北省邮政条例》的起草工作。草拟《湖北省边远地区邮政普遍服务标准》意见征求稿。多次完成国家邮政局、地方政府布置的各类过路法规制度的讨论、修改、意见汇总和反馈工作。

二、支持行业发展

出台一系列支持邮政业发展政策。湖北省委在《关于贯彻落实党的十七届三中全会精神加快农村改革发展的实施意见》中提出支持发展全省农村邮政事业。联合省委农办、省农垦局等部门出台《关于大力发展村邮站加快新农村建设的实施意见》、《关于进一步做好全省农垦系统邮政服务工作的意见》等相关政策支持农村邮政发展。联合省建设厅落实城镇居民楼房住宅区信报箱建设工作，全省新建城镇居民楼房住宅区邮政信报箱的配置率达到90%以上。贯彻全国推广山东邮政发展农村物流经验现场会精神，副省长田承忠主持召开专题办公会研究布置全省农村邮政物流发展举措，省政府办公厅出台了以省邮政管理局牵头的《关于推动全省农村邮政物流发展的意见》，并在荆州召开了全省农村邮政物流发展现场会，加快了全省农村邮政物流业务发展。协调邮政企业积极参与全省新农村建设，加快仙洪试验区农村物流业务发展，在仙洪试验区内建成“三农”服务站自营店和加盟代办店100余个。联合省财政厅对2008年度省邮政公司落实2000万元邮政普遍服务财政补助资金项目进行检查，并审核了2009年度邮政普遍服务财政补助资金项目。联合团省委组织开展邮政行业“青年文明号”活动，全省邮政行业已创建“青年文明号”国家级10个、省级42个。

三、加强普遍服务监督

开展全省邮政资费执行情况检查，并对8个地级市、6个县市共34个邮政营业窗口实行跟踪检查。在全省开展邮政局所增减变化监督检查。开展邮件时限监测，对省内信函市州之间、市州到县市之间、县市之间的全程传递时限开展监测。开展用户满意度评价，组织对全省17个市州及所辖的23个县市缮发用户意见征询函，综合测评全省邮政用户满意度为79.05分。全省聘请邮政特邀监督员70名，举办两期邮政特邀监督员培训班，制定施行了《湖北省邮政特邀监督员履职积分考核暂行办法》。落实国家局和国家保密局关于邮政机要通信保密管理的规定，会同省邮政公司机要局开展对全省机要通信服务质量、安保措施落实情况、封装规格执行情况的重点检查。加强新邮发行、销售的监督检查，对建国 60 周年等重大题材新邮发行进行重点检查。将党报党刊发行纳入普遍服务常规监督检查中，协助省委宣传部做好党报党刊发行的组织工作。

四、加强快递市场监管

联合省直相关部门开展全省邮政业安全检查工作，对全省 15 个地级以上城市的 126 家快递公司进行联合执法检查，对不合格企业下达整改通知书。召开全省邮政业安全工作布置会，与 35 家快递公司负责人签订确保国庆邮路安全责任书。联合相关部门对武汉市内的快递企业集中开展国庆节前安全检查工作。积极配合防控应对甲型 H1N1 流感和"扫黄打非"工作。制定《湖北省邮政业突发事件应急预案》和《工作方案》，并组织企业制订本公司的突发事件应急预案和响应工作启动程序。联合地方工商部门对快递企业开展执法检查，对 4 家涉嫌违规经营的快递企业依法立案调查并移送当地工商部门处理。加大对违法违规行为的处罚力度，全年共立案查处 6 起。加强邮政用品用具市场的监管，完成企业生产监制证的换证工作。指导快递行业协会开展两批《快递服务》达标验收工作，共评定 16 家快递企业通过《快递服务》达标验收。完成快递企业备案信息系统数据上线工作，全省备案快递企业达 274 家。启动了快递业务经营许可工作。组织编印《湖北快递服务指南》，服务广大企业和消费者。

【重大事项、事件】

1 月 18～20 日，全国人大常委会委员、常委会副秘书长、法律委员会副主任委员乔晓阳和全国人大常委会法制工作委员会副主任安建率领调研组，就《邮政法》(修订草案）的修改意见在湖北进行调研。国家邮政局局长马军胜、副局长徐建洲，湖北省人大常委会副主任刘友凡参加调研。湖北省邮政管理局李庭中局长、刘忠民副局长陪同调研，李庭中局长作了专题汇报。

5 月 18 日，经湖北省事业单位登记管理局批准，湖北省邮政行业职业技能鉴定中心正式成立。

5 月 31 日，湖北省副省长田承忠主持省长办公会，研究布置全省推进农村邮政物流发展工作，对做好全省农村邮政物流发展工作提出明确要求。李庭中局长汇报了全国推广山东邮政发展农村物流经验现场会精神和张德江副总理讲话精神，提出了湖北省贯彻会议精神的建议。省发改委、财政厅、交通厅、商务厅、农业厅、工商局、供销社、邮政公司等部门负责人参加会议。

6 月 16～18 日，由中央编办、交通运输部、国家邮政局组成的健全省以下邮政监管体制调研组深入湖北调研。湖北省邮政管理局李庭中局长、刘忠民副局长陪同调研，李庭中局长作了专题汇报。

8 月 14 日，湖北省邮政管理局局长李庭中作客湖北省人民政府门户网站，就新《邮政法》中社会普遍关注的邮政服务、消费者权益保障、损失赔偿等问题做了解读，与在线网友进行沟通交流。

9 月 11 日，湖北省副省长段轮一在《湖北日报》发表题为《宣传贯彻实施新〈邮政法〉，促进邮政业平稳较快发展》的署名文章，要求各地、各有关部门切实增强责任感，相互配合，通过深入宣传贯彻实施新《邮政法》，促进全省邮政业平稳较快发展。

9 月 24 日，湖北省委农办联合省邮政管理局出台《关于大力发展村邮站加快新农村建设的实施意见》。

9 月 25 日，湖北省政府转发了省邮政管理局等部门《关于推动全省农村邮政物流发展的意见》，要求各市、州、县人民政府和省政府各部门认真贯彻执行。

10 月 8 日，世界邮政日前夕，湖北省人大常委会副主任任世茂在《湖北日报》上发表了题为《依据〈邮政法〉加强监管、促进邮政业健康发展》的署名文章，李庭中局长发表了题为《深入贯彻实施〈邮政法〉、保障邮政普遍服务》的世界邮政日致辞。

11 月 29 日，湖北省首批快递业务员职业技能鉴定考试圆满结束，全省 26 家快递公司的 742 名快递从业人员参加了考试。

（湖北省邮政管理局）

湖南省邮政发展与管理

【邮政发展统计】

指标名称	单位	数据
邮政行业业务总收入	万元	335404.4
其中：快递服务企业	万元	66317.4
函件业务量	万件	10287.6
快递业务量	万件	2738.6
从业人员合计	人	30813
其中：快递服务企业	人	4333
营业网点合计	处	5927
其中：快递服务企业	处	990

注：邮政行业业务收入中未含邮政储蓄银行直接收入

【邮政发展情况综述】

一、邮政业总体发展情况

2009 年，在中央一揽子经济政策的刺激下，在国家扩大内需的有利环境里，全省邮政行业稳定、健康、协调和安全运行。行业震荡波动影响较小、业务持续旺盛，发展平稳增长；产业结构呈现多样性布局，内生动力充沛，有效吸收市场能量；城乡统筹的网络体系稳步推进，企业的外向依存度明显提高，在产业体系中融合配套的主题丰富。全省邮政企业和规模以上快递企业收入累计完成 33.54 亿元，同比增长 7.6%。

二、发展特色和亮点

（一）产业政策的集聚作用增强。国家做人做强邮政快递物流，发展农村邮政物流的战略部署，为邮政行业转变发展方式、提速增质积蓄能量。省邮政管理部门坚持整体规划、推进政策的配套衔接，联合有关部门制订快递企业税收支持政策、快递物流振兴调整规划实施意见，争取省政府出台发展农村邮政物流的支持政策，协调解决快递车辆城市通行问题，产业政策的集聚推动邮政企业、快递公司更广范围与区域经济融合，实现与电子商务、供应链业务的协调发展。

（二）国有邮政企业发展持续稳定。2009 年全省邮政企业累计完成业务总量 39.05 亿元，同比增长 10.5%；实现业务收入 26.91 亿元，同比增长 8.7%。其中邮务类（含函件、报刊）业务收入 7.69 亿元，同比增长 19.35%。集邮专业业务收入 1.33 亿元，同比增长 9.4%。速递物流业务收入 4.41 亿元，同比增长 13.85%；邮政企业金融业务收入 14.63 亿元，同比增长 13.4%。

（三）邮政普遍服务水平稳步提高。在邮政管理部门的有效监管下，全省邮件时限进一步得到保障，城乡投递频次和投递深度巩固加强。目前，全省邮路总 555 条，总长度 93338 公里。投递段道总 8120 条，其中城市投递段道共 1805 条，总长度 34388 公里；农村投递投递段道共 6315 条，总长度 207237 公里。投递从业总人数 5531 人。基本实现县以上城市每周投递 7 天，乡镇政府所在地每周投递 5 天，部分县市已逐步实现包裹投递到户。用户对邮政普遍服务满意度稳步提高。

（四）邮政网络优势明显。邮政企业利用网络优势，全方位服务中小企业发展，广泛开展与湖南广电集团“快乐购”在物品配送、代收货款等方面的合作，助力推动“快乐购”项目延伸至乡镇，目前乡镇日均业务量 400 多件，累计总业务量 160.8 万件，代收货款额达 9.37 亿元。

（五）邮政公共平台作用增强。邮政企业广泛与税务、铁路、财政、电信、电力、有线电视、自来水、燃气等部门协作，开展代发支农资金、代收税费、代售火车票等代办业务，开展“缴费一站通服务”。2009 年，全省“邮政缴费通”网点数近 3000 个，邮政电子化社区服务加盟站 1800 个，协同运营商设立合作营业厅 200 多个。

（六）快递企业发展加快。2009 年全省规模以上快递企业业务量累计完成 2738.6 万件，同比增长 23.1%；业务收入 6.63 亿元，同比增长 26.5%，两项指标都位居全国第十四位，快递业务量增幅居全国第八位、业务收入增幅居全国第六位。其中，国内异地业务量 2323.1 万件，同比增长 27.8%，国际及港澳台业务量 65.9 万件，同比增长 69.5%。特别是国际及港奥台业务日益活跃，表现出强势拉动，同比增长 69.5%，远远高于全国 5.8%的增长速度，增速居全国第三。

三、存在的主要问题

（一）行业发展基础不强。当前全省邮政普遍服务成本高位运行，特别是农村邮政服务，亏损面持续加大。坚持邮政普遍服务的公益性质，在全省建立与经济社会相协调、覆盖城乡的邮政普遍服务体系，问题交织汇集，形势更加复杂，任务更加艰巨。由于快递发展长期缺少规划，起点低、更替快，存在良莠不齐、分化明显、发展方式粗放的状况，企业规模小、服务附加值低、增长大量依赖拼价格，行业整体效益回落、整体素质偏低。

（二）滞后城市化发展。邮政网点、信报箱建设落后全省城市化率（42.15%）的平均水平，欠账多、覆盖不到位，承载功能不适应；网络改造升级节奏不快、步伐不大，制约行业由生活型向服务生产型的发展。

（三）经营管理需要加强。2009 年“12305”申诉中心受理的 288 件有效申诉，集中体现在延误、丢失、损毁等问题上，反映企业内部管控措施有漏洞、防范弱、管理松。

【监管工作】

一、在攻克时艰保增长中，更加务实地改善行业的运行环境

面对金融危机经济下行的巨大困难，按照中央“保增长、扩内需、促发展”的要求，在逆境中发现和培育有利因素。3 月，联合省地税局制订的快递企业税收支持政策，为快递服务的提速增质积蓄力量。4 月，出台快递物流振兴调整规划实施意见，依托行业优势，围绕产业链的延伸，促进邮政同“万村千乡工程”、“家电下乡活动”的协作融合。9 月，联合省直七部门制订发展农村邮政物流工作的实施意见，发为农村邮政物流的强势提升、打造特色夯实了基础。特别是全省农村邮政物流现场会的召开，使全省邮政“利用新机遇、服务新农村、提升新实力”的步伐加快提速。

二、在科学发展的实践中，更加有效地促进与经济社会的发展协调

积极将推进力量分成三条线，抓基础设施、抓科学谋划、抓政策支持，力争上游的干事创业。1 月，国务院批准的长株潭城市群区域规划中，实现邮政设施与城市化的协调发展，为邮政网点建设“共建共享、先试先行”赢得政策机遇。5 月，由邮政管理局牵头，七部门联合下发的加强邮政报刊亭建设文件，被国务院网站登载推广，同时成功解决地市一级行政拆除邮政报刊亭事件，邮政报刊亭的基础设施地位得到广泛拥护和坚定支持。7 月，率先在全国争取省政府协调相关部门对快递服务通行问题作出明确规定，快递车辆“进城难、停靠难、通行难”的瓶颈制约进一步得到缓解。9 月，争取省政府支持，将村邮站建设纳入新农村建设的“千村示范工程”，赢得有关财政专项资金中对“村村通邮”工程投入的政策支持，以及乡镇邮政局所建设享有用地划拨、减免配套费的政

策优惠。

三、在《邮政法》纵深宣传贯彻中，更加鲜明地贯注修订立法的宗旨

围绕“四坚持、五推进”工作部署，4 月开始主动接受媒体记者专访、组织行业学法月活动，指导开展“五送法”活动。省委宣传部、湖南日报大力支持，成为全国最早被报刊记者邀见访谈的省份。中国交通网、国家局网、省政府网、新浪、红网等网站媒体，给予关注，及时对主题活动进行登载。7 月，为配套实施《邮政法》，依法处置快递治安案件，联合公安厅出台《依法处置邮政快递业治安案件的意见》，将快递企业“为纠纷所难、被纠纷困扰”的问题处理纳入法制化轨道。特别是由邮政管理局组织推动促成由省人大、省政府联合召开的全省邮政法宣传贯彻电视电话会议，贯穿“加强地方配套、保障基本公共服务，促进邮政与经济社会协调发展”的理念，渗透融入到市州人大、政府和部门的决策、执行、监督之中。

四、在体现监管为公中，更加注重邮政行业的规范有序发展

2 月，邮政管理局被省政府明确为省禁毒委成员单位，纳入全省禁毒工作协作体系。3 月，在娄底查获一起“阳光快递”违法经营校园信件的案件，严厉打击操纵 6 县 14 所学校信件的非法行径，强制解散其控制的非法组织，引起媒体和社会的广泛关注。全年邮政管理局介入处理快递企业因内部经济纠纷，扣件中断服务的事件 11 起，解救被扣留的用户快件 621 件。国庆 60 周年期间，渠道反恐、打非专项整治措施有力，行业平安运行，寄递环节没有出现大的问题。社会监督员工作持续深入，反映的问题企业有警醒、受重视、能解决。普遍服务满意度调查工作，利用省政府网站的影响力，网上调查收到较好效果。联合省国家保密局开展全省邮政机要通信质量安全监管检查，专用封装用品使用率稳步提高，投递运输等环节安全防控工作巩固加强。

【重大事项、事件】

1 月 16 日，湖南省人民政府副省长陈肇雄出席第三次全省邮政管理工作会议并做重要讲话，充分肯定省邮政管理局在引导邮政行业发展、服务全省经济社会大局、加强市场监管、维护群众利益等方面的积极贡献。

2 月 12 日，湖南省邮政管理局被省政府正式明确为禁毒委的成员单位，纳入全省禁毒工作协作体系，负责牵头、组织、协调全省邮政行业的禁毒工作，对口联系指导岳阳市云溪区禁毒工作。

2 月 16 日，长株潭城市群两型社会建设综合配套改革试验总体方案和区域规划获国务院批准，明确将邮政业融合到经济社会发展布局协调发展。

4 月 10 日，湖南省邮政管理局发布快件收寄安全预警，要求全省快递企业加强安全管控，严格执行寄递物品内件验视制度，严防假币、毒品、危险物品经由快递渠道流入湖南。

5 月 7 日，湖南省地方税务局、湖南省邮政管理局联合发布有关快递企业税收支持的配套政策，对已领取工商营业执照、在省邮政管理局办理备案获得行业资格认定的快递企业，给予“邮政通信业”的优惠征收营业税。自 2009 年 1 月 1 日起全省启用快递专用发票。

5 月 13 日，湖南省委宣传部、省精神文明建设指导委员会、建设厅、公安厅、新闻出版局、工商行政管理局、省邮政管理局联合发布通知，要求进一步规范全省城镇邮政报刊亭建设与管理。

6 月 3 日，湖南省省长周强主持召开省政府第 30 次常务会议，听取邮政工作情况汇报，传达学习张德江副总理的重要讲话，研究部署加强全省农村邮政物流发展工作。

6 月 8 日，国务院副总理张德江、国家邮政局局长马军胜作出重要批示，高度赞誉《人民日报》刊登《不断延伸的邮路》一文中反映株洲邮政服务为民的先进事迹。

6 月 10 日，省人大常委会党组副书记、省政府顾问谢康生带领省政府办公厅有关领导，在省邮政管理局周国繁局长的陪同下，实地考察长沙县路口、春华邮政支局和长沙邮区中心局，查看农资经销和货源组织、察看邮政示范田农作物生长情况、探问民需民意，调研了解邮政物流配送和经营管理。

6 月 23 日，国家标准委、国家邮政局快递服务国家标准调研组，来湖南指导调研，征求各相关单位对制订快递服务标准的意见和建议。

7 月 30 日，湖南省政府复函省邮政管理局，对快递服务车辆通行问题做出具体规定。

7 月 31 日，湖南省公安厅、湖南省邮政管理局联合出台依法处置邮政快递业治安案件意见，明确邮政快递业治安案件受理范围和办案程序，规范部门间的配合协调。

9 月 6 日，湖南省政府批准省邮政管理局、省发改委、省财政厅、省交通厅、省农业厅、省商务厅、省工商局联合制订的《关于进一步推动农村邮政物流发展的实施意见》，出台推动农村邮政物流发展的政策，大力推进村邮站建设，支持邮政进入农资市场、发展邮政连锁经营。

9 月 7 日，湖南省政府召开推动发展农村邮政物流工作现场会，部署全省农村邮政物流发展工作。

9 月 22 日，湖南省人大、湖南省政府联合召开贯彻实施邮政法电视电话会议。省人大副主任陈叔红、省政府副省长陈肇雄出席会议并做重要讲话。会议初步确定将《湖南省邮政条例》修订纳入 2010 年立法计划。

9 月 28 日，湖南省邮政管理局、湖南省公安厅反恐办联合组织开展反恐督查工作。

9 月 30 日，湖南省邮政管理局发布办理快递业务经营许可工作公告，坚持政务信息与办事公开相结合，将法律规定及快递许可条件、办事程序、办事时限等事项，在省政府网站、省邮政管理局门户网站及快递杂志全面公开。

10月9日，在第40届世界邮政日，湖南省邮政管理局党组书记、局长周国繁接受《湖南日报》特邀专访，就贯彻实施《邮政法》，推进邮政普遍服务、保障公民通信权利等问题进行解答，省政府门户网站同步转载。

10月20日，湖南省委宣传部召开党报党刊发行会议。省邮政管理局周国繁局长作题为《稳定增长 有效覆盖 全力以赴完成党报党刊发行任务》的重要讲话。

11月17日，湖南省政府副省长陈肇雄会见国家邮政局徐建洲副局长，就加强和保障邮政普遍服务工作深入交换意见。

11月19～21日，全国邮政普遍服务工作座谈会在湖南召开。国家邮政局徐建洲副局长出席会议。会议强调，邮政普遍服务是国家基本公共服务的组成部分，要切实做好加强和改善民生的这项社会建设，汇集政府、行业和社会的力量抓推动提高，在统筹城乡发展中稳步推进，持续有保障地提高质量和水平。

12月28日，湖南省政协副主席、党组副书记石玉珍率省政协常委等有关领导视察指导邮政管理工作，专题调研农村村邮站建设。石玉珍强调，建设村邮站有利于促进邮政普遍服务向农村覆盖、有利于逐步实现城乡居民平等化的通信权利，有利于扩大农村的社会保障范围。省政协要支持邮政工作，通过提案的形式向省委书记、省长报告，推动把村邮站建设摆上社会主义新农村建设的重要内容，争取纳入政府工作报告进行强调和引导。

12月29日，湖南省人大法工委听取湖南省邮政管理局修订地方邮政法规的工作汇报，同意将《湖南省邮政条例》修订纳入2010年地方立法计划，报省人大常委会审定后由省人大财经委提出法律案，人大自主进行立法。

（湖南省邮政管理局）

广东省邮政发展与管理

【邮政发展统计】

指标名称	单位	数据
邮政行业业务总收入	万元	1549420.7
其中：快递服务企业	万元	1016591.81
函件业务量	万件	80110.3
快递业务量	万件	42206.51
从业人员合计	人	123002
其中：快递服务企业	人	60082
营业网点合计	处	8922
其中：快递服务企业	处	5758

注：邮政行业业务收入中未含邮政储蓄银行直接收入

【邮政发展情况综述】

一、总体发展情况

2009年全省邮政业收入达153亿元，同比增长12%，其中快递收入达102亿元，同比增长22%，邮政业总收入和快递收入均居全国首位。

二、发展特点和亮点

（一）邮政各项业务平稳发展。2009年，广东邮政企业认真履行普遍服务和特殊服务义务，全年完成函件8亿件，包裹717万件，报刊8.6亿份，汇兑6370万笔。全省邮务类业务稳中略升：函件、集邮和电子商务等业务均实现全年同比增长2%以上；报刊业务保持了平稳发展；机要通信实现质量全红；速递物流业务在2009年中逆势增长，全年实现收入同比增长10%以上。全省邮储余额稳定增长，全国排名第四；广东邮政邮储银行响应政府号召，关注民生，积极为社会主义新农村建设作贡献，2009年3月梅州市率先开展代发“新型农村养老保险”的服务工作，截至年底全省已有7个市开展此项工作，受到农民和政府的好评。网络运行能力稳步提升：省内网完成了粤东快速网建设和珠三角快速网优化试运行工作，虎门重点区域交换中心投入运行；全省商函网络提速顺利实施，实行“专人、专区、专时”的分拣处理模式，初步实现省内互寄商函全程时限提前2～3天；全省275个投递部近一半城市段道实施了差异化分层投递。

（二）快递行业保持快速发展势头。认真抓好政策法规落实，规范快递市场发展秩序，保障用户合法权益，全省快递服务业整体发展水平保持快速提升。2009年，全省快递收入达102亿元，同比增长22%，占全国总量的五分之一。目前，经邮政管理局备案登记的快递企业及分支机构共计1822家，其中法人企业458家，约占25%，其余的大部分则以分公司、营业部等形式备案。国家邮政局2009年出台的《珠江三角洲地区快递服务发展规划（2010～2014年）》明确未来五年要保持珠三角地区快递业务快速增长势头，到2014年实现快递业务收入超过240亿元，年均增长速度达到23%，每年创造就业岗位8000个以上，随着电子商务的日益发达，全省快递市场将越来越大，将为促进地方经济发展发挥更大的作用。

【监管工作】

一、切实加强政策环境建设，行业法规体系进一步完善

（一）全方位、多层次、多方式开展法规宣传贯彻。切实做好新《邮政法》宣传贯彻工作，组织开展专题辅导讲座、经验交流会、专题研讨会、有奖知识问答等多形式活动，针对邮政企业、快递企业、社会监督员以及邮政用户开展送法上门活动，并在省内主要媒体上向社会各界进行广泛宣传。《广东省邮政业管理办法》于2009年3月1日起施行。《办法》发布后，省局通过多种方式扩大《办法》的社会知晓度，并协调相关政府部门和企业，将《办法》中涉及到的村邮站建设、信报箱建设、交通运输政策支持等内容落到实处。

（二）扎实做好《邮政法》实施相关准备工作。主动向地方党委、人大、政府汇报工作，为新法实施创造政策环境。积极与物价部门沟通，就调整邮政收费项目批复程序达成共识。与省工商局多次协商，联合发布《关于快递业务审批登记有关问题的通知》，重点解决过渡期内快递企业年检、分支机构登记等问题。设立专门的政务服务厅，严格工作规则，通过对服务内容、办事程序、申报材料、承诺时限"四公开"，为企业办理许可受理、政策咨询、证件发放等事务创造基础条件。

（三）先行先试，探索地方政府支持邮政普遍服务监督保障办法。为贯彻落实《邮政法》第86条的具体要求，及早启动《广东省邮政普遍服务监督保障办法》立法工作，争取地方政府支持，建立完善邮政普遍服务监督保障机制，保障广东城乡邮政服务均等化目标的顺利实现。省局成立专项工作小组，结合广东实际，从邮政普遍服务、监督管理、服务保障等方面对邮政企业、邮政管理部门及政府相关部门提出具体要求。经积极争取，在省政府领导和省法制办的大力支持下，该项工作已纳入省政府2010年规章制订计划。

二、切实加强规划制定，规划引领作用得到进一步发挥

（一）结合实际，突出特色，重在落实，高标准做好珠三角快递规划编制落实工作。历时半年，数十易其稿的《珠江三角洲地区快递服务发展规划》，结合区域快递服务实际，明确了今后五年推动珠江三角洲地区快递服务发展的指导思想、发展目标、主要任务和政策措施，还重点提出了快递中转枢纽建设、粤港澳台邮件快捷通道等五大工程，对于提升珠江三角洲地区快递服务的产业层次和服务水平，提高地区快递服务的辐射引领能力和国际竞争力有着重要的战略意义。为做好《规划》的贯彻落实工作，邮政管理局一方面召开新闻发布会，加大规划的对外宣传力度，另一方面积极沟通协调省政府相关部门，做好《规划》有关内容与省其他产业发展规划的衔接。

（二）高度重视，加强组织，注重协调，多方联手，迅速启动十二五规划编制工作。为科学统筹全省邮政业今后一段时期的发展，根据国家邮政局统一部署，邮政管理局已成立专项组，全面启动全省邮政业"十二五"发展规划编制工作。沟通暨南大学经济学院专家组、省邮政公司及其规划院等部门，参照国家局的规划体系，分别开展总体规划、快递和普服专题规划的研究工作，并已完成 "十二五"期间发展现状、形势分析等前期调研。

（三）及时编制全省邮政物流规划。为贯彻落实广东省人民政府办公厅转发省邮政管理局等部门《关于推动全省农村邮政物流发展的意见的通知》精神，邮政管理局充分借助行业内外专家的力量，委托开展了广东省邮政物流规划编制工作。项目编制过程中，先后对粤东、粤北地市邮政局开展调研，了解邮政企业物流发展需求，委托咨询机构对农村中小企业研究领域专家、农资分销市场参与者、农产品分销市场参与者进行访谈，初稿已提交发改委、经信委、工商局、农业厅等六个部门征求修改意见。

三、做好政策扶持工作，服务型政府职能得以进一步体现

（一）六大突破助推快递企业车辆便捷通行。2009年6月，通过主动沟通，反复协调，邮政管理局与省交通厅、省公安厅交通管理局、省工商行政管理局四部门联合出台了《关于保障快递企业运输车辆便捷通行的通知》，在允许客运机动车载货、统一全省车辆的规范化管理、车辆在禁行路段可以通行及临时停车、快件运输车辆发生轻微交通事故时适用简易程序处理后及时放行、对喷有快递企业专用标志的车船及其工作人员进出港口渡口时优先放行等方面取得了一系列突破。文件印发后，邮政管理局积极部署快件运输车辆的审核备案管理工作，目前共计对24家快递企业发放2064份《快递车辆审核专用证明》。

（二）全面推进并分阶段落实发展农村物流有关工作。全国推广山东邮政发展农村物流经验现场会结束后，根据会议精神和国家局工作部署，邮政管理局主动汇报，积极争取省委、省政府支持。经广东省人民政府同意，省政府办公厅以粤府办 2009〕55号文件转发了省邮政管理局等部门《关于推动全省农村邮政物流发展意见的通知》，提出加强农村基础设施建设、完善农资配送渠道、发挥邮政物流网络优势和提高服务监管能力四项政策措施，并明确分两个阶段推进全省农村邮政物流发展工作。同时，邮政管理局积极与省经信委就共同推进农村地区流通网络及农村基层服务建设加强合作，争取资金支持，利用邮政企业网络优势推进万村千乡市场工程。2009年10月，省经信委同意以韶关市、清远市邮政局作为试点，建设两个国家级配送中心、40个乡镇农家店。

（三）与民航管理部门联动，探索推进快递、民航产业协同发展。为落实《国家邮政局 中国民用航空局关于促进快递与民航产业协同发展的意见》（国邮发[2009]180号）的有关精神，邮政管理局深入了解快递企业对航空运输方面的问题和建议，就解决快递企业在机场落地服务、航运价格、提货时效等遇到的实际困难同民航中南管理局达成共识，促进快递、民航产业协同发展的具体措施正在拟订之中。

四、推进基础设施建设，邮政公共服务水平进一步提升

（一）空白乡镇补建网点取得阶段性进展。自2009年4月开始，充分发挥省政府设立的2000万元项目专项资金的导向作用，大力推进广东城乡邮政服务均等化工程建设，重点加强全省农村网点新建和迁移整治以及邮政机要通信网络建设工作，并取得初步成效，全省空白乡镇网点由从 2008 年底的 40 个减少到 2009 年底的 26 个。

（二）信报箱建设工作取得试点突破。邮政管理局分阶段、有目标、有措施地推进了城市建筑信报箱建设工作。对新建楼房信报箱建设，总结推广“深圳模式”，即建设部门在楼宇工程初验时，邀请邮政部门参与和了解楼宇信报箱的建设情况，提出相关意见和整改建议，以确保新建楼宇信报箱的规范建设。为进一步解决城市既有建筑信报箱的更新改造工作，主动与省民政厅座谈协商，对老城区、城乡结合部的信报箱维护、更新工作采取先试点、再推广的做法，探索“投资方出一点，用户出一点”的思路，并争取将城市建筑信报箱建设工作纳入“六好”平安和谐社区建设范畴。

（三）服务三农的村邮站建设覆盖了 40 个社会主义新农村建设示范村。村邮站是满足农村邮政公共服务需求，服务“三农”的重要载体。自开展村邮站建设工作以来，邮政管理局联合省农业厅多次召开村邮站建设试点工作座谈会，就村邮站建设试点方案及村邮站建设的选点、投递服务协议等进行磋商。按照《关于在加强农村公共服务建设中大力发展农村通邮服务促进社会主义新农村建设的意见》（粤邮管联〔2009〕1 号）中关于村邮站建设总体目标、总体任务及建设标准，组织省邮政公司编制了 40 个村邮站推进计划表，目前已初步完成村邮站硬件建设工作。

五、加强检查督导，服务质量和市场秩序得到进一步优化

（一）做好普遍服务监督工作。全年监督检查县、市邮政局所 50 个，占总数的 49%；监督检查网点 142 个，占网点总数的 4.2%；监督检查人次达到 157 次，与省邮政公司口头交换整改意见 20 次。按照国家局统一部署，对全省未建邮政网点的空白乡镇进行了调研及确认。2009 年，全省邮政特邀监督员队伍人数达 128 名，实现全省 101 个县级以上城市 100%覆盖，共开展社会监督活动 699 人次，比 2008 年增加 451 人次；反馈监督报告 6794 份，比 2008 年增加 90%；走访用户 2904 个，比 2008 年增加 80%；监督邮政服务网点 1724 个，占总数的 51%，比 2008 年增加 50%。多举措保障机要通信安全，连续两年实现机要通信质量全红，构筑机要通信质量安全保障体系，同时做好日常机要通信检查工作，相继开展机要通信服务用户满意度调查、投递环节检查和机要专用封装用品检查等活动。

（二）做好市场执法检查和日常保障工作。2009 年全年，省局共组织对 727 个市场主体进行了检查，合计出检 580 余次，查出违法违规经营行为 15 件，下达限期整改通知书 5 份，下达行政处罚决定书 2 份，罚款数额累计 8000 元。做好行业安全生产和禁毒工作，围绕“安全生产年”各项任务，进一步完善安全保障机制，制定了全国第一部省级邮政业突发事件应急预案，成为广东省信息安全等级保护协调小组成员单位，进一步完善全省消费者申诉处理联系机制，优化办事流程，扩大申诉处理网络企业覆盖范围。目前全省已有 25 家快递企业通过网站进行消费者申诉处理，119 家企业被纳入申诉工作体系，并建立了“12305”邮政业消费者申诉中心与“12315”消费者申诉举报指挥中心的联动机制。2009 年共受理申诉 1285 件，答复咨询 136 件，挽回消费者经济损失 9.7 万元。

六、强化规范引导，行业管理工作得到进一步加强

（一）创新思路，细化措施，积极稳妥推进职业技能鉴定工作。成立“广东省邮政行业职业技能鉴定指导中心”，配备专职工作人员，并委托广东省邮政通信行业职业技能鉴定站，按照“以会带训、以点带面、送教上门、送考上门”的工作思路，积极稳妥推进本省快递业务员职业技能鉴定工作。11 月 14 日，广东省快递业务员职业技能鉴定考试在省邮政培训中心、省邮电职业技术学院、顺丰培训中心、东莞联昊通、东莞广播电视大学和深圳技师学院 6 个考点顺利举行，全省快递企业共有 3461 名业务员参加考试。

（二）抓存量，扩增量，全力做好行业统计工作。一方面，重点抓好存量，通过调研座谈，及时纠正部分企业在统计工作中的误解和不当操作，要求企业补报相关数据；另一方面，努力扩大增量，在认真调研的基础上，省局将部分符合规模的企业纳入全省第四批统计企业范围，目前全省邮政业统计对象已达近 250 家。

（三）做好备案和达标工作，夯实行业管理基础。积极扩大快递企业备案的工作成果，目前经备案的快递企业及分支机构已达到 1822 家，较为全面地掌握了全省快递行业的基本情况。根据国家局的安排，做好快递企业备案管理系统的上线，推动快递企业电子化管理，完善快递企业基础资料，做好日常检查信息的录入、资料汇总和分析工作，为实行快递市场准入制度打好坚实基础。同时，继续做好《快递服务》行业标准的贯彻实施工作，指导省快递行业协会做好达标企业审批工作，继 2008 年 5 家快递企业通过达标后，2009 年又先后有中通、一邦、韵达、联邦快递、DHL 等 26 家快递企业取得《快递服务》达标企业证书。

（四）推进公职律师试点，进一步提升行政执法水平。为加强队伍建设，提升依法行政能力，经广东省司法厅批复，同意在邮政管理局开展公职律师岗位试点工作，公职律师试点对邮政管理局规范行政行为、促进依法行政、推动市场监管创新意义重大。在司法行政机关的业务指导和监督下，邮政管理局将着手研究制定对公职律师的管理办法，并逐步完善各项规章制度。

【重大事项、事件】

2 月 23 日，全省邮政业工作会议在广州召开，广东省政府佟星副省长，国家邮政局苏和副局长，广东省政府林英副秘书长，省委、省政府有关部门以及中央驻粤有关单位负责同志，省邮政管理局相关领导，以及省邮政公司和部分快递企业的人员共计 130 多人出席会议。

3 月 1 日，《广东省邮政业管理办法》正式施行。至此，广东填补了自 1998 年邮电分营后地方立法的空白，也因此成为邮政政企分开后第一个在地方立法方面取得突破的省份。

6 月 9 日，《珠江三角洲地区快递服务发展规划（2010～2014 年）》经国家邮政局审议通过并正式印发。《规划》的出台引起各方高度重视，中央政治局委员、省委书记汪洋同志在邮政管理局的专报上作出重要批示，明确表示要积极支持规划的实施，为珠三角打造更好的营商环境。

6 月 30 日，广东省邮政管理局与省交通厅、省公安厅交通管理局、省工商行政管理局联合出台了《关于保障快递企业运输车辆便捷通行的通知》，在解决快递企业运输快件的车辆进城通行、停靠和装卸作业等方面取得了重要突破，提高了快件运输车辆的配送效率。

9 月 9 日，国内首家进行快递服务研究的高校研究机构——暨南大学快递业研究中心在广州正式成立。

11 月 14 日，广东省快递业务员职业技能鉴定考试在省邮政培训中心、省邮电职业技术学院、顺丰培训中心、东莞联昊通、东莞广播电视大学和深圳技师学院等 6 个考点顺利举行，全省快递企业共有 3300 多名业务员报名参加了考试。

（广东省邮政管理局）

广西壮族自治区邮政发展与管理

【邮政发展统计】

指标名称	单位	数据
邮政业总收入合计	亿元	17.46
其中：快递服务企业	亿元	4.18
函件业务量	万件	7263.3
快递业务量	万件	1689.3
从业人员合计	人	26703
其中：快递服务企业	人	5127
营业网点合计	处	1787
其中：快递服务企业	处	240

注：邮政行业业务收入中未含邮政储蓄银行直接收入

【邮政发展情况综述】

2009 年尽管面临着国际金融危机冲击的严峻考验，广西邮政行业实现了逆势发展，收入完成 17.46 亿元，同比增长 11.1%；其中快递收入完成 4.18 亿元，同比增长 12.7%。

邮政企业改革持续深入推进。明确并细化代理金融网点的管理职责，进一步完善邮政代理金融管理组织架构。基本完成速递物流区市县一体化专业经营改革，速递物流专业化经营体制初步形成。

邮运网络进一步优化。自治区邮政公司调整了部分自办汽车邮路，增加南宁、桂林航站“全夜航”邮件发运频次，南宁、桂林出口北京等 43 个路向的经济快递邮件由陆路运输改为航空发运，加快邮件传递速度。加大区内普邮网调整力度，优化调整速递网络，在全区邮件转运、接发及速递内部处理部门开展承诺服务，进一步优化营业网、投递网作业组织。

大力开展“三农”服务。进一步优化邮政农资分销配送网络，初步建立供应商、市、县、乡镇、村屯五级物流配送渠道，建成 22 处农资分销旗舰店。落实市邮政局分销管理机构和人员，不断丰富和完善产品种类，提高信息系统运用水平，全年累计分销农资产品 25000 多吨。

【监管工作】

一、扎实开展新《邮政法》宣传贯彻

（一）下气力抓好培训宣传。开展了形式多样的局内培训，组织了邮政企业、快递企业、社会监督员三个层次的行业培训。

（二）多渠道开展社会宣传。该局网站开辟了宣传贯彻专栏，《广西日报》用半个版面的篇幅刊登了专访文章，广西人民广播电台进行了采访报道，广西电视台《广西新闻》栏目连续 6 天滚动播放宣传字幕。此外，该局还印制了新《邮政法》、《快递业务经营许可管理办法》单行本及相关资料 10000 多份，向社会广泛发放。

（三）多角度加强部门合作。广西区邮政管理局与自治区法制办联合发文，要求各市法制办和邮政部门加强对学习宣传新《邮政法》的组织领导，联系财政、建设、海关、国家安全、公安等部门，共同做好新《邮政法》的学习宣传活动。10 月初，广西区邮政管理局与工商行政管理局联合发出通知，对快递业务经营许可工作进行了统一安排，确保新《邮政法》实施后与工商登记工作的有效衔接。此外，广西区邮政管理局与国家安全厅等部门联合举办了快递企业学习新《邮政法》培训班。通过与有关部门合作，为新《邮政法》的顺利实施奠定基础。

二、大力优化行业发展环境

（一）加强沟通，得到自治区各方面对邮政发展的支持。全国推广山东邮政发展农村物流经验现场会结束

后，广西区邮政管理局及时向自治区政府汇报了会议情况。广西壮族自治区副主席杨道喜对报告进行了批示。根据批示，7月16日，广西区政府在玉林市召开了全区发展农村邮政物流服务“三农”工作现场会，自治区政府副秘书长李新元出席会议并讲话，要求各级政府和相关部门积极支持邮政服务“三农”和开展农资配送工作。为了推动邮政物流发展，广西区邮政管理局与商务厅联合下发文件，要求各地充分利用和发挥邮政优势，进一步做好家电下乡推广工作。经过努力，地方邮政立法工作也受到了广西法制办的关注。广西区邮政管理局还积极与交通厅、公安厅等单位沟通，争取解决快递车辆便捷通行问题。根据自治区党委部署，广西区邮政管理局积极参与“服务企业年”活动，加强与相关部门协调，争取解决邮政通信事业发展组织领导、村邮站建设、编制邮政业发展规划等问题和困难。

（二）认真做好邮政行业规划和行业统计工作。启动了广西邮政行业“十二五”规划编制工作。邮政行业统计范围进一步扩大，2009年纳入统计范围的快递企业共42家，每月在网站上定期公布了全区邮政业发展情况，积极发挥行业统计的沟通、引导及分析功能。

（三）进一步发挥“12305”作用，维护良好消费环境。理顺了工商“12315”申诉与邮政“12305”申诉工作对接。根据消费者申诉，有效调解用户与寄递企业的纠纷，查处寄递企业违法违规经营行为，为消费者挽回经济损失。

（四）指导广西快递协会做好快递企业《快递服务》标准达标活动。结合广西实际，加强对达标活动的指导，当年全区有19家快递企业通过达标验收。

三、稳步推进普遍服务保障监督

（一）大力推进邮政基础设施建设。（1）推进农村村邮站建设。与自治区农业厅、商务厅等相关部门协调，并联合考察试点新型农村合作社，争取搭载“三农”服务点、“万村千乡”市场工程、“农村书屋”等惠农政策一起推进农村通邮工作。（2）推进城市住宅楼信报箱建设。与自治区建设厅协调，进一步落实信报箱建设与住宅楼房同步规划、同步建设，同步验收。（3）推进邮政基础设施建设规划，与自治区建设厅联合发文，要求全区各市邮政企业加强与规划部门沟通，做好当地邮政设施规划编制工作，科学合理地把邮政设施纳入城乡建设规划。

（二）加强监督检查，确保邮政服务质量。密切关注邮政支局所增减变化，对支局所增减变化较大的邮政企业进行了检查。全年先后开展了信函时限监测、邮政基本资费执行情况检查、机要邮件测试、机要投递环节检查、机要专用封装用品检查等专项活动，发现问题及时向邮政企业通报，确保邮政服务质量。

（三）加强考核，积极发挥邮政特邀监督员作用。增聘了20名特邀监督员，全区邮政特邀监督员增至75人，市县覆盖率达73.03%。上半年对监督员的管理方式进行了改革，制定了考核细则，打破平均主义，不再按月定期均等地发放监督费，而是根据监督员工作绩效核发，调动了监督员的积极性和主观能动性。一年来，监督员共检查邮政支局所和集邮门市部584个次，走访用户614人，填写监督记录表746份，监督报告书118份，监督评价表177份，意见和建议67条，情况反映和调研报告各23份。

四、全面加强邮政市场监督管理

全年共对310个检查对象进行了检查，查处违法违规行为116起，查扣违法违规行为涉及物品数量4198件，对违法违规经营的9家企业给予相应的行政处罚，对情节轻微的37家企业给予行政警告。

（一）大力加强快递市场监管。一是在上半年认真做好快递企业经营快递业务的备案登记工作，共批准了296家寄递企业（包括分支机构）的备案登记申请；二是加强《邮政委托证书》管理，对从事进出境信件的快递企业进行动态监管；三是严肃查处快递企业扣押用户快件违法行为，联合国家安全厅对扣押快件的案件进行严肃处理；四是加强了对贯彻落实《快递服务》标准的检查，全区网络型快递企业在人员统一服装、企业标识、验视制度等方面基本都达到《快递服务》标准的要求。

新《邮政法》颁布后，广西区邮政管理局坚持做到严格市场监管与宣传贯彻新《邮政法》并重。在日常检查工作中，注重向快递企业宣传新《邮政法》，指导企业对照新法找差距，补不足。通过宣传，一些快递经营者已主动将原《个体工商户营业执照》变更为《企业法人营业执照》，根据经营范围将原来的无注册资金变更为50万至300万不等的注册资金，为早日达到新《邮政法》规定的经营快递业务行政许可条件打下基础。

（二）循序渐进推进快递业务经营许可。及时组织快递企业集中学习《快递业务经营许可管理办法》，新《邮政法》正式施行后，该局随即与工商行政管理局联合发出通知，对快递业务经营许可工作进行统一安排。11月，该局和国家安全厅联合举办培训班，组织全区近150家快递企业学习有关经营快递业务的准入要求以及“快递业务经营许可管理信息系统”操作等，为全面实行快递业务经营许可奠定基础。

（三）认真抓好寄递渠道监管。围绕全国“两会”、第五届泛珠三角区域合作与发展论坛暨经贸洽谈会、国庆、中秋节等重大节庆活动期间邮路寄递安全，广西区邮政管理局与国家安全厅联合对各快递企业进行安全检查，并举办了相应的培训班。深入开展邮政业安全生产“三项行动”、“安全生产月”活动等，进一步抓好安全生产方针政策和各项任务措施的宣传贯彻落实。继续与各快递企业签订了《广西区快递企业维护邮路寄递物品安全承诺书》。与药品监督管理部门配合，抓好寄递渠道的监督管理，防止假劣药品通过邮政渠道寄递。加强重点地区检查，认真抓好行业禁毒工作。

（四）加强邮政用品用具市场监管。联合工商执法部门，对南宁、桂林市和阳朔县文具办公用品批发市场和信封生产企业展开了拉网式排查。同时根据国家局安排对楼房信报箱、邮件包装箱和信封的产品质量进行了抽检。组织近 150 家快递企业学习 12 月 1 日起施行的快递封装用品国家新标准。

（五）加强集邮市场的检查。及时联合工商、公安部门组织现场检查普 31《黄腹角雉》、《第 29 届奥林匹克运动会金牌》个性化邮票假票，对虚假违法集邮票品广告、非法经营邮品摊点进行查处。

（六）加快推动应急体系建设。制定了《广西区邮政业突发事件应急预案》与《广西区邮政业应急预案体系建设工作方案》，成立广西区邮政业突发事件应急工作领导小组，并要求各邮政、快递企业做好与该局预案的衔接。

（七）积极应对甲型 H1N1 流感疫情。成立了防控甲型 H1N1 流感疫情工作领导小组，对广西边境的崇左、凭祥、钦州、北海 4 城市的邮政、快递企业应对甲型 H1N1 流感疫情工作进行了重点检查。

【重大事项、事件】

2 月 23～24 日，《民用建筑工程信报箱设计规范》国家建设标准编制调研专家组到达南宁进行实地考察。专家组走访了保利凤翔花园、金源 CBD 商务区等具有代表性的调研地点，同时召开了征求意见座谈会。

4 月 9 日，为进一步做好邮政服务“三农”工作，广西区邮政管理局与商务厅联合下发文件，要求各级邮政部门充分利用自身优势，做好家电下乡工作。

6 月 16 日，广西壮族自治区副主席杨道喜在自治区邮政管理局和邮政公司的专题报告上批示，自治区邮政管理局和邮政公司要认真组织好学习贯彻张德江副总理重要讲话和现场会的工作，结合广西实际，借鉴山东省邮政发展农村物流的经验，尽快提出实施意见，在原有工作的基础上，不断创新服务方式，提升服务水平，力争把广西邮政发展成为广西农村流通体系中的重要渠道。

7 月 7 日，自治区政府召开会议，研究如何贯彻落实国办发〔2009〕42 号文件及全国推广山东发展农村邮政物流经验现场会精神，进一步发展广西农村邮政物流。会议由自治区政府副秘书长李新元主持，自治区发改委、财政厅、交通厅、农业厅、商务厅、工商局、供销社、邮政管理局、邮政公司等单位领导及负责同志参加了会议。

7 月 16 日，广西区人民政府在玉林召开了全区发展农村邮政物流服务“三农”工作现场会。自治区政府副秘书长李新元出席会议并讲话，区邮政管理局局长梁勤主持会议。各市人民政府分管领导以及广西区发展改革委、财政厅、交通厅、农业厅、商务厅、工商局、安监局、供销社等相关部门领导，全区邮政系统的负责同志参加了会议。玉林市邮政局、广西区邮政公司分别在会上介绍了农村邮政物流发展情况。

7 月 28 日，广西区邮政管理局与法制办下发文件，要求各市法制办和邮政部门加强对学习宣传新《邮政法》的组织领导，组织制定学习培训计划和宣传活动方案，联系财政、建设、海关、国家安全、公安等部门，共同做好新《邮政法》的学习宣传活动。

8 月 20 日，《广西日报》在第三版以《新〈邮政法〉出炉　市场影响若何？》为标题，用半版的篇幅刊发了该报记者莫艳萍对广西区邮政管理局局长梁勤的专访文章。

9 月 24 日，广西区邮政管理局副局长韦慧接受广西人民广播电台的采访，解答听众对新《邮政法》的相关疑问。

10 月 9 日，广西区邮政管理局、邮政公司同时开展活动庆祝第 40 届世界邮政日。在当天出版的《广西日报》第二版，梁勤局长发表了题为《深入贯彻实施〈邮政法〉共同做好邮政普遍服务》的致辞。

10 月 10 日，广西区邮政管理局与工商行政管理局联合发出通知，要求凡在广西申请经营快递业务的，要依据新《邮政法》、《快递业务经营许可管理办法》的规定，依法办理经营快递业务许可与登记。

10 月 26 日，2010 年度广西区重点党报党刊发行工作电视会议在南宁召开，对 2010 年重点党报党刊发行工作进行了总体部署。广西区邮政管理局韦慧副局长参加了会议并在会上讲话，对邮政部门做好党报党刊发行工作提出了要求。

10 月 31 日至 11 月 3 日，国家邮政局王渝次副局长一行三人到广西崇左、百色等地考察调研。调研组主要了解广西边远地区邮政普遍服务情况，听取基层单位和职工的意见和建议。

11 月 18 日，广西区邮政管理局首次通报表彰了一批优秀邮政特邀监督员，3 名优秀监督员、14 名良好监督员和 45 名合格监督员受到表彰。

11 月 26 日，广西区邮政管理局与建设厅联合下发《关于进一步加强邮政普遍服务设施建设工作的通知》，要求各地邮政、城市规划建设部门要加强沟通，科学合理地布局建设邮政设施。要将邮政设施的布局和建设纳入城乡规划，对提供邮政普遍服务的邮政设施的建设给予支持。

（广西壮族自治区邮政管理局）

海南省邮政发展与管理

【邮政发展统计】

指标名称	单位	数据
邮政行业业务收入	万元	57707
其中：快递业务收入	万元	13797.9
函件业务量	万件	1364.28
快递业务量	万件	429.5
从业人员	人	4929
其中：快递从业人员	人	650
营业网点	处	495
其中：快递网点	处	37

注：邮政行业业务收入中未含邮政储蓄银行直接收入

【邮政发展情况综述】

一、总体发展情况

2009年，全省邮政行业努力克服国际金融危机影响，积极落实国家“保增长、保稳定、保民生”各项政策措施，实现了行业经济持续平稳较快增长。全年邮政业务收入实现 57707 万元（不包括邮政储蓄银行直接营业收入），比上年同期增长 15%。规模以上快递企业业务收入实现 13797.9 万元，比去年同期增长 43.7%。2009 年全省邮政行业的发展实现历史以来最好成绩。

邮政普遍服务向社会均等化和城乡一体化方向稳步推进。截至 2009 年，全省 2531 个行政村，有 2506 个实现邮件直投到村，行政村通邮率 99%。全省共有省际、省内汽车邮路 91 条，总里程 17394 公里；邮政普遍服务营业局所 452 个，其中城市网点 125 个，平均服务半径 1.3 公里，平均服务人口 1.8 万人，农村网点 327 个，平均服务半径 5.7 公里，平均服务人口 1.9 万人；设置信箱（筒）659 个，平均服务半径 4.1 公里，平均服务人口 1.3 万人。全省城市投递段道 340 条，汽车、摩托车段道共 296 条，占 87%；农村投递段道 598 条，汽车、摩托车段道共 587 条，占 98.2%。2009 年，省邮政公司投入 50 多万元建设城镇居民楼单体信报箱，并在琼海市龙江镇中洞村、博鳌镇朝烈村、长坡镇椰林村和三亚南田农场等 4 个“社会主义新农村建设示范行政村”试点建设村邮站。

二、发展特色和亮点

（一）邮政企业发展再上新台阶

2009 年，省邮政公司邮政业务总收入达 7.13 亿元（含邮政储蓄银行直接营业收入），同比增长 14.85%。全省邮政企业劳动生产率达到 11.83 万元/人，比上年增长 3.8%。经营工作的突出特点是：业务结构调整促进三大板块协调发展。

邮务类板块。加快发展短信业务，邮储短信在网用户达 85 万户，拉动电子商务业务快速增长，业务收入达 2066 万元，增幅达 100.39%；加快发展邮政贺卡、数据库商函业务，成为拉动函件业务增长的主要力量，函件业务同比增长 29.76%；报刊业务侧重于通过创新营销，促进重点畅销报刊、校园报刊的迅速发展，拉动报刊业务收入取得增长 21.81%的好成绩；集邮业务突出抓好主题营销，全年共开展 9 项主题营销活动，实现收入 976 万元，占全省集邮业务收入的 76.13%。

速递物流板块。通过加大方案营销力度，进一步提高了“高考经济”、“思乡月”等项目的经营效益，其中录取通知书寄递收入首次突破百万，达到 101.1 万元；“思乡月”月饼销售额高达 1240.5 万元，成为具有较高社会知名度的邮政品牌业务。

邮政金融板块。加快推进邮储银行向现代商业银行的全面转型，突出发展信贷业务、中间业务、公司业务等高效益的银行新业务，全年净增存款余额 31 亿元、个人贷款余额 3.5 亿元，截至 2009 年底全省个人邮储余额总量达 190 亿元、公司业务存款余额为 10.8 亿元，经营效益显著提升。

通过业务结构调整和创新经营工作，促进三大板块协调发展，全年邮务类板块、速递物流板块和邮政金融板块的收入增幅分别达到 21.83%、20.54%和 11.84%。

（二）邮政通信能力不断提升

信息网的应用和优化建设扎实推进。省邮政公司完成了电子商务信息平台等 29 个信息系统的上线应用，既有力支撑了三大板块业务快速发展，又实现了对企业经营管理的综合性支撑。成功实施洋浦邮政局网络改造试点，为全省邮政信息网络全面改造奠定了基础。通过制定突发事件应急预案、整改安全隐患等举措，信息网省中心的安全保障应急能力得到提升。

实物网的调整优化取得新进展。省邮政公司通过调整海口－三亚－五指山邮路，优化途经琼海、定安和文昌邮路，对东部邻近海口地区邮件实行“双环双频次”运输，进一步紧密衔接全省枢纽－市县邮件中心－网点（投递）三级节点之间的分拣和运输关系。通过调整海口地区网路运行组织，统筹海口地区收寄、运输、分拣、投递各个环节的资源和能力，推行“人休车不停”运邮模式，优化了邮政内部生产链。

重点通信工程建设顺利实施。省邮政公司负责建设的省邮政通信指挥调度中心工程项目于 2009 年底已完成主体工程，海口火车站物流仓储中心工程完成了初步设计评审，中国邮政集团公司已批准立项。

投递、营业能力建设明显加快。省邮政公司基本完成了 9 个市县局的投递网达标建设，同时还完成了全省投递信息系统上线工作，19 个市县城区和部分农村网点共 32 个投递网点应用信息系统进行投递作业。此外，完成了8个营业网点的标准化改造。

（三）快递企业发展迅速

全省法人注册的快递企业23家，非法人注册的快递企业7家（民航快递、中铁快运、外运发展、宅急送、联邦快递、敦豪、嘉里大通），其中，国有企业5家，外资企业4家，民营企业有21家。据不完全统计，各快递企业在全省各市县设立的分支机构或营业网点130多个（不含邮政企业的分支机构和营业网点）。

全国18家大型网络型快递企业在全省海口、三亚两市均设有关联服务机构。邮政EMS、海汽快递、宅急送、CCES等四家企业的快递服务网络覆盖到了全省各市县中心城镇，申通、圆通、汇通、韵达、仁和、依凡特、顺丰等快递物流企业已在部分市县设立了快递服务网点，并向全省迅速扩张。

邮政快递物流企业准备股份制改造。省邮政公司速递物流专业经营改革，一是完成了省邮政速递物流公司内部机构设置、管理人员聘任工作，建立起业务开发、网络运行、财务管理等新的管控机制和管理制度，促进了业务的较快发展。二是在做好专业资产划分的同时，初步制定了市县局和速递物流专业的关联交易结算办法，理顺省速递物流公司与现业局的关系，促进双方协调发展、互利共赢。三是配合做好尽职调查和审计评估工作，完成了速递物流公司土地房屋资产的确权办证，为速递物流专业的股份制改造做好前期准备。

（四）行业队伍建设取得新成果

专业人才队伍建设。省邮政公司开展了两年一度的专业技术职务任职资格评审工作，共评选出具备高级经济师、高级工程师及工程师任职资格人员28人，有效地激发专业技术人员队伍的积极性和创造性。同时还积极推进专职营销队伍建设，全年评聘专职营销人员191人，至此邮政专职营销人员总数达386人。

精神文明建设。海口市邮政局、海口邮区中心局、文昌市邮政局被评为“全国文明单位”，万宁市邮政局被评为“全国精神文明建设工作先进单位”，省邮政公司还有12个单位被评为“海南省文明单位”，有1人被授予全国“五一”劳动奖章，2人被评为“海南省劳动模范”，3个集体被评为2009年度全国邮政系统先进集体，4名个人被评为2009年度全国邮政系统先进个人，海口邮区中心局被省委评为“海南省廉政文化进机关活动示范点”。省邮政公司通过开展“创新服务理念 创建示范窗口”活动，学习北京东四邮电局先进经验，不断强化服务意识和服务技能，被中国质量协会、全国用户委员会授予“全国用户满意企业”荣誉称号。

【监管工作】

一、深入宣传贯彻《邮政法》，完善法制建设

修订后的《邮政法》于2009年10月1日正式施行，省邮政管理局在全行业分层次、分阶段、有重点、成系统地组织开展对《邮政法》及其配套规章、标准的宣传学习贯彻活动，共印发宣传和学习资料2000册，培训人员510人次，召开为企业送法上门现场会10次。省管理局局长吴铁砚接受了南海网“新闻会客厅”，海南新闻广播频道《深度时间》和海南有线电视405海网宽频“新闻会客厅”等节目的访谈，深入宣传贯彻《邮政法》，取得社会反响，海南日报等多家媒体追踪报道，并配发专题文章。宣传贯彻活动以推进村邮政站建设为重点，开展了农村通邮和邮政服务“三农”工作的调研，具有前瞻性地提出村邮站和邮政服务“三农”网点统筹规划、一并建设的思路，并结合省邮政管理局与农业厅联合发文《关于大力发展农村通邮服务促进社会主义新农村建设的通知》，积极推进建站工作实施，首批建成4个试点村邮站。在法律宣传贯彻的同时，积极推进地方邮政立法工作，启动了《海南省邮政条例（草案）》的编写工作。

二、发展农村邮政物流，“扩内需，惠民生”

省政府召开全省推动农村邮政物流发展工作会议，深入贯彻落实全国推广山东发展农村物流经验现场会精神，林方略副省长要求深入贯彻落实张德江副总理重要讲话，和《国务院办公厅转发交通运输部等部门关于推动农村邮政物流发展意见的通知》精神，认真学习山东发展农村邮政物流的经验做法，做大做强全省农村邮政物流。省政府办公厅随后印发《关于推动农村邮政物流发展的通知》，明确加快推进全省农村邮政物流发展，形成“布局合理、双向高效、种类丰富、服务便利”的农村邮政物流服务体系；把农村邮政基础设施和邮政“三农”服务网点建设纳入新农村建设规划和城乡规划建设项目，在2012年前完成邮政基础设施空白乡镇的邮政局所补建工作；交通运输、发展改革、财政、农业、商务、工商行政和邮政管理部门给予政策扶持，支持邮政进入农资市场，发展农村邮政物流连锁经营，将邮政企业纳入涉农企业范围，享受相关的强农惠农政策。省邮政管理局同时启动“支持邮政物流服务‘三农’与同步推进村邮站建设研究”课题，规划统筹邮政农村物流“三农服务站”和村邮站的网点整体布局、发展目标、设施建设、市场定位、服务功能和科技支撑。

三、加强宏观调控，“调结构、促增长”

加强行业经济运行分析和监控。为加强对中小企业经济运行的监控，及时有效出台有关政策，帮助中小企业应对国际金融危机，省政府开展了全省中小企业经济统计调查工作，省邮政管理局在工作中不断提升对邮政行业经济数据分析和监控水平，通过定期发布行业经济统计分析简报，成功引导快递企业抓住我国工业经济运行出口大幅下降，国内需求成为拉动增长主要力量的有利时机，及时调整经营结构，创新服务模式，发挥快递服务对工业调整的服务和支撑作用，对实现行业经济保

持平稳较快增长起到积极作用。

加强政策扶持力度。全面贯彻落实国务院《物流业调整和振兴规划》，启动编制《海南省快递服务规划》，重点推进区域业务资源的优化整合，强化综合交通资源的配置和支撑作用。同时积极落实对快递企业的扶持政策，协调落实快递业务按“邮电通信业”税目征收营业税的规定，税率统一由5.3%改为3.3%，切实减轻了企业负担，并通过研究解决统一发票和快递车辆临时准停、通行问题，进一步提高企业服务效率。

引导企业增强服务意识和品牌意识。省邮政管理局和省快递行业协会通过现场会、电视电话会议、集中培训等方式对行业内各企业负责人、企业高管，和邮政社会监督员全面轮训，贯彻落实《快递服务》行业标准和《邮政普遍服务标准》，并组织专家小组开展快递企业达标评定工作，共有 18 家快递企业取得了“《快递服务》标准达标企业”牌匾。

四、强化监督管理

加强普遍服务监督保障。省邮政管理局依法开展了邮政局所普遍服务情况检查、邮政资费检查和邮件时限监测工作，共实施监督检查15人次，工作调研21人次，检查市县邮政局5个，抽查邮政支局（所）8个，填发邮政普遍服务意见书 3 份，下发限期整改通知 3 份，对全省10个未设邮政局所的乡镇邮政服务情况开展了调研。在特殊服务保障方面，省邮政管理局与省国家保密局联合转发了《邮政机要通信保密管理规定》，开展了机要专用封装用品检查，参与组织召开2010年度全省党报党刊发行工作视频会议，全省“财政划拨、政府采购、集订分送”的做法受到中央组织部表扬。

加强市场监管。省邮政管理局依法启动了快递市场准入许可工作，举办了“快递业务经营许可工作培训班”和“快递业务经营许可管理信息系统培训班”，对 20 多家企业相关工作人员进行培训。全年开展市场执法检查次数 77 次，检查单位 197 家次，下达整改通知 18 份，其中开展以打击假票为重点的集邮市场专项执法检查行动 3 次，抽检邮政用品用具生产厂家 8 家，送检 7 个品种计 750 件产品。

加强安全监管。省邮政管理局圆满完成了国庆60周年的邮路安全保障工作，有效开展了全省邮政业甲型H1N1 流感专项防控工作，探索和有效建立了与安全、公安、检验检疫、海关等多部门联动的安全监管机制，与 33 家企业签订了寄递安全责任状，开展了一系列信息安全和安全生产的专项活动，建立了《海南省邮政业突发事件应急预案》，指导 16 家企业建立了应急预案管理制度。

强化消费者权益保护。“12305” 邮政业申诉受理完成了2项机制和1项制度的建设，即：“12305”和“12315”平台间的对接协调机制，12305对各快递企业的转办联系机制， 以及12305申诉处理情况的定期通报制度。社会监督方面，共聘邮政特邀社会监督员 33 人，监督队伍市县覆盖面达 79%。

【重大事项、事件】

1 月 13 日，海南省快递行业协会一届二次理事会暨《快递服务》标准达标企业颁证大会在海口召开。会议为第一批《快递服务》标准达标的海南省邮政速递包裹局、中外运—敦豪国际航空快件有限公司海南分公司、民航快递有限责任公司海南分公司、海口全一通运输有限公司、海南希伊艾斯快递有限公司共 5 家企业举行了隆重的颁发达标证书和牌匾的仪式。

1 月 16 日，海南省邮政速递物流公司正式挂牌，标志着海南邮政速递物流业务向一体化专业经营迈上了一个新的台阶。

1 月 21 日，海南省邮政管理局吴铁砚局长向海南省政府林方略副省长专题汇报国家邮政局 2009 年工作会议及党风廉政建设工作会议精神，林方略副省长就贯彻落实国家邮政局会议精神作出指示：一是积极迎接次贷危机的挑战，实现“保增长、保民生、保稳定”目标；二是加快推进全省邮政立法工作，为科学发展提供坚实保障；三是积极推进全省邮政业的转型，科学配置资源，做大做强快递物流业；四是用好省政府关于发展邮政业的相关政策，加快行业发展。

1 月 23 日，林方略副省长一行来到海口市邮政局海府营业厅和邮储海府支行，向工作在一线的邮政职工送上新春的问候。

2 月 26 日，海南省邮政管理局召开 2009 年邮政管理工作会议。省政府林方略副省长出席会议并作重要讲话，省邮政管理局吴铁砚局长作工作报告。省政府办公厅、省法制办、省发改委、省国家保密局、省公安厅、省安全厅、省工商局、省建设厅、省农业厅、省统计局等部门领导应邀出席会议，省邮政管理局全体人员，省邮政公司、省快递物流公司、各市县邮政局、快递行业协会和各快递企业主要负责人参加会议。

2 月 26 日起，邮储海南省分行开通了汇往台湾邮政的电子汇款业务，至此，全省与台湾之间的两岸邮政电子汇款业务实现了全面双向开通。

3 月 2 日，海南省邮政管理局正式启用新装修的办公楼。

3 月，海南省邮政管理局和省农业厅联合下发了《关于大力发展农村通邮服务促进社会主义新农村建设的通知》，进一步落实十七届三中全会关于加快发展农村公共事业，发展农村邮政服务，解决农村邮政服务“最后一公里”的问题。

4 月 17 日，全国劳模、万宁邮政局党组书记林琳和全省其他劳模一起受到前来出席海南省总工会座谈会的中央政治局委员，十一届全国人大常委会副委员长、党组副书记，中华全国总工会主席王兆国的亲切接见。

5 月，海南省邮政公司文兴元总经理被授予全国“五一”劳动奖章。

6 月 19 日，海南省政府在海口召开了海南省推动农村邮政物流发展工作会议。林方略副省长出席会议，并作了重要讲话，对全省贯彻落实全国推广山东邮政发展农村物流经验现场会精神，推动全省农村邮政物流发展提出了要求。省政府办公厅、交通运输厅、发展改革委、财政厅、农业厅、商务厅、工商局、省邮政管理局、省邮政公司以及三亚、文昌、儋州、五指山、澄迈、屯昌、乐东、昌江等市县领导出席了会议。

7 月 2～3 日，2009 年邮政特邀监督员培训会在海口召开，组织全省监督员学习《邮政法》，解读社会监督评价指标体系，总结和布置社会监督工作。

7 月 28 日，海南省邮政管理局局长吴铁砚接受南海网专访宣传贯彻新《邮政法》，并就加强邮政普遍服务保障，邮政管理部门转变职能，建设服务型政府等社会关心的问题，与网友进行在线交流。

9 月 22 日，国家邮政局召开《邮政法》贯彻实施全国电视电话会议，在海南分会场参加会议的有海南省委办公厅、组织部，省人大办公厅、法工委、财经委，省政府办公厅、法制办、发改委以及 28 个省直单位负责人，省消协等 3 家社会组织负责人，省邮政公司和 27 家快递企业负责人，海南日报等 7 家媒体，以及省邮政管理局全体人员，共计 80 多人在海南分会场参加会议。22 日和 23 日，省内 8 家主流新闻媒体就会议情况分别进行了报道。

9 月 28 日，海南省政府办公厅下发《海南省人民政府办公厅关于推动农村邮政物流发展的通知》（琼府办〔2009〕174 号），要求各级政府和各有关部门充分认识加快发展农村邮政物流的重要意义，积极创造条件，加大对农村邮政物流的支持力度，做大做强海南省农村邮政物流。

10 月 9 日，海南省邮政管理局局长吴铁砚在《海南日报》发表题为：“深入贯彻落实《邮政法》，保障邮政普遍服务”的第 40 届世界邮政日致辞。

10 月 16 日和 20 日，海南省邮政管理局局长吴铁砚分别应海南电台新闻广播《深度时间》和海南有线电视 405 海网宽频的邀请，就邮政法实施的有关热点问题接受采访。

12 月 15 日，海南省邮政管理局在海口举办了快递业务经营许可管理信息系统培训班，邮政 EMS、顺丰等 20 多家企业具体负责快递业务经营工作的人员参加培训。

（海南省邮政管理局）

重庆市邮政发展与管理

【邮政发展统计】

指标名称	单位	数据
邮政行业业务收入	万元	156247.2
其中：快递业务收入	万元	48879.2
函件业务量	万件	5218
快递业务量	万件	2240
从业人员	人	17060
其中：快递从业人员	人	4117
营业网点	处	2152
其中：快递营业网点	处	314

注：邮政行业业务收入中未含邮政储蓄银行直接营业收入

【邮政发展情况综述】

2009 年，重庆市邮政管理局在国家邮政局的领导下超额完成了市政府绩效考核目标，全面完成各项工作任务。全市邮政业业务收入达到 15.62 亿元（未含邮政储蓄银行直接营业收入）；未发生重特大邮政通信安全事故；机要通信失密丢失率为零，实现质量十七年全红；邮件全程时限逾限率为万分之零点一八；全年全市邮政普遍服务用户满意度达到 88.07 分。

2009 年，全市邮政业不断发展。积极争取地方政府和部门的支持和配合，为全市邮政行业的发展创造了良好的环境。2009 年，下发了《重庆市人民政府办公厅关于印发重庆市推动农村邮政物流发展实施意见的通知》、《重庆市都市区邮政设施专项规划（2008～2020 年）》，推动农村邮政物流发展和城区邮政基础设施建设。大力推进村邮站建设，全年在 13 个区县建成 600 个试点村邮站；邮政普遍服务能力、水平进一步提高。在发布实施重庆市工程建设标准《住宅信报箱图集》的基础上，颁发了《重庆市住宅信报箱建设规范》，该工程建设规范于今年 2 月 1 日起实施。3 月，《住房和城乡建设部关于同意重庆市〈重庆市住宅信报箱建设规范〉地方标准备案的函》批准该项标准作为“中华人民共和国工程建设地方标准”备案，并确定相应的强制性条文。发挥行业协会作用，快递服务得到迅速发展。快递协会新增 4 家快递企业会员单位。对 8 家快递企业进行《快递服务》标准达标指导和验收，目前已有 14 家企业达标。体制机制进一步健全。全面推进《邮政法》学习宣传贯彻实施工作；为维护消费者的权益，提高邮政业售后服务质量，在工商、消协的支持配合下，建立起邮政“12305”申诉、工商“12315”申诉和消协投诉联合处理机制。市场监管得到不断强化。加强监管，严防 H1N1 流感病毒通过寄递渠道传播；加强快递市场执法检查，保障邮政寄递安全和维护信函业务专营权；进一步加强邮政用品用具监管和集邮市场监管；打击销售假冒伪劣邮票。

【监管工作】

一、出台政策措施推动农村邮政物流发展

10月19日，市政府下发《重庆市人民政府办公厅关于印发重庆市推动农村邮政物流发展实施意见的通知》（渝办发〔2009〕321号）。文件明确提出推动农村邮政物流发展的指导思想和发展目标；市邮政管理局和市发改委、市财政局、市交委、市农委、市商委等11家部门制定农村邮政物流发展的相关配套措施，并加强部门协调配合，支持农村邮政物流发展；各区县（自治县）人民政府作为发展农村邮政物流的第一责任主体，负责本行政区域的组织实施和监督协调。全市农村物流工作发展迅速，截至目前市邮政公司共建立销售网点4405个。

二、全力推进村邮站建设

市委办公厅、市政府办公厅《关于印发〈市委三届四次全委会重要措施任务分解〉的通知》（渝委办〔2008〕191号），明确市邮政管理局为村邮站建设牵头单位，市发展改革委、市财政局为协办单位，市委常委、常务副市长为分管责任领导。11月13日，市政府副秘书长召集市邮政管理局及市发改委、市财政局等有关部门参加专题会议，研究落实村邮站建设资金问题，会议初步议定由市财政给予村邮站建设专项补贴。11月24日，市政府办公厅转来常务副市长批复，同意2009年村邮站建设费用由市财政承担45%，区县财政承担10%，市邮政公司承担45%。2009年的13个试点区县已建成600个村邮站，其余的7240个站点将分三年建成。

三、大力推进信报箱建设和管理工作

《重庆市住宅信报箱建设规范》作为重庆市工程建设标准于2009年2月1日起实施。3月，住房和城乡建设部批准该项标准作为“中华人民共和国工程建设地方标准”备案，并确定相应的强制性条文。信报箱图集发布后，及时联系印制3000册图集，分送各级各相关部门；组织信报箱建设培训；组织人员编印信报箱建设资料汇编；督促邮政企业推进信报箱建设和管理。目前，已有开县、黔江等区县邮政局与当地建设部门联合发文，加强信报箱建设和管理。

四、建立邮政普遍服务工作联席会议制度

2009年，先后与市邮政公司召开两次会议研究解决普遍服务工作，研究学习贯彻新《邮政法》、推进全市村邮站建设工作，以及提高邮政普遍服务质量和水平、推进信报箱建设和管理等问题；要求市邮政公司重视普遍服务工作，采取切实措施努力提高邮政普遍服务质量及水平。会议在搞好邮政普遍服务，形成政府主导、企业主责的运作模式上形成共识，取得显著效果。

五、认真研究并积极落实快递业务经营许可工作

新《邮政法》公布后，针对快递业务经营许可的要求，先后与相关部门开展研讨，提出可能遇到的问题，将问题和应采取的措施向国家邮政局进行反映并得到认可。认真做好快递业务经营许可的各项准备工作。

六、严格执行行政执法程序

制订《邮政监管行政执法证件和执法监督证件管理办法》。积极与市政府法制办沟通，对市邮政管理局19个行政执法证件进行年审，为新聘请快递市场社会监督员发放监督证，确保行政执法和监督人员依法持证执法和监督，确保执法检查、社会监督程序合法。

七、出台《重庆市都市区邮政设施专项规划（2008～2020年）》

2009年10月28日，市政府正式同意通过该规划，并纳入全市都市区控制性详细规划管理和实施。规划明确，今后规划范围内邮政支局、所建设设计房地产开发项目的，规划部门应在核发规划条件和审查建设工程设计方案时，对邮政支局、所用地及位置予以明确并督促开发企业建设落实；同时国土房管部门应在该土地“招拍挂”条件中对配套建设邮政支局、所的建设，其对应土地应作为划拨性质，价格按成本综合价购买。

八、加强监管，确保国庆60周年邮路安全

制定国庆60周年邮路安保工作计划、应急预案、突发事件处理流程。建立联合防范机制；提前准备，做到早安排、早动员、早检查；突出重点，防患于未然，杜绝因一线收寄验视工作不落实而造成的寄递安全隐患，筑起邮路安全防护墙，保障邮路安全畅通；充分发挥检查点作用，做到疏而不漏，严密防范。

九、加强“扫黄打非”工作

认真做好邮政报刊亭销售渠道的监督检查，严堵非法出版物通过寄递运输渠道流通。多次发文要求市邮政公司、各快递企业高度重视非法刊物的查缴工作，一律不得承运各种非法出版物，尤其是政治性非法出版物。邮政营业窗口收寄和快递企业上门揽收时不得收寄各类政治性非法出版物。对主城报刊亭开展日常检查和抽查工作，同时对门市部经营人员开展宣传教育。开展两次以整治运输环节为重点的专项行动，有效切断各类非法出版物通过寄递渠道流通。

十、认真落实邮路禁毒工作

加大对利用邮政渠道进行贩毒的形势分析，积极完善工作机制，全力配合公安禁毒部门严厉打击利用邮政渠道进行贩毒犯罪，明确专人负责禁毒工作，并安排经费用于邮路禁毒宣传培训工作。4月，邀请禁毒部门对主要快递企业50余人进行识毒、辩毒知识培训。由于监管得力，检查措施到位，对贩毒分子起到有力的震慑作用，全年未发生通过邮路寄递毒品案件。

十一、认真做好受理申诉工作

全年市邮政管理局通过“12305”共受理消费者申诉622件，答复咨询150件。通过调查处理能够确定属企业责任的有效申诉200件，已全部妥善处理，为消费者挽回经济损失23361元。回访情况显示，消费者对处理结果表示满意的占78.3%，表示认可的占21.7%。

【重大事项、事件】

2月1日，《重庆市住宅信报箱建设规范》开始实施。住房和城乡建设部确定“新建、改建、扩建的住宅小区、住宅楼房建设工程，应将邮政信报箱纳入建设总体规划设计，在建筑物设计时应统一安排住宅信报箱等邮政设施，并纳入建筑工程设计审查和竣工验收的范围”条文和“选装的信报箱应有产品合格证，并经重庆市邮政监管机构监制”条文作为强制性条文写进《建设规范》。

2月26日，市邮政管理局和国安部门以市邮监办名义联合召开2009年全市邮路安全监管工作会议，对2008年全市邮路安全监管工作5家先进集体和15名先进个人进行表彰，刘学普副市长出席并作重要讲话。

3月22日至6月22日，对重庆出口的1万余件快件进行安全检查，对14家社会非邮快递企业陆路运输的快递物品进行“三防”检查，有力配合“3•19”枪击案侦破工作。

为严防H1N1流感病毒经过国际邮件传入重庆市，邮政管理局积极配合检疫检验部门，对通过邮寄到重庆的所有国际邮件进行全面消毒检疫。7月，国家H1N1防治检查组到重庆检查时，对市邮政管理局和检疫检验部门协同检查的方法给予肯定。

9月初，召开全市快递企业国庆邮路安全动员会议，与各快递企业签订国庆60周年邮路安全责任书并会同国安部门分两批对重点单位进行安全检查。

10月19日，市政府下发《重庆市人民政府办公厅关于印发重庆市推动农村邮政物流发展实施意见的通知》（渝办发〔2009〕321号）。文件明确提出推动农村邮政物流发展的指导思想和发展目标。

10月28日，市政府正式同意通过《重庆市都市区邮政设施专项规划（2008～2020年）》，并纳入全市都市区控制性详细规划管理和实施。该规划的出台，为全市邮政基础设施科学布局和合理建设提供了保障，使全市邮政设施规划水平走在全国前列。

11月，市政府同意市邮政管理局提出的全市村邮站建设实施方案，计划到2012年建设7840个村邮站，覆盖全市90%以上的行政村，总投入七千多万元，资金由市财政、区县财政和市邮政公司共同承担。

（重庆市邮政管理局）

四川省邮政发展与管理

【邮政发展统计】

指标名称	单位	数据
邮政行业业务总收入	万元	352948.5
其中：快递业务收入	万元	99760.0
函件业务量	万件	14281.6
快递业务量	万件	4691.4
从业人员合计	万人	36211
其中：快递从业人员	万人	7405
营业网点合计	处	5714
其中：快递营业网点	处	2697

注：邮政行业业务收入中未含邮政储蓄银行直接收入

【邮政发展情况综述】

2009年，全省邮政行业保持平稳较快发展，省邮政企业和规模以上快递企业业务总量完成55.6亿元，同比增长21.9%；业务收入完成35.3亿元，同比增长21.5%。

邮政普遍服务能力得到提升。全省邮政对外服务局所4981处，其中自办3090处，代办1891处，每个对外服务网点平均服务人口1.59万人；邮政信筒信箱7681处；邮政报刊图书销售点2614处。全省21个市州已全面实现了营业系统与网运系统的互联互通。投递体系进一步完善。全省邮路总数2162条，邮路总长度（单程）15.3万公里；投递路线11532条，其中农村投递路线9175条，城市投递段道2357条；邮政信报箱群1600处。

【监管工作】

一、深入学习实践科学发展观

按照省委和省直机关工委学习实践活动领导小组要求、部署，全局学习实践科学发展观活动自2009年3月26日正式展开，到2009年8月17日结束，活动通过学习调研、分析检查、整改落实三个阶段，较为圆满地完成了学习实践活动各阶段的任务。活动以“四川邮政科学发展，推进‘两个加快’”为主题，围绕“如何解决影响和制约四川邮政科学发展的突出问题”等专题进行了讨论，结合工作实际和行业特点确定了村邮站建设和快递服务两个调研课题。召开了以“学习实践科学发展观、坚持‘四个特别’，推动‘两个加快’”为主题的专题民主生活会。省直工委指导组的参会领导充分肯定了会议取得的成效。局党组领导班子撰写了分析检查报告，制定了整改落实方案，开展了群众满意度测评。全局共梳理、制订了7个大项的整改目标，51个小项的整改措施，将整改与实际工作相结合，取得明显而持久的成效，

二、做好新《邮政法》的宣传贯彻、实施工作

开展多层次全方位的学习培训，印发《邮政法》单

行本、《〈邮政法〉宣传专刊》和相关学习资料5000余册，组织开展了局内学习、快递企业负责人及相关人员培训、社会监督员培训；在《四川日报》上发表了孙明江局长的署名文章《贯彻实施〈邮政法〉 推动四川邮政业又好又快发展》，在《四川日报》和《华西都市报》上全文登载《快递业务经营许可管理办法》；在本局网站开辟《邮政法》宣传专栏，在《四川邮政政务信息》上编辑专刊，编印《贯彻〈邮政普遍服务标准选刊〉》，刊发宣传贯彻信息、解读文章；与省法制建设领导小组办公室联合发文，将《邮政法》的宣传教育纳入各级政府“五五”普法规划；利用“12•4”全国法制宣传日，开展宣传活动，受到省法制建设领导小组办公室通报表彰，被授予“2009年‘12•4’全国法制宣传日活动先进单位”的荣誉称号。

三、加快邮政地方立法进度

四川省邮政管理局大力配合省人大相关部门，对2007年《四川省邮政条例（草案）》三审稿再次进行修改论证，并配合省人大相关部门先后召开邮政企业、快递企业及相关厅局单位座谈会，并组成立法调研组分别到湖北、江西、安徽三省及省内南充、巴中市及北川、青川等地震灾区开展立法调研，历时 4 个月，召开多次修改论证会，依据修订后《邮政法》的立法原则和主要内容，结合四川实际，形成了《四川省邮政条例（草案）》四审稿。该条例草案于 2009 年 11 月下旬提交省第十一届人大常委会第十二次会议进行了第四次审议，力争2010年上半年出台。

四、加强监管，推进邮政灾后重建规划的落实

管理局积极主动向省政府汇报并与省发改委多次协调，将四川邮政的灾后重建规划纳入了《国家汶川地震灾后恢复重建规划》，为灾后重建争取到了更多政策和资金上的支持。四川邮政灾后重建、加固、维修及购置生产办公场所及支局所营业网点共428处，涉及全省19个市（州）邮政局及78个县（市、区）邮政局。四川邮政灾后重建规划总投资 37924.8 万元。建立邮政灾后重建半月报制度，目前已向省委、省政府上报了统计数据 19 期。按照省政府的要求、部署，积极协助相关部门做好中期评估工作，确保灾后恢复重建工作的顺利进行和完成。截至2009年12月31日，全省邮政共完成灾后重建投资 1.49 亿元。

五、“三位一体”的邮政普遍服务监管体系不断完善

四川省邮政管理局加强普遍服务各项监督检查工作，圆满完成信函时限监测工作，对全省邮政营业场所、邮政基本资费和邮件时限等普遍服务情况进行检查，局所检查覆盖面达到20%；社会监督体系进一步完善。截至2009 年底全省邮政特邀监督员工作运行情况良好；企业自律机制有效加强，自查报告制度逐步完善。邮政企业按照《邮政普遍服务监督管理办法》规定报送年度邮政普遍服务和特殊服务质量自查报告。

六、推进“村邮站”建设

四川省局局长带队深入绵阳市安县晓坝镇黄羊村进行调研，并形成《用科学发展观引领思想，扎实搞好“村邮站”建设启动工作》的调研报告。与省委农村工作领导小组办公室协调出台了《关于大力发展村邮站加快新农村建设的实施意见》（川农办〔2009〕63 号文件）。在全省确定了 105 个试点（主要分布于成都市城乡结合部和所属部分郊县以及绵阳、德阳、广元、雅安等地震重灾区），力争用5年时间分期分批建立适应当地农村发展水平、满足农民邮政通信需求的新型村邮站。

七、加快农村邮政物流发展

四川省邮政管理局与省发改委、省财政厅等 7 部门联合拟定了《关于加快发展农村邮政物流的意见》。省人民政府办公厅以川办发〔2009〕43 号文件转发各市州政府和省直各部门。文件明确了各部门在推动农村物流发展中的工作职责，力争到2012年基本形成“工业品下乡、农产品进城”的农村邮政物流配送双向流动渠道，基本建成“布局合理、双向高效、种类丰富、服务便利”的农村邮政物流服务“四大体系”。

八、加强机要通信、邮票发行、党报党刊发行监管工作

开展了机要专用封装用品使用情况专项检查，组织进行了国庆纪念邮票发行的检查工作。组织协调全省党报党刊发行工作，因工作突出，四川省邮政管理局被评为“2009年度中央和省委机关报刊宣传发行先进单位”。

九、开展快递经营许可工作

建立健全了全省备案快递企业档案，完善了全省 333 家快递企业备案基础资料；在局网站和《华西都市报》上刊登办理许可的公告，接受社会和企业的监督。组织举办全省 34 家主要快递企业通辑的《快递业务经营许可管理办法》培训班。

十、加大市场监管力度，维护市场秩序

对快递企业、集邮市场、邮政用品用具生产厂家进行了执法检查。全年共出动执法人员 1203 人次，出检 188 天，检查 241 次，查获违反相关规定企业 17 家，发出整改通知书 16 份，有效维护了邮政市场秩序的稳定。与工商建立联合协调制度，对凡涉及集邮品广告的，需经省邮政管理局确认真伪后，才予与发布，最大限度的保护消费者合法权益，维护了集邮市场的稳定。

十一、建立协调机制，开展专项检查，确保信息安全

建立与公安、安全等部门邮路和邮件（快件）安全保障机制，召开协调会 6 次。向快递企业转发了国家邮政局和国家有关部委加强通信信息安全的文件、规定。对重点企业落实情况进行走访指导和监督检查。围绕安全生产和邮路安全、国庆安全，开展了两次大规模的安全专项检查。

十二、做好应急工作

结合四川省实际，按照国家邮政局要求，制定下发了《四川省邮政业突发事件应急预案》，并对四川省 39 家重点快递企业进行培训，指导企业制定应急预案。

十三、建立并保证统计制度的运行

建立了全省邮政业发展运行报告制度，并按时对外公布。组织召开 2008 年四川省邮政业统计工作总结表彰会。开展规模以下快递企业邮政业统计调查。对 150 余家类型各异的快递企业的经营发展现状进行了解掌握。统计信息范围扩大到 60 家快递企业，邮政企业统计工作延伸到市州邮政局。配合四川省统计局，开展对 13 家快递业统计检测工作。四川省局被评为“四川省 2009 年度服务业统计监测工作先进单位特等奖”，这已是邮政管理局连续两年获此殊荣。

十四、服务西博会

四川省邮政管理局作为牵头单位，精心组织，协调西博会组委会、相关部门及邮政企业和各快递公司，顺利完成了为西博会提供邮件快件寄递服务，保障通信安全的工作任务，因提供优质的服务和安全保障得到了西博会组委会的好评。省局推荐四川顺丰快运有限公司与邮政企业两家共同参加了西博会现场寄递服务工作，这是四川省快递企业首次与邮政企业共同参与到政府活动中。

十五、加强邮政业消费者申诉工作

2009 年共处理消费者申诉 403 件，同比增长 93.75%，其中本局受理 242 件，同比增长 54.14%；办理国家邮政局转办的申诉 161 件，同比增长 215.69%。在本局受理的消费者申诉中，有效申诉 51 件，无效申诉 38 件，咨询 183 件，为消费者挽回经济损失 9533.00 元，消费者满意率达 75%，结案率达 100%。

十六、办理政协提案

对四川省政协十届二次会议闭会后交办的第 111 号、第 322 号《关于改善邮政服务的建议》两个提案，依照相关程序和规定，将涉及省交通厅和省财政厅的相关内容转送给两个部门进行会办。同时，积极与省邮政企业联系沟通，汇总各方意见，结合邮政企业实际进行了书面答复，提前完成了办复任务，受到提案人的肯定。

【重大事项、事件】

1 月 20～21 日，国家邮政局党组书记、局长马军胜赴四川地震灾区都江堰等地，实地了解邮政灾后恢复重建和职工生活情况，看望慰问灾区干部职工及家属，视察邮政、快递企业并慰问广大干部职工群众。1 月 21 日，国家邮政局马军胜局长还专门看望慰问了四川省邮政管理局全体干部职工。

1 月 23 日，四川省副省长黄小祥来到四川省邮政管理局视察工作，代表四川省人民政府、蒋巨峰省长慰问省局全体干部职工。

1 月 24 日，黄小祥副省长在四川局上报的《关于报送四川省邮政管理局 2008 年工作总结及 2009 年工作思路的报告》上批示：“省邮政管理局立足四川实情，精心指导、热情服务、科学监管，使全省邮政工作迈上了新台阶，取得了新成绩，向同志们表示祝贺和感谢！望在新的一年里，继续开拓进取，把发展与监管有机结合起来，加快全省邮政业的发展，进一步提升现代物流水平，努力开创新的局面。”

2 月 25 日，四川省局与西南交大建筑设计院就信报箱建设项目进行调研。

3 月 3 日，四川省国防交通协会第三届会员代表大会在成都召开。四川省局副局长张生泰当选为第三届理事会常务理事，孟兵当选为理事，四川省局为团体会员单位。

3 月 6 日，四川省委农办、四川省邮政管理局联合召开四川省农村邮政村邮站建设工作座谈会。省委农办改革处、省邮政管理局普遍服务处相关负责人出席会议，省邮政公司相关负责人，成都、泸州等市和郫县等县（市）农办和邮政局相关负责人，部分乡镇和村的负责同志共 50 余人参加会议。

4 月 1 日，四川省局召开 2008 年度四川邮政业统计工作总结表彰会暨全省备案快递企业统计调查工作布置会议。会议对 2008 年统计工作先进企业、个人进行了表彰。

6 月 4 日，国家邮政局《汶川特大地震抗震救灾志》四川、甘肃、陕西三省编纂工作会议在成都召开。

8 月 21 日，四川省人民政府以川办发〔2009〕43 号文件转发了四川省局等 7 部门《关于加快发展农村邮政物流意见的通知》。

9 月 9～10 日，国家邮政局党组成员、纪检组长张绳华一行到四川调研。调研组先后到成都邮区中心局、省邮政速递物流处理中心、绵阳市邮政局生产处理中心，就邮政企业当前在普遍服务、业务发展、生产经营中存在的困难和需要解决的问题进行调研。在川调研期间，张绳华召开了座谈会，看望了四川省局的全体同志。

9 月 29 日，在《中华人民共和国邮政法》即将施行之际，四川省局长孙明江在《四川日报》上发表署名文章《贯彻实施〈邮政法〉 推动四川邮政业又好又快发展》。

10 月 14 日，四川省局在成都召开了四川省快递业务经营许可培训会，推进快递业务经营许可制度的落实，部署快递企业经营许可申报工作，省内 39 家大中型快递企业负责人和省快递协会的代表近 80 人参加会议。

11 月 27 日，四川省局组织召开了全省快递业务员国家职业技能鉴定工作会议，22 家网络型快递企业负责人出席了会议。

12 月 4 日，四川省局召开邮政特邀监督员 2009 年度总结表彰会。四川省局孙明江局长、张生泰副局长出席会议，并向 2009 年度优秀邮政特邀监督员及《四川省邮政普遍服务监督信息》优秀通讯员颁奖。

12 月 22～23 日，四川省局在成都举办了贯彻国家新颁邮政业标准培训会。对全省快递包装箱、封套、包装袋和住宅信报箱生产企业的负责人和技术人员 40 余人进行了培训。

（四川省邮政管理局）

云南省邮政发展与管理

【邮政发展统计】

指标名称	单位	数据
邮政行业业务收入	万元	132860.00
其中：快递业务收入	万元	47582.22
函件业务量	万件	6516.11
快递业务量	万件	1790.04
从业人员	人	17486
其中：快递从业人员	人	1850
营业网点	处	37109
其中：快递营业网点	处	2228

注：邮政行业业务收入中未含邮政储蓄银行直接营业收入

【邮政发展情况综述】

一、总体发展情况

2009 年，全省邮政业务总量和业务收入继续保持增长，全年邮政业实现业务总收入 13.86 亿元，同比增长 15.31%。规模以上的快递服务企业达到了 17 家，从业人员达到了 1850 人，营业网点 2228 处，快递业务量完成 1790.04 万件，同比增长 1.88%；快递业务收入完成 4.76 亿元，同比上年增长 15.53%。

二、本年度发展特色和亮点

（一）扎实宣传贯彻《邮政法》，推动邮政管理，促进行业发展

2009 年 4 月 23 日新《邮政法》修订出台后，云南局按照国家局的宣传贯彻部署，成立了宣传贯彻领导小组及办公室，加强组织领导，制定了宣传贯彻实施意见，大力推进宣传贯彻工作。重点实施了“开展两个活动、进行三个汇报、做到四个结合、用好五个载体”的宣传贯彻措施。及时全面地向省委、省人大、省政府汇报《邮政法》出台和云南宣传贯彻的有关情况，进一步争取支持，为落实支持邮政普遍服务和其他支持邮政业发展的政策打下基础。同时启动《云南省邮政条例》的修订工作，确定将《云南省邮政条例》的修订纳入 2010 年云南省地方立法计划。落实新《邮政法》有关邮政普遍服务的条款，与昆明市政府一起组织召开了政府相关部门协调会议，成立了昆明市人民政府推进邮政业建设发展领导小组来推进相关工作，并向昆明市房地产开发商发放了《邮政公共设施信报箱规划、建设告知书》及《邮政公共设施建设宣传手册》，引起强烈反响。结合《邮政专营条例》和《快递业务经营许可管理办法》的出台和《快递市场管理办法》修订，落实新《邮政法》有关快递市场管理的条款，其中安全监管政策不断得到落实，经汇报协调，省财政补助全省邮政业禁毒资金 100 万元，省公安交警部门与邮政管理局联合下发文件解决快递车辆入城难问题。

（二）落实山东会议精神，创新图强，构建新增长点

为贯彻落实“全国推广山东邮政发展农村物流经验现场会”精神和张德江副总理重要讲话精神，刘平副省长专门听取专题汇报，并就邮政如何搭建农村物流重要渠道向有关部门做出指示。随后，秦光荣省长就云南省邮政物流工作进一步做出批示，肯定全省邮政物流工作取得的成绩，指出本省邮政物流今后的工作方向，提出了新的希望和要求。管理局和省邮政公司立即制定完善实施方案，抓紧贯彻落实省政府领导指示精神，及时向省政府上报了相关请示，代省政府草拟了《云南省人民政府关于贯彻<国务院办公厅转发交通运输部等部门关于农村邮政物流发展意见的通知>的实施意见>和《云南邮政服务“三农”三年规划（2009～2012》，《实施意见》经省法制办牵头组织省级多部门联审后，以省政府文件形式下发实施。这些工作，必将成为云南省邮政物流做大做强、更好地服务地方经济社会，特别农村经济社会的坚实保障。

三、存在问题

当前面临的主要困难和问题有：

（一）邮政业发展仍然不充分、不平衡、质量不够高。虽然近年来邮政业加快发展的势头强劲，但受地方宏观经济发展水平等因素的限制，邮政业总体规模不大，供给和需求的矛盾仍然突出，邮政生产力水平低，增长方式和管理方式粗放，行业竞争力较弱。特别是省内邮政东中西差异、城乡差异、区域差异很大，各州市邮政业发展不平衡程度很高，农村、边疆民族地区邮政业发展缓慢，城市邮政的辐射和带动作用不强，跟不上需求的增长速度。

（二）通信安全保障仍然不牢固、不健全、任务依然艰巨。由于特殊的区位、自然地理、社会文化条件，以及随着对外开放度不断增加，与周边国家经济往来程度的频繁及区域经济一体化进程加快，通信安全、禁毒、打击走私任务的需要及当前邮政体制改革带来的新情况和新问题，使邮政安全工作任务显得十分艰巨。受成本约束，长期以来行业主体对安全的认识和保障性投入总体不足，邮政安全面临内外交困的局面。其中，机要通信以手工处理为主，兼职人员比例较大，“驾押合一”现象普遍，“绝密文件双人投递”落实不到位等现象突出，存在较多安全隐患；一些快递公司无视邮政法信函专营的法律规定，为攫取高额利润，违反《邮政法》有关专

营权的规定，大肆收寄专营信函，公民的通信安全受到影响；作为毗邻“金三角”毒源地的省份，邮政渠道的禁毒任务逐年加重。

（三）发展环境不够宽松，政策落实不够到位。作为全国面向东南亚的桥头堡和西部重要省份，云南邮政需求旺盛，特别是邮政普遍服务任务很重，全省邮政因提供普遍服务而造成的政策性亏损和企业发展困难较大，主要包括：农村支局所亏损、基础设施建设落后、自然条件造成投递难度大、用工成本高等。长期以来，云南邮政业得到地方党委、人大、政府及社会各界大力支持，以《云南省邮政条例》为代表的一系列支持政策发挥了巨大推动作用，但邮政业发展中的各项政策，特别是支持邮政履行普遍服务的政策落实情况也存在较大差别，部分政策落实不到位，例如建设项目规划设计、建设和验收中，没有按《邮政法》和《云南省邮政条例》等规定建设邮政局（所）、报刊亭、邮筒、信报箱群等邮政设施，被拆迁的邮政局（所）、邮政服务网点和邮政设施不能按规定就近合理安置等等，导致邮政设施建设滞后，邮政服务能力受到影响。

【监管工作】

一、普遍服务保障有所提高

在 2007 年和 2008 年建立工作协调机制的基础上，组织制定了《云南省邮政管理局、云南省邮政公司贯彻落实<邮政法>工作协调机制实施方案》，细化和云南省邮政公司的协作内容和方式，《方案》规定专门成立“云南省邮政公司通邮办公室”，专职负责组织协调省邮政公司内部邮政普遍服务和特殊服务的相关工作，部分州市如昆明市邮政局也成立了通邮办公室，配备专职人员，专门负责推进邮政普遍服务工作。管理局向省邮政公司下发了《关于定期报送邮政普遍服务自查结果的通知》，建立了云南省邮政普遍服务工作情况的自查情况报告机制。内部管理方面，组织编辑《云南邮政普遍服务监督信息》，加大了对政府、人大、法规相关部门、社会、邮政企业、社会监督员的普遍服务宣传。经过努力，地方政府在落实普遍服务政策上有所突破，如昆明市人民政府出台了《昆明市人民政府关于进一步加快邮政业发展的若干意见》，提出要加强对邮政业发展工作的组织领导，将邮政纳入地方政府产业部门管理、加大地方政府法律、法规的贯彻执行力度、全力支持邮政服务网点设施建设、加强邮政信报箱（群）的建设和管理工作，进一步落实邮政运输优惠政策，加大政府对邮政普遍服务的财政扶持力度，大力扶持邮政物流业务，为邮政服务中小企业搭建平台。

二、市场监管工作有新突破

根据《国家邮政业突发事件应急预案》，重新修订执行了《云南省邮政业突发事件应急预案》，建立完善了邮政行业应急保障机制，提高突发事件应急处置能力。为各快递企业印发了《云南省邮政业突发事件应急预案》范本和《云南省快递企业收寄物品管理制度》范本，指导督促各快递企业结合自身实际制订切实可行的企业《应急预案》。管理局年初与全省二十六家在昆快递企业法定代表人签订了 2009 年《云南省邮政业安全责任书》，年中开展了所有快递企业安全生产“三项行动”联合检查。经反复汇报沟通，作为对全国重要的禁毒战场—邮政的支持，云南省地方财政向云南省邮政管理局下达了 100 万元邮政业禁毒专项补助资金预算，用于支撑全省邮政业禁毒工作。为进一步优化本省快递业发展的政策环境，促进云南快递业又好又快发展，管理局与省交警总队联合下发文件，规定“在快递企业日常生产经营过程中，允许经管理局审核、喷有快递企业专用标志载客汽车在城市区域装载投递快件；在确保安全的前提下，确需通过禁行路段的，经公安交通管理部门同意可以通行”，从根本上解决快递车辆入城问题。

三、社会监督有新举措

2009 年管理局为增强社会监督员的监督效果。组织实施了《云南省邮政业消费者申诉受理中心业务流程与规范》的修订与完善，与省工商行政管理局联发文件，建立了消费者申诉处理沟通机制，形成工商“12315”与管理局申诉中心按季度通报情况的制度和协作联动机制，扩大了消费者申诉渠道，有效提升了申诉处理效力，赢得邮政业消费者好评。

【重大事项、事件】

4 月 23 日，新《邮政法》修订出台后，开始实施“开展两个活动、进行三个汇报、做到四个结合、用好五个载体”的宣传贯彻措施。

4 月 27 日，云南邮政管理局获云南省委、省政府的党风廉政建设考核 2 万元先进奖励，顺利通过了“省级文明单位”的验收，获得“昆明市平安创建先进单位”称号，局机关廉政建设、文明建设等工作取得初步成效。

5 月 20 日，昆明市人民政府出台《关于进一步加快邮政业发展的若干意见》，加强对邮政业工作的组织领导，纳入地方政府产业部门管理，加大地方政府法律、法规的贯彻执行力度，全力支持邮政服务网点设施建设、加强邮政信报箱（群）的建设和管理工作，进一步落实邮政运输优惠政策，加大政府对邮政普遍服务的财政扶持力度，大力扶持邮政物流业务，为邮政服务中小企业搭建平台。

6 月 4 日，刘平副省长专门听取李云山局长和李永康总经理关于邮政发展农村物流工作的专题汇报，6 月 19 日，秦光荣省长就云南省邮政物流工作进一步做出批示。

7 月 3 日，云南省地方财政向云南省邮政管理局下达了 100 万元专项补助资金预算，作为对全国重要的禁毒战场—邮政业的支持，用于支撑全省邮政业禁毒工作。

11 月 3 日，《云南省邮政条例》的修订纳入 2010 年云南省地方立法计划。

11 月 6 日，制定了《云南省邮政管理局、云南省邮政公司贯彻落实<邮政法>工作协调机制实施方案》，细化和云南省邮政公司的协作内容和方式，成立云南省邮政公司通邮办公室，部分州市如昆明市邮政局也成立了通邮办公室，专职负责组织协调邮政公司系统内部的普遍服务和特殊服务工作。

12 月 8 日，云南省邮政管理局与省交警总队联合下发文件，规定“在快递企业日常生产经营过程中，允许经邮政管理局审核、喷有快递企业专用标志载客汽车在城市区域装载投递快件；在确保安全的前提下，确需通过禁行路段的，经公安交通管理部门同意可以通行”，从根本上解决快递车辆入城问题。

12 月 23 日，《云南省人民政府关于贯彻<国务院办公厅转发交通运输部等部门关于农村邮政物流发展意见的通知>的实施意见》经省法制办牵头组织省级多部门联审后，以省政府文件形式下发实施。

2009 年，中心城市的信报箱建设取得较大进展，邮政与昆明市政府一起组织召开政府相关部门协调会议，成立了昆明市人民政府推进邮政业建设发展领导小组，并向昆明市房地产开发商发放了《邮政公共设施信报箱规划、建设告知书》及《邮政公共设施建设宣传手册》。

（云南省邮政管理局）

贵州省邮政发展与管理

【邮政发展统计】

指标名称	单位	数据
邮政行业业务收入	万元	128443.3
其中：快递业务收入	万元	23886.3
函件业务量	万件	6767.5
快递业务量	万件	930
从业人员	人	12657
其中：快递从业人员	人	1763
营业网点	处	2067
其中：快递营业网点	处	55

注：邮政行业业务收入中未含邮政储蓄银行直接收入

【邮政发展情况综述】

一、总体情况

2009 年，全省邮政行业努力克服全球金融危机带来的不利影响，整体继续保持平稳较快发展。全年业务收入累计达到 128443.3 万元。其中邮政企业全年业务量累计达到 116879.03 万元，同比增长 11%，业务收入累计达到 104557 万元，同比增长 12.9%；快递业务量达 930 万件，同比增长 1.4%；快递业务收入 23886.3 万元，同比增长 11.7%。

二、发展特点

（一）2009 年，贵州省邮政企业在金融危机形势下保持整体较快发展。机要通信工作连续 19 年实现质量全红；开展了速递物流企业改制前期工作，在规定时限内完成财务分帐核算、资产清理、制定结算单价等工作；邮政进社区工作在六盘水、遵义等局取得明显进展。目前全省已开办了 52 个社区邮政服务站。全年新增开发中小企业客户 1289 家；坚持以重点带动全局，数据库商函、邮政贺卡、邮政短信、二代身份证速递、畅销报刊、定向集邮品开发、储蓄余额增长工程和代收费项目规模效益显著；推进“信贷县县通”工程，加大对地方的金融服务。目前有 85 个网点可以为县以下地区提供小额贷款服务，已累计发放贷款 7305 笔、金额 5.4 亿元。同时在 24 个金融空白乡镇完成了网点设置，其中有 10 个网点已经开通基础金融服务；强化远程教育平台建设，实现远程学习点在网点的全覆盖。全省已建成 1 个二级中心、9 个三级中心、73 个县局学习点及 616 个支局学习点，建立健全了省、地、县、支局四级远程教育网络，完成了二级中心平台的升级；创新邮路组网方式，采取延伸干线邮路取代市（地）—县邮路，提高了邮车的日行程和利用率，降低了运行费用，加快了特快和报刊的传递速度，减少了处理环节。

（二）快递服务发展情况

2009 年，快递业务较快增长，快递服务网点稳步增加，服务领域不断拓展，对电子商务的支撑力明显增强。快递企业在经济危机中做出“不裁员、不减薪、不倒闭”的承诺；同时抢抓机遇，大力发展电子商务快递业务；加大投入，增强网络能力，提升市场竞争能力。多个快递品牌在贵阳市设立较大规模的分拨中心，在开通省内快递网络班车的基础上，开通了省际网络班车，形成北至重庆、成都，南至广州、深圳，东到长沙、南昌、杭州、上海，西到昆明的陆运干线。连接周边省份，及时中转快件的作用日趋明显；多家企业推出即日达、次晨达、次日达或 24 小时送达、36 小时送达等时效服务产品，同时执行 365 天×24 小时营业制度，满足了不同消费者的需要。快递服务对电子商务支持更加明显。

【监管工作】

一、加强法制建设，营造良好法制环境

（一）将《贵州省邮政条例》（以下简称《条例》）修订作为全年重点工作之一。在年初即联系贵州省政府法制办，将《条例》修订列入贵州省政府法制工作计划，为修法工作提供前提；对贵州邮政快递发展现状摸底调研，为条例修改打下基础；修法小组历时一年，数易其稿，形成了《条例》送审稿并报送贵州省人大法工委和

贵州省法制办，同时建议将《贵州省邮政条例》修订列为贵州省2010年立法项目。

（二）圆满完成本年度《邮政法》及配套法规的宣传贯彻工作。《邮政法》在4月份颁布后，立即着手开展宣传贯彻工作。一是成立了宣传贯彻工作领导小组，制定了详细的宣传贯彻工作实施方案；二是组织局内人员学习新法，派员参加相关培训；三是在6月份组织召开全省范围的《邮政法》宣传贯彻工作动员部署大会，为《邮政法》实施后加大执法监督力度、促进行业迅速发展创造良好条件；10月份《邮政法》和《快递业务经营许可管理办法》施行后，举办培训班，对邮政、快递企业人员进行宣传贯彻培训，为《邮政法》和配套法规的贯彻实施奠定坚实基础；四是全年不间断利用电视台、电台、报纸等多种媒体对《邮政法》及配套法规进行全方位、多轮次宣传。邮政管理局领导先后接受贵州电视台、贵州新闻广播电台、贵阳电视台的专访，就贯彻实施《邮政法》，推动邮政行业科学发展进行解读；在《贵州政协报》专版介绍《邮政法》，宣传贵州省邮政业发展，为《邮政法》实施后贵州省普遍服务水平的提升和快递服务的发展推波助澜。

二、加力助推邮政普遍服务水平提升

（一）通过与地方党委、政府长期的密切联系和沟通工作，将“实施农村通邮工程，争取用3～5年时间在所有行政村建成新型村邮站”写入《中共贵州省委 贵州省人民政府关于做好2009年农业农村工作的意见》（省委一号文件）。以此为动力，加大工作力度，按照国家邮政局、农业部《关于大力发展农村通邮服务促进社会主义新农村建设的意见》（国邮发〔2008〕251）文件要求，积极与省发改委、省农业厅、省农委等相关部门加强联系沟通，充分抓住中央拉动内需的契机，争取地方政府对农村邮政网点建设提供政策及资金方面的支持，落实全省农村通邮规划方案；积极与省邮政公司沟通，推动农村邮政基础设施建设，不断提升贵州邮政普遍服务的能力。

（二）为保障贵州省邮政普遍服务水平，在7月份与贵州省政府办公厅就出台《贵州省支持邮政普遍服务的意见》达成共识。经过5个月的调查、研讨、撰写、征求意见，在反复认真修改的基础上形成送审稿，报送贵州省政府办公厅印发全省。

（三）开展“送标上门”活动，主动到贵州省邮政公司宣讲《邮政普遍服务标准》的主要内容，帮助企业不断改进和提升邮政普遍服务质量和水平。

（四）开展农村普遍服务调查工作。一是为全面了解贵州省农村邮政普遍服务现状以及群众对邮政普遍服务的需求，开展全省邮政普遍服务综合调查。发放《农村普遍服务调查函》和问卷调查表1550封，调查范围覆盖了省内所有乡镇及部分行政村，调查内容涉及邮政网点建设、农村用邮需求、邮政服务满意度以及邮件的传递时限等。在对反馈信息进行认真梳理、分析和总结的基础上，结合贵州省省情和邮政监管工作实际，形成了《邮政普遍服务需求调查问卷分析报告》。二是配合国家邮政局普遍服务司开展农村邮政局所空白乡镇的调查工作。

三、指导快递企业应对危机，加速发展

（一）在全省大多数快递企业经济实力不够雄厚，应对风险能力差的情况下，积极采取各种措施帮助企业度过经济危机难关。一是及时召开动员会议，与企业签订《承诺书》，同时积极指导企业坚定信心，化危为机；二是深入实地调研，了解掌握快递企业面临的主要困难，加强统计分析，掌握金融危机对快递市场的影响度；三是继2007年后再次到快递企业总部为贵州加盟企业谋求支持；四是帮助企业寻找融资渠道，与邮政银行牵线搭桥，联系贷款，解决金融危机情况下中小快递企业资金不足的问题；五是指导快递企业抢抓机遇，大力发展电子商务快递业务；六是鼓励企业加大投入，增强网络能力，加大调控力度，通过推进快递服务达标工作，提升市场竞争能力；七是和快递协会共同组织省内各邮政和快递企业20余名管理人员到顺丰公司总部进行考察，学习现代化操作流程和先进管理理念。

（二）在“甲流”防控工作中，向全省邮政和快递企业发放预防知识手册，举办预防知识培训班，增强从业人员的预防意识和防范能力；在贵州省疫苗数量有限，快递业务员暂时难以接种的情况下，购买医用卫生口罩1000余个，发放给一线投递员工。

四、进一步完善“三位一体”的监管体系

一是加强监管能力建设，重点强化了执法队伍建设。与工商、海关、公安、国家安全等部门的联合执法和协调机制进一步完善。二是行业自律效果逐步显现。省快递协会积极宣传贯彻《邮政法》、《快递市场管理办法》标准，推进快递企业达标工作，组织制订《行业自律公约》，对不正当竞争行为进行有效干预。快递企业认真学习贯彻服务标准，自觉对标整改，规范服务。三是社会监督力度不断加大。在全省范围内开展了社会监督员的聘请、续聘相关工作。聘请工作后，全省社会监督员达到79人，全省市（地）县覆盖率达到60%以上；6月份在毕节、铜仁2个地区开展监督员管理站的试点工作。召开邮政特邀社会监督员工作表彰会；开展监督员培训，夯实监督员理论基础，提高监督检查工作水平。发挥“12305”邮政业消费者申诉电话和申诉网站作用，处理邮政业消费者申诉，解答针对邮政业相关法律法规的咨询。全年消费者申诉处理满意率为88.4%。

五、开展职业技能鉴定培训，助推快递服务水平提升

为提高快递业务员职业技能，进一步提升快递服务水平，在10月份启动了贵州省邮政行业特有工种职业技能鉴定中心申报工作，采取分头开展，同步推进的工作方法，一是迅速与贵州省人力资源和社会保障厅等部门联系建站事宜，并进入审批阶段；二是对企业员工培训状况和不同规模企业对于鉴定方式的需求进行摸底；多形式、多批次对快递业务员进行培训，为鉴定工作的开展创造良好条件。

六、稳步开展贵州省邮政业“十二五”规划编制工作

为了在“十二五”期间更好开展工作，促进贵州省邮政业登上新的台阶，在上半年组织对邮政网点设置和邮政设施布局等问题进行了研究调查摸底，为规划编制提供了相关依据。在 10 月份正式启动了贵州省邮政业“十二五”规划编制工作，并开展规划前期研究。

七、全力维护邮政行业安全

一是编制《贵州省邮政业突发事件应急预案》，并报贵州省应急办备案。确保了应急管理工作落到实处，保障了行业生产安全有序，企业积极有效应对行业突发性事件；二是加强行业安全生产，确保建国 60 周年庆典活动的顺利举行；与邮政和快递企业签订《贵州省邮政业安全责任书》，抽调专门人员成立安全检查小组，对全省寄递企业不间断进行安全生产检查工作，确保生产安全和市场秩序稳定。

【重大事项、事件】

1 月，“实施农村通邮工程，争取用 3～5 年时间在所有行政村建成新型村邮站”写入《中共贵州省委 贵州省人民政府关于做好 2009 年农业农村工作的意见》。

2 月，召集快递企业召开“应对危机促进发展”座谈会。

3 月，开展全省邮政普遍服务状况综合调查；启动《贵州省邮政条例》修订工作。

4 月，启动新《邮政法》宣传贯彻工作。成立了宣传贯彻工作领导小组，制定了详细的宣传贯彻工作实施方案；组织局内人员学习新法，派员参加相关培训。

5 月，开展了邮政特邀社会监督员的聘请、续聘工作。

6 月，召开了全省范围的新《邮政法》宣传贯彻工作协调会，为新《邮政法》实施后加大执法监督力度、促进行业迅速发展创造良好条件；在毕节和铜仁开展监督员管理站的试点工作，管理站主要负责对本地区监督员进行管理，接待邮政用户的来信来访，采用电话沟通、走访用户等形式及时了解邮政服务情况、人民群众用邮意见与建议。

7 月，与贵州省政府办公厅就出台《贵州省支持邮政普遍服务的意见》达成共识，启动编写工作。

8 月，《贵州省邮政条例》（修改稿）完成，进入征求意见阶段。

9 月，《贵州省邮政业突发事件应急预案》编制完成，报省应急办备案，同时印发全省邮政和快递企业。

10 月，召开新《邮政法》宣传贯彻工作推进会；向省人大常委会建议将《贵州省邮政条例》修订列为 2010 年立法项目；正式启动贵州省邮政业“十二五”规划编制工作，并进入规划前期研究工作阶段；启动快递业务员职业技能鉴定工作；继 2007 年后再次走访快递企业总部为贵州加盟企业谋求支持。

12 月，《关于加强贵州省邮政普遍服务的指导意见》编写完成，征求意见后报送省政府办公厅；组织省内各邮政和快递企业 20 余名管理人员到顺丰公司总部进行考察，学习现代化操作流程和先进管理理念。

（贵州省邮政管理局）

西藏自治区邮政发展与管理

【邮政发展统计】

指标名称	单位	数据
邮政行业业务收入	万元	18241
其中：快递业务收入	万元	6269
函件业务量	万件	536
快递业务量	万件	63
从业人员	人	2183
其中：快递从业人员	人	481
营业网点合计	处	210
其中：快递营业网点	处	134

注：邮政行业业务收入中未含邮政储蓄银行直接收入

【邮政发展情况综述】

一、总体发展情况

2009 年，自治区邮政业总体呈良好发展展态势，业务总量和业务总收入都有较快增长。其中，邮政公司快递完成业务收入 17592 万元，同比增长 17.14%，完成集团公司预算的 109.27%，完成区公司预算 104.65%。其中，邮务类业务完成收入 5790 万元，同比增长 5.43%，完成预算 97.87%，占收入比重 32.91%；速递物流类业务完成 6276 万元，同比增长 20.88%，完成预算 100.43%，占收入比重 35.68%；代理金融类业务完成 5170 万元，占收入比重 29.39%，其中与邮储银行关联交易收入 381 万元。

宅急送完成业务收入 250 万元，同比增长 25%；区内其他规模以上快递企业业务收入同比增幅均在 20%以上。

二、发展特点

（一）普遍服务能力得到进一步加强

（1）增强信息网功能，加快营投网建设，全网运行效能进一步提高。相继完成了邮政 OA 系统、投递系统、远程教育系统二期、地市局网络改造、“11185”客服中心系统等 18 项信息网工程建设任务。

（2）加快投递网建设，进一步满足普遍服务需求，保障竞争性业务发展。全区第一批 95 个投递点，实现了与营业系统、网运信息系统、名址库系统的互联互通、共享信息，为商函系统上线提供了有力支撑。截至年底，已完成山南、那曲、昌都和阿里的投递网建设。

（3）加强基础数据工作，重视名址数据库维护和建设工作。全年进行大规模专项维护 5 次，基础地址数据得到梳理、更新和规范，数据库质量明显提高。借助数据库资源，积极推进应用工作，制作商函达 8 万余封，名址数据库维护、建设和应用工作健康推进。

（二）快递业务发展迅速

快递市场规模在不断扩大，发展速度明显高于地方经济增速，邮政速递物流、宅急送、申通快递等到快递公司均以 20%的速度递增，以高于地方经济近一倍的增速发展，发展势头良好。

（三）邮政体制改革取得新进展

邮政银行从区邮政公公司分离出来，邮政速递物流也分业经营，独立核算。初步实现了改革邮政主业，实行分业经营的目的。

（四）高度重视安全生产及协助做好本地区的维稳工作

重点加强对邮件、资金安全，重要网点、重要环节和关键部位的专项检查，针对重大敏感节日，做到安全检查工作制度化，应急预案制度化，信息报告工作制度化，内部检查防范工作制度化，促进了社会局势的稳定。全年各单位未发生一起重特大安全生产事故。

三、存在问题

（一）邮政普遍服务能力有待进一步加强。经过全区邮政人的不懈努力，邮政普遍服务取得了较大的成绩。但由于历史原因，全区邮政普遍基础设施薄弱，近 90%的乡镇尚没有邮政局所，大多数居民楼未设置信报箱，邮件传递时限相对较慢，邮政普遍服务能力亟需加强。

（二）快递企业整体规模弱小，处于发展的初始阶段。尽管自治区快递业务发展速度较快，但发展的基数较小，规模不大。除邮政速递物流收入达近 7000 千万外，其他快递公司业务收入过百万元也不过寥寥几家。

（三）邮政监管力量有待加强。尽管全国人大常委会已修订了《邮政法》，交通运输部也制定了《邮政普遍服务监督管理办法》，但全区有 120 多平方公里的辽阔疆土，有 3000 多公里的边境线，邮政普遍服务和特殊服务的监督管理工作十分繁重，而邮政管理局编制及机构太少，远不能适应监管工作的需求。

（四）邮政改革需继续继续推动。邮政专业化经营改革后，区邮政公司对一些新工作，新业务，新项目相继进行了安排，但启动工作和进展情况不尽如人意，改革仍需推进。

【监管工作】

一、邮政普遍服务和特殊服务监督工作得到进一步加强，邮政公共服务水平在确保不下降的前提下略有提高

2009 年，管理局认真贯彻落实国务院 42 号文及《邮政普遍服务监督管理办法》，积极推进农村邮政局所建设，努力提高全区邮政普遍能力。与工商、安全、公安等部门的联合执法和协调工作机制得到进一步完善。加强和规范邮政局所管理，落实邮政局所撤销行政审批制度，及时掌握和检查邮政网点增减变化情况，保障了普遍服务水平不降低。通过组织信函时限监测、党报党刊传递时限调查、用户满意度、及建国 60 周年等重大题材邮票的销售，有效防范了社会热点问题的出现。同时，认真落实中办关于加强邮政机要通信的要求，与自治区保密局联合深入到机要通信用量大的单位进行调研，加强对机要通信制度和有关规定的监督检查，确保机要通信的安全。

二、加强行业监管，积极协助地方政府做好维稳工作

（一）认真宣传贯彻《邮政法》和《快递市场管理办法》。管理局组织全体工作人员及区内快递企业对《邮政法》和《快递业务经营许可管理办法》进行了系统培训，提高了监管机构依法行政和快递企业依法经营的意识，对加强自治区快递市场的管理起到积极的促进作用。

（二）邮政市场秩序进一步规范。邮政管理局联合工商、国安和公安等部门对自治区邮政市场有针对性地开展了执法检查工作，重点检查积压、扣件、延误、损毁等违章问题，严厉打击制售假邮资凭证等违法行为，加强对邮政用品用具的监管，有力地规范了全区快递市场秩序。

（三）行业自律机制逐步建立。2009 年 9 月 8 日，西藏快递行业协会成立大会及第一次会员大会在拉萨召开，协会会刊《西藏邮政监管信息》刊印下发，初步建成了行业自律平台.

（四）消费者申诉受理工作及社会监督员力量不断强化。继续加强消费者申诉平台 12305”的建设和宣传，并及时做好申诉受理的统计分析和对外公布。加强社会监督员力量，共特邀社会监督员人员 73 名，继续推进以“时限准时率、用户申诉率、公众满意率”为核心的服务评价体系，以提高邮政业服务水平。

（五）行业安全监管工作不断推进。一是提高处置突发事件能力，督促各企业建立健全内部应急机制及突发事件处理办法。二是加强寄递渠道安全监管，保证国庆期间邮路安全。进一步建立健全与公安等政府部门的协调配合机制，加大监督检查力度和检查频次，督促企业严格执行收寄验视制度，严把收寄关，确保国庆期间的邮路安全。三是抓好邮政业的安全生产。按照“谁主管、谁负责，谁经营、谁负责”的原则，督促企业落实好安全责任制度。

（六）加强邮政信息安全管理，积极配合地方维稳工作。西藏地处祖国的大西南，有3000多公里的边境线，境外有达赖集团的不断捣乱，区内维稳任务及邮政信息安全任务非常严重。管理局在人力等条件十分有限的的情况下，圆满完成地方党委和政府交办的各项维稳工作，通过强化监督检查，确保邮政通信信息安全。

【重大事项、事件】

4月，西藏自治区邮政管理局委托国家统计局西藏调查总队，对全区快递企业进行了问卷调查，基本掌握了西藏快递业的发展现状及存在的问题。

5月中旬，西藏自治区邮政管理局组织召开了2009年邮政业统计信息系统软件应用培训会，并对2008年西藏邮政业统计工作先进企业进行了表彰。

5月19日，西藏自治区邮政管理局组织召开了包括邮政速递物流公司在内的快递企业负责人参加的《快递业务经营许可管理办法（草案）》征求意见座谈会。

6月初，西藏自治区邮政管理局召开全局大会，对山东会议精神进行了贯彻落实，介绍了山东会议召开的具体情况及参观考察的感受，组织学习了国务院办公厅42号文件精神，重点学习了山东省交流材料中的经验做法。

8月初，西藏自治区邮政管理局联合自治区保密局、自治区邮政公司组成工作组，对山南、林芝地区所在地的邮政局所、快递企业以及6个县邮政局、4个中心乡邮政所进行了监督检查。

8月7～9日，西藏自治区邮政管理局组织全区各地（市、县）邮政特邀监督员，在拉萨集中进行培训学习。同时对往届特邀监督员进行了考核、评选，最后经评定小组研究决定，对在2007～2008年度中的5位优秀特邀监督员给予表彰与奖励。

9月8日，西藏快递行业协会成立大会及第一次会员大会在拉萨召开。国家邮政局党组成员、纪检组组长张绳华、自治区政府副主席宫蒲光出席成立大会，为协会成立揭牌并致辞。

9月上旬，国家邮政局党组成员、纪检组组长张绳华一行深入到西藏拉萨、山南等地（市）、县邮政网点进行调研。张绳华组长对西藏邮政干部职工不怕困难、勇于奋斗的精神给与了高度评价，并对西藏邮政监管工作提出了希望与要求。

9月11日，西藏自治区邮政管理局联合西藏自治区安全厅，组织自治区邮政公司、各快递企业召开专题会议对国庆节期间保障邮路寄递安全、防范恐怖袭击等邮路安全工作进行安排部署。

10月9日，西藏自治区邮政管理局局长年扎在《西藏日报》上发表了题为《深入贯彻实施〈邮政法〉大力推进西藏基本邮政服务均等化》的署名文章，纪念第40届世界邮政日。

11月初，西藏自治区邮政管理局组织自治区邮政公司和各快递企业召开会议，研究部署自治区邮政业“十二五”规划编制工作，下发了《西藏邮政行业“十二五”规划编制工作方案》，成立了规划编制领导小组，并明确了领导小组的工作职责任务目标和工作要求。

（西藏自治区邮政管理局）

陕西省邮政发展与管理

【邮政发展统计】

指标名称	单位	数据
邮政业总收入合计	万元	210389.7
其中：快递服务企业	万元	53891.8
函件业务量	万件	8688.20
快递业务量	万件	2070
从业人员合计	人	21652
其中：快递服务企业	人	2506
营业网点合计	处	2454
其中：快递服务企业	处	738

注：邮政行业业务收入中未含邮政储蓄银行直接收入

【邮政发展情况综述】

一、总体发展情况

2009年陕西省邮政业持续保持平稳较快发展，全省邮政业业务收入完成27.02亿元，较上年增长17.25%；其中，邮政企业邮务类业务收入7.06亿元，较上年增长9.19%，占行业总收入比重的21.6%；金融业务收入完成14.49亿元，较上年增长28.78%，占行业总收入比重的53.6%；速递物流业务收入完成5.47亿元，较上年增长8.5%，占行业总收入比重的20%；全省邮政业业务总量完成36.23亿元，较上年增长14.4%。

二、发展特色和亮点

（一）《邮政法》宣传贯彻取得实效。新修订的《邮政法》于2009年10月1日正式颁布施行，省邮政管理局及时制定了新法学习贯彻实施方案，在机关、行业和省内社会各层面有序推进宣传贯彻工作。并积极配合国家邮政局做好配套法规的修订和完善。在《快递业务经营许可管理办法》、《邮政普遍服务》行业标准、《住宅信报箱》和《快递封装用品》等国家标准出台后，通过地方电台、网站、公告等形式向社会进行广泛宣传，促进其顺利实施。同时，抓紧《陕西省邮政条例》前期修订立项工作。在调研的基础上，提出了《条例》修订草案，于11月上报省人大财经委、法制委和省政府法制办。经协调沟通，省人大和省政府法制办将《陕西省邮政条例》列入了2010年全省修法计划。

（二）青岛会议精神深入落实

2009年5月25日，全国推广山东邮政发展农村物流经验现场会在青岛召开，张德江副总理到会并作了重要讲话，陕西省洪峰副省长也参加了会议。会议肯定了邮政改革发展取得的成绩，明确了推动传统邮政向现代邮政转型，做大做强邮政快递物流的方向。会议下发了《关于推动农村邮政物流发展的意见》(国办发〔2009〕42号)文件。会后，省邮政管理局向省政府做了专题汇报，洪峰副省长批示"由省邮政管理局和省邮政公司提出规划方案，向常务会汇报审定"。通过深入调研，结合省情，拟定了《陕西省农村邮政物流发展实施方案》，该方案将以实施意见的形式经省邮政通信发展建设联席会讨论通过后下发实施，将为全省邮政服务"三农"工作奠定坚实基础和政策保证。

（三）引领行业发展能力不断增强

邮政物流纳入全省物流业发展规划。根据国务院《物流业调整和振兴规划》，及时组织全省邮政物流发展情况调研，召开了行业物流发展座谈会，将调研情况和发展思路报告省政府，洪峰副省长作出"同意'将邮政物流纳入全省物流业统筹规划'的建议，请发改委、交通厅、商务厅工作中注意衔接、支持"的重要批示。省政府印发了《陕西省物流业调整和振兴规划实施方案》将邮政物流纳入其中，并将西北（邮政）物流集散中心、邮政速递物流中心等列入重点建设工程项目。省邮政公司于2009年元月成立了陕西省邮政速递物流公司，使全省邮政速递物流市场竞争能力、服务水平得到极大的提升。

村邮站建设全面启动。在调研掌握全省农村投递情况的基础上，积极与省农业厅联系沟通，就村邮站建设原则、方式、试点计划等有关问题反复协商，8月下旬，与陕西省农业厅联合向全省各市农业、邮政部门下发了《关于大力发展村邮站促进陕西新农村建设的实施意见》，明确提出了加强农村通邮服务的指导思想、总体目标和主要内容，并在全省100个行政村启动了"村邮站"建设试点。

"十二五"规划编制积极部署。按照国家邮政局的整体部署，及时成立了规划编制领导小组，并制定了规划编制工作方案，抓好与省发改委等部门的沟通和工作对接，力争将全省邮政业的发展规划纳入全省"十二五"发展规划和新一轮西部大开发战略中去，为全省邮政业的发展争取良好的发展政策和资金支持。

（四）行业发展环境逐步改善

省邮政通信发展建设联席会议成员单位及时调整。多次和省政府办公厅及相关单位沟通，提请对联席会议成员单位应根据邮政业改革发展变化情况及省政府相关部门职能变化实际进行调整；向各成员单位制发了《关于选报陕西省邮政通信发展建设联席会议成员的函》，对成员进行了逐一核实更正；2009年5月份，省政府以文件形式对联席会议成员进行了调整。调整后的联席会议召集人由洪峰副省长担任，办公室设在省邮政管理局，且为副组长单位，成员单位由原来的15个增加到25个。

邮件运输车辆免费通行全省收费公路。充分发挥政府职能，积极与省交通运输厅沟通联系，对全省650辆带有"中国邮政"标志的运邮车辆核发了《陕西省邮政专用车辆公路通行证》，2009年全年免费通行全省收费公路。

西安机要车辆通行问题实质性解决。多次与交管部门联系沟通，促使西安市公安局交通管理支队为西安市机要局现有的11辆机要车辆核发了《邮政车辆通行证》，使其除享有一般邮运车辆的通行权利外，还可在全市公交车道通行，且在邮运过程中，允许在路边停放，为机要通信部门完成任务和机要邮件安全提供了保证。

快递车辆进城难问题有效解决。与公安、交通、工商等部门积极沟通，通过多次交流座谈、登门拜访，向其说明快递企业是邮政行业的重要组成部分，快递车辆是快递企业提供方便快捷通信服务的必要设备，应当享有邮政车辆的相关条件；说明全省快递企业车辆通行基本情况、运行中存在的问题和困难，提出了保障快递车辆便捷通行的思路和举措，拟定了具体的实施方案，经多次沟通协调，达成一致，将以四部门联合发文进行规定，促进快递企业为社会提供更快捷的服务。

全省第五届少年儿童书信文化活动成功举办。联合陕西省文明办、教育厅、文化厅、共青团陕西省委在全省开展了全省第五届少年儿童书信文化活动，截止7月底，共收到作品390万件，较上届增长21%，进一步弘扬了传统文化；8月份，联合在西安举办了2009年"少儿书信文化活动"夏令营活动。这些活动的开展，进一步提高了少年儿童的写作能力，陶冶了情操，同时也促进了邮政函件业务的发展。

建立研究生联合培养基地。与西安邮电学院建立了研究生联合培养基地，促进了校产结合，也为学生搭建了实习的平台，同时使教学更加贴近行业发展实际。西安邮电学院聘请省邮政管理局一名局领导为客座教授和硕士研究生指导教师，并在西安邮电学院就中国邮政改革与发展状况作了专题讲座。

【监管工作】

一、普遍服务监督能力明显增强

（一）深入开展调查研究。为全面落实《邮政法》和普遍服务标准，开展了全省农村乡镇通邮服务状况调查活动，共发出调查问卷1580份，收回有效问卷1302份，经调查全省1580个乡（镇）中有980个乡（镇）设有邮政局所，占全部乡镇数的62%；乡（镇）政府门前设有邮政信筒（箱）的仅占36.4%；对全省153个营业网点开展了一次以自贴邮票邮件测试内容为主的邮政营业窗口服务测试活动，了解和掌握了邮政普遍服务营业窗口服务基本情况；按照国家邮政局的整体部署，组织开展了全国50个城市的信函时限监测工作，开展了省内30个地市县间的信函传递时限测试活动，掌握了全省信函寄递时限的第一手资料；完成了省会城市机要函件时限测试和用户满意度调查工作，为制定机要通信时限标准提供了数据支持和客观依据；深入西安邮区中心局邮件处理生产现场，调研了解强降温天气对邮运生产的影响及旺季邮件处理情况。

（二）加强普遍服务监督检查。加强对邮政企业执行国内普通信函全程时限标准情况进行监督检查，促进普遍服务水平不断提高；监督邮政企业对发改委拨付农村邮政基础设施建设项目费用 4058 万元的落实，提升农村邮政普遍服务能力；加强与省物价部门的沟通联系，开展全省邮政营业服务网点资费执行情况专项检查活动，对 5 个延伸服务项目的收费进行了规范；对全省 1580 个乡镇的党报党刊投递服务情况进行了检查，提高了报刊投递服务时限；加强对机要通信投递环节、专用封装用品省内单位出口使用和落地开拆环节、运输环节的检查，确保机要邮件的安全传递；加强纪特邮票的销售检查，确保邮票发行工作有序进行；在监督检查的基础上最终形成了 2009 年度邮政普遍服务监管报告，及时报送国家邮政局，待完善后，报送省政府相关部门，并向省邮政公司进行通报。

（三）健全企业自律机制。通过召开普遍服务督察协调会等形式，向邮政企业定期通报邮政普遍服务、邮政服务满意度调查情况，邮政企业也能增强自律意识，进一步完善服务质量监督体系，在全省邮政企业中深入开展了“双创”（创新服务理念、创建示范窗口）活动，明确服务管理标准，强化非现场监控职能，不断改善邮政普遍服务的能力和水平，用户有理由申诉情况得到明显改善。

（四）加强监督员管理。抓好执法检查、社会监督、12305 消费者申诉三个层面的监督体系建设，提升行业服务水平；积极抓好监督员队伍建设，2009 年新增社会监督员 30 人，达到 93 人，地市覆盖率达到 100%，县市覆盖率达到 58.4%。定期通报监督员履职情况，完善考核机制，提高了监督员的社会监督成效；通过召开监督员会议等形式，加强与企业、监督员的信息沟通，并编辑印发《陕西邮政普遍服务监督信息》9 期，促进服务质量不断提升； 2009 年，共收到 93 名邮政特邀社会监督员及邮政用户传递测试平信 735 封，挂号信 462 封，包裹 146 件，调查问卷 2850 份，普遍服务网点检查表 520 份，邮票印制与销售检查表 165 份，机要通信与服务检查表 26 份，监督员来信 80 封，提出建议 47 条，大部分由企业进行了整改落实。

二、市场秩序日趋规范

（一）进一步加强市场监管。针对省内快递市场出现的承包区管理混乱、私拆、倒卖快件、新增快递企业未经备案擅自经营、部分企业对详情单归档资料管理不规范等问题，加大执法检查力度，持续开展快递市场清理整顿工作. 2009 年共组织市场检查 240 次，检查单位 642 家次，发现违规行为 16 起。其中快递市场 172 次，检查单位 358 家次，发现违规行为 14 起；邮政用品用具市场 44 次，检查单位 93 家次，发现违规行为 2 起；集邮市场 24 次，检查集邮销售点 191 家次，未发现违规行为。快递市场：先后查处上海当大快递无照经营、飞远快递违规经营、西安捷达物流私自扣押快件、西安申通户县网点倒卖快件、西安韵达快件被机场货代扣押、不法分子利用邮路走私假烟等典型案件，妥善处理了鑫飞鸿快件被扣事件，规范了市场经营秩序；将监管措施深入到加盟型快递企业的二级营业网点和承包区，使全省快递市场违法违规经营、恶性价格竞争的势头得到有效遏制；建立快递企业综合信息管理平台，开展快递企业备案登记工作，截止目前，全省登记备案快递企业已增至 70 家，市场规模进一步扩大；积极做好办理快递业务经营许可准备工作；加强对协会工作的指导，制定并实施了《陕西省快递企业质量信誉评定办法》，开展快递企业信誉等级评定；指导协会开展全省第二批快递企业达标工作，9 家快递企业验收达标。集邮市场：加强纪特邮票的销售检查，严厉打击制售假邮资凭证等违规行为，切实维护消费者的合法权益。邮政用品用具市场：为全省 43 家生产企业换发了邮政用品用具生产监制证书，为新增 1 家生产企业办理了生产监制证，邀请国家邮政局邮政用品用具质检中心专家对信封等标准及二维条码技术进行了重点培训；建立了企业监制信息数据库，在全省信封监制企业运用二维条码技术；开展全省信封等产品质量检查和用品用具市场执法检查，对西安航空发动机集团公司违规使用假冒机要信封进行了处理；指导省外生产企业在陕的备案工作，维护企业和用户的合法权益。

（二）进一步加强安全监管。坚持“安全第一、预防为主、综合治理”的方针，与省国家安全厅、公安厅等部门定期召开联席会议，理顺工作机制，对西安、咸阳、铜川等地的快递企业及邮政网点进行检查，加强国庆节等重大活动、“7•5”等重大事件及节假日期间邮路的安全监管，先后通过深入检查、召开会议、制发文件等形式进行部署，维护了全省邮路寄递物品安全；及时在全省开展了通过寄递渠道销售假药专项整治行动，坚决将假药堵在寄递渠道之外；全面落实防灾抗灾、减灾救灾责任，切实做好强降温等极端气候的应对防范工作；切实做好甲型 H1N1 流感防控工作。为局机关人员注射提高免疫力的针剂，及时为企业发放了预防流感知识手册和宣传图，增强行业从业人员预防意识和防范能力，加强舆论引导，宣传流感可防、可控、可治，维护行业正常生产生活秩序；督促企业严格落实值班制度，畅通信息报送渠道。截至目前，全省行业内未发生疫情传入。抓好行业禁毒和“扫黄打非”工作，督促企业落实收寄验视制度，确保禁限寄物品通过寄递渠道传递。在 2009 年全省“扫黄打非”工作先进评比中，省邮政管理局被评为先进集体，1 名同志被评为先进个人。

（三）进一步加强“12305”申诉受理。及时开通运行国家邮政局开发的申诉处理系统，妥善处理了由国家邮政局邮政业消费者申诉受理中心转来的陕西省亮宝楼实业有限责任公司对邮政服务问题的申诉信。2009 年共受理消费者申诉 173 件。其中有效申诉 104 件，占总申诉量的 60%。有效申诉中涉及邮政普遍服务问题 7 件，占有效申诉的 6.7%；快递服务问题 97 件，占有效申诉的 93.3%。都已转相关企业处理并答复用户。

（四）筹备建立陕西省邮政行业职业技能鉴定中心。推进成立省邮政行业职业技能鉴定中心，经过前期考察调研，推荐西安邮电学院和陕西邮电职业技术学院作为行业技能鉴定站，已报国家人事部门审批；多次与省劳动和社会保障厅及省事业单位登记管理局等单位沟通，目前，已取得突破，正在办理职鉴中心的登记手续，同时做好快递业务员初级任职资格考试前期准备工作。

【重大事项、事件】

1 月 1 日至 2 月 31 日，陕西省邮政管理局与陕西省交通厅沟通协调，对全省 650 辆带有“中国邮政”标志，持有陕西省交通厅核发的《陕西省邮政专用车辆公路通行证》运邮车辆，免费通行全省收费公路。

2 月 1 日，陕西省邮政管理局与交管部门联系沟通，由西安市公安局交通管理支队为西安机要局的机要车辆核发了《邮政车辆通行证》，该证件明确规定：机要通信车辆可在全市公交车道通行，邮运过程中允许在路边停放。

2 月 17 日，陕西省邮政管理局与陕西省文明办、陕西省教育厅、共青团陕西省委、陕西省少工委等五单位正式颁发了《关于在全省开展第四届少年儿童书新文化活动的通知》，在全省正式启动第五届少儿书信文化活动。

2 月 17 日，陕西省邮政管理局保密办公室被省人力资源和社会保障厅、省国家保密局授予全省保密工作先进集体荣誉称号。

3 月 15～16 日，陕西省邮政管理局配合国家邮政局《民用建筑工程信报箱设计规范》国家建设标准项目课题组在陕调研。

5 月 7 日，陕西省邮政管理局请示省委保密委，为经陕西省邮政管理局确认的全省邮政机要通信车辆核发专用通行证，解决机要通信车辆通行难的问题。

8 月 11～12 日，陕西省邮政管理局与陕西省文明办、陕西省教育厅、陕西省文化厅等单位联合举办了为期 2 天的以“感受书信文化、颂扬祖国成就”为主题的全省少年儿童书信文化夏令营活动。

8 月 24 日，陕西省邮政管理局和陕西省农业厅向全省农业、邮政部门下发了《关于大力发展村邮站促进陕西新农村建设的实施意见》，标志着村邮站建设工程开始启动。

9 月 7 日至 10 月 7 日，陕西省邮政管理局在陕西省人民广播电台“新闻广播”中每天播出“学习《邮政法》，保护消费者合法权益”、“《邮政法》连着你、我、他”的新宣传标语。

10 月 23～26 日，国家邮政局在延安、西安两地举办了为期 4 天的贯彻落实党的十七届四中全会精神研讨班。国家邮政局党组成员，各省（区、市）邮政管理局局长、书记，国家邮政局机关各司局和直属各单位主要负责人近 60 人参加了培训。

10 月 26 日，陕西省委常委、常务副省长赵正永于在西安会见了交通运输部党组成员、国家邮政局党组书记、局长马军胜、国家邮政局苏和副局长、王渝次副局长，陕西省政府副秘书长李明远、省交通运输厅厅长曹森，陕西省邮政管理局党组书记、局长申来安、省邮政公司总经理马凤炯及有关人员陪同会见。

11 月 27 日，陕西省邮政管理局和西安邮电学院建立了研究生联合培养基地，举行了揭牌仪式。陕西省邮政管理局党组书记、局长申来安出席了揭牌仪式并讲话。

11 月 27 日，陕西省邮政管理局向陕西省人民代表大会财政经济委员会发函申请将陕西省邮政条例列入 2010 年立法项目。

（陕西省邮政管理局）

甘肃省邮政发展与管理

【邮政发展统计】

指标名称	单位	数据
邮政行业业务收入	万元	73800
其中：快递业务收入	万元	19500
函件业务量	万件	1222
快递业务量	万件	803.3
从业人员	人	11600
其中：快递从业人员	人	1100
营业网点	处	2112
其中：快递营业网点	处	917

注：邮政行业业务收入中未含邮政储蓄银行直接收入

【邮政发展情况概述】

一、总体发展情况

2009 年全省邮政业总收入达到 7.38 亿元比上年增长 14.35%；其中，快递业务总收入完成 1.95 亿元比上年增长 37%。邮政行业从业人员 1.16 万人。其中快递服务从业人员达到 1100 人。

二、行业发展特点

（一）整体规模不断增长

2009 年，社会对邮政服务的整体需求增加，邮政市场进一步开放，各类市场主体表现活跃，邮政业取得长足发展，信息化水平得到提升，服务种类更加丰富，服务能力和服务水平明显提高，经营效益逐年提高。

（二）邮政普遍服务和特殊服务得到基本保障

邮政企业以低廉的资费持续提供寄递信件、印刷品和包裹等邮政普遍服务。截至2009年底，全省邮政局所、代办点合计2239处，其中，快递服务企业885处，基本满足了人民群众对邮政普遍服务的需求。邮政企业履行特殊服务职能，提供机要通信、党报党刊发行、义务兵通信和盲人读物免费寄递等特殊服务业务，保证了国家政令畅通，使义务兵享受到国家给予的通信便利，把对残疾人的关怀落到实处。

（三）快递市场发展迅速

快递市场需求旺盛，经营主体不断增加，各类所有制快递企业发展迅猛，逐步形成多元化市场主体的市场格局。服务范围进一步拓展，市场竞争更趋激烈。快递企业逐步加强网络建设，建立综合信息平台，提升了技术水平，提升了品牌形象，增强了经营实力，为客户提供了高附加值的一体化服务。在全省已形成国有、民营、外资企业共存发展、相互促进的格局，为促进甘肃经济社会发展和方便人民群众生活做出了积极贡献，在改善投资环境、提高产品竞争力和促进社会就业等方面发挥着越来越重要的作用。

（四）邮政业发展环境明显改善

新修订的《中华人民共和国邮政法》审议通过，使得邮政地方法规得到有效实施，法制环境进一步改善。加强了邮政市场监管，维护了企业和用户的合法权益。组织开展了集邮市场、邮政用品用具的执法检查，经营行为得到规范，市场秩序总体好转。强化重点地区、重点部位的安全监管工作，保障了邮政业通信安全。

【监管工作】

一、普遍服务监督管理

（一）强化普遍服务监督检查。2009年的工作中，依照新《邮政法》紧密围绕“政府监管、社会监督、企业自律三位一体”的监督管理体系，针对与服务质量密切相关的核心指标和热点问题，扎实推进全省邮政普遍服务监管工作，确保广大用户用邮的基本条件、基本质量，维护用户的合法权益。加强监督管理，规范经营秩序，提升行业服务水平，强化政府服务，提高工作效能，努力确保邮政普遍服务和特殊服务的监管工作能得到有效的执行，保障公民的基本通信权利，多方面的展开邮政普遍服务监管工作。

（二）开展全省寄递服务企业实物寄递测试。迎接建国60周年，保证邮政服务行业的寄递安全，督促企业改进服务质量。测试共抽查省会城市邮政公司30%的邮政支局（所）52个，规模以上快递公司40家，5个重点市州邮政支局（所）10个。内容涉及禁限寄物品的收寄安全验视情况以及电话应答、礼貌用语、服务时限和查询赔偿等服务质量情况。要求企业一是要进一步提高思想认识，切实落实安全保障措施，认真贯彻落实国家邮政局和省邮政管理局下发的有关文件精神，提高员工的安全意识，做好邮件和快件寄递过程中的安全防范工作；二是要切实加强验视制度，确保寄递安全；三是要严格落实责任追究制度，坚持“谁经营、谁负责”的原则，明确管理和经营责任，增强安全意识和服务意识，不断改进服务质量，为建国60周年做出积极的贡献。

（三）开展新农村通邮情况调研。通过对全省未设立邮政局所的空白乡镇进行摸底调研，针对省448个空白网点乡镇的局所建设，省邮政管理局会同省邮政公司联合编制了《甘肃省农村邮政网点建设规划》，目前正在论证阶段，同时针对省藏区的邮政基础设施建设，管理局会同省公司编制了《甘肃藏区农牧村邮政服务“三农”网络及邮政普遍服务项目规划》，增强农牧村邮政服务功能，完善藏区邮政服务体系。通过政策引导，加大对农村特别是藏区邮政服务支持力度，切实增强基层政府社会管理和公共服务能力，努力提高公共服务均等化水平，为农村经济和社会发展注入新的活力。

（四）积极协调，努力推动“户箱”工程。针对兰州地区的部分居民住宅区、商品住宅区、行政办公楼和商用写字楼等区域的信报箱设计及使用情况进行了调研，调研中发现市各区域的信报箱的外观设计、规格、安装形式和位置都不统一，破损严重，使用率较低，业主基本没有维权意识。针对这一情况，省邮政管理局多次与省建设厅联系协调，争取省建设厅的支持，力争将信报箱建设列入住宅楼房建设验收强制条款，共同推进信报箱建设。

（五）加强党报党刊的服务质量的监督检查。为了更好地监督全省农村党报党刊的投递服务工作，有效地提高各地区邮政局所对党报党刊服务质量，特别是国家对农村党支部赠阅《人民日报》投递服务的情况，委托第三方调查公司，本着客观、公正、准确的原则，在全省14个市州的16489个农村党支部中随机等距抽样了3146个调查样本，从问卷调查结果看，在对邮政投递员服务态度和质量的调查中，有61%认为很满意；较满意和满意的分别占10%和28%；不满意和很不满意仅占1%。

（六）增强社会监督员队伍，扩大监督面。2009年调整原有社会监督员16名，经国家邮政局批准又另外扩增20名社会监督员，2009年新聘社会监督员共计36名，现有社会监督员人数已达76名，达到全省市县覆盖率68.6%。健全了社会监督员资料库，建立健全了社会监督员考核制度，通过每年的学习和集中培训，绝大多数社会监督员都能够发挥监督职责，按时报送检查信息，提供具有参考价值的意见和建议。

二、快递市场监督管理

（一）大力宣传贯彻快递业务经营许可制度。为贯彻落实新《邮政法》和《快递业务经营许可管理办法》，确保快递业务经营许可工作的顺利开展，2009 年 9 月 24～27 日在白银市举办“全省快递业务经营许可工作培训班”。全省已备案的 50 家快递公司的经理和管理人员 80 人参加了培训。在培训班上，系统讲解了《快递业务经营许可管理办法》和《快递业务经营许可条件审核规范》，并就“快递业务经营许可管理信息系统”的具体使用方法做了介绍。甘肃局就做好本省快递业务经营许可工作提出三点要求：一是各企业要严格按照《邮政法》和《快递业务经营许可管理办法》的规定，完善企业软硬件设施，积极创造许可条件，争取早日取得许可资格；二是各企业要高度重视此项工作，实行领导负责并指定专人做好许可工作；三是对于拒不整改且逾期达不到许可条件的，将严格按照相关法律法规进行清理。

（二）加强监管队伍建设，不断提高综合素质。新《邮政法》、《快递市场管理办法》都赋予邮政执法人员更大的执法空间。为更好的学习和掌握行政执法相关知识，提高执法人员的综合素质，进一步规范全省邮政市场，2009 年 10 月份举办了执法人员集中专业培训班。培训内容分为理论学习和具体实践两个部分。一是对《行政法》、《行政处罚法》、《行政复议法》、《邮政法》、《快递市场管理办法》等法律法规进行系统学习；二是学习掌握具体的执法程序和立案、管辖法律文书、调查取证法律文书、听证法律文书、行政处罚法律文书等各种法律文书的规范使用。

（三）组织开展现场执法实践活动。组织执法人员与工商行政管理部门执法人员联合执法，现场学习工商行政执法人员的执法经验、执法技巧以及各种执法文书的填写，提高执法人员办案的水平和能力。还通过每周集中学习和自学相结合的方式，建立了长效学习机制。通过学习培训，全体工作人员都较为熟练地掌握行政执法程序和执法技巧，基本能够胜任现阶段有邮政行政执法工作的需要。

（四）对全省寄递服务企业开展实物寄递测试。为迎接建国 60 周年，保证邮政服务行业的寄递安全，督促企业改进服务质量，分别于 2009 年 6 月 18 至 7 月 10 日、9 月 6 日至 13 日，两次对邮政公司支局（所）、邮政 EMS 及各快递公司进行实物寄递测试。并组织省邮政公司、各快递公司经理和相关部门管理人员召开全省邮件寄递安全和快递服务质量测试情况通报会议，对有关情况进行了通报。

（五）强化执法检查，维护市场秩序。密切同工商部门的联系和沟通，加大对快递市场的检查力度和频次，2009 年共组织监管力量重点对兰州地区的快递企业开展了执法检查活动 170 次，检查单位 150 个，出动执法人员 350 人次。查处违规行为 60 起（主要是违规收寄违禁物品、违规收寄信函行为、超范围经营及企业服务质量等方面的问题），下发《整改通知书》43 份，在很大程度上规范了市场经营秩序。

（六）畅通“12305”消费者申诉渠道，切实维护消费者合法权益。2009 年 10 月，“12305”邮政业消费者申诉中心示范站点正式建成，使邮政业消费者申诉能够得到及时妥善解决，确保消费者合法权益的维护。

【重大事项、事件】

4 月 10 日，甘肃省快递协会一届二次会员大会在兰州胜利召开。全省 32 家快递公司的代表参加了会议。

9 月 12 日，邮政管理局在兰州市东方红广场举办了以“搭建法制宣传平台，推动行业科学发展”为主题的新《邮政法》大型宣传活动，向社会公众广泛宣传新法。邮政企业和近 30 家民营快递公司参加了此次活动。

11 月 11～12 日，国家邮政局党组书记、局长马军胜一行赴夏河、临夏等州县就少数民族地区邮政普遍服务情况进行考察调研。马局长还视察了省邮政管理局并听取工作汇报。

11 月 13 日，甘肃省委常委、副省长刘永富与赴甘肃考察调研的国家邮政局马军胜局长一行在兰州宁卧庄宾馆会晤，就加快甘肃邮政事业发展等交换了意见。

（甘肃省邮政管理局）

青海省邮政发展与管理

【邮政发展统计】

指标名称	单位	数据
邮政业总收入合计	万元	26763.73
其中：快递服务企业	万元	5276.73
函件业务量	万件	438.31
快递业务量	万件	179.49
从业人员合计	人	3429
其中：快递服务企业	人	326
营业网点合计	处	200
其中：快递服务企业	处	15

注：邮政行业业务收入中未含邮政储蓄银行直接收入

【邮政发展情况综述】

一、总体发展情况

2009 年，青海省邮政管理局坚持以邓小平理论、“三个代表”重要思想为指导，全面贯彻落实科学发展观，认真贯彻落实国家邮政局工作会议精神，围绕国家邮政局总体工作部署，紧密结合青海省邮政业改革发展的实际，以学习贯彻《邮政法》及相关配套法规为重点，以服务市场主体和规范市场秩序为主题，积极转变观念，坚持依法行政，注重调查研究，加强安全生产，提升服务水平，全省邮政管理工作稳步推进。

二、发展特色与亮点

（一）积极开展《邮政法》学习宣传贯彻活动，强化依法行政，促进邮政地方立法工作。4 月 24 日，修订后的《邮政法》经第十一届全国人大常委会第八次会议审议通过。为认真学习宣传贯彻《邮政法》，邮政管理局召开全局干部动员大会，成立了“宣传贯彻《邮政法》领导小组”，在全省邮政行业组织学习《邮政法》，深刻认识《邮政法》颁布施行的重大意义，并结合国家邮政局培训工作，为提高全局干部依法监管的能力和水平，加深邮政业从业人员对《邮政法》的理解，先后举办了邮政企业业务主管和快递企业骨干参加的培训班，提供法律咨询和相关政策宣讲。借 10 月 1 日《邮政法》实施，面向社会进行宣传并组织知识竞赛，促使企业自觉学法、知法、守法、用法，为保障邮政普遍服务，促进快递服务健康发展奠定了坚实的法律基础。同时，与省法制办、省人大积极联系，开展地方立法工作的相关准备工作，目前已基本确定将邮政地方立法列为 2010 年度青海省二类立法计划。

（二）农牧区邮政物流发展支持政策得到落实。为落实山东“青岛会议”精神，根据国务院办公厅转发交通运输部等部门《关于推动农村邮政物流发展意见》的通知（国办发〔2009〕42 号）精神，充分发挥邮政企业服务“三农”的作用，积极与省发改委、省财政厅、省交通厅等 7 部门联合拟定了《关于推动农牧区邮政物流发展的实施意见》，并以省政府办公厅文件转发至各州、地市政府和省直各委、办、厅、局，要求相关部门发挥各自的工作职责，加强沟通，密切配合，尽快制定完善配套政策措施，加强指导和监督，推动全省农村牧区邮政物流加快发展。同时，为贯彻落实《物流业调整和振兴规划》，组织省邮政速递物流公司和各快递企业负责人召开了贯彻落实《物流业调整和振兴规划》研讨会，邀请了省政府、省发改委、省交通厅等相关部门领导参加，经过充分讨论后，制定了全省邮政业贯彻落实《物流业调整和振兴规划》实施方案。

（三）“村邮站”和乡镇局所建设规划编制完成。根据国家邮政局、农业部《关于大力发展农村通邮服务，促进社会主义新农村建设的意见》（国邮发〔2008〕251 号）、国务院下发《关于支持青海等藏区经济社会发展的若干意见》（国办〔2008〕34 号）和省人民政府《关于印发落实国务院支持藏区发展政策任务分解意见的通知》（青办〔2008〕83 号）精神，围绕改善全省邮政普遍服务状况，因地制宜建设“村邮站”和农牧区乡镇局所网点建设工作开展调研，制定了《青海省农村牧区邮政普遍服务规划》，提出了分三步走目标，即按照轻重缓急及当地用邮实际和需要，分别在 2012 年、2015 年和 2020 年在不同地区建设“村邮站”，最终实现“村村通邮”目标。同时结合贯彻国务院 42 号文件精神，提出在 2012 年前，争取在全省所有空白乡镇建设邮政局所，逐步解决投递服务问题，进一步提高全省农村牧区邮政普遍服务水平。

（四）“信报箱”建设工作取得新进展。根据国家邮政局和省政府加强和完善城市配套服务功能，提升邮政服务水平的有关要求，为落实国家邮政局《关于推进信报箱建设的通知》精神，2009 年以来，管理局把加快推进信报箱建设工作作为一项重点工作来抓，目前已向省住房和城乡建设厅、省质监局申报了制定青海省工程建设地方标准《住宅信报箱建设标准》计划，目前《标准》已报国家建设部备案审查，待批准后将发布实施。

（五）加强软课题研究，为行业发展提供方向。根据国家局安排，开展了《统筹村邮站建设促进青海省农牧区邮政物流发展》的课题研究。组织开展了《电子商务与快递服务发展》的市场调研活动，为全面掌握全省电子商务快递服务发展状况，为企业拓展业务范围，增加业务收入，提供了第一手资料。

【监管工作】

一、加强邮政业安全生产检查监督，确保邮政业安全生产工作

（一）成立反恐工作机构。为确保寄递物品安全，2009 年年初，管理局根据国家邮政局有关反恐工作精神，成立了以主管局长为组长的“邮政业防范恐怖袭击工作领导小组”，由市场监管处负责反恐怖袭击工作的组织、协调、情况综合、上传下达等日常工作。制定了青海省邮政业防范恐怖袭击工作方案，引导、督促企业做好邮政业安全生产工作。

（二）圆满完成国庆邮路安保工作。为确保国庆期间邮路安全畅通、优质运行，做好全省邮政业安全工作，制定了《省邮政业防范恐怖袭击工作计划》和《国庆期间邮政业安全检查工作方案》，同各企业签订了《国庆 60 周年邮路安全责任书》，联合省安全部门多次对省内邮政、快递企业进行邮件安全检查和实寄测试，责令存在安全隐患的企业及时整改，有效地防止了危险品流入寄递渠道，确保了国庆期间全省邮政业通信、信息安全、通畅。

（三）修订、印发了《青海省邮政业突发事件应急预案》，制定了《邮政业应急处置预案》。指导和督促各企业制定应急预案。为进一步提高邮政行业处置突发事件的能力和水平，检验一线员工遭遇突发事件时的反应能力，管理人员的处理能力和应急机制、应急预案的实用性，组织实施了第一次邮政业应急演练活动，并达到了预期效果。

（四）研究制定了青海省邮政业安全生产“三项行动”方案，组织开展安全生产宣传教育活动，做好安全生产方针政策和各项任务措施的宣传贯彻落实。联合安全、安监等部门在重大节日及关键时期，对快件处理现

场、防火、防盗等安全设施进行检查，积极防范各类安全隐患，杜绝安全事故的发生。同时，指导企业做好自然灾害防范应对工作和节假日安全工作。

二、积极落实国家邮政局工作部署，稳步推进邮政普遍服务工作

（一）完成邮件时限监测。按照国家邮政局统一部署，对邮政企业执行国内普通信函全程时限标准情况进行监督检查，主要监测平常信函和挂号信函的全程时限是否符合规定。共向全国50个城市分别寄发平常信函600件，挂号信函200件，接收挂号信200封，平信585封。同时根据国家邮政局通知要求，对全省邮政局所网点的增减变化进行了检查，并向国家邮政局进行了专题报告。

（二）开展邮政基本资费执行情况检查。按照国家邮政局要求，结合省价格主管部门的检查结果，对邮政企业整改落实的情况进行了抽查。通过检查和抽查，各网点已按照物价部门的要求进行了整改，全面停止了国内包裹详情单的收费，邮政基本业务资费执行情况良好。

（三）加强了社会监督。目前，全省共有邮政特邀社会监督员47人，已覆盖全省6州、1地、1市及42个县（市），基本构成了对全省邮政普遍服务的社会监督网络。结合《邮政法》学习培训工作，对2009年新招的监督员及原有监督员进行了集中学习培训。重点学习了《邮政法》关于邮政普遍服务的相关法律规定，学习了《普遍服务监督管理办法》，要求监督员按时限、按要求、高质量地上报社会监督情况，如实反映邮政普遍服务工作存在的问题，加强了社会监督力度。

（四）认真开展机要通信监督检查。按照“通信质量第一、政治服务第一、社会效益第一”的指导思想，紧紧围绕“一杜绝、四确保”的机要通信监管目标，先后对机要通信安全、机要通信投递运输、机要专用封装用品、省会城市机要函件时限测试工作进行了专项检查。

（五）组织开展党报党刊发行监督检查。2009年党报党刊的发行工作，坚持发展、服务和管理的原则，在各级党委宣传部门的关心和支持下，认真开展对党报党刊发行工作的监管，取得了较好成效，2009年《人民日报》增长13.1%，加上赠阅部分，实际增长47.9%，《求是》杂志增长0.75%，《青海日报》增长0.21%，其他报刊也有不同程度的增长。为发挥媒体单位和报刊发行投递部门的积极性，总结发行工作经验、交流工作情况，强化服务理念，提高服务意识，邮政管理局组织宣传部及相关媒体单位和邮政发行投递部门赴内蒙古、吉林等地参观学习交流，搭建座谈交流平台，达到了互相沟通、学习借鉴目的。同时，会同省委宣传部、各地党委宣传部和相关报刊社，深入州、地、市积极开展党报党刊发行督导，确保报刊收订任务完成；积极开展包括党报党刊发行在内的邮政服务调研，了解基层组织征订情况、《人民日报》赠阅情况，投递时限、投递服务以及农牧区通邮等情况。

三、加大市场监管工作力度，进一步加强和规范市场经营秩序

（一）认真开展快递市场监管工作。依法重点查处无证无照、超范围经营等非法寄递行为。截止10月底，共进行市场检查90次，检查单位213个（次），对检查出的非法经营企业进行了查处，进一步规范了快递服务市场。

（二）加强邮政用品用具市场和集邮市场监管。组织开展了2009年全省邮政用品用具大检查，主要针对邮政用品用具生产厂家产品质量和邮政用品用具销售市场进行了检查。联合省质监局对全省信封生产、邮政包装箱企业进行了换证检测和年检工作。不定期对生产企业进行抽检，对产品不合格企业进行了整改。在媒体上刊登了邮政用品用具合格生产企业，为消费者提供参考。在集邮市场监管方面，主要对邮票销售点进行监督检查，查处了未经邮政公司委托擅自销售邮票和邮资信封的销售点2个。

（三）加强社会监督，做好申诉处理工作。结合全省快递服务现状，在省会西宁安排了3名专职快递服务监督员，监督在西宁的快递企业服务情况；开展“12305”邮政业申诉宣传活动，积极向社会各界宣传“12305”邮政业申诉中心工作，引导广大用户充分利用“12305”邮政业申诉电话对快递服务存在的问题进行投诉，维护消费者的合法权益。截至10月底共受理申诉案件24起，通过回访，消费者满意率达83%。

（四）积极争取政策扶持，促进快递服务发展。在完成落实快递服务税收优惠政策的基础上，为解决快递服务车辆营运问题，省邮政管理局领导与省交通运管部门积极协调并达成了协定，制定了“青海省快递服务车辆管理办法”，为今后解决快递服务车辆营运问题奠定了良好的基础。同时，积极与省交通厅、省高速公路管理局协调，争取快递车辆高速公路收费优惠政策，目前此项工作进展顺利，年底前有望达成收费优惠政策协议。

【重大事件、事项】

3月15日，组织参加“3•15”消费者权益日宣传活动，利用网站、快递信息、营业窗口等多种形式开展了一次邮政业务消费者申诉专题宣传活动。

4月2日，召开了贯彻落实《物流业调整和振兴规划》研讨会。邀请省政府办公厅、省发改委、省交通厅、省商务厅等相关部门领导和省邮政速递物流公司、各快递企业负责人参加了研讨会。

4月15日，联合省工商局立即组织执法人员对涉嫌无证无照经营快递业务的甘肃吉发快递进行了突击检查，查处了该公司非法经营行为。

6月22日，邀请省政府办公厅、省发展和改革委、省交通厅、省农牧厅、省商务厅、省工商局召开了“推进全省农村邮政物流工作座谈会”。

7月3日，举办全省快递企业骨干参加的“《邮政法》培训班暨纪念新中国成立60周年、建党88周年爱国主教育活动”。

7月7日，面向省邮政企业组织《邮政法》宣传贯彻培训班，省邮政公司及各州、地、市邮政企业业务主管局长、业务部主任等30多人集中学习新修订的《邮政法》。

7月26日，组织召开了2009年邮政特邀社会监督员培训会，来自全省各州、（地）市、县的35名监督员参加了会议。

8月上旬，联合青海省国家保密局，深入省邮政公司所属部分州、地市县邮政机要通信网点，宣传贯彻《邮政机要通信保密管理规定》，对照邮政机要通信环节工作进行实地检查。

9月中旬，联合《西海都市报》、青海经济网举办了面向社会大众及网民的《邮政法》知识有奖答题活动。

9月24日，在西宁市四个邮政局所进行了突发事件应急演练。

10月26日，会同青海省委宣传部、文化和新闻出版厅联合组织召开了2010年度全省党报党刊发行工作会议，安排部署2010年度党报党刊发行工作。

11月11～12日，国家邮政局马军胜局长到青海视察指导邮政工作，先后视察了省邮政管理局、西宁市邮区中心局、宅急送青海分公司、海东地区扎巴邮政所、黄南州邮政局。并会见了省委常委、常务副省长徐福顺和省交通厅、省邮政公司的领导。

11月底，会同交通管理部门出台了快递服务车辆高速公路通行费优惠政策，为快递企业发展创造了良好的政策环境。

12月23日，在西宁举办快递业务经营许可管理办法暨邮政业统计工作培训会，全省15家快递企业负责人及统计工作人员参加了会议。

（青海省邮政管理局）

宁夏回族自治区邮政发展与管理

【邮政发展统计】

指标名称	单位	数据
邮政行业业务总收入	万元	26300
其中：快递业务收入	万元	8777.7
函件业务量	万件	2335.7
快递业务量	万件	394.84
从业人员合计	人	5200
其中：快递从业人员	人	700
营业网点合计	处	658
其中：快递营业网点	处	282

注：邮政行业业务收入中未含邮政储蓄银行直接收入

【邮政发展情况综述】

2009年，全区邮政业务总收入完成2.63亿元（不包括邮政储蓄银行直接营业收入），与2008年基本持平；快递业务总量完成394.84万件，同比增长32.38%。快递业务收入8777.65万元，同比增长36.64%；全区快递营业网点约86处，从业人员700余人。

全区邮政营业网点376处，办理邮政业务的局所328处，其中农村邮政所181处（含代办点）。农村局所平均服务面积49.4平方公里，平均服务人口1.7万人。一二级干线邮路总长18310公里，一级火车邮路一条，一级干线航空邮路4条，一二级干线汽车邮路13条。投递段道390条，其中城市投递段道197条，农村投递段道193条。

【监管工作】

一、以《邮政法》宣传贯彻为契机，积极推进邮政法制建设

新《邮政法》颁布后，宁夏区邮政管理局立即成立宣传贯彻领导小组，制定宣传贯彻方案，从宣传普法、学习培训和法制建设等方面不断掀起宣传贯彻高潮。

组织面向企业和社会的大型系列宣传活动，利用电视、报纸、网络等媒体，采取形式多样的宣传活动，营造宣传声势。在《宁夏日报》登载了《邮政法》全文，并连续六期登载《邮政法》解读文章，扩大了《邮政法》的知晓面。在“宁夏政府网”和“自治区人大网”上刊登《邮政法》及其解读文章，在宁夏广播电台进行了《邮政法》在线访谈，由张宁成副局长回答听众的现场提问，收到了良好的宣传效果。配合国家邮政局《快递业务经营许可管理办法》、《邮政普遍服务标准》等配套法规规章和标准的发布，结合世界邮政日等纪念活动，在《宁夏日报》上刊登管理局局长署名文章，加大《邮政法》的宣传力度。落实《邮政法》具体条款，在《宁夏日报》刊登《快递企业经营许可登记公告》和已备案快递企业名单。

将《邮政法》单行本分送到党委、政府等32个相关部门。与自治区人大财经委、人大常委会法工委、自治区政府法制办联合召开“贯彻实施《邮政法》座谈会”，自治区党委、政府相关职能部门40余个厅局及宁夏快递协会、宁夏区邮政公司、快递企业代表等60余人参加会议。自治区人大财经委、人大常委会法工委、政府法制办及邮政管理局领导在会上作了重点发言，自治区安全厅、工商局、住房和城市建设厅、物价局、消协等单位领导进行了座谈发言。

印制了400多份《邮政法》单行本及宣传提纲分发到邮政企业和16家快递企业，为企业讲解《邮政法》的立法宗旨、修法背景及历程，要求各企业组织员工学习，熟悉法律，依法经营。快递协会举办企业管理人员培训班，加强企业从业人员的宣传教育和指导。在企业员工中进行《邮政法》知识答题活动。邮政企业和各快递企业在营业场所醒目位置张贴、悬挂宣传《邮政法》横幅、彩球、标语等，利用“世界邮政日”开展大型宣传活动。召开社会监督员座谈会，进行《邮政法》基本常识培训，提高了社会监督员的法律意识和依法监督的业务能力。将《宁夏邮政条例》的修改列为2010年调研论证课题，推动地方邮政法制建设。

二、积极推动宁夏邮政农村物流发展

加强与宁夏区邮政公司的联系与沟通，了解邮政企业在发展农村物流工作的现状和存在的困难，开展了全区农村邮政物流发展情况调查。征求了邮政企业意见建议，查阅了自治区涉及邮政方面的有关政策，向自治区政府提交了《关于推动全区农村邮政物流发展的实施意见》。重点从宁夏邮政设施建设规划、农村邮政局（所）发展规划、政府各部门落实的政策措施、解决邮政企业存在困难和问题等方面，提出具体的意见。9月6日，宁夏自治区政府办公厅印发了《关于推动全区农村邮政物流发展的实施意见》（宁政办〔2009〕204号），对自治区加快农村邮政物流发展作了安排部署。

三、邮政市场监管和普遍服务监督工作

积极做好国家邮政局《住宅信报箱工程技术规范》征求意见工作。推动《关于加快实施〈住宅区信报箱群（间）建设标准〉的通知》的落实。

寄发调查函，并实地走访了石嘴山市、银川市乡镇单位，了解宁夏行政区域调整变化情况及目前未设邮政局（所）乡镇的基本情况。对石嘴山、中卫、固原等地农村邮政局（所）增减变化情况开展调查，及时补充完善普遍服务基础数据台帐。

配合农业部农村经济研究中心调研组完成了农村通邮情况调研。实地查看了固原、石嘴山两市农村通邮环境，走访了当地卫生院、信用社、学校、镇政府、街道等单位，了解目前全区农村通邮面临的实际困难，为下一步做好西部农村邮政普遍服务工作提供了基础资料。

加大机要服务检查力度。一是组织开展2009年度机要通信用户满意度调查工作，发放《机要通信用户满意度调查表》，机要通信综合满意度为84%。二是开展机要专用封装用品使用情况专项检查，重点对封装用品的“单位使用率、产品使用率和封装破损率”进行检查。共检查机要用户单位 84 家，标准机要信封使用合格率为 75%。抽查出口 350 件秘密载体，标准机要专用封装用品使用合格率达到了 98%。三是组织开展了机要通信投递环节的监督检查，重点检查了“交接手续合格率、封装破损率、绝密件双人投递率、安全携带合格率”达标情况，“四率”全部符合机要通信保密管理规定。

认真落实《机要通信保密管理规定》。与自治区国家保密局联合转发《邮政机要通信保密管理规定》，进一步完善安全保障措施，做好机要通信保密安全管理工作。及时将国家邮政局2008年机要通信保密安全和服务质量用户评价情况的通报转达给邮政公司机要通信部门，督促企业整改落实。

加强邮政特邀社会监督员管理。召开了监督员会议，表彰了 5 名优秀监督员。组织监督员开展了异地监督检查。编发了12期《邮政社会特邀监督员工作情况通报》。全年特邀监督员共填报报表337份，填报率达到93.6%。监督邮政服务网点292个，走访单位(个人)用户144户。开展信件、包裹测试 198 件次，反馈邮政服务问题 826个，提出可行性建议21条。

开展了乙丑年、建国60周年等特种纪念邮票销售服务情况的监督检查。通过与用户沟通、现场调查、组织监督员检查等形式，扩大了检查范围，并及时将检查结果反馈邮政企业。

加强邮政业安全监管。与各快递企业负责人签订“安全生产责任承诺书”，落实“谁主管、谁负责、谁经营、谁负责”的安全责任。积极开展“安全生产年”活动和邮政业“三项行动”安全生产专项检查。全年组织召开快递企业安全工作会议6次，印发有关安全工作文件20多个，宁夏邮路寄递物品安全工作领导小组召开 3 次邮路寄递安全工作会议，对确保邮政业安全工作起到积极作用。

认真做好禁毒工作，防止毒品通过寄递渠道流通。在《禁毒法》颁布一周年之际，向快递企业分发禁毒宣传海报。组织邮政、快递企业从业人员学习《禁毒法》、《禁寄物品指导目录及处理办法（试行）》等法律法规，在企业内部开展禁毒知识普及活动，提高防范意识。确保了全区邮路“无毒寄递”的工作目标的顺利实现。市场监管处处长韩亮同志被评为自治区禁毒工作先进个人。

快递协会组织开展多项工作。继续开展《“快递服务”标准》达标工作，对全区网络型快递企业及其分支机构进行建档登记，完成了申请达标企业资料审查工作。

加强应急管理工作。印发了国家邮政业突发事件应急管理办法，修订完善《宁夏邮政业突发事件应急预案》。督促企业制定相应的突发事件应急预案。针对甲型 H1N1流感疫情，督促企业做好邮件的检验检疫工作和自我防护工作。坚持每日与自治区防控办、应急办等单位联系，及时取得有关疫情的最新消息。

加强执法检查和市场监督。做到日常检查与专项检查相结合，加大对快递、集邮和邮政用品用具三大市场的检查力度。联合自治区工商局、银川市工商局组织开展了集邮市场专项检查治理活动。对全区32家信封生产企业的监制情况进行了两次专项检查。全年共开展三大市场检查200余人次，专项检查30余人次。通过检查，维护了国家邮政局的声誉。

维护消费者权益。积极参加自治区公共服务行业侵害群众消费权益综合治理工作，与自治区工商局召开联席会议，就快递服务业侵害消费者权益问题开展综合治理、行业自律和自查自纠等工作进行协商。修订完善《宁夏邮政业12305消费者申诉处理办法》，按月将消费者申诉情况通过局内网站、《宁夏快递》杂志向社会各界公布，增加了申诉受理情况的透明度。全年共受理消费者申诉132件，其中有效申诉57件，对有效申诉做到了认真落实。

建立和完善快递业统计系统和统计办法，全区快递企业全部纳入统计管理系统。顺利完成快递企业备案信息数据库系统上线运行，为实施快递市场准入管理办法等工作做好了准备。召开了全区快递业统计工作会议，通报了2008年快递业发展情况和统计报表报送情况，表彰了先进个人，对全区快递企业统计人员进行了操作培训。

【重大事项、事件】

1月5日，宁夏区邮政管理局组织工作人员及监督员在主要营业网点对国家邮政局发行的《乙丑年》特种邮票销售情况进行检查。

1月17日，为确保春节期间全区快递市场安全稳定，宁夏区邮政管理局开展对全区17家快递企业安全检查和节前慰问活动。

1月19日，宁夏快递协会召开全区《快递服务》标准达标企业授牌仪式，授予宁夏区邮政速递公司、银川全一快递有限公司为全区首批快递服务达标企业。

2月19日，宁夏区邮政管理局召开了全区邮政特邀监督员工作座谈会。自治区纠风办负责人参加了会议。

2月27日，宁夏区邮政管理局领导班子向自治区政府分管邮政行业的李锐副主席进行工作汇报，主要汇报了邮政体制改革情况和当前邮政管理局的主要工作，以及提请自治区政府支持邮政业发展方面的工作。

4月10日，宁夏区邮政管理局召开2009年宁夏快递工作会议。组织各快递企业学习贯彻国家邮政局《寄递企业收寄物品安全管理规定》。与全区17家快递企业负责人签订了《安全寄递责任承诺书》。

4月20日，宁夏区邮政管理局完成全区16家快递企业备案信息数据库系统数据录入工作，宁夏快递企业备案信息系统正式上线运行。

5月30日、31日，宁夏区邮政管理局戚兰州局长及宁夏邮政公司负责人共同向自治区党委陈建国书记，政府王正伟主席汇报了“全国推广山东邮政发展农村物流经验现场会”会议精神，陈建国书记批示：“要认真学习、领会德江副总理讲话精神，学习借鉴山东经验，进一步解放思想，开阔思路，发展大型现代物流，为宁夏的经济社会发展做出更大贡献”。王正伟主席批示：“贯彻国办（2009）42号文件，贯彻全国推广山东邮政发展农村物流经验现场会精神，请林海同志协调，政府常务会专门研究一次”。

6月24日，宁夏区邮政管理局开展全区快递企业安全生产执法检查活动。检查组深入银川、固原等地快递企业，就严格收寄验视制度、防止自然灾害引发安全生产事故、落实安全生产责任制和安全生产措施等情况进行了严格检查。

7月2日，宁夏区邮政管理局在《宁夏日报》、自治区政府法制网和宁夏人大网登载了《邮政法》全文和相关解读内容。为深入宣传贯彻《邮政法》营造了良好的舆论宣传氛围。

7月7日，宁夏区邮政管理局举办《中华人民共和国邮政法》学习培训班，为各快递企业宣讲《中华人民共和国邮政法》相关内容，并就新《邮政法》实施后的相关热点问题展开讨论。

7月13日，国家农业部农村经济研究中心对全区农村邮政服务发展情况进行调研。实地查看了固原、石嘴山两市农村通邮环境，走访了当地卫生院、信用社、学校、镇政府、街道等单位，了解了目前全区农村通邮面临的实际困难。

7月28日，宁夏区邮政管理局顺利完成了全国邮件传递时限监测工作。

8月4日，宁夏区邮政管理局与自治区国家保密局联合发文，要求全区各市县保密局（办）、邮政企业认真贯彻执行《邮政机要通信保密管理规定》，进一步加强邮政机要通信保密安全管理工作。

8月12日，第29届全国最佳邮票评选暨2009世界邮展中国获奖邮集精品邀请展开幕式在银川隆重举行。

9月6日，自治区人民政府办公厅出台了《自治区人民政府办公厅关于推动全区农村邮政物流发展的实施意见》（宁政办发〔2009〕204号）。

9月8日开始，宁夏区邮政管理局组织工作人员深入机要通信生产一线对机要专用封装用品使用情况进行了为期一周的专项检查。

9月14日起，宁夏区邮政管理局在《宁夏日报》的重要版面，进行为期六天的《邮政法》解读连载，通过连载，加大《邮政法》宣传力度。引起了社会各界的广泛关注，

9月17日，宁夏区邮政管理局举办邮政特邀监督员学习贯彻《邮政法》培训会议，全区各市、县的30名社会监督员参加了培训。

9月18日，宁夏区邮政管理局与自治区人大财经委、人大常委会法工委，自治区政府法制办等单位联合召开“宁夏回族自治区贯彻实施《中华人民共和国邮政法》座谈会”。自治区党委宣传部、政法委，自治区政府研究室、财政厅、工商局、建设厅、公安厅、安全厅、邮政公司等40余家部门、单位及区内主要新闻媒体等参加了座谈会。

9月22日，宁夏区邮政管理局召开国庆60周年邮路寄递安全工作会议，各快递企业负责人参加了会议。

10月9日，宁夏区邮政管理局戚兰州局长在《宁夏

日报》刊登了题为《深入贯彻实施"邮政法"，保障邮政普遍服务》的署名文章，纪念第 40 届世界邮政日。

10 月 22 日，宁夏区邮路寄递安全工作领导小组召开宁夏邮路安全监管工作会议，自治区国家安全厅、各快递企业负责人参加了会议。

11 月 13 日，宁夏区邮政管理局在《宁夏日报》发布了申请快递业务经营许可的公告和全区已备案快递企业的公告。两个公告的发布，是邮政管理局认真落实《邮政法》、《快递市场管理办法》和《快递业务经营许可管理办法》等法律法规的重要举措。

11 月 17 日，宁夏区邮政管理局顺利完成 2009 年度机要用户满意度调查工作。

12 月 11 日，宁夏区邮政管理局参与自治区卫生厅、工商局、公安厅、监察厅、广电局、药监局等 13 家单位联合印发了《关于开展打击利用互联网等媒体发布虚假广告及通过寄递等渠道销售假药专项整治行动的通知》（宁卫监督〔2009〕526 号）的文件，并在全区联合开展专项整治行动。

（宁夏回族自治区邮政管理局）

新疆维吾尔自治区邮政发展与管理

【邮政发展统计】

指标名称	单位	数据
邮政行业业务总收入	万元	121894.87
其中：快递业务收入	万元	35717.1
函件业务量	万件	2776.24
快递业务量	万件	1022.4
从业人员合计	人	13875
其中：快递从业人员	人	1964
营业网点合计	处	1370
其中：快递营业网点	处	119

注：邮政行业业务收入中未含邮政储蓄银行直接营业收入

【邮政发展情况综述】

一、总体发展情况

自治区邮政企业和规模以上快递企业收入完成 121894.87 万元，同比增长 18.9%；邮政业业务收入占全国的 1.12%。业务总量完成 133714.39 万元，同比增长 14.5%，全区邮政业业务量占全国的 0.82%，其中：全区规模以上快递（包含 EMS）业务量完成 1022.4 万件，同比增长 9.3%；邮政函件量 2776.24 万件，同比下降 5.4%；包裹量 187.79 万件，同比下降 1.4%；报纸累计完成 32072.28 万份，同比增长 0.6%；杂志累计完成 2336.96 万份，同比增长 5%；邮政汇兑完成 647.58 万笔，收汇笔数同比增长 1.1%；义务兵免费信件量 64.46 万件；传递机要邮件 22.86 万件，全区机要通信连续 11 年实现质量全红。

全区邮政业资产总量已达 25.55 亿元；生产场地累计达到 24.64 万平方米；各类邮政车辆总数达到 1706 辆，邮政信息网加载的应用子系统达 43 个。

二、本年度发展特色和亮点

（一）扩大邮政网络规模，综合通信能力不断增强

（1）全区邮政网路规模不断扩大。通过做强干线、优化支线、改革县以下邮路，邮政实物网的装备水平和承载业务的能力不断增强，形成了以乌鲁木齐、库尔勒等 8 个邮件处理平台为节点，区外以铁路运邮为主，航空运邮为辅；区内以汽车运邮为主，航空运邮为辅的综合邮运网络。2009 年邮路单程总长为 21.8 万公里，其中：火车邮路 3 条 1.02 万公里、航空邮路 35 条 6.25 万公里、汽车邮路 519 条 4.97 万公里。另外，全区 32 个边防县内有 200 多个边防站和边防派出所，93 条边防邮路长达 6067 公里。随着交通运输事业和快递网络的发展，快件寄递时限也在不断提高，大部分快递企业区内快件寄递时限均能做到次日达，部分企业还开通了货运专线，快件运输效率迅速提高，通信能力不断增强。

（2）投递网建立了大客户投递专段、普通道段、社区投递网，投递以"段道投递+社区投递"为主，营业窗口投交为辅等多种方式综合利用。全区城乡投递段道 3083 条（普邮 2749 条、速递 334 条），其中：城市段道 1249 条、农村段道 1834 条。

（3）全年共改造和新增网 285 处，全区 16 个地州市，78 个县共设置邮政企业营业网点 1251 处。邮政企业城市网点 454 处，平均服务半径为 1.5～5 公里，平均服务人口在 1-3 万人以上；农村网点 864 处，平均服务半径为 5-20 公里，平均服务人口不足 0.5-2 万人。全区邮政汇兑网点 1107 个，其中 61%的邮政汇兑网点分布在农村地区，邮政汇兑网点已成为沟通城乡居民个人结算的重要渠道。全区办理报刊订阅业务的邮政局所 997 处，办理报刊零售业务的网点 442 个。承担了中央向农村赠送《人民日报》和"东风工程"项目赠阅党报党刊的投送等邮政普遍服务任务，保证了 854 个乡镇、9019 个行政村、2400 多个兵团连队的投送服务。快递企业网点 247 处，快递服务网点覆盖到了全区所有的地州市和部分较大的县级城市，快递网络日臻完善。

（二）加大生产能力建设，有力支撑行业发展

（1）邮政业生产能力不断增强。邮政企业面推进投递网建设达标工作，乌鲁木齐市邮政局、伊犁地区邮政局、阿克苏地区邮政局顺利通过投递网邮政集团公司建设验收，其它地市通过邮政企业初验，投递设施及工作环境得到了改善，投递能力不断提升。各快递企业加大车辆、人员投入，不断加快传递时限，增强服务能力。其中各类快件运输车辆 206 辆，同比增长 28.7%，快递从

业人员1625人，同比增长49.4%。

（2）邮政业信息化水平不断提高。邮政公司完成了代理保险大集中、电子商务信息平台、11185客户服务中心、网运信息系统、物流信息平台、投递信息管理系统、综合办公信息系统以及邮政信息网省际传输网络扩容、区内网扩容二期等22项信息化工程建设；快递企业手持扫描终端应用日益广泛，快件查询、处理等信息系统的推广使用，促进了快递服务水平的提升。

（3）《快递服务》标准达标工作不断深入。全区已有24家邮政、快递企业获得新疆快递行业协会颁发的"快递服务标准达标企业"的称号，促进了快递服务整体水平的提升。

（三）调整企业内部结构，激发企业增强活力

（1）邮政企业邮储体制改革，完善了邮银协调机制。完成了区、地、县三个层面代理银行业务委托协议的签订工作，明确了邮银双方业务代理合作中的责权利关系。确定了邮银双方的收益分配模式。邮储体制改革对业务发展的推动作用进一步得到了释放。

（2）邮政速递物流改革稳步推进。实施了速递、物流两大专业的整合并进行了体制、机制优化调整；圆满完成了全区速递物流专业资产划转、业务划分、人员划入以及改制房屋、土地权办证工作，为分帐核算、股份制改造创造了必要条件。

（3）2009年，随着新《邮政法》等法律法规的颁布和实施，为新疆快递业的发展注入了新的发展动力，促进快递企业进一步在"规范中发展，发展中规范"。被加盟企业调整网络结构，加强对加盟企业的管理，统一服务承诺、统一操作流程、统一企业形象，快递企业地州市各加盟网点服务质量以及信息化水平不断提高，企业整体实力和全员综合素质有所加强。全程全网管理模式对自治区快递行业的发展和壮大起到了较大的推动作用。

（四）完善安全保障机制，确保寄递渠道安全畅通

（1）树立大局意识，积极应对"7•5"事件。"7•5"事件发生后，全区邮政、快递企业认真贯彻中央和自治区的决策和部署，及时启动突发事件应急机制，迅速行动，应对及时，以高度的政治责任感和使命感，统筹兼顾地处理了改革、发展、稳定的关系，确保了企业稳定、员工人身安全，保证了邮政通信的安全畅通，确保了党报党刊、机要邮件、高考录取通知书的及时送达，树立了新疆邮政业顾全大局、勇担责任的形象。

（2）落实安全生产责任制，加强员工安全教育培训。各企业把安全工作做为当前最重要的工作抓紧抓好，对消防设施、防护设施、安全值班、电路的设置和负荷等情况进行排查治理，加强员工安全教育，从源头上杜绝员工麻痹思想，提高员工安全意识；与员工签订《安全责任承诺书》，落实安全责任，提高员工对禁寄物品、危险品识、辨、防的能力。

（3）落实收寄验视制度，维护寄递渠道安全。邮政公司、快递企业严格执行收寄验视制度，严把快件收寄关，严防禁寄物品流入寄递渠道，保障社会和谐稳定和人员人身安全；安全生产方面的投入不断增加，规模型快递企业均在生产场所安装了视频监控系统，对各营业网点安全情况进行实时监控，杜绝安全隐患。

三、存在问题

（一）能力建设和服务设施还不能完全适应企业快速发展和经济社会跨越式发展的需要，信息化进程和网点建设必须进一步加快。

（二）基础管理还显薄弱，精细化管理和规范化管理还处在较低水平，过程管理、环节管理还比较粗放，企业结构性冗员与结构性缺员矛盾还很突出。

（三）一些重要部位和工作环节仍存在风险隐患，有章不循的现象还时有发生，全员安全意识需进一步提高。

（四）现有邮政服务能力和服务水平，与社会日益提高的用邮需求和客户对邮政服务的期望还有一定的差距，一些服务热点难点问题还未得到根本解决。

【监管工作】

一、加强法制建设，全面贯彻落实《邮政法》，营造良好的监管法制环境

（一）全面宣传贯彻《邮政法》，营造良好舆论氛围。自新《邮政法》颁布以来，邮政管理局按照国家局的宣贯要求，大力开展《邮政法》的宣传工作。一是召开动员大会部署《邮政法》宣贯工作，制定《新疆邮政管理局宣传贯彻〈邮政法〉工作方案》、《继续宣传贯彻〈邮政法〉工作措施》，并通过印制宣传册、开展学法讲座、组织学法考试和《邮政法》知识竞赛等多种形式，在新疆区邮政公司和各个快递企业中开展了《邮政法》宣传贯彻工作。二是在新《邮政法》实施前夕，与自治区人大法工委、自治区人民政府法制办、自治区国家安全厅等十二个相关部门召开《邮政法》座谈会，建立沟通协调机制，共同研究和讨论《邮政法》实施的具体问题。三是请自治区人大法工委翻译维、哈文《邮政法》并印制单行本和发报刊专版。同时，利用新闻媒体全面开展宣传工作，在报纸上刊登相关法规和署名文章，安排"世界邮政日"新闻专访，同时利用新疆人民广播电台"新广行风"热线在线解答用户问题，进一步向社会广泛宣传新《邮政法》，营造了较好的社会舆论氛围。四是按国家邮政局的部署安排，通过印发文件、组织学习培训等形式开展《快递业务经营许可管理办法》、《邮政普遍服务》行业标准等相关配套法规规章的宣传贯彻工作。

（二）着手修订完善地方法规工作，健全行业法规体系建设。新《邮政法》颁布后，为进一步发挥地方法规在规范市场秩序、保障服务、促进行业发展等方面的作用，邮政管理局积极着手地方法规的修订工作。开展

原有地方邮政法规、规范性文件的清理工作，形成《2010年度政府立法计划项目建议的报告》报自治区人民政府法制办，申请将《新疆维吾尔自治区邮政管理条例》列入自治区 2010 年立法计划。并组成专家组着手研究制订《新疆维吾尔自治区邮政管理条例》。

（三）研究边远地区普遍服务范围。根据新颁布的《邮政普遍服务标准》，结合自治区实际，邮政管理局在全区普遍服务调研和对基础数据分析的基础上，草拟了自治区边远地区普遍服务的范围，确定了交通不便的边远地区范围，提出符合实际需求可执行的营业时间和投递频次。

二、贯彻落实科学发展观，积极争取地方政策支持，为企业提供良好发展环境

（一）继续深入开展科学发展观活动，落实各项整改措施。在 2008 年开展深入学习实践科学发展观活动的基础上，1～2 月，区邮政管理局继续深入开展学习实践活动，重点是制定整改落实方案、集中解决突出问题、完善体制机制，促进自治区邮政业快速健康发展。一是制定切实可行的整改落实方案，将整改措施目标化、具体化、责任化，做到“五明确一承诺”。列出 9 项需要解决的问题，其中加强邮政管理工作方面的问题 5 个，促进企业发展，保障群众利益方面的问题 4 个。分别提出整改落实的措施、整改落实的目标和时限要求，把责任落实到分管领导和分管部门并将整改落实方案内容细化分解，制作成图表上墙进行公布，督促责任人员贯彻落实。二是集中力量解决突出问题。制定出台了《新疆邮政业〈快递服务〉标准达标企业考核管理办法》和组织实施的工作措施，为快递企业增强发展后劲、提升综合服务能力提供支持和帮助。积极协调解决关于快递车辆市区通行、停靠的问题，协调税务部门向快递企业下发邮政业统一发票。经过邮政管理局和区邮政公司的共同努力和积极协调，自治区交通厅同意并核准自治区邮政企业首批 97 辆邮政专用车辆免交路桥通行费。三是切实推进体制机制创新。制定并实施了《新疆邮政执法大队行政执法工作管理办法》（暂行）、修订完善了《新疆邮政管理局机要通信监督检查制度》，指导快递行业协会修订了《新疆维吾尔自治区快递企业自律公约》并发布实施，切实推进邮政管理体制机制创新，为贯彻落实科学发展观创造良好政策制度环境。

（二）积极推进城市信报箱建设，加强督促落实。2009 年，邮政管理局积极协调自治区人民政府 4 月印发了《关于加强城市居住区信报箱和邮政报刊亭建设工作的意见》。《意见》印发后，邮政管理局迅速组织人员赴各地州市与当地政府接洽沟通，了解《意见》贯彻情况，督促落实文件规定和要求，协调解决存在的问题。9 月联合建设厅、邮政公司召开全区信报箱建设推进工作电视电话会议，对进一步推进信报箱建设做出安排部署。各地州市邮政局按照要求都成立了信报箱建设组织领导机构，全力推进信报箱建设工作。目前，全区已建立信报箱示范点 26 处，已安装住宅楼房信报箱 30.2 万户，信报箱建设工作取得了良好效果。

（三）制定出台发展农村邮政物流的实施意见，做大做强自治区农村邮政物流。为贯彻落实国务院 42 号文件和山东青岛会议精神，邮政管理局向自治区政府呈报了加强农村邮政物流工作的专题请示。9 月自治区政府出台了《贯彻国务院办公厅关于推动农村邮政物流发展的实施意见》。10 月配合自治区政府召开了全区推进农村邮政物流发展电视电话会议，对自治区农村邮政物流工作进行了全面安排部署，确定发展目标，明确政策支持，提出具体要求，为农村邮政物流及农资分销业务发展提供了有力的政策保障。

（四）积极争取邮政专用车辆免收过路过桥费优惠政策。2009 年邮政管理局就邮政专用车辆通行费用问题，多次向自治区党委、政府进行专题汇报，经与邮政公司共同努力，自治区交通厅同意并核准首批 97 辆邮政专用车辆免交过路过桥费，并明确了邮政专用车辆免收过路过桥费审批程序和要求，该项优惠政策的实施为企业更好地履行邮政普遍服务义务提供了支持。

（五）协调解决机要通信安全保障问题。为做好机要通信工作，维护国家信息安全，确保中央政令畅通。11 月，邮政管理局向自治区党委办公厅呈报了《关于协调解决新疆机要通信局安全运行有关问题的请示》，呈请解决机要通信局营业场地、安防设施、资金不足等方面的问题和困难，切实保障机要通信的安全运行。

（六）加强邮政业统计、规划工作，为制定行业发展政策提供依据。一是按照国家局对统计工作的要求，邮政管理局制定自治区邮政业统计数据定期发布制度，加强统计报表的催报和审核力度，以开展统计数据的分析和运用为重点，每季度发布邮政业发展情况分析，为制定行业发展规划，确定行业发展导向提供数据依据。3 月份，圆满完成了全区备案企业的统计调查工作，弥补了统计范围以外的企业数据。7 月，针对自治区网络不通的情况，经请示国家局同意，邮政管理局调整了统计报表上报方式，邮政公司和各快递企业报表数据由邮政管理局统一手工录入，确保了自治区邮政业统计工作的连续性和时效性。二是按照国家局 “十二五”规划工作布置和马军胜局长的讲话精神，邮政管理局 10 月中旬正式启动全区邮政业“十二五”规划的编制工作，成立工作机构，制定编制方案。

三、做好监管基础工作，推进邮政普遍服务保障监督有效开展

2009 年，根据国家邮政局的统一部署，邮政管理局投入大量人力、物力，采取多种举措，做好普遍服务监督管理基础工作。一是开展空白乡镇邮政局所调查。通过分析全区邮政基础设施资料、参考行政区划简册和邮政企业核实等过程，初步统计出未设邮政局所的乡镇数为 287 个，约占全区乡镇总数的 33.6%。二是完善邮政普遍服务基础设施台账。利用普遍服务监督检查和各类专项调研的时机，通过实地查看、逐项核实、修正数据等方式，核对网点信息，补充和完善基础设施台帐系统。三是组织农村通邮调研工作。2009 年 3 月，参加由自治区党委农办牵头，党委组织部、政策研究室、农业厅等单位组成的联合调研组，深入 4 个地州、8 个县市、16 个乡镇、21 个行政村，调研全区农村邮政基础设施、村邮站或邮件接转点现状等情况，了解社会主义新农村建设中农民用邮新变化、新需求，并在深入调研的基础上，初步形成了“关于加强农村通邮服务的意见”。四是开展《邮政普遍服务》标准贯彻执行情况专项调研和培训。10 月，组成 3 个调研组，对 7 个地州、13 个县市、47 处农村网点进行了专项调研，走访了部分乡镇政府、村委会以及边防连队，了解县以下局所设置、营业、投递服务、邮件时限等情况。11 月，举办 10 个地州市特邀监督员培训班，系统学习了《邮政法》和《邮政普遍服务》标准的出台背景、实施意义及相关规定要求，为今后督促特邀监督员以普遍服务标准为依据，有效开展社会监督工作打下良好基础。

四、完善监督方式，认真组织邮政普遍服务监督检查

2009 年，为做好全区普遍服务监督管理工作，邮政管理局采取集中检查和日常检查相结合，综合检查和专项检查相结合，明查和暗访相结合等方式，进一步加大监督检查力度，为保障普遍服务和特殊服务的有效实施，巩固和提升普遍服务水平发挥了积极作用。一是认真开展普遍服务集中和日常监督检查。组织全区普遍服务集中监督检查，覆盖 12 个地州，30 个县市，92 处营业网点。同时，有计划、有步骤地开展普遍服务日常监督检查，共检查 36 个县市的 151 处营业网点，与企业交换整改意见 44 次。二是组织实施全区 16 个主要城市信函时限监测工作，选择 47 处营业网点及门前信筒（箱），试寄平常信函 3072 件，挂号信函 1024 件，为分析和评估自治区普遍服务水平提供了数据依据。三是开展邮政业务资费专项检查，根据自治区价格主管部门检查邮政资费提出的整改要求，3 月邮政公司下发《关于暂停国内普通包裹详情单和国内快递包裹详情单收费的通知》，全区营业网点按要求停止了该项目的收费。同时，邮政管理局对 39 个县市的 61 处营业网点资费执行情况进行了检查，并针对整改落实情况进行了复查。四是组织 2009 年纪特邮票销售专项检查，对 37 处邮票零售网点和集邮市场进行了检查，对存在的问题及时向企业反馈，积极协调解决，确保了自治区纪特邮票发行和销售工作的顺利进行。此外，2009 年邮政管理局还对自治区《楼兰故城》、《阿凡提故事》等 2010 年拟发行的纪特邮票提出选题建议。五是强化机要专项检查，保障机要通信安全。联合自治区国家保密局对全区 59 处机要件营业处理场地，9 条投递段道，53 处机要件投交点进行了实地检查；配合开展机要函件时限测试；指导特邀监督员做好机要通信社会监督工作，并及时向企业反馈监督情况，督促整改存在的问题；开展机要通信用户满意度调查工作，促进机要通信服务质量和水平的提高。六是做好党报党刊发行组织协调工作。10 月 25 日，组织召开全区党报党刊发行工作座谈会议，对重点党报党刊的发行计划进行安排部署；10 月 29 日，配合自治区党委宣传部召开“2010 年度全区党报党刊发行工作电视电话会议”，就切实增强党报党刊发行工作的责任感，做好党报党刊发行工作提出了具体要求；12 月底，对乌鲁木齐、石河子、昌吉等地党报党刊征订情况进行了督察。经多方努力，全区 2010 年度党报党刊收订同比增长 6.3%，实现了稳中有升的目标。七是发挥社会监督力量，社会监督效果显著。2009 年，自治区邮政特邀监督员达 90 名，覆盖全区 70 个县市，覆盖率 78.65%。全年开展社会监督 1513 人次，反馈监督报告 1540 份，查看营业网点 1506 个次，走访消费者 2040 人次，反映问题 297 个，提出意见建议 63 条。

五、加强市场监管，落实经营许可，依法规范市场秩序

（一）加强快递市场检查，依法查处违法经营行为。以日常检查、综合检查和专项检查相结合的方式，加强快递市场检查，查处违法经营行为，进一步规范快递市场秩序。一是以安全检查和规范经营为重点，制定了执法大队全年行政执法工作计划，建立日常检查制度，加强日常检查力度和频次，发现问题及时督促企业整改规范。二是开展上半年和下半年综合执法检查，依法查处违法经营行为，进一步掌握地州市快递企业和网点相关情况。在上半年综合检查中，邮政管理局对全区 126 家快递企业及网点依法经营情况进行了检查，联合工商等部门对多起违法经营行为进行处理。检查还对 10 家与快递业务有关的托运部进行了调研，对全区 16 个地州市及部分县级城市的快递企业建立情况进行了调查。截止 2009 年底，全区快递企业及网点已增至 264 家（包括邮政 EMS），分布在除乌鲁木齐以外的地州市的快递企业及网点就达 192 家（不包括邮政 EMS）。10 月，邮政管理局在下半年综合检查调研中，对 5 个地州的 14 家快递企业进行了检查，重点对企业依法经营、安全生产等情况进行了检查。三是联合安全、公安等部门开展安全专项检查。2009 年 2 月，邮政管理局召开安全工作会议，联合自治区国家安全厅、自治区公安厅禁毒总队与新疆邮政公司、各快递企业签订安全责任承诺书，并联合开展安全专项检查；为确保“两会”期间和国庆期间寄递渠道安全，邮政管理局分别在 3 月和 9 月，与自治区国家安全厅联合开展安全检查，在 9 月份的检查中，发现和处理了一起夹寄疑似爆炸物案件，及时排除险情。2009 年，邮政管理局共开展快递市场检查 176 次，检查天数 136 天，检查企业 803 家次，纠正和查处违法违规行为 16 起，下达整改通知书 56 份，有效维护了市场秩序和消费者合法权益，促进了快递市场健康有序发展。

（二）继续抓好经营快递业务备案登记和快递企业资格认证工作。截止 2009 年底，在邮政管理局备案的快递企业达到 200 家，规模以上企业及其分支机构、加盟网点基本上都办理了备案登记手续。并及时为符合条件的企业发放经营快递业务资格认证书，使企业享受到优惠的税收政策，为企业减轻负担。

（三）依法实行快递业务经营许可制度。一是开展快递企业摸底调查工作入手，对全区 200 家快递企业进行了调查摸底和分级分类，设立许可办公室，指定专人受理企业咨询和申请。二是召开《快递业务经营许可管理办法》宣贯会，制订并下发快递业务经营许可工作实施方案，明确了快递许可申请的主要内容和具体的审批流程。为确保快递许可工作有序开展，按照国家邮政局“分类引导、分步实施”的要求，选取不同类型的快递企业进行快递许可试点。三是开展乌鲁木齐地区各快递企业基本情况会审工作，详细统计调查企业人员、性质、生产经营场所、车辆等信息，全面掌握全区快递企业基本情况。四是与自治区工商行政管理局联系下发《关于做好快递业务经营许可管理工作的通知》，协调解决快递许可工作中出现的问题。五是实地检查指导企业开展快递业务经营许可申请的准备工作。

（四）做好邮政用品用具生产企业、集邮市场监督管理工作。一是对乌鲁木齐地区 19 家邮政用品用具生产企业进行 35 次检查，了解生产经营状况，考核各项质量指标，组织生产监制证的年审和换发，进一步确保邮政用品用具生产质量。二是根据国家局的安排，组织对新疆邮政用品用具生产企业进行抽样送检和检查。9～10 月，邮政管理局组织对部分邮政用品用具生产企业产品进行了抽检，共抽查 2 家楼房信报箱生产企业、4 家信封生产企业和 1 家邮件包装箱生产企业，抽检 8 口信报箱 2 个；信封样封 8 种型号，共 160 枚；邮件包装箱 2 种规格，共 35 个。楼房信报箱生产企业抽检率为 100%，信封生产企业为 11%；邮件包装箱生产企业为 25%。三是对自治区 15 个地州市标准信封质量情况进行了检查，并对信封上机率进行了测算，进一步掌握自治区标准信封生产质量情况和信函分拣的自动化程度。四是加强集邮市场监督管理。2009 年，邮政管理局对乌鲁木齐两个集邮市场进行了 36 次大检查，通过检查督促市场经营者提高依法经营理念和市场安全意识。“7·5”事件后，对乌鲁木齐二道桥集邮市场进行检查，了解“7·5”事件后市场经营情况，鼓励和帮助企业恢复正常生产经营。

（五）启动职业技能鉴定工作，推行快递业务就业准入制度。按照国家局的安排部署，上半年完成快递业务员职业技能鉴定教材的发放和宣传工作。10 月份，在国家局的批复下，正式启动自治区快递业务员职业技能鉴定工作。制定鉴定工作推进方案，聘请专业教师，组织开展快递业务员职业技能鉴定培训，完成三批培训班，参培人数达 300 人。

（六）认真履行邮政业服务质量监督职责，处理服务质量申诉。继续充分发挥 12305 申诉电话的社会监督作用，认真受理全区邮政业服务质量申诉，清理更新企业服务合同、赔偿协议等备案资料，与工商局“12315”投诉中心协商对接，将“12315”受理的邮政业申诉转接“12305”受理。重点做好对申诉案件的分析和通报，及时反馈企业服务质量情况，督促企业加强投诉处理管理，提升服务质量。2009 年全年消费者通过“12305”申诉电话和申诉网站反映问题 595 件，其中受理申诉 391 件，答复咨询 204 件。全年共受理邮政业有效申诉 164 件，结案率为 100%，消费者对申诉处理满意率为 86%。

（七）指导快递协会开展工作。制定《新疆邮政业<快递服务>标准达标企业考核管理办法》，积极开展“达标”及达标企业考核工作，进一步规范达标后企业的经营管理，确保已达标企业快递服务水平不降低并稳步提升服务能力。召开快递服务升级工作座谈会，宣传部署达标企业检查考核工作，督促达标企业进一步提升服务，树立达标企业良好形象。同时继续指导未达标企业开展达标工作，对乌鲁木齐地区申请达标的企业进行了检查验收。采取引进来的形式，举办企业负责人工商企业管理培训，建立快递企业信息员队伍。在前期与民航快递协商未果的基础上，与南航、民航进行多次接洽协商，研究制定可行性方案，积极筹建快递集运中心。

【重大事项、事件】

1 月 15 日，新疆邮政管理局制定并下发《新疆邮政业<快递服务>标准达标企业考核管理办法》，加强对已达标企业的考核管理工作，对考核程序和内容等作出了明确规定。

新疆邮政公司隆重举行纪念独立运营十周年暨先进集体、优秀员工表彰大会，表彰 10 个先进集体和 10 名优秀员工。

农历新春，中共中央政治局委员、自治区党委书记王乐泉及自治区领导符强、宋爱荣、艾尔肯·吐尼亚孜等亲切慰问节日期间坚守岗位的一线邮政员工。

2 月 10～11 日，新疆邮政管理局与自治区国家安全厅、自治区公安厅禁毒总队组成联合检查组，对乌鲁木齐捷特捷物流快运有限公司等 25 家快递企业贯彻落实寄递物品安全、安全生产、禁毒、防恐等情况进行了专项检查。

2 月 23 日，新疆邮政管理局接到圆通公司发现疑似毒品的报告，立即与自治区公安厅禁毒总队取得联系。在市场监管处人员带领下，与公安厅禁毒总队人员组成检查组奔赴现场进行实地检查。检查发现，此物品系由乌鲁木齐市寄往湖南某地，总重量 20 克左右，经自治区公安厅禁毒总队专家验证，断定为大麻。

3月，自治区党委农办牵头，自治区党委组织部、自治区党委政策研究室、邮政管理局和农业厅等单位组成调研组，开展全区农村通邮情况调研工作。

3月12日，新疆邮政速递物流公司正式揭牌成立。

4月25日，新疆邮政管理局市场监管处、普遍服务处、区邮政公司市场经营部、中国邮政储蓄银行新疆分行、乌鲁木齐市邮政局等单位和部门领导及相关业务负责人参加了新疆人民广播电台“新广行风热线”周末的“厅局长接待日”直播节目，现场向广大听众介绍新疆邮政行业发展情况，听取广大听众对邮政监管工作的意见和建议，解决邮政用户投诉，取得良好结果，并得到节目现场自治区监察厅特邀监察员的充分肯定。

5月1日，正式启用《新疆邮政业统一发票》

5月，采取措施积极部署应对甲型H1N1流感疫情工作，加强全区邮政行业联防联控和日常联系沟通。

5月19日，自治区人民政府办公厅印发了《转发自治区建设厅 邮政管理局关于加强城市居住区信报箱和邮政报刊亭建设工作意见的通知》，通知提出，今后城市居住区信报箱建设要纳入城市总体规划、施工、验收的全过程，这将对进一步缓解群众用邮难，保障普遍服务，提升邮政服务水平起到积极的促进作用。

5月20日至6月9日，新疆邮政管理局分三个检查组，赴北疆、南疆、东疆及乌鲁木齐地区，开展全区上半年综合监督检查调研工作。此次检查总行程行程近两万公里，历时16天，对全区十六个地州、37个县市、25个邮政支局、20个邮政网点普遍服务情况、邮政用品用具和集邮制品销售情况进行了检查调研，对全区126家快递企业及网点依法经营情况、12家信封生产企业生产经营情况和1家申请生产邮政包装箱的包装制品企业的资质情况进行了综合检查，并对10家与快递业务有关的托运部进行了调研。在对快递市场的检查中，检查组还对个别快递企业冒用邮政名义经营、超范围经营等违法行为进行了查处，指导企业守法经营。

6月12～16日，由中编办、交通运输部、国家邮政局组成的调研组来疆调研并听取新疆邮政管理局专题汇报。6月15日上午，调研组召开“加强邮政监管健全邮政监管体制”座谈会。出席座谈会的浙江、甘肃、青海三省邮政管理局局长分别就本省邮政业发展情况、今后工作的设想等方面作了专题发言。

6月23日，自治区人民政府办公厅召开推进农村邮政物流发展协调会议。

6月23日，邮政管理局接到自治区禁毒总队的情况反馈，一贩毒团伙从云南通过寄递渠道，针对乌鲁木齐进行贩毒活动，希望邮政管理局予与配合破案。接到通知后，邮政管理局迅速与相关企业进行协调，要求他们积极协助禁毒部门抓获贩毒嫌疑人。在邮政管理局的及时协助下，缉毒警察在快件投递过程中，成功抓获了贩毒嫌疑人，缴获海洛因350克。

7月5日20时左右，乌鲁木齐市发生严重打砸抢烧暴力犯罪事件。23时，新疆邮政管理局启动应急预案，局领导亲自带班值守。6日上午，管理局召开紧急会议，局长董党生布置工作，安排联系邮政企业和快递企业进一步做好“7•5”事件后邮政业安全工作，要求各企业充分认识事件本质，思想上与自治区党委、政府保持高度一致，做好企业内部安全保卫工作，加强企业外勤人员的安全管理，及时妥善处理积压邮件、快件；同时加强邮政管理局内部安全保卫工作，安排局领导24小时带班值守，以应对突发事件。

新疆邮政管理局于7月共组织14次对邮政、快递企业的检查，了解安全生产情况，落实收寄验视制度；并重点突出对邮政机要通信的机要规章制度和通信纪律的落实情况，机要通信交接验收、文件保管和安全携带的执行情况的检查。

8月5日，新疆邮政管理局联合自治区国家保密局对新疆邮政公司机要通信局的机要通信工作进行了监督检查。内容涉及机要规章制度和通信纪律的落实情况；机要通信交接验收、文件保管和安全携带的执行情况。此外，为了解机要邮件的投递服务质量，检查组还检查了一条机要投递段道，并实地查看了新疆武警总队、兵团武警指挥部、高级法院、市政府二联办、保监局、市劳动局等6家单位的机要邮件交接情况

8月12日，新疆邮政管理局联合自治区国家保密局开展了对乌鲁木齐地区、昌吉州所属相关县市的秘密载体投递环节的专项检查工作，累计检查14个机要通信网点保密环境情况、抽查了9条投递路线安全携带规定执行情况、实地查看53个交接点的机要件交接情况。从具体情况看，目前全区各级机要通信机构设置和人员配备情况良好。机要件的收寄、运输及投递等严格按照《保密法》和《机要通信业务处理规则》的相关规定执行。

9月1日至10月8日，为切实做好新中国成立60周年大庆和“乌洽会”期间邮路安保工作，按照国家邮政局统一部署和要求，新疆邮政管理局正式启动新中国成立60周年邮路安保专项检查。

9月2日～3日，由于乌鲁木齐地区出现多起市民游行，市区部分地段实行交通管制，乌鲁木齐地区邮政押款车和邮件运输车辆受到交通管制影响，接钞回班时间推后。乌鲁木齐地区部分邮政营业网点接到政府通知临时停业。

9月10日，新疆邮政管理局联合自治区住房和城乡建设厅、新疆邮政公司在乌鲁木齐市召开了推进全区城市居住区信报箱建设工作电视电话会议。会议由邮政管理局副局长李志炜主持，邮政管理局局长董党生、住房和城乡建设厅副厅长甫拉提•乌马尔出席会议并做讲话。邮政公司总经理阿不来提•艾吾拉介绍了全区信报箱建设的基本情况，并结合自治区实际，对今后邮政企业加强信报箱建设工作做了具体的安排。

9 月 16 日，自治区人民政府办公厅下发了《贯彻国务院办公厅关于推动农村邮政物流发展的实施意见》（新政办发〔2009〕155 号），要求各地、州、市人民政府各部门、各直属机构充分发挥邮政网络优势，服务社会主义新农村建设，进一步做大做强自治区农村邮政物流。

9 月 23 日，新疆邮政管理局召开《快递业务经营许可管理办法》宣贯工作会议。

9 月 27 日，新疆邮政管理局召开新《邮政法》宣传贯彻座谈会。新疆邮政管理局自治区人大法工委、自治区工商行政管理局及自治区政府法制办、自治区交通厅等单位参会。

10 月 10 日，新疆邮政管理局会同自治区邮政公司、邮政储蓄银行一同走进新疆人民广播电台“新广行风热线”的直播间，现场接受听众对修订后《邮政法》和邮政服务的咨询建议。

10 月 9 日，新疆邮政管理局党组书记、局长董党生接受了《新疆日报》、天山网的记者专访，就新《邮政法》的重点内容及相关问题，以及如何宣传贯彻新《邮政法》，为世界邮政日的“世界邮政网，网络连天下”宣传主题落实奠定良好基础等情况进行解答。

10 月 13 日，推进农村邮政物流发展电视电话会议在乌鲁木齐市召开，会议由自治区政府副秘书长蔡毅治主持，自治区副主席戴公兴出席会议并做重要讲话。

11 月，新疆邮政管理局与自治区工商行政管理局联合下发《关于做好快递业务经营许可管理工作的通知》。

12 月 28 日，新疆快递行业协会召开一届三次会员大会。

（新疆维吾尔自治区邮政管理局）

第十七篇　省、自治区、直辖市电信发展与管理

北京市电信发展与管理

【电信发展统计】

项目	达到	增长率/增长量
电信业务收入	404.4 亿元	1.2%
固定电话用户数	893.1 万户	0.9%（增加 8.2 万户）
小灵通用户数	51.2 万户	-26.9%（减少 18.8 万户）
移动通信用户数	1825.5 万户	8.7%（新增 217.4 万户）
拨号上网用户数	51.0 万户	-10.1%（减少 5.7 万户）
宽带上网用户数	450.9 万户	17.8%（新增 68.2 万户）
固定资产投资	137.6 亿元	24.3%
村通工程完成率	100%	

【电信发展情况综述】

一、总体发展情况

2009 年，北京通信行业承担并圆满完成了有史以来规模最大、技术最先进、可靠性要求最高的国庆 60 周年通信保障的历史重任，同时还肩负着《北京市信息化基础设施提升计划》中电信基础设施的建设任务，承担着推动 20M、3G 和共建共享工作的重担。2009 年，北京通信业紧紧围绕北京的经济和社会发展，以保增长、保民生、保稳定为目标，按照促进“两化”融合及服务社会、服务民生的要求，进一步解放思想，转变观念，牢固树立“监管为民、发展为民”的为政理念，不断增强服从和服务于地方发展大局的自觉性，充分发挥通信对地方经济社会发展的强有力支撑作用，电信业务增加值达到北京市 GDP 总量的 2.0%，各项电信服务水平指标仍居全国前列，在为北京地区经济的建设和社会的和谐发展做出贡献的同时，也促进了行业健康有序发展。

二、本年度行业发展特点与特色

（一）北京电信业继续保持平稳发展态势。2009 年电信业务总量累计完成 864.4 亿元，比上年同期增长 14.7%；业务收入完成 404.4 亿元，比上年同期增长 1.2%；电信业务增加值达到 238.0 亿元。固定电话交换机容量达到 1483 万门，减少 59 万门；固定电话用户 893.1 万户，全年新增 8.2 万户。移动电话交换机容量达 3686 万户，新增 580 万户；移动电话用户总数 1825.5 万户，新增 209.2 万户。固定电话普及率达 52.7 户/百人，移动电话普及率达 107.7 户/百人，均居全国首位。互联网用户持续增长，互联网网民数为 1103 万人，互联网普及率达到 65.1%；宽带用户达到 450.9 万户，同比增长 17.8%。

（二）圆满完成国庆 60 周年阅兵通信保障工作。主要工作有：一是为各指挥部制定了通信方案；二是保障阅兵村通信顺畅无阻；三是对天安门及长安街沿线地区的通信设施进行了综合整治和临时抢建；四是北京通信业先后参加了四次庆典演练、出动应急通信车 30 辆次。国庆期间，北京通信业确保了庆典活动电视直播和互联网直播信号传送等的通信畅通，同时还在天安门广场核心区和各群众游行集结点布放了 6 辆移动应急车，保证了天安门广场 20 万人大型活动的通信畅。据统计，仅北京通信业持证参加国庆现场通信保障人员共计 800 多人，参与人员近 5000 人。为此，北京市通信管理局荣获首都国庆 60 周年北京市筹备委员会环境整治指挥部授予的首都中华人民共和国成立 60 周年庆祝活动筹办工作“最佳保障奖”等五块奖牌，有 6 位同志获得部市的表彰和表扬，有 2 位同志受到党和国家领导人的接见。

（三）紧紧围绕《北京信息化基础设施提升计划》开展工作。《提升计划》是北京市委、市政府为应对金融危机、振兴北京经济而制定的。其中，涉及到北京通信业牵头和配合的则占到整个《提升计划》的 44%。为此，北京管理局一是成立了北京市通信行业信息化基础设施提升计划工作领导小组，设立了北京市管道、基站和宽带建设协调办公室；二是加大了与市政府各委办局的协调和配合，理顺了工作渠道，明确了工作机制和流程；三是深入基层、区县、各通信企业调查研究，制定实施方案和计划。截至 11 月底，《提升计划》共完成投资 109 亿元，占全年投资（130 亿）的 83.9%，其中：移动网 71 亿元，光纤和宽带接入投资 22 亿元；基站建设总数 12030 个；宽带接入覆盖 387 万户，实装 135 万户；光纤入户 28 万户，实装 16 万户。

（四）加快推进“共建共享”工作。一是成立了北京市电信基础设施共建共享领导小组。二是继承和延续了奥运架空线综合整治工作的成功经验和做法，加大与地方政府有关部门的沟通联系，形成了行业主管部门专业管理和地方政府部门城市建设管理相结合的运作机制。三是制定了《北京市电信基础设施共建共享管理暂行办法》，组织三家公司签订了“电信基础设施共建共享合作框架协议”，明确各方责任和义务，建设、维护的原则和流程，规范共建共享管理工作及建设行为，印发了

"北京市共建共享铁塔租赁价格指导标准（试行）"。四是建立了例会制度和情况通报制度，不定期召开共建共享专题会议，沟通信息，通报情况，解决问题。五是开发了北京市电信基础设施资源计算机管理系统，建立了"共建共享"数据库，可以对北京地区所有基站铁塔进行实时管理和数据更新，为各公司选择建站站址提供了方便，有力促进了"共建共享"工作的推进。六是完成了"共建共享"示范基站的建设工作，对逐步扩大"共建共享"基站的建设起到了促进作用。七是加大了对"共建共享"的监管力度，严格了考核和处罚机制。截止到10月份，北京地区已确定新建铁塔1692座，其中：共建铁塔666座。通过开展"共建共享"工作，可为国家节约投资近10亿元，为三家企业节省投资近5亿元。

【监管工作】

一、依法行政，有效地维护电信市场秩序

扎实做好电信业务审批备案及年检工作。截至11月底，批准呼叫中心业务15家许可，13家备案；在线数据交易业务1家；固定网国内数据传送业务1家备案。批准移动网增值电信业务和传真存储转发57家，完成跨省SP在京备案81家。批准BBS经营单位424家，新批准ICP741家，各类变更2000多家；完成网站备案107276个，审核拒绝122445个，注销删除5738个。认真做好年检材料的审核，并按时完成年检工作，参加年检并合格的许可证总数为3399个，注销的经营许可证总数为641个；获得电信设备进网许可证的生产企业190家，其中126家年检合格。

二、整顿电信业务市场，规范经营行为

管理局与各运营企业形成责任配套体系，与地方相关部门建立了密切配合的高效联动机制；坚持集中整治与日常管理相结合，建立了网上实时监控和快速查处机制；坚持"先备案后接入"的原则，集中更新了不准确网站备案信息和不准确IP地址备案信息；对违反规定、擅自为未经备案网站提供互联网接入服务的7家服务商进行行政处罚，配合政府部门处理各类违法违规网站2905个，有效遏制了网上淫秽色情等有害信息以及违法违规信息传播。

三、启用电信网码号资源管理系统

该系统集电信网码号资源数据库和电子政务于一体，具备码号资源的年报、申请、备案、审批的功能，解决了码号资源在使用过程中存在的批文、证书丢失、缴费不及时等问题，不仅方便了用户单位，而且提高了监管机构的工作效率，降低了监管成本，增加了政务的公开与透明度。

四、重视消费者申诉，认真解决"热点"问题

为使全市电信用户与全国各地电信用户拨打电话申诉号码保持一致，通信管理局将12300取代了68212300。规范后的申诉电话号码不仅简单易记，而且能够更加及时地反映用户诉求。与此同时，更加重视并认真处理消费者来信来访，做到事事有着落、件件有回音。据统计，全年共接收并处理各类信访件近751件，其中：政风行风热线170件，市长信箱192件，局长信箱179件，信件投诉170件，城市广播40件。另外，继续聘请来自社会各领域的社会监督员23人，加大对行业服务质量社会监督的力度，督促企业不断改进服务，进一步提高行业服务的整体水平。

五、加大对通信工程质量的监督检查

严格执行质量监督程序、基本建设程序和国家强制性标准，结合实际制定了《北京市通信工程质量监督管理实施细则（暂行）》，将投资额较大的工程和国家重点工程定为必检项目，随机检查。截至11月底，共受理通信工程质量申报注册5440项，工程建设规模127.86亿元，现场检查工地1133个，现场检查率为22%；现场纠正并责令27项工程进行整改，一项工程停工整顿。同时还进行了以管道工程质量问题为课题的生产调研，共调研6家施工企业和1家监理公司，分析了7项影响管道工程质量问题，研究、制定了防范和解决的办法。

六、认真开展行政许可、企业资质个人资格日常管理和招投标工作

截至11月底，共审核工信部外网注册72家，受理工信部企业资质26家，受理书面材料22家；受理市建委企业资质26家；受理概预算人员资格申报87人，受理监理人员资格申报69人，受理安全员资格申报781人，受理外地进京、中央在京各类企业备案30家，办理变更、补办各类企业资质、个人资格244件。对北京地区6968名概预算资格持证人员，1312名监理工程师资格持证人员，922名安全员资格持证人员的基本情况进行了梳理；组织了对3个通信企业招投标工作及有资质的招投标代理机构的自查和专项检查工作。

七、重视安全生产，积极推进"安全生产年活动"

一是转发了《北京市通信管道、地下室等有限空间作业安全生产规范》等13份安全生产文件；二是认真贯彻落实安全生产防护措施，制定了突发事件应急预案；三是严格执行安全生产责任制，层层分解安全生产工作目标任务；四是开展有限空间安全生产的培训和教育，组织运营企业28人参加了市安全生产的培训，组织12家单位170多人参加了管理局级安全生产培训，发放事故案例400多本，宣传画50多套；五是开展安全生产大检查，纠正不文明施工生产行为。与此同时，积极开展打击盗窃破坏"三电"设施专项斗争，有效地遏制了盗窃破坏电信设施违法犯罪活动。

八、稳步推进职业技能鉴定工作

从实际出发，注重调研，因地制宜完善内部管理制度，指导企业跟进落实。以适用为出发点，修改制定了题库管理制度、试卷管理制度、考核申报制度、流程实施制度、周会研讨制度，参加企业薪酬改革与认证挂钩研讨等；完成了基地建设的提升工程。全年共鉴定九类职业工种总计 4285 名。

【重大事项、事件】

1 月 10 日，北京通信管理局完成电信设备进网许可证生产企业 2008 年度检查工作。合格的企业为 126 家，未参加年度检查的为 64 家，对 21 家无故未参加检查的企业，施行黄色警示。

2 月 22 日，北京通信管理局被公安部等 8 部委局评为 2008 年全国打击盗窃破坏电力电信广播电视设施违法犯罪专项斗争先进集体。

3 月 3 日，北京市通信管理局举行《电信基础设施共建共享合作框架协议》签字仪式。中国电信北京公司、中国移动北京公司、中国联通北京市分公司的领导分别在《框架协议》上签字。《框架协议》的签订标志着北京电信基础设施共建共享工作取得重大进展。

4 月 10 日，北京通信管理局完成 2008 年增值电信业务经营许可证年度检查工作。本次检查，北京地区应参加检查的企业为 4079 家，已参加年检的企业为 3399 家，未参加年度检查的为 641 家，完全退出或许可证过期的企业为 39 家。

5 月 15 日下午，北京市通信管理局与北京市通信学会、北京市通信行业协会共同举办“2008 年世界电信和信息社会日纪念”学术报告会。今年世界电信和信息社会日的主题是“保障未成年人网络安全”。

5 月 20 日，北京地区正式启用 12300 为北京市电信用户申诉受理电话号码。

5 月 30 日上午，中共中央政治局委员、北京市委书记刘淇，北京市市长郭金龙等市委、市政府领导一行来通信管理局进行视察并慰问。

7 月 2～3 日，北京市通信管理局召开了聘任社会监督员暨行风建设工作会议。本次共聘请 23 位社会监督员，聘期为 3 年。

7 月，北京市通信管理局稳步推进互联网站备案管理工作，审核网站备案信息 7 万余条，共 70866 个网站，使审核通过的网站总数达到 24 万个。北京地区的网站备案信息准确率得到有效提高，不准确 IP 地址备案信息由整顿之初的 4000 多条，下降到目前的 1200 余条。

8 月 18 日，工业和信息化部奚国华副部长等领导视察了国庆 60 周年通信保障工作，并慰问了参与国庆 60 周年通信保障工作的北京通信业全体干部和员工。

10 月，北京市通信行业圆满完成国庆庆典活动通信保障工作。

10 月 6 日，胡锦涛总书记等党和国家领导人会见了筹办国庆系列活动的有关工作机构负责同志和工作人员、演职人员、受阅部队官兵代表。北京市通信管理局局长陈卫军和网络管理处副处长孙立新作为北京通信行业的代表受到党和国家领导人的亲切接见。

11 月，北京通信管理局再次获得“首都文明单位”称号。这是通信管理局继 2005 年首次获得此称号后连续四年获此殊荣。

11 月，北京市通信管理局组织各电信运营企业对铁塔和基站机房的建设和维护成本进行了测算。在综合各方意见的基础上，按照产权清晰、相对合理、有利竞争、促进发展的原则，制定了《北京市共建共享铁塔租赁价格指导标准（试行）》。

11 月，北京通信业因国庆 60 周年通信保障工作突出荣获多项表彰和荣誉，共获得工信部、北京市有关部门荣誉称号 18 项，表扬、感谢、慰问信（函）15 封，纪念匾牌 3 块。

12 月，北京通信行业职业技能鉴定中心荣获工业和信息化部通信行业职业技能鉴定指导中心授予的基础建设贡献奖等三项奖项。

12 月 24 日，北京市通信管理局强力推进打击手机网络淫秽色情专项行动，联合北京市人民政府新闻办、北京市公安局召开了北京地区打击手机网络淫秽色情专项行动工作会，北京地区各个基础运行企业、移动增值电信企业和网站接入服务商共 400 多人参加了会议。

12 月，2009 年，北京市通信管理局结合北京地区的实际情况，积极推进电信基础设施共建共享工作，取得了显著成效。截至年底，已确定新建铁塔 1986 座，其中共建铁塔占 47.3%，在施铁塔 1388 座，已经完工 955 座；共享原有铁塔 378 座，占新建完工铁塔数量的 39.6%。据初步统计，北京市自开展电信基础设施的共建共享工作以来，少建铁塔 1536 座，按每座铁塔投资 80 万元计算，已节省建设投资 12.28 亿元。

（北京市通信管理局）

天津市电信发展与管理

【电信发展统计】

项　目	达　到	增长率/增长量
电信业务收入	125.6 亿元	比上年增 3.8%
其中：非话业务收入	33.9 亿元	比上年增 34.5%
固定电话用户数	385.2 万户	减少 9.9 万户（含小灵通用户）
小灵通用户数	62.3 万户	减少 12.3 万户
移动通信用户数	1002 万户	增加 136.9 万户
拨号上网用户数	18.9 万户	减少 4.1 万户
宽带上网用户数	158.5 万户	增加 17.3 万户
固定资产投资	54.8 亿元	比上年增 32%
村通工程完成率	100%	

【电信发展情况综述】

2009 年，天津市电信业完成电信业务总量 359.6 亿元，比上年增长 6.0%，低于全国平均水平 8.4 个百分点；实现电信业务收入 125.6 亿元，比上年增长 3.8%，低于全国平均水平 0.1 个百分点；实现增加值 79.3 亿元，比上年增长 2.6%。天津市公网电话用户净增 127.0 万户，达到 1387.2 万户，比上年增长 10.0%。其中，固定电话用户 385.2 万户，减少了 9.9 万户；移动电话用户 1002.0 万户，净增 136.9 万户，其中 3G 用户数达到 25.4 万户。宽带接入用户 158.5 万户（仅指基础电信运营企业的宽带用户），净增 17.3 万户。电话普及率 117.1 部/百人，其中固定电话普及率为 32.8 部/百人，列全国第八；移动电话普及率为 84.4 部/百人，列全国第五。全行业完成固定资产投资 54.8 亿元，比上年同期增长 32.0%。

【监管工作】

一、行业管理与市场监管工作进一步加强

（一）电信业务经营许可审批与年检工作。

2009 年新增增值电信业务经营企业 160 家，其中本地 23 家。完成了对 6 家基础电信运营企业和 993 家增值电信业务经营企业的年检，其中本地企业年检合格 201 家，不合格 30 家；跨省(区、市)企业年检合格 472 家，不合格 290 家。

（二）互联网备案和行业管理工作。

审核互联网站备案 15206 个，已备案的网站主体达到 43660 个。开展了 ICP、IP 地址备案信息集中清理专项工作，使全市网站备案率由 4 月份的 99.26%提高到 11 月的 99.81%；备案信息准确率由 40%提高到 83%，备案率和准确率均超过全国平均水平。

继续强化接入服务管理职责，利用接入服务经营单位即时通信联络网，及时指导、监督各接入服务经营单位严格按照“谁经营谁负责”、“谁接入谁负责”的要求，做好互联网基础信息的收集上报、信息安全管理工作、配合相关管理部门及时查处违法违规网站等工作，确保互联网接入服务管理工作真正落到实处。

强化互联网中监管检查工作，对天津市龙驰神州网络科技有限公司、天津市天拓科技开发有限公司等 3 家企业的违规行为进行了处罚。对中国联通天津市分公司、天津信网信息技术有限公司、天津开发区沃思电子商务有限公司、天津龙驰神州网络科技有限公司等 4 家企业的违规行为进行调查，并要求其整改。

组织实施了天津市分布式网站备案及管理系统一期项目的开发建设工作，该系统具备网站发现、栏目搜索、网站隔离等管理功能。为进一步完善该系统设计建设，我天津通信管理局又进行了二期项目立项，新增了单点登录、互联网调度指挥、网站定位跟踪、违规网站查处等功能。

按照职责分工，天津通信管理局先后会同宣传、烟草专卖、卫生、规划等部门开展整治手机媒体低俗之风、打击发票违法犯罪、打击利用互联网等信息网络非法经营烟草专卖品、全国互联网医疗保健和药品信息服务专项整治、打击利用互联网等媒体发布虚假广告、通过寄递等渠道销售假药的专项整治及地理信息市场专项整治工作等。

按照《工业和信息化部关于进一步深入整治手机淫秽色情专项行动工作方案》要求，通信管理局自 2009 年 11 月至 2010 年 12 月底开展了整治手机淫秽色情专项行动，按照工作阶段逐步落实并监督检查各单位的落实执行情况。

（三）电信服务质量监管工作。

充分发挥“12300”平台作用，完善受理工作程序化、情况通报制度化。全年共受理电信用户申诉 341 件，受理咨询 607 件；坚持维护电信用户合法权益的原则，要求企业规范电信服务协议，格式合同公平合理，制定管理与服务办法加强代理商管理。打击乱收费行为和增值电信业务虚假宣传诱骗消费等行为。

通过电信服务季度研讨会，对电信服务工作中遇到的热点、难点问题进行分析讨论并提供解决方案。特别针对 3G 服务出现的各类申诉进行认真分析。研究 3G 无线上网等热点问题，及时要求相关企业采取可行的办法，维护客户权益，促进 3G 业务健康发展。

（四）互联互通管理工作。

随着电信运营企业重组，公用电信网网间互联结构发生了重大变化，电信运营企业对网间关口局、互联链路、互联中继等均进行相应的调整，并随业务发展增加了短信互通网关和链路。2009 年，天津市公用电信网间互联中继电路新增 2 个互联点、226 个 2M，互联 NO.7 信令 16 条 LINK。目前，全市公用电信网间互联点数量共计 26 个（含 4 个短信互联点）、互联中继电路数量共计 3610 个 2M、互联 NO.7 信令链路 174 条（含 10 条短信）。

降低了营业区间结算标准和短信结算价，将固定与移动之间调整为双向结算，对 TD 话音结算给予阶段优惠，在新结算标准下，各电信运营企业网间结算工作进展顺利。同时，在原有一期工程 31 个省级监测系统的基础上，建设全国网络和安全中心，集中监控各类网间通信质量，并增加互联网、短消息网间数据测试等的监测。目前，网间结算及互联互通监测系统运行正常，全年无网间严重障碍、事故和重大事故发生。

（五）网络与信息安全管理工作。

加强对互联网非法信息的监控，指导各电信运营企业加强对互联网和电话短信的实时监控和防范，防止不法分子利用互联网和电话短信传播有害信息，确保通信畅通和网络信息安全。

完善组织机构，健全安全责任制等措施，组织和指导各电信运营企业做好网络安全等工作。组织电信运营企业开展安全生产自查和检查，及时发现和消除事故隐

患，确保不发生各类安全生产事故。在全市范围开展了通信网络安全检查工作，对电信运营企业 3 级以上通信网络系统进行了抽查。天津市局还会同市公安局、市反恐办联合对天津市通信行业的 20 个重点设施进行了反恐防范检查，各电信运营企业均能认真落实各项安全防范工作要求，成功完成了国庆 60 周年的各项通信保障任务。

（六）码号资源管理工作 。

2009 年，共审批电信网短码号申请 32 件，短消息类服务代码申请、变更等 54 件，受理短消息服务类接入代码备案 44 件，受理核配本地网局号 65 个、收回短号码 6 个。进一步强化电信网码号资源占用费征收管理工作，完成码号资源年检，提高收缴率，全年累计实收 252.729 万元。

（七）资费管理工作。

按照工信部、发改委联合下发的《关于调整固定本地电话等业务资费管理方式的通知》，《关于调整部分电信业务资费管理方式的通知》要求，受理了各电信运营企业相关资费调整及优惠活动的申请。会同天津市物价局，将全市固定电话营业区间通话费的上限标准由 0.30 元/分钟调整为 0.20 元/分钟，同时，将原塘沽、汉沽、大港区之间通话计费改为按营业区内计费，预计全年可减轻电信用户负担 4700 万元。完成了全年资费文件汇编工作。

（八）通信建设市场管理工作。

认真贯彻落实国家开展“质量和安全年”活动精神，加强通信建设工程质量和安全监督管理工作。检查了天津市邮电设计院有限责任公司、天津市中网通信工程监理有限公司和天津电信建设工程有限公司等 3 家通信建设参建单位，查摆问题、提出改进要求。

严把通信建设市场准入关，做好行政许可（资质）审批工作。进一步加强了对参建企业的规范管理，通过专家审查或现场核查等方式加强资质审查工作，对已取得建委资质的 23 家企业信用进行动态核查，对不符合条件的及时进行清理整顿。举办概预算后续教育，概预算资格培训班 4 期共 381 人次；安全生产人员、招投标人员培训班 3 期共 407 人。

（九）通信行业统计工作。

认真贯彻部各项统计报表制度，完善天津市通信行业月（季）报等报表内容，并将行业报表中的总数据返回企业，为各企业的统计分析服务；加强统计分析，编写统计分析报告及四直辖市通信行业发展季度对比分析报告；定期将可公开的行业统计数据发到通信管理局网站，满足社会各界了解通信行业发展需要；针对国际金融危机对全市通信业的影响，完成了专题报告《应对危机的天津模板》；根据《统计法》对统计从业人员的要求，组织了全行业统计从业人员继续教育，提高了统计人员素质。

（十）移动用户号码携带试验工作。

在工信部有关领导及电信研究院的专家组成的工作组来津进行调研后，正式启动了天津市移动用户号码携带试验工作。9 月工信部电信研究院还就携带实施后对行业短信业务的影响进行了专题调研，寻求解决方案，形成初步实施意见。11 月接受了工信部专家组对网络改造、数据库和业务平台建设等方面工作进行的实地检查。目前，本地号码携带试验工作正在稳步推进。

二、充分发挥社会管理和公共服务职能的作用

（一）应急通信管理与通信保障工作。

组织参加了“滨海七号”反恐怖演练、2009 天津市重大地震灾害应急演练等，均圆满完成了演练任务，得到了演练指挥部的高度评价。天津市通信行业的反恐防范工作得到了市政法委书记散襄军同志的肯定与表扬，天津通信管理局同志在反恐工作中的突出表现也得到了市反恐办的高度评价，并通报表彰。学习观摩了“应急－2009”通信保障综合演练，学习了借鉴其他省通信管理局的先进经验和做法。参与编写了《天津市雨雪冰冻灾害应急预案》，并编写了《天津市雨雪冰冻灾害通信保障应急预案》。配合工信部通信管理局做好“国家通信网应急指挥系统”省中心建设前期查勘工作，初步确定了相关控制室、指挥室、会议室以及机房电源等配套方案，为 2010 年指挥系统的建设提供了基础保证。

（二）积极推进电信基础设施共建共享。

认真贯彻落实电信基础设施共建共享有关要求，成立了共建共享组织机构，完善工作机制和管理制度，有效地推进了共建共享工作。在天津通信管理局的推动下，天津联通、天津移动、天津电信于 2009 年 1 月 20 日签署了《天津市电信基础设施共建共享合作框架协议》。随后天津通信管理局又出台了《天津市电信基础设施共建共享实施办法（暂行）》。2009 年 10 月 20 日，出台了《天津市电信基础设施资源共建共享费用参考标准（试行）》，对通信铁塔、通信管道（包括子管）和通信杆路费用做出了明确规定。2009 年，实现铁塔共建 114 个、铁塔自建预留 327 个，铁塔共享 258 个；基站共建 148 个、基站共享 570 个；传输管道共建 115 孔公里，共享 58 孔公里，预计节约投资将超过 3 亿元。

在建的天津市津滨轻轨西段（地铁九号线）公共通信覆盖系统，由天津移动负责建设，天津电信、天津联通以租金形式按接入信源系统数量的比例向天津移动支付建设的投资，系统投入使用后维护费用由合作各方协商确定并以租金形式支付，此举打破了地铁建设中先由地铁施工方负责建设相应通信覆盖系统后向电信运营商出租的传统模式，也为推进共建共享工作探索出一条新路。

（三）认真做好人大建议、政协提案工作。

共办理人大建议、政协提案 15 件，其中，11 件涉及电信设施问题，7 件直接反映基站建设或移动信号覆盖等问题。采取多种形式，加强与人大代表沟通和联络，积极接受人大代表的监督，并邀请部分人大代表、政协委员对电信行业服务滨海新区建设建言献策。

（四）做好法制宣传和依法行政工作。

结合近年来电信建设、电信服务中涉及到的各类问题，协助做好市高级法院就电信设施保护问题展开的调研活动，深入基础电信运营企业开展调研会、座谈会，并利用电信运营企业的中层主干人员培训等机会，向电信从业人员宣传通信法律法规。组织了对通信行政执法人员的 2 次培训，并先后组织 10 余人次到庭审现场列席旁听案件审理。

实现行政许可、审批大提速的既定目标，共计压缩审批时限 155 日，平均压缩审批时限达 45.1%，最高达 66.7%。在 2009 年年初天津市人民政府组织的依法行政考评中，天津通信管理局 2008 年度的依法行政工作获得优秀等级。做好过路规章的建议及修改工作，并密切与相关部门沟通，关注地方立法，创造有利于电信业发展的法制环境。

三、各专项治理工作取得明显成效

（一）ICP、IP 地址备案信息集中清理工作。

天津市各基础电信运营企业在全国率先完成了企业内部的 ICP、IP 地址备案系统建设，在对 ICP、IP 地址备案信息集中清理工作中发挥了良好的支撑作用。仅 3 月至 11 月，就有近 2 万个未备案网站，是在基础运营企业非人工干预的情况下自动完成备案，使天津市接入的网站在全国网站集中清理期间仍稳步增长。

（二）“扫黄打非”工作。

按照天津市“扫黄打非”办公室统一部署，天津通信管理局进一步加强了对互联网监查力度，充分发挥专业优势，防止有关不良内容通过网络传播，取得了良好的工作效果。配合工商、文化部门共对 700 多家黑网吧进行了停止电路接入的处理；配合新闻出版局打击网络侵权盗版专项治理行动。

在国庆 60 周年来临之际，天津通信管理局会同市公安局处理了天津联通的 IDC 客户涉嫌非法经营国际电信业务事件。同时要求各基础电信运营企业严格按照《关于严厉打击非法经营国际电信业务违法犯罪活动的通告》和相关要求，不得为非法国际电信业务经营者提供接入服务。

四、所属事业单位和行业社团组织的各项工作顺利进行

（一）职业技能鉴定工作。

完成了 1636 人初中高级鉴定考试，通过率达到 64%。组织 14 人参加了工信部统一技师鉴定考试，完成天津市通信专业技术人员初级职业水平考试试点工作，共组织 200 人参加考试。

（二）工程质量监督工作。

开展“走进企业、解决问题”的主题调研活动，以服务企业，解决问题为出发点，广泛开展调研和企业走访，针对调研发现的一些问题，与企业进行交流解决。开展季度通信工程质量和安全检查工作，对检查发现的问题要求企业立即整改，有效的提高了通信工程质量和设备安全，确保通信网络安全可靠运行。2009 年以 3G 建设项目为重点，就建设单位执行市场准入制度的情况，执行基本建设程序情况以及设计、施工、监理企业执行强制性标准、竣工技术资料等情况进行监督检查，共检查了 3 家电信运营企业的 6 个通信工程项目和 8 项实体工程质量，提高了电信企业对通信工程质量的认识和施工安全防范意识。

【重大事项、事件】

1 月 5 日，会同相关部门在全市范围内集中开展为期一个多月的整治互联网低俗之风专项行动，对网上低俗信息进行集中整治，推动文明办网、文明上网落到实处，使网络环境得到明显净化，网上低俗之风得到有效遏制。

1 月 20 日，在天津市通信管理局积极推动下，天津电信、天津移动和天津联通签订了《天津市电信基础设施共建共享合作框架协议》。随后，天津市通信管理局出台了《天津市电信基础设施共建共享设施方法（暂行）》。

3 月 13 日，天津市通信管理局发布 2008 年度政府信息公开工作年度报告。

4 月 7 日，天津市通信管理局在天津市人民政府进行的 2008 年依法行政工作年度考核中被评为优秀等级。

5 月 19 日，天津市通信管理局组织学术报告会，邀请了互联网专家、中国科学院原秘书长侯自强研究员做了关于 3G 和移动互联网发展的专题报告，以此隆重纪念第四十一届世界电信和信息社会日。

7 月 3 日，天津市通信管理局组织部署 2009 年防汛抗通信保障工作，要求各企业要围绕保稳定、保发展、保民生大局，立足于防大汛、抢大险，扎实开展各项通信保障工作。

7 月 22 日，工信部网络安全检查督导组一行到天津市进行网络安全检查工作，督导组充分肯定了天津电信业在网络安全方面所做的工作，并对天津市通信网络安全工作提出了宝贵的意见和建议。

8 月 17 日，天津市通信管理局联合市委宣传部、市通信学会、天津电视台、天津人民广播电台、北方网、今晚报等单位开展为期近 3 个月的“海河颂阳光绿色短信”征集传播大赛活动。

9 月 22 日，天津电信业圆满完成“滨海七号”反恐怖演练任务，得到了市委常委、市政法委书记散襄军的高度评价和表扬。

10 月 24 日，天津电信业积极参加在天津警备区某训练基地举行了“2009 天津市重大地震灾害应急演练”，并圆满地完成了演练任务，进一步提高了应急通信反应能力和保障能力。

10 月 30 日，“海河颂阳光绿色短信”征集传播大赛活动圆满落幕，参与创作的短信，获得网上、手机投票和传播的短信高达 30 万条，获奖人数达到 1108 人次。此次活动创作并传播了许多阳光、绿色、健康短信，发挥了推动社会文化建设，净化社会文化环境的作用，是一次有大众广泛参与的群众性爱国主义教育活动，是电信运营企业联手协作的有益尝试。

12 月 7 日，天津市通信管理局制订出台了《天津市资源共建共享费用参考标准（试行）》，该参考标准为电信运营企业间在通信管道出租，通信杆路加挂光缆或电缆，通信铁塔出租等方面的费用提供了参考。

12 月 21 日，天津市通信管理局会同天津市物价局，对天津市固定电话本地网营业区间通话费上限标准进行调整，从 0.3 元/分钟调整到 0.2 元/分钟。同时，根据滨海新区行政区调整规划，原塘沽区、大港区、汉沽区之间的固定电话通话计费方式，由本地网营业区间计费调整为本地网营业区内计费。

12 月 30 日，在天津通信管理局积极推动下，天津市电信基础设施共建共享工作取得积极进展。截至当日，已实现铁塔共建 114 个、铁塔自建预留 327 个，铁塔共享 258 个，基站共建 148 个、基站共享 570 个，传输管道共建 115 孔公里，共享 58 孔公里，预计节约投资将超过 3 亿元。

（天津市通信管理局）

河北省电信发展与管理

【电信发展统计】

项目	达到	增长率	增长量
电信业务收入	355.7 亿元	0.7%	2.5 亿元
其中：非话业务收入			
固定电话用户数	1343.9 万户	-7.79%	-113.5 万户
小灵通用户数	193.7 万户	-25.7%	-67.1 万户
移动电话用户数	3788.9 万户	17.88%	574.9 万户
拨号上网用户数	57.9 万户	-5.4%	-3.3 万户
宽带上网用户数	522.7 万户	25.66%	134 万户
固定资产投资	160.7 亿元	25.87%	33.03 亿元
村通工程完成率	100%		2005年已经完成

【电信发展情况综述】

一、总体评价

2009 年，在金融危机影响空前严重、行业发展经历深刻变化、市场竞争更趋激烈的情况下，全省电信行业在工信部和省委省政府的正确领导下，深入实践科学发展观，认真落实中央和省委省政府为应对全球性金融危机提出的一系列措施，紧扣加快发展主题，加大行业宏观调控力度，保投资、保增长、保运营、促发展，稳步推进行业转型升级，努力提升行业服务经济社会发展的能力；积极转变政府职能，不断加大发展、改革、监管、服务等各项工作力度，保持了行业平稳较快发展，为全省经济社会发展作出了积极贡献。

二、业务发展情况

截至 2009 年 12 月底，全省完成电信业务总量 1152.2 亿元，列全国第 6 位，较上年增长 11.3%；电信业务收入达到 355.7 亿元，列全国第 8 位，较上年同期增长 0.7%，增速较缓。全省新增电话用户 461.4 万户，电话总户数达到 5132.8 万户，列全国第 6 位，其中，固定电话用户达到 1343.9 万户，列全国第 8 位，移动电话用户达到 3788.9 万户；互联网宽带用户达到达到 522.7 万户，列全国第 5 位。全年累计完成固定资产投资 160.7 亿元，同比增长了 25.8%。截至 2009 年 8 月 31 日，全省电话用户总数达到 5009.9 万户，成为继广东、江苏、山东、浙江、河南之后全国第 6 个电话用户超过 5000 万的省份。

全省电信行业在优化网络结构、调整网络布局的同时，加快建设步伐，通信网络规模迅速扩大，使综合通信能力得到了增强。全省光缆线路总长度 34.8 万公里，其中，长途光缆 2.97 万公里；固定长途交换机总容量达到 29 万路端，局用交换机总容量已达 1129.4 万门，移动交换机总容量已达 7757 万门；宽带接入端口 624.4 万个，基本满足了各类业务发展的需求。经过近年来的努力，全省已建成一个技术先进、业务种类齐全、适度超前的基础通信网络。

全省电信行业发展呈现以下特点：一是电信业务结构更加多元化，移动电话业务的替代作用日趋明显；二是互联网宽带化进程进一步加快，宽带普及率从去年底的 5.6%提高到 7.5%；三是新业务发展迅速，增值业务市场趋向繁荣，信息服务价值链不断延伸，通信业信息服务的内涵不断扩展，主要体现在非话音业务比重不断扩大，得益于增值业务、宽带业务和行业应用的迅速发展；四是服务水平大大提升，普遍服务不断提高。全省电话普及率达到 73.6%，电信资费已有较大程度下降，电信服务质量进一步改善。

三、存在主要问题

电信市场竞争格局仍需进一步优化，行业转型升级步伐还不够快，基础设施重复建设现象依然突出；电信服务水平尚具较大的提升空间；网络和信息安全管理工作机制和技术手段建设有待进一步加强；法制建设与行业监管仍面临诸多挑战。

【监管工作】

一、大力支持以 TD 为重点的 3G 网络建设和发展，着力推进重点工程建设

开展 3G 网络建设和业务发展是中央确定的“扩内需、保增长”的重要举措。河北省电信行业站在讲政治的高

度，积极大规模的开展了 3G 网络建设，全年共投资 55.7 亿元用于 3G 建设，建成 3G 用室外基站、室内分布系统等基础建设并完成了网络优化工作。当前，3G 网络已经覆盖河北 11 个地市的市区和县城、发达乡镇、5A 级风景区、高铁、高速及重要的国道沿线，初步满足了大规模商用组网要求，取得阶段性成果。

在推进 3G 建设过程中，全行业始终把 TD 建设作为事关国家自主创新和行业转型升级的大事来抓：通信管理局精心部署，多次向省政府专题汇报情况，提请地方政府和相关部门在基站选址、市政规划、管道建设、电力引入等方面给予政策支持，得到了省政府领导的高度重视和大力支持。2009 年 7 月，省政府与中国移动通信集团公司在北戴河签署战略合作框架协议，协议约定，河北省政府积极支持 TD 的网络建设与业务推广工作，成立 TD 建设领导小组，在无线电频谱、环境评估、建设用地、基站选址等方面给予重点支持；将 TD 产品和应用纳入政府采购扶持范围，引导和鼓励 TD 技术在电子政务、应急管理、无线城市、农村信息化、电子商务及其他领域的应用，营造有利于推进 TD 发展的社会氛围。孙瑞彬副省长等政府领导还深入企业调研，并对加快发展 TD 等 3G 建设做出重要指导。河北移动面对 TD 二期、三期工程建设和网络优化时间紧、任务重、难度大的挑战，精心组织，全力以赴，如期完成了覆盖全省 11 个市的 TD 网络建设，并加快网络优化工作。河北电信和河北联通稳步推进了 CDMA2000 和 WCDMA 的网络建设和业务发展。

二、积极推进行业战略转型，信息化主力军优势充分发挥

为进一步推进全省信息化建设，通信管理局加快了工作职能和工作指导方式的转变。在加强对行业“十一五”规划实施情况的指导、跟踪、反馈工作的同时，引导企业适应经济增长方式转变和电信行业转型的要求。一年来，全行业牢固树立科学发展和信息服务大行业观念，通过进一步加强技术、业务、运营管理、服务等方面创新，稳步推进行业向信息服务业战略转型。一是不断完善网络基础设施和支撑平台，提升网络对高带宽、高质量信息业务的支撑能力。如河北移动与全省 11 个地市政府全部签署了使用 3G（TD-SCDMA）技术共建“无线城市”的协议，全省共 10 个地市建成无线城市门户网站，并涌现出张家口中小企业网、秦皇岛虚拟一卡通等 59 个优秀案例，建成邯郸永年标准件等 51 个行业圈门户网站。河北联通在信息魅力综合信息服务平台的基础上，丰富网络商务支付手段，建设完成网络商务统一支付平台；河北铁通在完成铁路通信保障任务的同时，在全国率先研制开发并推出了铁路站段信息化平台，为铁路运输提供了全方位的信息化保障，目前，河北铁通的信息化应用模式已经逐步在全国铁路系统推广。二是不断丰富业务种类，不断加快行业转型步伐。如河北联通与省教育厅联合开发并推广了 E 学堂等网络教育产品，与幼儿园合作，推出宝宝在线业务。河北移动围绕国家“节能减排”和“安全生产”工作，与省气象、电力、环保、水利等行业开展深度合作，开通了自动雨量采集、电力负控、电力抄表、企业排污监测、水墒情监控、车辆状态监控、无线 POS（ATM）、生产设备监控等实际应用，深受客户好评，还与省公安厅联合推出“警务通”业务，并成功开发出河北省道路交通违法综合信息处理系统及电子化缴款系统；河北电信在部分地市的“平安城市”、“数字城管”等项目上积极参与，通过公共场所（机场、车站、咖啡厅、校园等）的 WIFI 热点覆盖，实现 C+W 的完美结合，在城乡信息化和数字城市建设中发挥着越来越大的作用。三是站在繁荣电信市场的角度，对增值电信业务提出规范、引导、服务并重的监管思路，从而有效推动信息化应用和发展，打造新的产业链。不断规范增值电信企业经营行为，将其引入良性的发展轨道。同时，提高增值电信企业各类增值业务在河北省的接入率，完善和规范增值业务的退出机制，进一步提高增值业务的服务保障能力。到 2009 年 12 月底，全省增值电信业务经营单位达到 639 家，在全省进行了备案的跨省经营单位 1802 家，非经营性互联网信息服务单位（ICP）已备案登记的有 158197 个，全省电信行业从业人员已经超过 20 万。

三、公共服务职能进一步强化，应急保障工作成效明显

2009 年，在全行业的共同努力下，圆满完成了国庆 60 周年庆典、抗击暴雪等重大活动和突发事件期间的通信保障任务，彰显了应急通信体系的应有价值。

确保国庆期间网络与信息安全是全省通信行业的一项重要工作，也是一项重要的政治任务。省局几次召开专门会议，制定国庆通信保障方案，并且组织对全省所有市级分公司的专项检查。各基础电信运营企业、安全分中心、专用通信局把国庆通信保障工作作为头等大事，精心组织，周密安排，认真落实保障方案和应急预案，落实各个环节各个岗位的责任，全力以赴，为国庆 60 周年庆典活动的顺利进行提供有力的通信保障。圆满完成了国庆 60 周年庆典通信保障任务。

11 月中旬河北省特别是石家庄地区发生了五十年一遇的特大暴雪，全省几百个移动基站因传输、电源中断退出服务，全省电信行业，按照省委、省政府和省局的统一部署，紧急启动应急预案，第一时间出动抢修队伍，破冰冒雪奔赴检修现场，最短时间内恢复通信。河北移动及时推出 10 项便民措施，体现了电信企业关注民生、服务社会的责任和理念。

党政专用通信网延伸工程取得了积极进展，党政专用通信网络为党政领导提供了便捷畅通、安全保密的通信服务，未出现任何故障和差错，通信保障率达到 100%，安全分中心在国庆安保应急事件处置和网络信息安全等方面也发挥重要作用。这些都充分体现了通信行业重要时期、重大事件面前讲政治、顾大局的政治意识和注重社会效益、关注民生的社会责任。

四、加强电信市场监管，和谐有序的市场环境已经形成

（一）共建共享工作稳步推进。针对电信重组和新一轮网络建设，为有效防止重复建设和资源浪费，我们结合工信部《关于推进电信基础设施共建共享的紧急通知》，专门制定下发《河北省电信基础设施共建共享管理办法(暂行)》，组织省内各基础电信运营企业成立了协调机构并签署了框架协议，切实加强对企业推进电信基础设施共建共享工作的指导。各企业均超额完成了工信部和国资委下达的考核指标。

（二）安全生产工作常抓不懈。切实加强对通信行业安全生产工作的监督管理，建立了河北省通信业安全生产事故报告制度，确保了生产安全事故快报信息的时效性；先后举办了基础电信企业、通信工程建设企业管理人员安全生产培训班，组织防雷安全检测及隐患整改，并对在建工程安全生产进行了重点督导，开展“安全生产月”活动、安全生产百日督查专项行动，及时消除安全隐患，不断提高通信网络自身的安全性和抗毁能力；组织企业积极配合公安部门开展打击盗窃破坏电信设施犯罪专项行动，取得了较好成效。今年以来，全省通信行业安全生产形势良好，有效保障了通信网络安全畅通。

（三）不断加强资费管理。按照工业和信息化部的统一安排，认真贯彻《电信资费审批备案程序规定》，加大了对违规行为的通报和处罚力度，坚决纠正资费违规行为，也维护了广大用户的长远利益；完成了移动电话国内漫游通话费调整工作，解决了手机短信业务网内网间差别定价等问题；为推进政务公开，加强电信资费透明化建设，让用户明明白白消费，通信管理局整理了各运营企业现行的业务资费套餐，并在通信管理局网站上公示了主要资费标准。目前，通信管理局已下发《关于调整固定本地电话等业务资费管理方式的通知》和《工业和信息化部、国家发展和改革委员会关于简化移动电话拨打长途电话资费的通知》。

（四）监管为民，切实维护消费者合法权益。在巩固“诚信服务，放心消费”行动成果的基础上，继续加强对移动信息服务业务资费和收费行为的管理，规范电信企业的业务宣传，保障用户自主选择使用电信业务；继续开展电信资费套餐清理工作，加大对用户反映集中的资费热点问题的执法力度，及时查处侵犯消费者合法权益的行为；进一步发挥电信用户申诉受理中心的作用，以“12300”为抓手，在有效解决用户个人申诉的基础上，加强深度分析，从中发现共性、热点问题，为电信服务监管提供参考和支撑，形成政府与企业紧密衔接、有机互动的服务质量督查新机制。到 12 月底，共受理申诉 285 件，处理结果用户满意率 100%。同时，积极做好电信业重组过程中的电信服务和企业稳定工作，确保企业在重组中思想不乱、队伍不散、工作不断，切实维护电信用户合法权益，保障电信业的健康有序发展。

（五）互联互通工作态势良好。紧紧依托网间结算及互联互通监测控系统和“网间通信障碍处理在线管理系统”的作用，及时掌握并介入协调了各类网间通信的突出问题，实现了网间通信质量管理工作组织机构网络化、企业沟通程序化、问题处理流程化，节约了管理成本，提高了工作效率。今年以来，省内各基础电信运营企业间没有发生一起严重障碍以上的网间通信质量问题，涉及网间的用户投诉数量保持在较低水平。在国庆通信保障工作中，为保障在重大敏感时期，重点区域、重要用户群体的通信畅通，积极探讨企业本网内的异地话务疏通、以及当地第三方企业疏通话务的模式，制定第三方企业迂回路由的网间通信保障方案，收到很好的效果。

（六）码号资源管理工作取得新进展。重新调整 SP 代码审批和备案流程，缩短了审批时限，提高了审批效率。及时开通各类咨询热线特服号码，满足了社会和企业的需求。依托部电信网码号管理系统，实现了码号资源管理政务电子化。同时，码号资源收费工作进展顺利，码号资源占用费已足额、及时上缴国库。

五、互联网行业管理职能充分发挥，网络与信息安全管理得到加强

严格落实“谁经营谁负责，谁接入谁负责”的信息安全管理责任制，疏堵并重，切实加强网络和信息安全管理。一是坚持正面引导，加大打击力度。进一步完善网络安全技术监测平台，健全网络安全应急预案和工作机制，落实网络信息安全责任制，从源头上遏制有害信息的传播，维护了网络秩序。二是加强网站基础管理，强化网站备案审核。按照部工作要求，组织对未备案互联网站进行了清理整顿。组织了 IP 地址备案信息集中更新工作，并加强了对网站备案信息的规范性、真实性审查。2009 年共备案网站 57405 个，截止 12 月底，累计备案网站 158197 个。三是始终保持打击网络违法行为高压态势，积极配合相关部门开展整治互联网低俗之风、查处取缔黑网吧等一系列专项行动，取得积极成效。2009 年，累计关闭非法网站 2506 家，删除有害信息 1333 条，组织企业封堵垃圾短信 2.2 亿条，网络环境进一步净化。查处了 2 起非法经营国际电信业务行为目前，正在开展严厉打击手机网站制作、传播淫秽色情信息活动，各公司也积极配合相关部门开展互联网专项整治工作，查处网上非法不良信息，营造了良好的网络环境。四是密切关注网上舆情动态，切实加大分析力度，积极主动地为省委、省政府领导提供互联网上有关社情民意、经济发展、政治安全、安全事故、社会稳定等方面的信息，得到了省委领导的充分肯定。此外，进一步完善互联网网络安全应急处理协调机制，强化与省级服务支撑单位的联络制度，不断提高互联网安全事件的应急处置和协调处理能力。

六、深入开展干部作风建设年活动，机关效能和形象进一步提升

（一）坚决贯彻“十个严禁”要求，积极打造“廉洁、高效、务实、创新”的河北通信管理精神，结合局工作实际，深入开展了党员干部警示教育活动，使机关干部坚持了崇高理念、树立了良好学风、强化了群众观念、提升了工作标准、增强了服务能力、提高了运行效率。

（二）深化行政审批制度改革。按照活动要求，清理规范了行政许可和非行政许可审批项目，各类业务申请材料的初审由原来的15个工作日缩短为3个工作日；增值电信业务、通信建设企业资质、电信码号3类行政许可事项的审批时限由原来的30～60个工作日压缩为10～30个工作日；各类业务备案的审核时限压缩到10～15个工作日，并通过媒体向社会公开承诺。

（三）进一步规范行政执法、许可程序，实施“窗口亮起来”工程，配备专职人员，设立了专门的业务受理室。认真明确岗位职责，科学划分责任范围，积极制定科学、严密、规范的审批流程，及时公开服务内容、服务标准、服务程序，从而使单位的效能和形象得到了全面提升。

（四）依据国家有关法律、法规、规章，结合通信管理局实际，制定和完善了《河北省通信管理局工作制度汇编》和《河北省通信管理局岗位责任制度汇编》，实现了以制度来促进工作、保障效能。使各项工作逐步向法制化、规范化、制度化迈进。

【重大事项、事件】

1月6日，河北省政府组织召开全省工业和信息化工作会议，总结2008年以来工业和通信业的工作，重点就积极应对当前困难形势确保工业经济平稳较快发展提出了指导意见。会上，孙瑞彬副省长专门对全省通信业2008年的发展所取得的成绩给予了充分肯定，同时要求各通信企业，积极拉动投资和消费，带动上下游产业发展。张峰局长在会上作了主题发言。

1月16日，在河北省通信管理局组织协调下，中国电信河北公司、中国移动河北公司、中国联通河北公司联手签署了河北省电信基础设施共建共享合作框架协议。河北共建共享工作进入操作实施阶段。

1月22日，中共河北省委常委、省政府副省长杨崇勇在审阅全省通信业推进农村信息化建设工作汇报后，对通信行业在推进信息化和新农村建设中取得的成就给予充分肯定：“近几年全省电信业保持平稳快速发展，在主动承担社会责任与义务，促进了全省信息化水平、推进新农村建设做出了突出贡献，应给予肯定”。并对推进农村电子商务方面向河北省通信管理局和通信行业提出了新的要求：“请通信管理局发挥行业监管机构的作用，引导企业发挥各自优势，坚持自主创新，为推进农村信息化建设发挥更大作用”。

1月23日，河北省政府孙瑞彬副省长、于万魁副秘书长来到专用通信局机房和中国联通石家庄分公司网管中心，了解党政重要通信保障情况以及企业生产经营工作情况，看望坚守在一线的职工，对通信行业的广大干部职工进行节前慰问。

2月4日，河北省通信管理局局建立通信行业整治网上低俗之风专项行动案件快速反应机制，进一步严厉打击网上传播淫秽色情及低俗信息的行为，保证春节假日期间对网上有害的及时处置。

2月25日，省通信管理局和省邮政管理局联合组织召开了《河北省志·邮电志》编纂工作协调会，会议研究讨论《〈河北省志·邮电志〉（1979～2005）编纂工作方案》及编纂工作的各项保障措施，成立了《河北省志·邮电志》编委会和编辑部。

3月5日，为了确保全国“两会”期间的通信畅通和网络信息安全，营造良好的网络环境和舆论氛围，省通信管理局启动应急处置预案

3月12日，务实开展整治互联网低俗之风专项行动，取得显著成效。在全省备案互联网站已累计112993个，河北省通信通信管理局关停低俗、色情网站350个，删除含有低俗内容信息1115条，删除含有非法信息和低俗内容连接420个，对向未备案违规网站提供接入服务的中国电信河北分公司、中国联通河北省分公司予以行政处罚。

3月20日，“河北省党政专用通信工作会议”召开，省委副秘书长刘富主持会议，省委常委、副秘书长梁树林出席会议并讲话。省机要局、通信管理局、专用通信局、发改委、财政厅及各基础运营企业相关领导出席会议。

4月15日，河北省副省长孙瑞彬到电信运营企业进行调研，并在省通信管理局的主持下与电信运营企业总经理进行座谈，要求全省电信行业以3G建设为契机，投资拉动，扩大内需，增强行业发展的整体竞争优势，推动全省电信基础设施共建共享和信息化建设步伐。

4月30日，河北省委宣传部组织召开了全省净化社会文化环境“春风行动”新闻发布会，徐世奎副局长介绍了河北省网站集中清理专项行动的工作情况。

5月15日，《2008河北省互联网发展报告》正式发布，这是全省首次系统地发布河北省互联网行业的发展情况。

5月17日，为纪念第41届“世界电信与社会信息日”，河北省通信管理局会同河北省通信学会、河北省通信行业企业协会、河北省互联网协会，联合举办2009年“世界电信和社会信息日”主题学术讲座。此次活动专门邀请中国工程院院士、北京邮电大学校长方滨兴教授作了网络安全主题演讲。

6月22日，省通信管理局部署汛期通信保障工作，

要求各电信运营企业加强应急保障队伍管理，提高应急处置能力，全面做好各项汛前准备工作。

7月9日，局长办公会议决定：河北通信工程质量监督中心和河北省通信行业职业技能鉴定中心两个机构合署办公。

7月15日，省人大常委会副主任侯志奎、副秘书长郭永利一行，到省通信管理局视察指导工作。

8月19日至9月7日，省通信管理局在全省范围开展了电信安全生产专项大检查。

8月31日，河北省电话用户突破5000万，达到5009.9万户，成为继广东、江苏、山东、浙江、河南之后第6个电话用户超5000万的省份。9月28日，河北省政府新闻办公室和河北省通信管理局联合召开新闻发布会，部省领导发来贺信表示祝贺。

9月4日，为保障国庆期间公用电信网间的通信畅通，组织省内各基础电信企业签署《河北省公用电信网间应急转接互联及结算协议》。

9月18日，国庆期间通信与网络信息安全保障工作誓师大会召开。会议要求各通信企业正式启动各类应急处置预案，严格落实各项保障措施，严密防范各类事故发生，确保国庆期间通信畅通和信息安全。

9月28日，孙瑞彬副省长深入通信行业进行安全生产检查。了解国庆通信保障和网络信息安全情况，慰问坚守在一线的职工。

10月15日，在全省通信行业的共同努力下，全省国庆通信保障任务圆满完成，省政府孙瑞彬副省长称赞全省通信行业措施有力，保障到位。

10月28日　全省启动2009年度电信专业高、中、初级专业技术职务任职资格考试与评审工作。

11月10日，为做好暴雪天气应对工作，确保通信网络安全与畅通，通信管理局召开紧急会议进行部署，紧急启动雪灾应急预案，采取一系列有效措施，在做好网络维护、基站抢修等工作，确保了通信畅通。

11月19日，按照全国扫黄办统一部署，全省开展打击手机网站制作、传播淫秽色情信息活动，加强对手机网站及代收费手机网站中各类WAP业务的日常监督。对存在淫秽色情信息的手机网站，要迅速关闭，停止代收费行为，切实切断其利用手机收取费用的获利渠道和利益链条。

11月23日，河北省政府副省长孙瑞彬深入通信行业进行工作调研，并与河北移动、河北联通、河北电信的负责人进行座谈。

12月14日，依法打击手机淫秽色情专项行动工作得到省领导肯定。省委常委、宣传部长聂辰席对通信管理局专题汇报做出批示："通信管理局积极开展严厉打击手机网站传播淫秽色情信息专项行动的做法应予以肯定和表扬"。省政府副省长孙瑞彬批示"此事重大，同意你们的措施，要层层落实责任，河北不能出问题"。

（河北省通信管理局）

山西省电信发展与管理

【电信发展统计】

项目	达到	增长率／增长量
电信业务收入	206.34亿元	4.0%
固定电话用户数	758.75户	-44.22万户
小灵通用户数	96.40万户	-24万户
移动通信用户数	1957.81万户	259.32万户
拨号上网用户数	5.66万户	-6.50万户
宽带上网用户数	279.95万户	32.02万户
固定资产投资	94.90亿元	10.92亿元
村通工程完成率	98.13%	1.61%（20户以上自然村）

【电信发展情况综述】

2009年，山西电信业在部、省的正确领导下，全面贯彻落实科学发展观，团结协作，积极进取，共同努力，扎实工作，各项工作取得了一定成效，促进了全行业的健康、有序发展。2009年，全省电信业务总量完成592.52亿元，同比增长11.66%；电信业务收入完成206.34亿元，同比增长4.0%。全年固定电话用户净增-44.22万户，其中城市电话用户减少23.86万户，农村电话用户减少20.36万户，全省固定电话用户总数达758.75万户。全年移动电话净增259.28万户，全省移动电话用户达到1957.81万户，移动电话用户在电话用户总数所占比重从上年底的67.9%上升到72.07%，增加4.17个百分点。到2009年底，山西电话用户总数达到2716.56万户，固定电话普及率达22.48部/百人，移动电话普及率达58.02部/百人。互联网用户趋向宽带化，全年新增互联网宽带用户32.02万户，全省互联网用户总数达到285.61万户。2009年，全省移动短信息业务量达到188.45亿条，同比增长6.10%。

【监管工作】

一、电信基础设施共建共享成效显著

先后制订了新建铁塔申报办法、积分考核管理办法、干部考核办法、信息报送管理规定等一系列工作制度，出台了通信铁塔、机房、电源等资源出租业务资费标准，为共建共享规范有序推进提供了保证。加强量化考核，坚持每月一排名、每季一讲评、全年一考核，固强辅弱，拾遗补漏，促进了共建共享的顺利开展。全省实现共建共享目标6894个，其中共享铁塔2619座、杆路11251杆公里、基站2861座、传输线路13386公里，共享率分别达67.21%、88.22%、67.71%、88.10%，分别超额完成国资委、工信部考核指标52.21、48.22、44.71、69.1个百分点；共建铁塔1046座、杆路596杆公里、基站1088

座、传输线路2681公里，共建率分别达80.71%、30.85%、35.53%、59.58%，分别高出考核指标48.71、25.85、15.53、53.58个百分点。初步测算全省节约建设投资金额约13.4亿元，圆满完成了“保六争八超十亿”的工作目标。

二、通信网络安全防护能力不断增强

组织开展通信网络安全技术检测和电源系统集中整治工作，对发现的33个安全漏洞予以通报。全省104个网络单元、网上营业厅进行了安全防护自检工作，覆盖9234个作业现场。基础管理制度不断完善，互联互通监管效能进一步提高。全省11个本地网全部建成第二关口局，网间互联关口局总数达到95个。全省企业间互联中继电路总数达到5181×2M。进一步规范电信重组后企业之间三级例会制度，强化监督检查，及时化解矛盾，互联互通问题的用户投诉较上年同期下降93%。通过全行业的共同努力，圆满完成了国庆60周年通信保障任务。

三、互联网网络与信息安全管理取得实效

制定了互联网网络安全信息通报实施办法，初步建立了互联网网络安全管理制度。强化监督检查，严格行政执法，对16个单位的信息安全管理落实情况进行了检查，下发责令整改通知29份，通报批评8个单位，对2个单位的违规行为进行了行政处罚，互联网接入秩序趋于规范。网站备案保持良好态势，新增备案网站11512个，累计达到32240个。网站备案率高于99.6%，网站备案信息准确率达78.4%，位居全国前列。积极配合相关部门开展专项行动，先后组织省内电信企业参与整治互联网低俗之风等11个专项行动，依照法规关闭未备案网站440个、违规网站35个。整治手机网络涉黄专项行动取得阶段性成效。

四、电信业务市场保持平稳有序发展态势

为规范电信市场秩序，电信监管部门对各电信企业省级公司及市级分公司依法经营情况，分7类40项进行考核，激励和约束机制的引入，促进了规范有序市场竞争环境的形成。一是规范市场竞争秩序，促进了3G业务发展。启动了规范市场经营行为专项工作，建立联系会议制度，分解工作目标和任务。跟踪监督企业的业务宣传和经营行为，发现问题，及时处置。二是深入开展垃圾短信治理工作。组织基础电信运营企业建立网间垃圾短信联动处置机制，明确工作流程和责任。督促企业完善管理平台，提升技术手段，注重受理举报，加强协同配合，垃圾短信治理工作取得实效，全年共拦截垃圾短信3.6亿条，处理违规SP单位8家。三是认真开展行政执法，促进电信业务繁荣发展。组织相关人员召开研讨会，制定出台了《关于加快全省增值电信业务发展的指导意见》。同时，加强监督管理，依法对21家SP业务经营单位的违规行为作出行政处罚，责令退赔用户损失共计20余万元。四是认真处理信访申诉问题，保障用户合法权益，全年办结用户信访10余件，妥善处理用户申诉926件，较好地维护了用户的合法权益。

五、农村信息化建设深入开展

通过全行业的共同努力，562个自然村通了电话，自然村(20户以上已通电)村通率达到98.13%。全省1196个乡镇全部通了宽带，又有2537个建制村通了宽带，村通宽带率达到80%。全年新增农村信息化示范村100个，新增农村党员教育网乡镇服务站点28个，新增农村网络文化站2392个。农村信息化不断深入，推动企业以“我爱我村”为载体，行政村门户网站建设普及率进一步提高。“三网融合”试点工程向纵深发展，组织山西移动在朔州、吕梁与广电部门签署合作协议，在755个乡镇、3044个村发展IPTV用户4.6万户。山西联通签订发展协议1.2万线，投资500万元，对宽带网络进行了改造提速。

六、应急通信保障工作机制逐步完善

一是基础管理进一步加强。重新修订了《山西省通信保障应急预案》，待省政府正式发布。制定了有关地震、反恐等专项应急通信保障预案，出台了全省应急通信考核办法。建立了海事卫星应急值守责任制度，完善了信息报送、沟通协作工作流程。二是应急保障能力不断增强。全省新增海事卫星电话34部，总数达到48部；新增各种应急通信车辆16台，总数达到33台。三是完成了各类突发事件通信保障任务。在2月22日屯兰煤矿特大瓦斯爆炸事故、4月28日临汾安泽森林火灾、8月24日和顺基建井瓦斯爆炸事故以及11月份寒潮暴雪侵袭等突发事件抢险救灾过程中，全行业组织有序，措施得力，处置得当，顺利完成了地方党委政府交付的通信保障任务。

七、电信资费管理效能进一步提高

深入推进电信资费管理方式改革，督促企业合理降低资费水平，进一步控制资费方案的数量和种类，全年清理关闭资费方案576档，目前全省在售资费套餐方案已减少到45种219档，比上年减少72.45%，现行电信资费整体水平较上年下降10%。严格履行电信资费审批备案程序，确立了3G资费管理10条原则，建立资费信息监测机制。实施移动电话长话一费制，下调本地网营业区间资费上限标准，大力推进移动电话双改单进程。到2009年底，移动电话单向收费用户已占总数的87%，比上年提高了32个百分点。

八、电信资源管理进一步规范化

继续推动码号资源公平公正配置和有效利用，开展全省电信网码号资源使用审核，完成了“96”短号码使用情况的核查，码号资源占用费征收工作顺利完成。截至2009年底，全省电信网码号资源使用总量累计达12573条，其中固定网短号码3587条，固定电话网局号2908条，智能网业务号码312条，移动通信号段4445条，数据网网号11条，分组交换网码号46条，国内NO.7信令点编码749条，短信代码515条。

【重大事项、事件】

1月7日，全省整治互联网低俗之风专项行动全面启动。

3月12日，省通信管理局出台全省通信铁塔、电源设施、基站机房共建共享出租价格费用指导意见。

3月23日，《山西省通信行业净化网络环境实施方案》出台。

4月16日，《山西省电信基础设施共建共享动态考核积分管理办法》出台。

4月30日，省政府办公厅下发《关于加快电信网络基础设施建设的通知》，支持3G网络建设与发展，以提升全省信息化水平，改善投资环境。

5月10日，提出10项3G电信业务资费管理原则。

5月17日，组织举办“净化网络环境、保障儿童网上安全”世界电信与社会日纪念活动，省内基础电信企业、互联网接入单位及十大网站共同签署信息安全保障书。

7月13日，与省人力资源和社会保障厅首次合作，开展通信工程师专业技术职务任职资格认证考评工作。

8月1日，制定出台《关于加快全省增值电信业务发展的指导意见》。

10月1日，全省营业区间电话资费进行调整。

11月10日，山西境内发生大面积冰雪气象灾害，启动通信保障应急预案I级预警。

11月14日，召开国庆60周年通信保障总结表彰会议。

12月3日，启动山西省通信行业“十二五”规划编制工作。

12月23日，召开2009年度全省电信用户满意度调查结果通报及表彰会。

（山西省通信管理局）

内蒙古自治区电信发展与管理

【电信发展统计】

项目	达到	增长率/增长量
电信业务收入	141.04亿元	6.26%/8.35亿元
固定电话用户数	441.59万户	-4.51%/-20.86户
小灵通用户数	99.67万户	-15.99%/-18.98万户
移动通信用户数	1615.99万户	20.2%/569.06万户
拨号上网用户数(固定)	5.51万户	-77.22%/-18.67万户
宽带上网用户数(固定)	158.52万户	38.38%/43.97万户
移动互联网用户	644.43万户	
固定资产投资	86.46亿元	42.56%/25.81亿元
村通工程完成率	100%	

【电信发展情况综述】

一、总体发展情况

2009年完成电信业务总量542.2亿元，增长21.65%；完成电信业务收入141.04亿元， 增长6.26%；移动电话用户新增569.06万户，达到1615.99万户；固定电话用户减少20.86万户，总数降至441.59万户。全区电话用户总数达到2057.58万户，普及率达到85部/百人。互联网宽带用户新增43.97万户，达到158.52万户，普及率达到6.6%。非话业务收入占全部业务收入的比重达到22%。3G网络建设投资完成18亿元，建成室外基站6000个，WCDMA和CDMA2000网络已覆盖全区12个盟市，TD网络覆盖5个盟市，共发展3G用户12万户。完成固定资产投资86.46亿元，增长42.56%。

二、存在的问题

行业发展质量不高，量收比逐年加大，2009年高达3.68：1（全国平均水平3：1)，电信市场竞争行为仍需进一步规范，网络和信息安全问题日渐突出，行业转型升级步伐还不够快、着力点还不够多，电信基础设施共建共享工作仍然存在一定阻力。

【监管工作】

一、市场监管

针对全业务运营后的市场状况，加大整规力度，及时叫停违法违规行为并作出相应行政处罚。认真落实“政府监管、企业自律、社会监督”三位一体工作机制，扎实开展以“服务社会、服务民生”为主题的行风建设，切实解决用户反映强烈的热点问题，迅速扭转了重组后企业服务质量一度下降的局面。举办了盟市级企业主要负责人守法经营培训班，从源头上为规范市场秩序提供了有效保证。切实加强全区互联互通监管工作，及时了解和掌握存在的矛盾和问题，建立健全规章制度，形成监督管理机制，加大检查和协调力度。先后组织完成了CDMA网络划转和互联监测系统的调整任务，在全区基本建成了各公司间互联互通双关口局、传输双路由的网络结构。全区互联互通申告案件数量明显下降。

二、农牧区通信

加大村通工程的推进力度，投入4.1亿元，建设移动通信基站508座，有效解决了部分农牧区无信号覆盖或信号弱的问题，超额完成了自治区政府下达的2.5亿元农牧区通信基础设施建设任务。会同自治区科技部门联合印发了《关于共同促进农村牧区科技信息服务的通知》，引导企业加速农牧业信息站点建设，积极推进互联网进村入户进程。农信通、乡信通等实用信息服务为农牧民拓宽信息获取渠道。资费惠农力度进一步加大，固定营业区间通话费从2010年1月1日零时起，由不高于0.30元/分钟下调为不高于0.20元/分钟。

三、网络信息安全

2009年备案网站4656个，备案准确率达到95%。大力开展整治互联网低俗之风、手机涉黄专项治理行动，网络环境得到进一步净化。配合相关部门开展了规范地理信息市场、打击发票违法犯罪等活动，依法对违法违规网站作出关停处理。继续推进“阳光·绿色网络工程”和“文明办网、文明上网”活动的开展，积极倡导绿色网络文化。

四、通信保障

加大安全生产监管、“三电”专项整治和应急通信保障力度。完善通信安全生产监督管理机制，消除安全隐患，为国庆60周年通信网络运行安全提供了可靠保障。进一步理顺和强化应急指挥机制，成立了国防信息动员办公室并在各盟市设立了保障队伍。完成3大系列15个预案60多个子预案的编制和修订，健全完善了电信行业通信保障应急预案体系。圆满完成自治区跨部门应急预案联动演练。

五、基础设施共建共享

扎实推进电信基础设施共建共享工作。出台共建共享例会制度、实施管理办法、争议处理办法和费用参考标准等指导性文件，组织协调各运营企业签订共建共享合作协议。截至2009年底，全区累计共建铁塔428个、杆路1052多公里、基站站址（及其配套环境）433个、传输线路1937多公里；共享铁塔1684个、杆路2109.6公里、基站站址（及其配套环境）1802个、传输线路3051.07公里。初步估算，节约投资约6亿元。

【重大事项、事件】

1月5日，印发《内蒙古通信管理局2009年工作要点》，确定七项工作重点：保持行业经济平稳较快增长；扎实推进电信基础设施共建共享；切实加大电信市场监管力度；大力推进农牧区通信和信息化发展；继续加强网络信息安全管理；进一步提高通信保障能力；不断加强机关自身建设。

1月19日，印发《关于整治互联网低俗之风专项行动的公告》，要求区内网站主办者针对公告中列出的十三个方面的低俗内容，对自办网站进行核查清理。

3月13日，召开内蒙古电信用户委员会换届暨纪念“3•15”国际消费者权益保护日座谈会。围绕“服务社会、服务民生”主题，探讨新形势下如何改进和加强电信服务，维护消费者的合法权益。

3月15日，组织区内电信运营企业在新华广场举办电信服务投诉申诉受理活动，宣传电信业务知识，受理用户投诉申诉和咨询。

4月25日，组织专家召开内蒙古祥宇通信网络工程有限公司研发的“KPM-1200型开槽敷埋光缆机”科技成果鉴定会。该成果获得国家专利，填补了自治区通信光缆敷设机的空白。

4月24日，发布《内蒙古自治区电信网编号规划（2009年版）》，首次对全区电信网涉及本地网局号、区内96字头短号码以及区内使用短消息接入代码进行编号规划。

5月15日至6月25日，与自治区外宣办、法制办、公安厅等部门联合，分三阶段开展净化社会文化环境专项整治活动。

5月17日，与共青团内蒙古自治区委员会、内蒙古少工委等联合举办“保障网上安全”、“绿色上网我能行——红领巾抵制网络低俗之风”主题活动，纪念“世界电信和信息社会日”。

7月7日，与内蒙古公安厅联合向社会发出通告：严厉打击盗窃破坏通信设施违法犯罪行为，切实维护通信光电缆线路安全。

8月底，内蒙古电话用户突破2000万户，达到2049万户。

8月至10月，在通信管理局门户网站开设《向祖国报告·内蒙古电信业巡礼》专栏、在内蒙古电台播发《向祖国报告之通信60年变迁》系列报道、编辑出版《内蒙古电信业 辉煌60年》，纪念自治区信业辉煌发展60年。

9月29日，通信管理局局长乌力吉同志在国务院第五次全国民族团结进步表彰大会上，荣获全国民族团结进步模范个人光荣称号，并受邀参加国庆60周年观礼活动。

10月29至11月2日，举办全区基础电信运营企业领导班子守法经营培训班。

11月23日，参加内蒙古省、市、区三级政府联合化工、消防、卫生、水文、气象、通信等多个部门开展的跨行业应急预案联动演练。内蒙古通信管理局指挥各电信运营企业迅速出动，圆满完成了通信保障任务。

12月9日，召开2009年度内蒙古自治区电信用户委员会座谈会，听取各企业本年度电信服务工作情况汇报，解答电信用户委员提出的问题。

（内蒙古自治区通信管理局）

辽宁省电信发展与管理

【电信发展统计】

项目	达到	增长率／增长量
电信业务收入 其中：非话业务收入	349.5 亿元	1.8%
固定电话用户数	1529.1 万户	-75.2万户（含小灵通）
小灵通用户数	243.6 万户	-62.7 万户
移动通信用户数	2882.1 万户	460.6 万户
拨号上网用户数	31.9 万户	-7 万户
宽带上网用户数	502.9 万户	87.6 万户
固定资产投资	155.2 亿元	43.3%
村通工程完成率	100%	实现20户以上自然村通电话

【电信发展情况综述】

2009年是辽宁通信业不平凡的一年。全球陷入金融危机，辽宁的经济发展也面临着进入新世纪以来最严峻的挑战。作为国民经济的战略性、基础性和先导性支柱产业，辽宁通信业在工业和信息化部、省委、省政府的正确领导下，紧紧围绕扩内需、保增长、调结构、惠民生的目标，从3G业务的逐步开展，到年末3G用户达50多万户、互联网宽带用户超500万户，辽宁通信人走过了不平凡的一年，辽宁通信业对辽宁国民经济的健康发展做出了重要贡献。

一、服务经济社会能力增强

（一）电信业务收入与总量增幅比进一步加大。

2009年，辽宁通信业总体继续保持较快增长。全省电信业务总量累计完成908.9亿元，比上年同期增长15.7%，电信主营业务收入累计完成349.5亿元，比上年同期增长1.8%。电信资费大幅下降，电信用户获得了越来越质优价廉的电信服务。

（二）电信固定资产投资大幅上升，电信从业人数进一步增加。

2009年，全省通信业投资总额达到203亿元，其中电信固定资产投资达到155.2亿元，电信固定资产投资比去年同期增长43.3%，同比上升17.9个百分点。实现增加值186亿元，比去年同期增长5.6%。电信业固定资产投资占全省固定资产投资总额的1.2%，增长率高于辽宁全社会固定资产投资增长率12.8个百分点。电信从业人数进一步增加，2009年底电信企业从业人数近6万人。辽宁通信业对促进辽宁社会就业、拉动地区经济增长起到重要的作用。

（三）电信用户总量进一步增长，电话普及率突破100%，互联网普及率进一步提升。

2009年，全省累计净增电话用户385.4万户，电话用户规模达到4411.2万户。其中，固定电话用户减少75.2万户，达到1529.1万户；移动电话用户增加460.6万户，达到2882.1万户，占电话用户总数的65.3%，同比增长5.2个百分点；移动分组数据用户1088.1万户，同比增长84.5%，占移动电话用户的37.8%。移动电话用户继续保持快速增长，G网的加大投资和升级改造，使得移动分组数据用户占移动电话用户的比重大幅上升。2009年全省电话普及率达到103.9部/百人，比去年提升了9.4%，高于全国平均水平24个百分点。

2009年，全省互联网用户达到535.4万户，同比增长21.5%，互联网宽带用户达到502.9万户，同比增长21.1%。其中xDSL用户增长迅速，达到420.6万户，同比增长23.3%，成为网络接入的主流。基础电信运营企业的互联网用户更加趋向宽带化。

（四）通信能力进一步增强，网络覆盖率不断扩大。

2009年底，全省电信光缆线路总长度达到29.6万公里，本年净增4.7万公里。固定长途电话交换机容量48.9万路端，比去年降低1.2万路端。局用交换机容量2115.9万门，比去年增加30.3万门。移动电话交换机容量4338.8万户，比去年增加738.3万户。移动短消息中心容量10764万条，比去年增加1556万条。互联网服务器端口549.9万个，比去年增加109.6万个。移动电话基站数达到3.5万个，比去年增加1.3万个，其中，TD基站数比去年新增1481个，增幅超过100%。

提前完成国家下达的村通任务，不断完善农村信息服务平台。村通工程解决了通信困难地区的网络覆盖问题，农村通信得到加速发展，更多功能强大、种类丰富、灵活便捷的涉农信息服务平台为广大农民服务。信息内容、信息服务终端进入乡村，网络覆盖率进一步提升，年底前实现20户以上自然村全部开通电话业务。

二、业务结构多元化，加快推进转型发展

（一）电信业务快速发展，业务结构更趋多元化。

（1）电信主营业务收入构成：2009年，全省电信主营业务收入累计完成349.5亿元，比上年同期增长1.8%。其中，移动通信网业务收入累计完成230.7亿元，同比增长8.5%，高于全省电信主营业务收入同比增长率6.7个百分点，移动通信网业务收入占电信主营业务收入的比重为66%，同比上升了4个百分点；固定本地电话业务收入、长途电话业务收入比上年同期分别减少21.5%、25.8%，在电信主营业务收入中所占的比重比上年同期分别下降了5.7、1.8个百分点；数据通信网业务收入累计完成36.8亿元，同比增长50.2%，数据通信网业务收入占电信主营业务收入的比重为10.5%，比去年提升3.3个百分点；移动数据业务收入累计完成52.4亿元，同比增长16%，移动数据业务收入占移动通信网业务收入的比重为22.7%，比去年提升1.5个百分点。

（2）增值电信业务收入：2009年，全省增值电信业务收入累计完成35亿元，同比增长17%，比去年提升1.8个百分点，增值电信业务收入占电信主营业务收入的比重为10%。全省增值电信企业总数近700家，增值电信企业收入近8000万元，增值电信企业从业人数近7000人。但是，全省增值电信发展不平衡，企业间实力差距明显，基础电信运营商的增值电信业务收入占全省增值电信业务总收入的97.7%。

（3）非话音业务收入：2009年非话音业务收入达到123.4亿元，同比增长15.4%，占电信主营业务收入的比重为35.3%，同比增长4.2个百分点。

（二）传统业务比重持续下降，业务替代愈发明显。

（1）固定本地电话业务：2009年，全省固定本地电话通话量累计达265亿次，同比下降11.7%。其中，本地网内区间电话通话量累计达9.3亿次，同比下降19.8%；区内电话通话量累计达255.5亿次，同比下降11.3%；拨号上网累计达1209万次，同比下降64.9%。

（2）固定传统长途电话业务：2009年，全省固定传统长途电话通话时长累计达29亿分钟，同比下降9.7%。

其中，国内长途电话通话时长累计达到28.8亿分钟；国际长途电话通话时长累计达到1555.8万分钟；港澳台电话通话时长累计达到230万分钟。

（3）移动电话业务：2009年，全省移动电话通话时长累计达1262.7亿分钟，同比增长23%。其中，本地电话通话时长累计达到1178亿分钟，同比上升20.8%；国内移动长途电话通话时长累计达到84.4亿分钟，同比增长64%；国际移动长途电话通话时长累计达到1521.5万分钟；港澳台移动电话通话时长累计达到341.4万分钟。移动长途电话通话时长占全省长途电话通话时长的比重为58.7%。

（4）IP电话业务：2009年，全省IP电话通话时长累计达30.6亿分钟，同比下降36.6%。其中，国内IP电话通话时长累计达到30.2亿分钟；国际IP电话通话时长累计达到4565.3万分钟；港澳台IP电话通话时长累计达到255万分钟。

（5）短信业务：2009年，全省短信业务量累计达到276.7亿条，同比增长19.5%。其中，无线市话短信业务量累计达到6.2亿条，同比下降48.3%；移动短信业务量累计达到270.5亿条，同比增长23.2%。

【监管工作】

一、加强行业监管，努力营造公平、公正、有效、有序的电信市场环境

（一）加强互联互通工作管理，保障网间通信畅通。一是加强互联互通日常监测，保障网间通信质量。2009年全省互联互通质量较好，全年未发生任何互联互通事故，地市间申告由2008年的150次降为2009年的14次，降幅90%，省级公司障碍申告0次。主叫号码不规范数量由2008年11月份的425次降至09年11月份的146次，降幅达65%。二是做好建国60周年大庆互联互通保障工作。历时6天，围绕各电信运营企业保障3G网络和互联网互联互通工作，重点对沈阳、鞍山、本溪、抚顺、铁岭、辽阳6个地市18家电信运营企业的互联互通进行了检查。三是做好互联互通机房和设备搬迁工作。

（二）加强电信市场监管，维护良好秩序。围绕建国60周年通信保障工作，全年开展了“服务社会、服务民生”、“打击网络低俗信息专项行动”、“垃圾短信息专项治理”、“阳光绿色网络工程”、“依法打击手机淫秽色情专项行动”、“IDC接入市场专项检查”等六项主题活动。出台了全国第一个《第三代移动通信业务服务质量检查标准》；全省第一部《电信用户投诉案例选编》；建立了服务曝光台，开展了SP季度拨测和通报。规范了互联网站和手机网站的接入，净化了网络空间；规范了企业重组后的电信市场竞争环境；着手辽宁省通信行业信用体系建设。与企业建立了7×24小时工作联系和反馈机制，要求各接入企业严格自查，对网上低俗内容信息进行全面清理，并对发布低俗信息的网站进行了处理。对通信管理局通知关闭或删除有害信息的网站要求企业8小时内处理完毕。截止目前，辽宁省通信管理局共配合有关部门查处违法网站104个，查处未备案网站2400余个。垃圾短信专项治理活动中，全省共拦截垃圾短信2251826条，关闭违规端口3140个，规范行业端口合作协议8份，处理违规SP企业23家，基础电信企业对自有短信群发业务整改6244个、关停857个，关停违规群发垃圾短信手机号码668546个，受理用户投诉举报并妥善解决322916起。建立SP季度拨测和通报制度。全年共开展SP拨测4次，共拨测SP业务1228个，涉及SP企业306家，对拨测中发现的28家违规SP企业进行通报批评，对其中严重违规的23家SP企业进行告诫谈话，对2家违规行为严重的SP进行了经济处罚。

（三）加强电信资费管理。2009年，共审批备案电信企业资费45份。积极做好全省固定电话营业区间通话费调整和移动电话拨打长途实行一费制两项工作的推进和落实。2010年1月1日起，全省固定电话营业区间通话费统一由0.30元/分钟下调为0.20元/分钟，移动电话拨打长途实行一费制。多次召开电信市场问题专题会议，明确全省支持TD发展的具体意见，为全省TD发展营造有利环境。对重组后，三家基础电信企业推出亲情号捆绑套餐进行了规范、对收机、收卡、强制搭售、限制用户选择权、移动虚拟网扩大范围等行为进行纠正。

（四）共建共享工作成效显著。2009年，全省铁塔共建率达到73%，共享率达到了66%；基站共建率达到60%，共享率达到71%；杆路共建率达到36%，共享率达到67%，共建共享率在全国名列前茅，在全国共建共享大会上受到表扬。第一，全国率先出台电力供给支持政策。与国家电力监管委员会东北监管局、辽宁省电力公司联合发布了《关于认真做好电信基础设施共建共享相关电源配套建设的通知》（东电监安全〔2009〕29号），明确提出了基础电信企业之间租赁使用电源等基础设施时，不再视为转供电行为，不再另行签订转供电协议。要求电力企业本着安全可靠供电的原则，积极创造条件，认真做好服务工作和必要的技术支持工作。第二，出台《辽宁省电信基础设施共建共享工作实施细则》。第三，签署电信基础设施共建共享协议。第四，努力取得省政府的大力支持。

（五）码号资源审批和管理工作进一步规范和加强，沈抚铁共用024区号获得实质性推进。2009年，共完成审批固定本地网局号70个，调整变更固定本地电话网局号使用范围或使用用途的29个，收回固定本地网局号4个。审批96字头短号码13个，收回96字头短号码2个，拓展位长2个，扩大使用范围1个，变更使用主体1个，不同意退回短号码批复1个，不同意延期缴费短号码批复1个。审批1062/1063字头SP代码20个，变更1062/1063字头SP代码3个，运营商自营SP代码变更批复1个。95/123字头号码在辽宁启用备案22个，

1066/1069 字头 SP 代码备案 19 个，运营商 HLR 码备案 149 个。沈抚铁共用 024 区号获得实质性推进。第一，赴陕西、湖南考察并网工作，并向省政府做了《关于启动实施沈抚铁通信一体化工作的请示》汇报。提出启动沈抚铁通信一体化申报工作。第二，向工信部正式提出书面申请，通信管理局代拟《辽宁省人民政府关于申请沈阳 抚顺 铁岭 3 市电信本地网并网使用统一区号的函》（辽政〔2009〕183 号）文件，向工业和信息化部提出沈抚铁通信一体化申请。第三，工信部派专家组来全省考察，在调研过程中，省政府领导和相关市领导表现了极大的热情，在较短的时间内，调研工作安排得周到、具体。最后，专家组认为，沈抚铁经济上关系密切，地理位置上距离很近，区号不同确实存在困难，有必要并网。目前，专家意见已报工信部等待研究。

（六）行政审批公开透明，进一步梳理简化了行政审批项目申报审批流程。2009 年通信管理局共发放增值电信业务经营许可证 139 个，其中信息服务业务（即网站和短信）130 个，呼叫中心业务 5 个，因特网数据中心业务 2 个，因特网接入服务业务 2 个，变更 63 个。取得信息产业部颁发的跨地区电信业务经营许可证，在全省备案的有 153 个。

（七）始终抓住维护消费者权益的根本，抓好企业服务工作。2009 年，共受理各类申诉、咨询 1846 人次，比去年同期增加 18.40%。其中：用户申诉 304 人次，比去年同期减少 28.48%;咨询 1542 人次，比去年同期增加 35.97%。

（八）全面推进依法行政，着力抓好法律、法规的执行和监督，依法规范行政行为。行政执法方面，全年共办理行政处罚案件 15 起，收缴罚款 10 万元。办案人员均能做到严格执法，具体案件做到事实清楚、证据确凿、程序合法。

二、加强行业政策指导，做好社会管理、公共服务等工作

（一）电信业助建社会主义新农村成果显著。在 2005 年行政村实现“村通”基础上，2009 年全省又实现了 20 户以上自然村通电话，圆满完成了年初制定的各项工作任务。同时，完善农村信息服务平台，为广大农民提供功能强大、种类丰富、灵活便捷的各类涉农信息服务平台；推进“信息下乡”活动，以基础电信企业为实施主体，积极配合地方政府和部门，以县乡村三级信息服务网点为运作体系，以农村通信网和业务平台为信息传递手段，重点开展农村信息服务网点建设和适农信息内容开发两方面工作，实现信息内容、信息服务终端进乡入村。

（二）行业统计工作有序进行，“十二五”规划工作开始启动。适应形势发展需要，加大制度创新，增强与企业间的协调和沟通，不断丰富和完善全省电信业统计内容。严把数据质量关 圆满完成统计报表工作。在完成工信部和省统计局任务的前提下，结合省内经济发展的实际情况，理顺和增补了地方所需的报表和指标。组织召开了辽宁省通信行业统计培训会议。依法为相关部门提供统计资料和信息。“十二五”规划工作开始启动，规划方案草稿初步形成。

（三）开展安全生产监管工作并得到企业高度重视。认真落实《安全生产法》、《建设工程安全生产管理条例》和《安全生产许可证条例》等法律法规和政策文件；深化安全生产专项整治工作，制定实施方案，开展了安全生产抽查和重点检查；加强了安全培训教育，加强安全事故隐患排查和整治力度，推进企业施工现场防范措施和安全技术措施落实。开展安全生产“三项行动”，强调隐患排查不留死角、整改治理不留后患，并进行了自查和检查。大力开展“三电”专项斗争，全省盗窃破坏电信设施发案率有所下降，打击盗窃破坏电信设施违法犯罪活动工作取得实效。

（四）全面加强职业技能鉴定工作。着力推进通信行业专业技能人才队伍建设，不断完善职业培训与鉴定考评机制创新，促进职业资格证书制度全面发展。全年共计组织各级各类职业技能鉴定考试 5578 人次，通过鉴定考试合格核发职业资格证书 4266 人次，总计获证合格率 76.48%。鉴定考试人数及获证合格率两项指标在全国各省（市、区）顺位均名列前茅。

【重大事项、事件】

1 月，省通信管理局组织省内各基础电信运营企业、互联网接入服务单位和各大门户网站开展了“整治互联网低俗之风”专项行动。截至 2009 年 12 月份，全省专项行动取得了明显成效，受到了工业和信息化部、省“扫黄打非”办公室的充分肯定。

2 月 18 日，辽宁省电信用户委员会 2009 年工作会议在沈阳召开。

2 月 27 日，在省通信管理局组织协调下，辽宁联通、移动、电信三家基础电信企业在沈阳共同签署了辽宁省电信基础设施共建共享合作协议。

3 月 15 日，省通信管理局组织省内各基础电信运营企业，结合“3•15”消费者权益日“消费与发展”这一主题及全省电信业发展现状，开展了以“四民”（即：听民声、知民意、聚民智、解民忧）为主线的一系列主题活动，旨在倾听用户心声，维护用户权益，促进行业健康发展，营造民生和谐的电信服务环境。

5 月 17 日，省通信管理局会同省广播电视局、省经济和信息化委员会，组织开展了纪念“5 • 17”世界电信日活动。

6 月份，省通信管理局制定并下发了《辽宁省木马和僵尸网络监测与处置机制（试行）》（辽通信管〔2009〕95 号），明确了相关单位职责、事件监测和处置流程、事件分级、与通信行业外其他单位的合作方式等，规范并促进了省内木马和僵尸网络监测与处置工作。

7 月 21 日，省政府纠风办、民心网召开“五周年感动民心表彰大会”，辽宁省通信管理局获“2008 年度民心网举报投诉和政策咨询办理工作优秀联网单位”称号。

7 月 30 日，“2009 上半年全省电信用户投诉处理工作交流会”召开，省内各基础电信运营企业主管服务和投诉工作的部门经理和具体负责人员参加了会议。

7 月，省通信管理局出台《电信用户投诉案例选编》，共编入案例四大类 15 个，侧重对案例反映出的服务问题给予点评，明确了一些热点问题的管理政策，为企业处理类似问题提供了指导性的意见和建议。

7 月，组织开展了全省互联网接入服务市场情况和网站备案情况进行检查。

9 月 7～8 日，工业和信息化部通信一体化专家组来辽宁，对全省沈阳、抚顺、铁岭 3 个本地网共用 024 区号进行了调研。专家组认为，沈抚铁经济上关系密切，地理位置上距离很近，区号不同确实存在困难，有并网必要。

11 月份，辽宁移动公司完成了 41 个自然村村通任务，辽宁联通公司完成了 153 自然村村通工程任务。继 2005 年完成了所有行政村通电话的“村通工程”后，2009 年全省又实现了 20 户以上自然村 100%通电话，圆满完成了年初制定的各项工作任务。

11 月份，辽宁省通信管理局出台了《第三代移动通信服务质量检查标准（试行）》（以下简称《标准》），作为检查和考核省内基础电信运营企业分支机构（含其代理商）3G 业务服务质量情况的标准和依据，切实提高监管实效。

12 月 12 日，辽宁省通信管理局由于洪区怒江北街 99 号搬迁至皇姑区崇山西路 17 甲新办公场所。

12 月 16 日，省通信管理局、辽宁省委外宣办、省公安厅三部门在沈阳召开全省电视电话会议，决定从现在起到 2010 年 5 月底，在全省范围内深入开展整治互联网和手机媒体淫秽色情及低俗信息专项行动。

12 月 18 日，“2009 年全省电信用户投诉处理工作总结交流会”召开。会上，省电信用户申诉受理中心通报了全省 2009 年电信用户申诉受理总体情况，结合案例详细分析了当前电信用户投诉热点和电信运营企业经营中存在的主要问题，并就一些热点问题提出了整改建议。

12 月份，辽宁省通信管理局出台五项措施，对制作、传播淫秽色情信息的手机网站进行坚决打击，即严格电信业务许可年检审查环节，加大源头治理力度；充分发挥网站备案系统黑名单作用，有效遏制淫秽色情网站反复接入；组织人力、物力，开展全省范围内的重点实地检查；配合公安部门严肃查处；畅通社会举报受理渠道。

12 月份，辽宁省通信管理局在省内组织开展了整治手机淫秽色情和低俗信息专项行动，出台了六项重要举措，全面打击手机涉黄。

12 月份，辽宁省通信管理局会同辽宁省物价局联合下发了《关于调整固定电话本地网营业区间通话费上限标准的通知》（辽通信管联〔2009〕5 号）。《通知》明确自 2010 年 1 月 1 日起，辽宁省固定电话本地网营业区间通话费上限标准由原来的 0.30 元/分钟调整为 0.20 元/分钟，原区间通话费上限标准低于 0.20 元/分钟的，保持不变。此次固定电话本地网营业区间通话费上限标准的调整，将有利于电信企业进一步降低固定电话营业区间通话费，广大的城乡用户将从中获益。

（辽宁省通信管理局）

吉林省电信发展与管理

【电信发展统计】

项目	达到	增长率/增长量
电信业务收入	144.4 亿元	6.2%
固定电话用户数	581.3 万户	-40.3 万户
无线市话用户数	98.7 万户	-28.9 万户
移动电话用户数	1574.2 万户	211.3 万户
拨号上网用户数	9.6 万户	-69.8 万户
宽带接入用户数	227.9 万户	51.9 万户
固定资产投资	89.1 亿元	55.8%
村通工程完成率	100%	

【电信发展情况综述】

一、总体发展情况

2009 年，全年累计完成电信业务总量 512 亿元，同比增长 15.9%；完成电信业务收入 144.4 亿元，同比增长 6.2%；电信增加值达到 77.4 亿元，同比增长 15.1%。电话用户新增 171 万户，总数达到 2155.5 万户。

全省移动电话用户新增 211.3 万户，达到 1574.2 万户，移动电话普及率达到 57.6 部/百人，移动电话用户在电话用户总数中所占的比重达到 73%，移动电话用户已达到固定电话用户的 2.7 倍。固定电话用户继续减少，全年减少 40.3 万户，降为 581.3 万户，其中，城市电话用户减少 20 万户，达到 425.4 万户；农村电话用户减少 20.3 万户，降为 155.9 万户；固定电话普及率达到 21.3 部/百人。基础电信企业的互联网拨号用户减少 69.8 万户，为 9.6 万户，互联网宽带接入用户新增 51.9 万户，达到 227.9 万户。

吉林省固定本地电话通话量累计达到 110.6 亿次，同比下降 10.5%；固定传统长途电话通话时长累计达到 9.7 亿分钟，与去年同期持平；移动电话通话时长累计达到 802.3 亿分钟，同比增长 19.1%；IP 电话通话时长累计达到5.6亿分钟，同比下降36.4%；短信业务量累计达到171.1亿条，同比增长26.9%。

吉林省电信固定资产投资达到89.1亿元，同比增长55.8%，其中TD等3G投资达到26.6亿元，占全部投资的比重为29.8%；光缆线路长度新增3万公里，达到16.4万公里；固定长途电话交换机容量新增1.1万路端，达到27.6万路端；局用交换机容量减少40.1万门，达到860万门；移动电话交换机容量新增807万户，达到3060万户；基础电信企业互联网宽带接入端口新增50.1万个，达到260.6万个。

二、本年度发展特点

电信业务收入增速平稳回升；量收差距持续拉大，价格水平继续下降；电信服务水平继续提高；投资总额大幅增长，TD等3G网络建设发展迅速；移动电话替代效应继续加深，固定电话持续负增长；基础电信市场结构失衡进一步加剧；移动电话通话量快速增长，固定电话通话量继续下降；移动通信业务收入比重进一步加大。

【监管工作】

一、村村通电话工程

大力推进自然村通电话工程建设，提高信息化应用水平。全年完成自然村通电话工程422个，超额完成工信部下达的村通任务；建设行政村通宽带工程1445个，全省行政村通宽带比率达到72%；在全省623个乡镇开展了信息下乡工程，建设信息站623个，村信息点2068个，乡信息库354个，村信息栏目2568个；加强对涉农电信服务资费和收费行为的监督指导，降低固定电话本地网营业区间通话费，规定同类业务农村资费不能高于城市资费，促进农村信息化应用。

二、电信市场秩序

维护电信消费者合法权益，推进电信服务质量全面提升。着力解决电信企业资费和收费行为等群众反映的热点问题，对违法违规行为加大处理力度；深入开展行风建设工作。制定并落实《2009年吉林省电信行业行风工作实施意见》；通过深入基层调研、座谈，组织明查暗访，开展用户满意度调查、走进直播间等多种方式，及时发现行风建设中存在的问题，指导企业及时改进；开展电信服务窗口“服务社会民生，树立行业新风”活动，对省、市公司进行了用户满意度测评；对全省所有市（州）营业厅、部分县（市）近百个营业场所及省级客服中心进行明查暗访，对检查出的问题，全部反馈给相关企业进行落实整改。

三、应急通信

制定下发《吉林省通信管理局关于加强应急通信工作的实施意见》，初步形成全省应急通信工作系统思路；采取分片包干模式在省内9个地市建立应急通信工作领导机构；于十月份在白山组织应急通信演练，有效检验了地市应急通信指挥调度能力，提高了应急通信实战能力；全年圆满完成建国60年大庆等重大通信保障工作5次。

四、互联网络管理

进一步加强互联网管理，积极开展整治网络环境专项行动。落实工信部部署，对省内接入网站备案信息进行两轮次核查更新；积极开展整治互联网低俗之风，净化社会文化环境、打击网络淫秽色情等专项工作。全年共关闭“黑网站”387家、淫秽色情网站18家、低俗不良信息网站3家、违法性保健品网站32家，删除违法不良信息及链接28900个，停止3家违法网吧的接入服务；对利用虚假、淫秽色情信息骗取用户手机注册费的7家SP予以终止业务资格的处理。

加强对垃圾短信的治理力度，有效遏止违法不良信息的传播。重点包括清理整改行业类应用等短信息端口，限制接入SP企业滥发短信息，建立对异常群发短信息行为的检测、发现、预警及后续处理机制，建立垃圾短信息网间和省间处理机制，关闭停用部分短信息资费套餐产品，完善用户投诉处理机制，提供便民投诉渠道。专项治理工作中，共计规范行业端口合作协议23份，关闭行业端口1个，整改基础电信企业自有短信群发业务1个，关停自有短信群发业务2个；对违规群发诱导消费垃圾短信息的5家SP企业给予行政处罚。

深入开展打击整治手机淫秽色情专项行动。积极落实国家九部委联合下发的《打击整治网络淫秽色情专项行动工作方案》及工信部《关于积极配合有关专项行动进一步加大互联网市场管理力度的通知》等文件要求，制定了全省《加大整治手机淫秽色情和低俗信息力度的工作实施方案》和《关于进一步深入整治手机淫秽色情专项行动工作方案》；通过企业自查与通信管理局拨测，关闭涉嫌含有不健康内容的WAP网站6家，净化了全省接入WAP网站的信息内容。

【重大事项、事件】

1月7日，出台《吉林省电信基础设施共建共享管理实施办法》。

2月17日，下发《关于加强城乡通信基础设施规划工作的通知》。

3月13日，协调省政府下发《吉林省人民政府办公厅关于大力支持TD-SCDMA网络建设的通知》。

4月9日，全面开展整治互联网低俗之风、净化社会文化环境、打击网络淫秽色情专项行动。

6月24日，制定下发全省出租共建共享电信基础设施指导价格。

8月5日，吉林省委书记王珉莅临指导，对通信管理局的工作予以充分肯定。

9月22日，全省通信行业圆满完成国庆60周年通信保障任务。

10月24日，吉林市固定电话小灵通升至8位。

10 月 27 日，会同省物价局对全省固定电话本地网营业区间通话费上限标准进行调整，由原来的 0.30 元/分钟下调至 0.20 元/分钟。

11 月 2～19 日，组织对全省 9 个市州，部分县市电信企业开展行风评议检查工作。

（吉林省通信管理局）

黑龙江省电信发展与管理

【电信发展统计】

项目	达到	增长率/增长量
电信业务收入	201.7 亿元	13.1%/9.2 亿元
固定电话用户数	870 万户	-15.2%/-156 万户
小灵通用户数	187.2 万户	-38.6%/-117.9 万户
移动通信用户数	1990 万户	21.3%/349.2 万户
拨号上网用户数	41 万户	-40%/-27.3 万户
宽带上网用户数	277.1 万户	16.3%/38.9 万户
固定资产投资	95.3 亿元	43.3%/28.8 亿元
村通工程完成率	100%	

【电信发展情况综述】

2009 年全省电信行业累计完成投资 75 亿元。完成电信业务收入 201.7 亿元。全省电话用户总数已达到 2860 万户，其中固定电话用户 870 万户，移动电话用户 1990 万户。互联网拨号上网用户 41 万户，宽带接入用户 277 万户。全省电话普及率达到 75 部/百人，按照 3 口人一家计算，平均每家有 2 部多电话。全省累计光缆、电缆线路总长度达到 36.6 万公里。全年全省基础电信运营企业共上缴利税 33 亿元，为服务地方经济发展做出了贡献。

【监管工作】

一、主动融入地方经济社会发展的大局，为推进全省建设“八大经济区”和实施“十大工程”做贡献

8 月 27 日，经省通信管理局组织协调，黑龙江省人民政府同三大电信集团公司签定了战略合作协议，栗战书省长、王玉普副省长、省直机关主要负责同志 10 余人参加签字仪式。三大电信集团公司与黑龙江省结成战略合作伙伴，并在 5 年内投入 361 亿元推进 3G 业务发展、“两化”融合、农村信息化建设和网络文化建设。这将迎来黑龙江省通信信息服务产业发展的又一次新飞跃，对促进黑龙江省扩大内需、拉动消费、实现经济社会又好又快发展具有重要意义。

为确保依法打击手机淫秽色情专项行动顺利开展，黑龙江省通信管理局积极向省委领导汇报工作，得到了省委宣传部、文明办、网宣办、新闻出版局、公安厅等部门的大力支持，省委常委、省委宣传部长衣俊卿亲自出席全省通信行业依法打击手机淫秽色情专项行动电视电话会议并讲话，高度肯定了省通信管理局的工作，要求各单位按照黑龙江省通信管理局制定的工作方案的要求，密切配合，协同作战，确保专项行动圆满成功。

为进一步推动黑龙江省两化融合，助力信息化建设，黑龙江省通信管理局成立了黑龙江省电信工程技术研究中心。孙尧副省长为中心揭牌，该中心通过召开对接会等方式，不断促进 3G 技术在高新技术企业、创新型企业信息化中的应用，为地方经济发展服务。省委常委、原副省长盖如垠专门视察黑龙江省电信行业，勉励全行业干部职工继续努力工作，服务地方经济、造福龙江百姓。

为加快全省 3G 业务发展，协调省政府办公厅下发文件支持 3G 发展建设；为加快全省增值电信业务发展，协调以省政府办公厅的名义下发文件提出加快全省增值电信业务发展的指导意见。这两个文件的发布，对提高全省通信行业在省内的地位和影响，加快通信行业发展具有重要意义。融入地方经济发展的大局，使黑龙江省通信管理局开阔了视野，找准了定位，明确了方向。通过积极主动工作，黑龙江省通信管理局同地方政府相关部门形成了良好的沟通协调机制，很多交叉工作得以理顺。省扫黄打非办专门向国家有关部门发文介绍黑龙江省通信管理局依法打击手机淫秽色情专项行动做法；省公安厅总队给黑龙江省通信管理局送来牌匾，发来感谢信，对黑龙江省通信管理局给予的工作支持和配合表示感谢。

二、推进 3G 建设，扶持 TD 发展，抓好共建共享，确保投资拉动地方经济发展

采取多种措施，大力推进 3G 建设，扶持 TD 发展：一是协调省政府与三大集团公司签定战略合作协议，确保 5 年内投入 361 亿元；二是督促企业抓紧落实协议相关内容，确保投资到位、服务到位；三是协调省政府成立由省长助理任组长的协调小组，专门协调解决 TD 建设中遇到的问题。通过积极努力的工作，为地方政府拉动内需创造了机会和条件，赢得了地方政府领导的肯定；同时也为企业进一步发展扫清了障碍，创造了良好的发展环境，赢得了企业的感谢和信任。

成立领导小组协调各企业签署共建共享协议，统一资源租用价格，组建了共建共享专家库，建立了共建共享网上办公平台，统一规范了企业协商范本、时限和流程，建立了“地（市）、省公司两级协商和管理局调节与仲裁”机制以及省、市周例会制度。截至 11 月末，全省铁塔共建率达到 62.8%，共享率达到 72%；杆路共建率达到 51.9%，共享率达到 98%；基站共建率达到 50.4%，共享率达到 71.7%；传输线路共建率达到 22.7%，共享率达到 97.7%。均已全部超额完成了部对企业的各项考核指标，全省节约建设资金 5 亿元左右。

三、抓监管，树权威，维护电信市场秩序，保障电信用户合法权益

黑龙江省通信管理局把保障电信用户合法权益、创造公平有序竞争环境作为一项重要的工作目标，着力解决电信用户关心的热点和难点问题，树立便民、利民的服务型政府形象，受到了社会各界的广泛好评，在电信资费、电信建设、互联互通、电信用户维权、码号管理、招投标管理等常规工作中，注重发挥典型案例的作用，通过缜密调查、科学取证、依法处理、宣传教育等环节，使典型案例起到了惩前毖后、规范经营行为、维护用户合法权益、维护市场秩序的作用，监管效率提高，监管成效显著，市场环境越来越好。

（一）加强电信资费管理，让利于民，让广大老百姓享受到电信业发展的成果。全年共受理电信资费备案及审批申请 17 份，对其中符合要求的 14 份申请进行审批备案。推动实行移动电话打长途一费制，移动电话拨打长途时，合并移动电话的长途费和本地通话费，合并后的话费实行上限管理即每 6 秒 0.07 元。减轻农民负担，下调固定电话本地网营业区间通话费，自 2010 年 1 月 1 日零时至 2010 年 12 月 31 日 24 时，固定电话本地网营业区间通话费上限标准由现行的 0.3 元/分钟调整为 0.20 元/分钟；2011 年 1 月 1 日零时起取消固定电话本地网营业区间通话费。

（二）以依法打击手机淫秽色情为重点，加强互联网管理。制定行动方案，采取五项措施，全面开展手机网络淫秽色情信息治理工作。共清查业务产品 198 个，涉及手机网站信息超过 12 万条、图片 7000 余张。

加强经营性互联网单位准入和非经营性网站的备案管理，严格审批备案程序。按照网站“先备案后接入”要求，全年清理未备案网站 700 多个，受理网站备案申请 17.5 万余个，审核通过 11 万个，注销网站数量 38265 个。网站的备案率超过 99%，备案信息准确率准确率高于 85%。严厉打击互联网违法行为，有效控制网络不良信息的传播。单独开展和参与的网络信息安全专项行动 18 项，查办违规网站 138 家。

（三）加强市场监管，查处违规经营行为。对尚志移动、大庆广大信息、哈尔滨元申广电等多家违规单位进行了行政处罚，维护了市场竞争秩序，净化了市场环境。

（四）充分发挥监测系统作用，互联互通工作呈良好态势。针对企业重组后互联互通出现的新情况，对监测系统进行了调整。同往年相比，互联互通申告、申诉案件明显下降，网间通信质量明显提高，网间增加中继难、通信质量低、发生网间通信事故的问题已基本解决，没有发生人为破坏通信线路等方面恶性事件。全年共增网间互联中继 2913 条 2M 中继，满足了电信网间话务量需求，确保了网间通信质量。采取各项有效措施，确保第 24 届大学生冬季运动会通信畅通。严肃查处互联互通案件，对联通鹤岗、宾县等地发生的通信事故进行了查处。

（五）发挥申诉中心作用，为电信用户排忧解难，维护电信用户合法权益。加大对申诉受理中心宣传力度，开展有奖问卷调查活动。处理解决电信用户申诉中的典型案例，调节用户和企业关系，维护电信用户权益。全年受理用户申诉及咨询 7215 人次，立案调查 307 件。积极配合相关部门做好联合执法工作。与文化、公安、工商以及全省城市市容环境行政执法部门，有效治理黑网吧和乱涂乱画问题，为哈尔滨市综合执法大队共停机 8630 部。

（六）加强计算机网络安全管理，处理解决网络安全事件。计算机网络应急技术处理协调分中心配合地方政府相关部门工作，确保网络安全和信息安全。全年向国家中心发送网络安全月报 12 期。

四、完善制度，严格程序，不断提高依法行政水平

从加强制度建设入手，编制法规汇编，进一步规范执法行为；加大管理局网站建设管理力度，加强政务信息公开工作，努力建设行为规范、运转协调、公正透明、廉洁高效的行政管理体制。

（一）继续做好增值电信业务许可审批工作。实行一个窗口对外制度，申请许可的全部材料和申请书示范文本在办公场所公示。建立申请材料接收、补正、受理、许可或不予许可等受理流程的书面凭证制度。继续做好增值电信业务许可证的审批备案和年检工作，提高增值电信市场的监管能力。全年审批各类许可共计 222 份。对全省增值电信业务经营企业进行了电信业务经营许可证的年检工作，共计年检 425 家。

（二）做好电信码号审批及管理工作。完成《黑龙江省电信网码号资源规划与管理》编制评审工作。全年审批固定本地网号码 112.9 万个。完成全省码号占用费收缴工作，收缴码号占用费 664 万元。

（三）开展通信建设资质审批和人员资格审核工作。共审核通过通信监理、概预算人员 80 人，为 10 家系统集成企业、4 家用户管线企业资质颁发了资质；对 13 家外省通信建设参建企业进行了备案审查。全年共举办 11 期通信建设方面培训班，培训 2390 人。

五、服务社会，服务民生，保障通信，树立政府新形象

（一）积极推进新农村信息化建设工程。在全省行政村实现 100%通电话的基础上，协调移动和联通共投资 1.3 亿元，建设 124 个用于覆盖农林牧场和自然村的村村通基站，铺设光缆 1000 多公里，解决了 218 个自然村和 201 个农林场的通信问题，超额完成了工信部下达的 190 个自然村的指标。积极响应工信部和省政府关于推进农村信息化的号召，推动企业进一步发展农村互联网宽带接入，增加互联网数据服务功能，提升业务层次和网络质量，为农民享受更加现代先进的信息通信服务提供良好的网络服务支撑。目前，全省共建设农村信息服务站 1663 个，行政村渗透率达到 18.35%；平安互助村屯 1848

个，行政村渗透率达到 20.39%；在 7 个地（市）开通了 12316“三农”热线，有效地解决了信息落地和为“三农”提供信息服务的手段问题。

（二）切实抓好战备应急、防汛抗旱等突发事件通信保障工作。黑龙江省通信管理局积极做好各项通信保障工作，保证了通信网络安全畅通。在应急通信保障方面，制订了 2009 年国庆通信保障专项预案，在国庆节前加强对全省十三个地市的重要部门的通信信息安全保障和安全生产工作进行了全面的检查，圆满完成了国庆 60 周年通信保障任务。第 24 届世界大学生冬季运动会在全省举行，按照省委省政府的要求，认真制定和落实各项通信保障措施，圆满完成了通信保障任务。完成了春节、“两会”、鹤岗新兴矿难等敏感时期及突发事件的通信保障工作。

在防汛、防火通信保障方面，根据工信部和省委省政府的防汛、防火总体要求，积极与防汛指挥部、市水文、气象、水务局等部门联系和协调，确保汛期的通信安全。伊春森林大火通信保障工作，组织及时，措施得当。

为提高应对突发性自然灾害和突发性公共事件的快速反应能力和综合通信保障能力，组织 2009 反恐维稳应急通信保障紧急拉动演练，进一步提高了全省应急通信队伍紧急集结的能力。

（三）加强安全生产管理。按工业和信息化部及省委、省政府的要求，开展了通信业安全生产“三项行动”，分组对全省十三个地市公司进行了安全检查。排查发现安全隐患 392 处，完成整改 338 处。积极开展安全生产宣传活动和安全培训教育活动 ，积极协调配合公安部门开展“三电”斗争，成效显著。全行业全年无重特大安全事故发生。

（四）做好通信行业统计及规划工作。及时发布统计信息，对宣传通信行业形象，促进行业快速发展具有重要作用。每季度出版《黑龙江省通信业统计信息及行业发展动态》，不定期下发全省通信行业发展情况简报，每季度发布全省通信行业发展情况分析。

【重大事项、事件】

1 月 22 日，在第 24 届世界大学生冬季运动会召开的前夕，通信管理局组织了由各基础电信运营企业、黑龙江机动通信局参加的“2009 保大冬应急通信拉动式演练”。

3 月 2 日，黑龙江省人民政府办公厅下发《黑龙江省人民政府办公厅关于加快推进第三代移动通信网络建设工作的通知》（黑政办综〔2009〕8 号），对加快推进黑龙江省第三代移动通信网络建设工作提出了总体要求。

3 月 12 日，黑龙江省通信管理局组织省内各基础电信企业正式签订了《企业间共建共享合作协议》。该协议规定在新建项目上采取一家建设几家共享的方式，同时明确了共建共享资源出租价格。

4 月 23 日，工业和信息化部党组成员、中纪委驻部纪检组组长郭炎炎到通信管理局视察工作。他对黑龙江省通信管理局的工作给予充分肯定，要求继续做好通信监管和党风廉政建设工作，更好地服务于经济社会发展。

4 月 28 日，接到黑龙江省伊春市伊南河林场发生火灾的情况后，省通信管理局立即要求各电信企业与当地防火指挥部门建立联系，及时了解火情动态、扑救进展等情况，必要时迅速启动应急预案，确保防火指挥部及火场周边的通信畅通。截至 5 月 3 日，黑龙江省电信行业全面保障了火场区域的通信畅通，确保了防火指挥部的通信畅通，为此次森林火灾的扑灭做出了积极贡献。

5 月 6 日，2009 年黑龙江省通信行业职业技能鉴定工作会议在哈尔滨召开。在哈各电信运营企业、专网相关单位的人力资源部领导和具体负责职鉴工作人员参加了会议。

5 月 15 日，由黑龙江省通信管理局组织筹建的黑龙江省电信工程技术研究中心正式成立。黑龙江省副省长孙尧、黑龙江省通信管理局局长胡立志出席揭牌仪式并讲话。

6 月 1 日，中共黑龙江省委常委、副省长盖如垠视察全省联通、电信、移动三家通信企业 3G 建设运营情况，分别听取企业汇报，深入企业营业厅、网管中心了解 3G 新业务发展和建设情况，对进一步做好 3G 建设运营工作提出要求。

6 月 24 日，以黑龙江省电信工程技术研究中心为平台，省科技厅与省通信管理局联合召开“黑龙江省高新技术企业、创新型企业与电信企业对接会”，省内 40 余个高新技术企业、创新型企业就信息化应用问题与省联通公司、省移动公司、省电信公司进行面对面的对接洽谈。

7 月 14 日，黑龙江省政府组织召开第一次 TD 网络发展联席会议，协调解决 TD 建设过程中遇到的主要问题。会议由省长助理赵杰主持，省通信管理局、省工业和信息化委员会、省环境保护厅、省教育厅、黑龙江电力公司、黑龙江移动公司的相关负责人参加了会议。

7 月 23～24 日，工业和信息化部通信保障局网络安全检查工作组到黑龙江省检查指导通信网络安全和信息安全工作，对黑龙江省通信管理局的组织和领导工作给予好评，对省内各基础运营企业通信网络安全和信息安全自查工作给予肯定。

7 月 27 日，为贯彻落实国家和省委省政府关于当前反恐维稳应急通信保障的有关要求，提高黑龙江省电信行业应对突发性自然灾害和突发性公共事件的快速反应能力和综合通信保障能力，并为新中国成立 60 周年庆祝活动做好应急通信保障准备，黑龙江省通信管理局组织举行了 2009 反恐维稳应急通信保障紧急拉动演练。

8 月 3 日，工业和信息化部苗圩副部长赴黑龙江省通信管理局视察工作。苗圩副部长在计算机网络应急技术处理协调中心和互联互通监控机房，实地考察设备运行情况，了解各项业务的处理流程，并与全局干部职工座谈，对黑龙江省通信管理局的工作给予充分肯定。

8月10日，黑龙江省省委常委、副省长盖如垠在《黑龙江省通信管理局关于推进3G建设 助力全省“两化融合”工作情况的报告》上做出重要批示：要加强3G知识的普及培训，做好3G推广的基础性工作，扎实推进“两化融合”工作。

8月27日，黑龙江省人民政府与中国移动通信集团、中国联合网络通信有限公司、中国电信集团公司在哈尔滨签署战略合作框架协议。根据协议，三大电信集团公司将在5年内投入361亿元推进黑龙江3G业务发展、“两化”融合、农村信息化建设和网络文化建设，黑龙江省政府将出台政策，帮助解决3G网络建设中遇到的问题，大力支持三大电信集团公司在黑龙江的发展。

11月18日，针对中央电视台曝光部分手机网站传播淫秽色情信息等问题，根据国家关于严厉打击手机网站制作、传播淫秽色情信息活动的要求，黑龙江省通信管理局召开紧急会议，了解各基础电信企业接入手机网站情况，部署深入开展整治手机淫秽色情网站工作。

11月21日7时，在得知鹤岗兴山区新兴煤矿发生瓦斯爆炸的消息后，黑龙江省通信管理局第一时间通知各电信运营企业，要求各企业立即启动应急预案，积极做好通信保障工作，并派相关人员立刻赶赴事故现场，指挥通信保障工作。事故发生后，由于反应及时，措施得当，事故现场及周边地区通信畅通，有力地保障了事故抢险救灾工作。

12月4日，黑龙江省通信管理局召开全省电信基础设施共建共享总结推进会，黑龙江移动、联通、电信三家企业的省公司、十三个地（市）公司的主管领导、部门领导以及协调人员参加了会议。

12月10日，黑龙江省海林市电信用户张海滨给黑龙江省通信管理局电信用户申诉受理中心送来感谢信和锦旗，对电信用户申诉受理中心在短时间内解决他反应的问题表示感谢。

12月15日上午，中国铁通黑龙江分公司与哈尔滨铁路局在哈尔滨铁通分公司举行“中国铁通黑龙江分公司·哈尔滨铁路局铁路专用通信网划转签字仪式”。

12月23日，按照工业和信息化部关于依法打击手机淫秽色情专项行动的要求，黑龙江省通信管理局召开全省通信行业依法打击手机淫秽色情专项行动电视电话会议。黑龙江省委高度重视依法打击手机淫秽色情专项行动，省委常委、省委宣传部长衣俊卿出席会议并讲话，省通信管理局局长胡立志在会上做了全省通信行业依法打击手机淫秽色情专项行动部署讲话，省联通、移动、电信公司主要领导就落实此次专项行动做了表态发言。

12月8日，省通信管理局与省物价局联合下发文件，确定自2010年1月1日零时起下调黑龙江省固定电话（包括“小灵通”）本地网营业区间通话费上限标准；2011年1月1日零时起取消固定电话（包括“小灵通”）本地网营业区间通话费，本地网营业区间通话费标准与本地网区内通话费标准相同。

（黑龙江省通信管理局）

上海市电信发展与管理

【电信发展情况综述】

2009年，上海市实现电信业务总量806.9亿元，同比增长4.0%，低于2008年17.3%的同比增速；实现电信业务收入402.5亿元，同比下降0.7%，自2000年以来首次出现下降。受资费下调等因素影响，2009年上海市实现电信业务利润总额102.5亿元，较2008年下降3.2%。2009年，上海市实现电信业增加值228.4亿元，较2008年增长了1.0%，远远低于上海市GDP 8.2%的增速，占GDP的比重也较2008年进一步下降。

分业务来看，由于无线市话业务迅速萎缩，传统固话用户也略有减少，固定电话业务呈整体下滑态势；移动电话业务则继续保持稳定增长，与2008年相比，移动电话与固定电话的本地电话通话量差距进一步拉大，移动本地通话业务量已经占到上海市本地通话业务量的80.5%。移动电话用户和业务量均以略高于12%的速度稳定增长。2009年，上海市移动电话业务对固定电话业务的替代进一步加大，但移动电话业务增长速度趋缓。

从用户发展来看，无线市话用户较2008年底锐减了78.1万，并直接导致固定电话用户总量较2008年底下降了79.9万，达到935.5万；而移动电话用户则在2008年的基础上又实现了12%的增长，达到2106.3万。移动电话用户数为固定电话用户数的2.25倍。

2009年上海市电信服务能力继续保持在较高的水平，其中，固定电话交换机容量较2008年略有下降，基础电信设施投资完成额、移动电话交换机容量都有增长。2009年，上海市实现基础电信设施投资完成额117.7亿元，较2008年出现了3.6%的小幅增长；局用交换机容量较2008年底下降了0.8%，达到942.9万门，继2007年后再次出现萎缩；相反地，移动电话交换机容量却较2008年增长了3.5%，达到3488万户。

2009年上海市宽带用户总数达到514.1万。其中，上海市各基础电信企业新增宽带用户55.6万户，达到434.0万户，比2008年底增长了11.1%；其他企业经营的宽带业务用户数累计达到80.1万。以此推算，上海市宽带用户占到全国的5%以上，按人口计算，宽带普及率达到27.2%，较2008年底提高了近2.3个百分点。

【监管工作】

一、规范市场经营秩序，营造可持续发展的市场环境

（一）贯彻落实部有关文件精神，建立规范市场的长效机制。

对工信部重新颁发的新的基础电信业务经营许可证进行深入解读，明确业务特性和经营中的界限，指导企业在经营许可范围内合法经营；根据工信部近期下发的《关于规范当前电信市场秩序的若干意见》的文件精神，建立了规范市场秩序自查自纠制度，形成了一套短信息业务管理和垃圾短信整顿的长效机制：进一步加强“一号通”和 400/800 等业务实名制管理和“一机多号”等虚拟号码业务管理，加强注册号码管理，确保在需要时能够准确查到注册号码对应的真实号码及用户资料，落实网络信息安全管理；加强公用电话管理，规范新的市场竞争格局；加强因特网接入，确保做到“谁接入，谁负责，谁经营，谁负责”；发挥通信管理局电子政务平台的功能，加强基础数据管理，完善月报表统计制度，已对 IDC、ISP 实行月统计报表，以全面了解因特网数据中心和因特网接入服务市场的动态；加强对从事经营性互联网信息服务业务的 BBS 申请栏目的管理，为网络信息安全把好第一关；配合相关部门出台促进“外包服务”行业的产业政策，支持和鼓励呼叫中心企业的自主创新业务，促使上海的呼叫中心企业成为全国的龙头行业，为完善本市产业结构调整，扩大就业能力尽一份力量。一年来，上海共关闭违规短信端口 7056 个，规范行业端口合作协议数量 5258 份，停止企信通类业务合作方 7061 家，转请公安等机关研判处理企业投诉 2.04 万起，配合公安机关依法处理手机号码 1078 个，巩固了移动短信息业务和垃圾短信息的整治成果。

（二）加强服务监管工作，提高行风水平。

组织全行业参与上海市政风行风测评调查工作。上海电信行业 2009 年上海市民主评议政风行风的重点在“服务意识、窗口形象、网络建设、资费套餐、投诉处理、施工质量”等方面。从测评情况看，测评的总分为 88.40 分，较 2008 年的 78.46 分高 9.94 分，办事效率 89.54 分，较 2008 年提高 11.34 分；规范收费 89.93 分，较 2008 年提高 10.72 分；办事公开 90.08 分，较 2008 年提高 10.89。

在服务监管方面，还组织开展了“电信服务进社区”、“群众乐见手机栏目评选”、电信用户满意度指数测评、向社会发布垃圾信息警示案例、开发和宣传短信管理新技术等活动，还实施了为视障人士推出固话优惠套餐、推进农村信息化发展、推出“助老卡”优惠资费等公益行动。

此外，在打击非法经营电信业务的工作、电信资费的监管、码号资源的管理等方面都开展了有成效的工作。

二、深入开展专项整治，确保互联网信息安全

上海市通信管理局共承担了包括整治互联网低俗之风、发票违法信息控管、利用手机传播淫秽视频违法犯罪活动、进一步净化社会文化环境促进未成年人健康成长、整治手机媒体低俗之风、上海市打击传销违法和犯罪活动、整顿和规范地理信息市场秩序、进一步清理整顿黑网吧、严厉打击利用互联网等信息网络非法经营烟草专卖品、打击网络侵权盗版专项治理行动、打击网络淫秽色情专项行动、打击利用互联网等媒体发布虚假广告及通过寄递等渠道销售假药专项整治、整治手机淫秽色情和低俗信息、未备案网站清理和 IP 地址报备核查及网站备案信息更新、进一步整治互联网及手机淫秽色情及低俗之风专项行动、进一步整治手机淫秽色情行动等多达 21 个专项的治理行动。由于各专项工作涉及到的主管部门数量众多，配合工作要求也不尽一致，为此，信安处梳理了内部管理机制和应急流程，通过以网站备案管理工作为主线，加大对未备案网站的清理整顿工作，并加大对相关人员的培训力度，取得明显效果。

配合市城管部门共实施手机双停 10257 部，共配合公安实施手机双停 829 部。完成“两会”专项保障、新疆“7•5 事件”、国庆 60 周年等重大政治任务的保障工作，配合市有关部门网络安全检查、网络反窃密工作，并在上海建立了上海地区互联网网络安全信息通报机制等其他专项信安保障工作。

国家 9 部委整治互联网和手机淫秽色情低俗信息的专项行动开展以来，上海市通信管理局从贯彻执行工信部“切实落实手机网络接入责任”的整治重点为突破口，加大打击为未备案网站提供接入的违规行为力度，在逐一核实、查证无疑后，先后对上海华数等 28 家互联网接入服务企业作出了警告、责令改正和共处罚款 14 万元的处罚。

经过专项整治，上海 28 万余个主体开办的 30 余万个网站和在上海接入备案的 62 万余个网站中，未备案的网站仅为 1000 余个，且这些未备案的网站全部无法打开。取得了专项整治的阶段性成果。

2009 年互联网备案工作量达到历史最高水平，通过逐步实现互联网备案管理工作的规范化、有序化，使得该项工作顺利开展。全年处理网站备案信息审核共计 334780 条（包括审核通过和审核拒绝），处理找回用户名密码、备案注销信息 32864 条，接听电话、回答咨询共计 14824 个，接待用户来访 1058 人次。 指导接入商完成 IP 地址核查信息一千多条、ICP 备案信息更新近百万条。共配合各有关部门查询备案信息 114 条，关停非法网站 648 个，中断网吧 32 家。

三、电信基础设施共建共享工作稳步扎实推进

工信部和国务院国资委关于开展电信基础设施共建

共享的2008年235号文件下达以来，上海的共建共享工作从落实机构设置，建立联席会议制度和信息管理平台，制定实施细则、考核办法、技术标准、结算原则及格式合同范本等基础性工作入手，稳步、扎实、不断深入推进。各基础电信运营企业从促进行业和谐、持续、健康发展的大局出发，不断提高认识，完善各企业的共建共享管理协调机制，解决共建共享推进过程出现的争议、分歧，存同求异，使上海的电信基础设施共建共享工作结出了累累硕果。移动通信铁塔的共建率达到72%，基站的共建率38.5%；铁塔和基站的共享率达到72%；传输线路的共建共享率也达到40%以上，超额完成2009年工信部下达的考核指标。据估算，通过共建共享，上海电信和上海联通的移动通信基站建设的投资各节省了1亿多元，每年的维护运营维护费用也可节省1千多万元；上海移动通过参建和共享其他运营企业的铁塔和基站，不仅降低了大量的建设成本，还节约土地1.43万平方米和钢材3700吨。

四、做好世博会通信保障准备工作

上海成立了以上海市副市长艾宝俊为组长、上海市通信管理局等单位为副组长的世博通信保障组。通信保障组成立以来，在动员宣传、制定预案、网络与信息安全管理、提升应急专用特通能力、建立无线电联合保障机制和全面提升公共通信保障能力等方面做了大量工作，取得初步成效。上海各电信运营企业，积极参战，采取多重手段确保世博信息通信的绝对安全：上海电信将通过海光缆、陆地通信、无线通信、卫星通信，为世博会提供“海陆空三栖”的，全天候、全业务的各类网络通信和业务平台；上海移动提出网络质量达到国际一流、世博园区具备极端高峰客流80万人次的通信能力和为各项多媒体业务提供强大可靠的网络支撑的世博通信保障目标；上海联通发挥其3G精品网络和业务优势，为前来参观上海世博会的国内外客人提供优质的通信服务。

五、采取有力措施，大力推进3G发展

加强市场协调，促进TD又快又好发展。全力推进3G业务发展，特别是TD业务发展是今年行业监管重中之重的工作。通信管理局结合市场调研，密切跟踪3G（主要是TD业务）业务发展相关指标的落实情况，了解企业在发展中遇到的问题，想方设法为企业服务。通信管理局采取对TD资费方案优先审批，尽量缩短审批时限，鼓励企业更多推出特色业务，扩大3G业务的应用范围。要求企业规范业务宣传，防止出现相互诋毁等影响3G业务（特别是TD业务）发展的竞争行为。到2009年底，上海3G用户为214万。

（上海市通信管理局）

江苏省电信发展与管理

【电信发展统计】

项目	达到	增长率/增长量
电信业务收入	641.34 亿元	5.2%
固定电话用户数（含小灵通用户）	2662.4 万户	-305.9万户
移动电话用户数	4940.3 万户	983.3万户
拨号上网用户数	30.4万户	18.8万户
宽带上网用户数	929.4万户	212.4万户
固定资产投资	228.8亿元	21.9%
村通工程完成率	100%	

【电信发展情况综述】

一、总体发展情况

2009年，全省通信行业面临着行业刚刚重组、各基础运营企业实现全业务运营等多重复杂因素影响，全省电信行业抱团取暖，积极应对，实现了平稳较快发展。

（一）经济发展指标状况。

全年完成电信业务总量1658.76亿元，占全国的6.5%，同比增长13.9%，增幅高于东部地区2.8个百分点，完成“十一五”规划中电信业务总量突破1500亿元计划的111%；电信业务收入641.34亿元，占全国的7.6%，同比增长5.2%，增幅高于全国1.5个百分点，高于东部地区3.5个百分点，已完成“十一五”规划中电信业务收入突破650亿元计划的98.7%。电信业增加值完成369.7亿元，占全国的7.4%，在各省中排第2，比上年增长8.3%。电信业务总量、收入和增加值三项指标均稳居全国第二位。

（二）用户发展状况。

全省新增电话用户677.4万户，月均56.5万户，总数达到7602.7万户，占全国7.2%，居全国第二位，比“十一五”规划中电话用户突破7500万户的计划超出102.7万户。

固定电话用户数继续处于负增长状态，全年累计减少305.9万户，总数降到2662.4万户，占全国8.5%，居全国第二。其中，城市电话用户减少280.1万户，农村电话用户减少了25.8万户，分别降到1964.3万户和968.0万户，分别占全国的8.0%和9.5%。无线市话用户降为441.8万户，全年共减少了305.9万户，总数占全国的9.6%，排全国第二。

移动电话用户数增长迅速，全年新增983.3万户，总数达到4940.3万户，占全国6.6%，列全国第三位，已超额完成“十一五”规划4200万户的17.6%。其中，移动分组数据用户新增 706.1 万户，达到 2979.8 万户，占移动电话用户总数的 60.3%，该比例比上年提高 2.8 个百分点。C 网用户发展迅速，全年新增 454.25 万户，达到 652.96 万户，占移动电话用户总数的 13.2%。

基础电信运营企业互联网接入用户数达 961.1 万户，累计净增 189.4 万户，已完成“十一五”规划 1000 万户的 96.1%。其中，宽带接入用户新增 212.4 万户，月均 17.7 万户，达到 929.4 万户，占全国 9.0%，居全国第二位。全省网民数达到 2800 万人，是“十一五”规划中 1500 万人的 1.9 倍。

（三）固定资产投资和通信能力。

全年完成固定资产投资 228.8 亿元，增长 21.9%。固定局用交换机容量降到 4455.4 万门；移动电话交换机容量增加 1568 万户，达到 7950.4 万户；固定长途电话交换机容量减少 9.8 万路端，降到 113.4 万路端。全省光缆线路长度增加 105121 公里，达到 585358 公里；其中长途光缆线路长度增加 860 公里，达 32137 公里。基础电信运营企业互联网宽带接入端口增加 118.8 万个，达到 1091.8 万个。移动短消息中心容量新增 9828 万条，达到 25848 万条。

（四）服务水平。

按照全省 2008 年底 7676.5 万人的常住人口计算，2009 年底移动电话普及率达 64.4 部/百人，固定电话普及率达 34.7 部/百人；全省电话普及率达 99 部/百人，比 2008 年底提高了 8.2 部/百人，距离“十一五”规划 100 部/百人的目标已十分接近；全省网民普及率达到 36.5%；增值电信业务得到蓬勃发展，经营单位达 2083 家，是“十一五”规划突破 1000 家的 2.1 倍。

（五）主要通话量发展情况。

固定本地电话网通话量 358.7 亿次，减少 18.4%；固定传统长途电话通话时长 76.1 亿分钟，增加 0.6%；移动电话通话时长 2216.6 亿分钟，增长 22%；IP 通话时长 45.5 亿分钟，增加 22.2%。移动短信息业务量达 707.7 亿条，增长 11.6%。

二、主要企业情况

（1）中国电信股份有限公司江苏分公司。2009 年完成电信业务总量 338.37 亿元，完成业务收入 229.67 亿元，电话用户达到 3100.58 万户。

（2）中国移动通信集团江苏有限公司。2009 年完成电信业务总量 1137.48 亿元，完成业务收入 354.66 亿元，电话用户达到 3554.75 万户。

（3）中国联合网络通信有限公司江苏省分公司。2009 年完成电信业务总量 180.82 亿元，完成业务收入 50.12 亿元，电话用户达到 811.52 万户。

（4）中国铁通集团有限公司江苏分公司。2009 年完成电信业务总量 11.03 亿元，完成业务收入 7.09 亿元，电话用户达到 113.90 万户。

三、电信业发展特点与特色

（一）全行业抱团取暖，成功抵御金融危机。

2009 年，全球性金融危机对江苏电信业的发展造成了一定冲击。面对复杂、严峻的经济形势，全行业积极应对、抱团取暖，通过加强行业监管与自律、加大投资力度，大力推进 3G 网络建设、不断丰富信息化服务手段、完善内部管理机制等举措，取得了电信业务总量、业务收入、用户数三项指标继续保持全国第二的好成绩。

（二）移动用户增长迅速，行业重组效果初显。

2009 年，从各公司用户数的市场份额来看，固定电话市场上，江苏电信的用户市场份额从 2008 年底的 93.4%下降到 2009 年底的 91.9%；移动电话市场上，江苏移动的用户市场份额从 2008 年底的 76.4%下降到 2009 年底的 72.3%；全年新增移动电话用户中，江苏电信公司的用户占到了 46.2%，说明经过行业重组，江苏电信市场的有效竞争格局得到进一步强化，在固定和移动用户市场上主导企业的市场份额均有所下降。

（三）互联网发展迅速，增值业务管理实现新提升。

2009 年，省通信管理局将互联网的发展作为行业战略转型的重点来抓，一面抓发展，一面抓管理，通过加强管理、建立工作协调机制、开展专项行动等举措助力江苏互联网业蓬勃健康发展，2009 年全省宽带用户新增 212.4 万户，同比增长 29.6%；互联网宽带接入收入实现 68.12 亿元，同比增长 22%，增速大大高于业务收入增长率。至 2009 年底，全省增值电信业务经营单位合计达 2083 家（其中省内 1038 家，跨省 1045 家），比上年同期增长 13.6%。全年净增备案单位 90383 家，总数达 316597 家。

（四）3G 建设稳步推进，服务信息化呈现良好局面。

2009 年全省通信业扎实推进信息化建设，成绩显著。一是江苏在全国率先实现了自然村“村村通宽带”，至此江苏已在全国率先完成全部村通任务。二是全省通信业全力投身 3G 建设，取得积极成效，截至 2009 年底，TD 网络已覆盖全省所有城市及苏南大部分县城和乡镇，江苏电信的 CDMA 网络覆盖全省所有城市和乡镇，江苏联通 WCDMA 网络覆盖到全省所有县城。三是三大集团公司均与省政府签订了战略合作框架协议，将在地方基础设施建设、农村信息化投入等方面加强合作。四是三网融合迈出坚实步伐，打破了全省电信行业和广电行业互不进入的壁垒。

四、存在问题

2009 年，尽管江苏电信行业改革发展各项工作都取得了显著成绩，但还存在一些问题，主要是：一是行业发展进入缓增期，迫切需要增强自主创新能力、迅速转型，寻找新的“蓝海”；二是两化融合、三网融合对行业发展提出了新要求，需要及时响应、积极推进；三是全业务运营使市场竞争更加激烈，需要进一步规范；四是要兼顾保民生和保增长，实现协调发展。

【监管工作】

一、行业引导迈出新步伐

年初确立了“抱团取暖、稳中求进”的工作基调，制定了年度滚动规划，并不断加强运行监测分析，主要指标年底全部实现。为解决TD建设中存在的问题，江苏省通信管理局组织省移动公司，多次向省政府汇报有关工作情况。省委书记梁保华、省长罗志军、副省长史和平十分重视，专门作出批示。省政府办公厅组织相关部门召开专题会议并制发纪要，要求各单位全力配合推进。5月20日，省政府和移动集团公司签署战略合作框架协议，以发展TD-SCDMA为核心，在六大领域开展深度合作。6月10日，省政府办公厅下发了《关于加快推进全省TD-SCDMA建设和发展的通知》(苏政办发〔2009〕83号)。8月28日下午，省政府在南京召开全省TD-SCDMA网络建设与发展动员会，这是全国第一个由省政府牵头召开的TD发展动员会。会后组织各地市领导赴厦门考察TD在无线城市和其他信息化领域的应用情况。

二、共建共享收获新成果

1月份组织三大公司签署了共建共享框架协议。出台了《关于进一步规范电信基础设施共建共享工作流程的通知》，制定了3类12种表格，明确了流程，理顺了关系。出台了包括铁塔、基站、管道、杆路等设施在内的基础设施租赁指导价格。支持移动公司牵头组织研究共建铁塔和基站的技术标准，于6月20日在连云港建成了第一座三方共建铁塔，召开了现场会。成立了“三铁”共建共享工作联合协调小组，统一协调需求，提出共建方案。从2008年10月启动至2009年底，全省实施共建基站749个，共建铁塔716座，共建杆路135公里；全省实施基站共享1678个，铁塔共享1614座，杆路共享461公里，全省节约建设资金约6.5亿元。

三、市场监管取得新成效

江苏省通信管理局联合省通信行业协会，组织各运营企业于1月份签署了《江苏省电信运营企业关于进一步规范市场经营行为的自律公约》，引导企业强化规范经营意识。认真落实部225号文件精神，提出明确要求，并及时编发《全省电信市场秩序监管动态》。完善本地网市场规范协调机制，深入基层及时掌握市场竞争情况，并开好省级电信资费和市场规范季度例会。加大对违规行为的处理力度，及时召开专题协调会和专题通报会，对被举报有生产、销售无进网许可证移动终端行为的企业进行调查处理，对生产、销售无进网许可证终端等违规行为进行了行政处罚，并对相关单位违规收机收卡、诋毁宣传等违规行为进行了通报批评。

四、服务质量得到新提升

联合省放心消费创建办、省消费者协会开展“服务社会、放心消费”活动，取得了显著成效。针对用户关心的热点问题，开展了套餐集中梳理、SP业务不预告拨测等工作，对83家违规增值企业进行通报批评，对5家违规增值企业要求责令改正，对2家增值企业给予罚款。加大对社会宣传和业内教育力度，巩固和深化放心消费创建成果，全省13个地市通信行业均被确定为省放心消费创建活动试点行业，全省通信行业被评为全省放心消费创建活动先进行业。梳理服务共性问题，完善相关实施细则，推进C网交接遗留问题、3G业务协议纠纷、号码过户流程不规范、免费试用业务的二次确认等服务热点问题的整改解决。扩大满意度测评范围，积极开展“评优帮差”活动。以12300申诉中心为主渠道，有效化解用户消费纠纷，全年共收到各类电信用户申诉及咨询6272件，较上年同期增长了7.74%；用户对申诉处理的满意率96.45%，较上年提高了1个百分点。

五、互联网管理得到新加强

深化信息安全，积极为党委、政府决策提供舆情服务。拓展网络安全，开发了多个系统，采用多种方式处置网络安全事件，取得了显著成效。强化行业管理，对3家为无资质单位提供接入的市级电信企业、11家为未备案网站提供接入的接入服务商进行了行政处罚。抓好网站备案工作，全年净增90383家，总数达316597家，初步建立了全省互联网管理基础信息数据库。联合省委宣传部、文明办、教育厅等七部门开展了“阳光网络伴我成长”活动，建成了43个未成年人阳光网络实践基地，未成年人互联网知识竞赛参与人数超过2万，120名志愿者深入全省中小学校、社区开展了千场网络文明教育宣讲活动，参加人数逾20万。联合相关部门开展“文明办网”先进单位创建活动，评选出文明办网先进单位10家、地域特色网站12家、行业特色网站17家。

六、应急通信保障水平得到新提高

完善应急保障体系，初步形成了以电信、移动、联通为基础，以南京中网卫星通信公司、软件支撑企业等为补充的“3+X”应急通信保障体系。全面梳理省政府颁布的19项应急预案中与通信保障有关的内容，先后与省海事局、气象局、地震局签署了战略合作协议。成功组织“畅通09”军地联合应急指挥通信综合演练，在省通信管理局设演练指挥中心，在淮安洪泽湖、南京滁河、无锡太湖三个防汛重点地区设立三个前沿指挥所，军地参演单位16个、参演人员400余人，动用应急装备500余台套，检验了“政府主导、社会参与、军民融合、条块结合、天地一体”的信息动员模式。完成应急指挥中心一阶段项目建设。做好防汛通信保障工作，做到早部署、早检查、早落实。

七、服务信息化建设开创新局面

深化农村信息化，在全国率先实现了自然村村村通宽带，5月26日召开新闻发布会向社会宣布了这一喜讯。下发了《关于推进全省“信息下乡”活动的实施意见》，推动农村信息化向纵深推进。抓好社区信息化，推动建立了全省社区信息化联席会议制度，与省信息产业厅、省民政厅组织拟定了《江苏省社区信息化评价指标体系》，评出 15 个示范建设点。务实推进“三网融合”进程，按照有关规定对江苏省广播电视信息网络股份有线公司的申请进行了审核，并于 7 月 2 日向该公司发放了互联网信息服务业务（ICP）和因特网接入服务业务（ISP）经营许可证，打破了全省电信行业和广电行业互不进入的壁垒。

【重大事项、事件】

1 月 20 日，省通信管理局、省通信行业协会组织省内电信、移动、联通、铁通四家运营企业签署了《江苏省电信运营企业规范市场经营行为自律公约》，这是在新一轮电信重组尚未完全到位的背景下为规范市场秩序而采取的一项重要举措。

1 月 20 日，江苏省通信管理局组织江苏电信、江苏移动和江苏联通共同签署了《江苏省电信行业电信设施共建共享框架协议》。该协议对共建共享原则、技术要求、合作机制、工作流程、费用及权益约定、维护要求、争议解决等进行了规定。

2 月 12 日，工业和信息化部奚国华副部长一行赴江苏通信行业调研，要求紧紧围绕“两化”融合，把行业发展放到经济社会发展的大环境下统筹考虑，扎实推进全行业健康、快速发展。

2 月 28 日，江苏省通信管理局和省电信用户委员会授予张伟等 17 人“江苏省用户满意电信服务明星”称号；授予江苏电信连云港分公司客户营业中心等 10 个班组“江苏省用户满意电信服务明星班组”称号，并分别颁发荣誉证书和奖牌以资鼓励。

3月2日，江苏省通信管理局联合省放心消费创建办、省消费者协会召集省市两级电信企业召开全省电信行业“服务社会、放心消费”行动启动电视电话会议，全面部署各项工作，并表彰了省级电信服务明星、明星班组。

3 月 10 日，江苏省通信管理局下发了《关于建立电信行业运营统计分析监测点的实施方案》，建立省内统计分析监测点。

3 月 13 日，江苏省通信管理局联合省电信用户委员会了开展江苏省电信用户委员会委员“走近 3G 之旅”体验日活动。

3 月下旬，在省放心消费创建办最新公布的全省放心消费创建活动相关表彰决定中，江苏省通信行业被授予江苏省放心消费创建活动先进行业称号，南京移动分公司等 9 家通信单位被授予全省放心消费创建活动示范单位，南京联通分公司等 7 家通信单位被评为全省放心消费创建活动先进单位。

3 月 26 日，江苏省通信管理局联合江苏电信在全省就自然村村村通宽带进行公示，公开征求江苏自然村宽带建设情况的建议意见。2008 年 9 月 1 日，江苏省全面启动自然村“村村通宽带”工程，经过 4 个多月时间，全省 15 万多个自然村全部接入了宽带，并于 3 月 26 日进行公示，接受社会各界的“检阅”。

5 月 8 日，由上海、江苏、浙江三省（市）通信管理局主办的“2009’长三角通信一体化发展高峰论坛暨长三角互联网投融资大会”在南京举行。

5 月 14 日，江苏省通信管理局和省信息产业厅在南京联合召开了江苏软件和信息服务外包互联网国际通信专用通道座谈会。

5 月 17 日，由江苏省文明办、省通信管理局等部门主办的“阳光网络伴我成长”主题系列活动正式启动。启动仪式上，江苏省首个未成年人阳光网络实践基地——中国电信未来信息馆正式开馆。省政府副省长何权点亮了“阳光网络伴我成长”主题系列活动启动球。

5 月 18 日，江苏省通信管理局、江苏省互联网行业管理服务中心、江苏省互联网协会发布了《江苏省互联网发展状况报告》。

5 月 25 日，由省委宣传部、省通信管理局联合举办的江苏省 2008 年度“文明办网”先进单位颁奖暨抵制互联网低俗之风倡议活动在南京举行。“中国江苏网”等 10 家文明办网先进单位，“泰州网”等 12 家地域特色网站和“工商企业在线网”等 17 家行业特色网站获奖。39 家获奖网站联合发出“抵制低俗之风、创建文明网络”倡议书。

5 月 26 日，江苏省通信管理局召开新闻发布会，宣布江苏实现自然村 100%通宽带，成为全国首个实现自然村“村村通宽带”的省份，全省农村每个聚居 20 户以上居民的自然村落都具备宽带上网能力。江苏省委书记梁保华对自然村村村通宽带这项民生工程给予了充分肯定，并作出批示。

5 月 27 日，江苏淮安电信、泰州电信等单位荣获“全国五一劳动奖状”，徐州移动等单位获得“省五一劳动奖状”，江苏省通信行业共有十多个单位、近二十人次被授予国家或省级“五一劳动奖状（章）”等奖项，江苏打造金牌通信行业取得了可喜成绩。

6 月 15 日，江苏省通信管理局联合省军区司令部、省防汛防旱指挥部办公室，省人防办、省广电局以及省内各运营企业成功举行了“江苏省军地联合应急指挥通信演练”，史和平副省长，省国动委秘书长、省军区副司令员兼参谋长刘华建少将参加了演练观摩。

6 月 23 日，江苏省通信管理局下发了《关于推进全省“信息下乡”活动的实施意见》，计划今年初步实现网点建设和信息开发“四个一”，即全省所有乡镇全面实现一个乡镇建一个信息站；全省 80%以上的行政村实现一个行政村建一个信息点；全省 70%以上的乡镇实现一个乡镇建立一个本乡信息库；全省 60%以上的行政村实现一个行政村提供一个本村特色品牌栏目纳入乡信息库。

7 月 1 日，江苏省通信管理局与省气象局正式签订战略合作协议，标志着双方的合作迈上了新里程。

7 月 2 日，江苏省通信管理局正式向江苏省广播电视信息网络股份有线公司发放了互联网信息服务业务（ICP）和因特网接入服务业务（ISP）经营许可证。该经营许可证的发放，打破了全省电信行业和广电行业“互不进入”的壁垒。

7月中旬，全省通信行业22家单位被确定为全省第三批放心消费创建活动省级试点单位，多家单位被确定为第二批放心消费创建活动省级试点行业。至此，全省13个地市的通信行业均被确定为省放心消费创建活动试点行业。

8月4日，江苏省通信管理局在南京召开了2009年通信专业初、中级专业技术资格考评暨通信行业职业技能鉴定实训基地建设工作会议。

8月5日，苏州市互联网协会正式成立。

9月10日，南京市常务副市长沈健率市相关部门负责人到江苏省通信管理局调研交流。江苏省通信管理局苏少林局长、许二宁副局长及相关部门人员参加了交流座谈。

9月21日，江苏省通信管理局“09净网”专项行动正式启动。

9月23日，由南京市人民政府、中国通信学会和江苏省通信管理局联合主办的“2009中国卫星应用大会”在南京开幕。江苏省副省长史和平、工信部无线电管理局局长谢飞波等领导出席了开幕式。国内外宾客共计约600人参加了开幕式。

10月14日，江苏省通信管理局下发了《关于进一步规范电信基础设施共建共享工作流程的通知》、《关于制定电信基础设施租赁指导价格的通知》，为全省全面深入推进共建共享工作奠定坚实基础。

10月26日，江苏省信息动员办公室在南京理工大学举办“军事日”活动。

10月30日，江苏省委书记、省人大主任梁保华听取省专用通信局局长朱新煜关于江苏省专用通信网建设的简要专题汇报，对江苏专用通信工作给予充分肯定。

11月7日，由江苏省互联网协会指导、腾讯财付通等主办的2009江苏站长年会在南京成功举行，共800多人参加了本次年会。

11月15日，由江苏省通信管理局与南京信息职业技术学院共同投资、建设与管理的江苏省通信行业职业技能鉴定基地正式落成启用。

12月15日，江苏省通信管理局组织召开整治互联网和手机淫秽色情及低俗信息专项行动全省电视电话会议。

12月22日，全省未成年人思想道德建设经验交流会在连云港召开。江苏省通信管理局互联网行业管理服务中心被省文明委评为全省未成年人思想道德建设工作先进集体。

12月27日，江苏省通信管理局与江苏省地震局签订战略合作协议，并举行了“12322”防震减灾公益服务平台开通仪式。

12月底，江苏省通信管理局联合省物价局发文决定，从2010年2月1日零时起，下调全省固定电话本地网营业区间通话费，上限标准由0.3元/分钟调整为0.2元/分钟。初步统计，本次固定电话本地网营业区间通话费上限标准的下调，将为全省城乡电话用户节省近8000万元/年的通话费用，有效促进全省电信资费水平的进一步降低。

（江苏省通信管理局）

浙江省电信发展与管理

【电信发展统计】

项目	达到	增长率/增长量
电信业务收入	585亿元	4.3%
其中：非话业务收入	215.9亿元	36.9%
固定电话用户数	2119万户	-178万户
小灵通用户数	346万户	-196万户
移动通信用户数	4436万户	459万户
拨号上网用户数	71万户	-44万户
宽带上网用户数	821万户	129万户
固定资产投资	227亿元	85亿元
村通工程完成率	100%	

【电信发展情况综述】

一、总体发展情况

全省完成电信业务总量1608亿元，同比增长7.39%；完成电信业务收入585亿元，同比增长4.26%。累计净增电话用户280万户，总数达到6555万户。其中，固定电话净减178万户，达到2119万户，居全国第四位，普及率达到41.39部/百人；移动电话净增459万户，达到4436万户，居全国第四位，普及率达到86.6部/百人。互联网上网用户达到891万户，普及率达到17.4%，其中互联网宽带用户821万户，居全国第三位，占全部上网用户总数的92.14%。增值电信业务企业达到2189家，其中省颁增值电信业务企业1029家。完成固定资产投资227.1亿元，同比增长43.2%。TD等3G网络建设和业务推广应用全面展开，完成投资95.5亿元，建成室外基站19372个，发展3G用户115.5万户（包括电话卡和上网卡）。行业转型步伐加快，非话业务收入占比达到36.89%。

二、主要企业情况

中国电信浙江公司完成电信业务总量253.9亿元，同比增长7.9%；完成电信业务收入187.9亿元，同比增长5.7%；固定电话用户减少197万户，达到1889万户；年末移动电话用户达到452万户。

中国移动浙江公司完成电信业务总量1085亿元，同比增长14.4%；完成电信业务收入328亿元，同比增长6.2%；新增移动电话用户317万户，达到3189万户。

中国联通浙江分公司完成电信业务总量257.5亿元，同比增长-7.6%；完成电信业务收入63亿元，同比增长-14.2%；年末移动电话用户达到795万户。

中国铁通浙江分公司完成电信业务总量10.9亿元，同比增长2.2%；完成电信业务收入583亿元，同比增长11.3%；固定电话用户达到102万户。

【监管工作】

一、电信基础设施共建共享工作取得实际进展

结合省情先后出台了本省电信基础设施共建共享实施办法、技术规范、数据库建设方案等政策性文件和措施。推行了按地市行政区域划片的共建共享工作牵头协调机制，积极组织协调各运营企业签订共建共享合作协议。截至年底（2008年10月至2009年12月），全省累计新建铁塔3835个，共建1221个；新建基站5523个，共建1294个；新建杆路5356线路公里，共建216线路公里；新建传输线路19930线路公里，共建2671线路公里，共建率分别达到31.84%、23.43%、4.03%、13.4%。全省29002个铁塔中，共享4874个；42874个基站中，共享7252个；25万线路公里杆路中，共享1.14万线路公里；35.26万线路公里传输线路中，共享2.26万线路公里，共享率分别达到16.81%、16.91%、4.73%、6.4%。

二、农村通信和信息化建设取得阶段性成果

积极鼓励各企业进一步加大村通工程的推进力度，累计完成投资77.7亿元，与省农办联合开展了自然村“村村通电话”建设和行政村通宽带建设完成情况的公示工作，及时收集群众反馈的信息，查漏补缺，扫除盲点。全年共完成140个20户以上通电未通电话自然村通电话，提前一年完成工信部下达的自然村通电话任务，村通率达到100%；新增通宽带行政村186个，累计通宽带行政村总数29160个，行政村宽带通达率达到97%。积极开展信息下乡活动，通过“农村党员远程教育网”、“农民信箱”、“农技110”等适农信息服务，为广大农民获取农业科技、市场营销、法律咨询等信息服务提供了便利。

三、应急（专用）通信保障能力进一步提升

全省重要用户数据库系统建设取得实质性进展；应急通信机动联络系统初验投用；全省应急通信指挥平台系统进展顺利；在三门县组织开展了通信管制及应急通信综合演练，为特定条件下实施通信管制摸索了路子。参加省人防“金盾－09”演习、交通部“2009东海海上搜救”演习，以及防汛抗台等重大活动和突发事件的通信保障任务，检验了预案锻炼了队伍。针对国庆60周年重点时段的通信网络运行安全保障要求，组织了安全生产和通信网络安全运行专项检查，及时查找漏洞，消除安全隐患，确保了国庆期间通信顺畅。党政专用通信网延伸建设取得积极进展，党政专用通信保障能力得到提高，机制进一步完善。

四、加强对接入服务企业的监督管理

按照“谁经营谁负责，谁接入谁负责”的信息安全管理责任制，加强了对接入服务企业的监督管理，督促其设立专门的信息安全机构，配备专职人员，明确了有害信息查处流程及责任追究制度，对接入企业的信息安全管理要求的落实情况进行了专项检查。加大了网站备案工作力度，抽调人员集中办公，建立了政企联动的网站备案管理工作机制。全年累计备案网站数达到32.3万个，备案率达到99.38%，备案信息准确率不断提高。按照部省相关工作要求，认真组织或积极参与了整治互联网低俗之风、查处取缔黑网吧、整治手机媒体低俗之风、打击发票违法犯罪活动等一系列专项行动，累计关闭违规网站376家，注销备案号71个，清理未备案网站5.3万余家。

五、电信服务水平迈上新台阶

组织开展了企业相关人员《电信服务规范》培训工作，强化“12300”电信用户申诉中心职能，政企联动的服务督查机制得到不断完善。积极推进“服务社会、服务民生”为主题的行风建设行动，发挥电信用户委员会和社会监督员的作用，关注服务热点问题，认真对待信访投诉，妥善解决用户反映的问题，电信用户满意度不断提高。

六、电信市场秩序总体平稳有序

针对电信体制改革后市场竞争格局的新变化，市场秩序和竞争行为呈现的新特点，加大了违规行为查处力度。按照部相关要求，坚决制止对比宣传、强行进行业务捆绑、限制用户自由选择权等不正当行为，以坚决消除违规行为为出发点，以维护公平秉持公正为原则，重点查处典型违法违规事件，查纠恶性竞争事件责任。同时，进一步重申了电信资费方案的审批、备案流程和规定，督促企业认真梳理在售的各类资费套餐。通过实施系列重点治理行动，违规事件频发多发的苗头得以遏制，市场秩序趋于平稳，促进了企业进一步增强守法经营、诚实守信的意识。

【重大事项、事件】

1月9日，组织召开了2008年度全省电信行业情况通报会，通报2008年全省电信行业发展情况，明确2009年浙江省电信行业发展总体思路。金德水副省长出席会议。

2月12日，浙江省政府办公厅出台了《关于加快推进全省TD-SCDMA建设和发展工作的通知》，要求在市政规划、基站选址、环保审批、征地拆迁、管道建设、电力引入等方面提供优质服务，共同为TD建设提供良好的环境。

5月15日，会同省委宣传部、省外宣办在杭州召开新闻发布会，全面启动旨在“保障儿童网上安全”的世

界电信和信息社会日系列宣传活动。同日，“浙江通信业”网站正式对外运行。

12 月 18 日，省通信管理局行政许可网上审批系统正式投入使用。

（浙江省通信管理局）

安徽省电信发展与管理

【电信发展统计】

项目	达到	增长率/增长量
电信业务收入	241 亿元	8.2%
固定电话用户数	1267.3 万户	-112.7 万户
移动通信用户数	2154.3 万户	439.3 万户
拨号上网用户数	21.7 万户	-17684 户
宽带上网用户数	270.7 万户	84 万户
固定资产投资	115.3 亿元	43.9%
村通工程完成率（行政村）	100%	0%

【电信发展情况综述】

一、总体发展情况

全年，安徽省电信业务总量完成 630.2 亿元，比上年增长 19.6%；基础电信运营企业业务收入完成 241 亿元，比上年增长 8.2%，超额完成年初制定的 220 亿元业务收入的目标。全省新增电话用户 326.6 万户，电话用户总数达 3421.6 万户；互联网宽带接入新增用户 84 万户，总数为 270.7 万户。全省各基础电信运营企业固定资产投资完成 115.3 亿元，比上年增长 43.9%。全省本地固定电话交换机容量总数为 1606.3 万门，移动电话交换机容量总数达到 4584.5 万门，长途光缆纤芯长度总数为 70.6 万芯公里，本地光缆纤芯长度总数为 477 万芯公里。全省电话普及率提高 5.2 个百分点，达到 55.8 部/百人。

二、发展的特点与特色

（一）电信行业稳步发展，电话和互联网宽带用户平稳增长。安徽省基础电信运营企业电信业务总量及业务收入均实现高于全国水平的增长，电信业务收入占全国总收入比重为 2.8%，在全国位次为第 14 位；电话用户和互联网宽带接入用户增长较快，电话用户总数在全国位次为第 12 位。

（二）电信业务总量的增长幅度高于电信业务收入的增长幅度，一方面电信资费改革促使资费水平下降，广大用户享受到实惠；另一方面价格的下降也刺激了电信用户的业务需求，促进了全省电信业务收入增长。

（三）移动电话对固定电话的替代日益明显。全年，固定电话用户几乎每月均是负增长，而移动电话用户则平稳快速增长，移动电话用户对固定电话用户的替代作用比较明显。

三、存在问题

（一）电信监管工作有待进一步加强。随着电信重组、3G 发牌、三网融合等政策的陆续出台实施，电信监管工作遇到了新挑战，监管能力亟待增强，实际的监管工作主要集中在省通信管理局一层，监管政策无法真正贯彻到市县，政策执行力和效果大打折扣。政企分开后 10 年时间内，电信市场情况发生了深刻变化，而监管体制和能力几乎没有得到加强，存在严重的不相适应。

（二）农村通信建设需要进一步加大力度推进。村通工程任务仍然艰巨，随着村通工程向自然村的推进，受发展成本影响，企业积极性降低，同时在城市电信市场恶性竞争层出不穷，企业建设资金的投向不合理。

【监管工作】

一、电信监管能力建设

切实做好依法行政，召开省内主要电信运营企业座谈会，在《安徽通信业》杂志上开辟“以案学法”专栏，剖析电信市场竞争中的实际问题，宣传贯彻有关法律法规，增强企业的依法经营意识。大力推进政务公开，全年向社会公开电信监管政策法规、行政许可、行政审批、行业发展、执法监督以及重大工作进展等信息近 200 条。做好企业领导班子考评，全年对安徽省电信运营企业 108 人次的选拔任用提出书面评价意见，其中省级公司总经理 2 人、副总经理 7 人，市级公司总经理 30 人、副总经理 69 人。

二、电信服务质量监管

加强通信行业行风建设，以“服务社会，服务民生”为主题，成立民主评议行风工作检查组，抽查各企业市级分公司的行风建设工作，采取“查纠并行”的方法，切实抓好民主评议行风工作。以保护消费者权益为核心，着力解决新形势下的电信服务热点、难点问题，畅通用户投诉申诉渠道和处理工作机制，全年共收到各类电信用户申诉及咨询 462 人次，转送企业自行核查处理电信用户申诉 57 件，进一步提升了通信服务水平。

三、应急通信保障

安徽省通信行业做好抗击恶劣天气灾害通信保障工作，全年投入各项应急救灾款 7043.8 万元，出动应急车辆 9415 车次，参与人员 24377 人次，动用油机等设备 11434 台次，发送应急短信息 109.3 万条。汛期，召开防汛通信保障工作会议，听取各企业工作汇报，检查应急通信保障能力，推广应用“安徽省通信行业灾情直报系统”。协调基础电信运营企业组织应急通信演练工作，举办“畅通江淮”2009 中国移动南京大区皖苏鲁豫四省联合应急通信演练，提高应急通信的综合能力。

四、电信市场监管

（一）严厉查处不正当竞争，全年处理 3 起基础电信运营企业违规行为，推动形成有利于行业和谐发展的市场营销秩序。

（二）严肃处理垃圾短信、互联网违规接入等突出问题，推动形成规范的增值电信业务市场秩序。

（三）严格执行电信资费审批备案程序规定，建立资费联席审核制度，分三步推进移动电话长途一费制工作，要求全省固定电话本地营业区间资费的上限下调至0.20元/分钟，推动形成规范的市场价格秩序。

（四）加强互联互通监管工作，组织企业签订《安徽省公用电信网间通信安全互助协议》，确保网间网络安全和通信畅通，全年解决4起基础电信运营企业之间争议，全省公用电信网间通信质量总体情况良好。

（五）规范网间主叫号码传送，定期检查网间不规范主叫号码情况。六、做好业务经营许可的审批工作，全年审批了279家各类业务许可证，对542家各类持证单位进行年度检查。

五、电信基础设施建设共建共享

组织各企业签署《安徽省电信基础设施共建共享合作框架协议》，建立共建共享领导小组办公室例会制度。全年，各企业达成共建协议铁塔1844个，杆路788公里，传输线路1307公里；同时达成共享协议铁塔1792个，基站设施2466个，杆路6668公里，传输线路21791公里，全省基础电信运营企业共节约投资达4.1亿元。同时，强化通信建设市场的管理，严格贯彻落实建设市场准入制度，全年对95家企业资质和424人次个人资格进行审核和备案。

六、网络与信息安全管理

（一）做好互联网站实名制工作，全年通过“工业和信息化部ICP/IP备案管理系统（二期）”共处理备案数据69100条，处理各种数据2930条，配合有关部门查询查处违法违规网站307个。

（二）开展整治互联网低俗之风专项系列行动，建立了关闭违法网站协调机制、应急联系机制和信息周报制度，严肃查处了一批境内淫秽色情等违法网站和企业。

（三）对43家新申请的增值电信业务申请单位进行信息安全专项审查。

（四）处理了22起网络安全事件。

七、地方通信规划和码号资源管理

启动2009年滚动规划的编制工作，为黄山、六安两市总体规划和合肥新桥机场建设提出公用通信网建设的建议，协调各方做好亳州市启用新长途区号工作。严格落实码号审批程序，做好码号资源核配和备案工作，全年为省内固定电话运营企业及专网单位核配本地电话网局号29个，目前通信管理局共核准核配了本地固定电话网局号4099个。

【重大事项、事件】

1月，安徽省TD-SCDMA网络建设正式启动。

1月19日，安徽省内第一个3G移动电话拨通。

4月，省政府召开第33次常务会议，省长王三运主持会议，听取通信管理局关于3G建设的汇报，并决定成立以黄海嵩副省长为组长的加快3G（TD-SCDMA）建设和发展领导小组，专门下发《安徽省人民政府办公厅关于加快推进TD-SCDMA建设和发展工作的通知》（皖政办〔2009〕45号）。

5月6日，合肥市TD-SCDMA开通运营。

12月11日，全省TD-SCDMA正式开通运营。全年，安徽移动公司共投资43亿元用于网络建设，建成基站2780座，3G网络已覆盖全省17个地级市、部分县城以及黄山、九华山2个重要风景区。

全年完成1338个自然村通电话，开展“信息下乡”的乡镇数1228个，建成乡信息站1018个，村信息点400个，乡信息库896个，村信息栏目9038个，宽带覆盖全省100%行政村。加大对口扶贫单位的农村电信基础建设，安徽省通信行业累计投入2670万元用于石台县和铜陵市大通镇农村通信网络的建设。及时处理并回复了信访20件次，为农民工追回通信建设领域拖欠工资24万多元。

2009年夏季的强对流天气和11月份的强降雪天气等严重自然灾害，造成安徽省通信行业直接经济损失近1.5亿元。在安徽省通信管理局的组织和协调下，各企业及时抢修受损通信设施，保障了救灾通信畅通和受损通信的及时恢复。

在安徽省合肥市举办的第四届中国中部投资贸易博览会期间，安徽省通信管理局多次组织召开应急通信保障会议，积极部署大会期间的通信保障和短信息宣传等工作，新扩建基站近70个，出动人员近150人次，调动各类应急通信车36辆，向参会外地人员发送宣传短信息近77万条。

（安徽省通信管理局）

福建省电信发展与管理

【电信发展统计】

项目	达到	增长率/增长量
电信业务收入	325.5亿元	3.58%
其中：非话业务收入	161亿元	24.8%
固定电话用户数	1245万户	-185万户
小灵通用户数	322.5万户	-178万户
移动电话用户数	2639万户	271万户
互联网拨号用户数	28万户	-29万户
宽带接入用户数	360万户	64万户
固定资产投资	125.8亿元	20.3%
村通工程完成率	100%	

【电信发展情况综述】

一、主要指标发展情况

（一）业务总量、业务收入完成情况。

2009 年，福建省完成电信业务总量 953.7 亿元，比上年增长 12.09%；完成电信主营业务收入 325.5 亿元，增长 3.58%，其中：固定本地电话网业务收入达到 54 亿元，减少 19.71%；移动通信网业务收入达到 187 亿元，增长 12.81%；长途电话网业务收入达到 44 亿元，减少 9.16%；数据通信网业务收入达到 40 亿元，增长 23.76%。福建省通信业的主营业务成本为 154 亿元，增长 2.32%；实现利润总额 76.52 亿元，增长 42.78%；上缴税费总额 28 亿元。

（二）电话用户发展情况。

至年底，全省电话用户总数达到 3884 万户，累计新增 86 万户。其中：固定电话用户 1245 万户，减少 185 万户；移动电话用户 2639 万户，新增 271 万户。

（三）互联网业务发展情况。

至年底，全省互联网用户为 1052 万户，新增 365 万户。其中：互联网宽带接入用户为 360 万户，新增 64 万户；移动上网用户为 664 万户，新增 323 万户。从事互联网接入的经营单位达 57 家，从事经营性互联网信息服务业务经营单位 230 家。全省域名总数达 119.18 万个，居全国第 5 位，占全国域名总数 7.1%，其中，CN 域名数 85.04 万个，居全国第 6 位，占全国 CN 域名总数 6.3%；全省网民数量达 1629 万人，居全国第 8 位；互联网普及率达 45.2%，居全国第 6 位；网站数量达 11.87 万个，居全国第 8 位。

（四）固定资产投资情况。

2009 年，福建省通信业完成固定资产投资 125.8 亿元，增长 20.3%，全行业固定资产投资率为 38.65%（固定资产投资额/电信业务收入），比去年底上升 5.53 个百分点。

（五）通信能力建设情况。

网络容量：至年底，全省固定电话交换机容量（含 PHS 交换机容量）达到 1942 万门，减少 31 万门。固定长途电话交换机容量达到 65 万路端，新增 3 万路端。移动电话交换机容量达到 5741 万户，新增 1112 万户。移动短消息中心容量 9342 万条，新增 1234 万条。移动分组数据网容量 1508 万户，新增 463 万户；互联网宽带接入端口 471 万个，新增 64 万个。

电路、线路情况：至年底，全省光缆线路长度达到 30.3 万公里，新增 6.6 万公里，其中：长途光缆线路长度 2 万公里，本地网中继光缆线路长度 12.5 万公里，接入网光缆线路长度 15.8 万公里。长途业务电路为 94.7 万个 2M，新增 27.8 万个 2M，其中：固定长途电话业务电路为 7098 个 2M，移动长途电话业务电路为 11.5 万个 2M，数据通信网长途电路为 82 万个 2M，长途传输出租电路为 4916 个 2M。

（六）通信水平情况。

至年底，全省电话普及率达到 107.76%，比去年底上升 1.67 个百分点。其中，固定电话普及率达到 34.54%，下降 5.42 个百分点；移动电话普及率达到 73.22%，上升 7.09 个百分点。全省互联网用户普及率达到 29.19%，上升 10.1 个百分点。福建省全年共发送短消息 270 亿条，新增 54 亿条。

（七）与国民经济关联情况。

2009 年，福建省实现地区生产总值 11949.53 亿元，增长 12%。其中，实现第三产业增加值 4954.24 亿元，增长 12.5%。福建省通信业实现增加值 184.26 亿元，增长 12.2%，略高于全省 GDP 增幅，占福建省地区生产总值的 1.54%，占第三产业增加值的 3.96%。

2009 年，福建省全社会固定资产投资 6362.03 亿元，增长 20%，其中：福建省通信业完成固定资产投资 125.8 亿元，增长 20.3%，略高于全社会固定资产投资增幅，占全社会固定资产投资的 1.98%。

（八）电信增值业务发展情况。

至年底，全省共有增值电信业务经营单位 1475 家（福建省通信管理局发证省内增值单位为 435 家，跨省备案单位 1040 家），从事 2109 项电信业务，其中从事信息服务业务的占经营单位的 89%。在福建省通信管理局发证的 435 家增值电信业务经营单位中，国有控股企业 28 家，占 6.4%，民营控股企业 407 家，占 93.6%。

二、主要企业情况

2009 年，福建省通信市场集中度进一步提高，福建移动占 57.41%，提高 3.98 个百分点；福建电信占 33.07%，下降 1.36 个百分点；网通并入联通后，福建联通占 8.34%，下降 1.19 个百分点；福建铁通占 1.17%，下降 0.02 个百分点。同时，3G 网络建设和优化进一步加快，尤其是福建电信和福建联通，固定资产投资大幅增长。全年完成固定资产投资 125.8 亿元，增长 20.3%，其中，福建电信占比 38.06%，增长 35.65%；福建联通占比 21.54%，增长 31.46%；福建铁通占比 0.4%，减少 64.91%；福建移动占比 40.01%，增长 6.53%。

【监管工作】

一、抓住机遇，乘势而上，大力实施“通信先行”战略

《国务院关于支持福建省加快建设海峡西岸经济区的若干意见》出后，福建省通信业抓住机遇，乘势而上，积极向部、省、三家通信集团公司争取制定出台一系列扶持政策和支持措施。在深入贯彻落实部省合作协议的基础上，福建省争取工信部出台了《关于支持福建省加快海峡西岸经济区工业和信息化发展的意见》，同时，还将“海峡西岸经济区通信发展研究”列入《中国电信业“十二五”规划》前期预研重点研究课题。通信业发展纳入《福建省贯彻落实〈国务院关于支持福建省加快建

设海峡西岸经济区的若干意见〉的实施意见》等重要决策部署。福建省人民政府办公厅出台加快推进第三代移动通信网络建设与发展、进一步支持通信基础设施建设工作等系列政策，成立了福建省第三代移动通信网络建设推进工作协调小组，研究促进增值电信业务发展政策。"无线城市"建设纳入"数字福建"年度工作计划。福建省电子商务工作指导协调小组印发了加快移动电子商务发展实施意见。积极推动三家通信集团公司与省政府签署了战略合作框架协议，三家公司未来五年将以累计超过 1170 亿元的协议总额助推福建省信息化建设。发挥福建独特的对台优势和行业综合信息服务优势，借助部省合作协议和省企合作协议的签署落实，加快推进闽台通信业交流与合作，先行的氛围逐步形成。行业协会的桥梁作用凸显，闽台通信业交流日益频繁，率先实现两岸通信业中高层互动交流。两岸通信产业联盟首次在厦门签约缔结友好合作关系。闽台信息化交流与合作不断深化，妈祖文化通信信息平台开发推广。海西 3G 动漫产业基地、手机动漫产业基地着手推进。厦门—金门直达海缆、TPE 国际海缆福州－淡水传输系统工程建设继续推进，国家通信网整体网络安全福州试点工程进展顺利。海西信息通信基础设施建设取得新进展，"海西泛在网"建设全面推进。

二、突出发展，推动转型，有效应对国际金融危机

（一）行业发展与转型成效逐步凸显。通信整体服务水平明显提高，发展活力和先行优势日益显现。综合通信能力显著提升。互联网发展迅猛，网站、域名总数等多项指标居全国前列。企业综合实力不断增强，7 家增值电信企业在国内外成功上市，厦门三五互联公司获批成为全省首家在创业板上市的企业。全行业积极培育新的业务增长点，拓宽行业应用，业务结构不断优化。非话音业务、数据通信业务快速发展，基础电信企业非话音业务收入所占比重稳步提升。

（二）应对国际金融危机取得显著成效。福建通信管理局专门提出行业促进经济增长的指导意见，引导企业加大 3G 网络建设和市场开发力度，拉动相关产业投资。信息通信消费对扩大内需和经济增长的拉动作用逐步凸显，大力培育农村通信消费热点。

（三）3G 和 TD 建设进展顺利。3G 投资稳步落实，有力拉动了通信建设和设备制造业发展。协调落实部省 3G 发展政策，推动落实通信建设规划编制、项目审批、安全保护、共建共享等问题。3G 业务开发和市场推广有序开展，TD 产业化进程明显加快，TD 技术在多个行业和领域得到推广应用。推动本省地产电子产品与 3G 应用结合。

（四）信息化建设取得新成效。继续组织实施"拥政、为民、融合、平安、惠农"五大信息化工程。全省投入 100 亿元建设"无线城市"，福建省 10 个城市的城区步入"无线城市"行列；厦门 TD"无线城市"运营应用实现新突破，工信部在厦门召开 TD"无线城市"建设与应用现场会。首批 112 个社区信息化试点启动建设。电子政务、移动电子商务快速发展，全省电子政务外网建成开通。农村通信建设步伐持续加快。全省 20 户以上自然村全部实现通电话，农村电话普及率达到 82.98 部/百人，建制村宽带普及达 92.4%。"信息下乡"、"手机下乡"、"信息田园"等活动深入开展。农村党员干部现代远程教育平台应用加快推进，80%建制村实现城乡文化共享。借助"6•18"平台，对接合作项目 258 个，总投资超 10 亿元，有力推动行业战略转型。出台重大项目备案管理办法，整合、推广、表彰了一批信息化应用对接项目。促进通信服务与工业生产、居民消费等领域的有效融合。商务领航、企动力等信息化应用综合平台稳步发展。探索和推动物联网在交通、校园、物流、环保、电力、金融等行业和领域的应用。

三、服务社会，服务民生，创新电信监管工作

（一）规划统计工作。"十一五"行业规划和专项规划主要任务、重大工程扎实推进，"十二五"规划和相关子规划编制工作开始启动，协调推进海峡西岸通信发展专项规划工作。加强与地方党委、政府及其工作部门的联系，促进企业规划、行业规划与地方发展规划之间的有效衔接，多项工作纳入地方经济工作范畴。强化行业运行情况的分析、预测、监测工作和增值电信企业的业务统计工作。

（二）市场监管工作。贯彻落实工信部有关文件精神，加大市场检查力度，建立完善监测、通报、联席会议和绩效考核制度。建立网间垃圾短信息联动处置机制，垃圾短信息专项治理活动深入开展，打击非法经营国际电信业务工作取得阶段性成效。安全生产、互联互通工作持续深化，互联网互联互通质量进一步改善。增值电信运营企业管理和服务工作不断加强，建立增值电信企业信誉管理考核制度。城镇居民楼房、住宅区的通信管线规范化建设工作取得新成效。加强通信建设市场管理和工程质量监督工作，有效遏制盗窃破坏公用通信基础设施行为。

（三）电信资费和电信服务工作。运用电信综合价格指数科学分析电信资费总体水平，加强电信资费审批备案管理。取消短信息业务网内网间差别定价，落实推进移动电话长途电话一费制等便民惠民政策。下调固定电话本地网营业区间资费上限标准。清理减少电信资费套餐 9 种 108 个，比上年减少 37.5%。行风建设进一步加强，"服务社会民生，树立行业新风"活动深入开展。加强对电信服务工作的监督和指导，督促企业提高服务质量，不断提升服务水平。妥善处理用户申诉，完善 12300 电信服务点。

（四）通信基础设施共建共享工作。组织三家基础电信运营企业签署通信基础设施共建共享协议，出台实施细则和技术参考标准，协调企业推进选点共建、机楼共享等工作。协调并在短时间内高效完成温福、福厦高速铁路等重点工程通信基础设施共建共享工作。全年共建铁塔250个、杆路459.31线路公里、基站872个、传输线路1487.17线路公里，共享铁塔1905个、杆路12531线路公里、基站6600个、传输线路24658线路公里。

四、保障安全，维护稳定，加强网络与信息安全工作

（一）互联网基础管理工作。狠抓网站备案与接入管理，审核网站5.79万个，审核网站变更备案13万个，处理未备案网站7759个，清理不准确IP地址备案信息646条，网站备案率达99.96%，备案信息准确率达86.1%，基本实现省内网站备案的实名管理。组织协调、配合推进涉及互联网管理的11项专项整治行动，部署开展整治互联网、手机淫秽色情和低俗信息专项行动。清理关闭低俗违规网站694个，配合内容主管部门删除有害信息185条，对8家违规互联网接入单位实施行政处罚，加大手机WAP网站整治力度，关闭59家“黑网吧”的接入，建立和完善违规网站和违规企业黑名单管理制度，互联网环境持续好转，文明办网、文明上网活动深入开展。九个设区的市互联网协会全部组建并发挥积极作用，互联网属地化管理体系初步建立。

（二）通信保障工作。出色完成了首届海峡论坛、“6·18”、“9·8”、纪念新中国成立60周年等重大活动的通信保障任务。组织全行业抗击“莫拉克”台风等自然灾害，累计发送防台风公益短信4324万条次。积极防范应对恶劣天气做好通信保障应急工作。大力推进全省通信保障应急管理与指挥平台各子项目建设，通信预警监测系统开发运行，120辆应急车辆装配GPS定位装置。

【重大事项、事件】

1月5～9日，台湾中华电信股份有限公司参访团赴福建省通信业进行参观交流。

1月15日，中国电信福建分公司、中国移动福建公司和中国联通福建省分公司在福州联合签署电信基础设施共建共享合作协议。

1月21日，省委常委、常务副省长张昌平看望慰问福建省专用通信局干部职工，向大家表示新春佳节的问候和祝福。

2月10～11日，副省长叶双瑜、李川分别在《福建省通信管理局关于省内相关单位对〈关于加快福建省移动电子商务发展的实施意见〉意见建议的函》上作出重要批示。

5月17日，工业和信息化部杨学山副部长考察厦门TD“无线城市”的应用情况，对厦门TD“无线城市”的创新性应用成果给予高度评价。

5月21～22日，由工业和信息化部组织的TD“无线城市”和行业应用经验交流会在厦门召开。

6月1日，福建省人民政府办公厅印发《关于加快推进第三代移动通信网络建设与发展工作的通知》。

6月18～20日，第七届中国·海峡项目成果交易会在福州举行。省人大常委会副主任袁锦贵、副省长叶双瑜、李川等省领导来到工业和信息化展区，观看信息化应用成果展示，体验3G业务。

6月19日，台湾中华电信公司参访团赴福建省通信业进行参观交流，共商闽台通信业发展大计。

7月14日，中共福建省委农办、省通信管理局联合表彰了首批101个信息化示范村和45个信息化乡镇，共同启动第二批“百村示范”信息化工程。

7月22日，省委常委、宣传部长唐国忠先后到福建省通信管理局、中国电信福建分公司调研网络文化建设工作。

8月9日，第8号台风“莫拉克”在霞浦登陆，福建省通信业及早部署、提前防御，全力保障广大人民群众和救灾指挥正常的通信需求。

8月19日、20日，福建省人民政府在北京分别与中国电信集团公司、中国移动通信集团公司、中国联合网络通信有限公司签署《共同推进海峡西岸经济区建设的战略合作框架协议》。未来五年，三家通信集团公司在福建省投入、采购总额将超过1170亿元。

8月25日，福建省通信业在福州举行纪念福建人民邮电创建60周年座谈会。

9月21日，福建省通信管理局、省物价局联合宣布，自2010年1月1日零时起，固定电话本地网营业区间通话费上限标准由现行的每分钟0.30元调整为每分钟0.20元。

9月23日，“海峡西岸10个无线宽带城市建成仪式”在福州举行，无线宽带城市一期工程建设顺利完成，全省九个地级市和武夷山市共10个城市率先迈入无线宽带城市行列。副省长李川出席。

9月23～24日，“辉煌60年——福建省通信业纪念新中国60周年图片摄影展”在福州市举行。省委常委、宣传部长唐国忠，副省长李川，原省政协主席游德馨，原省人大副主任陈营官等省领导莅临参观指导。

9月25日，工业和信息化部出台《关于支持福建省加快海峡西岸经济区工业和信息化发展的意见》。

9月27日，副省长李川听取福建省通信管理局局长杨锦炎专题工作汇报。

9月29日，福建省人民政府办公厅印发《关于成立福建省第三代移动通信网络建设推进工作协调小组的通知》。

10月27日，省委常委、省纪委书记陈文清一行先后到国家计算机网络应急技术协调中心福建分中心、福建省通信管理局调研考察工作。

10月30日，福建省通信管理局印发《关于贯彻落实工业和信息化部支持福建省加快海峡西岸经济区工业和信息化发展意见的通知》。

11 月 22 日，福建省人民政府办公厅印发《关于进一步支持加快通信基础设施建设工作的通知》。

11 月 30 日，漳州互联网协会宣布成立。至此，全省九地市的互联网协会全部成立。

12 月 2 日，福建省人民政府新闻办召开新闻发布会宣布，截至 11 月底全省 20 户以上自然村实现村村通电话。

12 月 29 日，福建省电子政务外网正式建成开通。副省长张志南出席开通仪式。

（福建省通信管理局）

江西省电信发展与管理

【电信发展统计】

项目	达到	增长率/增长量
电信业务收入 其中：非话业务收入	172.1 亿元， 91 亿元	同比增长 8.8%。 25.2%
固定电话用户数	748.5 万户	-98.4 万户
小灵通用户数	106.6 万户	-75.3 万户
移动通信用户数	1547.3 万户	270.0 万户
拨号上网用户数	60.1 万户	-17.2 万户
宽带上网用户数	245.9 万户	65.4 万户
固定资产投资	71.2 亿元	20.5 亿元，同比增加 40.4%
村通工程完成率	自然村通电话全部完成，行政村通宽带完成 90%	2010 年将完成 100%行政村通宽带

【电信发展情况综述】

一、主要业务发展情况

（一）移动电话用户数快速增长。

2009 年，江西省电话用户数达到 2295.8 万户，较上年净增 171.6 万户。其中，固定电话用户数达到 748.5 万户，减少 98.4 万户；移动电话用户数突破 1500 万户大关，达到 1547.3 万户，新增 270.0 万户。互联网宽带用户数达到 245.9 万户，新增 65.4 万户。

（二）固定电话业务减少，数据和移动电话业务增量明显。

2009 年全省完成电信业务总量 593.1 亿元，同比增长 26.6%。其中，固定本地电话网业务收入 28.4 亿元，同比减少 6.3%；长途电话网业务收入 21.2 亿元，同比减少 6.6%；(固定）数据通信网业务收入 15.8 亿元，同比增加 16.2%；移动通信网业务收入 106.6 亿元，同比增加 26.8%。

二、通信能力和通信服务水平发展情况

（一）通信能力明显增强。

随着移动电话业务的大幅增加，2009 年移动通信的网络建设明显加强。移动电话交换机容量新增 847.8 万门，达到 3588.8 万门；移动电话基站数新增 8804 个，达到 33116 个；移动电话短消息中心容量新增 5980.3 万条，达到 15834.6 万条。同时，互联网宽带接入端口新增 62.7 万个，达到 281.8 万个。

（二）电话普及率提高。

2009 年江西省电话普及率达到 52.2 部/百人。其中，固定电话普及率 17.0 部/百人，移动电话普及率 35.2 部/百人。

三、固定资产投资和经济效益情况

（一）固定资产投资加速。

2009 年江西省通信固定资产投资累计 71.2 亿元，比 2008 年新增 20.5 亿元，同比增加 40.4%。其中固定通信投资 6.6 亿元，占整个固定资产投资的 9.3%；移动通信投资 31.6 亿元，占整个固定资产投资的 44.4%；互联网及数据通信投资 4.3 亿元，占整个固定资产投资的 6.0%；创新及增值平台投资 5.9 亿元，占整个固定资产投资的 8.3%；业务支撑系统投资 4.3 亿元，占整个固定资产投资的 6.0%；传输投资 9.6 亿元，占整个固定资产投资的 13.5%；局房及营业场所投资 2.5 亿元，占整个固定资产投资的 3.5%。

（二）经济效益有所提高。

2009 年江西省电信主营业务收入 172.1 亿元，同比增长 8.8%。其中固定通信业务收入 49.2 亿元，同比减少 5.0%；移动通信业务收入 121.7 亿元，同比增加 15.7%。

行业利润总额达到 29.7 亿元，同比增加 88.0%。全省通信行业上缴税费总额达到 11.4 亿元，同比增加 12.9%；行业净利润达到 24.0 亿元，同比增加 81.8%。

【监管工作】

一、以全面完成自然村通电话工程为龙头，全省通信基础设施不断完善

自然村村村通电话是江西省通信业“十一五”规划的重要建设目标之一，是促进经济社会平稳较快发展的一项重大基础设施工程。自 2006 年开始实施以来，全省通信行业在省委、省政府坚强领导下，在各级党委、政府和相关部门密切配合下，将自然村村村通电话作为民心、民生和民富工程，全力以赴，顽强拼搏，克服时间紧、任务重、工程实施难度大等困难，2009 年 8 月底率先在全国中部地区实现了自然村村村通电话，提前一年多完成了“十一五”规划中的这项任务，为加快信息化新江西建设奠定了坚实基础。在工程建设过程中，累计投资 54.25 亿元，敷设传输光缆 13.19 万公里，新建移动基站 1.25 万个，新增自然村通电话 37908 个、行政村通宽带 8626 个。全省农村电话用户新增 750 万户，农村电话普及率达到 40 部/百人，比村通工程实施前提高了一倍多，行政村通宽带比例达到了 90%，农村通信基础设施进一步完善。

二、以信息化建设为主战场，行业转型步伐继续加快

江西省工业化、城镇化加速发展，为信息通信服务拓展了广阔的空间。各通信运营企业以信息化建设为主战场，全面推广政务、企业、农村、公共服务以及各行业各领域信息化建设，积极服务于“两化”融合，推动行业转型创新，培育新的增长点。江西电信承建全省社会治安视频监控“天网”工程，全年建成 3300 多个监控点，加快建设市县一体化电子政务和“数字庐山”等重大信息化项目，建成了全省数字园区信息化服务平台、全省数字环保平台，农村党员远程教育网覆盖了 90%行政村。江西移动推广手机支付、“民生邮箱”等移动互联网业务，积极拓展物联网应用，利用网络覆盖优势，协助电力、水文、运输等部门实现对客户生产流程的深度渗透。江西联通融合宽带应用和移动业务，采用 WCDMA 技术为用户提供专业化和全方位的信息服务解决方案。针对返乡农民工的求职需求，电信“114”、移动“12580”、“务工易”热线和联通“116114”等电话和网络平台推出了各具特色的帮困创业和求职信息服务，累计提供咨询 20 多人万次，为促进社会就业贡献了力量。

三、以 TD 发展为重点，3G 网络建设全面铺开

积极争取江西省政府将大力支持 TD 建设与运营列入政府工作报告，把 TD 试验网工程列为 2009 年省重点工程。省政府成立了以洪副省长为组长的扶持 TD 网工程建设领导小组，在城市规划、建设用地、市电引入等方面对 TD 网络建设予以了大力扶持，确保了 TD 网络建设顺利进行、业务正常开通。各运营企业强化大局意识，解决了移动 TD 网络建设急需共享的通信管道和杆路，以及电信、联通 3G 网络建设急需共享的铁塔等资源，加快了 3G 网络建设步伐。江西移动 TD 网络已覆盖所有设区市，江西电信 CDMA2000 网络覆盖了全省所有县市和 20%乡镇，江西联通 WCDMA 网络覆盖了所有设区市和部分县市城区，各运营企业 3G 业务应用陆续推出并逐步推广。2009 年，全省通信业固定资产投资 71.2 亿元，同比增长了 40.4%， 新增部分主要是 3G 建设投资。

四、以规范市场秩序为基础，全业务经营环境进一步优化

企业重组、全业务经营逐步展开和 3G 牌照的发放使通信市场竞争更加激烈。江西省通信管理局把营造公平有序的市场竞争环境作为 2009 年的重要工作，进一步加强了市场跟踪调研，制定出台了《电信资费管理指导意见》和《关于规范当前校园市场经营秩序的意见》，防止非理性竞争抬头。严格执行了资费监管政策和资费审批备案程序，资费套餐数量比去年减少了 6 种，资费方案更加明晰，业务宣传逐步规范，有效地维护了用户利益。落实了短信息业务网内网间统一定价，以及移动电话拨打长话一费制。规范了增值电信企业经营服务行为，对 4 起无证经营进行了查处。加强了通信建设管理，进一步强化了招投标监督，完成了龙虎山龟峰申遗的通信设施整治任务。加强了电信终端设备进网管理，对 8 家生产厂家销售假冒进网许可证、改变电信设备进网功能的行为进行了查处。全行业以“服务社会，服务民生”为主题，继续深入开展了行风建设。各运营企业积极抓好全业务经营服务工作，按照《电信服务规范》要求，提高新开展业务的规范化服务水平。充分发挥了用户委员会和“12300”申诉受理中心、各运营企业投诉受理中心两个平台的功能，加强了社会监督，深化了政企联动的服务督查工作机制，妥善处理了用户反映的服务问题。2009 年，“12300”电信用户申诉中心共受理用户咨询和申诉共 1576 件，及时回复率达 100%。

五、以基础设施共建共享为抓手，行业科学发展水平显著提升

电信基础设施共建共享是通信业改革的一项重点工作，是建设资源节约型、环境友好型社会的具体体现，也是全行业学习实践科学发展观的重大举措之一。一年来，按照工信部、国资委整体工作部署，江西省通信行业大力推进这项工作。成立了省、市两级共建共享协调机构，制定印发了《江西省电信基础设施共建共享实施意见》和《江西省共建共享电信设施维护工作指导意见（试行）》，协商起草了全省电信基础设施租赁指导价方案，三家通信运营企业签署了共建共享合作协议。深入各地进行专项调研和督导，组织召开协调会 12 次，协调处理了擅自搭挂、破坏通信、违规建设等行为 37 处，解决各地共建共享工作中的实际问题 113 个。采取计划管理方式，有重点、有目标、有步骤地推进共建共享工作。电信基础设施共建共享范围不断拓宽，工作项目从工信部要求的铁塔、杆路扩大到管道、电源、基站机房，各项基础设施共建共享完成数量大幅增长。截至 2009 年 12 月底，全省累计共建铁塔 1016 个、共建杆路 1673.7 线路公里、共建管道 112.7 线路公里、共建基站 1087 个，共建传输 1800.86 公里；累计共享铁塔 1386 个、共享杆路 3439 线路公里、共享管道 314.13 线路公里、共享基站 1456 个，共享传输 3829 线路公里，节省建设投资约 7.5 亿元。8 项纳入考核指标的电信基础设施全面达到工信部、国资委考核要求，完成数均超过全国 31 个省市的平均水平，其中 6 项超出考核指标 20 个百分点以上。

六、以通信保障和网络信息安全为己任，参与社会管理和公共服务取得新成果

通信保障是江西省应急管理工作的重要支撑。2009 年，通信行业进一步强化了这项工作。针对新形势的需要，完善了应急装备配置，将 TD 等 3G 元素引入应急通信领域。完成了应急通信指挥平台一期工程建设，提高了应急通信指挥能力。承办了“应急－2009”华东地区跨省应急通信保障军地联合演练，开展了互联网网络安全应急演练，促进了综合通信保障能力的提高。重点开展了国庆60周年网络与信息安全保障工作，深入进行通信网安全检查，排除了安全隐患，切实加强了互联网信息安全管理，深入落实了整治互联网低俗之风、垃圾短信息专项治理、打击网络淫秽色情、整治木马僵尸网络等专项行动任务。加强了网站备案管理，加大对ISP、IDC、SP的清理整顿力度，开通了“12321”网络不良信息举报电话，及时处置有害信息，严厉打击违法违规网站。共依法关闭色情、低俗和未备案网站（含WAP网站）780个，对76家违规SP进行了处罚。着力强化了通信监管和网络信息安全保障体系与手段建设，根据省政府要求，起草了《江西省网络与信息安全事件应急预案》。完成了网间7号信令监测系统调整。在配合政府处置突发事件中，做了大量的信息维稳工作，受到省委、省政府领导的充分肯定。

【重大事项、事件】

1月22日，江西电信、江西移动、江西联通签订电信基础设施共建共享协议书。

2月19日，吴新雄省长一行到江西省通信管理局调研，对江西通信行业坚持科学发展，大力服务江西地方经济社会给予充分肯定，强调要落实科学发展观的要求，以创造性的工作促进通信事业蓬勃发展，更好地服务于江西经济，更好地服务于江西人民。

3月27日，工业和信息化部杨学山副部长一行到江西省通信管理局调研，强调通信管理局要认真履行职责，创造条件，努力工作，促进江西通信行业又好又快发展，更好地服务于江西经济和社会发展。

3月27日，江西省电信用户委员换届大会暨第四届一次委员工作座谈会在昌召开。

4月13日，江西省扶持TD-SCDMA网工程建设领导小组召开第一次会议，研究确定了扶持TD-SCDMA网工程建设的政策措施。洪礼和副省长要求全省各级政府、各相关单位一定要在TD工程建设项目管理和服务上继续予以支持，全力推进江西TD网络建设。

5月15日，为响应2009年世界电信和信息社会日“保障儿童网上安全”的主题，呼吁全社会积极采取措施，减少儿童上网风险，为儿童成长创造良好的网络环境，江西省通信管理局举办“保障儿童网上安全”倡议暨“3G－移动互联网的新起点”的学术报告会。各通信运营企业、学生家长、老师和孩子们代表参加了报告会。

5月27日，江西省通信管理局印发《关于开展木马和僵尸网络专项处置工作的通知》，开展为期5个月的木马和僵尸网络专项处置活动，重点处置木马和僵尸网络的控制服务器，重要信息系统单位感染木马和僵尸网络的受控计算机，以达到全省感染木马和僵尸网络的计算机数量明显减少，公共互联网环境得到进一步净化，公众的网络安全意识得到有效提升的目的。

8月26日，江西省省长吴新雄获悉全省已实现自然村村村通电话，并将实施信息下乡进村入户工程后，欣然为村通工程画册题词：“电话传递大山百姓深情，信息奏响新村建设强音”。

9月15日，江西省政府隆重举行全省自然村村村通电话工程总结表彰暨信息下乡动员大会，总结自然村村村通电话工程经验，表彰先进单位和个人。省委苏荣书记发来贺信，吴新雄省长欣然题词，肯定全省村村通电话工程在造福百姓、服务地方经济上所作的突出贡献。洪礼和副省长、工业和信息化部苏金生总工程师出席大会并讲话。

9月15日，全省“信息下乡”活动启动，村通工程重点转向推进农村信息服务网点建设和适农信息内容开发，实现信息内容、信息服务和信息终端进村入户。

11月5日，由工信部组织，江西省通信管理局承办的代号为“应急－2009”应急通信保障跨省军地联合演练在江西成功举行。参演单位有江西省军区、江西省通信管理局、江西电信、江西移动、江西联通。南京军区、福建省军区、江西省政府应急办、福建电信、江苏移动、浙江联通公司配合参与了演练。江西省政府凌成兴常务副省长现场观摩了演练并讲话。

12月18日，江西省通信管理局召开全省通信行业依法打击手机淫秽色情专项行动电视电话会议，组织全省通信行业开展为期一年的进一步深入整治手机淫秽色情专项行动。

（江西省通信管理局）

山东省电信发展与管理

【电信发展统计】

项目	2009年	增长率	2008年
电信业务收入	510.3亿元	2.1%	499.7亿元
其中：非话业务收入			
固定电话用户数	2256.3万户	-0.08%	2452.1万户
无线市话用户数	378.6万户	-19.8%	471.8万户
移动电话用户数	5341.8万户	15.8%	4611.7万户
拨号上网用户数			
宽带上网用户数	747.4万户	22.3%	611.1万户
固定资产投资	184.3亿元	24.9%	147.5亿元
村通工程完成率	100%		

【电信发展情况综述】

一、电信业务总量稳步增长，业务收入企稳回升，对国民经济的拉动作用逐步增强

2009 年，山东省电信业务总量总体保持了较快增长速度，电信业务收入下半年后开始呈现企稳回升态势。全年累计完成电信业务总量 1586.7 亿元，比上年同期增长 11.3%；完成电信业务收入 510.3 亿元，比上年同期增长 2.1%。业务总量、业务收入均居全国第四位。

电信业务总量与收入的比值不断下降，“量收不平衡”现象表明电信综合价格水平在逐步降低，百姓从中获得更多的实惠。同时，电信业务总量占山东国内生产总值的比例逐年提高，山东通信业对拉动地方经济发展起到了越来越重要的作用。

二、电话用户规模不断扩大，宽带用户发展迅速

2009 年，山东省电话用户总数整体保持稳步增长。新增电话用户 534.3 万户，总数达到 7598.1 万户，居全国第三位；各基础电信运营企业互联网宽带用户达到 747.4 万户。

2009 年山东省固定电话继续呈现负增长，比年初减少 195.8 万户，全省固定电话总数为 2256.3（含专网 31）万户，居全国第三位。固定电话普及率为 24%。

2009 年山东省移动电话用户继续保持高增长，新增用户 730.1 万，同比增长 15.8%，总数达到 5341.8 万户，居全国第二位，普及率达到 56.7%。移动电话用户在电话用户总数中占比达到 70.3%。至 2009 年底，移动电话用户已是固定电话用户的 2.4 倍。

2009 年数字数据网（DDN）、帧中继及 ATM 用户等传统数据业务用户数量仍呈下降趋势，移动短信业务量从二季度开始呈现负增长，而以 xDSL、LAN 等为代表的互联网宽带接入业务则继续保持高速增长。截至 12 月底，各基础电信运营企业互联网宽带接入用户达 747.4 万户，同比增长 22.3%。

三、固定资产投资不断增加，通信能力进一步加强

2009 年各电信运营企业共完成固定资产投资 184.3 亿元，同比增长 24.9%，综合通信能力进一步增强。截至 12 月底，全省长途电话业务电路达 4.8 万个 2M，数据通信网长途电路总长度达 63.2 万个 2M。全省光缆线路总长度达到 39.3 万公里，其中，长途光缆线路总长度 3.1 万公里。固定长途电话交换机总容量达到 50.5 万路端；局用交换机总容量达到 3352.8 万门；移动交换机总容量达到 1053.7 万户。

四、移动业务对固网业务的分流作用逐步加大

（一）移动通信网业务收入所占比例日趋增大。

历年数据显示，移动通信网业务收入所占比例每年都在增大，固网业务收入比例在逐步减少。

与 2008 年相比，2009 年移动通信网业务收入及数据通信业务收入的比重分别上升 5.1 和 1.4 个百分点，而固定本地电话网业务收入、长途电话网业务则分别下降 4.4 和 2.1 个百分点。

（二）固定本地通话量持续下降，移动本地通话量快速增长。

2009 年移动电话本地通话量继续保持强劲增长势头，与固定本地通话量的差距继续拉大，移动本地通话次数与固定本地通话次数的比例从 2008 年第四季度的 2.94：1 上升到 3.74：1。

（三）移动长途电话业务对固定长途的分流作用日趋加大。

与 2008 年相比，2009 年第四季度移动长途占总长途通话时长的比例增长了 11.4 个百分点，而固定长途及 IP 电话则分别减少了 4.5 和 6.9 百分点。

【监管工作】

一、圆满完成“十一运”通信与网络信息安全保障工作

“十一运”通信与网络信息安全保障是山东省通信管理局 2009 年的一项重要工作。根据省委、省政府部署，山东省通信管理局组织制定了工作方案，紧紧围绕“五个确保”目标，牢牢把握“服务竞赛、服务指挥、服务媒体、服务公众”的原则，建立了覆盖全省比赛场馆和相关区域的多功能、全方位的立体通信保障系统，为大赛组织、筹备和赛事活动的圆满进行提供了可靠优质的通信服务支撑，成功打造了一届“数字全运”、“宽带全运”，为山东夺取筹办工作“大金牌”作出了积极贡献。

山东通信业的出色工作，得到了省委、省政府、组委会、运动员、教练员和广大观众的一致称赞。省委、省政府授予通信管理局“第十一届全国运动会筹办工作先进集体”称号，另有三名同志获奖立功。通信管理局召开行业表彰大会，对 13 个先进集体、39 个先进班组和 51 名先进个人予以通报表彰。

二、认真履行职责，加强市场监管，营造良好发展环境

（一）整治互联网低俗之风，净化网络文化环境。2009 年初，山东省通信管理局按照全国净化社会文化环境工作会议和九部委通知精神，制定了《山东省通信行业净化网络环境工作方案》，与省委有关部门联合召开了全省电视会议，组织开展整治工作。为防范不良有害信息通过 3G 网络传播，通信管理局要求电信企业对 3G 业务实行实名登记制度；8 月份山东省通信管理局组织了专项检查，企业执行情况良好。积极倡导“文明办网、文明上网”，与省委外宣办、省互联网协会组织省内 164 家互联网信息服务业务经营单位签订了《山东省互联网站抵制低俗之风自律公约》。

一年来，山东省通信管理局配合外宣、工商、新闻出版等部门，先后开展了取缔黑网吧、“扫黄打非”等专项行动。截至 12 月底，共依法协助关闭违法、违规网站 596 家，关闭“黑网吧”191 家，对 10 家互联网接入服务商为未备案网站提供接入、3 家基础电信企业分支机构为无证经营单位提供接入做出行政处罚；向三家基础电信企业转办处理垃圾短信 150 余万条。各企业共关闭未备案网站近 5500 家，督促、帮助 4000 多家接入网站完善了备案手续。全省已通过备案审核的备案主体为 190313 个，备案网站为 205151 个，备案率达到 99.99%。省内接入网站备案准确率接近 85%。

（二）规范市场秩序，加大查处力度。按照部《关于规范当前电信市场秩序的意见》，山东省通信管理局努力强化市场管理，针对电信企业在高校开学期间的不规范营销行为，要求各公司不得与高校签订任何排他性的电信业务协议，不得采取强制搭售等手段限制用户选择其他电信业务经营者的电信服务。2009 年，全省电信企业的高校营销活动平稳有序。同时，山东省通信管理局加大了市场违规行为的查处力度，依法对 7 家违规企业给予了相应处罚。

（三）加强电信服务质量监管，维护消费者合法权益。针对新形势，山东省通信管理局要求各企业注重疏导和化解改革重组过程中引发的电信服务问题，完善针对群体、突发、重大投诉等事件的处理预警机制，确保用户服务质量。一年来，通信管理局共受理用户申诉、咨询 4260 件，正式立案 47 件，用户对申诉处理结果满意率为 98.79%，为用户挽回经济损失 25677.45 元。

（四）支持增值电信业务发展。根据学习实践科学发展观活动调研中掌握的情况，山东省通信管理局完成了调研报告，提出了推动增值电信业务发展的建议，得到了省政府领导的重视。在具体工作中，山东省通信管理局认真履行政府职能，加强政策研究，制定了基础电信企业扶持增值电信企业发展的具体措施；成立省通信行业协会增值电信业务专业委员会，开展多种形式的交流活动；开发、启用《电信业务经营情况网上月报系统》，为行政工作提供了支撑。

（五）安全生产工作常抓不懈。山东省通信管理局认真贯彻相关法律、法规，坚持“安全第一、预防为主、综合治理”的方针，推进安全生产“三项行动”，并与全省“安全生产责任落实年”四大战役结合起来，开展“安全生产月”活动、安全生产百日督查专项行动，保证了通信生产的顺利进行。2009 年，山东省通信行业安全生产形势良好。

三、电信基础设施共建共享取得初步成果

山东省通信管理局高度重视电信基础设施共建共享工作，主持成立了共建共享协调机构和专家组，实行例会制度。2 月份，在通信管理局积极推动下，山东联通、移动和电信公司共同签订了《山东省电信基础设施共建共享合作协议》；在此基础上，山东联通与山东电信签署了具体合作协议。山东省通信管理局还制定了电信基础设施共享申请表、共建项目征求意见表、共建共享项目备案表等表格，出台了资源共享价格指导标准。经过共同努力，山东省管省电信基础设施共建共享工作取得了阶段性成果，2009 年以来各企业共节约建设投资约 6.7 亿元。

四、通信管理局干部队伍建设和行业精神文明创建取得新成绩

为适应电信业改革的需要，山东省通信管理局不断巩固学习实践科学发展观活动成果，积极引导干部职工把思想和行动统一到科学发展观的要求上来，组织党员干部系统学习中国特色社会主义理论，党的十七大和十七届三中、四中全会精神；严格执行领导干部廉洁从政各项规定和党风廉政建设责任制，进一步提高廉洁从政意识。加强通信管理局文化建设，丰富机关文化生活。加强直属单位、协会建设，指导其创造性地开展工作，为企业服务，为监管工作服务。

【重大事项、事件】

1 月 5 日，济南市“12345”行政服务热线全面投入运行。该热线依托中国联通山东省分公司的基础通信网络、语音综合服务平台，整合了 200 多个党政部门的咨询电话和公共服务热线电话，为市民提供全天候电话服务。

1 月 6 日，为贯彻 1 月 5 日国家七部委电视电话会议精神，山东省通信管理局制定《山东通信业整治互联网低俗之风专项行动工作方案》，全面组织开展专项行动。

1 月 15 日，山东省互联网协会在济南举行抵制互联网低俗之风自律公约签约仪式。山东联通、移动、电信、铁通公司等基础电信运营企业和 20 余家驻济网站负责人参加签约仪式并集体签署《山东省互联网站抵制低俗之风自律公约》。

2 月 5 日，省委常委、副省长王军民带领山东通信管理局等有关政府部门负责同志，到山东旅科信息有限公司调研，研究促进山东省呼叫中心服务外包产业发展工作。

2 月 9 日，根据工信部、国资委《关于推进电信基础设施共建共享的紧急通知》和山东通信管理局、省建设厅《关于进一步推进电信基础设施资源共享工作的意见》，按照三家集团公司共建共享合作框架协议，在山东通信管理局积极推动下，中国电信股份有限公司山东分公司、中国移动通信集团山东有限公司和中国联合网络通信有限公司山东省分公司共同签订《山东省电信基础设施共建共享合作协议》。

2 月 12 日，山东联通与山东电信签署电信基础设施共建共享协议并召开启动会议。

2 月 25 日，山东移动荣获省委、省政府颁发的“改革开放三十年山东省优秀企业”称号。

3 月 5 日，山东省通信行业协会增值电信业务专业委员会成立大会暨第一次会员代表大会在济南举行。

3 月 13 日，山东联通在全省 17 地市及 140 个区、县全部开通“12371”党员咨询服务热线。热线采用中央、省、市、县组织部四级咨询服务方式，主要服务内容包括为党员落实组织关系、地方党务建设咨询、参加组织生活咨询、党务公开等。

3 月 17 日，山东省人民政府与中国电信集团公司战略合作框架协议签字仪式在济南举行，中国电信计划未来五年内在山东投入 263 亿元用于信息化网络建设。山东省委常委、副省长王军民，中国电信集团公司总经理王晓初分别代表双方签署协议。

3 月 23 日，山东通信管理局召开全省通信行业净化网络环境工作电视电话会议，贯彻中办、国办《关于进一步净化社会文化环境 促进未成年人健康成长的若干意见》和全国、全省净化社会文化环境工作会议精神，部署下一步工作。

4月3日，山东省委宣传部下发文件，要求各市党委宣传部、省直新闻单位充分发挥舆论导向作用和对产业发展的推动作用，做好 TD-SCDMA 的宣传报道工作，为 TD-SCDMA 的发展营造良好的舆论氛围。

4月9日，中国电信济南分公司举行 3G 业务商用发布仪式，自4月10日起济南地区 3G 业务正式商用。

4月10日，山东通信管理局下发《关于对 3G 业务实行用户实名登记制度的通知》(鲁通管〔2009〕41号)。

4月13日，为健全山东省通信国防动员体制，山东通信管理局以山东省国防动员委员会通信动员办公室的名义，下发《关于成立通信国防动员专业保障队伍的通知》(鲁通信动〔2009〕1号)，决定成立中国联通山东省分公司通信动员总队、中国移动山东公司通信动员总队、中国电信山东分公司通信动员总队等三个省级通信国防动员专业保障队伍，所属各市级分公司相应成立通信动员支队。

4月17日，中国联通山东省分公司、中国联通临沂市分公司、中国移动山东公司临沂分公司金雀山路营业厅被人力资源和社会保障部、国务院国有资产监督管理委员会授予“中央企业先进集体”称号，中国电信股份有限公司滕州市分公司经理钱胜利荣获“中央企业劳动模范”称号。

5月12日，山东通信管理局出台《十一运会通信与网络信息安全保障工作方案》。

5月21日，十一运组委会、山东通信管理局、山东移动联合召开“中国移动 3G（TD-SCDMA）技术建设‘数字十一运’新闻发布会”，十一运组委会副主任兼秘书长、山东省副省长黄胜出席会议并讲话。继青岛之后，我国具有自主知识产权的中国移动 3G（TD-SCDMA）网络在济南正式商用。十一运会将全面应用 TD-SCDMA 技术建设“数字场馆”，在所有比赛城市和场馆实现基于 TD-SCDMA 的 3G 网络、WLAN 无线局域网络和现有 2G 网络（2.75G）EDGE 的“三网合一”，40项移动信息化应用将服务全运会。

6月26日，山东省人民政府与中国移动通信集团公司战略合作框架协议签字仪式在济南举行。未来3年内，中国移动将在山东投入300亿元用于信息化网络建设。山东省委常委、副省长王军民与中国移动副总裁李正茂分别代表双方签署协议。

7月8日，山东电信在济南举行“天翼”网上商城正式运营仪式，省委常委、副省长王军民出席。

7月24日，第二届山东省电信用户委员会会议在济南召开。会议选举产生了新一届电信用户委员会主席、副主席。

8月23日，山东通信管理局召开会议，规范基础电信运营企业的校园营销行为。

8月27日，山东通信管理局召开全省通信行业电视电话会议，部署规范当前电信市场秩序工作。

9月12日，中央电视台“焦点访谈”栏目报道临沂联通参与建设的平安社会建设项目——“天网”工程。

9月15日，中国联通集团主办、山东联通承办的中国联通“沃•3G”手机博览会暨“沃•3G”高峰论坛在济南召开。

9月24日，山东省人民政府与中国联通集团在济南签署战略合作框架协议，中国联通未来5年将投入400亿元推进山东省信息化建设。山东省委副书记、省长姜大明，中国联通集团董事长常小兵出席签约仪式。省委常委、副省长王军民，中国联通集团副董事长左迅生分别代表双方签署协议。

10月1日，山东联通17市分公司 3G 业务进入正式商用阶段。

10月26日，山东省老龄办、山东电信等联合启动为老年人提供特色通信服务、支持居家养老服务信息化平台的“银龄通信工程”。

10月28日，第十一届全国运动会胜利闭幕。围绕“十一运”通信与网络信息安全保障任务，山东通信业广泛开展“迎国庆、迎全运、创优质服务、树行业新风”活动，加大投入完善基础设施建设，全力以赴提高综合服务水平，圆满完成了各项通信保障、服务任务，成功打造了一届“数字全运”、“宽带全运”。据统计，通信业的直接赞助额超过1.1亿元，占社会总赞助额的15.7%；直接用于全运保障项目的投资达6.7亿元，出动服务保障人员约4.5万人次；承担建设的全运会信息系统、通信指挥调度系统、媒体村通信支撑系统等在赛事组织和指挥、电视转播、安全保卫、新闻宣传等工作中发挥了巨大作用。其中，济南奥体中心的移动网络容量超过了北京鸟巢，达到了体育赛事网络容量之最。

11月5日，中央文明委净化社会文化环境工作督察组来山东检查，山东通信管理局代表山东通信业汇报工作。

11月11日，山东通信管理局在济南召开第十一届全国运动会通信与网络信息安全保障工作表彰大会。十一运组委会副主任兼秘书长、山东省副省长黄胜到会并讲话。根据《第十一届全国运动会组织工作表彰奖励方案》，山东通信管理局对13个先进集体、39个先进班组和51名先进个人给予通报表彰，并为获得先进个人称号的同志记三等功。

11月12日，山东通信管理局、省物价局联合下发文件，调整山东省固定电话本地网营业区间通话费上限标准，自2010年1月1日起执行。即：固定电话本地网营业区间通话费上限标准由0.30元/分钟调整为0.20元/分钟；县及县以下固定电话拨打本地网内移动电话的资费标准为不高于 0.20 元/分钟。

11 月 22 日， 山东省委、省政府召开大会，表彰为全运会成功举办作出突出贡献的先进集体和先进个人。山东通信管理局、山东联通、山东移动、山东电信获评“第十一届全国运动会筹办工作先进集体”，多名个人立功获奖。

11 月 23 日，2009 中小企业信息化推进大会在济南举行，中国移动携手合作伙伴启动“百万中小企业信息化服务包”推广活动。

11 月 28 日，日照移动开发的全国首家兽药真伪短信查询系统启用。

11 月，山东省人力资源和社会保障厅、山东省体育局、十一运组委会及组委会信息技术部表彰了一批为全运会成功举办作出突出贡献的先进集体和先进个人，山东通信业多个集体、个人榜上有名。

12 月 1 日，山东电信与山东银座股份有限公司在济南签署战略合作框架协议，拉开山东电信天翼终端产业链峰会的序幕。

12 月 2 日，共青团山东省委、山东通信管理局联合下发《关于命名和认定通信行业 2008 年度山东省青年文明号的决定》（鲁青联〔2009〕68 号），命名 39 个集体、继续认定 340 个集体为 2008 年度山东省青年文明号。

12 月 9 日，山东通信业三个服务项目获评 2009 年山东省服务名牌，它们是：威海联通的“快乐修障”品牌，肥城联通的“真诚无限”品牌，临沂移动的“满意 100”品牌。

12 月 10 日，为贯彻国家九部委关于开展打击互联网和手机媒体淫秽色情及低俗信息专项行动的统一部署，山东通信管理局启动为期 13 个月的山东省打击互联网和手机媒体淫秽色情及低俗信息专项行动。

12 月 15 日，18 时，山东铁通管内铁路通信网络调度的指挥权和管理权移交铁路系统。

2 月 16 日，山东通信管理局出台《关于进一步加强住宅小区、校区等场所通信建设、经营管理工作的意见》（鲁通管〔2009〕154 号），要求进一步加强管理，破除垄断，鼓励竞争，促进资源合理利用，维护通信市场秩序。

12 月 17 日，山东移动与省中小企业办公室就信息化推进中小企业营销方式、管理方式创新签署合作协议。2010 年双方将至少在 10 万家中小企业开展移动信息化体验和普及，争取 3 年内在全省大部分中小企业普及信息化。

12 月 18 日，山东联通单联发票网络税控项目通过省地税局验收，将于 2010 年 1 月 1 日起在全省联通推广。据估算，每年仅发票印制费用即可节约近 2000 万元。

12 月 29 日，省委宣传部、省文明办、省委高校工委、省通信管理局、山东移动联合主办的山东省“放飞梦想”绿色手机文化创作传播活动启动仪式在济南举行。省委常委、省委宣传部长李群出席仪式。活动时间为 2009 年 12 月 29 日至 2010 年 4 月底。

（山东省通信管理局）

河南省电信发展与管理

【电信发展统计】

项目	单位	达到	增长率/增长量
电信业务收入 其中：非话业务收入	亿元	352.9 123.1	4.5%/15.2 10.8%/12
固定电话用户数	万户	1463.9	-6.3%/-98.6
小灵通用户数	万户	242.1	-21.3%/-65.6
移动电话用户数	万户	4016.8	14.8%/517.9
互联网拨号用户数	万户	103.8	-5.6%/-6.1
互联网宽带接入用户数	万户	517.1	34.6%/132.9
固定资产投资	亿元	154.1	7.5%/10.7
村通工程完成率	个	100%	0.1%/1552

【电信发展情况综述】

一、总体发展情况

（一）行业平稳较快发展，固定资产投资创新高。

完成电信业务总量 1242.8 亿元，同比增长 15.3%；实现电信业务收入 352.9 亿元，同比增长 4.5%；完成固定资产投资 154.1 亿元，同比增长 7.5%。电信业务总量、业务收入、固定资产投资分别排名全国第 5 位、第 10 位、第 7 位。

（二）电话用户快速增加，电话普及率持续提高。

用户规模继续增长，电话用户净增 419.4 万户，达到 5480.7 万户。互联网用户净增 126.6 万户，达到 626 万户（不含移动互联网用户）。电话普及率比上年底提升 4 部/百人，达到 55.3 部/百人。固定电话用户、移动电话用户、互联网用户数分别排名全国第 7 位、第 5 位、第 5 位。

（三）网络规模继续扩大，通信能力不断增强。

全省光缆线路长度达到 35.2 万公里，排名全国第 8 位；局用交换机容量和接入网设备容量达到 2322.9 万门、移动电话交换机容量达到 7013.6 万户，同比增长 11.3%，均排名全国第 6 位；短消息中心容量达到 6.2 亿条，同比增长 46.1%，排名全国第 1 位；互联网宽带接入端口达 689.3 万个，排名全国第 6 位。

沿高速公路、铁路、主要公路和乡镇等区域的移动网覆盖进一步完善；宽带 IP 骨干网、接入网以及相关数据工程的建设进一步加强，出省带宽达到 640G，省内带宽达到 1080G。河南移动 TD 三期工程、河南联通 WCDMA 三期工程、河南电信 CDMA2000 三期工程等均列入全省重点工程建设项目，工程进展顺利，共建成 3G 基站 8699 个。全省 TD 和 3G 初具规模，网络优化进一步升级，通信能力进一步增强。

二、主要企业情况

用户市场份额中，河南移动占 53.9%，比上年提高 1.3 个百分点；河南联通占 39.3%、河南电信占 5.3%、河南铁通占 1.6%。

电信业务收入市场份额中，河南移动占 66.2%、河南联通占 26.8%、河南电信占 5.0%、河南铁通占 2.0%。

三、本年度河南通信业发展主要特点和存在问题

（一）行业经济运行平稳，发展态势回升向好。

全省通信业完成电信业务收入 352.9 亿元。自 2008 年 10 月以来收入增幅在历经 10 个月的低谷徘徊后缓慢回升，行业回升向好的态势进一步确立。

（二）移动、宽带快速发展，用户结构调整提速。

从电话用户发展看，移动电话加速替代固定电话。移动电话用户新增 517.9 万户，同比增长 14.8%；固定电话用户减少 98.6 万户，同比减少 6.3%（其中小灵通用户减少 65.6 万户，同比减少 21.3%，占固定电话用户减少量的 66.5%）。移动电话用户占电话用户总数的比重为 73.3%，较上年提高 4.2 个百分点。

从互联网用户发展看，新增互联网用户 131.6 万户，同比增长 26.6%。其中宽带用户新增 132.9 万户，同比增长 34.6%，宽带用户数达到 517.1 万户，占互联网用户总数的 82.6%。互联网的发展已进入快速增长期，宽带用户的发展进一步提速，占互联网用户的比重进一步加大。

（三）业务收入结构调整，行业转型步伐加快。

移动通信网业务收入同比增长 21.2%，数据通信网业务收入同比增长 16.3%。移动通信业务收入占电信业务收入比重达 78.3%，较上年提高 3.7 个百分点；数据通信网业务收入占电信业务收入比重达 13.2%，较上年提高 1.3 个百分点。移动通信业务收入、数据通信网业务收入已成为推动行业收入增长的强劲动力和主要支撑。

（四）综合价格水平走低，收入效益影响加重。

2009 年，河南省电信综合价格指数为 28.4%，同比下降 9.4%，电信业务总量与电信业务收入的差距继续拉大。2000 年以来电信综合价格指数已累计下降 71.6%。电信综合价格水平的持续走低，一方面体现了通信用户在享受通信技术进步的同时，可以用相对少的支出享受到更加实惠、便捷的通信服务，为抑制消费价格指数增长过快，稳定居民消费预期起到了积极作用。另一方面行业收入增长速度放缓、利润水平逐年减少，给行业的持续、健康发展带来了不利的影响。

（五）区域发展仍不平衡，制约整体实力提升。

从用户发展看，2009 年电话用户总数排名前三位的是郑州市、洛阳市和南阳市，分别达到 1003.0 万户、453.7 万户和 416.6 万户，郑州电话用户总数突破 1000 万户。全省电话普及率排名前三位的是郑州市、济源市和三门峡市，分别是 151.3 部/百人、87.2 部/百人和 75.7 部/百人。电话普及率排名第一位的郑州市与最后一位的周口市相差 121.3 个百分点，较上年差距又拉大 11.8 个百分点。

从收入增长看，2009 年各省辖市电信业务收入排名前三位的是郑州市、洛阳市和南阳市，分别完成 75.3 亿元、28.2 亿元和 27.7 亿元。增幅前三位的是济源、濮阳和商丘市，增幅分别为 16.4%、7.8%和 6.7%。增幅排名第一位的济源市与最后一位的焦作市增幅相差 19.7 个百分点。

【监管工作】

一、加大建设投入力度，进一步降低资费水平，支持全省经济平稳较快发展

（一）认真贯彻落实省企战略合作框架协议，全力加快 3G 和 TD 网络建设。积极协调省三家电信运营企业，促成三大电信集团公司在 5、6 月份先后与省政府签署战略合作框架协议。按照协议，5 年内，三大电信集团公司将在全省累计投入 1050 亿元，支持河南通信事业发展和信息化建设，这一投资规模在全国各省（区、市）位居前列。成立了全省电信业推进实施战略合作框架协议领导小组，明确工作目标、落实时间进度，将 1050 亿元投入分解落实到具体建设项目中。全年完成投入 223.1 亿元，河南移动 TD 三期工程、河南联通 WCDMA 三期工程、河南电信 CDMA2000 三期工程等重点工程进展顺利，发展 3G 用户 73.2 万户，在 3G 元年实现了开门红。3G 商用极大地拉动了内需，成为新的经济增长点。

（二）积极推进郑汴通信一体化，大力支持产业园区发展。按照省委、省政府关于建设郑汴新区的总体规划，赴湖南、陕西考察学习长株潭和西咸通信一体化经验，积极做好郑汴两市升位并网准备工作。代省政府起草了《关于申请郑州开封 2 市本地电话网并网使用统一区号的函》，积极向部汇报，努力推动此项工作稳步开展。切实做好产业集聚区配套通信设施建设，大力支持产业集聚区发展。联合郑州经济技术开发区共同筹建河南省通信产业园，已有 20 多家增值电信企业入驻，产值超过 3.5 亿元。

（三）规范电信资费管理，降低电信资费水平。在全省范围内组织开展了为期半年的电信资费套餐清理专项活动，共清理资费套餐 2722 种，套餐数量清理减少 48%，切实规范资费宣传推广行为，提高了资费透明度。取消网间短信息差别定价，降低固定电话本地网营业区间通话费上限标准，实施移动电话长途一费制，进一步降低电信资费水平，鼓励用户信息消费，拉动内需。据估算，区间通话费标准调整后每年可减少农村用户支出 2000 万元，实行移动电话长话一费制每年将减少用户通信消费支出近 4 亿元。

（四）积极协调，扎实推进自然村村村通电话工程和“信息下乡”活动。协调省各基础电信运营公司加大投入，攻坚克难，继续加快推进自然村村村通电话工程，于 2009 年 10 月底完成全省剩余的 1552 个 20 户以上已

通电不通电话自然村通电话任务，提前 1 年实现了全省 15.3 万个 20 户以上已通电自然村村村通电话。同时扎实开展信息下乡活动，推进信息内容、信息服务和信息终端进乡入村。全省开展“信息下乡”的乡镇达到 1636 个，建成乡信息站 1725 个、乡信息库 1600 个、乡信息栏目 15000 个、村信息点 48540 个。积极做好移民新村配套通信设施建设，为移民新村提供了良好的通信服务。

二、以人为本，加强管理，助力维护社会和谐稳定

（一）开展垃圾短信息治理专项行动，维护电信用户合法权益。

综合运用行政、技术等手段，进一步深入开展垃圾短信息治理专项活动。全年拦截垃圾短信息 4379 万条，暂停发送垃圾短信息号码 23.8 万个，处罚违规 SP30 家，处理投诉 58 万件，垃圾短信息进一步减少。联合省公安厅组织省各基础电信运营公司先后两次向广大电信用户发送防诈骗公益短信息共 8000 多万条，发送灾害天气、征兵等公益短信息 9700 多万条，取得了良好的社会效益。

（二）提高电信服务质量，加强政风行风建设。

完善用户申诉和信访处理机制，畅通受理渠道，理顺处理流程，切实加大用户申诉电信资费和服务问题的处理力度，维护了消费者的合法权益。对民主评议政风行风工作及早安排部署，围绕服务经济社会发展、服务民生主题，为群众解难事、办实事，政风行风评议取得新成绩，进一步树立了良好的行业形象，被省政府评为政风行风建设先进单位。

（三）完成应急通信保障任务，提高应急通信保障能力。

围绕做好国庆 60 周年期间的通信保障任务，制定周密的通信保障措施，落实党政军重要机关的反恐防范措施和应急准备，确保了国庆、汛期和己丑年黄帝故里拜祖大典等重要活动期间的通信畅通。积极配合公安机关开展“三电”专项整治，保护了通信线路安全畅通。

（四）加强网络信息安全管理，维护重要敏感时期网络信息安全。

加强网站备案管理，关闭未备案网站 8300 多个，网站备案总数达到 106000 个，备案率达到 99%，备案信息准确率逐步提高，初步实现了网站实名制管理。组织开展整治互联网低俗之风、整治手机媒体低俗之风、打击手机淫秽色情专项行动，积极配合省委宣传部、省扫黄打非办、公安等部门开展各项专项治理活动，全年共关闭低俗、违规网站 183 家，删除非法不良信息 50 条，治理发票违法短信息 156 万条，保障了“两会”、“国庆”等重要敏感时期全省网络信息安全。

三、争取政策支持，加强管理协调，营造和谐发展环境

（一）协调出台相关文件，争取政策支持。

积极向省政府汇报电信基础设施建设情况，报请省政府出台了《批转省通信管理局关于进一步加快全省电信基础设施建设意见的通知》、《转发省通信管理局关于支持以 TD-SCDMA 为重点的第三代移动通信网络建设工作意见的通知》，首次将电信基础设施纳入城乡建设总体规划。协调省委宣传部出台了《关于大力支持国家自主创新的第三代移动通信网络（TD-SCDMA）建设和运营的宣传提示》，为加快 TD 建设运营营造了良好的舆论氛围。联合省住房和城乡建设厅出台了全省《住宅小区及商住楼配套通信设施建设标准》，为电信企业公平进入住宅小区提供了技术政策保障。

（二）加强监管，完善沟通协调机制。

制定印发了《河南省通信管理局关于规范当前电信市场秩序的实施意见》，坚持依法行政，深入基层明查暗访，严肃查处违规经营行为，维护了电信市场秩序稳定。完善沟通协调机制，定期召开省、市基础电信运营公司总经理联席会议及各类例会，促使电信企业严格自律、增进沟通，将矛盾和问题消除在萌芽状态，促进行业和谐发展。

（三）切实加强行业经济运行监测分析，扎实推进电信基础设施共建共享。

建立行业发展月度分析制度，进一步提高分析水平，深入查找影响行业科学发展的问题及原因，积极采取应对措施，不断加大对行业发展的宏观指导力度。加强通信建设市场管理，推进电信基础设施共建共享。全省共实现移动通信基站、铁塔共建共享 3299 个，传输线路共建共享 5116 线路公里。累计节约建设资金 7.83 亿元。共建共享各项指标均达到或超过工业和信息化部、国务院国资委 386 号文件有关年度考核指标的要求。

【重大事项、事件】

1 月 7 日，联合省公安厅向省政府上报《省通信管理局 省公安厅关于批转〈关于加强广告类垃圾短信息治理的意见〉的请示》（豫通局〔2009〕3 号），进一步加强广告类垃圾短信息治理。

1 月 15 日，印发《关于开展电信资费套餐清理专项活动的通知》（豫通局〔2009〕5 号），决定自 2009 年 1 月开始在全省开展为期半年的电信资费套餐清理专项活动，进一步减少套餐数量，规范资费宣传行为，保护消费者的合法权益。

2 月 17 日，印发《河南省通信管理局关于进一步深入开展垃圾短信息专项治理活动的通知》（豫通局〔2009〕11 号），决定将垃圾短信息专项治理活动延期至 2009 年底，进一步深入开展垃圾短信息治理工作。

2 月 18 日，印发《2009 年河南省通信管理局拟办好的支持经济发展服务民生的十件实事》，提出 2009 年要围绕服务经济社会发展、服务民生主题，办好十件实事，努力为地方经济平稳较快发展做贡献，为群众解难事、办实事。

2 月 28 日，省政府组织召开全省自然村“村村通电话”工作会议，回顾总结全省“村村通电话”工作情况，部署2009年全省自然村“村村通电话”工作任务，要求本年完成新增1552个自然村通电话任务，全部实现20户以上已通电自然村“村村通电话”。

3月12日，全省互联网站管理协调工作会议召开，制定《河南省互联网站管理协调工作实施方案》，并成立了由12个部门参加的河南省互联网站管理工作协调小组。

3月13日，河南省人民政府印发《关于表彰2008年度完成责任目标优秀单位和先进单位的决定》，通信管理局被评为2008年度完成责任目标优秀单位，受到省政府表彰。

3月26日，印发《关于加强全省电信行业2009年省重点项目建设的通知》（豫通局〔2009〕19号），对今年全省电信行业重点项目建设任务进行细化分解，与省移动、联通、电信公司分别签订目标责任书，组织三家公司参加省重点项目信息员培训，进一步加强对重点项目的动态管理，确保工程建设进度。

5月11日，与省住房和城乡建设厅联合下发《关于进一步规范河南省住宅小区及商住楼通信配套设施建设的通知》（豫通局〔2009〕28号），切实规范全省住宅小区及商住楼通信配套设施建设管理。

5月13日，与省委宣传部、河南日报报业集团联合召开“净化网络环境，保障儿童网上安全”座谈会。

5月15日，河南省人民政府与中国电信集团公司签订战略合作框架协议。根据战略合作框架协议，中国电信集团公司计划未来5年内在河南投入200亿元用于河南信息化网络建设，加快网络智能化改造，进一步优化网络结构，大力提升网络性能和技术水平，推进综合基础信息平台的发展。

5月17日，省政府召开河南省3G（TD-SCDMA）业务开通新闻发布会，宣布河南省首个3G（TD-SCDMA）移动通信网络在郑州正式商用。

6月3日，省委副书记、省长郭庚茂视察河南电信业，并与省通信管理局副处级以上干部和省各基础电信运营公司领导班子成员进行座谈。郭庚茂充分肯定了河南电信业为全省经济发展所做出的贡献，科学分析了电信业发展面临的新机遇，提出了“公平竞争、合理分工、积极合作、互利共赢”的要求，希望全省电信业在实现“中原崛起”的进程中再立新功。

6月5日，省政府印发《关于成立河南省TD-SCDMA重点工程建设领导小组的通知》，将TD-SCDMA列为重点工程建设项目，并决定成立河南省TD-SCDMA重点工程建设领导小组。

6月8日，省政府与中国移动通信集团公司在郑州举行战略合作协议签字仪式。根据协议，未来五年内，中国移动将在河南投入450亿元用于通信基础设施建设。

6月10日，省政府与中国联合网络通信集团有限公司在北京中国联通大厦举行战略合作框架协议签字仪式。未来5年内，中国联通将在河南投入400亿元，用于信息通信基础建设。

7月3日，省政府印发《批转省通信管理局关于进一步加快全省电信基础设施建设意见的通知》（豫政〔2009〕47号），要求各省辖市人民政府、省政府各部门认真贯彻执行《关于进一步加快全省电信基础设施建设的意见》，将全省电信基础设施发展规划纳入城乡建设规划和土地利用总体规划，切实做好相关工作。

7月29日，下发《关于进一步加强垃圾短信息治理工作的通知》（豫通传明〔2009〕107号），要求省各基础电信运营公司认真落实垃圾短信息处理协作协议，优化管理平台功能，提升垃圾短信息治理的技术手段。

8月11日，印发《关于做好河南省南水北调丹江口库区移民新村配套通信设施建设的通知》（豫通局〔2009〕61号），成立了库区移民新村配套通信设施建设工作领导小组及办公室，要求各公司围绕统筹做好移民新村配套通信设施建设、积极提供农村和农业信息化服务、认真落实支农帮农惠农措施，全面做好移民新村通信服务工作。

8月14日，省政府召开省TD重点工程建设领导小组第一次会议，听取省移动公司关于TD网络建设运营情况的汇报。

8月24日，与大河网、商都网签订“互联网网络安全合作备忘录”，建立网络安全工作的合作机制。

8月28日，与国家互联网应急技术处理协调中心河南分中心组织省各电信运营公司及相关应急技术支撑单位，举办2009年“中原网安3号”互联网网络安全应急演练。

9月23日，组织召开全省电信业推进实施战略合作框架协议领导小组办公室第一次会议，传达省政府《关于印发河南省电子政务发展规划（2009～2012年）的通知》和《关于进一步加快信息化建设的若干意见》。

9月27日，河南省人民政府办公厅转发省通信管理局《关于支持以TD-SCDMA为重点的第三代移动通信网络建设工作意见的通知》（豫政办〔2009〕147号）。

10月13日，联合省发展和改革委下发了《关于进一步降低固定电话本地网营业区间通话费上限标准的通知》（豫通局〔2009〕76号）。自2010年1月1日零时起，将河南省固定电话本地网营业区间通话费上限标准由0.30元/分钟调整为0.20元/分钟。

10月22日，与省委宣传部、省广电局联合开展“全省百家网站建设推进工程”。

10月24日，省委书记徐光春，省委副书记、省长郭庚茂与各基础电信运营企业集团来豫领导共同启动了总投资43.38亿元的河南3G三期工程等重点建设项目。

11月17日，印发《关于切实做好强降雪防范应对通信保障工作的通知》（豫通传明〔2009〕147号），组织各基础电信运营公司全力做好因雪灾造成的通信设施故障抢修工作。

12 月 10 日，联合省公安厅印发《关于深入开展打击诈骗类短信息工作的通知》（豫通局〔2009〕97 号）。

12 月 11 日，河南省电信行业整治互联网和手机媒体淫秽色情及低俗信息专项行动领导小组成立。

12 月 23 日　河南省人大常委会副主任刘新民率省人大常委会部分组成人员视察河南电信业。

（河南省通信管理局）

湖北省电信发展与管理

【电信发展统计】

项目	达到	增长率 / 增长量
电信业务收入 其中：非话业务收入	282.1 亿元 68.4 亿元	9.6% 12.5 %
固定电话用户数	1088.3 万户	-7.7% / -90.4 万户
小灵通用户数	145.7 万户	-35.53% / -80.3 万户
移动通信用户数	3136.9 万户	24.05% / 608.1 万户
拨号上网用户数	14.5 万户	-40.82% / -10.0 万户
宽带上网用户数	361.3 万户	26.15% / 74.9 万户
固定资产投资	125.6 亿元	20.2%
村通工程完成率	100%	

【电信发展情况综述】

一、总体发展情况

2009 年湖北省通信行业总体呈现平稳增长态势。全省通信业累积完成电信业务总量 797.9 亿元，同比增长 17.91%。累计完成电信业务收入 282.1 亿元，同比增长 9.09%。全省累计完成增加值 158.3 亿元，同比增长 15.12%。

至 2009 年底，湖北省电话用户达到 4225.2 万户，较上年净增 517.8 万户，同比增长 13.97%。全省电话普及率达 74.0 部/百人，同比提高 13.8 个百分点。其中，固定电话普及率为 19.1 部/百人，同比下降 7.67 个百分点；移动电话普及率达 54.9 部/百人，同比提高 24.05 个百分点。计算机互联网宽带上网用户达到 361.3 万户，较上年净增 74.9 万户，同比增长 26.15%。

2009 年湖北省电信业累计完成通信建设投资 125.6 亿元，同比增长 20.19%，全省新建长途光缆 1591 公里，长途光缆线路长度达到 29242 多公里，同比增长 5.75%；长途电话业务电路达到 41.5 万个 2M，同比增长 42.6%；本地局用交换机容量达到 1732.8 万门，同比减少 3.45%；移动电话交换机容量达 5447.7 万户，较上年净增 1151.7 万户，同比增长 26.81%。

二、电信业发展特点与特色

（一）电信业务总量与业务收入之间差距持续扩大，通信行业发展更多惠及百姓。

（二）电话用户规模继续扩大，电话业务呈现移动化趋势。

（三）宽带业务迅猛发展，互联网用户结构明显改变，互联网上网呈现宽带化的趋势。

（四）村通工程向自然村延伸，“信息下乡”活动成果显著。

（五）通信业固定资产投资再创历史新高，成为全省抗击国际金融危机压力的重要力量，对地方经济发展的贡献不断提高。

（六）主动承担行业责任，服务社会和谐稳定。

（七）通信业全面提升通信服务水平，营造用户放心的通信消费环境。

三、存在问题

一是监管体系、政策和方式滞后于行业发展，行业管理工作缺乏创新，恶性竞争行为有所抬头，网络运行的报备制度有待进一步落实。二是干部队伍的工作能力和业务水平有待提高，特别是年青干部的培养有待加强。三是局属单位工作进展不平衡，新矛盾老问题尚需积极解决。

【监管工作】

一、支持企业加快 TD 及 3G 建设与发展

根据 3G 牌照发放后通信建设面临的新问题，加强沟通协调，积极争取各方面对 TD 及 3G 建设与发展的支持，3 月份，省政府办公厅下发《关于支持 TD-SCDMA 建设与发展的通知》，出台六大措施支持 TD 在湖北的建设与发展。年中，三大集团公司分别与湖北省政府签署战略合作框架协议，拟在五年时间内投资近 500 亿元建设湖北 3G 网络。同时，在全省深入推进共建共享，协调通信运营企业各省公司及各地市分公司之间签定了《电信基础设施共建共享合作框架协议》，建立了定期会议制度、月报制度和考核制度，督促企业在建设中履行协议。全省共建铁塔 1603 座、基站 2728 座、杆路 3368 公里、传输线路 6066 公里，共享率分别达到 56.36%、63.12%、59.95%、55.41%，共建共享工作全面超额完成部下达年度考核指标。

二、服务武汉城市圈“两型社会”建设

继续深化电信资费改革，使武汉城市圈通信一体化取得实质性突破。3 月 1 日，在武汉城市圈实施电信资费新方案，使武汉城市圈 2200 万用户享受到长途话费和漫游通话费接近于市话通话费的优惠，并完全实现单向收费，此举使武汉城市圈电信用户通信消费支出每年减少 2 至 3 亿元。11 月份，与省物价局联合发文，下调全省本地网营业区间通话费上限标准，由 0.32 元/分钟下降至

0.18 元/分钟，使全省固定电话用户通信支出减少近亿元。组织人员对武汉城市圈“同网”问题、“三网融合”、“无线城市”建设进行专题调研，并向省委提交了建议报告，得到了省委主要领导批示，提交相关部门进一步研究讨论。

三、推进自然村“村村通电话”和“信息下乡”工作

提前超额完成部下达的 635 个自然村村村通电话工作任务，全省行政村宽带通达率提升至 80%，行政村光缆通达率达到 65%以上。根据省委工作部署，积极推进仙洪新农村试验区农村通信和信息化建设工作，组织全行业完成了向省委新农村建设领导小组的专题汇报工作，通过实地检查和听取汇报，湖北省委领导对通信行业的工作给予了充分肯定。派员赴宜昌点军区桥边村长驻，帮助解决村民饮水问题。组织对七个贫困县的通信发展情况进行了调查，开展了脱贫奔小康新农村通信建设工作。广泛开展“信息下乡”活动，重点推广普及了“农家乐”、“农技 110”、“农信通”、“信息田园”、“农村党员远程教育网”、“农业新时空”等一些效果好、有特色的农业信息服务，信息惠农工作取得良好成效。

四、维护电信市场规范有序的竞争秩序

认真做好市场准入和年检工作，在 3G 牌照发放后，及时完成了电信、移动、联通三家企业的基础电信业务经营许可和相关增值业务经营许可的备案工作。湖北省增值电信企业总数达到 1410 家。其中，省内 364 家，跨省增值电信企业 1046 家。根据 3G 牌照发放后全业务经营新时期的市场竞争格局和特点，坚持推行每季度高层例会制度和企业领导班子依法经营情况考评制度，以此为抓手，推动电信管理工作不断适应新形势的需求。紧密跟踪、分析市场出现的新问题、新情况，通过多种措施，重点对超范围经营、违规接入未备案网站、未经批准擅自改变资费标准、资费对比宣传、签订排他性协议、乱收费等违规行为进行整治，全年下发整改通知 7 份，下达行政处罚通知书 18 份。组织开展了打击非法经营国际电信业务的专项行动，彻底清理违规接入，切断了一批非法转接平台，对违规提供接入的企业进行了调查处理，维护了国家安全和社会稳定。

五、以“服务社会、服务民生”为主题，深入开展服务质量年活动

认真贯彻《电信服务规范》，全面落实电信服务质量报告制度、通告制度和检查考评制度。深化评优帮差工作机制，与省消费者委员会联合开展电信行业“规范经营、诚信服务”优秀单位评选活动。加强垃圾短信整治，坚持开展增值业务拨测，继续加大信息服务商经营行为的监管力度，增值业务服务质量明显改善。认真做好用户申诉工作，主动、稳妥处理敏感的服务质量问题，积极化解矛盾，促进社会稳定。开展行风建设，组织用户委员会活动，接受社会监督，督促企业采取有效措施解决服务问题，不断提高行业整体服务质量。12300 申诉受理中心全年共受理电信用户申诉 2318 件，尽管 12300 投诉电话已实行免费拨打，但投诉率仍呈明显下降趋势，同比下降了近 20 个百分点，全省月均百万用户申诉率比上年下降 6.69%。

六、加强电信资费监管

规范企业资费定价行为，力推报备案制度，并重点开展了资费套餐、短期促销活动的清理工作。加强了 3G 业务资费的指导和审批，完成了电信、移动、联通的 3G 业务资费审批备案工作，指导移动公司制定了基于 TD 网开展固定通信业务的无线固话资费套餐，积极支持 3G 业务发展。严格督促电信、移动、联通全面取消了短信网内网外差别定价。指导和推动企业落实移动电话长途电话一费制改革。调整了固定电话等业务资费管理方式的改革，落实了公用网网间结算、TD-SCDMA 和短信息网结算标准调整工作。积极跟踪电信资费水平变化，建立和完善电信资费监测机制，据统计分析，全省电信业务综合资费水平比上年下降了 10.7%。

七、强化网络与信息安全管理。

会同相关部门在全省开展了整治互联网低俗之风、打击手机淫秽色情等 10 项专项行动，关闭各类违规违法网站 207 家。加强网站基础管理工作，全年审核通过备案网站 3.8 万家，办理备案信息更改 1.1 万家，全省已备案网站突破 10 万家，经工信部检查，全省网站备案信息准确率在全国排名第一。积极与省公安厅协商沟通，网站实名制工作已取得实质性进展，有望在全国率先实现网站备案管理系统和省人口信息系统对接。与省外宣办在调研基础上，联合向省委报送了加强互联网管理的建议报告。认真做好敏感时期的网络与信息安全保障工作，累计向国家中心报送信息 2682 篇，向省委报送《互联网涉鄂舆情专报》110 期。积极参与省委省政府交给的社会治安综合治理、扫黄打非、国家安全、网络文化建设、与法轮功邪教组织斗争等社会性管理工作，有效改善了通信管理局的外围工作环境，拓展了的工作渠道。2009 年，通信管理局被评为全国“扫黄打非”先进集体。

八、做好应急通信保障和专用通信管理工作。

认真执行“突发事件应急信息每日零报告”制度，圆满完成了防控甲型 H1N1 流感、武汉市委大楼火灾等突发性事件的应急通信保障任务，保证了春节、“两会”、国庆 60 周年等重要会议、重大活动期间的通信畅通与信息安全。专用通信局完成重要通信保障任务 30 次，完成党和国家领导人来鄂重要通信保障任务 4 次。完成了全省党政专用通信电视会议系统扩容工程、800 兆集群指挥调度系统建设的相关前期工作。

九、规范码号资源管理和网络安全运行管理工作。

组织开展码号年检和审批工作，依法收回了 35 个 SP 代码和 2 个 96 字头短号码。全年共受理码号资源申请、备案报告 109 份，给予批复或备案 96 件。根据电信重组情况，对联通、网通码号管理工作进行了规范。加强通信建设资质审核工作，共完成37家相关企业的初审工作。组织开展《电信网络运行安全监督管理办法》宣贯工作，进一步落实了责任制度，明确了工作重点和管理原则。继续推进网间互联结构优化工作，全省网间通信质量总体稳定，未发生严重障碍、事故和严重事故。

【重大事项、事件】

1月5日，湖北省通信管理局根据中央7部委的精神以及工业和信息化部的统一部署，会同省外宣、公安、广电、出版等部门制定并下发了工作方案，组织全行业开展整治互联网低俗之风专项行动，遏制互联网低俗有害信息的传播，积极营造健康文明的网络文化环境。

1月6日，湖北省通信管理局和省物价局联合召开武汉城市圈电信资费改革第二阶段工作新闻通气会，宣布从3月1日起，实施武汉城市圈电信资费新方案，武汉城市圈用户将享受长途话费和漫游通话费接近于市话通话费的优惠，并完全实现单向收费。此举使武汉城市圈通信一体化取得实质性突破，电信资费大幅降低惠及圈内九城市2200万用户。

1月20日，湖北省通信管理局袁瑞青局长主持召开通信行业高层例会暨湖北电信基础设施共建共享领导小组和协调小组第一次会议。会上，湖北电信、移动、联通公司共同签署了《湖北电信基础设施共建共享合作协议》。

2月17日，湖北省通信管理局和省消费者委员会联合发文，对全省通信行业“规范经营 诚信服务”优秀单位进行了表彰，授予中国移动通信集团湖北有限公司十堰分公司、襄樊分公司、宜昌分公司、荆门分公司、中国电信股份有限公司黄冈分公司、黄石分公司、鄂州分公司、中国铁通集团有限公司荆州分公司、荆门分公司、中国联合网络通信有限公司宜昌分公司为2007～2008年度“规范经营、诚信服务”优秀单位，并在《湖北日报》进行公告。

2月25日，湖北省互联网协会第三次会员大会在武汉举行。中国互联网协会副秘书长马宁、通信管理局袁瑞青局长出席了大会。会议选举产生了新一届协会领导和协会工作机构。

2月27日，湖北仙洪新农村建设试验区领导小组第八次全体会议在监利召开。省委常委李明波秘书长组织与会代表检查了试验区的农村信息化建设推进情况。会议听取了通信管理局袁瑞青局长关于仙洪实验区农村信息化建设情况的汇报，得到了省委书记、省人大常委会主任罗清泉的肯定。

3月1日，武汉城市圈电信资费新方案正式实施。

3月15日，湖北省通信管理局在武汉徐东路销品茂广场举办“3·15”专题宣传咨询活动，现场受理电信用户申诉。

3月17日，省政府办公厅下发《关于支持TD-SCDMA建设与发展的通知》，出台六大措施支持TD在湖北的建设与发展。

4月4月，湖北省通信管理局向全省通信运营企业下发了《关于2009年度实施“村村通电话”和“信息下乡”工作的通知》，对全年完成635个20户以上未通电话自然村新开通电话的工作任务进行了分解落实。

5月12日，湖北省通信管理局转发工业和信息化部《关于加强互联网备案管理的工作方案》的通知，组织全省基础电信运营商以及从事互联网接入服务的增值电信企业开展为期7个月的网站备案信息清理专项工作，集中清理现存未备案网站、不准确网站备案信息和IP地址备案信息，大大提高了网站备案率和备案信息准确率，夯实互联网基础管理工作，为做好国庆六十周年网络信息安全保障工作奠定了坚实的基础。

5月17日，湖北庆祝2009年“世界电信和信息社会日”纪念会暨3G通信科技文化节开幕式在武汉国际会展中心广场隆重举行。省政府段轮一副省长等应邀出席了开幕式。在开幕式上，湖北各通信运营公司总经理签署了《保障儿童网上安全，建设和谐绿色网络》联合公约。

从5月下旬开始，通信管理局和省互联网协会联合省委宣传部、省委外宣办、省文化厅等12家单位共同主办首届湖北网络文化节。首届网络文化节历时7个月，涵盖四大主题活动。

6月15日，湖北省通信管理局下发了《关于严格执行业务许可政策 切实规范电信市场秩序的通知》，为TD及3G创造良好发展环境。

6月16日，湖北省通信管理局联合省委宣传部、省政府新闻办、湖北日报传媒集团、省互联网协会共同举办的“中部崛起看湖北——首届全国网络媒体湖北行”暨“3G应用与新媒体发展论坛”在武汉隆重开幕。此次论坛成为全国各新闻媒体专家、业界精英共同探讨交流，为3G发展出谋划策的舞台。

8月底，全省电话用户总数达到4020.9万户，成为全国第九个电话用户数突破4000万大关的省份。

9月4日，湖北省通信管理局向全省通信运营企业下发《关于在全省开展打击网络侵权盗版专项整治行动的通知》，组织开展了打击网路侵权盗版专项治理行动，严厉打击各种侵权盗版行为，规范网络版权传播秩序，推动互联网产业健康发展。

11月12日，湖北省通信管理局按照工业和信息化部的工作的统一部署，组织全省通信运营企业开展整治手机淫秽色情专项行动，排查手机涉黄重点环节，全面开展清理整顿，严厉打击利用手机网站传播淫秽色情及低俗信息，净化手机网络环境。

11月30日，湖北省通信管理局与省物价局联合发文，决定下调全省固定电话（包括“小灵通”）本地网营业区间通话费上限标准，由0.32元/分钟下降至0.18元/分钟。

11 月底，全省移动电话用户总数突破 3000 万户，达到 3049.7 万户，全省平均两人一部手机。

12 月 20 日，湖北首届网络文化节圆满落幕，颁奖典礼在湖北日报传媒集团楚天会堂隆重举行。省委副书记杨松，省委常委、宣传部长李春明，副省长张通、通信管理局袁瑞青局长等领导出席颁奖典礼。会上，省互联网协会向全省互联网业界发出构建“绿色·和谐”网络倡议书，杨松同志代表省委省政府隆重启动了倡议活动。湖北电信、移动、联通等通信运营企业和荆楚网、火凤网、武汉热线、大楚网、长江网、汉网等全省重点网站、省内各互联网接入单位代表在倡议书上签字。

（湖北省通信管理局）

湖南省电信发展与管理

【电信发展统计】

项目	达到	增长率/增长量
电信业务收入	294.01 亿元	10.57%
固定电话用户数	1166.94 万户	-90.38 万户
小灵通用户数	165.66 万户	-53.21 万户
移动通信用户数	2799.84 万户	559.53 万户
拨号上网用户数	5.45 万户	-61.09 万户
宽带上网用户数	286.11 万户	64.98 万户
固定资产投资	175.15 亿元	139.14%
村通工程完成率	行政村 100%通电话，乡镇村 100%通宽带	新增 1626 个自然村通电话

【电信发展情况综述】

、总体情况

2009 年湖南省累计完成电信业务总量 857.81 亿元，同比增长 16.2%。完成电信业务收入 294.01 亿元，同比增长 10.57%。通信固定资产投资 175.15 亿元，增长 139.14%。

二、电信用户

2009 年湖南省电话用户新增 469.15 万户，总数达到 3966.79 万户。移动电话用户在电话用户总数中所占比重超过 70%，移动电话用户与固定电话用户的差距为 1632.9 万户。

（一）移动电话用户。

全省移动电话用户达到 2799.84 万户，新增 559.53 万户。其中移动分组数据用户新增 524.54 万户，达到 1399.12 万户。

移动公司用户占 70%，联通公司用户占 21%，电信公司用户占 9%。

（二）固定电话用户。

2009 年全省固定电话用户达到 1166.94 万户，减少 90.38 万户。其中，城市电话用户为 578.52 万户；农村电话用户为 122.76 万户。固定电话普及率达到 17.15 部/百人。

固定电话用户中，传统固定电话用户为 1001.45 万户，无线市话用户为 165.49 万户。无线市话用户在固定电话用户中所占的比重上升到 14.18%。

2009 年底，湖南省每千人所拥有的公用电话数已经达到 14.96 部。住宅电话用户虽然仍是湖南省固定电话用户的主体，但其所占比重逐年下降。

电信公司用户占 89%，铁通公司用户占 8%，联通公司占 3%。

（三）互联网用户。

2009 年，全省基础电信企业的互联网拨号用户减少 61.09 万户，达到 5.45 万户，而互联网宽带接入用户新增 64.98 万户，达到 286.11 万户。

三、业务使用情况

（一）本地电话业务。

2009 年，湖南省固定本地电话通话量累计达到 183.82 亿次，同比下降 2.07%。其中，本地网内区间通话量 8.28 亿次，增长 12.4%；区内通话量 175.53 亿次，下降 2.66%；拨号上网通话量 0.098 亿次，下降 88.76%。固定本地通话中，传统电话通话量 158.12 亿次，下降 2.43%；无线市话通话量 25.69 亿次，上升 0.25%。

2009 年全省移动本地电话通话时长累计达到 1248.97 亿分钟，同比增长 22.08%。

（二）长途电话业务。

2009 年，全省长途电话通话时长累计达到 113.64 亿分钟，同比上升 0.12%。其中，国内长途电话通话时长 113.12 亿分钟，上升 0.35%；国际电话通话时长 0.4 亿分钟，下降 42.91%；港澳台电话通话时长 0.012 亿分钟，上升 43.08%。

长途通话中，固定传统长途电话通话时长 24.9 亿分钟，下降 21.13%；移动长途电话通话时长 51.18 亿分钟，增长 34.48%；IP 电话通话时长 37.56 亿分钟，下降 38.21%。

（三）短信业务。

2009 年无线市话短信业务量 3.74 亿条，同比下降 43.5%。移动短信业务量 232.98 亿条，同比增长 16.33%。

四、经济效益

2009 年湖南省完成电信业务收入 294.01 亿元，同比增长 10.57%。其中，固定本地电话业务收入为 32.94 亿元，占电信业务收入的 11.2%；长途电话网业务收入 9.59 亿元，占电信业务收入的 3.2%；移动通信网业务收入 207.58 亿元（含移动数据业务收入），占电信业务收入的 60%。

五、电信能力建设

2009 年全省光缆线路长度新增 2.93 万公里，达到 26.94 万公里。其中，长途光缆线路长度减少 576 公里，达到 3.52 万公里。固定长途电话交换机容量增加 1.34 万路端，达到 61.21 万路端；局用交换机容量减少 15.03 万门，达到 1207.6 万门。移动电话交换机容量新增 652.5 万户，达到 4287.5 万户。基础电信企业互联网宽带接入端口新增 61.94 万个，达到 384.47 万个。

六、增值电信业务

2009 年，基础电信企业实现增值业务收入 17.68 亿元，同比增长 29.59 %，占总收入比重上升到 6%。

七、村通工程与农村信息化建设

村通工程建设任务超额完成，新增通电话自然村 1626 个，新增通宽带行政村 2008 个，建设信息服务站 816 个。全省固定电话普及率达到 16.85%，移动电话普及率达到 41.14%。

【监管工作】

一、围绕地方党政的中心工作，圆满完成了长株潭通信升位并网工程

2009 年 6 月 28 日，长株潭通信一体化升位并网工程顺利完成，湖南几届党政领导持续推动实施的战略终于变为现实，省委省政府为此召开了隆重庆典。在 2010 年人大政协两会上，周强省长指出，长株潭通信升位并网工程产生了巨大的社会效益和品牌效应，极大地提升了长株潭的国际知名度和影响力。

按照服务社会、服务民生的宗旨，各电信企业统一了思想，通过三次资费调整，将长株潭之间通信的计费方式由长途改为本地网资费，资费总体降幅达到 30%。升位并网工程完成 6 个月来，三市之间固定话务量平均增加 40%以上，各企业网络运行平稳，未出现大量用户投诉情况。

二、争取各级政府的支持，村通工程和农村信息化建设取得新进展

2009 年，湖南省通信管理局继续把实施村通工程、推进农村信息化作为工作的重中之重，持续不断推进。争取省政府对村通和农村信息化工程的支持，继续将此项工程纳入了省政府为民办实事项目，陈肇雄副省长亲自深入偏远山区实地考察，参加了在永州召开的“湖南通信村通和农村信息化工作座谈会”，研究解决疑难问题，要求国土、建设、电力、文化、人事厅等相关部门针对存在的问题，提出解决办法，提供政策支持。并于会后签发了省政府的会议纪要，下发全省执行，为村通和农村信息化工程建设创造了良好的社会环境。

在全省各级政府的支持下，通过全省通信部门的艰苦努力，共投资 7.66 亿元，完成了 1626 个自然村通电话、2008 个行政村上宽带和 816 个农村综合信息服务点的建设，全面超额完成任务，顺利通过了省政府实事办的验收。

三、落实网络信息安全管理责任，及时完成了网络信息安全管理任务

（一）抓好互联网的信息安全。成立了通信行业互联网网络安全协调领导小组，建立了安全联络员制度，建立了互联网接入服务商不良记录和非法网站“黑名单”制度，做到了出现问题能及时发现、及时处置。与相关职能部门密切协作，严厉打击网上违法违规事件和整治各类有害信息，开展了多次专项行动，例如：整治网络淫秽色情、“打黄打非”、打击网络赌博、传销、虚假广告、侵权盗版等。共排查网站接入服务器 1479 台，网站 4286 个，关闭未备案网站 182 个，配合有关部门、其它省市依法封堵、关闭违法网站 71 个。

在国庆 60 周年等重要和敏感时期，层层抓责任落实，确保工作到位、人员到位、措施到位。组织开展了网络安全检查，对全省通信行业 110 个已定级备案的 3 级及以上通信网络单元的安全保护情况进行了逐一排查，发现并整改了 22 处安全隐患。

（二）抓好传统通信网的网络安全和应急通信保障工作。对安全生产工作常抓不懈，全省通信部门全年没有出大的安全事故；坚持完善预案、加强演练，做好应急通信保障工作，组织省通信应急保障队伍，参加了省应急救援总队、省反恐怖工作协调小组组织的多项应急实战演练，锻炼了队伍，完成了任务，确保国庆 60 周年的通信保障万无一失；坚持“防重于抢”的指导思想，加强与气象、电力等部门的联络，做好防汛抗灾各项基础工作，确保了汛期全省通信畅通，将因灾损失降至最低。

四、制度建设和典型引路双管齐下，共建共享工作取得初步成效

目前，全省电信基础设施共建共享率稳步提高，与工信部的考核要求相比，全省的铁塔、杆路、基站、传输线路共建共享率都高出 10%以上，成效显著。主要得益于以下措施：

（一）抓基础制度标准的建立。在协调三大公司签署共建共享合作协议的基础上，制定下发了共建共享成本分摊原则、维护管理原则、电信基础设施租金参考标准等，并通过多种形式加强制度宣贯。

（二）抓共建共享示范工程。考虑党政机关、旅游景区等重点区域对环境限制严的特点，结合两型社会建设的要求，抓示范工程建设，促共建共享全面推进。例如将“省委大院无线基站扩容共建项目”确定为三方共建示范点，首个实现包括室内分布式系统在内的共建共享，为电信企业节约投资计约 300 万元。在武广高铁的通信覆盖配套建设上，以共建共享形式，组织三家公司联合与武广客运专线指挥部等协商谈判，在隧道路段共同敷设光缆、漏缆，在车站共同进行无线覆盖，共同使用电源，不仅节约通信建设投资近一千万元，而且施工、占地费都为原来的三分之一。

五、实施了及时有力的通信市场监管，全业务经营下的市场竞争秩序得到初步规范

（一）对市场经营行为予以了规范。从3G投入试商用以来，针对出现的诸多不规范竞争问题，及时采取措施，进行市场管制。查处了一些基层企业大规模送机、收购手机及卡、以超低资费策反集团用户的恶性竞争问题；针对“5•17”期间诋毁不同制式手机、贬低3G发展的违背国家产业政策的宣传，要求违规企业进行整改，协调宣传部门及时予以制止；针对校园市场的排他性经营、妨碍竞争的问题，进行了及时干预；针对相关企业之间发生激烈甚至暴力冲突的问题，进行了调解处理；对违规发展无线桌面机的问题进行了查处，对有关企业负责人进行了诫勉谈话；此外，还与有关部门配合迅速平息了某些网上炒作、影响行业总体发展环境的问题。

（二）市场准入管理的创新在应对金融危机中发挥了调控作用。简化增值电信业务许可的审批和备案程序，取消了办理增值业务许可事先要与接入企业签订意向书的条件，缩短了办理时限，审批核发经营许可121个，受理跨地区备案企业113家；按照“随到随检”的要求对799家企业进行了年检。此外，处理非经营性网站备案近7万条，准确备案达到46589个。对增值电信企业市场准入的调整起到了吸引社会资本进入、促进增值电信业务发展、活跃地方经济的作用。

（三）互联互通和网间结算的管理达到了新的水平。监测系统正常运行，码号管理规范有序，确保了互联互通状态良好稳定，全省只受理互联网的互联互通用户投诉3起，并进行了及时处理，为近几年来新低。

（四）通信建设市场管理疏严有度。一方面在对建设队伍、人员资质资格审批上保证质量，共颁发了施工建设资质50家，淘汰10家。同时要求各建设单位在招标投标活动中必须采用有资质的队伍，以保障全省通信建设工程有序进行，安全可靠。另一方面，按照部省的要求，大力开展了以招投标为主的通信工程建设领域突出问题的排查。

（五）针对用户申诉上升的态势加大了电信服务质量监督力度。通过12300申诉热线、政府网站、局长信箱多渠道共受理用户咨询、申诉，对电信服务的突出问题进行了针对性分析，每季度发布服务质量公告，督促企业解决。全年共受理电信用户申诉及咨询1633件，立案调查731件。对电信终端设备市场进行了稽查，共立案25件。

六、积极开展了行业自律及行风建设，行业形象和价值得到了进一步提升

新一届通信行业协会围绕规范通信市场、营造和谐发展环境这一核心，加强协商沟通，组织签定了《关于规范全省电信市场经营的自律协议》和《自律协议执行约定》，召开了省、市、县通信企业负责人参加的全省电视电话会议，认真贯彻落实，加强督导检查，协商解决争议，为规范市场竞争发挥了积极作用。此外，在行业内开展评优推荐，面向社会开展业务宣传，改善了行业形象。

通信学会发挥技术人才优势，组织开展了多种形式的学术交流和培训，配合开展了通信建设工程项目评审评选活动；互联网协会组织互联网从业单位签署自律协议，为净化网络文化环境作出了贡献。

【重大事项、事件】

1月19日，工信部下发《关于同意启动长株潭国家综合改革试验区相关本地网升位并网调整工作的通知》，标志着长株潭本网升位并网取得了政策上的依据。

2月28日，湖南省通信工作会议在长沙召开。陈肇雄副省长出席会议并作了重要讲话，省通信管理局局长李湘宁作工作报告，部署2009年全省通信行业的发展管理工作。省通信管理局领导班子及相关人员，省电信、移动、联通、铁通公司的总经理，分管市场、建设、运维、安全的副总经理及其各市州分公司的总经理，相关增值电信服务企业、通信建设企业的主要负责人参加了会议。

3月19日，省政府召开了长株潭通信一体化动员大会，省委常委、常务副省长于来山出席会议并作动员讲话。会上，省通信管理局，省电信、移动、联通、铁通公司分别向省政府递交责任状。

3月20日，工业和信息化部在北京组织召开“湖南省长沙、株洲、湘潭本地电话网升位并网方案论证会”。与会专家经过充分细致的论证，赞同长株潭升位并网的决定，原则上同意并通过了长株潭升位并网总体实施方案。

4月3日，湖南省委常委、常务副省长于来山前往省通信管理局长株潭通信一体化实施工作办公室及湖南电信、移动和联通公司检查指导长株潭通信一体化工作。

4月7日，湖南省委副书记、省长周强到湖南电信、移动和联通公司视察长株潭通信一体化工作。周强省长对长株潭通信一体化升位并网工程的进展表示满意，并指出要从战略的高度重视和支持通信业的发展。

5月19日，工信部下发了《关于做好湖南省长沙市固定本地网用户号码升8位和长沙 株洲 湘潭本地网并网工作的通知》（工信部电管函〔2009〕298号），正式同意长沙、株洲、湘潭三个本地网合并调整。合并调整后的本地网统一使用长途区号（0）731，升位实施方案采取在长沙原固定本地网用户号码前冠8、株洲冠2、湘潭冠5的方式，长株潭本地网并网和升位于2009年6月28日零时同步实施。

5月27日，湖南省人大常委会副主任戚和平、谢勇、陈叔红、吴向东及部分在湘全国人大代表组成视察组，就湖南省通信业发展和长株潭通信一体化工作进行视察。表示将继续加大支持力度，从环境、立法等方面，支持湖南通信业发展。

6 月 27 日 23：00 时至 6 月 28 日 1：00 时，正式实施并完成长株潭通信一体化升位并网

6 月 27 日晚，湖南省委省政府在长沙隆重举行长沙、株洲、湘潭三市通信一体化暨升位并网庆典大会。省委书记、省人大常委会主任张春贤，省委副书记、省长周强，省政协主席胡彪，国际电信联盟副秘书长赵厚麟，国家发改委副主任彭森，工业和信息化部总工程师苏金生，铁道部副部长陆东福，国务院国资委副主任金阳，交通运输部总工程师蒋千，省领导、国防科技大学领导及老同志，以及国家财政部、中国电信集团总公司、中国移动集团总公司、中国联通集团总公司、诺基亚西门子公司、上海贝尔公司、华为技术公司、中兴通信公司、中兴软件公司的有关负责人出席庆典。

7 月 25 日，由湖南省政府办公厅和省通信管理局组织，省直各相关单位及三大电信运营商参加的“湖南通信村通和农村信息化工作座谈会”在永州市召开，陈肇雄副省长参加了会议，并深入地处永州市偏远山区的和仙观乡、富家桥乡异蛇村实地考察调研，现场视察村通工程、农村信息服务点的建设情况

10 月 22～23 日，由国家计算机网络应急技术处理协调中心（CNCERT/CC）主办的“2009 中国计算机网络安全应急年会”在长沙召开。

11 月 3～4 日，全国通信管理局政务公开工作座谈会在湖南长沙召开。工业和信息化部党组成员、中纪委驻部纪检组组长郭炎炎，工业和信息化部党组成员刘利华出席会议并讲话。湖南省人大常委会副主任陈叔红出席会议并致辞。全国各省、自治区、直辖市通信管理局政务公开工作负责人，工业和信息化部相关司局负责同志参加了会议。

11 月 18 日，湖南省政府在长沙隆重召开长株潭通信升位并网工作总结表彰大会。湖南省委常委、常务副省长于来山出席会议并讲话。省通信管理局局长李湘宁就长株潭通信一体化升位并网工程实施情况作了工作汇报。

11 月 30 日，工业和信息化部副部长奚国华、部通信保障局局长王秀军到湖南省通信管理局、国家计算机网络应急协调中心湖南分中心视察调研。奚国华副部长视察了湖南分中心的新机房，对新机房建设工程和搬迁工程的顺利完成表示肯定，并就如何做好新时期的通信管理及网络信息安全管理工作提出明确要求。

（湖南省通信管理局）

广东省电信发展与管理

【电信发展统计】

项目	达到	增长率 / 增长量
电信业务收入	1215.9%	0.4%
其中：非话业务收入	525.8	
固定电话用户数	3366.7	-5.8%
无线市话用户	469.4	-38.5%
移动电话用户	8938.5	6.5%
互联网拨号用户	73.4	-16.6%
宽带接入用户	1123.9	17.4%
固定资产投资	365.9	21.8%
村通工程完成率	100.0%	

【电信发展情况综述】

一、总体发展情况

2009 年广东省电信行业发展呈 V 型反转趋势，4 月到达谷底之后逐步好转，到年底各项业务指标达到新的峰值，应对金融危机取得阶段性成果。全年全省完成电信业务总量达到 3845.4 亿元，比上年同期增长 9.9%，约占全国的 15%；完成电信主营业务收入 1215.9 亿元，同比增长 0.4%，约占全国的 14.4%；全省电话用户达 1 亿 2305 万户，比去年底净增电话用户 336.2 万户，其中移动电话用户仍保持了强劲的增长势头，全年新增用户 542.8 万户，用户数达到 8938.5 万户，占电话总用户的比重达到 73%;全年固定电话用户减少 206.6 万户，用户数为 3366.7 万户；全省电话普及率达到 128.8 部/百人，其中固定电话普及率为 35.2 部/百人，移动电话普及率达到 93.7 部/百人。电信综合价格指数为 0.316，电信综合资费水平同比下降了 8.6%。

二、主要企业情况

广东移动由于其品牌优势以及雄厚的用户基础，在增量市场、存量市场占有绝对的优势，市场份额进一步向其集中，但增速也在逐步趋缓，全年实现电信业务收入 683.4 亿元。

广东电信在 CDMA（含 2G、3G 用户）方面上升势头迅猛，固网宽带业务成为其收入增长的一大亮点，整体业务收入与去年基本持平，实现电信业务收入 422.5 亿元。

广东联通经过重组合并，2009 年下半年以来主要业务指标逐步改善。电信业务收入增长率降幅逐步收窄，全年实现电信业务收入 97.7 亿元。

广东铁通全年完成电信主营业务收入 12.2 亿元。

三、本年度本省发展特点与特色

（一）广东省电信行业逐步摆脱金融危机影响，呈现回升态势。电信业务总量增速持续回升，电信主营业务收入增幅扭负为正；电话用户平稳回升，用户规模进

一步壮大，创用户规模新的峰值；互联网宽带业务、移动分组数据业务发展迅猛，用户数大幅增长。

（二）行业转型初见成效，电信业务收入结构变化日趋明显。2009 年，各基础电信企业大力发展综合信息服务业务，实现非话业务收入 525.8 亿元， 占电信业务收入的比重达到 43.2%；实现话音业务收入 690.1 亿元，占电信业务收入的比重达到 56.8%。

（三）行业成本有所增加，净利润额下降。2009 年，广东省各基础电信运营企业实现利润总额 368.5 亿元，同比增长 3.7%；税费总额达到 133.7 亿元，同比增长 18.9%；主营业务成本达到 533.2 亿元，同比增长 1.3%；实现净利润 272.2 亿元，同比下降 1.7%。

（四）话务量变化更趋明显，短信业务量首年出现负增长。2009 年，本地话务量达到 2500.5 亿次，同比增长 4%；长途电话通话时长为 804.7 亿分钟，同比下降 10.8%；短信业务量达到 841.3 亿条，同比下降 2.5%。

（五）固定资产投资创新高，通信能力进一步提高。2009 年全省完成固定资产投资总额 365.9 亿元，同比增长 21.8%，创近年来投资新高，3G 投资成为其主要推动力。2009 年底，固定电话交换机容量达到 5426 万门，新增 30.7 万门；移动电话交换机容量达到 16617 万户，新增 3783 万门。移动电话基站数达到 7.4 万个，互联网宽带接入 1734.7 万个，长途光缆线路总长度达到 4.5 万公里。

（六）3G 建设进一步得到快速发展。2009 年全省 3G 建设投资超过 100 亿元，建成覆盖全省的 3G 网络，三大运营企业全部开通 3G 商用服务，实现了广深两地的深度覆盖、珠三角地区特别是亚运会举办协办城市的全面覆盖以及 21 个地市的“热点”逐步覆盖。截至 2009 年底，全省各类 3G 用户达 219 万户。广东移动公司 TD-SCDMA 建设完成投资 38.7 亿元，已建成 TD 基站 10720 个、TD 小区 28160 、TD 载频数量 43722 个，用户总数为 115.2 万户；广东电信公司 CDMA2000 全年完成总投资 36 亿元，开通 3G 功能的用户已超过 63.6 万户；广东联通公司 WCDMA 全年完成投资 30.4 亿元，新建 1 万个基站，3G 用户数超过 36 万户。

四、存在的问题

一是企业竞争更趋激烈，发展面临不同的困境，市场不均衡性问题依然突出。各企业在 3G 业务发展中，仍未找准用户对 3G 业务的刚性需求，业务收入增长面临较大压力。二是受金融危机和珠三角区域经济发展结构调整的影响，2009 年珠三角电信业务收入增幅首次出现负增长的局面，同比下降 0.8%。尤其东莞、深圳等外来务工人员较多的地市在 2008 年年底、2009 年年初电话用户流失严重，至 2009 年底深圳、东莞仍未走出发展不利的局面，电信业务收入分别同比下降 1.3%、8.1%。三是区域电信业发展的不均衡性依然存在。2009 年珠三角地区的电信业务收入为 984.1 亿元，占全省电信业务收入的 80.6%，是东翼、西翼、北部山区电信业务收入总和的 4 倍。电信用户为 9279.5 万户，占全省电话用户市场份额的 75.3%，是东翼、西翼、北部山区电话用户总和的 3 倍。

【监管工作】

一、注重引导行业应对金融危机

（一）敏锐把握行业发展方向。在 2009 年初的行业工作座谈会上，广东省通信管理局明确提出把引导行业正确认识金融危机、积极应对金融危机、保持电信业健康稳定发展作为一项重点任务，并提出了电信行业应对金融危机的六点意见。局领导多次带队进行专题调研，与基础电信企业和增值电信企业负责人一起分析危机影响，寻找应对之策，创新发展思路。积极跟踪电信重组工作进展情况，指导企业解决重组融合中出现的复杂问题。

（二）大力支持和鼓励 3G 发展。对 TD 及 3G 业务的资费报备优先审批备案，缩短办理时限，提供绿色通道；积极协助省政府出台《关于促进第三代移动通信产业发展若干意见的通知》，要求各级政府部门和国有企事业积极支持和配合做好 3G 基站的选址工作，将通信管道、无线网络基站等电信设施建设纳入城镇建设规划，在社会管理和公共服务等方面率先应用 3G 业务，带动发展 3G 商业应用。还积极协调解决 TD 建设电力引入困难等问题，对促进行业发展、减少危机影响起到积极作用。

二、积极落实国务院《珠江三角洲地区改革发展规划纲要》

国务院发布《珠江三角洲地区改革发展规划纲要》后，广东省通信管理局紧跟省委省政府部署，在各基础电信企业的支持配合下，召开了专题工作会议，出台了《关于加快推进珠江三角洲地区通信行业改革发展的指导意见》，以构建“数字珠三角”为目标，加大通信基础设施建设力度，加快部署 3G 移动通信网络建设，分区域、按步骤推进无线宽带城市建设，构建“随时随地随需”的珠三角通信网络，以分步实施的方式，积极推进珠三角地区通信资费一体化。各基础电信企业进一步加快“无线城市”建设。截至 2009 年底，珠三角地区无线宽带人口覆盖率已经达到 60%，移动电话后付费用户的长途和漫游资费已取消。

三、扎实推进基础电信设施共建共享

（一）广东省通信管理局提出了“科学发展、统筹兼顾、友好协商、共建共享”的方针，从组织保障、制度建设、工作措施等多方面全力推进全省电信基础设施共建共享工作，取得优异成绩。2009 年制定了全省共建共享资源出租资费建议、自建预留考核登记办法、组织签订了共建共享资源维护和费用标准等补充协议。目前共建共享已纳入各企业工程建设流程，协调机制已经建立，运作有效。尤其广州地铁、武广高铁广东段、广州亚运会场馆以及深圳大运会场馆、惠州省运会场馆的通信设施，以及惠深两市对新建的高速公路、高速铁路沿线通信基站的共建共享为 TD 及 3G 建设创造了良好的条件，遏制了公共设施建设方垄断通信建设的现象。妥善解决了地铁通信运营问题，达成了新建成地铁线路的整个移动通信系统由基础电信企业投资承建和运营、市地铁公司只收取空间（资源）使用费的共识。该方案为全国解决地铁通信建设树立了典范。

（二）基础电信设施共建共享工作成效显著。截至 2009 年底，全省共建铁塔近 1700 个，共建率 71.1%、共建杆路 1200 线路公里，共建率 31.4%、共建基站 2800 个，共建率 33.6%；共享铁塔 1500 多个，共享率达到 63.9%、共享基站 2800 多个，共享率 67.5%。节约投资超过 10 亿元。

四、大力加强网络信息安全管理

（一）加强基础管理工作，做好网站实名备案。2009 年新增审核通过的备案网站近 20 万个，全省已实名备案网站总数接近 60 万个，全省已实名备案网站总数超过 60 万个，占全国六分之一。比 2005 年开展网站实名备案前的 5000 个增长了 120 多倍。

（二）建立齐抓共管的联合监管协调机制。按照部省的统一安排开展了专项行动达到 21 项。牵头组织协调“广东省互联网站管理工作协调小组”开展工作，并根据相关部门的情况通报，协调接入服务单位对 7300 多个违法网站实施了关闭措施，通过技术手段主动发现并停止近 2.7 万个违法网站的接入，配合有关部门协查网站信息 2.5 万余条，配合有关主管部门停闭门违法网吧 2600 多家，主动核查并依法停止黑网吧接入 474 家。

（三）强化技术手段建设，建立违法信息监控系统。明确要求网站和接入服务单位建立信息安全监测系统，对网络中传播的违法不良信息实施过滤和拦截。2009 年以来，省内基础电信企业通过技术措施和用户举报投诉等多种渠道及手段，清除违法不良信息 27 万条。

（四）严厉打击手机 WAP 网站淫秽色情。进一步加强对手机 WAP 业务的管理工作，指导省内各电信运营企业建立手机 WAP 网站违法信息监控系统，对 WAP 网站淫秽色情信息实施过滤拦截，同时与新闻媒体积极沟通，消除社会的疑惑和误解，向省委省政府有关领导主动汇报工作，营造良好的工作环境。

（五）建立手机违法不良信息联动处置机制。通过与省公安厅联合制订的处置违法手机短信息工作流程，对发送违法不良信息手机号码，采取暂停短信息服务或停止通信服务等强制措施，阻断违法短信息的传播。全年共对 90 万个发送垃圾不良信息的手机号码采取了暂停短信息服务功能，对 12 万个手机号码采取了停止通信服务措施。

五、全面深入规范通信市场秩序

（一）加大市场秩序的监管力度。及时向企业下发了《关于规范当前电信市场秩序有关问题的通知》，多次组成专项工作检查组到各地进行调研，及时制止了韶关、梅州、惠州等地不正当竞争行为。全年共发出 32 张责令整改通知书，注销了 6 家增值电信业务经营许可证。

（二）加大服务质量的监督力度。建立了电信业务拨测制度，重点对用户反映的突出业务问题、违规企业等四类情况加强拨测；建立了服务例会工作制度，注重对服务问题的研讨、对业务的规范；建立了诫勉谈话工作制度，帮助企业正确认识问题并及时改正；加强了工作手段电子化建设，建成使用电信用户申诉受理系统；建立了电信服务质量问责考评制度；及时编发电信服务质量通告和电信用户消费警示；畅顺了申诉、投诉等渠道，提高了用户申诉办理质量，全年共处理电信用户咨询 3168 人次，受理用户申诉 2119 件。

（三）积极推进电信资费管理改革。指导监督企业进一步合理降低电信资费水平，积极促进资费市场形成价格机制。加强电信重组完成后的电信资费引导与监管，促进企业规范资费行为，支持企业推出优惠的资费套餐发展 3G 用户。全年审批备案各类电信资费文件 243 件，审核的资费方案达 1944 个，全省资费水平平稳下降。

（四）加强网间互联互通管理。坚持事前监督和事后监管相结合的工作方针，充分发挥“监测系统”的作用，及时发现隐患并采取措施协调处理，互联互通工作逐步由被动监管向主动监管转变。坚持省、市两级联席会议制度，完善全省网间通信质量情况的通报内容，强化监测并及时分析和完善网间通信质量预警机制；开展电信重组后网间话务统计忙时的调整工作，使网间互联资源得到合理配置，保障了公用电信网络的安全稳定运行和通信畅通保障。

（五）加大打击非法通信的工作力度。严格规范主叫号码传送，虚假主叫号码问题得到了有效遏制。两会及国庆前后有针对性地深入粤西、粤北、粤东 8 市检查打非工作，在较短时间内完成工信部部署的多项任务，打掉了一批非法经营国际电信业务的话务平台。

六、进一步提高应急通信保障水平

（一）顺利完成抵御“莲花”、“天鹅”等多次台风或强热带风暴自然灾害中的通信保障任务。广东省通信管理局多次前往自然灾害多发区开展三防通信保障工作检查，组织协调省内各基础电信企业做好各种应对措施，及时抢修受灾害影响中断的线路，将行业损失降到最小，同时为三防指挥提供可靠的应急通信服务。

（二）及早部署和指导行业做好保障国庆 60 周年期间通信安全畅通和网络运行稳定的工作，圆满完成了通信保障任务。局领导亲自带队到基础电信企业开展安全生产工作检查。联合广东省海洋与渔业局、广东省公安边防总队三家单位共同发起“730 汕头国际海底光缆专项巡护行动”，确保了国庆 60 周年盛典期间汕头国际海底光缆的通信畅通。

【重大事项、事件】

1月23日，"广东省互联网行业开展整治互联网低俗之风自律工作座谈会"在广州召开，签署了《广东省互联网行业开展整治互联网低俗之风自律工作联合宣言》。

2月，广东省通信管理局对广东电信、移动和联通公司及其深圳分公司开展了通信建设项目招投标活动专项检查工作。

3月25日，工业和信息化部娄勤俭副部长到广东省通信管理局调研。

5月，广东省通信管理局出台《关于加快推进珠江三角洲地区通信行业改革发展的指导意见》。

5月15日，广东省通信管理局、共青团广东省委和广东省教育厅在广州联合举办"2009年世界电信和信息社会日纪念大会"，宣传"保障儿童网上安全"的意义。原邮电部副部长、中国工程院原副院长、中国通信标准化协会理事长、中国工程院朱高峰院士在论坛上作"用于保护未成年人的网络安全"的主题报告。

6月，工业和信息化部苏金生总工程师率调研组就金融危机对广东通信业发展运行的影响，到广东省进行专题调研。

7月30日，广东省通信管理局召开规范电信市场秩序联席会议，传达贯彻《工业和信息化部关于规范当前电信市场秩序的意见》，成立"规范电信市场秩序临时领导小组"，有序开展规范电信市场秩序专项工作。

7月30日，广东省通信管理局联合广东省海洋与渔业局、广东省公安边防总队发起为期两个多月的汕头国际海底光缆专项巡护行动正式启动。

8月27日，"第三代移动通信服务规范宣贯会"在广州召开。

9月16～18日，结合保障国庆60周年期间安全生产、通信畅通和网络运行稳定的要求，古伟中局长带队到各基础电信运营企业开展专项工作检查。

9月21日、22日，工业和信息化部通信发展司、广东省通信管理局分别与香港电讯管理局、澳门电信管理局在北京签署了《关于香港服务提供者在广东省销售香港电话卡的备忘录》、《关于澳门服务提供者在广东省销售澳门电话卡的备忘录》。广东省自2009年10月1日起先行先试销售香港电话卡和澳门电话卡。

10月起，广东省通信管理局指导全行业开展打击手机网站淫秽色情信息专项行动。

11月5日，由广东省通信行业协会、香港通讯业联会、深圳市通信与互联网协会联合举办的"2009粤港电信研讨会"在深圳召开，粤港两地电信行业的220多名代表出席。

11月19日，由工业和信息化部与国际电信联盟联合举办的"工业与信息化融合国际研讨会"在广州召开。

11月20～21日，全国电信基础设施共建共享现场推进会在广州召开。

11月26日，由中国通信学会和广东省通信管理局共同主办、广东省通信学会承办的"第六届中国通信学会学术年会"在广州举行。年会的主题是"信息通信技术的创新发展与信息产业融合"，全国200多名专家学者出席。

12月11日，广东省互联网协会组织召开整治手机涉黄网站工作会议，319家互联网从业单位签署了《手机互联网站禁止传播淫秽色情等不良信息自律规范》。

（广东省通信管理局）

广西壮族自治区电信发展与管理

【电信发展统计】

项目	达到	增长率/增长量
电信业务收入	201.49亿元	8.3%
其中：非话务收入	73.19	18.75%
固定电话用户	787.58万户	-60.82万户
小灵通用户数	146.47万户	-34.74万户
移动通信用户数	1960.14万户	332.22万户
拨号上网用户数		
宽带上网用户数	248.33万户	65.9万户
固定资产投资	140.17亿元	123.02%
村通工程完成率	100%	

【电信发展情况综述】

一、总体发展情况

2009年，广西通信行业继续保持平稳发展态势，总体发展水平在全国各省排名保持在中游水平，在西部12省中排名靠前。2009年全年完成电信业务总量673.76亿元，同比增长19.58%，高于全国平均水平4个百分点；实现电信业务收入201.49亿元，同比增长10.66%，高于全国平均水平 4.4 个百分点；全年完成固定资产投资140.17亿元，同比增长123.02%，高于全国平均水平16.3个百分点。电话用户数达到2746.03万户，较上年末增加269.71万户。移动电话用户达到1958.45万户，比上年末净增330.53万户；宽带接入用户达到248.33万户，较上年末增加65.9万户。

二、主要企业情况

中国电信广西公司电信业务总量完成96.26亿元，同比增长19.76%；电信业务收入完成55.11亿元，同比增长3.71%。中国移动广西公司电信业务总量完成465.36亿元，同比增长20.53%；电信业务收入完成120.05亿元，同比增长14.19%。中国联通广西分公司电信业务总量完成105.18亿元，同比增长9.40%；电信业务收入完成21.65亿元，同比下降11.02%。中国铁通广西分公司电信业务总量完成6.63亿元，同比增长7.80%；电信业务收入完成 4.62 亿元，同比增长 5.96%。

从市场份额来看，在电信主营业务收入和电信业务总量方面，中国电信关系公司分别占有 27.35%和 14.13%，中国移动广西公司分别占有 59.61%和 67.88%，中国联通广西分公司分别占有 10.75%和 16.90%，中国铁通广西分公司分别占有 2.29%和 1.08%。

三、发展特点与特色

（一）固定电话用户呈下降态势，移动对固定替代加剧，电话规模不断扩大，用户结构不断优化。

固定电话用户持续减少，无线市话用户所占比重继续降低，广西全区固定电话用户 787.58 万户，比上年末减少 60.82 万户。移动电话用户继续保持快速增长，截至 2009 年底，广西全区移动电话用户总数达到 1960.14 万户，净增 332.22 万户。通信网络不断扩大，服务范围不断提高，截至 2009 年底，广西全区固定电话普及率为每百人 16.4 线，移动电话普及率每百人 40.7 部，电话普及率每百人 57.1 部，较上年底提高 8.1 个百分点。

（二）移动电话业务仍是电信业务发展主导，非语言业务收入增幅较大。

本地电话业务和长途电话业务都有所增长，移动电话业务增幅较大，移动电话本地通话量比上年增长 19.11%，国内长途通话量比上年增长 28.88%。包括增值业务收入和数据通信网业务收入两部分在内的非语言业务收入高速增长，同比增长 18.75%，占主营业务收入的 36.32%，所占比重增加了 2.47 个百分点。

（三）互联网用户增幅明显。

在互联网用户中，宽带接入用户净增 65.90 万户，达到 248.33 万户，增幅达 36.12%。其中，xDSL 用户 122.76 万户，净增 32.7 万户。

（四）固定资产投资加快，推进 3G 通信设施建设。

积极响应自治区党委、政府“项目建设年”号召，以发展第三代移动电话网络为契机，大力推进通信项目建设。全年完成固定资产投资 140.17 亿元，同比增长 123.02%。全区完成 3G 基站建设 5300 多个，网络覆盖 14 个地市。在加强 3G 及 TD 网络建设的同时，也开展 3G 放号和应用，截至 2009 年底，广西全区 3G 用户达 17.5 万户，3G 可视电话、手机视频等面向个人应用，宽带上网、家庭网关等面向家庭应用，无线城市、移动办公等行业信息化应用不断涌现，移动支付、收集阅读等新型业务得到开发。

【监管工作】

一、加强市场监管，营造通信行业公平健康的竞争环境

（一）以深入开展模范创建活动为载体，优化监管措施，促进行业健康和谐发展。坚持以评比促共进，以检查保效果，以模范树行风，继续深入开展“人民邮电为人民”模范集体、模范个人创建活动，实现了“一个引导、两个加强、三个提高”的总体目标：即引导基础电信运营企业优化竞争格局，促进企业与用户、企业与企业、企业与政府的良性互动，实现行业与社会的和谐发展。加强电信服务和建设市场管理，提高了行业诚信服务意识、运营管理和服务经济社会发展的能力。

（二）积极探索新形势下的电信市场监管方法，建立维护电信市场公平竞争的长效机制。根据全国电信重组的新形势和进一步规范电信市场秩序等新要求，修订完善了《广西电信运营企业领导班子依法经营考核评价办法》，继续有所侧重地对区内电信运营企业领导班子依法经营情况进行考核评价。坚持和完善自治区级总经理座谈会议制度，督促企业按时召开电信企业市级总经理联席会议，及时了解掌握基层企业动态。

（三）狠抓互联互通工作，确保电话网间通信质量。坚持协调制度、通报制度、重大节日增开临时电路的制度、例会制度四个制度，积极促进电信企业加强公用电信网间安全保障建设。一年来，各电信运营企业为做好节假日期间电信网间通信安全，在节前完成增开临时 2M 电路 1177 个，移动公司新建了 8 个软交换网关局。充分发挥技术手段作用，完成监测系统二次开发，做好互联互通监测系统维护工作。互联互通监测系统监测全区互联点 80 个、系统收敛链路 720 条，收敛链路完好率均达到了大于 95%的要求。

（四）严格电信资费程序管理，保证市场平稳健康。鼓励企业推出惠及农民的资费方案，让人民群众得到更多实惠。继续开展电信资费套餐清理和检查工作，减少资费种类，简化资费结构，提高资费透明度。坚持明码标价，保证用户明明白白消费，保护用户的合法权益。认真按 204 号文件的流程审批资费优惠促销套餐。全年审批资费文件 13 个，涉及 39 个套餐；协调和督促移动电话经营企业落实了本地拨打长途实行一费制；按照控制量收比的总体目标进一步细化了各企业的量化指标。2009 年全区通信行业量收比在全国排名第十位，比局年初制定的确保目标提高 4 个名次，比力争目标提高 2 个名次。

（五）加强增值电信业务市场管理，提高审批备案工作效率。加强对增值电信企业的指导和培训，组织召开区内增值电信企业经营工作会议，及时总结全区增值电信业务的发展情况及存在的问题，促进增值电信企业发展。有序开展许可证审批工作。2009 年受理区内增值电信业务经营许可申请材料和上年未审批的材料共 112 份。其中，新申请 55 家，受理许可变更申请 57 家。许可审批效率有所提高，平均审批时间为 38 天。到 2009 年底，全区增值电信业务经营单位共有 250 家。做好区内增值电信业务经营许可的年度检查工作。2009 年共有 237 家企业获得增值电信业务经营许可证，区内增值电信业务收入 1.71 亿元，从业人数 2630 人，人均劳动产值 6.5 万元。认真做好了跨地区增值电信业务经营许可备案材

料的审核、年检、有关咨询答复解释等工作，共受理备案材料 156 份。跨省备案的公司总数已达到 946 家。

（六）科学管理码号资源，满足经济社会发展需要。扎实做好码号的审批及备案工作。全区累计核配本地网局号 3358 个、96 短号码 76 个、SP 代码 192 个；已备案 123 公益短号 40 个、95 及 1 字头短号 96 个、HLR 码 4266 个。其中，2009 年核配本地网局号 64 个、96 短号码 10 个、SP 代码 16 个；备案短号码 10 个、SP 代码 29 个、HLR 标识码 4266 个，依法收回短号码 6 个。有序开展电信网码号资源占用费收缴工作，进一步理顺码号资源占用费收缴流程，不断完善欠费催缴措施。全年共收缴电信网码号资源占用费应收 257.56 万元，实收 252.44 万元，缴费率为 98%。

二、强化电信服务监督，提升通信服务水平

（一）加强电信服务日常和基础管理。坚持季度服务工作例会制度，组织电信企业讨论和解决电信服务质量问题，每季度以服务质量公告的方式向社会公布，对重大或涉及面广的投诉，及时召开专题会议研究解决。召开行业会议，宣传贯彻电信服务规范，邀请上级部门到会宣讲。加强信息服务收费拨测和检查，对电信、移动、联通三家企业接入的 29 项业务（包括短信点播、包月定制、手机上网点播）的服务和收费情况进行了抽样检查，对发现的问题及时反馈督促企业进行整改。完成了 12300 系统升级改造。

（二）认真做好用户信访和申诉处理工作。广西电信企业服务质量监督中心 12300 热线处理电信用户咨询和申诉 1919 件，对 1622 件咨询进行解答，对 16 件申诉予以化解排除，对 240 件申诉转企业核查处理，对 41 件申诉和信访立案处理。对用户申诉问题的核查处理结果都能按时限要求答复用户，用户对处理结果的满意率达到 74%。承办了自治区政协提案 7 件。

（三）组织开展电信服务质量用户满意度测评工作。测评工作共抽取了 4200 个样本，涉及固定电话、CDMA 移动电话、GSM 移动电话、小灵通、大灵通等相关业务，测评总体得分为 75.53 分，测评结果基本反映了我区的电信服务质量。

三、进一步加强互联网管理，保障网络和信息安全

（一）加强互联网站管理基础工作。加强备案审批工作，改进备案用户名密码查询及域名冲突处理工作流程，制定格式范本文档供用户下载，进一步提高工作效率。充分发挥 ICP 备案系统作用，责成接入服务商关闭了 734 个未备案的网站。2009 年共审核通过备案信息 11334 条，变更备案信息 19620 条，因备案信息不准确退回 31789 条（次）。到 2009 年底，广西区内已备案主体数为 40644 个，网站总量 45193 个；IP 接入网站备案主体 10087 个，接入网站数量 14064 个，网站备案率达到 99.9%。对区内 200 多家增值电信企业进行了互联网管理法律、法规培训，使互联网接入单位、网站主办者进一步了解和掌握互联网信息安全的法律、法规知识，充分认识了互联网接入单位和网站主办者的法定职责，为区内互联网信息安全依法管理提供了保证。

（二）加强与有关部门的支撑与配合工作，共同净化网络环境维护社会稳定。一是做好互联网信息监控工作，全年广西区内没有发生有害短信息大规模传播事件。参与了自治区政法委组织“平安清明”短信息情报监测研判专项工作，提供了有较高参考价值的敏感短信息监测分析情报。与相关部门共同研究完善广西区通信短信息监控业务工作机制，深化了业务合作。及时通报网络安全事件，积极拓展网络安全事件通报数据资源，提高数据应用水平，发挥预警作用。二是为互联网管理的相关前置审批、专项内容管理等部门提供基础性数据支撑服务。组织互联网站管理协调小组成员单位召开工作会议，研究和落实网站管理存在的问题并提出下一步工作要求。进一步完善了协调小组成员单位间快速反应机制，明确了遇到重大突发事件，可先处置，后补办手续；为相关部门增加了 10 把密钥。查处违法违规网站 115 个。三是组织通信行业开展了净化社会文化环境专项治理工作，成立了行业专项行动协调工作组，出台了进一步净化社会文化环境促进未成年人健康成长的实施意见和实施方案，开展了检查和专题调研。四是建立长效机制，深入治理垃圾短信。建立网间垃圾短信联动处置机制，健全违规用户“黑名单”管理制度，避免违规用户在企业间“漫游”。向公安、工商部门移送 24737 个发送垃圾短信息嫌疑号码，暂停 269 个滥发垃圾短信息的端口，关闭违规网络端口 923 个，规范端口合作协议 676 份，关停自有短信群发业务 2924 个，整改短信群发业务 167 个，过滤了大批的垃圾短信，有效地净化了短信息业务市场。

（三）建立健全信息安全应急处理的协调机制，进一步完善各类突发事件的应急预案。要求基础电信企业在技术层面建立健全管控体系，完善流程的配套建设和安全评估、应急响应等安全保障机制。继续开展电信网络安全保护定级的备案工作、电信网络和重要信息系统的应急处理工作和备份建设，加强对重要信息系统、重点网站、重点用户等的网络安全应急支援，做到事件有预案、处置有流程、应急有措施，最大限度地化解信息安全风险。进一步抓好属地化的网络与信息安全监管技术平台维护、信息安全技术监管、网络安全监管三项业务工作，实行达标考核的业务 100%达标，实行评优考核的业务成绩有新的提高。组织宣贯《广西互联网网络安全应急预案》，开展网络安全应急演练。加强网络安全运行维护和安全事件监测，完善信息通报和应急处置制度。督促电信运营企业开展电信设施安全整治，做好安全管理。继续配合公安等部门对破坏、盗窃电信设施违法犯罪活动进行专项整治，巩固和提高维护通信设施安全的成果。

四、加大通信建设市场监管，促进行业安全生产

（一）加强通信建设市场招投标和驻地网建设管理。认真贯彻落实信部令 20 号，开展通信建设市场检查和通信建设项目招投标专项检查，进一步规范通信建设市场秩序及通信建设项目招投标行为。严格通信建设企业资质资格审查和备案，全年审批通信建设企业资质 17 家，审批通信建设个人资格 653 人次，审核发放通信建设企业备案通知 101 家，其中 2 家不符合条件的未予通过。

（二）做好通信行业安全生产的监督检查工作。一是配合开展打击盗损“三电”设施专项整治活动，制定了《2009 年工作实施方案》并组织召开工作会议，与自治区公安厅组成联合督察组对玉林、贺州两市打击“三电”工作开展情况进行了督察。组织电信运营企业发送 500 万条“三电”宣传短信，有效遏制了偷盗电信设施案件的发生，企业被盗损失明显下降。二是组织开展行业安全生产“三项行动”。重点检查企业落实安全安生产制度、通信机房安全防护等方面工作，并督促企业及时整改存在的问题。三是加强通信建设工程施工安全生产管理，组织开展通信建设工程施工安全生产检查，把施工安全生产工作与企业资质审批、共建共享考核、优秀优质工程申报等工作相结合，督促企业贯彻落实施工安全生产各项规章制度，避免施工安全生产事故的发生。四是严把市场准入关，在通信建设企业办理年度备案时，严格审核企业安全生产证书及企业负责人、项目负责人、专职安全员等人员安全生产个人证书。

五、加强沟通协调，稳步推动通信基础设施共建共享

（一）组织推动通信行业基础设施建设和 3G 建设。为贯彻落实中央扩大内需，促进经济平稳较快发展的部署，自治区党委、政府确立了全年力争完成全社会固定资产投资 6000 亿元的目标，其中，通信行业要力争实现固定资产投资 130 亿元以上。自治区成立了通信行业 130 个亿投资项目推进工作的领导小组。为了确保投资到位、责任明晰，通信管理局出台了推进工作方案，开展了投资项目摸底调查，并将投资项目按公司、按地市进行分解，落实责任单位，制定工作进度表，协调落实将通信企业投资项目纳入自治区层面统筹推进项目。同时加快广西 3G 网络和 3G 建设，成立 TD 建设协调领导小组，推动落实各项扶持措施，各企业建立了 4628 个 3G 基站，3G 网络已覆盖全区 14 个地市，全区 3G 用户数约为 17.5 万户。全年累计完成投资 140.17 亿元，占计划投资额的 102.81%，超额完成投资 10 亿元。

（二）采取有力措施，积极推进通信基础设施共建共享。一是建章立制。督促区内基础电信运营企业签订合作协议，出台广西推进工作的实施细则，组织成立了协调小组，明确了例会制度，制定了区、市多层次会议制度，畅通协商渠道，形成了完善的工作机制。二是规范流程，制定租费标准。规范电信基础设施共建共享流程，制定协议示范文本和多类设施的租费标准，为全面推进电信基础设施共建共享工作扫清了障碍。三是梳理资源，明确全年任务。组织电信基础运营企业对现网资源进行梳理，提出可供其他企业共享设施资源信息，并制定 2009 年拟完成共建共享设施任务目标，推动各企业积极主动的开展电信基础设施共建共享工作。四是加强调研，开展试点工作。进行现场调研，选取不同类型典型设施开展试点工作，通过试点“以点带面”的推进全区电信基础设施共建共享。截至 2009 年 12 月份，全区电信基础设施共建共享各项考核指标全面超额完成工业和信息化部下达的任务。

六、纵深推进信息下乡工程，服务社会主义新农村建设

在巩固自然村通电话工程成果的基础上，为更好地利用宽带互联网加快建设和推进“信息下乡”活动，服务新农村建设，促进农业发展和农民增收，通信管理局出台《广西农村通信工作实施意见》，全力推进“乡乡通宽带、村村能上网”。圆满完成桂西五县基础设施建设大会战电信工程项目建设任务，项目累计完成投资 1573.46 万元。电信工程成为桂西五县基础设施建设大会战计划安排的 19 类项目中率先完工的 4 大类项目之一，受到自治区会战办高度肯定。

七、扎实开展应急通信工作，提供坚实有力的通信保障

按照“平时服务、急时应急、战时应战”的总体要求，坚持统一指挥分级负责、严密组织密切协同、快速反应保障有力的原则，建立起统一指挥、反应灵敏、协调有序、运转高效的应急通信保障机制，力求做到“有预案、有演练、有手段、有队伍、有机制、有保障”。开展了通信行业各类技术人员资源分布、技术装备情况摸底调查。重新编写了《广西通信保障应急预案简明操作手册》，及时调整了应急通信保障领导小组成员。组织开展了“保障—2009”全区应急通信演练。完成了 2009 年第五届泛珠三角区域合作与发展论坛暨经贸洽谈会、第六届中国—东盟博览会等重要活动的通信保障工作和 2009 年防汛救灾保通信工作，得到了有关单位的肯定。

【重大事项、事件】

2 月 18 日，自治区通信管理局出台《广西壮族自治区电信网码号资源占用费缴纳操作规程》。

3 月 9 日，自治区通信管理局表彰在 2008 年自然村通电话工程中表现突出的集体和个人，授予中国电信广西公司等 28 个集体“广西自然村通电话工程先进集体”荣誉称号；授予潘寿伟等 60 名同志“广西自然村通电话工程先进个人”荣誉称号。

3 月 19 日，自治区人民政府召开专题会议，研究自治区基础电信运营企业通信建设投资和基站环评等通信建设中存在的问题，自治区通信管理局、物价局、区内三大基础电信运营企业领导参加会议。

3月24日，自治区人民政府办公厅召开专题会议，研究通信建设中存在的环保、电力引入、建设用地等问题，自治区通信管理局、环保局、经委、国土厅、南方电网、广西水利电业集团及区内三大电信运营企业等有关单位参加会议。

3月27日，自治区通信管理局召开2008年自然村通电话工程总结表彰大会。

3月30日，自治区副主席杨道喜主持会议研究自治区通信业投资建设有关问题，自治区通信管理局、发改委、经委、财政厅、国土厅、建设厅、环保局、信产局、水利厅、广西电网公司、广西电信公司、广西移动公司、广西联通公司参加会议。会议充分肯定了广西通信业为广西经济社会发展所做的贡献，议定成立由杨道喜副主席为组长的自治区通信建设项目协调机构，加快自治区通信项目建设。

3月31日，经过自治区通信管理局协调推进，《中国电信股份有限公司广西分公司、中国移动通信集团广西有限公司和中国联合网络通信有限公司广西壮族自治区分公司电信基础设施共建共享合作协议》正式签订。

4月28日，自治区通信管理组织召开2009年全区打击盗窃破坏电信设施违法犯罪专项斗争工作会议，区公安厅、区内基础电信运营企业相关人员参加了会议，共同探讨专项斗争工作的推进事宜。

5月4日，自治区通信管理局印发《广西壮族自治区通信管理局关于推进电信基础设施共建共享的实施意见》。

5月15日，自治区通信管理局、广西通信学会联合举办纪念2009年世界电信和信息社会日大会。今年世界电信与信息社会日主题为“保障儿童网上安全”。

5月18日，自治区人民政府出台桂政办〔2009〕97号，成立以杨道喜副主席为组长的自治区通信行业投资项目推进工作领导小组。

5月26日，桂西五县基础设施建设大会战电信工程项目全部竣工并通过验收，累计完成投资1573.46万元，占计划投资总额的105.32%，成为桂西五县基础设施建设大会战计划安排的19类项目中率先完工的4大类项目之一。

5月26日，自治区通信管理局在南宁组织召开区内增值电信业务经营单位工作会议。区内基础电信运营企业相关部门负责人及全区164家增值电信业务经营单位的代表参加了会议。

5月，自治区副主席杨道喜主持召开专题会议，就广西通信行业投资发展问题作了重要部署。会议提出，广西通信行业2009年要实现固定资产投资130亿元以上。

7月10日，自治区通信管理局印发2009年度广西农村通信工作的实施意见。

7月16日，自治区通信管理局制定印发《广西木马和僵尸网络监测与处置规定》。

7月16日，自治区通信管理局印发《广西互联网网络安全信息通报管理办法》。

8月20日，自治区通信管理局组织区内三大基础运营企业开展2009年通信应急保障演练。

8月27日，自治区通信管理局出台《广西电信基础设施共建共享租费标准（暂行）》。

10月28日，由自治区通信管理局和中国电信广西公司共同出资13.9万元修建的巴纳村弄安屯级砂石路正式竣工启用，自治区通信管理局副局长王山竹到场参加了竣工典礼。

11月12～13日，工业和信息化部在北海举办《通信建设项目施工和货物招标文件及通信工程建设标准强制性条文》宣传贯彻会。

（广西壮族自治区通信管理局）

海南省电信发展与管理

【电信发展统计】

项目	达到	增长率/增长量
电信业务收入	60.32亿元	10.2%
其中：非话业务收入	20.04亿元	7.0%
固定电话用户数（含小灵通）	183.02万户	-41.52 万户
移动通信用户数	496.44 万户	98.66 万户
拨号上网用户数	3.06万户	-6.57万户
宽带上网用户数	58.34万户	22.33万户
固定资产投资	27.5亿元	34.1%
村通工程完成率	100.0%	

【电信发展情况综述】

一、总体情况

2009年海南省电信业务总量累计完成184.6亿元，同比增长20.9%；全省电信业务收入累计完成60.3亿元，同比增长10.2%。全省电话用户累计净增57.1万户，达到679.4万户。其中，全省固定电话用户数为183.0万户，比上年减少41.5万户；移动电话净增98.6万户，达到496.4万户。互联网用户数净增15.8万户，达61.5万户，其中宽带接入用户净增22.33万户，达到58.34万户。互联网拨号上网用户减少6.57万户，为3.06万户。全省固定电话普及率为21.43部/百人，下降5.15个百分点；移动电话普及率达到58.12户/百人，提高11.05个百分点；互联网用户普及率达到7.20户/百人，同比提高1.79个百分点。全省乡镇通宽带率达100%；行政村通电话率达100%；20户以上的自然村通电话率达100%；全省通宽带行政村1561个，行政村通宽带率达到59.69%。

二、海南电信业发展特点

（一）电信业务收入持续增长，固定本地与长途、移动和数据业务的发展不平衡持续加剧。

2009 年，海南省累计完成电信业务收入 60.3 亿元，同比增长 10.2%。业务结构中，固定本地电话业务收入持续下降，移动和数据业务所占比例继续攀升。

全省固定本地电话网累计完成 7.7 亿元，同比下降 9.7%；移动通信网（含移动本地通话费收入、漫游通话费收入、移动数据业务收入等）累计完成 41.3 亿元，同比增长 17.1%；长途电话网累计完成 5.2 亿元，同比下降 3.0%；固定数据通信网业务累计完成 6.1 亿元，同比增长 9.8%。

电信业务收入中，非话音业务收入 20.0 亿元，同比增长 7%，占总收入的比重为 33.2%，比上年减少 0.9 个百分点。

（二）电话用户规模继续扩大，固定电话用户持续向移动通信服务转移，互联网用户保持平稳增长。

全省电话用户累计净增 57.1 万户，达到 679.5 万户。其中，固定电话减少 41.5 万户，总数 183.0 万户；移动电话净增 98.7 万户，达到 496.4 万户。固定电话用户中，城市电话用户减少 33.8 万户，为 125.7 万户；农村电话用户减少 7.7 万户，为 57.4 万户。互联网用户数净增 15.8 万户，达到 61.5 万户。其中：宽带接入用户净增 22.3 万户，达到 58.3 万户。互联网拨号上网用户减少 6.6 万户，为 3.1 万户。

（三）通信服务能力不断增强。

截至 2009 年底，全省光缆纤芯长度达到 80.1 万芯公里，比 2008 年底净增 16.4 万芯公里。其中：长途光缆纤芯长度 0.8 万芯公里，减少 2.2 万芯公里；本地网中继光缆纤芯长度 53.1 万芯公里，增加 12.8 万芯公里；接入网光缆纤芯长度 26.2 万芯公里，增加 5.8 万芯公里。固定电话局用交换机容量 78.7 万门，减少 22.6 万门。固定长途电话交换机容量 6.1 万路端，减少 0.6 万路端。固定长途电路 1214 个 2M，减少 598 个 2M。移动电话交换机容量 864.4 万户，净增 244.4 万户。移动电话长途业务电路 2155 个 2M，减少 272 个 2M。互联网服务器端口 71.2 万个，净增 15.3 万个。

（四）全行业对海南经济发展贡献显著。

2009 年，全省各电信企业完成电信行业增加值 31.6 亿元，同比增长 6.0%，占全省生产总值的 1.9%。全省电信固定资产投资累计完成 27.5 亿元，同比增长 34.1%。全行业纳税总额累计完成 6.04 亿元，同比增长 21.75%。

（五）电信资费不断下降。

2009 年，全省电信业务总量与收入的比值从 2008 年的 2.8∶1，上升为 3.0∶1，量收不平衡现象继续加剧，电信资费水平进一步下降。2009 年，电信综合价格水平比上年下降了 9.3%。

【监管工作】

一、注重宏观引导，加强对重大问题的调研，促进行业科学健康可持续发展

（一）加强规划引导。开展对“十一五”行业规划执行情况的跟踪、分析、调查、协调工作，确保行业沿着正确的轨道发展。结合国情、省情，着手开展海南省“十二五”规划的前期准备工作。

（二）完善统计分析。2009 年，在继续做好统计公报、统计年鉴及每月定报数据的整理、分析及公布、上报等工作的同时，加强了对通信业运行状况的监测分析，特别是利用每年 2 次的总经理联席会议机会，分析通报行业发展状况，研究出现的问题，提出相应措施建议，有力引导行业健康发展。

（三）合理配置通信资源。加强码号资源的科学规划和管理，根据全省实际情况，合理分配和有效使用码号资源，严格审批流程，提高码号利用率，为企业申请、开通码号提供便捷快速的服务。

（四）积极推进 3G 特别是 TD 建设和发展。3G 牌照发放后，海南省通信管理局加大调研力度，了解企业在 3G 建设与发展方面存在的困难和问题，研究应对措施。同时积极协调地方政府及相关单位，争取支持，促成省政府出台了《海南省人民政府关于加快推进全省 3G 特别是 TD-SCDMA 建设和发展工作的通知》，对促进全省 3G 特别是 TD 的建设和发展具有重要意义。2009 年，全省 3G 建设进展顺利，各公司都已顺利完成年度建设计划。

（五）积极配合工信部开展“码号携带”工作。做好基础性工作，针对调研中发现的问题，积极研究对策，为下一步“码号携带”试点工作的顺利开展打好基础。

二、加强法制建设，提高依法行政水平

（一）加强普法教育，推进依法行政。认真开展“五五”普法工作，通过组织学习相关法律法规，邀请相关法律专家举办讲座，观看警示教育录像片，组织全局干部职工参加海南省“法律进机关”公务员法律知识考试等多种方式，进一步增强了全局干部职工的法律意识。在通信行政执法中，严格遵守执法程序，推进行政执法的政务公开，保证执法工作的公开、公平、公正，做到依法决策、依法管理、依法行政。

（二）加快《海南省电信设施建设与保护条例》的立法进度。《条例》现已报送省法制和省人大法工委审议，并已列入 2010 年省重点立法计划。

三、强化监管，规范秩序，营造良好市场竞争环境

（一）从严审批，严把市场准入关。一是做好电信业务经营许可证的年检、业务审批等工作。二是完善各种管理制度，做好通信行业各类从业人员资格审批和技能鉴定工作。

（二）加大市场监管力度，确保重组后电信业务市场和用户服务平稳运行。按照全国整顿和规范市场秩序工作会议要求，针对重组和 3G 牌照发放后市场竞争新的情况和特点，加大对工信部《关于规范当前电信市场秩序的意见》所涉及 8 个方面工作的实施力度，发现违规迹象或苗头及时制止和处理。2009 年，通信管理局先后 4 次对企业的违规行为进行行政处罚。由于监管积极主动，措施及时有力，2009 年海南省电信市场秩序得到较好的维护，保证了重组后电信用户市场和用户服务的平稳运行。

（三）加强互联互通，网间通信质量保持较好水平。根据工信部的统一部署，对原有互联互通监控系统进行扩容、改造，并完善其系统功能，提升和完善了全省互联互通监控系统能力。针对网间短信互通不畅现象有所增加问题，及时进行研究和协调，使问题得到妥善解决。

（四）多措并举，电信基础设施共建共享工作成效显著。通过完善制度、加强协调、严格考核等多种方式扎实有效的推进海南省电信基础设施共建共享工作。从 2008 年 10 月至 2009 年 11 月，海南省电信企业新建铁塔共建率为 55.7%；新建基站共建率 28.6%；新建传输线路共建率 3.56%；铁塔共享率 45.6%；基站共享率 47.7%；传输线路共享率 40%；杆路共享率则达到 100%，多项指标在全国名列前茅，在全国电信基础设施共建共享现场推进会上得到工信部领导的高度赞扬。

（五）进一步规范通信建设市场秩序。随着 3G 网络建设进程的不断推进，通信施工企业在通信建设过程中损坏已有通信管道、电缆和光缆的现象有所增加，海南省通信管理局及时印发了《关于进一步规范通信建设市场管理的通知》，就加强全省建设市场管理，规范建设行为进行了工作部署，使这一现象得到遏制。

四、坚持以人为本，监管为民，切实维护电信用户合法权益

（一）进一步提升电信服务质量。多次召开电信服务质量分析会，研究海南省在服务质量方面存在的问题，提出整改意见和改进措施。以“服务民生，服务社会”为主题，开展行风建设活动，通过倡导以人为本、诚信经营的良好行业风气，使服务质量进一步提高。

（二）及时解决社会关注的电信服务热点问题。高度重视，积极协调解决央视“3·15”曝光的涉及全省的垃圾短信问题。畅通用户申述受理渠道，及时妥善处理用户申述、信访，2009 年，全省共收到用户申告 252 件，经多方督促，企业皆能妥善处理。

（三）积极稳妥推进资费调整。一是根据部统一部署，结合全省实际，开展海南省取消短消息业务网内网间差别定价和全国移动电话长途资费一费制调整工作；二是联合省物价局对全省农村固定电话月租费的收费标准进行规范，基本解决了城乡结合区农村与城市地域模糊所带来的月租费用户申诉问题；三是积极稳妥地推进全省月租优惠套餐和固定电话区间费下调的前期调研等工作。

五、推进普遍服务、促进农村通信发展及服务信息化

一是协调三家基础电信企业以原海口、儋州、三亚 3 个本地网为主，整合网络和技术资源，做到电信基础设施的共建共享，保障村通任务的圆满完成。二是在完善农村通信基础设施的同时，加强与地方政府及企业的协调，推进“信息下乡”乡镇建设。三是积极配合省科技厅推进全省农业科技 110 服务工作，进一步完善乡镇信息站和信息库、村信息点和农副特产品信息栏目。

六、加强网络与信息安全管理，做好应急通信保障工作

（一）强化责任、健全机制，确保网络信息安全。

一是严把准入关，做好网站备案工作。按期完成了不准确 IP 地址的清理工作，7 月份，全省网站备案率就已达 98.83%，备案信息的准确率达 90.5%，超额完成工信部下达的全年 97%备案率和 85%准确率的要求。二是加强对互联网的联合治理。今年先后开展了一系列的专项整治工作。主要有：联合公安、宣传等部门开展的打击网络低俗之风和淫秽色情专项行动、配合公安、安全部门实施互联网国家安全事项的审核工作、配合省政府外宣办开展主题网络舆论环境清理工作、配合省文体厅开展网络视频和网络非法出版物的查处工作、配合工商部门开展查处取缔黑网吧行动以及 2009 年 12 月开始在全省开展的依法打击手机淫秽色情信息专项行动等。

2009 年，海南省通信管理局多次向省委省政府报送了互联网上大量事关社会稳定、经济发展、人民生命财产安全的各种重大紧急信息，为党委、政府掌握舆情、及时处理突发事件做好支撑，引起省委省政府领导高度重视，卫留成书记多次对通信管理局工作做出批示，省委常委、宣传部长谭力多次对通信管理局在互联网建设与管理方面所取得的成绩给予了充分肯定。

（二）加强能力建设，认真做好应急通信保障工作。一是进一步完善“通信网络资源管理系统”。该系统将海南省通信网络资源、科技信息动员人才等数据与地理信息系统结合，实现海南省科技信息动员资源的科学管理、精确定位。二是多方协调，促进企业加大科技信息动员投入。三是加大应急保障知识的培训。举办全省科技信息动员机构的业务培训，提高了各级应急管理人员的工作水平。四是积极完成各类通信保障任务。圆满完成了博鳌亚洲论坛、海南岛欢乐节等重大节庆和外事活动的通信保障任务。五是充分发挥通信保障在抢险救灾中的作用。成功为三亚绕城高速公路隧道塌方抢险、抗击台风“天鹅”等抢险救灾工作提供应急通信保障。2009 年，配合全省海上搜救中心完成海上搜救任务 29 次，成功施救 103 名遇险人员。为表彰通信管理局战备应急通信工作所取得的成绩，海南省通信管理局薛良燕局长被广州军区评为第四届“国防之星”。

七、按照“两化”融合要求，推进海南信息化建设

认真贯彻国家信息化发展战略，按照省政府领导指示，开展电信业助力信息化建设，服务地方经济发展专题调研并形成调研报告。加强督促，推进中国电信、中国移动和中国联通贯彻落实与省政府签署的战略合作框架协议，引导、推动企业运用信息技术改造提升全省传统产业，承担起全省重大项目的信息化改造与建设重任，为国际旅游岛建设项目提供配套信息化服务。

【重大事项、事件】

1 月 6 日，海南省通信行业举行总结表彰大会，对 2008 年全省通信业在通信保障、村村通电话工程以及信息化推进方面做出突出成绩的先进集体和先进个人进行表彰。海南省人民政府林方略副省长出席表彰大会并向受表彰的先进集体和先进个人颁奖。

1 月 23 日，海南省人民政府林方略副省长慰问中国电信海南分公司、中国移动海南公司、中国联通信海南省分公司和中国铁通海南分公司干部职工。

2 月 16 日，海南省通信管理局组织海南电信、海南移动、海南联通三方共同签订了《海南省电信基础设施共建共享框架合作协议》。

4 月 15 日，海南省委常委、宣传部长谭力及省委宣传部副部长常辅棠一行来到海南省通信管理局，就提高网络管理和舆论引导能力，为海南发展创造良好的舆论环境进行专题调研。

4 月 18 日，工业和信息化部奚国华副部长、海南省政府李国梁副省长视察 2009 年博鳌亚洲论坛年会通信服务和保障工作，看望并慰问了现场工作人员。

4 月 20～21 日，工业和信息化部专家组在海口开展海南省移动用户码号携带培训调研工作，标志着省移动用户码号携带试点工作正式启动。

4 月 17～19 日，海南省通信行业圆满完成博鳌亚洲论坛年会通信安全保障工作。

7 月 15 日，海南省通信仲裁调解中心（以下简称调解中心）成立仪式在海口隆重举行。该调解中心是全国首家通信合同纠纷专业调解处理机构，办公室设在海南省通信管理局办公室。

12 月 15 日，海南省通信管理局召开打击手机淫秽色情专项行动工作会议，传达了李毅中部长 12 月 4 日在电信企业负责人座谈会上的讲话及工业和信息化部依法打击手机淫秽色情工作会议精神，对全省打击手机淫秽色情专项行动工作进行了部署。

截至 2009 年 12 月，海南自然村村村通电话工程告捷，完成最后未通电话的 51 个 20 户以上自然村通电话和 3 个乡镇的通宽带互联网工作，圆满完成年初制定的自然村通电话率达 100%，乡镇通宽带率达 100%的“双百”目标。

（海南省通信管理局）

四川省电信发展与管理

【电信发展统计】

项目		达到	增长率／增长量
电信业务收入		357.3 亿元	9.8%/31.8 亿元
固定电话用户数（含小灵通）		1551 万户	-137 万户
小灵通用户数		301.4 万户	-97.1 万户
移动通信用户数		3409 万户	572 万户
拨号上网用户数		13.1 万户	-24.7 万户
宽带上网用户数		418.0 万户	96.6 万户
固定资产投资		173.4 亿元	47.9 亿元
村通工程完成率	自然村	88.6%	0.5%
	行政村	99%	0.6%

【电信发展情况综述】

一、总体发展情况

2009 年，四川省通信业完成通信业务收入 357 亿元，增长 9.8%，高于全国增长率近 6 个百分点。新增电话用户 435 万户，总数达到 4960 万户，保持在全国第七位，普及率达 56.37%。其中移动电话用户 3409 万户，固定电话用户 1551 万户 。互联网用户达 431 万，为全国第十位。其中宽带用户 417.9 万户，比去年底增加 96.5 万。完成固定资产投资 173.4 亿元。

二、主要企业情况

（一）四川电信：2009 年完成业务收入 104.9 亿元，完成固定资产投资 50.7 亿元，电话用户达 1516 万户，互联网拨号上网用户 9.9 万户，互联网宽带接入用户 317.8 万户。

（二）四川移动：2009 年完成业务收入 209.8 亿元，完成固定资产投资 77.0 亿元，电话用户数达 2617 万户。

（三）四川联通：2009 年完成业务收入 37.6 亿元，完成固定资产投资 44.9 亿元，电话用户数达 757 万户。

（四）四川铁通：2009 年完成业务收入 5.1 亿元，完成固定资产投资 0.7 亿元，电话用户达到 70 万户，宽带用户 21 万户。

三、本年度本省发展特点与特色

（一）固话用户下降幅度较大，移动电话业务对固定电话业务的替代性进一步加大；

（二）灾后重建拉动投资促进行业发展，通信业务收入增长速度超全国 5.9 个百分点。

【监管工作】

一、灾后重建

累计完成恢复重建投资 168.7 亿元，占规划总投资的 92.4%，已通过国家发改委组织的评估，在四川省基础设施行业中率先基本完成了灾后恢复重建工作；累计开工建设项目 5630 个，完工 4840 个；建成固定交换机容量 76 万线，移动交换机核心网容量 855 万户，移动通信基站 6341 个，传输光缆 43198 皮长公里，业务用房 16 万平米。灾区电话用户达到 1248 万户，比灾前净增 187 万户；宽带用户数达到 62 万户，比灾前净增 16.6 万户。重建中采取多路由传输保护、建设抗震型超级移动基站、大容量交换局所等技术手段，提高了地震灾区网络安全性。

二、共建共享

组织省内三家基础电信企业签订了覆盖全省的共建共享合作协议，编制了北川县、青川县、绵竹汉旺镇、汶川映秀镇四个重灾城镇通信设施共建共享专项规划。出台了全省共建共享工作监督管理办法和考核管理办法，确定了共建共享考核指标，并重点加强对地震极重灾区以及成都、资阳、眉山示范区共建共享考核监督。组织运营企业在灾区已完成共建光缆 5 条；与成都军区合作军民共建都江堰至马尔康传输光缆，都江堰至映秀段已经完工。组织在眉山、资阳和雅乐高速公路沿线试点第三方建设模式工作，有效推动共建共享，全面完成各项考核指标，共建铁塔 3304 座、基站 3609 个、杆路 4326 杆程公里、传输 6276 线路公里；共享铁塔 2121 座、基站 2979 个、杆路 5988 杆程公里、传输 6394 线路公里，节约了 8.9 亿元的投资。

三、战略合作协议

5 月 18 日，四川省政府与中国电信、中国移动、中国联通集团公司，分别签署了为期五年，总投入达 1000 亿元的战略合作框架协议，积极打造西部通信枢纽和面向全国的信息服务基地。省委、省政府高度重视，刘奇葆书记、蒋巨峰省长、工信部苏金生总工程师等领导亲自出席仪式并讲话，省政府专门成立了协调小组推进战略合作。截至 2009 年底已完成项目投入 238.23 亿元，占协议总投入的 23.74%。成都至国际出口高效直达专用数据通道项目正顺利实施；成都国家统筹城乡综合改革实验区相关本地网调整工作已全面展开；《四川省无线城市规划（2009～2012）》已完成编制。

四、成都眉山资阳并网

组织编制《成都国家统筹城乡综合改革试验区相关本地网调整工程项目总体实施方案》，并通过工业和信息化部评审。协调成都、眉山、资阳市政府组织完成当地小交换机改造和短号码平台调整；协调公安厅、卫生厅和四家企业，落实 110、119、120、122 等紧急特服平台调整；组织各企业集中力量，在设备采购、合同签订、网络改造方面打破常规，克服了时间紧、任务重的困难，完成通信网络和业务系统改造，顺利开展了企业内部预演和网间联合预演；合理制定成都相关本地网调整资费政策，组织开展深入细致的用户服务工作，积极争取各方面支持，有序有效组织开展大规模、多层次、广覆盖的本地网调整宣传工作，为正式升位并网打下了良好基础。

五、电信服务

积极组织服务质量用户满意度测评，注重用户感知，2009 年全省电信用户满意度指数达 80.28，持续第三年达到“满意”水平；全行业进一步畅通电信用户申诉渠道，疏导、调解结合，化解争议，维护和谐稳定，全年电信投诉总量下降三成；进一步降低电信资费水平，稳步推进移动长途电话一费制，取消成都市固定电话区间通话费，电信资费综合价格水平全年下降 9%。

六、市场监管

认真贯彻落实部《关于规范当前电信市场秩序的意见》，强化组织领导，加强沟通协调和监督检查，大力规范电信市场秩序，认真治理社会关注的热点、难点问题，巩固垃圾短信治理工作，建立和完善垃圾短信治理的长效机制，开展信息服务企业的基本信息公示和违规行为记录曝光，进一步净化信息服务市场环境；定期通报电信服务质量状况，严肃查处违规行为；全省电信市场秩序良好。

七、网络与信息安全

组织电信运营企业加强电信网络运行安全， 落实《电信网络运行监督管理办法》，开展通信网络安全大检查。对全省 171 个 3 级以上网络单元开展达标评测。全力开展国庆 60 周年网络与信息安全保障工作，制定完善各项应急预案，加强对互联网重要系统、重要网站及域名解析系统等关键部位的安全防护监测；对发现的安全隐患，采取有效措施及时整改，确保了国庆期间全省网络与信息安全状况良好，市场秩序正常。积极开展加强和改进未成年思想道德建设工作，大力治理利用互联网进行的各种违规违法活动，在全省 21 个市州成立了由电信企业牵头的电信行业净化社会文化环境工作协调小组，将通信管理局的互联网管理职责向基层延伸，启动通信业“绿色 WAP·纯净 3G”主题活动。全年共关闭违法违规网站 462 个、关闭未备案网站 10526 个，处罚违规接入商 16 家，对违规提供信息服务的企业责令整改 38 家，通报批评 9 家，全省网站备案率达 99.8%。积极主动开展互联网和短信舆情搜集上报，共报送互联网信息专报 1 1 4 期、维稳及抗震救信息专报 9 9 期，得到省领导批示 2 8 条次。

八、应急通信

增强战备应急通信机构和人员配置，组织制定《四川省网络与信息安全事件应急预案》并由省政府发布；成功组织了“网安 2009”应急演练，提升通信行业应急处置能力和保障水平；积极推进四川省应急通信指挥调度系统项目可行性研究，配合省政府筹建“四川省人民政府应急指挥中心”。成功组织应对各种地质灾害、灾区余震对通信造成的影响，圆满完成部、省下达的甘孜、阿坝藏区维稳通信保障和特殊通信任务，受到部、省领导充分肯定。

九、农村通信

大力实施“村通电话、乡通宽带”工程，四川藏区“牧民定居计划”、“富民安康”通信基础设施建设，2009年完成836个行政村、3376个自然村通电话、350个乡镇通宽带任务。开展“信息下乡”乡镇数2632个，建成乡信息站1520个，建成村信息点6794个，完成富民安康通信建设项目投资4.29亿元。

【重大事项、事件】

1月7日，四川省政府办公厅印发《关于加快推进灾后通信基础设施恢复重建工作的通知》，支持通信灾后重建。

2月19日，四川省13个涉及互联网管理的相关部门，在成都召开全省首次互联网管理工作联席会议，探索建立互联网管理的长效机制。

2月23日，省通信管理局组织四川电信、四川移动、四川联通共同签订《电信基础设施共建共享合作框架协议》。

3月12日，四川省电信服务质量用户满意指数出炉，2008年度全省电信服务质量用户满意指数为80.71，持续第二年达“满意”水平。

3月13日，《四川省汶川地震灾后重点城镇通信基础设施共建共享规划》通过评审。

3月17日，工业和信息化部娄勤俭副部长一行来到四川省通信管理局视察工作并看望干部职工，勉励四川通信业坚定信心、加快发展。

3月18日，四川互联网行业抵制互联网低俗之风誓约行动在成都举行。

3月20日，中国互联网络信息中心（CNNIC）联合四川省互联网协会共同发布了《2008四川省互联网络发展状况报告》。

3月31日，省政府办公厅印发《关于支持加快TD-SCDMA建设的通知》，采取五大措施支持TD-SCDMA的建设和发展。

4月16日，四川电信、四川移动、四川联通与成都军区通信部共同签订了“都江堰－马尔康军民联合共建光缆合作框架协议”。

5月18日，四川省人民政府分别与中国电信集团、中国移动集团、中国联通集团在成都签署战略合作框架协议。

6月3～5日，工业和信息化部苗圩副部长到四川调研指导灾后恢复重建工作，并深入震中映秀镇考察通信服务。

7月17日，四川省政府主持召开了成都国家统筹城乡综合改革试验区相关本地网调整启动仪式，正式启动并网工作。

8月26日，成都国家统筹城乡综合改革试验区相关本地网调整工程项目总体实施方案通过省内评审。

8月26日，四川省人民政府发出通知，成立成都国家统筹城乡综合改革实验区相关本地网调整工作指挥部。

9月1日，四川省通信管理局在成都成功举办“网安2009”应急通信演练。

9月15～16日，四川省通信管理局在成都组织召开全省电信行业净化社会文化环境协调小组工作培训会议，培训相关人员150余人。

10月1日，成都市固定电话营业区间通话费零时起取消，全市固定电话区内、区间通话统一执行本地网区内（市话）资费标准。

11月24日，成都国家统筹城乡综合改革试验区相关本地网调整工程项目总体实施方案通过工信部组织的专家评审。

11月30日，四川省提前超额完成今年行政村和自然村村通任务，全省除甘孜州外的20个市州实现了村村村通电话，村通率达99%以上。

12月11日，工信部正式批准成都国家统筹城乡综合改革实验区相关本地网调整总体实施方案。

12月16日，四川省政府召开新闻发布会，宣布成都眉山资阳定于2010年1月31日凌晨正式实施升位并网。

12月19日，成都国家统筹城乡综合改革实验区相关本地网调整工作指挥部成功举行第一次联调预演。

12月24日，四川省启动“绿色WAP·纯净3G”主题活动，开展为期一年的打击手机淫秽色情，营造健康网络环境的专项行动。

（四川省通信管理局）

重庆市电信发展与管理

【电信发展统计】

项目	达到	增长率/增长量
电信业务收入	147.7亿元	6.6%
其中：电信增加值	57.8亿元	-0.3%
固定电话用户数	627.7万户	-7.5%
小灵通用户数	73.9万户	-39.0%
移动通信用户数	1440.9万户	12.0%
宽带接入用户数	200.6万户	30.1%
固定资产投资	62.2亿元	27.7%
村通工程完成率	100%	3.6%

【电信发展情况综述】

一、总体行业发展情况。

（一）行业贡献。

2009年，重庆电信业在保持国民经济健康发展和推动城乡统筹信息化建设发挥了重要作用。全年电信业增加值占全市地区生产总值的 0.9%；上缴利税 10.5 亿元，超过全市财政收入的 1.0%，有力支持了重庆的经济发展。

（二）电信服务水平。

全市电话普及率达 72.9 户/百人。其中，移动电话普及率达 50.8 户/百人；固定电话普及率达 22.1 户/百人。农村通信进一步向自然村延伸，全年共解决了 2230 个自然村通电话任务，目前的自然村通电话率达到 100%，同时还完成 1108 个行政村通宽带任务。到 2009 年底，行政村通宽带工程已覆盖全市 8655 个行政村的 62%。

（三）行业经营效益。

2009 年，完成电信业务总量 464.7 亿元，同比增长 14.5%；完成电信业务收入 147.7 亿元，同比增长 6.6%。电信业增加值完成 57.8 亿元，同比减少 0.3%。

（四）用户发展。

重庆市电话用户总数累计净增 102.8 万户，达到 2068.7 万户，同比增长 5.2%。固定电话用户累计减少 51.2 万户，达到 627.7 万户，同比减少 7.5%。PHS 用户减少 47.2 万户，达到 73.9 万户，同比减少 39.0%。移动电话用户累计净增 154.0 万户，达到 1440.9 万户，同比增长 12.0%。互联网用户数达 532.6 万户，固定、移动互联网用户分别达到 200.8 万户和 331.7 万户。其中，固定互联网用户中的宽带接入用户达到 200.6 万户，同比增长 30.1%，宽带化率达到 99.9%，比上年同期提高了 9.5 个百分点，宽带化建设在全国处于领先水平。

（五）固定资产投资和通信能力。

固定资产投资完成 62.2 亿元，同比增加 27.7%。固话交换机容量达到 1147.3 万门；移动交换机容量达到 2340.2 万户；光缆线路长度达到 19.9 万公里，同比增长 46.3%；短消息中心容量达到 5868 万条，同比增长 63.0%；移动电话基站数达到 24161 个；移动电话信道数达到 116.0 万个。

（六）其他发展状况。

固定本地通话量 122.6 亿次；移动电话通话时长 744.2 亿分钟；固定电话长途通话时长 8.3 亿分钟；移动电话长途通话时长 17.2 亿分钟；移动电话漫游出访通话时长 11.7 亿分钟；IP 通话时长 34.5 亿分钟；短信息发送量 115.4 亿条；彩信发送量 6.3 亿条。

二、行业发展特点

（一）电信业务量收发展平稳，回升势头明显。

2009 年全市累计完成电信业务总量 464.7 亿元，同比增长 14.5%；电信业务收入完成 147.7 亿元，同比增长 6.6%。

单季比较，一季度，全市完成电信业务总量 108.2 亿元，电信业务收入完成 36.7 亿元，电话用户较 2008 年末还减少 1.0 万户；二季度，全市完成电信业务总量 113.9 亿元，电信业务收入完成 35.8 亿元，电话用户增加 10.6 万户。第三季度，全市完成电信业务总量 117.6 亿元，电信业务收入完成 36.5 亿元，电话用户增加 14.2 万户。四季度，全市完成电信业务总量 123.9 亿元，电信业务收入完成 39.4 亿元，电话用户增加 79.1 万户。由此可以看出，无论是业务总量还是电话用户的发展，三、四季度都明显优于一、二季度。从总体上讲，随着国际金融危机影响的逐步减弱，全市电信业已走出从 2008 年四季度开始的经济运行低谷，重新走上增长的道路，回升势头进一步确立。

（二）电话普及率提高，村通工程改变农村通信水平。

由于固话用户总数持续减少，固话普及率水平显著下降。按照全市 2839 万人的常住人口计算，全市电话普及率达 72.9 户/百人，比 2008 年底提高 3.7 户/百人。

截至 2009 年 12 月末，全市 2009 年 2230 个自然村通电话工程的工作任务已全部完成。同时还完成 1108 个行政村通宽带任务，目前行政村通宽带工程已覆盖全市 8655 个行政村的 62%。目前农村电话和城市电话用户在固话用户总数中所占比重分别为 36.6%和 63.4%，与 2008 年底的 37.3%和 62.7%相比，城乡电话比例有所增加。

（三）固网电话用户大量减少，移动电话用户快速增长，互联网宽带业务成长迅速。

固话用户减少 51.2 万户，其中 PHS 用户减少 47.2 万户，无线市话用户在固话用户总数中所占比重从上年的 17.6 %下降到 11.8%。城市电话用户减少 28.9 万户，而城市用户的流失中，又以住宅电话用户流失相对明显。

移动电话由于在使用的便利性、与固定电话接近的资费、村通工程的实施等因素的综合作用下，用户保持快速增长，2009 年移动电话用户累计净增 154.0 万户，平均月净增 12.8 万户，高于 2008 年和 2007 年的同期月净增户数 9.2 万户和 6.0 万户。

由于互联网业务和应用的快速发展，固定互联网用户保持同比 18.1%的增长，其中的宽带用户尤以 30.1%的增速迅速增长，互联网业务发展继续向宽带化方向发展，宽带接入用户所占比重已达 99.9%，同比提高 9.5 个百分点，高于全国互联网宽带化率 85.2%的水平。

（四）行业转型初见成效，助力经济社会发展日渐显著。

基础电信企业转型加速，固网数据业务在三季度首次超越固网电话业务。全年行业实现非话业务收入达到 63.3 亿元，占全年总收入的 42.9%，成为了拉动电信业增长的主要动力。

固网数据业务收入达到 16.4 亿元，同比增速为 24.3%；移动数据业务收入增速为 62.1%，达到 1.6 亿元。增值业务收入达到 29.1 亿元，同比增长 1.0%。

行业积极推进城乡统筹信息化建设，加强农村通信服务工作，为有效解决全市工业信息化水平低、城乡差距大等问题发挥了重要作用。随着信息通信需求日益增长，且呈现多元化、多层次的发展趋势，行业在“村通工程”、网络与信息安全、应急通信等公共安全和民生领域提高了公共服务能力，助力经济社会发展的作用日渐显著。

（五）固定资产投资规模创新高，3G 和宽带网络建设成为主要推力。

2009 年电信固定资产投资共完成 62.2 亿元，同比增加 27.7%。由于电信业已经进入更为成熟的发展时期，固定资产投资达到了一个相对稳定的阶段；2009 年行业响应国家四万亿投资计划，加大了 3G 网络（3G 网络建设投资达到 15.5 亿元）和农村通信的投资，投资收入比达到 42.1%；3G 网络、宽带网络和业务网络整合成为投资重点，相较于往年，3G 网络的大规模投入使投资总额处于较高水平。

三、存在的主要问题

（一）电信市场竞争格局失衡状况未得到根本改观，优势运营商仍然保持优势地位，电信业结构不合理、经营粗放等问题仍然存在。

（二）经济环境的不确定性使得行业经营风险上升。电信业与宏观经济景气相关度高，宽松的货币政策导致的通胀压力会增加电信运营的成本，这将降低电信运营商的盈利能力。年报数据显示，2009 年全市电信业务运营成本达到 83.9 亿元，同比上升 7.2%。随着物价的上涨，企业将增大营销成本和网络建设成本，给行业带来经营风险。

（三）行业转型步伐还不够快，收入增长面临压力。在传统电信业务逐渐趋于饱和的背景下，通信业的发展需要更多的新业务来拉动。但由于新业务在相当长的时间内还不能成为行业发展的主导力量，预计行业收入增长将面临比较大的压力。

【监管工作】

一、加快推进农村通信平台和信息化建设，实现了全市所有自然村通电话目标

在国庆六十周年前夕完成了彭水、巫山县等最后 2230 个自然村通电话任务，实现了全市 64903 个自然村全部通电话，使全市农村通信水平跃居西部前列。正式启动了行政村通互联网宽带工程，全年计划行政村通宽带任务 1108 个，实际完成了 1127 个。大力推进“信息下乡”工作，截至年底“信息下乡”覆盖全市 511 个乡镇、3012 个村，乡镇完成比例为 61.05%，行政村完成比例为 31.69%。

二、加强行业宏观指导，服务经济社会发展的能力不断增强

组织建成了全国规模最大的 12 条 155M 直达国际通信关口局的数据宽带专用通道。研究出台了《重庆市通信行业进一步加快发展的意见》和《重庆市宽带城市建设指导意见》。编制了《宜居重庆通信服务设施建设规划》，已纳入市委市政府《宜居重庆建设总体规划》和《关于建设宜居重庆的决定》的工作任务中。会同市级有关部门研究制定了“重庆信息高速公路”总体规划并送市政府审定。

三、统筹协调 3G 发展，大力扶持 TD 的发展和应用

在市委、市政府的大力支持下，3G 网络建设纳入“宜居重庆”专项规划，向区县政府及市级部门下发了《关于支持中国电信无线宽带信息网络建设有关事宜的通知》。特别是针对自主知识产权的 TD 建设，市委市政府组织召开了 TD 建设专题协调会，专门下发《关于支持重庆 TD-SCDMA 发展相关事项的通知》。5 月 17 日世界电信日全市 3G 正式投入商用。2009 年底共发展 3G 用户 23 万户左右，全年 3G 建设工程累计投入资金 30 多个亿，新建基站 4079 个，室内分布系统 6046 套，载频数 16790 个。基本实现了 3G 信号覆盖到各区县。

四、加强网络和信息安全管理，进一步净化了网络环境

加大整治互联网低俗之风的工作力度，全年共关闭经相关部门认定的淫秽低俗内容等违法网站 1325 个，关闭或暂关闭未备案网站 6021 个，删除有害信息 3000 余条。积极部署整治手机媒体低俗之风活动，强化对接入服务市场整治工作，严把市场准入和年检关，加强互联网站备案管理，全市接入网站备案率和备案信息准确率均达到或超过工信部要求。大力创建网络文明，联合市委宣传部、市政府新闻办公室开展了手机“传箴言”活动，行业已经累计参与用户数 1.28 亿人次，短信上传量为 1682.2 万条。全市已备案网站达到 98449 个，接入网站备案率和备案信息准确率均达到或超过工信部要求。

五、强化通信行业监管，营造了用户满意、放心的消费环境

在服务质量方面，按照“服务社会、服务民生”的行风建设主题，充分发挥社会监督作用，深化了行风建设和评优帮差工作，电信用户满意度测评结果均达到满意水平。及时解决用户反映的热点问题，引导运营企业开展关注社会弱势群体工作，深入推进信息无障碍工作。进一步提升农村服务质量水平，着力解决了农村固话、宽带资费水平高于城市的状况。在互联互通方面，着重加强了电信行业重组后的互联互通网络结构调整工作，全年互联互通总体情况继续保持良好，网间通信主要指标均达到工信部标准，未发生关于互联互通的投诉。在电信基础设施共建共享方面，组织三家运营企业联合签署了《重庆市电信基础设施共建共享合作框架协议》，及时解决铁塔共享的安全检测以及桥梁、隧道、涵洞中共建模式等问题，全年达成共享的铁塔 387 座，杆路 3955 公里，基站 596 个，传输线路 4067 公里；达成共建的铁塔 483 座，基站 483 个，传输线路 741 公里。在工程质量监督方面，进一步规范了招投标活动，深入开展了通信工程质量监督工作，全年共受理通信工程质监项目 3865 项，全部完成了质监备案。

六、加强应急通信管理工作，全市应急通信保障能

力得到了有效提升

进一步完善了自然灾害防范应对及应急通信保障体系，积极参与政府应急体系平台搭建，融入市级应急保障体系，圆满完成了大规模的重庆市突发大面积停电事故应急联合演练。会同重庆警备区共同组织了2009年度应急通信保障军地联合演练，检验并展示了全市军民融合、军地一体的应急通信综合保障体系建设和训练成果。及时妥善地应对应急通信保障任务，完成了“5•30”同华煤矿矿难、“6•5”武隆山体垮塌以及城口洪水灾害等事件的应急通信保障工作。

【重大事项、事件】

1月20日，中央文明委在北京召开全国精神文明建设工作表彰大会，中国电信潼南分公司荣获“全国文明单位”称号。

1月21日，重庆联通公司率先推出了跨业务、跨网络、跨系统的统一缴费服务，用户在一个营业厅、一个台席、一张单据就可完成联通全业务的缴费。

1月23日，重庆市通信管理局组织中国电信股份有限公司重庆分公司、中国移动通信集团重庆有限公司、中国联合网络通信有限公司重庆分公司联合签署了《重庆市电信基础设施共建共享合作框架协议》。这是继《重庆市电信基础设施共建共享工作实施细则（试行）》发布后，全市推进电信基础设施共建共享工作的又一项重要举措，标志着重庆市电信基础设施共建共享工作进入了实质性实施阶段。

2月21日，重庆联通公司打通第一个基于WCDMA网络的3G视频电话。

2月22日，重庆电信公司对位于四川邻水、重庆渝北、新牌坊、大坪四处的西渝光缆干线光缆割接成功，标志着全市一级光缆干线介入光缆保护（OLP）系统获得成功。

2月27日，工业和信息化部娄勤俭副部长在出席第五届海峡两岸信息产业技术标准论坛期间，专程到重庆市通信管理局进行调研，并与全局干部职工亲切座谈。

3月6日，国家工业和信息化部正式批复重庆市为国家信息化和工业化融合试验区。

3月10日，重庆联通成功开通HSPA业务，应用层平均下载速率达到450kb/s（3.6Mbps），多媒体节目测试画面清晰、流畅，标志着公司3G网络系统调测工作基本完成。

3月10日，重庆移动公司与重庆市教委、大足县政府在大足县石马小学联合举行了“中国移动爱心图书馆”捐赠仪式，也标志2009年首个中国移动爱心图书馆落户大足县石马小学。

3月19日，重庆电信公司与永川区政府正式签署《西部呼叫中心战略合作协议》，标志着中国电信西部呼叫中心建设工作正式启动。

3月25日，重庆市通信管理局召集各电信运营企业，举行了行政村通宽带工程的启动仪式，计划用4年的时间，于2012年实现全市8655个行政村通互联网宽带。

4月15日，重庆联通公司完成全市核心网建设，全市范围内有1476个基站主设备已安装完毕。

4月17日，重庆电信公司完成主城区CDMA无线网改造工程，3G信号基本覆盖主城。

4月28日，由中共中央政治局委员、重庆市市委书记薄熙来亲自倡导，由重庆市委宣传部、重庆市政府新闻办、重庆市通信管理局和新华社重庆分社主办，重庆移动公司承办的2009年第二届红色短信创作传播大赛——“红‘言’颂”在重庆市委办公厅正式启动。

5月6日，重庆移动公司与大足县政府、忠县政府正式签定《统筹城乡信息化试验区建设合作协议》。

5月15日，重庆市通信管理局组织重庆移动、重庆电信及重庆联通三家基础电信运营企业召开新闻发布会，共同宣布，在5月17日世界电信日，重庆市3G业务将投入商用，这标志着重庆市新的通信时代正式拉开序幕。

5月19日，重庆联通与重庆新华社签定战略合作协议，联合打造重庆具有影响力的新媒体业务。

5月25日，重庆电信公司与渝中区人民政府签署了推进“数字渝中”战略合作协议。

6月2日，工业和信息化部苗圩副部长一行在重庆考察期间，专程到重庆市通信管理局进行调研。

6月12日，由重庆电信公司、重庆互联网协会和新华社重庆分社共同主办，中国电信重庆公司“重庆热线”承办的2009“重庆热线”互联网高层论坛在渝隆重举行。

7月27日，重庆电信公司与建设银行重庆分行签署战略合作框架协议。双方在客户及渠道资源共享、通信及信息增值服务、结算及综合授信服务方面进行全方位战略合作。

8月6日，重庆市通信管理局同重庆警备区共同组织了2009年度应急通信保障军地联合演练。重点演练了战时应急通信保障行动的组织筹划、战时应急指挥通信系统的紧急开设、公网的快速抢修恢复等内容。

8月16日，由中央文明办、中国移动通信集团公司主办，中共重庆市委宣传部、中共重庆市委外宣办、重庆市文明办、重庆移动公司联合支持的全国“祝福祖国”文明公益短信传递活动在渝正式启动。

8月25日　中共中央政治局委员、重庆市委书记薄熙来在重庆市委常委、市委宣传部长何事忠等领导的陪同下，莅临重庆移动公司忠县农信通示范镇——新立镇，在忠县柑橘公司技术大厅察看了农信通业务的使用情况。

8月，重庆联通业务支撑系统部荣获“全国3G业务支撑系统建设最佳效果奖”。

9月1日，重庆电信公司开始对新受理的移动电话用户拨打长话实行一费制。

9 月 9 日，重庆移动公司成立十周年，重庆移动公司在人民大厦剧院隆重举办了十周年庆典晚会。

9 月 14 日，重庆联通“营销热线 88888888”正式上线启用。

9 月 23 日，工业和信息化部杨学山副部长一行莅临重庆市通信管理局调研，杨部长对重庆通信业发展提出更高的要求。

9 月底，随着彭水、巫山县等最后 2230 个自然村通电话任务，全市 64903 个自然村全部通电话，自然村通电话率提前达到 100%。

9 月，重庆移动公司在重庆市人民政府和重庆市慈善总会主办的首届“重庆慈善奖”评选中获“重庆十大慈善企业”。

10 月 1 日，重庆市所有高速公路移动执法的摄像取证、现场图像回传、路面监控和处理突发事件等，自本日起全部运用重庆电信公司提供的移动通信设备和技术。

10 月 15 日，2009 年度西南区战备应急通信工作会在重庆召开。

10 月 20 日，重庆联通 3G 视频客服热线开始试运营。

10 月 26 日，重庆市隆重举行了全市自然村村通工程总结表彰暨行政村通宽带启动大会。会议表彰了做出突出贡献的先进集体和个人，启动了行政村通互联网宽带工程。

11 月 1 日，重庆电信公司移动全球眼业务正式投入商用。

11 月 3 日，重庆联通在全市苹果授权的 9 大联通营业厅同时启动 iPhone 首卖。

11 月 17 日，重庆移动公司与长安汽车举行战略合作签字仪式，就移动通信技术在汽车领域的应用达成了战略合作一致协议。

11 月 29 日，重庆移动农信通政务易乡镇用户达到 836 家，这标志着政务易提前完成全年目标，覆盖全市 100%乡镇。

11 月，重庆市电话用户突破 2000 万，电话用户数居西部地区第六位。

12 月 28 日，重庆市软件及信息服务外包园区国际专用数据通道开通仪式在渝举行，重庆市副市长童小平、重庆市通信管理局局长邢海英、副局长张翅翔、重庆市经信委主任吴冰等领导共同开启了重庆市国际专用数据通道。12 条 155M 直达国际通信关口局的数据宽带专用通道，将确保重庆软件外包企业向外数据传输的安全、快速。

（重庆市通信管理局）

云南省电信发展与管理

【电信发展统计】

项目	达到	增长率/增量
电信业务收入	193.15 亿元	7.83%/14.03 亿元
其中：非话业务收入	64.12 亿元	35.1%/16.66 亿元
固定电话用户数	583.11 万户	-5.39%/-33.19 万户
无线接入电话用户数	54.9 万户	-38.37%/-33.19 万户
移动通信用户数	1936.38 万户	18.36%/289.5 万户
拨号上网用户数	93.08 万户	12.1%/-12.82 万户
宽带上网用户数	172.64 万户	24.47%/33.94 万户
固定资产投资	69.83 亿元	-3.51%/2.54 亿元
村通工程完成率		644 个自然村

【电信发展情况综述】

一、总体情况

2009 年云南省电信业累计完成业务总量 678.62 亿元，较上年增长 14.19%。完成电信主营业务收入 193.15 亿元，较年上增长 7.83 %。电话用户达到 2519.5 万户，较上年末净增 267.3 万户，电话普及率达 55.82 部/百人，比上年提高 5.93 个百分点。其中，固定电话用户普及率 12.92 部/百人，下降 0.73 个百分点；移动电话用户普及率 42.9 部/百人，提高 6.7 个百分点。至 2009 年底，全省电信运营企业实现全省 100%行政村通电话和 100%乡镇通互联网，95%自然村通电话任务。

全省完成固定资产投资 69.83 亿元，比上年下降 3.51%。新增光缆线路 0.66 万公里，累计总长达到 27.92 万公里，其中长途光缆 3.4 万公里；新增移动电话交换机容量 663.53 万户，总容量达到 3705.53 万户；新增固定长途交换容量 11.73 万路端，总容量达到 37 万路端；基础电信运营企业新增互联网宽带接入端口 52.85 万个，达到 247.05 万个。

二、业务发展情况

（一）电信用户。

2009 年，全省电话用户新增 267.3 万户，总数达到 2519.5 万户。其中，移动电话用户增加 300.48 万户，是近五年来增加最多的一年，移动电话用户总数达到 1936.38 万户，在电话用户总数中所占的比重上升至 76.86%，移动与固定电话用户总数之差扩大到 1936.39 万户。移动电话普及率达到 42.9 部/百人，比上年末移动电话普及率提高 6.7 个百分点。固定电话用户比上年末减少 12.82 万户，总数达到 583.11 万户，比上年末减少 5.39%。其中，城市电话用户基本与上年持平，农村电话用户增加 2.57 万户，达到 223.65 万户， 比上年末增长 1.16%。固定电话下降的主要部分来自无线市话用户

（小灵通）。2009年，无线市话用户减少34.18万户，平均每月减少近2.85万户，比上年末减少38.37%，直接导致固定电话普及率下降到12.92部/百人。无线市话用户在固定电话用户中所占的比重从上年末 14.5%的下降到9.4%。

全省宽带接入用户呈上升势头，全年新增 33.94 万户，总数达到172.64万户，增长率为24.47%。互联网拨号用户比上年末12.82万户，总数下降到93.08万户。

（二）电信业务量。

固定本地电话通话量累计达到 89.72 亿次，比上年减少 15.11 亿次，下降 14.41%。其中， 本地网内区间电话通话量8.6亿次，减少8千万次，下降8.41%；本地网内区外电话通话量 81.12 亿次，减少 14.32 亿次，下降 15%；本地网拨号上网通话量约 5 千万次，下降64.03%。

与固定电话相反，移动本地电话通话量累计达到471.79亿次，增长21.07%；移动本地电话通话时长累计达到962.57亿分钟，增长21.56%。

长途电话通话时长累计达到 75.21 亿分钟，增长18.55%。其中，国内长途电话通话时长 18.15 亿分钟，下降 19.65 %；国际电话通话时长 502.61 万分钟，下降87.15%；港澳台电话通话时长141.77万分钟，下降57%。长途通话中，移动电话国内长途通话时长和固定电话国内通话时长等的差距逐年拉大。移动电话国内长途通话时长56.9亿分钟，比上年末增长33.7%；

国内 IP 电话通话时长 27.55 亿分钟，国际 IP 电话通话时长 262.52 万分钟，下降 36.52%，港澳台 IP 电话通话时长137.58万分钟，下降50.32%。

无线市话短信业务量 31452.5 万条，比上年同期减少14.2%；移动短信业务量2220542.96万条，比上年增长30.79%。

（三）业务收入。

全省电信业实现主营业务收入193.15亿元，比上年末增长7.83%。其中：移动通信网业务收入141.15亿元，增长12.63%；固定本地电话网业务收入14.74亿元，下降19.8%；长途电话网业务收入7.7亿元，下降63.07%；固定数据通信网业务收入14.29亿元，下降11.63%；电信业务收入中，非话业务收入64.12亿元，增长35.1%，非话收入占总收入的比重上升到33.2%。

【监管工作】

一、推动3G发展

通信管理局多次利用各种机会向省委省政府分管领导汇报，引起重视，争取支持，促成省政府专门成立领导小组，并以省政府名义向相关部门和各州市党委政府发出《关于支持第三代移动通信发展的通知》，为全省3G发展创造了有利得外部环境。至年底，全省3G网络建设速度加快，各运营公司相继向社会推出3G业务。

二、推进共建共享

按照工信部、国资委的有关通知要求，参照先进省区的做法，结合云南实际情况，在广泛征求各方意见的基础上，协调并促成基础电信运营企业签署《云南省电信基础设施共建共享合作框架协议》。为推动框架协议真正落实，从 4 月起，采取联合办公的方式，重点清查现有设施和新建设施情况、核对共建共享情况报表数据、讨论第三方评估机构组建方式、收集全省共建共享工作推进情况、交流推进方式等。之后，根据形势的发展，及时制定下发了《云南省电信基础设施共建共享实施管理暂行办法》，进一步明确省级协调机构的工作职责、共建共享的操作流程、争议协调办法、共建共享设施的使用和维护原则及相关处罚原则，规范了全省的共建共享流程和建设行为。在实施共建共享工作中，积极协调解决部分州市分公司之间的争议和矛盾，如丽江电信13个铁塔共享问题、文山阿波塘基站资源占用纠纷问题、昆明螺狮湾商场搬迁的共建共享问题。通过以上的工作，促进全省共建共享稳步开展，并取得初步实效。至 2009年底，全省新建铁塔共建率达到36.89%，新建杆路共建率达到17.12%，新建基站共建率达到23.75%，新建传输线路共建率达到16.48%；铁塔共享率达到40.32%，杆路共享率达到53.83%，基站共享率达到39.63%，传输线路共享率达到49.44%。

三、规范市场秩序

针对电信改革重组后全业务经营、3G 业务推广，省通信管理局密切注视各公司的网络调整与优化、市场培育与发展出现的新情况，按照工业和信息化部“规范当前电信市场秩序”的有关文件精神，积极宣传贯彻，拟定本省实施方案，建立和完善电信市场行为监测机制、信息上报和情况通报制度和企业联席会议制度。组织人员对四家基础电信企业的省级公司和昆明、临沧、红河等州市分公司开展调研和监督检查，发现各类市场违规行为共20件。发出《限期整改通知书》8份，其中涉及未备案资费问题的6份，涉及不正当竞争行为的2份；发出《行政处罚意见告知书》3份；《行政处罚决定书》3份。对未经审批备案擅自推出资费的行为的昆明电信和昆明联通进行了行政处罚并责成相关企业加强资费管理工作，严格执行电信资费审批备案程序及规定，在全省范围进行全面细致地自查和整改。坚决制止并严肃处理了少数州市出现的收机收卡、高额回馈和对比性宣传等恶性竞争行为。高度关注滥用市场主导地位从事不正当市场竞争的行为，积极采取有效措施，维护公平、有序的电信市场发展环境。查处移动公司在昆明违规发展 TD移动座机和在全省范围内违规发展的农村固话业务。对昆明艾普宽带公司无证经营的行为发出《限期整改通知书》。对玉溪联通与广电部门联合发展宽带业务进行实地调查取证，发出《关于规范发展因特网接入业务的通知》文件，防止了恶性竞争行为的蔓延，有效维护省内电信市场竞争秩序。

四、电信资费监管

督促电信企业落实资费公示制度，让用户“明明白白消费，放心消费”。明确要求在营业场所放置《资费宣传手册》，全面、准确、及时地公示所有在网资费；在《用户入网协议》中写明详细的收费项目和标准，方便消费者比较和选择。为督促企业落实资费公示，利用每季度召开的电信服务质量例会，听取电信企业的专项汇报，组织人员对玉溪、文山、昆明、曲靖、临沧和红河等地抽查电信企业具体落实情况。

五、服务质量监督

为规范各电信企业的服务协议，消除霸王条款，维护消费者权益，制定了全省统一的电信用户服务合同范本。

经过三个多月的努力，建成了开通“云南 12300 电信用户申诉受理系统”及“云南 12300 电信用户申诉网”网站。进一步完善了电信服务质量监督机制，提升了通信管理局电信服务质量的监管能力和水平。

组建“云南省通信学会电信服务质量专业委员会”，搭建起跨企业间的服务质量交流平台。利用办理人大代表建议和政协委员提案的机会，组织电信、移动、联通三家基础电信企业召开自查自纠专项整治工作会议，邀请省人大财经委、省政府办公厅议案处、省监察厅纠风室进行服务质量监督。

加强对信息服务业务违规行为的治理。9 月份组织对全省信息服务业务进行抽样拨测监督检查，主动监测网上业务的状况，共拨测信息服务业务 1287 项，其中短信业务（含彩信）1091 项、IVR 业务 196 项，涉及 SP 企业 282 家。发现违规业务 209 项，占拨测业务的 16.2%，发现违规 SP 企业 48 家，占拨测企业的 17.0%。检查显示，全省增值电信业务服务质量整体有所改善，但仍存在业务定制不规范、虚假宣传、内容陈旧、不提供业务却收费等违规行为。通过拨测及时发现违规行为，对 38 家违规增值电信企业进行了通报批评，要求立即整改，对整改不到位或继续存在违规行为的，依据相关法律法规予以严肃处理，同时要求各基础电信企业督促处理，严格按照“谁接入，谁负责”、“谁收费、谁负责”的原则，加强对自有业务及接入业务的管理。

按计划组织 2009 年满意度指数测评工作，对四家基础电信运营企业的固定电话、移动电话和互联网宽带用户进行随机抽样电话访问，了解用户对电信服务质量的满意程度。

针对不同时期消费者反映的热点和难点问题，及时以短信方式向电信用户发布消费提示和提醒。包括“关注资费套餐中的限制性条款”、“警惕以非常 6+1 节目为名的虚假中奖信息”、“注意 3G 业务的网络覆盖和资费标准”、“注意国庆中秋节日期间促销资费”等。除此之外，还充分利用通信管理局网站和“12300”网站，发布了大量实用、及时的消费提示信息，避免消费者上当受骗。

六、市场准入管理

完成省内 6 家基础电信业务经营者分支机构的年检工作。按照部对跨地区增值电信经营者网上年检的要求，对网上提交年检材料的 987 家企业进行了网上审核、年检。其中，“建议合格”企业 125 家，“因未开通业务合格”企业 862 家。

完成省内参检 148 家企业的年检工作，年检合格企业 70 家，要求进行整改的企业 78 家，经整改合格企业 58 家，注销 20 家企业，并通过《云南经济日报》对年检情况进行了公告。

全年受理申请增值电信业务经营许可证 62 家审核合格并颁发经营许可证 55 家。申请经营许可证变更的企业 16 家，续办企业 11 家，注销经营许可证 20 家。完成跨地区增值电信业务企业在云南备案 201 家，变更企业 32 家。

七、应急通信保障

深化战备应急通信管理体制建设，结合全省突发事件发生情况和工作实际，采用分片（分区域）指定一家电信运营企业牵头，其他企业参加的应急通信保障工作联席机制，将战备应急通信管理职能向州市一级延伸，以提高应对各类突发公共事件的快速处置能力。认真做好战备应急通信准备工作。督促电信企业将应急通信建设纳入企业的发展战略，要在通信网规划、建设和运行过程中，按照国家应急处置和国防通信的相关要求和规定，结合本地区突发事件的特点，统筹考虑，同步规划、同步建设、同步运行配套的应急通信保障设施，实现应急通信设备和通信网络建设同步发展，确实做好各类突发事件应急处置的准备工作。加强应急通信装备储备和更新。明确提出 2010 年 2 月前，完成装备应急通信装备的更新，特别是对应急通信指挥车的更新改造；结合地域特点和自然灾害分布等实际需求，加大小型油机、卫星电话等便携油机通信装备的储备。2009 年全行业经受住了地震等自然灾害、突发群体性事件、藏区维稳的严峻考验，圆满完成维稳、社会群体性事件及其他敏感日的通信保障和通信管制任务。

八、互联网监管

狠抓基础管理，落实备案制度。全年共审核互联网站备案 56739 个，受理电子服务公告专项备案 12 个，注销备案主体 1105 个和网站 179 个。按照工业和信息化部的工作要求，通过下发文件、召开会议、组织培训等形式，指导、督促省内 5 家互联网接入服务提供者完成了 311 万个 IP 地址、1 万个备案信息的核查更新，进一步提高网站备案率和备案信息准确率。督促相关互联网接入服务提供者关闭未备案网站 227 个。还配合工信部完成基础电信运营企业“ICP 报备单位映射管理”功能的增加及测试工作，确保其能够及时查看未备案网站数据。

进一步落实互联网接入服务管理制度，督促互联网接入服务者加强网站备案管理。部署各电信运营企业开展自查，组织人员对 3 家基础电信运营企业省级公司、昆明电信分公司、2 家互联网数据中心业务经营企业建立和落实互联网接入服务管理制度的情况进行抽查。

联合公安、新闻出版、文化、卫生、药品、工商、广电、测绘、烟草、商务等管理部门开展了整治互联网低俗之风、打击网络淫秽色情、查处取缔“黑网吧”、打击网络侵权盗版等 12 项互联网专项治理活动，进一步净化了网络文化环境。

九、信息下乡

认真贯彻工业和信息化部有关实施“村村通电话”工程，推进“信息下乡”的文件精神，结合云南省实际情况，按照“建设设施、搭建平台、信息服务”的“村通工程”三步走策略，明确年内村村通电话、行政村通宽带和信息化工作的目标任务。统筹安排，组织和协调省内运营企业，发挥各自优势，大力开展村通工程和信息下乡。至年底，全省乡镇及行政村实现 100%通电话和通宽带，为 644 个自然村开通电话通信服务。同时，在全省 170 个乡建设了信息站，109 个乡建设了信息库，691 村建设了信息点、建成的村信息栏目达 13635 个。

十、工程质量监督

加大通信工程质量监督执法力度，先后开展了通信建设市场招投标检查、安全生产检查、工程质量监督检查、通信建设资质标准等专项检查工作，进一步强化各通信企业依法经营、依法建设的法制观念、强化企业工程质量意识。

积极开展通信工程实体质量监督抽查工作。根据形势发展，确立以 3G 建设项目无线网、核心网、传输网工程为重点，定期和不定期对全省通信工程建设质量和安全情况进行监督检查。其中坚持每个月对各公司在昆明的工程实体质量进行监督抽查，还组织对楚雄、昭通、曲靖等州市通信工程质量进行集中巡检。

2009 年共抽查 10 个综合通信大楼中心机房通信设施、48 个通信工程实体质量和安全情况，以及相关设计、竣工资料等建设档案情况。通过工程质量安全监督检查工作，进一步推进工程建设强制性标准和安全施工规范在全省通信工程建设中的贯彻执行，促使各电信运营企业和设计、施工、监理单位不断提高工程质量。与此同时，坚持定期工程质量监督抽查情况通报制度，及时向各电信运营企业和相关参建企业通报检查发现的工程质量问题、安全隐患及违法违规建设行为，责令责任单位限期进行整改，宣传贯彻工程建设强制性标准和通信建设新规范，不断强化参建单位工程建设强制性标准意识和质量安全意识。深入开展防雷安全检查检测工作，逐步培养行业内的防雷检测队伍。

严格按照部令及相关要求，审批全省参建企业资质和从业人员资格，做好省外通信建设企业入滇备案登记工作，认真开展企业资质核查工作。对全省 47 家通信参建企业资质进行了核查，及时公布核查结果。经核查有 22 家企业合格、21 家企业基本合格、不合格及注销资质企业 4 家。

（云南省通信管理局）

贵州省电信发展与管理

【电信发展统计】

项目	达到	增长率／增长量
电信业务收入	136.89 亿元	13.2%/15.98 亿元
其中：非话业务收入	34.06 亿元	32.3%/8.3 亿元
固定电话用户数	451.13 万户	-9.70%/-48.48 万户
小灵通用户数	41.76 万户	-51.40%/-44.16 万户
移动通信用户数	1583.28 万户	33.51%/397.43 万户
拨号上网用户数	7.17 万户	21.53%/1.27 万户
宽带上网用户数	112.89 万户	32.6%/27.76 万户
固定资产投资	58.09 亿元	3.6%/1.29 亿元
村通工程完成率	100%（行政村）	695 个自然村新开通电话

【电信发展情况综述】

一、全行业保持两位数增长，量收差距继续加大

2009 年，全省基础电信企业完成电信业务总量 453.33 亿元，同比上涨 25.5%，增长率居全国第五位；实现电信业务收入 136.89 亿元，同比增长 13.2%，增长率居全国第四位，增速高于同期 GDP 增长两个百分点，与 2008 年的增速（22.4%）相比大幅下滑，进入增速放缓阶段。

二、电信资费水平继续下降，发展成果共享于民

随着电信资费水平逐年下降，2009 年全省电信业务总量和电信业务收入的差距达到 316.44 亿元，量收比由 2002 年的 60.5%下降到 2009 年的 30.2%。通信业务电信资费综合价格水平比上年下降 9.9%，降幅高出我国通信业电信综合资费水平下降目标 0.9 个百分点，用户享受了更加实惠的通信服务。2009 年全省电信用户总体满意度指数为 76 分，与 2008 年相比，2009 年总体满意度下降了 0.7 分。

三、固定资产投资小幅增长，互联网及数据通信投资比重大幅提高

2009 年全省通信行业完成固定资产投资 58.09 亿元，同比增长 3.6%，占全社会固定资产投资的比重由上年的 3.1%下滑至 2.4%。从整体来看，全行业投资收入比呈下降态势，由 2004 年的 61.8%下降到 2009 年 42.4%，说明行业整体效益稳步提升。

2009 年全省通信行业固定资产投资结构发生变化，移动通信网投资同比下降 29.6%，达到 29.11 亿元，占行业投资总额比重下降至 64.7%；固定通信网投资完成

7.50 亿元，同比增长 64.5%，占行业投资总额比重上升至 16.7%；互联网及数据通信完成投资大幅增长 91.5%，达到 3.81 亿元，占行业总投资的比重上升至 8.5%；电信其他投资达到 4.55 亿元，同比下降 16.5%，占行业总投资的比重微幅下降至 10.1%。

四、通信行业对贵州经济增长及社会发展的贡献不断增大，社会效益显著提高

2009 年全省通信业累计实现行业增加值 62.51 亿元，同比增长 11.5%；完成税费总额 9.22 亿元，同比增长 64.5%。行业增加值占同期 GDP 的比重为 1.6%，延续了 2006 年以来对 GDP 直接贡献率下降的趋势，但仍高于全国平均水平，与国民经济 396 个行业的平均贡献 0.25% 相比，通信业对全省国民经济的直接贡献率仍然较高，在为国民经济发展提供重要保障的同时，为促进经济社会信息化发展做出了巨大的贡献。

2009 年平均每用户使用电信业务量（以电信业务总量/电话用户总数计算）继续上升。2009 年电信业务总量同比增长 25.5%，高于同期电信用户增长速度。因此，平均每用户使用电信业务量继续上升，同比增长 4.0%，达到 2228.31 元/户·年。近年来，平均每用户使用电信业务量的持续上升，是当前行业市场化程度加深、行业增长方式从粗放式发展向集约式经营转变的结果。这说明通信网络的价值在竞争的市场环境中得到了较好的发挥，城乡居民和社会各行各业的通信需求得到了更好的满足。

2009 年，全省电话普及率达到 50.4 部/百人，比上年提高 8.0 个百分点，其中固定电话普及率为 11.2 部/百人，移动电话普及率为 39.2 部/百人。2009 年全省电信服务网点总计达到 27003 个，增长了两倍，其中通信运营企业自办、代办营业网点分别达到 663、26340 个。

二、电信业务发展状况

2009 年，全省电信业务量总体上继续保持增长态势，随着各项电信业务的不断推广普及，不同电信业务的发展出现了进一步的分化现象，固定通信网业务的增长速度进一步放缓，固话用户持续出现负增长，移动通信网业务则依然保持了高速增长。

（一）话音业务发展情况。

（1）电话用户总数突破 2000 万，固定电话用户持续负增长。

截至 2009 年底，全省电话用户总数达到 2034.41 万户，同比增长 20.7%。其中，固定电话用户 451.13 万户，比上年减少 48.48 万户，持续出现负增长；移动电话用户保持高速增长，达到 1583.28 万户，比上年增加 397.43 万户。

（2）移动电话替代效应不断增强，用户发展又上新台阶。

2009 年，全省移动电话净增用户数再创新高，达到历史性的 397.43 万户，移动电话用户达到 1583.28 万户，同比增长 33.5%。与此同时，无线市话用户加速萎缩态势，全年锐减 44.16 万户，城市和农村传统固话用户受移动电话冲击日益加深，均出现负增长。

2009 年全省 3G 移动电话用户达到 6.27 万户，占新增移动电话用户的 1.6%，占移动电话用户总数的 0.4%。

（3）固定－移动本地通话量此消彼长，MOU 差距进一步拉大。

2009 年固定电话本地通话量达到 60.87 亿次，同比下降 25.9%，同期移动本地通话时长累计达到 694.12 亿分钟，同比增长 30.8%，延续了此消彼长的发展态势，在本地话音业务领域对固话异质竞争优势明显。

从用户的消费趋势来看，固定电话户每月本地通话次数出现微幅下降，达到 112 次/户·月，保持相对稳定趋势，而同期的移动电话每用户每月通话时长（MOU）也因用户数的激增出现下降，由 2008 年的 373 分钟/户·月下降至 2009 年的 365 分钟/户·月，但两者此消彼长的发展态势没有改变，差距日趋扩大。

（4）移动长途通话量快速增长，固定和 IP 长途均呈现负增长。

2009 年长途电话通话时长达到 46.74 亿分钟，同比下降 7.4%。其中，移动长途电话通话时长同比增长 6.0%，达到 23.78 亿分钟；而传统固定长途电话和 IP 电话通话时长分别同比下降 5.3%和 24.8%，达到 9.12 亿分钟和 13.84 亿分钟。由于取消漫游费等资费政策的出台，移动电话在长途电话领域增长速度遥遥领先，2009 年移动长途在长途通话总时长中所占比重继续快速提升，比重跃升 6.5 个百分点，达到 50.9%；传统固定长途比重比上年微幅上升至 19.5%；IP 电话长途所占比重出现大幅下滑，由上年的 36.5%下降至 29.6%，继本地话音业务之后，长途电话领域移动化的发展趋势不断增强。

（二）非话音业务发展情况。

（1）行业转型成效显著，非话业务成为行业增长重要因素。

2009 年，通信运营企业进一步加快结构调整，实施信息化应用带动业务发展策略，行业转型成效显著。宽带增值、移动数据等非话业务的增长表现强劲，成为带动电信业务收入增长的重要因素。2009 年，全行业非话音业务收入达到 34.06 亿元，同比增长高达 32.3%，占电信业务收入的比重由 2008 年的 21.3%上升至 2009 年的 24.9%。

（2）增值业务快速增长，短信和非短信数据业务成为增值业务收入的两大支柱。

2009 年基础电信企业增值业务继续保持快速增长态势，增值业务收入达到 23.28 亿元，同比增长 29.0%，占电信业务收入的 17.0%。其中，短信业务收入达到 7.44 亿元，同比增长 29.6%；非短信数据业务收入达到 15.44 亿元，同比增长高达 30.3%；语音增值业务收入同比下降 13.0%，达到 0.40 亿元。

在基础电信企业的增值业务收入中，短信、非短信数据业务所占比重继续上升，分别为40.0%、66.3%。语音增值业务继续萎缩，仅占总收入的1.7%。在非短信数据业务方面，固定通信运营商仅占有18.4%市场份额，WAP、MMS、手机音乐、手机报纸等移动数据业务占据81.6%的市场份额。

2009年，作为增值电信业务两大支柱之一的短信业务继续保持快速发展态势，业务量再创新高，全年短信业务（含无线市话）达到111.85亿条，同比增长57.1%。其中，移动电话短信业务量达到109.33亿条，同比增长64.1%；无线市话短信业务量因受用户下滑影响仅为2.53，同比下降44.8%。2009年移动彩信业务量继续增长，达到3.42亿条。

（3）互联网业务快速增长，宽带和手机上网用户发展迅猛。

2009年，在全省基础电信运营商处注册的互联网用户总规模达到240.87万户。其中，互联网拨号用户持续下滑，仅为7.17万户，占互联网用户总数3.0%；固定互联网宽带接入用户保持高速增长，达到112.89万户，同比增长32.6%，占互联网用户总数的比重为46.9%，是目前固定互联网接入的主流方式；移动互联网用户达到120.81万户，占互联网用户总数的50.2%，其中手机上网用户达到120.00万户。

（4）“自然村通工程”和农村信息化建设取得显著成效。

2009年根据工信部《关于2009年实施“村村通电话”工程推进“信息下乡”活动的意见》工作部署，结合全省2007年、2008年组织开展“自然村通电话”工程及农村信息化建设试点工作的成功经验，全行业按照“政府引导、企业为主、分片包干”的思路，将“自然村村通电话”工程和“信息下乡”活动一并纳入到农村信息化网络建设工作中。全年共为695个（20户以上）无电话自然村新开通电话，在全省30个县的30个乡镇，60个行政村按照乡镇和村两级建设标准大力推进农村信息化通信基础设施网络建设工作。全年为27个乡镇设置网络教室，建立村级信息服务点53个，共配置电脑253台并配备相应的电脑桌椅；共向乡镇赠送农村信息机或手机890部；为27个乡镇下辖所有行政村开通有线或无线宽带上互联网；共计培训建设点的基层干部、农村经纪人、农民合作经济组织成员等1588人；开展信息大篷车下乡现场活动15次；指导建设点乡镇开展涉农信息采集、发布累计达300余条。

【监管工作】

一、科学分析形势，沉着应对国际金融危机的严峻挑战

省通信管理局全面贯彻落实中央“扩内需、保增长”的方针政策，支持企业开展3G建设和运营服务，充分利用国家注资支持政策，引导企业积极争取并落实国家在黔通信建设的固定资产投资达58亿元，带动信息通信产业链及相关产业发展，促进就业，扩大内需。截至2009年底，贵州移动新开通3G基站930个，网络已覆盖省会贵阳；贵州电信3G网络建设新开通基站890个，网络已涉及全省9个地级市；贵州联通3G网络建设新开通基站1500个，网络已覆盖省会贵阳。同时，制定并实施《贵州省电信基础设施共建共享实施办法》，建立全省通信运营企业电信基础设施共建共享联席例会制度，组织企业签署了共建共享合作协议和“两高”沿线共建共享统一设计合作协议；联合省交通运输厅、电监办共同推进共建共享工作。全省全年共建共享铁塔1066个、基站2280个、传输线路8903公里。

二、加大监管力度，营造行业发展良好环境

随着电信企业重组、全业务经营，新一轮市场竞争更趋激烈与复杂。面对复杂市场局面，2009年，省通信管理局相继出台加强电信市场监管、依法治理电信市场等系列措施，促进企业从狭隘无序竞争向竞争合作方向转变。重点加强了电话实名制、企业代收费行为的监管力度。特别是针对电信市场出现收机收卡、诋毁竞争对手、针对性营销等市场违规行为和潜在的“维稳”问题，通过法律、行政、舆论等多种手段，有效维护了市场的竞争秩序。依法处理各类通信违法违规案件50起，处罚金额共计31.5万元。

2009年共颁发省内增值电信业务经营许可证59家，办理跨省增值电信业务经营许可证备案69家，备案变更126家。全省增值电信业务经营单位1322家，其中省内经营的228家，跨省经营的1094家。审批通过的通信建设单位23家，资质备案104家。审批、备案电信网局号、短号码共计36个，SP代码60个。

全年共审批电信资费15件，备案58件，清理出可废止资费套餐688个。下调固定电话区间通话费标准、短消息取消网内网间差别定价、实行长途电话一费制。同时，围绕“服务社会、服务民生”的行风工作主题，开展了电信用户满意度测评、建立“12300”节日值班制度、定期监测网间互联状况等一系列活动，促进行业服务水平不断提高。电信用户申诉受理中心全年受理用户申诉、咨询和其他问题共计597件，用户满意率100%。“局长信箱”受理群众反映问题10件，答复满意率为100%。

三、立足贵州实际，坚持推进城乡通信协调发展

省通信管理局坚持统筹兼顾、以点带面、先易后难的工作原则，在行政村已通电话和乡镇已通互联网宽带的基础上，集中精力抓好“自然村通电话”、农村信息化网络建设工程。组织全省通信业完成全省新增30个乡镇、60个行政村的农村信息化网络建设工作任务，进一步提高信息化网络覆盖。全省通信行业新增完成695个自然村开通电话。通信管理局还重点抓好惠农资费政策的引导扶持和农村信息化业务的应用普及，及时总结推广“站校结合”、“信息脱贫”、“信息致富”的典型，有力地促进农村信息化建设步入良性循环发展的轨道。据统计，仅通过省农经网的涉农信息通信服务，有效促成全省农产品销售和政府招商引资额全年达到12.9亿元以上。同时，通信管理局以国家开展的“家电下乡”活动为契机，牵头组织全行业开展“手机下乡、致富农家”活动，在国家给予13%的财政补贴基础上，鼓励运营企业通过话费补贴等形式给予农民不低于手机销售价17%的优惠。全年各企业共计销售家电下乡手机 15.63 万部，补贴用户话费 6673.85 万元，让利额度高达 74%。

四、认真履行职责，扎实推进网络与信息安全管理

2009 年，省通信管理局以互联网和通信短信息监管为重点，强化信息安全管理，取得了明显成效。与省委宣传部、省公安厅等多个涉网管理部门密切配合，开展各类专项行动 10 余次，为抑制各种违法和不良有害信息在网上传播，净化全省的网络环境发挥了重要作用。全年完成经营互联网、手机信息服务或接入服务项目的 183 家单位的信息安全专项审查，对申请开办电子公告服务的 45 家单位进行了严格审核，建立了相应的信息档案。全年审核通过了 8106 个网站的备案申请，将全省 83 家经营性网站纳入网站备案系统管理，拒绝并退回了 1.31 万个不符合互联网管理要求和存在信息安全隐患的网站备案，使全省合法备案的网站总数达到 1.88 万家。监督指导省内报备单位核查 IP 地址备案信息，完成了全省89.59万个 IP 地址报备，不准确 IP 地址备案信息全部清理完毕。共查处未备案网站 189 个、督促 143 家网站补办了备案手续、关闭有害网站 10 个、删除省内网站有害信息 40 多条、采取措施阻止了 1252 万条违法不良及垃圾短信的传播，对 120 多个发送违法不良及垃圾短信的手机号码移交公安机关甄别处理，配合有关部门查处违法违规行为，提供网站备案信息 7000 多条，并为省委宣传部、省公安厅等部门配备了资源共享的网站备案管理系统信息查询密钥。与省委宣传部、新华社贵州分社等共同主办“祝福祖国·贵州红色记忆 60 年”网络文化传播活动。加强对公益短信息的群发管理，认真审核把关，协调和安排群发各类公益活动的短信共 30 余次。联合共青团贵州省委、省互联网协会等单位和省内重点网站发起“保护未成年人绿色上网倡议”，向全省中小学校捐赠了 1.6 万套绿色上网软件，并在通信管理局网站和省内部分重点网站提供免费下载。全年共向省委、省政府及有关部门报送各类涉黔信息 62 期，受到了省委、省政府有关领导和有关部门的重视与好评。

五、加强能力建设，提升应急和特殊通信保障水平

省通信管理局认真总结应对凝冻、地震灾害的经验教训，完善通信应急管理体制，建立信息通信应急保障和国防信息动员“二位一体”的工作机制，制定和完善了企业级应急预案及《贵州省处置大规模恐怖袭击应急通信专项预案》等不同类型突发事件的专项预案。加强全省市（州、地）战备应急通信管理工作体制建设，建立了分片包干形式的配合协调工作机制和应急处置联系工作制度。圆满完成了国庆通信安全运行任务；完成代号“金阳 09”应急通信保障暨信息动员演练，并建立了应急通信演练轮流承办工作制度；较好地完成了贵阳联通“1•2”通信事故、普安县“2•21”林区火灾、晴隆“6•17”煤矿透水事故以及防汛抗旱等多个突发事件通信保障应急处置任务。

【重大事项、事件】

1 月 14 日，贵州省通信管理局正式启动开展“整治互联网低俗之风”专项工作。

1 月 15 日起，贵州省全面实行短消息网内网间统一定价：除移动标准神州行用户和电信小灵通发短消息网内网间分别为 0.15 元/条和 0.08 元/条外，其余短消息资费均为 0.10 元/条。

1 月 21～22 日，贵州省政府召开全省工业化和信息化工作会议，孙国强副省长向大会作工作报告。大会期间，全省通信行业工作会作为会议分会召开，贵州省通信管理局李德明局长作行业工作报告，提出全行业要渡危抢机，科学应对金融危机。

1 月 28 日，孙国强副省长会见工业和信息化部娄勤俭副部长，共商贵州工业和通信业振兴计划。贵州省通信管理局李德明局长参加会见。

2 月 12 日，贵州省政府召开电视电话会议，会议主题是全面推进 3G 建设，突出支持具有自主知识产权的TD-SCDMA 发展。孙国强副省长出席会议并讲话。

2 月 18 日，贵州省通信管理局制定出台群众申诉基站电磁辐射问题处理流程和规定，及时、妥善处理群众投诉基站电磁辐射问题。

2 月 27 日，黔东南州委向省通信管理局提出协助发送“从江椪柑”促销公益短信的请求。贵州省通信管理局高度重视，协调企业发送公益短信帮助黔东南州促销200 余万公斤椪柑。

3 月 9 日，贵州省通信管理局创新对外服务窗口管理模式，整合对外服务机构及职能，成立“贵州省通信管理局行政服务与用户申诉中心”，主要负责受理行政审批事项和用户申诉、举报。

3 月 12 日，贵州省通信管理局牵头组织，电信贵州公司、移动贵州公司、联通贵州省分公司共同签署电信基础设施共建共享合作协议。

3 月 15 日，贵州省通信管理局向社会公告全省 2008年度电信服务质量用户满意度测评结果。

3 月 26 日，贵州省通信管理局牵头组织各通信运营企业与交通、铁路建设部门达成协议：厦蓉高速公路和贵广快速铁路贵州段沿线通信覆盖采取“统一规划、统一设计”的共建共享合作模式。

4 月 21 日，贵州省互联网协会召开第二届理事会 2009 年度第一次常务理事会，会议审议通过了调整协会副理事长单位、设立协会各市州地代表处及办公室主任人选、协会代表机构管理办法等提案。

5 月 6～11 日，贵州省通信管理局联合电信贵州公司应急保障分队，开展代号为“09 滇黔”的应急通信保障长途演练。

5 月 14 日，为纪念“5•17”世界电信日和信息社会日，贵州省通信管理局与共青团贵州省委共同开展的“保护未成年人绿色上网”倡议暨绿色上网软件捐赠活动在贵阳市海文小学举行。活动向全省中小学校捐赠了 16000 套绿色上网软件，并将绿色上网软件上传网站供全省免费下载。

5 月 21 日，贵州省通信管理局正式明确 2009 年新增在 30 个县（区、市）的 30 个乡镇、60 个行政村开展农村信息化网络建设工作。

6 月 5 日，贵州省通信管理局在开展资费套餐清理活动中，共计清理出可废止资费方案 688 个。

6 月 21～23 日，贵州省通信管理局与省气象局联合在贵阳举办全省农村信息化网络建设点信息人员培训班。

6 月 25 日，贵州省通信管理局组织召开省内非公经济增值电信企业恳谈会，省内三十余家增值电信企业负责人参加会议，为行业发展献言谏策。

6 月 25 日，贵州省通信管理局开展问卷调查，就全省增值电信业务的发展态势、企业遇到的困难和问题，以及政府如何为企业提供更好的服务等问题广泛征求增值电信业务企业意见。

7 月 15 日，贵州省通信管理局完成网站备案管理系统省内基础电信运营商 ICP 账号与 IP 账号映射工作，实现了未备案网站准确定位，提高网站备案率，防止未备案网站接入互联网。

7 月 23 日，省民政厅批准贵州省互联网协会在除贵阳市以外的八个市州地成立代表处。

8 月 14 日，贵州省通信管理局与省交通运输厅联合出台《关于推进贵州省公路沿线通信线路设施迁改和公路设施共享的指导意见》，有关沿路通信设施建设和迁改实行“统筹规划、资源共享、费用分摊”。

8 月 18 日，贵州省通信管理局出台了《关于加强全省通信行业维护社会稳定工作的通知》，明确了运营企业在市场经营活动中维护社会稳定的有关要求。

8 月 21 日，贵州省通信管理局召开全省通信行业规范市场秩序维护社会稳定电视电话会议。全省各通信运营企业从省公司到县级公司的主要领导、分管领导及市场部门相关负责人参加了会议。会议通报了省通信管理局对近期黔东南州电信市场违规和相关事件责任人的处理意见。

9 月 4 日，省通信管理局联合省卫生厅、省政府新闻办等七部门共同对提供互联网医疗保健信息服务和药品信息服务网站的涉性内容及其他违法违规、低俗、虚假信息进行集中整治。

9 月 20 日，贵州省招生委员会和省通信管理局联合表彰电信贵州公司、联通贵州省分公司圆满完成全省 2009 年高考网上填报志愿网络保障任务。

9 月 22 日，贵州省通信管理局与省国动委信息动员办公室联合开展代号为“金阳 09”的应急通信保障演练，首次成功采用“集中演练、异地观摩”的演练组织方式。

9 月 30 日，贵州省通信管理局首次通过媒体公告方式，对省内 29 家未按规定参加 2008 年度电信业务经营许可证年检的增值电信业务经营企业送达了行政处罚告知。

10 月 30 日，贵州省通信管理局与国家电监会贵阳监管办联合下发《关于认真做好电信基础设施共建共享相关供电问题的通知》，要求各有关供电企业支持电信基础设施共建共享工作，统一协调解决推进电信基础设施共建共享工作中的转供电等一系列问题。

11 月 1 日，贵州省内网站备案率已接近 100%，基本实现了对省内互联网站的实名制管理。

11 月 4 日，贵州省通信管理局联合省市相关部门，成功解除一起由贵阳金阳地区云潭北路附近某建筑工地施工爆破造成的移动通信重要干线和网络遭受断电瘫痪的重大威胁事故。

11 月 5 日，四川、贵州、云南、重庆、西藏五省区市移动公司举行应急通信跨区协同演练。

11 月 24 日，贵州省通信行业协会召开第二次会员代表大会暨第二届理事会，110 多家会员代表参加了会议。

11 月 27 日，贵州省通信管理局出台《贵州省电信市场经营活动争议协调处理暂行办法》，用于及时沟通协调处理电信企业在市场经营活动中发生的争议。

11 月 27 日，贵州省通信管理局对社会反映强烈的利用手机上网传播淫秽色情及低俗信息开展专项清理整治工作。

11 月 30 日，贵州省电话用户数突破 2000 万户，达到 2009.86 万户（其中固定电话用户 457.08 万户，移动电话用户 1552.78 万户）。

12 月 11 日，贵州省通信管理局召开会议传达工业和信息化部关于打击手机淫秽色情专项行动的会议精神，并对全省开展专项行动工作作了布置。

12 月 17 日，贵州省通信管理局与省通信学会联合评选出 2009 年度省级优秀工程设计奖 3 项、优质通信工程奖 5 项。

12 月 20 日，根据中国互联网协会工作部署，贵州省互联网协会下发文件，就全国正在开展的治理网络和手机媒体淫秽色情与低俗信息专项行动，组织全省会员单位开展自查自纠和行业自律工作。

12 月 24 日，贵州省通信管理局与省通信行业协会、省互联网协会联合开展的全省 2009 年度“优秀移动信息服务企业”、“优秀文明诚信守法网站”、“优秀通信建设企业”评选活动结果揭晓，各有十家企业获得殊荣。

12 月 24 日，贵州省通信管理局组织通信运营企业顺利完成安顺坝陵河大桥举行通车典礼仪式通信保障任务。

截至 12 月底，贵州省通信管理局在网络信息安全行政监管和与各涉网管理部门开展的各专项行动中，共查处未备案网站 189 个、督促 143 家网站补办了备案手续、关闭有害网站 10 个、删除省内网站有害信息 40 多条、采取措施阻止了 12520811 条违法不良及垃圾短信的传播，对 120 个发送违法不良及垃圾短信的手机号码移交公安机关甄别。

截至 12 月底，在贵州省通信管理局联合省商务厅开展的全省“手机下乡，致富农家”活动中，各企业共计销售家电下乡手机 156255 部，补贴用户话费 6673.85 万元，让利额度高达 74%。

（贵州省通信管理局）

西藏自治区电信发展与管理

【电信发展统计】

项目	达到	增长率 / 增长量
电信业务收入	22.42 亿元	21.23%/4.33 亿元
固定电话用户数	539326 户	-23.67%/-183257 户
移动通信用户数	1255114 户	44.00%/419516 户
拨号上网用户数	3901 户	-73.8%/-2682 户
宽带上网用户数	87985 户	20.4%/14951 户
固定资产投资	14.57 亿	45.7%/4.57 亿元
村通工程完成率	85%	404 个行政村

【电信发展情况综述】

一、总体发展情况

2009 年是新中国成立 60 周年和西藏民主改革 50 周年，也是西藏电信业砥砺奋进、经受住严峻考验的一年。一年来，面对严峻而又复杂的国际国内形势，在自治区党委、政府和工信部的正确领导下，西藏电信行业紧紧围绕构建和谐行业，建立和谐用户关系，加强网络和信息安全，整治网络和手机淫秽色情，推动农牧区通信发展，推进电信基础设施共建共享，加大无线电管理工作力度，加强领导干部作风建设的目标，团结一心，全力以赴，迎难而上，保增长、促发展、维稳定，实现全区电信业平稳较快发展，为全区经济社会发展做出了积极贡献。

二、业务发展情况

（一）全区电信行业量收保持两位数增长，对国民经济贡献显著提升。

2009 年，全区完成电信业务总量 50.43 亿元，同比增长 25.30%；实现电信业务收入 22.42 亿元，同比增长 21.23%，量收增长率均超全国平均水平，收入增长率列全国第一。业务收入增长速度高于同期西藏 GDP 增长率 9 个百分点。作为国民经济的基础性、先导性和战略性产业，全区电信业累计完成增加值 9.22 亿元，对全区国民经济的直接贡献率达到 2.11%，在为国民经济发展提供重要保障的同时，为促进经济社会和信息化发展做出了巨大贡献。

（二）电信业服务经济社会发展能力日益增强，电话普及率稳步提高。

全区电话用户数达到 179 万户，同比增长 13.70%；全区电话普及率达到 62 部/百人，比上年提高 7 个百分点，其中固定电话普及率为 19 部/百人，移动电话普及率为 43 部/百人；互联网用户数达到 9.19 万户， 同比增长 15.43%，其中互联网宽带用户为 8.8 万户。电信业服务地方经济社会发展的能力不断增强，互联网业务稳步增长，接入进一步宽带化。

三、本年度发展特点与特色

（一）农牧区通信和信息化建设取得积极成效，“数字鸿沟”进一步缩小。

2009 年新开通 404 个行政村的电话，全区通电话行政村累计达到 4454 个，村通率为 85 %，提前一年完成“十一五”“村通”任务目标；超额完成年初确定的 260 个乡通光缆目标，通光缆的乡镇累计达到 578 个，乡通率为 84%。特别是墨脱县通光缆标志着我国正式实现“县县通光缆”目标。自治区“180 项目”中，涉及电信行业的村村通电话工程、宽带通信推进工程和移动网广覆盖工程 3 项工程进展顺利，全年累计完成投资 12.2 亿元。积极为农牧区信息化建设提供技术支撑，推广符合农牧民需求特点的信息终端，促进信息“进村入户”。随着“村村通电话”、“乡乡通光缆”和农村党员现代远程教育系统的深入推进，以及手机藏文资讯等信息化应用网络平台建设，农牧区的通信和信息化状况得到有效改善，城乡“数字鸿沟”进一步缩小。

（二）3G 网络建设和业务推广全面展开，相关政策措施落实到位。

伴随着 3G 牌照的发放，区内三大电信运营企业加快了 3G 网络建设和业务推广的力度，完成投资 3.55 亿元，有效地拉动了上下游产业发展，3G 商用取得实质进展，产业链加快完善。各电信运营企业相继在拉萨推出了 3G 业务，随后又在其它地区推广。通信管理局积极向自治区政府建议，制定落实支持 3G 发展的政策措施，目前已审批 1369 个 3G 基站。三大电信运营企业集团公司先后与自治区人民政府签订了战略合作框架协议，协议资金93.5亿元，这将对西藏国民经济和社会发展以及信息化建设起到重要的推动作用。

四、存在的问题

一是各企业对《关于规范当前电信市场秩序的实施意见》重视不够，贯彻不力，市场经营中仍存在不规范行为；二是电信基础设施共建共享工作还不够深入，还需进一步加强；三是村通、乡通建设任务更加艰巨；四是监管干部的能力水平与所肩负的职责要求还有差距。

【监管工作】

一、电信监管能力和水平不断提高，电信市场竞争环境基本健康和谐

（一）电信市场秩序进一步规范。以“加强市场监管，防止恶性竞争，维护市场稳定”为原则，召开全区电信行业市场工作座谈会和市场联系协调会，交流情况，增进互信，化解矛盾；加强市场检查和监督，狠抓电信违规行为的整改，使自治区电信市场经营和竞争基本有序。开展电信企业增值业务收费情况、SP检查清理、整治垃圾短信等专项行动；完成了电信业务经营许可证年检，互联网站、跨地区经营SP和资费的备案。制定了《关于规范当前电信市场秩序的实施意见》，对违规经营行为进行了规范。

（二）电信服务质量进一步提高。坚持“政府监管、企业自律、社会监督”的原则，不断强化以人为本理念，电信服务质量和社会满意度不断提高，服务质量投诉同比下降44%。制订了切合自治区实际的行风工作实施方案，成立了电信用户申诉受理中心并投入使用，开展了2009年世界电信和信息社会日纪念庆祝活动以及“竭诚服务，放心消费”活动，大力倡导诚信服务，规范营业厅窗口服务，解决社会关注的热点和难点问题，纠正行业不正之风，取得了良好的效果。

（三）通信建设市场进一步规范。严格资质审批程序，对入藏建设、监理、施工等公司的资质进行审核，对符合要求的建设公司发放了准入证。规范工程建设招投标，对各电信运营企业招投标工作进行了检查，建立了良好的通信建设市场秩序。

二、应急通信保障能力和水平不断提升，发挥了中流砥柱作用

从应对公共突发事件处置的实际出发，成立了西藏电信应急通信局，修订和完善通信保障应急预案，建立形成高效的通信保障应急工作协调机制，从机构、队伍、制度等多方面提高对重大危机、灾害或事故等突发事件的通信保护和恢复的快速反应能力。两次组织开展突发性反恐怖袭击事件应急通信演练，圆满完成自治区组织的反恐演练，西藏电信业快速、高效的应急通信保障手段得到了区反恐办的赞扬。圆满完成新中国成立60周年、西藏民主改革50周年和“西藏百万农奴解放纪念日”等重要活动以及水灾、旱灾、雪灾等自然灾害期间的应急通信保障工作，确保了重要机关、重要时期的通信畅通，保证了全区党政专用通信网的安全畅通。

三、网络与信息安全管理不断加强，网络环境得到有效净化

随着信息通信技术的迅猛发展，网络信息安全问题日益突出，日渐成境内外敌对势力进行政治渗透、颠覆破坏的重要工具。管局坚持发展和管理“两手抓”，在加快自治区互联网发展的同时，采取有效措施，切实加强网络和信息安全管理，促进互联网健康发展。一是落实网络安全管理责任，强化网络安全管理意识，规范网络规划建设，完善安全管理应急预案，建立电信网络安全防护标准体系，加强安全风险分析、检测和评估。二是强化互联网管理职能，进一步加大对互联网信息服务和接入服务单位的监管力度，对非法网站进行了清理，严厉打击网络违法犯罪活动和手机淫秽色情及有害信息，确保全区网络信息安全。三是完成了自治区组织的互联网和手机有害信息处置演练工作，进一步提升了互联网和手机有害信息处置能力和实战水平。四是适应网络与信息安全管理形势需要，通信管理局设立网络与信息安全处，加强了网络与信息安全管理工作。

四、无线电管理能力和水平不断增强，发挥了保驾护航的作用

无线电管理工作围绕“规范管理、加快发展、搞好保障、维护稳定”的目标，大力推进基础设施和技术设施建设，无线电管理技术支撑能力和应对无线电突发事件的能力进一步增强。狠抓频率台站管理，严把频率台站审批程序，开展专项行政执法活动，完成了全区无线电台站数据录入工作，促进了全区无线电频率台站管理健康发展。大力加强无线电监测工作，不断加强对重要频段的跟踪监测，积极开展无线电干扰排查，有效维护了空中电波秩序。全力做好敏感时期、重大活动、重要部门、重点区域的无线电安全保障工作，协助做好电磁环境测试工作，发挥了无线电管理在维护稳定、促进发展和服务国防建设中的积极作用。

五、电信基础设施共建共享工作进展顺利，阶段性成果明显

经过一年的努力，共建共享工作的体制机制基本建立，各电信运营企业间签订了《西藏自治区电信基础设施共建共享实施协议》，建立了建设、维护、管理等相应的共建共享合作及协调机制，共建共享配套措施逐步完善。短短一年时间，全区共建基站9个，共享基站140个；共建铁塔9座，共享铁塔66座；共建传输线路389线路公里，共享传输1303线路公里；共建杆路368线路公里，共享杆路1026线路公里。累计节约投资4239万元，为推进资源节约型、环境友好型社会建设做出了积极贡献。

【重大事项、事件】

1月21日，西藏自治区通信管理局2009年度工作会议在拉萨召开，自治区人民政府主席助理丁业现同志出席会议并作重要讲话。

2月13日下午2时，西藏自治区通信管理局在拉萨市达孜县组织区内电信企业进行处置大规模恐怖袭击事件应急通信演练。

3月15日，经过中国移动西藏公司174天的艰苦奋战，全国唯一不通公路的县林芝地区墨脱县实现“乡乡通移动电话”

3月18日，自治区无委办在拉萨召开了推进3G移动通信系统建设和公众移动通信基站管理工作专题会议。

3月20日，在西藏自治区通信管理局的组织下，中国电信集团公司西藏分公司、中国移动通信集团西藏有限公司、中国联合网络通信有限公司西藏分公司三家企业共同签订了《西藏自治区电信基础设施共建共享实施协议》，标志着西藏自治区电信基础设施共建共享工作进入全面实施阶段。

3月28日上午，承担中央媒体直播“西藏百万农奴解放纪念日”庆祝活动通信保障任务的中国电信西藏公司，以高效优质的服务赢得了自治区领导和新闻媒体的一致好评。

4月9日，西藏自治区通信管理局召开全区通信行业座谈会，以进一步规范全区电信市场秩序，防止恶性竞争，促进各运营企业交流经验、互通有无，进一步完善运营企业定期会商制度和协调机制。

4月，中国电信拉萨分公司被中央文明委授予第四届“全国精神文明建设工作先进单位”荣誉称号，这是该公司继2007年、2008年连续两次获得“拉萨市精神文明建设工作先进单位”荣誉后的又一殊荣。

5月15日，中国电信天翼3G西藏全区上市启动仪式暨“天翼3G上珠峰”庆典在拉萨隆重举行。

5月17日，西藏自治区通信管理局组织全区电信运营企业开展了2009年世界电信和信息社会日宣传活动。

5月26日，西藏自治区通信管理局召集区内三家电信运营企业，部署和安排2009年自治区通信行业安全生产工作。

5月份，受孟加拉湾热带风暴影响，日喀则地区亚东、岗巴、康马、定结等县和山南地区洛扎县遭受了严重的洪灾和雨雪灾害，西藏电信业紧急启动通信保障应急预案，全力投入到抗灾保通工作中。

6月，那曲电信分公司荣获“全国文明单位”称号。

6月10日上午，中国移动西藏公司戴忠总经理、向涛副总经理专程向全国政协副主席、西藏自治区政协主席帕巴拉•格列朗杰汇报3G（TD-SCDMA）建设和发展情况，帕巴拉副主席高度赞扬西藏移动公司对地方经济发展和社会稳定进步所做的贡献。

6月17日，西藏电信公司应急通信局挂牌成立。

6月17日下午，自治区党委书记张庆黎会见了中国电信集团公司总经理王晓初一行。自治区党委常委、秘书长公保扎西，自治区主席助理丁业现参加会见。

6月18日，《西藏自治区人民政府与中国电信集团公司推进西藏信息化建设战略合作协议》签字仪式在拉萨举行。西藏自治区党委副书记、自治区人民政府主席向巴平措，中国电信集团公司总经理王晓初分别签署了协议并致辞。

6月底，工业和信息化部苗圩副部长带队的西藏经济社会发展产业调研组一行在自治区进行调研考察，西藏自治区人民政府副主席邓小刚陪同调研。

8月4日下午，中国移动通信集团和西藏自治区人民政府战略合作框架协议签字仪式在拉萨举行。西藏自治区党委副书记、自治区主席向巴平措，自治区副主席、自治区人民政府秘书长宫蒲光，中国移动通信集团公司党组书记、副总裁张春江等自治区和中国移动的领导出席签字仪式。

9月，林芝电信公司与林芝电视台签署综合业务合作协议，标志着林芝电信公司首次资源置换项目取得圆满成功。双方将在基于电信业务和媒体资源的领域正式携手合作，充分发挥各自业务领域内的优势，实现资源共享、优势互补，达到双赢的目的。

9月25日，墨脱光缆通信工程全面建成开通，结束了全国最后一个县不通光缆的历史。

10月，为做好国庆60周年期间信息网络安保工作，西藏通信管理局组织信息安全分中心和区内电信运营企业参加了全区互联网和手机短信有害信息处置演练。

11月20日，在自治区党委、政府和中国移动通信集团公司的高度重视下，由中国移动携手西藏大学、新华社共同参与的“手机藏文资讯联合研发”项目在拉萨举行启动仪式。

12月，中国电信那曲分公司尼玛同志经区公司严格选拔推荐，被授予“中央企业青年岗位能手”荣誉称号。

12月6日，中国联合网络通信集团和西藏自治区人民政府正式达成战略合作框架协议。西藏自治区党委副书记、主席向巴平措和中国联通董事长常小兵、总经理陆益民等领导参加了在北京举行的签约仪式。

12月，西藏通信管理局组织区内电信运营企业对人民群众反映强烈的利用手机上网传播淫秽色情及低俗信息开展专项清理整治工作。

（西藏自治区通信管理局）

陕西省电信发展与管理

【电信发展统计】

项目	达到	单位	增长率	增长量
电信业务收入	212.22	亿元	10.80%	20.66
其中：非话业务收入	86.68	亿元	11%	8.46
固定电话用户数	814.97	万户	-8.13%	-66.26
小灵通用户数	983503	万户	-73.99%	-72.78
移动通信用户数	2337.37	万户	18.19%	425.13
拨号上网用户数	359930	万户	-72.65%	-26.15
宽带上网用户数	2213432	万户	21.90%	48.48
固定资产投资	695131.9	亿元	17.45%	14.68
村村通电话工程完成率	100.00%		0.34%	

【电信发展情况综述】

陕西省全年电信业务收入完成 210 亿元，较上年增长 9.7%；全省电话用户总数 3152.4 万户，电话总普及率达到每百人 83.8 部，比上年同期每百人增加 9 部；全省互联网用户总数达到 258.3 万户，其中宽带用户达 221.3 万户。农村通信和农业信息化建设取得新进展，全省 67814 个自然村全部通了电话，完成了 9000 个农村信息服务站的建设任务。增值电信市场进一步繁荣，在全省获准经营增值电信业务的企业达到 1328 家，全省发放增值许可证的有 344 家。

【监管工作】

一、行业管理

（一）立足保增长促发展大局，积极调整工作思路，为经济社会发展大局服务。协调地方政府，支持 TD-SCDMA 等 3G 网络建设工作；鼓励和支持增值电信业务繁荣发展。在积极贯彻“便民、高效”的基础上，适当放宽条件，指导增值电信企业加快发展，推动电信市场繁荣。参检企业的所有手续均可在局政务接待室一站式办理，随到随检，分批公布合格名单，快速发证。全年年检部证企业 806 家(参检率为 87.5%)，年检省证企业 274 家(参检率为 90.1%)，部、省企业参检率均为历史最高。

（二）围绕构建两型社会，加强行业引导，促进通信行业平稳较快发展。

积极推进电信基础设施共建共享。对于电信基础设施共建共享工作，采取试点突破、解决难点、细化考核办法等三项举措，全省累计完成铁塔共建 324 个，铁塔共享 2759 个，基站共建 439 个，基站共享 3893 个，传输线路共建 1096 公里，传输线路共享 20546 公里，节约建设投资 7.5 亿元。铁塔、杆路、基站、传输线路共建率分别达到 35%、9%、33%、12%，共享率分别达到 68%、60%、71%、60%，全面完成了部 386 号文提出的指标要求。

加强对行业运行的监测分析。编制出版了《2000～2008 年陕西省通信业数据汇编》和《陕西电信业 2008 年度发展报告》。编制全省通信业运行分析报告，帮助和引导企业在提升服务质量、优化资费结构、加快行业转型等方面采取有效措施应对金融危机。贯彻落实省委省政府大力发展文化产业的战略，对全省互联网服务方面的数据进行统计上报，积极支持全省文化产业统计工作。加强行业规划管理，对传输网滚动规划进行了审核，要求项目必须明确，与招投标活动相结合，与集团公司相衔接，与“十一五”规划相衔接。同时，在对“十一五”规划进行评估的基础上，提出了全省“十二五”规划的编制思路。

二、市场监管

（一）重点查处不正当竞争行为。伴随着电信重组全业务运营，电信市场不规范经营行为频发，通过政策宣贯、诫勉谈话、责令整改、现场查处等方式给予了纠正和制止；组织召开全省电信市场情况通报会，通报了当前电信市场存在的突出问题，就落实规范市场秩序各项任务进行了强调；结合工信部关于规范当前电信市场秩序的意见制定下发全省实施意见，提出了全省的 10 项重点任务。全年先后严肃查处了多起运营商违反市场秩序问题，并在全省范围内给予了通报批评。

（二）加强互联互通不正当竞争监管工作。一是要求各企业规范网间主叫号码传送，关注网间结算、业务开放、中继扩容、通信质量等各项工作，妥善处理重组后有关互联互通方面的用户投诉，着力解决久拖不决的问题，避免问题积压，引发社会关注；坚持省级机构例会制度，坚持公用电信网间互联互通情况及监测系统运行情况月通报制度。二是针对重组后的网络调整，积极协调解决电信公司综合关口局、移动公司 TD 关口局割接入网问题，保障了电信公司全省综合关口局及移动公司 TD 关口局的按时割接入网。三是组织互联互通管理人员和从业人员学习互联互通相关的政策法规及规范性文件，提升管理人员的思想认识和责任意识，提高基层从业人员的协作意识。四是及时修订全省互联互通考核办法，将原办法中不合理的内容进行修改或删减，添加新的考核项目，使得新的办法更合理、更科学。五是认真做好监测系统的应用与维护工作，保证系统安全稳定高效运行，充分发挥其在互联互通监管中的技术监督作用。

（三）规范通信建设市场秩序和招投标活动。一是有针对性地对各企业 2008 年通信建设项目招投标活动进行了抽查，针对查出的问题提出整改措施，要求各企业严格执行招投标备案管理，及时向全局提交招标投标情况的备案材料。二是对部分企业基层单位擅自拆除在用通信线路和擅自占用通信管线资源的违规行为进行了处罚，维护了建设市场秩序。三是对全省通信设计、施工、监理企业进行了年度考核检查，申报年检经审查合格的企业有 191 家。四是举办了 6 期通信建设企业安全生产管理人员培训班，共培训 A、B、C 三类安全生产管理人员 870 人。举办了一期概预算培训班，培训线路和设备专业预算人员 260 人。五是加强了对通信工程实体质量的监督检查，配合部质检中心联合组对 3 家基础运营公司进行了通信建设市场检查和通信工程质量监督实体抽查，共抽查工程项目 9 项，在建工程现场质量监督实体检查 3 项。

三、灾后重建工作

一是按照部、省关于震后规划的要求，认真落实、积极组织企业做好灾后重建进展的上报工作，定期向部上报全省的具体进展。二是按照国家“三年规划，两年完成”的总体思路，配合国务院灾后重建规划中期评估专家组，对全省灾后重建的进展落实情况进行反复核实、摸底，截至 10 月份全省已经完成了全部规划工作的 74.9%。三是积极搜集、整理、上报通信行业受灾损失有关文字、影像资料，为部、省编纂抗震救灾志和地震灾害志提供素材和初稿，共形成 335M 压缩文件资料，6 万多字的省志资料，同时吸取经验教训，在网络建设中严格贯彻国家有关标准规范，进一步加强应急通信装备建设。

四、用户权益保障工作

积极贯彻“服务社会、服务民生”理念，突出用户权益保障工作，进一步提升社会管理和公共服务能力。

一是加强电信服务监管，解决电信服务中的突出问题。成立了用户权益保障处，改选了电信用户委员会，全年 6 次组织用户委员深入到企业一线监督服务工作，提出意见建议；制定下发了《关于加强电信用户权益保障有关问题的意见》，组织开展了“3•15”期间接听 12300 申诉热线、移动网络通信质量测试、电信企业客服电话服务质量测试、电信满意度测评、企业间的客户服务工作观摩等活动，掌握全省电信服务质量状况，督促企业及时规范经营服务行为，解决服务中存在的问题。联合陕西日报社，向公众发布了消费提醒。其中，重点就妥善保存服务协议、定期查证信息业务、正确拨打移动号码、山寨机内置模块陷阱等多个方面进行了详细提示。针对央视“3•15”晚会曝光的个人信息安全问题，召开全省垃圾短信整治专题会议，进一步发挥网间垃圾短信联动处理平台作用，加大了对垃圾短信群发源的打击力度，同时，协调各基础电信企业为用户免费提供手机终端反垃圾短信软件服务。在用户信访、申诉处理方面，进一步加大了工作力度，全年共办理用户信访件 31 件(包括 2008 受理、2009 年答复的信访件 9 件)，收到各类申诉（咨询）3281 件。

二是积极推进电信资费改革，努力降低全省资费水平。取消了短消息业务网内网间差别定价；下调了固定电话营业区间通话费上限标准，自 2010 年元月 1 日起上限标准由每分钟 0.30 元下调为 0.2 元；从 2009 年下半年开始分三个步骤来推进移动电话拨打长途电话实行一费制工作，自 2010 年元月 1 日起在网用户移动电话拨打长途实行一费制；2009 年 12 月起固话月租费和本地网营业区内通话费、本地网无线接入电话月租费和本地网通话费、以及出租电路长期租用资费实行上限管理。指导企业在固定电话月租费中包含一定的通话时长，以推进固话月租费的合理解决。积极与物价部门就有关资费方面问题进行沟通，大力支持 TD-SCDMA 业务，对 TD-SCDMA 业务资费方案优先审批，尽可能缩短审批时限。

三是进一步强化网络与信息安全管理。未雨绸缪，全面防范，发挥技术监控手段作用，落实网络信息安全管理各项制度，在加强网站备案基础管理方面，制定下发了《陕西省互联网网站备案管理工作方案》，狠抓落实，使得全省未备案网站明显减少，目前全省网站备案率保持在 99%以上，网站备案信息准确率到达 86%以上。为进一步提高对网站备案工作的管理水平，组织开发“陕西省通信管理局互联网分析管理系统”，制定了《关于进一步净化互联网网络环境 促进未成年人健康成长的任务分工》、《关于开展整治手机媒体低俗之风工作的通知》，与省上有关部门共同制定了《开展查处取缔黑网吧专项行动的实施方案》，与省“扫黄打非”办建立了定期沟通机制，与省测绘局建立了互联网地理信息联合管理工作机制、与工商部门建立了“黑网吧”联合管理工作机制，在电信行业内部建立实行了信息安全例会制度等，进一步提高了互联网市场监管力度，为净化全省社会文件环境工作发挥了积极的作用。全年共组织删除网络淫秽色情、诈骗、虚假广告等不良信息 3 万余条，配合有关部门清查非法网络出版物 30 余种，关闭违法违规网站 61 个，注销网站备案号 35 个，将 33 个网站列入“黑名单”，对 1 家企业进行了行政处罚。

五、电信网络安全管理

制定《陕西省通信网络安全检查方案》，召开专题会议进行了部署，全行业共排查网络各类安全隐患 538 个；加强了安全生产监督管理。根据部《关于加强安全生产应急管理工作的通知》要求，明确了全局和各公司安全生产应急值班电话，要求各公司要完善安全生产应急预案，防范各类安全生产事故，如有发生，应及时上报。认真贯彻落实部关于推进“安全生产年”活动和开展安全生产“三项行动”，加强安全生产管理的指导意见，对各公司重要通信机房进行了现场检查，对存在的问题要求进行整改。以落实省政府消防安全责任制为重点，建立健全了电信行业安全生产责任制，在安全生产监督检查中，将各公司消防安全责任制落实情况作为重要内容，了解询问有关情况。

【重大事项、事件】

1 月 12 日，召开“2008 年度电信用户满意度指数和移动网络测评结果”新闻发布会。2008 年度全省电信用户满意度指数 80.9 分，较上年提高 3.8 分，首次突破 80 分；移动网络测评标准超过部颁指标。

2 月 5 日，吴登昌副省长来省通信管理局调研，对全局近年来在服务地方经济建设、服务民生工作中的做法给予充分肯定，称赞全省通信监管工作思路清晰、重点突出、措施明确，走在了全国前列。

2 月 9 日，省电信、省移动、省联通签署《陕西省电信基础设施共建共享合作协议》，标志着全省共建共享工作全面进入实施操作阶段。

2 月 23 日，省通信管理局召开净化网络环境工作专题会议，对该项工作进行安排部署。

3 月 3 日，全省电信行业精神文明建设工作总结表彰大会召开。吴登昌副省长应邀出席本次会议，与省内电信、移动、联通、铁通 4 家电信运营公司领导签订了 2009 年度“创佳评差”竞赛活动任务书。

3 月 4 日，《关于加强电信用户权益保障有关问题的意见》出台。成立了用户权益保障处（与市场监管处合署办公）。

3 月 18 日，省政府成立陕西省 3G 网络建设发展协调领导小组，吴登昌副省长任组长，高彩玲局长任副组长。

3 月 31 日，省人大刘维隆副主任到通信管理局视察指导工作。

4 月 24～26 日，西北区通信管理局局长座谈会在西安召开。会议总结交流了通信监管工作经验，对当前监管工作面临的新形势、新任务和新问题进行了深入研讨。

5 月 5 日，通信管理局就全省电信行业深入开展净化网络文化环境工作做出部署，提出四项具体措施。

5 月 8 日，省通信行业协会和陕西日报社联合召开陕西省通信行业 3G 业务发展研讨会。

5 月 20 日，全省电信市场情况通报会召开，从共建共享、规范市场秩序、强化网络与信息安全管理以及保障用户合法权益、统筹 3G 网络建设等五个方面对下一步市场监管重点工作进行部署。

8 月 19 日，省通信管理局与工业和信息化部电信研究院合作建立通信软科学调研基地签字仪式在北京举行。

9 月 16 日，发出《关于全省信息服务业务拨测检查情况的通报》，向全省电信业务经营企业通报拨测检查结果及违规 SP 处理情况。

截至 10 月底，全省提前一年零两个月完成陕西通信业“十一五”规划确定的村通目标，实现了 67814 个 20 户以上自然村全部通电话，这是全省继 2007 年实现全部行政村通电话后“村通”工作的新跨越。

11 月 30 日，省通信管理局组织召开专题会议，安排部署打击整治手机淫秽色情网站专项行动，要求省内各基础电信运营企业于 12 月 10 日前完成自查自纠，向通信管理局做出书面报告，并每周上报拨测整改情况。

12 月 3 日，《陕西省电信行业深入开展打击手机涉黄网站活动专项行动方案》出台。

12 月 4 日，省通信管理局与省物价局联合下发《关于降低固定电话本地网营业区间通话费上限标准的通知》，要求自 2010 年 1 月 1 日起，全省固定电话本地网营业区间通话费上限标准由现行的每分钟 0.3 元下调为每分钟 0.2 元。

12 月 29 日，省通信管理局组织召开“进一步深入整治手机淫秽色情专项行动任务布置会”，对整治手机淫秽色情专项行动工作再次进行动员和部署。

12 月 31 日，为期 50 天的全省进一步深入整治手机淫秽色情专项行动第一阶段任务全面完成。期间，全省共清理代收费业务 301 项，关闭涉嫌传播淫秽色情网站 38 个，关闭未备案网站 253 个，删除不良信息 196 条，封堵淫秽色情网站访问地址 3319 个。

（陕西省通信管理局）

甘肃省电信发展与管理

【电信发展统计】

项目	达到	增长率/增长量
电信业务收入	104.9 亿元	12%
固定电话用户数	453.93 万户	-65.26 万户
小灵通用户数	70.34 万户	-71.26 万户
移动通信用户数	1194.37 万户	297.89 万户
拨号上网用户数	11.69 万户	-10.24 万户
宽带上网用户数	86.61 万户	20.15 万户
固定资产投资	65.56 亿元	52.42%
村通工程完成率	行政村 100%	

【电信发展情况综述】

一、电信行业实现平稳增长

2009 年，甘肃省电信行业完成电信业务收入 104.24 亿元，比上年同期增长 14.79%；完成电信业务总量 355.51 亿元，比上年同期增长 31.51%；完成固定资产投资 66.32 亿元，比上年同期增长 52.42%。全省新增电话用户 232.63 万户，用户总数达到 1648.3 万户（其中固定电话用户 453.93 万户，移动电话用户 1194.37 万户），全省电话普及率达到 62.72 部/百人。全省互联网用户达到 103.01 万户（宽带接入用户 86.61 万户）。

二、3G 网络建设和推广应用步伐加快

甘肃省政府成立了由分管副省长任组长，教育、财政、国土资源、建设、交通、环保、电力等部门为成员单位的甘肃省 TD-SCDMA 网络建设工作协调领导小组，省政府办公厅下发了《关于加快推进全省 TD-SCDMA 网络建设工作的通知》，从明确职责、优化程序、营造舆论等方

面加大 3G 和 TD 网络建设支持力度。同时，省局积极走访企业了解 3G 发展中存在的困难和问题，适时向地方政府和相关部门建言献策，争取在基站选址、电力引入等方面给予政策扶持。2009 年，甘肃电信一期网络建设投资 7.5 亿元，完成所有区县级以上城市网络覆盖并着手实施二期网络建设；甘肃移动 TD-SCDMA 网络建设一、二期已完成投资 6 亿元，并计划推进 2 亿元投资规模的三期网络建设；甘肃联通已完成投资 3.29 亿元的 WCDMA 网络一期工程建设，并计划推进投资计划为 1.89 亿元的网络二期建设；三家运营企业均已实现 3G 业务正式商用。同时，中国电信、中国移动与省政府签署了战略合作协议，大规模网络建设和业务推广有力带动了产业链的发展，对地方经济发展特别是提升综合信息应用水平起到了积极的推动作用。

三、增值电信业务市场持续发展

截至 2009 年底，甘肃省内增值电信业务经营单位达到 96 家，跨地区增值电信业务经营单位达到 739 家。完成 2008 年度经营许可证年检，对 142 家跨地区增值电信业务单位建议进行整改，建议不合格 8 家，责令 37 家省内增值电信业务经营单位进行整改，注销 14 家不合格单位，促进基础电信业务市场和增值电信业务市场产业链的不断完善，协调发展。

四、电信基础设施共建共享稳步推进

2009 年，甘肃省共建铁塔 1103 座，共建杆路 994 公里，共建基站 958 个，共建传输线路 1323 公里；共享铁塔 1126 座，共享杆路 1433 公里，共享基站 1280 座，共享传输线路 1686 公里；全省电信基础设施共建率为铁塔 48.28%、杆路 24.26%、基站 34%、传输线路为 21.56%，电信基础设施共享率为铁塔 60.8%、杆路 67.9%、基站 62.3%、传输线路 69%。

【监管工作】

一、维护市场公平有效竞争，推进长效监管机制建设

（一）市场规范工作进一步加强。

切实规范电信市场秩序。为适应电信改革重组、企业全业务经营和 3G 牌照发放后的市场竞争格局，省局着力从规范企业市场推广行为、规范业务宣传行为、规范互联互通、规范电信资费行为、规范通信建设市场五个方面加大市场监管力度，印发《关于规范当前电信市场秩序若干问题的通知》（甘通局发〔2009〕193 号），按照“自查从宽，被查从严”的原则，加强市场监督检查，严肃查处超范围经营、使用无入网许可的电信终端、利用违规终端旁路他网话音业务、未经授权进行用户手机辐射测试、租用无电信业务经营许可资质单位的线路资源、误导消费者和诋毁竞争对手的虚假宣传等不正当竞争行为，依法对 6 家企业违规行为给予行政处罚或通报。同时，加大协调力度，先后深入白银、金昌等地，组织召开协调规范电信市场秩序暨总经理联席会议，督促企业认真落实规范要求和限期完成违规问题整改。

加强互联互通管理。严格落实部《电信网络运行监督管理办法》，整合出台《甘肃省公用电信网间互联互通工作制度》。妥善处理企业重组期间网间互联争议，协调解决了武威本地网电信与联通网间通信质量、电信与联通网间中继费用争议等问题。认真组织开展网间通信质量提升活动，实地抽查定西、武威等地本地网通信质量。加大互联互通监测系统链路收敛跟踪督查力度，顺利完成重组后网间链路收敛调查、监测系统软件改造升级等监测系统调整工作。按计划完成网间镜像收入结算方法研究试验系统项目方案评审和项目招投标等工作。

规范通信建设市场。认真组织开展天水、陇南、武威、金昌等地通信建设市场专项检查和通信建设项目招投标活动专项检查。配合部开展通信工程概预算和安全生产管理员师资培训，配合部定额质监中心完成全省 297 名通信建设概预算人员继续教育培训工作。加强通信工程质量监督，全年共受理通信工程质量监督申报 556 项，办理竣工验收备案手续 209 项。同时，大力推进电信基础设施共建共享，建立全省电信基础设施共建共享协调机构和省级电信运营企业共建共享例会制度，制定了《电信基础设施共建共享实施细则（暂行）》，明确了《甘肃省电信基础设施租费参考标准》，督促电信、移动、联通三家电信运营企业达成《电信基础设施共建共享合作协议》，组织开展“对等置换”等电信基础设施共建共享试点并逐步推广。

（二）电信服务监管水平进一步提升。

完善服务质量监督管理机制。以“服务社会，服务民生”为主题，深入推进行业精神文明建设和行风建设。落实服务质量问责和督办机制，制定《电信运营企业处理网间投诉问题指导意见》、《电信运营企业受理用户投诉情况报告制度》，定期通告用户申诉受理情况，督促企业公告电信服务质量。规范企业服务行为，组织对企业声讯业务和客户服务电话进行拨测，组织电信用户委员针对政协第 261 号提案开展调研，定期监测企业服务质量达标情况和用户服务状况，组织完成了电信用户服务质量满意指数测评，携手企业走进“政风、行风热线”，听取用户对行业发展和电信服务工作的意见建议。

着力解决电信服务热点问题。推进垃圾短信息专项治理，组织开展垃圾短信治理重点工作任务落实情况专项检查，制定印发了《甘肃省手机公益信息发布管理指导意见》。继续推进电信资费管理改革，督促企业取消短信息网内网间差别定价，电信运营企业套餐资费按照就低原则进行统一定价；落实移动电话拨打长途一费制工作，合并移动电话长途通话费和本地通话费，合并后长途电话费仍实行上限管理；完成 2008 年度电信资费水平调查、电信资费管理方式改革摸底调研和电信资费专项检查。做好用户申诉、举报及有关部门转办投诉处理工作，共妥善处理各类用户咨询和申诉 1044 件。

（三）行业管理工作进一步推进。

落实灾后重建工作要求。督促企业抓紧落实灾后重建各项工作特别是村通工程恢复工作，定期了解并及时向部省上报通信基础设施重建项目进展情况，按要求完成汶川特大地震志各分志资料长编撰稿工作。

推动行业安全生产管理。落实安全生产监督责任，修订印发安全生产监督管理工作制度，组织开展通信业安全生产隐患排查治理和监督检查，配合做好国家安全生产“三项行动”和打击“三电盗窃”行动。

完善行业统计分析指标。积极探索开展 3G 网络建设、移动电话农村用户统计，改进对行业整体运行状况的分析、预测和动态监测，按时完成公网、专网和增值电信业务年报以及行业综合统计月报、季报和分析。

科学核配码号资源。认真做好码号资源日常核配、备案、咨询、检查及收费等工作，开展码号备案网上受理。2009 年共核配 SP 代码 25 个、96 短号码 11 个、本地网局号 17 个，收回 96 短号码 3 个，备案短号码 17 个、SP 代码 25 个、H 号码 545 个。

推进行业人才队伍建设。2009 年完成移动通信营业员、电信业务营销员等职业技能鉴定 1211 人次，联合省人社厅开展企业从业人员持证上岗检查。同时，组织开展高级通信工程师考试，联合省人社厅组织实施初中级通信工程师考试，启动技师、业务师考试试点工作。积极探索开展网络信息安全管理人员培训，完成网络信息安全管理培训教材编纂和审定。

二、围绕经济社会发展大局，加强社会管理和公共服务

（一）以网络信息安全保障为重点配合做好社会维稳工作。

强化信息安全保障。充分利用网络信息安全技术平台，加强互联网和通信短信息管控，及时做好信息编报，确保完成春节、“两会”期间的信息安全保障，推动建立信息安全工作联系机制，配合开展扫黄打非工作。

务实推动网络安全管理。进一步落实网络安全事件信息报送和通报工作，制定《甘肃省互联网网络安全信息报送通报实施细则》和《甘肃省互联网网络安全管理例会制度》，成立网络安全信息研判专家小组，强化对全省网络安全状况的分析指导，妥善处理 58 起网页篡改、网页仿冒或恶意代码事件等网络安全事件，组织开展了木马和僵尸网络处理平台调研。做好系统维护保障，制定《信息安全系统设备维护保障巡检制度》，定期组织对运营商侧设备进行巡检，顺利完成各项重要网络信息安全保障任务。

（二）以乡镇互联网接入能力建设为重点推动农村通信发展。

继续推进村通工程建设。认真组织企业落实自然村通电话工程任务，2009 年新开通电话自然村 610 个，超额完成部核配计划。协调电信公司承接原卫通村通用户的服务和维护工作，组织开展行政村村通电话检查整改工作，配合工信部完成四省藏区工业、通信业发展情况调研。

加快乡镇互联网接入能力建设。组织对全省尚不具备互联网接入能力的乡镇进行全面摸底调查，开展藏区通信发展专题调研并向省政府上报关于支持甘南、武威等藏区通信设施发展规划及建设方案。

积极服务农村信息化建设。按照省委远程办要求组织实施通信行业农村党员远程教育课件制作，省局、省互联网协会积极争取中国互联网协会的捐赠支持，组织协调并投资 10 余万元为陇南汉王中学捐建网络教室，先后赴平凉、庆阳、陇南、临夏等地农村开展面向农民的互联网知识应用培训。

（三）以理顺应急通信管理体制为重点强化应急保障能力建设。

进一步理顺应急通信保障工作体制。制定发布了《处置大规模恐怖袭击事件应急通信专项预案》，编制《二级通信重点目标保障方案》，对天水、平凉等市州应急通信常务单位适时进行调整，配合完成应急信息报送平台建设。

积极推进全省三级卫星固定站点建设。督促电信公司在承接卫通基础业务后重启工程建设并协调解决相关问题，投资 762 万完成 172 个站点建设，省市县三级政府均已安装应急卫星电话。

组织协调抗击陇南地区特大暴洪灾害应急通信保障。在抗击陇南特大暴洪灾害应急通信保障工作中，全省通信业累计派出 110 支抢修队伍共 1609 人次，投入车辆 163 辆、各类抢修设备 620 套、应急通信电话 19 部，投入资金约 1100 万元。

（四）以提高互联网站备案率和备案信息准确率为重点加强互联网行业管理。

做好互联网基础管理。截至 2009 年底，共审核互联网站信息 20674 个，审核通过 6273 个，备案信息变更 3753 个，全省备案网站达到 9700 个，IP 地址备案 811120 个；全省网站备案及时率达到 99.88%，备案准确率由年初的 30%提升至 75%。同时，加强部门协作，组织开展全省网站备案率、备案信息准确率及社会企业无证经营情况调查，协助关闭非法网站 10 个，关闭未备案网站 300 多个，删除空壳网站 3258 个。

积极开展互联网专项治理工作。根据中办发〔2009〕6 号文件精神，组织开展“净化网络文化环境，促进未成年人健康成长”工作，配合开展以“净网”、“净吧”和“净边”行动为重点的社会文化环境整治。积极开展整治互联网低俗之风和打击手机传播淫秽视频专项行动，专项行动期间依法对 4 家违规 SP 给予行政处罚，下线本地 SP 业务 2 个，关闭服务器 2 台，关闭未备案网站 83 家。同时，先后配合开展了打击非法涉性广告、打击网络赌博和诈骗、打击非法售卖违禁物品、打击非法售卖兴奋剂、打击非法售卖A型肉毒素、互联网反侵权盗版、打击互联网非法地理信息以及规范网上资本市场信息传播秩序等专项行动。

开展整治手机淫秽色情和低俗信息工作。根据《关于印发〈加大整治手机淫秽色情和低俗信息力度的工作方案〉的通知》(中外宣通字〔2009〕16号)和《工业和信息化部关于进一步深入整治手机淫秽色情专项行动工作方案》(工信部电管〔2009〕672号)要求，制定印发《甘肃省通信管理局进一步深入整治手机淫秽色情专项行动实施方案》，成立专项行动协调工作组，年底全面完成第一阶段清理自查工作。

【重大事项、事件】

1月22日，省通信管理局组织甘肃电信、甘肃移动、甘肃联通共同签署电信基础设施共建共享合作协议。

4月20日，中国移动甘肃有限公司全省客户总数突破1000万。

5月27日，联通甘肃省分公司在兰州举行3G业务兰州试商用发布会，标志着联通3G业务开始试运行。

6月12日，中国移动通信集团公司与甘肃省政府在兰州签署战略合作框架协议，确定双方建立长期战略合作伙伴关系，将在推进TD的建设和应用、移动电子商务工程、农村信息惠民工程、甘肃社会信息化进程、电子政务畅通工程、信息产业提升工程等六大领域开展深入合作。

6月23日，中国电信集团公司与甘肃省政府签署战略合作框架协议，甘肃省副省长石军、中国电信集团公司党组书记尚冰、副总经理杨杰等出席了签字仪式。

6月24日，甘肃省委书记陆浩、省长徐守盛在兰州会见中国电信集团公司党组书记尚冰、副总经理杨杰一行，双方就持续加强合作，加快推进甘肃信息化建设交换了意见。

7月14～17日，甘肃省陇南地区遭受特大暴洪灾害，长时间强降雨对陇南地区公众通信网络基础设施造成严重破坏，境内一干、二干及本地网传输线路中断106处，线路受损1078皮长公里，通信基站受损282个，通信局点及营业网点多处受损168处，武都、康县、文县、徽县、两当、成县、宕昌七县区的110个乡镇、1380个行政村的通信网络出现不同程度的中断，影响用户数达13.5万户，直接经济损失3831万元。灾情发生后，省通信管理局组织协调各公司全力开展抢修恢复工作。全省电信行业调度各种应急通信手段，广大干部职工顾全大局，团结协作，发扬不怕疲劳、连续作战的顽强作风，各企业按照通信保障应急预案，采取各种措施，紧张有序地开展通信抢修和恢复工作。全省通信业累计派出110支抢修队伍共1609人次，投入车辆163辆、各类抢修设备620套、应急通信电话19部，投入资金约1100万元。

9～11月，甘肃省互联网协会组织省电信、移动和联通公司有关专业技术人员前往平凉、庆阳、陇南、临夏等市州农村地区和农村职业学校举办农村互联网知识应用培训班，引导和鼓励广大农民通过互联网解农副产品的产销信息，帮助农民致富，改善农民生活服务质量，使广大农民充分享受农村互联网发展的成果。

10月15日，甘肃省通信管理局、甘肃省互联网协会在甘肃陇南市武都区汉王中学举行了捐建汉王中学网络教室开通仪式。

10月26日，工业和信息化部党组成员、中央纪委驻部纪检组组长郭炎炎在甘肃进行国家投资项目检查期间，专程赴省通信管理局视察指导工作，并与通信管理局处以上干部进行了座谈。

2009年，甘肃联通荣获“全国精神文明建设工作先进单位”称号。

（甘肃省通信管理局）

青海省电信发展与管理

【电信发展统计】

项目	达到	增长率/增长量
电信业务收入	30.9亿元	9.2%
其中：非话业务收入	9.1亿元	21.3%
固定电话用户数	109.3万户	-8.5%
小灵通用户数	17.7万户	-41.8%
移动通信用户数	301万户	21.8%
拨号上网用户数	1880户	-81.8%
宽带上网用户数	27.9万户	31.6%
固定资产投资	24.5亿元	65.5%
村通工程完成率	100%	

【电信发展情况综述】

2009年，在工业和信息化部、青海省委省政府的正确领导下，全省电信业坚持以科学发展观为指导，认真落实中央和全省应对国际金融危机的一揽子计划，紧紧抓住国务院《关于支持青海等省藏区经济社会发展的若干意见》实施的历史机遇，加快转变职能和管理创新，大力推进信息化与工业化融合，促进通信行业平稳较快发展。

2009年，全省累计完成通信业务总量89亿元，同比增长31.7%；完成主营业务收入30.9亿元，比上年同期增长8.4%。基础电信企业非话音收入完成9.2亿元，同比增长21.5%，占总收入的比重由上年的26.5%提高到29.7%，新增非话音业务收入占新增收入的67.2%，成为行业增收的主要驱动力。增值业务收入完成5.2亿元，占总收入的比重为 16.9%，同期比增长 16.2%，对基础电信企业收入增长的贡献率达到 30.3%。固定资产投资完成 24.1 亿元，同比增长 88.4%。

青海省电话用户总数达到 420 万户，比去年年底新增用户 53.5 万户，其中：固定电话用户总数 109.3 万户，移动用户总数达到 310.7 万户。固定电话普及率和移动电话普及率分别达到 19.7 部/百人和 56.1 部/百人。

青海省数据用户达到 201.4 万户，同比增长 119.6%。互联网用户数达到 28.4 万户，同比增长 26.2%，其中：互联网宽带接入用户数达到 27.9 万户，同比增长 31%，今年新增 6.6 万户，占互联网用户比例为 98.2%，互联网宽带接入用户数是拨号用户数的 111.1 倍，互联网用户进一步向宽带接入方式转化。电信资费综合水平下降 20.7%，圆满完成了部、省下达的目标任务，为全省保增长、保态势、保民生、保稳定做出了积极贡献。

【监管工作】

（一）认真贯彻落实科学发展观，以科学发展观统领电信监管各项工作，树立“监管为民”、“发展为民”的监管理念，提高依法行政的能力和水平，积极为地方经济发展、民族团结、社会进步努力工作。

（二）不断强化电信服务监管质量和水平，加大对电信服务质量的监督检查，认真受理和处理消费者申诉，维护消费者权益。

（三）严把电信市场准入关。全年共受理跨地区经营电信业务许可备案 204 家，累计备案 977 家。

（四）认真贯彻落实党中央、国务院关于互联网管理的相关要求和精神，净化网络环境。加强互联网站备案管理工作，提高网站备案信息准确率和备案率。加强接入服务市场管理，强化接入服务市场的日常监督检查，严肃依法处理无证接入服务的违规行为，保证接入网站符合政府监管部门的基本要求。建立境内违法网站黑名单管理制度，杜绝违法网站和网站主办者通过变换域名、IP 地址、接入单位和主办者姓名再次提供互联网信息服务。

（五）继续加强电信市场经营行为的监督检查，保证全省电信行业健康、有序发展。一是加强电信资费审批备案管理工作。二是实行移动电话长途一费制改革。三是按照部规范移动信息业务资费收费问题专项活动要求，建立“发现、提醒、通报、处理、跟踪”的长效管理机制。四是加强经营行为监督检查力度，维护电信市场经营秩序稳定有序。五是依法开展治理手机违法短信息有关工作。

（六）围绕消费者和社会反映强烈的突出问题，积极配合相关部门开展各类专项治理活动，进一步净化网络文化环境。

（七）深入推进自然村通电话工程，加快农村牧区信息化建设进程。全年全省共完成 125 个自然村通话，累计开通重点寺院通话 35 个，完成 38 个乡镇的宽带上网接入建设、60 个行政村及 20 个重点寺院通互联网任务。经过 2009 年村通工程的建设，全省乡镇宽带业务通达率到了 79%，通过宽带或互联网上网的行政村达到了 61%，使通达乡镇、行政村的网络能力大幅提升。

（八）积极推进电信基础设施共建共享工作。成立青海省电信基础设施共建共享领导小组，制定相关规定和指导价格，协调处理共建共享过程中出现的有关问题。协调组织省内三家电信运营公司签订《电信设施共建共享合作框架协议》，全年全省实现通信铁塔共建率为 54.8%，共享率为 48.6%；基站共建率为 29%，共享率为 57.7%；通信杆路共建率为 65.9%，共享率为 65.7%；传输线路共建率为 46.2%，共享率为 62.7%。各公司因共建共享共节约投资近 1 亿元。全省共建共享工作取得阶段性成效。

（九）落实国务院支持青海等省藏区经济社会发展的若干意见。组织落实《分解意见》中涉及通信业的乡级以下通信基础设施建设工程、藏区重点寺院基础通信设施建设、预警和应急指挥及通信系统建设方面的工作。

（十）支持 TD-SCDMA 和 3G 网络建设。围绕 3G 发展战略，突出抓好 3G 发展中规划落实、建设投资、招投标、工程质量、业务应用、网络与信息安全等关键环节，防止 3G 网络建设和业务发展中出现无序竞争行为。

（十一）积极协调相关部门加大打击破坏盗窃通信设施专项活动力度。全年全省共发生通信设施被盗案件共 632 起，同比下降 53.53%；直接经济损失 703.08 万元，同比下降 41.14%。

（十二）落实和完善通信保障应急预案，提高应对突发公共事件通信保障能力，全面加强战备应急通信工作。成功举办了 2009 年“迎国庆、保通信”战备应急演练活动，确保了国庆 60 周年、“青海国际藏毯节”、“青海郁金香节”、“青洽会”、“第十届攀岩世锦赛”、“环青海湖国际公路自行车赛”等重大活动的应急通信保障工作。

（十三）加强通信建设项目招投标和通信建设市场管理。严格执行《通信建设项目招标投标管理暂行规定》，规范全省通信建设项目招投标备案手续。全年共有 63 家外省通信建设施工、监理、设计单位来青备案。

（十四）积极配合地方政府开展维稳工作，开展网络信息安全专项活动。

【重大事项、事件】

1 月 6 日，青海省政府组织召开 2009 年通信行业座谈会，回顾 2008 年通信业改革历程，座谈交流通信业发展经验，安排部署 2009 年工作任务，提早谋划通信业发展大计。

1 月 22 日，省通信管理局举行青海省电信基础设施共建共享合作协议签订仪式。省移动公司、省电信公司、联通青海分公司主要领导共同签订《青海省电信基础设施共建共享合作框架协议》。这是青海通信管理局深入推进全省电信基础设施共建共享工作，减少重复建设的又一举措。

2 月 13 日，省通信管理局组织召开维护稳定及网络信息安全工作会议。通信管理局局长与省内各基础电信运营企业一把手签订了《青海省基础电信运营企业维护社会稳定工作及网络与信息安全责任书》。成立了由省通信管理局章建良局长为组长，各公司总经理为副组长的“青海省通信行业维稳及网络信息安全领导小组”。

3 月 6 日，为大力支持国家自主创新技术发展，加快推进青海省的 TD-SCDMA 网络建设和发展，青海省政府办公厅下发了《关于青海省 TD-SCDMA 网络建设项目实施方案的通知》，并成立了以骆玉林副省长任组长、各相关厅局为成员的青海省 TD 网络建设项目领导小组，要求全省各地区、各有关单位要按照落实科学发展观的要求，抓住机遇，解放思想，以改革创新、开放合作为动力，为给广大群众提供最方便、最高效、最先进的移动通信，切实增强加快推进全省 TD 建设和发展的责任感和紧迫感，加强工作的主动性和协调性，为 TD 网络建设提供良好的环境。

5 月 11 日，通信管理局组织召开青海省通信行业 2009 年第一季度行业发展运行通报会。对第一季度行业发展中的公用网间通信质量、支持 TD-SCDMA 网络建设工作、落实国务院支持藏区发展相关政策、村通电话工程进展、行业行风建设等工作分十一个方面进行了通报。

5 月 13 日，省通信管理局组织召开青海省通信行业 2009 年行风建设工作会议。

6 月 11 日，青海省通信管理局组织召开全省互联网网络安全工作会议。进一步规范全省通信行业互联网网络安全信息通报及木马和僵尸网络监测与处置机制，净化全省公共互联网环境，维护全省公共互联网网络安全。

7 月 23 日，省通信管理局组织召开二季度通信行业发展运行情况通报会，全面分析通报二季度全行业发展和电信监管工作情况，座谈交流市场经营、网络维护及网络信息安全等工作经验。

8 月 19 日，为配合部政法司赴青海开展《电信设施保护条例》立法调研，青海通信管理局组织召开工信部《电信设施保护条例》立法调研座谈会。

8 月 24 日，为加强对通信建设市场资质管理，满足各企业对通信建设工程概预算人员的需求，由青海省通信管理局与中国通信企业协会通信设计施工专业委员会共同举办的青海省 2009 年通信建设工程概预算培训班开班。

9 月 27 日，为迎接国庆 60 周年，做好各项庆典活动及突发事件的通信保障工作，青海省通信管理局在多巴国家高原体育训练基地组织开展“迎国庆、保通信”全省战备应急通信保障演练活动。省内各电信运营公司参加演练活动。

11 月 17 日，中国互联网协会向卷槽小学捐赠计算机网络教室仪式在互助县南门峡镇卷槽明德小学举行。此次共向互助县南门峡镇卷槽明德小学捐赠 21 台电脑并建成网络教室。

11 月 23 日，青海省通信管理局与中国通信企业协会通信设计施工专业委员会合作，共同举办青海省通信建设监理工程师培训班。

（青海省通信管理局）

宁夏回族自治区电信发展与管理

【电信发展统计】

项目	达到	增长率/增长量
电信业务收入（亿元）	36.2	12.1%
其中：非话业务收入（亿元）	11.35	3.76%
固定电话用户数（万户）	114.5	-7
小灵通用户数（万户）	10.6	-7.49
移动电话用户数（万户）	390.41	20.77%
拨号上网用户数（万户）	4.51	-7.1
宽带上网用户数（万户）	37.29	12.39
固定资产投资(亿元)	16.5	17%
村通工程（行政村）完成率	100%。	

【电信发展情况综述】

一、总体评价

2009 年宁夏回族自治区有基础电信运营商 3 家，增值电信业务运营商达到 56 家。互联网信息服务单位达到 4614 家，其中，经营性互联网信息服务提供商达到 37 家，非经营性互联网信息服务单位达 4577 家。移动短信息服务商（SP）达到 31 家，互联网接入运营商 3 家，电话信息服务商 1 家。有 988 家跨地区移动短信息经营单位(SP)在自治区落户。全区有宁夏电力公司、神华宁煤、长庆石油等电信专网单位 3 家。

全行业电信业务收入完成 36.22 亿元，较上年增长 12.06%，非话音收入占比 31.32%。电信业务总量完成 115.91 亿元，较上年增长 24.73%。全行业实现利润 4.77 亿元，上缴税费总额 2.79 亿元，较上年同期增长 18.8%。全区电话用户总数达到 504.86 万户，新增 60.08 万户，其中固定电话用户数达到 114.45 万户，移动电话用户总数达到 390.4 万户，新增 67.14 万户；电话普及率达到 81.7 部/百人，较上年每百人提高 8.8 部，互联网用户数达到 41.82 万户，其中宽带用户 37.29 万户，新增 12.39 户。截至 2009 年底，全区通信行业完成固定资产投资 16.48 亿元，固定资产总额达到 109.1 亿元。固定本地网电话交换机总容量达 218.97 万门；固定长途电话交换机容量达 7.35 万路端；移动电话交换机总容量达 661.4 万户，新增 67.77 万户，光缆线路总长度达 3.69 万公里，新增 0.6 万公里；互联网宽带接入端口数达到 37.39 万个，新增 5.61 万个；互联网拨号服务器端口总数 1.59 万个。

二、业务发展情况

（一）本地电话业务发展情况：2009 年本地网电话通话量完成 93 亿次，较上年同期增长 11.25%。

（1）固定本地业务发展情况：2009 年固定本地网通话量完成 16.49 亿次，较上年同期下降 24.12%；固定本地网通信收入累计完成 4.06 亿元，较上年同期增长 3.66%。

（2）移动本地业务发展情况：2009 年移动本地通话量完成 76.51 亿次，同比增长 23.68%；移动通信收入累计完成 23 亿元，增长率 18.3%。

（二）长途业务发展情况：2009 年全区长途通话时长(含 IP、传统长途、移动长途)总量完成 19.87 亿分钟，同比增长 3.89%。长途总业务收入累计完成 5.27 亿元，同比增长 11.72%。

（1）传统长途：通话时长累计完成 2.88 亿分钟，较上年下降 17.22%。传统长途业务收入累计完成 1.32 亿元。

（2）移动长途：通话时长累计完成 14.36 亿分钟，较上年增长 23.66%。移动长途业务收入完成 3.42 亿元。

（3）IP 通信通话时长（含移动 IP）累计完成 2.63 亿分钟，同比下降 34.79%。IP 长途业务收入累计完成 0.53 亿元。

（三）数据通信、互联网业务发展：2009 年全区固定数据通信、互联网通信业务收入完成 4.08 亿元，同比增长 23.5%。

（四）非话收入：2009 年非话收入达到 11.35 亿元，同比增长 3.76%，收入占比为 31.32%。

三、本年度发展特点与特色

（一）以宽带互联网为抓手，着力推进“信息下乡”。以宁夏为国家级社会主义新农村信息化工作省域示范点为契机，进一步加大“宽带下乡”的工作力度，积极推广互联网应用，完成了全区 188 个乡镇、2311 个行政村信息点的建设任务，完成率为 100%。建成乡镇信息库 9 个，行政村信息栏目 274 个。建成了“宁夏电信新农村综合信息服务网”、“宁夏移动农信通业务网”、“宁夏联通农业信息网”，巩固了农村信息化的建设成果，改善了农村文化生活条件，促进了农村经济社会统筹发展。

（二）大力推进 3G 网络发展，居民通信消费需求得到了进一步满足。积极争取自治区党委、政府对 3G 建设的政策支持，协调城市规划、园林、环保、国土资源等部门，明确了建设流程和审批手续，减免了绿地占用费，降低了自治区 3G 基站电磁辐射环境影响评价和验收费用标准。召开了 3G 业务应用的新闻发布会，为 3G 发展营造良好的市场环境，有力地支持了具有民族自主知识产权的 TD-SCDMA 和其它 3G 网络的建设与发展。加快全区 3G 网络建设进度，截至年底，3G 网络覆盖全区县市，用户总数达到 5.57 万户。

（三）电信基础设施共建共享工作扎实推进，有力地推动了两型社会建设。组织三家运营企业签署电信基础设施共建共享合作框架协议书，确定了各运营商资源同等置换、租用价格以及机房面积、交流电源引入容量、杆路管道承载力的统一标准，明确了电信基础设施共享资源租用费，为推动电信基础设施共建共享奠定了基础。全年全行业共进行了 9 个批次基础电信设施共建共享协商，确定基站、铁塔、杆路、交流引入等 1500 多个项目进入共建共享程序，采取了共建共享的方式，节约建设资金 8000 余万元，全面完成了工业和信息化部共建共享率考核指标。全区电信基础设施共建共享资源核查已全面完成，为下一步建立共建共享资源数据库，全面展开共建共享工作奠定了基础。

（四）充分发挥政府协调职能，稳步推进沿黄城市带通信业一体化进程。组织专人开展深入的清查摸底工作，掌握了电信运营企业的网络设备、技术制式、组网状况等情况，分析了通信一体化码号升位所面临的技术难题、用户识别和过渡技术支撑等问题。调研社会各界短号码接入状况，详细掌握了医疗、公安、消协等关乎民生及社会安宁的短号码服务平台情况，就短号码接入现状和存在问题进行了研究和规划。组织基础电信运营商提交升级改造预案。委托国家电信研究院专家编制了《宁夏通信一体化规划》，为规划的执行与落实打下了坚实的基础。

四、存在问题

（一）在推进信息化、促进信息化与工业化的融合方面，距科学发展的要求还有很大差距。

（二）市场监管与网络安全管理的制度和措施未能完全适应网络、技术、业务的融合与发展。

（三）面对电信重组后的市场新格局，全业务经营后的市场竞争行为，监管能力与水平需要不断提高。

（四）面对 3G、物联网、智慧地球等蓬勃发展的新技术与层出不穷的新业务，知识、人才储备与创新能力显得不足，亟待加强。

【监管工作】

一、准确把握监管尺度，强化资费监管，市场经营行为更加规范

认真研究电信资费监管模式，强化资费备案程序管理，重点做好 3 G 业务资费和各类资费套餐的调研和标准确定工作。全年备案审批企业推出的各种资费优惠套餐、短期促销方案 127 个，调整了固定电话本地网营业区间通话费上限标准。积极推动移动通信实行一费制，促进了电信资费水平适度下降。针对电信市场资费热点问题加大整治力度，强化市场检查，严肃处理违反规定未报备资费行为以及“缴费送费”、短信息网间差别定价、校园套餐差别定价等扰乱市场经营秩序的不正当经营行为，引导企业理性竞争，营造了有效、有序的市场竞争环境。

二、继续推进市场专项治理工作，有效净化市场环境

加强不良短信息治理，组织开展了不良信息有奖举报活动，全年共受理举报 2617 件，删除拦截各类有害短信 7121 万条，有效地治理了不良垃圾短信，防范了各类骚扰短信和诈骗短信。坚持做好黑网吧专项整治工作，配合文化等部门对 2 家违规经营的网吧进行了处理，整顿了文化市场环境。加大电信市场违规经营查处力度，对以传销方式非法经营 VOIP 业务的 1 个窝点进行了查处，杜绝了非法经营电信业务的情况。认真规范电信市场经营行为，组织查处了免费搭建光纤网络和违规销售 IP 卡、违规建设虚拟网、驻地网和有线接入网的行为，规范了电信市场经营秩序。

三、加强互联网管理，网络环境得到净化

认真落实境内违法互联网站黑名单管理制度，深入开展网络与信息安全治理的专项行动。先后开展了互联网医疗保健和药品信息服务专项整顿行动、打击利用互联网等信息网络非法经营烟草专卖品、网络虚假广告治理、地理信息市场整治等专项行动，加强了对网站 BBS 不实、违规信息内容的清理工作，并与互联网管理等有关部门建立沟通协作机制，广泛开展了互联网低俗之风治理工作。加强上网环节的管理，向社会免费发放了两万套“绿坝一花季护航”软件，有效净化了网络环境。

四、坚持做好新的市场格局下的互联互通工作，网间通信质量不断提高

认真落实互联互通各项制度，强化网间互联互通管理。对互联互通网间监测系统进行了升级改造，完善了网间收敛信令。认真对照监测数据，落实互联互通质量责任，通过技术手段狠抓网间通信质量，协调处理了 6 起网间故障争议。重点加强 3G 网络之间的互联互通，保障了网间通信畅通和 3G 业务的顺利开展。组织对节假日期间网间电路合理调配，网间通信质量进一步提高。

五、码号资源管理工作深入开展，实现资源的合理配置

组织开展全区码号资源调查，清查各类用户号码、短号码、短消息业务代码和企业自用业务号码，建立了码号资源数据库，对码号资源实行动态管理。协调运营商完成 3G 业务号码、TD 固网号码的开放和网间使用。完善号码管理流程，加强各类号码的核配和备案审核。全年共核配固定电话网码号万群号码 18 个批次、专网号码 4 个批次、96 短号码 2 个，备案移动网 HLR 号码 9 个批次、123 号码 15 个批次、短消息号码 44 个批次。码号资源占用费征缴率达到 95%以上。

六、以“服务社会、服务民生”为主题的行风建设活动扎实推进，效果明显

引导各电信运营企业制定了较为完善的行风建设方案，确定了全业务经营后的管理流程和服务规范。全行业积极开展了电信服务窗口“服务社会民生，树立行业新风”活动，营业窗口服务设施更加齐备，营业人员服务水平不断提高。政府与行业协会积极开展工作，协调解决了 3G 网络信号弱等人民群众需求迫切、反映突出的电信服务问题。联合自治区消协、通信行业协会、电信用户委员会深入基层，广泛开展明查暗访工作，行业整体服务质量全面提升，行风建设得到了深入、扎实推进。

【重大事项、事件】

2 月 12～25 日，自治区通信管理局组织对电信运营企业及领导班子 2008 年度依法经营情况进行互评。

2 月 26 日，自治区通信管理局组织召开 2009 年度全区通信行业工作座谈会。传达工业和信息化部工作会议精神，总结和回顾 2008 年全区通信行业发展状况，部署了 2009 年度工作。同时，组织三家基础电信运营企业签署电信基础设施共建共享合作框架协议。

3 月 3 日，为提高电信服务质量，着力解决电信服务的突出矛盾和问题，增强全行业科学发展动力和活力，自治区通信管理局制定印发了《2009 年全区电信行业行风建设工作方案》。

3 月 15 日，自治区通信管理局会同自治区工商局召开了消费者权益保护座谈会。

3 月 31 日，自治区通信管理局与银川市人民政府、自治区环境保护厅联合召开自治区第三代移动通信建设新闻发布会。

5 月 17 日，自治区通信管理局组织举办“5•17 世界电信和信息社会日”宣传纪念活动。会同自治区党委宣传部以“保障儿童网上安全”为主题开展纪念活动，向社会各界免费发放 2 万套绿色上网软件。

5 月 12 日，在“5•12”四川汶川大地震周年纪念日，自治区通信管理局组织三家电信运营企业开展应急通信抗震演练活动。针对地震等灾害可能发生的通信设施毁坏，组织进行抢修恢复工作。

6 月 15 日至 9 月，为切实做好保密检查工作，自治区通信管理局制定印发了《宁夏通信管理局保密自查工作实施方案》。并组织开展了内外网系统安全检查，加强了泄密防范。

6 月 26 日，自治区通信管理局组织召开了 2009 年全区电信行业行风建设工作会，总结了上一年度行风建设取得的成绩，安排部署 2009 年行风建设要点。

7月9日，为推进自治区电信基础设施共建共享进度，自治区通信管理局制定印发了《宁夏电信基础设施共享资源费用租用费标准》。

7 月 30 日至 8 月 10 日，自治区通信管理局贯彻落实“质量和安全年”活动要求，集中开展安全生产隐患排查治理和督促检查工作。

8 月 7 日，根据全区通信行业发展实际情况，发布了《宁夏通信行业“十一五”发展滚动规划》。

9 月 1 日，根据自治区政府《宁夏沿黄城市带同城化发展方案》，全面开展沿黄城市带建设的要求，自治区通信管理局完成了《宁夏通信一体化规划》编制工作，并上报部电信管理局、规划司和自治区政府。

9 月 25 日，自治区通信管理局组成检查组对电信、移动、联通三家通信运营企业进行了实地检查，督促各企业严格落实工业与信息化部和通信管理局对网络信息安全以及其它各方面工作的要求。

9 月 27 日至 10 月 20 日，为营造健康和谐的网络环境，保持社会稳定，自治区通信管理局开展互联网市场专项整治工作。

10 月 1～8 日，全区通信行业圆满完成了国庆期间通信保障工作，保证了建国 60 周年庆典和国庆期间通信网络畅通、网络与信息安全，营造了安全和谐的网络运行和市场运营环境。

10 月 20 日，自治区通信管理局与公安厅等 11 个厅局联合印发《关于自治区落实〈关于建立境内违法互联网站黑名单管理制度〉的实施意见》，加大了对宁夏境内违法互联网站的管理。

10 月 26 日至 11 月 20 日，自治区通信管理局会同自治区消费者协会、电信用户委员会联合组织开展 2009 年电信行业行风建设检查工作。

12 月 12 日，自治区通信管理局组织开展宁夏通信工程建设领域突出问题排查工作。

12 月 18 日，自治区通信管理局召开了全区电信基础设施共建共享工作会议，对 2009 年共建共享工作进行了总结，表彰了在共建共享工作中涌现出来的先进集体和先进个人。全行业共节约建设资金约 8000 万元。全面完成了工业和信息化部下达的共建共享率考核指标。

12 月 21 日，自治区通信管理局召开深入打击手机淫秽色情专项行动专题会议，并制定印发了《宁夏通信管理局依法打击手机淫秽色情专项行动工作方案》。

（宁夏回族自治区通信管理局）

新疆维吾尔自治区电信发展与管理

【电信发展统计】

项目	达到	增长率/增长量
电信业务收入	126.5 亿元	4.4%
其中：非话业务收入	48.2 亿元	6.4%
固定电话用户数	573.1 万户	-9.7%
小灵通用户数	96.6 万户	-37%
移动通信用户数	1119.6 万户	6.5%
拨号上网用户数	9 万户	-82.5%
宽带上网用户数	123.8 万户	13.2%
固定资产投资	80 亿元	33.5%
村通工程完成率	行政村 100% 自然村 80.7%	

【电信发展情况综述】

一、总体情况

2009 年，新疆维吾尔自治区电信业务总量完成 466.3 亿元，同比增长 26.3%。电信业务收入完成 126.5 亿元，同比增长 4.4%。电信固定资产投资完成 80 亿元，同比增长 33.5%。电信综合价格水平下降 18.4%。

全区新增电话用户 6.5 万户，总数达到 1692.7 万户。其中：固定电话用户达到 573.1 万户，同比下降 9.7%；移动电话用户新增 68.3 万户，总数达到 1119.6 万户，同比增长 6.5%。固定电话普及率和移动电话普及率分别达到 26.9 部/百人和 52.6 部/百人。互联网用户达到 133.7 万户，同比下降 6.3%，其中宽带接入用户达到 123.8 万户。

全区光缆线路长度新增 2.6 万公里，达到 19.8 万公里。本地交换机容量减少 73.9 万门，达到 930.1 万门，移动电话交换机容量新增 638 万户，达到 2985 万户。互联网宽带接入端口新增 5.8 万个，达到 160.4 万个。

二、电信行业发展的主要特点

（一）受“7・5”事件通信管制的影响，电信业务发展增速明显下滑。

“7・5”事件后，按照中央部署和自治区党委有关要求，自治区实施了局部通信管制，电信业务发展受到一定影响，主要表现在：（1）电信业务收入增速明显下滑，2009 年全区电信业务收入增速仅为 4.4%，较上年同期下降 13.8 个百分点，低于同期新疆 GDP 增速 3.7 个百分点。分项电信业务收入也有不同程度的下降。其中：固定本地网业务、互联网接入收入、移动数据业务收入分别较上年同期下降 23.8%、3.1%、17.6%。各企业为解决通信管控期间用户未能正常使用电信业务相关问题，给予用户部分资费减免和优惠。据初步测算，7、8 月份费用减免涉及全区 769.5 万用户，减收费用近 5 亿元。（2）

增值电信业务收入增速明显回落，2009 年全区增值业务收入完成 19.7 亿元，同比下降 11.7%。其中短信息业务收入较上年同期下降 33.3%。

（二）电信业增加值占新疆 GDP 比重有所提高，对社会经济发展的支撑作用持续增强。

行业发展对经济社会贡献显著。2009 年全区完成增加值 60 亿元，同比增长 12.9%，占同期新疆 GDP 和第三产业增加值的 1.4%和 4.5% ，分别较上年同期增长 0.2 和 0.8 个百分点；电信固定资产投资占全区固定资产投资的 2.8%，对拉动内需、促进经济平稳增长起到了积极作用；电信综合价格水平持续下降，由上年同期的 5.4%下降为 18.4%，用户以较少的支出享受到了更加实惠的电信服务。

（三）电话用户增长速度趋缓，移动对固定的替代作用持续增强。

2009 年，全区固定电话用户继续呈现下降趋势，同比下降 9.7%。其中：无线市话用户减少 57 万户，占固定电话用户总数的比例由上年同期的 24.2%下降为 16.8%。移动电话用户增速趋缓，同比增长 6.5%，为近五年来最低水平。

移动电话对固定电话替代作用持续增强。移动本地通话量、移动长途通话量占本地通话量、长途通话量比重分别由上年同期的 55.7%、70.3%上升为 70%、75%。移动电话业务收入占电信业务收入比例也由上年同期的 55.2%上升为 58.3%。

（四）行业转型步伐加快，非话音业务占总收入比重继续上升。

2009 年，全区电信行业转型步伐进一步加快，主要表现在：（1）非话音业务收入完成 48.2 亿元，同比增长 6.4%，占电信业务收入比重由上年同期的 37.1%上升为 38.1%；（2）移动数据业务收入占移动通信业务收入的 14%；（3）互联网宽带化日趋显著，宽带用户在互联网用户中的比重由上年同期的 67%上升为 93%；（4）短信息业务量累计达到 635008 万条，同比下降 33.7%。

（五）收入市场份额向一家企业集中趋势仍在延续。

全业务经营和 3G 牌照发放使得三家基础电信运营企业在资产规划、网络能力和业务经营范围方面的差距缩小，但受电信市场发展及重组效果滞后性的影响，收入市场份额失衡状况继续加剧。新疆移动的业务收入份额继续攀升，由上年同期的 52.4%上升为 55.8%，新疆电信、新疆联通、新疆铁通的业务收入比重分别由上年同期的 33%、11.8%、2.8%下降为 30.7%、11%、2.5 %。

（六）“村通工程”取得新进展，农村信息服务日趋丰富。

深入推进“村通工程”向自然村延伸，积极落实“建设设施、搭建平台、信息服务”的三步走策略，重点完善农村通信设施和信息服务平台，鼓励和支持移动通信向农牧区发展，特别是南疆三地州农牧区的移动通信覆盖。继续加快“信息田园”、“农信通”等综合信息平台在农村的推广力度，推进“三农”网站等农业信息网的建设和应用。主动与相关农业、农技部门联合整合农业信息服务资源，并以农民切实需要，方便获取为主要目的，为广大农民提供功能强大、种类丰富、灵活便捷的各类涉农信息服务业务。2009 年用于“村通工程”及农村信息化建设的投资达 9.12 亿元，新增 2073 个自然村通电话，30 个乡镇和 822 个行政村通宽带，建设乡信息站 602 个，村信息点 4048 个，乡信息库 560 个，村信息栏目 7735 个。

（七）3G 业务稳步推进，网络建设和业务推广应用全面展开。

围绕扩大内需和优化市场格局，全面落实支持 3G 发展的各项政策措施，加快网络建设，扩大网络覆盖范围，积极拓展营销渠道，发展 3G 用户，完善服务规范和提升服务质量，为促进产业链及宏观经济增长，刺激社会通信消费需求发挥了积极的拉动作用。2009 年完成 3G 投资 27.7 亿元，占全年固定资产投资的 34.6%，建成 3G 基站 6094 个，室内分布系统 3231 个，载频数 25291 个，核心网容量达 434 万户。3G 网络基本覆盖全部地级市及县级市，新疆移动 TD 网络覆盖乌鲁木齐、昌吉、石河子、奎屯、克拉玛依、库尔勒等地级市。新疆电信 3G 网络覆盖全部地级市及县级市。新疆联通 WCDMA 网络已覆盖全疆十六个地级市及 74 个县级市。各企业在大规模建设 3G 网络和推进 3G 商用的同时，采取各种措施改善网络质量、扩大用户规模、规范套餐业务规则，提升服务质量，特别在营销渠道中各企业通过销售人员介绍、媒体宣传、网站展示、用户体验等方式为客户营造了熟悉与感受 3G 业务功能的良好环境。2009 年，全区共发展 3G 用户 18.6 万户，其中 3G（TD-SCDMA）用户达 7.1 万户。

【监管工作】

一、紧急部署“7·5”事件应急通信保障工作，全力保障通信畅通

新疆维吾尔自治区管局及时成立了现场指挥部，紧急启动了《新疆维吾尔自治区处置大规模爆炸恐怖袭击事件通信保障应急预案》，迅速开展各类保障工作。紧急扩容以缓解超载话务量，并实现了本地互联网直联，保障了新疆互联网络资源最大程度共享。按照中央统一部署，通信管理局组织企业及时实施了“三断一限”通信管控任务，并要求企业严格遵守通信管控各项纪律。专用通信局充分发挥卫星、无线、有线等多种专用通信服务优势，圆满完成了中央工作组、中央来疆调研组的重要通信保障以及党和国家领导人来疆视察期间的重大通信服务工作。通信管控措施的有效实施，对“7•5”事件处置和维护新疆大局稳定发挥了重要作用。

针对通信管控引发的用户咨询及投诉，在充分听取各企业意见的基础上，经过分析研究，提出了解决通信管控期间用户未能正常使用电信业务相关费用问题的处理原则，全力保障用户的合法权益。

按照自治区党委尽快恢复正常生产、生活秩序的总体要求，通信管理局适时提出了通信管控调整建议，并经批准后于7月16日组织实施。建立会商制度，严把审核关，陆续开放了部分互联网业务应用，逐步解决社会各界在管控状态下对通信的迫切需求。

二、明确责任，把好市场准入关，全力维护自治区电信行业良好的发展环境

一是清查各类增值电信业务，全面掌握全区增值电信业务发展情况。对172家本地增值电信业务经营者、3家基础电信运营企业及1117家跨地区增值电信业务经营者进行了年检，并为49家企业核发了增值电信业务经营许可证；督促各企业进一步核查增值电信业务接入情况；启动了“全区增值电信业务管理平台”开发建设，完善了“事前审查、事中监管、事后处理”机制，有效引导和鼓励中小增值企业健康发展；对手机代收费业务进行全面清查。

二是明确互联网站接入环节管理责任，严把网站备案审核关。为严厉打击非法从事互联网接入服务等行为，解决虚拟主机层层转包等重点问题，按照“谁接入、谁负责”的原则，要求各企业落实网站“先备案后接入”制度，细化管理责任，督促其设立专门备案管理机构，配备专门人员，划分网站备案及相关管理工作职责。要求基础电信企业和重点接入服务商对网站信息进行全面清查，发现未备案网站，立即暂停提供互联网接入服务，并督促用户履行备案手续。启动疆内未备案网站发现功能模块建设工作，完善未备案网站发现的技术手段，保证了备案网站信息的真实和有效。

三是建立联系机制，积极配合各部门深入开展专项整治行动。通过开展“整治互联网低俗之风”、“整治垃圾短信”、“整治手机媒体低俗之风”、“打击发票违法犯罪活动”、“打击整治网络淫秽色情”、“净化社会文化环境，促进未成年人健康成长”等专项清理整治活动，配合相关部门严厉打击了网上违法犯罪行为，有效地净化了互联网环境。

四是建立考核机制，及时解决电信重组出现的新情况、新问题。按照工业和信息化部规范电信市场秩序的相关意见，细化全区贯彻落实的各项要求，召开全区电视电话会议动员部署。要求企业结合集团公司制定的经营行为规范和指标，制定具体工作落实方案，建立相应的考核制度，将通报的电信市场违规行为情况纳入企业业绩考核体系，对违规责任单位和责任人追究经营管理责任，并与其绩效考核结果直接挂钩。

三、进一步做好电信行业管理工作，着力解决涉及群众切身利益的热点难点问题

一是围绕“服务社会、服务民生”行风建设主题，做好用户申诉受理工作，提升电信服务质量。制定印发了全区2009年度电信行业行风建设实施方案，召集企业部署具体工作，并在通信管理局网站开辟专栏，交流经验的同时方便社会监督。对2008年度用户申诉受理工作进行调研，召开情况通报会，全面规范了申诉反馈、举证、回访、后续处理、退费等工作。积极参与“3·15”及“新广行风热线”活动。

二是加强电信资费监管，规范业务宣传，着力关注民生问题。协调各企业完成了取消短信息网内网间差别定价工作，并根据部省合作协议和乌昌经济一体化政策的要求，在充分听取各企业意见的基础上，先后完成归属南疆三地州的手机用户在三地州内漫游被叫免费、下调三地州固定电话用户本地网营业区间通话费上限标准、乌昌两地手机用户在两地范围内漫游时被叫免费、下调全区（除南疆三地州外）固定电话本地网营业区间通话费上限标准、手机拨打长途实行单一计费等资费调整。初步估算，每年节省通话费用达上亿元。

三是加强对公用电信网间通信质量管理。组织安排各企业在一个半月内完成了14个本地网新疆移动新关口局的割接入网工作；积极落实《电信网络运行监督管理办法》，指导企业完成全疆60多条网间中继扩容和迂回路由，完成了14个本地网移动新关口局割接入网工作，认真协调处理网间通信障碍和网间结算争议。

四是全力配合相关部门严厉打击盗窃、破坏电信设施的犯罪行为。制定了《新疆通信行业打击盗窃破坏电信设施违法犯罪专项斗争工作方案》，全面部署了2009年打击“三电”具体工作，充分利用互联网、手机短信息等业务平台，向广大人民群众进行依法保护电信设施的宣传教育，增强群众守法意识和维护电信设施安全的自觉性，并协助公安部门加强高危人员、刑嫌人员的信息收集和管理工作。

四、服务地方经济社会发展，大力推动我国第三代移动通信（3G）的发展

一是将“村通工程”向自然村延伸，深入推进农村信息化，继续做好重点工程建设通信保障工作。深入推进“村通工程”向自然村延伸，积极落实“建设设施、搭建平台、信息服务”的三步走策略，重点完善农村通信设施和信息服务平台，推进“信息下乡”活动，继续加快“信息田园”、“农信通”等综合信息平台在农村的推广应用，加大南疆三地州农牧区移动通信覆盖。全行业共投资9.12亿元，新增2243个自然村通电话，30个乡镇和1077个行政村通宽带，建设乡信息站602个，村信息点4048个，乡信息库560个，村信息栏目7735个，已完成年度任务。

为做好准东煤电煤化工产业带通信保障工作，组织各电信企业做好产业带的通信建设规划，要求其主动根据产业带总体布局和通信规划加快通信建设。在哈-罗等多条铁路和乌昌大道建设中，除协调各企业与铁路规划部门积极合作外，多次进行实地勘察，协调企业完成线路的交越迁移，从规划期入手先行做好通信保障工作。

二是加大推进全区第三代移动通信（3G）业务发展，全力支持 TD-SCDMA 的网络建设。认真做好 3G 牌照发放后的市场管理工作，引导企业树立理性竞争、合作共赢的经济理念。推动出台支持 TD 网络建设的相关政策措施。自治区人民政府已于 3 月初正式发文，就支持 TD 网络建设方面要求地方政府和相关部门给予大力扶持。截至年底，全区 3G 投资完成 24 亿元，已建成 3G 基站 3560 个，室内分布系统 3238 个。新疆移动 3G 网络已覆盖乌鲁木齐、昌吉、石河子、奎屯、克拉玛依、库尔勒等城市；新疆电信和新疆联通也实现了全疆 16 个地州市的 3G 网络全覆盖，全区 3G 用户已达 14.2 万。

三是稳步推进电信基础设施共建共享工作。3 月 5 日，组织三家企业签订了《电信基础设施共建共享合作协议》。10 月制定下发了《新疆电信行业电信基础设施共建共享考核工作实施细则》和《新疆电信行业电信基础设施共建共享租费标准》，进一步推动行业全面协调可持续发展，为共建共享深入推进打下坚实的基础。截至目前，全行业已共建铁塔 361 座、杆路 1383 线路公里、基站 732 个、传输线路 2373 线路公里，铁塔共建率是：28%；已共享铁塔 1778 座、杆路 6978 线路公里、基站 2252 个、传输线路 10604 线路公里，铁塔共享率是：70%。节约投资约 4.6 亿元。

此外，继续抓好网络信息安全保障工作，制定了《新疆维吾尔自治区通信网络安全检查工作方案》，在全区安排部署了网络安全检查工作。了解和掌握各电信企业战备应急通信组织建设情况，与自治区应急办、各电信企业强化日常沟通联系。安排部署了组织自治区通信业安全生产年和安全生产“三项行动”工作，并进行检查和督导。将通信建设项目招投标工作做为今年建设市场的工作重点，开展通信建设项目招投标活动检查，加大工程质量监督检查，提高 3G 网络建设质量。加强码号资源管理工作，深入推进短消息类服务接入代码的审批和备案。认真做好行业统计，编制出 2009 年年度预计发展情况及 2010 年发展思路、“十二五”基本发展思路。

【重大事项、事件】

1 月 26 日，中共中央政治局委员、新疆维吾尔自治区党委书记王乐泉前往新疆移动公司亲切慰问一线员工，自治区党委常委、纪检委书记符强，自治区党委常委宋爱荣，自治区党委常委、秘书长白志杰，自治区副主席艾尔肯•吐尼亚孜随同参加。

同日，新疆维吾尔自治区党委副书记、自治区人民政府主席努尔•白克力等领导来到中国电信乌鲁木齐分公司南湖营业厅，看望并慰问了春节期间坚守工作岗位的电信员工，并使用“新视通”向远在和田地区的员工们致以节日的问候。

3 月 5 日，新疆电信、移动和联通三家公司在乌鲁木齐市共同签署了电信基础设施共建共享合作协议，自治区副主席戴公兴、自治区人民政府副秘书长蔡毅治、新疆通信管理局及各基础电信运营企业有关领导参加了此次签字仪式。

3 月 24 日，自治区通信行业启动整治手机媒体低俗之风工作，并纳入整治互联网低俗之风专项行动整体部署。

3 月 26 日至 4 月 1 日，新疆通信管理局及新疆电信、移动、联通公司组成联合调研组，对南疆三地州电信业发展情况进行了调研。

4 月 28 日，新疆通信管理局全面部署自治区村通工程和自治区重点工程通信保障工作。

5 月 6 日，自治区党委外宣办和新疆通信管理局联合召开“自治区网络管理工作通气会暨全区互联网站管理工作协调小组座谈会”。自治区党委外宣办、公安厅、安全厅、教育厅、广电局等 13 家厅局单位参加了会议。

5 月 16 日，新疆维吾尔自治区人民政府与中国移动通信集团公司战略合作框架协议签署暨 TD-SCDMA 网络开通仪式在乌鲁木齐举行。中共中央政治局委员、新疆维吾尔自治区党委书记王乐泉、自治区党委副书记、自治区主席努尔•白克力参加签约仪式。

5 月 17 日，中国电信天翼 3G 业务服务范围拓展至全疆所有县级及以上城市。新疆联通公司在乌鲁木齐、昌吉两地与全国共 55 个城市共同启动 3G 业务试商用。

6 月 30 日，全区电信行业规范电信市场秩序工作电视电话会议召开，将按照全国整顿和规范市场经济秩序工作要求，针对近期电信市场出现的新情况新问题，就贯彻落实工业和信息化部《关于规范当前电信市场秩序的意见》进行动员部署。

7 月 5 日，乌鲁木齐发生打砸抢烧严重暴力犯罪事件。新疆电信行业紧急启动应急预案，迅速开展工作。新疆通信管理局及时成立了现场指挥部，密切关注网络舆情动态，及时上报自治区党委有关领导提供决策参考。

7 月 6 日 4:30，全区实施“三断一限”局部通信管制（断国际长话、断互联网、断短信、限国内长话）。

7 月 16 日 21:00，实施了一阶段通信管制调整，逐步开放了金融、证券、高考招生等部分互联网应用，取消国内长途限呼，并在各地州市部分营业厅开放了国际长途去话业务。

8 月 1 日，自治区南疆三地州手机用户在三地州漫游时，接听电话免费。

8 月 10～12 日，工业和信息化部奚国华副部长一行专程前往新疆，视察新疆电信行业应对“7•5”事件各项通信保障工作，深入新疆电信、移动、联通等企业调研，听取了新疆通信管理局、各运营企业以及自治区无线电管理工作的汇报，看望并慰问了一线干部职工。

8 月 29 日，中国联通集团公司与自治区人民政府举行战略合作框架协议签字仪式。中共中央政治局委员、新疆维吾尔自治区党委书记王乐泉，自治区主席努尔•白克力等领导出席签约仪式。

10月1日，自治区南疆三地州固定电话营业区间通话费上限标准下调。

同日，新疆联通公司3G业务与全国256个城市一起，在全疆10个地市正式商用。

10月25日，中国电信集团公司与自治区人民政府举行战略合作框架协议签字仪式。中共中央政治局委员、新疆维吾尔自治区党委书记王乐泉出席了仪式，中国电信集团公司总经理王晓初与自治区党委副书记、自治区常务副主席杨刚代表双方签署协议。

11月11日，工业和信息化部党组副书记、副部长奚国华率领由国家发展改革委、工信部、国土资源部、国家质检总局、旅游局等部委人员组成的中央调研组召开新疆通信业发展座谈会。新疆通信管理局、兵团信息化办公室及新疆移动、电信、联通、铁通四家企业分别作了汇报。

11月12日，新疆电信行业深入整治手机淫秽色情专项行动正式拉开帷幕。

12月1日，乌昌两地手机用户在两地范围内漫游时接听免费。

12月15日，新疆铁通公司铁路专用通信整建制划归铁路局。

12月18日，新疆互联网协会第三次会员代表大会、新疆通信行业协会第二次代表大会、新疆通信学会第六次会员代表大会召开。

12月28日24:00，组织实施了二阶段通信管制调整，开放了疆内用户对人民网、新华网的浏览访问，关闭互动功能。

（新疆维吾尔自治区通信管理局）

第十八篇　通信事业单位和社团组织

【工业和信息化部电信研究院】

电信研究院是工业和信息化部直属科研事业单位，拥有正式员工1200余名，其中84%为本科以上学历、74%为中级以上职称、40岁以下人员占68.5%，员工平均年龄35.2岁，是一支知识层次高、科研实力强的国家级科研队伍。

电信研究院始建于上世纪50年代中期，前身为邮电部邮电科学技术研究院。多年来，电信研究院承担了大量国家和行业的重大研究工作，在通信产业政策、电信技术标准、通信发展规划、产品测试认证等方面积累了丰富的经验，为我国通信产业发展做出了重要贡献。

作为信息通信行业的国家研究院，电信研究院紧紧围绕“支撑政府、服务行业”的职责定位，秉承“厚德实学、兴业致远”的文化理念，主要从事行业发展规划和政策、信息通信服务市场监管与法律法规、工业和信息化融合政策环境等方面研究。电信研究院每年为通信企业和社会各界提供广泛的咨询服务，发行大量关于行业运行状况分析和全球技术与市场动态研究报告。同时，电信研究院拥有国际一流的通信测试仪表和完整的通信网络模拟实验环境，是信息通信行业名副其实的国家实验室。

电信研究院从技术和政策、国际和国内、宏观和微观多层次支撑工信部重点工作，与时俱进，开拓创新，积极调整业务定位，拓展研究领域，提升科研水平，创新运营机制，力争成为工信部在信息通信研究领域最重要的支撑单位和综合政策研究领域的主要依托单位。

一、为部ICT领域及综合政策领域工作做好支撑服务

（一）顺势调整战略定位，全面提升支撑能力，支撑效果显著

2009年，研究院支撑政府层面不断深入，支撑力度全面加强，向“ICT领域最重要的支撑单位，综合政策领域主要依托单位之一”的目标迈出坚实一步。通过以研究通信为主加速向ICT推进，成为工信部在ICT领域最重要的支撑单位；更加贴近政府决策需求的研究凸显支撑效果，在互联网研究领域取得重要突破；稳步向工业等新领域拓展，成为工业和信息化部综合政策领域主要依托单位之一；进一步规范服务和管理流程，部属中心监管工作效率明显提高。

（二）推进科研体系建设，完善软科学研究领域，夯实基础科研实力

根据新的业务定位，电信研究院及时调整相关领域研究范围，扎实推进领域研究工作，积极利用国际智力资源。围绕提升科研实力的重心，电信研究院进一步提升科研项目管理水平，优化软科学立项等管理机制；在完善院级科研体系建设的同时，各业务部门也加大科研管理力度，着力提升基础科研能力，为持续发展打牢基础；院所两级科研管理水平不断提高，基础科研实力进一步夯实。

（三）科研成绩硕果累累

2009年全年完成各类科研项目共1100余项，其中国家专项47项，工信部软科学120项，政府临时重要支撑项目近500项，承担国家和行业标准376项，标准预研项目64项。为落实业务定位调整，该院于2009年初成立了政策与经济研究所，在不断夯实信息通信领域研究能力的同时，积极向工业、经济领域拓展。

2009年研究院在科研方面成绩斐然，获得国家科技进步一等奖1项、二等奖2项，部级科技奖励16项，实现了研究院科研成果在国家级奖项上历史性的突破。截至2009年底，研究院已有206项科技成果进入国家科技成果库，全年申请专利39项，获得授权8项，累计向国际标准组织提交文稿700余篇。

二、为部通信市场监管提供强有力支撑

电信研究院现设有国家电话机质量监督检验中心、国家通信计量站、中国强制性认证实验室、北京移动通信设备质量监督检验中心等十二个检测机构，每年承担大量通信产品入网检测及3C认证检测、通信产品委托测试、通信设备网络试验及试运行、通信产品国际互认检测、质量争议仲裁的检测评估和鉴定、通信仪表检定、校准、量值传递及通信计量网的管理等任务，为整顿和规范电信市场秩序，保护电信用户和电信业务经营者的合法权益做出了重要贡献。

由电信研究院管理的工业和信息化部通信工程定额质监中心、电信设备认证中心、电信用户申诉受理中心、电信与信息服务咨询中心等部属中心在2009年承担了大量支撑政府、服务企业的工作，包括：（1）服务用户，维护电信企业、用户的合法权益；（2）服务政府，及时反映电信服务质量情况，协助政府主管部门加强电信监管，支撑宏观管理决策，改善电信市场秩序；（3）服务企业，化解企业与用户的矛盾，促进企业改善服务、提高服务质量和产品质量，提升核心竞争力。这些中心对外代表工业和信息化部形象，对内反映政府支撑工作的落实情况，是体现电信研究院支撑工作的重要机构和对外联系的窗口与纽带。

三、领导成员

院长：杨泽民

党委书记：鲁阳

副院长：曹淑敏、李锡堂、谢毅、邹力行

党委副书记：李锡堂（兼）、乔发民

【国家无线电监测中心】

一、圆满完成首都国庆 60 周年活动无线电安全保障任务

中心科学调配全体工作人员，调集超短波、短波、卫星固定监测站，移动监测车、便携式监测设备，管制车（站）等技术设施（设备），建成了现代化的多功能指挥中心，圆满完成了现场协调、指挥中心运行保障、频率管理、台站管理、监测定位、后勤保障、应急预备等各项工作任务，在整个国庆活动无线电安全保障中发挥了关键的作用。期间，共受理 58 个单位的 131 份频率申请，批准设置了 83 座临时地球站；先后监测频率 19088 条，查处可疑干扰 146 起，配合行政执法 19 次，定位干扰源 11 个；检测无线电设备 403 台，核发标签 69252 个，圆满完成了天安门地区 22 个安检口的设备安检任务。中心受到各级领导、管控组和有关部门的高度赞扬，76 名同志被评为“首都国庆 60 周年无线电管控工作先进个人”。

二、加强无线电监测，维护社会稳定和电波秩序

全年向所属监测站下达无线电监测任务 70 项，累计监测 53429 小时，并向各省无线电管理机构下达频率指配监测任务 20 项，完成了 12 期无线电频谱监测月报。各监测站对航空移动、广播等业务频段进行了常规监测，普查信号 11768 个，确定发射台位置 939 个，查找干扰 17 起。北京、深圳站测量并核实卫星载波变更 750 个，监测、定位卫星干扰源 29 起，其中国际干扰 2 起。哈尔滨监测站全力协助当地无线电管理机构圆满完成了大冬会的无线电安全保障工作。

三、大力促进 3G、特别是 TD 产业发展

扎实开展了 1880～1920MHz 频段 PHS 对 TD-SCDMA 的干扰研究和测试工作，进行了 2300～2400MHz 频段雷达与 TD-SCDMA 系统、WCDMA 室内基站与卫星移动通信系统共存的研究，为充分满足 3G 产业发展的频率需求提供了强有力的技术依据。对检测实验室有关系统进行了升级改造，提高了对 3G 无线电发射设备的检测能力。继续开设 TD-SCDMA 型号核准检测绿色通道，全年共检测 3G 设备 705 个型号，共计 3217 台设备。

四、认真做好频谱工程、台站管理有关工作

一年来，除与 3G 有关的频率共存分析研究工作外，中心还完成了 645～862MHz 频段、2500～2690MHz 频段等多项无线电业务与系统间的共存分析研究，组织开展了对铁路 GSM-R 系统进行干扰分析研究和电磁环境测试，对全国 150MHz、400MHz 频段频率台站使用情况进行了综合统计分析，为国家频率资源管理提供了有力的技术支撑。认真做好中央国家机关及直属单位的日常台站管理工作，全年共受理设台批文 15 份，新发、换发电台执照 315 个，收取频率占用费 765.5 万元。

五、检测事业改革发展迈出重要步伐

实现检测中心的成功筹建和平稳运行，检测实验室顺利通过中国合格评定国家认可委员会（CNAS）的认可复审，并首次获得 SAR 值校准资质，成为国内唯一一家 SAR 校准实验室。全年完成 4949 个型号、19796 台设备的型号核准检测，同比增长 12.2%。同时，实现非型号核准委托业务同比增长 55%，优化了检测业务发展结构。同时，按照部无线电管理局和科技司要求，相继完成了全国无线电发射设备型号核准检测机构的技术审查、41 个型号手机的质量抽测等工作。

六、积极推进无线电管理信息化

台站、频率、空间、监测、地理信息等业务计算机系统的建设和部署得到积极推进和实施，无线电管理信息化程度进一步提高，提升了无线电管理工作的质量和效率。

七、加强科学研究和政策研究工作

有效组织开展了国家重大科技专项、国家 863 计划项目、国家自然科学基金项目及行业标准的申报与实施工作。加大对无线电管理政策制定的理论支撑力度，组建了政策研究室，积极组织或参与了众多基础性、发展性课题的研究工作，为建立符合科学发展观的无线电频率和台站管理模式进行了有益的探索。

八、做好对地方技术工作的指导

根据地方无线电管理工作的实际需要，开展了 7 次《无线电监测与通信侦察》系列远程讲座，举办了全国无线电监测技术培训会议，举办了中德无线电监测工作与技术交流会，为各省区市代表参与国际交流创造了机会，推动了我国无线电监测能力和技术水平的提高。

九、积极参与国际无线电事务

有效开展了地面、空间业务无线电频率与台站的双边协调及技术审查工作，为维护国家权益提供了强有力的技术支撑。全年共处理国际电联地面业务周报 20 期，空间业务周报 19 期，处理国际电联和各国协调函件 589 件，包括地面业务协调函件 173 件，空间业务协调函件 416 件。

十、领导成员

主任：刘岩

副主任：尹纪新、薛永刚、刘九一、李景春（兼总工程师）

【国家计算机网络应急技术处理协调中心】

2009 年，国家计算机网络应急技术处理协调中心（简称 CNCERT/CC）深入开展国家公共互联网网络安全的监测发现、应急处置、通报预警、专项保障和国际合作交流等工作，为维护我国网络安全做出了积极贡献。

一、网络安全监测

2009 年，全国基础网络运行状况整体平稳，但是全国范围或省级行政区域内发生了若干起造成较大影响的网络安全事件。例如：5 月 19 日我国部分地区互联网网络故障事件、6 月 25 日中国电信广东省网流量异常事件、8 月中下旬国际互联网海底光缆连续中断事件等。作为互联网重要基础设施，域名系统面临着更为严峻的网络安全

形势：一方面域名系统自身存在着致命安全漏洞，另一方面攻击域名解析服务器成为黑客网络攻击的常用手段。

2009 年，公共互联网环境的安全形势依然严峻。CNCERT/CC 抽样监测发现，我国大陆地区 26.2 万余个 IP 地址（包含动态 IP）的主机被植入木马，较 2008 年同比下降 53.6%；境外有 16.5 万个主机 IP 参与控制上述境内主机，较 2008 年下降 40.2%。境内被僵尸网络控制的主机 IP 共 83.7 万余个，较 2008 年下降 32.3%；境外有 1.9 万个主机 IP 参与控制上述境内主机，较 2008 年增长 257.8%。2008 年底至 2009 年间，一种新型蠕虫——“飞客”（Conficker）蠕虫在全球互联网迅速传播。至 2009 年底，CNCERT/CC 监测到全球感染“飞客”蠕虫的主机 IP 数量已超过 7000 万个，其中中国大陆地区是“重灾区”，每月感染主机 IP 数量约 1800 万个。此外，CNCERT/CC 监测发现，我国大陆地区有 4.2 万个网站被黑客篡改，与 2008 年同期相比约下降了五分之一，其中.gov.cn 网站被篡改数量为 2765 个，与 2008 年相比下降 23.1%。2009 年，CNCERT/CC 联合多家单位共同建设的国家信息安全漏洞共享平台（CNVD）共收录信息安全漏洞 1397 个，其中高危漏洞 806 个（占 57.7%）、中危漏洞 426 个（占 30.5%）、低危漏洞 165 个（占 11.8%）。

以上数据表明，恶意代码、网络攻击、信息系统安全高危漏洞仍使互联网面临着严重的安全威胁，上述安全威胁背后隐藏的互联网黑色地下产业链较以往更为成熟，政府和重要信息系统部门以及各行业、单位和个人用户都可能成为网络攻击或控制的目标。

二、网络安全应急处置

2009 年，CNCERT/CC 在 5 月 19 日我国部分地区互联网网络故障事件、6 月 25 日中国电信广东省网流量异常事件、上海私车车牌拍卖系统遭攻击事件、“飞客”蠕虫事件等历次重要网络安全事件的监测、预警、处置过程中发挥了积极作用。同时，根据工业和信息化部《木马和僵尸网络监测与处置机制》的要求，CNCERT/CC 国家中心及各分中心协调运营商、域名机构持续开展了木马和僵尸网络的治理行动。2009 年，境内木马和僵尸网络受控主机数量大幅下降，表明治理行动取得良好的成效。但是，互联网黑色地下产业规模庞大，仍然比较活跃，治理工作面临着更为艰巨的任务。

此外，CNCERT/CC 还通过多种公开渠道接收公众网络安全事件报告。2009 年，CNCERT/CC 共接收 21927 件非扫描类网络安全事件报告，其中垃圾邮件、网页恶意代码（网页挂马）、网页仿冒等事件为主要部分。CNCERT/CC 依托有效的应急工作机制、逐步完善的技术手段、及时的信息通报、顺畅的处置流程，全年共处置各类网络安全事件 1176 件，其中造成较大危害的网页恶意代码事件、涉及金融企业和重要商业机构的网页仿冒事件，以及涉及国内政府机构和重要信息系统部门的网页篡改事件为网络安全事件处置的重点。

2009 年 7 月 7 日，CNCERT/CC 发起成立反网络病毒联盟，吸纳会员 22 家，签署《反网络病毒自律公约》，举办“反网络病毒工作回顾展”，制定了网络病毒举报受理和信息发布平台建设规划，为进一步通过行业自律加强网络安全事件处置奠定了基础。

三、网络安全通报预警

2009 年，CNCERT/CC 继续通过网站、邮件、专题报告等形式开展网络安全信息服务，及时将重要网络安全信息通报给有关部门。同时，CNCERT/CC 积极贯彻工业和信息化部颁布的《互联网网络安全信息通报实施办法》，自 2009 年 6 月 1 日起，开始承担公共互联网网络安全信息通报中心职能，并不断拓宽范围、规范流程、丰富内容。2009 年共发展通报成员单位 262 家，发送通报及通报增刊 44 期。

2009 年，CNCERT/CC 通过网站发布信息 441 条，涉及安全公告、安全漏洞、安全新闻、安全建议、统计报告等多个方面。通过电子邮件向运营商、CERT 组织、应急服务支撑单位、APCERT 和 FIRST 等特定用户群体提供定向的信息服务，在第一时间将各类信息送达用户。此外，2009 年，CNCERT/CC 还向中国互联网协会网络与信息安全工作委员会等单位发布《网络安全月报》12 期。

四、网络安全专项保障

2009 年，CNCERT/CC 圆满完成“温总理在线访谈”、“两会”、“新中国成立六十周年”、“西藏民主改革五十周年”、“七五事件”、“十一运会”、“奥巴马在线访谈”等 11 项保障任务，累计对 8563 个 IP 和 296 个域名进行了 7×24 小时网络安全监测，为国家各项重要活动的开展提供了有效的网络安全技术保障。在执行专项保障任务过程中，共组织开展了 5 次专项治理行动，对 946 个木马和僵尸网络控制端、255 个恶意域名进行了清理，有效整治了互联网环境，保障了互联网安全。

五、国际合作与交流

2009 年，CNCERT/CC 积极参与网络安全国际交流与合作，推进建立国家间网络与信息安全应急处理合作机制，为应对日益复杂的网络安全事件，维护全球和地区性网络与信息安全做出积极努力。

2 月 25～28 日，CNCERT/CC 受邀参加第 8 届“The Honeynet Project”年会，并向与会人员介绍了在中国建设并部署的 Matrix 蜜网运行及应用情况。

7 月 23 日，CNCERT/CC 参加了由东盟 CERT 组织的年度应急演练。这是 CNCERT/CC 连续第三年参加该项演练。参加本次应急演练的 CERT 组织来自东盟成员国及其对话伙伴国等 13 个国家。

7 月 27～29 日，CNCERT/CC 受邀陪同工业和信息化部有关部门赴泰国出席东盟电信监管理事会第十五次会议，重点参加了其中的“中国－东盟电信监管圆桌讨论会”。

10 月 23 日，“中国－东盟网络安全研讨会”在湖南长沙召开，来自越南、柬埔寨、缅甸、老挝、文莱、印度尼西亚、泰国和中国等8个国家的CERT组织、近30位代表参加了会议。“中国－东盟网络安全研讨会”是贯彻2007年秋温家宝总理在中国与东盟领导人会议上的讲话精神——“倡议建立中国－东盟网络与信息安全应急处理合作框架”中一项重点工作。CNCERT/CC积极发挥非政府组织的作用，配合通信行业主管部门开展相关工作。中国和东盟开展网络安全合作的总体目标是，建立和完善中国－东盟网络安全应急合作机制，有效保障和维护地区性互联网安全。

【中国互联网络信息中心】

一、规范国家域名注册管理，开展整治互联网和手机淫秽色情及低俗信息专项行动

2009年，CNNIC通过加强国家域名的管理，保障国家域名规范、健康发展。在打击域名注册黑代理方面，年度共曝光17家黑代理；在反钓鱼网站方面，形成了对钓鱼、病毒等不良应用的处理机制，截至12月底，反钓鱼网站联盟的成员扩大至91家，累计处理各类钓鱼网站13686个；在注册服务机构的管理和规范方面，通过行业自律公约和注册服务机构信誉度评级，引导行业规范发展；在用户服务方面，设立国家域名注册服务用户投诉中心，切实保护公众权益。

2009年12月，中央九部委联合开展了深入整治互联网和手机淫秽色情及低俗信息专项行动。这次专项行动，首次涉及到了域名领域。CNNIC作为国家域名注册管理机构，积极配合落实工业和信息化部等主管部门的要求，保证人力物力投入，实施了一系列措施。

（一）提升域名注册信息准确性

一是严格审核域名注册申请材料，通过采用审核信息证明材料的业务流程，要求用户提交域名注册申请时提交信息证明材料，从而提升新注册域名注册信息的真实、准确性。二是对已注册域名的注册信息逐一进行核对，要求域名持有者向其域名注册服务机构提交有关信息证明材料，从而提升已注册域名注册信息的真实、准确性。三是加强域名代理机构的备案管理，通过建立实施域名注册服务机构管理办法，禁止未认证备案的代理机构从事域名注册业务，防止层层“转包”导致无法追责。

（二）治理域名不良应用

CNNIC对所有已注册域名的应用情况进行了人工逐一访问与核查，发现不良应用后，立即暂停该域名的解析；同时，CNNIC要求各注册服务机构安排专人进行域名不良应用的检查与处理，每日上报检查结果。

在公众监督举报方面，CNNIC向社会广泛告知了国家域名投诉处理中心举报方式，每天24小时接受公众对域名不良应用和域名违规注册的投诉举报，核实一起，查处一起。CNNIC还先后与公安部、全国“扫黄打非”办公室和中国互联网协会12321网络不良与垃圾信息举报受理中心等单位建立起了不良域名应用联动机制，分工协作，全力封堵不良域名应用。

对于将域名进行不良应用的注册者，CNNIC一经发现，立即将其纳入黑名单，使其不能新注册域名。

通过一系列措施的实施，CNNIC完善了国家域名管理手段，加强了管理力度，有效落实域名注册实名制管理，域名专项治理工作取得了阶段性成果。

二、承担好国家互联网基础资源的运行管理工作

（一）壮大我国互联网基础资源

2009年底国家域名CN注册量达到1346万个，是全球注册量最大的ccTLD，占中国域名总数的80%，成为我国域名的注册主流。同时，CN下网站数达到250.1万个，占中国网站总数的77.4%，CN域名成为我国网站的使用主流，提升了我国互联网安全水平。截止到2009年11月底，我国中文域名数达到46万个。

2009年底，我国IPv4地址拥有量达到2.32亿个，地址总量居全球第二；CNNIC IP地址分配联盟成员单位有286家。截至2009年12月4日，CNNIC在2009年分配IPv4地址量为120B，累计分配量为859B；分配IPv6地址3块/32，累计分配量29块/32；分配AS号码16个，累计共分配179个。

（二）加强国家域名运行维护

为做好国家域名的运行管理，2009年CNNIC完成了国家域名全球服务平台规划；对国内顶级节点进行全面容量升级；在新建节点上以AnyCast方式支持IPv6。按期完成国家域名的快速更新系统的上线，使CN域名解析生效时间由此前的4个小时左右，缩短至15分钟左右，达到国际领先水平。

2009年国家域名解析服务的可靠性连续4年达到100%，服务水平承诺（SLA）指标逐年提高，达到或接近国际一流互联网络信息中心水平。

（三）提供全方位高质量的客户服务

CNNIC面向全球互联网用户，提供多渠道的7×24小时中英文服务支持，已形成较成熟的客户服务体系，通过现代化的呼叫中心服务平台提高了CNNIC整体的服务质量和效率。2009年受理咨询电话48763个，客户满意度平均值达到91.6%，用户投诉数量较往年有大幅的减少。

（四）参与国家网络安全保障专项

鉴于国家域名的保障关系到国家网络安全，乃至国家安全，在网络安全保障方面CNNIC始终保持高度警戒，不断投入人力物力，提升技术水平。作为国家域名的注册管理机构，CNNIC在2009年积极参与国家重大网络安全保障专项工作，出色完成了温总理在线访谈、国庆60周年等任务。

（五）开展国家域名推广与宣传

国家域名规模的壮大离不开业务推广。2009年CNNIC主动策划，抓住时机，以多种方式进行CN域名品牌宣传，起到了良好的效果，.CN入选央视国庆特别报道《中国符号 改变世界》之五。

三、打造国家网络发展政策的思想库

在互联网统计调查和信息化发展研究方面，CNNIC 以建设国家网络发展政策思想库为目标，从多个层面出发，通过各类调查报告和政府咨询报告，为我国政府、社会、企业等提供互联网信息服务。

（一）国家级研究报告

2009 年，CNNIC 发布 2 次《中国互联网络发展状况统计报告》；修订中国互联网发展大事记，忠实记录中国互联网发展的脉络；完成每年与中国互联网协会合作出版的《中国互联网发展报告 2009》，记录中国互联网 2008 年度各方面发展的状况。

（二）部委级研究报告

为了做好对互联网相关政府部门的支持工作，2009 年先后完成了来自中科院、工信部、国务院新闻办、中宣部等国家主管部门委托的 10 多项政策调研课题，为相关政府决策提供了有力的支持。

（三）省市级研究报告

借助 CNNIC 的调查研究资源和优势，CNNIC 为我国 9 个省市完成了省级互联网发展状况调查报告，目前广东省地市级干部的考核指标中关于信息化部分的指标由 CNNIC 评估。

（四）互联网行业研究报告

CNNIC 搭建了互联网研究体系，由互联网分析师全年全领域跟踪研究，共完成了搜索引擎、移动互联网、3G、网络视频、社交网络、网络购物、即时通信、博客、网络营销等互联网热点行业研究报告 26 份。

四、建设国家网络基础资源技术的研发中心

在技术研发方面，CNNIC 以域名、IP 地址为主的互联网基础资源为研究对象，以自主产权的技术标准和软硬件为工作重点，积极开展国内外技术合作交流，提升学术水平、培养人才队伍，为国家提供科技支撑。

（一）标准推动方面

长期活跃于互联网国际标准制定组织 IETF 等国际组织，2009 年完成 9 篇 IETF 草案，1 篇工作组文稿 。积极参与中国通信标准化协会（CCSA）等国内标准组织工作，有 11 篇行标报批，CCSA 行标转国标 1 项。积极参与电子标签工作组工作，通过技术规范 1 项，另有 1 项技术规范已提交申请。

（二）软硬件研发方面

投入资源积极开发自主产权的域名软件系统和硬件设备。2009 年 6 月与互联网软件系统联盟（ISC）合作开发下一代域名解析软件（BIND10）；开发 IPv6 过渡、ENUM、RFID 等软件。2009 年 CNNIC 申请专利 3 项；软件著作权获批 15 项。

（三）国际合作方面

2009 年 10 月，与美国 Cisco 成立 CNNIC-思科互联网地址技术联合实验室，将在地址分配、地址管理、地址身份、地址安全、IPv6 技术等相关领域展开广泛合作。11 月与美国互联网软件系统联盟（ISC）签订合作协议，建立互联网技术研究联合实验室。

（四）科技支撑方面

2009 年获批发改委“下一代互联网可信域名服务系统产业化”项目。此外，还承担了工信部技术调研项目 3 项，所级基金项目 2 项。

五、担当互联网国际交流与合作的中坚力量

CNNIC 在国际交流上继续代表中国互联网社群参与国际交流，促进国际合作，主动担当我国互联网国际交流与合作的中坚力量，在国际上的影响力不断扩大。

（一）作为中文域名申请工作主力，成功推动 ICANN 实施 IDN ccTLD 快速通道流程，并于 11 月 16 日代表中国向 ICANN 提交了“.中国”入根的申请。

（二）积极参与互联网工程任务组（IETF）、互联网名称与数字地址分配机构（ICANN）、国际互联网协会（ISOC）、亚太互联网络信息中心（APNIC）、亚太顶级域名（APTLD）等国际互联网组织的活动，并在这些机构中担任了重要职务。

（三）2009 年 8 月在北京成功举办了 APNIC 第 28 次会议、APTLD 北京会议和 DNS-OARC 会议三次国际性技术和政策会议。2009 年共接待外宾 150 余人次，多次接待具有重大国际影响力的外宾。

六、努力实现科研成果产业化

2009 年 11 月，根据院领导指示和工信部要求，经主管部门批准，依据相关法律程序，中国科学院计算机网络信息中心成功组建北龙中网（北京）科技有限责任公司，将 CNNIC 的通用网址和无线网址等技术作为科研创新成果，转入北龙中网公司进行运营。作为重要的科技创新产业化平台，北龙中网公司将成为科技创新成果的转移、转化和孵化平台，通过满足社会对互联网创新技术的需求，实现科研成果产业化和增值的良性循环。

七、2009 年 CNNIC 所获荣誉

CNNIC 主任毛伟被推荐为第四届国家信息化专家咨询委员会委员。

CNNIC 副主任李晓东博士获得中国青年五四奖章。

CNNIC 互联网发展研究部主任刘冰被评为“2009 年度中国科学院信息宣传先进个人”。

CNNIC 党支部《明确使命，找准定位，勇于创新，全力打造有行动力和影响力的基层党组织》获得中央国家机关工委基层党建征文三等奖。

CNNIC 在 2009 中国互联网大会的“寻找中国互联网力量与信心”评选活动中入选中国互联网“力量之星”。

八、领导成员

主任：毛伟

副主任：刘志江、李晓东

【通信行业职业技能鉴定指导中心】

一、性质和任务

工业和信息化部通信行业职业技能鉴定指导中心(以下简称通信职鉴指导中心)是国家批准进行通信行业特有职业（工种）技能鉴定的权威认证机构。其宗旨是开展通信行业技能鉴定，为企业、为劳动者服务，促进通信事业发展。其任务是规划制定并组织实施通信行业特有职业技能鉴定；制定鉴定标准；规范制定并组织编写培训教材和试题库建设；制定鉴定站的设立条件，负责鉴定站的资格审核与监督评估；负责制定考评员、督导员任职条件与资格审核；负责技师和高级技师的评审，组织相关技能开发、证书核发与咨询服务。管理通信人才交流中心。

二、2009 年主要工作

2009 年通信行业职业技能鉴定工作的总体思路和工作要求是：以邓小平理论和“三个代表”重要思想为指导，以“深入学习贯彻科学发展观”活动为契机，落实“服务企业、服务劳动者”宗旨，着力推进高技能人才队伍建设，在建立科学规范的高技能人才多元评价体系、健全和完善国家职业标准体系和行业题库运行机制上下功夫。积极推动职业培训与鉴定考评机制创新，强化质量管理，加强鉴定机构体系和工作人员队伍建设，促进职业资格证书制度全面发展。完成的主要工作：

（一）认真做好标准、题库、教材建设工作，完善鉴定工作技术支撑体系

（1）认真贯彻执行国家职业标准，做好修订工作。对线务员、电信业务员、市话测量员、通信用户终端维修员四个职业标准进行修订，由人力资源和社会保障部审核后予以颁布。新修订标准已印发各省。

（2）启动题库开发工作：通信行业题库已纳入国家总库管理并授权运行，其硬件、软件基本到位。各项标准试题的收集、编写、充实工作已作明确分工：北邮负责理论，集团公司偏重实操，有实力的省中心、省分公司参与。

首期题库实际编制情况统计

序号	调整后编制题库	实际编制题量		题目入库
	名称	题量	试卷	
1	公共基础知识（1-5 级）	275	各五套	12 月底完成
2	高级电信业务师（1 级）	370	五套	12 月底完成
3	电信业务师（2 级）	370	五套	12 月底完成
4	电信业务员（3 级）	470	五套	12 月底完成
5	电信业务员（4 级）	460	五套	12 月底完成
6	电信业务员（5 级）	525	五套	12 月底完成
7	话务技师（2 级）	370	五套	12 月底完成
8	话务员（3 级）	470	五套	12 月底完成
9	话务员（4 级）	460	五套	12 月底完成
10	话务员（5 级）	525	五套	12 月底完成
11	高级线务技师（1 级）	370	五套	12 月底完成
12	线务技师（2 级）	370	五套	12 月底完成
13	线务员-宽带终端装修维护（3 级）	376	四套	12 月底完成
14	线务员-宽带终端装修维护（4 级）	368	四套	12 月底完成
15	线务员-宽带终端装修维护（5 级）	368	四套	12 月底完成
	合计	6147	72	

（3）组织教材编写工作： 2009 年完成《电信业务营业员》国家五级 1 本，《电信业务营业员》国家四级三级合订本 1 本，《电信机务员-基站维护》国家四级三级和订本 1 本，《线务员-宽带终端维修员》1 本的编审工作，现已出版发行。 完成《网络通信安全管理员》《数据信息服务机务员》等教材的编审工作。

（二）积极做好鉴定考核工作和高技能人才考评工作，推动技能人才多元评价体系建设

（1）2009 年全国通信行业参加职业技能鉴定总人数为 77813 人，合格 57461 人，合格率 74%。

（2）加强考评员和高级考评员培训工作。由部中心统一管理考评员和高级考评员培训工作，委托各省（区、市）鉴定中心组织培训，要求培训前提出申请，报送具体计划，并将培训时间地点安排、授课内容、考核试卷等信息一并报备。

2009 年通信行业职业技能鉴定考评员培训合格并颁发合格证书 438 名。

部中心举办了通信行业第二期高级考评员培训班，培训的职业工种为电信业务员、线务员和电信机务员，100 人参加培训并完成考核。

（3）组织第一次全国高技能人才统一考评工作

通信行业高技能人才考评工作是部中心今年工作的重点，年内组织实施了电信业务员和线务员两个职业的高级技师（高级业务师）、技师（业务师）统一考评工作，1029人参加考评，其中参加高级技师（高级业务师）考评 231人，73 人考评合格并颁发证书；参加技师（业务师）考评 798 人，249 人考评合格并颁发证书，两类合格率均为31%。

此次高级技师（高级业务师）、技师（业务师）全国统一考试的实施，为以后继续进行高技能人才考评工作摸索了方法，总结了经验，也找出了有待改进的地方。

（4）加强职业技能鉴定实训基地的建设

为进一步做好职业技能鉴定工作，为从业人员提供岗位技能的培训场所，部中心今年提出要加强职业技能鉴定实训基地的建设步伐。并印发了《关于印发<通信行业职业技能鉴定实训基地建设管理办法（试行）>的通知》，对部、省两级实训基地的建设提出了条件、任务和管理方面的标准和要求，要求各单位要充分考虑各地实际情况，积极发挥各自的优势，因地制宜，搞好实训基地的规划和建设，部、省两级实训基地要统筹规划，相互协调，发挥各自实训工作效能。要加强对建成实训基地的指导、管理和督促工作，保证实训效果。现吉林、上海、北京、江苏四个省的职业技能鉴定实训基地已建成并投入使用。

（三）整章建制，完善流程，促进管理工作科学化、规范化

（1）落实“深入学习实践科学发展观活动”整改方案，加强制度建设。一年来，中心以“深入学习实践科学发展观”教育活动为契机，从思想教育、制度建设、规范行为、狠抓落实入手，努力建设一支廉洁高效、爱岗敬业、务实创新的职工队伍，提高中心工作水平。制定、修订和完善了各自的工作制度和工作流程 14 项，现已在工作中试运行。

（2）继续做好职业资格证书网上查询的数据准备工作。

（3）继续推行职业技能鉴定工作统一考务管理软件应用，规范职业技能鉴定数据上报制度，提高职业技能鉴定数据统计和分析速率，提高证书制作效率和准确率。

（四）积极参与教育部全国职业技能大赛，树立中心良好形象

教育部全国中职高职院校职业技能大赛已经连续组织了两年，非常具有影响力，成为全国中职高职院校高度重视的一项工作。2009 年教育部高职高专通信专业教育指导委员会（以下简称教指委）多次邀请部鉴定中心深度参与，希望给予首次举办的通信专业大赛以组织和技术上的指导和支持。

自 2008 年底至 2009 年 6 月底，代表中心九次与教指委召开会议，确定大赛组织工作、竞赛内容、竞赛规则、竞赛场地要求等，编写各种大赛文件、规则 18 份。中心以部的名义邀请北京、天津、江苏、河北中心主任以及通信运营企业 12 位专家担任命题、裁判、阅卷工作。做了大量工作，付出了艰苦的努力。通信专业 3G 大赛赛场由于竞赛内容设置科学先进、竞赛组织管理严谨、深受全国高职院校的好评，并被教育部评为优秀赛场。

通过大赛使我们认识到与教育部结合对全国高职院校的通信专业学生开展职业技能鉴定工作大有可为。同时通过大赛部鉴定中心在教育部及各高职院校中树立了良好了形象，为下一步继续与教育部合作开展工作，奠定了坚实的基础和良好的开端。

（五）做好年度表彰工作

2009 年各省级职业技能鉴定中心，在面临复杂形势和诸多问题的情况下，不畏困难，坚守岗位，扎实工作，为推动通信行业职业技能鉴定工作的发展，尽自己的努力，埋头苦干，做了大量的工作。为通信行业职业技能鉴定做出了突出贡献。经研究决定今年的表彰工作，设专项奖进行表彰，共设 5 个专项奖项，计 40 个/次单位受到表彰。

部中心还有一些独立的工作和内部管理工作：（1）专项培训工作。现有部中心授权专项培训机构 15 家，58 个培训细项；今年共培训人员 2415 人，并颁发中心专项培训合格证书。（2）通信人才交流工作正常开展。存档和人事代理工作稳步开展，成功举办人才交流招聘会。（3）规范制证流程，统一制作职业资格证书，提高了制证工作效率，证书的制作质量得到保证。（4）加强财务管理制度化、法律化建设，为中心理好财。

三、领导成员

主任：宋宝英

副主任：滕伟

【人民邮电出版社】

一、工作概况

2009 年，是人民邮电出版社实施五年发展战略规划的第三年，全社出版物总销售码洋达到 8 亿元。同时，全国各大卖场监控数据显示，出版社零售市场占有率排名第2。目前，人民邮电出版社年出版通信、计算机、电子、工业技术、教材、经管、集邮、交通、旅游、摄影、少儿、心理学、商务英语 10 余类图书 4000 种；出版《通信世界》、《通信学报》、《电信科学》、《电信技术》、《信息与家庭》、《无线电》、《集邮》、《摩托车》、《学电脑》、《高保真音响》、《现代通信》、《米老鼠》、《童趣》、《互联网天地》等 14 种期刊，年总发行量近 1300 万册；年出版音像电子出版物 600 余种，网络出版物 800 余种。其中，通信、电子图书以其权威性和先进性在国内同行业中保持领先地位，计算机图书的零售市场占有率位居全国之首，少儿图书已在国内少儿读物中形成质优物美的品牌特色。

在图书方面，计算机、通信电子、教材、经管等主要图书门类的出版结构得到优化，市场地位进一步巩固。计

算机图书在调整中求发展，以较高的品种效率保持了市场占有率第1的地位；教材图书继续实施精品战略，图书内容质量有效提升，全社教材销售规模增长30%，实现了快速发展的目标；少儿图书进一步优化产品结构，加大对畅销品种的开发力度，市场竞争力不断增强，图书市场占有率排名第二；通信电子类图书在控制库存、提高单品效率的同时，不断增强产品的市场适应性，销售码洋增长达20%以上；摄影、经管、旅游图书尽管涉足时间不长，但增长势头强劲，其中摄影类图书的市场占有率已迅速攀升至第1的位置。

在期刊方面，期刊架构实现了进一步调整。博趣公司完成了工商注册，负责面向社会大众的兴趣爱好类期刊的运营和管理，使得出版社期刊业务格局进一步明晰。专业期刊以刊物为平台，充分利用自身在通信业内的影响和作者资源，开展培训、论坛和会议服务，形成了立体化经营的格局；面向社会的期刊则进一步贴近读者、贴近市场，在积极调整其定位和内容的基础上，坚持把栏目内容做深做透，做到期期有重点。通过对期刊产品定位进行调整和细分，进一步适应读者的需求变化；通过在内容质量方面进行优化与创新，产品竞争力得到进一步提高；通过进一步创新期刊的经营机制，业务实现发展，获利能力得到有效提升。

在经营管理方面，全面创新工作机制，初步建立了适应科学发展的经营管理体系。通过修订五年发展规划、进一步推行预算管理和逐步建立统一的外编队伍，加强了出版社的规范化管理，提高了管理服务水平；通过对内容质量、编校质量和印装质量等环节加大控制力度，进一步完善出版物质量保障体系，使质量控制与出版运营同步推进；通过建立对关键业务指标的月度分析制度、组建大客户部，密切关注市场变化，构建高效营销体系；通过及时调整任务指标体系，使绩效考核工作融入日常管理中；通过加强干部考核评价工作，促进干部的快速成长，并进一步完善干部考核体系。

在体制改革方面，出版社根据中央关于深化中央各部门各单位出版社体制改革的部署和要求，在文化体制改革试点工作基本完成的基础上，及时总结改革试点工作的经验、成果，积极研究进一步深化改革的具体措施，明确了下一步转企改革的重点、步骤和目标任务，为实现出版社的可持续发展创造机制优势。

2009年，出版社出版品牌得到有效巩固，出版社形象全面提升。2009年人民邮电出版社获得了“全国百佳图书出版单位”、“2009中国版权产业最具影响力企业”、“2007至2008年度全国‘查处侵权盗版案件有功集体’一等奖”等荣誉称号。在2009年全国出版业网站评选中，人民邮电出版社门户网站入围中国“出版社网站30强”。《喜羊羊与灰太狼》和《TD-SCDMA 无线网络规划设计与优化》分别荣获第二届中华优秀出版物图书奖和图书提名奖，《AutoCAD 制图系列》图书在第七届全国书籍设计艺术展览中获得“优秀书籍设计奖”，《人人都爱经济学》、《数码摄影手册》、《男人必学的魔术》等10种图书被评为“2009年度全行业优秀畅销品种”，《羊羊运动会》入选新闻出版总署2009年向全国青少年推荐百种优秀图书目录。2009年出版社版权输出成果丰硕，全年输出各类图书66种，比上年增加了39种，同时还在法兰克福国际书展中获得了版权输出先进单位二等奖，这些成绩为出版社今后进一步“走出去”积累了宝贵经验。

二、领导成员

社长：季仲华

党委书记：徐修存（兼副社长）

副社长：顾翀、王晓丹（兼总编辑）、姚彦兵、蒋伟

【人民邮电报社】

一、将学习实践科学发展观活动转化为促进报社科学发展的动力

在学习实践活动中，报社坚持贯彻群众路线，通过征求意见、座谈研讨、深入调研、分析等扎实工作，基本找准了影响发展的突出问题，分析认清了存在问题的主客观原因尤其是主观方面的原因，制定了切实可行的整改方案，极大地鼓舞了职工士气，增强了发展信心，取得了实实在在的效果。

通过深入学习，加深了对科学发展观的理解，党员党性得到锻炼，组织和纪律观念普遍增强，工作作风明显转变，在贯彻民主集中制、分工协作、顾全大局、廉洁自律、自觉接受党内外监督等方面形成共识，贯彻科学发展观的自觉性进一步增强；通过广泛征求社内外的意见和建议，明确了人民邮电报立足通信产业，以“两化”融合为切入点，坚定不移地服务“走新型工业化道路”的定位；通过整改落实，新闻宣传思路不断拓展，广告经营成功地遏制了下滑趋势，报刊发行保持稳定，基础管理不断加强和规范，群众反映强烈的突出问题得到及时解决。

二、创新体制机制，促进科学发展

（一）着力解决媒体发展中遇到的新情况、新问题。为适应通信运营企业重组、3G牌照发放后通信业的新格局和新形势，适时调整《人民邮电》报编辑系统内设机构，形成要闻部以服务政府和各省通信管理局，重点关注信息化和全球电信业发展趋势；电信新闻部、通信新闻部、邮电新闻部分别服务中国电信、中国移动、中国联通和国家邮政局；科技新闻部服务科研、制造业的新的宣传报道分工格局。为加强各媒体之间的互动，报社编委会研究确定了“8条意见”，初步建立了信息资源共享机制；着眼报社长远发展，进一步明确了网络媒体的战略地位，制定了支持网络媒体发展的具体措施；成立人民邮电报社发行工作小组，针对发行工作出现的新情况、新问题和发行工作中的薄弱环节，采取有效措施，稳定了2009年报刊发行量；成立人民邮电报社纸张、印制工作小组，将全社新闻纸采购、报刊印刷集中管理，发挥了集中采购、印制的大

客户优势，有效控制了纸张、印制成本。

（二）着眼规范效能，体现公开、公平、公正。研究确定了职能部门和纪委办公室的职责，使支撑系统各部门工作界面清晰，工作责任明确，提高了工作效率，杜绝推诿扯皮现象发生；根据辅助岗位工作性质，研究确定了岗位系列、报酬体系，规范了各类补贴、福利标准，完善了劳动合同，使辅助岗位用工和管理彻底规范；调整专业技术职务评聘管理办法，实行评聘分开，规范专业技术岗位设置、聘岗管理，把评聘分开原则落到了实处，鼓励专业技术人员提高业务能力和水平。

三、创新工作思路，提高新闻宣传质量，满足读者需求

《人民邮电》报按照“贴近基层、贴近一线、贴近读者”的要求进行了全新改版，增设“班组视点”、“服务视界”等专版，及时推出“来自一线的调查报道”，拉近报纸与读者的距离，增强了报纸的亲和力、影响力。一批重大报道有创新、有特色。“两会”报道增加专家官员现场采访，策划了“通信业代表委员关注什么”、“通信业如何抵御金融危机”等专题报道。“学习实践科学发展观”报道评论与跟踪报道结合，在不同阶段开辟学习实践专栏。“提振通信与提振经济”系列报道从促进宏观经济发展的层面，深入分析、系统回答了提振通信对提振经济的作用、突破口在哪里等行业读者非常关心的问题。国庆60周年报道隆重热烈，反映了新中国成立60年来通信业发生的翻天覆地的变化。“互联网大会启示录”、“促进移动互联网健康发展”系列报道，站在互联网持续健康发展的角度，提出既不要“因噎废食”、又要加强监管、加强自律、特别是要加强立法，受到运营商的称赞。

《中国网友报》、《中国集邮报》、《通信企业管理》杂志、《中国电信业》杂志、《中国无线电》杂志和中国信息产业网站也都找准定位，彰显特色，一年来通过精心策划、组织和实施，不断强化可读性、实用性和权威性，受到业界和读者的普遍好评。

四、健全规章制度，推行社务公开，实行规范、民主管理

（一）建立健全各项规章制度，完成规章制度汇编。注重加强规范管理，先后出台或修订一系列规章制度，并于10月完成以近两年出台或修订为主的规章制度汇编71项。规章制度汇编以电子版形式在报社办公网上发布，并组织职工进行了认真学习。

（二）实行社务公开，推进职工参与民主管理。多次召开职代会讨论通报情况，坚持重要事项一律公示、公告，扩大职工民主管理参与权，使报社主要工作的决策更加民主、透明。

五、领导成员

社长、党委书记：张枢

总编辑、党委副书记：武锁宁

副社长、纪委书记：孟晓敏

副社长：周家奎

副社长：蒋林

副总编辑：张学军

【中国通信学会】

一、国内外学术交流

2009年主办大型学术活动10项。其中，国际学术会议7项，境内学术会议参加人数2310人，第六届学术年会征集论文442篇，录用229篇，出版论文集1册。各专业和工作委员会开展学术活动18项，参加人数4246人，境内学术会议交流论文1683篇，出版《论文集》5册。

大型学术活动包括中日产业科技交流研讨会、第七届天津国际手机产业展览会暨论坛、CDMA’2009世界论坛、中国科协第十一届年会第31分会场、2009信息与通信技术促进发展世界大会（WCID’09）、第5届亚太环境电磁学学术会议（CEEM’2009）、第十一届中国卫星应用大会、第十五届亚太通信论坛（APCC2009）、中国3G移动终端设计大会、第六届中国通信学会学术年会等。

专业和工作委员会学术活动包括第五届卫星通信新业务新技术学术年会、2009年全国通信软件学术会议、射频接收与发射新技术研讨会、第19届全国电磁兼容学术会议、中国电信业“十二五”规划前期课题预研研讨会、第九届中国光网络研讨会（Optinet`2009）及中国FTTH论坛、第七届中国通信集成电路技术与应用研讨会、信息通信网络技术委员会2009年学术年会、第28届光缆电缆学术年会、2009中国计算机网络安全应急年会、2009年中国光通信发展与竞争力论坛、全国第14次光纤通信暨第15届集成光学学术会议（OFCIO 2009）、2009亚太光通信（APOC）和亚洲光博会（AOE）联合大会（ACP 2009亚洲光纤通信与光电国际会议）、中国光纤通信发展报告会、通信设备制造技术委员会年会、全国无线电应用与管理学术会议、第十四届全国青年通信学术会议等。

二、与国际及台湾地区交流

德国通讯工程师协会乌登博格区分会（Efcom）和台湾中华电信股份有限公司等来中国通信学会进行了交流。

中国通信学会代表团赴台湾出席海峡两岸“2009电信科技研讨会”并访问了中华电信公司。通信设备制造技术委员会与中国联通及大唐电信共同组团参加在日本召开的ACT大会。

在第十五届亚太通信论坛（APCC2009）召开期间，与韩国通信学会签署了“姐妹合作协议备忘录”。

与韩国、美国等国外兄弟学会签订了期刊交流与合作协议。

三、完成《中国通信学科发展史》项目

由中国通信学会组织，众多业内著名专家学者共同编撰的首部《中国通信学科发展史》书稿编撰工作圆满完成。全书共35万字。《中国通信学科发展史》全面回顾了我国通信学科发展的历史，总结了有益的经验，对未来学科发展总体趋势进行了展望，具有较高的史料性、学术性和可读性。它的问世，为我国通信学科发展的历程填补了空白。

四、科普与教育

5月18日，2009年世界电信和信息社会日大会在京举办，周德强理事长致开幕词，工信部奚国华副部长出席会议并发表重要讲话，全国妇联宣传部王卫国部长出席并致辞。

9月24日，“第十五届电信新技术新业务高级研讨会”在京召开。会议主题为“精耕细作3G运营，打造精彩宽带世界”。来自中央、国家部委、国资委直属大型企业等50个单位180余名负责信息化的领导和专家学者出席会议。工信部娄勤俭副部长出席会议并作重要讲话。

组织并推荐中国电信博物馆、北京通信电信博物馆、上海邮政博物馆、中国邮票博物馆作为全国科普教育基地，已获中国科协批准。

五、科技评价与人才推荐

召开了“电信计费和运营支撑大会”、“FTTx 发展战略咨询会”、“中国电信BSS/EDA论坛”、“IMS峰会暨第四届IMS发展战略高层咨询会”等4次技术咨询会议，720人次出席。

2009年“中国通信学会科学技术奖”评审共受理108个申报项目，获奖31项，其中一等奖4项；二等奖11项；三等奖16项。

推荐第八届光华工程奖的候选人一人参选；以及第十一届中国青年科技奖候选人3名参选。

在国家科技奖励活动中，通过中国通信学会提名并经部推荐后，通过国家科技奖励二等奖项目四项，其中一项技术发明奖；三项科技进步奖。

六、期刊出版

《通信学报》已连续两年获得中国科协精品C类期刊项目支持，2009年获得科协B类项目支持；《中国通信》（中英文）在深化SCIE合作的基础上，从2009年起期刊被《中国学术期刊网络出版总库》及CNKI系列数据库收录；《电信科学》被中国科技核心期刊收录；《现代通信》于2009年一季度重新改版与读者见面，发行量呈上升趋势；《中国电信业》围绕“综合、宏观”的定位，发表论文近280篇。

2009年主办的五种科技期刊共出版299000册；《中国信息产业年鉴（通信卷）》恢复原名称《中国通信年鉴》，完成了《中国通信年鉴》变更的手续。《中国通信年鉴》于12月底出版发行。

七、组织建设与会员服务

发展团体会员4家，高级会员59人；核准地方学会发展的高级会员103人；备案普通会员150人；发展学生会员213人。

利用学会网站和《会员通讯》平台，为会员提供及时便利的信息服务。网站全年监测 342 天，总访问人数900154，日均2632，总PageView37892976，日均110798。

【中国通信企业协会】

一、协会概况

中国通信企业协会由全国通信部门的领导、企业家、专家和学者组成。协会常设办事机构是协会秘书处，下设办公室、会员工作部、培训部、咨询评审部、对外合作部。协会下设9个分支机构：国家邮政分会、通信器材分会、通信设计施工专业委员会、增值服务专业委员会、通信电缆光缆专业委员会、通信企业家工作委员会、通信网络运维专业委员会、通信网络安全专业委员会、视讯专业委员会。

协会会员单位是由以通信运营企业为主体，信息服务、通信设备制造、通信建设等相关企业、事业单位组成。截至2009年底，经审核批准入会发放会员证书的单位共计457家。2009年6月荣获国家民政部授予的首批4A级全国性行业协会称号。

二、领导成员

会长：刘立清

副会长：冯新生、左迅生、吴劲风、张春林、张继平、李跃、杜肤生、杨小伟、陈黎芳、林源、郝为民、真才基、袁欣、陶雄强、谭星辉、李正茂、佟吉禄

秘书长：张春林（兼）

副秘书长：杜肤生（兼）、王立杰、王洪建、钱晋群

三、主要工作

（一）向政府建言献策

（1）企协对《国际金融危机对我国信息通信业的影响分析及对策建议》，上报工信部及转呈国务院有关领导，在2009年2月国务院发布的“电子信息产业振兴规划”中得到体现。

（2）2009年12月，企协《对我国通信行业发展形势分析和建议》报送工信部领导，呼吁建设国家级产业信息工程项目；完善配套扶持政策；尽快出台“电信法”等。

（3）2009年12月31日，商务部公告决定对原产于日本、韩国的进口非色散位移单模光纤所适用的反倾销措施进行期终复审调查，企协电缆光缆专委会提出的申请获得了认可。

（4）2009年初，《2008中国通信业发展分析报告》发行；并对2009版提出了改进意见，突出分析和研究、扩大专家视点、出版时间推迟到次年3月，使反映通信发展变化的内容及数据更完整。

（二）政府委托工作

（1）2009年4月，企协秘书处第一次承接政府购买服务，编纂《汶川大地震地震志》（电信）分卷任务。截至2009年底，完成了《地震灾害志》分卷、《抢险救灾志》分卷资料长篇。

（2）共建共享。设计施工专委会编辑完成了《通信建设市场管理文件汇编上下册》、《通信建设工程监理相关法规文件汇编》、《通信工程建设标准管理办法》；出版发行了《通信建设监理管理与务实》等。网络运维专委会举

办了“电信基础设施共建共享研讨会”。

（3）节能与安全。网络运维专委员受工信部节能司委托，承担了“十二五”工业节能规划（通信部分）的前期研究工作，参与促成工信部与中国移动签署了业内首份《节能自愿协议》。受部安全生产司委托，承担了部电信管理局和科技司下达的“我国基础电信运营业安全生产形势与对策分析”软课题研究；组织了“通信网络安全运行监督管理办法”宣贯会；以及部安全生产司的“通信行业安全生产现状和对策研究”、电信管理局的“通信行业供电系统安全运行管理办法”和“通信机楼消防管理办法”等项工作。

（4）2009 年 5 月至 12 月，增值服务专委会受工信部通信发展司委托，组织开展了“我国电信增值行业主要企业运行监测”课题研究，为相关政策的制定提供了参考依据。

（三）评优与表彰

（1）在 2009 年“通信行业企业管理现代化创新成果”评审中，共评选出 82 项“全国通信行业企业管理创新成果”。其中《TD-SCDMA 国际标准的产业化开发管理》等 11 项被中企联评为国家级企业管理创新成果奖。

（2）在“2009 年全国通信行业用户满意企业”评审中，有 43 个企业获得“通信行业用户满意企业”称号。

（3）经 2009 全国通信行业优秀质量管理小组评审，有 201 个 QC 小组获得“通信行业优秀质量管理成果小组”称号，49 个单位获开展质量管理小组活动先进单位。

（4）2009 年，设计施工专委会评出“优秀通信工程设计奖”257 项，“优质通信工程奖”60 项，推荐参加国家优秀设计奖、国家优质工程奖的评选项目共 51 项，“优秀通信工程咨询成果奖”78 项，评出通信行业“优秀通信施工企业”5 家等。

（5）“2009 年全国通信行业三项评优表彰大会”于 12 月在京召开，工信部领导，有关司局、中国邮政、三大电信运营公司及获奖企业单位代表 300 多人参加了会议。

（6）2009 年，秘书处编辑出版了《中国通信企业管理现代化创新成果特辑》、《通信行业用户满意企业资料汇编》、《通信行业优秀质量管理小组成果资料汇编》等。

（四）举办论坛与会议

（1）2009 年 9 月 14 日，在北京举办了以“重启通信增长，服务提振经济”为主题的通信业发展高层论坛，各界代表近 400 余人参加。

（2）2009 年 9 月 16 日，协助工信部及中国国际贸易促进会，在京举办了“中国国际信息通信展览会”。

（3）2009 年 5 月，与天津市商务委员会等组织，联合在天津举办了第七届天津国际手机产业展览会暨论坛。

（4）企协相关分支机构举办了“2009 中国 FTTH 发展高峰论坛”，“2009 年中国通信光纤光缆产业峰会暨表彰大会”，“第八届电信业务暨绿色移动应用高峰论坛”、“第五届中国通信网络运维年会暨安全生产研讨会”、“第五届通信网络代维（外包）服务高级研讨会”。

（五）交流与合作

（1）2009 年 6 月，企协和台湾工业技术研究院共同在台北举办“两岸通讯产业合作及交流会议”。刘立清会长，台基会会长江丙坤等 400 余人参会，双方达成六项共识及签署会议纪要。大唐电信与台湾工业技术研究院签署了合作意向书。

（2）2009 年 4 月，举办“两岸电信业交流合作座谈会”，就两岸电信业发展、加强两岸合作进行了交流与建议。

（3）2009 年 4 月，企协与日本电气通信协会在京确认：2007 年签署《双边交流协议》继续有效。2009 年 5 月 5 日，企协在京主持了中日通信界交流会，工信部奚国华副部长、日方代表鸠山邦夫总务大臣出席了交流会并讲话。2009 年 9 月 21 日，企协与韩国通信事业者联合会达成建立长期交流的意向。

（六）新中国成立 60 周年活动

（1）2009 年 9 月 18 至 20 日，由企协主办的“新中国成立 60 周年通信业成就图片展”在京展出，近 400 幅照片展示了通信业的发展历程，展览结束后，出版了画册。

（2）2009 年 11 月 4 日至 8 日，企协同中国摄影家协会、中国移动公司联合在京主办了“庆祝新中国成立 60 周年全国手机摄影大展”，展出获奖作品 300 余幅，并出版了《手机摄影展画册》。

（3）2009 年 7 月至 10 月，企协和中国移动公司联合举办了“迎国庆 60 周年，展中国移动风采”征文活动，先后征文 289 篇，评出一等奖 5 名，二等奖 10 名，三等奖 15 名，优秀奖 15 名。

（七）培训工作

（1）2009 年 2 月，企协承办了“通信网络和信息安全高级研修班”，有关方面人员 55 人参加，工程院副院长邬贺铨院士、北京邮电大学校长方滨兴院士等授课。

（2）2009 年 3 月和 10 月，企协在重庆分别举办了两批“通信级质量管理小组活动诊断师考评班”，参加人数达 544 名。4 月，在湖南举办了“2009 年劳动合同法培训班”。

（3）设计施工专委会办培训班达 149 期，培训人员 28603 人次；网络运维专委会举办了 7 期基站专业和 3 期线路专业的代维人员培训班，培训人员 500 多人，及“全国 3G 通信基站施工建设、运行维护及测试抢修技术培训班”等。

【中国通信标准化协会】

一、全年标准研制完成情况

2009 年协会共承担结转和新下达国、行标准项目 629 项，技术报告 104 项、研究课题 202 项。 经全体会员单位共同努力，全年协会完成标准报批稿 341 项、送审稿

247 项、征求意见稿 146 项。

2009 年经国标委颁布国家标准 9 项，工信部颁布行业标准 193 项，参考性技术文件 8 项，协会发技术报告 13 项、研究课题 24 项。按照工信部要求，完成标准复审 560 项，此项工作得到了工信部领导的肯定表扬。

（一）通信网络标准方面，一是巩固了 TD-SCDMA 取得的成果，加速其商用化进程，补充完善 GSM/TD-SCDMA 双膜终端标准，实现了 GSM 用户享受 2G 和 3G 业务，促进了 TD 用户的发展。二是启动了 TD-LTE 行业标准制定，组织开展了 TD-LTE 数字蜂窝移动通信网 Uu 接口技术技术要求等五项通信标准类技术报告的研制工作。三是及时组织了 HSPA+系列标准制定。四是完成了组网设备、统一 IMS 网络中 SIP 协议等项目研究。五是完成了 OTN 总体技术要求等标准的研发，此外，在 N*40、传送网承载以太网（EoT）和自动交换光网络等方面也取得了较大进展。六是完成了《接入网技术要求 GPON 系统互通性》的标准审查，组织制定了《宽带光接入网光纤链路监测与诊断》标准研发，制成了网络运营维护。针对物联网技术的发展，组织开展了无线传感网路与电信网结合的网关、移动 M2M 业务的标准研发。

（二）业务应用标准方面，组织完成了《基于承载网感知的 P2P 流量优化技术框架》项目，组织开展了《可运营可管理的 P2P 网络技术架构》标准研发。重点组织完成了 IPTV 业务管理架构、运营支撑管理接口、承载网络、终端机顶盒测试方法等标准。随着社会和行业对视频监控需求，全年完成了电信网视频监控总体、业务、安全、网管、编解码、客户端接口等项目的审定。

（三）节能减排等标准方面，组织完成《通信产品节能分级导则》、《通信网络设备可回收利用率计算方法》等四项国家标准。针对通信机房设备节能，组织开展了通信电源机房环境节能技术指南等三项标准类技术报告。此外，还完成了《电信基础设备共建共享标准体系》及有关铁塔架和基站设施共建共享技术标准审定。此外，在协会制定的《移动手机充电器及接口技术要求和测试方法》的基础上，组织完成了电源适配器、线缆和终端等标准补充，对于节约资源、保护环境、方便消费者起到了很好的作用，同时，也被 GSMA 移动通信联盟和 ITU-T 借鉴和采纳。

全年协会还在网络与信息安全、应急通信、网络管理、电磁兼容、移动互联网协议、家庭网络和信息无障碍等方面做了大量标准研发。

（四）标准复审工作，协会根据工信部下达的任务，对标龄 10～20 年的通信行业标准共 560 项，进行了复审，是部属各行业率先完成的单位，得到了部里领导的肯定和表扬。

（五）2009 年为进一步提高标准质量，协会确立为标准质量年。出台了关于进一步加强标准质量的指导意见和加强协会标准制定工作的管理办法，修订技术工作委员会主席、组长工作细则。使得标准制定工作过程，职责分工明确，任务落实到人和单位，对标准完成的时间、质量等有了可追究的方式方法，极大促进标准研发的质量。

（六）2009 年协会科技进步奖评奖，共受理 14 家单位的 57 项申报，最后评出一等奖 3 项、二等奖 8 项、三等奖 9 项。其中，获奖项目基于 SDH 的多业务传送节点技术要求和测试方法，取得显著经济效益，体现了我国自主创新的产业化发展之路。同时，由协会推荐的项目获得国家科技进步二等奖 2 项，获得中国标准创新贡献奖 1 项。

二、国内、国际标准化活动

（一）2009 年协会与中电标协、台湾华聚基金会分别在重庆和台北举办了第五届、六界海峡两岸信息产业技术标准论坛，我协会承办的 TD 和 IPTV 两个分论坛取得了突破进展，演示了两岸第一个 TD 视频通话。

（二）本着服务外交和产业的大局，协会首次召开了外事工作会议，对新时期国际化工作作了全面部署。出台了协会外事管理办法。

（三）积极参与国际标准制定，全年向国际标准组织提交文稿为 ITU 845 篇、3GPP8022 篇、3GPP2 320 篇，采纳率达 45%，在 TD-LTE、下一代网、IPTV、传送和接入等多领域形成了全面参与局部引领的格局。配合政府组织参与 LTE 密码算法国际标准联合推进工作组的活动。成功推荐中国移动和华为公司两位专家担任 3GPP RAN 和 CT 工作组的副主席。协会在参与国际标准化工作中，逐步建立了科学、完整适应国际标准发展运行的机制和架构。在部科技司和电联办的支持下，建立了各 TC 对应的文稿审查工作组，建立了对应 IETF 的活动协调组。

（四）在开展国际交流互动方面，朱高峰理事长率团参加了第十四次全球标准合作大会和第九次中日韩标准信息交流研讨会。协会还与欧洲电信联盟联合举办新技术与标准研讨会，续签了谅解备忘录。组织多次 3GPP 等工作组会议，以及各类国际学术活动。

二、推进运行机制创新，促进可持续发展

（一）在部科技司的指导下，经国标委批准，成立了全国通信标准技术委员会，秘书处设在我协会。同时，为加强通信服务标准工作，经部科技所同意，向国标委申请成立全国通信服务标准化技术委员会，并得到了国标委批准。在信息与网络安全领域，协会在全国安标委承担了通信安全标准工作组工作。

（二）关注标准的社会责任，在通信设备节能、电信基础设施共建共享和应急通信领域加强研究，先后成立了应急通信、共建共享特设任务组，更换通信环保特设组的名称，突出节能为重点。

（三）根据新技术发展，强化了终端、电信业务及物联网标准的研究，在调研的基础上，筹备了协会第十个技术工作委员会——泛在网技术工作委员会。

（四）重视前期标准的研究，2009 年协会共设立研究课题 89 项，内容涵盖应急通信、卫星通信、家庭基站和智能终端等领域，修订了有关标准文件汇编等技术文件

4 项，完善了协会标准制定工作程序。

四、做好会员发展，不断提高标准信息服务水平

（一）协会会员发展又取得了新的发展，截止到年底协会队伍总数达到了 252 家。

（二）2009 年协会参加了首批民政部组织的全国行业协会、商会评估工作，经过专家组评定，协会获得了国家 4A 级协会，为今后协会更好的服务政务和社会，奠定了良好的信誉基础。

（三）走访会员十多家，听取意见和建议，及时改进协会工作。此外，协会还评选出会员单位优秀联络员 47 名、标准年化积极分子网员 21 名。

（四）加强网站服务能力的建设，设置了主席、起草人、联络员工作站，方便标准的查询和编写；更新国内外标准题录信息 45000 多条，全文信息 21 万页，为会员提供下载服务量达 314 万页，基本满足了各界标准研发的需要。

（五）加大培训标准化人员的力度，定向开展了三期会员单位人员标准化学习，提高了标准的编写技能和方法，为标准质量奠定基础；开展了五期标准宣贯，对信息通信领域关注的热点进行了探讨和宣贯。

（六）做好协会《通信技术与标准》的编印和出版，同时，还出版了环保节能等为主题的三期综合专刊，移动 widget、电源专刊各一期，出版《基于移动互联网的 P2P 技术研究》等 16 个研究报告，这些工作都为会员单位，以及业界深入了解国内外通信技术发展趋势，技术标准研发状况，以及行业管理的趋势走向，提供了及时的交流信息。

五、协会领导情况

理事长：朱高峰

副理事长：邬贺铨、闻库、周宝信、王渝次、曹淑敏

秘书长：周宝信（兼）

副秘书长：张新生、戴晓慧、武冰梅、刘多、潘峰

【中国无线电协会】

一、协会概况

中国无线电协会，缩写 RAC，成立于 2009 年 3 月 30 日，是由国内从事无线电运营、生产、销售、使用的企事业和相关社会团体及个人自愿结成的依法登记具有法人资格的行业性的非营利性的社会组织，接受中华人民共和国工业和信息化部和民政部的业务指导和监督管理。协会常设办事机构是协会秘书处，下设综合部、联络工作部。协会目前下设 1 个分支机构：业余无线电工作委员会。

截至成立之日，会员总数为 253 个，其中团体会员 113 个，个人会员 140 个，理事 127 个，常务理事 41 个，主要分布在无线电管理、电信运营、广播电视、航天、民航、铁道、交通、军队、公安、体育、科研和设备制造等部门和单位。

二、领导成员

理事长：奚国华

常务副理事长：朱三保

法定代表人：朱三保

副理事长：谢飞波、刘九一、周青、李智、李其国、沙跃家、赵明宇、杨洪义

秘书长：周鸿顺

副秘书长：李水金、邵起树（兼）

三、主要工作

（一）加强自身建设，建立健全组织管理机构

（1）加强内部管理，认真制定了有关规章制度

规章制度的建立与完善是确保各项工作顺利进行的基础，有章才有循，有制度才有保障。因此，协会一成立，立即着手抓各项规章制度的建立，加强内部管理。目前协会已制定了以章程为主干，以财务管理为核心，包括文秘、档案、工作人员聘用、设备采购等 10 个规定，对人、财、物等全面实行规范化管理。这些规定都经秘书长办公会议认真讨论研究、其中涉及协会机构、人事、财务管理的 5 个规定，经理事长办公会议审查修改后报首届常务理事会审查通过。这些规定的落实与完善，为协会的长远发展奠定了坚实的基础。

（2）充实完善了秘书处的办事机构

根据工作需要，经民政部同意，秘书处成立了综合部和联络工作部两个办事机构，负责协会的日常工作和技术交流、培训、行业调研等业务活动。两个部门在协会的工作中发挥了重要作用。

（二）积极完成政府委托工作的有关课题研究

中国无线电协会的会员具有专家数量多、业务水平高、分布范围广的优势，工业和信息化部无线电管理局通过购买服务的方式，将《个人业余电台管理暂行办法》、《新形势下业余电台管理政策研究》及《业余无线电台操作等级管理研究》三个项目委托协会完成。

协会组织各方面的专家成立了课题组，在时间紧、任务重的情况下，加班加点，开展了富有成效的调查研究，充分听取了管理层和业余无线电爱好者等各方面代表的意见，认真总结了我国业余无线电活动的发展历史、管理现状、经验和存在问题，学习和借鉴了国外的先进经验和做法，在科学分析研究的基础上，形成了课题研究报告。三个项目进展顺利，已在 2009 年底结题并通过了项目评审。其中《个人业余电台管理暂行办法》将作为部发文件送审待批。

（三）组织召开一系列会议

（1）组织召开了第一届常务理事会第一次会议

中国无线电协会第一届常务理事会第一次会议是 2009 年 8 月 5 日在北京召开的。工业和信息化部副部长、中国无线电协会理事长奚国华主持了会议，全体常务理事单位的相关负责人和代表及常务理事个人出席了会议。为开好这次会议，预先召开了第一次理事长办公会议。常务理事会听取了协会成立以来开展工作的情况汇报，审议了

秘书处起草的有关内部管理制度、机构设置、吸纳新会员的建议等。

会上，奚国华副副部长对秘书处的工作给予了充分肯定，对协会今后工作提出了具体意见，并对无线电管理局，国家无线电监测中心在如何更好地支持协会工作提出了明确要求。

在奚国华理事长的主持下，会议圆满完成既定的议程，并为国家无线电监测中心等7个副理事长单位和25个常务理事单位颁发了牌匾和证书。

（2）成功召开了2009年中国无线技术与应用大会

2009年中国无线技术与应用大会是协会主办的第一个年度性高层次研讨会。这次大会的成功召开，为无线电行业搭建一个技术与产品交流平台，推进新技术新设备的研发与应用。为此，协会与承办方周密筹备，精心组织、策划，按奚国华理事长提出的要求力争创出中国无线电协会品牌的方向努力。

9月2～3日，2009年中国无线技术与应用大会在北京召开。工业和信息化部副部长、中国无线电协会理事长奚国华出席了开幕式并致辞，工信部无线电管理局局长、中国无线电协会副理事长谢飞波做了主旨演讲，中国无线电协会常务副理事长朱三保主持了大会开幕式。

大会共设两个主会场、六个分会场、二块产品展区，共进行了12个主题发言和30个技术专题发言，20多家厂商进行了技术与产品展示，先后有800多名无线电行业专业人员参加了会议。

大会得到了公安、广电、民航、交通、国家无线电监测中心、电信研究院以及中国移动、中国电信、中国联通等会员单位的大力支持，取得了圆满成功，许多参展商、参会代表、专家都给予了较高评价。

（3）召开座谈会，广泛听取会员的意见和建议

针对协会会员业务种类多，人员分布广的特点，协会通过多种形式组织召开不同范围的座谈会。这些座谈会包括：全国省（区、市）无线电协会工作座谈会；无线电频率用户会员座谈会；从事研究和生产单位会员座谈会；无线电管理资深专家座谈会等。工作座谈会与中央关于组织新社会组织学习实践科学发展观调研活动相结合，努力找准影响和制约协会发展的突出问题、会员反映强烈的问题，在提供服务、反映诉求、规划行为等方面的不足，特别是在服务大局、服务社会、服务会员方面，实现解决突出问题，促进科学发展的目标。

在座谈会上，与会会员代表从社会组织发展大局出发，提出了许多建设性意见和希望。这些座谈会的召开，加强了与会员、省（区、市）无线电管理机构和协会的联系、沟通和交流，大家共同研究探讨协会工作的思路，方法和内容。

（4）积极支持会员和单位开展有关活动

在过去的一年里，中国无线电协会支持会员和有关单位举办了“2009年中国Femtocell家庭基站”和“无线物联网”高峰论坛；“第六届上海国际航模展及上海国际对讲机产业展”;“全国青少年无线电通信锦标赛”等活动，增强了会员单位与协会的联系，扩大了协会的影响。

（四）为海峡两岸民间无线电干扰协调合作机制问题进行调研和探讨

为适应海峡两岸无线电管理面临的新形势，尽快建立海峡两岸无线电管理协调的民间渠道，促进两岸无线电管理和业务技术交流与合作，已势在必行。中国无线电协会成立的初衷和目的之一就是为了解决海峡两岸频率干扰协调的渠道，协助政府部门做好相应工作。

中国无线电协会通过调查了解并对有关合作内容进行探讨，初步形成合作机制方案并报请主管部门审批，以便尽快建立海峡两岸无线电管理协调的民间渠道，方便两岸的交流和合作。

（五）会员服务工作

（1）办好协会会刊，使协会真正成为会员之家

《中国无线电》杂志作为协会会刊，从2009年第4期起就开辟了协会之家专栏，协会召开的会议和各项活动，会刊都给予及时和准确的报道，提供了一个对外宣传的窗口，同时也提供了为会员服务的平台。为了展示协会各个单位会员的良好形象，扩大社会影响力，从第7期开始专门开设了“会员巡礼”专栏。该专栏重点介绍各单位会员在无线电技术开发、设备研制、业务拓展及行业管理等领域的发展成就，展示了各个会员的不同风采，目前已刊登介绍了国家无线电监测中心、国家广电总局无线电台管理局、中国民用航空总局空管行业管理办公室、中国交通通信中心、中国移动通信集团公司等10个单位的有关情况，增进了相互之间的了解和沟通。《中国无线电》杂志每期免费向单位会员提供，根据会员的要求，从去年底，又增加了赠送的数量。

（2）开通协会网站，提供了快速有效的沟通渠道

为了响应国家提出的低碳经济的总体要求，为社会和会员提供快速有效的沟通交流、互动的渠道，协会克服了开办初期经费不足的困难，自行购置了网站服务器，并委托国家无线电监测中心帮助维护管理。

（3）编印资料汇编和会员手册，给会员沟通提供方便

为树立协会的良好形象，扩大协会的影响，在成立之初，协会即着手编制印发了《中国无线电协会成立大会资料汇编》。该资料汇编汇集了有关协会筹备和成立的相关文件和资料、照片、领导讲话、2009年工作要点及首届协会执行机构成员名单等。同时，还编制了会员手册，汇集了各单位会员的联系信息，以利于会员之间的沟通交流。我们还在较短时间内制作了会员证书，理事和常委理事聘书以及理事、常委理事单位牌匾，分发到各会员单位和个人手中。

【中国互联网协会】

一、主要工作

（一）搭建业界交流平台，服务行业发展

（1）2009 年 11 月 2 日，由中国互联网协会主办的 2009 中国互联网大会在北京召开，主题是“危机•转机•契机——金融危机下的中国互联网力量与信心”。在开幕式上，中国互联网协会理事长胡启恒发表欢迎致辞，工业和信息化部李毅中部长做主旨报告，国务院新闻办公室网络局局长李伍峰发表主题演讲。共有包括电信运营商、国内外互联网企业、传统企业等在内的 107 家企业参与了为期两天的大会，172 位嘉宾发表演讲，6000 余人次参与了各分论坛及展览。

（2）组织两岸互联网发展论坛、第二届全国大学生网络商务创新应用大赛、2009 中国互联网交易投资博览会、3G 通信国际峰会、2009 网络营销大会、中国旅游信息化论坛、第二届中国国际版权博览会等形式多样、内容丰富的各项行业交流活动 20 余次。

（二）认真坚持开展行业自律工作

（1）为配合工业和信息化部等七部门联合部署开展的“全国整治互联网低俗之风专项行动”，2009 年 1 月 9 日，中国互联网协会召开“整治互联网低俗之风网络媒体座谈会”，对深入开展整治互联网低俗之风进行讨论；1 月 13 日，发出《关于组织开展整治互联网低俗之风行业自律工作的通知》，在全国范围内共同组织会员单位开展整治互联网低俗之风行业自律工作；2 月 19 日，举办“整治互联网低俗之风技术经验交流会”，组织互联网业界探讨如何通过技术手段提高网站低俗内容的过滤效果，净化网络环境，同时降低企业运营成本；开展实地调研活动、发出专题简报 5 期、研究起草《互联网站管理基本规范》等，行业自律、企业自律与公众监督相结合，有效抑制了网上低俗信息的蔓延。

（2）积极响应九部门整治互联网和手机媒体淫秽色情及低俗信息专项行动，组织会员单位共同开展专项自律工作，集中清理整治网络淫秽色情与低俗信息；组织召开“全面开展行业自律，坚决抵制网络淫秽色情与低俗信息专题会议”，发布《中国互联网协会文明办网、文明用网倡议书》。

（3）2009 年，中国互联网协会“违法和不良信息举报中心”共受理各类公众举报 407098 件次，在配合开展全国整治互联网低俗之风专项行动期间受理相关举报 31 万多件次，为专项行动提供了支持；中国互联网协会“12321 网络不良与垃圾信息举报受理中心”共收到网络不良与垃圾信息举报 1186730 件次，在配合开展全国整治互联网低俗之风专项行动期间将 10683 个涉嫌含有低俗信息的网站链接交“违法和不良信息举报中心”处理。

（4）自 2009 年初以来，在全国范围内部署治理网上违法发票信息自律活动，各会员单位积极响应、认真落实，及时删除违法发票信息，取得了良好效果。

（三）坚持不懈地开展反垃圾邮件工作

（1）对反垃圾邮件综合处理平台进行了全面的改造和升级，平台的白名单能够通过统计举报的次数，评价邮件服务器 IP 地址的信誉度；黑名单能够通过统计举报频次，自动整理和更新 IP 地址列表，提高实时度和精确度。白名单覆盖率已由 2008 年底的 85% 上升到 89%，累计黑名单 IP 地址 2,174,573 个，增强了垃圾邮件综合治理能力。

（2）开展电子邮件服务信息备案工作，已有网易、新浪、263、万网、TOM 等单位积极提交备案数据。该备案系统将与反垃圾综合处理平台的信誉度评价相结合，对提供电子邮件服务的企业和服务器 IP 进行评价，为行业提供参考依据。

（3）与国际反垃圾邮件组织 Maps 和 Spamhaus 等相关单位建立了长效沟通机制，针对共享电子邮件白名单、黑名单、网站原创资讯信息、交换垃圾邮件样本、建立共享垃圾邮件数据库以及蜜罐信息上达成一致。

（四）持续开展互联网公益活动

（1）组织了由 16 家互联网企业参与的爱心定向越野活动，共筹集善款共计 22 万 4 千元，用于为 2009 年度受捐对象搭建网络教室及相关公益活动。

（2）组织受捐学校以及四川汶川地震灾区学校的共 32 位优秀教师来北京参加培训，学习掌握信息化教学、网络教学的相关技能，加深对互联网的认知。

（五）积极开展对外交流与合作

（1）积极推进两岸互联网行业的交流与合作，在“搭桥项目－两岸流通服务产业研讨会”会议期间主办电子商务分论坛，围绕两岸电子商务法规与环境分析、两岸企业成功营运模式分享、促进两岸产业合作交流等方面进行交流。

（2）赴德国参加第一届国际网络与信息安全研讨会，介绍我国在保护青少年健康上网方面所做的工作。分别与德国和匈牙利就建立网络安全合作协调机制的具体事宜进行洽谈。

（3）赴埃及参加 2009 联合国互联网治理论坛（IGF）并主办主题为“促进互联网接入，推动残疾人上网”的最佳实践论坛，介绍我国开展互联网治理工作尤其是在推动信息无障碍建设方面所做的努力和取得的成就。

（4）与微软公司在美国联合举办第三届中美互联网论坛，以“交流合作•应对挑战”为主题，围绕“互联网在经济复苏中的作用”、“儿童在线保护”、“在线知识产权保护”、“新技术新理念”、“互联网治理”和“网络安全与隐私保护”等业界普遍关注的问题展开讨论。

（5）与“中国－欧盟信息社会项目”工作组合作，开展中欧互联网治理框架下相关研讨活动，举办了中欧反垃圾邮件政策与法规研讨会和中欧 3D 虚拟现实研讨会。

（六）充分发挥协会优势，积极为行业发展服务

（1）继续联合中国互联网络信息中心组织编撰《中国互联网发展报告》2009 卷，为业界提供重要的参考资料。

（2）截至 2009 年底，完成了三批互联网企业信用等级评价工作，共计 56 家企业获得了 A 级（良好）以上信用等级。

（3）为规范网站流量统计标准，组织业界开展了网站流量指标定义研究工作，召开研究组会议 11 次，先后完成了 5 个基础流量指标和 3 个网络视频流量指标的定义研究工作，并已列入通信行业标准审核程序。

（七）获得的表彰与荣誉

2009 年 6 月 23 日，被民政部评为“4A”级社团组织。

二、领导成员

理事长：胡启恒

副理事长：丁磊、马云、马化腾、方滨兴、王秀军、左迅生、苏金生、李伍峰、李彦宏、杨小伟、吴建平、何加正、汪文斌、张力军、张朝阳、周锡生、钱华林、高卢麟、高新民、曹国伟、黄澄清、舒骏、鲁向东

秘书长：马宁

副秘书长：韩夏、熊四皓

【中国邮电新闻工作者协会】

一、推进学习实践科学发展观

2009 年，中国邮电新闻工作者协会通过召开理事会、总编座谈会等形式，动员全体会员单位紧紧围绕党的十七大确定的重大理论观点、重大战略思想、重大工作部署，深入学习宣传贯彻党的十七大精神，坚持用中国特色社会主义理论体系武装头脑、指导实践、推动工作。一年来，各会员单位围绕大局、服务企业，集中力量，全面、准确、深入宣传党的十七届三中全会精神，为行业健康发展提供了强大的思想保证、舆论支持。邮电记协还根据民政部和中国记协的统一部署，积极投身第三批学习实践科学发展观活动。活动中，协会主要领导亲自挂帅，带队走访听取了广大会员单位及上级主管部门对协会工作的意见，制定了整改方案，进一步明确了协会发展方向。

二、为企业发展营造良好舆论氛围

2009 年，邮电记协始终坚持新闻宣传工作要唱响主旋律、打好主动仗，团结稳定鼓劲的工作方针，充分发挥行业主流媒体的宣传作用，有效引导了行业和社会舆论。广大会员单位把思想和行动统一到科学发展观的要求上来，统一到对市场环境的判断上来，始终坚持把提高舆论引导能力放在突出位置，积极宣传推广基层企业符合科学发展观要求的成功经验，积极宣传企业良性发展的成功做法。各理事会会员单位从企业、员工和广大通信消费者的关注点和兴奋点入手，把握好舆论引导的时机、节奏、力度，着力研究并提升舆论引导的艺术性，有效提升了通信新闻宣传的吸引力和感染力。

三、组织庆祝新中国成立 60 周年宣传教育活动

按照中宣部和中国记协的总体宣传要求，各理事会员单位以庆祝新中国成立 60 周年为主题，着力深化和拓展思想教育内容，深入进行革命历史和革命传统教育、爱国主义教育、社会主义理想信念教育。通过回顾新中国的发展史以及邮电通信的发展史、奋斗史、创业史，充分展示了新中国成立以来特别是改革开放以来通信信息产业所取得的巨大成就，充分展示了行业稳定发展的大好形势，充分展示了通信员工蓬勃向上、开拓进去的精神风貌，有力地鼓舞了通信业员工再创辉煌的士气。

四、领导成员

理事长：张枢

副理事长：武锁宁、周家奎

秘书长（法人代表）：赵连喜

【工业和信息化部通信科学技术委员会】

一、性质和任务

工业和信息化部通信科学技术委员会（前身为信息产业部通信科学技术委员会，以下简称通信科技委）是工业和信息化部关于通信科学技术方面的评议咨询机构。其任务是对当前通信新技术和新业务发展、政府监管、通信法律法规等方面的重大问题和技术决策及时提出意见和建议，以加强工业和信息化部对于通信发展决策的科学化民主化，进一步发挥工业和信息化部内外各方面通信专家在决策中的参谋咨询作用。通信科技委多年来坚持把为部领导和相关司局做好决策咨询工作作为首要任务，针对当前行业发展中遇到的难点、热点问题为部的决策提供支撑，同时努力为企业和行业的科技政策、科技进步和发展服务。工业和信息化部组建后，维持原功能不变。

二、主要工作

（一）密切关注通信发展中的重大科技问题，深入研究通信发展和改革中的主要矛盾和问题，及时向部及相关司局领导提出建议。

（1）继续密切关注我国自主创新的 TD-SCDMA 3G 系统的商用化、产业化以及 TD-LTE 的技术试验情况、存在问题和技术发展演进路线等问题。年初，与科技司、电信管理局、运行监测协调局联合下达重点软课题《TD-SCDMA 产业推进和相关措施研究》，课题完成后提请专家评审，并在此基础上起草了《继续推进 TD-SCDMA 产业发展的相关建议》。

（2）通信业如何应对肆虐全球的金融危机是业界十分关注的问题。为此，2008 年底电信研究院就启动了部内 5 个司局联合提出的重点软课题《金融危机对我国电信运营业的影响及对策分析》，在 2009 年 7 月底的专家评审会上获得好评，经修改浓缩后于 9 月初报部领导。

（二）及时了解需求，积极配合，做好对部相关司局日常工作的技术支撑。主要是受部科技司、通信发展司、电信管理局、通信保障局、无线电管理局等司局的委托，组织专家对他们工作中急需解决的专题或他们单独下达的重要软课题进行评议或评审，提出建议和意见，指导工作。近几年来，此项工作已成为通信科技委的重点工作之

一，逐年有所增多，实践证明效果较好，受到欢迎。2009年的主要专题和软课题有："下一代互联网网络平滑演进及关键技术跟踪研究"、"新版《电信网编号计划》"、"移动互联网发展趋势研究"、"信息产业重点领域技术标准研究和制修订项目审查验收"、"关于发展数字无线城市有关问题"、"移动用户号码网间携带技术实施方案论证"、"电信资费管理方式改革"、"信息化建设军民融合发展对策研究"、"奥运场馆无线宽带关键技术及应用的研发"、"重庆市国际专用数据通道建设方案论证"、"成都市国际专用数据通道建设方案论证"、"成都国家统筹城乡综合改革试验区相关本地网调整工程项目总体实施方案评审"、"3G 业务发展规划论证" 等十余项。

（三）努力适应通信发展新形势，继续大力开展软科学研究工作。软科学研究的根本目的是为各级领导决策提供科学依据，因此，把加强软科学研究摆在科技工作的突出位置，全面提升软科学支撑科学决策的能力，积极推进决策民主化科学化进程十分重要。通信科技委每年都要会同相关单位根据通信发展新形势的需要，提出当年重点研究的软科学研究项目并下达任务。2009 年的重点软科学研究项目还有："我国下一代防灾应急通信网络架构及应急通信政策研究"、"电信运营商 3G 产业价值链发展及商业模式研究"、"全业务环境下我国电信业发展模式和电信业服务经济社会发展战略研究"、"陕西省农村通信发展模式实证研究"、"电信网络新技术发展及其相关监管政策跟踪研究"、"通信网网络安全评估指标体系及管理政策研究"、"我国互联网架构优化调整研究和互联互通政策建议"、"移动互联网内容管理趋势研究"、"移动支付业务发展的相关问题研究和策略建议"、"我国宽带无线接入和无线城市的政策及测试技术研究"、"加快推进我国宽带发展的研究"、"国内外 IPv6 发展状况和我国 IPv6 发展路径研究" 等 19 项。

2009年通信科技委共召开各种软科学研究项目评审会、专题评议会、咨询会、研讨会 31 次，技术座谈会、报告会、征求意见会、汇报会 21 次，受部内司局委托主持技术鉴定会、技术评估会 4 次，出席其他单位召开或与通信科技委联合召开技术会议 4 次。一年来，通信科技委按照部领导的指示和要求，认真贯彻科学发展观，努力树立全局观，支持自主创新；努力培养实事求是的工作作风，在咨询活动中提倡"百花齐放，百家争鸣"方针，充分发挥专家们的集体聪明才智，促进了咨询工作的科学化和民主化。

三、领导成员

主任：宋直元

副主任：高惠刚（常务）、韦乐平、刘彩、刘利华、苏金生、李默芳、冷荣泉、张范、张明德、陈如明、闻库、姜少冰、蒋耀平

秘书长：周宝信

副秘书长：张新生

附录一

全国人大代表、政协委员会有关议案、建议和提案

【人大代表关于通信问题的建议】

编号	建议人	案　　由	建议办理
1030	罗美元	关于手机全面推行实名制的建议	工信部主办，公安部、新闻办、住建部协办
1130	赵林中	关于加强短信息群发管理的建议	工信部独办
1233	张育彪	关于尽快出台《个人信息保护法》的建议	工信部主办，公安部协办
1244	姜健	关于进一步加强网络舆论监管的建议	外宣办主办，工信部、文化部、教育部协办
1400	黑新雯	关于加快短信息立法的建议	工信部独办
1403	汪夏	关于改革互联网管理模式的建议	工信部主办，新闻办协办
1441	陈万志	关于重视解决青少年网瘾问题的建议	教育部主办，工信部、文化部、住建部协办
1468	沈长富	关于加强网络规范管理，构建健康网络环境的建议	外宣办主办，工信部、文化部、公安部协办
1567	尚庆莲	关于建立治理黑网吧、手机黄色短信“问责制”等长效管理机制的建议	新闻办主办，工信部、文化部协办
1619	龚玲	关于净化手机网络环境，保护青少年健康成长的建议	新闻出版总署主办，工信部、教育部、文化部、公安部、外宣办协办
1629	郭国庆	关于互联网安全问题的建议	工信部参阅
1726	叶惠贤	关于加大力度打击遏制电信诈骗的建议	工信部、公安部、人民银行分办
1737	张兆安	关于加快制定《公民信息安全保护法》的建议	工信部独办
2095	张庆伟	关于警惕“精神鸦片”毒害青少年的建议	外宣办主办，工信部、公安部、文化部、教育部协办
2165	李国玲等 2 人	关于加强对互联网络的监管，为青少年健康成长营造良好的社会环境的建议	教育部主办，工信部、文化部、卫生部、公安部、工商总局协办
2346	冯燕	关于制定网络信息产业管理法规的建议	工信部主办，广电总局协办
2448	吴江林	关于支持电子认证产业上市，适应我国信息化安全建设需求的建议	证监会主办，工信部协办
2514	刘贵生等 3 人	建议加强电子支付工具发行流通市场监管	人民银行主办，工信部协办
2528	安东等 31 人	关于实行网络实名制的建议	工信部独办
2632	肖红娟	关于修改互联网网上服务场所管理条例的建议	文化部主办，工信部协办
2633	肖红娟等 10 人	关于防止未成年人遭受手机色情和暴力危害的建议	新闻出版总署主办，工信部、公安部、外宣办协办
3198	吴秀凤	建议大陆对台、港、澳的信件、包裹、电话一律按国内资费标准收费	发改委主办，工信部、邮政局、国台办、港澳办协办
3203	孙丕恕	关于完善我国信息安全保障体系的若干建议	工信部主办，财政部、科技部、教育部协办
3355	何婧	将广东省云浮市列入国家三网融合试点城市的建议	工信部主办，广电总局协办

3358	陈舒	关于制订《个人信息保护法》的建议	工信部独办
3361	李东生	关于加速推进三网融合政策落实的策略建议	工信部主办，广电总局协办
3397	尤全喜等 3 人	关于国家立法监管网吧的建议	文化部主办，工信部、公安部、工商总局协办
3542	李其宏等 2 人	关于对网络进行有效监管，预防青少年因网络引发的犯罪问题的建议	外宣办主办，工信部、公安部协办
3813	骆玉林	全面贯彻落实国家关于支持藏区发展政策，提升青海藏区邮政通信普遍服务水平的建议	工信部、邮政局分办
3854	严金海	关于加强青海藏区维稳力量建设的建议	民委主办，工信部、公安部、财政部、发改委、广电总局协办
4062	刘玲	关于如何遏制手机黄毒对未成年学生危害的建议	新闻出版总署主办，工信部、外宣办、教育部、公安部、团中央协办
4126	钱月宝等 25 人	关于重点支持和推广自主知识产权计算机在政府部门应用的建议	工信部主办，财政部、教育部协办
4275	徐明等 15 人	关于实行网络实名制的建议	工信部主办，最高人民法院协办
4276	赵润田等 15 人	关于实行网络实名制的建议	工信部独办
4377	张琼	关于加快制定绿色网络产业发展的扶持政策的建议	外宣办主办，工信部、文化部、财政部、团中央协办
4575	阎保平	关于发展国家域名，提高国家网络安全和管理能力的建议	工信部独办
4622	黄秋娣等 7 人	关于重视农村资讯手段现代化促进互联网进村入户的建议	商务部主办、工信部、财政部协办
4844	廖仁斌等 15 人	关于加快我国下一代互联网发展的建议	工信部主办，财政部、广电总局、文化部协办
4845	廖仁斌等 15 人	关于深入推进三网融合进程，全面提高社会信息化水平的建议	工信部主办，广电总局协办
4873	马兴田	关于实施手机实名制的建议	工信部，财政部协办
5041	王纪年	关于加快国家信息安全法立法的建议	工信部独办
5076	李勤等 6 人	关于进一步规范网络管理的建议	外宣办主办，工信部、文化部协办
5212	张新建	关于加快第三代移动通信发展，有效拉动内需消费的建议	工信部主办，财政部、科技部、商务部协办
5249	王鸣	关于促进并扶持呼叫中心产业发展的建议	工信部独办
5285	张新建	关于通信基础设施安全保护及其经费保障的建议	工信部主办，财政部协办
5353	许荷英	关于切实维护网络文化安全刻不容缓的建议	工信部、外宣办、公安部分办
5456	孙玉玺等 8 人	关于网络立法的建议	工信部独办
5538	原建国等 7 人	关于进一步加强打击手机网站传播不良信息的建议	工信部参阅
5771	张家胜等 3 人	关于加快我国互联网立法的建议	工信部主办，文化部协办
5851	李晓枫	关于设立中国信息监管委员会的建议	工信部主办，中编办、广电总局、新闻办协办
5911	花欣等 12 人	关于采取自主创新信息技术，保护我国信息安全的建议	工信部主办，财政部、科技部协办
5925	李其其格	关于打造绿色互联网促进青少年健康成长的建议	新闻办主办，工信部、文化部、公安部、教育部协办
5933	侯雄飞等 14 人	关于加强网络管理进一步净化网络环境的建议	外宣办主办，工信部协办
6184	王麒	关于尽快制定《中华人民共和国互联网用户权益	工信部独办

		保障法》的建议	
6214	吴跃	关于加强银行业信息安全管理、推动国产软硬件产业发展的建议	工信部参阅
6280	沈明才等 11 人	关于规范移动通信基站建设，促进移动通信持续和谐节能发展的建议	工信部主办，住建部、环保部、公安部协办
6298	曲宝学	关于加大对色情手机、网站整治力度的建议	外宣办主办，工信部协办
6370	石英	关于严厉打击手机短信诈骗的建议	工信部参阅
6398	孙淑君等 3 人	关于《取消地方电信和联通公司收取固定电话停机保号费》的建议	工信部独办
6960	张骏等 14 人	关于修改《电信法（草案）》维护军队权益的建议	工信部独办
6962	吕清海等 3 人	关于出台电信法促进三网融合的建议	工信部主办，广电总局协办
6974	祖丽菲娅·阿不都卡德尔等 5 人	关于互联网实名制管理的建议	工信部独办
6977	王凤等 10 人	关于用创新技术加快我国三网融合建设的建议	工信部独办
6998	刘锡潜	关于整顿互联网搜索引擎运营秩序的建议	工信部主办，工商总局协办
7040	冉崇伟	关于加强我国网络空间安全建设的建议	工信部主办，总参、总装、科技部协办
7043	吕清海等 3 人	关于出台互联网管理法律确保网络信息安全的建议	工信部独办
7047	辛书华等 4 人	关于加强网络文化市场管理的建议	外宣办主办，工信部、文化部、新闻出版总署协办
7135	宋鱼水	关于互联网上著作权保护力度事关我国知识创新领域的兴衰的建议	新闻出版署主办，工信部、外宣办协办
7149	王文京等 10 人	关于加大力度，加快速度惩处利用网络犯罪的建议	工信部主办，公安部、新闻办协办
7333	斯汗·吐鲁达恒	关于解决新疆布尔津县“2817”项目区问题的建议	农业部主办，工信部、交通部、住建部、发改委、水利部协办
7388	钱宗飞等 10 人	关于加强互联网监管力度，促进青少年健康成长的建议	外宣办主办，工信部、团中央、文化部、公安部、教育部协办
7596	徐崇华	关于实行手机卡销售实名制的建议	工信部独办
7633	王晶	关于加快制定《中国互联网有限实名制管理办法》的建议	工信部独办
7649	刘道崎等 3 人	关于推行手机实名制的建议	工信部主办，公安部协办
7671	顾晓松等 12 人	关于政府建立应对青少年网瘾的工作体系的建议	教育部主办，工信部、文化部、卫生部协办
7708	阳国秀	关于加强对网吧监督管理的建议	工信部参阅
8043	李丽丽等 10 人	关于推行网络实名制的立法的建议	工信部主办，公安部协办
8086	明生等 3 人	关于大力兴建适合未成年人上网场所，引导未成年人健康上网的建议	文化部主办，工信部、工商总局协办
8183	杨琴	关于国际互联网管理、手机管理、火车票、汽车票管理实行实名制立法的建议	工信部、交通部、铁道部分办
8323	黄炳章等 18 人	关于制定网络管理法的建议	工信部主办，文化部、团中央协办
8325	陈伟才等 7 人	关于实行手机实名制，预防和打击手机短信诈骗的建议	工信部独办
8343	王军等 4 人	关于逐步推行网络与手机实名制的建议	工信部独办
8350	邓巧玲等 2 人	关于将电信基础网络建设纳入城市建设规划的建议	工信部主办，住建部、环保部、公安部协办
8501	刘道崎等 8 人	关于修改《互联网上网服务营业场所管理条例》	文化部主办、工信部协办

		的建议	
8506	李连宁	关于加强网络社会综合治理的建议	新闻办主办，工信部、中央党校、行政学院、中编办协办
8507	方滨兴	关于面向搜索引擎运营商建设开放式防侵权不良信息过滤机制的建议	新闻办主办，工信部协办

【政协委员关于通信问题的提案】

编号	提案人	案　　由	提案办理
000006	民盟中央	关于推进网络商务发展的提案	工信部主办，商务部协办
000024	郑惠强	关于有效遏制骚扰电话和垃圾短信的提案	工信部主办，中宣部、公安部协办
000165	致公党中央	关于规范网络文化市场，促进未成年人健康成长的提案	新闻办主办，工信部、新闻出版总署、文化部、公安部协办
000193	致公党中央	关于在福建先行先试，实现海峡两岸直接通话的提案	工信部主办，国台办协办
000432	曹毅	关于亟需加快网络信息安全管理立法推进的提案	工信部主办，公安部协办
000516	何伟	关于切实加强青少年手机上网安全的提案	工信部主办，教育部协办
000533	刘明华	关于国务院尽快制定出台《个人信息保护条例》打击买卖、侵犯个人信息行为的提案	工信部独办
000578	李顺堤	关于将公民个人信息保护纳入法制化轨道的提案	工信部独办
000639	汪苹	关于取消手机接听和国内长途漫游费的提案	工信部主办，商务部、财政部协办
000669	法蒂玛·马合木提	关于加快出台网络文化安全法的提案	新闻办主办，工信部协办
000725	杨公社	关于加快推进农村信息化的提案	工信部、广电总局、农业部分办
000726	郭晋云	关于加强对手机不良信息传播治理的提案	工信部独办
000737	郗杰英	关于制定互联网基本法以促进和保护青少年健康成长的提案	工信部独办
000758	何悦	关于尽快颁布《信息安全条例》的提案	工信部独办
000853	共青团中央	关于依法采取强制性措施，严厉打击网络色情、暴力有害信息的提案	公安部、团中央、工信部分办
000861	何伟	关于加强互联网络管理的提案	工信部主办，人大法工委、公安部协办
000865	刘明华	关于加强网络执法，打击“论文造假”的提案	教育部主办、工信部、人社部协办
000935	夏宁	关于加大对网上非法投票代理公司的打击力度的提案（供参考，可不回复）	工信部参阅
000972	缪寿良	关于加大网络监督管理的提案	工信部、新闻办分办
000986	倪小庭	关于发展电力线通信技术减少网络重复建设的提案	工信部主办，电监会协办
001065	高敬德等 2 人	关于港深先行先试实行电话联通的提案	工信部独办
001083	李利君	关于抓紧制定出台我国网络信息监督法，规范网上舆论监督的提案	新闻办主办，工信部、公安部协办
001159	徐晓兰	关于用信息化手段提升政府公共服务能力的提案	工信部主办，商务部协办
001326	陈凯	关于进一步扶持大学生网上创业的提案	工信部、工商总局、教育部分办
001345	王瑞珠	关于加大力度，打击诈骗犯罪的提案	公安部主办，工信部、银监会协办
001461	陈群	关于改善几大运营商和中国教育科研网 CERNET 互联互通状况的提案（供参考，可不回复）	工信部参阅
001476	尔肯江·吐拉洪	关于实行互联网实名制的提案	工信部独办
001514	张皎	关于重视我国大型信息中心数据库信息安全和发展自主安全保障技术的提案	工信部独办

001516	李世杰	关于制止手机短信广告骚扰的提案	工信部主办，工商总局协办
001521	陈凯	关于进一步加强对网络不良信息进行监管的提案	新闻办主办，工信部、团中央协办
001538	杨维刚	关于全面推进数字城市地理空间框架建设的提案	测绘局主办，工信部、质检总局、发改委、财政部协办
001796	张自立	关于加强个人信息安全监管并立法的提案（供参考，可不回复）	工信部参阅
001842	邬贺铨	关于加快信息化立法，支撑信息化健康发展的提案	工信部独办
001872	李武	关于建立农民教育培训长效机制的提案（供参考，可不回复）	工信部参阅
001926	张承芬	关于净化网络环境，维护青少年健康成长的提案（供参考，可不回复）	工信部参阅
001958	陈军	关于严格执行《政府信息公开条例》，切实发挥政府网站作用的提案	国务院办公厅主办，工信部协办
002219	葛志荣等 2 人	关于加强信息安全管理体系认证的管理防止我敏感信息泄露的提案	工信部主办，安全部、质检总局协办
002343	朱敏慧等 9 人	关于三网融合推进，难避利益博弈，亟待制定行之有效的整体规划的提案	广电总局主办，工信部协办
002447	骆沙鸣	关于全国小灵通清频退网应举行听证会等的提案	工信部独办
002450	李玉玲	关于视频实名审核以加强互联网监管的提案	工信部独办
002626	贺强	关于规范和发展电子支付服务产业的提案	人民银行主办，工信部、科技部、上海市政府协办
002699	李冬妮	关于加快推出移动电话实名制的提案	工信部主办，公安部协办
002787	王海波	关于扩大气象资料无偿服务和共享范围的提案	气象局主办，工信部协办
002831	胡树华	关于大力推进工业化与信息化“两化”融合的提案	工信部独办
002853	姚凯伦	关于在中心城市建设电子商务产业园的提案	工信部主办，商务部协办
003013	毛林坤	关于加快推进我国电子政务建设的提案（供参考，可不回复）	工信部参阅
003035	李利君等 9 人	关于抓紧制定出台网络信息法，规范网络监督行为的提案	工信部独办
003080	尔肯江·吐拉洪	关于在新疆建立“多语种互联网信息技术研究开发中心”的提案	工信部主办，安全部、公安部、新闻办协办
003300	李玉玲	关于设立国家级网瘾救助中心的提案	团中央主办，工信部、卫生部、新闻出版总署、财政部、教育部协办
003332	侯露等 20 人	关于加强互联网监管，为青少年健康成长营造良好的社会环境的提案	工信部、教育部、团中央、文化部分办
003494	王南华	关于支持我国卫星应用产业快速发展的提案	工信部、发改委、广电总局、国防科工局分办
003669	赖明勇	关于整合交通资源，推动我国智能联运大发展的提案	工信部、交通部分办
003771	柯惠新	关于加大对中小网站扶持力度的提案	工信部独办
003861	甄贞	关于推动行政执法和刑事司法衔接工作的提案（供参考，可不回复）	工信部参阅
004317	王卓辉	关于进一步推进我国外贸便利化的提案	海关总署主办，工信部、财政部、税务总局、外汇局、商务部、质检总局协办
004338	陈杰	关于走“农村包围城市”式发展道路保护我国信息安全的提案	工信部主办，财政部协办

004344	李莉等 11 人	关于对公共信息再利用立法的提案	工信部独办
004389	李文俊等 18 人	关于推行办公室无纸化的提案	工信部独办
004393	甄珍	关于大力促进全光传输网络的构建，打通三网融合“最后 100 米”提案	工信部独办
004491	金晏山	关于开通报警电话定位服务保护公民生命财产安全的提案	公安部主办，工信部、财政部协办
004506	滕一龙等 2 人	关于尽快制定《个人信息保护法》的提案	工信部独办
004537	庄启程	关于加强国家专营行业约束监管的提案	工信部、商务部、发改委、工商总局分办
004540	侯先志	关于建立资源共享的乳制品质量安全信息系统的提案（供参考，可不回复）	工信部参阅
004629	刘红宇	关于加快网络安全立法、加强执法工作力度的提案	工信部主办，公安部协办
004631	史大卓	关于严打买卖 / 拐骗妇女儿童犯罪，尽快在全国使用类似“安珀紧急通告系统”的提案	公安部主办，工信部、广电总局、新闻出版总署、全国妇联协办
004677	杨元庆	关于出台产业政策，鼓励打有“中国创造”印记的移动互联网终端产业发展的提案	工信部主办，发改委、科技部、财政部协办
004692	卢柯	关于推进沈阳市进入“两化融合”国家级区域性实验区的提案	工信部独办
004756	张元富	关于高度关注着力解决青少年网络环境的提案	团中央主办，工信部、教育部、公安部协办
004874	单霁翔等 42 人	关于利用现代信息技术推进文化遗产传播与利用的提案	国家文物局主办，工信部、发改委协办
004887	于兵等 26 人	关于开设全国统一的手机短信息急救服务平台的提案	中国残联主办，工信部协办
005158	金晏山	关于加强对电话推销管理的提案	工信部主办，工商总局协办

（工业和信息化部办公厅）

附录二

国外通信业发展与改革重要动向

【国家级宽带战略集中出台】

2009 年，经济危机对全球经济的影响日益加深。在复兴经济的重任面前，越来越多的国家将希望放在了以宽带为代表的信息通信业身上。于是，在国家政府的鼎力支持下，一个个国家级宽带战略陆续出台，而困扰通信业达数年之久的下一代网络建设资金模式问题也终于得以解决。2009 年也因此成为迄今为止国家级宽带战略出台最为集中，实用效果最强的一年。

在 3 月 31 日至 4 月 8 日的短短九天中，新西兰、澳大利亚、新加坡、美国相继重磅推出了国家宽带计划的蓝图，全部采取了国家部分投资的方式。此次国家级宽带战略出台的密集度之高、操作性之强尚属首次，将下一代网的发展推向了一个前所未有的高度。此次同以往的最大不同之处在于，这批最新出台的国家级宽带计划没有一个是游离于现实之外的空泛文书，都针对下一代网最大的难题——资金模式进行了实质性的规范，公布后即进入了真正的实施阶段。可以说，此次四国在宽带方面的统一行动彻底打破了数年来阻碍国家级宽带网建设的资金模式难题。资金模式向来是阻碍下一代网络发展的最大障碍，尤其随着电信企业非话业务收入的萎缩，加之此轮经济危机造成的影响，电信企业手中的资金更显紧缺，而企业对于管制方面的潜在压力又无从把握，这导致企业和政府间的资金以及管制矛盾成为阻碍下一代网络发展的最大因素。

电信市场较发达的国家在本世纪初就开始研究下一代网络的具体部署及发展问题。最初，以英国、德国、澳大利亚等为代表的多个国家都计划采取以电信运营商为主要投资方的建设模式，即主导型运营商建设可覆盖全国的光纤网络并从日后的运营中获取收益。但是，这些国家的管制机构出于刺激市场竞争的考虑，又倾向于强制下一代网络承建商向对手开放网络，令那些没有参与下一代网投资的竞争性企业也享有接入高速网络的权利。这一矛盾在 2006 年夏天激化，其导致的直接后果是，德国电信停建投资达 30 亿欧元的超高速宽带网络，而澳大利亚电讯也明确宣布取消 24 亿美元的宽带项目。此后，包括英国电信等在内的更多电信企业就投资与监管的矛盾与管制机构展开了长久的僵持，由此也使得全球众多地区的下一代网络建设进入了停滞阶段。

而此次多国的集中突破无异于是一次破冰之举，将下一代网发展带入了一个快速发展的良性轨道。此后，英国、葡萄牙、爱尔兰等国家也相继启动了宽带战略。

【美日设立国家首席信息官】

美国总统奥巴马在美国当地时间3月5日任命原哥伦比亚特区 CTO 维维克·昆德拉为联邦政府首席信息官（CIO），负责监管高新技术的推广和应用。后者表示将推动政府采用云计算。

刚刚上任的昆德拉在当天的电话会议上就列举了美国政府当前在使用计算机方面的诸多错误以及上任后如何加以改善。昆德拉的核心观点是，政府不要把自己放在一个特殊位置，为每个问题定制一套系统。相反，政府应该使用当前市场上的一些可用软件。

他表示，将推动政府采用云计算。昆德拉承认云计算可能存在隐私或安全隐患，但不能因此而错过云计算的速度和效率。

昆德拉上任时 34 岁，上任后将隶属于美国行政管理和预算办公室（OMB），主要负责政府每年高达 710 亿美元的科技开支，并制订联邦计算机系统的设计标准。

2009 年夏，日本政府也对外宣布，其信息技术战略本部经过近一年的工作后已制定出至 2015 年的中长期信息技术发展战略——“i-Japan 2015”。日本将设立副首相级的首席信息官（CIO）负责监督战略的执行。

该战略是日本继“e-Japan”、“u-Japan”之后提出的更新版本的国家信息化战略，其要点是大力发展电子政府和电子地方自治体，推动医疗、健康和教育的电子化。信息技术战略本部认为，日本的通信基础设施已在世界领先，然而各公共部门利用信息技术的进程缓慢。通过执行该战略，日本将利用信息技术，使全体国民的生活变得更加便利。

日本政府清楚地认识到，人才是发展信息技术的第一要务。“i-Japan”战略除了提出培养信息技术人才的具体目标之外，还明确规定，在日本政府层面首次设立副首相级的 CIO 职位。CIO 将监督日本信息技术战略的执行，提高各级领导和具体执行人员对行政、医疗和教育电子化的认识，推进以国民利用信息技术的便利性为首要目标的新战略的落实。

【Skype 成全球最大国际长话公司】

美国通信业研究公司 TeleGeography 3 月公布的数据显示，2008 年通过 Skype 的国际长途电话流量比 2007 年上升 41%，达到 330 亿分钟，占全球国际长途电话流量的 8%。这意味着 Skype 成为了全球最大的国际长途电话公司。

TeleGeography 估计，2008 年国际电话通信总时长约为 3840 亿分钟，较 2007 年增长 12%，但因资费下降，给运营商带来的收入与2007年持平。

目前，Skype主要使用iBasis和Level 3等“批发式”运营商的基础设施来提供服务。对于移动通信运营商而言，消费者使用Skype拨打国际长途对其没什么损失，这是因为很少有人用手机拨打非商务国际长途。近来Skype加强了与和记黄埔旗下电信运营商3的合作。

从网络电话（VoIP）诞生以来，因担心营收受冲击，传统电信运营商普遍将其视为劲敌。但是，Skype问世仅5年，就成为最大的国际语音通信提供商，这充分说明，VoIP以其低廉的价格和越来越好的质量，成为不可抵挡的潮流。现在，没有哪家主流的电信公司公开宣称与VoIP为敌，相反都提供了自己的VoIP服务，这是顺应潮流的做法。但是，为什么eBay旗下的Skype还是能在国际长话通信中独占鳌头，值得电信运营商反思。

【海缆建设达到10年高潮】

美国电信市场调研公司TeleGeography在5月公布的一份报告中指出，2009年将是近10年中海缆发展最繁荣的一年。全年，全球将铺设16条新的海底光缆，而经济衰退并没有对这些海缆的建设工程产生明显的负面影响。

TeleGeography预计，2009年海底光缆铺设的总投入将达到26亿美元，而2010年还将有30亿美元的投资。该机构认为，虽然目前正在铺设的光缆数量相当可观，但是这一批新的光缆并不会引发2001年曾经出现的企业倒闭、银行破产等现象。

海底光缆的重归繁荣固然是个好消息，但更值得欣喜的是，目前的繁荣与2000年网络泡沫、光纤泡沫完全不同。

2000年，投资者乐观地认为，市场上对光学网络路由器、“激光泵”以及其他令人眼花缭乱的宽带技术的需求似乎在永无止境地增长。因此，电信运营商一度疯狂建设网络，造成容量泛滥。1998年到2001年期间，全球地下埋设的光缆数量增加了5倍，同时由于技术的进步，每根光缆的传输能力增加了100倍，因此，光缆的总传输能力增加了500倍。2001年，海底光缆铺设曾达到历史最高峰，电信运营商在新光缆铺设方面的投资为135亿美元。但是，在此期间，市场对带宽的需求只增加了3倍。随着众多宽带供应商激烈争夺业已下滑的业务需求量，互联网带宽的批发价格在一年之内下滑了50%。2001年，第一批巨大的多米诺骨牌轰然倒下。当时，宽带供应商Winstar通信公司和360Networks公司申请破产。2002年，美国的环球电讯、Williams等宽带网络运营巨头由于积压容量租借不出去而破产。根据企业破产数据网站BankruptcyData.com提供的信息，在此后的3年内，总资产高达7490亿美元的655个电信公司纷纷申请破产。

而2009年，宽带通信容量过剩的状况一去不复返了。2002年，大约一半的网络传输能力都处于闲置状态。2009年，传输缆线的长度几乎增长了一倍，同时容量闲置率却降低到了30%左右。视频、移动电视等服务的日趋普及使得网络流量大幅增加，越来越多的迹象显示，运营商担心的问题并不是网络容量过剩，而是网络容量不足。

宽带服务尤其是视频服务，在很大程度上成为电信业复兴的主要动力之一。2000年，在线视频几乎还不存在。而2009年，网络流量的三分之一都来自网络视频。由于YouTube视频之类的业务对带宽的需求量很大，2003年至2006年期间，全球网络流量的年均增长幅度达到了75%。一个典型视频需要的带宽是普通文档的1000倍。同样，高清视频需要的带宽是普通视频的7到10倍。其巨大的需求可能会引发网络业务增长的另一个高峰。

【爱立信收购北电无线业务】

2009年7月27日，爱立信与北电签署了一份价值11.3亿美元的资产收购协议。根据协议，爱立信收购北电北美地区运营商网络部门的CDMA和LTE技术业务，其中包括了CDMA业务、CDMA研发和LTE接入等资产。同时，爱立信还将接替北电，继续为Verizon、Sprint、Cellular、BellCanada和Leap等北美地区运营商服务。同时，爱立信还将从北电接收大约2500名技术人才，包括400名专注于LTE研发的员工。

这笔交易将极大推动爱立信在北美地区的实力。爱立信在一份声明中表示，2008年北电CMDA业务获利20亿美元，而同年爱立信北美地区业务营收为27亿美元。因此竞购成功后，北美业务将一跃成为爱立信最大业务。

通过这笔交易，爱立信将北电在LTE技术上积累的众多专利拥有的大量工程师收归旗下。

2009年初，总部位于加拿大多伦多的北电网络向法庭申请了破产保护，而它曾是北美最大的电话设备厂商。北电将其陨落归咎于经济危机，这场旷日持久的全球性经济危机导致其自2005年起实施的复兴战略以失败告终。

其实早在经济危机来袭之前，北电就巨亏数十亿美元，不得不裁员数万人以使公司转危为安。然而，由于难以挽转企业用户和无线运营商的需求下跌之势，北电采取的自救措施均未能奏效。来自亚洲的竞争对手不断以低价策略不断攻城掠地，北电因此退居二线，而阿尔卡特则与朗讯合并来保全自身。

北电曾因在高科技行业取得成功而被加拿大视为宠儿，在十年前的科技浪潮巅峰时期曾一度雇有9万名员工。

【欧盟新电信法跨越最后障碍】

11月24日，欧洲议会终于正式批准了欧盟电信法改革提案，为其在欧洲范围内的实行铺平了道路。改革方案如愿通过不仅代表了“铁娘子”薇薇安·雷丁的最终胜出，更重要的是为世人勾勒出了未来若干年中欧盟电信业的发展方向。

欧盟电信改革提案自2007年11月提出，至今已历时两年，期间经历可谓一波三折，争论的焦点几经转变，由最初的功能性分拆和监管机构的设置转移到对互联网接入权利的关注，而在互联网接入权利方面的意见不统一甚至险些造成此次改革进程的倒退。

由于2009年5月欧洲议会和欧盟理事会就对其中的主要内容达成了一致意见，因此，此次的版本与之前相比并没有太多出入。新提案的内容主要涉及了下一代网建设问题、网络开放、功能性拆分、消费者保护等时下的监管热点、难点。

新方案将终结欧洲主导型电信企业的优势地位，在强化成员国电信主管部门独立性的同时，授权它们对本国处于垄断地位的电信巨头进行"功能性拆分"，即管制机构有权在认为竞争不够充分的条件下强制主导型运营商将网络接入和零售业务部门分开运作，以便保证竞争对手能获得公平的网络接入机会。这项法令赋予欧盟各国管制机构更大的权利对运营商的反竞争行为进行处罚，也将使消费者能以更低的价格享受电信服务。

新方案还将刺激对光纤宽带的投资，使欧盟的27个成员国都能获得更高速的互联网服务。

新电信法出台后，消费者的权利也将得到加强。新电信法规定，运营商为消费者办理带号转网业务的时限为1个工作日，消费者可以选择签署不超过一年或两年的合约，有权获得透明的收费标准和定价信息等。

欧盟将设立一个由欧盟各国电信主管部门代表组成的新机构，负责对整个欧盟电信市场的运作提供政策建议，从而加强各国电信市场规则的协调。

在12月底，欧盟的官方公报正式公布新的电信立法后，欧盟各成员国将用18个月的时间将新法规纳入本国的法律之中。以"铁腕"著称的欧盟委员会反垄断专员Neelie Kroes成为最有可能负责监督各成员国执行情况的人选。

【首例LTE服务在北欧商用】

北欧最大的电信运营商TeliaSonera公司12月14日宣布，正式在瑞典和挪威两国首都推出基于LTE技术的移动网络服务。该公司因此出人意料地先于Verizon成为全球首家提供LTE商用服务的运营商。但有业内人士担忧，该公司仓促商用的举动可能导致LTE早期发展坎坷。

TeliaSonera公司的LTE移动网络服务将覆盖斯德哥尔摩和奥斯陆的市中心区域，其中斯德哥尔摩的LTE技术支持由瑞典爱立信公司承担，而奥斯陆的技术支持则由中国华为公司提供。该公司移动服务部门主管卡尔贝里当天介绍说，LTE是目前速度最快的移动通信技术。在LTE移动网络下，除手机上网外，用户还可通过笔记本电脑完成一些需要更快传输速度和更高传输性能的任务，比如网络电视播放、网络视频会议等。

此前，美国运营商Verizon一直希望在全球率先推出LTE商用服务，且外界对其期望也较高。而TeliaSonera的捷足先登可谓是给了业界一个大大的意外，也给LTE阵营带来了一大惊喜，但同时也引发了业界的担忧。

TeliaSonera目前的LTE网络覆盖非常有限，网络的覆盖范围仅限于挪威和瑞典两国首都的中心地带，其中在斯德哥尔摩覆盖的人口仅有40万。而该公司此前承诺将把网络拓展至瑞典的另外25个城市和挪威的3个城市。预计，该公司随后将在基础设施方面作出更大投资。因此有分析人士担忧，该公司在发展LTE方面稍显仓促，希望不会进而影响服务质量和商业模式。

TeliaSonera总部位于斯德哥尔摩，主要为北欧和波罗的海沿岸国家提供电信服务。该公司介绍说，北欧各国使用移动网络服务的用户数正迅猛增长，人们需要更快的上网速度和更好的传输性能，这是公司率先推出LTE移动网络服务的重要原因。

TeliaSonera使用2.6GHz频段建设LTE，计划到2011年实现60%的人口覆盖。该公司最近还获得了在芬兰提供LTE服务的许可。

【海量数据下AT&T网络初露疲态】

AT&T移动部门CEO拉尔夫·德拉维加12月表示，迫于网络负担日渐加重，该公司将对iPhone手机上网等移动互联网的数据使用严加控制。

虽然德拉维加也承认，AT&T目前在美国纽约和旧金山的3G网络不尽如人意，但该公司正在努力提升相关技术。不过他同时暗示，AT&T将开始区别对待部分重度使用者：根据数据使用量的不同，对用户给予不同的财务奖励或惩罚。

此前曾有媒体报道称，智能手机用户中只有3%为重度网络使用者，但这些用户却占了整体数据流量的40%。这一数据令AT&T颇感不安。而德拉维加则表示，AT&T将会尽其所能阻止这些用户影响其他用户的服务体验。

德拉维加暗示将对重度使用者采取不同的收费费率，不过这还要取决于行业竞争和监管政策。

就在11月中旬，AT&T宣布，该公司在旧金山地区的3G网络流量自2008年以来增加了2000%，这使得很多旧金山地区的iPhone用户出现信号不佳等问题。为此，该公司启动了网络升级计划，将提升骨干基础设施的容量，从而提供更好的覆盖、更快的3G速度以及室内穿透性。此前，该公司已经基本完成旧金山湾区6500万美元的网络基础设施升级项目。AT&T表示已经将这一地区的手机基站增加到850个，以便更好地处理自iPhone发布以来旧金山地区手机数据流量大幅增加的状况。

【法国电信"自杀潮"凸显行业难题】

2009年，传统欧洲巨头法国电信公司陷入了一场前所未有的"员工自杀潮"。从2008年到2009年，该公司竟然有35名员工自杀。这一系列震惊世界的自杀事件引发了一场有关工作－生活平衡的全国性辩论，同时也突出地反映出了传统电信企业在改革进程中所遭遇的困境。

有观点称，这是改革的通病，也是全球电信业的困局。短短两年中，法国电信数十名员工以自杀这种极端的方式抗议工作压力剧增以及私有化改革引发的裁员问题。在世人眼中，闲散、慵懒的法国是欧洲高福利国家的典型，曾几何时法国电信这家欧洲第三大的国营公司被法国人视为恬静安逸的工作场所，是最梦寐以求的工作之一，但谁都不曾想到，正是在这里出现了因企业改制引发了的震惊海外的“自杀潮”。

法国总工会将本次“自杀潮”归咎于这家曾经的国营企业的改组：自 2006 年至 2008 年间，由于法国电信推行内部改组计划，法国电信解雇了 2.2 万名员工。法国电信的“自杀潮”震惊了世界，法国电信董事会最终顶不住压力，采取一系列紧急措施阻止悲剧再度发生，包括撤换了该公司高层管理人员，冻结进一步裁员计划，设立调解申诉专员等。

有分析称，法国电信员工自杀潮爆发的原因主要有几个方面：一是过度竞争压垮了电信业；二是通信业已经摆脱了最初高高在上的姿态，成为地地道道的大众生活消费品，特别是近年来用户发展基本趋稳，运营商的用户争夺战层出不穷，致使通信行业成为原垄断行业中竞争最为惨烈的一个。

针对法国电信的自杀潮，专家提出了几点建议。

首先要加强对员工的心理干预。随着电信业竞争惨烈化，昔日风光无限的运营商员工面临着日益增大的生存压力——“宽带任务”、“手机卡任务”、“固话保有任务”、“新基站建设任务”等众多任务压在心头，员工很容易产生抑郁情绪。

其次要预防员工出现职业倦怠。电信业多年来持续、高速的发展已经逐步透支了全行业的健康，运营商普通员工一直处在高压的工作状态下，导致很多员工出现职业倦怠。企业在新旧压力面前遭遇种种困难，要避免企业最终将压力传递给企业员工，特别是一线职工。

最后，相关管理部门有必要考虑尽快研究制定新的考核办法，提升一线员工的工作积极性，在股东、客户和员工之间做到一种平衡和平等，给予员工更多的人文关怀。

【华为跻身全球第二大设备厂商】

市场调研公司Infonetics发布的2009年全球无线通信设备市场研究报告称，按载频计，华为以 22.1%的市场份额位列第二，而中兴通讯以 12.6%的全球市场份额居行业第四。

Infonetics 报告显示，受金融危机影响，2009 年全球无线接入网设备市场规模出现了 9.2%的下降，从 2008 年的 425 亿美元下降为 386 亿美元。分制式计，2009 年 WCDMA 市场规模首次超过 GSM 市场规模，占 41%，GSM 市场在整体无线市场中占比下降到 36%，CDMA 市场则为 16%，TD 则为 7%。中国市场成为中兴和华为的重要推力。2009 年，中国展开了有史以来全球最大规模的 3G 部署，成为华为中兴收入快速增长的关键因素。

根据收入规模计算，华为以 1491 亿元也跻身全球第二大设备商。而中兴通讯 2009 年全年录得营业收入约 602.73 亿元，而且其增速位居行业主要厂商之首。

（人民邮电报社）

NOKIA
Connecting People
诺基亚

诺基亚(中国)投资有限公司

诺基亚在全球

诺基亚致力于创建一个完全互联的世界。我们将先进的技术和个性化服务融于一体，帮助人们与他们息息相关的人和事紧密相联。超过 12亿人每天通过诺基亚的手机、先进的智能电话、高性能的移动电脑等诺基亚终端彼此相联。

今天，诺基亚融合终端和创新的服务，通过Ovi （www.ovi.com）提供音乐、地图、应用、电子邮件等服务。诺基亚旗下的NAVTEQ是综合数字地图和导航服务的业界领袖，诺基亚西门子通信有限公司则为全球的通信网络提供设备、服务和解决方案.

诺基亚在中国

中国是诺基亚全球重要的市场，并在研发、创新、生产、采购、人才培养方面扮演着日益重要的角色。中国不仅是诺基亚全球重要的市场，也是诺基亚的全球生产基地和研发网络的重要组成部分。在中国，诺基亚设有两大手机生产基地（分别位于北京和东莞）、10个研发机构，拥有超过4000名研发人员(包括诺基亚西门子通信公司)。

在中国，诺基亚专注于不断提升本地用户的沟通体验，并帮助他们创建崭新的分享方式。在中国，每天有2.5亿用户使用诺基亚手机。诺基亚凭借其端到端解决方案的独特优势，从2004年到2009年，连续6年领跑中国手机市场。诺基亚致力于在中国的长期发展，并推动中国的创新。通过支持本地研发、投资于本地产业链等举措，诺基亚伴随中国社会的发展，也取得了巨大的成就。诺基亚手机是受中国消费者欢迎的手机品牌之一。诺基亚是中国重要的外商投资企业之一，携手合作伙伴，在中国带动就业人数超过50 000人。

诺基亚还以青少年教育与发展以及环境保护为切入点，积极发起和参与各种长期的可持续性公益项目，致力于成为中国优秀的企业公民之一。诺基亚致力于投资于长期、可持续发展的企业社会责任项目，并确保我们的活动能使员工积极广泛地志愿参加。

2010年9月1日，北京，诺基亚宣布Ovi商店在中国正式发布，采用了新的业务模式，开发者将可获得纯收入的70%。并且，诺基亚通过与本地合作伙伴的紧密合作，提供了符合中国消费者习惯的计费方式。同时，诺基亚还宣布了一系列措施，进一步帮助开发者更为便捷地开发应用程序。这一切使得Ovi商店能够以更快的速度，为消费者提供更丰富且优质的移动应用服务，让消费者充分享受Ovi商店带来的丰富的移动应用精彩体验。

中国电信股份有限公司上海分公司

中国电信上海公司一贯以科学发展观为指导，深入推进企业转型，积极践行“聚焦客户的信息化创新”战略和“激情、创新、合作、诚信”的精神。目前中国电信上海公司拥有中国电信集团内较大的本地网，为1600多万用户（其中：固定电话870万、固定宽带376万、移动业务260万、IPTV业务102万）提供全方位的综合信息服务。

在2010年上海世博会上，中国电信上海公司在世博园区实现了“城市光网”的全覆盖，并向中国馆、主题馆、世博中心、演艺中心和世博轴等提供通信能力。同时，中国电信上海公司积极推出LTE第四代移动通信、智慧家庭、非接触式移动支付、物联网、城市光网、多语言识别系统、掌上世博、手机Push to X，以及集全球眼、视频呼叫、世博信息查询、紧急援助等诸多业务于一身的世博信息亭等在内的多项科技亮点，通过新的视角、新的方式记录世博、呈现世博，让世人见证电信科技与人文世博的完美结合。

电信应急通信，力保世博畅通

中国电信上海公司庆祝IPTV用户突破100万

企业相关信息：

全称：中国电信股份有限公司上海分公司

简称：中国电信上海公司

地址：中国上海世纪大道211号信息大楼

电话：021-63240069

传真：63248065

邮编：200120

网址：www.shanghaitelecom.com.cn

电信营业厅设立世博门票业务受理专柜，为上海市民提供便利

电信八大科技亮点和十八项新业务为市民享受美好信息新生活提供可能

电信推出家庭信息第四屏——“魔屏”助力“城市光网”建设

用芯沟通
承载未来

深圳市金立通信设备有限公司

ShenZhen Gionee Communication Equipment Co.,Ltd.

公司简介：

以“**金品质，立天下**”为企业使命的深圳市金立通信设备有限公司成立于2002年，注册资金2亿元，是一家专业手机研发、加工生产、内外销同步进行的民营高科技企业。经过八年的发展，金立已成为国产手机行业的领军品牌。

金立工业园

金立董事长兼总裁刘立荣

人物简介：

刘立荣先生，湖南人，38岁；大学学历，工学士；中山大学EMBA；现任深圳市金立通信设备有限公司董事长兼总裁、广东湖南商会常务副会长、深圳市手机行业协会会长。

金立前台

西安郵電学院

西安邮电学院是一所以工为主，以信息科学技术为特色，工、理、经、管、文、法多学科协调发展的教学研究型高等院校，是中国人民解放军后备军官培养选拔地之一。被陕西省委授予陕西省“文明校园”和“依法治校示范校”。

学校在校生约1.6万，有40个本科专业，7个硕士授权一级学科和25个硕士授权二级学科，是工程硕士、工商管理（MBA）专业硕士学位授权单位。

学校新一届领导班子以科学发展观为统领，全面贯彻落实《国家中长期教育改革和发展规划纲要》与全国教育工作会议精神，牢固树立“教育以育人为本、以学生为主体、办学以人才为本、以教师为主体”理念，坚持质量立校、人才强校、特色兴校、创新荣校战略，不断增强学校的综合实力和核心竞争力，提高学校的科技贡献率和国际化程度，努力建设国内知名、国际有影响的现代邮电大学！

陕西省委领导王侠（左五）、省委教育厅领导杨希文（左四）在我校领导董小龙（左二）陪同下视察IT应用型人才实训中心

西安邮电学院新一届领导班子

校长卢建军（前排右四）出席由我校主办的第九期亚太电信组织“网络与电信安全”培训班开幕式

石家庄邮电职业技术学院

石家庄邮电职业技术学院始建于1956年，现隶属中国邮政集团公司，是我国培养邮政专门人才的高等院校，同时是中国邮政集团公司培训中心、远程教育中心、信息灾备中心和重要的科技研发基地。

2010年，学院积极适应邮政专业化改革的新要求，不断加强培训支撑力度，年集中培训规模突破2万人次。2010年7月1日，中国邮政远程教育网成功升级为中国邮政网络培训学院，网上注册学员突破55万，得到了企业社会的高度赞誉。

学院作为教育部批准的“订单式”人才培养试点单位,面向全国邮政企业实施“订单式”人才培养，目前订单招生已扩展到18个省（区、市）邮政公司和7个省（区、市）邮储分行，覆盖27个专业,为邮电企业培养了大批实用型人才。

学院作为中国邮政重要的科技研发与服务支撑基地，建有中国邮政商函研究中心、职业技能鉴定支撑中心等10余个重要的研究支撑机构，先后承担了150余项中国邮政及其他省部科技开发项目，为支撑中国邮政科技创新和可持续发展发挥了重要作用。

新时期，学院将继续提升办学层次和能力水平，为中国邮政现代化建设和通信企业发展做出新的更大贡献。

欢迎访问学院网站　http://www.sjzpc.edu.cn